Michael Stolleis

Geschichte des öffentlichen Rechts in Deutschland

Zweiter Band

Zum Buch

Dem 1988 vorgelegten ersten Band einer Wissenschaftsgeschichte des öffentlichen Rechts in Deutschland (166–1800) folgt hier der zweite Band. Er behandelt das 19. Jahrhundert – vom Ende des Alten Reichs 1806 bis zum Ausbruch des Ersten Weltkriegs. Es ist die Zeit des Rheinbunds und des Wiener Kongresses, der Restauration und des «Biedermeier», der Verfassungsbewegung in den Staaten des Deutschen Bundes, der Revolution von 1848/49, der erneuten Restauration, des Norddeutschen Bundes und des Deutschen Reichs von 1871.

Auf diesem Hintergrund entfalten sich die Staatsrechtslehre des Deutschen Bundes und der Einzelstaaten sowie die übergreifenden Deutungen der Allgemeinen Staatslehre. In der zweiten Hälfte des Jahrhunderts kommen Verwaltungsrecht und Verwaltungslehre als Erben der «Policeywissenschaft» hinzu. Das Buch hält zwar die Bilder der Verfassungskämpfe, der politischen Unterdrückung und der National- und Freiheitsbewegung stets präsent. Im Mittelpunkt des Interesses stehen aber nicht Ereignis- oder Verfassungsgeschichte, sondern das staatrechtliche und staatsphilosophische Denken, die Wechselwirkung zwischen theoretischem System und politischem Kontext sowie die schrittweise Herausbildung einer der Verfassungslage und dem Postulat des Rechtsstaats entsprechenden Verwaltungslehre.

Michael Stolleis geht diesen Entwicklungen nicht nur auf den unterschiedlichen staatlichen Ebenen nach, sondern er würdigt auch die heute gänzlich vergessenen lokalen Autoren. Auf diese Weise gelingt ihm für das 19. Jahrhundert der «Versuch …, die Wissenschaftsgeschichte des öffentlichen Rechts zu rekonstruieren und sie mit der Verfassungsgeschichte und der allgemeinen politischen und gesellschaftlichen Geschichte möglichst eng zu verbinden» (Vorwort). Das Buch endet mit Reflexionen über den für Deutschland schicksalhaften Transformationsprozess vom Nationalstaat zum Staat der Industriegesellschaft an der Schwelle zum 20. Jahrhundert.

Über den Autor

Michael Stolleis (1941–2021), Prof. em. Dr. Dr. h. c. mult., lehrte von 1975 bis 2006 als Professor am Fachbereich Rechtswissenschaft der Goethe-Universität Frankfurt/Main und war von 1992 bis 2009 Direktor am Max-Planck-Institut für Rechtsgeschichte, Frankfurt/Main. Bei C.H.Beck sind von ihm u. a. erschienen: Geschichte des öffentlichen Rechts in Deutschland (4 Bände); (Hrsg.) Herzkammern der Republik. Die Deutschen und das Bundesverfassungsgericht (2011); Öffentliches Recht in Deutschland (bp 6135) und Juristen. Ein biographisches Lexikon (bsr 1417).

Michael Stolleis

Geschichte des öffentlichen Rechts in Deutschland

Zweiter Band

Staatsrechslehre und Verwaltungswissenschaft 1800–1914

C.H.Beck

2. Auflage. 2025
Unveränderter Nachdruck

Wilhelmstraße 9, 80801 München, info@beck.de

www.chbeck.de
Umschlaggestaltung: Bruno Schachtner, Dachau
Umschlagabbildung: XXX
Satz: Janß GmbH, Pfungstadt
Druck und Bindung: Druckerei C.H.Beck, Nördlingen
Gedruckt auf säurefreiem und alterungsbeständigem Papier
Printed in Germany
ISBN 978 3 406 83719 7

myclimate shape our future
FSC www.fsc.org MIX Papier | Fördert gute Waldnutzung FSC® C019821

verantwortungsbewusst produziert
www.chbeck.de/nachhaltig
produktsicherheit.beck.de

Vorwort

Die Reaktionen auf den ersten Band (1988) haben mich ermutigt, den begonnenen Weg in das 19. Jahrhundert hinein fortzusetzen. Die zeitlichen Grenzen ergaben sich unschwer durch die verfassungsgeschichtlichen Zäsuren von 1806 und 1914, während genau in der Mitte des Jahrhunderts jener unglückliche, aber keineswegs folgenlose Versuch steht, auf der Grundlage einer halben Revolution eine freiheitliche Verfassung für eine geeinte Nation zu schaffen. Die Gliederung des Textes folgt dieser Chronologie: fünf Kapitel vor und vier Kapitel nach 1848. Die Aufteilung des Stoffes auf diese Kapitel stellt einen Kompromiß dar. Das an sich wünschenswerte chronologische Fortschreiten unter gleichzeitiger Behandlung der einzelnen Vorgänge erwies sich als undurchführbar. Was sich parallel ereignete, kann nur nacheinander erzählt werden, außerdem gebieten die Sachzusammenhänge eine gewisse Raffung, ein Vor- und Zurückwandern des Blicks. Helfen konnte deshalb nur eine Zerlegung nach «Gebieten», die ihrerseits wieder in eine zeitliche Abfolge gebracht und gewichtet wurden. So steht etwa die Allgemeine Staatslehre im Vormärz relativ weit vorne und nimmt größeren Raum ein, während sie im Kaiserreich ans Ende gerät. Stringente Lösungen gibt es hier nicht: es möge genügen, wenn sich die Materien ohne große Mühe finden und zeitlich einordnen lassen. Daß dabei einige Autoren mehrfach erwähnt werden, war in Kauf zu nehmen.

Andere Schwierigkeiten lagen in der Auseinandersetzung mit dem überreichen und politisierten Stoff selbst. Das 19. Jahrhundert ist nicht nur das Jahrhundert der Revolutionen und der politischen Repression, des Biedermeier und des Anarchismus, der Sozialen Frage und der Arbeiterbewegung, der Verbürgerlichung des Adels und der Feudalisierung des Bürgertums, das Jahrhundert der Industriellen Revolution und der Wissenschaft. Es ist auch das Jahrhundert des Liberalismus, der Verfassungsbewegung und des Nationalismus. Die Welt des Ancien Régime war versunken, gewiß, aber sie lebte doch auf vielen Ebenen fort. Man trug nicht mehr Perücke und Zopf, aber absolutistisches Denken war keineswegs verschwunden. Unter dem Schock der Französischen Revolution und der Revolutionskriege wurden sogar die liberalen Elemente des späten 18. Jahrhunderts verdrängt und unterdrückt. Jeweils nach 1819, 1830 und 1848 gab es Wellen von «Neoabsolutismus». Die Gesellschaft war politisch aufgewühlt, ständig bestanden Spannungen mit den Regierungen, die sich bis 1848 unter METTERNICHS Führung bemühten, die Zügel in der Hand zu behalten und dies nach 1848 noch einmal ein Jahrzehnt lang wiederholten (1850–60).

Die hohe Emotionalisierung und Politisierung des theoretischen Denkens über Staat und Gesellschaft sind unausweichliche Begleiter einer Darstellung der Wissenschaftsgeschichte des öffentlichen Rechts. Vor allem in der ersten Hälfte des 19. Jahrhunderts stand jede staatsrechtliche Stellungnahme in einem Raum politischen Hochdrucks. Kein Autor konnte sich dem entziehen, gleichviel in welchem Staat des Deutschen Bundes er schrieb. In der zweiten Hälfte des Jahrhunderts wurde das Klima ruhiger, die politische Depression nach 1848 wich allmählich einem ökonomisch-naturwissenschaftlichen Fortschrittsoptimismus und dem nationalen Hochgefühl der Reichsgründung. In jeder dieser Phasen standen Allgemeine Staatslehre, Staatsrechts- sowie Verwaltungsrechtslehre im Dialog mit den politischen und gesellschaftlichen Entwicklungsprozessen. Es wurde unendlich viel geschrieben und gedruckt. Die Fülle allein der deutschen politisch-staatsrechtlichen Literatur ist erdrückend.[1] Andererseits schritt die Ausdifferenzierung der Fächer voran; es gab weniger Grenzüberschreitungen als früher, die Teildisziplinen des öffentlichen Rechts wurden übersichtlicher, und es fehlte auch nicht an fachinternen Reflexionen und wissenschaftsgeschichtlichen Gesamtdarstellungen (MOHL, BLUNTSCHLI, STINTZING-LANDSBERG).

Was meine methodischen Überzeugungen angeht, so kann ich auf die Einleitung zum ersten Band verweisen; es geht mir auch hier darum, die Wissenschaftsgeschichte des öffentlichen Rechts mit der Verfassungsgeschichte und der politischen und gesellschaftlichen Entwicklung wenigstens so weit zu verbinden, daß verständlich wird, in welcher Weise der wissenschaftliche Diskurs auf den Feldern der Allgemeinen Staatslehre, des Staats- und Verwaltungsrechts von seinen Rahmenbedingungen abhing und auf diese wiederum einwirkte. Gegenstand der Wissenschaftsgeschichte, umschrieben als «der definierte Forschungskonsens über Methode und Gegenstand, die autonome Stellung im Kanon der Forschungsdisziplinen und die kritische Kommunikation der Ergebnisse unter den Fachleuten»,[2] ist also nicht Ideengeschichte in dem methodologisch diskreditierten Sinne, daß hier das gewissermaßen autonome Wesen und Wirken, Aufstieg und Verfall bestimmter Ideen im historischen Material zu verfolgen seien. Sie ist auch nicht lediglich eine Geschichte der unselbständigen geistigen «Reflexe» der politischen, sozialen oder wirtschaftlichen Geschichte. Vielmehr geht es darum, die Rechtswissenschaft der Vergangenheit zunächst einmal als Text-Dokument der damaligen Problemsicht ernst zu nehmen und sie aus ihrer historischen Situation zu verstehen. Indem diese Texte den Zugang zur staatswissenschaftlichen inneren Konstitution des 19. Jahrhunderts vermitteln, führen sie, so paradox es klingen mag, zu den «Dingen selbst». Geschichte ist sicher nicht als *factum brutum* greifbar, schon gar nicht mit

[1] Von den bibliographischen Hilfsmitteln seien genannt *G. H. v. Berg*, Neue deutsche Staatslitteratur, 12 Stücke, Göttingen 1795; *G. Strelin*, Versuch einer Geschichte und Literatur der Staatswissenschaften, Erlangen 1827; *K. H. L. Pölitz*, Kritische Übersicht der neuesten Literatur der Staatswissenschaften, I, II, Leipzig 1835; *J. J. Rossbach*, Die Grundrichtungen in der Geschichte der Staatswissenschaft, Erlangen 1848; *R. v. Mohl*, Die Geschichte und Literatur der Staatswissenschaften, 3 Bde, Erlangen 1855–1858 (Nachdr. Graz 1960).

Bücherverzeichnisse geben *J. S. Ersch*, Literatur der Jurisprudenz und Politik, mit Einschluß der Cameralwissenschaften, seit der Mitte des 18. Jahrhunderts bis auf die neueste Zeit, Neue Ausgabe von *J. Ch. Koppe*, Leipzig 1823; *H. Th. Schletter*, Handbuch der juristischen Literatur in systematisch-chronologischer Ordnung seit der Mitte des vorigen Jahrhunderts bis 1840, Leipzig 1840, 2. Aufl. Leipzig 1851; *O. R. Walther*, Handbuch der juristischen Literatur des 19. Jahrhunderts, Weimar 1854. Nach wie vor unersetzlich ist *R. v. Stintzing/E. Landsberg*, Geschichte der deutschen Rechtswissenschaft, hier der von *Landsberg* bearbeitete Teil III/2, München und Berlin 1910 (Nachdr. 1957) sowie vor allem *E. R. Huber*, Deutsche Verfassungsgeschichte seit 1789, Bd. I–IV, samt Dokumentbänden.

[2] *H. Mohnhaupt*, in: *E. V. Heyen* (Hg.), Jahrbuch für europäische Verwaltungsgeschichte 1 (1989) 76; *W. Diederich* (Hg.), Theorien der Wissenschaftsgeschichte, 1974; *T. S. Kuhn*, Die Struktur wissenschaftlicher Revolutionen, 1973; *C. Burrichter* (Hg.), Grundlegung der historischen Wissenschaftsforschung 1979; *E. Ströker*, Wissenschaftsgeschichte als Herausforderung, 1976; *M. Fichant-Pecheux* (Hg.), Überlegungen zur Wissenschaftsgeschichte, 1977; *W. Lepenies*, Wissenschaftsgeschichte und Disziplingeschichte, in: Geschichte und Gesellschaft 4 (1978) 437–451; *G. Canguilhem*, Wissenschaftsgeschichte und Epistemologie. Gesammelte Aufsätze, hg. v. *W. Lepenies*, 1979; *K. Bayertz* (Hg.), Wissenschaftliche Revolutionen, Köln 1980.

dem Anspruch einer von Subjektivismen gereinigten Objektivität, aber insofern und insoweit die Dinge sprachlich konstituiert sind, kann die Analyse vergangener Sprache klären helfen, wie die damalige rationale und emotionale Weltdeutung und Welterfahrung sprachlich gefaßt und damit «Realität» wurden.[3] Die Verfassungskämpfe des 19. Jahrhunderts waren gewiß Kämpfe um die reale Macht, aber ihr Medium war – außerhalb der physischen Gewalt – die Sprache. Was über Menschen- und Bürgerrechte, monarchisches Prinzip, Volkssouveränität, Ministerverantwortlichkeit, Rechtsstaat, Gesetz und Verordnung, Administrativjustiz und andere zentrale Themen gesprochen wurde, war handlungsleitende «Realität». Es bestimmte die Monarchen und Minister ebenso wie die Revolutionäre auf den Barrikaden, die bürgerlichen Zeitungsleser, die politischen Professoren, die Abgeordneten und ihre Wähler. Insofern erschließt Wissenschaftsgeschichte, scheinbar nur esoterische Entzifferung vergilbter Texte, einen Sektor realen menschlichen Verhaltens der Vergangenheit. Dabei mag es zusätzlich die «Chance der Wiedergewinnung vergessener, verdrängter, übergangener Ansätze und Fragestellungen, die Wiedergewinnung verschütteter Forschungsperspektiven» geben.[4] Im Vordergrund stand dieses Motiv für die Arbeit aber nicht. Bestimmend waren vielmehr die Neugier des Historikers, mehr von den Zusammenhängen des Staatsdenkens des 19. Jahrhunderts zu erfahren, sowie die Hoffnung, auf eine indirekte, historisch vermittelte Weise zu einer Standortbestimmung der Gegenwart beizutragen.

Da das Buch nun schon umfänglicher geworden ist als vorgesehen, mag noch auf die Begrenzungen hingewiesen werden, die es einigermaßen in Schranken gehalten haben. Im Zentrum der Darstellung sollten das Staats- und Verwaltungsrecht sowie die Allgemeine Staatslehre stehen. Damit entfielen ganz wesentliche Gebiete, die nach älterer Terminologie und einem umfassenderen Verständnis des «ius publicum» noch als öffentlich-rechtlich gegolten hatten. Das waren das Lehnrecht, ein absterbender Wissenschaftszweig,[5] das Privatfürstenrecht, das immerhin noch bis 1918 existierte und Staatsrechtler – vor allem als Gutachter – anzog,[6] das gesamte Prozeßrecht, das Strafrecht sowie das Völkerrecht. Für letzteres gibt es die in das 18. Jahrhundert hineinreichenden Literaturübersichten von D. H. L. Frhr. v. Ompteda und C. A. v. Kamptz,[7] das «System des Völkerrechts» von J. L. Klüber mit seinen reichen Literaturangaben sowie von da an eine nicht mehr abreißende, ganz eigenständige Lehrbuchtradition,[8] die es erlaubt, das meist von Strafrechtlern mitbehandelte Völkerrecht hier auszuscheiden.

Ein weiteres wichtiges und hier nicht aufgenommenes Gebiet ist das Kirchenrecht der beiden großen Konfessionen; noch weniger als früher kann es im 19. Jahrhundert als «öffentliches Recht» verstanden werden, auch wenn die Kirchen insgesamt ebenso wie ihre Untereinheiten den Titel «Körperschaften des öffentlichen Rechts» trugen.

[3] *Joel R. Davitz*, The Language of Emotion, New York 1969; *L. Febvre*, Sensibilität und Geschichte. Zugänge zum Gefühlsleben früherer Epochen (1941), in: *Cl. Honegger* (Hg.), Schrift und Materie der Geschichte, 1977, 313–334; *R. de Sousa*, The Rationality of Emotion, Cambridge 1987.

[4] *O. G. Oexle*, Otto von Gierkes «Rechtsgeschichte der deutschen Genossenschaft», in: *N. Hammerstein* (Hg.), Deutsche Geschichtswissenschaft um 1900, 1988, 195.

[5] Die letzte bedeutendere Darstellung, ein «Lehrbuch des Lehnrechts» (Göttingen 1808, 2. Aufl. 1832) stammt von *Wilhelm Pätz* (1781–1807). Hierzu *Landsberg* III/2, 178–180.

[6] Hervorgetreten sind vor allem *Heinrich Zöpfl*, *Hermann Schulze* und *Hermann Rehm*, von denen in anderem Zusammenhang die Rede sein wird.

[7] Vgl. Kap. 1 Anm. 1.

[8] *W. Grewe*, Epochen der Völkerrechtsgeschichte, Baden-Baden 1984.

«Öffentliches Recht» ist im 19. Jahrhundert staatliches oder in den staatlichen Geltungswillen aufgenommenes Recht. In diesem Sinne ist allerdings das Staatskirchenrecht bis zum heutigen Tag genuin öffentliches Recht, und es vermittelt gerade im 19. Jahrhundert aufregende Perspektiven, von den zahlreichen Auseinandersetzungen um die Konkordate, den «Kölner Wirren» und den einschlägigen Debatten der Paulskirche bis hin zum «Kulturkampf».[9] Daß es in der vorliegenden Darstellung fehlt, ist ein Defizit, das nur mit pragmatischen Überlegungen zum Gesamtumfang erklärt werden kann.

Schließlich wäre eine auf das «öffentliche Recht» konzentrierte Darstellung überfordert, wollte sie auch noch die zu den Staatswissenschaften zählenden Fächer der Politik, Statistik, Nationalökonomie (Volkswirtschaft), Finanzwissenschaft und die Polizeiwissenschaft mit ihren zahlreichen Unterfächern technischer, medizinischer und sozialpolitischer Art literaturgeschichtlich einarbeiten. Alle diese Gebiete waren gewiß staatsbezogen, und insofern ist öffentliches Recht nicht ohne Blick auf diese Inhalte verständlich. Aber der von der Staatsidee des Absolutismus zusammengehaltene Kosmos der «gesamten Staatswissenschaften» löste sich im 19. Jahrhundert auf. Die Fächer trennten sich und gewannen ihre eigene Geschichte.[10] Soweit es allerdings darum geht, das Heraustreten des Verwaltungsrechts aus der Polizeiwissenschaft und deren Umwandlung in Verwaltungslehre zu verfolgen, geht es nicht ohne Grenzüberschreitungen ab.

Die Niederschrift dieses Bandes im akademischen Jahr 1990/91 war nur möglich, weil Land und Universität ein zusätzliches Forschungssemester bewilligt haben. Vielfältige Unterstützung habe ich von Bibliotheken und Universitätsarchiven sowie von vielen Einzelnen erhalten. Ein Kreis jüngerer Kollegen und Mitarbeiter hat mir Hinweise und Hilfen gegeben, Zettel zugesteckt, Bücher beschafft und mich vor allem im Gespräch vorangebracht (Dr. Peter Dieners, Christian Keller, Dr. Walter Pauly, Gerhard Schuck, Prof. Akira Wani). Natalie S. Keller hat mich bei Literaturbeschaffung und Zitatkontrolle intensiv unterstützt und Cornelia Nicklas hat in vorbildlicher Weise Korrekturen gelesen und Register erstellt. Schließlich gab es zwei Leser, auf deren Zustimmung ich mich in besonderer Weise angewiesen fühlte: den Freund und Kollegen Prof. Dr. Klaus Luig in Köln und Dr. Ernst-Peter Wieckenberg in der C. H. Beck'schen Verlagsbuchhandlung. Beiden danke ich für ihr freundschaftliches Engagement.

Frankfurt, 20. Juli 1992 *M. Stolleis*

[9] *E. R. Huber–W. Huber* (Hg.), Staat und Kirche im 19. und 20. Jahrhundert. Dokumente zur Geschichte des deutschen Staatskirchenrechts, 4 Bde 1976–1990.

[10] *H. Maier,* Die ältere deutsche Staats- und Verwaltungslehre, 2. Aufl. München 1980, 238 ff.; *V. Hentschel,* Die Staatswissenschaften an den deutschen Universitäten im 18. und frühen 19. Jahrhundert, in: Berichte zur Wissenschaftsgeschichte 1 (1978), 181–200.

Inhalt

Drittes Kapitel

Die «allgemeine Staatslehre» im Vormärz

Viertes Kapitel

Das Staatsrecht der einzelnen Bundesstaaten

Fünftes Kapitel

Die Anfänge des Verwaltungsrechts vor 1848

Sechstes Kapitel

Die Staatsrechtslehre in der Revolution von 1848

Siebentes Kapitel

Staats- und Verwaltungsrecht der Einzelstaaten bis 1914

Achtes Kapitel

Allgemeines Deutsches Staatsrecht – Reichsstaatsrechtslehre

Neuntes Kapitel

Verwaltungsrechtswissenschaft und Verwaltungslehre 1850–1914

Zehntes Kapitel

Allgemeine Staatslehre 1850–1914

Anhang

Abkürzungen

ADB	Allgemeine Deutsche Biographie
ALR	Allgemeines Landrecht für die preußischen Staaten
Bluntschli	J. C. Bluntschli, Geschichte des Allgemeinen Staatsrechts und der Politik, 1864
Böckenförde	E. W. Böckenförde, Gesetz und gesetzgebende Gewalt. Von den Anfängen der deutschen Staatsrechtslehre bis zur Höhe des staatsrechtlichen Positivismus, 1958
Boldt	H. Boldt, Deutsche Staatslehre im Vormärz, 1975
Brandt	H. Brandt, Landständische Repräsentation im Vormärz, 1968
BVerfG	Bundesverfassungsgericht
Coing	H. Coing (Hg.), Handbuch der Quellen und Literatur der neueren europäischen Privatrechtsgeschichte, 1973 ff.
Dennewitz	B. Dennewitz, Systeme des Verwaltungsrechts, 1948
DBA	Deutsche Bundes-Akte
Drüll	D. Drüll, Heidelberger Gelehrtenlexikon 1803–1932, 1986
DVG I–VI	Deutsche Verwaltungsgeschichte, hrsg. v. K. G. A. Jeserich, H. Pohl, G. Chr. v. Unruh, 1983–1988
FS	Festschrift
Geschichte	Stolleis, Geschichte des öffentlichen Rechts in Deutschland, Bd. 1, 1988
Grünhuts Zeitschrift	Zeitschrift für das Privat- und öffentliche Recht der Gegenwart, hrsg. v. C. S. Grünhut, 1874 ff.
GV	Gesamtverzeichnis des deutschsprachigen Schrifttums 1800–1910
HdBStaatsWiss	Handwörterbuch der Staatswissenschaften
Hg.	Herausgeber
HRG I–V	Handwörterbuch zur Deutschen Rechtsgeschichte, hrsgg. v. A. Erler–E. Kaufmann, 1971 ff.
Huber I–VIII	E. R. Huber, Deutsche Verfassungsgeschichte seit 1789. Bd. 1 (Nachdr. d. 2. Aufl. 1990), Bd. 2 (3. Aufl. 1988), Bd. 3 (3. Aufl. 1988), Bd. 4 (2. Aufl. 1982), Bd. 5 (1978), Bd. 6 (1981), Bd. 7 (1985), Bd. 8 (1991).
Huber, Dokumente 1–4	Dokumente zur deutschen Verfassungsgeschichte, Bd. 1–4 (3. Aufl. 1978, 1986, 1990, 1991)
Hist. Jahrb.	Historisches Jahrbuch
HZ	Historische Zeitschrift
JöR	Jahrbuch des öffentlichen Rechts
JuS	Juristische Schulung
Kleinheyer-Schröder	G. Kleinheyer–J. Schröder, Deutsche Juristen aus fünf Jahrhunderten, 3. Aufl. 1989
Klüber	J. L. Klüber, Öffentliches Recht des Teutschen Bundes und der Bundesstaaten, 1817, 4. Aufl. 1840 (Nachdr. 1970)
Landsberg	Stintzing/Landsberg
MIÖG	Mitteilungen des Österreichischen Instituts für Geschichtswissenschaft
Mohl I–III	R. Mohl, Die Geschichte und Literatur der Staatswissenschaften, 3 Bde, Erlangen 1855–1858
Mohl, Lebenserinnerungen	R. v. Mohl, Lebenserinnerungen, 2 Bde, 1902
NDB	Neue Deutsche Biographie
Nipperdey	Th. Nipperdey, Deutsche Geschichte 1800–1866, 4. Aufl. 1987
PrGS	Preußische Gesetzessammlung

PrOVG	Preußisches Oberverwaltungsgericht
Pütter, Pütter/Klüber	J. S. Pütter, Litteratur des Teutschen Staatsrechts, Tl. 1–4, 1776–1791
RJ	D. Simon (Hg.), Rechtshistorisches Journal, Bd. 1–10, 1982–1991
Staatsdenker	M. Stolleis (Hg.), Staatsdenker im 17. und 18. Jahrhundert, 2. Aufl. 1987
Stintzing/Landsberg	R. v. Stintzing–E. Landsberg, Geschichte der deutschen Rechtswissenschaft, Teil III/2 (Landsberg), 1910
VjH	Vierteljahreshefte
VSWG	Vierteljahresschrift für Sozial- und Wirtschaftsgeschichte
VVDStRL	Veröffentlichungen der Vereinigung der Deutschen Staatsrechtslehrer
Wieacker	F. Wieacker, Privatrechtsgeschichte der Neuzeit, 2. Aufl. 1967
WSA	Wiener Schluß-Akte
ZBLG	Zeitschrift für bayerische Landesgeschichte
ZGORh	Zeitschrift für die Geschichte des Oberrheins
ZgStW	Zeitschrift für die gesamten Staatswissenschaften
ZHF	Zeitschrift für Historische Forschung
ZNR	Zeitschrift für Neuere Rechtsgeschichte
ZRG GA	Zeitschrift für Rechtsgeschichte, Germanistische Abteilung

Quellen

Das Verzeichnis beschränkt sich auf die im Text zitierten und das Öffentliche Recht betreffenden Bücher. In der Regel wird nur die erste Auflage genannt. Aufsätze, Zeitschriften, Jahrbücher u. ä., die mit Hilfe der Register leicht gefunden werden können, wurden nicht aufgenommen. Für Zeitschriften und Rechtsprechungssammlungen sei hingewiesen auf F. Ranieri (Hg.), Gedruckte Quellen der Rechtsprechung in Europa (1800–1945), 2 Bde. Frankfurt 1992.

Affolter, A., Grundzüge des Allgemeinen Staatsrechts, Stuttgart 1892

Affolter, A., Naturgesetze und Rechtsgesetze, München 1904

Affolter, F. X., System des badischen Verwaltungsrechts, Karlsruhe 1904

Ahrens, H., De confoederatione germanicarum civitatum, Göttingen 1830

Ahrens, H., Cours de droit naturel, Paris 1838 (dt. Naturrecht oder Philosophie des Rechts und des Staates, 6. Aufl. 2 Bde Wien 1870–71)

Albrecht, W. E., Die Gewere als Grundlage des älteren deutschen Sachenrechts, Königsberg 1828

Albrecht, W. E., Rezension, Göttingische gelehrte Anzeigen 1837, 1489ff. (Nachdr. 1962)

an. Was lehrt die Constitution dem Landmanne? Leipzig 1831

an. Ueber das Prinzip, die Grenzen und den Umfang der Polizei, Leipzig 1808

an. (= H. A. Zachariä), Die Reform der deutschen Bundesverfassung auf der Basis des Bestehenden und ohne Ausschluß Österreichs, von einem norddeutschen Publicisten, Erlangen 1859

an. (= J. F. Reitemeier), Die Ständeverfassung in den Germanischen Ländern, insbesondere in Dänemark und Preußen, Kiel 1815

an. (= C. Th. Welcker), Deutschlands Freyheit, Gießen 1814

an. (= F. K. Beck), Das Hessische Staatsrecht, Darmstadt und Leipzig 1831–35

an. (= J. G. Fichte), Versuch einer Kritik aller Offenbarung, Königsberg 1792

an. (= G. F. Fischer), Die landständischen Verirrungen in Württemberg, Stuttgart 1835

an. (= N. Th. Gönner), Ueber den Umsturz der teutschen Staatsverfassung und seinen Einfluß auf die Quellen des Privatrechts in den neu souveränen Staaten der rheinischen Conföderation, Landshut 1807

an. (= J. K. I. Buddeus), Die Ministerverantwortlichkeit in constitutionellen Monarchien, Leipzig 1833

an., Deutschlands höchst nothwendige politisch-publizistische Regeneration, wegen der aus dem Entschädigungs-System und dessen Folgen hervorgegangenen Umwandlung seiner wichtigsten staatsrechtlichen Verhältnisse, Leipzig 1803

an., Grundzüge zu einem Entwurfe einer Deutschen Reichsverfassung, o. O. 1814

an., Ist bey der Deutschen Staatsverfassung eine allgemeine Volksempörung möglich? In Beziehung auf Frankreich, o. O. 1794

Ancillon, F., Ueber Souveränität und Staats-Verfassungen, Berlin 1815

Ancillon, F., Über die Staatswissenschaft, Berlin 1820

Ancillon, F., Nouveaux essais de politique et de philosophie, 2 Bde Paris und Berlin 1824

Ancillon, F., Über den Geist der Staatsverfassungen und dessen Einfluß auf die Gesetzgebung, Berlin 1825

Ancillon, F., Pensées sur l'homme, ses rapports et ses intérets, Berlin 1829

Anschütz, G., Kritische Studien zur Lehre vom Rechtssatz und formellen Gesetz, Leipzig 1891

Anschütz, G., Die gegenwärtigen Theorien über den Begriff der gesetzgebenden Gewalt und den Umfang des königlichen Verordnungsrechts nach preußischem Staatsrecht, Tübingen und Leipzig 1900

Anschütz, G., Die Verfassungs-Urkunde für den Preußischen Staat vom 31. Januar 1850. Ein Kommentar für Wissenschaft und Praxis, Bd. 1, Berlin 1912.

Anschütz, G., Deutsches Staatsrecht, in: F. v. Holtzendorff–J. Kohler, Encyklopädie der Rechtswissenschaft, Bd. IV (1914) 1–92

Apel, E., Die landesherrliche Gewalt des Kaisers in Elsaß-Lothringen, Diss. Greifswald, Spandau 1895

Apelt, K., Das Königlich sächsische Gesetz über die Verwaltungsrechtspflege vom 19. Juli 1900, Leipzig 1901
Aretin, J. Chr. Frhr. v., Abhandlungen über wichtige Gegenstände der Staatsverfassung und Staatsverwaltung, München 1816
Aretin, J. Chr. Frhr. v., Staatsrecht der constitutionellen Monarchie, 3 Bde Altenburg 1824–28, beendet von K. v. Rotteck
Arndt, (G.) A., Das Verordnungsrecht des Deutschen Reiches, Berlin–Leipzig 1884
Arndt, (G.) A., Die Verfassungs-Urkunde, Berlin und Leipzig 1886
Arndt, (G.) A., Das selbständige Verordnungsrecht, Berlin 1902
Arnstedt, O. v., Das Preußische Polizeirecht, 2 Bde Berlin 1907
Auerbach, L., Das neue Deutsche Reich und seine Verfassung, Berlin 1871

Bachmann, J. H., Pfalz-Zweibrückisches Staats-Recht, Tübingen 1784
Bähr, O., Der Rechtsstaat. Eine publizistische Skizze, Kassel 1864
Balck, C. W. A., Verwaltungsnormen in Mecklenburg-Schwerin, 4 T. Schwerin 1883–1908
Bartels, J. H., Einige Abhandlungen über Gegenstände der hamburgischen Verfassung, Hamburg 1835
Barth-Barthenheim, J. L. Graf v., Das Ganze der österreichischen politischen Administration mit vorzüglicher Rücksicht auf das Erzherzogtum Österreich unter der Enns, 3 Bde Wien 1838–46
Bazille, W., Königreich Württemberg, Hannover 1908
Beck, Ch. A. v., Specimen Iuris Publici Austriaci, Wien 1750
Beck, J. S., Grundsätze der Gesetzgebung, Leipzig 1806
Becke, Fr. A. v. d., Von Staatsmännern und Staatsdienern, Heilbronn 1797
Becker, H., Das Staatsrecht des Großherzogthums Oldenburg, Freiburg und Tübingen 1888
Behr, W. J., System der allgemeinen Staatslehre zum Gebrauche für seine Vorlesungen, Bamberg 1804
Behr, W. J., Der Organismus des rheinischen (deutschen) Bundes, Altona 1807
Behr, W. J., Systematische Darstellung des rheinischen Bundes aus dem Standpunkte des öffentlichen Rechts, Frankfurt 1808
Behr, W. J., Das Teutsche Reich und der Rheinische Bund, Frankfurt 1808
Behr, W. J., System der allgemeinen angewandten Staatslehre oder Staatskunst (Politik), Frankfurt 1810
Behr, W. J., Darstellung der Bedürfnisse, Wünsche und Hoffnungen deutscher Nation, Aschaffenburg 1814
Behr, W. J., Versuch des Grundrisses einer Constitution für Monarchien, Bamberg 1816
Behr, W. J., Staatswissenschaftliche Erörterung der Fragen: 1. Inwieferne ist der Regent eines Staats an die Handlungen seines Regierungsvorfahren gebunden? ... Bamberg–Leipzig 1818
Behr, W. J., Die Lehre von der Wirthschaft des Staats, Leipzig 1822
Behr, W. J., Von den rechtlichen Grenzen der Einwirkung des deutschen Bundes auf die Verfassung, Gesetzgebung und Rechtspflege seiner Glieder-Staaten, Würzburg 1820
Behr, W. J., Bedürfnisse und Wünsche der Baiern, Stuttgart 1830
Behr, W. J., Allgemeine Polizei-Wissenschaftslehre oder pragmatische Theorie der Polizei-Gesetzgebung und Verwaltung, 2 Bde Bamberg 1848
Berg, G. H. v., Handbuch des Teutschen Policeyrechts, 7 Bde Hannover 1799–1809
Berg, G. H. v., Abhandlungen zur Erläuterung der rheinischen Bundesacte, Hannover 1808
Bergbohm, K., Jurisprudenz und Rechtsphilosophie. Kritische Abhandlungen, Leipzig 1892
Bergius, C. J., Preußen in staatsrechtlicher Beziehung, Münster 1838
Bergius, C. J., Preussische Zustände, Münster 1844
Bergius, J. H. L., Kameralisten-Bibliothek, Nürnberg 1762
Bernatzik, E., Rechtsprechung und materielle Rechtskraft. Verwaltungsrechtliche Studien, Wien 1886
Berneys, K. L., Deutschland und seine fränkischen Repräsentativ-Verfassungen, Mannheim 1841
Beschorner, J. H., Die Ministerverantwortlichkeit und der Staatsgerichtshof im Königreich Sachsen, Berlin 1877
Beseler, W., Staats- und Verwaltungsrecht des Fürstentums Schaumburg-Lippe, Hannover 1910
Besser, K. M., System des Naturrechts, Halle 1830
Biedermann, F. K., Erinnerungen aus der Paulskirche, Leipzig 1849
Binding, K., Die Verfassungs-Urkunde für den preußischen Staat, Leipzig 1893

Bischof, Das Sächsisch-Schönburgische Staatsrecht der Gegenwart, Dresden 1870
Bischof, H., Ministerverantwortlichkeit und Staatsgerichtshöfe in Deutschland, Gießen 1859
Bischof, H., Nothrecht des Staates, Gießen 1859
Bischof, H., Allgemeine Staatslehre, Gießen 1860
Bisinger, J. C., Vergleichende Darstellung der Staatsverfassungen der europäischen Monarchien und Republiken, Wien 1818
Bitter, R. v., Handwörterbuch der Preußischen Verwaltung, Leipzig 1906
Bitzer, F., Das Recht auf Armenunterstützung und die Freizügigkeit, ein Beitrag zu der Frage des allgemeinen deutschen Heimathrechts, Stuttgart 1863
Bitzer, F. v., Regierung und Stände in Württemberg, ihre Organisation und ihr Recht, Stuttgart 1882
Bluntschli, J. C., Staats- und Rechtsgeschichte der Stadt und Landschaft Zürich, 2 Bde Zürich 1838–39
Bluntschli, J. C., Allgemeines Staatsrecht, geschichtlich begründet, München 1851–52
Bluntschli, J. C., Geschichte des Allgemeinen Staatsrechts und der Politik, München 1864
Bluntschli, J. C., Das moderne Völkerrecht der zivilisierten Staaten als Rechtsbuch dargestellt, Nördlingen 1868
Bluntschli, J. C.–Brater, K. (Hg.), Deutsches Staats-Wörterbuch, 11 Bde Stuttgart 1856–68, 12. Bd. Leipzig 1870
Bodmann, F., Code de police administrative. Sammlung sämmtlicher Gesezze in Betreff des Polizeiamtes der Präfecten ... 3 Bde Mainz 1810–15
Bollmann, J., Bremisches Staats- und Verwaltungsrecht, Bremen 1904
Bollmann, J., Das Staatsrecht der Freien Hansestädte Bremen und Lübeck, Tübingen 1914
Bömers, K., Das Staatsrecht des Fürstentums Schaumburg-Lippe, Freiburg und Tübingen 1888
Bonnin, Ch., Droit public francais, ou Code politique, Paris 1809
Bonnin, Ch., Principes d'administration publique pour servir à l'étude des lois administratives, Paris 1809
Bopp, F., Der Hessische Rechtsfreund, Darmstadt 1835–37
Bornhak, C., Geschichte des Preußischen Verwaltungsrechts, 3 Bde Berlin 1884–86
Bornhak, C., Preußisches Staatsrecht, 3 Bde Freiburg 1888–90
Bornhak, C., Allgemeine Staatslehre, Berlin 1896
Bornhak, C., Grundriß des Deutschen Staatsrechts, Leipzig 1906
Bornhak, C., Grundriß des Verwaltungsrechts in Preußen und dem Deutschen Reiche, Leipzig 1906
Bornhak, C., Staats- und Verwaltungsrecht des Großherzogtums Baden, Hannover 1908
Borowski, G. H., Abriß des praktischen Cameral- und Finanz-Wesens ... in den Königlich Preußischen Staaten, Berlin 1795
Bosse, H. A. v., Kgl. sächsische revidierte Städteordnung für mittlere und kleinere Städte, 3. Aufl. Leipzig 1878
Bosse, H. A. v., Leitfaden für Gemeindevorstände des Königreichs Sachsen, Leipzig 1874
Brauer, J. N. F., Beyträge zu einem allgemeinen Staatsrecht der Rheinischen Bundes-Staaten, Karlsruhe 1807
Brauer, J. N. F., Erläuterungen über den Code Napoléon und der großherzoglich Badenschen bürgerlichen Gesetzgebung, 6 Bde Karlsruhe 1809–12
Braun, K., Bilder aus der deutschen Kleinstaaterei, 4 Bde Leipzig 1869, Berlin 1870
Brendel, S., Die Geschichte, das Wesen und der Werth der Nationalrepräsentation, 2 Bde Bamberg 1816
Breyer, J. G., Elementa iuris publici Wirtembergensi, 2. Aufl. Tübingen 1787
Brie, S., Der Bundesstaat. Eine historisch-dogmatische Untersuchung, Leipzig 1874
Bruck, E., Das Verfassungs- und Verwaltungsrecht von Elsaß-Lothringen, 3 Bde Straßburg 1908–10
Brückner, W., Staats- und Verwaltungsrecht der freien und Hansestadt Lübeck, Hannover 1909
Bruns, F., Verfassungsgeschichte des Lübeckischen Freistaates 1848–1898, Lübeck 1898–99
Buchholz, F., Gemälde des gesellschaftlichen Zustandes im Königreich Preussen, Berlin und Leipzig 1808
Buchholz, F., Vertheidigung der Urheber des Preußischen Landrechts gegen die Beschuldigungen eines Ungenannten, Berlin 1828
Buchner, K., Das Großherzogthum Hessen in seiner politischen und sozialen Entwickelung vom Herbst 1847 bis zum Herbst 1850, Darmstadt 1850

BUCHNER, K., Der Herr Fürst Ludwig zu Solms-Lich und die Repräsentativverfassungen, Darmstadt 1838
BUEK, F. G., Handbuch der Hamburgischen Verfassung und Verwaltung, Hamburg 1828
BUHL, L., Die Verfassungsfrage in Preußen nach ihrem geschichtlichen Verlaufe, Zürich und Winterthur 1842
BÜHLER, O., Die subjektiven öffentlichen Rechte und ihr Schutz in der deutschen Verwaltungsrechtsprechung, Berlin–Stuttgart–Leipzig 1914
BÜLAU, F., Darstellung der Verfassung und Verwaltung des Königreichs Sachsen, Leipzig 1833
BÜLAU, F., Nonulla de dynastis in Saxonia regia, Leipzig 1833
BÜLOW, F. v., Bemerkungen, veranlaßt durch des Hn. Hofraths Rehberg Beurtheilung der königlich preussischen Staatsverwaltung und Staatsdienerschaft, Frankfurt und Leipzig 1808
BÜLOW, G. PH. v., Zur Erläuterung der Landschaftsordnung des Herzogthums Braunschweig von 1820, Braunschweig 1831
BÜLOW-CUMMEROW, E. G. G. v., Preußen, seine Verfassung, seine Verwaltung, sein Verhältniß zu Deutschland, 2 Bde Jena 1842–43
BURCKHARD, CH. W., Handbuch der Verwaltung im Großherzogthum Sachsen–Weimar–Eisenach, Neustadt a. d. O. 1844
BURKE, E., Reflections on the French Revolution, 1790, Ausg. London 1953 (dt. als Betrachtungen über die französische Revolution ... bearb. v. F. Gentz, Berlin 1793)
BUTTE, W., Versuch der Begründung eines endlichen und durchaus neuen Systems der sogenannten Polizeywissenschaft, Landshut 1807

CALKER, W. VAN, Das badische Budgetrecht in seinen Grundzügen, T. 1, Tübingen 1901
CALKER, W. VAN, Das Staatsrecht des Großherzogtums Hessen, Tübingen 1913
CHRISTERN, J. W., Geschichte der freien Stadt Hamburg und ihrer Verfassung, Hamburg und Leipzig 1843
CÖLLN, F. v., Vertraute Briefe über die neuern Verhältnisse am preußischen Hofe seit Friedrichs II. Tode, Leipzig 1807–09
CONSTANT, B., De la responsabilité des Ministres, Paris 1814
COSACK, K., Das Staatsrecht des Großherzogtums Hessen, Freiburg und Leipzig 1894
CROME, A. F. W.–JAUP, K. (Hg.), Germanien, Gießen 1808–11
CUCUMUS, K. v., Lehrbuch des Staatsrechts der constitutionellen Monarchie Baierns, Würzburg 1825

DABELOW, CH. CH., Über Souverainität, Staats-Verfassung und Repräsentativ-Form, Marburg 1816
DABELOW, CH. CH., Ueber den dreyzehnten Artikel der deutschen Bundesacte, die landständischen Verfassungen betreffend, Göttingen 1816
DACHERÖDEN, E. L. W. v., Versuch eines Staatsrechts, Geschichte und Statistik der freien Reichsdörfer in Deutschland, Leipzig 1785
DAHLMANN, F. C., Urkundliche Darstellung des dem Schleswig-Holsteinischen Landtage kraft der Landesgrundverfassung zustehenden anerkannten Steuerbewilligungsrechtes, Kiel 1819
DAHLMANN, F. C., Die Politik, auf den Grund und das Maß der gegebenen Zustände zurückgeführt, Göttingen 1835
DAHLMANN, F. C. (Hg.), Vertheidigung des Staatsgrundgesetzes für das Königreich Hannover, Jena 1838
DAHLMANN, F. C. (Hg.), Gutachten der Juristen-Fakultäten in Heidelberg, Jena und Tübingen, Jena 1839
DARJES, J. G., Erste Gründe der Kameralwissenschaften, Jena 1756
DEMIAN, J. A., Handbuch der Geographie und Statistik des Herzogtums Nassau, Wiesbaden 1823
DÖNNIGES, W., Die Land-Kultur-Gesetzgebung Preußens, 5 Bde Berlin u. Frankfurt/O. 1842–50
DRESCH, L. v., Betrachtungen über den Deutschen Bund, Tübingen 1817
DRESCH, L. v., Öffentliches Recht des deutschen Bundes und der deutschen Bundesstaaten, Tübingen 1820
DRESCH, L. v., Die Schlussakte der über Ausbildung und Befestigung des deutschen Bundes zu Wien gehaltenen Ministerial-Conferenzen in ihrem Verhältnisse zur Bundesakte betrachtet, Tübingen 1821
DRESCH, L. v., Naturrecht, Tübingen 1822
DRESCH, L. v., Grundzüge des bayerischen Staatsrechtes, Ulm 1823

DRESCH, L. v., Abhandlungen über Gegenstände des öffentlichen Rechts sowohl des deutschen Bundes überhaupt, als auch einzelner Bundesstaaten, München 1830

ECKERT, L., Das badische Beamtenrecht, jur. Diss. Freiburg 1897
EICHHORN, K. F., Deutsche Staats- und Rechtsgeschichte, Göttingen 1808ff.
EICHHORN, K. F., Einleitung in das deutsche Privat-Recht, Göttingen, 1824
EIGENBRODT, K. CHR., Handbuch der Großherzoglich Hessischen Verordnungen vom Jahre 1803 an, 4 Bde Darmstadt 1816–18
EIGENBRODT, C. G., Das Verhältniß der Gerichte zur Verwaltung im Großherzogthum Hessen, Darmstadt 1840
EISELEN, J. F. G., Handbuch des Systems der Staatswissenschaften, Breslau 1828
ELVERS, CHR. F., Die Hauptquellen des deutschen Bundes-Staatsrechts, Göttingen 1824
EMMERMANN, F. W., Ueber Polizei, ihren vollständigen Begriff und ihr eigenthümliches Verfahren, Dillenburg und Siegen 1811
EMMERMANN, F. W., Die Staatspolizei in Beziehung auf den Zweck des Staats und seine Behörden, Wiesbaden 1819
EMMINGHAUS, G., Corpus iuris germanici, tam publici quam privati, academicum, 2 Bde Jena 1824
EPPLEN, J. F. X. v., Über das Princip der deutschen Territorialverfassung, Frankfurt 1803
ERDMANN, J. E., Philosophische Vorlesungen über den Staat, Halle 1851
ESCHER, H., Ueber die Philosophie des Staatsrechts, mit besonderer Beziehung auf die Haller'sche Restauration, Zürich 1821
ESTOR, J. G., Jus publicum Hassiacum hodiernum, Jena 1739
ESTOR, J. G., De Comitiis et Ordinibus Hassiae praesertim Cassellanae provincialibus, 2. Aufl. Frankfurt 1752
ESTOR, J. G., Origines juris publici Hassiaci, Jena 1738

FALCK, N., Das Herzogthum Schleswig in seinem gegenwärtigen Verhältniß zu dem Königreich Dänemark und zu dem Herzogthum Holstein, Kiel 1816
FALCK, N., Juristische Encyklopädie, auch zum Gebrauch bei academischen Vorlesungen, Kiel 1821
FALCK, N., Handbuch des Schleswig-Holsteinischen Privatrechts, Altona 1825–48
FALCK, N., Die historischen Landes-Rechte in Schleswig und Holstein urkundlich, Vorwort von Etatsrath Falck, nebst einer Zugabe von Prof. Dahlmann, Hamburg 1847
FALCK, N., Sammlung der wichtigsten Urkunden, welche auf das Staatsrecht der Herzogthümer Schleswig und Holstein Bezug haben, Kiel 1847
FALKMANN, A., Das Staatsrecht des Fürstentums Lippe, Freiburg und Tübingen 1888
FESSMAIER, J. G., Grundriß des baierischen Staatsrechts, Ingolstadt 1801
FEUERBACH, P. J. A. v., Themis oder Beyträge zur Gesetzgebung, Landshut 1812
FICHTE, J. G., Grundlage der gesamten Wissenschaftslehre, Jena–Leipzig 1794–95
FICHTE, J. G., Grundlage des Naturrechts nach Prinzipien der Wissenschaftslehre, Jena–Leipzig 1796–97
FICHTE, J. G., Das System der Sittenlehre nach den Prinzipien der Wissenschaftslehre, Jena–Leipzig 1798
FICHTE, J. G., Die Bestimmung des Menschen, Berlin 1800
FICHTE, J. G., Die Grundzüge des gegenwärtigen Zeitalters, Berlin 1806
FICHTE, J. G., Die Anweisung zum seligen Leben oder auch die Religionslehre, Berlin 1806
FICHTE, J. G., Reden an die Deutsche Nation, Berlin 1808
FICHTE, J. G., Die Wissenschaftslehre. Vorgetragen im Jahre 1804, Bonn 1834
FISCHBACH, O., Das öffentliche Recht des Reichslandes Elsaß-Lothringen, Tübingen 1914
FISCHER, C. A., Leitfaden zur theoretischen und practischen Kenntniß der Gemeinheitstheilungen und Ablösungen . . . Meissen 1839
FISCHER, F. CH. J., Kurzer Begriff des Kameralrechts, Halle 1796
FISCHER, F. CH. J., Lehrbegriff und Umfang der deutschen Staatswirthschaft oder von der Verbindung mit dem Verhältnisse der Kameralwissenschaften zum teutschen Staatsrechte, Halle 1783
FISCHER, F. CHR. J., Lehrbegriff sämmtlicher Cameral- und Policey-Rechte von Deutschland, 3 Bde Halle 1784–86
FISCHER, G. E., Ueber die Errichtung staatswissenschaftlicher Seminarien an den deutschen Universitäten, Jena 1857

FISCHER, O., Das Verfassungs- und Verwaltungsrecht des Deutschen Reiches und des Königreiches Sachsen in seinen Grundzügen gemeinfaßlich dargestellt, Leipzig 1882
FLATH, C. E., Systematische Darstellung des im Königreiche Sachsen geltenden Polizei-Rechts, I–III, Leipzig 1841–42
FLEINER, F., Über die Umbildung zivilrechtlicher Institute durch das öffentliche Recht, Tübingen 1906
FLEINER, F., Staatsrechtliche Gesetze Württembergs, 2. Aufl. Tübingen 1907
FLEINER, F., Institutionen des Deutschen Verwaltungsrechts, Tübingen 1911
FRANK, J. P., System einer vollständigen medicinischen Polizey, 4 Bde Mannheim 1779–88
FRANKENBERG, H. v., Das Staats- und Verwaltungsrecht des Herzogtums Braunschweig, Hannover 1909
FRANTZ, C., Föderalismus als das leitende Prinzip ... Mainz 1879
FREIMUND, J. (Ps.), Kritische Bemerkungen über die kurhessische Verfassungs-Urkunde, Leipzig 1831
FRICKER, K. V. (Hg.), Die Verfassungsurkunde für das Königreich Württemberg, Tübingen 1865
FRICKER, K. V., Grundriß des Staatsrechts des Königreichs Sachsen, Leipzig 1891
FRIEDEMANN, F. T., Die Verfassung und Verwaltung des Herzogtums Nassau, Wiesbaden 1841
FRÖBEL, J., siehe JUNIUS, C.
FULDA, F. K. v., Grundsätze der ökonomisch-politischen oder Cameralwissenschaften, Tübingen 1816
FULDA, F. K. v., Ueber das Cameralstudium in Württemberg, Tübingen 1808
FUNKE, G. L., Die Verwaltung in ihrem Verhältniß zur Justiz, die Grenzlinie zwischen beiden und die Verwaltungsjustiz, Zwickau 1838

GAERTNER, G., Ueber die wissenschaftliche Behandlung des deutschen Staatsrechtes, Bonn 1839
GAERTNER, G., Die Rechts- und Staatslehre, Bonn 1839
GAGERN, H. v., Rechtliche Erörterung über Inhalt und Bestand der der Provinz Rheinhessen landesherrlich verliehenen Garantie ihrer Rechts-Verfassung ... Worms 1847
GAREIS, K., Allgemeines Staatsrecht, Freiburg und Tübingen 1883
GAREIS, K., Das Staatsrecht des Großherzogtums Hessen, Freiburg und Leipzig 1884
GAUPP, L., Das Staatsrecht des Königreichs Württemberg, Freiburg und Tübingen 1884
GENTZ, F., Sendschreiben, Berlin 1797
GENTZ, F., Ueber den politischen Zustand von Europa vor und nach der französischen Revolution, 2 Th. Berlin 1801–02
GENTZ, F., Ueber den Ursprung und Charakter des Krieges gegen die französische Revolution, Berlin 1801
GENTZ, F., Authentische Darstellung des Verhältnisses zwischen England und Spanien, Riga und Leipzig 1806
GENTZ, F. v., Über den Unterschied zwischen den landständischen und repräsentativen Verfassungen (1819), in: C. v. Welcker (Hg.), Wichtige Urkunden über den Rechtszustand der deutschen Nation, Mannheim 1844
GERBER, C. F., Das wissenschaftliche Princip des gemeinen deutschen Privatrechts, Jena 1846
GERBER, C. F., System des deutschen Privatrechts, Jena 1848–49
GERBER, C. F., Ueber öffentliche Rechte, Tübingen 1852
GERBER, C. F., Zur Charakteristik der deutschen Rechtswissenschaft, Tübingen 1851
GERBER, C. F. v., Grundzüge eines Systems des deutschen Staatsrechts, Leipzig 1865
GERSTÄCKER, K. F. W., Dissertatio inauguralis Juris Politiae ex uno securitatis jurisque custodiarum principio, Leipzig 1813
GERSTÄCKER, K. F. W., System der innern Staatsverwaltung und der Gesetzpolitik, 3 Abth. Leipzig 1818–20
GERSTNER, L. J., Die Grundlehren der Staatsverwaltung, I: Einleitung in die gesamte Staatsverwaltungslehre, Würzburg 1862
GIERKE, O., Das Deutsche Genossenschaftsrecht. Erster Band: Rechtsgeschichte der deutschen Genossenschaft, Berlin 1868
GIERKE, O. v., Die soziale Aufgabe des Privatrechts, Berlin 1889
GIERKE, O. v., Deutsches Privatrecht, Bd. 1, Leipzig 1895
GIERKE, O. v., Das Wesen der menschlichen Verbände, Leipzig 1902
GIESE, F., Die Grundrechte, Tübingen 1905
GLAUBRECH, J., Über die gesetzlichen Garantien der persönlichen Freiheit in Rheinhessen, Darmstadt 1834

GLOCKNER, K., Badisches Verfassungsrecht, Karlsruhe 1905
GNEIST, R. v., Budget und Gesetz, Berlin 1867
GNEIST, R. v., Das heutige englische Verfassungs- und Verwaltungsrecht, 2 Teile Berlin 1857–63
GNEIST, R. v., Die confessionelle Schule, Berlin 1869
GNEIST, R. v., Verwaltung, Justiz, Rechtsweg, Staatsverwaltung und Selbstverwaltung nach englischen und deutschen Verhältnissen, Berlin 1869
GNEIST, R. v., Der Rechtsstaat, Berlin 1872 (2. Aufl. u. d. T. Der Rechtsstaat und die Verwaltungsgerichte in Deutschland, Berlin 1879)
GNEIST, R. v., Die Nationale Rechtsidee von den Ständen und das Preußische Dreiklassen-Wahlsystem, Berlin 1894
GÖCKEL, F. v., Sammlung Großherzogl. Sachsen-Weimar-Eisenachischer Gesetze ... 10 Bde, 1811–1850, Eisenach 1828–54
GOLDMANN, W., Die Gesetzgebung des Großherzogthums Hessen in Beziehung auf Befreiung des Grundeigenthums und der Person, Darmstadt 1831
GÖNNER, N. TH., Teutsches Staatsrecht, Landshut 1804
GÖNNER, N. TH., Ueber das rechtliche Princip der deutschen Territorialverfassung, Landshut 1804
GÖNNER, N. TH. (Hg.), Archiv für die Gesetzgebung und Reforme des juristischen Studiums, Landshut 1808–14
GÖNNER, N. TH., Der Staatsdienst aus dem Gesichtspunkt des Rechts und der Nationalökonomie betrachtet, Landshut 1808
GÖRRES, J., Teutschland und die Revolution, Coblenz 1819
GÖSSEL, F., Geschichte der kurhessischen Landtage, Kassel 1837
GÖZ, K., Die Verwaltungsrechtspflege in Württemberg, Tübingen und Leipzig 1902
GRÄFE, H., Die Verfassungs-Urkunde des Kurfürstenthums Hessen, Kassel 1848
GRÄFF, H., Die Verfassungs-Urkunde des preußischen Staats, 2. Aufl. Breslau 1857
GRÄVELL, M. C. F. W., Anti-Platonischer Staat, Oder welches ist die beste Staatsverwaltung? (1808), 2. Aufl. Berlin 1812
GRÄVELL, M. C. F. W., Die Quellen des allgemeinen deutschen Staatsrechts seit 1813–1829, Leipzig 1820
GRÄVELL, M. C. F. W., Ueber höhere, geheime und Sicherheits-Polizei, Sondershausen und Nordhausen 1820
GRÄVELL, M. C. F. W., Der Regent, 2 Bde Stuttgart 1823
GROOTE, A., Der Norddeutsche Bund, das Preußische Volk und der Reichstag, Leipzig 1876
GROTEFEND, G. A., System des öffentlichen Rechts der deutschen Staaten, 2 Abth. Cassel 1860–65
GROTEFEND, G. A., Das deutsche Staatsrecht der Gegenwart, Berlin 1869
GROTEFEND, G. A., Lehrbuch des Preußischen Verwaltungsrechts, 2 T. Berlin 1890–92
GRÜNLER, J., Beiträge zum Staatsrecht des Königreichs Sachsen (Auswärtiges Staatsrecht), Dresden und Leipzig 1838
GUMPLOWICZ, L., Rasse und Staat, Wien 1875
GUMPLOWICZ, L., Philosophisches Staatsrecht, Graz 1877 (2. u. 3. Aufl. als Allgemeines Staatsrecht, Innsbruck 1897, 1907)
GUMPLOWICZ, L., Rechtsstaat und Socialismus, Innsbruck 1881
GUMPLOWICZ, L., Verwaltungslehre mit besonderer Berücksichtigung des österreichischen Verwaltungsrechts, Innsbruck 1882
GUMPLOWICZ, L., Einleitung in das Staatsrecht, Berlin 1889
GUMPLOWICZ, L., Das österreichische Staatsrecht (Verfassungs- und Verwaltungsrecht), Wien 1891
GUMPLOWICZ, L., Die soziologische Staatsidee, Graz 1892

H., Z. A., Das Wirken der Staatsregierung und Stände im Königreich Sachsen, Leipzig 1834
HAAS, F. J., Grundriß des Deutschen Staatsrechts, Bonn 1827
HAASE, Handbuch zur Kenntnis des Preußischen Polizei- und Kameralwesens, 3 Bde Magdeburg 1794–97
HÄBERLIN, C. F., Handbuch des Teutschen Staatsrechts nach dem System des Geheimen Justizrath Pütter, Bde 1, 2, Berlin 1794, Bd. 3, Berlin 1797
HÄBERLIN, C. F., Ueber die Güte der Deutschen Staatsverfassung, in: Deutsche Monatsschrift 1793, 3ff.
HAGEMEISTER, E. F., Versuch einer Einleitung in das Mecklenburgische Staatsrecht, Rostock und Leipzig 1793

HAHN, L., Zwei Jahre preussisch-deutscher Politik 1866–67, Berlin 1868
HAHN, L., Fürst Bismarck. Sein politisches Leben und Wirken, 4 Bde Berlin 1878-86, 5. Bd. v. C. Wippermann, Berlin 1891
HALLER, F. (Hg.), Handwörterbuch der Württembergischen Verwaltung, Stuttgart 1915
HALLER, K. L. v., Ueber die Nothwendigkeit einer andern obersten Begründung des allgemeinen Staatsrechts, Bern 1807
HALLER, K. L. v., Handbuch der allgemeinen Staatenkunde, Winterthur 1808
HALLER, K. L. v., Restauration der Staatswissenschaft oder Theorie des natürlich-geselligen Zustands, der Chimäre des künstlich-bürgerlichen entgegengesetzt, 4 Bde Winterthur 1816–25
HALLER, K. L. v., Lettre à sa famille, pour lui déclarer son retour à l'Eglise catholique, Paris 1821
HALLER, K. L. v., Satan oder die Revolution, Luzern und Augsburg 1834
HALLER, K. L. v., Staatsrechtliche Prüfung des preussischen Vereinigten Landtags, nebst redlichem Rathe an den König zur Behauptung seines guten Rechts, Schaffhausen 1847
HÄLSCHNER, H., Die Staatserbfolge der Herzogtümer Schleswig, Holstein und Lauenburg, Bonn 1846
HAMBURGER, G., Die staatsrechtlichen Besonderheiten der Stellung des Reichslandes Elsaß-Lothringen im Deutschen Reich, Breslau 1901
HÄNEL, A., Studien zum Deutschen Staatsrechte, 3 Bde Leipzig 1873, 1880, 1888
HÄNEL, A., Deutsches Staatsrecht, Bd. I: Die Grundlagen des deutschen Staates und die Reichsgewalt, Leipzig 1892
HARL, J. P., Vollständiges Handbuch der Polizey-Wissenschaft, ihrer Hülfsquellen und Geschichte, Erlangen 1809
HARL, J. P., Vollständiges Handbuch der Kriegs-Polizei-Wissenschaft, und Militär-Oekonomie, Landshut 1812
HARL, J. P., Entwurf eines Polizei-Gesetzbuchs, Erlangen 1822
HARSCHER V. ALMENDINGEN, L., Vorträge über den ganzen Inhalt des Code Napoleon, 3 Bde Gießen 1812
HARSCHER V. ALMENDINGEN, L., Ansichten über Deutschlands Vergangenheit, Gegenwart und Zukunft, o. O. 1814
HÄSSELBARTH, Das Staats- und Verwaltungsrecht des Herzogthums Sachsen-Altenburg, Hannover 1909
HAUKE, F., Die Lehre von der Ministerverantwortlichkeit, Wien 1880
HAUKE, F., Grundriß des Verfassungsrechts, Leipzig 1905
HAUSER, L., Die Verfassung des Deutschen Reiches in den Grundzügen und Verhältnissen zu den Einzelstaaten, insbesondere zu Bayern, Nördlingen 1871
HEBENSTREIT, E. B. G., Lehrsätze der medicinischen Polizeywissenschaft, Leipzig 1791
HECKEL, F. E., Sachsens Polizei, Dresden und Leipzig 1840
HEEREN, A. H. L., Der Deutsche Bund in seinen Verhältnissen zu dem Europäischen Staatensystem; bey Eröffnung des Bundestages dargestellt, Göttingen 1816
HEFFTER, A. W., Beiträge zum deutschen Staats- und Fürstenrecht, Berlin 1829
HEGEL, G. W. F., Werke in 20 Bden, Frankfurt 1971
HEISE, G. A., Grundriß eines Systems des gemeinen Civilrechts, Heidelberg 1807
HELD, J. v., System des Verfassungsrechts der monarchischen Staaten Deutschlands mit besonderer Rücksicht auf den Constitutionalismus, 2 Teile, Würzburg 1856–57
HELD, J. v., Staat und Gesellschaft vom Standpunkt der Geschichte der Menschheit und des Staats, 3 Th. Leipzig 1861–65
HELD, J. v., Grundzüge des Allgemeinen Staatsrechts oder Institutionen des öffentlichen Rechts, Leipzig 1868
HELD, J. v., Die Verfassung des Deutschen Reiches vom staatsrechtlichen Standpunkt aus betrachtet, Leipzig 1872
HENRICI, G., Grundzüge zu einer Theorie der Polizeiwissenschaft, Lüneburg 1808
HERMSDORF, E., Die Verfassungsurkunde für das Königreich Sachsen vom 4. September 1831 mit den sie ergänzenden Bestimmungen, Leipzig 1839
HESSE, F. H., Die Preußische Preßgesetzgebung, ihre Vergangenheit und Zukunft, Berlin 1843
HESSE, W., Rheinhessen in seiner Entwickelung von 1798 bis Ende 1834, Mainz 1835
HEUMANN VON TEUTSCHENBRUNN, J., Initia iuris politiae Germanorum, Nürnberg 1757
HEUSER, O. L., Systematisches Handbuch des kurhessischen Straf- und Polizei-Rechtes, Kassel 1853
HEYDENREICH, K. H., Grundsätze des natürlichen Staatsrechts und seiner Anwendung, Leipzig 1795

HIERSEMENZEL, K., Die Verfassung des Norddeutschen Bundes, 3 Bde Berlin 1867–70
HINGENAU, O. v., Handbuch der Bergrechtskunde, 7 Th. Wien 1852–55
HINGENAU, O. v., Das Allgemeine Berggesetz für die Preußischen Staaten vom 24. Juni 1865, Wien 1866
HINÜBER, G. H., Beyträge zum Braunschweigischen und Hildesheimschen Staats- und Privatrecht, Hannover 1772, Braunschweig und Wolfenbüttel 1778
HÖCK, J. D. A., Grundlinien der Polizeiwissenschaft, Nürnberg 1809
HOFFER, J. B., Beyträge zum Policeyrecht der Teutschen, 2 Bde Altdorf 1764–65
HOFFMANN, J. G., Das Verhältnis der Staatsgewalt zu den Vorstellungen ihrer Untergebenen, Berlin 1842
HOFFMANN, K. H. L., Die Domanialverwaltung des Württembergischen Staates nach den bestehenden Normen und Grundsätzen, Tübingen 1842
HOFFMANN, K. H. L., Das gesamte württembergische Polizeirecht, Tübingen 1846
HOFFMANN, K. H. L., Das Württembergische Finanzrecht, Tübingen 1857
HOFMANN, A. C. FRHR. v., Beiträge zur näheren Kenntniss der Gesetzgebung und Verwaltung des Großherzogthums Hessen, Gießen 1832
HOHENTHAL, P. C. W. GRAF v., Liber de Politia, Leipzig 1776
HOLTZENDORFF, F. v., Die Prinzipien der Politik, 2. Aufl. Berlin 1879
HORMAYR, J. v., Abhandlungen aus dem österreichischen Staatsrechte, Wien 1808
HÜBNER, O., Die Banken. Nach den neuesten statistischen Notizen und Berichten, Leipzig 1846
HUBRICH, E., Preußisches Staatsrecht, Hannover 1909
HUE DE GRAIS, R. GRAF, Handbuch der Verfassung und Verwaltung in Preußen und dem Deutschen Reiche, Berlin 1881
HUE DE GRAIS, R. GRAF, Grundriss der Verfassung und Verwaltung in Preußen und dem Deutschen Reiche, Berlin 1884
HUE DE GRAIS, R. GRAF, Staatsbürgerkunde. Führer durch das Rechts- und Wirtschaftsleben in Preußen und dem Deutschen Reiche, Berlin 1913
HUGO, G., Lehrbuch eines civilistischen Cursus, I, 5. Aufl. Berlin 1817
HUGO, G. W., Die Grundgesetze und Verfassungsurkunden älterer und neuerer Zeit, Karlsruhe 1836
HUGO, G. W., Die Mediatisierung der deutschen Reichsstädte, Karlsruhe 1838
HUNDESHAGEN, J. CHR., Lehrbuch der Forstpolizei, 2. Aufl. Tübingen 1831

ILLING, J., Handbuch für preußische Verwaltungsbeamte, 2. Aufl. 2 Bde Düsseldorf 1869–70
INAMA-STERNEGG, K. TH. v., Verwaltungslehre in Umrissen, Innsbruck 1870

JACOBSON, H. F., Der Preußische Staat, Leipzig 1854
JAKOB, L. H., Ueber Cursus und Studien-Plan für angehende Cameralisten, Halle 1805
JAKOB, L. H., Grundsätze der Policeygesetzgebung und der Policeyanstalten, 2 Bde Charkow, Halle und Leipzig 1809
JAKOB, L. H., Aus dem Naturrechte, Halle 1796
JARCKE, C. E., Die französische Revolution von 1830, historisch und staatsrechtlich beleuchtet, Berlin 1831
JARCKE, C. E., Vermischte Schriften, 3 Bde München 1839
JARCKE, C. E., Prinzipienfragen, Paderborn 1854
JASTROW, I., Sozialpolitik und Verwaltungswissenschaft, Berlin 1902
JELLINEK, G., Die Lehre von den Staatenverbindungen, Wien 1882
JELLINEK, G., Gesetz und Verordnung. Staatsrechtliche Untersuchungen auf rechtsgeschichtlicher und rechtsvergleichender Grundlage, Freiburg 1887
JELLINEK, G., System der subjektiven öffentlichen Rechte, Freiburg 1892
JELLINEK, G., Die Erklärung der Menschen- und Bürgerrechte, Leipzig 1895
JELLINEK, G., Allgemeine Staatslehre, Berlin 1900, 6. Nachdr. d. 3. Aufl. 1959
JELLINEK, G., Verfassungsänderung und Verfassungswandlung, Berlin 1906
JELLINEK, G., Ausgewählte Schriften und Reden, Berlin 1911
JELLINEK, W., Gesetz, Gesetzesanwendung und Zweckmäßigkeitserwägung ... Tübingen 1913
JORDAN, S., Versuche über allgemeines Staatsrecht in systematischer Ordnung und mit Bezugnahme auf Politik, Marburg 1828
JORDAN, S., Lehrbuch des allgemeinen und deutschen Staatsrechts, Kassel 1831

Jung-Stilling, J. H., Lehrbuch der Staats-Polizeywissenschaft, Leipzig 1788
Junius, C. (= Julius Fröbel), System der sozialen Politik, 2 Bde Mannheim 1847
Just, H., Geschichte der Sächsischen Verfassung. Nebst einer Würdigung des Inhalts der Verfassungs-Urkunde, Zittau 1832
Justi, J. H. G. v., Grundsätze der Polizeywissenschaft in einem vernünftigen, auf den Endzweck der Polizey gegründeten Zusammenhang, Göttingen 1756

Kahr, G., Das bayerische Gesetz über die Errichtung eines Verwaltungsgerichtshofes und das Verfahren in Verwaltungsrechtssachen vom 8. August 1878, Nördlingen 1879
Kaim, I., Revision der Sächsischen Recesse von 1740 und 1835 mit dem Hause Schönburg, Leipzig 1860
Kalkreuth, H. W. A. Graf v., Die Legitimität, Leipzig 1823
Kaltenborn v. Stachau, K. Baron v., Geschichte der deutschen Bundesverhältnisse und Einheitsbestrebungen von 1806–1857 unter Berücksichtigung der Entwicklung der Landesverfassungen, 2 Bde Berlin 1857
Kaltenborn v. Stachau, K. Baron v., Einleitung in das constitutionelle Verfassungsrecht, Leipzig 1863
Kaltenborn v. Stachau, K. Baron v., Die Volksvertretung und die Besetzung der Gerichte, besonders des Staatsgerichtshofes, Leipzig 1864
Kamptz, K. A. H. Chr. v., Beiträge zum mecklenburgischen Staats- und Privatrechte, Neustrelitz 1795–1805
Kamptz, K. A. H. Chr. v., Civilrecht der Herzogthümer Mecklenburg, 2 Th. Schwerin 1805–06
Kamptz, K. A. H. Chr. v., Beyträge zum Staats- und Völkerrecht, Berlin 1815
Kamptz, K. A. H. Chr. v., Prüfung der landschaftlichen Rechte der bürgerlichen Grundbesitzer in Mecklenburg, Berlin 1844–45
Kamptz, K. A. H. Chr. v., Die Deutsche constituirende National-Versammlung in Frankfurt vor der Kritik des Staatsrechts, Berlin 1849
Kelsen, H., Über Grenzen zwischen juristischer und soziologischer Methode, Tübingen 1911
Kelsen, H., Hauptprobleme der Staatsrechtslehre, 2. Aufl. Tübingen 1923
Kelsen, H., Allgemeine Staatslehre, Berlin 1925
Kirchenheim, A. v., Einführung in das Verwaltungsrecht, Stuttgart 1885
Kircher, W., Das Staatsrecht des Herzogtums Sachsen-Meiningen, Freiburg 1884
Kjellén, R., Der Staat als Lebensform, Leipzig 1917
Kleinwächter, F., Die rechts- und staatswissenschaftlichen Fakultäten in Oesterreich, Wien 1876
Kletke, G. M., Das norddeutsche Bundes-Indigenat in seinen rechtlichen Konsequenzen, Berlin 1871
Klewitz, W. v., Einige Worte über die im Preußischen A. L. R. ausgesprochenen staatsrechtlichen Grundsätze, Berlin 1828
Klüber, J. L., Einleitung zu einem neuen Lehrbegriff des deutschen Staatsrechts, Erlangen 1803
Klüber, J. L., Staatsrecht des Rheinbundes; Lehrbegriff, Tübingen 1808
Klüber, J. L., Akten des Wiener Congresses in den Jahren 1814 und 1815, 9 Bde Erlangen 1815–35
Klüber, J. L., Uebersicht der diplomatischen Verhandlungen des Wiener Kongresses überhaupt und insonderheit über wichtige Angelegenheiten des teutschen Bundes, 3 Bde Frankfurt 1816
Klüber, J. L. (Hg.), Staatsarchiv des teutschen Bundes, Erlangen 1816–18
Klüber, J. L., Öffentliches Recht des Teutschen Bundes und der Bundesstaaten, Frankfurt 1817, 4. Aufl. Frankfurt 1840
Klüber, J. L., Droit des gens moderne de l'Europe, 2 Bde Stuttgart 1819
Klüber, J. L., Europäisches Völkerrecht, Stuttgart 1821
Klüber, J. L., Quellensammlung zu dem öffentlichen Recht des deutschen Bundes, Erlangen 1830 (Fortsetzung 1833)
Klüber, J. L., Die Selbständigkeit des Richteramtes und die Unabhängigkeit seines Urtheils im Rechtsprechen, Frankfurt 1832
Klügmann, K., Das Staatsrecht der freien und Hansestadt Lübeck, Freiburg und Leipzig 1884
Knetsch, A., Das Staats- und Verwaltungsrecht von Sachsen-Weimar-Eisenach, Hannover 1909
Koller, A. (Hg.), Archiv des Norddeutschen Bundes und des Zollvereins, 6 Bde Berlin 1868–73
Kopetz, W. G., Oesterreichische politische Gesetzeskunde oder systematische Darstellung der politischen Verwaltung in den deutschen, böhmischen und galizischen Provinzen des oesterreichischen Kaiserthums, 2 Bde Wien 1807–19

KORMANN, K., System der rechtsgeschäftlichen Staatsakte, Berlin 1910
KRAUS, A., Die Garantie der französischen Einrichtungen in der Provinz Rheinhessen, Darmstadt 1847
KRAUSS, A. v., Das christliche Staatsprinzip, Wien 1840
KREITTMAYR, W. X. A. FRHR. v., Grundriß des Allgemeinen, Deutsch- und Bayerischen Staatsrechts, 3 Th. Frankfurt und Leipzig 1769
KRIEKEN, A. TH. VAN, Ueber die sogenannte organische Staatstheorie, Leipzig 1873
KRIES, K. G., Die englische Armenpflege, Berlin 1863
KROPATSCHEK, J., Oesterreichs Staatsverfassung, 10 Bde Wien 1794, Supplementbände 1804, 1810
KRUG, W. T., Die Staatswissenschaft im Restaurazionsprozesse der Herren von Haller, Adam Müller und Consorten, Leipzig 1817
KRUG, W. T., Dikäopolitik oder neue Restaurazion der Staatswissenschaft mittels des Rechtsgesetzes, Leipzig 1824
KRUG, W. T., Verhandlungen des ersten Landtags im Königreiche Sachsen nach der neuen Verfassung. Ein Beitrag zur Geschichte der Entwicklung des konstituzionalen Lebens in Deutschland, Leipzig 1833
KRÜNITZ, J. G., Oekonomisch-technische Encyklopädie, oder allgemeines System der Staats-, Stadt-, Haus- und Landwirthschaft in alphabethischer Ordnung, 242 Bde Berlin 1769–1858, fortges. v. J. J. und H. G. Flörke
KÜCHLER, F., Das Verfassungs- und Verwaltungsrecht des Großherzogtums Hessen, 3. Aufl. hrsgg. v. A. E. Braun und A. K. Weber, 4 Bde und 1 Erg.Bd. Darmstadt 1894–96
KÜCHLER, F. A., Handbuch der Lokal-Staatsverwaltung im Großherzogthum Hessen, Heidelberg 1854
KUHN, O., Die Trennung der Justiz und Administration, Leipzig 1840
KUNTZE, J. E., Der Wendepunkt der Rechtswissenschaft, Leipzig 1856

LABAND, P., Das Magdeburg-Breslauer Systematische Schöffenrecht aus der Mitte des 14. Jahrhunderts, Berlin 1863
LABAND, P., Die Magdeburger Rechtsquellen, Königsberg 1869
LABAND, P., Die vermögensrechtlichen Klagen. Nach sächsischen Rechtsquellen des Mittelalters dargestellt, 1869
LABAND, P., Das Budgetrecht nach den Bestimmungen der Preußischen Verfassungs-Urkunde, Berlin 1870
LABAND, P., Das Staatsrecht des Deutschen Reiches, 3 Bde Tübingen 1876–82
LABAND, P., Deutsches Reichsstaatsrecht, Tübingen 1894
LABAND, P., Die Bedeutung der Rezeption des römischen Rechts für das deutsche Staatsrecht, Straßburg 1880
LABAND, P., Lebenserinnerungen (als Mskr. gedruckt), 1918
LAMPRECHT, G. F., Versuch eines vollständigen Systems der Staatslehre, mit Inbegriff der Polizei, Berlin 1784
LANCIZOLLE, C. W. v., Geschichte der Bildung des preußischen Staates, Berlin 1828
LANCIZOLLE, C. W. v., Grundzüge der Geschichte des deutschen Städtewesens, Berlin und Stettin 1829
LANCIZOLLE, C. W. v., Uebersicht der deutschen Reichsstandschafts- und Territorial-Verhältnisse vor dem französischen Revolutionskriege ... Berlin 1830
LANCIZOLLE, C. W. v., Ueber Ursachen, Charakter und Folgen der Julitage, Berlin 1831
LANCIZOLLE, C. W. v., Über Königtum und Landstände in Preußen, Berlin 1846
LANCIZOLLE, C. W. v., Rechtsquellen für die gegenwärtige landständische Verfassung in Preußen, Berlin 1847
LANDGRAFF, TH., Das Bundes- und Staatsbürgerrecht im norddeutschen Bunde, Leipzig 1870
LANGBEIN, A., Das Staats- und Verwaltungsrecht des Fürstentums Schwarzburg-Sondershausen, Hannover 1909
LAUN, R. v., Das freie Ermessen und seine Grenzen, Wien 1910
LEDERLE, A., Das Recht der Gemeindebeamten in Baden, Borna–Leipzig 1909
LEIST, J. CH., Lehrbuch des teutschen Staatsrechts, Göttingen 1803
LEO, H., Studien und Skizzen zu einer Naturlehre des Staates, Halle 1833
LEONI, A., Das öffentliche Recht des Reichslandes Elsaß-Lothringen, Erster Teil. Das Verfassungsrecht, Freiburg 1892, Zweiter Teil zus. m. K. Mandel, Das Verwaltungsrecht, Freiburg und Leipzig 1895

Leuthold, C. E., Das Königlich Sächsische Baupolizeirecht, Leipzig 1872
Leuthold, C. E., Die Verwaltungsgesetze für das Königreich Sachsen seit der Neuorganisation der Verwaltung, 2 Bde Leipzig 1875
Leuthold, C. E., Das Königlich Sächsische Verwaltungsrecht mit Einschluß der reichsrechtlichen Bestimmungen systematisch dargestellt, Leipzig 1878
Liebhaber, E. D. v., Beiträge zur Erörterung der Staatsverfassung der Braunschweig-Lüneburgischen Churlande, Gotha 1794
Liebhaber, E. D. v., Vom Fürstenthum Blankenburg und dessen Staatsverfassung, Wernigerode 1790
Liesching, Th., Zur Geschichte der württembergischen Verfassungsreform im Landtag 1901–1906, Tübingen 1906
Lindelof, F. Frhr. v., Grundriss des deutschen Staatsrechts nebst beigefügten Quellen- und Litteratur-Belegen, Gießen 1828
Lindgren, W. E. v., Grundbegriffe des Staatsrechts. Versuch einer juristischen Construktion des Staates und der Staatsgewalt, Leipzig 1869
Lingg, E., Empirische Untersuchungen zur allgemeinen Staatslehre, Wien 1890
Loening, E., Die Verwaltung des General-Gouvernements im Elsaß, Straßburg 1874
Loening, E., Lehrbuch des Deutschen Verwaltungsrechts, Leipzig 1884
Lornsen, U. J., Über das Verfassungswerk in Schleswig-Holstein, Kiel 1830
Lotichius, M., Die königlich sächsischen Gesetze und Verordnungen über die Verhältnisse der Civilstaatsdiener, Leipzig 1878
Lotz, J. F. E., Ueber den Begriff der Polizei und den Umfang der Staats-Polizei-Gewalt, Hildburghausen 1807
Luca, I. de, Vorlesungen über die österreichische Staatsverfassung, Wien 1792
Lüders, M., Mecklenburgische Zustände, Leipzig 1844

Maissen, J., Die Verfassungs-Urkunde für den Preußischen Staat vom 31. Januar 1850, Köln 1863
Malchus, C. A. Frhr. v., Der Organismus der Behörden für die Staatsverwaltung, 2 Bde Heidelberg 1821
Malchus, C. A. Frhr. v., Politik der innern Staatsverwaltung, Heidelberg 1823
Mallet du Pan, J., Ueber die französische Revolution und die Ursachen ihrer Dauer, übersetzt von F. Gentz, Berlin 1794
Mandel, K.–Grünewald, O., Die Verfassung und Verwaltung von Elsaß-Lothringen, Straßburg 1905
Martin, S., Ueber die Verfassungs-Urkunde Kurhessens, Kassel 1831
Martitz, F. v., Betrachtungen über die Verfassung des Norddeutschen Bundes, Leipzig 1868
Marx, K., Zur Kritik der Hegelschen Rechtsphilosophie, in: Marx-Engels-Werke 1/2, 1958
Maurenbrecher, R., Grundsätze des heutigen deutschen Staatsrechts, Frankfurt 1837
Maurenbrecher, R., Die deutschen regierenden Fürsten und die Souveränität, Frankfurt a. M. 1839
Mayer, F. F., Grundzüge des Verwaltungsrechts und Rechtsverfahrens, Tübingen 1857
Mayer, F. F., Grundsätze des Verwaltungs-Rechts ..., Tübingen 1862
Mayer, O., Theorie des französischen Verwaltungsrechts, Straßburg 1886
Mayer, O., Deutsches Verwaltungsrecht, 2 Bde Leipzig 1895–96
Mayer, O., Das Staatsrecht des Königreichs Sachsen, Tübingen 1909
Mayer, O., Die Kaiser-Wilhelms-Universität Straßburg. Ihre Entstehung und Entwicklung, Berlin und Leipzig 1922
Mayer, O., Kleine Schriften zum öffentlichen Recht, hrsgg. v. E. V. Heyen, 2 Bde 1981
Mayerhofer, E., Handbuch für den politischen Verwaltungsdienst bei den Landes-, Kreis- und Bezirksbehörden im Kaiserthum Oesterreich, Wien 1855–56
Meex, R. J. A. v., Handbuch zur näheren Kenntniß der Verfassung und Verwaltung des Herzogtums Nassau, Wiesbaden 1838
Meier, E. v., Hannoversche Verfassungs- und Verwaltungsgeschichte 1860–66, 2 Bde Leipzig 1898–99
Meisel, A. H., Quaestiones de jure civitatum foederi Rhenano adscriptarum, Leipzig 1811
Meisterlin, F., Die Verhältnisse der Staatsdiener nach rechtlichen Grundsätzen entwickelt, Kassel 1838
Mejer, O., Einleitung in das deutsche Staatsrecht, Rostock 1861
Melle, W. v., Das Hamburgische Staatsrecht, Hamburg und Leipzig 1891
Menger, A., Neue Staatslehre, Jena 1902

METZEL, Die Verfassung des Norddeutschen Bundes, Berlin 1867
MEYER, G., Grundzüge des Norddeutschen Bundesrechts, Leipzig 1868
MEYER, G., Staatsrechtliche Erörterungen über die deutsche Reichsverfassung, Leipzig 1872
MEYER, G., Das Studium des öffentlichen Rechts und der Staatswissenschaften in Deutschland, Jena 1875
MEYER, G., Lehrbuch des Deutschen Staatsrechtes, Leipzig 1878
MEYER, G., Lehrbuch des Deutschen Verwaltungsrechts, 2 Bde Leipzig 1883–85
MEYER, G., Staatsrecht des Großherzogtums Sachsen-Weimar-Eisenach, Freiburg 1884
MEYER, G., Die staatsrechtliche Stellung der deutschen Schutzgebiete, Leipzig 1888
MEYER, PH. A. G. v. (Hg.), Corpus juris Confoederationis Germanicae, Frankfurt 1822–24
MICHAELIS, A., Entwurf einer Darstellung des öffentlichen Rechts des Deutschen Bundes und der Deutschen Bundesstaaten, Tübingen 1820
MICHAELIS, A. (Hg.), Corpus iuris publici germanici academicum, Tübingen 1825
MICHAELIS, A., Die staatsrechtlichen Verhältnisse der Fürsten und Grafen, Herren von Schönburg, Gießen 1861
MICHEL, A., Die Gemeindeordnung und die Bezirksordnung für das Königreich Württemberg, 1909
MICHELSEN, A. L. J., Polemische Erörterung über die schleswig-holsteinische Staatssuccession, Leipzig 1844
MILHAUSER, F., Das Staatsrecht des Königreichs Sachsen, 2 Bde Leipzig 1839
MIRUS, A., Uebersichtliche Darstellung des Preussischen Staats-Rechts, Berlin 1833
MOHL, R., Dissertatio inauguralis sistens discrimen ordinum provincialium et constitutionis repraesentativae, Tübingen 1821
MOHL, R., Die öffentliche Rechtspflege des deutschen Bundes, Stuttgart 1822
MOHL, R., Das Bundes-Staatsrecht der Vereinigten Staaten von Nord-Amerika, Stuttgart 1824
MOHL, R., Das Staatsrecht des Königreichs Württemberg, 2 Bde Tübingen 1829
MOHL, R., Die Polizei-Wissenschaft nach den Grundsätzen des Rechtsstaates, 2 Bde Tübingen 1832–33
MOHL, R., System der Präventiv-Justiz oder Rechts-Polizei, Tübingen 1834
MOHL, R., Die Verantwortlichkeit der Minister in Einherrschaften mit Volksvertretung, Tübingen 1837
MOHL, R., Vorschläge zu einer Geschäftsordnung des verfassungsgebenden Reichstags, Heidelberg 1848
MOHL, R., Die Geschichte und Literatur der Staatswissenschaften, 3 Bde Erlangen 1855–58
MOHL, R., Enzyklopädie der Staatswissenschaften, Tübingen 1859
MOHL, R., Staatsrecht, Völkerrecht und Politik, 3 Bde Tübingen 1860–69
MOHL, R., Das deutsche Reichsstaatsrecht. Rechtliche und politische Erörterungen, Tübingen 1873
MOHL, R., Lebenserinnerungen, 2 Bde Stuttgart und Leipzig 1902
MOSEL, C. v. D. (Hg.), Handwörterbuch des Verwaltungsrechts unter besonderer Berücksichtigung des sächsischen Landesrechts, 12. Aufl. Leipzig 1912
MOSEL, C. v. D., Repertorium des Königl. Sächsischen Verwaltungsrechts, 6. Aufl. Leipzig 1891
MOSER, J. J., Compendium Juris Publici Moderni Regni Germanici, Frankfurt und Leipzig 1738
MOSER, J. J., Allgemeine Einleitung in die Lehre des besonderen Staats-Rechts aller einzelnen Stände des Heil. Röm. Reichs, Frankfurt und Leipzig 1739
MOSER, J. J., Einführung in das kurfürstl. Baiersche Staatsrecht, Frankfurt und Leipzig 1754
MOSER, J. J., Von der teutschen Reichs-Stände Landen, Frankfurt und Leipzig 1769
MOSER, J. J., Beiträge zu dem markgräflich-badischen Staatsrechte, Frankfurt und Leipzig 1772
MOSER, J. J., Von der Landeshoheit in Policeysachen, Frankfurt und Leipzig 1773
MOUNIER, J. J., Entwicklung der Ursachen, welche Frankreich gehindert haben, zur Freiheit zu gelangen. Mit Anm. von F. Gentz, 2 Bde Berlin 1794
MOY, E. v., Das Staatsrecht des Königreichs Bayern, Regensburg 1840–46
MÜLLER, A., Die Lehre von Gegensätzen, Berlin 1804
MÜLLER, A., Die Elemente der Staatskunst, 3 Bde Berlin 1809
MÜLLER, A., Einleitung zum Studium der Verfassungsgeschichte der vier freien Städte des Teutschen Bundes, Hamburg 1826
MÜLLER, A., Meine Ansichten wider das deutsche Repräsentativsystem, und über die Hauptursachen der zunehmenden Volksunzufriedenheit, insbesondere über manches, was päpstelt, Ilmenau 1828
MURHARD, F., Die unbeschränkte Fürstenherrschaft, Kassel 1831

Murhard, F., Das Recht der Nationen zur Erstrebung zeitgemäßer, ihrem Kulturgrade angemessener Staatsverfassungen, Frankfurt 1832
Murhard, F., Der Zweck des Staates, Göttingen 1832
Murhard, F., Ueber Widerstand, Empörung und Zwangsübung der Staatsbürger, gegen die bestehende Staatsgewalt, Braunschweig 1832
Murhard, F., Die Volkssouverainität im Gegensatz der sogenannten Legitimität, Kassel 1832
Murhard, F., Die Initiative bei der Gesetzgebung, Kassel 1833
Murhard, F., Grundlage des jetzigen Staatsrechts des Kurfürstenthums Hessen, 2 Bde Kassel 1834–35

Nawiasky, H., Der Bundesstaat als Rechtsbegriff, Tübingen 1920
Nelson, L., Die Rechtswissenschaft ohne Recht, 1917, in: Ges. Schr. Bd. 9, 1972
Nibler, J. B., Der Staat aus dem Organismus des Universums entwickelt, Landshut 1805
Niebuhr, B. G., Ueber geheime Verbindungen im preußischen Staat und deren Denunciation, Berlin 1815
Nienholdt, A., Das Königlich Sächsische Gesetz, das Vereins- und Versammlungsrecht betr. vom 22. Nov. 1850, Leipzig 1884

Oberländer, O., Verfassung und Verwaltung des Herzogtums Sachsen-Meiningen, Hannover 1909
Oesterreicher, P. (Hg.), Archiv des rheinischen Bundes, Bamberg 1806–1808, ergänzt durch Kriegsarchiv des rheinischen Bundes, 1806–07
Oesterreicher, P. (Hg.), Denkwürdigkeiten der Staaten-Kunde Teutschlands, besonders des Rheinbundes, Bamberg 1809
Ompteda, D. H. L. Frhr. v., Literatur des gesamten, sowohl natürlichen als auch positiven Völkerrechts, 2 Theile, Regensburg 1785, erg. u. fortges. v. K. A. H. Ch. v. Kamptz, Berlin 1817
Opitz, H. G., Das Staatsrecht des Königreichs Sachsen, 2 Bde Leipzig 1884–87
Oppenheim, H. B., Philosophie des Rechts und der Gesellschaft, Stuttgart 1850
Oppenheim, H. B., System des Völkerrechts, Frankfurt 1845
Oppenheimer, F., Der Staat, Frankfurt 1907
Oppermann, H. A., Zur Geschichte des Königreichs Hannover von 1832–1860, 2 Bde Leipzig 1860–62
Ostermann, W., Grundsätze des Preußischen Staatsrechts, Dortmund 1841
Otto, A., Das Staatsrecht des Herzogthums Braunschweig, Tübingen und Freiburg 1884

Pahl, J. G., Über das Einheitsprincip in dem Systeme des Rheinischen Bundes, Nördlingen 1808
Parey, K., Handbuch des Preußischen Verwaltungsrechts, 2 Bde Berlin 1887
Pass, A., Das Zustandekommen der elsaß-lothringischen Verfassungsreform von 1911, Köln 1911
Pauli, C. W., Abhandlungen aus dem Lübischen Rechte, 3 Th. Lübeck 1837–41
Paulsen, P. D. Chr., Über Volksthümlichkeit und Staatsrecht des Herzogthums Schleswig, nebst Blicken auf den ganzen Dänischen Staat, Kiel 1832
Perthes, Cl. Th., Der Staatsdienst in Preußen, ein Beitrag zum Deutschen Staatsrecht, Hamburg 1838
Perthes, Cl. Th., Das deutsche Staatsleben vor der Revolution. Eine Vorarbeit zum deutschen Staatsrecht, Hamburg und Gotha 1845
Pfeiffer, B. W., Einige Worte über den Entwurf einer Verfassungsurkunde für Kurhessen vom 7. Oktober 1830, Kassel 1830
Pfeiffer, B. W., Geschichte der landständischen Verfassung in Kurhessen, Kassel 1834
Pfeiffer, J. F. v., Natürliche, aus dem Endzwecke der Gesellschaft entstehende allgemeine Polizeywissenschaft, 2 Bde Frankfurt 1779
Pfister, E. J. J., Geschichtliche Darstellung der Staatsverfassung des Großherzogthums Baden und der Verwaltung desselben, Heidelberg 1829
Pfizer, C. J. G. v., Ueber die Gränzen zwischen Verwaltungs- und Civil-Justiz, und über die Form bei Behandlung der Verwaltungsjustiz, Stuttgart 1828
Pfizer, C. J. G. v., Prüfung der neuesten Einwendungen gegen die Zulässigkeit der Verwaltungsjustiz und gegen ihren Umfang, Stuttgart 1833
Pfizer, P. A., Briefwechsel zweier Deutschen, Stuttgart und Tübingen 1831
Pfizer, P. A., Gedanken über das Ziel und die Aufgabe des deutschen Liberalismus, Tübingen 1832
Pfizer, P. A., Über das staatsrechtliche Verhältniss Württembergs zum Deutschen Bunde, Straßburg–Tübingen 1832

PFIZER, P. A., Über die Entwicklung des öffentlichen Rechts in Deutschland durch die Verfassung des Deutschen Bundes, Stuttgart 1835
PFIZER, P. A., Das Recht der Steuerverwilligung nach den Grundsätzen der württembergischen Verfassung, Stuttgart 1836
PFIZER, P. A., Gedanken über Recht, Staat und Kirche, 2 Bde Stuttgart 1842
PILOTY, R., Ein Jahrhundert bayerische Staatsrechts-Literatur, in: Festgabe f. P. Laband, Bd. 1, Tübingen 1908
PLANITZ, G. A. EDLER V. D., Justiz und Verwaltung. Ein Beitrag zur Feststellung der Grenzen beider Gewalten, Jena 1860
PÖLITZ, K. H. L., Geschichte und Statistik des Rheinbundes, Leipzig 1810
PÖLITZ, K. H. L., Handbuch der Geschichte der souveränen Staaten des Rheinbundes, Leipzig 1811
PÖLITZ, K. H. L., Der Rheinbund, historisch und statistisch dargestellt, Leipzig 1811
PÖLITZ, K. H. L., Handbuch der Geschichte und Statistik des Rheinbundes, Leipzig 1816
PÖLITZ, K. H. L., Die Constitutionen der europäischen Staaten seit den letzten 25 Jahren, 4 Bde Leipzig–Altenburg 1817–25
PÖLITZ, K. H. L., Die Staatswissenschaften im Lichte unserer Zeit, 5 Bde Leipzig 1823–24
PÖLITZ, K. H. L., Andeutungen über den staatsrechtlichen und politischen Charakter des Grundgesetzes für das Herzogthum Sachsen-Altenburg vom 29. August 1831 ... Leipzig 1831
PÖLITZ, K. H. L., Das constitutionelle Leben, nach seinen Formen und Bedingungen dargestellt, Leipzig 1831
PÖLITZ, K. H. L., Votum über den Entwurf der revidierten Landschaftsordnung des Herzogthums Braunschweig, Leipzig 1831
PÖLITZ, K. H. L., Staatswissenschaftliche Vorlesungen für die gebildeten Stände in constitutionellen Staaten, 3 Bde Leipzig 1831–33
PÖLITZ, K. H. L., Die europäischen Verfassungsurkunden seit dem Jahre 1789 bis auf die neueste Zeit, 2. Aufl. Leipzig 1847
PÖZL, J. v., Bayerisches Staats-Verfassungsrecht, Würzburg 1847
PÖZL, J. v., Lehrbuch des bayerischen Verfassungsrechts, München 1851
PÖZL, J. v., Lehrbuch des bayerischen Verwaltungsrechts, München 1856
POSSELT, E. L., Staats-Geschichte Europas, Bd. 6, Tübingen 1808
PREUSS, H., Gemeinde, Staat, Reich als Gebietskörperschaften. Versuch einer deutschen Staatskonstruktion auf Grundlage der Genossenschaftstheorie, Berlin 1889
PREUSS, H., Das deutsche Volk und die Politik, Jena 1915
PÜTTER, J. S., Historisch-politisches Handbuch von den besonderen Teutschen Staaten, 1. Th. Göttingen 1758
PÜTTER, J. S., Institutiones iuris publici germanici, Göttingen 1770
PÜTTER, J. S., Litteratur des Teutschen Staatsrechts, 4 Teile, Göttingen 1776–1791, fortges. v. C. F. Häberlin

RADOWITZ, J. M. v., Das patrimoniale Princip, Berlin 1851
RATZENHOFER, G., Wesen und Zweck der Politik, 3 Bde Leipzig 1893
RATZENHOFER, G., Soziologie, Leipzig 1907
RAU, K. D. H., Ueber die Kameralwissenschaft. Entwicklung ihres Wesens und ihrer Theile, Heidelberg 1823–25
REHBERG, A. W., Untersuchungen über die Französische Revolution, 2 Th. Hannover und Osnabrück 1793
REHBERG, A. W., Über die Staatsverwaltung deutscher Länder und die Dienerschaft des Regenten, Hannover 1807
REHBERG, A., Die Erwartungen der Deutschen von dem Bunde ihrer Fürsten, Jena 1835
REHM, H., Geschichte der Staatsrechtswissenschaft, Freiburg und Leipzig 1896
REHM, H., Unitarismus und Föderalismus in der deutschen Reichsverfassung, Dresden 1898
REHM, H., Allgemeine Staatslehre, Freiburg 1899
REICHARD, H. G., Monarchie, Landstände und Bundesverfassung in Deutschland, Leipzig 1836
REIMAR, F., Die Verfassung des Königreichs Sachsen. Für den Bürger und Landmann, Leipzig 1831
REINHARD, W., Die Bundesakte. Über Ob, Wann und Wie Deutscher Bundesstände, Heidelberg 1817
RETTIG, F. CH., Die Polizeigesetzgebung des Großherzogthums Baden, Karlsruhe 1826

Reyscher, A. L. (Hg.), Vollständige historisch und kritisch bearbeitete Sammlung der württembergischen Gesetze, Stuttgart–Tübingen 1828–51
Reyscher, A. L., Publicistische Beiträge, Stuttgart 1832
Rhamm, A., Das Staatsrecht des Herzogtums Braunschweig, Tübingen 1908
Richter, M. A., Erklärungen der Verfassungsurkunde des Königreichs Sachsen, Zwickau 1832
Riecke, C. V. v., Beiträge zur Staats- und Verfassungs-Geschichte Württembergs, 1879
Riecke, C. V. v., Verfassung, Verwaltung und Staatshaushalt des Königreichs Württemberg, Stuttgart 1882
Riedel, A. F. J., Hallers staatsrechtliche Grundsätze, Berlin 1842
Riedel, E., Die Reichsverfassungsurkunde vom 16. April 1871 und die wichtigsten Administrativgesetze des deutschen Reichs, Nördlingen 1871
Rinne, J. Ch., Handbuch der Preußischen inneren Staatsverwaltung, 3 Bde Liegnitz 1840
Rochau, L. A. v., Grundsätze der Realpolitik. Angewendet auf die staatlichen Zustände Deutschlands, 2 Teile, Stuttgart 1853, 1869
Röder, K. D. A., Grundzüge einer Politik des Rechts, Teil I: Allgemeine Staatsverfassungslehre, Darmstadt 1837
Roesler, H., Lehrbuch des Deutschen Verwaltungsrechts, 2 Bde Erlangen 1872–73
Roller, C. N., Grundgesetze der Stadt Bremen, Leipzig 1802
Roller, G., Versuch eines Grundrisses des württembergischen Polizeirechts, 2 Bde Tübingen 1800
Roller, G., Das württembergische Polizei-Recht, Stuttgart 1833
Romagnosi, G. D., Principi fondamentali di diritto amministrativo in Italia, in: Opere I–XIX, Florenz 1832–39, Bd. IV
Römer, K. H. v., Staatsrecht und Statistik des Churfürstenthums Sachsen und der dabei befindlichen Lande, 2 Bde Halle 1787–88
Römer, R., Die Verfassung des Norddeutschen Bundes und die süddeutsche, insbesondere die württembergische Freiheit, Tübingen 1867
Rönne, L. v.–Simon, H. A., Die Verfassung und Verwaltung des Preußischen Staates, Breslau 1840–54
Rönne, L. v., Die Preußischen Städte-Ordnungen vom 19. November 1808 und vom 17. März 1831 ... Breslau 1840
Rönne, L. v., Die Gemeinde-Verfassung des Preußischen Staates, Breslau 1843
Rönne, L. v., Kritische Bemerkungen über den Entwurf des Verfassungsgesetzes für den preußischen Staat, Berlin 1848
Rönne, L. v., Die Gemeinde-Ordnung und die Kreis-, Bezirks- und Provinzialordnung für den Preußischen Staat, Brandenburg 1850
Rönne, L. v., Die Verfassungs-Urkunde für den Preußischen Staat vom 31. Januar 1850, Berlin 1850, m. Nachtrag 1852
Rönne, L. v., Die Landes-Kulturgesetzgebung des Preußischen Staates, Berlin 1854
Rönne, L. v., Das Staatsrecht der preußischen Monarchie, Leipzig 1856 (4. Aufl. in 4 Bden 1881–85)
Rönne, L. v., Das Verfassungs-Recht des Deutschen Reiches, historisch-dogmatisch dargestellt, Leipzig 1872
Rönne, L. v., Das Staatsrecht des Deutschen Reiches, 2 Bde Leipzig 1876–77
Roscher, W., System der Volkswirtschaft, Stuttgart 1854
Rosenberg, W., Die staatsrechtliche Stellung von Elsaß-Lothringen, Metz 1896
Rosin, H., Das Polizeiverordnungsrecht in Preußen, Breslau 1882
Rosin, H., Das Recht der öffentlichen Genossenschaft. Eine verwaltungsrechtliche Monographie, Freiburg 1886
Rosin, H., Grundzüge einer allgemeinen Staatslehre nach den politischen Reden und Schriftstücken des Fürsten Bismarck, in: (Hirths) Annalen 1898
Rössig, C. G., Lehrbuch der Polizei-Wissenschaft, Jena 1786
Rössig, C. G., Die neuere Literatur der Polizei und Kameralistik, vorzüglich vom Jahre 1762–1802, 2 Bde Chemnitz 1802
Rosshirt, K. F., Ueber den Begriff und die eigentliche Bestimmung der Staatspolizey sowohl an sich als im Verhältnisse zu den übrigen Staatsverwaltungszweigen, Bamberg und Würzburg 1807
Roth, B., Vermischte Abhandlungen meistens über Gegenstände des Rechts und der Rechtspolizei, Karlsruhe 1823
Roth, J. R. v., Staatsrecht deutscher Reichslande, 2 Bde Mainz 1788
Roth, J. Th., Beiträge zum teutschen Staatsrecht und zur Literatur desselben, Nürnberg 1791

ROTTECK, K. v., Ideen über Landstände, Karlsruhe 1819
ROTTECK, K. v., Allgemeine Geschichte, 9 Bde Freiburg 1812–26
ROTTECK, K. v., Lehrbuch des Vernunftrechts und der Staatswissenschaften, 4 Bde Stuttgart 1829–35
ROTTECK, K. v., Sammlung kleiner Schriften meist historischen oder politischen Inhalts, 5 Bde Stuttgart 1829–37
ROTTECK, K. v., Gesammelte und nachgelassene Schriften, 5 Bde Pforzheim 1841–43
ROTTECK, K. v.–WELCKER, K. (Hg.), Das Staats-Lexikon. Encyclopädie der sämmtlichen Staatswissenschaften für alle Stände, 15 Bde Altona 1834–43
RUCK, E., Verwaltungsrechtliche Gesetze Württembergs, 2 Bde Tübingen 1911
RUDHART, I. v., Uebersicht der vorzüglichsten Bestimmungen verschiedener Staats-Verfassungen über Volks-Vertretungen, Würzburg 1818
RUDHART, I. v., Das Recht des deutschen Bundes. Ein Lehrbuch zu dem Gebrauche bei Vorlesungen an deutschen Universitäten, Stuttgart und Tübingen 1822
RUDHART, I. v., Ueber den Zustand des Königreichs Baiern nach amtlichen Quellen, 3 Bde Stuttgart–Tübingen bzw. Erlangen 1825–27
RUDHART, I. v., Ueber die Censur der Zeitungen im Allgemeinen und besonders nach dem baierischen Staatsrechte, Erlangen 1826
RÜHS, F., Das Verhältniss Hollsteins und Schleswigs zu Deutschland und Dänemark, Berlin 1817
RUMPF, J. D. F., Der preußische Secretär. Ein Handbuch zur Kenntnis der preußischen Verfassung und Verwaltung, 9. Aufl. Berlin 1823
RUMPF, J. D. F., Dienst- und Rechts-Verhältnisse der Preußischen Staatsbeamten, Berlin 1833
RUNDE, J. F., Über die Erhaltung der öffentlichen Verfassung in den Entschädigungs-Landen, nach dem Deputations-Hauptschlusse vom 25. Februar 1803, Göttingen 1805

SALAT, J., Auch die Aufklärung hat ihre Gefahren, München 1801
SALAT, J., Auch ein paar Worte über die Frage: Führt die Aufklärung zur Revolution?, München 1802
SALZA UND LICHTENAU, C. v., Handbuch des Polizeirechtes, mit besondrer Berücksichtigung der im Königreiche Sachsen geltenden Polizeigesetze, 2 Th. Leipzig 1825
SAMES, W. C. F., Delineatio iuris publici Münzenbergensis, Gießen 1781 m. Vorrede von J. S. Pütter
SAMUELY, A., Das Prinzip der Ministerverantwortlichkeit in der constitutionellen Monarchie, Berlin 1869
SAMWER, K., Die Staatserbfolge der Herzogtümer Schleswig-Holstein, Hamburg 1844
SANFTENBERG, G.–KNORR, W., Das Staats- und Verwaltungsrecht des Herzogtums Anhalt, Hannover 1909
SARWEY, O. v., Das öffentliche Recht und die Verwaltungsrechtspflege, Tübingen 1880
SARWEY, O. v., Allgemeines Verwaltungsrecht, Freiburg 1884
SARWEY, O. v., Staatsrecht des Königreichs Württemberg, Tübingen 1883
SAVIGNY, F. C. v., System des heutigen römischen Rechts, Bd. I, Berlin 1840
SCHALFEJEW, E., Die staatsrechtliche Stellung Elsaß-Lothringens nach dem neuen Verfassungsgesetz, Berlin 1913
SCHEIDEMANTEL, H. G., Das allgemeine Staatsrecht überhaupt und nach der Regierungsform, Jena 1775
SCHEIDEMANTEL, H. G., Das Staatsrecht nach der Vernunft und den Sitten der vornehmsten Völker betrachtet, Jena 1770–73
SCHELLING, F. W., Ideen zu einer Philosophie der Natur, Leipzig 1797
SCHELLING, F. W., Von der Weltseele, Hamburg 1798
SCHELLING, F. W., Erster Entwurf eines Systems der Naturphilosophie, Jena–Leipzig 1799
SCHELLING, F. W., System des transzendentalen Idealismus, Tübingen 1800
SCHELLING, F. W., Bruno oder über das göttliche und natürliche Princip der Dinge. Ein Gespräch, Berlin 1802
SCHELLING, F. W., Vorlesungen über die Methode des academischen Studium, Tübingen 1803
SCHENKEL, K., Das Staatsrecht des Großherzogthums Baden, Freiburg 1884
SCHEURLEN, C. F., Der Staatsgerichtshof im Königreich Württemberg, Tübingen 1835
SCHICKER, K., Das Polizeistrafrecht und Polizeistrafverfahren im Königreich Württemberg, 4. Aufl. Stuttgart 1907
SCHILLING, E. M., Handbuch des Landwirthschafts-Rechts der deutschen Bundesstaaten, Leipzig 1829
SCHLEGEL, F. (Hg.), Concordia. Eine Zeitschrift, Wien 1823

SCHLEGEL, J. F. W., Staatsrecht des Königreichs Dänemark und der Herzogthümer Schleswig, Holstein und Lauenburg. Aus dem Dänischen von F. H. W. Sarauw, Schleswig 1829

SCHLEIERMACHER, F., An den Herrn Geheimrat Schmalz, Berlin 1815

SCHLESINGER, E., Staats- und Verwaltungsrecht des Großherzogtums Mecklenburg-Schwerin, Berlin 1909

SCHLOSSER, J. G., Vier Briefe über die Gesetzgebung überhaupt und den Entwurf des preussischen Gesetzbuches insbesondere, Frankfurt 1789

SCHLOTTER, P., Das Staats- und Verwaltungsrecht der Fürstentümer Reuß älterer und jüngerer Linie, Hannover 1909

SCHLÖZER, A. L., Allgemeines StatsRecht und StatsVerfassungsLere, Göttingen 1793

SCHMALZ, TH., Berichtigung einer Stelle in der Bredow-Venturinischen Chronik für 1808. Über politische Vereine und ein Wort über Scharnhorsts und meine Verhältnisse zu ihnen, Berlin 1815

SCHMALZ, TH. V., Das Recht der Natur, 2. Aufl. Königsberg 1795–1804

SCHMALZ, TH. V., Das teutsche Staats-Recht. Ein Handbuch zum Gebrauche academischer Vorlesungen, Berlin 1825

SCHMALZ, TH. V., Grundgesetze des deutschen Bundes, Berlin 1825

SCHMELZING, J., Einige Betrachtungen über den Begriff und die Wirksamkeit der Landstände, Rudolstadt 1818

SCHMELZING, J., Staatsrecht des Königreichs Baiern, 2 Bde Leipzig 1820–21

SCHMID, K. E., Lehrbuch des gemeinen und deutschen Staatsrechts, Jena 1821

SCHMIDLIN, W., Ueber die Vorbereitung zum Staatsdienste im Verwaltungsfache, Stuttgart 1834

SCHMIDT, B., Der Staat. Eine öffentlich-rechtliche Studie, Leipzig 1896

SCHMIDT, L. H., Repetitorium des allgemeinen Verwaltungsrechts, Leipzig 1883

SCHMIDT, R., Allgemeine Staatslehre, 2 Bde Leipzig 1901–03

SCHMITT, C., Der Wert des Staates und die Bedeutung des Einzelnen, Hellerau 1917

SCHMITT, C., Gesetz und Urteil. Eine Untersuchung zum Problem der Rechtspraxis, Berlin 1912

SCHMITTHENNER, F., Zwölf Bücher vom Staate oder systematische Encyklopädie der Staatswissenschaften, 3. Bd, Buch VII: Grundlinien des allgemeinen oder idealen Staatsrechtes, Gießen 1843–45

SCHNAUBERT, A. J., Anfangsgründe des Staatsrechts der gesammten Reichslande, Jena 1787

SCHNAUBERT, A. J., Lehrbuch des deutschen Staatsrechts, Jena 1805

SCHOEN, P., Das Recht der Kommunalverbände in Preußen, Leipzig 1897

SCHÖN, TH. V., Woher und wohin?, 2. Aufl. Straßburg 1842

SCHRÖTTER, F. F. V., Abhandlungen aus dem Oesterreichischen Staatsrechte, Wien 1762–66

SCHRÖTTER, F. F. V., Grundriß des österreichischen Staatsrechtes, Wien 1775

SCHÜCKING, W., Das Staatsrecht des Großherzogtums Oldenburg, Tübingen 1911

SCHULZE, C., Die staatsrechtliche Stellung des Statthalters von Elsaß-Lothringen, Diss. Tübingen, Frankenberg 1904

SCHULZE, H., Der Staatshaushalt des neuen deutschen Reichs, Jena 1848

SCHULZE, H., Der Freiherr vom Stein und seine Bedeutung für Deutschlands Wiedergeburt, Jena 1850

SCHULZE, H., Das Recht der Erstgeburt in den deutschen Fürstenhäusern, Leipzig 1851

SCHULZE, H., Die Hausgesetze der regierenden deutschen Fürstenhäuser, 3 Bde Jena 1862–83

SCHULZE, H., Einleitung in das deutsche Staatsrecht, Leipzig 1865

SCHULZE, H., Die Krisis des deutschen Staatsrechts im Jahre 1866, Leipzig 1867

SCHULZE, H., Das Preußische Staatsrecht. Auf Grundlage des Deutschen Staatsrechts dargestellt, 2 Bde Leipzig 1872–77

SCHULZE, H., Lehrbuch des Deutschen Staatsrechtes, 2 Bde Leipzig 1881–86

SCHULZE, H., Das Staatsrecht des Königreichs Preußen, Freiburg und Tübingen 1884

SCHUNCK, FR. CHR. K., Staatsrecht des Königreichs Baiern, Erlangen 1824

SCHÜRMAYER, J. H., Handbuch der medicinischen Policei. Nach den Grundsätzen des Rechtsstaates ... Erlangen 1848

SCHWARTZ, E., Die Verfassungs-Urkunde, Breslau 1896

SCHWARTZ, H., Das Staats- und Verwaltungsrecht des Fürstentums Schwarzburg-Rudolstadt, Hannover 1909

SCHWARZKOPF, E. H. DE, Exposé du droit public de l'Allemagne, Genf und Paris 1821

SCHWEITZER, CH. W., Das Öffentliche Recht des Großherzogthums Sachsen-Weimar-Eisenach, Weimar 1825

SEELIG, G., Hamburgisches Staatsrecht auf geschichtlicher Grundlage, Hamburg 1902

SEIDLER, G., Budget und Budgetrecht im Staatshaushalte der constitutionellen Monarchie, Wien 1885
SEIDLER, G., Das juristische Kriterium des Staates, Tübingen 1905
SEIFFERT, C. H., Die Verfassungs-Grundgesetze des Herzogthums Braunschweig, Braunschweig 1833
SEITZ, E., Die rheinhessischen Rechtsinstitutionen, Regensburg 1847
SELIGMANN, E., Der Begriff des Gesetzes im materiellen und formellen Sinne, Berlin und Leipzig 1886
SEUFFERT, J. M., Von dem Verhältnisse des Staats und der Diener des Staats gegen einander im rechtlichen und politischen Verstande, Würzburg 1793
SEYDEL, M., Commentar zur Verfassungs-Urkunde für das deutsche Reich, Würzburg 1873
SEYDEL, M., Grundzüge einer allgemeinen Staatslehre, Würzburg 1873
SEYDEL, M. v., Bayerisches Staatsrecht, 7 Bde Freiburg 1884–94
SIEBENPFEIFFER, PH. J., Handbuch der Verfassung, Gerichtsordnung und gesammten Verwaltung Rheinbayerns, 5 Bde Speyer 1831–33, fortges. v. Luttringshausen, 2 Bde Speyer 1846
SIEVERS, H., Das Staatsrecht der freien und Hansestadt Bremen, Freiburg 1884
SIMON, H., Die Preußischen Richter und die Gesetze vom 29. März 1844, Leipzig 1845
SMEND, R., Staatsrechtliche Aufsätze, 2. Aufl. Berlin 1968
SODEN, J. GRAF V., Die Nazional-Ökonomie, 5 Th. Leipzig 1805–11, Th. 6, 7 Aarau 1816–17, Th. 8 Aarau 1820, Th. 9 Nürnberg 1824
SODEN, J. GRAF V., Die Staats-Polizei, Aarau 1817
SOLMS-HOHENSOLMS-LICH, L. FÜRST ZU, Deutschland und die Repräsentativverfassungen, Gießen 1838
SONNENFELS, J. v., Grundsätze der Polizei, Handlung und Finanzwissenschaft, 3 T. Wien 1765–76
SOUCHAY, E. F., Anmerkungen zu der Reformation der freien Stadt Frankfurt, 2 Bde Frankfurt 1848–49
SPIEGEL, L., Die Verwaltungsrechtswissenschaft. Beiträge zur Systematik und Methodik der Rechtswissenschaften, Leipzig 1909
SPILLER V. MITTERBERG, C. H. L. W., Neue Beiträge zum Staats-Rechte und zur Geschichte von Sachsen, Eisenach 1801
SPORSCHILL, J., Bemerkungen über die Verfassungs-Urkunde des Königreichs Sachsen, Leipzig 1832
STAHL, F. J., Die Philosophie des Rechts nach geschichtlicher Ansicht, 3 Bde Heidelberg 1830–37
STAHL, F. J., Das monarchische Princip. Eine staatsrechtlich-philosophische Abhandlung, Heidelberg 1845
STAHL, F. J., Der christliche Staat und sein Verhältnis zu Deismus und Judenthum, Berlin 1847
STAHL, F. J., Die Staatslehre und die Principien des Staatsrechts, 3. Aufl. Heidelberg 1856
STEIN, L. v., Der Socialismus und Communismus des heutigen Frankreichs, Leipzig 1842
STEIN, L. v., Der Begriff der Gesellschaft und die sociale Geschichte der französischen Revolution bis zum Jahre 1830, Leipzig 1850
STEIN, L. v., System der Staatswissenschaft, 2 Bde Stuttgart–Aschaffenburg 1852–56
STEIN, L. v., Zur preußischen Verfassungsfrage (1852), hrsgg. v. W. Keiper m. Nachw. von C. Schmitt, 1940
STEIN, L. v., Lehrbuch der Volkswirthschaft, Wien 1858
STEIN, L. v., Lehrbuch der Finanzwissenschaft, Leipzig 1860
STEIN, L. v., Die Verwaltungslehre, 7 Teile, Stuttgart 1865–68, 8. T. 1884
STEIN, L. v., Handbuch der Verwaltungslehre und des Verwaltungsrechts, Stuttgart 1870
STENGEL, K. FRHR. v., Lehrbuch des Deutschen Verwaltungsrechts, Stuttgart 1886
STENGEL, K. FRHR. v., Das Staatsrecht des Königreichs Preußen, Freiburg und Leipzig 1894
STIEBER, W., Die Gesetzgebung des Preußischen Staats seit Einführung der constitutionellen Regierungsform, Berlin 1850
STIER-SOMLO, F., Preußisches Staatsrecht, Berlin und Leipzig 1906
STOERK, F., Handbuch der deutschen Verfassungen, Leipzig 1884
STOERK, F., Zur Methodik des öffentlichen Rechts, Wien 1885
STROEBE, C., Die gesetzgeberische Entwicklung der badischen Gemeindeverfassung, Freiburg 1894
STROMBECK, K. v., Staatswissenschaftliche Mittheilungen, vorzüglich mit Beziehung auf das Herzogthum Braunschweig, Braunschweig 1831
STRUBE, D. G., Dreyzehnte Abhandlung von Regierungs- und Justizsachen, in: Nebenstunden, 3. Th. Darmstadt 1789
STRUVE, G. v., Das öffentliche Recht des deutschen Bundes, 2 Th. Mannheim 1846
STRUVE, G. v., Grundzüge der Staatswissenschaft, 4 Bde Mannheim–Frankfurt 1847–48

STRUVE, G. v., Kritische Geschichte des allgemeinen Staatsrechts in ihren Haupt-Trägern dargestellt, Mannheim 1847
STUBENRAUCH, M. v., Handbuch der österreichischen Verwaltungs-Gesetzkunde nach dem gegenwärtigen Standpunkte der Gesetzgebung, 2 Bde Wien 1851–52
STÜVE, J. K. B., Aktenstücke zur neuesten Geschichte Deutschlands (mit besonderer Beziehung auf Hannover), Hannover 1848
SUTNER, C. A. v., Das Staats- und Verwaltungsrecht des Königreichs Bayern, Hannover 1909

TEZNER, F., Über Verwaltungsrechtspflege mit Hinblick auf das neue sächsische Verwaltungsgerichtsgesetz, Dresden 1901
TEZNER, F., Zur Lehre von dem freien Ermessen der Verwaltungsbehörden als Grund der Unzuständigkeit der Verwaltungsgerichte, Wien 1888
THOMA, R., Der Polizeibefehl im badischen Recht, dargestellt auf rechtsvergleichender Grundlage, Tübingen 1906
THUDICHUM, F., Verfassungsrecht des norddeutschen Bundes und des deutschen Zoll- und Handelsvereins, 2 Bde Tübingen 1869–70
TITTMANN, F. W., Darstellung der Verfassung des deutschen Bundes, Leipzig 1818
TREITSCHKE, H., Die Gesellschaftswissenschaft, ein kritischer Versuch, Leipzig 1859
TREITSCHKE, H., Politik, Bd. 1, hrsgg. v. Cornicelius, Leipzig 1897
TRIEPEL, H., Das Interregnum, Tübingen 1882
TRIEPEL, H., Der Streit um die Thronfolge in Lippe, Kritische Beiträge, Tübingen 1903
TRIEPEL, H., Die neuesten Fortschritte auf dem Gebiete des Kriegsrechts, Tübingen 1894
TRIEPEL, H., Völkerrecht und Landesrecht, Tübingen 1899
TRIEPEL, H., Quellensammlung zum Deutschen Reichsstaatsrecht, 2. Aufl. Tübingen 1907
TRIEPEL, H., Die Reichsaufsicht. Untersuchungen zum Staatsrecht des Deutschen Reiches, Berlin 1917
TRIEPEL, H., Staatsrecht und Politik, Berlin 1927
TRIEPEL, H., Unitarismus und Föderalismus im Deutschen Reiche, Tübingen 1907

UBBELOHE, J. G. L. W., Statistisches Repertorium über das Königreich Hannover, Hannover 1823
UBBELOHE, J. G. L. W., Ueber die Finanzen des Königreiches Hannover und deren Verwaltung, Hannover 1834
ULBRICH, J., Grundzüge des österreichischen Verwaltungsrechts, Prag–Leipzig 1884 (2. Aufl. als Lehrbuch des österreichischen Verwaltungsrechts, Wien 1903–04)
ULBRICH, J., Lehrbuch des österreichischen Staatsrechtes, Berlin–Wien 1883
ULBRICH, J., Staatsrecht der österreichisch-ungarischen Monarchie, Freiburg und Tübingen 1884

VENTURINI, C., Das Herzogthum Braunschweig in seiner vormaligen und gegenwärtigen Beschaffenheit ... Helmstedt 1826
VILLERS, CH. DE, Constitutions des trois villes anséatiques, Leipzig 1814
VOGEL, CH. D., Historische Topographie des Herzogtums Nassau, Herborn 1836
VOLLGRAFF, K., Gibt es noch einen hohen deutschen Adel ...?, Darmstadt 1823
VOLLGRAFF, K., Die deutschen Standesherren, Gießen 1824
VOLLGRAFF, K., Ueber den heutigen Begriff, Umfang und Gegenstand der Staatswissenschaften, Marburg 1825
VOLLGRAFF, K., Die Systeme der praktischen Politik im Abendlande, 4 Th. Gießen 1828–29
VOLLGRAFF, K., Die historisch-staatsrechtlichen Grenzen moderner Gesetzgebungen, Marburg 1830
VOLLGRAFF, C., Über die Täuschungen des Repräsentatif-Systems, oder Beweis: dass dieses System nicht das geeignete, rechte und zeitgemäße Mittel ist, den Bedürfnissen unserer Zeit zu begegnen, Marburg 1832
VOLLGRAFF, K., Über die Unverletzlichkeit der standesherrlichen Eigenthums-Rechte, Marburg 1837
VOLLGRAFF, K., Erster Versuch einer (wissenschaftlichen) Begründung sowohl der allgemeinen Ethnologie durch die Anthropologie, wie auch der Staats- und Rechts-Philosophie durch die Ethnologie oder Nationalität der Völker, 3 Th. Marburg 1851–55

WAGNER, J. J., Ueber die Trennung der legislativen und executiven Staatsgewalt. Ein Beitrag zur Beurtheilung des Werthes landständischer Verfassungen, München 1804
WAITZ, G., Grundzüge der Politik, Kiel 1862

WALTHER, O. A., Hand-Lexikon der juristischen Literatur des neunzehnten Jahrhunderts, Weimar 1854
WALZ, E., Das Staatsrecht des Großherzogtums Baden, Tübingen 1909
WEBER, F. B., Handbuch der ökonomischen Literatur, 6 Th. Berlin, Breslau und Leipzig 1803–32, 7. Th. Grimma 1842
WEHNERT, G. J. M., Über den Geist der preußischen Staatsorganisation und Staatsdienerschaft, Potsdam 1833
WEILER, G. v., Ueber Verwaltung und Justiz und ueber die Gränzlinie zwischen beiden, Mannheim 1826
WEISS, K. E., System des deutschen Staatsrechts, Regensburg 1843
WEISS, K. E., System des öffentlichen Rechts des Großherzogthums Hessen, Darmstadt 1837
WEISSE, C. E., Lehrbuch des Königlich Sächsischen Staatsrechts, 2 Bde Leipzig 1824, 1827
WELCKER, C. TH., Die letzten Gründe von Recht, Staat und Strafe, Gießen 1813
WELCKER, C. TH., Die vollkommene und ganze Preßfreiheit, Freiburg 1830
WELCKER, C. TH., Begründung der Motion für eine constitutionellere, weniger kostspielige und mehr sichernde Wehrverfassung, Karlsruhe 1831
WELCKER, C. TH., Wichtige Urkunden für den Rechtszustand der deutschen Nation mit eigenhändigen Anmerkungen von Johann Ludwig Klüber ... Mannheim 1844
WESTERKAMP, J. B., Ueber die Reichsverfassung, Hannover 1873
WESTPHALEN, N. A., Hamburgs Verfassung und Verwaltung in ihrer allmählichen Entwickelung bis auf die neueste Zeit, 2 Bde Hamburg 1841
WESTPHALEN, N. A., Geschichte der Haupt- und Grundgesetze der hamburgischen Verfassung, 3 Bde Hamburg 1844–46
WIELANDT, F., Das Staatsrecht des Großherzogthums Baden, Freiburg 1895
WIGGERS, J., Das Verfassungsrecht im Großherzogthum Mecklenburg-Schwerin, Berlin 1860
WIGGERS, J., Staatskunde der beiden Großherzogthümer Mecklenburg, Wismar und Ludwigslust 1861
WIMPFEN, C. v., Ueber die staatsrechtlichen Verhältnisse der Herzogthümer Schleswig und Holstein, Kiel 1831
WIPPERMANN, C. W., Kurhessen seit den Freiheitskriegen, Kassel 1850
WIPPERMANN, E., Über die Natur des Staates, Göttingen 1844
WITZLEBEN, C. D. v., Die Entstehung der konstitutionellen Verfassung des Königreichs Sachsen, Leipzig 1881
WOLFFSON, J., Das Staatsrecht der freien Hansestadt Hamburg, Freiburg und Leipzig 1884
WURM, CH. F., Verfassungs-Skizzen der freien Städte, Hamburg 1841
WURM, CH. F., Kritische Versuche über die öffentlichen Rechtsverhältnisse in Deutschland, seit der Mitte des Jahres 1832, Leipzig 1835

ZACHARIÄ, H. A., Deutsches Staats- und Bundesrecht, 3 Abth. Göttingen 1841–45
ZACHARIÄ, K. S., Iuris publici germanici in artis formam redacti delineatio, Leipzig 1797
ZACHARIÄ, K. S., Geist der deutschen Territorialverfassung, Leipzig 1800
ZACHARIÄ, K. S., Ueber die vollkommenste Staatsverfassung, Leipzig 1800
ZACHARIÄ, K. S., Janus, Leipzig 1802
ZACHARIÄ, K. S., Ueber die Erziehung des Menschengeschlechts durch den Staat, Leipzig 1802
ZACHARIÄ, K. S., Die Wissenschaft der Gesetzgebung als Einleitung zu einem allgemeinen Gesetzbuche, Leipzig 1806
ZACHARIÄ, K. S., Jus publicum civitatum quae foederi rhenano adscriptae sunt, Heidelberg 1807
ZACHARIÄ, K. S., Handbuch des französischen Civilrechts, 2 Bde Freiburg 1808
ZACHARIÄ, K. S., Das Staatsrecht der rheinischen Bundesstaaten und das rheinische Bundesrecht, Heidelberg 1810
ZACHARIÄ, K. S., Entwurf zu dem Grundvertrage des durch den Pariser Frieden vom 30. Mai 1814 verheissenen deutschen Staatenbundes, Heidelberg 1814
ZACHARIÄ, K. S., Vierzig Bücher vom Staate, 4 Bde Heidelberg 1820–32 (2. Aufl., 7 Bde 1839–43)
ZANGEN, G. L. v., Die Verfassungsgesetze deutscher Staaten in systematischer Zusammenstellung, 3 Bde Darmstadt 1828–36
ZELLE, R., Handbuch des geltenden öffentlichen und Privatrechtes für das Gebiet des preußischen Landrechts, Berlin 1888

ZELLER, W., Handbuch der Verfassung und Verwaltung im Großherzogtum Hessen, 2 Bde Darmstadt 1885–86, Erg.Bd. 1893
ZITELMANN, E., Begriff und Wesen der sog. juristischen Personen, Leipzig 1873
ZÖPFL, H., Altertümer des deutschen Reichs und Rechts, 3 Bde Leipzig 1860ff.
ZÖPFL, H., Deutsche Staats- und Rechts-Geschichte, 2 Bde Heidelberg 1834–36
ZÖPFL, H., Deutsche Union und deutsches Reich. Entwurf einer allgemeinen Reichsverfassung mit Inbegriff der deutschen Union, Erfurt 1850
ZÖPFL, H., Die neuesten Angriffe auf die staatsrechtliche Stellung der deutschen Standesherren, Donaueschingen 1867
ZÖPFL, H., Die Regierungsvormundschaft im Verhältnisse zur Landesverfassung, Heidelberg 1830
ZÖPFL, H., Grundsätze des allgemeinen und deutschen Staatsrechts, Heidelberg 1841 (5 Aufl. m. wechselndem Titel)
ZÖPFL, H., Über hohen Adel und Ebenbürtigkeit, Stuttgart 1853
ZÖPFL, H., Über Mißheiraten in den deutschen regierenden Fürstenhäusern überhaupt und im Oldenburgischen Gesamthause insbesondere, Stuttgart 1853
ZORN, PH., Lehrbuch des deutschen Reichsstaatsrechts, 2 Bde Berlin 1880–81

Erstes Kapitel

Das deutsche öffentliche Recht um 1800

I. Vom aufgeklärten Absolutismus zum konstitutionellen Zeitalter in Deutschland

1. Zäsuren der Wissenschaftsgeschichte

Die Geschichte des Nachdenkens, Lehrens und Schreibens über «öffentliches Recht» ist nicht ablösbar von den gesellschaftlichen Bedingungen und der jeweiligen «Verfassung» des Gemeinwesens, in dem sich jene geistigen Vorgänge vollziehen. Die historische Analyse eines Gedankens ist Aussage über vergangene mentale Wirklichkeit. Ihre Tiefenschärfe erhält sie erst durch Heranziehung derjenigen Wirklichkeit, die den Gedanken damals trug. Insofern ist es notwendig, sich am Eingang einer wissenschaftsgeschichtlichen Darstellung des öffentlichen Rechts vom frühen 19. Jahrhundert bis zum Ausbruch des ersten Weltkrieges zunächst der politischen und gesellschaftlichen Bedingungen zu vergewissern, in denen sich das öffentliche Recht und seine Interpreten am Ende des 18. Jahrhunderts befanden.

Die verfassungsgeschichtlichen Epochenjahre 1803 und 1806, mit denen die folgende Darstellung einsetzt,[1] bilden zwar tiefe Zäsuren für die Verfassung des Reiches, müssen aber zugleich auch als Endpunkte einer schon lange vorher erkennbaren Entwicklung gesehen werden. Wirtschafts- und sozialgeschichtlich bedeuten sie nahezu nichts, weil sich insoweit an diesen beiden Schnittstellen kaum Bemerkenswertes ereignete. Gewiß setzte sich allmählich der ökonomische Liberalismus gegen den späten Merkantilismus und die Physiokratie durch,[2] ebenso lassen sich soziale Umschichtungen zugunsten des «Bürgertums», Emanzipation von bäuerlichen Schichten[3] und der jüdischen Minderheit[4] sowie eine gewisse Verbürgerlichung des Adels beobachten.[5]

[1] Zum vorhergehenden Zeitraum und zum Forschungsstand: Geschichte, 50–53. Zu den dort (52) genannten Werken von *Pütter* und *Klüber* ist zu ergänzen: *J. Th. Roth*, Beiträge zum teutschen Staatsrecht und zur Literatur desselben, Nürnberg 1791; *D. H. L. Frhr. v. Ompteda*, Litteratur des gesammten sowohl natürlichen als positiven Völkerrechts, 2 Teile, Regensburg 1785, erg. u. fortges. v. *K. A. H. Ch. v. Kamptz*, Neue Literatur des Völkerrechts seit dem Jahre 1784, Berlin 1817.

[2] *H. Winkel*, Die deutsche Nationalökonomie im 19. Jahrhundert, 1977, 7–20.

[3] *G. Franz* (Hg.), Bauernschaft und Bauernstand 1500–1970, 1975; *ders.* Geschichte des deutschen Bauernstandes vom frühen Mittelalter bis zum 19. Jahrhundert, 1976; *F. W. Henning*, Landwirtschaft und ländliche Gesellschaft in Deutschland, Bd. 2: 1750–1976, 1978; *Ch. Dipper*, Die Bauernbefreiung in Deutschland 1790–1850, 1980.

[4] *J. Toury*, Der Eintritt der Juden ins deutsche Bürgertum, Tel Aviv 1972; *M. Richarz*, Der Eintritt der Juden in die akademischen Berufe. Jüdische Studenten und Akademiker in Deutschland 1678–1848, 1974; *R. Rürup*, Emanzipation und Antisemitismus. Studien zur «Judenfrage» der bürgerlichen Gesellschaft, 1975; *H. Liebeschütz*, *A. Paucker* (Hg.), Das Judentum in der deutschen Umwelt 1800–1850. Studien zur Frühgeschichte der Emanzipation, 1977.

[5] *H. Gollwitzer*, Die Standesherren (1815–1918), 1957; *R. Schier*, Standesherren. Zur Auflösung der Adelsherrschaft in Deutschland (1815–1918), 1975; *H. Stekl*, Österreichs Aristokratie im Vormärz, 1973; *H. U. Wehler* (Hg.), Europäi-

Aber dies sind langfristige Prozesse, die, wenn überhaupt, nur symbolisch an historische Daten geknüpft werden können. Langsam fließende Kontinuität gilt auch für die Rechtsgeschichte des Privatrechts, Lehnrechts und Strafrechts: Die einzelnen Territorien des Reichs blieben bei «ihrem» Recht, überwölbt vom «gemeinen Recht»,[6] wenn auch einige sich aktiver Reformgesetzgebung zuwandten, andere unfreiwillig in die vom revolutionären Frankreich ausgehenden Veränderungen hineingezogen wurden. Aber in den genannten Rechtsgebieten dominieren jedenfalls nicht die scharfen Zäsuren, sondern eher die großräumigen Umschichtungs- und Wandlungsprozesse.[7]

Die Verfassungsgeschichte[8] und die Wissenschaftsgeschichte des öffentlichen Rechts kennen beides, die unvermittelten, an Daten geknüpften Entwicklungssprünge ebenso wie die langfristigen Verschiebungen, ohne die es zu den blitzartig wirksamen Ereignissen gar nicht kommen könnte. So beginnt die neueste Geschichte symbolhaft mit jenem 14. Juli 1789 in Paris und sie setzt sich in Deutschland mit den wichtigen Friedensschlüssen der napoleonischen Zeit über den Reichsdeputationshauptschluß von 1803, die Gründung des Rheinbundes, das Ende des Deutschen Reichs und die Niederlage Preußens (1806) bis zum Wiener Kongreß von 1814/15 fort.[9] Jedes dieser Ereignisse stellte die Wissenschaft des öffentlichen Rechts vor neue Aufgaben der Reflexion und des Neubeginns, da ihr die alten Rechtsgrundlagen unter den Händen zerfielen.

Aber gleichzeitig zeigt sich die Geschichte des öffentlichen Rechts auch als Trägerin der Kontinuität, sowohl in ihrer Einbindung in die langfristigen historischen Abläufe als auch wissenschaftsgeschichtlich, indem sie ihren gesamten geistigen Habitus, die in der wissenschaftlichen Literatur akkumulierten Lehren, Überzeugungen und Ausbildungstraditionen über die Zäsuren hinweg in das 19. Jahrhundert mitnimmt und aus diesem Fundus auf die neue Lage reagiert.[10]

scher Adel 1750–1950, 1990. Umfassend *ders.* Deutsche Gesellschaftsgeschichte, Bd. 1, 1987.

[6] *H. Coing*, Europäisches Privatrecht, Bd. I: Älteres Recht (1500 bis 1800), 1985, Bd. II: 19. Jahrhundert. Überblick über die Entwicklung des Privatrechts in den ehemals gemeinrechtlichen Ländern, 1989.

[7] Eine Ausnahme bildet insoweit das Kirchen- und Staatskirchenrecht mit dem tiefen Einschnitt des Jahres 1803. Vgl. dazu *K. D. Hömig*, Der Reichsdeputationshauptschluß vom 25. Februar 1803 und seine Bedeutung für Staat und Kirche unter besonderer Berücksichtigung württembergischer Verhältnisse, 1969.

[8] In jüngster Zeit sind erfreulicherweise zahlreiche Darstellungen erschienen, in denen das 19. Jahrhundert entweder im Zentrum steht oder doch einen wesentlichen Bestandteil ausmacht. Diese Darstellungen und im wesentlichen auch die äußeren Fakten der Verfassungsgeschichte werden im folgenden stillschweigend vorausgesetzt. Es handelt sich um *H. Fenske*, Deutsche Verfassungsgeschichte (Vom Norddeutschen Bund bis heute), 2. Aufl. 1984; *H. Boldt*, Deutsche Verfassungsgeschichte, Bd. 1, 2. Aufl. 1990, Bd. 2 1990; *O. Kimminich*, Deutsche Verfassungsgeschichte, 2. Aufl. 1989; *Ch. F. Menger*, Deutsche Verfassungsgeschichte der Neuzeit, 7. Aufl. 1990; *K. Kröger*, Einführung in die jüngere deutsche Verfassungsgeschichte (1806–1933), 1988; *D. Grimm*, Deutsche Verfassungsgeschichte 1776–1866, 1988; *D. Willoweit*, Deutsche Verfassungsgeschichte. Vom Frankenreich bis zur Teilung Deutschlands, 2. Aufl. 1991.

Alle diese Werke werden an Materialfülle übertroffen von *E. R. Huber*, Deutsche Verfassungsgeschichte seit 1789, 8 Bde, 1957–1991, Bde. 1 und 4 in 2. Aufl. 1975, 1982, Bd. 2 und 3 in 3. Aufl. 1988, ergänzt durch Dokumente zur deutschen Verfassungsgeschichte, 4 Bde, 1961–91 sowie *E. R. Huber – W. Huber* (Hg.), Staat und Kirche im 19. und 20. Jahrhundert, 3 Bde 1973, 1976, 1983.

[9] Eine ausgezeichnete knappe Zusammenfassung bietet *K. O. Frhr. v. Aretin*, Vom Deutschen Reich zum Deutschen Bund, 1980.

[10] *E. Schmidt-Aßmann*, Der Verfassungsbegriff in der deutschen Staatslehre der Aufklärung und des Historismus, 1967; *Böckenförde*, 65ff.; *F.-L. Knemeyer*, Regierungs- und Verwaltungsrefor-

Zu den langfristig wirksamen Verschiebungen der Verfassungsgeschichte gehört die Tatsache, daß das Reich seit 1740 durch den österreichisch-preußischen Dualismus geprägt war. Die Mittelstaaten orientierten sich nach dem einen oder anderen Gravitationszentrum, «wie die Schildkröte zwischen zwei entgegengesetzten Schilden, zwischen dem preußischen und österreichischen».[11] Die Reichsstädte,[12] Reichsritterschaften und alle sonstigen kleinen Reichsunmittelbaren[13] zeigten sich reichspatriotisch und blickten, vor allem des Rechtsschutzes wegen, nach Wetzlar zum Reichskammergericht und nach Wien zum Reichshofrat.[14] Die Untertanen der großen und kleinen Territorien interessierten sich für das Nächstliegende, für die Leistungen oder Mängel der jeweiligen Verwaltung ihres Landes, für Agrarreformen und Gewerbepolitik, den Zustand des Schul- und Universitätswesens, für Justiz und «Policey». Reichspolitik kam aus der Perspektive des Untertanen eines Fürsten oder des Bürgers einer Reichsstadt nur insofern in Betracht, als Krieg und Frieden, Kontribution oder Besatzung ins Haus standen. Den Status eines «Reichsbürgers» gab es nur für die Reichsstände, nicht für den Einzelnen, dementsprechend bestand auch kein Reichsbürgerbewußtsein und keine bürgerliche Verantwortlichkeit für das Reich. Man betrachtete die lange Agonie des Reichs mit Gleichmut, ja Gleichgültigkeit, was freilich die Kultivierung eines gewissen «Reichspatriotismus» in den literarisch tonangebenden Kreisen nicht ausschloß.[15] Die Reichspublizistik, die gerade in der Endphase des Reichs zu einer weithin beachteten Führungsdisziplin der juristischen Fakultäten geworden war,[16] verdeckte mit ihren Stoffmassen und ihren intakt scheinenden «Systemen» den ruinösen Zustand des Reichs, wie er sich vor allem seit dem Ende des Siebenjährigen Krieges (1763) darstellte. Nüchterne Betrachter konnten ohne weiteres erkennen, wie weit das gelehrte Verfassungsrecht des Heiligen Römischen Reichs und seine Verfassungswirklichkeit voneinander entfernt waren. Daß die Reichspublizisten selbst an der Betonung dieser Diskrepanz nicht interessiert waren, ist verständlich, und so war es auch ein jugendlicher Philosoph, der im Jahre 1800 dem Reich den Totenschein ausstellte, bevor der Exitus wirklich eingetreten war: «Deutschland ist kein Staat mehr... Was nicht mehr begriffen werden kann, ist nicht mehr... das Ganze ist zerfallen, der Staat ist nicht mehr».[17]

men in Deutschland zu Beginn des 19. Jahrhunderts, 1970.

[11] *Jean Paul*, Friedens-Predigt an Deutschland (1808), Abschn. IV, in: Werke, hrsgg. v. *N. Miller*, Bd. V, 1963, 886.

[12] *K. P. Schroeder*, Das Alte Reich und seine Städte. Untergang und Neubeginn: Die Mediatisierung der oberdeutschen Reichsstädte im Gefolge des Reichsdeputationshauptschlusses 1802/03, 1991; *M. Stolleis* (Hg.), Recht, Verfassung und Verwaltung in der frühneuzeitlichen Stadt, 1991.

[13] Aus der zeitgenössischen Literatur nützlich *C. W. v. Lancizolle*, Übersicht der deutschen Reichsstandschafts- und Territorial-Verhältnisse vor dem französischen Revolutionskriege ..., Berlin 1830.

[14] *K. O. Frhr. v. Aretin*, Das Reich. Friedensgarantie und europäisches Gleichgewicht 1648–1806, 1986.

[15] *M. Stolleis*, Reichspublizistik und Reichspatriotismus vom 16. zum 18. Jahrhundert, in: *G. Birtsch* (Hg.), Patriotismus, in: Aufklärung 4/2 (1989), 7–23.

[16] *N. Hammerstein*, Jus und Historie, 1972; ders. Aufklärung und katholisches Reich, 1977; Geschichte, 309 ff.

[17] *G. W. F. Hegel*, Die Verfassung Deutschlands (1800–1802), in: Frankfurter Theorie-Werkausgabe in zwanzig Bänden, Bd. 1, 1971, 451 ff. Vgl. dazu *H. Maier*, Hegels Schrift über die Reichsverfassung, Polit. Vierteljahresschrift 4 (1963) 334–349.

2. *Die Epochenwende*

Diese Diagnose lag allerdings ein Jahrzehnt nach dem eigentlich einschneidenden Ereignis, der Französischen Revolution.[18] Alle Zeitgenossen haben gespürt, daß dies eine Epochenwende war, die auch das Reich an ein Ende führen würde.[19] Einer Stellungnahme war jedenfalls nicht auszuweichen. Die Revolution rührte an die Fundamente legitimistischen Denkens und eröffnete schlagartig neue Perspektiven. Die alte Ordnung brach zusammen, ihre Träger wurden entmachtet, hingerichtet oder vertrieben. Die Ereignisse trafen in Deutschland auf territorial z. T. sehr fortschrittliche, im Reich aber auf archaische Strukturen. Diese doppelte Ebene der Rezeption ist für alle Reaktionen bestimmend geblieben. Man konnte das Bedürfnis nach einer Revolution auf der Reichsebene bejahen und auf der Territorialebene verneinen. Zugleich konnte man unterscheiden zwischen Bejahung der sachlichen reformerischen Anliegen und entschiedener Ablehnung der französischen «Greuel».[20] Damit versuchte man eine schwierige Synthese: die Erlangung der positiven Ergebnisse der Revolution, zugleich aber auch die weitgehende Erhaltung der bisherigen legitimen politischen Ordnung. Man wollte die Modernisierungsfrüchte ernten und zur bürgerlich-konstitutionellen Ordnung übergehen, ohne die angestammte Dynastie aufs Schafott führen zu müssen.

Deutschland ist auf diese Weise von der Französischen Revolution zwar vielfältig beeinflußt und umgestaltet worden, es hat aber als Ganzes keine eigene Revolution erlebt. Die kritische Masse kam nicht zustande. Hierfür werden als Gründe genannt: 1. die territoriale Fragmentierung der Macht, die zugleich eine Fragmentierung der revolutionären Energien bedeutete, 2. das Fehlen einer Hauptstadt, in der die Aktionen gebündelt und die öffentlichen Angelegenheiten auf einer Zentralbühne abgehandelt werden konnten,[21] 3. die relativ weit fortgeschrittenen Reformen des aufgeklärten Absolutismus, wodurch vermieden wurde, daß sich so viel Zündstoff wie in Frankreich aufhäufte, 4. die fast ausschließlich agrarische, in den ständischen Ordnungen des Ancien Régime festgeschriebene und insoweit noch relativ friedliche Sozialstruktur, 5. der seit langem durch kirchliche und weltliche Pädagogiken anerzogene Respekt vor der Obrigkeit und ihrer «Policey»,[22] der bürgerliche Sinn für Ruhe und Ordnung, die Bereitschaft, sich einzufügen «ein jeglicher in seinem Stand» – gleichviel ob man es «Nationalcharakter» nennt oder nicht.

Trotz dieser «revolutionshemmenden» Faktoren war Deutschland zwischen 1770

[18] *E. Schulin,* Die Französische Revolution, 1988 (m. Auswahlbibliographie); *H. Dippel,* Austritt aus dem Ghetto? Deutsche Neuerscheinungen zur Französischen Revolution, HZ 252 (1991) 339–394; *B. Stollberg-Rilinger,* 200 Jahre Französische Revolution. Bilanz einer historischen Gedenkfeier auf dem deutschen Buchmarkt, ZHF 17 (1990) 429–490.

[19] *R. Koselleck–R. Reichardt* (Hg.), Die Französische Revolution als Bruch des gesellschaftlichen Bewußtseins, 1988, m. umfass. Nachw.; *K. O. Frhr. v. Aretin – K. Härter* (Hg.), Revolution und konservatives Beharren. Das Alte Reich und die Französische Revolution, 1990.

[20] *D. Henrich,* Französische Revolution und klassische deutsche Philosophie, in: *ders.* Eine Republik Deutschland: Reflexionen auf dem Weg aus der deutschen Teilung, 1990.

[21] So der anonyme Verfasser der Schrift «Ist bey der Deutschen Staatsverfassung eine allgemeine Volksempörung möglich? In Beziehung auf Frankreich», o. O. 1794. Vgl. hierzu auch *L. Gall,* Frankfurt als deutsche Hauptstadt?, in: *D. Simon* (Hg.), Akten des 26. Deutschen Rechtshistorikertages, 1987, 1–18.

[22] *W. Sommer,* Gottesfurcht und Fürstenherrschaft. Studien zum Obrigkeitsverständnis J. Arndts und lutherischer Hofprediger zur Zeit der altprotestantischen Orthodoxie, 1988; *M. Stolleis,* Thron und Altar, HRG V (1992).

und 1820 weit offen für alle geistigen Einflüsse Europas, und es strahlte entsprechend aus. Es erlebte eine schon von den Zeitgenossen als erstaunlich empfundene «Geniezeit», vor allem in der Literatur, in der Musik und in den Wissenschaften, und dort speziell in der Philosophie. Kulturell und intellektuell vibrierend, politisch zersplittert und nur mühsam handlungsfähig, ein großes und wohlhabendes Land in der Mitte Europas, aber ohne Zugang zu Welthandel und Kolonien, überwölbt von einer altertümlichen, bis ins Absonderliche verrechtlichten Verfassungsordnung – so etwa präsentierte sich Deutschland in der öffentlichen Meinung des ausgehenden 18. Jahrhunderts.

Die Französische Revolution wirkte auf dieses Gebilde ganz disparat.[23] Was bisher in der langsam aus dem Ancien Régime aufsteigenden «bürgerlichen Gesellschaft» noch Gedanke war, schien nun «Tat» zu werden.[24] Überschreitung der territorialen, zünftischen und kirchlichen Enge ins Freiheitliche und Gleiche, vernünftige Reformen auf allen Gebieten, rechtlich und sittlich angeleitete Regierungen, «christliches Europa», reine Bildung des der Menschheit angehörenden Individuums, Abschaffung des Staates, daneben nackte Furcht vor Revolution und Terror, Verteidigung legitimer Throne, wohlerworbener Rechte und tradierter Unterschiede von Geburt, Besitz und Bildung – alles dies schwirrte nun durcheinander. Kaum jemals wurde so viel und so hastig geschrieben und gedruckt.[25] Da eine Revolution im eigenen Land nicht zustandekam und die «deutschen Jakobiner» schon früh politisch abgedrängt und verfolgt wurden,[26] blieb den Deutschen die evolutionäre Verarbeitung des von der Revolution ausgehenden Drucks und die Umstellung der staatlichen Strukturen auf die neuen Verhältnisse. Naturgemäß fielen die Reaktionen unterschiedlich aus, je nach-

[23] *R. Vierhaus*, «Sie und nicht wir» – Deutsche Urteile über den Ausbruch der Französischen Revolution, in: *ders.* Deutschland im 18. Jahrhundert, 1987, 202–215. Siehe auch *H. Reinalter*, Der Jakobinismus in Mitteleuropa, 1981; *T. C. W. Blanning*, The French Revolution in Germany. Occupation and Resistance in the Rhineland 1792–1802, Oxford 1983; *J. Voss* (Hg.), Deutschland und die Französische Revolution, 1983; *H. Berding* (Hg.), Soziale Unruhen in Deutschland während der Französischen Revolution, 1988; *A. Herzig*, *I. Stephan* und *H. G. Winter* (Hg.), «Sie und nicht wir». Die Französische Revolution und ihre Wirkung auf Norddeutschland und das Reich: Politik und Recht, Literatur und Musik, 2 Bde, 1989; *H.-O. Mühleisen* (Hg.), Die Französische Revolution und der deutsche Südwesten, 1989.

[24] *G. W. F. Hegel*, Vorlesungen über die Philosophie der Weltgeschichte: «Solange die Sonne am Firmamente steht und die Planeten um sie herumkreisen, war das nicht gesehen worden, daß der Mensch sich auf den Kopf, d. i. auf den Gedanken stellt und die Wirklichkeit nach diesem erbaut». (Frankfurter Theorie-Werkausgabe Frankfurt 1970, Bd. 12, 529). Zu den Voraussetzungen vgl. *R. Vierhaus*, Politisches Bewußtsein in Deutschland vor 1789, in: *ders.* Deutschland (Anm. 23), 183–201.

[25] *R. Brinkmann* u. a. (Hg.), Deutsche Literatur und Französische Revolution, 1974 (darin bes. die Beiträge von *R. Brinkmann* zur Frühromantik, *G.-L. Fink* zu *Wieland*, *W. Müller-Seidel* zur deutschen Klassik, *L. Ryan* zu *Hölderlin* und *K. Wölfel* zu *Jean Paul*; *C. Träger* (Hg.), Die Französische Revolution im Spiegel der deutschen Literatur, 1975; *Th. Stammen* – *F. Eberle* (Hg.), Deutschland und die Französische Revolution 1789–1806, 1988. Siehe auch den Katalog «Freiheit, Gleichheit, Brüderlichkeit. 200 Jahre Französische Revolution» des German. Nationalmuseums Nürnberg, 1989.

[26] *H. Reinalter* (Hg.), Jakobiner in Mitteleuropa, Innsbruck 1977; *ders.* (Anm. 23) mit ausführlicher, auch regional gegliederter Bibliographie zu Deutschland generell, Mainz, Süddeutschland und Norddeutschland, den Rheinlanden und der Habsburgermonarchie. Siehe auch *F. Dumont*, Die Mainzer Republik von 1792/93. Studien zur Revolutionierung in Rheinhessen und der Pfalz, 1982; *W. Grab*, Ein Volk muß seine Freiheit selbst erobern. Zur Geschichte der deutschen Jakobiner, 1984.

dem es sich um preußische oder österreichische, mittel- oder kleinstaatliche Verhältnisse, weltliche oder geistliche Staaten, um Monarchien, Reichsritterschaften oder Reichsstädte handelte. Bauern, Gewerbetreibende, Handwerker, Staatsbeamte, Professoren, Geistliche und Militärs hatten ihre jeweils eigene Perspektive. Literarischen Ausdruck fand jedoch durchweg nur die der gebildeten Oberschicht.

In ihr wurde die Revolution zunächst mehrheitlich als Menschheitsereignis begrüßt. Noch in der Erinnerung hatte sie bei den Intellektuellen ihre Leuchtkraft nicht verloren. «Es war dieses somit ein herrlicher Sonnenaufgang», sagte Hegel in seinen geschichtsphilosophischen Vorlesungen der dreißiger Jahre: «Alle denkenden Wesen haben diese Epoche mitgefeiert. Eine erhabene Rührung hat in jener Zeit geherrscht, ein Enthusiasmus des Geistes hat die Welt durchschauert, als sei es zur wirklichen Versöhnung des Göttlichen mit der Welt nun erst gekommen».[27]

Die Errichtung der Republik (1792), die Kriegserklärung des revolutionären Frankreich (1792), die Hinrichtung Ludwigs XVI. und der Übergang zum Terror (1793), gesteigert durch «La Grande Terreur» (1794) und die wachsende Bedrohung durch den Krieg ließen dann wieder die Furcht vor «Greueln» und vor der Zerstörung gewachsener und als legitim empfundener Verhältnisse ansteigen. Hoffnungen auf gemäßigte konstitutionelle Lösungen, auf ein friedliches Fortschreiten ohne Blutvergießen verstärkten sich, sei es im Rahmen einer erneuerten Reichsverfassung, sei es in zeitgemäßer Fassung des Aufgeklärten Absolutismus.

Daneben lebte der menschheitliche, manchmal sogar antistaatliche Enthusiasmus fort, sei es bei weiterhin optimistisch gestimmten Aufklärern, sei es in Kreisen der frühen Romantiker oder der frühen idealistischen Philosophie: «Die Idee der Menschheit voran – will ich zeigen», schrieb der junge Hegel (oder Schelling),[28] «daß es keine Idee vom Staat gibt, weil der Staat etwas Mechanisches ist, so wenig als es eine Idee von einer Maschine gibt. Nur was Gegenstand der Freiheit ist, heißt Idee. Wir müssen also über den Staat hinaus. – Denn jeder Staat muß freie Menschen als mechanisches Räderwerk behandeln; und das soll er nicht; also soll er aufhören. Ihr seht von selbst, daß hier alle die Ideen, vom ewigen Frieden usw., nur untergeordnete Ideen einer höheren Idee sind. Zugleich will ich hier die Prinzipien für eine Geschichte der Menschheit niederlegen und das ganze elende Menschenwerk von Staat, Verfassung, Regierung, Gesetzgebung bis auf die Haut entblößen». Der Menschheits- und Freiheitsbezug, vor allem aber die eschatologische Hoffnung auf Abschaffung des Staates[29] ist die eine Seite dieser charakteristischen Äußerung. Die andere Seite der Wendung gegen den freiheitszerstörenden, mechanistischen Staat[30] ist die antiaufklärerische, die bald mit organologischen Metaphern auftrat und in wachsendem Maß politisch restaurativ wirkte.

Die Forderung «Wir müssen eine neue Mythologie haben» war voller Sehnsucht

[27] *G. W. F. Hegel* (Anm. 24), 529.

[28] *A. Hollerbach,* Der Rechtsgedanke bei Schelling. Quellenstudien zu seiner Rechts- und Staatsphilosophie, 1957, 85 ff. m. w. Nachw. Die von *Franz Rosenzweig* 1917 aufgestellte These, *Hegel* habe hier einen Text *Schellings* abgeschrieben, wobei ästhetische Einflüsse *Hölderlins* feststellbar seien, ist nunmehr wieder zugunsten der Verfasserschaft *Hegels* aufgegeben worden: *O. Pöggeler,* Hegel-Studien, Beih. 4. Hegel-Tage Urbino 1965, 1968. Zitiert wird hier nach der Hegel-Werkausgabe (Anm. 17), Bd. 1, 234 f.

[29] *Hollerbach* (Anm. 28), 88 Anm. 24 verweist auf eine interessante Parallelstelle bei *Fichte* von 1794.

[30] *B. Stollberg-Rilinger,* Der Staat als Maschine. Zur politischen Metaphorik des absoluten Fürstenstaates, 1986.

nach einer vom Rationalismus zerstörten Einheit, lieferte zugleich aber das kommende Stichwort für einen neuen Obskurantismus. Das idealistische «Systemprogramm» war zunächst noch offen, antistaatlich, ja freiheitstrunken ins Ideal-Anarchische zielend, und noch nicht konservativ in dem Sinne, wie es nach 1815 verstanden wurde. Im Gegenteil: Die Suche nach Überwindung der Trennungen zwischen Staat und Untertanen auf einer höheren «organischen» Stufe konnte als Mündigwerden der bürgerlichen Gesellschaft, nach Hervorbringung eines ihren Interessen gemäßen Staates aus ihr selbst verstanden werden. Waren die Fehler des Absolutismus sein autoritäres Denken und sein Mißtrauen gegenüber dem Untertanenverstand,[31] so konnten sich jetzt die Hoffnungen auf freie Entfaltung aller Kräfte und Partizipation bei der politischen Willensbildung richten.

So lag hier zunächst noch alles nebeneinander: Reformeifer des aufgeklärten Absolutismus, wilde Gestik «in tirannos», Revolutionsfurcht, Menschheitspathos, evolutionär-organische Konzepte, aufbrechender Nationalismus, ängstliche Bewahrung des status quo sowie Reichspatriotismus in großem Stil neben Krähwinkelei im kleinen.[32]

3. Sozialgeschichtliche Bedingungen

Im letzten Drittel des 18. Jahrhunderts und weitgehend noch bis zur Mitte des 19. Jahrhunderts war Deutschland ein agrarisch bestimmtes Land.[33] Das Sozial- und Wirtschaftsmodell des Ancien Régime blieb vorerst intakt. Familiale und ökonomische Grundeinheit war weiterhin das «Haus»,[34] das nicht nur mehrere Generationen der Familie, sondern auch Lehrlinge, Gesinde[35] und andere Unselbständige umfaßte. Erst allmählich bildete sich aus dem Handwerker, dem ehemaligen Landarbeiter oder Kleinbauern der Typus des Industriearbeiters, dessen Existenzgrundlage nicht mehr der soziale Verband des Hauses, sondern der individuelle Arbeitsvertrag war. Vorerst existierte noch das feinmaschige Netz der ständischen Bindungen, denen jeder unterlag, ob er nun zum «Bauerstande», «Bürgerstande» oder «Adelstande» gehörte.[36] Ein Wechsel des Standes war im Prinzip nicht möglich, wurde jedenfalls nicht gern gesehen und nach Kräften erschwert. Die Statik der Standeszugehörigkeit wurde durch rechtliche Bindungen gestützt. Ein System von Geboten und Verboten, Pflichtenkatalogen und Strafnormen fesselte die Unter- und Mittelschichten an ihre Scholle und ihr

[31] Siehe etwa *Hegels* Kritik am Maschinenideal um 1801: «Die maschinistische, höchstverständige und edlen Zwecken gewidmete Hierarchie erweist in nichts ihren Bürgern Zutrauen, kann also auch keines von ihnen erwarten» (Hegel, Werkausgabe, Anm. 17, Bd. 1, 483; vgl. auch 481 f.).

[32] *A. Müller,* Die Auseinandersetzung der Romantik mit den Ideen der Revolution, in: Romantik-Forschungen, 1929, 243–333; *M. Boucher,* La révolution de 1789 vue par les écrivains allemands ses contemporains, Paris 1954; *W. Malsch,* «Europa». Poetische Rede des Novalis. Deutung der Französischen Revolution und Reflexion auf die Poesie in der Geschichte, 1965.

[33] *H. Aubin–W. Zorn* (Hg.), Handbuch der deutschen Wirtschafts- und Sozialgeschichte, Bd. 2, 1976; *W. Conze* (Hg.), Staat und Gesellschaft im deutschen Vormärz 1815–1848, 2. Aufl. 1970; *ders.* Sozialer und wirtschaftlicher Wandel, in: DVG II, 19–56.

[34] *O. Brunner,* Das «ganze Haus» und die alteuropäische «Ökonomik», in: *ders.* Neue Wege der Verfassungs- und Sozialgeschichte, 2. Aufl. 1968, 103.

[35] Das Gesinde wurde auch rechtlich «mit zur häuslichen Gesellschaft gerechnet» (ALR I, 1, § 1, 4).

[36] Als normative Sozialmodelle können für diesen ständischen Aufbau der Codex Maximilianeus Bavaricus Civilis von 1756 sowie vor allem das ALR II, 7, 8, 9 dienen.

Gewerbe. Gewiß gab es vor 1800 mannigfache Versuche der Liberalisierung, so in der aufklärerischen Bodenkulturbewegung des 18. Jahrhunderts, in der Abschaffung oder Abmilderung der Leibeigenschaft und in Entlastungen der Bauern auf den Krongütern,[37] in der Zulassung von Gewerben außerhalb zünftischer Bindungen und in der gezielten Privilegierung «moderner» Produktionsweisen.[38] Aber insgesamt blieb die Gesellschaft in Deutschland ständisch gegliedert, faktisch und normativ gebunden und politisch unmündig. Sie war von Territorial- und Zollgrenzen durchzogen, benutzte keine einheitlichen Maße und Gewichte und zahlte nicht mit einer Währung. Bedeutende Kapitalbildung, international ausgreifende Handelsunternehmungen, die sich mit denen Englands, Frankreichs oder Hollands hätten messen können, waren um 1800 in Deutschland äußerst selten.

Was sich an «bürgerlichem» Bewußtsein artikulierte, legitimierte sich vor allem durch Ausbildung und rechtlich gesicherten Status, weniger durch Besitz und keinesfalls durch das Zusammengehörigkeits- und Leistungsgefühl einer politischen Klasse.[39]

«Bourgeoisie» und «Bildungsbürgertum», mit einem Übergewicht des letzteren, hatten unscharfe Konturen. Charakteristisch ist die negative Definition des Allgemeinen Landrechts für die preußischen Staaten von 1794, das unter Bürgern diejenigen versteht, «welche, ihrer Geburt nach, weder zum Adel, noch zum Bauerstande gerechnet werden können; und auch nachher keinem dieser Stände einverleibt sind».[40] Die Summe der Dienstleistenden, Handwerker, Händler, Kaufleute, Gastwirte, Gewerbetreibenden, Fabrikanten, Bankiers, Pfarrer und Lehrer, Ärzte und Rechtsanwälte, Künstler und anderer «Selbständiger» bildete noch kein im politischen Sinne homogenes «Bürgertum», auch wenn sich das Bewußtsein gemeinsamer Interessen und gemeinsamer Aktionsfähigkeit seit etwa 1750 langsam verbreitet und verdichtet hatte.[41] Dieses Bewußtsein konnte sich erst durch Beteiligung an der politischen Willensbildung und entsprechende Erfolgserlebnisse langsam festigen. Um 1800 gab es hierzu noch keine institutionellen Möglichkeiten. Wo Stände existierten und einberufen wurden, konzentrierten sie sich auf die Frage der Finanzen und verwalteten im übrigen durchaus partikulare Interessen. Insofern ist es verständlich, daß sich die politischen Mitteilungs- und Mitgestaltungsbedürfnisse jenseits des Staates in einer neukonstituierten «Öffentlichkeit» des Schreibens, Druckens und Sprechens Bahn brachen.[42]

Dominierend in der öffentlichen Debatte vor und nach 1789 waren Professoren,

[37] Zusammenfassend *Dipper* (Anm. 3), 46ff.

[38] *K. H. Kaufhold,* Das Gewerbe in Preußen um 1800, 1978.

[39] *H. H. Gerth,* Bürgerliche Intelligenz um 1800. Zur Soziologie des deutschen Frühliberalismus, 1976.

[40] ALR II, 8, § 1.

[41] *R. Vierhaus* (Hg.), Bürger und Bürgerlichkeit im Zeitalter der Aufklärung (Wolfenbütteler Studien zur Aufklärung, Bd. VII), 1981. Eingehende Nachweise nunmehr in *J. Kocka* (Hg.), Bürgertum im 19. Jahrhundert. Deutschland im europäischen Vergleich, 3 Bde, 1988, dort bes. der einleitende Beitrag von *Kocka,* 11ff. Vgl. hierzu die eingehende Besprechung von *U. Frevert,* in: Gesch. u. Gesellschaft 16 (1990) 491–501.

[42] *J. Habermas,* Strukturwandel der Öffentlichkeit. Untersuchungen zu einer Kategorie der bürgerlichen Gesellschaft, 1962 u. ö.; *F. Schneider,* Pressefreiheit und politische Öffentlichkeit. Studien zur politischen Geschichte Deutschlands bis 1848, 1966; *R. Engelsing,* Analphabetentum und Lektüre. Zur Sozialgeschichte des Lesens in Deutschland zwischen feudaler und industrieller Gesellschaft, 1973; *G. Jäger, J. Schönert,* (Hg.), Die Leihbibliothek als Institution des literarischen Lebens im 18. und 19. Jahrhundert, 1980; O. *Dann* (Hg.), Lesegesellschaften und bürgerliche Emanzipation, 1981.

Beamte, Richter, Advokaten und Pfarrer, also sämtlich Personen, deren Zusammenhang über die gemeinsame Universitätsausbildung vermittelt war. Auch wenn es im letzten Drittel des 18. Jahrhunderts zu jenem auffälligen «Universitätssterben» kam, dem etwa die Hälfte der rund 40 Universitäten im Reich zum Opfer fiel,[43] änderte dies im Prinzip nichts an der für Deutschland so typischen Dominanz der Universitätsausbildung.[44] Im Gegenteil, diese Dominanz verstärkte sich im 19. Jahrhundert nach der Humboldtschen Bildungsreform weiter; «Wissenschaft» wurde zum Machtfaktor.[45] Das «Bildungsbürgertum»[46] gewann an Kontur als diejenige Gruppierung des Bürgertums, die durch Examina ersetzte, was ihr an Besitz und Privilegien fehlte.

Für die zweite Hälfte des 18. und für das frühe 19. Jahrhundert ist jedenfalls typisch, daß die im Druck erschienenen Beiträge zur politischen Debatte im weitesten Sinne zunächst noch überwiegend von den Universitäten kamen, daß sich aber seit 1750 zunehmend Stimmen von außerhalb geltend machten, und zwar solche höchster Autorität. Johann Jakob Moser und sein Sohn Friedrich Carl von Moser, Justus Möser, Wilhelm Ludwig Wekhrlin, Christian Wilhelm von Dohm, Christian Garve, Moses Mendelssohn, Johann Georg Zimmermann, Adolph von Knigge, August Wilhelm Rehberg, Johann Georg Schlosser, Joachim Heinrich Campe, Friedrich Heinrich Jacobi, Georg Forster, Johann Gottfried Herder und Christoph Martin Wieland, Wilhelm Heinse, Heinrich von Kleist, Adam Müller, Friedrich von Gentz und viele andere der beiden Generationen zwischen 1750 und 1810 sprachen nicht vom Universitätskatheder aus, sondern als freie Schriftsteller, gleichviel, ob sie teilweise auch in staatlichen oder kirchlichen Diensten standen. Die Kommunikation innerhalb der Gelehrtenrepublik hatte sich im Verlauf der Aufklärung längst zur Öffentlichkeit aller Gebildeten ausgeweitet. Emphatisch betonte man, im Reich der Geister gebe es keine Standesvorurteile, jedes Argument werde unparteiisch geprüft, jeder sei aufgefordert, sich öffentlich seines eigenen Verstandes zu bedienen.

Für rechtswissenschaftliche Autoren gab es freilich Einschränkungen. Im Bereich des geltenden Rechts (Ius publicum Imperii romano-germanici, Ius publicum territoriale) waren die Bewegungsspielräume innerhalb des historisch gewachsenen Materials relativ gering. Das theoretische Raisonnement konnte sich allerdings in der Allgemeinen Staatslehre (Ius publicum universale) oder in Naturrechtssystemen frei entfalten.[47] Auch die Formen der Präsentation spielten eine Rolle: die großen Aktenpublikationen, Handbücher und Lehrbücher erschienen durchweg traditionalistischer und reagierten langsamer als die beweglicheren Monographien, flugschriftartigen Separatdrucke oder die nun massenhaft erscheinenden Zeitschriftenaufsätze. Schließlich ist generell die Polyphonie der Stimmen zwischen 1770 und 1800 besonders groß. Es ist eine «aufgeregte Zeit».[48] Bei jeder Äußerung wird man sich fragen müssen, in welchem Maß sie von dem Wirbel der Politisierung nach 1789 erfaßt ist und in welchem Kontext sie steht: bezogen auf das Reich oder das Territorium, auf geistliche oder welt-

[43] Geschichte I, 331 f.

[44] *H. H. Gerth*, Bürgerliche Intelligenz um 1800. Zur Soziologie des deutschen Frühliberalismus. Mit einem Vorwort und einer ergänzenden Bibliographie hrsgg. v. *U. Hermann*, 1976.

[45] *P. Schiera*, Il laboratorio borghese. Scienza e politica nella Germania dell' Ottocento, Bologna 1987 (dt. Ausg. 1992).

[46] Zur Problematik des Begriffs *Kocka* (Anm. 41), Bd. 1, 1988, 60 ff.; *K. Vondung*, Das wilhelminische Bildungsbürgertum, 1976.

[47] Vgl. etwa *A. L. Schlözer*, Allgemeines Stats-Recht und StatsVerfassungsLere, Göttingen 1793.

[48] *J. Görres*, Teutschland und die Revolution, Coblenz 1819, 64.

liche Herrschaft, auf die Vielfalt plötzlich möglicher politischer Optionen vom Jakobinertum bis zu schroffster Verteidigung des Ancien Régime. Vor allem die meist amtliche Stellung des Autors im Dienst der jeweiligen Landesherrschaft ist prägend. «Natürlich!», sagte ein Rezensent 1806: «Denn es ist nun einmal im deutschen Staatsrechte nicht anders, als dass die Wahrheit hier, mehr als sonst irgendwo, nach dem Lande oder Boden schmeckt, wo sie gewachsen ist, als wäre es Wein, oder als wären es Ruben».[49]

II. Die Reichspublizistik in der Spätphase des Reiches

1. *Die Tradition und der Bruch von 1806*

Solange das Reich noch existierte, gab es die professorale Reichspublizistik, die am Ende des 18. Jahrhunderts ganz in den Bahnen des Göttinger Studienmodells blieb.[50] Diese Tradition ist auch in der Zeit des Rheinbundes und Deutschen Bundes nicht abgerissen, ganz im Gegenteil, ihre Fortsetzung wurde immer als wünschenswert dargestellt.[51] Da es keinen revolutionären Bruch gegeben hatte, reichten sowohl die naturrechtliche als auch die reichspublizistische Linie weit in das 19. Jahrhundert hinein.[52] Wie in der Geschichtswissenschaft,[53] so transferierten auch die juristischen Disziplinen ihre Methoden und loci communes, ihre Fallsammlungen und Lehrbücher in den neuen politischen Zusammenhang.

Im Privatrecht fand die Illusion politikunabhängiger Kontinuität leichte Nahrung, und sie diente als Abwehrmechanismus gegen die Gefahren politischen Wandels. Im öffentlichen Recht war dagegen die Abhängigkeit von den Umwälzungen der napoleonischen Zeit offenkundig. «Die Büchersammlung des Reichspublicisten wurde im J. 1803 und 1806 grossen Theils zur Makulatur, seine Gelehrsamkeit eine brodlose Kunst».[54] Jedenfalls auf den ersten Blick war «den Reichspublizisten ... mit dem Niedergang und Untergang des Reiches der wissenschaftliche Stoff zerronnen».[55] Da die Autoren weiter öffentliches Recht lehrten und publizierten, übertrugen sie auch ihre bisherigen Prägungen auf den neuen Stoff. Viele von denen, die in den beiden letzten Jahrzehnten des 18. Jahrhunderts in Göttingen studiert hatten, trugen nun im frühen 19. Jahrhundert politische Verantwortung. Die Durchsicht der von JOHANN STEPHAN PÜTTER gefertigten Listen seiner Schüler zeigt zahlreiche Namen, die später bedeutungsvoll geworden sind.[56] Die wichtigsten Öffentlichrechtler vor 1848 – LEIST, GÖNNER, HÄBERLIN, KLÜBER, BEHR, G. H. v. BERG, ROTTECK, WELCKER, MOHL und andere –

[49] Jenaische Allgemeine Literatur-Zeitung Nr. 259 v. 3. 11. 1806 (= *K. S. Zachariä*).

[50] *Hammerstein,* Jus und Historie (Anm. 16); Geschichte, 309ff.

[51] Vgl. etwa die Reflexionen von *K. F. Eichhorn,* Deutsche Staats- und Rechtsgeschichte, Bd. 1, Göttingen 1808, Einleitung.

[52] *Böckenförde,* 65ff.; *ders.* (Hg.), Moderne deutsche Verfassungsgeschichte (1815–1914), 2. Aufl. 1981; *Schmidt-Aßmann* (Anm. 10); *Klippel* (Anm. 65).

[53] *N. Hammerstein,* Der Anteil des 18. Jahrhunderts an der Ausbildung der historischen Schulen des 19. Jahrhunderts, in: Historische Forschung im 18. Jahrhundert (= Pariser Historische Studien, Bd. 13, hrsg. v. *K. Hammer* und *J. Voss*), 1976, 432–450.

[54] *Mohl,* II, 239.

[55] *E. Forsthoff,* Lehrbuch des Verwaltungsrechts, 10. Aufl. 1973, 41.

[56] *J. S. Pütter,* Litteratur des Teutschen Staatsrechts, Zweyter Theil, Göttingen 1781, VI. Hauptstück von solchen, die zu Göttingen studiert, und sich seitdem entweder eben daselbst

hatten ihre geistigen Wurzeln im 18. Jahrhundert, MOHL war zudem Urenkel von JOHANN JAKOB MOSER. Es war ihnen bewußt, daß sie – «politische Professoren» allesamt – nicht nur eine Schultradition fortsetzten, sondern auch einen Grundbestand politischer Ansichten zu verteidigen hatten.

Der geistige Nachfolger PÜTTERS, JOHANN LUDWIG KLÜBER, schrieb 1817 am Ende seines wichtigen Heidelberger Jahrzehnts, «daß ein großer Theil des öffentlichen Rechts aus der Zeit des teutschen Reiches und des rheinischen Bundes, nebst dazu gehörender Literatur, für die Gegenwart, und wahrscheinlich noch lange hin, dem Staatsmann und Rechtsgelehrten, nicht bloß nützlich, sondern unentbehrlich, folglich in frischem Andenken zu erhalten ist».[57] Dies entsprach gewiß seinen persönlichen Wünschen, hatte er doch gerade erlebt, daß seine Erstlingswerke von der Politik überholt worden waren,[58] aber es war auch ein methodisch sinnvolles Programm; denn wie anders sollten das neu anfallende Material des Wiener Kongresses, die Deutsche Bundesakte und Wiener Schlußakte sowie die neuen Verfassungen der Einzelstaaten aufbereitet und interpretiert werden? Sollte das öffentliche Recht überhaupt eine Chance haben, weiterhin als Wissenschaft zu gelten, so mußte es seine seit dem 17. Jahrhundert herausgearbeiteten «überzeitlichen» Elemente, also die Grundfiguren des Natur- und Völkerrechts sowie des allgemeinen Staatsrechts (Ius publicum universale) herüberretten,[59] ebenso die Methoden der allgemeinen Staatswissenschaften und – nicht zuletzt – die am Material des Gemeinen Rechts erworbene juristische Schulung. Jeder Öffentlichrechtler der Zeit hatte letztere durchlaufen; die romanistisch-zivilistische Argumentation war vollständig akzeptiert und wurde mit Selbstverständlichkeit auf öffentlichrechtliche Fragestellungen übertragen.[60]

Auch im Privatrecht stellte sich die Frage, wie das vernunftrechtliche Erbe im Rahmen einer erneuerten Rechtswissenschaft wirken und wie die Zerreißung von historisch-antiquarischer Forschung, Gesetzgebung und vernunftrechtlicher «Speculation» synthetisch überwunden werden könne, zumal unter Berücksichtigung der darunter verborgenen politischen Optionen. Wie im öffentlichen Recht PÜTTER mit seiner Verbindung von Reichsgeschichte, Naturrecht und positivem Reichsverfassungsrecht[61] weit in den Vormärz hinein wirkte, so begründete neben ihm GUSTAV HUGO (1764–1844)[62] jene sowohl historisch als auch «philosophisch» arbeitende Zivilrechtswissen-

oder anderswo in einzelnen zum Teutschen Staatsrechte gehörigen Schriften hervorgethan haben (§§ 296 ff.).

[57] *J. L. Klüber,* Öffentliches Recht des Teutschen Bundes und der Bundesstaaten, Frankfurt 1817, XVI.

[58] *J. L. Klüber,* Einleitung zu einem neuen Lehrbegriff des deutschen Staatsrechts, Erlangen 1803; *ders.* Staatsrecht des Rheinbundes; Lehrbegriff, Tübingen 1808.

[59] Siehe auch *an.*, Deutschlands höchst nothwendige politisch-publizistische Regeneration, wegen der aus dem Entschädigungs-Systeme und dessen Folgen hervorgehenden Umwandlung seiner wichtigsten staatsrechtlichen Verhältnisse, Leipzig 1803; *J. F. Runde,* Über die Erhaltung der öffentlichen Verfassung in den Entschädigungs-Landen, nach dem Deputations-Hauptschlusse vom 25. Februar 1803, Göttingen 1805.

[60] *Stolleis,* Rezeption – öffentlichrechtlich, HRG IV (1990), Sp. 984–995.

[61] *Ch. Link,* Johann Stephan Pütter, in: Staatsdenker, 310–331.

[62] *Landsberg* III/2, 1–48; *G. Marini,* L'opera di Gustav Hugo nella crisi del giusnaturalismo tedesco, 1969; *J. Blühdorn,* Naturrechtskritik und «Philosophie des positiven Rechts», Zur Begründung der Jurisprudenz als positiver Fachwissenschaft durch Gustav Hugo, Tijdschrift voor Rechtsgeschiedenis 41 (1973) 3–17; *M. Diesselhorst,* Gustav Hugo (1764–1844) oder: Was bedeutet es, wenn ein Jurist Philosoph wird? in: *F. Loos* (Hg.), Rechtswissenschaft in Göttingen, 1987, 146–165; *J. Rückert,* «... daß dies nicht das Feld war, auf dem er seine Rosen pflücken

schaft, die dann durch Friedrich Carl von Savigny[63] und Karl Eichhorn zur sog. «Historischen Rechtsschule»[64] geführt wurde.

2. *Naturrechtslehre und Frühkonstitutionalismus*

Es sind nicht nur vordergründige Parallelen zwischen öffentlichem und bürgerlichem Recht: Die Naturrechtssysteme, vor allem ihre öffentlichrechtliche Spielart des ius publicum universale, «Staatsrecht nach der Vernunft», bildeten die «philosophische» Traditionslinie, aus der neues öffentliches Recht jenseits der verschwundenen Reichsverfassung wachsen konnte. Dies war um so eher zu erwarten, als die zahlreichen kantischen Naturrechtssysteme zwischen 1790 und 1810[65] bereits die modernen Stichworte des konstitutionellen Denkens in die ältere Naturrechtstradition eingebracht hatten: die Bindung des Monarchen an eine geschriebene Verfassung, die Trennung zwischen dem Fürsten als Privatperson und als Repräsentant der «persona moralis»[66] Staat, die Kataloge der Menschen- und Bürgerrechte, die Reduzierung staatlicher Eingriffsmöglichkeiten auf «Sicherheitsgewähr» und die Bindung solcher Eingriffe an ein von den Betroffenen gebilligtes Gesetz, die Separierung von Polizei und Justiz sowie Rechtsschutz gegen «Willkür». Insoweit war die gesamte Tradition der «Grenzen der Staatsgewalt in der älteren deutschen Staatslehre»[67] für die künftige konstitutionelle Bewegung verfügbar. Wie im Privatrecht wirkte die «philosophische» Einteilung des Stoffes als politikwissenschaftlich-naturrechtliches «Vermächtnis»[68] des 18. an das 19. Jahrhundert. Dem «vernunftrechtlichen Erbe der historischen Schule» im Privatrecht (Wieacker) entspricht im öffentlichen Recht die Brückenfunktion des allgemeinen Staatsrechts und der reichspublizistischen Methode in die Publizistik des Vormärz.[69]

Die Schubkraft dieser am «Staatsrecht nach der Vernunft», an den Lehrtraditionen der «Reichshistorie» und der Methodiken der gesamten Staatswissenschaften orientierten Publizistik für die konstitutionelle Bewegung wird meist unterschätzt. Dies scheint daran zu liegen, daß im Einklang mit der Perspektive des 19. Jahrhunderts die Trennungslinie zum Ancien Régime zu scharf gezogen wurde. In Wirklichkeit handelte es sich um gleitende Übergänge, die eben deswegen gleitend waren, weil die Grundlagen des liberalen Verfassungsdenkens mindestens ab 1750 gelegt waren und z. T. noch erheblich weiter zurückreichten.[70]

konnte...»? Gustav Hugos Beitrag zur juristisch-philosophischen Grundlagendiskussion nach 1789, in: *R. Dreier* (Hg.), Rechtspositivismus und Wertbezug des Rechts, 1990, 94–128.

[63] *H. Kiefner,* Savigny, HRG IV (1990) Sp. 1313–1323.

[64] *H. Schlosser,* Grundzüge der Neueren Privatrechtsgeschichte, 6. Aufl. 1988, 119ff.; ergänzend *M. Stolleis,* Die Historische Schule und das öffentliche Recht, in: Die Bedeutung der Wörter. Studien zur europäischen Rechtsgeschichte, Festschr. f. Sten Gagnér, 1991, 495–508.

[65] *D. Klippel,* Politische Freiheit und Freiheitsrechte im deutschen Naturrecht des 18. Jahrhunderts, 1976 m. w. Nachw.

[66] *P. Grossi* (Hg.), Storia sociale e dimensione giuridica, Milano 1986.

[67] *Ch. Link,* Herrschaftsordnung und Bürgerliche Freiheit. Grenzen der Staatsgewalt in der älteren deutschen Staatslehre, 1979.

[68] *Wieacker,* 373.

[69] *C. Schmitt,* Das «Allgemeine Deutsche Staatsrecht» als Beispiel rechtswissenschaftlicher Systembildung, ZgStW 100 (1940) 5–24.

[70] Umfassend hierzu *Link* (Anm. 67).

3. *Öffentliches und privates Recht*

Ebenso gleitend sind die Übergänge von der alten, die frühe Neuzeit prägenden Vorstellung einer Einheit der Rechtsordnung zur kategorialen Zweiteilung in öffentliches Recht und Privatrecht. Auch wenn sich etwa seit 1600 ein wissenschaftsinternes Bewußtsein von der Existenz eines eigenständigen ius publicum ausbildete, so bedeutete dies doch nicht, daß man der Rechtsordnung eine notwendige Zweiteilung unterlegte, ganz im Gegenteil. Ius publicum, Lehnrecht, Strafrecht, Kirchenrecht und Privatrecht bildeten eine allenfalls zu pädagogischen und systematischen Zwecken gegliederte Einheit.[71] Erst im Zeitalter des politischen Antagonismus von (monarchischem) «Staat» und (bürgerlicher) «Gesellschaft» kommt es zur Trennung in der Sache, die eben dann auch eine politische Sphärentrennung darstellt.

Die vernunftrechtliche Begründung der Staatsgewalt setzte die entscheidende Zäsur zwischen dem vorstaatlichen Naturzustand und dem «bürgerlichen» (staatlichen) Zustand. Die Einteilung der Rechtsordnung in das Recht der Bürger untereinander (Privatrecht) und das den Staat und die Beziehungen zwischen Staat und Untertanen betreffende Recht (öffentliches Recht) war nach der um 1800 überwiegenden Ansicht eine im Binnenbereich staatlicher Ordnung geltende Einteilung. Diese Ansicht deckte sich mit der ehrwürdigen Unterscheidung, die das römische Recht vorgegeben hatte. Eine andere Akzentuierung, aber nicht grundsätzlich andere Lösung suchten diejenigen, die das Kriterium im Antagonismus von Privatnutzen und Gemeinwohl sahen, also nicht die Rechtssubjekte, sondern den Zweck der Normen als entscheidend annahmen. Eine originelle, aber bei den Juristen mehrheitlich nicht durchgesetzte Lösung bot KANT, der das Privatrecht dem vorstaatlichen Zustand der Freiheit, das (umfassend gedachte) öffentliche Recht dem staatlichen Zustand zuordnete.[72]

SAVIGNYS oft zitierte einschlägige Sätze sind noch moderat und lassen «Übergänge» und «Verwandtschaften» zu: «Übersehen wir», sagt er, «das gesammte Recht, so unterscheiden wir in demselben zwey Gebiete, das Staatsrecht und das Privatrecht. Das erste hat zum Gegenstand den Staat, das heißt die organische Erscheinung des Volkes: das zweyte die Gesammtheit der Rechtsverhältnisse, welche den einzelnen Menschen umgeben, damit er in ihnen sein inneres Leben führe und zu einer bestimmten Gestalt bilde. Nicht als ob es, wenn wir diese beiden Rechtsgebiete vergleichen, an Übergängen und Verwandtschaften fehle ... Dennoch bleibt zwischen beiden Gebieten ein fest bestimmter Gegensatz darin, daß in dem öffentlichen Recht das Ganze als Zweck, der Einzelne als untergeordnet erscheint, anstatt daß in dem Privatrecht der einzelne Mensch für sich Zweck ist, und jedes Rechtsverhältniß sich nur als Mittel auf sein Daseyn oder seine besonderen Zustände bezieht».[73] In diesem Sinn teilte SAVIGNY dem

[71] *Ph. Godding,* La distinction entre droit public et droit privé dans les Pays-Bas Méridionaux avant 1800, in: Rapports belges au VIIe Congrès international de droit comparé (Uppsala), Bruxelles 1966; *M. Bullinger,* Öffentliches Recht und Privatrecht, 1968; *S. Gagnér,* Über Voraussetzungen einer Verwendung der Sprachformel «öffentliches Recht und Privatrecht» im kanonistischen Bereich, in: Deutsche Landesreferate zum VII. Internat. Kongreß für Rechtsvergleichung in Uppsala 1966, hrsgg. v. *E. v. Caemmerer* und *K. Zweigert,* 1967; *D. Grimm,* Zur politischen Funktion der Trennung von öffentlichem und privatem Recht in Deutschland, in: *W. Wilhelm* (Hg.), Studien zur europäischen Rechtsgeschichte, Festschr. f. H. Coing, 1972, 224–242.

[72] Alle Nachweise hierzu bei *L. Björne,* Deutsche Rechtssysteme im 18. und 19. Jahrhundert, 1984.

[73] *F. K. v. Savigny,* System des heutigen Römischen Rechts, Bd. I, Berlin 1840, 22f.

öffentlichen Recht nicht nur das Staatsrecht, sondern auch das Prozeßrecht und das Strafrecht zu.[74] Seine Autorität ist gewiß prägend, aber entscheidend für die in den folgenden Jahren schärfer ausgebildete Unterscheidung, die schließlich zur angeblichen Denknotwendigkeit gesteigert wird, sind doch die tiefgreifenden Veränderungen des Verhältnisses von Staat und Gesellschaft. Die Garantie von Grundrechten, der entwikkelte Rechtsschutz, das ökonomische Credo staatlicher Nichtintervention in den Bereich ökonomischer Entfaltung[75] forderten nun eine deutlichere Konturierung von öffentlichem und privatem Recht, um den durch «Freiheit und Eigentum» bezeichneten und vor nicht parlamentarisch gebilligten Eingriffen geschützten Bereich zu markieren. Außerdem erforderte die vom Verfassungsrecht immer deutlicher vorgezeichnete Gewaltentrennung eine Abgrenzung von «Constitutions-» und «Administrativrecht». Die idealistisch geprägte Jurisprudenz mit ihrem systematischen Ansatz und ihrer Neigung, terminologische Unterscheidungen begrifflich zu verabsolutieren, unterstützte diese politischen Impulse mehr oder weniger bewußt. Aus der additiven Gliederung der Rechtsordnung in eine Vielzahl von Rechtsgebieten wird allmählich die Zweiteilung. So gruppierte etwa THIBAUT 1797 vierfach hintereinander «Staatsrecht», «Privatrecht», «Administrativrecht» (inneres und äußeres) und «Völkerrecht».[76] HUFELAND wandelte 1803 seine Einteilung von 1796 in einen dreifachen Aufbau ab: «Privatrecht» (Civilrecht, Lehnrecht, Kirchenrecht), «Öffentliches Recht» (Staatsrecht, Regierungsprivatrecht,[77] Criminalrecht, Prozeßrecht) und «Völkerrecht»;[78] ebenso MÜHLENBRUCH 1807, der allerdings das Kirchenrecht aus dem Privatrecht herausnahm und es unter «Polizeyanstalten» unterbrachte.[79] Am klarsten wird die nun allmählich herrschende[80] Zweiteilung bei GUSTAV HUGO, der von den «beyden Haupttheilen jedes vollständigen positiven Rechts» spricht[81] und zum öffentlichen Recht alles zählt, was nicht Privatrecht ist (Staatsrecht, Regierungsrecht, d. h. Verwaltungsrecht, Kirchenrecht, Völkerrecht, Prozeßrecht, Criminalrecht, Cameralrecht, Polizeyrecht).

Die traditionelle römischrechtliche Dichotomie von ius publicum und ius privatum gerät also um 1800 in ein neues verfassungspolitisches und philosophisches Klima. Die schon seit längerem sich abzeichnende Distanzierung einer eigenen ökonomischen und nun auch politischen Bürgerwelt vom absolutistischen Staat macht das Privatrecht zum schützenswerten «staatsfreien» Raum. Die doppelte Opposition gegen den Absolutismus und gegen die Revolution und ihre Folgen gibt dem Privatrecht genug antistaatliche Energien, um sich als autonome «politikfreie» Sphäre abzugrenzen. Das öffentliche Recht befindet sich dagegen in einer Umbruchphase. Nach dem plötzlichen Ende des Reichsverfassungsrechts, mit der Entstehung von Rheinbund und Deutschem Bund, dem Territorialstaatsrecht der Bundesstaaten und der schrittweisen

[74] *Savigny*, aaO. 27.

[75] *D. Grimm*, Entstehungs- und Wirkungsbedingungen des modernen Konstitutionalismus, in: *D. Simon* (Anm. 21), 45–76.

[76] *Björne* (Anm. 72), 52.

[77] Als Sammelkategorie für Rechtsgebiete, auf denen der Staat hoheitlich in private Rechtsverhältnisse eingreift.

[78] *Björne* (Anm. 72), 44–48.

[79] *Björne* (Anm. 72), 68.

[80] Vom traditionellen Schema abweichend *N. Falck*, Juristische Encyklopädie, auch zum Gebrauch bei academischen Vorlesungen, Kiel 1821, der die Gebiete zusammenfaßt, die den Bürger betreffen (Bürgerliches Recht, Kirchenrecht, Polizeirecht, Criminalrecht, Prozeßrecht) und sie denen gegenüberstellt, die den Staat und seine Beamten betreffen (Staatsrecht, Regierungsrecht, Finanz- und Cameralrecht, Völkerrecht). Vgl. zu dieser Einteilung *Björne* (Anm. 72), 82–85 sowie *K. Volk*, Die Juristische Enzyklopädie des Nikolaus Falck. Rechtsdenken im frühen 19. Jahrhundert, 1970.

[81] *Björne* (Anm. 72), 38.

Ausformung eines rechtsstaatlichen Administrativrechts bildet sich erst langsam ein neues Profil.

Die Zuordnung der beiden nun getrennt erscheinenden Sphären von Privatrecht und öffentlichem Recht konnte, anders als heute,[82] noch nicht aus der Perspektive einer vorrangigen und die tragenden Werte positivierenden Verfassungsordnung vorgenommen werden. Vielmehr entscheiden jeweils «Nähe» und «Distanz» zwischen Staat und Gesellschaft. Am Ende des 18. Jahrhunderts ist kaum der Ausdruck «öffentliches Recht» eingebürgert,[83] die Öffentlichrechtler sind durchweg noch in traditioneller Weise an die jeweilige Territorialherrschaft gebunden, sie sind mehrheitlich dem Denkmodell der reformfreudigen spätabsolutistischen Aufklärung verbunden und schon deshalb wenig geneigt, für radikale Trennungslinien zwischen Staat und Gesellschaft einzutreten und auf diese Weise den Interventionismus des Staates zu blockieren.

4. *Die letzten Reichspublizisten*

Die Reichspublizisten praktizierten bis zum Ende des Reichs einen gelassenen Positivismus, indem sie die alte Struktur beibehielten und auf die politischen Wetterzeichen, wenn sie sie nicht ganz ignorierten, behutsam zu reagieren suchten. Die traditionelle Behandlung von Kaiser und Reich wurde fortgesetzt, solange sich nicht zwingend anderes aufdrängte. Pathetische Abgesänge auf das Reich zu schreiben, es zu untergraben oder sich kämpferisch für seine Erhaltung einzusetzen, war die Sache der Professoren nicht. Ganz im Gegenteil, sie bemühten sich um den Nachweis, Deutschland habe seit langem eine glücklich geordnete, freiheitliche und friedenssichernde «Verfassung» und brauche deshalb keine Revolution zu fürchten.[84]

Carl Friedrich Häberlin (1756–1808) etwa, der noch 1792 einen Artikel «Ueber die Güte der Deutschen Staatsverfassung» geschrieben[85] und erfreut registriert hatte, «daß der Teutsche angefangen hat, sich mehr, als sonst, um seine vaterländische Verfassung zu bekümmern», publizierte ungeachtet des erkennbaren Zusammenbruchs des Reiches sein umfassendes und alle Vorzüge dieser Richtung noch einmal versammelndes «Handbuch des Teutschen Staatsrechts nach dem System des Herrn Geheimen Justizrath Pütter. Zum gemeinnützigen Gebrauch der gebildetern Stände in Teutschland, mit Rücksicht auf die neuesten merkwürdigsten Ereignisse».[86] Es belehrte, wie sich Mohl ausdrückte, «in gemeinverständlicher und angenehmer Form

[82] *E. Molitor,* Über öffentliches Recht und Privatrecht, 1949; *H. J. Wolff,* Der Unterschied zwischen öffentlichem und privatem Recht, AöR 76 (1950/51) 205–217; *Ch. F. Menger,* Zum Stand der Meinungen über die Unterscheidung von öffentlichem und privatem Recht, in: Fortschritte des Verwaltungsrechts, Festschr. f. H. J. Wolff 1973, 149–166; *O. Bachof,* Über öffentliches Recht, in: Verwaltungsrecht zwischen Freiheit, Teilhabe und Bindung. Festg. z. 25jähr. Bestehen des Bundesverwaltungsgerichts, 1978, 1–21, alle m. w. Nachw.

[83] *G. Hugo,* Lehrbuch eines civilistischen Cursus I, 5. Aufl, Berlin 1817, § 6 meint, seit etwa dreißig Jahren sage man «öffentliches Recht» statt nur «Staatsrecht» (= droit politique). Vgl. *Björne* (Anm. 72), 115.

[84] *D. Grimm,* Verfassung II, in: *Brunner – Conze – Koselleck* (Hg.), Geschichtliche Grundbegriffe, Bd. 6, 1990, 870f.

[85] Deutsche Monatsschrift 1793, 3ff. Mit dieser Tendenz auch *G. H. v. Berg,* Ueber Deutschlands Verfassung und die Erhaltung der öffentlichen Ruhe darin, Göttingen 1795.

[86] 1794 (Bde 1, 2) und 1797 (Bd. 3). Hierzu: Geschichte, 319f. Zu *Häberlins* Gesetzesbegriff und seiner Begründung der gesetzgebenden Gewalt vgl. *Böckenförde,* 61f.

über das Wesentliche».[87] Auf das Ende des Reichs, das HÄBERLIN gerade noch erlebte, reagierte er nicht mehr. Sein 1796 gegründetes «Staatsarchiv» endete nach 47 Heften im Jahre 1807. Ein Jahr nach seinem Tod wurde auch die Universität Helmstedt, an der er zuletzt gewirkt hatte, geschlossen.

Ein Parallelstück zu HÄBERLINS Werk, freilich mit anderem Hintergrund, bildet das «Handbuch des deutschen Staatsrechts» von THEODOR (V.) SCHMALZ (1760–1831) aus dem Jahr 1805.[88] SCHMALZ setzte die kantische Verwerfung von Utilitarismus und Eudämonismus naturrechtlich um[89] und reduzierte deshalb den Staatszweck auf Sicherheitsgewährung, war aber gleichzeitig ein politischer Vertreter des aufgeklärten Absolutismus und Anhänger einer aktiven Staatswirtschaft,[90] mit strenger Beschränkung des Staatsbürgerrechts auf Grundeigentümer, mit scharfen Wendungen gegen Repräsentativverfassung und Gewaltenteilung geblieben. In dem genannten «Handbuch» wie in seinen Vorlesungen behandelte er zunächst die Reichs- und Territorialverfassung, das Reichsgebiet und die «Nation», die Regierenden und die Regierung in den Territorien und im Reich. Im zweiten Teil folgte dann die dreigeteilte Staatsgewalt (aufsehende, gesetzgebende, vollziehende), innere Hoheitsrechte (Justiz- und Camerahoheit)[91] sowie äußere Hoheitsrechte. SCHMALZ dachte die Reichsverfassung «preußisch», also mit Hervorhebung der Territorialgewalt, und er blieb auch in seiner politischen Perspektive im Rahmen des nachfriderizianischen Preußens,[92] in dem das Gesellschafts- und Staatsmodell des Ancien Régime von reformerischen Ideen zwar berührt, aber nicht prinzipiell umgestaltet wurde.[93]

Jüngere Autoren, die zwischen 1800 und 1806 an Lehrbüchern des Staatsrechts saßen, konnten bei einiger Gewandtheit die neuesten Ereignisse in ihrem Text noch berücksichtigen.[94] Ein Beispiel hierfür ist das ebenfalls traditionellen Bahnen folgende «Lehrbuch des deutschen Staatsrechts» des damaligen Göttinger Professors JUSTUS CHRISTOPH LEIST (1770–1858),[95] das 1803 in erster und 1805 in zweiter Auflage heraus-

[87] *Mohl* II, 238.

[88] *Th. Schmalz,* Handbuch des teutschen Staatsrechts. Zum Gebrauch academischer Vorlesungen, Halle 1805. *Schmalz,* 1760 in Hannover geboren, wurde 1787 ao. Prof. in Rinteln, 1789 o. Prof. in Königsberg, 1793 Assessor der ostpreußischen Kriegs- und Domänenkammer, 1797 Konsistorialrat, 1801 Kanzler und Direktor der Universität Königsberg, 1803 geheimer Justizrat, Direktor der Universität Halle, schließlich 1809 erster Prof. der Rechte an der Universität Berlin. Vgl. *E. Landsberg,* ADB 31 (1890) 624–627; *ders.* Geschichte III/1, 514f.; III/2, 254f.

[89] *Th. Schmalz,* Das Recht der Natur (1791), 2. Aufl. Königsberg 1795–1804 (Nachdruck 1969). Ebenso *L. H. v. Jakob,* Aus dem Naturrechte, Halle 1796.

[90] *Schmalz,* der «Unglücksmann» (*Landsberg,* III/2, 254), denunzierte während seiner Zeit an der Universität Berlin den «Tugendbund», dem er die «fluchwürdigen» Ziele der staatlichen Einheit Deutschlands und das Streben nach Verfassungen unterstellte. Dadurch geriet *Schmalz* in der öffentlichen Meinung in tiefe Verachtung. Vgl. den Bericht hierüber von «Dr. Scheidler», Tugendbund, in: *Rotteck-Welcker,* Staatslexikon, 2. Aufl. Bd. 12 (1848), 585–590.

[91] Sie zerfällt ihrerseits in Polizeyhoheit (Polizey i.e.S., Staatswirtschaft, Volksbildung, einschließlich Unterrichts- und Kirchenwesen) und Finanzhoheit (Domänen, Regalien, Steuern, Staatsschulden).

[92] *G. Landwehr–H. Hattenhauer* (Hg.), Das nachfriderizianische Preußen 1786–1806, 1988.

[93] *R. Koselleck,* Preußen zwischen Reform und Revolution, 2. Aufl. 1975.

[94] Siehe etwa *J. L. Klüber,* Einleitung zu einem neuen Lehrbegriff des deutschen Staatsrechts, Erlangen 1803, der in sechs Kapiteln nur Begriff, Einteilung und Methode des deutschen Staatsrechts, seine Quellen, seinen Geltungsbereich sowie die Grundlagen der Verfassungsordnung dargestellt hatte, als die politische Entwicklung dem ein Ende machte. Diese Einleitung war schon 1807 wieder als Grundriß für die Darstellung des Rheinbundrechts brauchbar.

[95] *F. Frensdorff,* ADB 18 (1883) 226f.; *E. Landsberg,* III/2, Noten, 81f. *Leist* hat als «Günstling

kam.[96] Schon während des Drucks der ersten Auflage überraschten ihn die Ereignisse, die zum Reichsdeputationshauptschluß führten (Frieden von Lunéville), so daß er es umarbeiten mußte. «Der Vf.», so urteilte CARL SALOMO ZACHARIÄ,[97] «scheint kaum eine Ahndung der Zukunft gehabt zu haben».[98] Immerhin werden im verfassungsrechtlichen Teil des Werkes die Territorien vorweg behandelt, aber die Reichsverfassung – ausschließlich des Staatskirchenrechts – erscheint doch noch in herkömmlicher Weise als «ein ziemlich vollständiges historisches Gemälde»,[99] und so war dieses Lehrbuch schon während des Erscheinens nahezu Makulatur.[100]

Ein drittes Beispiel aus der Spätphase der Reichspublizistik ist NICOLAUS THADDÄUS GÖNNERS (1764–1827)[101] umfangreiches «Teutsches Staatsrecht» von 1804,[102] von dem ROBERT PILOTY sagte, es liege über ihm «die Tragik der Todgeburt».[103] GÖNNER versuche «unbekümmert um die täglich vor ihm aufleuchtenden Zeichen der Auflösung, das deutsche Staatsrecht noch im Sinne des strengsten Unitarismus zu konstruieren». In der Tat bemühte sich GÖNNER, die territoriale Souveränität als abgeleitete zu deuten, der Reichsstaatsgewalt unterzuordnen sowie die Untertanen der Reichsstände als «Reichsbürger» zu qualifizieren, obwohl dies mit der Wirklichkeit nicht mehr bzw. noch nicht zu vereinbaren war.[104] Es war ein Versuch, die Territorien «als integrirende Theile des Ganzen» zu betrachten,[105] um den Zentrifugalkräften zu widerstehen, die unübersehbar die Wirklichkeit bestimmten. Von dem hier konstruierten «Reichsbürger» hätte theoretisch ein direkter Weg in künftige politische Partizipation führen können. So steht das Werk in der Tradition der Reichspublizistik, weist aber doch – nach Lage der Dinge – Züge von Erfolglosigkeit deshalb auf, weil die zukunftsträchtigen Gedanken hier am falschen Objekt vorgeführt werden.

Diese Gedanken gewinnen jedoch sofort ihren Sinn, wenn sie auf einen Territorialstaat übertragen werden, in GÖNNERS Fall eben Bayern. Dort entsprachen die scharfe Herausarbeitung der Souveränität,[106] ihre Trennung von Patrimonialrechten, die Trennung von Privilegien und allgemeinem Gesetz sowie die öffentlichrechtliche Einordnung des Beamtentums, mit der GÖNNER überhaupt sehr folgenreich geworden ist,[107] genau den politischen Leitlinien des Ministers MONTGELAS.

Jerômes» und als Verfasser des Entlassungsschreibens der «Göttinger Sieben» keine gute Presse. Vgl. Kap. 4, Anm. 170.

[96] *J. Ch. Leist*, Lehrbuch des teutschen Staatsrechts, Göttingen 1803 (2. Aufl. 1805).

[97] Anonym. Vgl. *K. Bulling*, Die Rezensenten der Jenaischen Allgemeinen Literaturzeitung im ersten Jahrzehnt ihres Bestehens 1804–1813, Weimar 1962.

[98] Jenaische Allgemeine Literatur-Zeitung Nr. 258 v. 3. 11. 1806, S. 216.

[99] aaO. 216.

[100] Das gleiche gilt für *Andreas Joseph Schnaubert*, Lehrbuch des deutschen Staatsrechts, Jena 1806 (erster Teil «Verfassungsrecht»). Siehe unten Anm. 113.

[101] *Landsberg*, III/2, 145ff., Noten 73ff.; *Ullmann*, ADB 9 (1879) 367; *L. Schaffner*, NDB 6 (1964) 518; *H. Holzhauer*, HRG I (1971) Sp. 1752–1755. Zum Staatsrecht vgl. *J. B. Koch*, Nikolaus Thaddäus von Gönners Staatslehre, eine rechtshistorische Studie, 1902; *R. Piloty*, Ein Jahrhundert bayerischer Staatsrechts-Literatur, in: Festgabe f. P. Laband, Bd. 1, 1908, 205–282 (219ff.).

[102] *N. Th. Gönner*, Teutsches Staatsrecht, Landshut 1804.

[103] *Piloty* (Anm. 101), 219. Vgl. auch *Landsberg*, III/2, 149.

[104] *K. O. Frhr. v. Aretin*, Heiliges Römisches Reich 1776–1806, Bd. 1, 1967, 453ff.

[105] *Gönner* (Anm. 102), 6.

[106] *Böckenförde*, 62 hebt mit Recht hervor, daß *Gönner* die aus der Souveränität abgeleiteten Hoheitsrechte als Funktionen des Staatszwecks für beliebig vermehrbar ansieht, so daß sie im Ergebnis nur noch Erscheinungsweisen einer ubiquitären Staatsgewalt sind.

[107] *Gönner* hat die Leugnung des Vertragscharakters der Begründung eines Beamtenverhältnisses zunächst im Lehrbuch des teutschen

Inwiefern GÖNNER, dessen ursprüngliche Grundrichtung als «staatsrechtlich im alten reichspublizistischen Sinne» bezeichnet wurde,[108] schon 1804 eine Wendung von mechanistischen zu organologischen Staatsauffassungen genommen hat,[109] mag hier offen bleiben. Immerhin liegt SCHELLINGS Einfluß seit 1803 nahe,[110] aber der Metaphernwechsel von der «Maschine» zum «Organismus» mit seinem Hintergrund einer generellen Abwendung vom Rationalismus und dem Utilitätsdenken der Aufklärung bot sich auch vor allem aus politischen Gründen ab etwa 1800 an.[111] Hiervon wird noch die Rede sein.

Als letztes Werk sei das relativ knappe «Lehrbuch des deutschen Staatsrechts» von ANDREAS JOSEPH SCHNAUBERT (1750–1825) genannt.[112] SCHNAUBERT,[113] damals angesehener Professor in Jena, lieferte die zeitlich abschließende Darstellung. Wie GÖNNER, SCHMALZ und LEIST erklärte er das Reich zum «Staat», schuf ein eigenes Reichsbürgerrecht und faßte die Reichsbürger zur «Nation» zusammen.[114] Ihm ist auch selbstverständlich, daß das Reich und seine Territorien jeweils eigene Verfassungen hatten, die als «Konstitutionsrecht» darstellbar sind.[115] Altertümliche Elemente, etwa die breite Darstellung der Wahl- und Krönungszeremonien der Kaiser, und Elemente des Frühkonstitutionalismus durchdringen sich hier. Wüßte man als heutiger Betrachter nicht, daß das Reich damals kurz vor seinem Ende stand – nach der Lektüre des Buches von SCHNAUBERT hätte man es für durchaus erhaltenswert und reformierbar halten können.

Die vorgestellten Werke aus den letzten drei Jahren des Reiches vor 1806 mögen in Anlage und Detail verschieden sein; aus der Distanz betrachtet ist eher ihre Einheitlichkeit auffällig. Alle waren sie methodisch von der «göttingischen Lehrart» der SCHMAUSS, PÜTTER, ACHENWALL, SCHLÖZER u. a. geprägt, und sie meinten, diese Linie – unter möglichster Einarbeitung der jeweils jüngsten staatsrechtlichen Entwicklungen – verfolgen zu können, solange das Reich bestand. Das heißt, sie setzten ihren Ehrgeiz darein, die Strukturen der Reichsverfassung und ihrer territorialen Pendants in einem

Staatsrechts, 1804, § 425 ausgesprochen. Dann, nach Erscheinen der Pragmatik von 1805, auf dreihundert Seiten: *N. Th. Gönner,* Der Staatsdienst aus dem Gesichtspunkt des Rechts und der Nationalökonomie betrachtet, nebst der Hauptlandespragmatik über die Dienstverhältnisse der Staatsdiener im Königreiche Baiern, Landshut 1808. Eingehend hierzu *H. Hattenhauer,* Geschichte des Beamtentums, 1980, 182–193.

108 *Landsberg,* III/2, 147.

109 Vgl. *Landsberg,* III/2, Noten 75.

110 *Landsberg,* III/2, Noten 75f.

111 Vgl. auch *Johann Baptist Nibler,* Der Staat aus dem Organismus des Universums entwikkelt, Landshut 1805 sowie den scharf antiaufklärerischen und antirevolutionären *Johann Jakob Wagner* (1775–1841) aus dem Umkreis *Schellings* mit seinem Büchlein «Ueber die Trennung der legislativen und executiven Staatsgewalt. Ein Beitrag zur Beurtheilung des Werthes landständischer Verfassungen», München 1804. Hierzu *Heinze,* ADB 40 (1896) 510–515.

112 *A. J. Schnaubert,* Lehrbuch des deutschen Staatsrechts, Jena 1806.

113 Zu ihm *Eisenhart,* ADB 32 (1891) 83f. *Schnaubert,* geb. in Bingen, studierte katholische Theologie in Mainz, ab 1776 Rechtswissenschaft in Gießen. Nach der Konversion zum reformierten Bekenntnis erhielt er 1783 ein Extraordinariat in Gießen, 1784 eine Professur in Helmstedt, 1785 in Jena, wo er als Professor für Staats- und Lehnrecht sowie Kirchenrecht ein führendes Mitglied der Fakultät wurde. Wichtig ist vor allem sein großes Lehrbuch «Grundsätze des Kirchenrechts der Katholiken und Protestanten in Deutschland», 2 Bde, Jena 1805–1806.

114 *Schnaubert,* Lehrbuch (Anm. 112), § 44: «Es giebt ein allgemeines Reichsbürgerrecht», «Alle Reichsbürger machen daher eine Nation aus», das deutsche Reich ist ein «Staat» (§ 44) und «ein völlig freies Wahlreich» (§ 51).

115 Zur Allgemeinen Konstitution der Reichslande, ebd. §§ 149ff.

umfassenden staatswissenschaftlichen Sinn zunächst deskriptiv zu erfassen, dann – naturrechtlich angeleitet – tragende und untereinander verknüpfbare Prinzipien herauszuarbeiten, um so das «deutsche Staatsrecht» in seiner Gesamtheit zu erfassen.

Hier liegt freilich schon eine deutliche Differenz zur älteren Reichsstaatsrechtslehre. Denn diese hatte sich meist auf das Reich beschränkt und das Territorialstaatsrecht als separate Materie behandelt.[116] Nun aber werden Reichs- und Territorialverfassungen gezielt als «deutsches Staatsrecht» vereint, meist unter Voranstellung der Territorialverfassung, sei es unter dem Einfluß jenes fast schon nostalgischen Reichspatriotismus der Spätphase, sei es als Ausdruck eines aus der äußeren Gefahr erwachsenen Nationalgefühls, sei es als naturrechtlich inspirierter Versuch, die verworrene Struktur des Reiches zugunsten der Idee einer einheitlichen Staatsgewalt, einer als Rechtsquelle verstandenen Souveränität umzubilden. Kantisches Naturrecht spielt zwischen 1790 und 1806 jedenfalls eine bedeutende Rolle.[117] Daraus sowie aus dem seit der Jahrhundertmitte rezipierten Gedankengut Montesquieus[118] erklärt sich auch die starke Akzentuierung der Gewaltenteilung, deren Funktion der Risikoverteilung und Machtbalance längst Allgemeingut geworden war. Das gleiche gilt auch für die nun durchgesetzte Trennung von Staats- und Patrimonialgut, vom Staatsdienertum des Fürsten, von der Unverfügbarkeit bestimmter menschen- und bürgerrechtlicher Kernbereiche im Verhältnis zwischen Bürger und Staatsgewalt. Schließlich ist kennzeichnend die hier verwendete Trennung zwischen Constitutions-(Verfassungs-) und Regierungsrecht (i. S. v. Administrativ- oder Verwaltungsrecht).[119] Auch wenn letztere noch nach der älteren Lehre der Hoheitsrechte nacheinander aufgezählt und entsprechend der jeweiligen Materie mit geltendem Recht aufgefüllt werden, so bildet sich doch so etwas wie eine Darstellungstradition heraus, wonach das Constitutionsrecht vor dem Administrativrecht rangierte und nach Hoheitsrechten oder – wie es dann im 19. Jahrhundert üblich werden sollte – nach Ressorts gegliedert werden sollte.

[116] Vgl. *J. J. Moser,* Allgemeine Einleitung in die Lehre des besonderen Staats-Rechts aller einzelnen Stände des Heil. Röm. Reichs, Frankfurt u. Leipzig 1739; sowie *J. S. Pütters* Vorrede «De utilitate et praestantia iuris publici specialis singulorum Germaniae territoriorum», in: *W. C. F. Sames,* Delineatio iuris publici Münzenbergensis, Gießen 1781. Als Beispiele seien außer den zahlreichen Darstellungen von *J. J. Moser* (vgl. dazu die bibliographischen Angaben bei *R. Rürup,* Johann Jakob Moser – Pietismus und Reform, 1965, 262, II. Territorialstaatsrecht, Nr. 1–20) genannt: *J. G. Estor,* Origines juris publici Hassiaci, Jena 1738; *ders.* Jus publicum Hassiacum hodiernum, Jena 1739; *W. X. Frhr. v. Kreittmayr,* Grundriß des allgemeinen deutschen und bayerischen Staatsrechtes, München und Leipzig 1769. Zu letzterem nunmehr *D. Willoweit,* Das Staatsrecht Kreittmayrs, in: Freiherr von Kreittmayr. Ein Leben für Recht, Staat und Politik, 1991, 101–117.

[117] *Klippel* (Anm. 65); genauere Angaben nunmehr bei *J. Rückert,* Kant-Rezeption in juristischer und politischer Theorie (Naturrecht, Rechtsphilosophie, Staatslehre, Politik) des 19. Jahrhunderts, in: *M. P. Thompson* (Hg.), John Locke und Immanuel Kant. Historische Rezeption und gegenwärtige Relevanz, 1991, 144–215, der die unmittelbare Nachwirkung von Kant bis etwa 1820 datiert.

[118] *R. Vierhaus,* Montesquieu in Deutschland. Zur Geschichte seiner Wirkung als politischer Schriftsteller im 18. Jahrhundert, in: *ders.* (Anm. 23), 9–32; *F. Herdmann,* Montesquieurezeption in Deutschland im 18. und beginnenden 19. Jahrhundert, 1990.

[119] So etwa *A. L. Schlözer* (Anm. 47), 14f.; *N. Th. Gönner* (Anm. 102), 4f.; *Leist* (Anm. 96) 2. Aufl. Göttingen 1805, 1f.

III. Der Untergang des Reichs und Preußens Niederlage

Die am 12. Juli 1806 erfolgte Gründung des Rheinbundes, die Notifizierung des Ausscheidens aus dem Reichsverband am 1. August und die Niederlegung der Kaiserkrone durch Kaiser FRANZ II. am 6. August[120] wurde von den meisten Zeitgenossen als längst erwarteter, unwiderruflicher Abschluß einer seit langem erkennbaren Entwicklung betrachtet.[121] Sie löste weder patriotische noch soziale Erschütterungen aus. Die Metapher vom Reich als einer «gothischen Ruine» beschäftigte nicht nur die historische Phantasie. Die Ruine schien auch zunehmend unbewohnbar. Das Reich war unzeitgemäß geworden, man gedachte seiner in bestimmten Kreisen mit Wehmut, erinnerte sich an seinen rechtlichen, friedlichen und freiheitlichen Charakter,[122] bedauerte wohl auch seine notorische politische Handlungsschwäche. Aber daß es bei den Deutschen generell «verachtet» und sein Ende «schimpflich» gewesen sei,[123] ist übertrieben. Das Reich hatte der Reichsritterschaft, den Reichsstädten, den geistlichen Territorien Schutz geboten, das Ansehen des Reichskammergerichts war hoch.[124] Daß die Reichspublizisten, die Assessoren des Reichskammergerichts, die Reichshofräte und anderes Reichspersonal das Ende des Reichs bedauerten, versteht sich von selbst.

Seit dem preußischen Sonderfrieden von Basel (5. April 1795),[125] dem Frieden von Campo Formio (17. Oktober 1797),[126] dem Rastatter Kongreß und schließlich dem Frieden von Lunéville (9. Februar 1801) und dem ihm folgenden Reichsdeputationshauptschluß vom 25. Februar 1803[127] war jedoch nicht mehr zu leugnen, daß die Auflösung des Reiches unaufhaltsam war, ja von der Mehrzahl der größeren Reichsstände und sogar vom Kaiser selbst forciert wurde. Die geistlichen Territorien, die meisten Reichsstädte und die Reichsritterschaft gehörten zu den Verlierern.[128] Die schon seit langem die Souveränität anpeilenden Mittelstaaten, die an einer Verstärkung des

[120] *Huber,* I, 2. Aufl. 1967, Kap. 2, S. 75ff. Die Dokumente bei *Huber,* Dokumente 1, Nr. 5.

[121] *John G. Gagliardo,* Reich and Nation. The Holy Roman Empire as Idea and Reality, 1763–1806, Bloomington, London 1980; *H. Angermeier,* Deutschland zwischen Reichstradition und Nationalstaat. Verfassungspolitische Konzeptionen und nationales Denken zwischen 1801 und 1815, ZRG GA 107 (1990) 19–101 m. w. Nachw.

[122] Zusammenfassend nunmehr *Aretin* (Anm. 14) sowie *ders.* (Anm. 9) 94ff.

[123] *G. Roellecke,* Kalte Verachtung und obszöner Respekt. Politische Layouts nach 1806 und nach 1945, in: Frankfurter Allgemeine Zeitung v. 14. 7. 1988, S. 6 und in: RJ 7 (1988), 401–411; dagegen *R. Vierhaus,* «Si tacuisses...» Bemerkungen zu Roelleckes «politischen Layouts», RJ 7 (1988) 412–416 mit einer Replik von *Roellecke* in RJ 8 (1989) 369–380.

[124] *F. Hertz,* Die Rechtsprechung der höchsten Reichsgerichte im römisch-deutschen Reich und ihre politische Bedeutung, MIÖG 69 (1961) 331; *B. Diestelkamp,* Das Reichskammergericht im Rechtsleben des Heiligen Römischen Reiches Deutscher Nation, 1985; *A. Laufs,* Reichskammergericht, HRG IV (1990) 655–662.

[125] *Huber* I (1957), 29f.; *H. Hausherr,* Hardenberg und der Friede von Basel, in: HZ 184 (1957) 292–335.

[126] *Huber* I (1957), 32.

[127] *A. Scharnagel,* Zur Geschichte des Reichsdeputationshauptschlusses von 1803, in: Hist. Jahrb. 70 (1950) 238–259; *Hömig* (Anm. 7).

[128] Zur kritischen öffentlichen Meinung gegenüber geistlichen Herrschaften vgl. *P. Wende,* Die geistlichen Staaten und ihre Auflösung im Urteil der zeitgenössischen Publizistik, 1966; *K. O. Frhr. v. Aretin,* (Anm. 14), 403ff. (419ff.). Zur Säkularisierung siehe *Hömig* (Anm. 7) und *Huber* I (1957) § 4; *J. G. Weiß,* Die Reichsritterschaft beim Ende des alten Reichs, ZGORh 47 (1893) 289ff.; *H. Müller,* Der letzte Kampf der Reichsritterschaft um ihre Selbständigkeit, 1910; *E. v. Waechter,* Die letzten Jahre der deutschen Reichsritterschaft, Württ. VjH 40 (1935) 243ff.; *R. Vierhaus,* Eigentumsrecht und Mediatisie-

Reichs kein Interesse hatten (Bayern, Württemberg, Baden, Hessen-Darmstadt, Nassau) waren seit dem Frieden von Preßburg (26. 12. 1805) die Gewinner, die nun den «Geist der Territorialverfassung» beschworen.[129] Insofern gab es zwischen 1795 und 1803 einen allmählichen Stimmungsumschwung. Die jüngere Generation zählte teils zu den Bewunderern NAPOLEONS, teils erhoffte sie sich jedenfalls von der Beseitigung des Reichs und der mit ihm verknüpften feudalen und klerikalen Zustände einen Modernisierungschub. Dieser konnte in Ermangelung eines politisch aktiven Dritten Standes nur über eine straffe einzelstaatliche Souveränitätspolitik in der Tradition des aufgeklärten Absolutismus erreicht werden; Träger dieser Politik war im wesentlichen die hohe Beamtenschaft.[130] Aber auch diejenigen, die auf eine evolutionäre Fortentwicklung der ständischen Gesellschaft setzten und im Prinzip reichsfreundlicher waren, wußten, daß das Reich selbst über keine reformerischen Energien mehr verfügte. Entsprechend hoch waren die mit der Gründung des Rheinbundes zunächst verknüpften Hoffnungen.[131]

Die allgemeine Meinung, mit dem Reich sei unter äußerem Druck ein nicht mehr sanierungsfähiges Gebäude eingestürzt, kümmerte sich wenig um die juristischen Bedenklichkeiten sowohl der Austrittserklärung aus dem Reich als auch jener Erklärung des Kaisers vom 6. August 1806.[132] Gewiß gab es kein Rechtsverfahren der Separation vom Reich, und gewiß konnte der Kaiser nicht ohne den Reichstag handeln, und eigentlich hätte nach der Niederlegung der Kaiserkrone auch der Mechanismus von Reichsvikariat und Wahlverfahren einsetzen müssen. Aber dies waren nur Gedankenspielereien. «Das Reich stand zum Konkurs an, es hatte nur noch ein Schattendasein».[133] Die zur Erhaltung des Reichs notwendigen Akteure waren zu diesem Zeitpunkt entweder schon Mitglieder des Rheinbundes, oder sie wurden es kurz darauf, wie etwa Kursachsen am 11. Dezember 1806. Die für die Normalsituation konzipierten Verfahren funktionierten nicht mehr. Der Selbsterhaltungswille des Reichs war erloschen.[134]

Anders war die Lage in Preußen. Hier brach mit der Niederlage in der Doppelschlacht bei Jena und Auerstedt am 14. Oktober 1806 ein Staat zusammen, der sich keineswegs selbst aufgegeben, sondern sich nur über das Maß seiner Kräfte getäuscht hatte.

rung. Der Kampf um die Rechte der Reichsritterschaft, 1803–1815, in: *ders.* Eigentum und Verfassung. Zur Eigentumsdiskussion im ausgehenden 19. Jahrhundert, 1972, 229–257. Zu den Reichsstädten *Schroeder* (Anm. 12).

[129] Vgl. dazu *K. S. Zachariä,* Geist der deutschen Territorialverfassung, Leipzig 1800; *J. Fr. v. Epplen,* Ueber das Princip der deutschen Territorialverfassung, Frankfurt a. M. 1803; *N. Th. Gönner,* Ueber das rechtliche Princip der deutschen Territorialverfassung, Landshut 1804. Siehe auch *R. Freiin v. Oer,* Der Friede von Preßburg. Ein Beitrag zur Diplomatiegeschichte des napoleonischen Zeitalters, 1965.

[130] *K. O. Frhr. v. Aretin* (Hg.), Der Aufgeklärte Absolutismus, 1974.

[131] *H. Berding,* Napoleonische Herrschafts- und Gesellschaftspolitik im Königreich Westfalen 1807–1813, 1973; *W. Schubert,* Französisches Recht in Deutschland zu Beginn des 19. Jahrhunderts, 1977; *E. Fehrenbach,* Traditionale Gesellschaft und revolutionäres Recht. Die Einführung des Code Napoléon in den Rheinbundstaaten, 2. Aufl. 1978; zusammenfassend *dies.* Vom Ancien Régime zum Wiener Kongreß, 1981, 76ff., 170ff.; *E. Weis* (Hg.), Reformen im rheinbündischen Deutschland, 1984.

[132] *Huber* I (1957), 71ff.; *G. Walter,* Der Zusammenbruch des Heiligen Römischen Reiches deutscher Nation und die Problematik seiner Restauration in den Jahren 1814/15, 1980.

[133] *Nipperdey* I, 12.

[134] *U. Rameil,* Restitutio Imperii? Betrachtungen zu Sinclairs Entwurf einer Verfassung Deutschlands mit Rücksicht auf Hegels Verfassungsschrift, in: *Ch. Jamme – O. Pöggeler* (Hg.),

In der Regierungszeit FRIEDRICH WILHELMS II. (1786–1797) stagnierten die staatlichen Entwicklungen oder wendeten sich – speziell unter den Ministern J. R. v. BISCHOFFWERDER (1741–1803) und J. CH. v. WÖLLNER (1732–1800) – aus Revolutionsfurcht ins Reaktionäre. Gleichzeitig sammelten sich die Kräfte des Bürgertums, und es formierte sich im Staatsapparat eine Gruppe jüngerer Reformer, die unter FRIEDRICH WILHELM III. (1797–1840) schon vor 1806 Reformen planen oder einleiten konnten.

Die Niederlage von 1806 wurde dann zum Auslöser jener weitreichenden Reformen, die nach dem Frieden von Tilsit (9. Juli 1807), genauer: nach der Betrauung des REICHSFREIHERRN KARL VOM UND ZUM STEIN (1757–1831)[135] mit der «Leitung aller Zivilangelegenheiten» einsetzten[136] und herkömmlich als «Stein-Hardenbergsche Reformen» bezeichnet werden. Ihr Grundgedanke war es, den Staat nicht nur neu zu organisieren, sondern aus Untertanen Staatsbürger zu machen, deren Energien durch Teilhabe am öffentlichen Leben zu wecken und ihnen die Chance selbstverantwortlich gestalteter Freiheit zu geben.[137] Es war der Versuch, die Staatskrise durch Übergang von autoritärer Bevormundung zu liberalem Denken zu meistern, die Identifikation der Bevölkerung mit dem eigenen Staat zu erreichen und so bisher schlummernde geistige und ökonomische Ressourcen zu erschließen. Dieser erstaunliche Aufbruch der Jahre 1806–1814, mit dem sich Preußen anschickte, aus dem Absolutismus in das bürgerliche Zeitalter überzuwechseln, hat lange das positive Bild Preußens in der öffentlichen Meinung des 19. Jahrhunderts bestimmt, auch noch zu Zeiten, in denen die restaurativen Tendenzen herrschend waren. Immer wieder hofften die Liberalen, Preußen möge sich in Fortsetzung der Stein-Hardenbergschen Reformen an die Spitze der konstitutionellen Bewegung setzen, das Metternichsche Österreich ausmanövrieren und den (konstitutionellen und liberalen) Nationalstaat vollenden.

Die Grundgedanken jener Reformen stammten von einer Gruppe von Staatsdienern, vor allem aber von dem FREIHERRN VOM STEIN. Dieser war schon als Oberpräsident in Westfalen als bedeutender Modernisierer tätig gewesen, hatte die Frondienste abgeschafft, geistliche Güter säkularisiert und dann ab 1804 als preußischer «Wirtschaftsminister»[138] die Binnenzölle aufgehoben sowie ein Statistisches Büro errichtet.[139] Nach der preußischen Katastrophe im Oktober 1806 und einem zwischenzeitlichen Zerwürfnis mit dem König im Januar 1807 kam es zwischen Oktober 1807 und

«Frankfurt aber ist der Nabel dieser Erde». Das Schicksal einer Generation der Goethezeit, 1983, 135–167.

[135] *R. Hoke*, Friede von Tilsit, HRG V, 33. Lief. (1991) 241–244; *A. Erler*, Karl Frhr. vom Stein, HRG IV (1990) Sp. 1938–1942 m. w. Nachw.

[136] *G. Chr. v. Unruh*, Preußen. Die Veränderungen der Preußischen Staatsverfassung durch Sozial- und Verwaltungsreformen, in: DVG II (1983) 399–470; *B. Vogel* (Hg.), Preußische Reformen 1807–1820, 1980.

[137] In diesem Sinne auch *J. G. Fichte*, Die Grundzüge des gegenwärtigen Zeitalters, Berlin 1806. Die liberale Position *Fichtes* ist jedoch nicht konsistent. In «Der geschlossene Handelsstaat», Tübingen 1800, hatte er das Modell einer ständisch gegliederten, totalen Wirtschaftskontrolle mit den Zielen der Autarkie und der Unterbindung des Außenhandels entworfen. Eine deutliche Verstärkung der Position des Staates als Erzieher – abgesehen von dem noch sittlich gebundenen Nationalismus – zeigt sich auch in den «Reden an die Deutsche Nation», Berlin 1808.

[138] Minister des Akzise-, Zoll-, Salz-, Fabrik- und Kommerzialwesens. Neueste knappe Darstellung bei *G. Chr. v. Unruh*, Heinrich Friedrich Karl Reichsfreiherr vom und zum Stein (1757–1831), in: *K. G. A. Jeserich – H. Neuhaus* (Hg.), Persönlichkeiten der Verwaltung, 1991, 65–69.

[139] *H. Klueting*, Die Lehre von der Macht der Staaten. Das außenpolitische Machtproblem in der «politischen Wissenschaft» und in der praktischen Politik im 18. Jahrhundert, 1986.

November 1808 zu jenen Reformen, die STEIN in seiner «Nassauer Denkschrift» (Juni 1807) skizziert hatte: Das veraltete Kabinettsystem sollte durch Fachressorts mit kollegialer Leitung ersetzt werden. Diese Neuerung war, wie mit Recht gesagt worden ist, «nicht nur ein Markstein der Verwaltungsgeschichte, sie war auch ein epochaler Verfassungsakt».[140] An die Stelle der Provinzialministerien traten Oberpräsidenten.[141] Auf kommunaler Ebene kam nur die – allerdings bedeutende – Städteordnung für die Preußischen Staaten vom 19. 11. 1808 zustande,[142] während die Neuordnung der Gutsbezirke, Landgemeinden und Kreise sich bis über die Mitte des Jahrhunderts hinzog. Wichtigster Reformpunkt war dann die Agrar- und Gesellschaftsreform, eingeleitet durch die Erhebung der Domänenbauern zu Volleigentümern, fortgesetzt durch das Edikt über die Bauernbefreiung vom 9. Oktober 1807,[143] und endlich ergänzt durch die späteren Regulierungs- und Landeskulturedikte von 1811.[144]

Stärker in den Verantwortungsbereich des Staatskanzlers K. A. FRHR. V. HARDENBERG (1750–1822)[145] fielen die Maßnahmen zur Judenemanzipation,[146] die Gewerbe- und Finanzreform,[147] die Heeresreform[148] unter der Devise «Alle Bewohner des Staats sind geborne Vertheidiger desselben» (SCHARNHORST) sowie schließlich die sog. Humboldtsche Bildungsreform mit ihren wichtigen Verbesserungen der allgemeinen Schulpflicht, der Lehrerbildung und der Gründung der Universität Berlin am 16. August 1809.[149] Der ihr zugrundeliegende Gedanke ist vom König selbst prägnant ausgedrückt worden, nämlich «durch geistige Kräfte dem Staat zu ersetzen, was er an physischen verloren habe» (Memel 1807).

Die politische Debatte in Preußen nach 1806 konzentrierte sich naturgemäß auf die drängendsten Fragen. Die militärischen, politischen und administrativen Gründe für den Zusammenbruch kamen ebenso ans Licht wie der tiefere Grund der mangelhaften Identifikation der Bürger mit ihrem Staat. Letzteres war der Punkt, an dem der FREIHERR VOM STEIN mit der Beseitigung ständischer Schranken und ökonomischer Hemmnisse und mit der Belebung der Selbstverwaltung[150] an-

[140] *Huber* II (1960), 150.

[141] *K. Schwabe,* Die preußischen Oberpräsidenten 1815–1945, 1985; *M. Stolleis,* Oberpräsident, HRG III (1984) Sp. 1153–1156.

[142] Eingehend *G. Chr. v. Unruh,* DVG II (1983), 416ff.

[143] *Huber,* Dokumente 1, Nr. 7.

[144] *N. Habermann,* Die preußische Gesetzgebung zur Herstellung eines frei verfügbaren Grundeigentums, in: *H. Coing-W. Wilhelm* (Hg.), Wissenschaft und Kodifikation des Privatrechts im 19. Jahrhundert, Bd. III, 1976, 3–43; *Dipper* (Anm. 3) 55ff.

[145] *P. G. Thielen,* Karl August von Hardenberg, 1750–1822. Eine Biographie, 1967; *A. Erler,* Karl August von Hardenberg, HRG I (1971) Sp. 2004–2007; *G. Chr. v. Unruh,* DVG II (1983) 435ff. m. w. Nachw.

[146] Edikt betr. die bürgerlichen Verhältnisse der Juden v. 11. 3. 1812, PrGS S. 17.

[147] Hierzu gehören die Aufhebung der Binnenzölle (1805, 1818), die Einführung der Gewerbefreiheit (Gewerbesteueredikt v. 28. 10. 1810, PrGS S. 79), die Abschaffung des Zunftzwangs (Gesetz über die polizeilichen Verhältnisse der Gewerbe v. 7. 9. 1811 (PrGS S. 263).

[148] Eingehend *Huber* II (1960), 216ff. Wesentlich sind das Wehrgesetz v. 3. 9. 1814 (*Huber* Dokumente 1, Nr. 18), die VO über die Organisation der Landwehr v. 17. 3. 1813 (PrGS S. 36), die Landsturmordnung v. 21. 4. 1813 (PrGS S. 79), vereint in der Landwehrordnung v. 21. 11. 1815 (PrGS 1816, 77).

[149] *S. A. Kaehler,* Wilhelm von Humboldt und der Staat, 2. Aufl. 1963; *P. Berglar,* Wilhelm von Humboldt mit Selbstzeugnissen und Bilddokumenten, 1970 (1985); *C. Menze,* Die Bildungsreform Wilhelm von Humboldts, 1975; *Huber,* I (1957), § 17.

[150] Die umfangreiche Forschung zu den sog. Stein-Hardenbergschen Reformen kann erschlossen werden über *W. Hubatsch,* Die Stein-Hardenbergschen Reformen, 1977; *R. Koselleck,* Preußen zwischen Reform und Revolution. Allgemeines Landrecht, Verwaltung und soziale Bewegung von 1791 bis 1848, 1967, 2. Aufl. 1975;

setzte.[151] «Der dreifache Primat der Waffen, der Constitution, der Wissenschaften ist es allein, der uns aufrecht zwischen den mächtigsten Nachbarn erhalten kann», schrieb GNEISENAU in diesem Sinne am 28. August 1814 an ERNST MORITZ ARNDT.[152]

Die zwischen die Jahre 1806 und 1814 zusammengepreßte Diskussion richtete sich ganz aufs Praktische, auf die aktuelle Lage. Der «Staat» war hier zunächst und noch auf lange Zeit die Administration, nicht die «Constitution». Preußen setzte seine lange Verwaltungstradition fort, kompensierte politische Mitbestimmungswünsche des Bürgertums in gewisser Weise durch Verwaltungsleistungen und Rechtsschutz. Es ist bezeichnend, wie sehr sich die Schriften dieser Jahre auf Verwaltungsfragen konzentrierten.[153] Die versprochene «Constitution» kam nicht. Die altständische Opposition, der landsässige Adel, die reformfeindlichen Teile der Bürokratie, der Stimmungsumschwung nach 1815 und der außenpolitische Druck METTERNICHS trafen hier als Hemmnisse zusammen.[154]

IV. Rheinbund und Rheinbundliteratur

1. *Die politische und literarische Lage*

Preußen und Österreich wahrten in den Jahren der größten Machtentfaltung NAPOLEONS ihre Identität, wenn auch im Falle Preußens unter Preisgabe etwa der Hälfte seiner territorialen Substanz. In den Rheinbundstaaten war die Lage seit 1803 ganz anders. Das Reich konnte die kleineren Territorien vor dem Zugriff der Mittelstaaten (Bayern, Württemberg, Baden, Hessen) nicht mehr schützen. Die Mittelstaaten pochten um des eigenen Überlebens und um der Integration der neuen Landesteile willen auf ihre «Staatssouveränität» und nahmen diese als Ausgangspunkt für intensive Modernisierungsanstrengungen. Hier wurde einerseits im Stil des aufgeklärten Absolutismus nachgeholt, was in den friderizianischen und josephinischen Reformen schon geleistet war, andererseits sieht man aber auch eine ganz neue, französisch beeinflußte Staatsidee installiert.[155] Ihr Kern war die omnipotente Souveränität eines Staates, der

D. Schwab, Die «Selbstverwaltungsidee» des Freiherrn vom Stein und ihre geistigen Grundlagen, 1971; *v. Unruh,* Preußen, in: DVG II (1983), 399–470. Eine knappe Übersicht in *G. Kleinheyer/J. Schröder,* 272–278.

[151] *W. Hubatsch,* Stein-Studien. Die preußischen Reformen des Reichsfreiherrn Karl vom Stein zwischen Revolution und Restauration, 1975; *E. Klein,* Von der Reform zur Restauration. Finanzpolitik und Reformgesetzgebung des preußischen Staatskanzlers Karl August von Hardenberg, 1965.

[152] *G. H. Pertz/H. Delbrück,* Das Leben des Feldmarschalls Grafen Neithardt v. Gneisenau, 4. Bd. Berlin 1880, 279f.

[153] *A. W. Rehberg,* Über die Staatsverwaltung deutscher Länder und die Dienerschaft des Regenten, Hannover 1807 (zu *Rehberg: U. Vogel,* Konservative Kritik an der bürgerlichen Revolution. August Wilhelm Rehberg, 1972); auf *Rehberg* antwortete *F. v. Bülow,* Bemerkungen, veranlaßt durch das Hn. Hofraths Rehberg Beurtheilung der königlich preussischen Staatsverwaltung und Staatsdienerschaft, Frankfurt und Leipzig 1808; *F. Buchholz,* Gemälde des gesellschaftlichen Zustandes im Königreich Preussen, bis zum 14. October des Jahres 1806, Berlin und Leipzig 1808 (zu *Buchholz* siehe *Muther,* ADB 3 (1876) 480, *O. Tschirch,* Geschichte der öffentlichen Meinung im Friedensjahrzehnt vom Baseler Frieden bis zum Zusammenbruch des Staates (1795–1806), 2 Bde, 1933/34; *W. Haacke,* NDB 2 (1955) 701; *F. v. Cölln,* Vertraute Briefe über die neuern Verhältnisse am preußischen Hofe seit Friedrichs II. Tode, Leipzig 1807–09.

[154] Hierzu unten Kap. 4, III, 12.

[155] *F. L. Knemeyer,* Regierungs- und Verwaltungsreformen in Deutschland zu Beginn des

sich gleichweit vom personal geprägten Absolutismus wie von bürgerlicher Mitbestimmung entfernt hielt. Die im Rheinbund zu lösenden Probleme unterschieden sich von denjenigen Preußens und Österreichs grundlegend. Der Katalog der drängenden Fragen war lang: Rheinbundverfassung versus einzelstaatliche Souveränität, rheinbündische oder einzelstaatliche Reformen, Eingliederung der «Mediatisierten» und der neuen Untertanen in den Staat, Rezeption des französischen Rechts oder Kodifikation einer eigenen Rechtsordnung, Modernisierung des Verwaltungsaufbaus sowie die Neuordnung des Verhältnisses von Staat und Kirche nach der Säkularisation.

Die hieraus entstehende sog. Rheinbundliteratur, in der die politischen, staatswissenschaftlichen und staatsrechtlichen Fragen diskutiert wurden, ist ein getreues Abbild der instabilen Situation. Es handelt sich dabei um ein heterogenes Ensemble literarischer Äußerungen politischen, statistischen und staatsrechtlichen Inhalts, verbunden zunächst einmal nur durch den gemeinsamen Bezug auf jenes von 1806 bis 1813 existierende Konstrukt, das unter einem übermächtigen Protektor Mittel-, Klein- und Kleinststaaten vereinte,[156] die ganz unterschiedliche Interessen verfolgten. Die größeren Staaten, durch Gebietserweiterungen und Rangerhöhungen gefügig gemacht, versuchten ihre Besitzstände und ihre Souveränität zu wahren, ohne bei Napoleon anzuecken.[157] Der wohlmeinende, aber ohnmächtige Karl-Theodor von Dalberg (1744–1817), Fürstprimas des Rheinbundes und Großherzog von Frankfurt, Erzbischof von Aschaffenburg-Regensburg und Bischof von Konstanz,[158] hoffte auf eine Rheinbund-Verfassung und Reformen. Die kleinen und kleinsten Territorien wurden nach ihren Motiven nicht gefragt, aber es liegt nahe, daß sie es angesichts der Chancenlosigkeit einer Opposition klüger fanden, sich als treue Verbündete zu gebärden.

Entsprechend vielfältig äußerten sich die Autoren in der zeitgenössischen Publizistik: die einen zeigen sich froh, eine tausendjährige Last von Reichsgeschichte und Reichspublizistik abschütteln zu können. Endlich schien es möglich, im Schutz des Protektors innenpolitische Widerstände gegen überfällige Reformen zu brechen.[159]

19. Jahrhunderts, 1970; *ders.* Die Rheinbundstaaten bis 1814, in: DVG II (1983), 333ff. Aus der älteren Lit. *Th. Bitterauf,* Geschichte des Rheinbundes und der Untergang des alten Reiches, I, 1905 (Nachdr. 1983); *H. A. L. Fisher,* Studies in Napoleonic Statesmanship, Oxford 1903; *M. Doeberl,* Rheinbundverfassung und bayerische Konstitution, Sitz. Ber. d. Bay. Akad. d. Wiss. Philos.-Philolog. Hist. Kl. 1924, 5. Abh.; *E. Hölzle,* Das Napoleonische Staatensystem in Deutschland, HZ 148 (1933) 277–293; *ders.* Württemberg im Zeitalter Napoleons und der deutschen Erhebung, 1937; *M. Dunan,* Napoléon et l'Allemagne. Le système continental et les débuts du royaume de Bavière 1806–1810, Paris 1942; *K. v. Raumer,* «Préfecture française», Festgabe Braubach, 1964, 636; zusammenfassend nunmehr *E. Weis* (Hg.), Reformen im rheinbündischen Deutschland, 1984 sowie *E. Fehrenbach,* Vom Ancien Régime zum Wiener Kongress, 2. Aufl. 1986.

156 *W. v. Groote* (Hg.), Napoleon I. und die Staatenwelt seiner Zeit, 1969; *H.-O. Sieburg* (Hg.), Napoleon und Europa, 1971; *A. v. Reden-Dohna* (Hg.), Deutschland und Italien im Zeitalter Napoleons, 1979; *M. Wierichs,* Napoleon und das «Dritte Deutschland» 1805/1806. Die Entstehung der Großherzogtümer Baden, Berg und Hessen, 1978.

157 Mit umfangreichen Nachweisen nunmehr *P. Sauer,* Napoleons Adler über Württemberg, Baden und Hohenzollern. Südwestdeutschland in der Rheinbundzeit, 1987.

158 *A. Freyh,* Karl Theodor von Dalberg: ein Beitrag zum Verhältnis von politischer Theorie und Regierungspraxis in der Endphase des aufgeklärten Absolutismus, 1978; *K. Rob,* Karl Theodor von Dalberg (1744–1817). Eine politische Biographie für die Jahre 1744–1806, 1984; *K. M. Färber,* Kaiser und Erzkanzler Carl von Dalberg und Napoleon am Ende des Alten Reiches, 1988.

159 *E. Weis,* Montgelas. 1759–1799. Zwischen Revolution und Reform, Bd. I, 2. Aufl. 1988, Bd. II Der Architekt des modernen bayerischen Staates (angekündigt).

Diese Autoren setzen auf Souveränität, Integration der neuen Landesteile und energische Gesetzgebung. Andere äußern sich vorsichtig, manchmal doppelt eingeengt durch die Zensur NAPOLEONS und die des eigenen Landesherrn. Sie behandeln Selbstverständliches breit und heikle Punkte durch karge Andeutungen, wenn sie sie nicht durch Schweigen übergehen. Wieder andere engagieren sich als Gelehrte für den Rheinbund, weil sie ihn für geeignet halten, die reichspublizistische Tradition in eine neue Zeit zu vermitteln. Damit konnten nationale Hoffnungen verbunden sein: Die verlorene Klammerfunktion des Reichs sollte, so hoffte man, durch ein vom Rheinbund ausgehendes, gemeindeutsches Staatsrecht ersetzt werden.[160] Wer so dachte, konnte sich als Anwalt des Ganzen fühlen, für das im übrigen niemand mehr verantwortlich zu sein schien.[161]

Allen diesen Produkten ist eigen, daß sie wegen der Unfertigkeit des Gegenstandes nicht über Skizzen hinauskommen und daß die umfangreicheren unter ihnen im Kampf mit der Zeit entstehen.[162] Im Grunde war nicht das Lehrbuch, Handbuch oder «System» das dem Rheinbund angemessene Publikationsmittel, sondern die periodische Zeitschrift, die Aufsatzsammlung, die Universitätsarbeit zu aktuellen Fragen[163] oder gar die Flugschrift. Der Rheinbund war Gegenstand einer in allen Journalen öffentlich geführten Debatte, in der sich die schnelle Politisierung der Gesellschaft vollzog. In besonderer Weise konzentrierten sich die Beiträge freilich in den eigentlichen Zentralorganen, so in P. A. WINKOPPS Zeitschrift «Der Rheinische Bund» (1806–1813), in der täglich erscheinenden «Die Rheinische Bundes-Zeitung»,[164] im «Archiv des rheinischen Bundes»,[165] ergänzt durch das «Kriegsarchiv des rheinischen Bundes» (1806/1807), weiter in «Germanien»,[166] aber auch in der «Minerva»,[167] den «Europäischen Annalen»,[168] den «Europäischen Staats-Relationen»,[169]

[160] *J. G. Pahl,* Über das Einheitsprincip in dem Systeme des Rheinischen Bundes, Nördlingen 1808. – Diese Versuche haben einen langen Nachhall gehabt, etwa bei *C. F. v. Gerber,* Ueber öffentliche Rechte, Tübingen 1852, 8: «Ein Theil der alten Reichspublicisten hat sich in übereilter Gefügigkeit unschwer entschlossen, die kaum noch dem Reiche dienstbaren Kräfte der Darstellung des Rheinbundrechtes zu widmen».

[161] *M. Friedrich,* Die Erarbeitung eines allgemeinen deutschen Staatsrechts seit der Mitte des 18. Jahrhunderts, JöR 34 (1985), 1 ff.

[162] Als *Jean Paul* zur Zeit des Wiener Kongresses zurückblickte (Nachdämmerungen für Deutschland, in: Politische Fastenpredigten während Deutschlands Marterwoche, 1816), konnte er milde-ironisch schreiben: «Übrigens wurden ja im Jahre 1809 und später noch die besten juristischen und publizistischen Abhandlungen über Napoleons Bundes-Akte fortgeschrieben und sehr bündige Schlüsse aus ihr gezogen, die um so weniger zu widerlegen sind, da die Akte selber gar nie zur Erfüllung gekommen. So setzt Lichtenberg die Möglichkeit, daß Sternseher sich gar wohl viele Jahre rechnend und beobachtend mit Fixsternen beschäftigen können, die längst erloschen sind, deren Glanz aber auf dem langen Wege zu uns noch fortbesteht».

[163] Siehe etwa *A. H. Meisel,* Quaestiones de jure civitatum foederi Rhenano adscriptarum, Leipzig 1811, der in seiner Doktordisputation die Fortgeltung des auf Privatrecht bezüglichen Reichsrechts in den Rheinbundstaaten behandelt.

[164] Mannheim 1808–1809, geleitet von *Heinrich Eschenmayer* (1763–1820), Professor der Staatswirtschaft in Heidelberg.

[165] Bamberg 1806–1808, herausgegeben von *Paul Oesterreicher.*

[166] Germanien, eine Zeitschrift für Staats-Recht, Politik und Statistik von Deutschland, herausgegeben von *A. F. W. Crome* (1753–1833) und *K. Jaup* (1781–1860), Bd. I–IV, Gießen 1808–1811. Fortsetzung als «Europa und Germanien» (1812).

[167] *J. W. v. Archenholtz* (Hg.), Minerva. Ein Journal historischen und politischen Inhalts, Berlin und Jena 1792–1858.

[168] Europäische Annalen, Tübingen-Stuttgart 1795–1820, bis 1804 hrsgg. v. *E. L. Posselt.*

[169] Herausgegeben von *Niklas Vogt* (1756–1836), 1804–1809. Zu *Vogt: H. Weber,* Vogt, 1984.

der «National-Chronik der Teutschen»,[170] der «Jenaischen Allgemeinen Literatur-Zeitung» (1804ff.) und anderen Blättern. Unter ihnen ragt vor allem «Der Rheinische Bund» hervor, sowohl qualitativ als auch im Bemühen, unter reformerischen und nationalen Gesichtspunkten das Beste aus dem unfreiwillig eingegangenen Rheinbund zu machen.

In den meisten Zeitschriften dominierte – bis zum Sturz NAPOLEONS – der aufklärerische Impetus, Vorurteile beiseitezuräumen, nützliche (vor allem statistische) Kenntnisse zu verbreiten, Reformen zu diskutieren und insgesamt die öffentlichen Angelegenheiten einem öffentlichem Räsonnement zu unterwerfen.[171] Dabei spielt eine bald mehr bald weniger politisch eingesetzte «Statistik» als Verbindungsglied zwischen Politik, Rechtswissenschaft und Geschichtsschreibung eine Schlüsselrolle. Auch die Regierungen erkennen allmählich die Macht der öffentlichen Meinung an, nutzen die Zeitungen zur Verbreitung amtlicher Nachrichten, zur Gesetzespublikation und zur Lancierung der ihnen genehmen Ansichten. Die schroffste Form negativer Anerkennung der «öffentlichen Meinung» als politische Macht war freilich die bald wieder reaktivierte Zensur mit ihren umfangreichen bürokratischen Apparaten.[172]

2. *Die neue Souveränität*

Eine der ersten Fragen, die durch die Rheinbundakte vom 12. Juli 1806 aufgeworfen wurden, war die nach der Reichweite des Gesetzgebungsrechts. Das war – in der bis in die Antike zurückreichenden Tradition[173] – die Frage nach dem Kernstück der Souveränität, sowohl der des Rheinbundes als auch seiner einzelnen Glieder. Nachdem die Bindungen der Souveränität durch die Reichsverfassung ebenso weggefallen waren wie «toute loi de l'Empire germanique, qui a pu jusqu'à présent concerner et obliger les rois et princes»,[174] schienen die Gesetzgeber der Territorien frei zu sein. Alles kam deshalb darauf an, wie man sich das künftige Verhältnis einer Bundeszentralgewalt und der Souveränität der Mitglieder zu denken hatte. Sollte der Rheinbund ein echter Bundesstaat mit materialen verfassungsrechtlichen Vorgaben werden, dann war damit eine ungeschmälerte Souveränität der Mitglieder nicht vereinbar; allenfalls bedeutungslose Geschäftsführungs- und Koordinationsfunktionen DALBERGS mochten die Einzelstaaten hinnehmen. Solange NAPOLEON den Rheinbund noch ernstnahm und für ausbaufähig hielt, mußte man freilich vorsichtig sein.

NICOLAUS THADDÄUS GÖNNER, der gerade noch die Einheit des Reichs und die abgeleitete Staatsgewalt der Territorien vertreten hatte, wurde nun der am schnellsten reagierende Vertreter einzelstaatlicher Souveränität,[175] auch wenn er diese aus der Rheinbundakte ableitete, um gewissermaßen den Rückweg zu älteren, überlebten Zuständen abzuschneiden. Das war juristisch scharfsinnig, und es entsprach in besonderer

[170] Herausgegeben von *J. G. (v.) Pahl*, Gmünd 1801–1809.

[171] *U. A. J. Becher*, Politische Gesellschaft. Studien zur Genese bürgerlicher Öffentlichkeit in Deutschland, 1978; *Klueting* (Anm. 139).

[172] *E. Büssem*, Die Karlsbader Beschlüsse von 1819, 1974; *J. Marx*, Die österreichische Zensur im Vormärz, 1959.

[173] *M. Stolleis*, Condere leges et interpretari. Gesetzgebungsmacht und Staatsbildung in der frühen Neuzeit, in: *ders.* Staat und Staatsräson in der frühen Neuzeit, 1990, 167ff.

[174] Art. 2 der Rheinbundakte (*Huber*, Dokumente 1, Nr. 2).

[175] *an.* (= *N. Th. Gönner*), Ueber den Umsturz der teutschen Staatsverfassung und seinen Einfluß auf die Quellen des Privatrechts in den neu souveränen Staaten der rheinischen Con-

Weise den bayerischen Interessen unter Montgelas.[176] Indem Gönner darlegte, daß es ein gemeines deutsches Privatrecht nicht mehr geben könne, machte er die Bahn frei für Partikulargesetzgebung, die aufräumen konnte mit Adels- und Kirchenprivilegien. Letzteres, verbunden mit einer Repräsentativverfassung, schien der sinnvolle und notwendige Weg, um zu einer Integration der neuen Landesteile und zu einer «Konstitutionalisierung» der Staatsschulden zu kommen.[177]

Auf dieser politischen Linie lag auch der schnell geschriebene[178] «Entwurf eines Staatsrechts für den Rheinischen Bund nach den Grundsätzen des allgemeinen Völkerrechts» des Hofgerichts-Advokaten Joseph Zintel, von dem man sagte, er sei «nur seiner seltenen Seichtigkeit wegen bemerkenswert».[179] In der Tat: das ohne erkennbare Ordnung und mit einer gewissen diplomatischen Vagheit[180] geschriebene Werk kreiste in seinen Reflexionen um die einzelstaatliche Souveränität. Als alleiniger Rechtsboden galt ihm das Völkerrecht, so daß sich Zintel auf den Standpunkt stellen konnte, jede Souveränitätsbeschränkung durch den Rheinbund bedürfe eines völkerrechtlichen Abkommens. Der juristische Unterschied zu Gönner liegt also darin, daß Zintel Beschränkungen durch die Rheinbundverfassung leugnete, während Gönner sie gerade als alleinige Souveränitätsquelle ansah. Beide freilich wollten Handlungsfreiheit für die bayerische Regierung, Gönner in reformerischer Absicht nach innen, Zintel gegenüber Zumutungen von außen, was ihn aber nicht hinderte, gleichzeitig den «größten Monarchen ..., den Europa jemals gesehen hat», zu preisen. Was Zintel insgesamt bot, war in seiner gedanklichen Schwäche auch für die Zeitgenossen nicht akzeptabel: «Weil Hr. Z. ... nicht warten kann, sondern bey der ‹Umwälzungs-Periode›, wovon er S. 8 spricht, sich gern oben auf wälzen möchte, und er gleichwohl die noch in der Zukunft ruhenden positiven Sanctionen nicht aus den Fingern saugen kann; so setzt er mittlerweile Luftschlösser aus *seinen* Grundsätzen des allgemeinen Völkerrechts zusammen; so spinnt er mittlerweile, ohne alle Zuthat, lediglich aus sich selbst, wenn gleich nicht aus dem Kopfe, wie die Spinnen, eine Menge schlechtes und mürbes Gespinste; so unterhält er sich und andere seiner Art mittlerweile mit dem Phantom eines Souveränitäts-Princips, welches er nach seinen Phantasien ausstopft und ankleidet».[181] Mohl sprach später in aller Knappheit von «Zintel's verächtlichem Geschreibe».[182]

föderation, Landshut 1807. *Gönner* bekennt sich als Autor in: Archiv für die Gesetzgebung und Reforme des juristischen Studiums, Bd. 1, 1808, 1.

[176] *W. Quint,* Souveränitätspolitik in Bayern. Von der Mitte des 17. bis zur 1. Hälfte des 19. Jahrhunderts, 1971; *E. Weis* Montgelas, (Anm. 159).

[177] *H. P. Ullmann,* Staatsschulden und Reformpolitik. Die Entstehung moderner öffentlicher Schulden in Bayern und Baden 1780-1820, 2 Bde 1986; *ders.* Die öffentlichen Schulden in Bayern und Baden 1780–1820, HZ 242 (1986) 31–67; *ders.* Überlegungen zur Entstehung des öffentlichen verfassungsmäßigen Kredits in den Rheinbundstaaten (Bayern, Württemberg und Baden) in: *H. Berding* (Hg.), Napoleonische Herrschaft und Modernisierung, 1980, 500–522; *W. Demel,* Der bayerische Staatsabsolutismus 1806/08–1817, 1983.

[178] Die Vorrede datiert vom 1. Januar 1807.

[179] *K. A. H. Chr. v. Kamptz,* Beyträge zum Staats- und Völkerrecht, 1. Bd., Berlin 1815, 18.

[180] Eindeutig ist allerdings die Position gegen die katholische Kirche, die er einem straffen Staatsregiment unterwerfen will (S. 103–115).

[181] *J. L. A. Seidensticker,* Jenaische Allgemeine Literaturzeitung Nr. 282 v. 3. Dezember 1807, Sp. 436f.

[182] *Mohl* II, 481.

3. Der Rheinbund als Bundesstaat

WILHELM JOSEPH BEHR (1775–1851)[183] hatte in Göttingen bei PÜTTER und SCHLÖZER studiert, dann seine Laufbahn 1799 in Würzburg als Extraordinarius für Lehnrecht, seit 1800 auch für Allgemeine Staatslehre,[184] begonnen. Er war also 1802–1805 bayerischer Untertan, 1806 bis 1814 wegen des Besitzwechsels von Würzburg Untertan des Großherzogtums Toscana,[185] das ebenfalls Mitglied des Rheinbundes war. Insofern kann er hier nur bedingt «bayerischer» Autor genannt werden.[186] Seine rheinbündischen Werke[187] zielten auch nicht auf äußere oder innere Souveränität der Bundesstaaten, sondern nahmen den zunächst noch glaubwürdigen Anspruch des Rheinbundes ernst, ein föderativer, konstitutioneller Staat werden zu wollen. BEHR war entschiedener Vertreter von Reformen, von denen er sich – ganz wie der FREIHERR VOM STEIN – eine stärkere Identifikation der Bürger mit ihrem Staat erhoffte. Homogenität unter den innerlich erneuerten Rheinbundstaaten sollte zu einem föderativen Nationalstaat führen, dessen Einzelstaaten konstitutionelle Monarchien mit «Nationalrepräsentation» sein sollten.[188] Deshalb bestand BEHRS Problem vor allem darin, eine Balance zwischen dem Souveränitätsanspruch der Einzelstaaten und der ihm notwendig erscheinenden Zusammenfassung durch die erhoffte, künftige Rheinbundverfassung zu finden.[189] Sein Appell an die Deutschen, die Modernisierungschance des Rheinbundes wahrzunehmen, Freiheit und Gleichheit zu realisieren, verband Verehrung für das Vorbild Frankreichs und NAPOLEONS mit einer nationalen und liberalen Haltung, wie sie vor 1814 durchaus plausibel schien, jedenfalls für ein idealistisch gestimmtes Gemüt. BEHR forderte rechtsstaatliche Bindungen der Exekutive und des Monarchen an das Gesetz, Meinungs-, Presse- und Wissenschaftsfreiheit, ökonomische Freiheit, Beseitigung von Adelsprivilegien sowie vor allem parlamentarische Mitbestimmung des Dritten Standes.[190] Sein «System» von 1804 ist von ROBERT PILOTY als «epochemachendes ...

[183] *Heigel,* ADB 2 (1875) 286; *Angermann,* NDB 2 (1955), 10f.; *Landsberg* III/2, Noten 83f.; *L. Grösser,* Der gemäßigte Liberalismus im bayerischen Landtag von 1819–1848, phil. Diss. München 1929; *F. Merzbacher;* ZBLG 40 (1977) 303ff.; *M. Domarus,* Bürgermeister Behr: Ein Kämpfer für den Rechtsstaat, 3. Aufl. 1985; *U. Wagner* (Hg.), Wilhelm Josef Behr, 1985.

[184] *W. J. Behr,* System der allgemeinen Staatslehre zum Gebrauche für seine Vorlesungen, Bamberg 1804.

[185] *A. Chroust,* Geschichte des Großherzogtums Würzburg (1806–1814), 1932; *W. Bilz,* Die Großherzogtümer Würzburg und Frankfurt, phil. Diss. Würzburg 1968.

[186] *Piloty* (Anm. 101) reklamiert ihn wegen seiner engen Beziehung zu *Ludwig I.* und wegen seiner späteren Schicksale problemlos für Bayern.

[187] D. J. W. B. Pr. in W. (= Dr. *W. J. Behr,* Professor in Würzburg), Der Organismus des rheinischen (deutschen) Bundes, zum Behufe seines Zwecks, soweit er bis jetzt positiv bestimmt ist, und Materialien zur nähern Bestimmung jenes Organismus, Altona 1807; *ders.* Das Teutsche Reich und der Rheinische Bund; eine publicistisch-politische Parallele zur Ausmittelung der Vorzüge, welche der Rheinische Bund vor dem Römischen Reiche der deutschen Nation darbietet und darbieten wird, Frankfurt 1808; vor allem aber *ders.* Systematische Darstellung des rheinischen Bundes aus dem Standpunkte des öffentlichen Rechts, Frankfurt 1808.

[188] *W. J. Behr,* Versuch des Grundrisses einer Constitution für Monarchien, Bamberg 1816.

[189] Vgl. dazu in «Systematische Darstellung des rheinischen Bundes» (1808) besonders die Kapitel V. (Verhältnis der Mitglieder des Rheinbundes untereinander), VI. (Stellung des Protektors), VIII (Rechte und Pflichten, nach außen und innen).

[190] Vor allem in: System der allgemeinen Staatslehre, 1804 und System der angewandten allgemeinen Staatslehre oder Staatskunst, Frankfurt 1810; *ders.* Darstellung der Bedürfnisse, Wünsche und Hoffnungen deutscher Nation, Aschaffenburg 1814. – Weitere Werke *W. J. Behr,* Staatswissenschaftliche Erörterung der Fragen:

feuriges, mit Blut geschriebenes Werk von glühenden Enthusiasmus, voll mutiger Bekenntnisse und zündender Kraft der Individualität» bezeichnet worden, und weiter: «Behr ist die deutsche Zunge der Revolution. Seine Idee des Rechtsstaates, die er in 100 Paragraphen entwickelt, ist im Grunde ein Aufruf an alle Völker der Erde zu ihrer Selbstbefreiung».[191]

Ein schärferer Blick hätte wohl sehen können, daß dieses Konzept schon vor dem Ende des Rheinbundes nicht realistisch war. NAPOLEON benutzte das Bündnis als Rekrutierungsgelände für seine Armeen, an einer Rheinbundverfassung hatte er schnell das Interesse verloren, und die größeren Rheinbundstaaten waren ohnehin nicht bereit, unter DALBERGS Führung im Rheinbund aufzugehen. Ebenso waren nach 1815 die restaurativen Kräfte wieder so erstarkt, daß sie darangehen konnten, teilweise wieder rückgängig zu machen, was unter napoleonischem Druck an Reformen verwirklicht worden war.

BEHR, der «Staatsidealist vom reinsten Wasser und ganz erfüllt von der Rousseau-Kant-Schillerschen Staatsidee»,[192] konnte oder wollte dies nicht wahrnehmen. Sein weiterer Lebensweg ist eindrucksvoll, und er endete unglücklich. Ab 1819 war BEHR Führer der Opposition in der ersten bayerischen Ständeversammlung, von 1821 an Bürgermeister in Würzburg. In der spannungsvollen innenpolitischen Atmosphäre seit den Karlsbader Beschlüssen verschärften sich die Beziehungen zwischen Behr und der Münchner Regierung. 1831 wurde ihm die Bestätigung seines Landtagsmandats versagt, es kam zu Demonstrationen und «Constitutionsfeiern»,[193] in deren Folge BEHR in übler Weise denunziert, seines Amtes enthoben (1832), verhaftet (1833) und 1836 wegen Hochverrats und Majestätsbeleidigung zu Festungshaft auf unbestimmte Zeit sowie zur öffentlichen Abbitte vor dem Bild des Königs verurteilt wurde. Erst durch die Amnestie vom 6. März 1848 kam er frei und erhielt noch ein Mandat für die Paulskirche, allerdings als gebrochener Mann.[194]

Betrachtet man parallel hierzu die badischen Autoren,[195] so findet man ähnliche, in der politischen Situation begründete Aporien. Baden war in gleicher Weise an der Ausübung der eigenen Souveränität und an der Integration der neuen Landesteile interessiert, aber stärker noch als Bayern der französischen Präsenz und Zensur ausgesetzt. So konnte die Frage, ob NAPOLEON nun echtes «Mitglied» des Bundes oder eine über ihm stehende Macht sei, nur vorsichtig diskutiert werden. Auch die Frage der Übernahme französischen Rechts und die Abwicklung der Rechtsverhältnisse der Standesherren waren heikel.

Dennoch ist das geistige Klima, jedenfalls bis zum Wiener Kongreß, alles andere als

1. Inwieferne ist der Regent eines Staats an die Handlungen seines Regierungsvorfahren gebunden? ... Bamberg, Leipzig 1818; *ders.*, Die Lehre von der Wirthschaft des Staats, oder pragmatische Theorie der Finanzgesetzgebung und Finanzverwaltung, Leipzig 1822; *ders.* Bedürfnisse und Wünsche der Baiern, begründet durch freimüthige Reflexionen, über die Verfassung, die Gesetzgebung und Verwaltung des Baierischen Staats, Stuttgart 1830.

[191] *Piloty* (Anm. 101) 224.

[192] *Piloty* (Anm. 101) 222.

[193] So zuletzt im Schloßpark Gaibach b. Schweinfurt am 26. Mai 1832, anläßlich der Errichtung einer «Konstitutionssäule» zur Erinnerung an das Inkrafttreten der bayerischen Verfassung vom 16. 5. 1818. Zu diesem Fest eingehend *Domarus* (Anm. 183), 167 ff. Einen Tag später, am 27. Mai 1832, fand das «Hambacher Fest» in der Pfalz statt.

[194] *Heigel* (Anm. 183); *Domarus* (Anm. 183).

[195] *Zachariä* (vgl. Anm. 129); *J. N. F. Brauer*, Beyträge zu einem allgemeinen Staatsrecht der Rheinischen Bundes-Staaten, Karlsruhe 1807; *J. L. Klüber*, Staatsrecht des Rheinbundes (Anm. 58).

eng, speziell an der neuen und sofort attraktiven Landesuniversität Heidelberg. Seit 1803 zog die Universität hervorragende Kräfte an, vor allem A. F. J. THIBAUT (1772–1840), CH. R. D. MARTIN (1772–1857), J. L. KLÜBER (1762–1837), G. A. HEISE (1778–1851) und C. S. ZACHARIÄ (1769–1843).[196] Die Gründe hierfür liegen auf der Hand: «frei pulsierendes Leben, Mischung aller Konfessionen, Behaglichkeit der Lebensführung auf dem Grunde weitverbreiteten Wohlstandes, ganz junge Bildungen in Staat und Recht, die nach wissenschaftlicher Bearbeitung ordentlich schrieen. Dazu die blühenden Verhältnisse der Universität, die zum Wetteifer anspornende Gesellschaft hervorragender Gelehrter, die aufregenden politischen Ereignisse!»[197] Die «Jurisprudenz – das Glanzstück der neuen Hochschule»[198] – wirkte wie ein Magnet. Im Sommersemester 1809 studierte über die Hälfte aller Studenten Jura. Der eigentliche Reformer des badischen Staates, SIGISMUND VON REITZENSTEIN,[199] war 1806/07 Universitätskurator.

Unter diesen Bedingungen war die sofortige Eröffnung von Vorlesungen über das öffentliche Recht des Rheinbundes fast selbstverständlich. Mit ZACHARIÄ und KLÜBER waren auch die geeigneten Gelehrten präsent. CARL SALOMO ZACHARIÄ (1769–1843),[200] der 1807 aus Wittenberg gekommen war und über nahezu alle Rechtsgebiete geschrieben hatte,[201] eröffnete mit seinem lateinischen Vorlesungsgrundriß zum öffentlichen Recht der Rheinbundstaaten[202] die badische Rheinbundpublizistik. Die knappen 72 Paragraphen seines kleinen, den Hörern gewidmeten Werkes dienten der

[196] *J. Rückert,* Heidelberg um 1804, oder: die erfolgreiche Modernisierung der Jurisprudenz durch Thibaut, Savigny, Heise, Martin, Zachariä u. a., in: *F. Strack* (Hg.), Heidelberg im säkularen Umbruch. Traditionsbewußtsein und Kulturpolitik um 1800, 1987, 83–116.

[197] *Landsberg* III/2, 104. Vgl. auch *W. Leiser,* Die Juristische Fakultät und die Heidelberg-Romantik (1805–1820); in: Semper Apertus, 1985, 84–104.

[198] *L. Gall,* Die Heidelberger Jahrbücher. Geschichte und Neubegründung, in: ZGORh 111 (1963) 307–331 (316). Dort auch zum Fakultätskonflikt von 1814/15 um den liberalen Strafrechtler und Prozessualisten *Ch. R. D. Martin,* ausgelöst offenbar durch die «Revolutionsfurcht» *Thibauts (F. Lautenschlager,* Die Universität Heidelberg und der Fall Martin. Mit ungedruckten Briefen aus dem Nachlaß des Juristen Georg Arnold Heise, ZGORh 85, 1933, 636–663). *Martin, Klüber* und der Philosoph *Fries* verließen 1816/17 die Universität.

[199] *F. Schnabel,* Sigismund von Reitzenstein, der Begründer des Badischen Staates (= Schr.reihe der Ak.Mitt. Heidelberg, hrsgg. v. *F. Lautenschlager* u. *H. Mitgau,* Bd. 6), 1927, 81 ff.; *Th. Schnabel,* Sigismund Karl Johann von Reitzenstein (1766–1847), in: *Jeserich-Neuhaus* (Anm. 138), 79–83 m. Lit.

[200] Zur Biographie *Mohl* I, 131 f.; II, 512 f.; *J. C. Bluntschli,* 596 f.; *G. Jellinek,* Die Staatsrechtslehre und ihre Vertreter, in: *E. I. Bekker* (Hg.), Heidelberger Professoren aus dem 19. Jahrhundert, Festschr. z. 500-Jahrfeier der Universität, 1903, Bd. 1, 262 f.; *W. Fischer,* ADB 44 (1898) 646 f.; *Landsberg* III/2, 110–112 sowie Noten, S. 52–54; *R. B. Weigle,* Die Staatsrechtslehrer an der Heidelberger Universität im 19. Jahrhundert. Lebensbilder und Forschungsbeiträge, 1986, 31–38; *Drüll,* 307. – Sein Sohn *K. E. Zachariä v. Lingenthal* (1812–1894) wurde zum Begründer der byzantinischen Rechtsgeschichte (vgl. *M. Th. Fögen,* in: RJ 9 [1990] 278–286).

An öffentlichrechtlichen Schriften von *K. S. Zachariä* sind zu nennen: Iuris publici Germanici in artis formam redacti delineatio, Leipzig 1797; Über die vollkommenste Staatsverfassung, Leipzig 1800; Geist der Deutschen Territorialverfassung, Leipzig 1800; Über die Erziehung des Menschengeschlechts durch den Staat, Leipzig 1802; Janus, Leipzig 1802; Die Wissenschaft der Gesetzgebung als Einleitung zu einem allgemeinen Gesetzbuche, Leipzig 1806; zu den Vierzig Büchern vom Staate siehe unten Kap. 3, II, 4.

[201] *Landsberg* III/2, 100–110; *Weigle* (Anm. 200) 31–38.

[202] *C. S. Zachariä,* Jus publicum civitatum quae foederi rhenano adscriptae sunt, Heidelberg 1807; *ders.* Das Staatsrecht der rheinischen Bundesstaaten und das rheinische Bundesrecht, erläutert in einer Reihe von Abhandlungen, Heidelberg 1810.

ersten Orientierung. ZACHARIÄ schilderte die Entstehung des Rheinbundes, definierte das ihm eigentümliche «ius publicum» und seine Quellen, übrigens auch er unter Zugrundelegung der Unterscheidung von Verfassungsrecht und Regierungsrecht. Dann folgten die Mitglieder des Bundes, ihre Souveränität nach außen samt deren Beschränkungen durch die Bundesakte, die Territorialverfassungen samt den Landständen[203] und der Souveränität nach innen (Gesetzgebung, Rechtsprechung, Verwaltung) mit knappster Skizze der wesentlichen Hoheitsrechte, und schließlich die Gesamtverfassung des Rheinbundes, soweit die Bundesakte hierzu Aussagen gestattete (§§ 64ff.). Wo Lücken blieben, ergänzte der Kantianer ZACHARIÄ ohne Bedenken mit Hilfe naturrechtlicher Sätze.[204] Für ihn bestand die rechtswissenschaftliche Aufgabe in der Herausarbeitung eines dem Stoff unterlegten «Systems», erforderlichenfalls eben durch «Konstruktion».

In diesem Sinne hat ZACHARIÄ dann Einzelpunkte des Rheinbundrechts weiter behandelt und das Ergebnis 1810 in umfangreicherer Form zusammengefaßt.[205] Daß er in dieser Zeit unter anderem noch das bedeutende, vielfach aufgelegte und übersetzte «Handbuch des französischen Civilrechts» herausbrachte,[206] zeigt die Rastlosigkeit, mit der dieser etwas bizarre[207] und politisch widersprüchliche Mann publizierte. Der Zusammenhang mit dem Staatsrecht des Rheinbundes ist offenkundig. Der Rheinbund und das französische Recht waren, was immer man später sagen mochte, innerlich akzeptiert. Man hat den Eindruck, daß auch die anderen Autoren den Code civil (1804) mit einer Mischung aus Reformfreude und persönlichem Ehrgeiz besonders schnell für deutsche Leser aufbereitet haben,[208] speziell auf der geographisch-politischen Linie rheinbündischer Staaten von Landshut,[209] Karlsruhe,[210] Heidelberg,[211] Koblenz,[212] Gießen,[213] Mainz,[214] Wiesbaden[215] und Köln.[216]

203 Ob Landstände mit dem «genius seculi» und dem Souveränitätsprinzip vereinbar seien, läßt *Zachariä* vorsichtig in der Schwebe (§ 31) und verweist u. a. auf die anonyme (mir nicht zugängliche) Schrift «Lösung des Staats-Problems: Ist mit dem Begriffe der Souveränität der Begriff der Landstände vereinbar?» 1806.

204 Überkritisch bis zur Verständnislosigkeit hierzu *Landsberg* III/2, 104: «Er erreicht dabei zugleich den Vorteil, sich den politischen Wünschen kleiner und großer Machthaber, dem Souveränitätsdünkel und der Fremdsüchtelei weit besser anpassen zu können, als das mit jener geschichtlich-reichspublizistischen Methode möglich gewesen wäre».

205 *C. S. Zachariä,* Staatsrecht (Anm. 202). Vgl. dazu *Mohl* II, 512–528.

206 *C. S. Zachariä,* Handbuch des französischen Civilrechts, 2 Bde, Freiburg 1808; 2. Aufl. 4 Bde, 1811/1812; 3. Aufl. 1827/1828; 4. Aufl. 1837. Insgesamt acht Auflagen bis 1894. Nachw. der französischen und italienischen Übersetzungen bei *Landsberg* III/2, Noten 55f. Vgl. auch *A. B. Schwarz,* Einflüsse deutscher Zivilistik im Auslande (1935), in: *ders.* Rechtsgeschichte und Gegenwart, Ges. Schr. 1960, 26–72 (40f.); *H. Coing,* Europäisches Privatrecht II, 1989, 33.

207 *R. v. Mohl,* Lebenserinnerungen, Bd. 1, 1902, 107f.

208 Umfassende Nachweise hierzu bei *B. Dölemeyer,* in: *Coing,* Handbuch III/2 (1982), insbes. 1461ff.

209 Zu Bayern eingehend *Dölemeyer* (Anm. 208), 1472–1491. Herausragend *N. Th. Gönner* (Hg.), Archiv für die Gesetzgebung und Reforme des juristischen Studiums, 4 Bde, Landshut 1808–1814; *P. J. A. v. Feuerbach,* Themis oder Beyträge zur Gesetzgebung, Landshut 1812.

210 *Dölemeyer* (Anm. 208), 1143–1449.

211 *C. S. Zachariä,* Die Einführung des Code Napoléon in den Staaten des Rheinischen Bundes, betrachtet aus den Gesichtspunkten des Staatsrechts, in: *ders.* Staatsrecht (Anm. 202) 43f.

212 *F. v. Lassaulx* (1781–1818), Napoleon I. Code Civil, ins Deutsche übersetzt mit Anmerkungen, Koblenz 1805; *ders.* Introduction à l'étude du Code Napoléon, Koblenz 1812; *ders.* Der Code Napoleon, dargestellt und kommentiert, 4 Bde, Koblenz 1809–1815. Sein Sohn, *P. E. v. Lasaulx* (1805–1861) war Abgeordneter in der Paulskirche. Vgl. *L. Just,* Franz von Lasaulx, 1926. – Zum Rechtsunterricht an der 1806 errichteten Rechtsschule in Koblenz: *L. Mallmann,* Französische Juristenausbildung im Rheinland 1794–1814.

In Heidelberg wirkte neben ZACHARIÄ, ebenfalls ab 1807, JOHANN LUDWIG KLÜBER (1762–1837), damals schon mehr Diplomat und hoher Staatsbeamter als ein Professor des öffentlichen Rechts.[217] Sein großer «Lehrbegriff» eines «Staatsrechts des Rheinbundes»[218] setzte nun an einem anderen Objekt fort, was seit 1803 mit der «Einleitung zu einem neuen Lehrbegriff des deutschen Staatsrechts» begonnen worden war und später mit dem Monumentalwerk «Öffentliches Recht des Teutschen Bundes und der Bundesstaaten» (1817) fortgeschrieben werden sollte. KLÜBER ist mit diesen Werken sowie mit den offiziösen Quellenpublikationen zum Wiener Kongreß[219] und mit einem zweibändigen «Europäischen Völkerrecht»[220] zur beherrschenden Autorität des öffentlichen Rechts im Vormärz geworden. Die immer wieder gerühmten Vorzüge lagen in der Klarheit und Folgerichtigkeit des Aufbaus, dem Reichtum an positivrechtlichen Details und der Fülle seiner Literaturhinweise. Seine Methode bezeichnet er so: «Das teutsche öffentliche Recht ist keine rationale, es ist eine theils historische, theils positive Wissenschaft, worin nur Lücken aus dem natürlichen Staats- und Völkerrecht aufzufüllen sind. Es sind also die rationalen Formen speculativer Wissenschaften hier nicht durchaus anwendbar. ... Um systematische Einheit des Ganzen möglichst zu erreichen, sind die Grundsätze nach einem überdachten Plan, einfach, zusammenhängend, und mit Auswahl darzustellen, in leichter, ungezwungener Ordnung, so weit Eigenheit und Mannigfaltigkeit des Stoffs es gestatten».[221]

Die Rechtsschule von Koblenz, 1987; *H. Coing*, Die Französische Rechtsschule zu Koblenz, in: Festschr. f. F. Wieacker 1978, 195–208; *E. Francois*, Koblenz im 18. Jahrhundert. Zur Sozial- und Bevölkerungsstruktur einer deutschen Residenzstadt, 1982.

[213] *K. L. W. v. Grolman*, Ausführliches Handbuch über den Code Napoléon zum Behufe wissenschaftlich gebildeter deutscher Geschäftsmänner, Gießen 1810–1812.

[214] *F. Bodmann*, Code de police administrative. Sammlung sämmtlicher Gesezze in Betreff des Polizeiamtes der Prefecten, Unterprefecten, Maire, 3 Bde Mainz 1810–12; *N. Vogt – J. Weitzel*, Rheinisches Archiv für Geschichte und Literatur, Mainz 1810–1815.

[215] Zum Herzogtum Nassau *Dölemeyer* (Anm. 208), 1456f. Zu *L. Harscher von Almendingen* (1766–1827) siehe *Göppert*, ADB 1 (1875) 351f.; *Landsberg* III/2, 144–146.

[216] Zum «Kampf um das rheinische Recht» *Fehrenbach* und *Schubert* (Anm. 131); *Dölemeyer* (Anm. 208), 1504–1518. Zu nennen sind *W. Blanchard*, Übersetzung des Kommentars von Maleville, 4 Bde, Köln 1808–1809; *G. v. Sandt–K. A. Zum Bach* (Hg.), Niederrheinisches Archiv für Gesetzgebung, Rechtswissenschaft und Rechtspflege, 4 Bde, Köln 1817–1819; *G. v. Sandt–F. J. Hanf* (Hg.), Archiv für Civil- und Criminalrecht der königlich Preußischen Rheinprovinzen, Köln 1819–1914.

[217] Zur Biographie *K. E. Morstadt*, Nekrolog, statt einer Vorrede zu der vierten Ausgabe «Öffentliches Recht des Teutschen Bundes und der Bundesstaaten, Frankfurt 1840, III–XVI; *Mohl* II, 473–487; *Eisenhart*, ADB 16 (1882), 235f.; *Jellinek* (Anm. 200), 260f.; *Landsberg* III/2, 165–169 u. Noten, 84–87; *W. Mager*, NDB 12 (1980) 133; *Weigle* (Anm. 200), 23–30; *Drüll*, 139. – Der Hauptteil des Klüberschen Nachlasses im Generallandesarchiv Karlsruhe, ein kleinerer Teil im Stadtarchiv Baden-Baden.

[218] Tübingen 1808.

[219] *J. L. Klüber*, Akten des Wiener Congresses, in den Jahren 1814 und 1815, 8 Bde, Erlangen 1815 (Nachtragsband Erlangen 1835); *ders.* Ausgabe der Schlußakte und der Bundesakte, Erlangen 1815 (2. Aufl. Erlangen 1818; 3. Aufl. Erlangen 1830 als «Quellensammlung zu dem öffentlichen Recht des deutschen Bundes», Fortsetzung 1833); *ders.* Übersicht der diplomatischen Verhandlungen des Wiener Kongresses überhaupt und insonderheit über wichtige Angelegenheiten des Deutschen Bundes, 3 Bde, Frankfurt 1816; *ders.* (Hg.), Staatsarchiv des Deutschen Bundes, Heft 1–4, Erlangen 1816, Heft 5 und 6 Erlangen 1817. Vgl. auch *C. Th. Welcker*, Wichtige Urkunden für den Rechtszustand der deutschen Nation mit eigenhändigen Anmerkungen von Johann Ludwig Klüber, aus dessen Papieren mitgetheilt und erläutert, Mannheim 1844.

[220] *J. L. Klüber*, Droit des gens moderne de l'Europe, 2 Bde, Stuttgart 1819; dt. Ausgabe als Europäisches Völkerrecht, 2 Bde, Stuttgart 1821.

[221] *J. L. Klüber*, Öffentliches Recht des Teutschen Bundes und der Bundesstaaten, 4. Aufl.

Klüber hat in dieser Weise das «Staatsrecht des Rheinbundes» bearbeitet, zunächst – notgedrungen knapper – das Bundesstaatsrecht und dann eine Quersumme durch das Staatsrecht der Bundesstaaten. Letzteres konnte dann nach 1815 problemlos fortgeführt werden. Mit Recht ist darauf hingewiesen worden, daß Klüber trotz äußerlicher Parallelen ganz anders als Zachariä arbeitete, nämlich viel stärker historisch und mit großer Zurückhaltung sowohl gegenüber naturrechtlichen «speculativen» Argumenten als auch gegenüber deutlichen politischen Stellungnahmen. Die ihm eigene nüchterne Vorsicht schützte ihn auch vor Illusionen gegenüber Napoleon. Seine Aufgabe schien ihm erfüllt, wenn er das positiv geltende Rheinbundrecht unverfälscht, möglichst transparent und überzeugend geordnet darbieten konnte: «... die umfassende Systematik, die klare Feststellung der Sätze, die Beschränkung auf das Rechtliche, namentlich die reiche Literatur hat Klüber allen voran».[222] Die konstitutionellen Verheißungen des Rheinbundes waren ihm willkommen, «bürgerliche Freiheit» innerhalb einer konstitutionellen Monarchie war sein Leitbild, aber er setzte sich in dieser frühen Zeit auch nicht entschieden für eine Zerschlagung des Ancien Régime und seiner Landstände ein. Die Rheinbundakte, ebenso wie später die Bundesakte, war für Klüber der Rechtsboden, von dem aus er konstitutionelle Zustände in den Bundesstaaten zu erreichen hoffte. Indem er die an liberalen Forderungen orientierten verbindenden Elemente der einzelnen Staatsrechte vortrug, nahm er, rückgebunden an die alte Reichseinheit, gewissermaßen die nationale Ebene gedanklich vorweg. Daß er dies unauffällig tat, hat seine führende Stellung begünstigt, aber nicht verhindern können, daß auch er nach 1822 «Gegenstand eifriger politischer Verketzerung» und «planmäsiger Verfolgung» wurde.[223]

Klüber war in seiner historisierenden, vernunftbestimmten und maßvollen Argumentationsweise tatsächlich der geistige Erbe der Reichspublizistik, insbesondere Pütters, er ist typischer süddeutscher Liberaler und überdies von einer juristischen Geradheit und Korrektheit, die sich an Johann Jakob Mosers «Unbestechlichkeit» orientierte.[224] In einem schönen Bild hat Mohl über ihn gesagt: «Seine Gelehrsamkeit war die Arche, welche bei der über Deutschland hereingebrochenen Sündflut das zur Fortsetzung des nötigen Wissens Notwendige nach abgelaufenem Gewässer rettete... Klüber verdanken wir den Zusammenhang».[225]

Zachariä und Klüber suchten in der Rheinbundzeit der neuen Verfassungslage primär mit den Mitteln ihrer Wissenschaft gerecht zu werden. Neben ihnen steht Johann Nikolaus Friedrich Brauer (1754–1813),[226] der sich, seit 1774 in badischem Landesdienst, nebenher «als Reichspublizist alten Stils betätigt» hatte,[227] vor allem aber in der Verwaltung aufstieg und in der Rheinbundzeit mit Sigismund von Reitzenstein zum wichtigsten Träger der Reformen wurde. Brauer war der Verfasser der dreizehn «Or-

Frankfurt 1840, § 14. Ebenso mit nur geringen Abweichungen schon in Staatsrecht des Rheinbundes, Tübingen 1808, 11–14 (= §§ 9, 10) sowie in Einleitung zu einem neuen Lehrbegriff, Erlangen 1805, § 9.

222 *Mohl* II, 481.

223 So *Klüber* selbst in der Vorrede zur 3. Aufl. des Öffentlichen Rechts (Anm. 221) 1831 (mit abgedruckt in der 4. Aufl. 1840).

224 Geschichte, 258–267.

225 *Mohl,* II, 479. Zur Fortwirkung *Friedrich* (Anm. 161) 15–21.

226 *F. v. Weech,* ADB 3 (1876) 263; *W. Andreas,* NDB 2 (1955) 542; *K. Schenkel,* in: *F. v. Weech* u. a., Badische Biographien, Heidelberg 1875–1935, Teil 1, 117f.; *Landsberg* III/2, 100 und Noten 51f.; *L. Gall,* Der Liberalismus als regierende Partei. Das Großherzogtum Baden zwischen Restauration und Reichsgründung, 1968, 15f.

227 *Landsberg* III/2, Noten, 52 unter Hinweis

ganisationsedikte» von 1803 und der neun «Konstitutionsedikte» von 1807[228], und er war derjenige, der den Code Napoléon, durch etwa 500 Zusätze auf badische Verhältnisse angepaßt, als badisches Landrecht (1810–1900) durchsetzen konnte.[229]

Zwischen Herbst 1806 und Februar 1807 schrieb Brauer seine «Beyträge zu einem allgemeinen Staatsrecht der Rheinischen Bundes-Staaten in Funfzig Sätzen»,[230] in denen er Kurzgutachten zu den drängendsten Problemen des «inneren Staatsrechts» des Rheinbundes vorlegte. Dazu zählten die Rechte der mediatisierten «Standesherren», die Fortgeltung alter privatrechtlicher Titel, das Deutschordensgut, die Festlegung der neuen Grenzverläufe, Staatsvermögen und fürstliches Privatvermögen, Lehnrecht, Gerichtsbarkeit, Forstrecht, Abgaben, Steuerprivilegien, Bodennutzungen u. ä., Kirchengewalt, Polizeigewalt, Gerichtsbarkeit, Schuldenverwaltung, Ruhegehalte «welche durch die jetzigen Staatsveränderungen veranlaßt werden», Regelung der Außenbeziehungen des neuen Staates usw. Zentraler Punkt war für Brauer die Unterstreichung der neu gewonnenen und aus der Rheinbundakte abgestützten Souveränität, die er «eine volle und kräfte Obristhoheit, keine unvollständige und lahme Reichshoheit» nannte.[231] Durch sie konnte er die Berufung auf «unvernünftige» ältere Rechtstitel abschneiden, ein neues «vernünftiges» Gesetzbuch installieren und die Standesherren zu gehobenen, maßvoll privilegierten Privatleuten machen. Insofern war Brauer bei allem politischen Pragmatismus ein Reformer von oben, der ähnlich wie Montgelas den napoleonischen Druck von außen nutzte, um im Innern eine homogenere Staatsbürgergesellschaft zu formen.[232]

4. *Zusammenfassung*

Die öffentlichrechtliche Literatur in den neun Jahren zwischen dem Ende des Alten Reichs und der Gründung des Deutschen Bundes ist in hohem Maße politisiert, auch wenn die Autoren ihren «unpartheiischen» Standpunkt stark unterstreichen. Unterschiedliche Rückbindung an vorrevolutionäre Zustände, unterschiedliche aktuelle Hoffnungen, Einbindung in Interessen des eigenen Territoriums und, nicht zuletzt, unterschiedliche Charaktere der Schreibenden bilden ein zerklüftetes Gelände. Die Kernfragen wurden den Autoren von der Politik aufgedrängt:

Was bedeutete «Souveränität» im Kontext einer künftigen Rheinbundverfassung,

auf die dreibändigen «Abhandlungen zur Erläuterung des Westphälischen Friedens», Offenbach/M. 1782–1785.

[228] *R. Goldschmit*, Geschichte der Badischen Verfassungsurkunde 1818–1918, 1918; Badische Geschichte. Vom Großherzogtum bis zur Gegenwart (hrsgg. v.d. Landeszentrale f. politische Bildung), 1979.

[229] Code Napoléon mit Zusätzen und Handelsgesetzen als Landrecht für das Großherzogthum Baden, eingeführt zum 1. 1. 1810; *J. N. F. Brauer*, Erläuterungen über den Code Napoléon und der großherzoglich Badenschen bürgerlichen Gesetzgebung, 6 Bde, Karlsruhe 1809–1812. Vgl. dazu *R. Carlebach*, Badische Rechtsgeschichte, II, 1909, 19ff.; *W. Andreas*, Die Einführung des Code Napoléon in Baden, ZRG GA 31 (1910), 182; *J. Federer*, Beiträge zur Geschichte des Badischen Landrechts, in: *K. S. Bader* (Hg.), Baden im 19. und 20. Jahrhundert, I, 1948, 81ff.; *Fehrenbach* (Anm. 131), 104ff.; *Schubert* (Anm. 131), 193ff.; zusammenfassend und mit allen Nachweisen nunmehr *Dölemeyer* (Anm. 208), 1403 (1443ff.).

[230] Karlsruhe 1807.

[231] aaO. 73f. (XIII zu Art. 26 Rhein. Bundesakte).

[232] Zeitgenossen fürchteten hiervon eine «Revolution von oben», so *J. A. L. Seidensticker*, Jenaische Allgemeine Literaturzeitung Nr. 304 v. 29. 12. 1807, Sp. 613 und *G. H. v. Berg*, Abhandlungen (Anm. 235).

war der Protektor Mitglied des Bundes oder ein im rechtsfreien Raum angesiedelter Militärdiktator? Konnten die Einzelstaaten nun kraft Souveränität über alte Rechtstitel und speziell über die Stellung der «Mediatisierten» hinwegschreiten, oder mußten sie sich wenigstens um schonende Übergänge bemühen?[233] War der Rheinbund auf dem Weg, ein konstitutioneller Bundesstaat mit klaren Reform- und Homogenitätsvorgaben für die Mitglieder zu werden, oder war er ein lose verklammerter Staatenbund? War der Rheinbund schließlich eine Rettungsinsel, auf der die gelehrte Tradition der alten Reichspublizistik unter das Dach einer neuen «Reichsverfassung»[234] hinübergerettet werden konnte? In den Antworten auf diese Fragen spiegelt sich die fachspezifische Reaktion der deutschen Öffentlichrechtler, Staatswissenschaftler und der die öffentliche Meinung bildenden Autoren insgesamt.

Drei Gruppen lassen sich unterscheiden: 1. Die den souverän gewordenen Mittelstaaten des Rheinbundes verpflichteten Autoren (Gönner, Zintel, Zachariä, Brauer); 2. diejenigen, die auf einen «konstitutionellen Rheinbund» entweder um seiner politischen Fortschrittlichkeit willen setzten oder weil sie in ihm die zeitgemäße Organisationsform eines «dritten Deutschland» sahen (Behr, Winkopp); 3. die dem Positivismus der späten Reichspublizistik verpflichteten, um möglichst politikfreie Aufbereitung des Rechtsstoffes bemühten Juristen (Klüber, v. Berg).

An Günter Heinrich von Berg (1765–1843) und seinen «Abhandlungen zur Erläuterung der rheinischen Bundesacte»[235] läßt sich diese dritte Position gut demonstrieren; denn Berg war als hannoverscher Staatsdiener nicht unmittelbar politisch involviert, und er stand in der reichspublizistischen Tradition göttingischer Prägung. Seinen Vorsatz, nur zu untersuchen, «was in dem jetzigen Zustande *Recht* ist, und wie und worin das, was vormals Recht war, durch ihn *rechtmäßig* verändert ist»,[236] führte er tatsächlich durch. Er qualifizierte im Rückgriff auf ältere Argumente der Reichspublizistik (Pufendorf, Titius) den Rheinbund als Staatenbund, erläuterte die Leitlinien der Interpretation der Bundesakte, ebenfalls unter Einbeziehung der älteren Staatsrechtslehre,[237] erörterte eingehend die Rechtsfolgen des Zusammenbruchs des Reiches und konzentrierte sich dann in der wichtigsten seiner Abhandlungen[238] auf die Souveränität der Rheinbundstaaten. Er liefert dabei eine unpathetische, gründliche und materialreiche Darstellung,[239] die – kein Zufall – am ehesten mit derjenigen Klübers harmonierte.

[233] In letzterem Sinne besonders *P. A. Winkopp* in seinen Beiträgen zu «Der Rheinische Bund» (oben bei Anm. 164).

[234] Vgl dazu *an.* Grundzüge zu einem Entwurfe einer Deutschen Reichsverfassung, o. O. 1814 (Universitätsbibliothek Frankfurt a. M., ehem. Bibliothek der Deutschen Bundesversammlung); *C. S. Zachariä*, Entwurf zu dem Grundvertrage des durch den Pariser Frieden vom 30. Mai 1814 verheissenen deutschen Staatenbundes, Heidelberg 1814.

[235] Hannover 1808. Zur Biographie *Merzdorf*, ADB 2 (1875) 363: *Berg* hatte in Tübingen studiert und war nach dem üblichen Aufenthalt in Wetzlar zunächst Sekretär bei einem *Grafen von Neipperg*, bis er durch Vermittlung *Pütters* Professor in Göttingen wurde (1793–1800). Anschließend wirkte er bis 1810 als Hofrat in der hannoverschen Justizkanzlei, 1811 als Regierungspräsident in Schaumburg-Lippe und ab 1815 als Präsident des oldenburgischen Oberappellationsgerichts und Gesandter am Bundestag. 1823 wurde er Geheimer Rat in der oldenburgischen Regierung und schließlich 1842 Staats- und Kabinettsminister. Zu seinem «Handbuch des Teutschen Policeyrechts», Hannover 1799–1809 siehe *H. Maier*, Staats- und Verwaltungslehre (1980) 207–219; Geschichte, 388–390.

[236] Abhandlungen, III–V.

[237] Abhandlungen, 45f.

[238] Abhandlungen, 60–286 (= §§ 1–118).

[239] Zur Souveränität allgemein (§§ 1–18), zur Souveränität der Rheinbundstaaten (§§ 29–47), ihre Folgen für ältere Reichsrechte (§§ 48–66),

Läßt man die Literatur noch einmal Revue passieren,[240] so muß zunächst das für das 19. Jahrhundert typische Urteil korrigiert werden, es handle sich um eine frankophile, also national verächtliche, politisierte Tagesproduktion ohne ernsthaften juristischen Gehalt.[241] Historisch, statistisch und staatswissenschaftlich ist in zahlreichen «Archiven» und Handbüchern[242] solide Arbeit geleistet worden. Die konkreten Reformprogramme West- und Süddeutschlands, in denen sich der mühsame Übergang des Ancien Régime in die bürgerliche Leistungs- und Wirtschaftsgesellschaft vollzog, wurden auf weite Strecken in der rheinbündischen Literatur präsentiert und diskutiert.[243] In unserem Zusammenhang am wichtigsten ist jedoch die Akkomodationsleistung, die eine alt gewordene und in ihren Stoffmassen nahezu erstickende Reichspublizistik unter dem Zugriff Napoleons erbringen mußte. Dabei zeigte sich, daß die am Ende des 18. Jahrhunderts dominierende historisch-dogmatische Methode göttingischer Prägung flexibel genug war und durchaus mit moderneren Inhalten kombiniert werden konnte. Es gelang ihr sehr schnell, die neuen Phänomene juristisch überzeugend zu fassen, soweit dies in der Hektik der Jahre von 1806 bis 1814 überhaupt möglich war. Unter den Universitätsjuristen und Staatsbeamten ragen vor allem diejenigen heraus, die in irgendeiner Weise Kontakt mit der Staatsrechtslehre vor 1806 gehalten hatten und zu jenem aufgeklärten und energischen Reformtypus gehörten, die in Preußen, Baden, Bayern, Württemberg und im Königreich Westfalen von oben gestaltend in gesellschaftliche Verhältnisse eingriffen. Für diese Richtung ist zutreffend: «Die deutsche Staatsrechtslehre des 19. Jahrhunderts schließt sich kontinuierlich an die des 18. Jahrhunderts an ... Die Tradition des Vernunftrechts, das als Teil der Philosophie das Denken des 18. Jahrhunderts beherrschte, wirkt fort; ebenso auch die Tradition der deutschen Reichsstaatsrechtslehre und des geschichtlich gewachsenen, vielfältigen und unsystematischen deutschen öffentlichen Rechts».[244]

Folgen für die jeweiligen Landesstaatsrechte (§§ 67–107), Folgen für die Privatrechte (§§ 108–114).

[240] *K. A. H. Chr. v. Kamptz,* Beiträge zum Staats- und Völkerrecht, Berlin 1815, Bd. 1, 3–48. Dort (Bd. 1, 95–112) auch ein Literaturbericht «über die Veränderungen, welche das Europäische Völkerrecht unter Napoleons Herrschaft erduldet hat»; *ders.* Neue Literatur des Völkerrechts seit dem Jahr 1784, Berlin 1817. – *Karl Albert Heinrich Christoph v. Kamptz* (1769–1849) war nach rechts- und staatswissenschaftlichem Studium in Göttingen zunächst in mecklenburgisch-strelitzischem Staatsdienst (1790–1794) und wurde noch 1805 Mitglied des Reichskammergerichts. 1811 Richter am Kammergericht in Berlin, ab 1812 im preußischen Innenministerium, 1817 im Polizeiministerium, treibende Kraft der «Demagogenverfolgungen» nach 1819, 1822 im Kultusministerium, 1832 Minister für Gesetzesrevision. Zur Biographie *Wippermann,* ADB 15 (1882) 66ff.; *P. Baumgart,* NDB 11 (1977) 95–97.

[241] Vgl. etwa *Mohl* II, 243: «Eine eigene Besprechung der Schriften über das Rheinbundesrecht erschien ohnedem in keiner Weise erforderlich».

[242] *G. G. Keyser,* Der Rheinbund, unmittelbar nach seinem Abschlusse, statistisch dargestellt, in: *E. L. Posselt,* Staats-Geschichte Europas, Bd. 6 Tübingen 1808; *P. Oesterreicher* (Hg.), Denkwürdigkeiten der Staaten-Kunde Teutschlands, besonders des Rheinischen Bundes, Bamberg 1809; *K. L. H. Pölitz,* Geschichte und Statistik des Rheinbundes, Leipzig 1810; *ders.* Der Rheinbund, historisch und statistisch dargestellt, Leipzig 1811; *ders.* Handbuch der Geschichte der souveränen Staaten des Rheinbundes, Leipzig 1811; *ders.* Handbuch der Geschichte und Statistik des Rheinbundes, Leipzig 1816. Zu *Pölitz* vgl. *Mataja* ADB 26 (1888) 389–392; *Lippert,* HdBStaatsWiss, 2. Aufl. Bd. 6 (1901) 106–108; *Boldt,* Staatslehre, 126–189; *Brandt,* 214–223.

[243] Siehe die bei *Kamptz* (Anm. 240), 12ff. angegebene Literatur zu Zunftwesen, Polizeiwesen, Universitäts- und Gerichtsverfassung, Judenemanzipation, Münzwesen.

[244] *Böckenförde,* 65.

Zweites Kapitel

Wiener Kongreß und Deutscher Bund (1815–1848)

I. Der Wiener Kongreß und die Gründung des Deutschen Bundes

«Endlich eröffnete sich eine dritte Aera für die Wissenschaft des öffentlichen Rechts durch die Gründung des deutschen Bundes und die damit ungefähr zusammenfallende Neugestaltung der deutschen Einzelstaaten ... Es war ein Bundesrecht an der Stelle des Reichsstaatsrechts, ein öffentliches Recht souveräner Staaten anstatt des Rechtes der Landesfreiheit, ein konstitutionelles Recht anstatt des Rechtes ständischer Korporationen oder unbeschränkter Fürstenherrschaft, ein systematisches, fast überall auf neuer Grundlage stehendes, Verwaltungsrecht zu entwickeln.»[1]

Das war in der Tat die dem öffentlichen Recht gestellte «dritte» Aufgabe, nachdem das Reich und der Rheinbund aufgelöst waren. Die bekannten Probleme des Neubeginns nach Staatskatastrophen wiederholten sich nun. Innerhalb kurzer Frist ging es noch einmal um die Findung jenes fiktiven archimedischen Punktes in einer staatsrechtlichen «Stunde Null», in der sich eine neue Rechtsordnung als Anknüpfungspunkt einer neuen Legitimität etablierte. Und wieder ist zu beobachten, wie zäh die bisherigen Überzeugungen und Denkgewohnheiten, Lehrtraditionen und Interessenlagen samt dem alten Personal erhalten blieben. Alt und Neu schoben sich auf diese Weise übereinander, und zunächst war offen, welche Kräfte sich würden durchsetzen können.

Der Wiener Kongreß mit seinen komplizierten Verläufen, die von der Öffentlichkeit zunächst kaum beobachtet werden konnten, hatte sich Anfang des Jahres 1815 festgefahren. Erst nachdem die Mächte durch Napoleons Rückkehr aufgeschreckt wurden, kam er schnell zu einem kompromißhaften Ende.[2] Dabei fielen wesentliche Stücke der älteren Bundespläne weg und es entstand – vor allem wegen süddeutscher, von Sachsen unterstützter Proteste – ein merkwürdiges Gebilde. Wer gehofft hatte, das alte Reich würde fortgeführt werden, aber auch wer eine Konstitutionalisierung der Reichsgewalt und politische Mitbestimmung des Dritten Standes, feste Zusagen für Territorialverfassungen, politische und ökonomische Freiheiten und Abbau von Privilegien aller Art erwartet hatte, mußte tief enttäuscht sein.[3] Die hochfliegenden Hoffnungen der Teilnehmer der Freiheitskriege blieben unerfüllt, und zwar sowohl in nationaler als auch in liberaler Hinsicht. Die Bundesakte schien der kleinste gemeinsame Nenner, auf den man sich im preußisch-österreichischen Dualismus einerseits, in den Spannungen zwischen bundesstaatlicher Struktur und frisch errungener Souveränität der Mittelstaaten andererseits einigen konnte. Der Deutsche Bund, ein Zwitter zwischen Staatenbund und Bundesstaat, blieb ohne Integrationskraft, oder deutlicher:

[1] *Mohl* II, 239f.

[2] *Huber* I, § 31.

[3] Insbesondere zur Pressefreiheit siehe *U. Eisenhardt,* Die Garantie der Pressefreiheit in der Bundesakte von 1815, in: Der Staat 10 (1971) 339–356.

er wurde ab 1819 immer kritischer betrachtet, ja gehaßt.[4] Man mag ihn heute als Instrument von METTERNICHS «System des restaurativen Föderalismus»,[5] mit dessen Hilfe der bürgerliche Liberalismus und Nationalismus halbwegs erfolgreich niedergehalten wurden sowie wegen seiner friedenssichernden Funktion positiver beurteilen.[6] Aber das ist retrospektiv und antiliberal gedacht und rückt Ruhe und Ordnung stärker in den Vordergrund, als es die Mehrheit der Zeitgenossen tat.

Die Gründung des Deutschen Bundes schloß eine turbulente Epoche sichtbar ab. Sie eröffnete zwar zunächst neue Hoffnungen,[7] war aber weder ein klarer Durchbruch in die vom Bürgertum mehrheitlich gewünschte Richtung noch ein eindeutiger Rückschritt in vorrevolutionäre Zustände. Die Dinge hielten sich vorerst in der Schwebe. Die Spannungen zwischen den politischen Wünschen der Mehrheit und dem schwachen Gebilde, das weder altes Reich noch moderner Staat war, blieben ungelöst. Die Zeit arbeitete indessen «restaurativ». Die Träger der nach 1806 ins Werk gesetzten Reformen wurden Schritt für Schritt ausgebootet. An ihre Stelle rückten konservative Kräfte, denen ein tiefsitzendes Revolutionstrauma eigen war. Die von ihnen aufgebaute politische Polizei hat das innenpolitische Klima des Vormärz bestimmt.[8]

Bald gab es auch deutliche äußere Anzeichen für den Stimmungsumschwung.[9] Das königlich preußische Versprechen, «der Nation eine zweckmäßig eingerichtete Repräsentation sowohl in den Provinzen als für das Ganze zu geben»,[10] unter dem Eindruck der Rückkehr NAPOLEONS von Elba nochmals durch ein Dekret vom 22. Mai 1815 erneuert, blieb wegen des Zusammenspiels von METTERNICH mit den preußischen Konservativen unerfüllt. Der während des Wiener Kongresses verwässerte und bewußt zweideutig gehaltene Art. 13 der Bundesakte mit dem Versprechen «landständischer Verfassungen»[11] verhieß nichts Gutes. In Bayern wurde der Aufklärer und Reformer MONTGELAS am 2. Februar 1817 entlassen.[12] Als im Herbst 1817 das Wartburgfest stattgefunden hatte,[13] als 1815/16 in Preußen die politische Denunziation des «Tugend-

[4] *R. Darmstadt,* Der Deutsche Bund in der zeitgenössischen Publizistik, 1971 m. w. Nachw.; *H. Rumpler* (Hg.), Deutscher Bund und deutsche Frage 1815–1866. Europäische Ordnung, deutsche Politik und gesellschaftlicher Wandel im Zeitalter der bürgerlich-nationalen Emanzipation, 1990 (= Wiener Beiträge zur Geschichte der Neuzeit. Bd. 16/17), dort vor allem *F. Fellner,* Perspektiven für eine historiographische Neubewertung des Deutschen Bundes, 21–30.

[5] *Huber* I, 542.

[6] *Nipperdey* I, 355ff.

[7] Vgl. etwa die kleine Schrift von *A. H. L. Heeren,* Der Deutsche Bund in seinen Verhältnissen zu dem Europäischen Staatensystem; bey Eröffnung des Bundestags dargestellt, Göttingen 1816, in der der Deutsche Bund als «Friedensstaat von Europa» und als Garant der Gleichgewichtspolitik begrüßt wird.

[8] *W. Obenaus,* Die Entwicklung der preußischen Sicherheitspolizei bis zum Ende der Reaktionszeit, 1940; *W. Siemann,* Deutschlands Ruhe, Sicherheit und Ordnung. Die Anfänge der politischen Polizei 1806–1866, 1985; *A. Lüdtke* (Hg.), ›Sicherheit‹ und ›Wohlfart‹. Polizei, Gesellschaft und Herrschaft im 19. und 20. Jahrhundert, 1992.

[9] Eine vorzügliche Übersicht und Literaturnachweise bietet *D. Langewiesche,* Europa zwischen Restauration und Revolution 1815–1849, 2. Aufl. 1989.

[10] Finanzedikt v. 27. 10. 1810. Vgl. *E. W. Zeeden,* Hardenberg und der Gedanke einer Volksvertretung in Preußen 1807–1812, 1940; *H. Obenaus,* Anfänge des Parlamentarismus in Preußen bis 1848, 1984.

[11] Eingehende Nachweise bei *H. Zöpfl,* Grundsätze des gemeinen deutschen Staatsrechts, 2. Theil, 5. Aufl. Leipzig und Heidelberg 1863 (Nachdr. 1975), §§ 330–338.

[12] *E. Weis,* Die Begründung des modernen bayerischen Staates unter Kg. Max I. (1799 bis 1825), in: *M. Spindler* (Hg.), Handbuch der bayerischen Geschichte IV/1, 1974 (verb. Nachdr. 1979), 3–86 m. w. Nachw.

[13] *G. Steiger,* Aufbruch. Urburschenschaft und Wartburgfest, 1967; *H. Tümmler,* Wartburg, Weimar und Wien. Der Staat Carl Augusts in der Auseinandersetzung mit den Folgen des Studen-

bundes»[14] für Aufregung sorgte, als vor allem das Attentat auf Kotzebue (23. 3. 1819) und ein Attentatsversuch auf den liberalen nassauischen Regierungspräsidenten Karl von Ibell (1. 7. 1819)[15] hinzukamen, war die Atmosphäre der «Demagogenverfolgungen» perfekt. Metternich nutzte die Atmosphäre allgemeiner Revolutionsfurcht der herrschenden Kreise, um den Tendenzen zu Parlamentsherrschaft, Ministerverantwortlichkeit und der Bedrohung des monarchischen Prinzips entgegenzutreten. Die berühmt-berüchtigten Karlsbader Beschlüsse vom 20. September 1819[16] samt ihren Ausführungsbestimmungen in den einzelnen Bundesstaaten versuchten vor allem «die Gefahr, welche für die Ruhe der Staaten aus der Einführung einer Volksrepräsentation, selbst unter den möglichsten Beschränkungen in der Form, entstehen können»,[17] zu bannen. Dies schien nicht anders möglich als durch polizeiliche Unterdrückung des geistigen und politischen Lebens der Nation,[18] unter anderem dadurch, daß Hochschullehrer, «die durch erweisliche Abweichung von ihrer Pflicht oder Ueberschrei-

tenfestes von 1817, HZ 215 (1972), 49; *H. Asmus* (Hg.), Studentische Burschenschaften und bürgerliche Umwälzung. Zum 175. Jahrestag des Wartburgfestes, 1992.

[14] *Th. Schmalz*, Berichtigung einer Stelle in der Bredow-Venturinischen Chronik für 1808. Über politische Vereine und ein Wort über Scharnhorsts und meine Verhältnisse zu ihnen, Berlin 1815; dagegen *B. G. Niebuhr*, Ueber geheime Verbindungen im preußischen Staat und deren Denunciation, Berlin 1815; *F. Schleiermacher*, An den Herrn Geheimrat Schmalz, Berlin 1815 und andere. Die Regierung Hardenberg verbot durch «Verordnung wegen der angeblichen geheimen Gesellschaften» vom 6. Januar 1816 weitere Äußerungen in dieser Sache. Vgl. den Artikel «Tugendbund» in: *Rotteck-Welcker* sowie *J. Voigt*, Geschichte des sogenannten Tugend-Bundes oder des sittlich-wissenschaftlichen Vereins, Berlin 1850; *G. Baersch*, Beiträge zur Geschichte des sogenannten Tugendbundes, Hamburg 1852; *A. Lehmann*, Der Tugendbund. Aus den hinterlassenen Papieren des Mitstifters H. F. G. Lehmann, Berlin 1867; besonders instruktiv die Anmerkungen von *G. Küntzel* (Hg.), B. G. Niebuhr, Politische Schriften in Auswahl, 1923, 346ff. sowie *D. Gerhard–W. Norvin* (Hg.), Die Briefe Barthold Georg Niebuhrs, 1929, insbes. 508, 650, 654 und *K. A. Varnhagen von Ense*, Denkwürdigkeiten des eignen Lebens, 2. Bd. (1810–1815), hrsgg. v. *K. Feilchenfeldt*, 1987, 768–770. Die neuere Forschung bei *O. Dann*, Geheime Organisierung und politisches Engagement im deutschen Bürgertum des frühen 19. Jahrhunderts. Der Tugendbund – Streit in Preußen, in: *P. Ch. Ludz* (Hg.), Geheime Gesellschaften, 1979, 399–428.

[15] Dieses Attentat knickte *Ibells* politische Karriere (vgl. *v. Oesele* ADB 13, 1881, 737f.) und löste politische Unterdrückungsmaßnahmen in Nassau aus. Verhaftet wurde u. a. auch *Ludwig Snell* (geb. 1785 in Idstein, gest. 1854 in Küsnacht b. Zürich), der 1830/31 bedeutsamen Einfluß auf die Umgestaltung von zwölf Schweizer Kantonsverfassungen gewann. Vgl. *A. Kölz*, Der Verfassungsentwurf von Ludwig Snell als Quelle der Regenerationsverfassungen, in: Festschr. f. U. Häfelin, Zürich 1989, 299–322 sowie nunmehr *A. Kölz*, Neuere Schweizerische Verfassungsgeschichte, Bern 1992, 246ff. u. ö. Von *Snell* stammt das Handbuch des schweizerischen Staatsrechts, 2 Bde., Zürich 1837–1845.

[16] *Huber*, Dokumente 1, Nr. 31–33. *E. Büssem*, Die Karlsbader Beschlüsse von 1819. Die endgültige Stabilisierung der restaurativen Politik im Deutschen Bund nach dem Wiener Kongreß von 1814/15, 1974; *K. Griewank*, Der Wiener Kongreß und die europäische Restauration 1815/19, 2. Aufl. 1954.

[17] Protokoll der Bundesversammlung v. 13. August 1819.

[18] *D. E. Emerson*, Metternich and the Political Police (1815–1830), The Hague 1968; *W. Siemann*, «Deutschlands Ruhe, Sicherheit und Ordnung». Die Anfänge der politischen Polizei 1806–1866, 1985; *A. Lüdtke*, «Gemeinwohl», Polizei und «Festungspraxis». Staatliche Gewaltsamkeit und innere Verwaltung in Preußen, 1815–1850, 1982; *ders.* (Anm. 8). – Vgl. aus der Verlagsgeschichte etwa *D. Fouquet-Plümacher*, Jede neue Idee kann einen Weltbrand entzünden: Georg Andreas Reimer und die preussische Zensur während der Restauration, 1987; *K. Hertel*, Der Politiker Johann Friedrich Cotta. Publizistische verlegerische Unternehmungen 1815–1819, 1978; *M. Neugebauer-Wölk*, Revolution und Constitution – Die Brüder Cotta: eine biographische Studie zum Zeitalter der Französischen Revolution und des Vormärz, 1989.

tung der Grenzen ihres Berufes, durch Mißbrauch ihres rechtmäßigen Einflusses auf die Gemüther der Jugend, durch Verbreitung verderblicher, der öffentlichen Ordnung und Ruhe feindseliger oder die Grundlagen der bestehenden Staatseinrichtungen untergrabender Lehren» aus ihrem Amt entfernt werden sollten.[19]

Geradezu hysterische Reaktionen waren die Folge. Der von einem Theologen geschriebene Trostbrief an die Mutter des hingerichteten Attentäters von KOTZEBUE kostete den Theologen das Amt. Gegen Berühmtheiten wie SCHLEIERMACHER und ARNDT wurden Dienststrafverfahren eröffnet. Verdächtige Studenten wurden in Preußen ohne Verfahren von den Universitäten verwiesen. «Allein bis 1836 hat das Kammergericht wegen versuchten Hochverrats 204 Studenten verurteilt, darunter 39 zum Tode; die zum Tode Verurteilten wurden allerdings regelmäßig zu 30 Jahren Festungshaft begnadigt.»[20] Ähnlich wie bei den antiaufklärerischen Illuminatenverfolgungen des späten 18. Jahrhunderts[21] entfaltete sich hier eine ideologisch motivierte politische Polizei, die ihren Unterdrückungsauftrag mit Energie verfolgte. Politische Schriftstellerei war so gefährlich, daß LUDWIG BÖRNE die sarkastische Befürchtung aussprechen konnte, schon das Rupfen einer Gans, mit deren Feder ein hochverräterischer Artikel geschrieben wurde, müsse bald als «Vorbereitungshandlung» gelten.[22] Der für den Vormärz so typische Ruf nach «Rechtsschutz» hat in diesen Erfahrungen seine Wurzeln.

Die bürgerliche Öffentlichkeit war irritiert, duckte sich, protestierte da und dort[23] und machte aus ihrer tiefen Enttäuschung über die gesamte Entwicklung seit dem Jahr 1814 keinen Hehl. Die nach Abschluß des Wiener Kongresses und nach Bekanntwerden der Bundesakte gehegten Befürchtungen hatten sich bestätigt. Die alten Mächte hatten sich unter METTERNICHS Führung rasch wieder verständigt und waren entschlossen, dem Zeitgeist nur dort, wo es unumgänglich schien, nachzugeben, das monarchische Prinzip festzuhalten und sich allenfalls «in der Ausübung bestimmter Rechte an die Mitwirkung der Stände» binden zu lassen.[24] FRIEDRICH VON GENTZ erklärte in seinem auf den Karlsbader Konferenzen vorgelegten Gutachten landständische Verfassungen und Repräsentativverfassungen neuen Typus für unvereinbar; letztere seien, so GENTZ, «stets in letzter Instanz auf dem verkehrten Begriff von der obersten Souveränität des Volks gegründet» oder führten jedenfalls dazu, daß «der unsinnige Grundsatz der obersten Souveränität des Volkes» anerkannt werde.[25]

Für die Vertreter traditioneller Herrschaft war die nationale Bewegung ebenso bedrohlich wie der Gedanke der auf Volkssouveränität gegründeten Repräsentativverfassung. Die nationale Welle gefährdete die angestammten Herrscherhäuser, die sich auf die «Legitimität»[26] im Sinne TALLEYRANDS berufen konnten, erst recht natürlich die

[19] Provisorischer Bundesbeschluß über die in Ansehung der Universitäten zu ergreifenden Maßnahmen v. 20. September 1819 (sog. Universitätsgesetz), in: Protokolle der Bundesversammlung 1819, 35. Sitzung, § 220 (*Huber*, Dokumente 1, Nr. 31).

[20] *A. Erler*, Demagogenverfolgung, HRG I (1971), Sp. 677–680 (678).

[21] *M. Agethen*, Geheimbund und Utopie. Illuminaten, Freimaurer und deutsche Spätaufklärung, 1984.

[22] *C. U. Schminck*, Hochverrat, HRG II (1978), Sp. 179 (185).

[23] *R. Wirtz*, «Widersetzlichkeiten, Exzesse, Crawalle, Tumulte und Skandale». Soziale Bewegungen und gewalthafter sozialer Protest in Baden 1815–1848, 1981.

[24] Art. 57 Wiener Schlußakte v. 15. 5. 1820 (*Huber*, Dokumente 1, Nr. 31).

[25] *F. v. Gentz*, Über den Unterschied zwischen den landständischen und repräsentativen Verfassungen (1819), in: *C. v. Welcker* (Hg.), Wichtige Urkunden über den Rechtszustand der deutschen Nation, Mannheim 1844.

[26] *H. W. A. Graf von Kalkreuth*, Die Legitimität, Leipzig 1823; *Malte-Brun*, Traité de la légi-

erst jüngst geborenen, und sie störte besonders die gerade wieder erreichte Balance des habsburgischen Vielvölkerstaats. Die nationale Einheit Deutschlands, wie sie von den Studenten erstrebt wurde, war für GENTZ «im höchsten und furchtbarsten Sinn des Wortes revolutionär».[27] Ebenso erschien ihm die Gewährung einer Repräsentativverfassung als verhängnisvoller Schritt auf einem abschüssigen Weg, der nur in der Tyrannei der Volksherrschaft enden konnte. Auf den Monarchen wartete dort, nach französischem Beispiel, das Schafott.

Die Frontlinie von Revolution und Gegenrevolution hatte sich nun, nach Abschluß des Wiener Kongresses, in den Köpfen festgesetzt. Sie bestimmte auch die künftigen Auseinandersetzungen. Die publizistische Diskussion dieser Jahre ist deshalb voller prinzipieller Bitterkeit, voller Furcht auf der einen, voller Enttäuschungen auf der anderen Seite. Die Vertreter aufgeklärter Reformen im Sinne des 18. Jahrhunderts waren mit der Entwicklung ebenso unzufrieden wie die nationalistischen und auf Verfassungsgarantien drängenden Liberalen. Die Grundlinie der in den Einzelstaaten des Deutschen Bundes nach 1815 praktizierten Politik erschien nicht nur der Opposition reaktionär, sie war es auch wirklich.

Was der Adel an Rechten verloren hatte, wurde weitgehend wieder restauriert,[28] die Judenemanzipation wurde eingeschränkt,[29] und so konnte etwa KARL HEINRICH RITTER VON LANG (1764–1835) über die Münchner Szene 1813 schreiben: «Die jungen Herren Grafen und Barone suchten in den Kaffeehäusern und an den Wirtstafeln die alten Franzosenfreunde auf, um vor ihnen ihre Verwünschungen und Flüche auszuschütten, und so ist sie nun mit Gottes Hilfe und um den Preis unsers vielen Blutes wieder da, die alte schöne Zeit der Patrimonialgerichte, der Landessperren, der Siegelmäßigkeit und Steuerprivilegien, der neuen Fideikommisse, der wieder befestigten leibeigenen Gütergebundenheit, der geheiligten Gemeindeordnungen, der Wallfahrten, des Kapuzinerbettels.»[30] Das war freilich satirisch zugespitzt, wie oft bei LANG, aber es zeigt die Gemütslage eines überzeugten Aufklärers, der sich plötzlich auf der Verliererseite sah.

timité, considerée comme base du droit public de l'Europe chretienne, Paris 1825; siehe auch den heftigen Artikel «Legitimität» von *K. v. Rotteck*, Staatslexikon Bd. 8 (1840), 476–481.

[27] *G. Mann*, Friedrich von Gentz, Geschichte eines europäischen Staatsmannes, 1947, Neudruck 1972, 284.

[28] *W. Conze*, Adel, Aristokratie, in: Geschichtliche Grundbegriffe, *Brunner–Conze–Koselleck* (Hg.), Bd. 1, 1972, 1 ff.; *J. Rogalla v. Bieberstein*, Adelsherrschaft und Adelskultur in Deutschland, 1989; *H. H. Hofmann*, Adlige Herrschaft und souveräner Staat. Studien über Staat und Gesellschaft in Franken und Bayern im 18. und 19. Jahrhundert, 1962; *H. Reif*, Westfälischer Adel 1770 bis 1860, 1979; *R. Schier*, Standesherren. Zur Auflösung der Adelsvorherrschaft in Deutschland (1815–1918), jur. Diss. Bonn 1975; *A. J. Mayer*, Adelsmacht und Bürgertum. Die Krise der europäischen Gesellschaft 1848–1914, 1984; *R. M. Berdahl*, The Politics of the Prussian Nobility. The Development of a Conservative Ideology 1770 bis 1848, Princeton 1988; *F. L. Carsten*, Geschichte der preußischen Junker, 1988. – Besonders ergiebig nunmehr *H. U. Wehler* (Hg.), Europäischer Adel 1750–1950 (Sonderh. 13 von Geschichte und Gesellschaft, 1990) mit den hier einschlägigen Beiträgen von *R. Braun*, Konzeptionelle Bemerkungen zum Obenbleiben: Adel im 19. Jahrhundert, 87 ff.; *K. Möckl*, Der deutsche Adel und die fürstlich-monarchischen Höfe 1750–1918, 96 ff.; *F. L. Carsten*, Der preußische Adel und seine Stellung in Staat und Gesellschaft bis 1945, 112 ff.; *W. Demel*, Der bayerische Adel von 1750 bis 1871, 126 ff.; *H. Stekl*, Zwischen Machtverlust und Selbstbehauptung. Österreichs Hocharistokratie vom 18. bis ins 20. Jahrhundert, 144 ff.

[29] Exemplarisch *D. Preissler*, Frühantisemitismus in der Freien Stadt Frankfurt und im Großherzogtum Hessen (1810 bis 1860), 1989.

[30] *H. Haussherr* (Hg.), Die Memoiren des Ritters von Lang, 1774–1835, 1957, 251.

Eine besonders charakteristische Stimme ist auch die von JOSEPH GÖRRES, als er zur Zeit der Karlsbader Beschlüsse auf den Wiener Kongreß zurückblickte. Es wurde, schreibt er 1819, «endlich jene Bundesakte in ihrer blassen, farblosen Allgemeinheit angenommen, die, was die Geschichte noch nicht gekannt, einen Rath berief, wo nicht die Mehrheit der Stimmen galt, sondern allein die völlige Einstimmigkeit entschied. Eine reine Demokratie, deren Demos aus Höfen der verschiedensten Gesinnungen, Interessen und Machtverhältnissen sich zusammensetzt; eine Centralgewalt, die nicht über sondern unter den inbegriffenen Theilen steht; eine vollziehende Macht, die eine Ohnmacht ist, und, weil sie gegen den Nichteinwilligenden nicht einschreiten kann, gar nirgend etwas zu vollziehen im Stande sich befindet, weil sie nimmer die fehlende Stimme zur Execution erlangen wird; eine gesetzgebende Gewalt, die ihre eigene Competenz nimmer ergründen mag, und eine richterliche, der niemand Folge zu leisten gehalten ist, wo alle Akte der Autorität durch ein ewiges Diplomatisiren immer gesucht und nimmer gefunden werden: eine solche Verfassung, wenn sie gelang, mußte den Völkern zum schlagenden Beweise der gänzlichen Entbehrlichkeit aller Regierung werden, und nur Teutsche, an Hoffnungen nie verarmend, mochten es mit ihr versuchen.»[31]

II. Staatsrechtslehre im Vormärz

Die Staatsrechtslehrer, die in ihrer Mehrheit so empfunden haben, befanden sich in dem hier angedeuteten Zwiespalt. Als Lehrer des positiven Staatsrechts mußten und wollten sie die Bundesakte vom 8. Juni 1815 und die Wiener Schlußakte vom 15. Mai 1820[32] akzeptieren und staatsrechtlich bearbeiten, sie wollten neue Lehrbücher und Quellenwerke für den Unterricht im «Bundesrecht» und im «Recht der Bundesstaaten» liefern. Als politisch denkende Staatsbürger standen sie jedoch überwiegend dem Deutschen Bund, seiner Verfassung oder wenigstens seiner praktizierten Politik, vor allem seit 1819, kritisch gegenüber. Von kommissarischer Verwaltung der Universitäten, Bespitzelung der Vorlesungen und durch Zensurmaßnahmen direkt betroffen,[33] ja gerade als Interpreten des Bundesrechts von der Bundesversammlung selbst für irrelevant erklärt,[34] außerdem ständig im Kontakt mit der landsmannschaftlich und burschenschaftlich bewegten Studentenschaft,[35] konnten sie eine wirkliche Identifikation

[31] *J. Görres,* Teutschland und die Revolution, Teutschland (Coblenz) 1819 (2. Aufl.), 19. Zu *Görres* vgl. *H. Raab,* in: *B. Poll* (Hg.), Rheinische Lebensbilder 8 (1980), 183–204 m. w. Nachw.

[32] *Huber,* Dokumente 1, Nr. 29, 30.

[33] Vgl. etwa die preußische Instruktion für die außerordentlichen Regierungsbevollmächtigten bei den Universitäten vom 18. November 1819, PrGS 1819, 233 (*Huber,* Dokumente 1, Nr. 35). *E. Weber,* Die Mainzer Zentraluntersuchungskommission, 1970.

[34] Die Bundesversammlung erklärte am 11. 12. 1823, «daß sie neuen Bundeslehren und falschen Theorien von Schriftstellern, keine auf Bundesbeschlüsse einwirkende Autorität gestatten, und keiner Berufung auf solche bei ihren Verhandlungen Raum geben wolle» (*J. L. Klüber,* Quellen, 3. Aufl. 1830, Nr. XXVI, S. 309f.). Dieser Beschluß hat dem Bund im Urteil der Staatsrechtler sehr geschadet; nur *R. Maurenbrecher,* Grundsätze des heutigen deutschen Staatsrechts, Frankfurt 1837, § 100 zu Note h (vgl. auch § 115 zu Note i) nimmt «es hier ganz ohne Widerspruch in stiller Gottergebenheit hin, daß die ‹gemeine Ansicht des Gelehrtenstandes über Auslegung der Bundesgesetze› als Rechtsquelle ausgeschlossen sein soll» (*Landsberg* III/2, 399).

[35] *H. Haupt,* Quellen und Darstellungen zur Geschichte der Burschenschaft und der Deutschen Einheitsbewegung, 17 Bde, 1911–1940;

mit der Bundesverfassung schwerlich leisten. Das hat Folgen für die Universitätsausbildung im öffentlichen Recht gehabt. Wer nach 1819 öffentliches Recht lehrte, war potentiell auf unsicherem Gelände, und zwar subjektiv und objektiv. Die Zahl derjenigen, die mit ihren Regierungen in Schwierigkeiten gerieten, ist groß. Die Fälle KLÜBER, BEHR, JORDAN, ROTTECK, WELCKER oder die «Göttinger Sieben» bilden nur die Spitze des Eisbergs. Die Abwanderung der begabteren Köpfe in die ungefährlichen Zonen des römischen Rechts, Handelsrechts, Strafrechts, Kirchenrechts und der Rechtsgeschichte ist unübersehbar, schon für die Zeitgenossen.

AUGUST WILHELM HEFFTER hat 1829 die Lage skizziert: Das alte Reichsrecht war verschwunden, das Rheinbundrecht galt als vorübergehende Erscheinung, das Recht des Deutschen Bundes gab dann wieder Hoffnung auf eine Kultur des öffentlichen Rechts, ebenso das Verfassungsrecht der konstitutionellen Staaten, aus dem wiederum ein gemeines deutsches Staatsrecht zu entstehen begann. Die Wissenschaft konnte und sollte hier sammeln und ordnen, Alt und Neu sinnvoll verknüpfen, «sodann das Bestehende nach seiner innern rechtlichen Natur zu erklären»,[36] Lücken füllen und Rechtsfortbildung vorbereiten. Aber: es fehle an einem Reichsarchiv, einem zentralen Mitteilungsorgan und einem Gesetzblatt, vor allem aber herrsche an den Universitäten «beinahe ein tiefes academisches Schweigen am publicistischen Horizont, gegen die sonstige Thätigkeit und Regung, kaum daß hin und wieder ein Programm oder eine Dißertation dieses Schweigen bricht» – und als Grund wird angedeutet, daß «vielleicht die privatrechtliche Schule, bei dem in ihr herrschenden neuen geistigen Streben und der Beanspruchung so vieler Kräfte, die publicistischen Studien niederdrücke, wenigstens nicht viel Raum dazu vergönne».[37]

Andererseits konnte die wissenschaftliche Erschließung des Bundesrechts anfangs noch als zukunftsweisende Tätigkeit erscheinen. Die Bundesverfassung bot durchaus Chancen der Fortentwicklung, und es erschien möglich, dem Bund selbst trotz seiner amtlichen Bezeichnung als «völkerrechtlicher Verein» (Art. 1 WSA) konstitutionelle Elemente einzufügen oder etwa den verschwommenen Art. 13 der Bundesakte[38] in konstitutioneller Richtung auszulegen. Schon die Publizierung diplomatischer Arkana, strenge Beschränkung auf das Rechtliche und energische Betonung der eigenen Unparteilichkeit waren in jener Zeit der Revolutionsfurcht und «Demagogenverfolgungen» Indizien für liberale Positionen, bildeten zugleich aber auch einen Schutzschild für den Autor, der zudem die öffentliche Meinung hinter sich wußte.[39]

H. Haupt, P. Wentzke (Hg.), Darstellungen und Quellen zur Geschichte der Deutschen Einheitsbewegung im 19. und 20. Jahrhundert, Bd. 1ff., 1957ff. – *G. Berger–D. Aurand* (Bearb.), Weiland Bursch in Heidelberg ..., 1986.

[36] *A. W. Heffter,* Zustand der publicistischen Studien in Deutschland; Aussichten und Anforderungen derselben, – als Vorwort – in: Beiträge zum deutschen Staats- und Fürstenrecht, Berlin 1829, IV.

[37] *Heffter,* aaO. X.

[38] DBA, Art. 13: «In allen Bundesstaaten wird eine Landständische Verfassung statt finden.» Dieser Artikel, der eine zentrale Stellung in der deutschen frühkonstitutionellen Bewegung einnimmt, wurde in der Wiener Schlußakte zugunsten der monarchischen Gewalt entschärft und «präzisiert» (Art. 53–62 WSA). Vgl. dazu unten III,2 sowie *W. Mager,* Das Problem der landständischen Verfassungen auf dem Wiener Kongreß 1814/15, HZ 217 (1973), 296.

[39] *L. v. Dresch,* Öffentliches Recht des deutschen Bundes und der deutschen Bundesstaaten, Tübingen 1820 macht z. B. in der Vorrede ausdrücklich darauf aufmerksam, daß er mit Rücksicht auf das «Untersuchungsgesetz» (Beschluß betreffend die Bestellung einer Centralbehörde zur nähern Untersuchung der in mehreren Bundesstaaten entdeckten revolutionären Umtriebe v. 20. 9. 1819, Huber, Dokumente 1, Nr. 33) politische Ansichten nicht aussprechen werde.

1. J. L. Klüber

In diesem Sinne hat Johann Ludwig Klüber[40] nach dem Wiener Kongreß gewirkt und ist damit über zwei Jahrzehnte zur beherrschenden Figur der vormärzlichen Publizistik geworden. «Unzweifelhaft ist Klüber gegenwärtig derjenige Staatsgelehrte, dessen Werke am meisten verbreitet sind, und der als Autorität auch da gilt, wo sonst Theoretikern geringe Bedeutung eingeräumt wird. Sein ‹Oeffentliches Recht› ist in Tausenden von Exemplaren verbreitet ... Seine ‹Akten des Wiener Congresses› dienen selbst zum amtlichen Gebrauche ... Sein ‹Europäisches Völkerrecht› ist vielfach übersetzt und in beiden Hemisphären nachgedruckt», sagt ein Kenner wie Mohl,[41] und Heinrich Albert Zachariä bestätigt noch 1841, er sei «der publicistische Taufzeuge des gegenwärtigen öffentlichen Rechtszustandes».[42]

Klüber hat seine vor 1806 gelegten methodischen Grundlagen konsequent genutzt. Im Grunde ist er «Reichspublizist» geblieben, ausgestattet mit einer enormen Literaturkenntnis und der Fähigkeit, große Stoffmassen zuverlässig zu komprimieren. Er ist kein juristischer Erfinder auf dogmatischem oder systematischem Gebiet, sondern ein präziser Verarbeiter des geltenden Rechts, ein Schriftsteller ohne Schnörkel und zudem ein unabhängiger Liberaler. Durch glückliche persönliche Beziehungen zum preußischen Staatskanzler Hardenberg geriet er 1814/15 ins Zentrum des Geschehens und konnte die Chance einer Vertrauensstellung wahrnehmen. Da es eine vollständige amtliche Präsentation der Materialien des Wiener Kongresses ebensowenig gab wie eine fortlaufende Veröffentlichung der Protokolle der Bundesversammlung in einem Gesetzblatt, erfüllte Klüber mit seinen «Akten des Wiener Congresses» in neun Bänden ein wichtiges Bedürfnis der Öffentlichkeit.[43] Das gleiche gilt für die als Quelle unentbehrliche «Uebersicht der diplomatischen Verhandlungen des Wiener Congresses».[44] Eine kleine Quellensammlung «zu dem Oeffentlichen Rechte des Teutschen Bundes» erwuchs hieraus und begleitete die Juristen des Vormärz bis in die vierziger Jahre.[45] Klüber saß in dieser Zeit wieder im Zentrum der Politik des Deutschen Bundes, nämlich in Frankfurt, und er konnte weiterhin seine guten Verbindungen und sein hohes Ansehen zur Erlangung von Materialien nutzen.[46]

Das allgemein bewunderte Hauptwerk war das große Lehrbuch «Oeffentliches Recht des Teutschen Bundes und der Bundesstaaten».[47] Es stehe, hat Mohl gesagt,

[40] Siehe oben Kap. 1, Anm. 217.

[41] *Mohl* II, 473.

[42] *H. A. Zachariä*, Deutsches Staats- und Bundesrecht, 1. Abth., Göttingen 1841, 18.

[43] *J. L. Klüber* (Hg.), Acten des Wiener Congresses in den Jahren 1814 und 1815, Bd. I–IX, Erlangen 1815–1835.

[44] *J. L. Klüber*, Uebersicht der diplomatischen Verhandlungen des Wiener Congresses überhaupt, und insonderheit über wichtige Angelegenheiten des teutschen Bundes, I–III, Frankfurt 1816; *ders.* (Hg.), Staatsarchiv des teutschen Bundes, Erlangen (auch Frankfurt) 1816–1818.

[45] *J. L. Klüber*, Quellensammlung zu dem Oeffentlichen Recht des Teutschen Bundes, Erlangen 1816 (2. Aufl. 1817, 3. Aufl. Erlangen 1830, Neudruck 1970; Fortsetzung Erlangen 1833); *ders.* Wichtige Urkunden (Anm. 25).

[46] *J. L. Klüber*, Droit des gens moderne de l'Europe; avec un supplément contenant une bibliothéque choisie du Droit des Gens, I, II, Stuttgart 1819; *ders.* Europäisches Völkerrecht, Stuttgart 1821 (2. Aufl. besorgt von *Morstadt*, Heidelberg 1847) über diese 2. Aufl. *Mohl* «kein anderes Zeugniss, als das einer liederlichen und kenntnisslosen Sudelei» (II, 485) – *Mohl* lobt *Klübers* Arbeit mit den üblichen Epitheta: klar, vollständig, viel Literatur, begrenzt aufs Positive, als philosophisches Produkt schwach.

[47] 1817 (2. Aufl. Frankfurt 1822; 3. Aufl. 1833; 4. Aufl. 1840).

«fast unmessbar hoch über seinen Vorgängern».[48] Als es 1817 erschien, zeigte sich Klüber voller Hoffnung auf die Zukunft, auf Schaffung «rechtlicher Zustände» und auf ein Wiederaufblühen des öffentlichen Rechts an den Universitäten. Für letzteres lieferte er nun die Basis durch sein grundsolides Kompendium. Der Kontakt mit der Reichspublizistik und der des Rheinbundes war hergestellt, das «Staatsrecht des Rheinbundes» (1808) lieferte den Grundriß, den Klüber nun mit seinen eindrucksvollen Fakten- und Literaturkenntnissen ausfüllte. In einer ausgedehnten «Einleitung» (§§ 1–103)[49] werden die wichtigsten Abgrenzungen vorgenommen, die «dogmatisch-historische» Methode erläutert und historisch dargestellt, wie es zum Deutschen Bund gekommen war. Dann folgen die Quellen des Bundesrechts und des Staatsrechts der Bundesmitglieder sowie eine knappe Zeichnung des Bundes selbst, einschließlich der ihm zustehenden Hoheitsrechte.

Der erste Teil (§§ 104–237) behandelt das «Bundesrecht», also den Bund und sein Organ, die Bundesversammlung mit Plenum und Bundesrat, weiter die Rechtsbeziehungen des Bundes gegenüber seinen Mitgliedern nach innen sowie zu anderen Staaten nach außen.

Der zweite und wesentlich umfangreichere Teil (§§ 238–585) enthält die allen monarchischen Bundesstaaten gemeinsame Grundstruktur des Staatsrechts; die zu den konkreten Territorialverfassungen gehörenden Einzelheiten sind in die Fußnoten verwiesen. Dadurch gelingt es Klüber im Sinne der alten «historisch-dogmatischen Schule des Reichsstaatsrechts» (Mohl), die in den meisten Staaten vorfindbaren verbindenden Elemente in den Rang eines gemeindeutschen Staatsrechts zu erheben und ihnen auf diese Weise normativen Rang zuzuerkennen. Insoweit ersetzte die Staatsrechtswissenschaft in patriotischer Absicht die fehlende Einheit jedenfalls partiell[50] und ermöglichte gleichzeitig die Rettung der publizistischen Rechtskultur über die Staatskatastrophen hinweg. Letzteres war von besonderer Bedeutung für die Studenten, die auf diese Weise ein «gemeindeutsches» Fach studieren und problemlos den Studienort wechseln konnten. Abweichungen von diesem gemeindeutschen staatsrechtlichen Standard wurden somit begründungspflichtig, wobei in vielen Fällen allerdings der Hinweis auf die Geschichte genügte, etwa bei den vier verbliebenen freien (Reichs)-Städten. Klübers Methode, zu einem solchen gemeindeutschen Staatsrecht durch Verfassungsrechtsvergleichung, Herauspräparierung tragender Elemente und eventuell durch Ausfüllung kleinerer Lücken mit Hilfe naturrechtlicher Sätze zu kommen, ist allerdings kritisiert worden, besonders von Mohl.[51]

Klübers Stärken waren die Dokumentation, die Literaturkenntnis und die Systematik der Präsentation. Politische Ansichten sollten nach seinem wissenschaftlichen Credo von juristischen Aussagen klar getrennt bleiben, aber sie auszusprechen stellte für ihn kein Problem dar. So erklärte er, der «herrschende politische Charakter unseres Zeitalters (Zeitgeist, die bewegenden und leitenden Ideen der Zeitgenossen), welcher hervorgeht aus der politischen Bildung der grossen Mehrzahl der Verständigen in allen Volksclassen, ist: Streben, nach einer urkundlich und vertragweise befestigten Ord-

[48] *Mohl* II, 266 (der aber II, 473 ff. *Klüber* eingehend würdigt); vgl. auch *Landsberg*, III/2, 165 bis 178.

[49] Die Zählung richtet sich nach der 3. Aufl. Frankfurt 1831.

[50] *M. Friedrich,* Die Erarbeitung eines allgemeinen deutschen Staatsrechts seit der Mitte des 18. Jahrhunderts, JöR NF 34 (1985) 1 ff.

[51] *Mohl* II, 286 ff.

nung des gemeinen Wesens; ein Streben, 1. nach verfassungsmäsiger bürgerlicher Freiheit, und gesetzmäsiger bürgerlicher Rechtsgleichheit der Staatsgenossen; 2. nach Aufrechterhaltung beider, durch allgemeine Volksvertretung, durch Gewissensfreiheit, vernünftige Preßfreiheit, und Aufmerksamkeit auf die öffentliche Meinung, diese Stimme der grossen Mehrzahl der Verständigen im Volk».[52] Was der Zeitgeist wolle, so versicherte KLÜBER, das werde sich durchsetzen, und er entwickelte anschließend einen gedrängten Katalog von Hoffnungen und Forderungen des politischen Liberalismus, insbesondere in Hinsicht auf die Umwandlung der Landstände in «echte» Parlamente.[53] Diese Ansichten wurden nun, nachdem KLÜBERS Gönner HARDENBERG 1822 gestorben war, gefährlich. Kurz zuvor war auch die zweite Auflage des «Öffentlichen Rechts» erschienen. KLÜBER wurde, während er als preußischer Bevollmächtigter in Frankfurt bei der Liquidation des aufgelösten Großherzogtums tätig war, denunziert, es gab eine lange geheime Untersuchung und einen amtlichen Verweis, auf den KLÜBER mit der Bitte um Dienstentlassung reagierte. 1824 schied er aus und lebte von da an als freier juristischer Schriftsteller und als Muster eines grundsatztreuen und unabhängigen Publizisten.

2. *Rechtsquellen, Grundrisse*

Das Bedürfnis nach Information über die Rechtsgrundlagen des Deutschen Bundes und die verfassungsrechtlichen Veränderungen in den Bundesstaaten war nach 1815 und 1819 allgemein. Nicht nur der Universitätsunterricht brauchte neue Arbeitsmittel, auch die Verwaltungspraxis und die politische Debatte konnten die «Verfassungsdebatte» nicht ohne entsprechende Textausgaben und interpretierende Darstellungen führen. KLÜBERS schon am Rheinbund erprobte Arbeitsweise, zunächst die Quellen möglichst vollständig zu sammeln und dann das Recht des Deutschen Bundes sowie ein harmonisiertes Recht der Bundesstaaten darzustellen, hat vorbildhaft gewirkt. Zahlreiche Quellenwerke, kürzere Grundrisse und ausführlichere Lehrbücher folgten ihm.

Aus den unterschiedlichen Quellenwerken, die den neuen Rechtszustand zu dokumentieren suchten, sei außer den bereits erwähnten von KLÜBER und bescheidenen tabellarischen Übersichten von LANCIZOLLE[54] zunächst die kleine Sammlung des damaligen, im Konflikt mit seiner Regierung liegenden preußischen Staatsbeamten MAXIMILIAN C. F. W. GRÄVELL (1781–1860) genannt.[55] Die Sammlung war schnell veraltet, ist aber immerhin wegen ihres Verfassers, des später in der Paulskirche unglücklich agierenden[56] juristischen Schriftstellers und kurzfristigen «Reichsinnenministers» bemer-

[52] Öffentliches Recht des Teutschen Bundes, 3. Aufl. 1831, § 93.

[53] aaO. §§ 279–300, insbes. § 280 «Politischer Gesichtspunct».

[54] *C. W. v. Lancizolle,* Uebersicht der deutschen Reichsstandschafts- und Territorial-Verhältnisse vor dem französischen Revolutionskriege, der seitdem eingetretenen Veränderungen und der gegenwärtigen Bestandtheile des deutschen Bundes und der Bundesstaaten, Berlin 1830.

[55] *M. C. F. W. Grävell,* Die Quellen des allgemeinen deutschen Staatsrechts seit 1813–1829, Leipzig 1820. Zu *Grävell* siehe *Teichmann,* ADB 9 (1879), 613–615. – Für die Zeit bis 1821 siehe die sog. Karlsruher Sammlung: «Quellen des öffentlichen Rechts der deutschen Bundesstaaten, oder Sammlung der wichtigsten Urkunden, die zur Kenntniß des allgemeinen deutschen Bundesstaatsrechts dienen, von 1800–1821, 3 Theile, Carlsruhe 1821 ff.

[56] *Huber* II, 631, 857 f.

kenswert. Das gleiche gilt, wenn auch mit anderen politischen Vorzeichen, für die Sammlung des damaligen Mannheimer Advokaten und Revolutionärs GUSTAV VON STRUVE (1805–1870),[57] die mit einer bemerkenswert kritischen Vorrede, mit entsprechenden Einzeltexten und einer Abschlußbemerkung versehen ist, in der es heißt, die Bundesversammlung sei «zur unbedingten Dienerin des sogenannten monarchischen Princips geworden. Statt sich über die Parteien zu stellen, hat sie sich zur Dienerin der extremsten Partei dieses Princips machen lassen». STRUVE konstatiert, der Deutsche Bund habe «keine Wurzeln in den Herzen der Deutschen geschlagen, er wird vielmehr von den Männern des Fortschritts lediglich als eine Hemmniß betrachtet», mit der Konsequenz: er «muß entweder fallen, oder neue Elemente des Lebens in sich aufnehmen».[58] Solche Töne waren immer noch gefährlich: STRUVE wurde sowohl 1845 als auch 1846 für längere Zeit verhaftet.

Den höchsten Dokumentationswert unter diesen Quellensammlungen hat diejenige des mecklenburgischen Legationsrates PHILIPP ANTON GUIDO VON MEYER.[59] Sie umfaßt Staatsverträge (I), das Verfassungsrecht des Deutschen Bundes und alle Beschlüsse der Bundesversammlung bis 1864 (II, III) und hat wohl die für die Praxis maßgebliche Zitiergrundlage geliefert. Die übrigen kleineren Sammlungen[60] waren entweder schnell überholt, umfaßten nur Teile der relevanten Dokumente oder zielten, wie etwa bei STÜVE,[61] auf spezielle Zwecke.

Auch bei den grundrißartigen Darstellungen des Bundesrechts zeigt sich ein buntes Bild. Eines der frühesten Lehrbücher ist ein Jugendwerk des bayerischen Spitzenbeamten IGNAZ VON RUDHART (1790–1838).[62] Obwohl RUDHART in der Vorrede von 1820 erklärte: «Das Bedürfniß und der Wunsch meiner Regierung sind die Veranlassung dieses Buches, politische Polemik ist ihm durchaus fremd, sein Inhalt ist vielmehr ganz positiv», gab es eine Verzögerung beim Druck, und wegen einiger zu liberaler Stellen regte sich das Mißfallen der Regierung und trug dem Verfasser eine Strafversetzung

[57] *G. v. Struve,* Das öffentliche Recht des deutschen Bundes, 2 Theile, Mannheim 1846. Zu *Struve,* den *Heinrich Laube* einen „Doctrinär von magerem, zähem Wesen, ein Abstractum und Vegetarier socialdemokratischer Richtung" genannt hat (Erinnerungen, Wien 1882, 96), vgl. *Wippermann,* ADB 36 (1893) 681–687; *F. X. Vollmer,* Vormärz und Revolution 1848/49 in Baden. Strukturen, Dokumente, Fragestellungen. Modelle zur Landesgeschichte, 1979 sowie nunmehr *M. Kunze,* Der Freiheit eine Gasse, Traum und Leben eines deutschen Revolutionärs, 1990.

[58] *Struve* (Anm. 57) II, 578.

[59] *Ph. A. G. v. Meyer* (Hg.), Corpus juris Confoederationis Germanicae, Frankfurt 1822 bis 1824; ergänzt durch *Ph. A. G. v. Meyer,* Repertorium zu den Verhandlungen der Bundesversammlung in einer systematischen Uebersicht, Bd. I, Verhandlungen von 1816–1819, Frankfurt 1820; 2. Aufl. als Staatsakten für Geschichte und öffentliches Recht des deutschen Bundes, Bd. I bis III, Frankfurt 1833–1839; 3. Aufl. ergänzt und fortgeführt durch *Heinrich Zöpfl,* Frankfurt 1858, 1859, 1861, 1865.

[60] *G. Emminghaus,* Corpus iuris germanici, tam publici quam privati, academicum, 2 Bde, Jena 1824; *Chr. F. Elvers,* Die Hauptquellen des deutschen Bundes-Staatsrechts, Göttingen 1824; *A. Michaelis* (Hg.), Corpus iuris publici germanici academicum, Tübingen 1825; *Th. v. Schmalz,* Grundgesetze des deutschen Bundes, Berlin 1825. Siehe auch *Mohl* II, 247 m. w. Nachw.

[61] *J. K. B. Stüve,* Aktenstücke zur neuesten Geschichte Deutschlands (mit besonderer Beziehung auf Hannover), Hannover 1848. Es handelt sich um den Osnabrücker Bürgermeister und bedeutenden hannoverschen Landespolitiker. Vgl. *G. Stüve,* ADB 37 (1894), 84–94.

[62] *I. v. Rudhart,* Das Recht des deutschen Bundes. Ein Lehrbuch zu dem Gebrauche bei Vorlesungen an deutschen Universitäten, Stuttgart und Tübingen 1822. – *Rudhart* war schon 1811 Professor für Rechtsgeschichte und Völkerrecht in Würzburg und wechselte 1817 in den bayerischen Staatsdienst. 1822 Ministerialrat im Finanzministerium und Mitglied der Akademie der Wissenschaften wurde er 1823 nach Bayreuth, 1826 nach Regensburg versetzt. Seit 1825 war er

ein, die allerdings RUDHARTS Karriere nicht beeinträchtigte.[63] RUDHART besteht auf grammatischer, logischer und historischer Textinterpretation und versucht, «nach streng mathematischer Weise» vorzugehen. «Alles Uebrige gehört der Politik an.» Rechtsgewinnung aus Analogie wird verworfen.[64] Die sechs Kapitel seines Lehrbuchs konzentrieren sich tatsächlich auf das positive Recht, entwickeln die Rechtsstellung des Bundes, seines Verhältnisses zu den Mitgliedern und den Untertanen der Mitglieder, der Mitglieder untereinander sowie der Mediatisierten, des Reichsadels, der Kirchen, die wichtige Frage der Preßfreiheit und des Büchernachdrucks sowie die Bundesbestimmungen zu Handel und Schiffahrt. Das war der nun schnell standardisierte Katalog von Themen, wie er sich aus der Bundesakte, der Wiener Schlußakte und den Bundesbeschlüssen der folgenden Jahre ergab.

In politischer Hinsicht das genaue Gegenteil ist der Grundriß von THEODOR VON SCHMALZ,[65] scharf antikonstitutionell, gegen die «verderblichen Grundsätze» von KLÜBER gerichtet, wenn auch im vorangestellten naturrechtlichen Teil gewissermaßen auf kantischem Grundriß.[66] Das hinderte SCHMALZ freilich nicht, mit Pathos zu erklären: «Es ist die große heilige Sache der Freiheit, welche ich vertheidige», aber gleichzeitig warnend darauf hinzuweisen, daß «wo in einigen teutschen Verfassungen neuerdings fremde Formen einer angeblich aufgeklärten und liberalen Politik eingeführt sind, gerade von dem Volke werden sie am wenigsten geschätzt, wo nicht gar gehaßt»,[67] weshalb er solche Erscheinungen in seinem Lehrbuch nicht erwähnen wolle.

Einer ungewöhnlich langen historischen Einführung (1) folgt das «gemeine Territorial-Staats-Recht Teutschlands» (2) sowie das «Recht des teutschen Bundes» (3) – beschränkt auf die wichtigsten Punkte, ohne Vertiefung oder Problematisierung, selbst da, wo es sich aufgedrängt hätte, etwa bei der Wiedergabe der Karlsbader Beschlüsse. Gleichwohl ist das Buch politisch pointiert. Einerseits ist der Staatszweck auf Sicherheitsgewähr und Freiheitsschutz reduziert, insoweit also durchaus liberal. Andererseits begrenzt SCHMALZ Bürgerrecht und politische Mitwirkung strikt auf die Grundeigentümer; dies sei, so sagt er, alter teutscher Grundsatz, der dem jetzt propagierten Repräsentativsystem entgegenstehe.[68] Insgesamt zählt SCHMALZ nach eigener Einschätzung zu den «Freunden des Throns», woran im damaligen Berlin auch niemand zweifelte.

Mitglied der Ständeversammlung. 1836–1838 stand er als maßgeblicher Politiker König *Otto* von Griechenland zur Seite. Zur Rolle in Griechenland *Heigel*, ADB 29 (1889) 459–465; Ignaz Ritters v. Rudhart Lebensabriß. Letzterer von ihm selbst verfaßt, hrsgg. v. *H. Holzschuher*, Nürnberg 1837; ergänzt in: Neuer Nekrolog der Deutschen 16 (1838), 499.

[63] *F. Koeppel*, Ignaz von Rudhart. Ein Staatsmann des Liberalismus, 1933; *ders.* Ignaz von Rudhart, Verwaltungsbeamter, Statistiker und Politiker 1790–1838, in: *A. Chroust* (Hg.), Lebensläufe aus Franken, Bd. 5, 1936, 297–310.

[64] Vorrede, IV, V, Einleitung § 7.

[65] *Th. v. Schmalz*, Das teutsche Staats-Recht. Ein Handbuch zum Gebrauche academischer Vorlesungen, Berlin 1825. Zu *Schmalz* vgl. Kap. 1, Anm. 88 ff.

[66] Vgl. hierzu den Brief von *B. G. Niebuhr* an *Graf F. L. Stolberg* v. 2. 10. 1814, in dem es heißt: «Schmalz hat ... ein Naturrecht geschrieben, und dadurch in der Periode der Kantischen Philosophie Celebrität gehabt: er ist aber der seichteste leichtfertigste Professor, den es geben kann, und sein Naturrecht ist nicht besser, freilich aber auch nicht schlechter als das, was auf andern Universitäten gelesen wird» (Briefe, oben Anm. 14). Ähnlich *J. v. Eichendorff*, Erlebtes (1857): «der nachherige Geheimrat der Demagogenjäger, der die Kantische Philosophie, die er vor kurzem sich in Königsberg geholt, auf seine faselige Weise elegant zu machen suchte».

[67] Vorrede, V.

[68] aaO. §§ 334–336.

Große Lehrbücher, die mit KLÜBER konkurrieren konnten, gab es vor 1840 nicht.[69] Die von ihm gebotene Materialbasis bildete den Sockel für weitere knappere Darstellungen. Unterschiedliche Akzente konnten in einer mehr oder weniger ausführlichen Einbeziehung der Geschichte des alten Reichs und des Rheinbundes gesetzt werden, außerdem bei der Frage, ob man es für notwendig hielt, dem positiven Recht des Deutschen Bundes eine allgemeine Staatslehre voranzuschicken, gewissermaßen als kritische Meßlatte für die Ausgestaltung von Bund und Bundesstaaten. So verfuhr etwa FRIEDRICH WILHELM TITTMANN in einem kleinen, kurz nach KLÜBERS Werk erschienenen Grundriß.[70] Er ordnete zunächst den Deutschen Bund in das Schema von Bundesstaat und Staatenbund (unter Annahme des letzteren) ein und erörterte dann die internen und externen Rechtsfragen des Bundes. Charakteristisch ist dabei der Abschnitt über Art. 13 der Bundesakte und über die Frage, ob dem Bund eine Garantiepflicht über die Einhaltung dieses Artikels zugesprochen werden solle. Man spürt die bestehende politische Unsicherheit; die Karlsbader Beschlüsse und die Wiener Schlußakte waren noch nicht in der Welt.

Für die prägende Wirkung KLÜBERS repräsentativ ist auch SYLVESTER JORDAN (1792 bis 1861),[71] dessen unvollendetes «Lehrbuch des allgemeinen und deutschen Staatsrechts»[72] auch einen positivrechtlichen Teil über das Recht des Deutschen Bundes enthält. Er (der Verfasser) habe sich dort, sagt er, «streng an die gesetzlichen Normen, ja sogar an die Worte derselben da, wo es anging» gehalten, «woher es unter anderem kommt, daß sein Buch an vielen Stellen fast wörtlich mit Klübers Werk übereinstimmt, indem bekanntlich Klüber gar oft die Gesetzesworte auch brauchte».[73] In der Tat entsprechen sich die Strukturen vollständig, aber nicht nur wegen der Vorbildwirkung von KLÜBER, sondern auch wegen der Bundesverfassung, deren Aufbau bestimmend wirkte. Wie andere Autoren mußte JORDAN deshalb Stellung nehmen zur Rechtsnatur des Bundes, zu seinen Mitgliedern, seinem territorialen Umfang, weiter zur Bundesgewalt und ihren einzelnen Funktionen nach innen und außen, zu den Organen des Bundes, insbesondere zur Bundesversammlung, schließlich zu den Finanzen, der Bundesexekution und der «Kriegsverfassung». JORDAN hatte sich vorgenom-

[69] Außer den im Text behandelten Schriften siehe noch *A. Michaelis,* Entwurf einer Darstellung des öffentlichen Rechts des Deutschen Bundes und der Deutschen Bundesstaaten, Tübingen 1820 (lediglich ein Inhaltsverzeichnis von 29 Seiten); *E. H. de S. (Schwarzkopf),* Exposé du droit public de l'Allemagne, Genf und Paris 1821; *K. E. Schmid,* Lehrbuch des gemeinen deutschen Staatsrechts, I. Abt. Jena 1821 (unvollendet, zu ihm unten Kap. 3); *F. J. Haas,* Grundriß des Deutschen Staatsrechts. Zum Gebrauch bei Vorlesungen. Nebst einem Abdrucke der deutschen Bundesacte und der Wiener Schlussacte vom 15. Mai 1820, Bonn 1827 (auch dies nur ein Inhaltsverzeichnis von 12 Seiten); *F. Frhr. v. Lindelof,* Grundriss des deutschen Staatsrechts mit beigefügten Quellen- und Litteratur-Belegen, zum Gebrauch bei academischen Vorlesungen, Gießen 1828; *A. W. Heffter,* Beiträge zum deutschen Staats- und Fürstenrecht, 1. Lief. Berlin 1829 (alles); schließlich das materialreiche, aber ohne wissenschaftlichen Anspruch auftretende Buch des reußischen Beamten *H. G. Reichard,* Monarchie, Landstände und Bundesverfassung in Deutschland, nach der historischen Entwickelung und auf den gegenwärtigen Standpuncten der Staaten- und Bundesgesetzgebung beleuchtet, Leipzig 1836, Bd. I (alles).

[70] *F. W. Tittmann,* Darstellung der Verfassung des deutschen Bundes, Leipzig 1818.

[71] *Wippermann* ADB 14 (1881) 513–520; *R. Bovensiepen,* Sylvester Jordan, in: *J. Schnack,* Lebensbilder aus Kurhessen und Waldeck, 1830 bis 1930, Bd. III, 1955, 163–186; *Huber* II, 68ff.; *W. Klötzer* NDB 10 (1974) 603–605.

[72] Kassel 1831. Das Buch beruht im ersten Teil auf *S. Jordan,* Versuche über allgemeines Staatsrecht in systematischer Ordnung und in bezug auf Politik, Marburg 1828.

[73] Vorwort, VII.

men, dies alles «aus den Quellen in einer wissenschaftlichen Ordnung kurz und deutlich zu entwickeln» (§ 177), und es ist ihm eine solche gedrängte, informationsreiche und dennoch transparente Übersicht wirklich gelungen.

Ähnlich ist die Lage bei dem etwas älteren GEORG LEONHARD VON DRESCH (1786 bis 1836),[74] dem wir noch einmal im bayerischen Staatsrecht begegnen werden. Er hat als Autor des Bundesrechts begonnen und dies bis 1830 fortgesetzt.[75] Sein «Oeffentliches Recht des deutschen Bundes» ist der erste Teil einer unvollendeten Trilogie, die Bundesrecht (1), Staatsrecht der Bundesstaaten (2) sowie «die allgemeinen rechtlichen Grundsätze über Verwaltung überhaupt und die Form der Verwaltung in den verschiedenen deutschen Staaten» enthalten sollte (3). Wie KLÜBER schloß er sein Bundesrecht «an das alte deutsche Staats-Recht und das kaum siebenjährige des Rheinbundes an».[76] Dennoch verzichtet DRESCH weitgehend auf Historie und beginnt zunächst mit einer knappen allgemeinen Staatslehre,[77] schildert dann die Entstehung und die Mitglieder des Deutschen Bundes sowie seinen Zweck (§§ 16, 25). Anschließend werden die Binnenstruktur des Bundes dargestellt, seine Organe und deren Kompetenzen nach außen und innen, einschließlich der Kriegsverfassung. Das Ganze ist knapp und praktikabel, wenn auch ohne größeren Tiefgang, im übrigen bemüht, politischen Anstoß zu vermeiden. An der Zugehörigkeit zum gemäßigten, constitutionellen Liberalismus süddeutscher Prägung besteht allerdings kein Zweifel.

Mit der Verfassung vom 5. Mai 1816 gehörte Sachsen-Weimar zu den frühesten Verfassungsstaaten. Unter Großherzog KARL-AUGUST (1815–1828) war das Klima liberal. Insofern konnte sich das 1824 erschienene «Staatsrecht des Teutschen Bundes und der Bundesstaaten» des sachsen-weimarischen Regierungsrates AUGUST BRUNNQUELL (1781–1827) offen zur konstitutionellen Bewegung und zu liberalen Grundsätzen bekennen.[78] BRUNNQUELL fühlte sich durch das «inhaltsreiche und meisterhafte Werk von Klüber» weitgehend entlastet. Er verzichtete sowohl auf eine einführende allgemeine Staatslehre als auch auf einen historischen Teil und ging in knappen Schritten das gesamte Bundesrecht durch.[79] Im zweiten Teil lieferte er ein «gemeines deutsches

[74] Geb. 1786 in Forchheim (Franken), 1808 in Heidelberg habilitiert, seit 1810 ordentlicher Professor für Geschichte und Rechtsphilosophie in Tübingen, 1816 Universitätsbibliothekar und 1817 Professor des Kirchenrechts, 1822 in die Juristische Fakultät nach Landshut berufen und 1826 von dort nach München, 1827 Oberbibliothekar und Mitglied der Akademie, 1831 Ministerialrat (*Wasserschleben* ADB 5 [1877] 395f.; *K. Klüpfel,* Die Universität Tübingen in ihrer Vergangenheit und Gegenwart, Leipzig 1877, 371; *Mohl,* Erinnerungen I, 90f.; *R. Piloty,* Festgabe f. Laband, 1908, I, 239; *Landsberg* III/2, Noten 186f.).

[75] *L. v. Dresch,* Betrachtungen über den Deutschen Bund, Tübingen 1817; *ders.* Öffentliches Recht des deutschen Bundes und der deutschen Bundesstaaten, Tübingen 1820; *ders.* Die Schlussakte der über Ausbildung und Befestigung des deutschen Bundes zu Wien gehaltenen Ministerial-Conferenzen in ihrem Verhältnisse zur Bundesakte betrachtet, Tübingen 1821; *ders.* Beiträge zu dem öffentlichen Rechte des deutschen Bundes, Tübingen 1822; *ders.* Abhandlungen über Gegenstände des öffentlichen Rechts sowohl des deutschen Bundes überhaupt, als auch einzelner Bundesstaaten, München 1830.

[76] Vorrede, IX.

[77] Vgl. auch *L. v. Dresch,* Naturrecht, Tübingen 1822.

[78] aaO. Kapitel IX. *Mohl,* II, 265 nennt dies «von deutschem Sinne getragen», bemängelt aber im übrigen die Vermischung von Recht und Politik, die methodische Unsicherheit, die Lükkenhaftigkeit, außerdem sei es «nicht geistreich und staatsmännisch». Zur Biographie in Neuer Nekrolog der Deutschen V (1827) 830 und kurze Angaben bei *Brückner,* ADB 3 (1876) 449.

[79] Die Auseinandersetzung mit *L. v. Dresch,* Beiträge (Anm. 75) bezieht sich auf Einzelfragen (Abth. 1, Kap. 10 und 12).

Staatsrecht» mit den üblichen Einteilungen und Erörterungen der staatlichen Hoheitsrechte, dies allerdings noch stärker grundrißartig verknappt und ohne Verweisung auf die Realien der Einzelstaaten.

Ein konservatives Gegenstück zu den bisher genannten Werken sind die «Grundsätze des heutigen deutschen Staatsrechtes»[80] von ROMEO MAURENBRECHER (1803 bis 1843).[81] MAURENBRECHER war Repräsentant des rheinischen katholischen Bildungsbürgertums und alles andere als liberal. In seinen Augen hatte der Staat als «Erziehungsanstalt des Menschengeschlechts zu seiner höchsten göttlichen Bestimmung» der Verwirklichung des Sittengesetzes zu dienen,[82] womit er freilich nur verbreitete idealistische Formeln verwendete. MAURENBRECHERS Legitimierung der Staatsgewalt kombinierte religiöse, historische und rationale Argumente mit dem Ergebnis, die Gewaltenteilung und Rechtsbindungen des Monarchen zu verwerfen,[83] erst recht natürlich ein Widerstands- oder Revolutionsrecht des Volkes. Mit den, wie er sagt, «zahllosen s. g. Emancipations-Ideen unsers Zeitalters»[84] konnte er sich nicht anfreunden. Doch ist er – anders als die ihn verfolgende Legende – durchaus Vertreter der konstitutionellen Monarchie mit Landständen, wenn auch nur aus dem praktischen Grund, «weil oder so lange ein andrer Weg zur Erkenntniss der wahren Nationalinteressen für die Regierung nicht gefunden ist».[85] Auch argumentiert er keinesfalls möglichst «privatrechtlich», sondern versteht den Staat sehr wohl als «moralische Person» i. S. staatsrechtlicher Zurechnung und das Beamtentum als öffentlichrechtliches Rechtsverhältnis.

Der Aufbau des Werkes entspricht einer verbreiteten, wohl hauptsächlich didaktisch begründeten Abfolge. Nach einer Einführung durch eine Allgemeine Staatslehre (I) folgen knappe staatsrechtliche Abrisse des Alten Reichs (II), des Rheinbundes (III) und des Deutschen Bundes (IV). Das Hauptgewicht liegt jedoch auf dem durch Rechtsvergleichung[86] erstellten gemeinen deutschen Staatsrecht der Bundesstaaten, allerdings ohne den für die Parallelwerke typischen liberalen Grundton. Was die Gegner auf den Plan rief, war aber weniger die politische Einfärbung als die Verwendung privatrechtlicher Analogien, die dem Lehrbuchautor eines deutschen Privatrechts besonders nahe lagen.[87] Speziell gilt dies für den Gedanken, die Fürsten seien Inhaber der Souveränität «nach Analogie des Eigenthums, so dass den deutschen Souverainen daran quasi dominium und quasi possessio zusteht, so gut wie den Privatleuten an ihren Rechten und Gerechtigkeiten».[88]

Das Buch, das im Grunde nicht mehr war als ein mit vielen Nachweisen versehener

[80] Frankfurt 1837 (Neudrucke 1842 und 1847).

[81] Studium ab 1822 in Bonn, Marburg, Göttingen, berühmt als Korpsstudent, Promotion in Greifswald 1826. Habilitation in München 1827, als Privatdozent 1828 nach Bonn, wurde dort 1833 ao., 1838 o. Prof. des Staatsrechts. Er wirkte dort als Germanist im Sinne der historischen Schule, arbeitete über rheinisches Provinzialrecht und veröffentlichte ein Lehrbuch des heutigen gemeinen deutschen Rechts, Bonn 1832. 1841 schied er krankheitshalber aus der Universität aus und starb 1843. Hierzu *Landsberg* III/2, Noten 189; *W. M.* ADB 20 (1884), 693 (695).

[82] Grundsätze, § 26.

[83] Grundsätze, §§ 38, 43, 58.

[84] Grundsätze, § 57, k.

[85] Grundsätze, § 49, b.

[86] Grundsätze, § 128. Scharf gegen die Annahme, durch Rechtsvergleichung zu Sätzen des geltenden Rechts kommen zu können, *R. Mohl* in seiner Besprechung des Buches in: *Ae. L. Richter* (Hg.), Kritische Jahrbücher für deutsche Rechtswissenschaft, 1 (1837) 452–468 (455 ff.) mit Antikritik von *Maurenbrecher*, aaO. 854–860.

[87] Grundsätze, §§ 145–147.

[88] Grundsätze, § 145.

Vorlesungsgrundriß, wäre wohl weithin vergessen worden, wenn es nicht in epochemachender Weise durch WILHELM EDUARD ALBRECHT[89] in den Göttingischen gelehrten Anzeigen besprochen worden wäre.[90] In dieser Besprechung hat ALBRECHT zusammengefaßt, wie er die wissenschaftlichen Fronten sah: Die ältere «privatrechtliche» Auffassung vom Staat, in ihren politischen Konsequenzen reaktionär, steht gegen die neuere öffentlichrechtliche, die den Staat aus dem Dualismus von Fürst und Volk herausnimmt, um ihn als eigenständige *juristische Person* zu überhöhen und zu neutralisieren. Damit ist der dogmatische Zentralpunkt verschoben. Der Monarch ist juristisch nicht mehr (Privat-)Eigentümer des Staates, was er ja im Grunde schon während der gesamten frühen Neuzeit nicht mehr war, sondern Organ der juristischen Person, und staatsethisch ist er Diener eines konstitutionell verfaßten Ganzen.[91] Vermutlich wäre aber auch diese Rezension wieder vergessen worden, wenn nicht ALBRECHTS Leipziger Schüler CARL FRIEDRICH GERBER ihren Grundgedanken ab 1851 in mehreren Anläufen[92] wirklich durchgeführt hätte.

MAURENBRECHER hat sich gegen die Vorstellung, nicht der Fürst sondern der Staat sei der Souverän, noch einmal pointiert gewehrt[93] und – quer zum Zeitgeist – noch einmal versucht, die Fürstensouveränität zu legitimieren. Daß dies, fast ein Jahrzehnt nach der Julirevolution von 1830, nicht mehr hingenommen werden würde, war klar. «Kaum mag je ein Buch» schreibt MOHL, «von allen Seiten mit so entschiedener, rechtlicher, politischer und sittlicher Mißbilligung aufgenommen worden sein, als dieses. Und es ist nicht zu verwundern. ...».[94]

3. K. E. WEISS, H. ZÖPFL

Nachdem KLÜBERS großes Werk 1840 in vierter Auflage postum erschienen war und in dieser Form nicht mehr weitergeführt werden konnte, bestand offenbar Bedarf nach einem entsprechenden umfassenden Lehr- und Handbuch. Schon ein Jahr später, 1841, erschienen gleich zwei Lehrbücher zum deutschen Staats- und Bundesrecht, beide von jüngeren Professoren, HEINRICH ZÖPFL und HEINRICH ALBERT ZACHARIÄ, und beide Werke «waren lange Zeit repräsentative Darstellungen des deutschen Staats- und Bundesrechts».[95]

1843 folgte dann noch das «System des deutschen Staatsrechts» des Gießener Profes-

[89] *W. E. Albrecht* (1800–1876) studierte in Königsberg (1818), ab 1819 unter *Eichhorn* in Göttingen, Promotion 1822, Habilitation in Königsberg 1824, 1825 ao. Prof. in Königsberg, 1829 o. Professor für Deutsches Recht, Staats- und Kirchenrecht. 1830–1837 lehrte er in Göttingen, bis zur Amtsenthebung durch die hannoversche Regierung, anschließend bis 1868 in Leipzig. Zu seiner Teilnahme an der Paulskirche sowie seinen germanistischen Leistungen (Die Gewere als Grundlage des älteren deutschen Sachenrechts, Königsberg 1828) vgl. *R. Hübner* ADB 45 (1900), 743–750; *Landsberg* III/2, 318–327; *H. Schönebaum* NDB 1 (1953) 185f.

[90] *E. A. (= Wilhelm Eduard Albrecht)* Rezension in den Göttingischen gelehrten Anzeigen 1837, S. 1489, 1492f., 1496f. (Nachdr. 1962).

[91] Unten Anm. 177.

[92] *C. F. v. Gerber,* Über öffentliche Rechte, Jena 1852; *ders.* Über die Teilbarkeit deutscher Staatsgebiete, in: *L. K. Aegidi* (Hg.), Zeitschr. f. Deutsches Staatsrecht und Deutsche Verfassungsgeschichte 1 (1865) 5–24; *ders.* Grundzüge eines Systems des deutschen Staatsrechts, Leipzig 1865, 3. Aufl. 1880. Vgl. dazu *W. Wilhelm,* Zur juristischen Methodenlehre im 19. Jahrhundert, 1958, 88ff.; *P. v. Oertzen,* Die soziale Funktion des staatsrechtlichen Positivismus, 1974, 163ff., insbes. 196ff. sowie unten Kap. 8, Anm. 83ff.

[93] *R. Maurenbrecher,* Die deutschen regierenden Fürsten und die Souveränität, Frankfurt a. M. 1839.

[94] *Mohl* II, 302f.

[95] *Böckenförde,* 119.

sors Karl Eduard Weiss,[96] das Mohl in der ihm eigenen Art als «fleissig, gründlich und juristisch tüchtig, aber auch als ganz verfehlt im Wesentlichen» bezeichnet hat.[97] Das Lob kommt daher, daß Weiss sowohl auf einen einführenden historischen Teil als auch auf eine allgemeine Staatslehre verzichtete, vielmehr sich auf das geltende Recht konzentrierte. Die Historie gehöre, so sagte er, in die Rechtsgeschichte, das «natürliche Staatsrecht» zur Rechtsphilosophie, für den Staatsrechtler bleibe die positivrechtliche Dogmatik.[98] Mohls teils juristisch, teils patriotisch gefärbte Kritik aber bezieht sich darauf, daß Weiss dem Deutschen Bund die Qualität eines «Verfassungsstaates» attestierte und konsequenterweise auch eine Art Verwaltungsrecht des Deutschen Bundes zu entwickeln suchte.[99] Freilich berief sich auch Weiss hierfür auf die – gleichfalls patriotische – Absicht, den Deutschen Bund in Richtung auf eine wirkliche Verfassung «organisch fortzubilden». Dies war ein etwas optimistischerer Patriotismus als derjenige, der den ungeliebten Deutschen Bund auch in den Lehrbüchern möglichst klein zu halten suchte. Weiss drückte mit seinem Wunsch einer Fortentwicklung des Deutschen Bundes die wohl mehrheitlich verbreiteten Hoffnungen aus, ebenso mit der Darstellung eines gemeinverbindlichen deutschen Staatsrechts, das als Klammer der deutschen Einheit dienen sollte.[100] Insgesamt ist das Buch solide und übersichtlich, freilich auch in keiner Weise originell. Es ist offenbar schnell von erfolgreicheren Werken überflügelt und so schon vor 1848 vergessen worden.

Der Heidelberger Professor Heinrich Zöpfl (1807–1877)[101] ist in der Nachwelt schlecht weggekommen, als politisch je nach Zeitumständen schwankend, 1848 «mit einem großen Säbel umgürtet und mit der dreifarbigen Binde auf der Brust auf dem Katheder der Aula» stehend und «höchst freisinnige Reden» haltend,[102] später immer konservativer werdend, nicht zuletzt als staatsrechtlicher Gutachter des Hochadels.[103] «Schließlich», sagt Landsberg, «ist Zöpfl der entschiedenste Anhänger des Deutschen Bundes und des Frankfurter Bundestages geworden, die dadurch gegebene (Ordnung) erschien ihm als die normale Gestaltung des staatlichen deutschen Lebens, so daß er den Umwälzungen von 1866 keinerlei Verständnis, geschweige denn Zuneigung mehr entgegenzubringen vermochte.»[104]

Davon war allerdings 1841 noch wenig zu spüren. Zöpfls «Grundsätze des allgemeinen und deutschen Staatsrechts»[105] waren in der ersten Auflage eine konventionelle,

[96] *K. E. Weiß,* System des deutschen Staatsrechts, Regensburg 1843. Biographische Nachweise unten Kap. 4, Anm. 147.

[97] *Mohl* II, 266.

[98] *Weiß,* aaO. §§ 23, 24.

[99] *Weiß,* aaO. §§ 63ff. «Allgemeines inneres Bundesregierungsrecht», §§ 106ff. «Besonderes inneres Bundesregierungsrecht».

[100] *Weiß,* aaO. § 7, II.

[101] Neuere Literatur gibt es m. W. nicht. Vgl. *Mohl* II, 264, 267, 304, 306, 328, 384; *ders.* Lebenserinnerungen I, 231f.; *v. Schulte* ADB 45 (1900) 432–434; *G. Jellinek,* Heidelberger Festschr. von 1905, Bd. 1, 268f.; *Drüll,* 312. Zu *Zöpfls* Auffassung der staatlichen Hoheitsrechte *Böckenförde,* 119–122; *Boldt,* passim.

[102] *Mohl,* Lebenserinnerungen I, 231.

[103] *H. Zöpfl,* Die Regierungsvormundschaft im Verhältnisse zur Landesverfassung, Heidelberg 1830; *ders.* Über Mißheiraten in den deutschen regierenden Fürstenhäusern überhaupt und im Oldenburgischen Gesammthause insbesondere, Stuttgart 1853; *ders.* Über hohen Adel und Ebenbürtigkeit, Stuttgart 1853. Einzelheiten bei *v. Schulte* (Anm. 101).

[104] *Landsberg* III/2, Noten 239. *Heinrich Zöpfl* (1807–1877) stammte aus Bamberg, hatte in Würzburg studiert und habilitierte sich 1828 in Heidelberg. 1839 wurde er ao. Professor, 1842 o. Prof. des Staatsrechts. 1850 war er Vertreter der Universität in der 1. Badischen Kammer. Zu der von *Landsberg* angesprochenen Wendung zum Konservativismus weist *v. Schulte* (Anm. 101) auf den Einfluß von *J. J. B. v. Linde* hin.

[105] *Zöpfl,* 1. Aufl. Heidelberg 1841 (als «Grundsätze des allgemeinen Staatsrechtes, nebst

positivistische Bestandsaufnahme des Bundesstaatsrechts (I) und des gemeinen Länderstaatsrechts (II). Die politischen Elemente der dramatischen ersten beiden Jahrzehnte des Deutschen Bundes waren hier ebenso getilgt wie das Bestreben, im Sinne Klübers durch Betonung des historischen Elements die Verbindung mit dem 18. Jahrhundert zu halten. Zöpfl informierte über das «heute geltende öffentliche Recht»; seine Perspektive reichte kaum hinter 1815 zurück. Dafür wurde sein Werk mit den Auflagen immer vollständiger und informativer, was selbst der kritische Mohl anerkannte.[106] Wie der soeben genannte Weiss und viele andere verstand Zöpfl seine Bemühungen um das «gemeine» deutsche Staatsrecht als eine zugleich wissenschaftliche und politische. Der geistige Zusammenhalt der deutschen Staatsrechtslehre sollte trotz aller partikularrechtlichen Zersplitterung gewahrt bleiben. Gleichzeitig sollte aber auch im Bewußtsein gehalten werden, daß die deutsche Nation jenseits der staatlichen Grenzen einen «nationalen Ideenkreis in staatsrechtlicher Beziehung»[107] ausgebildet und bewahrt hatte. Das war im Grunde der Nachhall einer staatsrechtlichen Volksgeistlehre, wenn auch längst ohne das frühromantische Pathos und ohne jene Abwehrgeste Savignys gegen Gesetzgebung. Der «nationale Ideenkreis» des Staatsrechts wurde vielmehr rechtsvergleichend bestimmt. Was in den meisten Staaten vorkam und gewichtig genug erschien, um als «Wesensmerkmal» zu fungieren, verwandelte sich in ein Element des gemeindeutschen Staatsrechts. Auf diese Weise war es möglich, das allmähliche Wachstum konstitutioneller Einrichtungen zu integrieren und zum gemeindeutschen Besitzstand zu erklären. Freilich konnte diese positivistische Aufbereitung gemeindeutscher Elemente der Entwicklung nur folgen. Ein naturrechtlich inspirierter Zukunftsentwurf lag ihr nicht zugrunde. Deshalb waren von diesen Handbüchern, die über das berichteten, was «galt», keine Innovationen zu erwarten.[108]

Zöpfls zweite große Leistung der Sammlung und Aufbereitung lag auf dem Gebiet der Rechtsgeschichte.[109] Die von Eichhorn erstmals wirklich integrierte Darstellung der politischen Geschichte und der Rechtsgeschichte löst sich allerdings bei ihm wieder auf. Der Gedanke einer organischen Entwicklung beider tritt zurück, die politische Geschichte wandert zu den Historikern, und der Rechtshistoriker Zöpfl wird mehr und mehr zum Verfasser eines deutschrechtlichen Institutionenlehrbuchs, auch wenn die staatsrechtlichen Entwicklungen noch als «Rahmen» mitgeteilt werden.

einem kurzen Abrisse des deutschen Bundesrechtes, 3. Aufl. Heidelberg 1846; 4. Aufl. «mit besonderer Rücksicht auf die neuesten Zeitverhältnisse stark umgearbeitet», 1. Bd., Heidelberg und Leipzig 1855, 2. Bd. Leipzig 1856; 5. Aufl. Grundsätze des gemeinen deutschen Staatsrechts mit besonderer Rücksicht auf das Allgemeine Staatsrecht und auf die neuesten Zeitverhältnisse, Erster und Zweiter Theil, Leipzig 1863).

[106] *Mohl* II, 267.

[107] *Zöpfl*, Vorwort zur 4. Aufl., VIII.

[108] *Böckenförde*, 119 meint, «bei Zoepfl stärker als bei Zachariä, Ansätze zu neuen Auffassungen und einer neuen Methode» zu entdecken. Das ist gewiß für die von *Böckenförde* verfolgte Frage der Unterscheidung von Gesetz und Verordnung zutreffend, kann aber für *Zöpfls* Werk insgesamt kaum gelten.

[109] *H. Zöpfl*, Deutsche Staats- und Rechts-Geschichte. Ein Lehrbuch in zwei Bänden, Heidelberg 1834–1836; in der 2. Aufl. Stuttgart 1844 bis 1847 trennt *Zöpfl* politische Geschichte (Bd. 1) und Rechtsgeschichte (Bd. 2) voneinander ab. In der 3. Aufl. von 1858 fällt die politische Geschichte weg, übrig bleibt die «Deutsche Rechtsgeschichte» (Quellengeschichte, öffentlichrechtliche und privatrechtliche Rechtsinstitute); unverändert dann die 4. Auflage von 1871/72. Vgl. auch *H. Zöpfl*, Altertümer des deutschen Reichs und Rechts, 3 Bde, Leipzig 1860f.

4. H. A. Zachariä

Das parallele Werk zum Staatsrecht des Bundes und der Bundesstaaten stammte, wie gesagt, von Heinrich Albert Zachariä (1806–1875).[110] Ursprünglich Privatrechtler aus der Schule von Gustav Hugo, staatsrechtlich von Karl Friedrich Eichhorn beeinflußt,[111] arbeitete Zachariä zunächst als Strafrechtler,[112] ging aber 1837 nach der Entlassung der «Göttinger Sieben», insbesondere von Wilhelm Eduard Albrecht, aushilfsweise zum Staatsrecht über. Um sich auf die Vorlesungen vorzubereiten, reiste er in den Ferien zuvor nach Frankfurt zum Bundestag. Das anschließend entstandene dreibändige Lehrbuch «Deutsches Staats- und Bundesrecht» (1841–1845)[113] nimmt nicht nur historisch, sondern auch methodisch eine interessante Mittlerstellung zwischen der alten Reichspublizistik und der ab 1850 langsam ausformulierten «juristischen Methode» ein.

In den grundlegenden Überzeugungen Zachariäs tritt das «reichspublizistisch-göttingische» Element, wenn man es so nennen darf, klar hervor, zunächst in der Methode: «Die ächte wissenschaftliche Behandlung des Staatsrechts erheischt eine Vereinigung der practischen mit der philosophischen und historischen Methode.»[114] Das ist nicht mehr als die auf ein theoretisch anspruchsloses Niveau reduzierte Kombination von Historischer Schule und Naturrechtstradition, hier pragmatisch eingesetzt zur Feststellung des geltenden Rechts. Altes Reich und Rheinbund scheiden für Zachariä als schon historisch gewordene Phänomene aus, maßgebend ist das «heutige» Recht, dessen Historie freilich eingearbeitet sein muß, «insoweit sie zur Erklärung und Feststellung des Bestehenden beitragen kann»;[115] der «philosophische Standpunkt» dient, wie Zachariä sagt, der Auffindung «höherer Principien», die aber nicht den Rang von Rechtsquellen einnehmen, sondern eher als Ordnungsmaximen gelten sollen. Spekulative, das geltende positive Recht überrollende Prinzipien sind Zachariä ebenso fremd, wie sie es der göttingischen Tradition immer waren.

Der Staat ist für Zachariä in zeitgemäßer Diktion «organische Anstalt», er beruht

[110] *F. Frensdorff* ADB 44 (1898) 617–632; *Landsberg* III/2, 658–664, Noten 283–286; wenig ergiebig *D. Bandemer,* Heinrich Albert Zachariä. Rechtsdenken zwischen Restauration und Reformation, 1985; *Chr. Starck,* Heinrich Albert Zachariä (1806–1875). Staatsrechtslehrer in reichsloser Zeit, in: *F. Loos* (Hg.), Rechtswissenschaft in Göttingen. Göttinger Juristen aus 250 Jahren, 1987, 209–228.

[111] *H. A. Zachariä,* Johann Stephan Pütter und Karl Friedrich Eichhorn, in: Göttinger Professoren, Göttingen 1872.

[112] *H. A. Zachariä,* Über die rückwirkende Kraft neuer Strafgesetze, Göttingen 1834; *ders.* Geschichtserzählungen aus Kriminalakten, Göttingen 1835; *ders.* Die Lehre vom Versuche der Verbrechen, Göttingen 1836, 1839; *ders.* Grundlinien des gemeinen deutschen Criminal-Processes, mit erläuternden Ausführungen und mit besonderer Rücksicht auf die neuern deutschen Legislationen, Göttingen 1837 (später als Handbuch des deutschen Strafprocesses, 2 Bde, 1861, 1868).

[113] *H. A. Zachariä,* Deutsches Staats- und Bundesrecht, Erste Abtheilung: Allgemeine Lehren und Verfassungsrecht der Bundesstaaten, Göttingen 1841; Zweite Abtheilung: Das Regierungsrecht der deutschen Bundesstaaten und zwar: Von der Regierung im Allgemeinen und vom Staatsdienste. – Gesetzgebung, Oberaufsicht und vollziehende Gewalt. – Justiz und Polizeihoheit, Göttingen 1842; Dritte Abtheilung: Schluß des Staatsrechts der deutschen Bundesstaaten und zwar: Das Finanz- oder Staatswirthschaftsrecht, die Lehre von der Militärhoheit und das auswärtige Staatsrecht. – Das deutsche Bundesrecht, Göttingen 1845 (2. Aufl. in zwei Bänden 1853, 1854; 3. Aufl. in zwei Bänden 1865, 1866).

[114] 1. Aufl., 1. Abth. Göttingen 1841, § 11, S. 26.

[115] Vorrede, S. VII.

auf der Natur der Sache und der Vernunft, er soll Rechtsstaat sein, und das Recht wiederum soll in der allgemeinen Rechtsüberzeugung wurzeln. ZACHARIÄ ist deshalb weder Naturrechtler im Sinne des 18. Jahrhunderts, noch vertritt er eine Organismustheorie im Sinne der romantischen Staatslehre. Er sucht die historischen «positiven» Rechtsgrundlagen um ihrer legitimierenden Kraft willen, entwickelt aus ihnen ein «vernünftiges», aber gänzlich unspekulatives Gebäude, das wiederum der Disposition des Gesetzgebers anheimgegeben ist. Es ist EICHHORNS Denken in einer nüchternen staatsrechtlichen Variante, eine «positivistisch vermittelnde Richtung, freilich schon stark historischen Einschlags, aber doch auch naturrechtlichen Anklangs».[116] Diese wolkig erscheinende Charakteristik LANDSBERGS ist in Wirklichkeit präzise. ZACHARIÄ ist primär Positivist, ein erklärter Gegner der Vermischung von Recht und Politik, sekundär aber starker Eklektiker. Von «Methodenreinheit» im Sinne des späteren Neukantianismus kann hier keine Rede sein.

ZACHARIÄ bleibt auch im Aufbau seines Staats- und Bundesrechts in der traditionellen Spur, die sich ohnehin, wenn man überhaupt das Recht des Deutschen Bundes behandelte, aus praktischen Gründen anbot. Aus den nach 1830 noch weiter verbreiteten Verfassungen der Einzelstaaten bildete er das nun schon traditionelle und von ihm auch nochmals nachdrücklich verteidigte «gemeindeutsche Staatsrecht», verband es aber mit additiv zusammengestellten Mitteilungen über die Staatsrechte der Einzelstaaten. Das eigentliche Bundesrecht rückte ans Ende, worin man eventuell auch eine verhaltene politische Aussage sehen mag.

Was die inhaltlichen Positionen ZACHARIÄS angeht, so denkt er moderat liberal, mit deutlich konservativen Zügen.[117] Die Grundrechte, die Notwendigkeit des Parlamentarismus und die Verfassungsbindungen der monarchischen Gewalt werden ebenso betont wie die Notwendigkeit richterlicher Kontrolle, speziell durch den zukunftsweisenden Gedanken einer Reichsgerichtsbarkeit mit verfassungsrechtlichen Kompetenzen.[118] Souverän ist bei ihm weder der Fürst noch das Volk, sondern der Staat. All dies ist gängiges Gedankengut des gemäßigten Liberalismus der Jahrhundertmitte, politisch und menschlich höchst ehrenwert, aber kaum originell. Und der hannoversche Hochschullehrer ist vorsichtig: Der Verfassungsbruch des Jahres 1837, dem er mittelbar sein Amt verdankte, wurde in der ersten Auflage von 1841 nur erwähnt, aber nicht bewertet. Erst zwanzig Jahre später rang sich ZACHARIÄ zu der klaren Stellungnahme durch, die Außerkraftsetzung der Verfassung sei ein Verstoß gegen Art. 56 WSA gewesen.[119] Andererseits bescheinigte ihm MOHL, er halte «offen, männlich und folgerichtig, weder beirrt durch die augenblickliche Strömung der Gewalten noch lüstern nach selbstischem Gewinn den nationalen Gedanken» fest, er erkenne «die Berechtigung des deutschen Volkes zu einer besseren Gestaltung seiner allgemeinen staatlichen Verfassung und zu größerer Freiheit; er tadelt unumwunden das in sich Falsche und Ungenügende der bestehenden Grundlage, so wie die Verzögerungen eines verbessernden und versöhnenden Ausbaues; er erinnert der Zugeständnisse und Versprechen, auch

[116] *Landsberg* III/2, 660.

[117] Dies wird auch deutlich in seiner wohl bekanntesten Schrift: Die Gebrechen und die Reform des deutschen Strafverfahrens, dargestellt auf der Basis einer consequenten Entwicklung des inquisitorischen und des accusatorischen Prinzips, Göttingen 1846.

[118] Hierzu *Starck* (Anm. 110) 216f.

[119] *H. A. Zachariä*, Art. «Besitz, staatsrechtlicher», in: *Bluntschli/Brater* (Hg.), Deutsches Staats-Wörterbuch, 2. Bd., Stuttgart und Leipzig 1857, 94ff. Hierzu *Starck* (Anm. 110) 219f.

wo deren Gedächtniss missliebig ist. Leider hat ihn diese politische Richtung der Benützung der geheim gehaltenen Rechtsquellen beraubt.»[120]

III. Dogmatische Grundpositionen

1. *Die Möglichkeit eines «gemeinen deutschen Staatsrechts»*

Arbeitshypothese der bisher genannten Werke über das Recht des Bundes und der Bundesstaaten war seit dem paradigmatischen Werk von Klüber die Annahme, es gebe neben dem positiven Recht des Deutschen Bundes, entwickelt aus Bundesakte, Wiener Schlußakte und den in der Folgezeit gesammelten Beschlüssen, auch noch «ein Recht» der Bundesstaaten, das mehr war als die Summe der Partikularstaatsrechte. Dieser Gedanke war nicht neu. Schon im Alten Reich hatte man versucht, unterhalb des Reichsverfassungsrechts so etwas wie eine Quersumme der Territorialrechte zu bilden. Darin wurden die Landeshoheit, die aus ihr abgeleiteten Rechte des Monarchen, das Recht der Landstände, des Adels und der Kirche sowie der Untertanen dargestellt.[121] Auch damals stellte sich das Problem, daß dieses «gemeine deutsche Landesstaatsrecht» kein geltendes Recht, sondern im Grunde nur ein Schreibtischprodukt der Staatsrechtler war. Sein Geltungsgrund war ebenso unsicher wie seine genauen Inhalte. Einigkeit bestand darüber, das für alle Territorialstaatsrechte «Typische» solle durch Vergleich ermittelt und zur Norm erklärt werden. Autoren, die in naturrechtlichen Bahnen dachten, neigten hierbei zur möglichst weitgehenden Annäherung jenes «Typischen» an das «Vernünftige», was übrigens auf unauffällige Weise auch mit Reformabsichten verbunden werden konnte.[122] Autoren, die stärker historisch-empirisch dachten, suchten die typischen Sätze eher durch pragmatischen Vergleich des geschichtlich gewachsenen Status der einzelnen Territorien zu ermitteln.

Diese Ausgangslage setzte sich nun im Deutschen Bund fort, wenn auch unter veränderten politischen Umständen und in einem neuen geistigen Klima. Die Motive, nach der meist als enttäuschend empfundenen Gründung des Deutschen Bundes für ein «gemeines deutsches Staatsrecht» einzutreten, hatten sich gegenüber der Zeit vor 1806 erheblich verstärkt. Am positiven öffentlichen Recht des Deutschen Bundes waren die Staatsrechtler nur mäßig interessiert, sei es aus politischer Ablehnung, denn «das eigentliche Leben der Nation bewegt sich nicht in ihm»,[123] sei es weil die normative Substanz zu instabil schien und sich zur Fortentwicklung in konstitutioneller Richtung nicht eignete. Sofern sie in Kleinstaaten wohnten, war ihnen oft auch das dortige Staatsrecht zu unbedeutend und für größere Hörerzahlen an den Universitäten auch nicht attraktiv genug.

Im gemeinen deutschen Staatsrecht war dies anders. Die nationalen Hoffnungen der

[120] *Mohl* II, 266f., eine Anspielung darauf, daß die Regierung *Zachariä* Aktenstücke vorenthielt, weil sie ihn als zu liberal einschätzte.

[121] *J. J. Moser,* Von der Landeshoheit in Policeysachen, Frankfurt und Leipzig 1773.

[122] *C. Schmitt,* Das «Allgemeine Deutsche Staatsrecht» als Beispiel rechtswissenschaftlicher Systembildung, ZgStW 100 (1940) 5–24 (10f.). Zum Parallelvorgang im Privatrecht vgl. *K. Luig,* Die sozialethischen Werte des römischen und germanischen Rechts in der Privatrechtswissenschaft des 19. Jahrhunderts bei Grimm, Stahl, Kuntze und Gierke, in: Wege europäischer Rechtsgeschichte, Festschr. K. Kroeschell, 1987, 281–307.

[123] *Mohl* II, 286.

Freiheitskriege, der Turnbewegung und der Burschenschaften setzten sich im Staatsrecht um in den Wunsch, eine staatsrechtliche Klammer der nationalen Einheit zu erhalten, das partikuläre Element zu vernachlässigen und gewissermaßen im Reich der Idee zu pflegen, was im Reich der Wirklichkeit noch unerreichbar schien.[124] Als wissenschaftsinternes Motiv kam hinzu, daß auf diese Weise die Kontinuität zur Zeit vor 1806 auf der Ebene der Territorialrechte gewahrt werden konnte. Das gemeine deutsche Staatsrecht diente weiterhin der Lückenfüllung in den vielfach unvollständigen positiven Länderstaatsrechten, es war politischer Maßstab, mit dem rückständige Verhältnisse kritisiert werden konnten, und es war – nicht zuletzt – auch ein wissenschaftlich reizvolles Gebiet innerdeutscher staatsrechtlicher Rechtsvergleichung.

Schwieriger war allerdings, wie im deutschen Privatrecht,[125] die Frage nach dem Geltungsgrund des gemeinen deutschen Staatsrechts. Daß es sich nicht um positiv gesetztes geltendes Recht handelte, war evident.[126] Weil man aber auf eine Verankerung nicht verzichten wollte, wurden «Tradition» und «Vernunft» zu Hilfe gerufen. Die Tradition konnte zunächst vordergründig als Übereinstimmung mit der wissenschaftlichen Praxis vor 1806 verstanden werden, aber das genügte nicht als rechtlicher Geltungsgrund. Deshalb lag es nahe, im Sinne der Historischen Schule auf im «Volksgeist» angelegte gemeinsame Grundsätze zu rekurrieren, um ihnen auf diese Weise den Rang des Unangreifbaren zu geben.[127] Das war freilich in einer Zeit, in der gerade die staatsrechtlichen Verhältnisse mehr oder weniger revolutioniert worden waren, schwierig. Die konstitutionellen Neuerungen, auf die es ja ankam, waren gerade nicht dem Volksgeist entsprungen, sondern stellten einen politischen Kompromiß im Gefolge der französischen Revolution dar. Die von der Historischen Schule beeinflußten Autoren des öffentlichen Rechts versuchten denn auch nicht, die Grundsätze des konstitutionellen Staatsrechts aus dem Volksgeist komplett abzuleiten, sondern begnügten sich in der Regel damit, daß sie – im Einklang mit ihren politischen Vorstellungen – die Verbindungslinien zum Ancien Régime stärker betonten, also das Gottesgnadentum und das monarchische Prinzip, die Zuordnung von Exekutive und Militär zum Monarchen, den altständischen Charakter der Volksvertretungen sowie generell den Charakter der Verfassungen als «Gewährungen» von seiten des Monarchen. Wo sich im übrigen eine Chance historischer Begründung und Terrainverteidigung bot, etwa bei den Rechten der mediatisierten Standesherren, wurde sie genutzt.

[124] S. *Jordan*, Lehrbuch (Anm. 72) begründet den Terminus «deutsches Staatsrecht», der Bundesrecht und Einzelstaatsrecht umgreift, damit, daß er «die Idee der tiefer als blos in der Politik liegenden Einheit Deutschlands wenigstens in der Wissenschaft in frischem Andenken erhält» (§ 8). Ebenso *K. E. Schmid*, Lehrbuch des gemeinen deutschen Staatsrechts, Jena 1821. Siehe unten Kap. 3, Anm. 296.

[125] *Jordan*, Lehrbuch (Anm. 72), § 173, III: «Es läßt sich also ... ein gemeines deutsches Staatsrecht in demselben Sinne und von derselben Anwendbarkeit, wie das gemeine deutsche Privatrecht ist, aufstellen.» Zur Entstehung des Wissenschaftsprogramms eines «gemeinen deutschen Privatrechts der Gegenwart» seit und mit *K. F. Eichhorn*, Einleitung in das deutsche Privat-Recht, Göttingen 1824; *C. F. v. Gerber*, Das wissenschaftliche Princip des gemeinen deutschen Privatrechts, Jena 1846; *ders.* System des Deutschen Privatrechts, Jena 1848/49.

[126] *Maurenbrecher*, Grundsätze (Anm. 34) § 6 nennt treffend das allgemeine Territorialstaatsrecht «die Analogie sämmtlicher Staatsrechte der einzelnen deutschen Staaten, daher es auch nirgends unmittelbar practisch ist, vielmehr blos als Wissenschaft existirt und nur zur Einleitung in das Staatsrecht des einzelnen deutschen Staats dienen kann».

[127] Zum Zusammenhang vgl. *M. Stolleis*, Die Historische Schule und das öffentliche Recht, in: Die Bedeutung der Wörter. Studien zur europäischen Rechtsgeschichte, Festschr. f. Sten Gagnér, 1991, 495–508.

Die meisten Staatsrechtler des Vormärz orientierten sich allerdings eher an der vernunftrechtlichen, nun mit liberalen politischen Postulaten verbundenen Tradition. Sie akzentuierten die zugleich neuen und dem Naturrecht entsprechenden Züge des Konstitutionalismus. In ihren Augen war die vereinbarte Verfassung das eigentlich Wünschbare und Richtige, nicht die «Gewährung» bzw. der Oktroi. Die «Konstitution» war für sie die Fortsetzung des im Naturrecht seit langem traktierten Herrschafts- und Unterwerfungsvertrages. Gemeindeutsche staatsrechtliche Sätze mußten sich hier vor allem durch ihre «Vernünftigkeit» ausweisen. Das schloß allerdings Kompromisse mit dem historischen Denken nicht aus, ganz im Gegenteil.[128] Gerade die prekäre Lage der Staatsrechtslehre im Vormärz nötigte zur Vermittlung zwischen historisch legitimierten Positionen und den Forderungen der öffentlichen Meinung.[129] Die Formel «historisch-dogmatische Methode»[130] und der darin liegende Verzicht auf eine stringente Festlegung drückt diese Vermittlungsanstrengung aus.[131] «Unsere juristische Aufgabe in Beziehung auf das Staatsrecht ist daher», schrieb Gustav Gaertner 1839, «die historischen Relationen unseres Staates aufzusuchen und nach dem Rechtsprincip die Gestalt der gefundenen Verhältnisse zu bestimmen.»[132]

Robert von Mohl hat die Einwände gegen die allgemeine Überzeugung von der Existenz und dem wissenschaftlichen Wert des «gemeinen deutschen Staatsrechts» mit großer Klarheit formuliert.[133] Zunächst einmal betonte er, die gemeinsamen Fundamente seien durch die allgemeinen Umwälzungen zwischen 1789 und 1814 weitgehend zerstört worden und die Divergenzen würden durch die überaus aktiven souveränen Landesgesetzgeber täglich noch vergrößert. Daß rechtsphilosophische Sätze nicht positivrechtliche Sätze seien, schien ihm ebenso evident wie die Unmöglichkeit, rein additiv zu einem gemeindeutschen Staatsrechtssatz zu kommen.[134] Da auch die Bezugnahme auf das «Reich» kein Ergebnis mehr erbringen konnte, blieb nur der Weg, «ein gemeinsames deutsches Staatsrecht aus der Uebereinstimmung vieler einzelnen Landesgesetzgebungen dadurch aufzufinden, dass die dieser Uebereinstimmung geschichtlich oder dogmatisch zu Grunde liegenden Ansichten aufgesucht und als Regel für alle deutsche Staaten, welche nicht ausdrücklich etwas Abweichendes für sich be-

[128] *Jordan*, Lehrbuch (Anm. 72), § 173, III.

[129] Siehe etwa *H. Zöpfl*, Grundsätze des gemeinen deutschen Staatsrechts, 1. Theil, 5. Aufl. Leipzig 1863, § 74 «Von der praktischen Anwendbarkeit des allgemeinen Staatsrechts in Deutschland».

[130] *J. L. Klüber*, Öffentliches Recht des Teutschen Bundes (Anm. 47), § 14.

[131] Eine positive Hervorhebung des Methodenpluralismus bei *Maurenbrecher*, Grundsätze (Anm. 34), § 11.

[132] *G. Gaertner*, Ueber die wissenschaftliche Behandlung des deutschen Staatsrechtes, Bonn 1839, 24. *Mohl* (II, 297) hat dazu nicht ohne Recht gesagt, die Schrift sei «völlig unverständlich. Kaum kann man ahnen, was der Verfasser auszuführen beabsichtigt ...». Immerhin ahnt man liberale und nationale Überzeugungen sowie, für einen Bonner Professor bemerkenswert, sorgfältige Vermeidung jeder preußischen Thematik. Über ihn gibt es auch eine kritische Bemerkung des jungen *Marx* in einem Brief vom 10. November 1837 (Marx-Engels Werke, Erg.Bd., Erster Teil, 1981, 11), *Gaertner* habe nur ein mittelmäßiges Werk über Provinzialgesetzbücher geschrieben und sei Hegelianer. Siehe hierzu auch *G. Gaertner*, Die Rechts- und Staatslehre, Bonn 1839, ein exzentrisches und enthusiastisch getöntes Werk.

[133] *Mohl* II, 286–295. *Mohl* hat seine Position vor allem in (Richters) Kritische Jahrbücher für deutsche Rechtwissenschaft 1837, 454ff. formuliert.

[134] In diesem Sinne auch *G. Gaertner* (Anm. 132), 3: «... wir haben vielmehr nur eine allgemeine, philosophische Staatslehre und so viele Staatsrechte, als Staaten auf selbständig geschichtlicher Basis sich gebildet haben.»

stimmt haben, aufgestellt werde».[135] Am Ende kam MOHL zu einer sehr begrenzten Anerkennung gemeindeutschen Staatsrechts, im Grunde nur zu Bruchstücken. Das war methodisch sicher richtig, kollidierte aber doch mit den bei der Mehrheit wirksamen Motiven und vor allem mit den Lehrbedürfnissen an den Universitäten.

Im Ergebnis waren sich die Staatsrechtler während des Vormärz im wesentlichen einig. Ein gemeines deutsches Staatsrecht war gewiß kein geltendes Recht, aber es war «vorhanden», aus Volksgeist, nationaler Geschichte, Wissenschaftstradition oder Denknotwendigkeit – und es war doppelt erwünscht, zum einen wegen der Pflege einer die Kleinstaaterei überwindenden gemeindeutschen Wissenschaft, zum andern wegen der Nationalbewegung, die hier ihren staatsrechtlich adäquaten Ausdruck fand. So galt die Überzeugung, daß in der Masse der Partikularstaatsrechte «trotz der großen Mannigfaltigkeit im Einzelnen, sich doch auch eine gewisse Einheit der Grundideen entdecken läßt».[136] Auch MOHL mußte zugeben, daß die große Mehrheit der Staatsrechtler «ein Lehrgebäude des allgemeinen Staatsrechts der Bundesstaaten» für notwendig hielt; «die meisten nehmen dasselbe sogar zum Hauptgegenstand, das Bundesrecht mehr in den Hintergrund drängend. Und jeden Falls wird auf den meisten Hochschulen den aus den verschiedenen deutschen Ländern Zusammengekommenen ein gemeinsames Staatsrecht vorgetragen.»[137]

2. *«Verfassung»*

Die Staatsrechtslehre im zeitlich langgestreckten Übergang vom Ancien Régime zur vollentwickelten konstitutionellen Monarchie[138] kreiste um das Rätselwort «Konstitution». In ihm verdichteten sich nicht nur alle theoretischen Probleme der Herrschaftsbegründung und -begrenzung, sondern auch alle politischen Hoffnungen, die sich seit der Französischen Revolution in Deutschland artikulierten.[139] Konstitutionelle Zustände schienen auf der Folie des Absolutismus gute Zustände. Freilich war der Grundgedanke der Verfassungsgebung in Deutschland anders als in Amerika und in Frankreich. Während in Amerika sich eine junge, aus dem «Urzustand» hervorgegangene Gesellschaft in einem Grundvertrag vereinigte, ohne zuvor eine soziale Revolution durchgemacht zu haben, stand in Frankreich die Zerstörung des Ancien Régime an erster Stelle. Die Verfassung war selbst die Frucht der Revolution, und sie hatte die Früchte der Revolution zu sichern.[140] In Deutschland war der Verfassungsgedanke stärker als anderswo mit der Tradition der naturrechtlichen und reichsverfassungsrechtlichen Herrschaftsbegrenzung verbunden.[141] Der Übergang in den Verfassungsstaat vollzog sich stufenweise und langsam von Süd nach Nord. Die Monarchien er-

[135] *Mohl* II, 293.

[136] *W. E. Albrecht,* Maurenbrecher-Rezension (Anm. 90), 1490.

[137] *Mohl* II, 291.

[138] *E. W. Böckenförde,* Der deutsche Typ der konstitutionellen Monarchie im 19. Jahrhundert (1967), in: *ders.* Recht, Staat, Freiheit, 1990, 273 bis 305; *ders.* (Hg.), Probleme des Konstitutionalismus im 19. Jahrhundert, in: Der Staat, Beih. 1 (1975); *ders.* (Hg.), Moderne deutsche Verfassungsgeschichte (1815–1914), 2. Aufl. 1981.

[139] *D. Grimm,* Verfassung I, in: Geschichtliche Grundbegriffe, Bd. 6 (1990), insbes. 868ff. Vgl. etwa *F. Bülau,* Constitution und Constitutionelle, in: Neue Jahrbücher der Geschichte und Politik, hrsgg. v. *F. Bülau,* 2 (1843) 519–553.

[140] *U. K. Preuß,* Revolution, Fortschritt und Verfassung. Zu einem modernen Verfassungsverständnis, 1990.

[141] *G. Stourzh,* Vom aristotelischen zum liberalen Verfassungsbegriff, in: *Engel-Janosi, Klingenstein, Lutz* (Hg.), Fürst, Bürger, Mensch, 1975.

hielten sich ihre Legitimität, die allenfalls von Irritationen und Ängsten erschüttert, aber nicht gebrochen wurde. Sie traten gewissermaßen schon rechtlich gebunden in die Debatte ein, so daß die Möglichkeiten, sie als illegitim zu brandmarken und ein naturrechtliches Widerstandsrecht gegen sie zu mobilisieren, von vornherein gering waren.[142] Die älteren Bindungselemente mußten nur noch in einen Grundgesetztext umgesetzt und nach Maßgabe der angloamerikanischen und französischen Vorbilder modernisiert werden.[143]

Der rechtliche Ausgangspunkt war somit anders als in Amerika und Frankreich: Die deutschen Verfassungen waren in keinem Fall Schöpfungen einer konstituierenden volonté générale nach einer revolutionären Stunde Null und auch nur ausnahmsweise (Württemberg) Gegenstand einer Vereinbarung zwischen Monarch und Landständen, sondern hoheitliche Gewährungen, in denen sich die monarchische Gewalt freiwillig Begrenzungen auferlegte. Im Kontext spätabsolutistischen Denkens, das die notwendige Modernisierung durch «Reformen von oben» in Gang setzte, waren die Verfassungen zugleich Instrumente der Innovation, der Selbsterhaltung der Monarchien, der Integration neuerworbener Landesteile sowie des politischen Kalküls, innerhalb des Deutschen Bundes die eigene Souveränität zu verteidigen. Das gilt vor allem für die erste Welle von Verfassungen im sog. Frühkonstitutionalismus (1814–1824), aber auch für die nach inneren Unruhen 1830 und 1848 erzwungenen Verfassungsgebungen oder -änderungen. Stets wurde an entscheidender Stelle die Mitwirkung der monarchischen Gewalt vorausgesetzt. Deutsches Verfassungsdenken im 19. Jahrhundert ist auf den Monarchen bezogen. Das Freiheits-, Fortschritts- und Menschheitspathos westlichen Denkens hat sich hier weitgehend verflüchtigt, findet sich allerdings zum Teil in spezifischen Verbindungen mit dem Nationalstaatsgedanken wieder.

Im übrigen zeigt sich eine für Deutschland kennzeichnende Spaltung zwischen ökonomischer und politischer Verfassung. Während ökonomische und soziale Reformen schrittweise vorankamen und die ersten Anzeichen der industriellen Revolution sichtbar wurden, blieb die politische Artikulation der Bürger jahrzehntelang innerhalb der Schranken des vom Deutschen Bund aufgerichteten Systems. Die Entfaltung des parlamentarischen Lebens und die öffentliche Diskussion waren vielfältig reduziert, einmal durch die Begrenzung auf die Länderebene, dann durch bewußt installierte Gegengewichte (Erste Kammer, Staatsrat, Zensuswahlrecht), durch polizeiliche Unterdrükkung der Opposition, Zensur und Entlassungen aus dem Staatsdienst. Auf diese Weise stand die deutsche Verfassungsbewegung unter ganz spezifischen hemmenden Bedingungen, konnte aber andererseits eine bedeutende Tradition der Verrechtlichung von Herrschaftsbeziehungen und qualitativ hervorragender Verwaltung sowie eine soziale Verantwortungsethik der Obrigkeit einbringen.[144]

Die Spannungen dieser Zeit, welche den verharmlosenden Namen «Biedermeier» trägt,[145] liegen gerade im Verfassungsdenken. Verfassungen wurden von den Vertretern des Ancien Régime gefürchtet, weil sie Produkte der Revolution waren, weil sie

[142] *M. Köhler,* Die Lehre vom Widerstandsrecht in der deutschen konstitutionellen Staatsrechtstheorie der 1. Hälfte des 19. Jahrhunderts, 1973.

[143] *G. Chr. v. Unruh,* Die amerikanische Verfassung und europäisches Verfassungsdenken – Ausstrahlung und Vergleich: Polen, Norwegen, Deutschland, in: Amerika-Studien 34 (1990) 135 bis 148.

[144] *H. Maier,* Ältere deutsche Staatslehre und westliche politische Tradition, 1966, 23ff.

[145] *F. Sengle,* Biedermeierzeit. Deutsche Literatur im Spannungsfeld zwischen Restauration und Revolution 1815–1848, Bd. I, 1971, 118ff.

den Abbau von Vorrechten unwiederbringlich in einer öffentlichen Urkunde festlegten und den Monarchen sogar zwangen, dies zu besiegeln. Letztlich, so sahen die Konservativen ganz richtig, war die Verfassungsbewegung eine schiefe Ebene, auf der es bis zur gänzlichen Beseitigung der Monarchie abwärts ging. In der von uralten und sakralisierten Bindungen und Ungleichheiten geprägten Vorstellungswelt des Ancien Régime mußte die Proklamation von «liberté» und «égalité» als wahrer Albtraum erscheinen. Die eigentlichen Verlierer waren die geistlichen Herrschaften, die mediatisierten Standesherren und der Adel insgesamt. Sie waren schon vom absolutistischen Staat bedrängt worden und gerieten nun zusätzlich unter den Druck des Bürgertums. Auch wenn dieser Prozeß im Vormärz gebremst verlief, ja sogar Tendenzen der Refeudalisierung aufwies, so war deshalb die Emotionalisierung der Verfassungsfrage nicht weniger gering.

Die für die Zeit so charakteristische Verschiebung aufwühlender politischer Fragen zu Verfassungsfragen führte unausweichlich zur Politisierung der staatsrechtlichen Diskussion. Eine Grenzlinie zwischen politischem und juristischem Räsonnement ist oft kaum erkennbar. Wo die Autoren die Trennbarkeit explizit ablehnten, sind die Historiker ohnehin nicht befugt, ihnen die Vermischung der Materien anzukreiden. Der Öffentlichrechtler des Vormärz mußte politisch denken, mußte Stellung beziehen zur Verfassungspolitik seines Landes sowie zur Politik des Deutschen Bundes, und er mußte im eigenen Interesse klarstellen, was er auf dem Katheder zu vertreten gedachte.

Jeder «Verfassungsbegriff» schleppt auf diese Weise seine politischen Prämissen mit sich. Je pointierter «Begriffe» diskutiert wurden, desto mehr muß man vermuten, daß es in Wahrheit um semantische Kämpfe mit politischen Inhalten ging. Die Bandbreite unterschiedlicher Verfassungsverständnisse ist deshalb groß. Mit der allmählichen Verwandlung altständischer Verhältnisse in eine neue konstitutionelle Ordnung[146] entfaltete sich auch die Theorie, vorauseilend, parallel oder nachvollziehend.[147] Ein breiter Strom von Flugschriften, Büchern und Zeitschriften ganz unterschiedlicher Tonlage begleitet die Verfassungsbewegung. Neben der schlichten Sammlung und Kommentierung der Verfassungen[148] stehen die ersten Grundrisse, Lehrbücher und Monogra-

[146] *H. Gangl*, Der deutsche Weg zum Verfassungsstaat im 19. Jahrhundert. Eine Problemskizze, in: *E. W. Böckenförde* (Hg.), Probleme (Anm. 138), 23; *K. Bosl* (Hg.), Der moderne Parlamentarismus und seine Grundlagen in der ständischen Repräsentation, 1977; *G. Oestreich*, Zur Vorgeschichte des Parlamentarismus: Ständische Verfassung, landständische Verfassung und landschaftliche Verfassung, in: ZHF 6 (1979) 63; *E. W. Böckenförde*, Geschichtliche Entwicklung und Bedeutungswandel der Verfassung, in: Festschr. f. R. Gmür, z. 70. Geb., hrsgg. v. *A. Buschmann* u. a., 1983, 7–19; *H. Hofmann*, Zur Idee des Staatsgrundgesetzes, in: *ders.* Recht – Politik – Verfassung, 1986, 261 ff.; *G. Dilcher*, Zum Verhältnis von Verfassung und Verfassungstheorie im frühen Konstitutionalismus, in: Gedächtnisschr. f. H. Conrad, 1979, 65–84; *ders.* Vom ständischen Herrschaftsvertrag zum Verfassungsgesetz, in: Der Staat 27 (1988) 161 ff.; *D. Grimm*, Entstehungs- und Wirkungsbedingungen des modernen Konstitutionalismus, in: Akten des 26. Deutschen Rechtshistorikertages, hrsgg. v. *D. Simon*, 1987, 45–76.

[147] *E. Schmidt-Aßmann*, Der Verfassungsbegriff in der deutschen Staatslehre der Aufklärung und des Historismus, 1967; *Th. Würtenberger*, An der Schwelle zum Verfassungsstaat, in: *P. Krause* (Hg.), Aufklärung Jg. 3, H. 2 (1988) 53–88 m. w. Nachw.; *H. Dippel* (Hg.), Die Anfänge des Konstitutionalismus in Deutschland. Texte deutscher Verfassungsentwürfe am Ende des 18. Jahrhunderts, 1990.

[148] Die Zeitgenossen haben diese Verfassungsbewegung dokumentierend begleitet. Siehe etwa *K. H. L. Pölitz*, Die europäischen Verfassungsurkunden seit dem Jahre 1789 bis auf die neueste Zeit, 2. Aufl. Leipzig 1847; *G. W. Hugo*, Die

phien, begleitet von einem aufblühenden Zeitschriftenwesen, das sich allerdings erst nach der Jahrhundertmitte dem öffentlichen Recht speziell zu widmen beginnt.[149]

In der nach dem Wiener Kongreß einsetzenden Verfassungsdebatte lassen sich folgende Haupttendenzen unterscheiden:

1. Verfassung als auf der Volkssouveränität ruhende und aus ihr hervorgebrachte, herrschaftsbegründende «Grundordnung» in der Tradition des naturrechtlichen Herrschafts- und Unterwerfungsvertrags mit den Kernelementen der Menschenrechte, der Gewaltenteilung und der Volksvertretung.

2. Verfassung als förmlicher Grundvertrag eines dualistischen Modells mit einer zwischen Monarch und Volksvertretung geteilten, eventuell im Begriff der «Staatssouveränität» wieder zusammengeführten Souveränität, und

3. Verfassung als «gewährtes» Fundamentalgesetz zur Begrenzung der Ausübung der extrakonstitutionell begründeten und als unteilbar angesehenen monarchischen Gewalt.[150]

Daß es außerdem noch auf der äußersten Rechten Stimmen gab, die Verfassungen generell als illegitime Einmischungen in ein völlig ungeschmälertes monarchisches Prinzip verstanden,[151] entsprach den republikanischen Forderungen der äußersten Linken.

Einen scharf konturierten einheitlichen Verfassungsbegriff konnte es in der Zeit von 1815 bis 1848 also nicht geben. Nicht nur die fundamentalen politischen Differenzen der beiden großen Lager standen dem entgegen, sondern auch die Unterschiede in den Verfassungsstaaten selbst, die schwankenden Stimmungen vor und nach den Karlsbader Beschlüssen von 1819 sowie nach der Pariser Julirevolution von 1830 mit ihren heftigen Auswirkungen auf Deutschland. Insofern sind alle folgenden Bemerkungen dem Einwand unzulässiger Vereinfachung und mangelnder Rücksicht auf individuelle Verläufe ausgesetzt. Ihr Zweck liegt freilich auch weniger in der literaturgeschichtlichen Differenzierung als in der Strukturierung der die Literatur bewegenden Grundfragen.

3. Das «monarchische Prinzip»

Die beherrschende Frage der gesamten Staatsrechtslehre vor 1848 war die rechtliche Fassung einer Balance zwischen dem seit der Revolution tief verunsicherten, entsakralisierten Absolutismus[152] und der nicht erreichten Volkssouveränität. Es war dies die Balance zwischen Monarchie, Adel und Kirche auf der einen und dem zur «Nation» emporwachsenden Dritten Stand. Nach der Französischen Revolution, vor allem aber

Grundgesetze und Verfassungsurkunden älterer und neuerer Zeit, Karlsruhe 1836; *G. L. v. Zangen,* Die Verfassungsgesetze deutscher Staaten in systematischer Zusammenstellung, 3 Bde. Darmstadt 1828, 1829, 1836.

[149] *M. Stolleis–I. Schmitt,* Zur Entstehung der öffentlich-rechtlichen Zeitschriften nach 1848, in: Quaderni Fiorentini 13 (1984) 747–761.

[150] *R. Wahl,* Der Vorrang der Verfassung, in: Der Staat 20 (1981) 485–516.

[151] *K. L. v. Haller,* Restauration der Staatswissenschaft oder Theorie des natürlich-geselligen Zustands, der Chimäre des künstlich-bürgerlichen entgegengesetzt, 6 Bde., 2. Aufl., Winterthur 1820–1834 (Nachdr. 1964).

[152] *O. Brunner,* Vom Gottesgnadentum zum monarchischen Prinzip, in: *ders.* Neue Wege der Verfassungs- und Sozialgeschichte, 2. Aufl. 1968, 160–186 deutet das «monarchische Prinzip» des 19. Jahrhunderts überzeugend als ideologisches Surrogat des echten Gottesgnadentums.

nach der Besiegung Napoleons, war die Welt verändert. Der einfache Rückweg zur absolutistischen Regierungsweise war versperrt, zugleich aber erwiesen sich die alten Kräfte noch als stark genug, den Dritten Stand zu bändigen oder jedenfalls zu Arrangements zu zwingen.

Für Europa wegweisend war der französische Kompromiß, von dem die Präambel der Charte constitutionelle vom 4. Juni 1814 spricht, nämlich einerseits das Bestreben, «de conserver ... les droits et les prérogatives de notre couronne», andererseits der Zwang, «en modifier l'exercice, suivant la différence des temps». Die Bourbonen sollten unter Mithilfe des Auslands wieder ihren Thron einnehmen, aber auf der Basis der Machtteilung mit dem Dritten Stand, «en réunissant les temps anciens et les temps modernes». Die Errungenschaften der Revolution sollten bewahrt werden, insbesondere die Freiheits- und Gleichheitsrechte (Art. 1–12 Charte constitutionelle). Der König war Inhaber der Exekutivgewalt, mußte aber bei der Legislative die «kollektive Ausübung» mit den beiden Kammern hinnehmen (Art. 15); von ihm ging auch die Justizhoheit aus (Art. 57), aber die Richter waren «inamovibles» (Art. 58). Der Monarch hatte die Souveränitätsrechte inne (Art. 14), band sich aber in ihrer «Ausübung» an die Verfassung.

Das war die klassische vermittelnde Lösung, die nun auch in Deutschland allen Verfassungen zwischen 1818 und 1848 zugrundegelegt wurde, zunächst in Bayern (Tit. II, § 1 Verfassung 1818), Baden (§ 5 Verfassung 1818) und Württemberg (§ 4 Verfassung 1819). Gemäß dem mit der Souveränität der Fürsten «gegebenen Grundbegriffe» müsse, so dekretierte die Wiener Schlußakte vom 15. Mai 1820, «die gesammte Staats-Gewalt in dem Oberhaupte des Staats vereinigt bleiben, und der Souverain kann durch eine landständische Verfassung nur in der Ausübung bestimmter Rechte an die Mitwirkung der Stände gebunden werden» (Art. 57).[153]

Darin steckte allerdings ein ungelöstes Problem: Die einen verstanden den konstitutionellen Neubeginn als Gesellschaftsvertrag im Sinne der naturrechtlichen Tradition, gaben ihm also herrschaftsbegründende Kraft und behielten sich die Kündigung des Konsenses bei Vertragsverletzungen vor. Das war eine antimonarchische Spitze, zugleich aber auch ein Potential künftiger politischer Mitbestimmung. Die Gegenseite, etwa die 1820 in Wien versammelten Minister, sahen darin lediglich eine Konzession, die eine aus dem Gottesgnadentum abgeleitete monarchische Gewalt dem Zeitgeist machen mußte. Deshalb lautete die dort verfolgte Verteidigungslinie, Einbrüche in das «monarchische Prinzip» nach Kräften zu verhindern, das Recht selbst unter allen Umständen zu bewahren, allenfalls bei «bestimmten» (d. h. begrenzten) Rechten Zugeständnisse an den Dritten Stand zu machen. Verfassungen waren in dieser Perspektive nicht zu vereinbaren, sondern zu «gewähren».[154] Der Monarch erlegte sich eine Selbstbindung auf. Darin konnte man die Fortsetzung der älteren Linie der Bindung

[153] Zum monarchischen Prinzip *E. Kaufmann*, Studien zur Staatslehre des monarchischen Prinzipes (1906), in: *ders.* Gesammelte Schriften, Bd. 1, 1960, 1–49; *H. O. Meisner*, Die Lehre vom monarchischen Prinzip im Zeitalter der Restauration und des Deutschen Bundes, 1913; *O. Hintze*, Das monarchische Prinzip und die konstitutionelle Verfassung, in: Gesammelte Abhandlungen, Bd. 1, 2. Aufl. 1962; *Boldt*, 15ff.

[154] Vgl. etwa *A. Mirus*, Uebersichtliche Darstellung des Preußischen Staats-Rechts nebst einer kurzen Entwicklungs-Geschichte der Preußischen Monarchie, Berlin 1833, § 21: «Nur vom Souverän kann die Einführung einer neuen Verfassung rechtsmäßig ausgehen. Dem Souverän liegt die Sorge für Erhaltung und Vervollkommnung der Staatseinrichtungen ob, und die Geschichte zeigt uns das bedauerliche Resultat der

des souveränen Herrschers nicht nur an göttliches und natürliches Recht, sondern eben auch an «fundamentale» Verfassungsgesetze sehen.[155] So markierten die einen den Bruch, die anderen die Kontinuität zum Ancien Régime, und beide waren sich darüber im klaren, daß es hier nicht um Theoriebildung, sondern um Terrainverteidigung in einer politischen Auseinandersetzung ging.

Die Formulierung des «monarchischen Prinzips» war deshalb ein ingeniöser juristischer Einfall,[156] eine konfliktlösende und zugleich verschleiernde Position mit deutlichen Argumentationsvorteilen für die Vertreter traditioneller Herrschaft. Allerdings erlaubte die Formel auch der Gegenseite, die Anerkennung der Monarchie mit den Forderungen der Zeit zu verbinden und bei noch nicht erfüllten Punkten auf die Zukunft zu setzen.

Alle staatsrechtlichen Streitfragen der Zeit sind von der im konstitutionellen Kompromiß weiter verborgenen Unentschiedenheit, ja Unaufrichtigkeit infiziert. Beide Seiten trauten einander nicht. Schon in der Wiener Schlußakte versicherten sich die Regierungen des gegenseitigen Beistands gegen die «Widersetzlichkeit der Unterthanen gegen die Obrigkeit» und gegen die «Verbreitung aufrührerischer Bewegungen», versprachen sich gegenseitige (Bundes-)Intervention, wenn einer Regierung die Kontrolle zu entgleiten drohte (Art. 25–34 WSA). Ebenso mißtrauisch war aber auch die liberale öffentliche Meinung sowie die Mehrheit der Staatsrechtslehrer, letztere freilich in einem amtsbedingten Zwiespalt, der sie oft genug zwischen Loyalität und Widerstand lavieren ließ. Insofern ist alle staatsrechtliche Literatur des Vormärz in wechselnder Intensität auch politische Literatur. Wer vom monarchischen Prinzip sprach, mußte zu erkennen geben, in welches Lager er gehöre.[157] Alle grundlegenden Begriffe wie Volks-, Fürsten- oder Staatssouveränität, Constitution, Landstände, Staatsbürger und Untertanen, Legitimität, Volksherrschaft, Gewaltenteilung, Repräsentativsystem, Budgetrecht, Gesetzesinitiative, Ministerverantwortlichkeit, Rechtsstaat, Grundrechte und viele andere trugen Spuren der politischen Auseinandersetzung an sich, wurden in der Debatte politisch besetzt und umgeformt.[158]

Was das «monarchische Prinzip» anging, so war es von Anfang an Grundlage der Metternichschen Politik nach 1819. Es sollte den festen Pfeiler für den inneren Frieden des Deutschen Bundes bilden. Die Interpretation von Art. 57 der Wiener Schlußakte bildete deshalb die politische Trennlinie in den Verfassungsdebatten des Vormärz. Sie entschied letztlich auch darüber, wie weit die Einzelstaaten bei der Ausgestaltung der ihnen zugebilligten oder auferlegten «landständischen Verfassungen» (Art. 13 DBA) gehen durften. Wo die Staaten zwischen 1815 und 1820 nach METTERNICHS Ansicht schon zu weit gegangen waren, sollte wenigstens ein Riegel gegen weitere Konzessionen vorgeschoben werden. Jeder Autor mußte sich deshalb über prinzipielle Voraussetzungen des monarchischen Prinzips klar werden: Welchen Rechtsgrund hat die mon-

verderblichen Meinung, daß Willkür des Volks die bestehende Verfassung ändern dürfe.»

[155] Grundlegend *Ch. Link*, Herrschaftsordnung und Bürgerliche Freiheit, Wien 1979; *H. Mohnhaupt*, Die Lehre von der «Lex Fundamentalis» und die Hausgesetzgebung der europäischen Dynastien, in: *J. Kunisch* (Hg.), Staatsverfassung und Mächtepolitik, 1979, 3ff.

[156] *Boldt*, 27f.

[157] Vgl. etwa *K. v. Rotteck*, Artikel «Monarchie, monarchisches System, monarchisches Prinzip, Monarchismus», in: Staatslexikon, 1. Aufl. Altona 1834–1843, 10. Bd. (1840) 658 bis 677 sowie *ders.* «Demokratisches Prinzip», aaO. 4. Bd. (1837), 252–263.

[158] Generell zu diesem bekannten Phänomen *T. D. Weldon*, The Vocabulary of Politics, London 1953.

archische Gewalt? Ist sie gottgegebene, erbliche Herrschaft bzw. Amt, oder ist sie auf der Grundlage des Herrschaftsvertrags mit dem Volk übertragene, begrenzte und rücknehmbare Macht? Ist sie gewissermaßen «Eigengut» des Monarchen selbst oder übt sie der Monarch für den abstrakten «Staat» aus, oder anders: ist der Monarch Patrimonialherr oder Staatsorgan? In diesen Varianten steckten politische Vorentscheidungen, die den Autoren durchaus bewußt waren und die auch noch die historische Interpretation jener Vorgänge beeinflußt haben.[159]

Von einem «monarchischen Prinzip» ist zum ersten Mal bei FRIEDRICH SCHLEGEL 1804–1806 die Rede,[160] dann 1814 in Frankreich sowie auf dem Wiener Kongreß. Das Schlagwort bündelte die antirevolutionären Wünsche der Monarchien: «So kam nach und nach durch vielfach wiederholten Gebrauch des Ausdrucks: ‹monarchisches Princip› in Staatsschriften aller Art, in diplomatischen Noten, Verhandlungen und Protokollen, bald auch in schriftstellerischen, um die Gunst der Machthaber buhlenden Werken der Satz, daß solches Princip oder die Wahrung desselben als ein Hauptartikel des europäischen öffentlichen Rechts zu achten sei, zu weit verbreiteter Anerkennung, ohne daß jedoch irgend ein eigentliches Rechtsfundament dafür ... wäre gelegt worden.»[161] In der Tat handelte es sich um einen suggestiven und zentralen politischen «Begriff».

Wer Verfassungsbindungen des Monarchen überhaupt ablehnte, deutete ihn absolutistisch,[162] wer – wie die Mehrheit – die konstitutionelle Monarchie favorisierte, deutete ihn als variables «Prinzip» im Sinne einer konstitutionellen, auf Machtteilung angelegten Kompromißformel.[163]

4. *Ministerverantwortlichkeit, Gegenzeichnung*

Je mehr das monarchische Prinzip im Sinne der Regierungen verstanden wurde, desto mehr mußten allerdings unter dem Druck der öffentlichen Meinung interne Gegengewichte eingebaut werden. Diese bestanden darin, daß das Verhältnis zwischen Monarch und Spitzenbeamten neu geregelt wurde. Nachdem schon im Verlauf des 18. Jahrhunderts das alte System direkter Befehlsübermittlung vom Herrscher an seine Beamten immer schlechter funktioniert hatte, sei es wegen der wachsenden Komplexität der Aufgaben, sei es, daß minderbegabte Herrscher die Kontrolle verloren, drängte sich als neues System das der «Fachminister» auf. Die für die jeweiligen Ressorts zuständigen Spitzenbeamten sollten Verantwortung übernehmen und auf diese Weise den unantastbaren Monarchen entlasten *(Ministerverantwortlichkeit)*.[164] Damit eng verbunden ist das Institut der *Gegenzeichnung*, welches besagt, daß der Minister nur dann

[159] *Boldt*, 28 verweist auf *K. G. Hugelmann*, Zur Lehre vom monarchischen Prinzip, Österr. Zeitschr. f. öff. Recht 2 (1915/16) 472–486; *E. Hubrich*, Das monarchische Prinzip in Preußen, Zeitschrift für Politik I (1908) 193–218; *H. O. Meisner*, Die Lehre vom monarchischen Prinzip im Zeitalter der Restauration und des Deutschen Bundes, 1913.

[160] *Boldt*, 15.

[161] *K. v. Rotteck*, Monarchie (Anm. 157), in 2. Aufl. 9 (1847) 161–174 (169).

[162] So *K. L. v. Haller* (Anm. 151).

[163] *Boldt*, 15–54 m. w. Nachw.

[164] *(Buddeus)*, Die Ministerverantwortlichkeit in constitutionellen Monarchien, Leipzig 1833; *R. Mohl*, Die Verantwortlichkeit der Minister in Einherrschaften mit Volksvertretung, Tübingen 1837; *F. Murhard*, Ueber die Ministerverantwortlichkeit in der repräsentativen Erbmonarchie, in: (Bülau's) Neue Jahrbücher der Geschichte und Politik, 2 (1839) 289–334, 409–433.

in die Verantwortung eingebunden ist, wenn er die im Namen des Monarchen ergangenen Hoheitsakte signiert hatte. Dadurch konnte er aber auch einen Verantwortungsspielraum gegenüber dem Monarchen gewinnen.[165] Der Monarch hatte den politischen Schaden der Entlassung eines Ministers mit dem Nachgeben in einer Sachfrage abzuwägen; der Minister, der die Gegenzeichnung verweigerte, spielte mit dem gleichen kalkulierten Risiko.[166]

Die Stellung der Staatsdiener änderte sich also im Übergang vom Absolutismus zum konstitutionellen Staat viel eingehender, als es auf den ersten Blick scheint. Indem der Monarch sich langsam vom Patrimonialherren über «Land und Leute» zum Organ eines zunehmend abstrahierten Staates wandelt, werden auch seine «Diener» allmählich Staatsbeamte,[167] und es ist konsequent, wenn die Theorie um 1800 beginnt, ihr Anstellungsverhältnis als rein öffentlichrechtliches Rechtsverhältnis zu deuten.[168] Noch werden zwar die Minister vom Monarchen eingesetzt und entlassen, aber ihre strafrechtliche Verantwortlichkeit und ihre wachsende politische Abhängigkeit gegenüber der Volksvertretung und der öffentlichen Meinung korrespondiert doch gleichzeitig mit einer Lockerung der Abhängigkeit vom Monarchen.

Es kann an dieser Stelle nicht darum gehen, die Entwicklung der Regierungsformen, der Stellung der Minister und die Genese des modernen Beamtenrechts im Vormärz zu beschreiben.[169] Vielmehr soll genügen, die Grundpositionen zu markieren und die Konsequenzen für den gesamten Staatsaufbau wenigstens anzudeuten.

5. *Staatssouveränität und «juristische Person»*

Ebenso ingeniös wie die Formulierung des «monarchischen Prinzips» war allerdings auch der Ausweg aus dem geschilderten Dilemma, nämlich zwischen absolutistischer Fürstensouveränität und demokratischer Volkssouveränität auf «Staatssouveränität» zu setzen. Der Territorialstaat war nun in seiner langen Geschichte so weit von perso-

[165] *K. Frhr. Schenck zu Schweinsberg,* Die ministerielle Gegenzeichnung, Diss. Bonn 1960; *J. Kastner,* Die Gegenzeichnung im deutschen Staatsrecht, Diss. Münster 1962; *R. Herzog,* Entscheidung und Gegenzeichnung, in: Festschr. f. G. Müller, 1970, 117ff.; *K. Kröger,* Die Ministerverantwortlichkeit, 1971; *A. Schulz,* Die Gegenzeichnung, 1978.

[166] *Boldt,* 111ff.

[167] *Maurenbrecher,* Grundsätze (Anm. 34), § 160, d sagt sehr charakteristisch, der Ausdruck «Staatsdiener» beweise die Rezeption des «philosophischen Staatsrechts». Demzufolge dienten die Beamten dem Staat als «moralischer Person», ihre Anstellung ist «durchaus ein staatsrechtliches Verhältnis» (aaO., § 161).

[168] *J. M. Seuffert,* Von dem Verhältnisse des Staats und der Diener des Staats gegen einander im rechtlichen und politischen Verstande, Würzburg 1793; *Fr. A. von der Becke,* Von Staatsämtern und Staatsdienern, Heilbronn 1797; *N. Th. Gönner,* Der Staatsdienst aus dem Gesichtspunkt des Rechts und der Nationalökonomie betrachtet, nebst der Hauptlandespragmatik über die Dienstverhältnisse der Staatsdiener im Königreich Bayern, Landshut 1808; *A. W. Rehberg,* Über die Staatsverwaltung deutscher Länder und die Dienerschaft der Regenten, Hannover 1807; *F. v. Bülow,* Bemerkungen veranlaßt durch des Herrn Hofraths Rehberg Beurtheilung der Königl. Preussischen Staatsverwaltung und Staatsdienerschaft, Frankfurt und Leipzig 1808; *F. Meisterlin,* Die Verhältnisse der Staatsdiener nach rechtlichen Grundsätzen entwickelt, Cassel 1838; *A. W. Heffter,* Einige Bemerkungen über die Rechtsverhältnisse der Staatsdiener, in: Beiträge (Anm. 36) 106–167. Vgl. *H. Hattenhauer,* Geschichte des Beamtentums, 1980, 134ff., 161ff.; *H. Henning,* Die deutsche Beamtenschaft im 19. Jahrhundert. Zwischen Stand und Beruf, 1984; *B. Wunder,* Geschichte der Bürokratie in Deutschland 1780 bis 1986, 1986.

[169] *Boldt,* 111ff.; *B. Wunder,* Privilegierung und Disziplinierung. Die Entstehung des Berufsbeamtentums in Bayern und Württemberg (1780–1825), 1978; *Hattenhauer* (Anm. 168).

nalen Elementen gereinigt und neutralisiert, daß das Abstraktum «Staat» als Bezugspunkt dienen konnte. Die semantische Einübung des Staatsbegriffs seit dem 17. Jahrhundert,[170] die allmähliche Differenzierung der Staatsfunktionen mit Eingriffsverboten für den absoluten Herrscher[171] und die Unterscheidung von Staatsfinanzen (bzw. -schulden) und Privatfinanzen der Herrscher[172] traf nun an der Schwelle zum 19. Jahrhundert zusammen mit der sich ausbildenden Trennung von Staat und Gesellschaft. Je mehr die Gesellschaft auf kommunaler, wirtschaftlicher, wissenschaftlicher und kirchlicher Ebene «Selbstverwaltung» forderte und praktizierte,[173] desto schärfere Konturen erhielt auch ihr Gegenüber, der bürokratische Anstaltsstaat. Er gewann als transpersonales Abstraktum wiederum personale Züge, wurde ein Überwesen, in sittlicher Hinsicht als ethische Anstalt, als fürsorglicher Wohlfahrtsstaat und als bedrohlicher Polizeiapparat. Juristisch sollte er nun – im Gegensatz zum älteren Patrimonialstaat – rein aus öffentlichem Recht bestehen. Die ihn konstituierenden Rechtsverhältnisse waren im Prinzip hoheitlich. Deshalb lag der Gedanke, die umstrittene Souveränität auf eine abstrakte Ebene zu heben und so dem dualistischen Dilemma von Fürst und Volk zu entgehen, relativ nahe.

Das war zugleich eine mittlere politische Position. Wer das Abstraktum «Staat» herausstellte und ihm die Souveränität zusprach, verwarf die «privatrechtliche Staatsauffassung», die Land und Leute als *patrimonium* des Fürsten betrachtete und daraus absolutistische Folgerungen ableitete, zugleich aber auch die demokratisch verstandene Vertragstheorie, die das Gemeinwesen als eine bei unüberwindlichem Dissens aufkündbare Veranstaltung zur Befriedigung der Mehrheitsinteressen verstand und so für alle Institutionen und Besitzstände bedrohlich wirkte. Beides war in der ersten Hälfte des 19. Jahrhunderts nicht akzeptabel. Vielmehr mußte eine theoretisch und praktisch befriedigende Deutung des Staates mehrere Bedingungen erfüllen: die den Staatszweck konstituierenden Interessen mußten «höhere», vom empirischen Volkswillen unabhängige Interessen sein, Monarch und Parlament sollten sich nicht um den Vorrang streiten, sondern als «Organe» eines übergeordneten Ganzen zusammenwirken, der Staatsapparat sollte einer von dynastischen Zufällen und Schwächen unabhängigen Staatsidee verpflichtet sein, der Staat sollte – entsprechend der nun langsam zum Dogma aufsteigenden Trennung von Staat und Gesellschaft – von privatrechtlichen Resten gereinigt und öffentlichrechtlich konstruiert werden.

Verdichtet erschienen diese Postulate in der Qualifizierung des Staates als «juristische Person».[174] Zunächst schien die neue Formel, welche die Rechtsfähigkeit über die

[170] *P. L. Weinacht*, Staat. Studien zur Bedeutungsgeschichte des Wortes von den Anfängen bis ins 19. Jahrhundert, 1968; *W. Conze*, Staat und Souveränität, in: *Brunner–Conze–Koselleck*, Geschichtliche Grundbegriffe Bd. 6, 1990, 7–25.

[171] Insbesondere die Trennung von Justiz- und Polizeisachen in der Mitte des 18. Jahrhunderts. Vgl. dazu *P. Preu*, Polizeibegriff und Staatszwecklehre. Die Entwicklung des Polizeibegriffs durch die Rechts- und Staatswissenschaften des 18. Jahrhunderts, 1983.

[172] *H. P. Ullmann*, Öffentliche Finanzen im Übergang vom Ancien Régime zur Moderne: die bayerische Finanzreform der Jahre 1807/08, in: Archiv für Sozialgeschichte 23 (1983) 51–98; *ders.* Badische Finanzreformen in der Rheinbundzeit, in: Geschichte und Gesellschaft 8 (1982) 333–366; *ders.*, Staatsschulden und Reformpolitik. Die Entstehung moderner öffentlicher Schulden in Bayern und Baden 1780–1820, 2 Bde., 1986; *Ch. P. Kindleberger*, A Financial History of Western Europe, London 1984, 158 ff.

[173] *M. Stolleis*, Selbstverwaltung HRG IV (1990), Sp. 1621–1625.

[174] Diese Formel ersetzte, nachdem sie bei *Georg Arnold Heise*, Grundriss eines Systems des gemeinen Civilrechts, Heidelberg 1807 aufgetaucht war, die ältere (pufendorfsche) «persona mora-

natürlichen Personen auch «auf künstliche durch bloße Fiktion angenommene Subjekte» ausdehnen sollte,[175] nur auf Privatrecht bezogen zu werden, und auch dort nur auf Vermögensbeziehungen. Jedenfalls war SAVIGNY dieser Ansicht, und seine Autorität hat auch die weitere Diskussion um die sog. Fiktionstheorie und die später von GIERKE formulierte Theorie der realen Verbandsperson bestimmt.[176]

Doch war diese Begrenzung auf das Privatrecht, die bei SAVIGNY auch nicht weiter begründet worden war, nicht haltbar. Gerade im öffentlichen Recht drängte sich die «juristische Person» deshalb auf, weil sie die Möglichkeit gab, patrimonialstaatliche Elemente zu verdrängen und den Monarchen durch Verleihung von Organqualität juristisch in den Staatsaufbau und die Verfassungsordnung einzubinden. Deshalb halte er die «juristische Person», sagte der Göttinger Staatsrechtler WILHELM EDUARD ALBRECHT (1800–1876),[177] «richtig verstanden ... für die Grundformel derjenigen Auffassung des Staates, die er die wahrhaft staatsrechtliche genannt hat».[178] Tatsächlich hat ALBRECHT in jener unscheinbaren Rezension von ROMEO MAURENBRECHERS «Grundsätze des heutigen deutschen Staatsrechts» (1837) das klärende Wort gefunden. Es erlaubte nicht nur, wie gesagt, die Bindung des Monarchen, sondern ebenso die Zuordnung des Staatszwecks auf ein über den Menschen (Monarch und Untertanen) stehendes höheres Interesse, auf das auch die Parlamentarier festgelegt werden konnten. Sie waren damit echte Abgeordnete im Sinne der konstitutionellen Theorie, nicht mehr «Landstände» nach dem Sprachgebrauch des Ancien Régime. Monarch und Parlament waren nun eindeutig «Organe», die Beamten waren weder Fürsten- noch Volksdiener, sondern eben neutrale, dem höheren Ganzen verpflichtete «Staatsdiener». Es war auch klar, daß alle noch vorhandenen privatrechtlichen Elemente (Lehenrecht, gutsherrliche Gerichtsbarkeit, Grundlasten, Familienfideikommisse, Privatfürstenrecht) einer älteren Entwicklungsstufe angehörten und langfristig auszuscheiden waren. Damit war schließlich die gerade in Hannover so aktuelle Frage gelöst, ob Handlungen des Regenten für seinen Nachfolger verbindlich seien: war der Fürst «Staatsorgan», dann war die juristische Person «Staat» verpflichtet, also auch der Nachfolger gebunden. Die Verfassung konnte nicht mehr als «wohlerworbenes Recht der Untertanen» verstanden und damit auch notfalls wieder entzogen werden, sondern sie war die allseits bindende Geburtsurkunde des Staates als juristische Person. Die Souveränität, die etwa MAURENBRECHER ausdrücklich «nach Analogie des Eigenthums» als «Privatrecht

lis» (simplex oder composita), allerdings zunächst nur im Privatrecht. *G. Jellinek,* Allgemeine Staatslehre, 3. Aufl. (6. Neudr.) 1959, 169f.; *U. Häfelin,* Die Rechtspersönlichkeit des Staates, 1959.

[175] *F. C. v. Savigny,* System des heutigen Römischen Rechts, Bd. II, 1840 (2. Nachdr. 1981), § 85. – Vgl. *W. Flume,* Savigny und die Lehre von der Juristischen Person, in: Festschr. Wieacker, 1978, 340f.; *F. Wieacker,* Zur Theorie der Juristischen Person des Privatrechts, in: Fetschr. E. R. Huber, 1973, 339–383 (361f.); *M. Diesselhorst,* Zur Theorie der juristischen Person bei Carl Friedrich von Savigny, in: Quaderni Fiorentini 11/12 (1982/83) 319–337.

[176] Hierzu *E. Zitelmann,* Begriff und Wesen der sog. juristischen Personen, Leipzig 1873; *Chr. Meurer,* Die juristischen Personen nach deutschem Reichsrecht, 1901; *W. Henkel,* Zur Geschichte der Juristischen Person im 19. Jahrhundert. Geschichte und Kritik der Fiktionstheorien, jur. Diss. Göttingen 1973; *C. Tietze,* Zur Theorie der juristischen Person in der deutschen Rechtswissenschaft des 19. Jahrhunderts, jur. Diss. Göttingen 1974; *M. Lipp,* «Persona moralis», «Juristische Person» und «Personenrecht» – Eine Studie zur Dogmengeschichte der «Juristischen Person» im Naturrecht und frühen 19. Jahrhundert, in: Quaderni Fiorentini 11/12 (1982/83) 217.

[177] *R. Hübner,* ADB 45 (1900) 743–750; *H. Schönebaum,* NDB 1 (1953) 18f.

[178] aaO. (Anm. 90), 1492.

ihres Inhabers» verstand,[179] lag nun bei der juristischen Person, weshalb auch eine erbrechtliche Verfügung über den Staat im Sinne der Patrimonialstaatslehre unmöglich geworden war. Auch die wechselseitigen vermögensrechtlichen Ansprüche zwischen Staat und Bürger hatten von nun an einen klaren Bezugspunkt, eben jenes «des Vermögens fähige künstlich angenommene Subjekt» im Sinne Savignys.

6. *Die Volksvertretungen und ihre Rechte*

Kernfrage der gesamten verfassungsrechtlichen Auseinandersetzungen des 19. Jahrhunderts war die Stellung der Volksvertretungen.[180] Dort konzentrierte sich das Machtproblem in der Beziehung zwischen der Monarchie samt den ihr symbiotisch verbundenen ersten Ständen einerseits und dem dritten Stand, der auf Mitwirkung pochte, andererseits. Der vierte Stand, die Arbeiterschaft, erscheint vor 1850 vorerst nur wie ein drohender Schatten im Hintergrund.

Gewiß war das Verhältnis von monarchischer Gewalt, Kirche und Adel nicht spannungsfrei: die Säkularisation des Kirchengutes, die «Kölner Wirren» zwischen preußischem Staat und katholischer Kirche,[181] der bayerische «Kniebeugestreit»[182] und viele andere Vorgänge zeugen ebenso davon wie die Herabdrückung der ehemaligen Reichsritterschaft und der sog. «mediatisierten» Fürsten unter die Staatssouveränität[183] samt den damit zusammenhängenden finanziellen Querelen. Aber in der Frontstellung gegenüber dem großen Problem, dem Anspruch der im Dritten Stand erscheinenden «Nation» auf Teilhabe an der politischen Macht, waren sich monarchische Gewalt, Kirche und Adel einig: es galt, dieser «Gefahr» prinzipiell entgegenzutreten oder wenigstens auf solche Arrangements hinzuarbeiten, die zwar dem Zeitgeist Rechnung trugen, die essentiellen Positionen aber unberührt ließen. Eines der Mittel hierzu wurde bereits erwähnt, die Spaltung von Innehabung und Ausübung der Souveränität, die gewisse Zugeständnisse auf der Ebene der Ausübung erlaubte.

Da in den Verfassungsstaaten des Deutschen Bundes nach 1830 durchweg die Existenz von Volksvertretungen unbestritten war, verlagerten sich die Auseinandersetzungen auf die Frage, welche Kompetenzen die «Landstände» bzw. «Kammern» haben sollten. Schon die Semantik war umkämpft.

[179] *Maurenbrecher,* Grundsätze (Anm. 34), § 145.

[180] *U. Bermbach,* Über Landstände, Zur Theorie der Repräsentation im deutschen Vormärz, in: *C. J. Friedrich – B. Reifenberg* (Hg.), Sprache und Politik, Festschr. D. Sternberger z. 60. Geb., 1968, 241 ff.; *H. Brandt,* 1968; *F. Mögle-Hofacker,* Zur Entwicklung des Parlamentarismus in Württemberg, 1981; *H. Obenaus,* Anfänge des Parlamentarismus in Preußen bis 1848, 1983; *B. Wunder,* Landstände und Rechtsstaat. Zur Entstehung und Verwirklichung des Artikels 13 DBA, ZHF 5 (1978) 139ff.; *Grimm,* Deutsche Verfassungsgeschichte 1776–1866, 1988, 116ff.; *V. Press,* Landstände des 18. und Parlamente des 19. Jahrhunderts, in: Deutschland zwischen Revolution und Restauration, hrsgg. v. *H. Berding* u. *H.-P. Ullmann,* 1981, 133; *D. C. Umbach,* Parlamentsauflösung in Deutschland. Verfassungsgeschichte und Verfassungsprozeß, 1989.

[181] *Huber* II (1960), Kap. 3 m. w. Nachw.

[182] Der durch kgl. Erlaß von 1839 verordnete Zwang für protestantische Soldaten in der bayerischen Armee zum Besuch des katholischen Gottesdienstes und zum Kniefall vor dem Allerheiligsten. Der dadurch ausgelöste politisch-theologische Streit wurde erst 1845 beigelegt.

[183] *H. H. Hofmann* (Hg.), Die Entstehung des modernen souveränen Staates, 1967.

a) Landstände oder Parlamente?

Wer das Wort «Landstände», «Standschaft» oder «Landtage» verwendete, wie etwa Friedrich von Gentz und andere,[184] neigte dazu, die Volksvertretungen im Sinne des Ancien Régime[185] zu deuten, d. h. als «das Corpus derjenigen Unterthanen, welche Krafft der Landes-Freyheiten und Herkommen von dem Landesherrn in gewissen Landesangelegenheiten um ihren Rath oder auch Bewilligung angesprochen werden müssen, auch sonsten mancherley des Landes Wohlfahrt betreffende Sachen zu dirigieren, zu veranstalten oder doch etwas dabey zu sagen haben».[186] Das bedeutete, daß sie keine Gesetzgebungsorgane waren, sondern lediglich gegenüber dem Fürsten die Rechte des Landes und seiner Untertanen, speziell in finanzieller Hinsicht, zu wahren hatten. Ihre Zusammensetzung entsprach dann auch nicht dem allgemeinen Staatsbürgerstatus, sondern repräsentierte «Stände» (Ritterschaft, Prälaten, Städte), bei denen Bürger und Bauern noch weitgehend ausgeschlossen waren.[187] Ihre Funktion bestand darin, Steuern zu bewilligen, wohl auch den Staatshaushalt zu genehmigen und an der Gesetzgebung teilzunehmen, jedoch nur beratend und ohne ein eigenständiges Initiativrecht zu haben.[188] Freilich gab es einerseits ein faktisches Initiativrecht durch «Motionen» oder «Petitionen», mit denen ein Gegenstand eingebracht werden konnte. Andererseits brauchte sich die Regierung hierauf nicht einzulassen. Sie konnte überdies durch die Wahl der Verordnungsform wichtige Materien dem Parlament zu entziehen suchen. Dies war der Grund für die großen theoretischen Anstrengungen des 19. Jahrhunderts, die Begriffe des Gesetzes und der gesetzgebenden Gewalt immer schärfer auszuarbeiten und damit den Kompetenzbereich der Volksvertretungen zu sichern.[189]

Im traditionellen «landständischen» Modell der Volksvertretung war das monarchische Prinzip vollständig gewahrt. Der Monarch war Gesetzgeber, der sich beraten ließ, zugleich Regierungschef, Inhaber der Militärgewalt, in protestantischen Ländern sogar noch Haupt der Landeskirche. Charakteristisch hierfür ist die bayerische Verfassung von 1818, die in ihrer Präambel erklärt, die Stände seien berufen, «mit den Rech-

[184] *Gruner,* Ueber deutsche Landstände, in: Der rheinische Bund 22 (1812) 112–153; *M. K. Fr. W. v. Grävell,* Der Regent I, Stuttgart 1823, 476ff.; *Ch. Ch. Dabelow,* Über Souverainität, Staats-Verfassung und Repräsentativ-Form mit Berücksichtigung der Ancillonschen Grundsätze und in Anwendung auf die deutschen Staaten, Marburg 1816; *Th. Schmalz,* Das teutsche Staats-Recht, Berlin 1825, 4. Teil; *A. Müller,* Meine Ansichten wider das deutsche Repräsentativsystem, und über die Hauptursachen der zunehmenden Volksunzufriedenheit, insbesondere über manches, was päbstelt, Ilmenau 1828; *C. Vollgraff,* Über die Täuschungen des Repräsentativ-Systems, oder Beweis: dass dieses System nicht das geeignete, rechte und zeitgemässe Mittel ist, den Bedürfnissen unserer Zeit zu begegnen, Marburg 1832; *A. W. Rehberg,* Die Erwartungen der Teutschen von dem Bunde ihrer Fürsten, Jena 1835, 17ff.

[185] *V. Press,* Landtage im Alten Reich und im Deutschen Bund, Zeitschr. f. württ. Landesgeschichte 39 (1980) 100ff.

[186] *J. J. Moser,* Compendium Juris Publici Moderni Regni Germanici, Frankfurt und Leipzig 1738, 602; *ders.* Von der teutschen Reichs-Stände Landen, Frankfurt und Leipzig 1769; *D. G. Strube,* Von Landständen, in: Nebenstunden, 2. Theil, Hannover 1789, 136–186.

[187] *O. Hintze,* Typologie der ständischen Verfassungen, in: *ders.* Staat und Verfassung, 2. Aufl. 1962, 120ff.

[188] *W. Reinhard,* Die Bundesakte. Über Ob, Wann und Wie Deutscher Bundesstände, Heidelberg 1817; mit anderer politischer Intention *Ch. Ch. Dabelow* (Anm. 184).

[189] Grundlegend *Böckenförde,* 1958. Zur Bedeutung der Unterscheidung zwischen Gesetz und Verordnung für den Rechtsschutz vgl. *R. Ogorek,* Richterliche Normenkontrolle im 19. Jahrhundert: Zur Rekonstruktion einer Streitfrage, ZNR 11 (1989), 12.

ten des Beyrathes, der Zustimmung, der Willigung, der Wünsche und der Beschwerdeführung wegen verletzter verfassungsmäßiger Rechte ... um in öffentlichen Versammlungen die Weisheit der Berathung zu verstärken, ohne die Kraft der Regierung zu schwächen».

Wer dagegen vom «Abgeordnetenhaus» oder «Parlament» sprach, hatte ein ganz anderes Modell vor Augen.[190] Hier war die «Nation» in einer Repräsentativversammlung präsent, wenn auch in einer durch das Zensuswahlrecht stark eingeschränkten Form.[191] Die Nation konnte sich auf diese Weise selbst Gesetze geben, entweder über jeden denkbaren Gegenstand (unbeschränktes Gesetzesinitiativrecht) oder jedenfalls über Gegenstände, die «Freiheit und Eigentum» betrafen (Gesetzesvorbehalt). Sie konnte über die Steuerbewilligung und die Festsetzung der Staatsausgaben entscheidenden Einfluß auf die Politik ausüben, sie im Konfliktfall vielleicht blockieren. Die Volksvertretung war sogar in der Lage, wenn die Parlamentarisierung sehr weit getrieben war, die Regierung zu stürzen (Mißtrauensvotum, Ministerverantwortlichkeit).[192] Letzteres blieb freilich Theorie; denn die wechselvolle Geschichte der Ministerverantwortlichkeit in den deutschen Verfassungen des 19. Jahrhunderts zeigt, daß die Regierungen zwar faktisch immer stärker von den Parlamenten abhängig wurden, ihre Bestellung aber durchgängig Sache des Monarchen blieb.[193] Die erfolglosen Ministeranklagen in Kurhessen[194] zeigen deutlich das Patt im Konflikt zwischen monarchischer Gewalt und Parlamentarismus. Sie belegen auch, daß damals straf- und staatsrechtliche Verantwortlichkeit noch nahe beieinander lagen und daß der Vorwurf des Verfassungsbruchs auch eingesetzt werden konnte, um eine der Parlamentsmehrheit politisch genehmere Regierung anzustreben. Der Gedanke vollends, daß der Führer der Mehrheitsfraktion einen Anspruch darauf habe, die Regierung zu bilden, lag noch in weiter Ferne. Echte parlamentarische Systeme hat es nicht gegeben.

[190] *C. v. Rotteck,* Ideen über Landstände, Karlsruhe 1819 (in: Sammlung kleinerer Schriften, Bd. 2, Stuttgart 1829).

[191] *R. Smend,* Maßstäbe des parlamentarischen Wahlrechts in der deutschen Staatstheorie des 19. Jahrhunderts, in: Staatsrechtliche Abhandlungen, 2. Aufl. 1968, 19–38; *P. M. Ehrle,* Volksvertretung im Vormärz. Studien zur Zusammensetzung, Wahl und Funktion der deutschen Landtage im Spannungsfeld zwischen monarchischem Prinzip und ständischer Repräsentation, 1979; *U. Bermbach* (Anm. 180); *H. Boberach,* Wahlrechtsfragen im Vormärz. Die Wahlrechtsanschauung im Rheinland 1815–1849 und die Entstehung des Dreiklassenwahlrechts, 1959; *S. Aeppli,* Das beschränkte Wahlrecht im Übergang von der Stände- zur Staatsbürgergesellschaft. Zielsetzungen des Zensuswahlrechts, Zürich 1988.

[192] Den Ausgangspunkt bildet *B. Constant,* De la responsabilité des Ministres, Paris 1814. Vgl. oben Anm. 164.

[193] *H. Bischof,* Ministerverantwortlichkeit und Staatsgerichtshöfe in Deutschland, Gießen 1859; *A. Samuely,* Das Prinzip der Ministerverantwortlichkeit in der constitutionellen Monarchie, Berlin 1869; *F. Hauke,* Die Lehre von der Ministerverantwortlichkeit, Wien 1880; *F. Thudichum,* Die Ministeranklage nach geltendem deutschem Recht und ihre Unräthlichkeit in Reichssachen, in: (Hirths) Annalen des Deutschen Reichs 1885, 637ff.; *A. Lucz,* Ministerverantwortlichkeit und Staatsgerichtshöfe, Wien 1893; *H. v. Frisch,* Die Verantwortlichkeit der Monarchen und höchsten Magistrate, 1904; *P. G. Hoffmann,* Monarchisches Prinzip und Ministerverantwortlichkeit. Eine politische Studie, 1911; *R. Passow,* Das Wesen der Ministerverantwortlichkeit in Deutschland, 1904; *F. Frhr. Marschall v. Bieberstein,* Die Verantwortlichkeit der Reichsminister, in: *Anschütz-Thoma* (Hg.), Handbuch des Deutschen Staatsrechts, Bd. 1, 1930, 520ff.; *F. Greve,* Die Ministerverantwortlichkeit im konstitutionellen Staat, 1977 (dort auch Nachweise der älteren Dissertationen).

[194] *Huber* II (1960), 72ff.

b) Zweikammersystem, Wahlrecht, Staatsrat

Entscheidend für das politische Gewicht der Volksvertretungen als Gegengewicht zum monarchischen Prinzip waren ihre innere Gliederung, ihre über das Wahlrecht gesteuerte Zusammensetzung und ihr Verhältnis zu anderen Staatsorganen.

Zunächst einmal war die politische Artikulation der Mehrheit des Volkes dadurch begrenzt, daß die «Stände» sich regelmäßig in zwei Kammern teilten, die eine legitimiert durch die Wahlen, die andere durch die Berufung kraft monarchischer Gewalt. Schon die Benennung der gewählten Versammlung als «zweite» Kammer (Unterhaus) symbolisierte den Rangunterschied. Die erste Kammer (Oberhaus, Kammer der Standesherren, Reichsräte) bestand aus den geborenen Mitgliedern, den «Prinzen des Königlichen Hauses, aus den Häuptern der fürstlichen und gräflichen Familien ..., aus den von dem Könige erblich oder auf Lebenszeit ernannten Mitgliedern», letztere ausgewählt «aus den würdigsten Staatsbürgern».[195] Der damit geschaffene konservative Block aus Prinzen, Standesherren, Hochadel, Landesbischof und Prälaten, gewählten Abgeordneten aus dem grundherrlichen Adel, Vertretern der Universitäten sowie ausgewählten ernannten Mitgliedern wirkte, wie beabsichtigt, im komplizierten Zusammenspiel des Monarchen mit beiden Kammern bremsend.[196] In der ersten Kammer spielte das Wahlrecht insofern eine verschwindend geringe Rolle, als ihre Zusammensetzung weitgehend feststand oder jedenfalls so gesteuert werden konnte, daß Überraschungen ausblieben. Aber sogar hier, bei der ersten Kammer, gab es zusätzliche Sicherungen durch hohes passives Wahlalter (25 Jahre) sowie Mindestvermögensgrenzen.

Das Wahlrecht des Vormärz zu den zweiten Kammern entsprach der immer noch existierenden ständischen Gliederung der Gesellschaft sowie dem überragenden Einfluß der Monarchie. Durch eine Fülle von Begrenzungen (Wahlmännerverfahren, Zensus, Altersgrenzen, Aufenthaltsdauer, Religion, Stadt- und Landbewohner) suchte man die Abgeordneten der zweiten Kammer so auszufiltern, daß ein bestimmter Typus herauskam. Ziel war ein Honoratiorenparlament, dessen Mitglieder durch Steuerleistung oder soziale Anerkennung ein bestimmtes Gewicht einbringen konnten und die infolgedessen an bürgerlicher Sekurität, Ruhe und Ordnung interessiert waren. Der einfache Grundgedanke lautete, daß derjenige, der von anderen abhängig war und zum Staat weder finanziell noch durch sonstige Leistung etwas beitrug, politisch auch nicht mitbestimmen sollte. Dies entsprach dem Selbstverständnis des liberalen Bürgertums, das eine Differenzierung nach Leistung für selbstverständlich hielt und sich politisch vom Vierten Stand abzugrenzen suchte. Empfänger von Armenunterstützung, Bankrotteure und Steuerschuldner sollten deshalb ebenso ausgeschlossen sein wie generell die Frauen, die weiterhin im Sinne der traditionellen Auffassung als persönlich und ökonomisch unfrei und damit als nicht wählbar galten. Die Ausfilterung unerwünschter politischer Richtungen vollzog sich aber nicht nur durch schlichte

[195] §§ 129–131 württembergische Verfassung (1819). Vgl. dazu auch Tit. VI, §§ 1–6 bayerische Verfassung (1818); §§ 27–32 badische Verfassung (1818); Art. 52 Verfassung Hessen-Darmstadt (1820); §§ 63–67 sächsische Verfassung (1831); § 84 hannoversche Verfassung (1840); § 65 preußische Verfassung (1850); anders das Einkammersystem der kurhessischen Verfassung (1830), §§ 63–105.

[196] *Carlo Salomo Zachariä* hat es im badischen Landtag offen ausgesprochen, «daß Beförderung des hemmenden Princips recht eigentlich der Zweck der ersten Kammer» sei. Vgl. *W. Fischer,* ADB 44 (1898) 641–652 (648).

Wegdefinition des weitaus größten Teils des Wahlvolkes, speziell der Unterschichten,[197] sondern auch dadurch, daß die Wahlmänner einem höheren Zensus unterlagen, also wohlhabender waren.

Allerdings deckten sich die Interessen der politisch interessierten Schichten des Bürgertums und der monarchischen Gewalt nur partiell. Die während des ganzen Vormärz immer wieder aufflackernden Spannungen zeigen es. Insofern haben die Auswahlmechanismen aus der Perspektive der Monarchen keineswegs geleistet, was man von ihnen erhoffte. Die Unzufriedenheit von Monarchen wie etwa des bayerischen Königs Ludwig I., der sich, als er Schwierigkeiten mit der zweiten Kammer hatte, von seinem frühen Verfassungsenthusiasmus weit entfernte, ist hierfür bezeichnend.

Ein ähnlicher Bremseffekt gegenüber der Volksvertretung ging von der Institution des Staatsrats aus. Er war im 18. Jahrhundert zunächst als Kollegium von Spitzenbeamten zur Unterstützung des Monarchen konzipiert worden (Österreich 1760, Preußen 1781). Diese Funktion, speziell zur Beratung wichtiger Gesetze, hatte auch der Conseil d'état im Regierungssystem Napoleons. Im konstitutionellen Rahmen veränderte sich aber die Lage: Der im damals noch verfassungslosen Preußen vom Freiherrn vom Stein entworfene Staatsrat[198] sollte oberstes Exekutivorgan sein, was dann aber mit dem Übergang zur Regierungsweise mit Fachministern, die sich im Kabinett zusammenfanden, nicht wirklich zu vereinbaren war. Deshalb wurde der schließlich 1817 errichtete preußische Staatsrat zum Beratungsorgan für Gesetzgebung und wichtige Staatsangelegenheiten umgewidmet.[199] Mit dem Übergang Preußens zum Verfassungsstaat verlor der Staatsrat seine Bedeutung; 1852 wurde er faktisch dem Staatsministerium unterstellt.[200] Nicht nur seine im Verfassungsstaat so nicht akzeptable Stellung, sondern auch seine hochkonservative Besetzung in allen Territorien, die ihn eingeführt hatten (Württemberg 1819,[201] Kurhessen 1821, Bayern 1825, Sachsen 1831, Baden 1844),[202] belegt, daß er ein Staatsorgan aus dem Geist des «monarchischen Prinzips» war.

c) Gesetzesvorbehalt und Grundrechte

Für die Stellung der Volksvertretung entscheidend war der Katalog der ihr zugebilligten Beteiligungsrechte. Dieser Katalog wiederum war gewissermaßen die Kurzformel für die innerstaatliche Machtverteilung. Da es den Absolutismus in der alten Form nicht mehr geben konnte und das in die Zukunft weisende parlamentarische Modell im 19. Jahrhundert nicht rein verwirklicht worden ist, blieb es bei einem kompromißhaften Zwischenzustand.

[197] Im Durchschnitt dürfte vor 1848 nur etwa 1% der gesamten Bevölkerung wahlberechtigt gewesen sein. Vgl. die Angaben für Bayern aus dem Jahre 1843 (aktives Wahlrecht: Stadtbevölkerung 0,57%, Landbevölkerung 1,4%; passives Wahlrecht als Wahlmann: Stadtbevölkerung 0,5%, Landbevölkerung 0,02%) bei *D. Grimm*, Deutsche Verfassungsgeschichte 1776–1866, 1988, 127.

[198] Organisationsedikt v. 24. 11. 1808.

[199] Kabinettsordre v. 31. 3. 1810; VO über die veränderte Verfassung aller obersten Staatsbehörden in der preußischen Monarchie v. 27. 10. 1810, PrGS 1810, 3.

[200] Umfassend *H. Schneider*, Der preußische Staatsrat 1817–1918, 1952.

[201] Unter der Bezeichnung Geheimer Rat, vgl. §§ 54ff. württ. Verf. v. 1819.

[202] *M. W. Francksen*, Die Institution des Staatsrats in den Deutschen Staaten des 19. Jahrhunderts, in: Zeitschr. f. Neuere Rechtsgeschichte 7 (1985) 19–52; *P. Conring*, Staatsrat, HRG IV (1990), Sp. 1832–1836, beide m. w. Nachw.

Besonders deutlich ist die Konfliktlage beim Steuerbewilligungsrecht, um das sich schon vom 16. Jahrhundert an die Auseinandersetzungen zwischen Monarch und Landständen gedreht hatten. Während die französischen Verfassungen von 1791, 1793, 1795, 1799 vom Recht des Parlaments auf Steuerbewilligung und Ausgabenfestsetzung ausgingen, erklärte die Charte constitutionelle von 1814 allein die Steuerbewilligung, also die Einnahmenseite, von der Zustimmung der beiden Kammern und der Sanktionierung durch den König für abhängig. An diese viel moderatere Linie hielten sich dann die deutschen Autoren nach 1814.[203] Die deutschen Verfassungen des Vormärz folgen keineswegs, wie die grundlegende Untersuchung von FRIAUF gezeigt hat, dem einfachen Modell, daß die Landtage vor 1848 nur ein Steuerbewilligungsrecht (bayerisches System), nicht jedoch ein Budgetrecht (preußisches System) besessen hätten, und daß die preußische Verfassung von 1848/50 als erste dem Landtag ein solches Budgetrecht beschert habe.[204] Tatsächlich ist die Lage im Vormärz viel differenzierter. Die Unterscheidung zwischen Steuerbewilligungs- und Budgetrecht verläuft nicht auf der Grenzlinie von 1848, sondern eher zwischen Klein- und Großstaaten. In den Kleinstaaten verständigte man sich schon früh mit den Volksvertretungen auch über die Verwendung der Steuermittel. Dagegen legten alle größeren Staaten, unterstützt vom Deutschen Bund,[205] der mit Intervention drohte, Wert darauf, die Volksvertretungen von der Mitsprache über die Verwendung der Steuermittel fernzuhalten, insbesondere was die Militärausgaben anging. Entsprechend heftig waren die literarischen Auseinandersetzungen um diesen für die politische Bewegungsfähigkeit der Regierungen tatsächlich zentralen Punkt.[206]

Ebenso aufschlußreich für die gesamte Verfassungslage vor 1848 sind die verfassungsrechtlichen Verbürgungen von Grundrechten.[207] Ihre Funktion war es zunächst einmal, dem Dritten Stand durch Abbau von Privilegien und überholten Hemmnissen Gleichstellung, ökonomische Entfaltungsmöglichkeiten und Rechtsschutz zu verbürgen, um so politische Zustimmung einzuwerben. Dabei manifestierte sich die Gleichstellung vor allem im Bereich der öffentlichen Lasten, beim Zugang zu öffentlichen Ämtern und bei der Militärdienstpflicht. Die ökonomische Entfaltung zielte auf die Mobilisierung des Bodens, der Gewerbe und des Handels,[208] wobei sich aber der Staat Eingriffsmöglichkeiten im öffentlichen Interesse vorbehielt.

[203] *K. H. Friauf,* Der Staatshaushaltsplan im Spannungsfeld zwischen Parlament und Regierung. I. Verfassungsgeschichtliche Untersuchungen über den Haushaltsplan im deutschen Frühkonstitutionalismus, 1968, 34 ff.

[204] Preußische Verfassung v. 31. Januar 1850, Art. 99, 100.

[205] Bundesbeschluß über Maßregeln zur Aufrechterhaltung der gesetzlichen Ruhe und Ordnung in Deutschland vom 28. 6. 1832 (*Huber,* Dokumente 1, 117).

[206] *F. Murhard,* Budget, in: *Rotteck-Welcker,* 2. Aufl., Bd. 2 (1846) 689–703; *K. v. Rotteck,* Lehrbuch des Vernunftrechts und der Staatswissenschaften, 4. Bd., Stuttgart 1835, 460–461; *P. A. Pfizer,* Das Recht der Steuerverwilligung nach den Grundsätzen der württembergischen Verfassung, mit Rücksicht auf entgegenstehende Bestimmungen des Deutschen Bundes, Stuttgart 1836, 44–47 u. pass.

[207] Aus der reichen Literatur zur Entstehung der Grund- und Freiheitsrechte *R. Schnur* (Hg.), Zur Geschichte der Erklärung der Menschenrechte, 1964; *G. Oestreich,* Geschichte der Menschenrechte und Grundfreiheiten im Umriß, 2. Aufl. 1978; *G. Birtsch* (Hg.), Grund- und Freiheitsrechte im Wandel von Gesellschaft und Geschichte, 1981; *ders.* (Hg.), Grund- und Freiheitsrechte von der ständischen zur spätbürgerlichen Gesellschaft, 1987; *W. v. Rimscha,* Die Grundrechte im süddeutschen Konstitutionalismus, 1973; *U. Scheuner,* Begriff und rechtliche Tragweite der Grundrechte im Übergang von der Aufklärung zum 19. Jahrhundert, in: Der Staat, Beih. 4, 1980, 105 ff.; *D. Klippel,* Die Theorie der Freiheitsrechte am Ende dese 18. Jahrhunderts in Deutschland, in: *H. Mohnhaupt* (Hg.), Rechtsgeschichte in den beiden deutschen Staaten (1988 bis 1990), 1991, 348–386.

[208] *J. C. Leuchs,* Gewerb- und Handelsfreiheit;

Die zweite Funktion der Grundrechtsgarantien lag darin, daß sie die entsprechende freiwillige Selbstbeschränkung der staatlichen Bürokratie gegenüber der Gesellschaft markierten. Dabei wird deutlich, daß die deutschen Staaten die ökonomische Seite der Freiheit nachdrücklich begünstigten, schon um die Steuerleistung anzuheben,[209] aber außerordentlich empfindlich waren, wo es um politische Grundrechte ging (Meinungs- und Pressefreiheit,[210] Vereinigungs- und Versammlungsfreiheit). «Die Preßfreiheit», so sagte beispielsweise die badische Verfassung von 1818 in vorsichtigen und dunklen Worten, «wird nach den künftigen Bestimmungen der Bundesversammlung gehandhabt werden».[211]

Durchgängig waren die Grundrechte, wie die Verfassungen überhaupt, «Gewährungen». Sie waren nicht durch revolutionären Griff als Naturrechte «vom Himmel» geholt, sondern den Partikularnationen der Einzelstaaten von den Landesvätern geschenkt worden. «*Der Staat gewährt* jedem Einwohner Sicherheit seiner Person, seines Eigenthums und seiner Rechte.»[212] Und: «*Der Staat sichert* jedem Bürger Freiheit der Person, Gewissens- und Denkfreiheit, Freiheit des Eigenthums und Auswanderungsfreiheit»[213]zu. Das gibt den Grundrechtskatalogen des deutschen Vormärz den für sie charakteristischen patriarchalischen und politisch eingeengten Ton und es zeigt zugleich auch die darin steckende Verbindung zur Aufgabe der alten Stände, Eigentum und Freiheit («Gut und Blut») der Untertanen gegen Übergriffe des Herrschers zu sichern. Insofern steht die Schutzfunktion der Grundrechte gegenüber dem Bürger im Vordergrund, verbunden mit der Aufgabe, die Beteiligungsrechte des Parlaments bei der Berührung von «Freiheit und Eigentum» auszulösen. Die Grundrechte im deutschen Vormärz legten sich, wie zutreffend gesagt worden ist, «sichernd über eine Teilreform, die die alte Staatsgewalt selber in die Wege geleitet und soweit vorangetrieben hatte, wie es ihr wünschenswert und durchsetzbar erschienen war».[214] In ihrer Wirksamkeit waren sie durch bewußt ungenaue Formulierung, durch Gesetzesvorbehalte oder durch Hinweise auf den Deutschen Bund geschwächt, in der praktischen Realisierung aber vor allem durch die ungebrochene Dominanz der Exekutive. Sie waren keine Fanale einer neuen Gesellschaft, sondern Zugeständnisse an eine im Prinzip zum Gehorsam bereite Gesellschaft, sofern nur die Bedrückungen ein gewisses Maß nicht überstiegen.

Im Gegensatz zu dieser begrenzten rechtlichen Funktion, die zudem auf dem Hintergrund heutiger Grundrechtseffektuierung besonders schwach erscheint, muß man die verfassungspolitische Bedeutung der Grundrechte im Kontext des Vormärz relativ hoch einschätzen. Es war ein bedeutender Fortschritt, zum ersten Mal in einer knappen und gemeinverständlich abgefaßten Urkunde die Rechtsgrundlagen und einen Wertekatalog des Gemeinwesens nachlesen zu können. Hinter diesen Zustand zurück-

oder über die Mittel, das Glück der Völker, den Reichthum und die Macht der Staaten zu begründen, Nürnberg 1827.

[209] *Ullmann*, oben Anm. 172.

[210] *G. Birtsch*, Gemäßigter Liberalismus und Grundrechte. Zur Traditionsbestimmtheit des deutschen Liberalismus von 1848/49, in: *W. Schieder* (Hg.), Liberalismus in der Gesellschaft des deutschen Vormärz, 1983; *W. Siemann*, Kampf und Meinungsfreiheit im deutschen Konstitutionalismus, in: *J. Schwartländer – D. Willoweit* (Hg.), Meinungsfreiheit – Grundgedanken und Geschichte in Europa und den USA, 1986, 173ff.

[211] § 18 Verfassungsurkunde für Baden.

[212] Abschn. IV, § 7 Verfassungsurkunde für Bayern 1818.

[213] § 25 Verfassungsurkunde Württemberg 1819.

[214] *Grimm* (Anm. 197), 133.

zugehen war für die Regierungen mit hohen politischen Risiken verbunden. Die moralische Diskreditierung einer Regierung oder gar eines Monarchen, denen verfassungswidriges Verhalten vorgeworfen werden konnte, war erheblich; denn hier war die Heiligkeit des gegebenen Wortes und feierlicher Deklarationen berührt. Der hannoversche Verfassungsstreit und die kurhessischen Querelen zeigen dies deutlich. Insofern sind die Grundrechtskataloge des Vormärz weit über ihren schwachen rechtlichen Gehalt hinaus von großer Bedeutung für die politische Entwicklung, für die allmähliche Ausbildung eines parlamentarischen Selbstbewußtseins und die Entstehung eines die Bürger integrierenden «Verfassungsbewußtseins» gewesen.[215]

7. *Die Dritte Gewalt*

«Die Gerichtsbarkeit geht vom Könige aus.»[216] «Die Gerichte sind unabhängig innerhalb der Grenzen ihrer Competenz.«[217] «Die Gerichtsbarkeit wird im Namen des Königs und unter dessen Oberaufsicht durch collegialisch gebildete Gerichte in gesetzlicher Instanzen-Ordnung verwaltet. Die Gerichte, sowohl die bürgerlichen, als die peinlichen, sind innerhalb der Grenzen ihres Berufs unabhängig.»[218] So oder ähnlich lauten die Verfassungsgarantien. Sie versuchen die Balance zu halten: die Justiz als königliches Hoheitsrecht auf der einen, die gesetzliche Bindung einer unabhängigen Justiz auf der anderen Seite.

Die Ableitung der Justizhoheit aus der Souveränität schien schon deswegen notwendig, weil die deutschen Staaten des frühen 19. Jahrhunderts die Einschmelzung der Patrimonialgerichtsbarkeit und der geistlichen Gerichtsbarkeit in ein einheitliches staatliches Gerichtswesen noch zu leisten hatten.[219] Der Hauptgrund hierfür war die Absicht, den Besitzstand der monarchischen Gewalt gerade im Bereich der klassischen Hoheitsrechte ungeschmälert zu erhalten.[220] An einen parlamentarischen Zugriff auf die Justiz war gar nicht zu denken.

Die unterschiedlichen Akzentsetzungen sind allerdings aufschlußreich: sprachen die einen von «der richterlichen Gewalt der Regenten»,[221] so betonten die anderen «Alle öffentliche Rechtspflege geht von dem Staat aus».[222] Ähnliche Divergenzen gab es bei den konstitutionellen Einschränkungen der Justizhoheit. Die Garantien des gesetzlichen Richters und der richterlichen Unabhängigkeit,[223] das Verbot der Machtsprü-

[215] Kennzeichnend der Artikel von *P. Pfizer,* Urrechte oder unveräußerliche Rechte, in: *Rotteck-Welcker,* Staatslexikon, 2. Aufl., Bd. 12 (1848), 689–706. Aus der neueren Literatur siehe vor allem *W. v. Rimscha* (Anm. 207); *R. Wahl,* Rechtliche Wirkungen und Funktionen der Grundrechte im deutschen Konstitutionalismus des 19. Jahrhunderts, in: Der Staat 18 (1979) 321 ff.; *G. Kleinheyer,* Aspekte der Gleichheit in den Aufklärungskodifikationen und den Konstitutionen des Vormärz, in: Von der ständischen Gesellschaft zur bürgerlichen Gleichheit. Beiheft 4 zu Der Staat, 1980, 7–31; *G. Birtsch* (Anm. 207).

[216] Tit. VIII, § 1 Verfassungsurkunde für Bayern (1818).

[217] § 14 I Verfassungsurkunde für Baden (1818).

[218] §§ 92, 93 Verfassungsurkunde für Württemberg (1819).

[219] Die wichtigsten Nachweise der zeitgenössischen Diskussion bei *Klüber,* 3. Aufl. 1831, §§ 368–372.

[220] *Maurenbrecher,* Grundsätze (Anm. 34), §§ 189, 190.

[221] *Maurenbrecher,* Grundsätze (Anm. 34), § 189.

[222] *Klüber* (Anm. 47), 3. Aufl. 1831, § 366, VII.

[223] *D. Simon,* Die Unabhängigkeit des Richters, 1975; *R. Ogorek,* Richterkönig oder Subsumtionsautomat? Zur Justiztheorie im 19. Jahrhundert, 1986.

che und die klare Trennung von Judikative und Exekutive[224] hatten sich schon seit der Mitte des 18. Jahrhunderts langsam durchgesetzt, waren aber gerade in der politisch verschärften Atmosphäre des Vormärz ständig durch einzelne Eingriffe bedroht.[225] Eine wirkliche gerichtliche Kontrolle des Verwaltungshandelns war noch nicht möglich, abgesehen von den begrenzten Aussichten, einen Beamten vor dem Staatsgerichtshof anzuklagen,[226] Enteignungen und gesetzwidrige Freiheitsbeschränkungen von den ordentlichen Gerichten überprüfen zu lassen[227] sowie Petitionen einzureichen.[228] Die praktizierte «Verwaltungsrechtspflege» war keine Gerichtsbarkeit, sondern verwaltungsinterne Kontrolle, über deren Schwächen und Vorzüge nun eine lange, ab 1863 in die Verwaltungsgerichtsbarkeit mündende Debatte begann.[229]

Die konstitutionelle und gesetzliche Sicherung der Justiz war ein zentrales Thema des 19. Jahrhunderts. An der Qualität der gerichtlichen Entscheidung war für den Bürger unmittelbar ablesbar, wie es mit der Rechtspflege in seinem Staate stand. Für das Bürgertum insgesamt war die Frage «quis judicabit?» entscheidend für die Einebnung ständischer Restbestände in die bürgerliche Gesellschaft und für die neu herzustellende ökonomische und politische Gerechtigkeit. Gerichtsöffentlichkeit,[230] Schwurgerichte,[231] Staatsanwaltschaft und Rechtsanwaltschaft[232] bis hin zur Gerichtsarchitektur[233] waren deshalb heiß umkämpfte Themen, an denen es sich erwies, wie schwierig es war, die traditionellen Strukturen der Justiz nach Maßgabe der verfassungsrechtlichen Proklamationen umzuformen, und welche Widerstände sich der Konkretisierung an der Basis entgegenstellten. Insofern ist auch die öffentlichrechtliche Literatur auf breiter Front in jene Kämpfe involviert, die im Grunde verfassungspolitische Kämpfe waren.

[224] Vgl. § 181 Reichsverfassung 1849: «Rechtspflege und Verwaltung sollen getrennt und von einander unabhängig sein.»

[225] Vgl. etwa *J. L. Klüber,* Die Selbständigkeit des Richteramtes und die Unabhängigkeit seines Urtheils im Rechtsprechen; im Verhältnis zu einer Preußischen Verordnung vom 25. Januar 1823, Frankfurt 1832; *H. Simon,* Die Preußischen Richter und die Gesetze vom 29. März 1844, Leipzig 1845. Diese hervorragende und mutige Schrift, die sich gegen die Absetzbarkeit der Richter wegen «Disziplinarvergehen» wandte, hatte Konsequenzen. Vgl. *H. Simon,* Mein Austritt aus dem preußischen Staatsdienst, 1846. Zur Biographie *Huber* II (1960), 401.

[226] §§ 195–205 Verfassungsurkunde für Württemberg (1819); ebenso für «höhere» Staatsbeamte Tit. X, § 6 Verfassungsurkunde für Bayern (1818).

[227] Als spezielle Regelung in Württemberg siehe §§ 60 Nr. 3, 30 Verfassungsurkunde für Württemberg (1819).

[228] Tit. VII, § 21 Verfassungsurkunde für Bayern (1818): «Jeder einzelne Staatsbürger, so wie jede Gemeinde kann Beschwerden über Verletzung der constitutionellen Rechte an die Stände-Versammlung ... bringen ...» Eine erheblich weitere Fassung findet das Petitionsrecht dann in § 159 Reichsverfassung 1849.

[229] § 182 Reichsverfassung 1849: «Die Verwaltungsrechtspflege hört auf; über alle Rechtsverletzungen entscheiden die Gerichte.» Zur Vorgeschichte der Verwaltungsgerichtsbarkeit unten Kap. 5, I, 4.

[230] *M. Th. Fögen,* Der Kampf um Gerichtsöffentlichkeit, 1974.

[231] *C. Th. Welcker,* Recht, Staat und Strafe, 1813; *C. J. A. Mittermaier,* Die Mündlichkeit, das Anklageprinzip, die Öffentlichkeit und das Geschworenengericht, 1845 (Nachdr. 1970). Vgl. *E. Schwinge,* Der Kampf um die Schwurgerichte, 1926; *E. Sjöholm,* Rechtsgeschichte als Wissenschaft und Politik, 1972; *H. Rüping,* Grundriß der Strafrechtsgeschichte, 2. Aufl. 1991, 76 ff.

[232] *Carsten,* Die Geschichte der Staatsanwaltschaft in Deutschland, 1932 (Nachdr. 1971); *Blankenburg-Treiber,* Die Einführung der Staatsanwaltschaft in Deutschland, in: Leviathan 6 (1978) 169 ff.; *Katerberg,* Vom Fiscalat zur Generalstaatsanwaltschaft, in: 75 Jahre OLG Düsseldorf, 1981, 117 ff.

[233] *P. Landau,* Reichsjustizgesetze und Justizpaläste, in: *E. Mai, H. Pohl, S. Waetzold* (Hg.), Kunstpolitik und Kunstförderung im Kaiserreich, 1982, 197 ff.

8. *Verfassung und Militär*

Wie verwoben Staatsorganisations- und Verfassungsfragen waren, zeigen auch die öffentlichrechtlichen Äußerungen zur Stellung des Militärs.[234] Soweit absolutistische Verfassungsstrukturen in das 19. Jahrhundert hineinragen, markant etwa in Österreich und Preußen, bleibt es dort – trotz der Heeresreformen in Reaktion auf die Erfahrungen der revolutionären levée en masse[235] – bei der traditionellen Zuordnung der Militärgewalt zum Monarchen: «Der Monarch war im Staat wie in der Armee mit unbeschränkter Bestimmungsgewalt ausgestattet; der Souveränität des Herrschers im Staat entsprach die unbedingte Kommandogewalt des Kriegsherrn in der Armee. Die den Staat beherrschende politische Führungsschicht war mit der militärischen Führungsschicht weithin identisch.»[236]

Soweit jedoch konstitutionelle Zustände herrschten, stellte sich die Frage, ob dies mit einer absolutistischen Heeresverfassung noch vereinbar sei. «Das constitutionelle Staatsbürgerthum dagegen», schrieb CARL WELCKER, «fordert ein kriegerisches Bürgerheer und Officiere als einen staatsbürgerlichen Stand im Staate mit den allgemeinen bürgerlichen Rechten und Pflichten.»[237] Wie weit sollte die Volksvertretung hier mitbestimmen dürfen, etwa über die Grundfrage der Erhaltung eines (königlichen) «stehenden Heeres» oder Schaffung eines «Volksheeres»,[238] über Reservesystem oder Landwehrsystem,[239] über die Einberufungen, die Länge der Wehrdienstzeiten bei allgemeiner Wehrpflicht, über die Bewilligung des Militärbudgets? Sollte sie durch Gesetz die Abschaffung adeliger Privilegien[240] und die Egalisierung der Wehrpflicht vorantreiben dürfen? Vor allem aber die Zentralfrage: Sollte das Heer dem Monarchen oder dem Volk unterstellt sein, sollte es einen «Fahneneid» oder einen «Verfassungseid» leisten? Für den «Verfassungseid» einzutreten, also für das Recht, notfalls im Namen der Verfassung Widerstand zu leisten, war ein Angriff auf das monarchische Prinzip und dessen letzte, in der Militärgewalt verankerte Möglichkeit der Selbstverteidigung gegen die Revolution.[241] Staatsrechtler, die sich mit diesen brisanten Fragen auseinandersetzten, bewegten sich auf dünnem Eis. Das Schicksal WILHELM BEHRS, den die Befürwortung des Verfassungseids ins Gefängnis gebracht hat, sprach für sich.

[234] *Klüber,* 3. Aufl., §§ 545–559; *Maurenbrecher,* Grundsätze (Anm. 34), § 205; *Zöpfl* (Anm. 129), 2. Th., § 492; *H. A. Zachariä* (Anm. 113), 3. Abth., §§ 21 ff.

[235] *E. R. Huber,* Heer und Staat in der deutschen Geschichte, 2. Aufl. 1943; *R. Höhn,* Scharnhorst. Soldat, Staatsmann, Erzieher, 3. Aufl. 1981; *ders.* Revolution, Heer, Kriegsbild, 1944; *G. Ritter,* Staatskunst und Kriegshandwerk. Das Problem des «Militarismus» in Deutschland, Bd. I: Die altpreußische Tradition (1740–1890), 4. Aufl. 1970.

[236] *Huber* I (1957), 219.

[237] *C. Welcker,* Heerwesen (Anhang), in: *Rotteck-Welcker,* Staats-Lexikon, 2. Aufl., Bd. 6, 1847, 596.

[238] *H. W. Pinkow,* Der literarische und parlamentarische Kampf gegen die Institution des stehenden Heeres in Deutschland in der ersten Hälfte des XIX. Jahrhunderts (1815–1848), Diss. Berlin 1912; *R. Höhn,* Verfassungskampf und Heereseid. Der Kampf des Bürgertums um das Heer (1815–1850), 1938; *ders.* Die Armee als Erziehungsschule der Nation. Das Ende einer Idee, 1963.

[239] *K. v. Rotteck,* Ueber stehende Heere und Nationalmiliz, 1816, in: *ders.* Kleine Schriften Bd. II; *C. Th. Welcker,* Begründung der Motion für eine constitutionellere, weniger kostspielige und mehr sichernde Wehrverfassung, Karlsruhe 1831.

[240] *E. Sossidi,* Die staatsrechtliche Stellung des Offiziers im absoluten Staat und ihre Abwandlungen im 19. Jahrhundert, 1939; *K. Demeter,* Das deutsche Offizierskorps in Gesellschaft und Staat 1650–1945, 4. Aufl. 1965.

[241] *R. Höhn* (Anm. 238); *Huber* I (1957), 364 ff.

9. *Staatsrechtslehre und Politik*

Die wissenschaftliche Behandlung des öffentlichen Rechts im Vormärz war in hohem Maße politisiert. Sämtliche einen Staat konstituierenden Fragen waren umstritten, die Stellung des Monarchen, seiner Regierung, des Militärs und der Zivilbeamten, die Beziehungen zwischen Staat und Kirche,[242] die Befugnisse der Volksvertretungen, der Umfang der kommunalen Selbstverwaltung, schließlich die Tragweite der staatsbürgerlichen Rechte (Meinungs- und Pressefreiheit, Versammlungsfreiheit, Vereinigungsfreiheit, Gewerbefreiheit, Bodenfreiheit, bürgerliche Gleichheit usw.). Möglicherweise hat diese damals unumgängliche, hochgradige Politisierung des Verfassungsrechts dazu beigetragen, daß der Ruf nach rein rechtlicher Konstruktion des Staatsrechts seit der Jahrhundertmitte immer stärker wurde und sich schließlich durchsetzte.

Damit hängt das zwischen 1815 und 1848 fast selbstverständliche Engagement der Staatsrechtslehrer in den Volksvertretungen zusammen. So unausweichlich die politische Parteinahme auf der wissenschaftlichen Ebene war, so sehr drängte sie auch zu praktischer Betätigung, als die Landtage eingerichtet wurden. Alle bekannteren Staatsrechtler finden wir auch als Abgeordnete in den Kammern, teils als Vertreter ihrer Universitäten,[243] teils als gewählte Abgeordnete aus den Wahlkreisen. Die dabei gesammelten Erfahrungen haben belebend und verschärfend auf ihre Schriften zurückgewirkt. Sie waren überzeugt, redend und schreibend etwas bewegen zu können, und sie fühlten sich verpflichtet, ihre Fähigkeiten für das gemeine Beste einzusetzen. Verfassungsgeleitete Politik ging plötzlich wieder alle an, und sie hatte in den Landtagen ein öffentliches Forum gefunden. Der politische Kontext staatsrechtlicher Argumente ist damit entschieden anders als zu Zeiten der Reichspublizistik, aber auch als in der distanzierteren Atmosphäre des staatsrechtlichen Positivismus nach 1870.

Inhaltliche Gruppierungen lassen sich angesichts der heftigen Streitigkeiten um die einzelnen Punkte kaum vornehmen. Aber alle bisherigen Untersuchungen der deutschen Staats(rechts)lehre des Vormärz haben gezeigt, daß das von den Staatsrechtlern konstruierte «gemeine deutsche Staatsrecht» mehr war als nur ein pädagogisches Hilfsmittel. Es gab in der Tat so etwas wie einen Typus, der sich immer wieder hinter allen Variationen als Muster zeigte, und zwar selbst da, wo er in nichtkonstitutionellen Staaten als Menetekel an der Wand erschien und gerade den Mangel sichtbar machte.

Ob man diesen Typus als «monistisch» oder als «dualistisch» umschreibt, hängt auch von der Einschätzung der demokratischen Entwicklungschancen ab, die man dem Modell zubilligte. Die «monistische» Vorstellung geht von der Innehabung der unteilbaren Souveränität beim Monarchen aus und gesteht der Volksvertretung sektorale Ausübungsbefugnisse zu, während die «dualistische» Deutung die Legitimation der Parlamente aus eigener Wurzel in der Volkswahl sucht. Dabei muß dann aber eingeräumt werden, daß schon die ersten Kammern und die Staatsräte an dieser Legitimation nicht teilhatten und daß die Begrenztheit parlamentarischer Rechte im Vormärz immer zu einer Asymmetrie zugunsten des Monarchen führte.[244]

Wichtiger als diese typologische Einordnung ist für unseren Zweck jedoch die Fest-

[242] *Huber* I (1957), 387 ff.

[243] *F. Gackenholz*, Die Vertretung der Universitäten auf den Landtagen des Vormärz, 1974.

[244] *Grimm* (Anm. 197), 138–141.

stellung, daß allen Kontrahenten gewisse Basisüberzeugungen gemeinsam waren. Sie wußten, daß der Absolutismus in seiner schroffen Form zusammengebrochen war. Wo seine Wiederaufrichtung betrieben wurde, wie etwa in Kurhessen, war das Scheitern vorhersehbar. Sie waren sich aber auch einig, daß demokratisch-republikanische Zustände höchst gefährlich seien.[245] Monarchien und Monarchen blieben nicht nur äußerlich unangetastet, sie waren – was viel wichtiger ist – auch in Gedanken sakrosankt. Die übergroße Mehrheit der gebildeten Oberschicht wünschte sich die konstitutionelle (Erb-)Monarchie mit ausgewogener Verteilung der Gewichte, mit «organischen» Entfaltungsmöglichkeiten für die bürgerliche Gesellschaft, zugleich «Rechtsstaat» und, an passender Stelle, wohlfahrtsstaatliche Fürsorge. Sie wünschte sich den föderativ aufgebauten Nationalstaat unter Erhaltung des historisch Gewachsenen, eine friedliche Synthese von Historie und Fortschritt, oder negativ: keine Radikalismen, keine Barrikaden und kein Blutvergießen, keinen Zentralismus und keine rationale Staatskonstruktion, keine Bevormundung durch eine allmächtige Bürokratie, aber auch kein Laissez faire. Der Staat sollte präsent bleiben, aber nicht drückend wirken, er sollte das Bürgertum mitreden lassen, aber auch kraftvoll handeln in der Stunde der Not.

Diese ambivalente Wunschliste konnte sich bei den aktiven Vertretern des Liberalismus zu einem eindrucksvollen Idealbild des bürgerlichen Staates zusammenfügen. Sie enthält aber auch alle Ingredienzien des politischen Biedermeier, hinter dem ein Bürgertum steht, das zur Abschüttelung seiner Fesseln zu schwach ist, sich in seiner Lage einrichtet und den starken monarchischen Staat in Reserve hält, um der aufsteigenden Bedrohung durch den Vierten Stand begegnen zu können.

[245] *P. Wende,* Radikalismus im Vormärz. Untersuchungen zur politischen Theorie der frühen deutschen Demokratie, 1975.

Drittes Kapitel

Die «allgemeine Staatslehre» im Vormärz

I. Konservativismus, Romantik, Restauration

1. Einleitung

Die Mitte des Denkens und Schreibens über öffentliches Recht ist das Bild vom Staat. Jede Epoche schafft sich hier ihre Mythen und Leitbilder, mögen sie instinktiv zugrunde gelegt und «vorwissenschaftlich», mögen es theoretisch anspruchsvoll ausgeformte Grundlagen des Staatsrechts sein. Die Leitbilder wiederum sind begleitet und durchkreuzt von abweichenden und oppositionellen Strömungen. Wer deshalb die Grundlinie des allgemeinen Staatsverständnisses zwischen 1750 und 1850 nachvollziehen will, muß sich gegenwärtig halten, daß die gängigen Etikettierungen – so sehr sie dem Ordnungsbedürfnis entgegenkommen mögen – die Sicht eher verstellen. Es geht nicht einfach um den Sprung von der Revolution in die Reaktion, von der rationalistischen Aufklärung in die politische Romantik,[1] nicht einfach um den staatstheoretischen Reflex des Weges «vom Pietismus über Empfindsamkeit und Sturm und Drang zur Erlebnisdichtung des jungen Goethe und zu den Höhen der Klassik und Romantik».[2] Gerade die krassen Ausformungen bestimmter staatstheoretischer Annahmen sind auf dem Weg zur «herrschenden Meinung» vielfach abgemildert und mit anderen Gedanken kombiniert worden, so daß man in der Polyphonie der Stimmen allenfalls das Typische und Repräsentative herausheben kann. Auch was «herrschende Meinung» besagen will, ist im Vormärz schwieriger zu bestimmen als sonst. Im geistigen Sinne herrschend war gewiß jene breite Strömung, die zwischen Absolutismus und Republikanismus den moderaten Mittelweg suchte, der als «erbliche Einherrschaft mit Repräsentativverfassung» bezeichnet wurde, also der vielfältig abschattierte Liberalismus, der sich mit den angestammten Herrscherhäusern auf der Basis von Verfassungsgarantien zu arrangieren gedachte. Gestützt wurde diese Richtung im wesentlichen von der «öffentlichen Meinung».[3]

Faktisch herrschend war dagegen das monarchische Prinzip. Hinter seinen publizistischen Vertretern stand die reale Macht von Beamtentum und Militär, Adel und Kirche, geheiligt und getragen von den gerade in Deutschland eingewurzelten alten Überzeugungen von der Legitimität obrigkeitlichen Handelns.

[1] *U. Scheuner,* Der Beitrag der deutschen Romantik zur politischen Theorie, in: Rhein-Westf. Ak. d. Wiss., Vorträge G 248, 1980.

[2] *R. Smend,* Politisches Erlebnis und Staatsdenken seit dem 18. Jahrhundert (1943), in: Staatsrechtliche Abhandlungen, 2. Aufl. 1986, 346 (347f.).

[3] *F. Valjavec,* Die Entstehung der politischen Strömungen in Deutschland 1770–1815 (1951), 1978; *D. Langewiesche,* Liberalismus in Deutschland, 1988, 12ff.

a) Terminologie

Für den allmählichen Wandel der theoretischen und politischen Perspektive zwischen Aufklärung und Vormärz ist schon die Verschiebung der Terminologie aufschlußreich. Das im späten 17. Jahrhundert als Unterabteilung der allgemeinen Naturrechtslehre entwickelte *ius publicum universale,*[4] als dessen Initiator der Niederländer ULRIC HUBER (1636–1694) gilt,[5] vereinte sich mit der älteren aristotelischen «prudentia civilis»,[6] wurde zur Rechtsdisziplin und erschien dann seit der Mitte des 18. Jahrhunderts unter den Bezeichnungen «natürliches Staatsrecht»,[7] «Staatsrecht nach der Vernunft» oder als «allgemeines Staatsrecht».[8] Sein Ursprung war damals noch klar, so wenn es in einer Heidelberger Vorlesungsankündigung von 1796 als «das auf Staaten angewandte Naturrecht (allgemeines Staatsrecht)» bezeichnet wurde.[9] Allerdings kommen auch im 18. Jahrhundert schon «Staatslehre» und «Staatsverfassungslehre» vor.[10] Im Verlaufe des 19. Jahrhunderts wandelte sich dann das Fach «Naturrecht» zur «Rechtsphilosophie»,[11] das «natürliche» oder «allgemeine Staatsrecht» spaltete sich nochmals auf und wurde einerseits das alle deutschen Einzelstaaten verbindende «gemeine deutsche Staatsrecht»,[12] sowie die auch sprachlich vom geltenden Recht abgesetzte philosophische «Allgemeine Staatslehre» andererseits.[13]

Hinter diesen terminologischen Wandlungen steht eine ganze Wissenschaftsgeschichte. Sie besteht zunächst darin, daß die Disziplin des *ius publicum* im 18. Jahrhundert insgesamt so sehr an Gewicht gewinnt, daß sie in der Lage ist, ihre eigene theoretische Grundlegung aus dem Naturrecht formal herauszulösen und als Spezialfach («allgemeines Staatsrecht») zu präsentieren.[14] Mit dem Übergang in das 19. Jahrhundert werden dann die Anklänge an das Naturrecht schwächer und seit den dreißiger

[4] Zur Entwicklung vgl. *H. Kuriki,* Die Rolle des Allgemeinen Staatsrechts in Deutschland von der Mitte des 18. bis zur Mitte des 19. Jahrhunderts, AöR 99 (1974) 556–585; *Ch. Link,* Herrschaftsordnung und bürgerliche Freiheit, Wien 1979, 46ff.; *M. Friedrich,* Die Erarbeitung eines allgemeinen deutschen Staatsrechts seit der Mitte des 18. Jahrhunderts, JöR 34 (1985) 1, 15ff.; Geschichte, Bd. 1, 291ff.

[5] *T. J. Veen,* Recht en Nut, Studien over en naar aanleiding van Ulrik Huber (1636–1694), Zwolle 1976.

[6] Vgl. etwa *J. N. Hertius,* Elementa prudentiae civilis, Gießen 1679, u. ö.; *F. Schmier,* Jurisprudentia publica universalis, Salzburg 1722; *J. F. L. v. Schrodt,* Systema iuris publici universalis, Bamberg 1765.

[7] *K. H. Heydenreich,* Grundsätze des natürlichen Staatsrechts und seiner Anwendung, Leipzig 1795.

[8] *H. G. Scheidemantel,* Das Staatsrecht nach der Vernunft und den Sitten der vornehmsten Völker betrachtet, Jena 1770–1773; *ders.* Das allgemeine Staatsrecht überhaupt und nach der Regierungsform, Jena 1775.

[9] *Kuriki* (Anm. 4), 557.

[10] *G. F. Lambrecht,* Versuch eines vollständigen Systems der Staatslehre, 1784; *A. L. Schlözer,* Allgemeines StatsRecht und StatsVerfassungsLere, Göttingen 1793.

[11] *G. W. F. Hegel,* Naturrecht und Staatswissenschaft im Grundrisse (Grundlinien der Philosophie des Rechts), Berlin 1821 zeigt den Übergang im Titel.

[12] Vgl. hierzu Kapitel 2, III.

[13] *Kuriki* (Anm. 4) 559. Nach seinen Beobachtungen erscheint die Allgemeine Staatslehre in der ersten Hälfte des 19. Jahrhunderts als Einleitung zu den gesamten Staatswissenschaften, wird aber dann als eigenständige Vorlesung, meist kombiniert mit «Politik», innerhalb des Kanons der Juristischen Fakultäten im letzten Drittel des 19. und am Anfang des 20. Jahrhunderts eingeführt (Heidelberg 1875/76, Freiburg 1897, Berlin 1899, Tübingen 1902/03, Leipzig 1908, Wien 1911/12, Göttingen 1914, München 1918).

[14] *D. Klippel,* Politische Freiheit und Freiheitsrechte im deutschen Naturrecht des 18. Jahrhunderts, 1976, 178f.; *ders.* Politische Theorien im Deutschland des 18. Jahrhunderts, in: Aufklärung 2 (1987) 57ff.

Jahren ganz getilgt. Der wichtigste Grund hierfür ist wohl die Konnotation von Naturrecht, Aufklärung und Revolution, die das Naturrecht nun belastete.

Ein Spezialproblem kam hinzu: Das philosophische «allgemeine Staatsrecht» konnte mit dem die einzelstaatlichen Staatsrechte überwölbenden «gemeinen deutschen Staatsrecht» verwechselt werden. Außerdem suggerierte der Terminus «-recht» eine positivrechtliche Geltung. Deshalb wich man aus und verwendete Zusätze wie etwa «philosophisches» oder «ideales» Staatsrecht[15] oder verzichtete auf die Bezeichnung als «Recht» ganz und ging zu der Bezeichnung «Allgemeine Staatslehre» über. Damit war im Grunde die alte Beziehung zur «Politik» wieder möglich geworden.[16] Tatsächlich wurde die Vorlesung «Allgemeine Staatslehre» am Ende des 19. Jahrhunderts auch gemeinsam mit «Politik» bzw. Rechtsphilosophie gehalten.[17]

b) Von der «Maschine» zum «Organismus»

Wie vielfarbig man auch immer die staatstheoretische Ideenlandschaft des 18. Jahrhunderts sehen mag, in ihren methodischen Grundlagen war sie doch homogen: es war die Epoche der Aufklärung, des Natur- oder Vernunftrechts. In den Annahmen zur Entstehung des Staates, seiner Legitimation und seinem Zweck bestand weitgehende Übereinstimmung. Es erschien ausgemacht, daß dem Staat ein fiktiver Vertrag freier Menschen zugrunde liege, daß der Antrieb zu diesem Vertrag in der Schwäche der menschlichen Natur und in der Unmöglichkeit liege, die vorstaatlichen Konflikte anders als durch Zusammenschluß und Unterwerfung unter eine gemeinsam gebilligte Rechtsordnung und eine Oberhoheit zu bewältigen.[18] Welchen genauen Inhalt dieser Vertrag habe und ob er bei Vertragsverletzungen durch Inanspruchnahme eines Widerstandsrechts wieder auflösbar sei, war streitig.[19] Aber das Prinzip einer voluntaristischen, konsensualen und rationalistischen Begründung der Staatsgewalt war anerkannt.[20] Noch der frühe FICHTE dachte so und nach ihm alle Kantianer der zweiten und dritten Generation im Vormärz.[21] Man war sich auch darüber einig, die so be-

[15] *F. Schmitthenner*, Grundlinien des allgemeinen oder idealen Staatsrechts, Gießen 1843. Hierzu unten Anm. 403ff.

[16] *K. Plog*, Die Krise der Allgemeinen Staatslehre in der Wissenschaftsgeschichte der Politik, Diss. Hamburg 1969; nunmehr vor allem *J. Rükkert*, Kant-Rezeption (oben Kap. 1, Anm. 117).

[17] *Kuriki* (Anm. 4), 559f. m. w. Nachw.; für die Zeit nach 1900 *P. Badura*, Die Methoden der neueren allgemeinen Staatslehre, 1959.

[18] *J. W. Gough*, The Social Contract. A critical study of its development, 2. Aufl. Oxford 1957; *R. Schottky*, Untersuchungen zur Geschichte der staatsphilosophischen Vertragstheorien im 17. und 18. Jahrhundert, 1962; *P. Badura–H. Hofmann* (Hg.), Der Herrschaftsvertrag, 1965; *H. Höpfl–M. P. Thompson*, The History of Contract as a Motif in Political Thought, in: The American Historical Review 84 (1979) 919–944; *H. Hofmann*, Zur Lehre vom Naturzustand in der Rechtsphilosophie der Aufklärung, in: *R. Brandt* (Hg.), Rechtsphilosophie der Aufklärung, 1982, 12–46.

[19] *A. Kaufmann–L. E. Backmann* (Hg.) Widerstandsrecht, 1972.

[20] Repräsentativ *J. H. G. v. Justi*, Die Natur und das Wesen der Staaten, als die Grundwissenschaft der Staatskunst, der Policey, und aller Regierungs-Wissenschaft, Berlin-Stettin-Leipzig 1760.

[21] *J. G. Fichte*, Grundlage des Naturrechts nach Prinzipien der Wissenschaftslehre, Jena-Leipzig 1796, 1797. Inwieweit dies auf *Kant* zurückgeht, insbesondere auf «welchen Kant», ist ein eigenes Forschungsfeld. Vgl. die ergänzungsbedürftige Darstellung von *H. Krüger*, Kant und die Staatslehre des 19. Jahrhunderts, in: *J. Blühdorn–J. Ritter* (Hg.), Philosophie und Rechtswissenschaft. Zum Problem ihrer Beziehung im 19. Jahrhundert, 1969, 49–56 sowie dort auch die Beiträge von *H. Kiefner* und *W. Naucke* zum Zivil- und Strafrecht (vertiefend nochmals *Naucke*,

gründete Herrschergewalt dürfe keine tyrannische sein, sie sei vielmehr «gebunden», teils durch höherrangige transzendentale Normen (Offenbarung, ius divinum), teils durch Naturrechtsnormen, teils durch historisch oder konsensual begründete Fundamentalgesetze, deren «Verfassungscharakter», wie man anachronistisch sagen könnte, der Herrscher zu respektieren habe.[22]

Das Konstruktionsmodell der Herrschaft war nicht nur rational, es war auch mechanistisch;[23] die Metaphern vom Staat als «Maschine» oder als «Uhrwerk» beherrschten das Denken.[24] Noch 1793 schrieb August Ludwig Schlözer (1735–1809)[25] pointiert: «Der Staat ist eine I. Erfindung: Menschen machten sie zu ihrem Wohl, wie sie Brandkassen etc. erfanden. Die instruktivste Art, Staatslehre abzuhandeln, ist, wenn man den Staat als eine künstliche, überaus zusammengesetzte Maschine, die zu einem bestimmten Zweck gehen soll, behandelt. Aber II. uralt ist diese Erfindung: wir treffen sie schon beim allerersten Anfang der Geschichte an.»[26]

Die mechanistische Sicht des Staates hatte jedoch immer Opponenten gefunden. Für die historisch-pragmatische Arbeit der Reichspublizisten war sie ohnehin nicht akzeptabel. Maschinenmäßig und «more geometrico» war die Reichsverfassung nicht zu deuten. Hier lagen die längst eingebürgerten organologischen Metaphern vom «Reichskörper» und von «Haupt und Gliedern» viel näher. Aber auch im Kontext des territorialen Absolutismus, jedenfalls wenn man von Preußen absieht, war die Maschinenmetapher nie ganz ungebrochen. Sie widerstrebte dem immer noch lebendigen christlich-paternalistischen Amtsverständnis, und sie verdrängte zu stark das geschichtliche Element, dem im 18. Jahrhundert wachsende Bedeutung zuerkannt wurde. In tieferen Bewußtseinsschichten blieb die Organismusvorstellung[27] und damit die Einsicht präsent, das Gemeinwesen habe eine lebendige Geschichte, es stehe unverfügbar über den Einzelnen, ihm komme eine eigene Würde zu, die ein rational konstruierter Mechanismus nicht beanspruchen könne. Besonders wichtig für diesen allmählich eingeleiteten Stimmungswandel ist Montesquieus individualisierender und historisierender Blick auf die einzelnen Gemeinwesen und seine Empfehlung, Gesetze nicht mechanisch, sondern mit Rücksicht auf die faktischen Bedingungen zu ge-

Die Dogmatisierung von Rechtsproblemen bei Kant, ZNR 1, 1979, 3–20); zum Zivilrecht *H. Coing*, Kant und die Rechtswissenschaft (Frankfurter Univ.reden, 12), 1955.

[22] *Ch. Link*, Herrschaftsordnung und bürgerliche Freiheit. Grenzen der Staatsgewalt in der älteren deutschen Staatslehre, Wien u. a. 1979; *H. Mohnhaupt*, Die Lehre von der «Lex Fundamentalis» und die Hausgesetzgebung der europäischen Dynastien, in: *J. Kunisch* (Hg.), Der dynastische Fürstenstaat, 1982, 3ff.

[23] *W. Röd*, Geometrischer Geist und Naturrecht, 1970; *H. W. Arndt*, Methodo scientifica pertractatum. Mos geometricus und Kalkülbegriff in der philosophischen Theorienbildung des 17. und 18. Jahrhunderts, 1972; *H. Eichberg*, Geometrie als barocke Verhaltensnorm, ZHF 1977, 17–50.

[24] *B. Stollberg-Rilinger*, Der Staat als Maschine. Zur politischen Metaphorik des absoluten Fürstenstaates, 1986.

[25] *M. Stolleis*, Schlözer, HRG IV, 1990, Sp. 1442f.

[26] *A. L. Schlözer* (Anm. 10), 3. Zum Naturrecht am Ende des 18. Jahrhunderts zusammenfassend *D. Klippel*, Von der Aufklärung der Herrscher zur Herrschaft der Aufklärung, ZHF 1990, 193–210 (202ff.).

[27] *W. Melchior*, Der Vergleich des Staates mit einem Organismus, 1935; *G. Frühsorge*, Der politische Körper, 1974; *G. Dohr van Rossum*, Organ, in: *Brunner–Conze–Koselleck* (Hg.), Geschichtliche Grundbegriffe 4 (1978) 555; *D. Peil*, Untersuchungen zur Staats- und Herrschaftsmetaphorik in literarischen Zeugnissen von der Antike bis zur Gegenwart, 1983, 302ff.; *E. W. Böckenförde*, Der Staat als Organismus. Zur staatstheoretisch-verfassungspolitischen Diskussion im frühen Konstitutionalismus, jetzt in: *ders.* Recht, Staat, Freiheit, 1991, 263–272.

ben.[28] In diesem Sinne haben dann JUSTUS MÖSER[29] und JOHANN GEORG SCHLOSSER[30] gegen die unhistorische, unorganische und tendenziell stets despotische Einheitsgesetzgebung Stellung genommen.[31]

Alle adelige, ständische oder kirchliche Opposition gegen den «mechanischen» Absolutismus stützte sich auf «hergebrachte» Rechte und Freiheiten, argumentierte somit historisch. Das mochte man später, je nach Bewertung, «freiheitlich» oder «reaktionär» nennen, tatsächlich liegt diesem Denken nicht der aufklärerische Fortschrittsoptimismus zugrunde, sondern eine ruhigere Vorstellung von «Entwicklung». Sie konnte christlich auf dem Aufgehobensein in Gottes Ratschluß und einer entsprechend niedrig angesetzten Rolle menschlichen Tuns begründet sein, konnte den Staat pantheistisch als pflanzenhaft wachsendes Naturwesen begreifen, konnte aber auch einem konservativen Skeptizismus entspringen, der nicht bereit war, die halbwegs leidliche Gegenwart einer utopischen Zukunft zu opfern. Alle drei Varianten fühlten sich jedenfalls vom Bild des «Organismus» ungleich stärker angezogen als von der zentral gesteuerten, «seelenlosen» Maschine, die einfach menschliche «Interessen» verwaltete. «The state ought not to be considered», schrieb EDMUND BURKE 1790, «as nothing better than a partnership agreement in a trade of pepper and coffee, calico or tobacco, or some other such low concern, to be taken up for little temporary interest, and to be dissolved by the fancy of the parties.»[32]

Dieser Widerwille gegen die Mechanik und die niedrigen Individualinteressen bewegte auch die ab 1806 in Preußen wirkenden Reformer. Nachdem das friderizianische «mechanische» System vor ihren Augen zusammengebrochen war, setzten sie nun auf die Mobilisierung der «lebendigen» und «organischen» Kräfte. Indem sie das Gemeinwesen als Organismus begriffen, machten sie den Bürger zum Staatsorgan, förderten die Identifikation mit «seinem» Staat auf allen Ebenen. Dies gilt – nach den Erfahrungen mit den französischen Revolutionsarmeen – auch für das Militär, dessen Reformer SCHARNHORST und GNEISENAU die Vorstellung von der Armee als Maschine zu überwinden suchten.[33] «Weit entfernt also», schrieb auch CARL VON CLAUSEWITZ (1780–1831) um 1808, «daß die Kriegskunst der Neuern die Tendenz haben sollte, die Menschen als bloße Maschinen zu gebrauchen, muß sie, so gut als jede andere, so weit es ihr die Natur ihrer Waffen erlaubt, die individuellen Kräfte beleben.»[34] In diesem

[28] *H. Trescher,* Montesquieus Einfluß auf die Geschichts- und Staatsphilosophie bis zum Anfang des 19. Jahrhunderts, in: Schmollers Jahrb. 42 (1918) 267–304; *dies.* Montesquieus Einfluß auf die philosophischen Grundlagen der Staatslehre Hegels, aaO. H. 2, 49–79, H. 3, 77–114: *R. Vierhaus,* Montesquieu in Deutschland, in: *ders.* Deutschland im 18. Jahrhundert, 1987, 9–32; *F. Herdmann,* Montesquieurezeption in Deutschland im 18. und beginnenden 19. Jahrhundert, 1990; *H. Mohnhaupt,* Montesquieu und die legislatorische Milieu-Theorie während der Aufklärungszeit in Deutschland, in: Deutsches Recht zwischen Sachsenspiegel und Aufklärung, Rolf Lieberwirth z. 70. Geb., 1991, 177–191.

[29] *E. W. Böckenförde,* Die deutsche verfassungsgeschichtliche Forschung im 19. Jahrhundert. Zeitgebundene Fragestellungen und Leitbilder, 1961, 23–41; *J. Schröder,* Justus Möser, in: Staatsdenker, 2. Aufl. 1987, 294–309 m. w. Nachw. Siehe auch Anm. 36.

[30] *J. G. Schlosser,* Vier Briefe über die Gesetzgebung überhaupt und den Entwurf des preussischen Gesetzbuches insbesondere, Frankfurt 1789.

[31] Grundlegend *K. Mannheim,* Konservatismus: ein Beitrag zur Soziologie des Wissens, hrsgg. v. *D. Kettler,* 1984.

[32] *E. Burke,* Reflections on the French Revolution, 1790 (Everyman's Library, London 1953, 93).

[33] Lit. bei *Huber* I (1957), 216f. (§ 16).

[34] Zitiert bei *W. Hahlweg,* Carl von Clausewitz. Soldat, Politiker, Denker, 2. Aufl. 1969,

Fall wies also die Abwendung von der Maschinenmetapher keine konservierende, sondern eine modernisierende Funktion auf. Der «Organismus» erschien im Vergleich zur «Maschine» überlegen: er reagierte flexibler auf veränderte Umweltbedingungen, konnte durch die höhere Identifikation der Teile mit dem Ganzen Kräftereserven mobilisieren, die der Maschine fehlten, er konnte innere Spannungen besser verarbeiten und sich aufgrund größerer Opferbereitschaft auch nach Niederlagen schneller regenerieren.

c) Antirationalismus und Antiindividualismus

Auf dem literarischen Hintergrund von «Empfindsamkeit» und «Sturm und Drang» wuchs schon vor Ausbruch der Französischen Revolution die Stimmung gegen die Aufklärung.[35] Der historisch gesättigte Konservativismus Justus Mösers (1720–1794),[36] der christliche Skeptizismus Matthias Claudius' (1740–1815),[37] Johann Gottfried Herders (1744–1803) auf den «Volksgeist» bezogene poetische Theorie und Geschichtsmetaphysik,[38] der Reichspatriotismus des späten 18. Jahrhunderts, der bald in eine pathetische Nationalgeist-Verehrung überging,[39] – alles dies waren Signale einer antiaufklärerischen Stimmung, die gewissermaßen einen konkreten Anlaß suchte, um gegen die als allzu aufdringlich empfundene Pädagogik, die als «platt» verschriene eudämonistische Philosophie und die geschichtsfeindlichen «mathematischen» Gesellschafts- und Verwaltungsreformen des Absolutismus zu opponieren.[40]

Dieser Anlaß war die Französische Revolution. Als die Jakobinerherrschaft einsetzte, schienen sich alle früheren Vorbehalte gegen den Freiheits- und Gleichheitsenthusiasmus zu bestätigen. Selbst bei denen, die die Revolution zunächst freudig begrüßt hatten, war die Enttäuschung groß: «Nichts von dem, was der Franke des Guten verhieß und des Edlen/ Nichts von allem Diesen geschah/ Wie es auch mit entzückendem Ton die Beredsamkeit aussprach/ Und die Begeistrung es hob. – Aber Alles geschah, was je die stärksten der Worte/ Schreckliches nannten ...» schrieb Klopstock 1795, drei Jahre nachdem er französischer «citoyen» geworden war.[41] Nicht anders

34f. Vgl. *J. Kunisch,* Von der gezähmten zur entfesselten Bellona. Die Umwertung des Krieges im Zeitalter der Revolutions- und Freiheitskriege, in: *ders.* Fürst – Gesellschaft – Krieg, 1992, 203–226.

[35] *H. Zimmermann* (Hg.), Der deutsche Roman der Spätaufklärung. Fiktion und Wirklichkeit, (Neue Bremer Beiträge, 6) 1990; *J. Garber,* Spätabsolutismus und bürgerliche Gesellschaft. Studien zur deutschen Staats- und Gesellschaftstheorie im Übergang zur Moderne, 1990.

[36] *J. B. Knudsen,* Justus Möser and the German Enlightenment, Cambridge 1986; *J. Schröder,* Justus Möser als Jurist, 1986; *J. Rückert,* Historie und Jurisprudenz bei Justus Möser, in: Die Bedeutung der Wörter. Studien zur europäischen Rechtsgeschichte. Festschr. f. Sten Gagnér, 1991, 357ff. sowie oben Anm. 29.

[37] *R. Görisch,* Matthias Claudius und der Sturm und Drang, 1981.

[38] *Th. Würtenberger,* J. G. Herders Bedeutung für die Rechtsgeschichte, JZ 1957, 137–141; *G. Sander* (Hg.), Johann Gottfried Herder 1744–1803 (Studien z. achtzehnten Jh. Bd. 9), 1987.

[39] *M. Stolleis,* Reichspublizistik und Reichspatriotismus vom 16. zum 18. Jahrhundert in: *G. Birtsch* (Hg.) Patriotismus, in: Aufklärung 1991.

[40] Zur Entwicklung des Konservativismus vor und nach 1789 grundsätzlich *P. Kondylis,* Konservativismus. Geschichtlicher Gehalt und Untergang, 1986.

[41] *J. Droz,* Deutschland und die Französische Revolution, 1955; *R. Cobb,* Reactions to the French Revolution, 1972; *K. Epstein,* Die Ursprünge des Konservativismus in Deutschland. Der Ausgangspunkt: Die Herausforderung durch die Französische Revolution 1770–1806, 1973.

SCHILLER 1800, zum «Antritt des neuen Jahrhunderts»: «Edler Freund! Wo öffnet sich dem Frieden,/ Wo der Freiheit sich ein Zufluchtsort?/ Das Jahrhundert ist im Sturm geschieden,/ Und das neue öffnet sich mit Mord».

Viele wandten sich schaudernd ab, andere trennten zwischen «wahrer Aufklärung» und revolutionärer Praxis, wieder andere, wohl die Mehrheit, moderierten ihre ursprünglich hochgesteckten Ziele und peilten die konstitutionell beschränkte Erbmonarchie als Reformziel an.[42] Hierbei bestand das Problem darin, einerseits die Freiheitsvision zu bewahren, andererseits die Hinrichtungen in Frankreich nicht zu legitimieren und dies auf den Kontext der deutschen politischen Verhältnisse umzusetzen. Eine kleinere Gruppe von Intellektuellen schließlich schwenkte vollständig um und wandelte sich zu entschiedenen Konservativen, manche sogar mit einer solchen Radikalität, daß man vermuten kann, hier habe ein wegen verratener Jugendideale schlagendes Gewissen beschwichtigt werden müssen. Die Aufklärung konnte nun auf ihre giftigen «Früchte» hingewiesen werden.

Aber es sind nicht nur die Menschenopfer der Revolution, die den geistigen Wandel herbeiführten. Wichtiger noch sind wohl die kollektiven Angstgefühle, ausgelöst durch den beschleunigten Zerfall der hergebrachten Ordnungen. Daß an diesem Zerfall die Aufklärung mitwirkte, war evident. Deshalb kam auch die aufsteigende antiaufklärerische Grundstimmung aus Kreisen, die sich bedroht fühlten. Das waren die alten Landstände, die nun nicht mehr nur den absoluten Herrscher, sondern auch die Egalisierungstendenz der Volksherrschaft zu fürchten hatten, daneben der grundbesitzende Adel, dem die in Frankreich schonungslos vollzogene «abolition du régime féodal» Angst einflößte.[43] Diese Angst war gewiß auch materiell begründet; denn der Wegfall der Nutzungen aus dem Obereigentum des Bodens war bedeutend. Aber entscheidend war wohl das Grundgefühl des Adels, in eine völlig neue, vom Geld und vom Leistungprinzip geprägte Welt einzutreten. ACHIM VON ARNIM hat dies im letzten Satz von «Die Majoratsherren» (1819) in die Formel gebannt: «An die Stelle des Lehnswesens trat der Kredit.»[44]

Seit langem waren aber auch die Vertreter kirchlicher Orthodoxie der Aufklärung feind, weil sie spürten, daß die Aufklärung, selbst soweit sie nicht offenen Atheismus nach französischem Vorbild wagte, mit ihren deistischen und rationalistischen Tendenzen oder jedenfalls mit ihrem Eintreten für «Toleranz» festgefügte Strukturen zu zersetzen drohte.[45] In Deutschland rüttelte die kirchenkritische Aufklärung zwar nicht an

[42] *A. Müller,* Die Auseinandersetzung der Romantik mit den Ideen der Revolution, in: Romantik-Forschungen, 1929, 243–333; *H. W. Kuhn,* Der Apokalyptiker und die Politik. Studien zur Staatsauffassung des Novalis, 1961; *W. Malsch,* «Europa». Poetische Rede des Novalis. Deutung der Französischen Revolution und Reflexion auf die Poesie in der Geschichte, 1965; *R. Brinkmann,* Deutsche Frühromantik und Französische Revolution, in: Deutsche Literatur und Französische Revolution, 1974, 172–191.

[43] Siehe etwa die Schrift des hervorragenden hannoverschen Beamten *August Wilhelm Rehberg* (1757–1836), Untersuchungen über die Französische Revolution nebst kritischen Nachrichten von den merkwürdigsten Schriften welche darüber in Frankreich entstanden sind, 2 Th., Hannover und Osnabrück 1793.

[44] *B. Duncan,* Some Correspondences between Arnim's «Majoratsherren» and Fichte's Concept of the «Ich», in: Monatshefte für deutschen Unterricht, deutsche Sprache und Literatur 68 (1976) 51–59; *B. Haustein,* Romantischer Mythos und Romantikkritik in Prosadichtungen Achim von Arnims, 1974; *J. Knaack,* Achim von Arnim – Nicht nur Poet, 1976.

[45] Vgl. etwa die Schriften des der Aufklärung zugeneigten Münchner und Landshuter Theologen *Jakob Salat,* Auch die Aufklärung hat ihre Gefahren ..., München 1801; *ders.* Auch ein paar

den Fundamenten der Glaubenswahrheiten, richtete sich aber doch gegen die verhärtete protestantische Orthodoxie und gegen die unerfreulichen Seiten der katholischen geistlichen Herrschaften. Insofern waren die Fronten schon seit längerem erkennbar. Der offene Protest gegen die Aufklärung und die – keineswegs zu Unrecht mit ihr in Verbindung gesetzte – Revolution brach aber erst aus, als der Terror die Revolutionäre zu verschlingen begann.

Das Interesse an der Statussicherung und die Revolutionsangst werden durch eine mehr oder weniger unbewußt erfühlte Grundbefindlichkeit verstärkt. Allen Zeitgenossen der Jahrzehnte zwischen 1780 und 1810 mußte sich der Eindruck aufdrängen, in einer rasant beschleunigten Epoche zu leben: Physik und Chemie machten jährlich neue Entdeckungen, der Maschinenbau wurde revolutioniert, 1790 arbeitete das erste Walzwerk mit Dampfkraft, 1799 tauchte die erste Dampfmaschine in Berlin auf, ab 1804 wurden Lokomotiven im Bergbau eingesetzt, die Pockenschutzimpfung wurde entdeckt (1796), weiter das Leuchtgas (1802), der elektrische Telegraph (1809) und die Druckschnellpresse (1810). Der Mensch begann mit Heißluftballons zu fliegen (1783) und mit Fallschirmen zu springen (1784).

Gleichzeitig stürzten die ältesten, als unerschütterlich geltenden Säulen der rechtlichen und politischen Ordnung ein. Langfristig wirksamer für die kollektive Psyche als die Revolution selbst waren die Abschiede vom Ancien Régime: Leibeigenschaft, Folter und Bestrafung wegen Hexerei verschwanden, außerkirchliche Eheschließungen wurden möglich, vor allem aber war es die Wahrnehmung des inneren Bruchs der sakral vermittelten Legitimität: der Hinrichtung des legitimen Herrscherpaares folgte die Usurpation des Throns durch den homo novus. Ein Revolutionsgeneral bürgerlicher Herkunft setzte sich eigenhändig eine neugeschaffene Kaiserkrone auf, schloß sich durch eine kurzerhand abgepreßte «Staatsheirat»[46] einer alten Dynastie an, ernannte Könige, Fürsten und Großherzöge, goß ein Füllhorn neuer Titel und Würden über seine Anhänger aus und suchte für sich und seine Familie die Aura der alten Herrschafts- und Heilszeichen.[47] Dem sittlich und national erregten Heinrich von Kleist erschien Napoleon als «Vatermördergeist, der herumschleicht in dem Tempel der Natur, und an allen Säulen rüttelt, auf welchen er gebaut ist».[48] Das über Jahrhunderte vermittelte Erbcharisma, der Gedanke heiliger, mythischer Abstammung der königlichen Sippe und der damit vermittelten sakralen Fähigkeiten[49] war angetastet. So löste die Revolution nicht nur Schrecken aus, sondern auch die Sehnsucht nach einer Heilung der zerbrochenen Welt. Was Absolutismus und Rationalismus unter dem Banner von Aufklärung und Revolution zerstört hatten, sollte nun durch einen Rückgriff auf weit zurückliegende Zeiten der «Einheit» wiederhergestellt werden. Schon im An-

Worte über die Frage: Führt die Aufklärung zur Revolution?, München 1802. Sie wurden u. a. von *Hegel* vernichtend rezensiert, auch gab es Spannungen mit *Schelling*. Vgl. *G. Bacherer*, Dr. J. Salat, in: (Bülau's) Neue Jahrbücher der Geschichte und Politik 1 (1839) 543–547.

[46] *M. Stolleis*, Staatsheirat, HRG IV (1990), Sp. 1822–24.

[47] Zum Motiv des *homo novus* als Thronfolger oder Thronräuber vgl. *M. Stolleis*, Der Ranzen, das Hütlein und das Hörnlein, in: *H. Brackert* (Hg.), Und wenn sie nicht gestorben sind ... Perspektiven auf das Märchen, 2. Aufl. 1982, 153–164.

[48] *H. v. Kleist*, Katechismus der Deutschen, 1809, 7. Kapitel. Siehe auch *B. Allemann*, Der Nationalismus Heinrich von Kleists, in: *B. v. Wiese–R. Hentz* (Hg.), Der Nationalismus in Germanistik und Dichtung, 1967, 305–311.

[49] *M. Bloch*, Les rois thaumaturges, Straßburg 1929; siehe auch *A. Erler*, Königsheil, HRG II (1978) Sp. 1040f.

satz war dieser Rückgriff freilich keine natürliche Therapie, sondern eine künstliche Maßnahme; der Bruch heilte nicht wirklich.

Als eine Zeit der Einheit aller Widersprüche erschien das Mittelalter.[50] Es lag vor der Epoche des selbstherrlichen, verstandesgläubigen Individuums. Es diente als Projektionsfläche der eigenen Sehnsüchte. Charakteristische Begleiterscheinung jenes Stimmungswandels ist deshalb auch das Hervortreten des intellektuellen katholischen Elements sowie die ab 1800 gerade unter Schriftstellern und Künstlern auffällig hohe Zahl von Konversionen zum Katholizismus (Graf Leopold von Stolberg, Adam Müller, Zacharias Werner, Johann Friedrich Schlosser,[51] Gräfin Hahn-Hahn, Friedrich und Dorothea Schlegel,[52] Karl Ludwig von Haller,[53] Carl Ernst Jarcke[54] u. a.). Auch Heinrich von Kleist schrieb 1801 aus Leipzig: «Ach, nur einen Tropfen Vergessenheit, und mit Wollust würde ich katholisch werden».[55] Die protestantische Aufklärungstheologie schien an ein Ende geraten, der Protestantismus insgesamt als gemütskalte, strenge und den Rückgriff auf das Mittelalter blockierende Institution.[56] In seiner organisatorischen Zersplitterung und mit seinen notorischen theologischen Streitigkeiten schien der Protestantismus als Verwalter der einen und unteilbaren Wahrheit denkbar ungeeignet. Demgegenüber war die katholische Kirche, die seit dem Josephinismus und der Säkularisation von 1803 ohnehin als Opfer des aufgeklärten Absolutismus erschien und sich nun erneuter Spiritualisierung öffnete, der Hort mittelalterlicher Geschichtlichkeit, die große Mutter, die alle auf den Wegen des Rationalismus und Utilitarismus Verirrten wieder bei sich aufnahm.[57] Sie erfaßte den Menschen auch als Sinnenwesen, ließ ihn zurückkehren in die große – alle Reformationen und Revolutionen überbrückende – Tradition, gab ihm das Gefühl des Aufgehobenseins in einer ehrwürdigen Weltgemeinschaft, und sie entlastete durch menschenfreundliche Rituale vom individuellen Schuldbewußtsein. Die Wiederentdeckung des Mittelalters durch die Geschichtswissenschaft, durch die Literaturwissenschaft und die junge Kunstgeschichte, der «neogotische» Baustil, das Nazarenertum[58] und die generelle Verklärung des mittelalterlichen geistlichen Lebens in bildender Kunst und Literatur sind Facetten eines einheitlichen Vorgangs: der Abwendung vom 18. Jahrhundert, von der Idee der prinzipiell unbegrenzten rationalen Gestaltbarkeit

[50] *Novalis,* Die Christenheit oder Europa (1799, erstmals gedruckt 1826, hier nach d. Ausgabe 1962), hrsgg. v. *A. Kelletat,* 389–408.

[51] *O. Dammann,* Johann Friedrich Heinrich Schlosser auf Stift Neuburg und sein Kreis, in: Neue Heidelberger Jahrbücher NF 1934, 1–128.

[52] Letztere sogar in zwei Schritten vom Judentum zum Protestantismus und von da zum Katholizismus. Vgl. *C. Stern,* «Ich möchte mir Flügel wünschen». Das Leben der Dorothea Schlegel, 1990, 221 ff.

[53] *K. L. v. Haller,* Lettre à sa famille, pour lui déclarer son retour à l'Eglise catholique, Paris 1821. Seine Konversion war «gewissermaßen ein europäisches Ereignis» (*Blösch,* ADB 10, 1879, 433) und führte zum Verlust der öffentlichen Ämter in Bern.

[54] *Mohl* II, 578–592. Umfassend nunmehr *H.-Ch. Kraus,* Carl Ernst Jarcke und der katholische Konservatismus im Vormärz, in: Historisches Jahrbuch 110 (1990) 409–445; *ders.* Carl Ernst Jarcke, in: Criticón 1991, 54 ff.

[55] *H. v. Kleist,* Brief an Wilhelmine von Zenge vom 21. 5. 1801.

[56] *Ch. Link,* Die Grundlagen der Kirchenverfassung im lutherischen Konfessionalismus des 19. Jahrhunderts, insbesondere bei Theodosius Harnack, 1966, 17–30.

[57] *J. v. Eichendorff,* Erlebtes (1857), in: Neue Gesamtausgabe, hrsgg. v. *G. Baumann,* 3. Aufl. 1978, Bd. 2, 1071: «ein großer Teil dieser, fast überall protestantisch geschulten Jugend ist in der Tat durch die Vorhalle der Romantik zur Kirche zurückgekehrt». – «Das Katholische wurde förmlich Mode» (aaO. 1072).

[58] Die Nazarener, Katalog Städel, Frankfurt 1977 m. w. Nachw.

der Welt, von absolutistischer Bevormundung, aber auch von Aufklärung, Freiheits- und Gleichheitspathos.[59]

2. *Der Denkweg zur «Identität»*

Der historisierende Rückgriff auf das heile Mittelalter war jedoch nicht der einzige Weg, die offenkundigen Brüche zu heilen. Auch das reine Denken schien die Entzweiung von Welt und Bewußtsein, Objektivität und Subjektivität «versöhnen» zu können.

a) J. G. Fichte

J. G. Fichte (1762–1814) hat dies, nachdem er von Kant ausgegangen war,[60] im mehrstufigen Entwurf einer «Wissenschaftslehre» versucht.[61] Seine Vorstellungen einer Einheit von Subjekt und Objekt im «Ich» und seinem Gegenüber dem «Nicht-Ich», einer Aufhebung der Spaltungen auf einer höheren Ebene von der Sinnlichkeit zur Rechtlichkeit, zur Sittlichkeit, der Religion und zuletzt der Wissenschaft als ein «absolut gewisses Schauen»[62] sind beherrscht von dieser zeittypischen Sehnsucht nach Sicherheit und Synthese der die Welt zerreißenden Gegensätze. Allerdings kann Fichte kaum zu den Vorläufern des organischen Staatsgedankens gerechnet werden.[63] Sein Rechtsbegriff setzt im kantischen Sinne vernunftbestimmte Wesen voraus, von denen «jedes seine Freiheit durch den Begriff der Möglichkeit der Freiheit des anderen beschränke, unter der Bedingung, daß das erstere die seinige gleichfalls durch die des anderen beschränke».[64] Der Staat ruht auf rational-konsensualer Grundlage, und er garantiert Eigentum und Freiheit, letzteres insbesondere auch dadurch, daß er ein Gerichtswesen zur Schlichtung von Privatstreitigkeiten zur Verfügung stellt.[65]

Ebensowenig wie ein Vertreter organisch-historischen Staatsdenkens ist Fichte allerdings Liberaler. Seine ökonomischen Vorstellungen und sein nationalpädagogisches Programm, einschließlich der Reformvorstellungen für die Universität, weisen klar antiliberale, autoritäre Züge auf. Mit robespierrescher Unbedingtheit wurden hier strenge Programme entworfen und für ihre Durchsetzung unbedenklich staatliche Zwangsmaßnahmen vorausgesetzt. Für den Universitätsbetrieb schwebten ihm klösterliche Strenge und Abgeschiedenheit sowie Uniformen vor.

[59] Bezeichnend etwa *J. Görres,* Teutschland und die Revolution, Coblenz 1819 zur Spiritualisierung des Staates durch die Religion.

[60] *(an.),* Versuch einer Kritik aller Offenbarung, Königsberg 1792. Ebenso, trotz einer nun schon eigenständigen Einkleidung in die Terminologie der Wissenschaftslehre in *ders.* Grundlage des Naturrechts nach Prinzipien der Wissenschaftslehre, Jena-Leipzig 1796, 1797 zur Begrenzung der individuellen Entfaltung durch andere Individuen, der Funktion des Rechts als Form gegenseitiger Beschränkung in Freiheit sowie zur Begründung der Staatsgewalt durch Vertrag.

[61] *J. G. Fichte,* Grundlage der gesamten Wissenschaftslehre, Jena-Leipzig 1794/95; *ders.,* Die Wissenschaftslehre. Vorgetragen im Jahre 1804, Bonn 1834; *ders.* Das System der Sittenlehre nach den Prinzipien der Wissenschaftslehre, Jena-Leipzig 1798.

[62] *J. G. Fichte,* Die Bestimmung des Menschen, Berlin 1800; *ders.* Die Anweisung zum seligen Leben oder auch die Religionslehre, Berlin 1806.

[63] *A. Hollerbach,* Der Rechtsgedanke bei Schelling, 1957, 145.

[64] *J. G. Fichte,* Naturrecht, 1796, S. 52. Hierzu *R. Zaczyk,* Das Strafrecht in der Rechtslehre J. G. Fichtes, 1981, 35ff. sowie *M. Kahlo, E. A. Wolff, R. Zaczyk* (Hg.), Fichtes Lehre vom Rechtsverhältnis, 1992.

[65] Vgl. hierzu die präzise Darstellung von *P. Baumanns,* J. G. Fichte. Kritische Gesamtdar-

b) F. W. Schelling

F. W. Schelling (1775–1854) steigerte jene Sehnsucht nach Vereinigung der Gegensätze zur «romantischen» Identitätsphilosophie. Ihr Ursprung liegt in dem Diskussionskreis der Tübinger «Stiftler» (Hölderlin, Hegel, Schelling), ihre erste Formulierung fand sie in der Naturphilosophie von 1797/99.[66] Die organischen und anorganischen Naturerscheinungen (Magnetismus, Elektrizität, Chemie, Pflanzen- und Tierwelt) wurden hier durch Wechselwirkung positiver und negativer Kräfte, durch Anziehungs- und Abstoßungsvorgänge, Aktivität und Passivität und andere Formeln gedeutet. Es mag dahingestellt bleiben, ob diesen Lehren im harten Licht der modernen Naturwissenschaften noch irgendein Erkenntniswert zukommt,[67] jedenfalls verkörpern sie die dann auch in Schellings späterer Geschichts-, Kunst- und Religionsphilosophie fortgesetzte Tendenz, Idealität und Realität, Subjektivität und Objektivität ebenso zu vereinen wie Freiheit und Notwendigkeit in der Geschichte.[68] Zugrunde liegt hier nicht nur der für die deutsche Schulphilosophie typische Hang zum umfassenden «System», sondern ein durch die «zerrissenen» Zeitumstände gesteigertes Bedürfnis nach Harmonie und religiöser Überhöhung, gleichviel ob letzteres von einem persönlichen Gottesbegriff ausging oder sich, wie bei Schelling, pantheistischer Formeln bediente.[69]

Wie verbreitet dieses Bedürfnis war, die nur scheinbar getrennten Teile der Welt zu einem Ganzen zu fügen und zu einem geisterfüllten Kosmos auszuweiten, zeigt sich auch in den «Blütenstaub»-Fragmenten von Novalis (Friedrich von Hardenberg, 1772–1801) aus dem Jahre 1798 oder in Adam Müllers «Lehre von Gegensätzen» (1804).[70] Ästhetik, Moral, Recht und Politik, die gerade in der Aufklärung ausdifferenziert worden waren, um individuelle Entfaltung auf verschiedenen Ebenen zu ermöglichen, suchten nun wieder ein gemeinsames Gravitationszentrum. Es ist deshalb kein Zufall, daß diese Suche wieder Aristoteles' «Politik» rehabilitierte – gegen Kants Zerstörung des Eudämonismus gewissermaßen. 1798 erschien eine deutsche Übertragung

stellung seiner Philosophie, 1990, 115ff., 120ff.; *J. Braun*, Freiheit, Gleichheit, Eigentum. Grundfragen des Rechts im Lichte der Philosophie J. G. Fichtes, 1991.

[66] *F. W. Schelling*, Ideen zu einer Philosophie der Natur, Leipzig 1797; *ders.* Von der Weltseele. Eine Hypothese der höheren Physik, Hamburg 1798; *ders.* Erster Entwurf eines Systems der Naturphilosophie, Jena-Leipzig 1799. Vgl. hierzu *I. Görland*, Die Entwicklung der Frühphilosophie Schellings in der Auseinandersetzung mit Fichte, 1973; *H. Baumgartner* (Hg.), Schelling. Einführung in seine Philosophie, 1975; *H. M. Pawlowski u. a.* (Hg.), Die praktische Philosophie Schellings und die gegenwärtige Rechtsphilosophie, 1989.

[67] Selbst *Hegel* sprach 1814 vom «Schwindel der Naturphilosophie, ohne Kenntnisse durch Einbildungskraft zu philosophieren und leere Einfälle, selbst des Aberwitzes, für Gedanken zu halten» (Hegels Briefe, hrsgg. v. *J. Hoffmeister*, 1953, II, 31). Vgl. auch *Justus Liebig*: «Die Tätigkeit, das Wirken der Naturphilosophen war die Pestilenz, der Schwarze Tod des Jahrhunderts», zit. b. *W. Prandtl*, Deutsche Chemiker in der ersten Hälfte des 19. Jahrhunderts, 1956, 10.

[68] *F. W. Schelling*, System des transzendentalen Idealismus, Tübingen 1800; *ders.* Philosophie der Kunst (1802/03, 04/05), Stuttgart-Augsburg 1859; *ders.* Vorlesungen über die Methode des akademischen Studiums (1803, in: Sämtliche Werke, Stuttgart und Augsburg 1856–1861, V, 306ff.); *ders.* Philosophische Untersuchungen über das Wesen der menschlichen Freiheit und die damit zusammenhängenden Gegenstände, Landshut 1809.

[69] *F. W. Schelling*, Bruno oder über das göttliche und natürliche Princip der Dinge. Ein Gespräch, Berlin 1802.

[70] *A. Müller*, Die Lehre von Gegensätzen, I: Der Gegensatz, Berlin 1804.

der «Politik» von JOHANN GEORG SCHLOSSER[71] und im folgenden Jahr eine weitere von CHRISTIAN GARVE.[72]

Die theoretischen und politischen Konsequenzen von SCHELLINGS Philosophie für das Bild vom Staat und für das Rechtsdenken generell sind nicht ohne weiteres zu ziehen, zumal es auch die politischen Zäsuren von 1806 und 1814/1819 gibt, an denen sich jene Verschiebung der Position vom Menschheitspathos ins Nationale, von realer zu «wahrer» Freiheit, von republikanischen Ideen zum Festhalten an der moderierten konstitutionellen Monarchie ablesen läßt.[73] Daß SCHELLINGS politische Anschauungen sich von dem nahezu anarchistischen Überschwang des sog. «Systemprogramms»[74] zu einem Konservativismus «zwischen den Fronten»[75] entwickelt haben, scheint offenkundig.

Im hier verfolgten Zusammenhang geht es allerdings weniger um SCHELLINGS eigene Ansichten, die wichtig genug sind, als um die zeittypischen Reflexe, die sein Denken auf juristische Autoren geworfen hat. Denn die «vielfach schlagwortartigen Formulierungen aus Schellings naturphilosophischen Schriften boten sich für eine Übertragung auf die Sozialphilosophie geradezu an».[76] Von den vielbesprochenen Einwirkungen auf SAVIGNY und PUCHTA abgesehen, ist es seit etwa 1800 eine lange Liste von Autoren, von denen freilich die wenigsten in einer Geschichte des öffentlichen Rechts einen Platz finden können.[77] Zu nennen ist hier allenfalls der Würzburger Philosoph JOHANN JAKOB WAGNER (1775–1841)[78] mit einer gegen die Aufklärung, gegen Verfassungen, Gewaltenteilung und Repräsentativsystem gerichteten Schrift,[79] einem «Grundriß der Staatswissenschaft und Politik»[80] und dem Buch «Der Staat».[81] Für WAGNER war der Staat «wahrhaft organischer Leib» oder «lebendiger Organismus».[82] Die Adaption dieses Vokabulars scheint auf die anfängliche Anhängerschaft an den gleichaltrigen SCHELLING zurückzugehen. Auch bei WAGNER geht es um die Überwindung der Trennung von Staat und Volk, indem der jeweilige Staat die der Entwicklungsstufe des Volkes gemäße «organische» Form darstellt. Das hindert WAGNER allerdings nicht, für Pressefreiheit und Publizität der Regierungsakte einzutreten, also gewisse liberale Elemente zu bewahren. Originell sind diese Schriften nicht, allenfalls typisch für eine eklektische Universalphilosophie, die auf Spezialgebieten dilettierte.[83]

[71] *M. Riedel*, Studien zu Hegels Rechtsphilosophie, 1969, 2. Aufl. 1970, 141f.

[72] *M. Stolleis*, Staatsräson, Recht und Moral in philosophischen Texten des späten 18. Jahrhunderts, 1972.

[73] Grundlegend *A. Hollerbach* (Anm. 63) 263ff. in einem Exkurs zu Schellings politischen Anschauungen. Von älteren Arbeiten hierzu vgl. vor allem *J. Kampffmeyer*, Schelling und Deutschland, phil. Diss. Heidelberg 1939.

[74] Oben Kap. 1, Anm. 28.

[75] Hollerbach (Anm. 63) 272.

[76] Hollerbach (Anm. 63) 143.

[77] Zu *Savigny* und *Puchta Hollerbach* (Anm. 63) 275ff.; *S. Gagnér*, Studien zur Ideengeschichte der Gesetzgebung, Uppsala 1960, 24ff.; *Wieacker*, 355ff., 381ff., 399ff. Einen Überblick über die anderen hier zu untersuchenden Autoren bietet *Hollerbach*, 11–14 *(Stahl, Steffens, Wagner, Eschenmeyer, Oken, Troxler, Franz v. Baader, Bachofen, Engels, Bakunin, Rodbertus, A. Müller, Krause, Görres, C. Frantz, Gönner, Roßbach, v. Buß, Huschke, Ahrens, O. v. Gierke)*.

[78] *W. G. Stock*, Die Philosophie Johann Jakob Wagners, in: Zeitschr. f. philos. Forschung 36 (1982) 262ff. mit umfassender Bibliographie der gedruckten und ungedruckten Werke *Wagners* samt Sekundärliteratur.

[79] *J. J. Wagner*, Ueber die Trennung der legislativen und executiven Staatsgewalt. Ein Beitrag zur Beurtheilung des Werthes landständischer Verfassungen, München 1804, Nachdr. Leipzig 1971.

[80] Leipzig 1805.

[81] Würzburg 1815, 2. Aufl. Ulm 1848.

[82] *J. J. Wagner* (Anm. 79), 11.

[83] Brutal, aber zutreffend *Hegel*, Werkausgabe 1970, Bd. 2, 542: «Die roheste Empirie mit For-

Das gleiche gilt für eine organologische Schrift über den Staat von JOHANN BAPTIST NIBLER. Der in diesen Jahren ebenfalls von SCHELLING beeindruckte NIKOLAUS THADDÄUS GÖNNER hat sie mit einem Vorwort begleitet.[84]

c) G. W. F. HEGEL (1770–1831)

Die Versuchung, «einen Kerl wie Hegel» (F. ENGELS), der die «Weltphilosophie seiner Zeit» geliefert hat (K. MARX), in einer Wissenschaftsgeschichte des öffentlichen Rechts zu umgehen, ist groß. Die Wirkungsgeschichte seines Werkes und die nur noch von Spezialisten beherrschbare Sekundärliteratur sind Teil der Geschichte der Philosophie, aber auch der allgemeinen Geistesgeschichte des 19. und 20. Jahrhunderts.[85] In beide ist allerdings auch das öffentliche Recht verstrickt. Aber eine wirkliche Hegel-Rezeption hat es im öffentlichen Recht nur in geringerem Umfang gegeben,[86] allenfalls philosophische Einkleidungen von Begriffsoperationen, die anders motiviert waren. Wie im Zivilrecht auf EDUARD GANS (1797–1839) und JOHANN FRIEDRICH KIERULFF (1806–1894) hingewiesen wird,[87] so im öffentlichen Recht traditionell auf LORENZ VON STEIN,[88] ADOLF LASSON[89] und – am Rande – auf OTTO MAYER.[90] Diese Fernwirkungen sollen noch an passender Stelle erwähnt werden. Hier geht es zunächst um HEGEL selbst, vor allem um seine Rechtsphilosophie von 1820/21,[91] ein trotz der überwiegend

malismus von Stoffen und Polen, verbrämt mit vernunftlosen Analogien und besoffenen Gedankenblitzen».

[84] *J. B. Nibler,* Der Staat aus dem Organismus und Universum entwickelt, Landshut 1805 m. Vorwort von *N. Th. Gönner* «Über den Einfluß einer richtigen Ansicht vom Staate auf Geschichte, Politik, Statistik, Staatswirtschaft und Völkerrecht». Hierzu *Landsberg* III/2, 149f. Zu den Beziehungen zwischen *Gönner* und *Schelling* vgl. *J. B. Koch,* Nikolaus Thaddäus von Gönners Staatslehre. Eine rechtshistorische Studie, 1902 (= Staats- und völkerrechtliche Abhandl. hrsgg. v. *G. Jellinek* u. *G. Meyer,* Bd. 4, Heft 1) und *Landsberg* III/2 Noten 75. Anm. 17.

[85] Zur Biographie sei lediglich auf die klassischen Darstellungen von *K. Rosenkranz,* Georg Wilhelm Friedrich Hegels Leben, Berlin 1844 (Neudr. 1963) und *W. Dilthey,* Die Jugendgeschichte Hegels, Berlin 1905 (= Ges. Werke, IV) verwiesen.

[86] Zu nennen ist vor allem das knappe (325 S.), ganz im hegelschen abstrakten Duktus gehaltene «Handbuch des Systems der Staatswissenschaften» von *Johann Friedrich Gottfried Eiselen,* Breslau 1828; außerdem etwa *K. M. Besser,* System des Naturrechts, Halle 1830; *J. E. Erdmann,* Philosophische Vorlesungen über den Staat, Halle 1851; *C. Roessler,* System der Staatslehre. A. Allgemeine Staatslehre, Leipzig 1857.

[87] *K. W. Nörr,* Eher Hegel als Kant. Zum Privatrechtsverständnis im 19. Jahrhundert, 1991 (= Rechts- und Staatswiss. Veröff. d. Görres-Ges. NF Bd. 58).

[88] *M. Stolleis,* Lorenz von Stein, HRG IV (1990) Sp. 1942–1945.

[89] *K. Lüderssen,* Genesis und Geltung im Völkerrecht – am Beispiel der Theorie des Hegelianers Adolf Lasson, in: *A. Böhm–K. Lüderssen–K. H. Ziegler* (Hg.), Idee und Realität des Rechts in der Entwicklung internationaler Beziehungen, Festg. f. W. Preiser, 1983, 133–151.

[90] *E. V. Heyen,* Positivistische Staatsrechtslehre und politische Philosophie. Zur philosophischen Bildung Otto Mayers, in: Quaderni Fiorentini 8 (1979) 275–305; *A. Hueber,* Die «juristische Methode» im Verwaltungsrecht, 1982, 160f.

[91] *G. W. F. Hegel,* Grundlinien der Philosophie des Rechts oder Naturrecht und Staatswissenschaft im Grundrisse, Berlin 1821. Die gelegentliche Zitierung 1820 rührt daher, daß das Buch im Herbst 1820 ausgeliefert wurde. Die maßgebliche Ausgabe stammt von *J. Hoffmeister,* Hamburg 1955. – Die Frage, ob sich aus den Unterschieden zwischen Druckfassung und Vorlesungsmitschriften entscheiden lasse, wie Hegel politisch gedacht hat und ob in der prekären Zeit von 1818 bis 1820 «Akkomodationen» an die Linie der preußischen Regierung zu beobachten sind, hat in den letzten Jahren in der Hegelforschung starkes Interesse gefunden. *K. H. Ilting, M. Riedel, D. Henrich* und die Bochumer Forschergruppe um *O. Pöggeler* sind 1973–1983 mit Diskussionsbeiträgen hervorgetreten. Vgl.

negativen Reaktion der Zeitgenossen[92] zweifellos höchst bedeutsames Werk, und zwar in der Druckfassung von 1821, in der es die Mehrzahl seiner Zeitgenossen wahrgenommen hat. Die Rechtsphilosophie enthält wesentliche Einsichten zum Rechtsbegriff und zum Verhältnis von Staat und bürgerlicher Gesellschaft, sie war in der Staats- und Sozialphilosophie schulbildend, stachelte aber auch zu heftigen Angriffen auf.

Die in der Rechtsphilosophie enthaltene Theorie der bürgerlichen Gesellschaft (§§ 182–256) gilt heute als «der große Versuch, die ‹Gesellschaft› weder als das auf Arbeit und Genuß gegründete Bedürfnissystem noch als ein im alten politischen Status, in Herrschaft und Abhängigkeit ruhendes Naturelement der alteuropäischen Sozialverfassung zu konstruieren, sondern das seit der Revolution freigelassene ‹soziale› Sein der europäischen Menschenwelt mit ihrem ‹politischen›, mit ihrer rechtlichen und sittlichen Ordnung zu vermitteln und sie in der Vermittlung auf ihren neuen Begriff zu heben».[93]

Dieser Versuch hat seine Vorläufer. Schon die Dichotomie von Gemeinwohl und Privatnutzen schleppt eine abendländische Tradition mit sich, die bis zu den Anfängen politischen Denkens und bis zur Unterscheidung von ius publicum und ius privatum im römischen Recht zurückreicht. Sie trat nun seit dem späten 18. Jahrhundert in einen neuen politischen Kontext und wurde antiabsolutistisch aufgeladen. Es wurde allmählich geläufig, das alte, umfassend gedachte «Gemeinwesen» (societas civilis) – vom frühen Hegel noch «Staatsgesellschaft» genannt – gedanklich in Sphären hoheitlicher Herrschaft auf der einen und der Privatheit und Privatnützigkeit auf der anderen Seite aufzuspalten. Samuel Simon Witte[94] und August Ludwig Schlözer[95] werden hierfür genannt, nicht zufällig Vertreter eines ökonomischen Liberalismus und bürgerlicher aufgeklärter «Öffentlichkeit». Ihnen ging es um die Begrenzung absolutistischer Eingriffsmacht und um die Emanzipation der bürgerlichen Kräfte vom Staat.

Insofern war also Hegels gedanklicher Aufstieg vom Individuum über die Familie und die Gesellschaft zum Staat, samt den damit verbundenen begrifflichen Unterscheidungen, schon alter sozialphilosophischer und naturrechtlicher Bestand.[96] Hegel kennt ihn hauptsächlich aus den Naturrechtssystemen und Allgemeinen Staatslehren, die in den letzten beiden Jahrzehnten des 18. Jahrhunderts erschienen waren.[97] Allerdings war in diesen Werken ein anderer Akzent gesetzt worden, teils in jenem revolu-

hierzu *D. Suhr,* Hegels Vorlesungen über Rechtsphilosophie, in: Rechtstheorie 5 (1974) 175–188; *H. Ottmann,* Hegels Rechtsphilosophie und das Problem der Akkomodation. Zu Iltings Hegelkritik und seiner Edition der Hegelschen Vorlesungen über Rechtsphilosophie, in: Zeitschr. f. philos. Forschung 33 (1979) 227–243; *R. Dreier,* Recht – Moral – Ideologie. Studien zur Rechtstheorie, Frankfurt 1981, 319; *G. Lübbe-Wolff,* Hegels Staatsrecht als Stellungnahme im ersten preußischen Verfassungskampf, in: Zeitschr. f. philosoph. Forschung 35 (1981) 476–501.

[92] *M. Riedel* (Hg.), Materialien zu Hegels Rechtsphilosophie, 2 Bde, 1975, Bd. I, 53–205.

[93] *M. Riedel,* Studien zu Hegels Rechtsphilosophie, 1969, 159 (Neuaufl. unter dem Titel Zwischen Tradition und Revolution. Studien zu Hegels Rechtsphilosophie, 1982); *D. Henrich–R. P. Horstmann* (Hg.), Hegels Philosophie des Rechts. Die Theorie der Rechtsformen und ihre Logik, 1982; *A. v. Bogdandy,* Hegels Theorie des Gesetzes, 1989, insbes. zum Zeitbezug 119 ff.

[94] *D. Klippel* (Anm. 26), 207.

[95] *U. Scheuner,* Hegel und die deutsche Staatslehre des 19. und 20. Jahrhunderts, in: *ders.* Staatstheorie und Staatsrecht, Ges. Schriften, 1978, 81 ff.

[96] *M. Riedel,* Der Begriff der «Bürgerlichen Gesellschaft» und das Problem seines geschichtlichen Ursprungs, in: *ders.* Studien (Anm. 93), 135 ff.

[97] *D. Klippel,* Politische Freiheit (Anm. 14) m. w. Nachw.

tionären Sinne, daß die Gesellschaft den Staat zu besetzen und in neuer Form aus sich hervorzubringen habe, teils bescheidener und evolutionärer auf politische Mitsprache der Gesellschaft im Staat zielend, teils reduziert auf eine lediglich ökonomisch gedachte Reduzierung von staatlicher Bevormundung der Wirtschaftstätigkeit.

Nun, nachdem die Revolution vorüber schien, suchte auch HEGEL, als Philosoph und politischer Kopf, nach einem modus vivendi zwischen monarchischer Gewalt und bürgerlicher Gesellschaft. Ihm ging es freilich nicht um pragmatische Kompromisse, sondern um gedankliche «Versöhnung» und dynamische Überwindung der Gegensätze auf «höheren Ebenen». Seine Denkschritte vom interessegeleiteten Individuum über die Familie zur bürgerlichen Gesellschaft und von da zum Staat führen einen Stufenweg nach oben.[98] Die jeweils nächsthöhere Stufe ist von höherer Dignität. Enge Interessenstandpunkte werden durch jeweils stärker objektivierte Perspektiven überwunden. So enthält die bürgerliche Gesellschaft (nur) materielle Teilaspekte menschlicher Existenz, also die ökonomischen Beziehungen (§§ 189–208, Das System der Bedürfnisse), die durch Recht geschützten privaten Verknüpfungen (§§ 209–229) sowie nur jene Ordnungsstrukturen niederer Art, die für die Funktionsweise der Gesellschaft unverzichtbar scheinen, also die polizeiliche Aufsicht über die gewerbliche Tätigkeit sowie die Gliederung in Korporationen.

Von politischer Teilhabe am Staat ist hier keine Rede; die bürgerliche Gesellschaft besteht nicht aus «citoyens», sie umfaßt nur das Netz privater Beziehungen und unterstaatliche Einheiten und bindet sie durch Sitte und Polizei. Dementsprechend konzentrieren sich in der Sphäre des Staates (§§ 257–360) dann die von der Gesellschaft getrennten hoheitlichen Elemente. Nicht Befreiung der Wirtschaftsgesellschaft von spätabsolutistischer Bevormundung, wie es sich die Liberalen vorstellten, war also hier das Ziel, sondern die Emanzipation des mit Hoheitsattributen versehenen Staates von der Gesellschaft.[99] Es soll, wie DIETER HENRICH treffend gesagt hat, «die Zerrissenheit der bürgerlichen Gesellschaft im Vernunftstaate aufgehoben werden. Er ist es, der ihre Gegensätze schlichtet und der ihren Mitgliedern, trotz ihrer Besonderheit, das Bewußtsein substantieller Einheit gibt.»[100] Der Staat überwölbt die Gesellschaft, bändigt ihre Antagonismen, und zwar nicht mit purer Gewalt, sondern angeleitet durch «Vernunft». Dieser Staat ist allerdings nicht nur Verstandesstaat, aufklärerische Notkonstruktion, sondern ein in sich ruhender, seinen Zweck in sich tragender «Organismus», durch den die Antagonismen von individualistischem Freiheitsverlangen und unterdrückerischer Freiheitsvernichtung «aufgehoben» werden.[101]

Die noch zu HEGELS Lebzeiten beginnende und bis in die Gegenwart reichende Debatte darüber, ob HEGEL «preußischer Staatsphilosoph», präfaschistischer totalitärer Denker, ein die Jugendideale bewahrender kryptorevolutionärer «Maulwurf» oder ein

[98] *G. Lübbe-Wolff,* Die Sittlichkeit in der bürgerlichen Gesellschaft. Hegels Wegweisung durch das Nadelöhr, ARSP 1982, 223–254; *dies.* Über das Fehlen von Grundrechten in Hegels Rechtsphilosophie, in: *H.-Chr. Lucas–O. Pöggeler* (Hg.), Hegels Rechtsphilosophie im Zusammenhang der europäischen Verfassungsgeschichte, 1986, 421–446. Siehe dort auch die Beiträge von *Kimmerle, Jamme, Lucas, Jaeschke, Grawert, Pöggeler* und *Siep* sowie den Sammelband von *Ch. Jermann* (Hg.), Anspruch und Leistung von Hegels Rechtsphilosophie, 1987.

[99] *J. Keane,* Despotismus und Demokratie. Über die Unterscheidung zwischen bürgerlicher Gesellschaft und Staat 1750–1850, in: *J. Kocka* (Hg.), Bürgertum im 19. Jahrhundert, Bd. 1, 1988, 303ff.

[100] *D. Henrich,* Karl Marx als Schüler Hegels, in: *ders.* Hegel im Kontext, 1971, 203.

[101] *M. Wolff,* Hegels staatstheoretischer Organizismus, in: Hegel-Studien 19 (1984), 147–177.

der Tagespolitik enthobener genialer Synthetiker war,[102] erklärt sich aus den jeweiligen – von revolutionär bis reaktionär reichenden – Bewußtseinslagen der Interpreten eines ohnehin vieldeutigen und an Dunkelheiten reichen Werkes, speziell aber auch aus der Doppeldeutigkeit jener Unterscheidung von Staat und Gesellschaft, die nicht nur Freiheitsgewinne der Gesellschaft, sondern auch Machtzuwachs des Staates bedeuten konnte. Hält man sich, wie gesagt, an die Druckfassung von 1821 und rekonstruiert die historische Situation des Scheiterns der preußischen Verfassungshoffnungen und der aktuellen Unterdrückung der Opposition unter FRIEDRICH WILHELM III., dann erscheint HEGELS Rechtsphilosophie alles in allem als gemäßigte mittlere Position[103] zwischen der rein restaurativen und der liberal-konstitutionellen Front. Natürlich mußten die Ablehnung des individualistischen Naturrechts[104] und der Vertragstheorien und die Lehre vom «organischen» Staat den vernunftrechtlichen Vertretern der Verfassungsbewegung ein Dorn im Auge sein.[105] Antiliberal war auch das Verständnis der Gewaltenteilung, die nicht als Machtkontrolle und -balance, sondern als Modus der Aufgabenverteilung gesehen wurde; das gleiche gilt für die vollständige Wahrung des monarchischen Prinzips: der Monarch repräsentiert für HEGEL das Ganze, er übt die Staatsmacht aus, ihm, dem Repräsentanten des «Ganzen», dient die Exekutive. Die Stände beraten mit, aber entscheiden nichts. Ein Gesetzesinitiativrecht steht ihnen nicht zu.

Fragt man einmal nach den direkten politischen Implikationen dieser Allgemeinen Staatslehre, dann stellt sich eine durchaus konventionelle Umschreibung des um 1820 gängigen und gerade in Preußen praktizierten Modells heraus:[106] eine starke Monarchie, Anerkennung politischer Mitwirkung der Gesellschaft nur über ein korporativ vorgefiltertes Parlament mit engsten Befugnissen, keine die Staatsmacht wirklich zügelnde Gewaltenteilung, deutliche Betonung der neutralisierenden Funktion einer «vernünftigen» und unbestechlichen Bürokratie, die aber nicht nur eine verläßliche Stütze des monarchischen Prinzips ist, sondern auch bürgerliche Freiheit garantiert – Ambivalenz letztlich auch in diesem Punkt.[107]

[102] *K. R. Popper,* The Open Society and its Enemies, Bd. II, London 1945 (dt. Ausg. 2. Aufl. Bern 1970, 41); *E. Topitsch,* Die Sozialphilosophie Hegels als Heilslehre und Herrschaftsideologie, 1967; *H. Kiesewetter,* Von Hegel zu Hitler. Eine Analyse der Hegelschen Machtstaatsideologie und der politischen Wirkungsgeschichte des Rechtshegelianismus, 1974; gegen *Popper W. Kaufmann,* Hegel: Legende und Wirklichkeit, in: Zeitschr.f.philos. Forsch. 10 (1956) 191–226; *E. Weil,* Hegel et l'Etat, Paris 1950; *J. Ritter,* Hegel und die französische Revolution, 1957 (m. Bibliogr. z. politischen Theorie von *K. Gründer*); *O. Negt* (Hg.), Aktualität und Folgen der Philosophie Hegels, 1970; *G. K. Kaltenbrunner* (Hg.), Hegel und die Folgen, 1970; *D. Losurdo,* Zwischen Hegel und Bismarck. Die achtundvierziger Revolution und die Krise der deutschen Kultur, 1992.

[103] Dies bezieht sich auf das Gesamtfeld der Publizistik und verkennt nicht, daß das Werk von seiten der Liberalen «wegen der illiberalen und konservativ-reaktionären Gehalte der in ihr enthaltenen Staatstheorie, unter den Zeitgenossen ein überwiegend negatives bis vernichtendes Echo gefunden hat» (*R. Dreier,* Recht-Moral-Ideologie, 1981, 320).

[104] *P. Landau,* Das Unrecht als Stufe des abstrakten Rechtes in Hegels Rechtsphilosophie. Zugleich zum Verhältnis Hegels zu Kants «Metaphysischen Anfangsgründen der Rechtslehre», in: *L. Philipps–H. Scholler* (Hg.), Jenseits des Funktionalismus. A. Kaufmann zum 65. Geb., 1989, 143–162.

[105] Vgl. etwa die aggressiven Artikel «Hegel'sche Philosophie und Schule» und «Hegel(Neuhegelianer)» in: *Rotteck-Welcker,* Staats-Lexikon, 2. Aufl. 1846, 606–664 von *Karl Hermann Scheidler,* insbes. 625ff. zur Rechtsphilosophie.

[106] Ebenso *Dreier* (Anm. 91), 322.

[107] *S. Avineri,* Hegels Theorie des modernen Staates, 1976.

Solche Positionen sind von vielen Zeitgenossen in ähnlicher Weise vertreten worden, vor allem natürlich von EDUARD GANS (1797–1839),[108] allerdings nicht in so suggestiver Sprache und nicht mit so großer gedanklicher Anstrengung, in der das Zeitgemäße als «notwendig», der Weg vom Subjektiven zum Objektiven und von da zum Absoluten als unausweichlich erschien und die dem Leser das Schauspiel einer dialektisch bewegten Begriffspyramide vorführte. Der Gestus einer solch imperialen Philosophie, die mit dem Anspruch auftrat, alles über alles zu wissen (POPPER), führte notwendig zur Spaltung in Lager. Die berühmten Formeln «Der Staat ist die göttliche Idee, wie sie auf Erden vorhanden ist», der Staat, den man als «Irdisch-Göttliches» verehren solle, die Existenz des Staates als «Gang Gottes in der Welt» haben für die sog. Hegelsche Rechte aller Schattierungen ihre Anziehungskraft bewiesen.[109] Die sog. Hegelsche Linke[110] von DAVID FRIEDRICH STRAUSS, EDGAR und BRUNO BAUER, MOSES HESS und ARNOLD RUGE zu KARL MARX und FRIEDRICH ENGELS hat ihren eigenen, von HEGEL abgesetzten[111] und doch tief beeinflußten Weg in das zwanzigste Jahrhundert genommen. Trotz ihres aufklärerischen, ideologiekritischen und emanzipativen Ausgangspunktes ist sie schließlich bei einer bedrückend ähnlichen Negation von individueller und politischer Selbstbestimmung angekommen.

Die totalitären Realisierungen der zweiten Enkelgeneration, wenn es denn wirklich «Realisierungen» von Philosophie – und welcher ? – gewesen sein sollen, glichen sich am Ende so sehr, daß die Historiker Mühe haben, unter dem Schutt dieser Wirkungsgeschichte den wirklichen HEGEL freizulegen. HEGEL sollte, so wird verteidigend gesagt, nicht Schulden bezahlen müssen, die andere gemacht hatten. Die strikt historische Rekonstruktion HEGELS bis 1831 entlastete zunächst von der Frage, was die Nachfolger, die Popularisierer und gar die Politiker aus seiner Philosophie gemacht hatten. Dies ist gewiß richtig, läßt aber doch die Frage offen, warum gerade HEGEL in dieser Weise instrumentiert werden konnte, andere Philosophen, etwa KANT, hingegen nicht. Wer die Zeit nach 1831 betrachtet, wird dieser Frage nicht ausweichen können. Dabei dürfte sich zeigen, daß HEGELS Denkstil, seine Sprache und sein Anspruch, Erkenntnis-, Wissenschafts-, Gesellschafts-, Geschichts- und Welttheorie in einem zu bieten, ganz spezifische Interpreten anzog. Jeder Philosoph zeugt sich gewissermaßen seine Nachkommenschaft selbst. Der kühne Satz «Hegels Philosophie selbst hat die

[108] *Landsberg* III/2, 354–369; *H. G. Reissner,* Eduard Gans – Ein Leben im Vormärz, 1965. *H. Schröder* (Hg.), Eduard Gans. Philosophische Schriften, 1971 hat eine Vorlesung «Naturrecht» (Winter 1828/29) und den Anfang einer von *G. Waitz* mitgeschriebenen Vorlesung «Deutsches Staatsrecht» (Sommer 1834) mitgeteilt. Aus ihnen ergibt sich, daß *Gans* für Erbmonarchie, Ministerverantwortlichkeit, Repräsentativ- und Zweikammersystem, Öffentlichkeit und Pressefreiheit eintritt. Vertragslehre und Gewaltenteilung werden ebenso abgelehnt wie die Verfassungsbindung des Monarchen. Der Staat ist «der Gipfel der Freiheit», die «Wirklichkeit der sittlichen Idee». Eine Verfassung braucht er nicht notwendig, die Freiheit kann auch durch die Verwaltung garantiert werden, und «Es gibt keine bessere Beamtenverwaltung als die preußische» (aaO. 132). Umfassend nunmehr *R. Blänkner,* «Der Absolutismus war ein Glück, der doch nicht zu den Absolutisten gehört». Eduard Gans und die hegelianischen Ursprünge der Absolutismusforschung in Deutschland, in: HZ 255 (1992).

[109] *G. Mayer,* Die Junghegelianer und der preußische Staat, HZ 121 (1920) 413–440; *H. Lübbe* (Hg.), Die Hegelsche Rechte, 1962.

[110] *K. Löwith* (Hg.), Die Hegelsche Linke, 1962; *ders.* Von Hegel zu Nietzsche, 9. Aufl. 1986.

[111] Klassisch formuliert von *Karl Marx,* Zur Kritik der Hegelschen Rechtsphilosophie, MEW 1/2 (Berlin-Ost 1958), 378–391; hierzu *D. Henrich,* Karl Marx (Anm. 100).

rechtshegelianischen – wie übrigens auch die linkshegelianischen – Interpretationen verhältnismäßig (!) unbeschadet überstanden»,[112] ist deshalb nur in einem strikt historischen Sinne richtig; denn die Wirkungsgeschichte kann auch im Nachhinein ein Werk beschädigen, kann Zweideutigkeiten und Gefahren zutage fördern, die dem Philosophen und seinen Zeitgenossen noch verborgen waren.

d) Identitätsphilosophie im politischen Kontext

An die aller Philosophiegeschichtsschreibung geläufige Abfolge von Kant über Fichte und Schelling zu Hegel ist hier erinnert worden, um sie, parallel zur Allgemeinen Staatslehre, im Zusammenhang mit den politischen Verschiebungen von der Französischen Revolution bis zur Zeit nach den Karlsbader Beschlüssen zu sehen. Sie ist aus diesen Verschiebungen nicht ableitbar, sie steht auch reagierend im politischen Kontext und antwortet auf ihre Zeit. Die «aus platonischen Quellen fließende Vereinigungsphilosophie»[113] begann aufzublühen, als Europa die Schreckensnachrichten der Revolution erfuhr, sie predigte «Überwindung der Gegensätze», «Einheit» und «Liebe», der Enthusiasmus gerann zum «System», an die Stelle des fichteschen Subjekts traten zunehmend objektive Elemente. Als sich die politischen Bewegungen mit dem Wiener Kongreß beruhigt hatten, rückte wieder der die Antagonismen überwölbende Staat nach vorne und garantierte Stabilität und Vernunft, kontrollierten Fortschritt unter ebenso kontrollierter Beteiligung der bürgerlichen Gesellschaft. Insofern liegt in der Abfolge von Kants kritischer Philosophie über den subjektiven Idealismus Fichtes und Schellings zum objektiven Idealismus Hegels nicht nur jene von den Philosophen oft bemühte Denknotwendigkeit, in der jeweils das nächste das vorhergehende System «überwunden» haben soll, sondern sie entspricht auch dem historischen Bogen von der Revolution zur Restauration, vom freiheitstrunkenen Subjekt zur objektiven Ordnung.

Identitätsphilosophien mit ihren bewußt eingesetzten begrifflichen Unschärfen und ihrer Zurückweisung «platter» rationaler Kritik sind tendenziell antiindividualistisch und antiliberal, nicht notwendig aber antiegalitär. Sie können sich egalitäre Zwangssysteme erträumen, können aber auch durch Aufnahme historischer Elemente konservierend wirken. Typischerweise wechseln ihre Schicksale mit den gesellschaftlichen Umfeldern:

In der politischen Landschaft des Spätabsolutismus wirkt der Appell zur Überwindung von «Gegensätzen» revolutionär, weil er die Beseitigung von Standesschranken und ökonomischen Schranken intendiert und vor allem dem Bürgertum politische Partizipation verheißt. In der Armee bedeutet dies die Verabschiedung der Vorstellung vom Heer als perfekter Maschinerie abhängiger Befehlsempfänger zugunsten eines auf allgemeiner Gleichheit ruhenden Volksheeres, das sich als ideell bewegte Einheit versteht.

In Krisenzeiten sind die Appelle zur Überwindung von Gegensätzen oft nur Hilferufe der herrschenden Schichten an die Unterprivilegierten, sie in der Stunde der Not nicht alleinzulassen und eine überparteiliche Kampfgemeinschaft zu bilden. Dahinter

[112] *R. Dreier,* Julius Binder, in: *F. Loos* (Hg.), Rechtswissenschaft in Göttingen: Göttinger Juristen aus 250 Jahren, 1987, 455.

[113] *D. Henrich* (Anm. 100), 13.

schlummert eine Drohung gegenüber denjenigen, die auf ihrer Vereinzelung und Individualität beharren. FICHTES «Der geschlossene Handelsstaat» und seine «Reden an die Deutsche Nation» zeigen dies. «Aufhebung der Gegensätze» in Krisenzeiten mag freilich auch die Emanzipation unterdrückter Schichten, Teilnahme am bürgerlichen Leben und Übernahme von Verantwortung für den Staat bedeuten. Die preußischen Reformen ab 1806 belegen es.

In Zeiten politischer Ruhelage schließlich, verbunden mit Unterdrückung der Opposition wie im Vormärz, kann eine «Philosophie der Mythologie und Philosophie der Offenbarung»[114] auch als Fluchtweg des Intellektuellen in unangreifbare irrationale Zonen, wenn nicht als biedermeierliches Ruhekissen des politischen Quietisten dienen. Insofern muß man sich davor hüten, die geistigen Veränderungen nach 1790 einseitig als beklagenswerte Abkehr von aufklärerischer Rationalität und als Zuwendung zu latent unterdrückerischen Organismus-Formeln zu deuten. Die frühe idealistische Philosophie und die Frühromantik weisen überwiegend doch engere Verbindungen zu den Zielen absolutistischer Reformpolitik und der Französischen Revolution auf, als dies den Interpreten im Rückblick – nach der Schwelle des Jahres 1819 – scheinen mochte.[115]

3. Politische Romantik

Ob man die Fülle der literarischen, publizistischen und juristischen Autoren jener Generation dem frühen Idealismus nach KANT, der politischen Romantik oder der «Restauration» zuordnet, ist ein Spiel mit vielen Variablen und hängt weitgehend von der vorherigen Kategorienbildung ab.[116] Die Zuordnung zur «Romantik» ist zwar relativ einfach bei ADAM MÜLLER, AUGUST WILHELM und FRIEDRICH SCHLEGEL, NOVALIS, ACHIM VON ARNIM, JOSEPH VON EICHENDORFF, und wohl auch bei den Brüdern JAKOB und WILHELM GRIMM.[117] Wie steht es aber mit dem vordergründig ganz unpolitischen Romantiker CLEMENS BRENTANO und seiner vielleicht exaltierten, aber keineswegs unpolitischen Schwester BETTINE VON ARNIM?[118] Kann man neben ADAM MÜLLER auch HEINRICH VON KLEIST einbeziehen, an dessen politischen Interessen keine

[114] *F. W. Schelling*, Philosophie der Mythologie und Philosophie der Offenbarung, in: Sämtliche Werke, 2. Abt., Bd. I–IV, 1856–1858. Hierzu *W. Schulz*, Die Vollendung des deutschen Idealismus in der Spätphilosophie Schellings, 1955; *W. Kasper*, Das Absolute in der Geschichte. Philosophie und Theologie der Geschichte in der Spätphilosophie Schellings, 1965; *K. H. Volkmann-Schluck*, Mythos und Logos. Interpretationen zu Schellings Philosophie der Mythologie, 1969.

[115] *R. Brinkmann* (Anm. 42).

[116] *C. Schmitt*, Politische Romantik, 1919, 4. Aufl. 1982 (die Sekundärliteratur zu diesem kontrovers diskutierten Buch ist zusammengestellt in Kindler's Literaturlexikon, 1991, «Schmitt», 1009f.; *Scheuner* (Anm. 1); zur Abhängigkeit der Einordnung der Romantik von «Vorverständissen» *K. H. Bohrer*, Die Kritik der Romantik, 1989 anhand der langen Reihe von Kritikern und Interpreten der Romantik von *Heinrich Heine* bis *Carl Schmitt*.

[117] *H. Conrad*, Aus der Entstehungszeit der historischen Rechtsschule: Friedrich Carl von Savigny und Jacob Grimm, ZRG GA 65 (1947) 261–283; *F. Wieacker*, Savigny und die Gebrüder Grimm, ZRG GA 72 (1955) 232–244; *T. Schuler*, Jacob Grimm und Savigny. Studien über Gemeinsamkeit und Abstand, ZRG GA 80 (1963) 197–305; *W. Ebel*, Jacob Grimm und die deutsche Rechtswissenschaft, 1963; *G. Marini*, Jacob Grimm, Napoli 1972; *D. Henning–B. Lauer* (Hg.), Die Gebrüder Grimm. Dokumente ihres Lebens und Wirkens, 1985, dort insbes. *G. Dilcher*, Jacob Grimm als Jurist, 25–41; *W. Ogris*, Jacob Grimm. Ein politisches Gelehrtenleben, Graz 1990.

[118] *B. v. Arnim*, Dies Buch gehört dem König, hrsgg. v. *I. Staff*, 1982 m. w. Nachw.

Zweifel bestehen, wohl aber an seiner Rubrizierung als «romantisch»?[119] E. TH. A. HOFFMANN, zweifellos «Romantiker» im literarischen Sinn, dachte politisch eher liberal.[120] Wie soll man JEAN PAUL mit seinen bedeutenden politischen Schriften,[121] mit seinem «poetischen Republikanismus» und seiner Option für den bürgerlichen Staat in Form der konstitutionellen Monarchie einordnen?[122] Schließlich: welche Rolle spielt hier SCHELLING – insbesondere bei SAVIGNY? Übereinstimmung gibt es jedenfalls darin, daß FRIEDRICH VON GENTZ und FRIEDRICH ANCILLON keine «Romantiker» waren, sondern eher rationalistisch fundamentierte Konservative. Dies gilt in besonderem Maße auch für KARL LUDWIG VON HALLER.

Die Zuordnungen werden dadurch erschwert, daß sich in den beiden Jahrzehnten zwischen 1795 und 1815 die politischen Umstände und mit ihnen die Ansichten der Beteiligten rasch wandelten. Die Jenenser Frühromantik um die Gebrüder SCHLEGEL, um TIECK und NOVALIS ist zunächst noch von Revolutionsbegeisterung erfüllt und orientiert sich an KANT,[123] ab 1800 schlägt die Stimmung um, und das Freiheitspathos nimmt antifranzösische, nationalistische Obertöne auf, vor allem bei KLEIST, und schließlich gewinnen Verklärungen des mittelalterlichen Ständestaates, der Kirche und der feudalen Agrargesellschaft die Oberhand.

Dies liegt jedoch nicht an einer spezifischen politischen Charakterlosigkeit des romantischen Denkens, sondern eher an der psychischen Disposition dieser in jeder Hinsicht von Bindungsunfähigkeit bedrohten Gruppe von Intellektuellen, außerdem an dem außerordentlichen Tempo der historischen Entwicklung, dem sie alle unterworfen waren. Gerade die «Enthusiasten» unter ihnen waren stärkeren Schwankungen ausgeliefert. Durchweg verlassen die zunächst von menschheitlichen Idealen bewegten Jünglinge die aufklärerischen Ausgangspunkte und werden in späteren Jahren konservativ, wenn nicht gar reaktionär (ADAM MÜLLER, FRIEDRICH SCHLEGEL, FRIEDRICH VON GENTZ, CLEMENS BRENTANO, ZACHARIAS WERNER, JOSEPH VON GÖRRES, FRANZ VON BAADER, FRIEDRICH WILHELM SCHELLING), soweit sie nicht früh verstarben (NOVALIS, WACKENRODER) oder unglücklich endeten wie KLEIST, HÖLDERLIN oder LENAU. Andere, wie etwa FRIEDRICH CARL VON SAVIGNY, JAKOB GRIMM oder ACHIM VON ARNIM waren schon von Anfang an konservativ disponiert. Im Grunde war die Romantik, wie RICARDA HUCH betont hat, eine «Jugendbewegung».[124]

Verstehen wir zunächst einmal unter «politischer Romantik» jene literarischen Äußerungen, die sich negativ gegen Aufklärung, utilitaristische Popularphilosophie,

[119] *M. Emmrich,* Heinrich von Kleist und Adam Müller: mythologisches Denken, 1990.

[120] *U. Mückenberger,* Ernst Theodor Amadeus Hoffmann (1776–1822) «Das Literarische macht frei ...», in: Streitbare Juristen. Eine andere Tradition, 1988, 19–32; kritisch hierzu *Ch. Bergfeld,* E. T. A. Hoffmann – ein streitbarer Jurist?, in: Die Bedeutung der Wörter. Studien zur europäischen Rechtsgeschichte, Festschr. f. S. Gagnér, 15–32.

[121] Friedenspredigt an Deutschland (1808); Dämmerungen für Deutschland (1809), Mars' und Phöbus Thronwechsel (1814); Politische Fastenpredigten (1817).

[122] *H. G. Helms,* Jean Paul, ein politischer Autor, und *B. Lindner,* Politische Metaphorologie, beide in: Text + Kritik, Sonderband Jean Paul, hrsgg. v. *H. L. Arnold,* 1970; *W. Harich,* Jean Pauls Revolutionsdichtung. Versuch einer neuen Deutung seiner heroischen Romane, 1974; *H. Bade,* Jean Pauls politische Schriften, 1974; *K. Wölfel,* Jean-Paul-Studien, 1989, insbes. 140ff., 171ff.

[123] *Brinkmann* (Anm. 42), *C. Träger* (Hg.), Die Französische Revolution im Spiegel der deutschen Literatur, 1975; *Stern* (Anm. 52) 137ff.

[124] *R. Huch,* Romantische Lebensläufe, in: *dies.* Die Romantik. Blütezeit, Ausbreitung und Verfall, 1951 (zit. nach d. Ausgabe 1985, 467–503) vgl. evtl. auch *J. v. Eichendorff,* Erlebtes, 1857 (dort: Heidelberg und Halle).

Rationalismus und absolutistische Bevormundung zusammenschließen, die sich positiv dem «Wunderbaren», der Phantasie, der Überwindung der Zerrissenheit in ästhetischen, philosophischen oder religiösen «Einheiten» zuwenden, die das Subjektive, Ironische und Fragmentarische gegen Objektivität und Klassizität, den Wahnsinn gegen die Vernunft, das Rätsel gegen die platte Diesseitigkeit ausspielen,[125] so steckt darin schon viel an politischer Option. Vor allem ist es eine Entscheidung für das historische Denken, für die Bevorzugung des organisch «Gewachsenen» gegenüber dem künstlich «Gemachten». Soweit diese Entscheidung antiabsolutistisch begründet wurde, enthielt sie liberale Komponenten, soweit sie das historisch Gewordene gegen die Reformbewegung ausspielte, war sie konservativ, gleichviel in wessen konkretem Interesse dies sein mochte. Jedenfalls ist die Annahme unzutreffend, wie öfter bemerkt worden ist, die Romantik sei unpolitisch und standpunktlos gewesen. «Ungeachtet aller Subjektivität und aller Ironie und aller Vermischung von Wirklichkeit und Traum wie der Tendenz zur Verschmelzung der Gegensätze zeigt das romantische Denken doch bestimmte erkennbare politische Linien.«[126]

Man muß deshalb auf dem vage abgegrenzten Feld der «politischen Romantik» die Vermischung der Motive beachten. Die Opposition gegen die Aufklärung speiste sich zum einen aus Affekten gegen Frankreich, das Land des Rationalismus und Zentralismus, des «frechen» VOLTAIRE und der Enzyklopädisten. Zum anderen war es eine Opposition gegen den eigenen aufgeklärten Absolutismus, sei es aus landständischer, adeliger oder kirchlicher Sicht. Diese antiabsolutistische Stimmung konnte sich wiederum mit dem nationalen antinapoleonischen Affekt verbünden. Alle waren sich einig, daß das historisch Gewachsene, der organische Gedanke der «Entwicklung» den Vorzug verdiene vor der künstlichen, lebensfeindlichen, revolutionären Apparatur, daß Ruhe und Ordnung ein hohes Gut darstellten[127] und daß alle Formen absolutistischer Regierweise mit Mißtrauen zu betrachten seien. Umstritten war dagegen, wie der Herausforderung der bürgerlich-kapitalistischen Welt begegnet werden sollte. Die Suche nach «organischen» Lösungen in Staat und Gesellschaft führte zu jenen typischen antiegalitären Vorschlägen wie den noch über ein Jahrhundert virulent gebliebenen «Ständelehren» (J. GÖRRES), mit denen eine offenkundig bedrohte «natürliche» Gliederung des Volkskörpers abgebildet werden sollte, weiter zu Volkswirtschaftsmodellen nach kirchlicher Soziallehre (A. MÜLLER, F. v. BAADER), zu emphatischen Wünschen der Rückkehr zur Naturalwirtschaft und zu erbitterten Debatten um die Einführung von Papiergeld.[128] So bildete sich eine doppelte Abwehrfront, gegen den «mechanischen» Absolutismus und seine «Regiersucht», zugleich aber auch gegen die heraufziehende bürgerliche und kapitalistische Welt.

Der Staat sollte keine «Maschine» mehr sein. Die Maschinenmetapher wurde nunmehr verworfen. In der allgemeinen Staatslehre bedeutete dies die allmähliche Ver-

[125] *Schmitt* (Anm. 116); *J. Baxa,* Einführung in die romantische Staatswissenschaft, 1923; *P. Kluckhohn,* Das Ideengut der deutschen Romantik, 5. Aufl. 1966; *E. Behler* (Hg.), Die europäische Romantik, 1972; *H. Prang* (Hg.), Begriffsbestimmung der Romantik, 2. Aufl., 1972; *Brinkmann* (Anm. 42).

[126] *Scheuner,* (Anm. 1), 18.

[127] *K. Lüderssen,* «Ich will lieber eine Ungerechtigkeit begehen, als Unordnung ertragen». Notizen über Goethes Verhältnis zum Recht, in: Neue Rundschau 1983, 47–64.

[128] Letzteres u. a. in Sachsen-Weimar, was bekanntlich im 2. Teil des «Faust» (Erster Akt, Lustgarten) seinen Niederschlag gefunden hat: «Ein solch Papier, an Gold und Perlen Statt, ist so bequem: man weiß doch, was man hat».

drängung der rationalen Vertragskonstruktion durch organologische Formeln. Unter direkter Bezugnahme auf SCHLÖZER und dessen «unglückliche Lehre, die vor zwanzig Jahren ein so unermeßliches Publikum hatte», erklärte ADAM MÜLLER (1779–1829)[129] in seinen Dresdner Vorlesungen von 1808/09: «Der Staat ist nicht eine bloße Manufaktur, Meierei, Assekuranz-Anstalt, oder merkantilistische Societät; er ist die innige Verbindung der gesamten physischen und geistigen Bedürfnisse, des gesamten physischen und geistigen Reichtums, des gesamten inneren und äußeren Lebens einer Nation, zu einem großen energischen, unendlich bewegten und lebendigen Ganzen.»[130] Staaten sind keine künstlichen Erfindungen, sie sind «die Totalität der menschlichen Angelegenheiten, ihre Verbindung zu einem lebendigen Ganzen».[131] EDMUND BURKE, auf dessen «Reflections on the Revolution in France» (1790) sich MÜLLER vor allem stützte,[132] wurde hier im Kontext der politischen Romantik in ein enthusiastisches und idealisierendes Licht getaucht, das diesem realistischen Denker ganz fremd war.[133] MÜLLERS «Elemente der Staatskunst» sind ein geistreiches (und selbstgefälliges) Feuerwerk aphoristisch zugespitzter Thesen, in denen «tote Begriffe» der «lebendigen Idee», die «starre» Gewaltenteilung der «erhabenen Gemeinschaft», die Mechanik der vitalen Einheit konfrontiert werden.

Politik wird hier zwar ästhetisiert,[134] aber MÜLLER ist politisch keineswegs naiv. Er, der zur Zeit dieser Vorlesungen Prinzenerzieher war, verband seine Apotheose des wahren Adels mit dem Bekenntnis, daß er sich «der gerade jetzt unterdrückten geistlichen und feudalistischen Elemente des Staates wärmer annehme, als der in diesem Augenblick triumphierenden».[135] 1805 war ADAM MÜLLER zum Katholizismus konvertiert, und er erhoffte sich eine religiöse Spiritualisierung des Staatsdenkens, eine Vermittlung der allem Sein zugrundeliegenden «Gegensätze»[136] zu individueller Freiheit und organischer Einheit von Herrschern und Beherrschten.[137] Das bedeutete negativ eine Zurückdrängung des zweckrationalen Kalküls und der Staatszwecklehre generell, der eigennützigen «bürgerlichen Arithmetik»[138] sowie aller «künstlichen Trennun-

[129] *R. Aris,* Die Staatslehre Adam Müllers in ihrem Verhältnis zur deutschen Romantik, 1929; *J. Baxa,* Adam Müller. Ein Lebensbild aus den Befreiungskriegen und aus der deutschen Restauration, 1930; *L. Sauzin,* Adam-Heinrich Müller (1779–1829). Sa vie et son oeuvre, Paris 1937; *V. Schepelern,* Edmund Burke, Friedrich Gentz, Adam Müller. Et Bidrag til Revolutions- og Napoleonstidens politiske Idéhistorie, Kopenhagen 1953; weitere Nachw. bei *M. Stolleis,* Adam Müller, HRG III (1984) Sp. 723–726.

[130] *A. H. Müller,* Die Elemente der Staatskunst. Oeffentliche Vorlesungen vor Sr. Durchlaucht dem Prinzen Bernhard von Sachsen-Weimar und einer Versammlung von Staatsmännern und Diplomaten, im Winter von 1808 auf 1809, zu Dresden, gehalten. 3 Theile in drei Bänden, Berlin 1809; maßgebliche Ausgabe von *J. Baxa,* 1922 samt den handschriftlichen Zusätzen, 1926. – Im folgenden wird zitiert nach der ungekürzten Ausgabe Meersburg-Leipzig 1936, 27 (2. Vorlesung).

[131] *Müller,* aaO. 33.

[132] Vermutlich durch die Übersetzung seines Freundes *Gentz:* Betrachtungen über die französische Revolution. Nach dem Englischen des Herrn Burke neu bearbeitet ... von Friedrich Gentz, 2 Bde, Berlin 1793 (2. Aufl. 1794, 3. Aufl. 1838).

[133] *F. Braune,* Edmund Burke in Deutschland, 1917; *H. Barth,* Edmund Burke und die deutsche Staatsphilosophie im Zeitalter der Romantik, in: Die Idee der Ordnung, Zürich 1958; *D. Hilger,* Edmund Burke und seine Kritik der Französischen Revolution, 1960; *P. Alter,* Edmund Burke, in: Geschichte und politisches Handeln. Studien zu europäischen Denkern der Neuzeit. Th. Schieder z. Gedächtnis, 1985, 70–84.

[134] *B. Koehler,* Ästhetik der Politik. Adam Müller und die politische Romantik, 1980.

[135] aaO. Nachwort.

[136] *A. Müller* (Anm. 70).

[137] *H. A. Korff,* Geist der Goethezeit, IV, 10. Aufl. 1979, 293ff.

[138] aaO. 165.

gen». Letzteres zielte nicht nur gegen die Gewaltenteilung zugunsten englischer «gewachsener» Verhältnisse, sondern auch auf die Aufhebung der Trennung von Privatrecht und Staatsrecht[139] und damit auf Beseitigung der freiheitssichernden Distanz zwischen Staat und Gesellschaft. Das Gesamtbild der «Elemente» ist zwar von einem charakteristischen Hell-Dunkel und durchmischt mit rhetorischen Hyperbeln, aber die Tendenz ist klar antiaufklärerisch und konservativ, adels- und kirchenfreundlich,[140] antiliberal[141] und antikonstitutionell. «Alle Konstitutionskünstelei unserer Tage», meinte er sagen zu können, «ist also nichts anderes als der immer unglückliche Versuch, ein Surrogat der Ständeverhältnisse des Mittelalters zu finden.»[142] Das ist nicht nur historisch abwegig, es macht auch deutlich, daß dieser sich später immer mehr zum Interessenvertreter des Ancien Régime wandelnde «Romantiker» die wichtigste Tendenz der Zeit nicht hinreichend ernst nahm.[143]

Ein gutes Jahrzehnt später, jenseits der Karlsbader Beschlüsse und mitten in den «Demagogenverfolgungen» erschien in drei Etappen 1820 bis 1823 das Buch «Signatur des Zeitalters» von Friedrich Schlegel.[144] Es schildert die unterschiedlichen Gestimmtheiten der Generationen von 1763 bis 1789, 1789 bis 1814 und danach, zeigt den Perspektivenwechsel von weltbürgerlichen zu nationalen Idealen, von vernunftrechtlicher «Konstruktion» zu organischer «Entwicklung» im Staatsdenken, von «rein mathematisch(er) und mechanische(r) Staatsansicht und Staatsbehandlung»[145] zu einem «lebendig positiven» Korporatismus von Familie, Kirche und Zünften. Am wichtigsten ist für Schlegel nun allerdings der von ihm und anderen vollzogene Aufbruch zu erneuerter Religiosität, die nicht etwa nur den Charakter einer privaten Glaubensentscheidung hatte, sondern, wie etwa auch beim älteren Clemens Brentano, geradezu als grundsätzliche Lösung des Zeitproblems erschien. In einem in Schlegels «Concordia» abgedruckten Aufsatz[146] werden Menschenrechte und Volkssouveränität als die eigentlich Europa zerstörenden Elemente gebrandmarkt, und es wird hinzugefügt: «die wahre Constitution des Staates ist seine Religion.»[147] Das «lebendig Positive» ist nun nicht mehr die Historie oder die Poesie, sondern Gott.[148]

[139] aaO. 199.

[140] *E. Hänisch*, Der «vormoderne» Anikapitalismus der politischen Romantik. Das Beispiel Adam Müller, in: *R. Brinkmann* (Hg.), Romantik in Deutschland, 1978, 140f.

[141] Daß hier zum ersten Mal das Wort «Rechtsstaat» auftaucht (8. und 10. Vorlesung, «organischer Rechtsstaat», aaO. 123), ändert daran nichts. Vgl. *M. Stolleis*, Rechtsstaat, HRG IV (1990), Sp. 367–375 m. w. Nachw.

[142] aaO. 117.

[143] *F. Engel-Jánosi*, Die Theorie vom Staat im deutschen Österreich 1815–1848, in: Zeitschrift für öffentliches Recht 2 (1921) 360–394 (381–385).

[144] *F. Schlegel* (Hg.), Concordia. Eine Zeitschrift, I.–VI. Heft, Wien 1823, 3–70, 164–190, 343–398. Auch Konservative sahen in *Schlegel* eine problematische Figur, z. B. *A. W. Rehberg*, der ihm bescheinigt, er habe sich darin gefallen, «den metaphysisch-religiös-moralisch-unmoralischen, politischen Lycrophron zu spielen» (Die Erwartungen der Deutschen von dem Bunde ihrer Fürsten, Jena 1835, 10). Siehe auch den Schweden *Per Daniel A. Atterbom*, Reisebilder aus dem romantischen Deutschland, Jugenderinnerungen eines romantischen Dichters und Kunstgelehrten aus den Jahren 1817 bis 1819, 1970, der von «Völlerei, Staatsmannaffektion und Stockkatholizismus» spricht. Die heute maßgebliche kritische Ausgabe wird von *Ernst Behler u. a.* betreut (1958ff.).

[145] Concordia (Anm. 144), 358.

[146] *H.* Ueber den Grundvertrag der Gesellschaft, in: Concordia (Anm. 144) 337–342.

[147] aaO. 339.

[148] Hierzu *F. Engel-Jánosi* (Anm. 143), 368–381.

4. *Restauration der Staatswissenschaft*

a) K. L. v. Haller

Die Abwehrfront gegen Absolutismus und Bürgerwelt ist zwar mit Romantikern durchsetzt, aber sie enthält auch durchaus harte, unromantische Interessenvertreter des Adels sowie andere Konservative, etwa aus dem Umkreis der freien Städte. Zu letzteren gehört der immer wieder als Haupt des «restaurativen» Denkens genannte Karl Ludwig von Haller (1768–1854).[149] Er stammte aus der besonders konservativen Atmosphäre des Berner Stadtpatriziats, diente der Republik bis zum Ende (1798), ging dann in österreichischen Staatsdienst, kehrte aber 1806 als Professor der Staatwissenschaften (bis 1817) nach Bern zurück. Dieses Amt begann er programmatisch mit dem Anspruch, das allgemeine Staatsrecht neu zu begründen,[150] bald folgte der erste Grundriß[151] und dann das aufsehenerregende Werk, das der Epoche den Namen gab.[152] Als ehrgeiziger, von den Erfahrungen mit der Revolution negativ geprägter Aristokrat war Haller ein entschiedener Gegner Rousseaus und des Gedankens einer «bürgerlichen Gesellschaft». Er hatte sich geschworen, wie er sagt, «den Götzen des bürgerlichen Contracts zu stürzen, die Ehre Gottes in der Natur wieder auf den Thron der Wissenschaft zu erheben»[153] bzw. «die rechtmäßige Wissenschaft wieder auf den Thron (zu) heben».[154] Nach der französischen Juli-Revolution steigerte sich Haller in eine Prophetenrolle hinein und meinte, aufgrund göttlicher Berufung einen apokalyptischen Endkampf mit den losgeketteten satanischen Mächten des Zeitgeistes führen zu müssen.[155] Sein Denken trägt einen «seltsam zeitfremden, ja, fast möchte man sagen, fossilen Charakter»,[156] verbunden freilich mit einem «naturalistischen Machtdenken», das nicht eigentlich konservativ genannt werden kann. Die Rezeption Hallers besteht daher eher in einer Herauslösung einzelner Argumente und einer Verwendung seiner allen Revolutionsgegnern willkommenen Stichworte.

In der «Restauration der Staatswissenschaften» unterscheidet Haller zwischen auf Grundbesitz gebauten Patrimonialstaaten, auf physischer Gewalt ruhenden Militärstaaten, vom Glaubensbedürfnis zusammengehaltenen Priesterstaaten sowie freien Re-

[149] *Blösch,* ADB 10 (1879) 431–436; *E. Bonjour,* NDB 7 (1966) 549f.; *E. Reinhard,* Karl Ludwig von Haller. Ein Lebensbild aus der Zeit der Restauration, 1915; *ders.* Karl Ludwig von Haller, der «Restaurator der Staatswissenschaft», 1933; *C. Guggisberg,* Carl Ludwig von Haller (= Die Schweiz im deutschen Geistesleben, Bd. 87/88), Frauenfeld und Leipzig 1938; *H. R. Liedke,* The German Romanticists and Karl Ludwig von Haller's Doctrins of European Restoration, in: Journal of English and German Philology 57 (1958) 371–393; *H. Boldt,* Zwischen Patrimonialismus und Parlamentarismus. Zur Entwicklung vorparlamentarischer Theorien in der deutschen Staatslehre des Vormärz, in: *G. A. Ritter* (Hg.), Gesellschaft, Parlament und Regierung, 1974, 77–100; *ders.* Deutsche Staatslehre im Vormärz, 1975, 60f.; *Ch. Pfister,* Die Publizistik Karl Ludwig von Hallers in der Frühzeit 1791–1815, 1975.

[150] *K. L. v. Haller,* Ueber die Nothwendigkeit einer andern obersten Begründung des allgemeinen Staatsrechts, Bern 1807.

[151] *K. L. v. Haller,* Handbuch der allgemeinen Staatskunde, des darauf gegründeten allgemeinen Rechtes und der allgemeinen Staatsklugheit nach den Gesetzen der Natur, Winterthur 1808.

[152] *K. L. v. Haller,* Restauration der Staatswissenschaft oder Theorie des natürlich-geselligen Zustandes der Chimäre des künstlich-bürgerlichen entgegengesetzt, Bd. 1–4, Winterthur 1816–1825 (2. Aufl. in 6 Bden, 1820–1822; Bd. 5, 1824, Bd. 6, 1825; Nachdr. 1964).

[153] *Blösch,* ADB 10 (1879) 431 (434).

[154] *Haller,* Restauration (Anm. 152), Vorrede.

[155] *C. L. v. Haller,* Satan und die Revolution, Luzern und Augsburg 1834 (3. Aufl. 1835).

[156] *Brandt,* 59.

publiken auf der Grundlage des Zusammenschlusses von Gleichen. Im Vordergrund stehen dabei die besonders wichtigen Patrimonialstaaten. Dort setzt HALLERS Kritik bei der naturrechtlichen Vertragstheorie an. Für ihn ist der Staat nicht rationales Kunstprodukt einer «societas civilis», mit dessen Hilfe die Macht begründet und gebunden wird, sondern sowohl empirisch als auch normativ naturhafte «Herrschaft des Starken». Wem Gott die Macht verleiht, einen Staat zu erwerben, der «hat» ihn als Patrimonialeigentum, er kann ihn veräußern, aber auch verlieren, wenn seine Macht nachläßt. Insofern dauert der Naturzustand weiter an, er ist «die Ordnung Gottes». Der Fürst ist gewissermaßen von Gott eingesetzter überdimensionaler Grundherr; die Regierungsgewalt – HALLER unterscheidet in ihr immerhin verschiedene Funktionen und billigt der Judikative eine Sonderstellung zu – steht ihm als Eigentümer zu. Eine Trennung von Staatsgewalt und fürstlicher Gewalt entfällt, weshalb auch die Beamten in einem persönlichen Dienstverhältnis zum Fürsten, die Untertanen in einem auf den Fürsten bezogenen Schutzverhältnis stehen. Auch eine Gesamtrepräsentation der Untertanen darf es selbstverständlich nicht geben, allenfalls «Stände» im traditionellen Sinn,[157] aber nur als Ratgeber, als wünschende und einwilligende Korporationen, die nicht «repräsentieren», sondern aus eigenem Recht handeln.

Mit dieser «Naturlehre der Staatsmacht» lieferte HALLER die von vielen gesuchten Argumente gegen die verhaßte Vertragskonstruktion, gegen Gewaltenteilung, Grundrechte, Absplitterung von Souveränitätsrechten zugunsten der Volksvertretung oder gar Volkssouveränität und Widerstandsrecht. Positiv ausgedrückt hieß das: «Wiederherstellung der alten herilen patrimonialen Regierungsweise, des Feudalsystems, der Gesetzlosigkeit, der Licenz des Privilegien-Wesens, der Patrimonial-Jurisdiction etc. kurz Wiederauflösung der Staaten in patrimoniale Gehöfte und Corporationen».[158] Diese antimodernistischen Positionen liefen nicht nur auf eine Rückkehr ins Ancien Régime hinaus, sondern letztlich auf die Negation geschichtlicher Entwicklung. Entsprechend groß war die Empörung der Vertreter des liberalen Konstitutionalismus. Die Stimme des Lehrstuhlnachfolgers von KANT, WILHELM TRAUGOTT KRUG, [159] ist zwar wenig gewichtig, aber doch charakteristisch. Auch das sarkastische Urteil HEGELS, der die krassen Widersprüche und die fehlende Unterscheidung empirischer und normativer Aussagen hervorhob, ist insoweit eindeutig.[160]

b) F. v. GENTZ

Ein besonders eindringliches Beispiel für die Wandlungen eines jungen Kantianers zum Symbol des metternichschen Systems ist der geschmähte und bewunderte FRIED-

[157] Eingehend *Brandt*, 61–64.

[158] *C. Vollgraff*, Ueber den heutigen Begriff, Umfang und Gegenstand der Staatswissenschaften, Marburg 1825, 13.

[159] *W. T. Krug*, Die Staatswissenschaft im Restaurazionsprozesse der Herren von Haller, Adam Müller und Consorten, Leipzig 1817; *ders.* Dikäopolitik oder neue Restaurazion der Staatswissenschaft mittels des Rechtsgesetzes, Leipzig 1824 (zu *Krug* vgl. *Prantl*, ADB 17, 1883, 220–222; *Brandt*, 223–226; aber auch *Hegels* scharfe Besprechung Krugscher Werke in: Krit. Journal der Philosophie, Bd. I, 1802, St. 1); *H. Escher*, Ueber die Philosophie des Staatsrechts, mit besonderer Beziehung auf die Haller'sche Restauration, Zürich 1821 (zu *Heinrich Escher, 1789–1870* vgl. *Brie*, ADB 6, 1877, 355–357); *A. F. J. Riedel*, Hallers staatsrechtliche Grundsätze, nach der Restauration der Staatswissenschaft bearbeitet und beleuchtet, Berlin 1842.

[160] *Hegel*, Rechtsphilosophie, § 258 Anm. *.

RICH VON GENTZ (1764–1832),[161] sicher kein «Romantiker», sondern rationaler und realpolitischer Konservativer. Zunächst hatte er in seinem Breslauer Umkreis Beziehungen zu CHRISTIAN GARVE (1726–1806),[162] wurde dann in Königsberg tief von KANT beeindruckt[163] und entwickelte sich von da an zu einem der führenden politischen Schriftsteller seiner Zeit, der zunächst vor allem durch seine antinapoleonischen Schriften auffiel.[164] Aus dem preußischen Staatsdienst wechselte er 1802 nach Österreich und wurde dort seit dem Wiener Kongreß die rechte Hand und das publizistische Sprachrohr METTERNICHS. So schillernd GENTZ als Person sein mochte, seine publizistische Linie ist klar antirevolutionär,[165] aber eben zunächst noch durchaus vereinbar mit der Forderung nach einer «glücklich organisierten Konstitution».[166] Nach seiner Überzeugung war «Das einzige radikale Mittel, um dem Bedürfnis einer Rebellion ... für immer auszuweichen, wenigstens kräftig entgegenzuarbeiten, ... eine gute Konstitution, d. i. eine solche, in welcher Mißbrauch der höchsten Macht, durch eine gute Organisation derselben, unmöglich wird.»[167] In diesem Sinne hat er auch Pressefreiheit befürwortet,[168] hat sich dann aber nach dem Wiener Kongreß immer stärker restaurativ entwickelt. «In äußerlich sicherer Ruhe, umgeben von allen Mitteln des weichlichsten Wohllebens und in den Armen einer reizenden Tänzerin schrieb er gegen deutsche, französische und polnische Freiheitsregungen und Volksrechte.»[169] Der wichtigste Beitrag hierzu ist jenes berühmte Gutachten «Über den Unterschied zwischen den landständischen und repräsentativen Verfassungen» von 1819,[170] in dem versucht wurde, die Ausbreitung des Parlamentarismus durch eine strikt altständische Interpretation des Art. 13 der Bundesakte zu bremsen.

GENTZ ist in hohem Maße typisch für eine verbreitete Bewegung von reformerischen «bürgerlichen» Positionen hin zu reiner Verteidigung des Bestehenden. Als politischer Essayist und Stilist freilich ist er untypisch qualitätvoll; hier kann er ohne weiteres in eine Reihe mit GÖRRES, BÖRNE und HEINE gestellt werden.

[161] *Mohl*, II, 488–511; *P. R. Sweet*, Friedrich von Gentz. Defender of the Old Order, Madison 1941; *G. Mann*, Friedrich von Gentz. Geschichte eines europäischen Staatsmannes (1947), 2. Aufl. 1972 (Lit.); *J. Baxa*, Friedrich von Gentz, Wien 1965.

[162] *K. G. Schönborn*, (Hg.), Briefwechsel zwischen Garve und Gentz (1789–98), Breslau 1857; *F. C. Wittichen* (Hg.), Briefe von und an Friedrich von Gentz, 4 Bde, 1909–1913; *M. Stolleis*, (Anm. 72), 86ff.

[163] *F. Gentz*, Ueber den Ursprung und die obersten Principien des Rechts, in: Berlinische Monatsschrift, hrsgg. v. *J. E. Biester*, 1 (1791) 370–396.

[164] *F. Gentz*, Ueber den Ursprung und Charakter des Krieges gegen die französische Revolution, Berlin 1801; *ders.*, Ueber den politischen Zustand von Europa vor und nach der französischen Revolution, 2 Th. Berlin 1801, 1802; *ders.*, Authentische Darstellung des Verhältnisses zwischen England und Spanien, vor und bey dem Ausbruche des Kriegs zwischen beiden Mächten, Petersburg, Riga und Leipzig 1806.

[165] Betrachtungen über die französische Revolution. Nach dem Englischen des Herrn Burke neu bearbeitet ... von Friedrich Gentz, 2 Bde, Berlin 1793 (Neuausgabe 1967 eingel. v. *D. Henrich*); *J. Mallet du Pan*, Ueber die französische Revolution und die Ursachen ihrer Dauer. Uebersetzt von Friedrich Gentz, Berlin 1794; *J. J. Mounier*, Entwickelung der Ursachen, welche Frankreich gehindert haben, zur Freiheit zu gelangen. Mit Anmerkungen von Friedrich Gentz, 2 Bde, Berlin 1794.

[166] *D. Henrich* (Hg.), Kant, Gentz, Rehberg: Über Theorie und Praxis, 1967, 108.

[167] *Gentz*, in: *Henrich* (Anm. 166), 107.

[168] «Sendschreiben», Seiner K. M. Friedrich Wilhelm III. bei der Thronbesteigung allerunterthänigst überreicht von Friedrich Gentz, Berlin 1797.

[169] *Mohl*, II, 509.

[170] Oben Kap. 2, Anm. 25.

c) F. Ancillon

Der Weg von anfänglich rationalistischen und konstitutionellen Anschauungen zu einer immer konservativeren Richtung ist auch der mit Gentz übrigens verwandte Friedrich Ancillon (1767–1837) gegangen.[171] Er durchlief eine bemerkenswerte Karriere in preußischen Diensten, die ihn von einer Professur an der Militärakademie (1792) in die Akademie der Wissenschaften (1805), auf den Posten eines Erziehers von Friedrich Wilhelm IV. (1810), in den Staatsrat (1817) und schließlich an die Spitze des Außenministeriums führte (1832). Seine Werke[172] lesen sich, wie richtig gesagt wurde, «ganz glatt und angenehm: aber es ist doch eben im Ganzen nicht sowohl Mittelweg als Mittelgut»,[173] «mehr breit als tief».[174] Allgemein werden ihm, auch von den bedeutenden Zeitgenossen Humboldt, Schleiermacher und Hegel, Selbstgefälligkeit, Wortreichtum sowie ein «süßlicher Optimismus mit salbungsvoller Phrase und Kirchencanzellogik» bescheinigt.[175] Man muß diese Urteile wohl auch aus heutiger Sicht bestätigen, selbst wenn eine Autorität wie Ranke freundlicher geurteilt hat;[176] Ancillon hält weder den stilistischen noch den gedanklichen Vergleich mit Gentz aus. Ein Romantiker ist er trotz der persönlichen Nähe zu Friedrich Wilhelm IV.[177] ebensowenig wie ein rationalistischer Aufklärer oder ein antirevolutionärer christlicher Autor wie Haller. Vielmehr adaptierte er als Eklektiker die gängigen Stichworte und arrangierte sie im Konversationston. Verehrung für Friedrich den Grossen und Ablehnung der Aufklärung verband er auf widersprüchliche, aber elegante Weise. Seine Ansichten wandelten sich, wie nicht anders zu erwarten, mit den Ereignissen. Zur Zeit der preußischen Verfassungsversprechen trat er für eine Gesamtrepräsentation ein, nach 1820 ging er ganz auf den Kurs Metternichs, befürwortete Sonderrechte des Adels und hielt vorsichtig reformierte Provinzialstände für das äußerste Entgegenkommen gegenüber dem «Zeitgeist», den er seinerseits natürlich als normative Instanz verwarf.[178] Verwerflich erschienen ihm die gesamte rationale Staatskonstruktion, Volkssouveränität und Volksvertretung, Gewaltenteilung und Grundrechte, ja, die Verfassungsbewegung insgesamt war ihm eine «epidemische Krankheit».[179] Was er

[171] *-a-*, ADB 1 (1875) 420–424; *F. Hartung*, NDB 1 (1953) 264f.; *P. Haake*, Johann Peter Friedrich Ancillon und Kronprinz Friedrich Wilhelm IV. von Preußen, 1920; *W. Bußmann*, Zwischen Preußen und Deutschland. Friedrich Wilhelm IV., 1990, 44–48.

[172] *F. Ancillon*, Ueber Souveränität und Staats-Verfassungen. Ein Versuch zur Berichtigung einiger politischen Grundbegriffe, Berlin 1815 (2. Aufl. 1816); *ders.*, Ueber die Staatswissenschaft, Berlin 1820; *ders.*, Nouveaux essais de politique et de philosophie, 2 Bde, Paris und Berlin 1924; *ders.* Ueber den Geist der Staatsverfassungen und dessen Einfluß auf die Gesetzgebung, Berlin 1825; *ders.*, Zur Vermittlung der Extreme in den Meinungen, 1828/31; *ders.* Pensées sur l'homme, ses rapports et ses intérêts, Berlin 1829.

[173] *Mohl*, III, 399.

[174] *Hartung* (Anm. 171).

[175] ADB (Anm. 171).

[176] *L. v. Ranke*, Zur eigenen Lebensgeschichte, in: Sämtliche Werke, Bd. 53/54, Leipzig 1890, 51.

[177] *F.-L. Kroll*, Friedrich Wilhelm IV. und das Staatsdenken der deutschen Romantik, 1990; das Buch von *David E. Barclay*, King, Court and Prussian Society in the Age of Frederik William IV, 1840–1861 war noch nicht zugänglich.

[178] *Ancillon*, Ueber Souveränität (Anm. 172), 68–76. Seine Rolle bei der Affaire um den «Tugendbund» (oben 2. Kap. Anm. 14) ist nicht ganz klar. Immerhin meinte *Niebuhr* in einem Brief (ca. 10. 1. 1816) an *Dore Hensler*, «Daß Ancillon ein Hauptanstifter der ganzen schändlichen Geschicke gewesen ist, leidet keinen Zweifel ... Leid ist mirs um den Einfluß dieses Menschen auf den Kronprinzen». In einem Brief an *Gneisenau* vom 18. 12. 1815 ebenso: «Ancillon gehört von Anfang her zu den ärgsten Anbläsern des Gerüchts».

[179] Von den «Paroxysmen der Constitutions-

dagegenzusetzen hatte, war allerdings kaum mehr als religiöse und patriotische Emphase und phrasenhafte Anrufungen des Gemeingeistes.

d) C. E. Jarcke

Ein von Haller beeinflußter, aber realistischerer konservativer Staatstheoretiker ist der Strafrechtler Carl Ernst Jarcke (1801–1852),[180] ab 1825 Professor in Berlin, der aber nach seiner Konversion (1825) die Universität verließ (1830/31) und als Journalist wirkte. Nach einer gegen die Julirevolution gerichteten Schrift[181] wurde er als Nachfolger von Gentz nach Wien berufen. Seine literarischen Äußerungen bestehen vor allem aus Zeitungsartikeln (Politisches Wochenblatt, Historisch-politische Blätter für das katholische Deutschland).[182] Für unseren Zusammenhang ist die Schrift «Die ständische Verfassung und die deutschen Constitutionen»[183] hervorzuheben.

Wie für Haller ist für ihn die Revolution der Abgrund, der Recht und Religion verschlingt, wie Gentz erklärt er den repräsentativen Parlamentarismus mit dem monarchischen System für unvereinbar. Um die Revolution aufzuhalten, vertritt er die absolute Unantastbarkeit des religiös überhöhten Rechts, die Innehabung der ungeteilten Souveränität durch den sakral gesicherten Monarchen, die Existenz eines vorstaatlichen Gemeinwohls und die staatliche Pflicht des Dienstes an Religion und Kirche. Jarcke dachte nicht konsequent antiliberal: trotz der Verwerfung des Staatsvertrags und des Repräsentativsystems plädierte er für weitgehende Nichteinmischung des Staates, insbesondere in religiöse Fragen, sowie für (modernisierte) Stände[184] und Selbstverwaltung. Auch daß er dem Monarchen ohne weiteres zubilligte, durch göttlichen Auftrag gebunden zu sein, während er die Bindung des einzelnen Abgeordneten als ideologisch abqualifizierte, ist theoretisch fragwürdig, aber politisch konsistent.

Weder Staatsabsolutist noch wirklicher Liberaler, sondern entschieden antidemokratisch, antiindividualistisch und einer letztlich vage bleibenden Vorstellung eines «organischen» christlich-konservativen Staates verpflichtet, wurde Jarcke in seiner theoretischen Aussage von liberaler Seite als «wissenschaftlich unbedeutend»[185] eingeschätzt, bedeutend allerdings für die publizistische Stärkung des preußischen Konser-

wuth» spricht auch *Alexander Müller,* Meine Ansichten wider das deutsche Repräsentativsystem, und über die Hauptursachen der zunehmenden Volksunzufriedenheit, insbesondere über manches, was päbstelt, Ilmenau 1828, 3–38. *Müller* konfrontiert unter großem rhetorischem Aufwand ein idealisiertes monarchisches Prinzip mit den realen Mängeln der Verfassungen und Ständeversammlungen. Er plädiert für «reine Monarchie» (23), die den Deutschen am meisten zusage. «Gute Regenten bedürfen keiner Constitutionen ...» (36). In dieser Richtung ebenfalls, allerdings mit nationalistischer Wendung *K. L. Berneys,* Deutschland und seine fränkischen Repräsentativ-Verfassungen, Mannheim 1841.

[180] *Mohl* II, 578–592; *F. Engel-Jánosi,* (Anm. 143) 387–390; *Brandt,* 73–84 m. w. Nachw.

[181] *C. E. Jarcke,* Die französische Revolution von 1830, historisch und staatsrechtlich beleuchtet, Berlin 1831.

[182] *C. E. Jarcke,* Vermischte Schriften, 3 Bde, München 1839; *ders.* Prinzipienfragen. Politische Briefe an einen deutschen Edelmann, nebst gesammelten Schriften, Paderborn 1854 (= Vermischte Schriften, Bd. 4). Vgl. *O. Weinberger,* K. E. Jarcke, in: Histor. Jahrbuch 46 (1926), 563–593; *F. Peters,* Carl Ernst Jarckes Staatsanschauung und ihre geistigen Quellen, 1926; *W. Scheel,* Das «Berliner politische Wochenblatt» und die politische und soziale Revolution in Frankreich und England, 1964; alle weitere Literatur bei *H.-Ch. Kraus* (Anm. 54), der die einzige moderne, umfassende und überzeugende Würdigung vorgelegt hat.

[183] Leipzig 1834.

[184] *Kraus* (Anm. 54) 431 ff.

[185] *Mohl* II, 588.

vativismus zu Zeiten FRIEDRICH WILHELMS III., für METTERNICHS Position bis 1848 sowie für die katholische Volksbewegung im Vormärz.

Neben JARCKE ist noch der zu den preußischen Hochkonservativen zählende Historiker HEINRICH LEO (1799–1878) mit seinen «Studien und Skizzen zu einer Naturlehre des Staates» zu nennen.[186] Wie «Naturlehre» schon andeutet, ist der Staat das ursprünglich Gewachsene, er geht aus Gottes Hand hervor, in ihm, soweit er «organischer» Staat ist, bewegen sich geistige und materielle Elemente wie im Organismus des Menschen, soweit er «mechanischer» Staat ist, herrschen in ihm die Gewalt, das abstrakte Denken und das Geld. Mischungen dieser Elemente finden sich in «systematischen» Staaten, die organischen und mechanischen Aspekten eine Ordnung bieten. Auf diese Weise können quer durch die Geschichte die Staatsformen nach ihren Hauptantriebskräften (Militärstaaten, Priesterstaaten, Handelsstaaten) auf einem der «Natur» entsprechenden Grundriß geordnet werden.

5. *Konservative Allgemeine Staatslehre*

ADAM MÜLLER und FRIEDRICH SCHLEGEL sowie andere Romantiker, KARL LUDWIG VON HALLER, FRIEDRICH VON GENTZ, FRIEDRICH ANCILLON und CARL ERNST JARCKE wirkten im wesentlichen außerhalb der Universität. Sie waren im modernen Sinn «Publizisten» und bewegten sich in den Vorhöfen der Macht. Echte Politiker, die sich in ähnlicher Weise theoretisch äußerten, waren ERNST GEORG G. V. BÜLOW-CUMMEROW (1775–1851),[187] LUDWIG FÜRST ZU SOLMS-LICH (1805–1880),[188] JOHANN VON TÜRCKHEIM (1778–1847)[189] oder JOSEPH MARIA RADOWITZ (1797–1854).[190]

Demgegenüber traten die Universitäten vor 1848 weit zurück, wenn es um Propagierung konservativer Positionen im akademischen Bereich ging. Der engere Kreis der eigentlichen Öffentlichrechtler – nach damaliger Terminologie also Professoren, die Allgemeine Staatslehre und Politik, Staatsrecht des Deutschen Bundes und gemeines Recht der Bundesstaaten, Landesstaats- und -verwaltungsrecht sowie Völkerrecht vortrugen – standen eher im liberalen Lager. Gerade die fachlich besonders angesehenen und zugleich volkstümlichen, die man dann in der Paulskirche wiederfindet, waren Liberale.

Innerhalb der Juristischen Fakultäten sind die Beispiele für strikten Konservativismus noch seltener. Gewiß, der überragende FRIEDRICH JULIUS STAHL ist Parlamentsredner und Staatstheoretiker zugleich. Aber in seiner Umgebung finden

[186] Halle 1833. – *v. Wegele,* ADB 18 (1883) 288–294; *Chr. Frhr. v. Maltzahn,* NDB 14 (1985) 243–245.

[187] *E. G. G. v. Bülow-Cummerow,* Preußen, seine Verfassung, seine Verwaltung, sein Verhältniß zu Deutschland, 2 Bde, Jena 1842–43.

[188] *(L. Fürst zu Solms-Hohensolms-Lich),* Deutschland und die Repräsentativverfassungen, Gießen 1838; dagegen *K. Buchner,* Der Herr Fürst Ludwig zu Solms-Lich und die Repräsentativverfassungen, Darmstadt 1838 sowie *v. Weber,* Die teutschen Repräsentativverfassungen, insbesondere nach den Ansichten des Fürsten zu Solms-Lich und der Gegenschrift Karl Buchners, in: (Bülau's) Neue Jahrbücher der Geschichte und Politik, 1 (1839) 67–87. Zu *L. zu Solms-Lich* vgl. *Brandt,* 93–101.

[189] *Brandt,* 93ff., 100ff.

[190] *J. M. v. Radowitz,* Das patrimoniale Princip, Berlin 1851; in: Ges. Schriften IV, Berlin 1853, 238–242. Zur Biographie vgl. *H. Holborn* (Hg.), Aufzeichnungen und Erinnerungen aus dem Leben des Botschafters Joseph Maria von Radowitz, 2 Bde, 1925, vor allem Bd. 1 (1839–1877).

sich vor 1848 kaum namhafte Vertreter. Vor allem ROMEO MAURENBRECHER (1803–1843) mit seinem Buch «Grundsätze des heutigen deutschen Staatsrechtes» von 1837[191] ist hier nochmals zu nennen, aber auch bei ihm liegt der Schwerpunkt eher im rheinischen Provinzialrecht und im gemeinen deutschen Privatrecht.[192] Als eigenständiger Theoretiker der allgemeinen Staatslehre kommt er kaum in Betracht.[193] Im wesentlichen hat er die herrschende Meinung wiedergegeben; die wenigen und sogleich bemerkten Passagen, in denen er davon abweicht, bieten sozusagen nur eine juridifizierte Form der Grundthese HALLERS.

Sein Versuch, die Souveränität als Quasi-Eigentum des Fürsten zu interpretieren, das monarchische Prinzip zu stützen und die offizielle Politik der Führungsmächte des Deutschen Bundes in staatsrechtliche Dogmatik umzusetzen, stieß auf breiten Widerstand. Wie aggressiv die Stimmung war, zeigt MOHL, indem er noch 1867 kurzerhand erklärte: «Maurenbrecher's elendes Gesudel kann außer Beachtung bleiben.»[194] Dabei wurde im Eifer des Gefechts übersehen, wie maßvoll sich MAURENBRECHERS Konservativismus geäußert hatte. «Eine versöhnende Staatslehre», so sagte er, «ist die wahre Aufgabe unserer Zeit.»[195] Die gefährliche Zeit nach 1819 habe zwar die Unterdrückung oppositioneller Lehren gerechtfertigt, aber das sei heute (1837) vorbei. «Es gibt daher für den Publizisten de facto keine Karlsbader Beschlüsse mehr.»[196] Deshalb sei es an der Zeit, die Verfassungen zu bearbeiten, das Staatsrecht zu pflegen und die Studenten an die Materie heranzuführen, um den Zustand, «daß die Staatsexamina sich nicht über das Staatsrecht erstrecken» und daß «kein teutscher Student» daran denkt, «Staatsrecht zu studieren», zu beenden.

Neben MAURENBRECHER gehört der Berliner Rechtshistoriker und Staatsrechtler KARL (CARL) WILHELM VON LANCIZOLLE (1796–1871)[197] in diesen Kreis, ein entschieden antiliberaler preußischer Konservativer, der vor allem durch Sammlung und historische Darstellung von Daten und Rechtsquellen,[198] aber auch durch scharfe Angriffe gegen Verfassungen und Repräsentativprinzip hervorgetreten ist.[199] Die historischen Schriften, über deren Wert hier nicht zu urteilen ist, waren verbunden mit politischen Ansichten und einem frömmelnden Protestantismus,

[191] Siehe oben Kap. 2, Anm. 80.

[192] *B. Urbaschek,* Empirische Rechtswissenschaft und Naturrecht. Der Beitrag Romeo Maurenbrechers zur Rechtslehre des 19. und 20. Jahrhunderts, 1966.

[193] *M. Riedel,* Studien zu Hegels Rechtsphilosophie, 2. Aufl. 1970, 136 nennt ihn, was schwer nachzuvollziehen ist, einen «der bedeutendsten deutschen Staatsrechtler vor 1850».

[194] *R. Mohl,* Bemerkungen über die neuesten Bearbeitungen des allgemeinen deutschen Staatsrechts, in: Zeitschrift f. Deutsches Staatsrecht und Deutsche Verfassungsgeschichte, hrsgg. v. *L. K. Aegidi,* 1 (Berlin 1867) 354–384 (360).

[195] *R. Maurenbrecher,* Ueber den gegenwärtigen Stand des staatsrechtlichen Studiums in Teutschland, in: Jahrbücher der Geschichte und der Politik, hrsgg. v. *K. L. H. Pölitz,* 2 (1837) 1–26 (21).

[196] *Maurenbrecher* (Anm. 195), 18.

[197] *E. Friedländer,* ADB 17 (1883) 583f.; *Landsberg* III/2, 315–318 u. pass. sowie Noten, 144.

[198] *C. W. v. Lancizolle,* Geschichte der Bildung des preußischen Staates, Bd. 1, Berlin 1828; *ders.*, Grundzüge der Geschichte des deutschen Städtewesens, Berlin und Stettin 1829; *ders.* Uebersicht über deutsche Reichsstandschafts- und Territorial-Verhältnisse vor dem französischen Revolutionskriege, die seitdem eingetretenen Veränderungen, Berlin 1830; *ders.* Über Königtum und Landstände in Preußen, Berlin 1846; *ders.* Rechtsquellen für die gegenwärtige landständische Verfassung in Preußen, Berlin 1847.

[199] *C. W. v. Lancizolle,* Ueber Ursachen, Charakter und Folgen der Julitage, Berlin 1831, insbesondere «Ueber die öffentliche Meinung» (141–172).

wie er für den inneren Kreis um Friedrich Wilhelm IV. bezeichnend war; insofern hat Lancizolle, der 1825–1830 den damaligen Kronprinzen unterrichtete, eine nicht ganz marginale Stellung.[200]

Schließlich sei noch der Marburger Staatswissenschaftler Karl Friedrich Vollgraff (1794–1863) genannt. Er hatte zunächst als Vertreter der konstitutionellen Monarchie liberaler Prägung begonnen,[201] dann sich aber besonders für die Rechte der Standesherren eingesetzt[202] und ein gewisses lokales Aufsehen durch seine Schrift gegen die neue kurhessische Verfassung von 1831 erregt.[203] Da er ohne große Resonanz blieb, widmete er sich schließlich der Ausarbeitung einer historisch-spekulativen Rechtsethnologie mit biologistischen Grundlagen,[204] die ihm zu gegebener Zeit den Ruhm eintrug, «einer der frühesten Rassenpolitiker auf deutscher Erde» gewesen zu sein.[205] Aus vier psychischen Ur-Temperamenten werden vier «Haupt-Racen» und vier Entwicklungsstufen menschlicher Vergesellschaftung («Kindes-, Jünglings-, Mannes- und Greisenalter») abgeleitet, dann wilde, nomadische, Industrie- und Humanitätsvölker unterschieden, wobei die Europäer unter die Industrie-Völker fallen. Unter den Europäern sind nach Vollgraffs Ansicht die Franzosen «ein verfallenes und entsittlichtes Volk» und, so meint er, «Das ist der anthropognostische, ethnognostische und polignostische Schlüssel zur Erklärung ihrer wahnsinnigen neuen Staatsprincipien.»[206] Daß solche Ideen nicht nur auf konservativer Seite zu finden waren, wird sich bei Carl Salomo Zachariä und Johann Caspar Bluntschli zeigen.

Der lange Titel der hier interessierenden Kampfschrift «Die Täuschungen des Repräsentatif-Systems, oder Beweis: dass dieses System nicht das geeignete, rechte und zeitgemäse Mittel ist, den Bedürfnissen unserer Zeit zu begegnen, mit Andeutung der geeigneten, rechten und zeitgemäsen Reformen»[207] sagt, worum es Vollgraff zur Zeit der kurhessischen Verfassungskämpfe geht: das Repräsentativsystem «passt» nicht auf den naturgesetzlich festgelegten Volkscharakter, es ist «nicht teutsch-thümlich».[208] Dem Volkscharakter von Germanen hingegen, die Vollgraff nicht zu den

[200] *W. Bußmann,* Zwischen Preußen und Deutschland. Friedrich Wilhelm IV., 1990 erwähnt *Lancizolle* nicht.

[201] *K. Vollgraff,* Ueber den heutigen Begriff, Umfang und Gegenstand der Staatswissenschaften, Marburg 1825; *ders.* Die Systeme der praktischen Politik im Abendlande, Teil I–III, Gießen 1828, Teil IV Gießen 1829; *ders.* Die historisch-staatsrechtlichen Grenzen moderner Gesetzgebungen, Marburg 1830.

[202] *K. Vollgraff,* Gibt es noch einen hohen deutschen Adel in dem Sinne und Begriffe, den man damit doctrinell bis zur Auflösung des deutschen Reiches verband?, Darmstadt 1823; *ders.* Die deutschen Standesherren, Gießen 1824; *ders.* Über die Unverletzbarkeit der standesherrlichen Eigenthums-Rechte, Marburg 1837.

[203] Unten Kap. 4, Anm. 132.

[204] *K. Vollgraff,* Erster Versuch einer (wissenschaftlichen) Begründung sowohl der allgemeinen Ethnologie durch die Anthropologie, wie auch der Staats- und Rechts-Philosophie durch die Ethnologie oder Nationalität der Völker, 3 Theile (Anthropognosie, Ethnognosie und Ethnologie, Polignosie und Polilogie), Marburg 1851–1855. – Zur Biographie *Eisenhart,* ADB 40 (1896) 248f.; *K. W. Justi,* Grundlage zu einer Hessischen Gelehrten-, Schriftsteller- und Künstler-Geschichte vom Jahre 1806 bis zum Jahre 1830, Marburg 1831, 662–670 (= Autobiographie), ergänzt von *O. Gerland,* Grundlage ... Kassel 1868, 149f. Als Geburtsjahre werden 1792 und 1794 genannt, *Vollgraff* selbst nennt (bei *Justi*) 1794.

[205] *A. Günther,* Karl Friedrich Vollgraff, Kämpfer im Vormärz für Rasse, Volk und Staat, in: Schmollers Jahrb. f. Gesetzgebung, Verwaltung und Volkswirtschaft im deutschen Reiche 1935, 59–82; *ders.* Karl Vollgraff, in: *I. Schnack* (Hg.), Lebensbilder aus Kurhessen und Waldeck 1830–1930, 1. Bd. Marburg 1939, 286–292 (288).

[206] aaO., Th. 3, § 443, S. 943.

[207] Marburg 1832.

[208] aaO. § 3.

eigentlichen Staatsvölkern zählt, sei die ständische Verfassung angemessen, wie überhaupt die von ihm so genannten «Rechtsvölker» zu monarchisch-aristokratischen Regierungsformen geneigt seien. Für sie ist ein Repräsentativsystem «widernatürlich», weil es zur egalitären Volksherrschaft führt, die wiederum – ein ganz richtiger Gedanke – in Schwierigkeiten kommen muß, wenn sie einer nichtegalitären Gesellschaft übergestülpt wird.[209] VOLLGRAFF befürchtet, daß eine solche Volksherrschaft, ausgeübt durch Abgeordnete mit «freiem Mandat», zur verantwortungslosen Tyrannis der Mehrheit oder zur politischen Entmündigung des Volkes durch die Oligarchie bindungsloser Abgeordneter führen könne. In diesem Sinne verstand sich VOLLGRAFF als «Vertheidiger des germanisch-historischen concret-natürlichen Stände-Systems».[210] Er wurde freilich nach 1831 immer mehr zum Außenseiter, zog sich aus der Universität zurück und hat speziell mit seiner umfangreichen Rechtsethnologie keine Resonanz mehr gefunden.

6. F. J. Stahl

FRIEDRICH JULIUS STAHL ist seit jeher Gegenstand besonderen wissenschaftlichen und politischen Interesses gewesen. In den letzten Jahren ist dieses Interesse intensiver geworden und hat zu mehreren Studien über STAHLS Lehren, seine Kirchenpolitik und sein parlamentarisches Wirken geführt, zuletzt in der gründlichen Arbeit von WILHELM FÜSSL,[211] aus der übrigens ein viel pragmatischerer und abgewogenerer STAHL hervortritt als der des üblichen «Reaktionärs».

STAHL ist es, anders als HALLER, GENTZ oder JARCKE, gelungen, die konservative Position der Jahrhundertmitte in klassischer Weise zu entfalten und mit praktischer Politik zu verbinden. Seine Lehren «sind für den deutschen Konservatismus bis in die Zeit des ersten Weltkrieges, zum Teil noch darüber hinaus, bestimmend gewesen».[212] Nach unpolitischen Anfängen – die Habilitation von 1827 beschäftigte sich mit dem älteren römischen Klagenrecht – trat STAHL mit der «Philosophie des Rechts nach geschichtlicher Ansicht»[213] auf die politische Bühne. Ab 1830 redigierte er das regierungsnahe bayerische Blatt «Der Thron- und Volksfreund», 1837 repräsentierte er die protestantische Professorenschaft Erlangens im bayerischen Landtag. 1840 wurde er

[209] aaO. § 21.

[210] aaO. § 66.

[211] Grundlegend *G. Masur,* Friedrich Julius Stahl. Geschichte seines Lebens. Aufstieg und Entfaltung 1802–1840, 1930; nur skizzenhaft *P. Drucker,* Friedrich Julius Stahl – konservative Staatslehre und geschichtliche Entwicklung, 1933 (Recht u. Staat 100). Die neuere Literatur beginnt dann mit *D. Grosser,* Grundlagen und Struktur der Staatslehre Friedrich Julius Stahls, 1963; *Brandt,* Landständische Repräsentation, 106–112; *Ch. Link,* Die Grundlagen der Kirchenverfassung im lutherischen Konfessionalismus des 19. Jahrhunderts, 1966; *H. Heinrichs,* Menschenbild und Recht bei Friedrich Julius Stahl, Diss. rer. pol. Innsbruck 1969; *Boldt,* Deutsche Staatslehre, 196–215; *H.-J. Wiegand,* Das Vermächtnis Friedrich Julius Stahls. Ein Beitrag zur Geschichte konservativen Rechts- und Ordnungsdenkens, 1980; *Ch. Wiegand,* Über Friedrich Julius Stahl 1802–1861, 1981; *A. Nabrings,* Friedrich Julius Stahl – Rechtsphilosophie und Kirchenpolitik, 1983; *W. Bußmann,* Friedrich Julius Stahl, in: Gestalten der Kirchengeschichte, Bd. 9: Die neueste Zeit, I., hrsgg. v. *Martin Greschat,* 1985, 325–343; *W. Füssl,* Professor in der Politik: Friedrich Julius Stahl (1802–1861). Das monarchische Prinzip und seine Umsetzung in die parlamentarische Praxis, 1988.

[212] *Ch. F. Menger,* Deutsche Verfassungsgeschichte der Neuzeit, 7. Aufl. 1990, Rdnr. 223.

[213] *F. J. Stahl,* Die Philosophie des Rechts nach geschichtlicher Ansicht, 3 Bde in 2, Heidelberg 1830–1837; 2. Aufl. 1845–1846; 3. Aufl. 1854–1856; 4. Aufl. 1870–71; 5. Aufl. 1878 (Neudruck 1963).

auf persönlichen Wunsch des neuen Königs FRIEDRICH WILHELM IV. nach Berlin berufen. Mit der Abhandlung «Das monarchische Princip»[214] überschritt STAHL die Grenzlinie zur politischen Praxis. Damit begann «der Aufstieg zu einem der am meisten gefeierten Hochschullehrer, Politiker, Parteiführer und Kirchenpolitiker seiner Zeit».[215] Seine Rolle als Vordenker und Lenker der preußischen Konservativen nach 1848 bleibt hier vorerst beiseite. Wichtiger ist zunächst die Beobachtung, daß es auch vor 1848 auf seiten der Konservativen gelingen konnte, das unantastbare «monarchische Prinzip» mit den wichtigsten liberalen Forderungen (Repräsentativsytem, Rechtsstaat) zu einem «konstitutionellen Konservatismus»[216] zu verschmelzen.

Fundament der stark von SCHELLING, aber auch von HEGEL beeinflußten Philosophie STAHLS ist der Glaube an einen persönlichen Gott, an einen Lenker der Geschichte. Von ihm gelenkt entfaltet sich im religiös-sittlichen Bereich die «Persönlichkeit» als Einzelwesen, als Gläubiger in der Kirchengemeinde und als Bürger in der bürgerlichen Ordnung der «sittlichen Welt», überwölbt vom Staat, dem «sittlichen Reich». Letzteres wird vom Christentum normativ bestimmt.[217] Der Staat ist bei STAHL selbstverständlich keine Vertragskonstruktion, sondern die von Gott eingesetzte Obrigkeit; wie der Einzelne strebt auch der Staat als Persönlichkeit zum Sittlichen. Es leuchtet ein, daß dieser «christliche Staat» die hegelsche Trennung von Staat und Gesellschaft nicht kennen kann. Vielmehr ist der Staat «nach Art und Form seines Bestandes der Verband eines Volkes unter einer Herrschaft (Obrigkeit). Nach Gehalt und Bedeutung ist er ein sittliches Reich.»[218] Dieses Reich lebt aus der monarchischen Autorität, ist aber wiederum keine theokratische Diktatur. Der Monarch ist «gebunden», wie er dies in der gesamten lutherischen Staatslehre seit ihren Anfängen war.[219] Der ethisierte Rechtsbegriff STAHLS bringt Autorität und Freiheit, monarchisches Prinzip und ideelles «Volk» jedenfalls verbal in Balance. Seiner Philosophie der «Persönlichkeit» folgend kann STAHL auch die Notwendigkeit individueller Rechtsgarantien, die Ausformung des Staates als «Rechtsstaat»,[220] die Anerkennung des Repräsentationsprinzips und des freien Mandats[221] begründen.

Diese synthetische Leistung ermöglichte es den preußischen Konservativen, nicht nur die eigenen Ultras abzuwehren, sondern auch die dem Zeitgeist entsprechenden Forderungen nach Verfassung, nationaler Repräsentation, Grundrechten und Rechtsstaat zu adaptieren und auf diese Weise jenen «konservativen Konstitutionalismus» der Nationalliberalen geistig vorzubereiten, dessen sich BISMARCK ab 1866 bedienen konnte.

[214] *F. J. Stahl,* Das monarchische Princip. Eine staatsrechtlich-politische Abhandlung, Heidelberg 1845.

[215] *Füssl* (Anm. 211) 108.

[216] *Füssl* (Anm. 211) 356.

[217] Siehe etwa Art. 14 der preußischen Verfassung (1850): «Die christliche Religion wird bei denjenigen Einrichtungen des Staats, welche mit der Religionsübung im Zusammenhange stehen, unbeschadet der im Art. 12 gewährleisteten Religionsfreiheit zum Grunde gelegt». Im Vorfeld *F. J. Stahl,* Der christliche Staat und sein Verhältniß zu Deismus und Judenthum. Eine durch die Verhandlungen des Vereinigten Landtags hervorgerufene Abhandlung, Berlin 1847 zu der Frage, ob Unterschiede der Religion auch Unterschiede der politischen Rechte nach sich ziehen sollen. *Stahl* argumentiert hierbei, wie er selbst sieht, in einem fast vollständigen Gegensatz zur herrschenden Ansicht im preußischen Vereinigten Landtag.

[218] *Stahl,* Philosophie des Rechts (Anm. 213), II/2, 131.

[219] *Ch. Link* (Anm. 4), passim.

[220] *Grosser* (Anm. 211) 82 ff.; *Füssl* (Anm. 211) 32 f.

[221] *Brandt,* 109–112.

7. Zusammenfassung

Auf dem langen Weg von den ersten Reaktionen auf die Französische Revolution bis zur entfalteten konservativen Staatphilosophie FRIEDRICH JULIUS STAHLS zeigt sich eine Entwicklung von der Spontaneität zum «System». Die allmähliche Stabilisierung der politischen Verhältnisse, die faktische Durchsetzung des monarchischen Prinzips, das nur in der Ausübung seiner Befugnisse durch die Verfassungen beschränkt wurde, ermöglichte auch die Ausbildung kohärenter theoretischer Positionen. Auch sie waren allerdings immer noch geprägt vom lange nachwirkenden Schock der Revolution von 1789, der durch die Julirevolution von 1830 noch einmal vertieft und verlängert wurde. Der Wille, dem liberalen und nationalen Zeitgeist zu widerstehen, hält die im übrigen inhomogenen Positionen zusammen. Insofern handelt es sich hier um eine im wesentlichen «reagierende», den Besitzstand des Ancien Régime verteidigende «Partei». KARL THEODOR WELCKER hat 1847 noch einmal seine Gegner ins Auge gefaßt und gesagt, «kein Adam Müller, und Friedrich Schlegel und Hr. v. Haller und kein Ritter Fouqué, keine Adels- und Berliner Wochenzeitung, kein Schwanenorden, keine glänzende Versammlung der Großpensionäre der Romantik und mystischer Philosophie und Staatslehre, keine Jesuiten und keine Autonomen und Majoratsherren, kein Aufheben der Kirchengrundsätze hier des Kaiser Joseph, dort des großen Friedrich» hätten es vermocht, den Liberalismus als Bewegung zurückzudrängen.[222] Gewiß war dies so, aber die Gegenpartei war im Besitz der faktischen Macht und, vielleicht noch wichtiger, sie hatte sich als flexibel genug erwiesen, die Starrheit der Verweigerung zu überwinden und wesentliche Positionen (Verfassungsbindung des Monarchen, Mitwirkung der Volksvertretung, Repräsentationsprinzip, freies Mandat des Abgeordneten, Rechtsstaat) zu übernehmen und auch theoretisch zu integrieren.

Inhomogenität der gesamten «Partei» bedeutet aber auch, daß es Unterströmungen gibt, die, wie man rückblickend sieht, später erhebliche Bedeutung erlangen sollten. Ein Beispiel hierfür ist der in der geistigen Landschaft seiner Zeit so exotisch wirkende KARL LUDWIG VON HALLER. Von dem der Lehre HALLERS eigentümlichen Biologismus mit seinem Basissatz, die Staatsgewalt sei den jeweils Stärksten zugefallen, war der Schritt zur normativen Aussage, daß dies auch sein solle und die gesuchte Legitimität vermittle, nicht sehr groß. Je mehr sich in den dreißiger Jahren ein antiromantischer «Realismus» geltend machte, sei es in der Literatur zum sog. «poetischen Realismus» (IMMERMANN, DROSTE, STIFTER, ALEXIS, AUERBACH, GOTTHELF),[223] sei es in der Rechtswissenschaft mit ihrer Abwendung von den romantischen Elementen der Historischen Schule und ihrer Zuwendung zu einem «strengen Begriffsformalismus»[224] vor allem durch GEORG FRIEDRICH PUCHTA (1798–1846),[225] desto mehr gewann auch bei der Betrachtung des Staates der Gedanke Raum, das eigentlich «Reale» an ihm sei die naturhafte Macht. Das begünstigte die Entstehung einer «Naturlehre des Staates».[226]

Bot die physische Macht nicht nur die empirische Erklärung für Aufstieg und Niedergang von Staaten, sondern erzeugte sie auch eine eigene Legitimität, dann lag der

222 *Welcker,* Grundgesetz, Grundvertrag, in: Staats-Lexikon, 2. Aufl. Bd. 6 (1847) 164.

223 *F. Sengle,* Biedermeierzeit. Deutsche Literatur im Spannungsfeld zwischen Restauration und Revolution 1815–1848, 3 Bde, 1971–1980.

224 *Wieacker,* 399.

225 *Wieacker,* 399–402; *J. Bohnert,* Über die Rechtslehre Georg Friedrich Puchtas (1798 bis 1846), 1975.

226 *H. Leo,* Studien und Skizzen (Anm. 186).

eigentliche Schlüssel der allgemeinen Staatslehre in der Analogie zur Biologie. Die Vorstellung, staatliche Macht hänge mit dem jeweiligen «Nationalcharakter»[227] zusammen, eventuell sogar mit rassischen Anlagen,[228] bereitete den Boden für die Rezeption des Darwinismus in der Sozialphilosophie, wie sie sich auf breiter Front dann von den siebziger Jahren an beobachten läßt.[229] Insofern gibt es seit HALLERS «Restauration der Staatswissenschaften» eine vor 1848 noch gänzlich unentfaltete, aber in den folgenden Jahrzehnten immer stärker werdende biologistische Strömung des Staatsdenkens, die – von den Organismuslehren kommend – ohnehin schon prädisponiert war, die Selektionstheorie ins Zentrum zu stellen und konsequenterweise dann Verfassungsbindungen der naturhaft verstandenen Staatsgewalt als ängstliche bourgeoise Konstruktionen zur Sicherung des eigenen Status zu denunzieren begann. Popularisierer wie ERNST HAECKEL (1834–1919)[230] und HOUSTON STEWARD CHAMBERLAIN (1855–1927) haben in dieser Richtung reichlichen Stoff geliefert.

Im Vergleich zu dieser durch den Siegeszug der Naturwissenschaften emporgerissenen biologistischen Machtstaatslehre blieb der Versuch der Neubegründung einer genuin christlichen Staatslehre – von den Vertretern der politischen Romantik wie ADAM MÜLLER, FRIEDRICH SCHLEGEL, FRANZ VON BAADER und über JARCKE bis zu STAHL – im engsten Wortsinne «konservativ». Es war ein stabilisierendes Denken, in dessen Zentrum die religiöse und ethische Rückbindung an den Offenbarungsglauben und das von ihm bestimmte Sittengesetz standen. Daß dieses Denken nicht flexibel gewesen sei, wird man nicht sagen können, vor allem mit Blick auf STAHL, aber es lebte aus der Überzeugungkraft eben jener religiösen und ethischen Rückbindung, die nun im Verlauf des Jahrhunderts immer schwächer wurde, weil trotz der Wirkungsbreite des christlichen Lebens in der bürgerlichen Öffentlichkeit die Gegenkräfte stärker wurden. Die Kirchenkritik der Aufklärung wirkte weiter (DAVID FRIEDRICH STRAUSS, LUDWIG FEUERBACH, KARL MARX), die nun entstehende Arbeiterschaft wandte sich von den Kirchen ab, und die mit den Naturwissenschaften verbündeten Kräfte sahen gerade in der «freisinnigen» Abschüttelung theologischer und idealistischer Denkreste eine Garantie ihres Erfolges.

Diese Entidealisierung, verbunden mit einer Zuwendung zu den «positiven» Fakten und zur «Realpolitik» hat langfristig die Fundamente des Konservativismus unterhöhlt. Indem aber, wie wir sehen werden, der Liberalismus ganz ähnliche Anpassungsbewegungen vornahm und von den Zerfallserscheinungen der idealistischen Philosophie in gleicher Weise betroffen war, gruppierten sich die Kräfte um.

Die gemäßigten Vertreter des konservativen und des liberalen Lagers hatten sich auf den Kompromiß des dualistischen Verfassungsstaates mit Erbmonarchie und Volksvertretung geeinigt. Nur Preußen und Österreich standen am Ende noch abseits, wenn man von politisch leichtgewichtigen Kleinstaaten absieht. Die Mittelströmung

[227] *Vollgraff* (Anm. 201).

[228] *Comte J. A. de Gobineau,* Essai sur l'Inégalité des Races Humaines, 4 Bde, Paris 1853–1855 (dt. Ausgabe von *L. Schemann,* Über die Ungleichheit der Menschenracen, 1898–1901).

[229] *H. G. Zmarzlik,* Der Sozialdarwinismus in Deutschland als geschichtliches Problem, in: *ders.* Wieviel Zukunft hat unsere Vergangenheit, 1970, 56–85; *G. Mann* (Hg.), Biologismus im 19. Jahrhundert, 1973; *G. Altner* (Hg.), Der Darwinismus. Die Geschichte einer Theorie, 1981.

[230] *E. Haeckel,* Natürliche Schöpfungsgeschichte, Berlin 1868; *ders.* Die Welträthsel. Gemeinverständliche Studien über monistische Philosophie, Bonn 1899; *ders.* Die Lebenswunder. Gemeinverständliche Studien über biologische Philosophie, 1904.

der Staatslehre zwischen 1830 und 1848 kam über diesen Dualismus nicht mehr hinaus. Das Problem schien in der Praxis nicht lösbar, und entsprechend gelähmt erschien die Theorie. Die Debatten der Paulskirche, von denen noch die Rede sein wird, zeigten gewissermaßen im Laborversuch, wie stark die Gruppierungen waren, welche Lösung konsensfähig war und wie sich Theorie und Praxis aneinander abarbeiteten.

II. Der Liberalismus

1. Gruppierungen

Die Autoren und Denkrichtungen der Allgemeinen Staatslehre, die sich im Vormärz unter der Flagge des Liberalismus versammeln lassen, sind ebenso inhomogen wie ihre konservativen Gegenspieler.[231] Man kann – gewissermaßen im Längsschnitt – zunächst eine von ROUSSEAU und KANT ausgehende aufklärerisch-vernunftrechtliche Linie ziehen.[232] Diese teilt sich ab 1819, so daß man auf der einen Seite jene wenigen sieht, die unbeirrt von der Entstehung des Deutschen Bundes und der Restauration an ihren Zielen des Repräsentativsystems, der Erweiterung des Wahlrechts und der Staatsform der Republik festhalten. Auf der anderen Seite steht dann die Mehrheit, die sich in unterschiedlichen Ausprägungen für die konstitutionelle Monarchie entscheidet.

Neben dieser vernunftrechtlichen Linie ist mit Recht von einem «organisch-romantischen» oder «historisch-organischen» Konstitutionalismus gesprochen worden.[233] Gemeint sind jene Liberalen, die sich schon seit dem letzten Jahrzehnt des 18. Jahrhunderts vom französischen Vorbild und von der Aufklärung insgesamt abgewandt hatten, ohne deswegen auf die Seite des romantischen Konservativismus überzuwechseln. Ihre Vertreter holten sich ihre Anregungen entweder von MONTESQUIEU oder von England, vor allem aber aus der mit Begeisterung ergriffenen eigenen Geschichte; wieder einmal begann die «germanische Freiheit» ihre Leuchtkraft zu entfalten.[234] Man hoffte auf eine im Schwung der Freiheitskriege erreichbare konsensuale Lösung der Verfassungsprobleme und suchte die Grundgedanken der historischen Schule mit den konstitutionellen Postulaten staatstheoretisch zu vermitteln. Anders als bei den Vernunftrechtlern, etwa bei ROTTECK, die stets den Unterschied zwischen Vernunftprinzipien und historischem Recht scharf betonten, herrschte hier die Überzeugung prinzipieller, «organischer» Vereinbarkeit geschichtlich gewachsener Positionen mit den

[231] *K. Eder,* Der Liberalismus in Altösterreich, 1955; *H. Rosenberg,* Politische Denkströmungen im deutschen Vormärz, 1972; *K. G. Faber,* Strukturprobleme des deutschen Liberalismus im 19. Jahrhundert, in: Der Staat 14 (1975) 201–227, *W. Schieder* (Hg.), Liberalismus in der Gesellschaft des deutschen Vormärz, 1983; *J. J. Sheehan,* Der deutsche Liberalismus. Von den Anfängen im 18. Jahrhundert bis zum ersten Weltkrieg 1770–1914, 1983 (engl. 1978); *L. Gall–R. Koch* (Hg.), Der europäische Liberalismus im 19. Jahrhundert. Texte zu seiner Entwicklung, 4 Bde 1981; zusammenfassend nunmehr *Langewiesche* (Anm. 3).

[232] Vgl. etwa den Rostocker Philosophen *J. S. Beck,* Grundsätze der Gesetzgebung, Leipzig 1806, der ganz im Sinne *Kants* für Publizität der Regierungsakte, für Preßfreiheit und Partizipation der Bürger an der Gesetzgebung eintritt. Ebenso *C. S. Zachariä,* Die Wissenschaft der Gesetzgebung als Einleitung zu einem allgemeinen Gesetzbuche, Leipzig 1806.

[233] *A. Neumeister,* Romantische Elemente im Denken der liberalen Führer des Vormärz, 1931; *Huber* II (1960) § 31; *E. W. Böckenförde,* Die deutsche verfassungsgeschichtliche Forschung, 1961, 74 ff., 92 ff.; *Brandt,* 199 ff.

[234] *K. v. See,* Deutsche Germanen-Ideologie. Vom Humanismus bis zur Gegenwart, 1970.

Forderungen des Tages. E. W. BÖCKENFÖRDE hat es treffend ein Denken genannt, «das eine harmonische Einheit und einen konstitutionellen Ausgleich zwischen der überkommenen Monarchie und der neuerwachten Volksfreiheit erstrebt, den Zusammenhang mit der geschichtlichen Tradition und den gewachsenen politischen Ordnungen erhalten will und allen radikalen oder monistischen Lösungen abgeneigt ist. ... Aber die Volksfreiheit, die man erstrebt, ist nicht die ‹negative› Freiheit der emanzipierten, politisch freigesetzten Erwerbsgesellschaft, sondern die gebundene, Recht und Pflicht in sich begreifende ‹positive› Freiheit, der Bürger-Status in einer noch unentzweit gedachten Ordnung, für die der altgermanische Landeigentümerstaat das selbstgeschaffene Vorbild abgibt. Gesetzlichkeit, politische Repräsentation, Beistimmung zu Gesetzen, Verwilligung von Steuern, Geschworenengerichte, Gemeindeautonomie und Assoziationsfreiheit sind ihre Elemente.»[235]

Auch die «historisch-organische» Linie gabelte sich im Lauf der Jahre nach 1819: die einen hofften auf «Entwicklung», unterstützt durch eine geschichtsphilosophische Maxime, daß der Weg von der ursprünglichen germanischen Freiheit über ihren Verfall zur Zeit der Fürstenherrschaft wieder nach oben zur demokratischen Freiheit oder jedenfalls zu einem das monarchische Prinzip überwindenden Repräsentativsystem führen müsse. Die anderen arrangierten sich, langsam konservativer werdend, mit dem monarchischen Prinzip und verharrten bis 1848 bei dem ungelösten und durch die Formel der Staatssouveränität nur überbrückten Dualismus von monarchischem Prinzip und Volksvertretung.

Die bisherigen Versuche, das breite Feld des Liberalismus durch Gruppenbildung zu strukturieren, zeigen bei weitgehender Einigkeit in der Sache doch eine gewisse Beliebigkeit. Wer den dominanten Typus vormärzlicher Verfassungen (Oktroi, monarchisches Prinzip, Zweikammersystem mit begrenzten Mitwirkungsrechten der zweiten Kammer, Zensuswahlrecht, Staatsrat)[236] als zeitgemäße und auf relative Dauer angelegte Lösung akzeptiert,[237] wird um diesen Typus herum die Mittelgruppe bilden und die Extreme (HALLER, GENTZ, JARCKE, STAHL einerseits, späte Jakobiner, Demokraten und Republikaner andererseits) entsprechend zuordnen. Wer dagegen die Vormärzverfassungen für letztlich instabile Kompromisse zwischen royalistischer Legitimität und der auf lange Sicht erfolgreichen Idee der Volkssouveränität und der parlamentarischen Demokratie betrachtet, wird geneigt sein, eher die kommenden Sieger ins Licht zu rücken.

Unterschiedliche Vergleichsebenen kommen hinzu, insbesondere die Orientierung am «Inhalt» oder an der «Methode». Wer auf die politische Kernfrage des Dualismus von monarchischem Prinzip versus politischer Mitbestimmung des Bürgertums abstellt, wird diesseits und jenseits der Barrikade manche Autoren miteinander vereinen können, die sich im übrigen fremd waren. Wer dagegen Denkstrukturen und Methoden hervorhebt, wird die Zugehörigkeit zu den erwähnten beiden Linien des Staatsverständnisses, der vernunftrechtlichen und der historisch-organischen, entsprechend akzentuieren. Auf der einen Linie ruhte der Staat weiterhin auf dem Denkmodell des

[235] *E. W. Böckenförde,* Die deutsche verfassungsgeschichtliche Forschung, 1961, 93f.

[236] Eine transparente Darstellung der Leitgedanken bei *D. Grimm,* Deutsche Verfassungsgeschichte 1776–1866, 1988, 110–141.

[237] *Huber,* III (1963), 4ff. einerseits, *E. W. Bökkenförde,* Der deutsche Typ der konstitutionellen Monarchie im 19. Jahrhundert, in: *ders.* Recht, Staat, Freiheit, 1991, 273ff. andererseits.

Vertrages freier Individuen, auf der anderen war er eine überindividuelle historisch-organische Wesenheit eigener Dignität. Beide Linien waren freilich auch politisch besetzt. Die Rationalisten dachten durchweg «prinzipieller» und behielten stärker das Ziel der parlamentarischen Demokratie – wohl meist verbunden mit der konstitutionellen Monarchie – im Auge, während die Vertreter der historisch-organischen Denkweise, vor allem die «Germanisten»,[238] eher zu Kompromissen mit dem monarchischen Prinzip neigten und sich stufenweise «realpolitisch», nach dem «Maß der gegebenen Zustände» (DAHLMANN) umorientierten.

2. *Entwicklungsstufen*

Diese Zuordnungen sind nicht mehr als grobe Hilfskonstruktionen, die ihre Funktion im Verlauf der genaueren Betrachtung einbüßen. Zusätzlich erfahren sie aber auch noch im Zeitablauf von 1814 bis 1848 erhebliche Verschiebungen; denn gerade die theoretischen Äußerungen zum Staat sind viel weniger theoretisch als sie sich geben. Die Autoren reagieren auf die Ereignisse und ihre Perspektive verschiebt sich mit dem Lebensalter.

«Der Zeitraum 1814 bis 1819», so ist mit Recht gesagt worden, «ist im großen und ganzen noch eine Periode des Experimentierens in der liberalen Verfassungspublizistik mit fließenden Begriffsbildungen.»[239] Die Liberalen erhofften sich konstitutionelle Zustände zur Sicherung der bisherigen Reformen und zur Dokumentation des durch die Besiegung NAPOLEONS scheinbar erreichten Konsenses. Daß sie diesen Konsens in der Nationalfrage suchten und dabei jakobinische und napoleonische Erinnerungen abzustreifen suchten, ist gut verständlich.[240]

Nicht alles, was sich damals als «teutsch» gebärdete, war auch liberal. Die emphatischen Bezugnahmen auf «teutsches Wesen» und «germanische Freiheit», die zum Verwechseln ähnlich scheinen, tendierten oft in ganz unterschiedliche Richtungen. «Altdeutsches Wesen» meinte ein romantisiertes, ständisch gegliedertes Mittelalter mit religiösen und sittlichen Bindungen und einen organischen Ausgleich der Spannungen, also nicht nur ein restauratives Zurück hinter die Französische Revolution, sondern hinter den Absolutismus. «Germanische Freiheit» dagegen evozierte vormittelalterliche Zeiten vor aller Fürsten- und Adelsherrschaft mit dem Ziel, «wahre Volksherrschaft» und «Gleichheit aller Freien» zu erreichen.[241] Es war dies der antifranzösische, aber im Kern nicht gegenrevolutionäre Versuch, die Errungenschaften der Französischen Revolution mit einer eigenständigen nationalhistorischen Legitimation zu untermauern.

[238] *E. W. Böckenförde,* Die deutsche verfassungsgeschichtliche Forschung, 1961, 74ff.; *G. Dilcher–B. R. Kern,* Die juristische Germanistik des 19. Jahrhunderts und die Fachtradition der Deutschen Rechtsgeschichte, ZRG GA 101 (1984) 1–46.

[239] *Brandt,* 166.

[240] *G. Neumann,* Geschichte der konstitutionellen Theorie in der deutschen Publizistik von 1815–1848, phil. Diss. Berlin 1931; *K. Wolff,* Die deutsche Publizistik in der Zeit der Freiheitskämpfe und des Wiener Kongresses 1813–1815, 1934.

[241] Siehe etwa den von *Jacob Grimm* in der Paulskirche eingebrachten Formulierungsvorschlag: «Das deutsche Volk ist ein Volk von Freien, und deutscher Boden duldet keine Knechtschaft. Fremde Unfreie, die auf ihm verweilen, macht er frei». Dazu *L. Denecke* (Hg.), Jacob Grimm, Antrag zur Beratung über die Grundrechte des deutschen Volkes in der Nationalversammlung zu Frankfurt am Main 1848, Kassel o. J. (= Brüder Grimm-Museum); *Ogris* (Anm. 117) 31.

Mit dem Wiener Kongreß und vollends mit der Unterdrückung liberaler und nationaler Regungen nach 1819 stand dann der Liberalismus am Scheideweg. Ließ er die nationalen Hoffnungen fahren, dann konnte er sich immerhin ganz auf die Durchsetzung liberaler Forderungen im Bereich einzelstaatlicher Verfassungen gem. Art. 13 der Bundesakte konzentrieren, während die nationalen Hoffnungen weiterschwelten, um erst ab 1830 wieder Nahrung zu erhalten. Gab der Liberalismus dagegen nach 1819 die liberalen Elemente auf, dann kam dies einem Übergang in das konservative Lager gleich; denn ein nationaler Ersatz für diese Preisgabe wurde nicht geboten.

Beginnen wir in diesem Sinne mit den «Rationalisten», dann stehen ARETIN, BEHR und KLÜBER nebeneinander,[242] als ihr Hauptvertreter fungiert ROTTECK, dann folgen der wenig bedeutende MURHARD, der wenig beachtete KARL ERNST SCHMID, wohl auch SYLVESTER JORDAN.[243] Nur schwer einzuordnen, aber eben doch zwischen den Fronten von Vernunftrecht und Historischer Schule stehen CARL SALOMO ZACHARIÄ und ROBERT MOHL. Beide reichen auf eine je eigene Weise in das späte 18. Jahrhundert zurück und haben sich am Ende dem parlamentarischen Regierungssystem zugewandt.

In die zweite Gruppe, die des «historisch-organischen» Liberalismus, gehören neben den hier nicht behandelten ERNST MORITZ ARNDT und JACOB GRIMM vor allem KARL THEODOR WELCKER, PAUL ACHATIUS PFIZER, FRIEDRICH CHRISTOPH DAHLMANN und FRIEDRICH SCHMITTHENNER.

3. *Der vernunftrechtliche Liberalismus*

a) K. v. ROTTECK

Die bereits mehrfach angesprochene Verbindungslinie zwischen den vernunftrechtlichen Postulaten des späten 18. Jahrhunderts und denen des sog. Frühliberalismus[244] zeigen sich besonders deutlich bei KARL VON ROTTECK (1775–1840).[245] Aufgewachsen

[242] Erwähnenswert ist hier am Rande auch *Karl Friedrich Wilhelm Gerstäcker* (1773–1852), Advokat und Privatdozent in Leipzig, der zwar die Legitimitätsfrage abschnitt und auf die Konstruktion durch Vertrag verzichtete, den existierenden Staat aber dann auf kantischer Grundlage auf «Verwirklichung der Rechtsidee» und den Staatszweck der Rechtssicherheit festlegte und damit naturrechtlichen und historisch-organischen Liberalismus versöhnen wollte (System der innern Staatsverwaltung und der Gesetzpolitik, 3 Abth. Leipzig 1818, 1819, 1820). Sein Werk ist wegen unzähliger Wiederholungen, wegen des pathetischen und unpräzisen Stils schwer genießbar. Kurze Angaben über ihn bei *G. Ch. Hamberger–J. G. Meusel*, Das gelehrte Teutschland, 5. Aufl. Lemgo 1820, Bd. 5; Deutsches Biogr. Archiv 386, 123–127 m. w. Nachw.

[243] *Brandt*, 199 ff. hat *Jordan* wohlbegründet in einer Reihe mit *Dahlmann, Welcker, H. A. Zachariä* und *F. Bülau* dem «organisch»-romantischen Konstitutionalismus nach 1820 zugeordnet. Hierzu unten bei Anm. 308.

[244] *R. Vierhaus*, Aufklärung und Reformzeit. Kontinuitäten und Neuansätze in der deutschen Politik des späten 18. und beginnenden 19. Jahrhunderts, in: *ders.* Deutschland im 18. Jahrhundert. Politische Verfassung, Soziales Gefüge, Geistige Bewegungen, 1987, 249–261.

[245] Zur Biographie *H. v. Rotteck*, in: *K. v. Rotteck*, Gesammelte und nachgelassene Schriften, 5 Bde, Pforzheim 1841–1843, Bd. 4 (Lebensbeschreibung); *L. v. Rochau/F. v. Weech*, Rotteck, in: Badische Biographien, hrsgg v. *F. v. Weech*, 2. Aufl. 2. Teil, Karlsruhe 1881, 211–217. – Zum Werk *Bluntschli*, 523–535; *H. Jobst*, Die Staatslehre Karl v. Rottecks, in: ZGORh 103 (1955) 468–498; *H. Ehmke*, Karl von Rotteck, der «politische Professor», 1964 (m. Nachw. d. älteren Literatur); *Brandt*, 255–266; *Boldt*, 156–161; *U. Herdt*, Die Verfassungstheorie Karl von Rottecks, phil. Diss. Heidelberg 1967; *H. Kopf*, Karl

und ausgebildet in einer Atmosphäre, die von josephinischer Aufklärung und vorderösterreichischer Distanz zu Wien und gleichzeitiger Nähe zu Frankreich geprägt war, lehrte ROTTECK ab 1798 als Professor für Weltgeschichte an der Universität Freiburg i. Br. und wechselte dann 1818 in die juristische Fakultät, um dort Vernunftrecht und Staatswissenschaften zu vertreten, bis er 1832, zusammen mit KARL THEODOR WELCKER (1790–1868),[246] seines Amtes enthoben wurde. Als wohl berühmtester Vertreter des badischen Liberalismus war ROTTECK 1814–1819 Mitglied der Ersten, und 1831–1840 Mitglied der Zweiten Kammer. Seine «Allgemeine Geschichte»,[247] das von ihm fertiggestellte Lehrbuch VON ARETINS,[248] das eigene Lehrbuch des Vernunftrechts und der Staatswissenschaften,[249] vor allem aber das mit WELCKER herausgegebene «Staatslexikon»[250] waren große publizistische Erfolge. Das Staatslexikon war das Sprachrohr des liberalen Bürgertums, wortreich, emphatisch, von Freiheitshoffnungen bewegt, politisch-staatswissenschaftlicher Journalismus im besten Sinne. Allein 298 Artikel stammten aus der Feder der Herausgeber. Hier wurden die verbreiteten Hoffnungen auf freiheitliche Zustände, furchtlos zu praktizierende Menschen- und Bürgerrechte, Rechtsschutz, Repräsentativsystem und Gewaltenteilung formuliert. Man suchte, in einem Wort, eine Verbindung der vom Absolutismus befreiten Aufklärung mit der zeitgemäßen Staatsform der konstitutionellen Monarchie.

Diese Postulate fanden in Baden, dem ehemaligen Musterland des aufgeklärten Absolutismus unter Großherzog KARL FRIEDRICH (1728–1811), breite Resonanz und machten Baden nun zum Musterland des südwestdeutschen Liberalismus.[251] Auch wenn die badische Politik in der Regierungszeit Großherzogs LUDWIG (1818–1830) kon-

von Rotteck, 1980; *A. Hollerbach*, Rechtsphilosophie in Freiburg (1805–1930), in: Festschrift f. Th. Würtenberger, 1977, 15f.; *ders.* Art. Rotteck, in: Staatslexikon, 7. Aufl. Bd. IV (1988) Sp. 944f. – Zu seinen ökonomischen Ansichten *W. Roscher*, Geschichte der National-Oekonomik in Deutschland, München und Berlin 1874, 2. Aufl. 1924, 825ff.

[246] *K. Wild*, Karl Theodor Welcker – ein Vorkämpfer des älteren Liberalismus, 1913; *H. Müller-Dietz*, Das Leben des Rechtslehrers und Politikers Karl Theodor Welcker, 1968; *R. Schöttle*, Politische Freiheit für die deutsche Nation. Carl Theodor Welckers politische Theorie, 1985.

[247] *K. v. Rotteck*, Allgemeine Geschichte vom Anfang der historischen Kenntnis bis auf unsere Zeiten, für denkende Geschichtsfreunde, 9 Bde, Freiburg 1812–1826.

[248] *J. Chr. Frhr. v. Aretin*, Staatsrecht der constitutionellen Monarchie, Bd. I–III, Altenburg 1824–1828; Bd. II, 1–2 von *Rotteck*, 1828. Hierzu *Mohl* I, 301f., allerdings distanziert wegen des Kantianismus und weil der «gesellschaftliche Organismus» verkannt worden sei.

[249] *K. v. Rotteck*, Lehrbuch des Vernunftrechts und der Staatswissenschaften, Bd. 1–4, Stuttgart 1829–1835; 1. und 2. Bd. in 2. Aufl. 1840; Bd. 1: Allgemeine Einleitung in das Vernunftrecht. Natürliches Privatrecht, 1829, Bd. 2: Lehrbuch der Allgemeinen Staatslehre, 1830; Bd. 3: Lehrbuch der materiellen Politik, 1834; Bd. 4: Lehrbuch der ökonomischen Politik, 1835 (Nachdruck 1964). Dagegen *C. Trummer*, Anti-Rotteck. Eine Reihe von Fragmenten über des Professoren von Rotteck Lehrbuch des Vernunftrechts, Hamburg 1836; dagegen wiederum Chinesen in Hamburg! oder Trummer contra Rotteck, hrsgg. v. *Schröder*, Stade 1837.

[250] *C. v. Rotteck–C. Welcker* (Hg.), Das Staats-Lexikon. Encyklopädie der sämmtlichen Staatswissenschaften für alle Stände, 15 Bde, Altona 1834–1843, 4 Supplementbände 1846–1848; 2. Aufl. 1845–1848 (Nachdr. m. Einl. v. *H. Brandt*, 1991), 3. Aufl. Leipzig 1856–1866. Vgl. *H. Zehnter*, Das Staatslexikon von Rotteck und Welcker, 1929; *Cl. M. Igelmund*, Frankreich und das Staatslexikon von Rotteck und Welcker. Eine Studie zum Frankreichbild des süddeutschen Frühliberalismus, 1987; *R. Grawert*, Die Staatswissenschaft des Rotteck-Welcker'schen „Staats-Lexikon", in: Der Staat 31 (1992) 114–128.

[251] *L. Gall*, Gründung und politische Entwicklung des Großherzogtums bis 1848, in: Badische Geschichte. Vom Großherzogtum bis zur Gegenwart, 1979, 11–36.

fliktreicher und konservativer war, so blieb doch das Wechselspiel zwischen reformerischem Anstaltsstaat und dynamischer bürgerlich-liberaler Bewegung erhalten, letztere freilich mit einem Überschuß an Idealismus, der sich am Fortbestand des Obrigkeitsstaats abarbeitete. ROTTECKS Rolle als Sprecher des badischen Liberalismus bis 1840 bewegt sich zwischen diesen Polen, der Zustimmung zu anstaltlich-bürokratischer organisierter Herrschaft als Reforminstrument und dem Wunsch nach der Besetzung eben dieser Herrschaft durch Führungskräfte der Gesellschaft. Was ROTTECK als «vernünftig» und dem von seinen politischen Wünschen erfüllten «Vernunftrecht» entsprechend durchzusetzen hoffte, bedurfte des Staates, der aber seinerseits nicht auf dem Reißbrett entstanden war, sondern in der Historie wurzelte. ROTTECK hat dennoch, seit seiner Antrittsvorlesung «Über den Streit natürlicher Rechtsprinzipien oder idealer Politik mit historisch begründeten Verhältnissen»,[252] konsequent für die «Vernunft» optiert.

Sein «Lehrbuch des Vernunftrechts und der Staatswissenschaften»[253] enthält in seinem zweiten Band (Allgemeine Staatslehre) seine Grundpositionen: Das Volk, aus dessen Gesamtwillen sich die idealiter einheitliche Staatsgewalt legitimiert, unterwirft sich hypothetisch dem Gesamtwillen. Die personifizierte Staatsgewalt wird aufgeteilt in das «natürliche» Repräsentationsorgan Parlament und das «künstliche» Organ der Regierung samt Monarchen. Das natürliche Organ bildet dabei das Zentrum; die Abgeordneten sollen engstens an den faktischen (nicht hypothetischen) Wählerwillen gebunden sein, ohne aber ein wirklich imperatives Mandat innezuhaben, wodurch eine gewisse Schwebelage zwischen Identitäts- und Repräsentationsprinzip erhalten bleibt.[254] Eine «bremsende» Erste Kammer soll es nicht geben. Diese Sätze werden nun mit Rücksicht auf die vormärzliche Verfassungslage durch die Akzeptierung des Zensuswahlrechts sowie durch die Erklärung eingeschränkt, das an die Exekutive übertragene Regierungsrecht sei unentziehbar. Hier liegen gewisse Widersprüche, die aber nichts daran ändern, daß ROTTECK besonders früh und besonders klar die Parlamentarisierung des Staatslebens, die Zurückdrängung des monarchischen Prinzips und die Realisierung einer grundrechtlich geschützten Öffentlichkeit gefordert hat. Die äußeren Bedingungen kamen ihm hierbei entgegen: «Kein deutscher Staat hätte für die Rotteckscher Doktrin einen günstigeren Nährboden abgeben können als Baden.»[255]

ROTTECKS Einfluß, vermittelt vor allem über das «Staats-Lexikon», reichte mit dessen zweiter Auflage bis zur Revolution von 1848. Danach war der liberale Fortschrittsoptimismus umgeschlagen; die letzten Vertreter dieser Richtung fanden kein Gehör mehr. Das Staatslexikon ist allerdings nicht aus einem Guß. Es diente vielmehr als Sammelbecken des süddeutschen, für die konstitutionelle Monarchie optierenden Liberalismus, gleichviel ob vernunftrechtlicher oder «organologischer» Prägung.[256] Auch die Herausgeber selbst dachten unterschiedlich, ROTTECK stärker systematisch und vernunftrechtlich-rousseauistisch, WELCKER eher empirisch-staatswissenschaftlich und damit konkreter und gegenüber Zeitphänomenen «moderner» orientiert. Philo-

[252] *C. v. Rotteck*, Sammlung kleiner Schriften meist historischen oder politischen Inhalts, 5 Bde, Stuttgart 1829–1837, Bd. 2 (1829), 42–70.

[253] Anm. 249.

[254] Sehr klar hierzu *Brandt*, 264f.

[255] *Brandt*, 256.

[256] *E. W. Böckenförde*, Die deutsche verfassungsgeschichtliche Forschung, 1961, 177 spricht mit Recht von der «Doppelgesichtigkeit» des Staats-Lexikons.

sophische Spekulation im Sinne des nachkantischen Idealismus wurden ebenso mit Mißtrauen und Kritik betrachtet wie die historische Schule.[257] Das bedeutete aber keineswegs die Ablehnung von Philosophie oder Geschichte, was bei dem Autor der «Allgemeinen Geschichte» und Anhänger des Vernunftrechts auch nicht plausibel wäre, sondern lediglich die Betonung ihrer dienenden Funktion. Über Philosophie und Geschichte stand das Zentralfach der «Staatswissenschaft(en)», als deren Leitstern wiederum rechtlich geordnete Zustände in einer von allseitigem Konsens getragenen konstitutionellen und liberalen Monarchie vorschwebten. Grundlage dieser Staatswissenschaft waren die Disziplinen, die sich mit der «Natur» des menschlichen Zusammenlebens befaßten, von den biologischen Fakten bis zur statistischen Erfassung. Auf ihnen sollten dann die historischen Wissenschaften aufbauen und erklären, wie die Faktenbasis im Strom der Geschichte verändert wurde. Das historisch geformte Gebilde «Staat» sollte nun in einem dritten Schritt durch philosophische Erkenntnis zur Freiheit geführt werden. Geschichte und Philosophie waren in diesem Konzept Hilfswissenschaften, nicht anders als die statistisch-empirischen Fächer.

Dennoch waren sie nicht gleichrangig. Rotteck setzte auf die philosophisch erkennbaren Wahrheiten des aufgeklärten Naturrechts und somit auf den individuellen Freiheitswillen, der im Interesse aller vernünftig begrenzt werden muß. Demgegenüber ist das Historische von vornherein verdächtig, das Überlebte und Versteinerte zu sein; nur als historische Entfaltung des Vernünftigen war Geschichte zugelassen. Insofern rangierte die vernünftige Begründung vor der historischen. Die Konservativen verteidigten ihre Positionen «historisch», die fortschrittlichen Kräfte argumentierten in Rottecks Sinne «vernünftig». So war der politische Kampf auch ein «Kampf des vernünftigen Rechts gegen das positive und historische».[258] Entscheidende Legitimationsbasis einer Institution oder Rechtsnorm war deren Übereinstimmung mit der inhaltlich durch die wesentlichen Postulate des Frühliberalismus aufgefüllten «Vernunft». Eine nur historische Legitimation wurde geradezu als Indiz für Unfreiheit, Ungleichheit und Ungerechtigkeit angesehen. Ebenso verdächtig wie die legitimatorisch eingesetzte Geschichte waren für Rotteck und Welcker objektivierende Metaphern wie «Volksgeist» oder «still wirkende Kräfte» der Historischen Schule[259] und «absoluter Geist» oder «Weltgeist» hegelscher Provenienz. Hinter alledem witterten sie politischen Quietismus, reaktionäre Gesinnungen und Verschleierungen von Mächten, die sich vor dem Licht der Vernunft und der Probe des Konsenses der Vernünftigen zu verbergen suchten.

Rotteck ist zeitlebens Vernunftrechtler im Sinne Rousseaus und Kants geblieben. Ihm erschien, wie gesagt, «das Princip der vollsten Entfesselung des wahren Gesamtwillens, und mithin des Urteils und der zählenden Stimme aller Verständigen und Rechtlichen im Volk als das wahre Palladium des öffentlichen Rechts».[260] Anders als die meisten Liberalen seiner Zeit, die den Dualismus von monarchischem Prinzip und Volksvertretung akzeptierten und nur in ihrem Sinn zu akzentuieren suchten, blieb

[257] Vgl. die Artikel von *Scheidter*, Hegel'sche Philosophie und Schule, Staats-Lexikon 7 (1838) 607; *Rotteck*, Historisches Recht, Staats-Lexikon 8 (1839) 3 bzw. in der 2. Aufl. 7 (1847) 16–30.

[258] *K. v. Rotteck*, Vorwort zum Staats-Lexikon, Bd. 1 (1835) XV; *ders.* Historisches Recht (Anm. 257).

[259] *E. W. Böckenförde*, Die Historische Rechtsschule und das Problem der Geschichtlichkeit des Rechts, in: *ders.* Recht, Staat, Freiheit, 1991, 9ff.

[260] *K. v. Rotteck*, Lehrbuch (Anm. 249), Bd. 2, 1840, 131.

Rotteck doch im wesentlichen bei seinem demokratischen Ausgangspunkt. Das Volk übergibt zwar dem Monarchen und der Regierung die unentziehbare Exekutivgewalt – das ist die Sicherung des monarchischen Prinzips –, behält aber ebenso unentziehbar den Rest, vor allem Beratung und Beschlußfassung über Gesetze sowie die Vertretung der Rechte des Volkes gegenüber der Regierung.[261] Diese Konzentration auf die Repräsentation der Wähler[262] führte Rotteck konsequent zum Postulat der direkten Wahl. Dennoch waren seine Positionen, wie gezeigt, nicht realitätsblind «doktrinär». Seine enorme Popularität beruhte darauf, daß er seine Opposition gegen die Regierungslinie nicht ins Utopische trieb, sondern gewissermaßen die perfekte konstitutionelle Monarchie mit liberalen Inhalten, Repräsentativprinzip und einer Tendenz zur Republik anstrebte.[263]

Seine wissenschaftsgeschichtliche Bedeutung, die neben seiner politischen Rolle nicht vergessen werden darf, ist von Alexander Hollerbach prägnant in drei Punkten zusammengefaßt worden: «Das Werk Rottecks, in dem sich spätes Naturrecht, Kant und der frühe deutsche Liberalismus amalgamiert haben, hat der Historischen Rechtsschule sowohl wie dem Positivismus deutlichen Widerpart geboten. Zum anderen hat es wesentlich dazu beigetragen, auf der Basis einer allgemeinen Rechtstheorie die überwiegend privat- und strafrechtlich orientierte Jurisprudenz der damaligen Zeit und die Wissenschaften vom Staat (einschließlich der ökonomischen Staatswissenschaften) zusammenzuführen und zusammenzuhalten. Schließlich hat Rotteck offen und bewußt die Frage ‹nach Verbesserung des gesellschaftlichen Zustandes› in die Aufgabenstellung der Wissenschaft aufgenommen und von ihr Antwort auf die Fragen verlangt: ‹Was fordert unbedingt Abschaffung oder Reform? und: wie ist dieser Forderung zu entsprechen, unbeschadet dem Recht?›»[264]

b) J. Chr. v. Aretin, W. J. Behr

In engem Zusammenhang mit Rotteck steht der bayerische Jurist und Historiker Johann Christoph Freiherr von Aretin (1773–1824).[265] Er repräsentiert hier den stufenweisen Übergang vom Staatsdenken des aufgeklärten Spätabsolutismus in die erste liberale Phase des süddeutschen Konstitutionalismus, speziell in seiner bayerischen

[261] *K. v. Rotteck,* Ideen über Landstände, Karlsruhe 1819; *ders.* Lehrbuch (Anm. 249), Bd. 2, 1840, 236.

[262] Daß *Rotteck* eher Theoretiker der «Repräsentation», nicht der «Identität» war, hat *Brandt,* 259–266 gezeigt, aber auch darauf aufmerksam gemacht, daß gewisse aus der speziellen Lage des damaligen Parlamentarismus zu begründende Neigungen zur Annahme eines imperativen Mandats bestanden.

[263] Im Privatbesitz der Familie befindet sich ein Aquarell von 1831, auf dem *Rotteck* als «Genius von Baden» hoch über dem Städtchen Oppenau erscheint, darunter folgendes Akrostichon:

*V*on Licht=Wahrheit=Sittlichkeit, Freiheit und Ordnung liebenden Oppenauern
*R*uhm! Dank Ihm! Der an des Thrones Stufen,
*O*ffen und freistimmend hat gerufen:
*T*eutsche Volksfreiheit! – Nur Herrschsucht soll verschwinden.
*T*eutsche Preszfreiheit! – Nur die Censur soll sinken.
*E*intracht, Fürst und Volkesliebe; Zehntfrei – und Frohndtfreiheit; der Badner Glück –
*C*onstitution' bringt rein, schützend gegen den teutschen Bund, uns zurück
KARL VON ROTTECK, der große teutsche Volksfreund, der Stolz und die Zierde des Badner Landes.
HEIL IHM!!!
Heil den Volksvertretern!

[264] *Hollerbach* (Anm. 245), 16.

[265] *v. Inama,* ADB 1 (1875) 518f.; *K. O. v. Aretin,* NDB 1 (1953) 348.

Fassung in den ersten Regierungsjahren LUDWIGS I. Da ARETIN schon 1824 starb, blieben ihm Konflikte, die später wohl unweigerlich hätten auftreten müssen, erspart. Sein Lehrbuch «Staatsrecht der constitutionellen Monarchie»[266] ist von ROTTECK vollendet worden, wobei ROTTECK, wie MOHL sagte, «keck» die Forderungen stellt, «welche er zum Schutze gegen Missregierung für nöthig erachtet«.[267] ARETIN hatte seine Ansichten nach dem Übergang Bayerns zur konstitutionellen Monarchie von 1818 weiterentwickelt und konnte somit «die erste ausführlichere Darstellung der neuen Staatsform in der deutschen Literatur» liefern.[268] Er vertritt nun eine primär auf Rechtswahrung begrenzte Staatszwecklehre, akzentuiert die Freiheitsrechte – insbesondere die Pressefreiheit – deutlicher, gründet den Staat in der naturrechtlichen Tradition auf einen Vertrag und überträgt dem Monarchen die ungeteilte Staatsgewalt, die nur in ihrer Ausübung verfassungsrechtlich eingegrenzt werden darf. Die konstitutionelle Monarchie definiert er als «diejenige Art der Alleinherrschaft, gemäss welcher ein Monarch mit dem Rechte der Vererbung der Krone nach den Vorschriften des vernünftigen Gesamtwillens regiert, dieselben seien nun schriftlich aufgezeichnet oder nicht».

Die Stände werden in dem von ROTTECK ausgeführten Teil nicht «altständisch», sondern als «Volksvertreter» verstanden.[269] Damit war dem monarchischen Prinzip Rechnung getragen, aber auch ein Kompromißweg eröffnet, die Landstände auf den Weg eines an der Gesetzgebung beteiligten, dem Volkswillen verantwortlichen Parlaments zu bringen. Es war dies, kurz gesagt, auch das der bayerischen Verfassung von 1818 zugrundeliegende Muster. Aber im Grunde markiert eben die Fortsetzung durch ROTTECK auch die Bruchlinie: Die Volksvertreter im Sinne ARETINS standen noch auf der Seite des Monarchen, beide sollten sich an einem objektiv vorgestellten Gesamtinteresse legitimieren; bei ROTTECK ist der Ausgangspunkt die rousseauistisch verstandene Volkssouveränität. Das Volk überträgt die Regierungsrechte und behält sich eigene Rechte vor, es kontrolliert die Regierung über das Parlament.[270] Aber auch ROTTECK konnte sich trotz dieses Ausgangspunkts nicht entschließen, das allgemeine Wahlrecht zu fordern. Das «Volk» war auch bei ihm nicht eine Masse atomisierter Individuen, sondern blieb nach wie vor ständisch gegliedert. Man sieht gerade an diesem Lehrbuch, wie sich die Übergänge vom aufgeklärten Absolutismus zur konstitutionellen Monarchie und von da, wenigstens tendenziell sichtbar, zur repräsentativen Demokratie vollziehen.

Aus dem geistigen Umfeld bayerischer Aufklärer und konstitutioneller Staatsrechtler ist noch WILHELM JOSEF BEHR (1775–1851) zu nennen,[271] von dessen Schicksal der Bespitzelung der Vorlesungen nach 1819, der Einschränkung der Lehrfreiheit, der

[266] Bd. I–III, Altenburg 1824–1828 (oben Anm. 248), 2. Aufl. Leipzig 1838–1840. Die frühe Verwendung von «Rechtsstaat» (Bd. 1, S. 163) stammt von *Aretin*.

[267] *Mohl* I, 302.

[268] *Mohl* II, 565.

[269] Zu *Aretin's* Position während des aufgeklärten Absolutismus der Montgelas-Zeit siehe *R. Piloty*, Ein Jahrhundert bayerischer Staatsrechts-Literatur, in: Festg. f. P. Laband, Bd. 1, 1908, 205–282 (244ff.); *Brandt*, 141ff. In «Abhandlungen über wichtige Gegenstände der Staatsverfassung und Staatsverwaltung mit besondrer Rücksicht auf Bayern», München 1816 ist der Fürst der Repräsentant des Volkes, unterstützt von «Ratgebern», die allerdings ebenfalls «für das ganze Land und Volk» sprechen sollen (aaO. 78). Siehe auch *Bojophilus Timonomus* (= Aretin), Gespräche über die Verfassungsurkunde des Königreichs Bayern, München 1818.

[270] *K. v. Rotteck*, Ideen (Anm. 261).

[271] *M. Domarus*, Bürgermeister Behr. Ein Kämpfer für den Rechtsstaat, 3. Aufl. 1985 m. w. Nachw. Siehe oben Kap. 1, Anm. 183.

Nichtanerkennung seines Landtagsmandats 1831 und der Verhaftung 1832 bereits die Rede war. Da er dem Deutschen Bund das Recht zu Eingriffen in den Bereich der Souveränität der Einzelstaaten absprach,[272] wurde er zum Gegner des «Metternichschen Systems». Sein enthusiastisches Eintreten für Rechtsstaat, Freiheitsrechte und Vereidigung des Heeres auf die Verfassung trug ihm eine Verurteilung wegen versuchten Hochverrats ein. Nach vierjähriger Untersuchungshaft wurde er zu Festung und Abbitte vor dem Bild des Königs verurteilt; erst 1839 wurde die Haft gelockert, 1848 kam er durch eine Amnestie frei. Sein «System der allgemeinen Staatslehre» (1804), sein «System der allgemeinen Staatslehre oder der Staatskunst (Politik)»[273] und ein «Neuer Abriß der Staatsrechtslehre»[274] fügen sich zu einer Gesamtdarstellung im Sinne des kantischen Naturrechts. Grundlage des Staates ist der traditionelle hypothetische Vertrag. Sein Zweck ist die Rechtswahrung. Am Ende sollen sich die Staaten in einem Völkerbund «zur Obhut des Rechtes und eines allgemeinen Friedenszustandes der Erde» zusammenschließen.[275] BEHR hat sein «System» bis zu den Details des Polizeirechts, der Verwaltung der auswärtigen Angelegenheiten und des Finanzrechts ausdifferenziert und auch dort konsequent die von KANT zu FEUERBACH[276] laufende liberale Linie ausgezogen, etwa im Polizeirecht bei den Themen der Gesetzesbindung, der Vorhersehbarkeit von Eingriffen, des Übermaßverbotes oder beim Gefahrbegriff.[277]

c) K. H. L. PÖLITZ

Neben den Süddeutschen ROTTECK, ARETIN und BEHR zählt der Sachse KARL HEINRICH LUDWIG PÖLITZ (1772–1838) zu den populären und popularisierenden Vertretern der vernunftrechtlichen Linie,[278] wenn man etwa seinen wenig bedeutenden Kollegen WILHELM TRAUGOTT KRUG (1770–1842)[279] oder den enthusiastischen Liberalen EKENDAHL[280] beiseiteläßt. Die Staatsrechtslehre jener Zeit verdankt PÖLITZ nicht nur die

[272] *W. J. Behr,* Von den rechtlichen Grenzen der Einwirkung des deutschen Bundes auf die Verfassung, Gesetzgebung und Rechtspflege seiner Glieder-Staaten, Würzburg 1820; 2. Aufl. Stuttgart 1820.

[273] 3 Bde, Frankfurt 1810.

[274] Bamberg 1816; *ders.* Die Lehre von der Wirtschaft des Staats oder pragmatische Theorie der Finanzgesetzgebung und Finanzverwaltung, Leipzig 1822. Hierzu *Roscher* (Anm. 245) 840f.

[275] System der allgemeinen Staatslehre, § 984.

[276] Ohne ausdrückliche Bezugnahme auf diesen etwa zur Theorie des psychologischen Zwangs in: System der angewandten allgemeinen Staatslehre, dritte und lezte Abtheilung, Frankfurt a. M. 1810, § 513.

[277] aaO. §§ 516–523.

[278] *Mohl* I, 141–143; *Landsberg* III/2, Noten 278; Zur Biographie vgl. *Mataja,* ADB 26 (1888) 389–392 mit Hinw. auf die 1839 gedruckte Autobiographie; *Roscher* (Anm. 245) 841 f. Eine Studie von Dr. *Reinhard Blänkner* (Göttingen) über *Pölitz* ist in Vorbereitung.

[279] Oben Anm. 159. Das hier einschlägige Werk von *W. T. Krug,* Dikäopolitik oder neue Restaurazion der Staatswissenschaft mittels des Rechtsgesetzes, Leipzig 1824 ist der Versuch, in populärer Diktion eine allgemeine Staatslehre zu entwerfen. Das gedankliche Verfahren ist eklektisch und harmonisierend, die kantische Grundlage verwaschen. Die in 20 Abschnitten behandelten Materien entsprechen dem klassischen Kanon der «Staatslehre nach der Vernunft» i. S. d. späten 18. Jahrhunderts. Zeitgenössische Resonanz hat dieses Buch, soweit zu sehen, nicht gefunden.

[280] *D. G. v. Ekendahl,* Allgemeine Staatslehre, 3 Bde, Neustadt a. d. Orla 1833–1835. Das Werk beginnt mit einer vernunftrechtlichen «Staatsgründungslehre», geht dann über zu einer «Staatsverfassungslehre», die die Hauptforderungen des Konstitutionalismus enthält, und führt die Einzelheiten in «Rechtsverwaltungslehre», «Heer- und Wehrwesenslehre», «Allgemeine Wirthschaftslehre», «National- oder Volkswirthschaftlehre«, «Staatshaushaltslehre», «Erziehungs- und Unterrichtslehre» sowie «Kirchenrechtslehre» aus.

wichtigste Dokumentation der europäischen Verfassungen,[281] sondern auch ein fünfbändiges Kompendium der Staatswissenschaften[282] sowie, nach der innenpolitischen Wende Sachsens von 1830, verfassungspolitische Schriften, die ihn nun im Einklang mit seiner Regierung zeigen.[283] LANDSBERG charakterisiert ihn als «massenhaften Vielschreiber, Philosophen, Theologen, Moralisten, Historiker und Staatswissenschaftler», MOHL bescheinigte ihm den Standpunkt eines «gemäßigten constitutionellen Liberalismus», rechnete ihm zugute, daß er «in übersichtlicher Form und gemeinverständlicher Sprache die landläufigen Ergebnisse der verschiedenen Staatswissenschaften gab», kritisierte aber im übrigen seine Produkte als «mittelmäßiges Futter für die Mittelmäßigkeit, eine Theorie der flachsten Spießbürgerei».[284] Hinter dieser Kritik, der man eine Berechtigung nicht ganz absprechen kann,[285] stecken gewiß auch Kämpfe um die Meinungsführerschaft im Lager des konstitutionell-monarchistischen Liberalismus. HARTWIG BRANDT hat hier überzeugende Korrekturen angebracht,[286] ohne allerdings eine wirkliche Originalität von PÖLITZ zu behaupten. PÖLITZ gründet den Staat, dem Naturrecht der Aufklärung folgend, auf einen Vertrag, durch den der Regent mit der unteilbaren und unwiderruflichen Souveränität ausgestattet wird.[287] Er ist weder Anhänger der Volkssouveränität noch der Gewaltenteilung, sondern möchte zunächst einmal keinen Zweifel daran lassen, daß er das monarchische Prinzip – rationalistisch begründet – akzeptiert. Auf der anderen Seite plädiert er für ein sozialständisch strukturiertes Repräsentativsystem mit freiem Mandat.[288] Die Abgeordneten repräsentieren die Gesellschaft, aber der Monarch repräsentiert das «Ganze». Dieses Modell orientiert sich «recht genau an jenen Verfassungen, die sich zwischen altständischer Vertreterbestellung und repräsentativ-geographischem Wahlkreissystem in eine neuständische Mittellage eingependelt haben».[289] Für das politische Umfeld des Königreichs Sachsen vor 1830, innerhalb dessen PÖLITZ wirkte, waren das sehr fortschrittliche Positionen; was MOHL als «Schwachherzigkeit» erschien, war wohl das Äußerste, was 1824 von einem Leipziger Lehrstuhl aus geschrieben werden konnte.[290]

d) F. MURHARD

FRIEDRICH MURHARD (1779–1853),[291] der kurhessische Privatgelehrte, der bis 1831 mit Schreibverbot belegt war, entfaltete sich, ähnlich wie PÖLITZ, in der Liberalisierungs-

[281] *anonym (= K. H. L. Pölitz),* Die Constitutionen der europäischen Staaten seit den letzten 25 Jahren, 4 Bde, Leipzig-Altenburg 1817–1825 (2. Aufl. als «Die europäischen Verfasssungen seit dem Jahre 1789 bis auf die neueste Zeit», Leipzig 1832–1833).

[282] *K. H. L. Pölitz,* Die Staatswissenschaften im Lichte unsrer Zeit, 5 Bde, Leipzig 1823–1824 (2. Aufl. 1828–1828).

[283] *K. H. L. Pölitz,* Das constitutionelle Leben, nach seinen Formen und Bedingungen, Leipzig 1831; *ders.* Staatswissenschaftliche Vorlesungen für die gebildeten Stände in constitutionellen Staaten, 3 Bde, Leipzig 1831–1833.

[284] *Mohl* I, 142f. Ebenso *Mataja* (Anm. 278), «doctrinärer und seichter Liberalismus».

[285] *Pölitz* hat rd. 150 Bücher geschrieben und 6 Zeitschriften und Journale herausgegeben. Vgl. *Mataja* (Anm. 278).

[286] *Brandt,* 214–223.

[287] *Pölitz,* Staatswissenschaften (Anm. 282), Bd. 1, 2. Aufl. 1827, 170ff.

[288] aaO. 204ff.

[289] *Brandt,* 222.

[290] Die entsprechende Passage über das Königreich Sachsen in Bd. 2 der Staatswissenschaften (Anm. 282), 2. Aufl. 1828, 413–417 besteht in knappster Wiedergabe der damaligen Fakten.

[291] *Cantor,* ADB 23 (1866) 62f.; *W. Weidemann,* Friedrich Murhard (1778–1853) und der Altliberalismus, in: Zeitschr. d. Vereins f. hess. Gesch. u. Landeskunde 55 (1926) 229–276; *Brandt,* 266–268.

phase nach Inkrafttreten der kurhessischen Verfassung von 1831.[292] Er lieferte auch den ersten Verfassungskommentar.[293]

MURHARD war ursprünglich Mathematiker und popularisierte wie PÖLITZ das im Kern immer noch vernunftrechtliche frühliberale Konzept. Seine Nähe zu ROTTECK geht bis zu wörtlichen Übernahmen,[294] was die Staatsbegründung durch Vertrag, die Volkssouveränität, das Repräsentativsystem und die Stellung der Abgeordneten angeht. Andererseits ist er aber Gegner des monarchischen Prinzips, das ROTTECK durch die Unentziehbarkeit der Übertragung von Exekutivmacht gerade gesichert hatte. Speziell in Kurhessen zeigte sich die Bedeutung des extrakonstitutionellen Widerstandsrechts, da die Regierung die Verfassungsbindungen zu unterlaufen suchte und so gewissermaßen den naturrechtlichen Unterwerfungsvertrag wieder auflöste. Indem MURHARD die Volkssouveränität ins Zentrum stellte, machte er sowohl den Monarchen zum «obersten Repräsentanten des Volks und Staats» als auch den Abgeordneten zum «Beauftragten»[295].

e) K. E. SCHMID

Ein dem Gedächtnis der Wissenschaft fast entfallenes, aber bemerkenswertes Buch zur Allgemeinen Staatslehre stammt von dem jenaischen Professor und Oberappellationsgerichtsrat KARL ERNST SCHMID (1774–1852).[296] Die Literatur, soweit sie SCHMID überhaupt wahrnimmt, rechnet ihn zu den liberalen Konstitutionalisten, die unbeirrt vernunftrechtliche Positionen der Aufklärung vertraten. LANDSBERG sagt etwas herablassend, SCHMID gründe sein Lehrbuch «auf die veraltete Montesquieusche Gewaltenteilungstheorie»[297] und deutet auf «seine geringere Wirksamkeit in systematisch fachwissenschaftlichen Werken».[298]

In der Tat ist das Lehrbuch unvollendet,[299] und die Zeit war ihm insgesamt nicht günstig. Es behandelt nur «die philosophischen Grundlagen alles öffentlichen Rechts» und gibt in seiner zweiten Hälfte «Geschichtliche Umrisse», bei denen die untergangene Reichsverfassung eine unverhältnismäßig große Rolle spielt. Aber der «philosophische» Teil ist eindrucksvoll in der Konsequenz seiner Anlage und in seiner heute besser als zu LANDSBERGS Zeiten wahrnehmbaren Modernität. Ausgangspunkt ist die Annahme, die «Vernunft» sei «die letzte Quelle aller Rechtsprincipien», beste Gesetzgebung diejenige, «welche dem Ideale des Vernunftrechts am nächsten kommt».[300]

[292] *F. Murhard,* Die unbeschränkte Fürstenherrschaft, Kassel 1831; *ders.* Der Zweck des Staates, Göttingen 1832; *ders.* Das Recht der Nationen zur Erstrebung zeitgemäßer, ihrem Kulturgrade angemessener Staatsverfassungen, Frankfurt 1832; *ders.* Die Volkssouverainität im Gegensatz der sogenannten Legitimität, Kassel 1832; *ders.* Ueber Widerstand, Empörung und Zwangsübung der Staatsbürger gegen die bestehende Staatsgewalt, in sittlicher und rechtlicher Beziehung, Braunschweig 1832; *ders.* Die Initiative bei der Gesetzgebung. Beleuchtung der Frage: Wer soll die Gesetze vorschlagen in der Staatsgesellschaft?, Kassel 1833.

[293] Unten Kap. 4 Anm. 135.

[294] *Brandt,* 268.

[295] *Murhard,* Die Volkssouverainität (Anm. 292), insbes. 337ff. (368).

[296] *E. Landsberg,* ADB 31 (1890) 675f.; nur nebenbei erwähnt bei *Mohl* I, 273, 281. *Landsberg,* III/2 Noten 33 weist noch auf *Schmids* Zustimmung zu *Thibaut* im Kodifikationsstreit mit *Savigny* hin: *K. E. Schmid,* Teutschlands Wiedergeburt, Jena 1814. Siehe auch *C. Schmitt,* Das «Allgemeine Deutsche Staatsrecht» als Beispiel rechtswissenschaftlicher Systembildung, ZgStW 100 (1940) 5–24 (13).

[297] *Landsberg,* ADB (Anm. 296).

[298] *Landsberg,* III/2, Noten 33.

[299] Der zweite Band sollte Bundesstaatsrecht und Landesstaatsrecht enthalten.

[300] aaO. § 60.

Nach Vernunftprinzipien wird der Staat konsensual konstruiert als «ein Verein der Menschen unter Gesetzen des Rechts für alle Zwecke der Menschheit»,[301] sein Zweck ist Naturbeherrschung (durch Naturwissenschaften und Polizei), Aufstellung einer Rechtsordnung (durch Landfrieden und Rechtspflege) und «Erziehung des Menschengeschlechts zur Sittlichkeit» (durch Kirche und Schule). Der zugrundeliegende Vertrag weist die traditionelle Doppelung zur Staatsbegründung sowie zur Einsetzung einer legitimen Herrschaft auf. SCHMID begrenzt diesen Vertrag inhaltlich durch Hinweis auf den genannten dreifachen Staatszweck und macht die Legitimität der Herrschaft abhängig von der Anerkennung des Volkes und vom rechtmäßigen Gebrauch der Macht. Liegen diese Voraussetzungen nicht vor, dann gibt es zwar kein legitimes Widerstandsrecht, weil die Regierung «den vernünftigen Willen für Alle haben und gegen die Neigungen aller behaupten» soll, aber der Bürger kann doch «auf seine eigene Verantwortung und Gefahr» den Gehorsam verweigern.[302] Ein Ausgleich von Spannungen zwischen Regierung und Volk wird vor allem dadurch gesucht, daß die Verfassung dem Gebot «ununterbrochener Reform» unterworfen wird.[303]

Die vertraglich konstituierte Volkssouveränität, die sorgfältig von Volksherrschaft unterschieden ist, wird nun nicht einer «Gewaltenteilungslehre» im montesquieuschen Sinne unterworfen, vielmehr spricht SCHMID von «Functionstheilung» und der «nothwendigen Sonderung dieser Functionen»,[304] die organisatorisch vollzogen wird: Gesetzgebung durch vom Volk gewählte Abgeordnete im Zusammenwirken mit dem Monarchen (§§ 59–69), Justiz durch kollegial verfaßte und durch Instanzen vertikal gegliederte Gerichte (§§ 70–77), Verwaltung durch ein «verantwortliches» Staatsdienertum.[305] SCHMIDS Positionen repräsentieren den klassischen Frühliberalismus: Menschenwürde und gleiche Grundrechte für alle Klassen und Stände («Volksfreiheiten»),[306] Durchsetzung des Leistungsprinzips und Abbau von Standesvorrechten sowie rechtsstaatliche Bindungen der Staatsorgane, alles dies festgeschrieben in einer Verfassung, «der urkundlichen Befestigung des öffentlichen Rechts».[307]

f) S. JORDAN

In unmittelbarer Nähe zu SCHMID stehen SYLVESTER JORDANS (1792–1861) «Versuche über allgemeines Staatsrecht in systematischer Ordnung und mit Bezugnahme auf Politik»,[308] fortgeführt durch das «Lehrbuch des allgemeinen und deutschen Staatsrechts».[309] Seine Vorstellung von der Aufgabe eines allgemeinen Staatsrechts geht da-

[301] aaO. § 5.
[302] aaO. § 27.
[303] aaO. § 31.
[304] aaO. §§ 34–36.
[205] aaO. §§ 38, 55–58.
[306] Hierzu zählen allgemeine Handlungsfreiheit, Auswanderungsfreiheit, Meinungs- und Preßfreiheit, Erwerbsfreiheit, gleicher Zugang zu Staatsämtern, generelle Rechtsgleichheit, Vereinigungsfreiheit, Petitionsrecht, Schutz vor Auslieferung, rechtsstaatliche Garantien, insbesondere im Strafverfahren (§§ 78–93).
[307] aaO. § 101*.
[308] Marburg 1828.
[309] *S. Jordan*, Lehrbuch des allgemeinen und deutschen Staatsrechts. Erste Abth., die Grundzüge des allgemeinen Staatsrechts, die geschichtliche und allgemeine Einleitung in das deutsche Staatsrecht und das deutsche Bundesrecht enthaltend, Cassel 1831. Vgl. dazu *W. Wieber*, Die politischen Ideen von Silvester Jordan, 1913; *W. Kaiser*, Silvester Jordan – seine Staatsauffassung und sein Einfluß auf die kurhessische Verfassungsurkunde vom 5. Januar 1831, 1936; *H. Seier*, Sylvester Jordan und die kurhessische Verfassung von 1831, 1981. Siehe auch oben Kap. 2, Anm. 71 sowie unten Kap. 4, Anm. 129.

hin, zwischen Historie und Vernunft politisch zu vermitteln, ein Muster für die Realpolitik zu liefern und gegebenenfalls Lücken des positiven Rechts zu füllen. Auch bei ihm ruht der Staat auf der Idee des Vertrags. Inhaber der Souveränität ist der Monarch, ihre Ausübung soll – jedenfalls in der für Deutschland als beste empfohlenen Staatsform, der «repräsentativen Erbmonarchie»[310] – funktionsmäßig verteilt sein, die Legislative auf das Parlament, die Judikative auf einen unabhängigen Richterstand, die Exekutive auf den Monarchen, seine Minister und Beamten. Gleichwohl gibt es Mitwirkungsrechte des Regenten bei den drei Funktionen.[311]

Auch JORDAN ist klassischer Vertreter frühliberaler Positionen. Eine kantische rationalistische Begrenzung des Staates auf Rechtsverwirklichung (Idee des Staates) verbindet sich bei ihm mit Anerkennung des historisch Gewordenen (Wirklichkeit des Staates), so etwa mit der Respektierung des Adels als ersten Standes. Staatszweck ist für ihn die «Herrschaft des Rechtsgesetzes auf Erden», damit sich «das organisch gestaltete Volk zur höchstmöglichen Vernunftvollkommenheit entwickeln und zu diesem Zweck seine Herrschaft über die Außenwelt immer mehr erweitern könne».[312] Das bedeutet freilich nicht Omnipotenz des Gesetzgebungsstaates, sondern umgekehrt dessen Zurückdrängung. Wo die Gesellschaft Kräfte der Selbstregulierung aufbringt, soll sich der Staat zurückhalten. Im übrigen muß er die Menschen- und Bürgerrechte[313] ebenso respektieren wie die Rechte der Staatsbeamten und Volksvertreter,[314] und alles dies soll in der Verfassung festgeschrieben sein.[315] Was JORDAN hier entwickelt hat, ist denn auch die geistige Grundlage der kurhessischen Verfassung von 1831 geworden.

Wie wichtig für JORDAN die historische Komponente des Staatsdenkens war, drückt sich hierin aus, daß der geschichtliche Teil seines unvollendeten Lehrbuchs von 1831 weit mehr Raum einnimmt als die allgemeine Staatslehre. Weit ausholend beginnt er bei der germanischen «Volksfreiheit», schildert dann die vom Kirchenrecht geprägte Zeit der «Feudalität» und anschließend die vom römischen Recht bestimmte Zeit der «Souveränität». Mit dieser Trias gewinnt er auch ein Schema für eine harmonisierende Betrachtung der Gegenwart, von der er die Versöhnung demokratischer, monarchischer und aristokratischer Elemente erwartet.[316] In die Sprache des Vormärz übersetzt bedeutet dies einen Kompromiß zwischen Erbmonarchie, Parlamentarismus und Anerkennung historisch gewachsener (Vor)Rechte, speziell des Adels. Insofern bestehen durchaus starke Bezüge zum «historisch-organischen» Liberalismus etwa KARL-THEODOR WELCKERS oder FRIEDRICH CHRISTOPH DAHLMANNS, wobei sich aber JORDAN und WELCKER doch erheblich näher stehen als der vom vernunftrechtlichen Ausgangspunkt der Aufklärung so weit entfernte DAHLMANN. Eine einfache Zuordnung nach «Gruppen» stößt also relativ schnell an ihre Grenzen.

4. C. S. Zachariä

In besonderer Weise gilt dies für CARL SALOMO ZACHARIÄ (1769–1843). Er ist stets als ungewöhnliche Figur empfunden worden. Originalität, enzyklopädisches Wissen und

[310] *Jordan*, Lehrbuch, § 42 II.
[311] aaO. §§ 47, 61.
[312] aaO. § 36.
[313] aaO. §§ 67, 68
[314] aaO. §§ 72, 73.
[315] *Jordan*, Versuche (Anm. 308), 257 f.; Lehrbuch § 52.
[316] *Jordan*, Lehrbuch, § 82 a. E.

Scharfsinn waren unbestreitbar, unübersehbar aber auch politische Schwankungen, verbunden mit ausgeprägter Professorenskurrilität.[317] Als «Proteus» (LANDSBERG) oder «geistreiche Sphinx» (FISCHER) ist er in die Wissenschaftsgeschichte eingegangen. «Von fast beispiellosem Wissen, geistreich und oft paradox, tiefdringend und kritisch und daneben auch oberflächlich und nichtssagend, beweglich und eitel, das Blendende oft dem Wahren vorziehend, auch der schlechten Sache zu Anwaltsdiensten bereit, Verfasser von Meisterwerken und Schülerarbeiten, im Privat- und öffentlichen Recht gleichmäßig hervorragend», charakterisiert ihn GEORG JELLINEK.[318]

ZACHARIÄ wird hier in die Nähe der vernunftrechtlich geprägten Liberalen gestellt, weil auch er – in der Wittenberger Zeit – seinen Ausgangspunkt bei einem in zahlreichen Schriften entfalteten kantischen Rationalismus genommen hat. Neben Zivil- und Strafrecht, Kirchen- und Lehenrecht interessierten ihn früh auch allgemeine Staatslehre und Staatsrecht.[319] Mit dem Übergang nach Heidelberg 1807 begann die rheinbündische Vorlesungs- und Publikationstätigkeit,[320] aus der allerdings weniger die öffentlichrechtlichen Arbeiten als das berühmte «Handbuch des französischen Civilrechts» herausragen.[321]

1820 rückte ZACHARIÄ anstelle von THIBAUT in die erste badische Kammer nach, von 1825 bis 1829 war er Mitglied der zweiten Kammer. Auch dort sind seine Positionen widersprüchlich, aber trotz des im Kern unveränderten Kantianismus, trotz Zustimmung zur konstitutionellen Idee, zu rechtsstaatlichen Verfahren und Gewerbefreiheit doch im wesentlichen hochkonservativ, wenn nicht reaktionär, so etwa in der Forderung nach Wiedereinführung der gerade abgeschafften Zensur.[322]

In dem hier verfolgten Zusammenhang geht es um sein Hauptwerk, die «Vierzig Bücher vom Staate»,[323] eine umfassende «Allgemeine Staatslehre», beginnend mit einer »Einleitung in die Staatswissenschaft» (Buch 1–14) und dann sich teilend in «Verfassungslehre» (Buch 15–20) und «Regierungslehre» (Buch 21–40), wobei letztere Verwaltung, Rechtspflege und Staatswirtschaft umfaßte. In der zweiten Auflage ist die Unterteilung differenzierter.[324]

[317] *Mohl* I, 131–134, II, 512–528; *Roscher* (Anm. 245) 930–934; *W. Fischer*, ADB 44 (1898), 646–652; *Bluntschli*, 596–605; *v. Weech*, Bad. Biographien II, Heidelberg 1875, 524–532; *P. Schmidt*, HdBStaatsWiss, 2. Aufl. Bd. 7 (1901) 924–927 (Schriftenverz.); *G. Jellinek*, Die Staatsrechtslehre und ihre Vertreter, in: *ders.*, Ausgewählte Schriften und Reden, Bd. 1, 1911, 314ff.; *Landsberg* III/2, 100–110 und Noten 52–58; *Böckenförde*, 115–119; *Brandt*, 235–242; *Boldt*, Deutsche Staatslehre, 215–233. – Siehe auch: Biographischer und juristischer Nachlaß von K. S. Zachariä, hrsgg. v. seinem Sohn Eduard, Rechtslehrer in Heidelberg, Stuttgart 1843.

[318] *Jellinek* (Anm. 317) 321. In diesem Sinne auch *Bluntschli*, 596ff.

[319] *C. S. Zachariä*, Ueber die vollkommenste Staatsverfassung, Leipzig 1800; *ders.* Ueber die Erziehung des Menschengeschlechts durch den Staat, Leipzig 1802; *ders.* Janus, Leipzig 1802; *ders.* Die Wissenschaft der Gesetzgebung als Einleitung zu einem allgemeinen Gesetzbuche, Leipzig 1806; detailliertere Angaben bei *Mohl* II, 517, 519.

[320] Oben Kap. 1, Anm. 200. An früheren Werken zum positiven deutschen Staatsrecht vgl. Iuris publici germanici in artis formam redacti delineatio, Leipzig 1797; *ders.* Geist der deutschen Territorialverfassung, Leipzig 1800.

[321] 2 Bde, Heidelberg 1808; 4. Aufl. in 4 Bden, 1837; 8. Aufl. v. *C. Crome*, Freiburg 1894. Siehe oben Kap. 1, Anm. 200.

[322] Siehe aber *ders.* Vierzig Bücher vom Staate, 2. Aufl. 3. Theil, Staatsverfassungslehre, 1839, 19. Buch, 3. Abschn.: «Es versteht sich von selbst, daß mit der Freiheit der Presse und mit der Verfassung der konstitutionellen Monarchie eine Censur unvereinbar sey».

[323] *C. S. Zachariä*, Vierzig Bücher vom Staate, Bd. I–V, Heidelberg 1820–1832; 2. umgearb. Aufl. Bd. I–VII, Heidelberg 1839–1843.

[324] Vorschule der Staatswissenschaft (Buch 1–

Das Werk zielt auf eine umfassende Darstellung der Staatswissenschaften. Es ist der fast vermessene Versuch, auf nahezu 2000 Seiten (2. Aufl.) den Staat «nach allen seinen Beziehungen» auszuschreiten, also nicht nur über Staats- und Völkerrecht, allgemeine Staatslehre, Volkswirtschaft und Finanzwissenschaft zu schreiben, sondern auch Mechanik, Chemie und Biologie, Astronomie, Klimalehre, Geographie, Anthropologie, Psychologie, Geschichte, Politik, Pädagogik etc. auf ihre Aussagen zum Staat zu befragen und sie in Form einer Enzyklopädie systematisch zu ordnen.[325] Dieses Vorhaben ist, nach Maßgabe des Wissens der Zeit und der Kräfte eines einzelnen, in erstaunlicher Weise gelungen. Anders als etwa PÖLITZ, der das vorhandene Wissen sammelte und arrangierte, als SCHMITTHENNER, der nicht fertig wurde, oder als ROTTECK und WELCKER, die mit einem großen Stab von Autoren arbeiteten und auf eine Systematik verzichteten, behandelt ZACHARIÄ die Gegenstände tatsächlich originell, durchdacht und umfassend. Antike und moderne Staatsliteratur, Reisebeschreibungen und Memoiren, Naturkunde, französische und englische Presse – alles stand ihm offenbar zu Gebote, und alle Notizen fanden ihren Platz. So ist ZACHARIÄS Werk, vor der Enzyklopädie von MOHL,[326] das letzte große Exemplar seiner Gattung, bevor die Spezialisierung die Einzelwissenschaften auseinandertrieb. Von nun an bediente man sich, wenn es um den Zusammenhalt der «Staatswissenschaften» ging, der formlosen Medien der fortlaufenden Zeitschrift[327] oder des Lexikons.[328]

In einem zentralen Punkt hatte sich ZACHARIÄ allerdings von seinen kantischen Anfängen entfernt, seit er ab 1807 in Heidelberg lehrte, und zwar bei der entscheidenden Frage der Begründung des Staates: Die Vertragskonstruktion der Aufklärung und des rationalistischen Liberalismus wird ebenso verworfen wie die Patrimonialstaatslehre. Der Staat entsteht historisch de facto, und die Menschen sind rechtlich verpflichtet, ihm zu gehorchen.[329] Er entspringt dem Recht, genauer: der naturrechtlichen Rechtspflicht, daß Menschen, wenn sie in Gemeinschaft leben, sich dem Recht unterwerfen (sollen). ZACHARIÄ ist hier immer noch der Rationalist des 18. Jahrhunderts. Weder kann er die Dichotomie von Naturzustand und Staat abschütteln, noch kann der Staat offenbar ohne (sanktionslose?) Rechtspflicht begründet werden. Ist der Staat einmal errichtet, dann konzentriert sich die Rechtsmacht in der Souveränität des Herrschers, und im Prinzip kann von der unteilbaren Souveränität auch nichts zugunsten von Landständen abgespalten werden, wie ZACHARIÄ schon im Vorfeld der Gründung des Deutschen Bundes erklärt hatte.[330] Aber die monarchische Gewalt legitimiert sich durch Bindung an das Recht und dadurch, daß sie den Willen des Volkes «repräsentiert».[331] So wird die Konzentration der Staatsgewalt beim Monarchen wieder durch die Bindung an den Willen des Volkes – «die Zustimmung der Mehrheit der Staatsbür-

6), Allgemeine politische Naturlehre (7–14), Verfassungslehre (15–19), Regierungslehre (20–26), Völkerrecht (27–30), Erziehung, Staatsdienst (31–35), Staatswirtschaftslehre (36–40).

325 «Die Encyklopädien und Systeme der Staatswissenschaften» werden umfassend gewürdigt von *Mohl* I, 113–164. Auf diese Darstellung muß hier generell verwiesen werden.

326 *R. v. Mohl*, Encyklopädie der Staatswissenschaften, Tübingen 1859, 2. Aufl. 1872.

327 (Tübinger) Zeitschrift für die gesamte Staatswissenschaft, hrsgg. v. *Mohl* u. a. ... 1844ff. Hierzu unten Kap. 7, Anm. 57.

328 *Mohl* I, 159ff. (*Rotteck-Welcker, H. vom Busche, R. Blum*, u. a.).

329 Vierzig Bücher, (Anm. 323) 1. Bd., 1. Buch, 4. Hauptstück.

330 *C. S. Zachariä*, Entwurf zu dem Grundvertrage des durch den Pariser Frieden vom 30. Mai 1814 verheissenen deutschen Staatenbundes, Heidelberg 1814.

331 Vierzig Bücher, 1.1.3.4.

ger» – in politischer Hinsicht ausgependelt, auch wenn es theoretisch rätselhaft bleibt.[332]

Dementsprechend ist die konstitutionell gebundene Erbmonarchie darauf angewiesen, Fürst und Volksvertretung in Beziehung zu setzen, eine Aufgabe, die ZACHARIÄ ganz originell und vorausschauend den «Parteien» zuweist. Das monarchische Prinzip bleibt auf diese Weise unangetastet, aber faktisch regiert der Fürst im Einklang mit der Mehrheitsfraktion des Landtages.[333] Nur dies entspreche, sagt ZACHARIÄ, «dem Geist der konstitutionellen Monarchie». Hier kündigt sich an, was in der Realität noch weitgehend fehlte, der weisungsfreie, die Gesamtheit repräsentierende Abgeordnete, die Ministerverantwortlichkeit und ein System konkurrierender Parteien, kurzum: die Parlamentarisierung der Regierung. ZACHARIÄ stellt sich das Parteiwesen dualistisch vor, als Antagonismus von Beharrung und Bewegung, Fortschritt und Reaktion. Daß ihn dabei sowohl das englische Vorbild als auch die eigene parlamentarische Erfahrung beeinflußt haben, ist evident.[334] In der Frage der Gewaltenteilung hält sich ZACHARIÄ an die klassische Dreiteilung und setzt auf gegenseitiges Ausbalancieren und Zusammenwirken.

ZACHARIÄS zukunftsweisenden Ausführungen zur Rolle der «Parteien» und der durch sie vermittelten öffentlichen Meinung, zur Balance zwischen dem Monarchen (samt der von ihm abhängigen Regierung und der «Beharrungspartei» im Parlament) und der Opposition in der Volksvertretung, zum Zensuswahlrecht und zu dem zwischen Regierung und Parlament herrschenden «Schwebezustand», der nun pragmatisch durch gegenseitige Beeinflussung[335] vermittelt werden kann, stehen freilich seine praktischen Aktivitäten in den badischen Kammern und seine Gutachten gegenüber. Dieser Widerspruch muß aber nicht aufgelöst werden, er bestand wirklich und ist auch von den Zeitgenossen registriert worden. ZACHARIÄ war jedenfalls am Schreibtisch, an den er nach seinen politischen Auftritten zurückkehrte, ein differenzierter Vertreter der konstitutionellen Monarchie mit repräsentativer Volksvertretung, der gerade dadurch, daß er jenen «Schwebezustand» zum Kern seines Modells machte, im Zweifelsfall auch für die monarchisch-exekutivische Seite optieren konnte.

5. R. v. MOHL

Als ZACHARIÄ 1843 gestorben war, wurde öffentliches Recht in Heidelberg noch von KARL EDUARD MORSTADT (1792–1850),[336] KONRAD EUGEN FRANZ ROSSHIRT (1793–1871)[337] und HEINRICH ZÖPFL (1807–1877)[338] sowie durch die Privatdozenten KARL RÖDER[339] und HEINRICH BERNHARD OPPENHEIM[340] vertreten. Erst 1847 gelang mit der

[332] Ebenso *Bluntschli*, 602.

[333] Die entscheidende Passage findet sich in der «Naturlehre der konstitutionellen Monarchie» (Vierzig Bücher, Bd. 3, 19. Buch, 1. Abschn.).

[334] *Brandt*, 238; *Boldt*, 216f.

[335] Hierzu eingehend *Boldt*, 225.

[336] *H. Scherrer*, ADB 22 (1885) 329–339; *P. Schmidt*, HdBStaatsWiss 2. Aufl. Bd. 5 (1900) 871–873 (Schriftenverz.); *Mohl*, Lebenserinnerungen I, 233: «ein Halbnarr, ein Ausbund von Gemeinheit und ein dem Trunke ergebener Asot. Glücklicherweise wurde er nicht alt ...»; ebenso deutlich *G. Jellinek*, Die Staatsrechtslehre und ihre Vertreter, in: Ausgew. Schriften u. Reden, Bd. 1, 1911, 327.

[337] *F. v. Weech*, Bad. Biographien III, 197; *Mohl*, Lebenserinnerungen I, 232f.

[338] *v. Schulte*, ADB 45 (1900) 432–434; *H. Strauch*, in: Bad. Biographien III, 207–211; *Mohl* II, 267 u. ö.; *Stolleis*, Zöpfl, HRG V (1993).

[339] *K. D. A. Röder*, Grundzüge der Politik des Rechts, Teil I: Allgemeine Staatsverfassungslehre, Darmstadt 1837. – *Karl David August Röder*

Berufung des in Württemberg seiner Professur enthobenen und als Regierungsrat nach Ulm strafversetzten[341] Robert Mohl (1799–1875) eine große Bereicherung.

Mohl zählte damals zu den ersten Vertretern des Staats- und Verwaltungsrechts.[342] Er hatte 1817–1821 in Tübingen und Heidelberg studiert und war nach der Promotion auf die «peregrinatio academica» gegangen, die nun nicht mehr nach Wetzlar, Regensburg und Wien, sondern nach Frankfurt zum Bundestag, an die Universität Göttingen und in die eigentliche Metropole des 19. Jahrhunderts, Paris, führte. 1824 zum außerordentlichen, 1827 zum ordentlichen Professor in der Tübinger staatswissenschaftlichen Fakultät ernannt, entfaltete sich Mohl rasch. Nach seinen frühen Büchern, die sich der durch Art. 13 DBA ausgelösten Streitfrage nach dem Unterschied von landständischer und Repräsentativverfassung,[343] der «Rechtspflege des Deutschen Bundes»[344] und dem Bundesstaatsrecht der Vereinigten Staaten von Amerika»[345] gewidmet hatten, war 1829–1831 «Das Staatsrecht des Königreiches Württemberg» erschienen und hatte ihn schlagartig berühmt gemacht; alle folgenden Landesstaatsrechte stehen sichtlich unter dem Eindruck dieses Werkes.[346] Vor allem die schon seit Anfang des Jahrhunderts sich allmählich ausformende Trennung zwischen Verfassungs- und Verwaltungsrecht war hier zum erstenmal modellhaft durchgeführt worden. Ein Jahr später folgte ein weiteres epochemachendes Werk, «Die Polizeiwissenschaft nach den Grundsätzen des Rechtsstaates».[347]

Man wußte also 1847 in Heidelberg und Karlsruhe, wen man gewonnen hatte: einen biographisch fest im württembergischen Beamten- und Honoratiorentum verwurzelten Liberalen, der zum pragmatisch-rationalistischen Flügel des Liberalismus gehörte,

(1806–1879) habilitierte sich 1830 in Gießen, machte sich aber durch dieses von dem Philosophen *Karl Christian Friedrich Krause* (1781–1832) beeinflußte Werk in Hessen-Darmstadt «politisch so mißliebig, daß er seine Stellung niederlegen mußte» (*Landsberg*, III/2, 656f., Noten 282). Ab 1839 lehrte er in Heidelberg u. a. über Staatsrecht, Politik und Völkerrecht. Vgl. *K. v. Lilienthal*, ADB 55 (1910) 590f., *Brandt*, 234.

[340] *Landsberg*, III/2, 652f.; *Lippert*, HdBStaatsWiss 2. Aufl. Bd. 5 (1900) 1024f.; *Jellinek*, aaO. 331f. *Oppenheim* (1819–1880) habilitierte sich 1841 in Heidelberg, hatte Kontakt mit *Arnold Ruge*, mußte 1849 als Vertreter eines sozialen, organischen Rechtsstaats und als Demokrat emigrieren und lebte bis 1859 in der Schweiz, in Frankreich und England. 1860 wurde er amnestiert. Von ihn stammt ein (unorthodoxes und mit einer aggressiven Vorrede versehenes) System des Völkerrechts, Frankfurt a. M. 1845 (2. Aufl. Stuttgart 1866) sowie eine Philosophie des Rechts und der Gesellschaft, Stuttgart 1850. In letzterer findet sich anhangsweise (169ff.) eine Darstellung «Das öffentliche Recht Deutschlands», ein interessantes Zeugnis der gespannten, kritischen Stimmung von 1847.

[341] Aktenstücke, betreffend den Dienstaustritt des Professors R. Mohl in Tübingen, Freiburg i. Br. 1846.

[342] Grundlegend *E. Angermann*, Robert von Mohl 1799–1875. Leben und Werk eines altliberalen Staatsgelehrten, 1962; *ders*. Mohl, in: Staatslexikon, 7. Aufl. Bd. 3 (1987) Sp. 1205; *W. Bleek*, Von der Kameralausbildung zum Juristenprivileg, 1972, 240–254; *U. Scheuner*, Robert von Mohl: Die Begründung einer Verwaltungslehre und einer staatswissenschaftlichen Politik, in: 500 Jahre Eberhard-Karls-Universität Tübingen, Beiträge z. Gesch. d. Univ. Tübingen 1477–1977, 515; *ders*. Der Rechtsstaat und die soziale Verantwortung des Staates. Das wissenschaftliche Lebenswerk von Robert von Mohl, in: Der Staat 18 (1979) 1–30; *K. W. Nörr*, Eher Hegel als Kant. Zum Privatrechtsverständnis im 19. Jahrhundert, 1991, 26–30. Knappe Angaben bei *Stolleis*, Mohl, HRG III (1984) Sp. 617–621.

[343] *R. Mohl*, Dissertatio inauguralis sistens discrimen ordinum provincialium et constitutionis repraesentativae, Tübingen 1821.

[344] *R. Mohl*, Die öffentliche Rechtspflege des deutschen Bundes. Ein publicistischer Versuch, Stuttgart 1822.

[345] R. Mohl, Das Bundes-Staatsrecht der Vereinigten Staaten von Nord-Amerika. Erste Abth. Verfassungsrecht, Stuttgart 1824.

[346] Siehe unten Kap. 4, Anm. 62ff.

[347] Siehe unten Kap. 5, III, 1.

einen systematisch denkenden Positivisten und Empiriker des Staats- und Verwaltungsrechts, nicht aber eigentlich einen Staatstheoretiker. Immerhin hatte MOHL mit einer Monographie über die Ministerverantwortlichkeit in die staatstheoretische und politische Debatte um dieses heikle Thema eingegriffen.[348] Außerdem gab es einen wichtigen Aufsatz «Ueber Bureaukratie» von 1846,[349] in dem er sich erstaunlich früh mit diesem für den modernen Staat typischen Phänomen auseinandersetzte. Gewiß erschien ihm die Bürokratie bedrohlich und bekämpfenswert, und er hoffte, durch Verbesserung der Ausbildung[350] und durch Gewinnung von Talenten aus dem Parlament ihre Qualität zu verändern, aber er akzeptierte sie auch als unvermeidliche Begleiterscheinung der von ihm bejahten wohlfahrtsstaatlichen Intervention.[351] Um durchzusetzen, was ihm zur Abwendung der ihm bedrohlich erscheinenden sozialen Fragen nötig schien, nämlich Arbeiterschutzrecht, Begrenzung der Vertragsfreiheit und Erweiterung der Koalitionsfreiheit, war staatliche Kontrolle unverzichtbar.

Im Kontext der allgemeinen Staatslehre ist jedoch weniger eine frühe Aufmerksamkeit auf die Bürokratie und die soziale Frage, sein damit zusammenhängendes materiales Rechtsstaatsverständnis und die von ihm bewirkte Popularisierung des Rechtsstaatsbegriffs von Bedeutung[352] als vielmehr seine folgenreiche Trennung von Staats- und Gesellschaftswissenschaften sowie seine Wandlung im Verständnis der konstitutionellen Monarchie. Zum «Verhältnis der Gesellschaftswissenschaften zu den Staatswissenschaften» hat sich MOHL programmatisch geäußert,[353] nachdem er zuvor eingehend den Begriff der Gesellschaft behandelt hatte.[354] Er verstand darunter die Summe der durch spezifische Interessen und Gewohnheiten geformten Lebenskreise zwischen Individuum und Familie einerseits, Staat andererseits.[355] Das 1855 entworfene «System» der Gesellschaftswissenschaften, bestehend aus einer «allgemeinen Gesellschaftslehre», aus den «dogmatischen» (Gesellschaftsrecht, Gesellschaftsethik, Politik) und «historischen» Gesellschaftswissenschaften (Geschichte, Statistik), hat er nicht mehr ausführen können, aber er hat noch erlebt, daß sein Vorschlag einer klaren Trennung von Staats- und Gesellschaftswissenschaften wahrgenommen und heftig diskutiert wurde, ablehnend insbesondere von HEINRICH VON TREITSCHKE.[356]

Was MOHLS Stellung zur konstitutionellen Monarchie angeht, so war er auf diesem Gebiet zwar Teil der großen Gruppe der «Altliberalen», aber innerhalb dieser wie-

[348] *R. Mohl,* Die Verantwortlichkeit der Minister in Einherrschaften mit Volksvertretung, rechtlich, politisch und geschichtlich entwickelt, Tübingen 1837.

[349] In: Staatsrecht, Völkerrecht und Politik, 3 Bde, Tübingen 1860–1869, hier Bd. 2, 99ff. (Nachdr. 1962).

[350] *R. Mohl,* Sorge für den Bedarf an höheren Staatsdienern, in: Staatsrecht, Völkerrecht und Politik (Anm. 349), Bd. III, 449–472.

[351] *R. Mohl,* Über die Nachtheile, welche sowohl den Arbeitern selbst als dem Wohlstande und der Sicherheit der gesammten bürgerlichen Gesellschaft von dem fabrikmäßigen Betriebe der Industrie zugehen, und über die Nothwendigkeit gründlicher Vorbeugungsmittel, in: Rau's Archiv für politische Oeconomie, Bd. 2 (1835) 141–203; *ders./K. Mathy,* Gewerbe- und Fabrikwesen, in: *Rotteck-Welcker,* Staats-Lexikon, 2. Aufl. Bd. 5, Altona 1847, 738–780.

[352] Hierzu insbesondere Die Polizei-Wissenschaft nach den Grundsätzen des Rechtsstaates, Bd. 1, 2. Aufl. 1844, 3–9 sowie *Scheuner* (Anm. 342).

[353] *Mohl* I, 102–110.

[354] *R. Mohl,* Gesellschafts-Wissenschaften und Staats-Wissenschaften, ZgStW 1851, 1–71.

[355] *Mohl* I, 88–101; *ders.* Encyklopädie der Staatswissenschaften, Tübingen 1859, 27ff. Hierzu *K. v. Beyme,* Einleitung zu *Robert von Mohl,* Politische Schriften, 1966, XXIV-XXVIII.

[356] *H. v. Treitschke,* Die Gesellschaftswissenschaft, ein kritischer Versuch, Leipzig 1859, Nachdruck Halle 1927. Vgl. *Bluntschli,* 616 sowie *Mohl,* Lebenserinnerungen, I, 268f.

derum ein «Außenseiter» (H. BRANDT). Noch 1837 ging MOHL davon aus, die Regierung sei als verlängerter Arm des Monarchen dem Parlament nicht verantwortlich, weshalb die Ministerverantwortlichkeit, die BENJAMIN CONSTANT in die Debatte gebracht hatte,[357] nur eine strafrechtliche Seite habe. Einen Sturz der Regierung durch parlamentarische Mißtrauenserklärung durfte es für ihn nicht geben. Funktion des Parlaments war es vielmehr, die aus eigenem Recht agierende monarchische Exekutive zu begrenzen.

1846 hatte sich seine Position schon etwas gewandelt.[358] Inzwischen war ihm vor allem das Verhältnis der englischen Regierung zum Parlament bewußt geworden;[359] er sah, daß anders als in Deutschland auch Kooperation möglich war, freilich unter der Voraussetzung eines Zweiparteiensystems.[360] Auch wenn gerade letzteres in Deutschland nicht möglich schien, so verabschiedete sich MOHL allmählich von der Doktrin eines notwendigen Antagonismus zwischen Regierung und Parlament und schwenkte auf die Linie ein, die ZACHARIÄ gewiesen hatte. Auch wenn er wohl dessen Satz «In dem Partheikampfe, welchen die konstitutionelle Monarchie, wenn anders Lebenskraft in ihr ist, unausweichlich herbeiführt, liegt allein das Geheimnis ihres Wertes»[361] nicht unterschrieben hätte, so meinte er doch, es würde «die Leitung der öffentlichen Angelegenheiten sehr erleichtern, wenn die Regierung geradezu aus der mächtigsten Partei ihre hauptsächlichen Organe und in deren Sinne überhaupt den Staat führt».[362] Die damit intendierte Machtverschiebung in Richtung Parlament würde dem Monarchen die Chance geben, sich bei Mißerfolgen von der Regierung zu distanzieren. Sie würde auch den Parlamentariern die Möglichkeit verantwortlicher Politikgestaltung eröffnen.

Damit konzentrierte sich nun das Interesse auf die Frage, wie ein Parlament zusammengesetzt sein müsse, aus dessen Mitte die Regierung gebildet werden sollte. Da MOHL mit den meisten Liberalen das allgemeine Wahlrecht scharf ablehnte und es noch BISMARCK sehr verübelte, es eingeführt zu haben, blieb nur ein generelles Zensuswahlrecht oder, wie er 1852 meinte, eine Kombination von berufsständischen Sondervertretungen, Teilparlamenten und einem für die zentralen Angelegenheiten zuständigen Gesamtparlament, das nach einem für den Mittelstand und das Bildungsbürgertum günstigen Zensus zu wählen sei.[363] In diesen Fragen ist MOHL offenbar an seine Grenzen gestoßen. Sein in den «Lebenserinnerungen» ausgedrücktes Unverständnis gegenüber der Tatsache, daß sich die Arbeiterbewegung parteipolitisch artikulierte,[364] zeugt davon, daß sein frühes sozialpolitisches Engagement mehr von der Furcht des

[357] *B. Constant,* De la responsabilité des ministres. Cours de politique constitutionelle, Bd. 2, Paris 1818, 92ff. Hierzu *L. Gall,* Benjamin Constant. Seine politische Ideenwelt und der deutsche Vormärz, 1967; *Th. Würtenberger,* Zur Legitimation der Staatsgewalt in der politischen Theorie von Benjamin Constant, in: Annales Benjamin Constant Nr. 10, 1989, 65–74.

[358] *R. Mohl,* Über die verschiedene Auffassung des repräsentativen Systems in England, Frankreich und Deutschland, in: Staatsrecht, Völkerrecht und Politik (Anm. 349), I, 35.

[359] *Th. Wilhelm,* Die englische Verfassung und der vormärzliche deutsche Liberalismus, 1927.

[360] Zu seiner Englandreise von 1847 siehe Lebenserinnerungen II, 407ff.

[361] Vierzig Bücher (Anm. 323) 19. Buch, 1. Abschn.

[362] *R. Mohl,* Encyklopädie (Anm. 355) 154.

[363] *R. Mohl,* Das Repräsentativsystem, seine Mängel und die Heilmittel, in: Deutsche Vierteljahrs-Schrift 1852, 145ff. und in: Staatsrecht, Völkerrecht und Politik (Anm. 349), 367–458.

[364] Vgl. die Bemerkungen zur Sozialdemokratie, in Lebenserinnerungen II, 169: «Manchmal drohten sie mit künftigem Siege und sprachen offen von ihren Wühlereien. Ihre eigenen Anträge waren gewöhnlich geradezu lächerlich. In der

bürgerlichen Altliberalen als von der Einsicht in eine historische Notwendigkeit gespeist war.

Von der Frage des Wahlrechts einmal abgesehen, diagnostizierte MOHL mit seinem durch die politische Niederlage von 1848/49 geschärften Blick die Mängel des bisherigen dualistischen Konstitutionalismus.[365] Die Parlamente verharrten nach seiner Meinung bislang in ihrer Negativrolle gegenüber der Exekutive, müßten also aktiv eingebunden, d. h. an der Regierungsbildung beteiligt werden. Kritikwürdig scheint ihm auch die Zusammensetzung der Parlamente. Da er sich weder mit dem allgemeinen Wahlrecht noch mit altständischer Interessenvertretung anfreunden konnte, suchte er ein Modell, in dem Besitz- und Bildungsbürgertum sowie kommunale Interessen angemessen repräsentiert werden konnten. Dazu schlug er die genannten «Sondervertretungen» für berufliche Spezialinteressen, «zusammengesetzte Vertretungen» (Regionalparlamente) und ein zentrales Parlament vor. Das Ganze war unpraktikabel und, angesichts der Machtverhältnisse nach 1850, auch unrealistisch, aber doch ein charakteristischer Vermittlungsversuch eines Altliberalen, der den langen Übergang von der Ständegesellschaft in die demokratische Gesellschaft mitvollzog, ohne sich zum letzten Schritt entschließen zu können.

Noch eine für das Gesamtbild wichtige Nachbemerkung: MOHL war ein Büchersammler und -kenner von hohen Graden. Als energischer Oberbibliothekar der Tübinger Universität hat er sich große Verdienste erworben.[366] Die bei ihm versammelte Literaturkenntnis hat sich nicht nur in der «Enzyklopädie»[367], sondern vor allem in der dreibändigen «Geschichte und Literatur der Staatswissenschaften» (1855–1858) niedergeschlagen, einem an bibliographischen Informationen, ganze Richtungen und Schulen strukturierenden Darstellungen und kritischen Urteilen überreichen Werk, dem auch der vorliegende Versuch besonders viel verdankt.[368]

6. *Der «historisch-organische» Liberalismus*

Der eingangs als «historisch-organisch» gekennzeichnete zweite Hauptstrang des liberalen Denkens vereinigt wiederum zwei Teilkomponenten, zum einen die Anerkennung des historisch Gewordenen, aus welchen Motiven auch immer, meist jedoch aus der Abneigung gegen die zwangsweise Durchsetzung abstrakter Programme. Hierin lag von vornherein ein die «gegebenen Zustände» respektierendes und wohl auch konservierendes Element, selbst wenn es mit der Einsicht verbunden war, alles historisch Gewordene sei wandelbar. Zum anderen war da der alte gegen die «Staatsmaschine» gerichtete Gedanke, der Staat sei ein (metaphorischer oder realer) Organismus. Diesen Gedanken teilten viele Liberale mit den anderen postaufklärerischen Richtungen. Die

Regel wurden sie ziemlich ruhig angehört, aber niemand fand es der Mühe wert, ihnen zu antworten. Mir waren sie eine unheimliche Erscheinung».

365 Die beste Darstellung dieser Frage m. E. bei *Brandt,* 250–254.

366 Eine lebendige Skizze gibt *Mohl* in den Lebenserinnerungen I, 152–161; siehe nunmehr *P. M. Ehrle,* Robert von Mohl als Leiter der Tübinger Universitätsbibliothek (1836–1844), 1975; *ders. u. V. Schäfer,* Robert von Mohl (1799–1875), Ausstellungskatalog der Univ. Tübingen, Nr. 4, 1975.

367 *R. Mohl,* Die Encyklopädie (Anm. 355), polnische Übersetzung 2 Bde, Warschau 1864. *Mohls* eigene Beurteilung dieses Werkes in Lebenserinnerungen I, 281–284.

368 Rühmend in dieser Hinsicht auch *Bluntschli,* 615.

Bandbreite des «historisch-organischen» Denkens ist also denkbar groß. Soweit sich Liberale seines Vokabulars bedienten, hofften sie auf einen friedlichen Ausgleich des Dualismus von monarchischem Prinzip und Volksfreiheit. Zugänge hierzu boten die Traditionen der früheren Reichspublizistik mit ihrem starken Anteil an historischem Legitimitätsdenken, die Historische Rechtsschule in ihrer germanistischen Variante (K. F. Eichhorn,[369] J. Grimm, G. Beseler) und die von den Freiheitskriegen inspirierte nationalromantische Richtung (E. M. Arndt, Jahn). Gewisse antiaufklärerische und antirationalistische Beimischungen sind einigen von ihnen eigen, somit auch eine Vorliebe für Organismusmetaphern, für das Denken in «Entwicklungen» und für eine Vermeidung scharfkantiger begrifflicher Unterscheidungen.

Dennoch sollte man den vernunftrechtlichen und den historisch-organischen Liberalismus nicht allzuweit voneinander entfernt sehen. Die Kooperation von Rotteck und Welcker zeigt deutlich, wie nahe man sich stand. Auch Carl Salomo Zachariä, Paul Achatius Pfizer, Sylvester Jordan und Robert Mohl können wegen ihrer vernunftrechtlichen Ausgangspunkte durchaus beiden Gruppierungen zugerechnet werden.

a) C. Th. Welcker

In einem Nachtrag, den Carl Theodor Welcker zum Artikel «Erfahrung» von Pfizer geschrieben hat,[370] polemisierte er gegen die Verwerfung des Vernunftrechts sowohl durch die historische Schule als auch durch Hegel sowie gegen dessen, wie Welcker sagt, «Ausschließung wahrer praktischer Freiheit und freier unsterblicher Persönlichkeit». Was Welcker vorschwebte, war die «natürliche» Verbindung historischer, politisch-pragmatischer und vernunftrechtlicher Argumente, die politische Vernunft römischen und englischen Staatsdenkens und ein idealistisch fundierter, aber durch Erfahrung abgestützter Glaube an die wahre Freiheit und sittliche Selbstbestimmung des Menschen.[371]

Das war im Grunde ein persönlich achtenswerter, aber wenig origineller Eklektizismus. Welcker hatte sich seit seinen patriotischen Anfängen in Gießen, Kiel, Heidelberg und Bonn radikal freiheitlich geäußert,[372] sich dann von 1821/22 an von Freiburg

[369] Ungeachtet hier der von *E. W. Böckenförde,* Die deutsche verfassungsgeschichtliche Forschung, 1961, 48f. betonten Differenzen zwischen *Eichhorn* und der «eigentlichen» Germanistengeneration. Hierzu *R. Conradi,* Karl Friedrich Eichhorn als Staatsrechtslehrer, 1987; *M. Stolleis,* Die Historische Schule und das öffentliche Recht, in: Die Bedeutung der Wörter. Studien zur europäischen Rechtsgeschichte, Festschr. f. Sten Gagnér, 1991, 495–508.

[370] *Rotteck-Welcker,* Staats-Lexikon, 2. Aufl. Bd. 4, Altona 1846, 488–496.

[371] *C. Th. Welcker,* Die letzten Gründe von Recht, Staat und Strafe, philosophisch und nach den Gesetzen der merkwürdigsten Völker rechtshistorisch entwickelt, Gießen 1813 (Nachdr. 1964). Dort (1. Buch, 6. Kap. S. 25) eine besonders frühe Verwendung des Wortes «Rechtsstaat», ausgeführt im 11. Kap., 71ff. (100): «So ist also höchstes Gesetz des Rechtsstaates: das durch die objective Rechtsform in seiner Äußerung geleitete, freye innere Gesetz Aller. Objectiv recht ist: alles das, was äusserlich erkennbar mit diesem Gesetz übereinstimmt».

[372] *an.* Deutschlands Freyheit, eine Rede an die Fürsten und das Volk, vor Eröffnung der Wiener Versammlung, von einem Deutschen, Gießen 1814. Vgl. *K. Wild,* Karl Theodor Welcker, ein Vorkämpfer des älteren Liberalismus, 1913 sowie eingehend auch zu diesen ersten Jahren 1814–1819 *H. Müller-Dietz,* Das Leben des Rechtslehrers und Politikers Karl-Theodor Welkker, 1968; *R. Schöttle,* Politische Freiheit für die deutsche Nation – Carl Theodor Welckers politische Theorie. Ein Beitrag zur Geschichte des deutschen Frühliberalismus, 1985; *ders.* Staatsor-

aus stärker dem Staatsrecht zugewandt,[373] aber seine Energien vor allem in der praktischen Politik ausleben können. Ab 1831 saß er im badischen Landtag, setzte sich dort für Pressefreiheit, Volksheer und Rechtsstaatsgarantien ein,[374] mußte aber schon 1832 die Aufhebung des neuen Pressegesetzes, das Verbot seiner Zeitschrift «Der Freisinnige», die Schließung der Universität und seine eigene Amtsenthebung erleben.

Neben der intensiven Mitwirkung an den ersten beiden Auflagen des Staats-Lexikons[375] hat sich WELCKER vor allem durch die Publikation der Geheimprotokolle der Karlsbader Konferenzen (1819) und des Schlußprotokolls der Wiener Konferenzen (1834) öffentlichrechtlich betätigt.[376] Sein heftiges, pathetisches Engagement für nationale Einheit, Freiheit und Gerechtigkeit sowohl im badischen Landtag 1833–1848 als auch in der Paulskirche bis Ende Mai 1849 machte ihn ähnlich populär wie ROTTECK, ließ aber auch seine Grenzen erkennen. Er hat weder einen staatstheoretischen Beitrag geliefert, der die Zeit überdauert hätte, noch ein durchgearbeitetes Werk des positiven Bundes- oder Landesstaatsrechts. Die nahezu zweihundert Artikel im Staats-Lexikon sind als wissenschaftliche Diskussionsbeiträge nahezu gewichtslos, aber sie sind Dokumente der liberalen Emphase und des volkspädagogischen Engagements, mit denen diese «politischen Professoren» redeten und schrieben. Der dabei herrschende innere Druck kam aus dem Bewußtsein, gefährdet zu sein. WELCKER hatte nicht nur Ovationen der Bevölkerung erlebt, sondern auch Haussuchungen, Vernehmungen und verschleppte Verfahren in Preußen sowie die genannten repressiven Maßnahmen in Baden.

b) P. A. PFIZER

In den weiteren Umkreis des Rotteck-Welckerschen Staatslexikons und damit des «süddeutschen Liberalismus» gehört PAUL ACHATIUS PFIZER (1801–1867),[377] der zeitweise (1831–1838) die Opposition in der württembergischen Kammer der Abgeordneten anführte und populär geworden war, weil er sich in der Frage der Vereidigung der Abgeordneten gegen den König gestellt hatte. 1848 war er im Märzministerium württembergischer Kultusminister und zugleich Mitglied der Paulskirche. In der preußischen Geschichtsschreibung ist sein früher Appell («Briefwechsel zweier Deutschen»),

ganismus und Gesellschaftsvertrag – die Staatstheorie Carl Theodor Welckers. Eine Skizze, ZGORh 135 (1987) 207–215.

[373] In Heidelberg (1816) las er neben seinem eigentlichen Fach Strafrecht auch «Allgemeines germanisches positives Staatsrecht», Naturrecht und Deutsche Reichsgeschichte, in Freiburg «Staatsrecht der christlich-germanischen Völker», «Staatsrecht» einschließlich des badischen sowie einmal (1826) «Staatslehre».

[374] *C. Welcker,* Die vollkommene und ganze Preßfreiheit, Freiburg 1830. – Die Festwagen zu seinen Ehren nach Abschluß des Landtags von 1831 trugen die Aufschriften «Volksrepräsentation am Bundestage», «Preßfreiheit», «Constitutionelle Wehrverfassung» (*Müller-Dietz,* Anm. 372, Fußn. 434).

[375] Die Mitarbeit an der dritten Auflage, 14 Bde, 1856–1866, reicht nur bis zum dritten Band.

[376] Wichtige Urkunden für den Rechtszustand der deutschen Nation mit eigenhändigen Anmerkungen von Johann Ludwig Klüber. Aus dessen Papieren mitgetheilt und erläutert von *C. Welcker,* Mannheim 1844.

[377] Alle ältere Literatur bei *Chr. Kennert,* Die Gedankenwelt des Paul Achatius Pfizer. Eine Studie zum Denken des deutschen Frühliberalismus, Berlin 1986. Vgl. zu diesem Buch die kritische Besprechung von *J.-D. Kühne,* Der Staat 26 (1987), 625f. Siehe auch *J. Rückert,* August Ludwig Reyschers Leben und Rechtstheorie 1802–1880, 1974, 262–267.

Preußen möge die nationale Einigung in die Hand nehmen, dankbar vermerkt worden.

Seine Werke vor 1848[378] zeigen allerdings einen von ROTTECKS dogmatischem Vernunftrecht deutlich unterschiedenen, konservativeren Standpunkt. PFIZER verbindet einen romantisch-pietistischen Idealismus mit den klassischen liberalen Positionen.[379] Er entwickelt seine Zukunftsperspektiven historisch und optimistisch, indem er vom Zustand ursprünglicher Volksfreiheit ausgehend die Epoche der Unfreiheit in Mittelalter und früher Neuzeit folgen läßt, aus der dann wieder eine Aufwärtsentwicklung zu wachsender politischer Reife und parlamentarischer Mitbestimmung erwächst.[380] PFIZER setzt auf ein nach dem Prinzip der Gleichheit zusammengesetztes repräsentatives Parlament, was Wahlrechtsbeschränkungen nicht ausschließt. Direkte Volksherrschaft ist für ihn ebensowenig akzeptabel wie ein imperatives Mandat altständischer oder radikaldemokratischer Provenienz. Sein Ideal ist das weisungsfreie Parlament mit Gesetzesinitiative, Selbstversammlungsrecht und Budgetrecht als Gegengewicht zu der vom Monarchen geführten Exekutive. Vielleicht war es diese Position, die einen gewissen moderaten normativen Überschuß gegenüber der Realität enthielt, die ihn für den zentralen Artikel «Liberal, Liberalismus» des Staats-Lexikons prädestinierte.[381]

Analytische Schärfe war allerdings PFIZERS Sache nicht, auch der handfeste Realismus eines durchsetzungsfähigen Landespolitikers war ihm nicht gegeben.[382] Was er etwa an Zukunftsperspektiven über eine Vereinigung der Konfessionen und über das Verhältnis von Kirche und Staat entwickelte, war von den vormärzlichen Realitäten Württembergs weit entfernt.[383] Ihn einen «bedeutenden staatstheoretischen Kopf» zu nennen[384] ist wohl zu hoch gegriffen, auch wenn die Maßstäbe hierfür stets unsicher bleiben werden. Immerhin wird ihm die pointierte Verwendung des Bundesstaatsbegriffs – gegen den Deutschen Bund, der diesem Begriff nicht genüge – zugeschrieben, ebenso die Unterscheidung des formellen und materiellen Gesetzesbegriffs.[385] In der politischen Grundlinie ist PFIZER repräsentativ gerade für den württembergischen Liberalismus mit seiner starken protestantisch-pietistischen und einer nationalen Komponente, er unterstützte die populäre politische Meinung im Lande mit theoretischen Argumenten, und er war «historisch-organischer» Liberaler insofern, als er die Spannung zwischen den liberalen Forderungen und dem monarchischen Prinzip auf einen historisch begründeten organischen Kompromiß zu bringen suchte. Das war, wie man sehen wird, eine verbreitete Position.[386]

[378] *P. A. Pfizer,* Briefwechsel zweier Deutschen, Stuttgart und Tübingen 1831, 2. Aufl. 1832; *ders.*, Über das staatsrechtliche Verhältniss Württembergs zum Deutschen Bunde. Ein Beitrag zur Würdigung der neuesten Bundesbeschlüsse. Im Juli 1832, Straßburg-Tübingen 1832; *ders.* Gedanken über das Ziel und die Aufgabe des deutschen Liberalismus, Tübingen 1832; *ders.*, Das Recht der Steuerverwilligung nach den Grundsätzen der württembergischen Verfassung, mit Rücksicht auf entgegenstehende Bestimmungen des deutschen Bundes, Stuttgart 1836.

[379] *E. W. Böckenförde,* Die deutsche verfassungsgeschichtliche Forschung, 1961, 92ff.

[380] *Pfizer,* Über die Entwicklung des öffentlichen Rechts in Deutschland durch die Verfassung des Deutschen Bundes, Stuttgart 1835.

[381] *Pfizer,* Liberal, Liberalismus, in: Rotteck-Welcker, Staatslexikon 8, 523 (2. Aufl. 9, 1840, 713–730).

[382] Der von ihm für die erste Auflage des Staats-Lexikons geschriebene Artikel «Erfahrung» wurde in der zweiten Auflage (Bd. 4, 1846, 480ff.) von *Welcker* übernommen.

[383] *Pfizer,* Gedanken über Recht, Staat und Kirche, 2 Bde, Stuttgart 1842.

[384] *Brandt,* 268.

[385] *Landsberg* III/2, 396.

[386] Mit *Pfizer* eng verbunden war der liberal gesinnte *Christian Friedrich Wurm* (1803–1859), ge-

c) F. Chr. Dahlmann

Friedrich Christoph Dahlmann (1785–1860) gehört zu den großen Repräsentanten des deutschen Bildungsbürgertums und zu den seltenen Autoren einer «Politik», die zugleich eine politische Rolle gespielt haben.[387] Dahlmann hatte sich 1811 in Kopenhagen habilitiert, war dann Professor der Geschichte in Kiel (1812–1829), geprägt vom Klima der nationalliberalen Gruppe um Gustav Droysen, Nikolaus Falck, Jens Uwe Lornsen, Georg Beseler, Lorenz von Stein und Theodor Mommsen. Im Dienst der schleswig-holsteinischen Stände an den politischen Auseinandersetzungen beteiligt,[388] ging Dahlmann als Professor für Staatswissenschaften an die Universität Göttingen (1829–1837). Als Mitglied der «Göttinger Sieben» wurde er 1837 entlassen.[389] Von 1842 an lehrte er als Professor für Geschichte und Staatswissenschaften in Bonn und nahm 1848/49 an der Frankfurter Nationalversammlung als eines ihrer bedeutendsten Mitglieder teil.[390]

Seine «Politik» von 1835,[391] eine Wiederaufnahme des aristotelischen Musters unter den Bedingungen des Frühkonstitutionalismus,[392] wird hier als besonders typischer Ausdruck des «historisch-organischen» Denkens einbezogen.[393] Das Werk beginnt programmatisch mit der Verwerfung der vernunftrechtlichen Vertragskonstruktion des Staates. Vier Jahrzehnte nach August Ludwig Schlözers «Der Staat ist eine Erfindung ...» heißt es nun, wiederum in Göttingen: «Der Staat ist mithin keine Erfindung, weder der Not noch der Geschicklichkeit, keine Aktiengesellschaft, keine

bürtiger Württemberger und studierter Theologe, ab 1833 Professor am akademischen Gymnasium Hamburg. Von ihm ist von Interesse die Aufsatz- und Rezensionensammlung «Kritische Versuche über die öffentlichen Rechtsverhältnisse in Deutschland, seit der Mitte des Jahres 1832», Leipzig 1835. 1848 begegneten sich beide in der Paulskirche.

[387] *A. Springer,* Friedrich Christoph Dahlmann, Leipzig 1870, 1872; *G. Waitz,* F. C. Dahlmann, Kiel 1885; *E. Nasse,* F. C. Dahlmann, Bonn 1885; *L. Weiland,* F. C. Dahlmann, Göttingen 1886; *E. R. Huber,* F. C. Dahlmann und die deutsche Verfassungsbewegung, 1937; *H. Heimpel,* Friedrich Christoph Dahlmann, in: Die Großen Deutschen, Bd. 5, 1957, 236–248; *K. D. Bracher,* Über das Verhältnis von Politik und Geschichte. Gedenkrede auf Friedrich Christoph Dahlmann, 1961.

[388] *F. C. Dahlmann,* Urkundliche Darstellung des dem Schleswig-Holsteinischen Landtage kraft der Landesgrundverfassung zustehenden anerkannten Steuerbewilligungsrechtes, Kiel 1819; Die historischen Landesrechte in Schleswig-Holstein, urkundlich, bevorwortet von Falck m. Zugabe von Dahlmann, Kiel 1842, 2. Aufl. 1847. Zu dieser Zeit *H. Christern,* Friedrich Christoph Dahlmanns politische Entwicklung bis 1848, 1921.

[389] Gutachten der Juristen-Fakultäten in Heidelberg, Jena und Tübingen, die Hannoversche Verfassungsfrage betreffend, hrsgg. v. *Dahlmann* m. Vorwort und Aktenstücken, Jena 1839. – Literatur zu den hannoverschen Vorgängen von 1837 unten Kap. 4, Anm. 168ff.

[390] *R. Jardon,* Dahlmann und die deutsche Revolution 1848–49, 1926. Eine knappe Skizze über *Dahlmanns* Rolle in der Paulskirche bei *K. Biedermann,* Erinnerungen aus der Paulskirche, Leipzig 1849, 262–264.

[391] Die Politik, auf den Grund und daß Maß der gegebenen Zustände zurückgeführt, Göttingen 1835, 2. und 3. Aufl. Leipzig 1847, Nachdrucke 1924, 1968 (Einl. v. *M. Riedel*). (Hierzu *G. G. Gervinus,* Ueber Dahlmanns Politik (1836), in: Histor. Schriften, Bd. 7, Karlsruhe 1838); *Landsberg,* III/2, 396; *Brandt,* 199ff.; *P. Schiera,* Dahlmann e il primo costituzionalismo tedesco, in: Quaderni fiorentini 1984, 383–406.

[392] Politik, 219: «Aristoteles bietet uns einen urbaren Boden der Politik dar, den wir wohl fortbauen mögen, nur daß wir an die Stelle des harten Hellenentums die christliche Menschenliebe und Menschenachtung setzen».

[393] Als Parallelbeispiel einer geschichtsphilosophisch begründeten «Politik» siehe das Werk des Breslauer Staatswissenschaftlers *J. Schön,* Die Staatswissenschaft. Geschichts-philosophisch begründet, Breslau 1831, 2. (postume) Aufl., Breslau 1840.

Maschine, kein aus einem frei aufgegebenen Naturleben hervorspringendes Vertragswerk, kein notwendiges Übel, kein mit der Zeit heilbares Gebrechen der Menschheit, er ist eine ursprüngliche Ordnung, ein notwendiger Zustand, ein Vermögen der Menschheit und eines von den die Gattung zur Vollendung führenden Vermögen.«[394] Die geschichtlich gewordene Realität, die «gegebenen Zustände» bilden den Ausgangspunkt und das ständige Korrektiv der politischen Reflexion. Da die idealistische Geschichtsauffassung aber vom Glauben «an ein großes gemeinsames Werk der Menschheit» getragen war und den «Lebensbahnen der Staaten eine gewisse Notwendigkeit» unterstellt wurde,[395] trat das spekulative Element gewissermaßen im historischen Kostüm auf. Messungen und Bewertungen innerhalb eines Wertekanons fanden selbstverständlich statt, nur war an die Stelle der Deduktion aus Vernunftsprinzipien die Deduktion aus der Geschichte getreten.

In diesem Sinne nannte auch Clemens Theodor Perthes (1809–1867)[396] seine historische Darstellung der Zeit vor 1806[397] im Untertitel «Eine Vorarbeit zum deutschen Staatsrecht». Indem er normativ, wie er sagte, die toten Äste an der deutschen Eiche bezeichnete, die der Sturm der Revolution mit innerer Notwendigkeit abgebrochen habe, konnte er zugleich die lebenskräftigen künftiger politischer Pflege empfehlen.

Wie bei Zachariä und Mohl, Welcker, Pfizer und dem sogleich zu nennenden Schmitthenner herrscht auch bei Dahlmann die Überzeugung, daß die Verfassungszustände mit den historischen Entwicklungsstufen «wachsen» und daß sie mit der jeweiligen politischen Kultur organisch verbunden sein müssen. Deshalb scheint ihm in Deutschland die konstitutionell umgrenzte Monarchie mit Ministerverantwortlichkeit, Zweikammersystem, begrenztem Wahlrecht – zur Vermeidung von «Pöbelwahlen» –, freiem Mandat, Öffentlichkeit und Pressefreiheit den politischen Bedingungen angemessen. Die Dominanz des erblichen Königtums mit klarem Übergewicht über die Volksvertretung wurde dabei nicht angezweifelt.

Die Volksvertretung, die jedenfalls weder «altständisch» noch demokratisch sein sollte, blieb bei allen «historisch-organischen» Liberalen der theoretisch schwache Punkt. Das Problem lag in der sozialständischen Gliederung. Dahlmann verwarf selbstverständlich das allgemeine Wahlrecht, wollte auch dem Bildungsbürgertum keine Sonderstellung einräumen, sondern verlangte nur «ein Gewisses an sicheren Einkünften». Gleichzeitig gab er zu, daß jeder Zensus umgangen werden könne, so daß er für Honoratioren ein Leumundszeugnis und auf dem Lande den «Besitz eines geschlossenen Hofes» genügen lassen wollte. Diese Regeln waren bemerkenswert unsicher. Sie zeigen, daß Liberale dieser Richtung in ihrer Ablehnung von Absolutismus, Vernunftrecht und «Spekulation» klarer waren als im Positiven. Die oft beschworenen altgermanischen Muster, die man irgendwie in der Kommunalverfassung[398] und in der Laienbeteiligung der Gerichtsbarkeit einzupflanzen hoffte,[399] waren kaum mehr als literarische Produkte, getragen von der politischen Hoffnung, eine «organische» bürgerliche Gesellschaftsordnung, überwölbt von einer konstitutionellen Monarchie,

[394] Politik, Nr. 2.

[395] Politik, Nr. 39, 242.

[396] *A. v. Schulte*, ADB 53 (1907) 12–17; *Landsberg*, III/2, 411–413.

[397] *C. Th. Perthes*, Das deutsche Staatsleben vor der Revolution. Eine Vorarbeit zum deutschen Staatsrecht, Hamburg und Gotha 1845.

[398] Besonders eingehend hierzu Politik, 10. Kapitel.

[399] *Böckenförde*, Die deutsche verfassungsgeschichtliche Forschung, 1961, 87ff.; *E. Sjöholm*, Rechtsgeschichte als Wissenschaft und Politik. Studien zur germanistischen Theorie des 19. Jahrhunderts, 1972, 36ff.

stabilisieren zu können. Die ständische Gliederung bildete aber keinen festen Anhaltspunkt mehr, und zum demokratischen Wahlrecht, gar zum Frauenwahlrecht,[400] konnte man sich nicht entschließen. Ähnlich wie MOHL verharrte DAHLMANN gerade in diesem Punkt in experimentierender Reflexion. Was es bedeutete, wenn das Wahlrecht «nach lebendigen Verhältnissen innerlich geordnet» und zur Abgrenzung nach unten «eine lebendige Grenze für den Kreis der Wähler» gesucht würde,[401] blieb nicht zufällig dunkel.[402]

d) F. SCHMITTHENNER

FRIEDRICH SCHMITTHENNER (1796–1850)[403] gilt als «ausgeprägter Schellingianer, der das allgemeine Staatsrecht nach einem ‹geschichtlich-organischen Verfahren› schematisch zu entwickeln bemüht gewesen ist».[404] Seine «Grundlinien des allgemeinen oder idealen Staatsrechtes» von 1845[405] sind damit allerdings nur andeutungsweise gekennzeichnet. »Organischer Liberalismus» mit konservativen Zügen,[406] so könnte man ihn einordnen. BÖCKENFÖRDE hat ihn, was die theoretische Staatsrechtslehre angeht, der «vernunftrechtlichen Tradition der abstrakten und formalen Begriffsentwicklung»[407] zugeordnet, was sicher unzutreffend ist. Im übrigen betonte er aber bei seinem praktischen Staatsdenken die Zugehörigkeit zum organischen Denken der historischen Schule sowie seine Übergangsfunktion von einer formellen Staatsfunktionenbestimmung zu sachbezogener Bestimmung und resümierte: «Seine eigenen Vorschläge beschränken sich im Grunde auf die Rechtfertigung des deutschen konstitutionellen Systems der Vormärzzeit.»[408] Letzteres ist schwer zu belegen, weil SCHMITTHENNER ganz bewußt gerade die politische Option für unterschiedliche Lösungsmöglichkeiten offenhält. Das «allgemeine oder ideale Staatsrecht», so meint er, könne nicht das nach Zeit und Ort konkret Gebotene bestimmen.

SCHMITTHENNER, der als Gießener Professor für Geschichte, später auch für Staats- und Kameralwissenschaften, sowie als Geheimer Regierungsrat und Deputierter in der Ständekammer eine interessante Rolle in Hessen-Darmstadt spielte, hatte sich eine «systematische Encyklopädie der Staatswissenschaften» vorgenommen. Von ihr sind der erste und der dritte Band erschienen.[409]

Im dritten geht es um den Staat, «das organische System des öffentlichen Lebens, oder die organische Gesellschaftsform, in welcher ein Volk die Bestimmung der Menschheit erstreben soll».[410] Diese organische Form ist zwar historisch wandelbar, enthält aber in sich die «Idee». Parallel zum Emporsteigen der Völker und ihrer Verfas-

[400] Politik, Nr. 154: «Das Wahlrecht der Frauen in Kanada (doch ohne Wählbarkeit) wird wohl eine muntere Ausnahme bleiben».

[401] Politik, Nr. 158, 155.

[402] Vorzüglich hierzu *Brandt*, 199ff.

[403] *Roscher* (Anm. 245) 937–942; *E. Schröder*, ADB 32 (1891) 48–50; *Bluntschli*, 604f.; *Landsberg* III/2, 826 und Noten 346; *Boldt*, passim; *Böckenförde*, § 13.

[404] *Landsberg*, III/2, Noten 346.

[405] *F. Schmitthenner*, Zwölf Bücher vom Staate oder systematische Encyklopädie der Staatswissenschaften, 3. Bd., VII. Buch: Grundlinien des allgemeinen oder idealen Staatsrechtes, Gießen 1843/453 (Nachdr. 1967).

[406] *Brandt*, 164; ähnlich schon *Bluntschli*, 610, der ihn politisch «liberal-conservativ» nennt.

[407] aaO. 106.

[408] aaO. 111.

[409] Bd. I (Buch 1–5): Einleitung, Geschichte der Staatswissenschaften, Ethnologie, Naturrecht, Nationalökonomie. Buch 1 und 2 waren zuvor erschienen als «Ueber den Charakter und die Aufgabe unserer Zeit in Beziehung auf Staat und Staatswissenschaft», 1832.

[410] Grundlinien (Anm. 405), § 2.

sungen «auf höhere Stufen des geschichtlichen Daseins» läutert sich auch die korrektive, normative Staatsidee. SCHMITTHENNER versucht auf diese Weise, die Perspektive der historischen Schule mit der naturrechtlichen zu verbinden, wobei das «ideale Staatsrecht» selbst wieder den historischen Entwicklungsgesetzen unterliegt. Das führt ihn zur «geschichtlich-organischen Methode», deren Basis der «durch die Wissenschaft gewonnene unerschütterliche Satz (ist), daß die Geschichte der Menschheit unter dem Gesetze organischer Entwicklung steht».[411] Der Staat als rationale Konstruktion und «bloße Erfindung» wird abgelehnt, ebenso die Vorstellung eines «Naturzustandes». SCHMITTHENNER geht als Historiker, der er ja hauptamtlich war, nicht rationalistisch-deduktiv, sondern entwicklungsgeschichtlich vor. Er läßt den «Staat» mit der Entstehung öffentlicher Institutionen beginnen und ordnet von da an den Stoff durch wechselseitige Ergänzung von historischem Material und normativer Deutung im Lichte der sich selbst wandelnden Staatsidee. In diesem Sinne schildert er die historische Entwicklung bis in das 19. Jahrhundert und geht dann zu seiner organischen allgemeinen Staatslehre über. Es ist dies gewissermaßen auch der Übergang vom naturhaften Wachstum des Staates zum Staat als von Menschen gestaltetes Werk. Hier entwickelt SCHMITTHENNER in der ihm eigenen diskursiven Weise Staat und Staatsgewalt samt ihren Inhalten, dem Regenten als ihrem Subjekt und dem Volk als ihrem Objekt. Dabei kommt auch der Vertragsgedanke als gedankliche Hypothese der Staatsgründung wieder zu seinem Recht.

Was die Staatsform angeht, so schwebt ihm die konstitutionelle Monarchie, die sowohl Volksherrschaft als auch Despotismus vermeidet, als Ideal vor. Die Aufgabe der Landstände sieht er vor allem in der Sicherung der politischen Rechte des Volkes, aber auch in der institutionellen Bändigung «des sich unorganisch zersetzenden Volkes»[412] sowie in der Schaffung einer Plattform für Öffentlichkeit. Welche konkrete Form gewählt wird (repräsentativ, altständisch, neuständisch), bleibt bei SCHMITTHENNER, der sich hier vorsichtig zurückhält, eine politische Entscheidung. Man kann aber aus zahlreichen Indizien[413] entnehmen, daß er zwar die historischen ständischen Rechte wahren, dem Bürgertum den Zugang aber ermöglichen will, ohne ganz zur Repräsentativverfassung überzugehen. Zentrum des Staates bleibt der Monarch, eine wirkliche Machtteilung mit dem Parlament findet nicht statt. Das Parlament hat zwar die üblichen «organischen Rechte» (Budgetrecht, Beschwerderecht, Ministeranklage, Zustimmungsrecht zu gesetzlichen Eingriffen in Freiheit und Eigentum, Steuerbewilligung), aber es kontrolliert damit nur die Macht, ohne an ihr wirklich teilzuhaben.

Insofern liefert SCHMITTHENNER also doch eine konservative Variante des organisch-historischen Liberalismus, die zwar ökonomischen Fortschritt uneingeschränkt bejahen konnte, aber politisch einen entfesselten Individualismus oder gar Republikanismus mehr fürchtete als eine Machtkonzentration beim Monarchen. Sein idealistisches Bekenntnis spricht es aus: «Die Idee des modernen Staates kann ihre Wirklichkeit nur in einer Verfassung haben, in welcher jeder Einzelne in dem Kreiße seines durch das Gitter geschriebener Gesetze umschlossenen Rechtes frei und froh waltet, durch öffentliche Rechte in seine Gemeinde aufgenommen, durch politische an das Vaterland geknüpft ist, in welcher die Freiheit der Corporationen gleicher Weise durch die

[411] Grundlinien (Anm. 405), § 7.

[412] Grundlinien (Anm. 405), § 174.

[413] Vgl. etwa die begeisterte Schilderung des segensreich sich entfaltenden Liberalismus in Grundlinien (Anm. 405), § 59.

Gesetze umwölbt ist, daß sie zwar ungeneckt das Ihrige ordnen, aber zugleich in das allgemeine Staatsleben aufgenommen und der Regierungsgewalt unterthan sind, in welcher das Volk durch öffentliche Interessen verbunden, durch politische Rechte gesichert, zu steigender Veredlung getrieben wird, wo endlich von unerschütterlichen Säulen getragen, ein Thron die Kuppel der Verfassung bildet, und über dem Ganzen, heilig, unantastbar, von dem Nimbus fleckenloser Majestät umflossen, von den Edelsten umgeben, von den Weisesten beraten, der König seines Volkes als der Genius desselben waltet. Ein Staat mit dieser Verfassung würde namentlich die Idee der germanischen Monarchie in ihrer vollen Entwicklung auf der Erde darstellen.»[414]

7. *Zusammenfassung*

Alle Autoren, die dem Liberalismus zugeordnet werden, haben vor 1848 mit der schmerzlich empfundenen Differenz zwischen ihren politisch-staatstheoretischen Idealen und dem herrschenden, wenn auch regional abgestuften «Metternich'schen System» leben müssen. Vor 1830 gehörten sie mehrheitlich der Opposition an, am deutlichsten in den süddeutschen Verfassungsstaaten. Aber die ersten Erfahrungen mit dem Parlamentarismus, die von dort mögliche Mobilisierung der Presse und der öffentlichen Meinung, die Erfolgserlebnisse in der Gesetzgebung oder bei der Kontrolle der Minister waren doch im Ganzen positiv und bewirkten einen langsamen Stimmungsumschwung. Mit der französischen Julirevolution von 1830, den hessischen, hannoverschen und sächsischen Folgeerscheinungen sowie dem Hambacher Fest von 1832 erhielt die der Verfassungsbewegung noch einmal neue Schubkraft. Diese politische Mobilisierung führte jedoch nicht wieder zur politischen Blockierung wie nach 1819, sondern schuf wachsende Bereitschaft zur Kooperation mit den Regierungen. Die Chance, den starren Antagonismus von Parlament und Regierung durch Zusammenarbeit zu überwinden, wirkte verlockend, sobald bestimmte Reformwünsche erfüllbar schienen und Aussicht bestand, ein Ministerium liberaler Färbung ertrotzen zu können. Dabei waren die Vertreter des «historisch-organischen» Flügels des Liberalismus, verglichen mit den «Dogmatikern», anpassungsfähiger und pragmatischer. Sie erwiesen sich als fähig und willig zur Übernahme von Regierungsverantwortung. Es waren gerade diese Liberalen (Mohl, Dahlmann, Mittermaier, Bassermann, Welcker, Pfizer u. a.), die in der Paulskirche eine bedeutende Rolle spielen sollten.

Die vernunftrechtliche Linie schwand dagegen schon vor 1848 dahin. Klüber, Aretin, Rotteck, Pölitz, Krug u. a. waren verstorben oder konnten wie der durch die langjährige Haft gebrochene Wilhelm Behr nicht mehr aktiv sein. So verlagerte sich das Schwergewicht wie von selbst auf den «historisch-organischen» Liberalismus, der die Monarchie, die Ungleichheit der Stände und des Wahlrechts, das Privateigentum und eine polizeilich begrenzte Gewerbefreiheit bejahte.

Allerdings bildete sich neben diesem konstitutionellen Liberalismus – die alte rousseauistische Linie wieder aufnehmend – eine radikal demokratische und republikanische Gegenströmung, deren Gegnerschaft gegen den Liberalismus in gewisser Weise erbitterter war als die gegen die Konservativen. Das Problem des Liberalismus lag 1848 darin, einen Zweifrontenkampf gegen die alten Mächte und die neuen Revolu-

[414] Grundlinien (Anm. 405), 251.

tionäre bestehen zu müssen.[415] Parlamentarische, konstitutionelle Monarchie samt Reformpolitik oder das Schreckbild einer demokratischen Republik mit sozialem Umsturz, kurz: Pöbelherrschaft – so stellte sich nun die Alternative in den Augen der Liberalen. Um den Umsturz zu vermeiden, traten die Liberalen auch bereitwillig in die sog. «Märzministerien» ein, zunächst ohne zu ahnen, daß sie nur zeitweise als Rettungsanker benutzt werden sollten.[416]

Auf diesem Hintergrund wird verständlich, daß nur wenige «Außenseiter» unter den Liberalen den Weg zu einem aus der Volkssouveränität legitimierten Vorrang des Parlaments zu gehen wagten. Wurde die Regierung zum Exekutivausschuß der Parlamentsmehrheit, dann war das monarchische Prinzip gebrochen und dem Monarchen kam nur noch eine repräsentative Präsidentenrolle zu. Früher oder später erschien er dann, vorerst noch theoretisch, abschaffbar zugunsten der Republik.[417] Dies alles entsprach weder der Verfassungslage in den Einzelstaaten noch den politischen Wünschen der Mehrheit der Liberalen. Liberalismus und Demokratie blieben einander feindlich, solange Demokratie mit «Egalisierung» und «Umsturz» identifiziert wurde. So blieben die theoretischen Beiträge vor 1848 in hohem Maße von politischen Parteinahmen beeinflußt und können deshalb auch nicht ohne Rücksicht auf die politische Lage verstanden werden.

Alles trieb von 1846 an auf eine Krise zu – wir sehen es freilich heute deutlicher als die Zeitgenossen. Die Staatstheorie sprach mit ebenso vielen Zungen, wie es Parteiungen gab. Eine gemeinsame Diskussionsebene fand sich im Grunde nicht. Der Inhomogenität der gesellschaftlichen Probleme entsprach diejenige der Theorien. Zwischen den Extremen der in vormodernen Verhältnissen stehengebliebenen Agrargesellschaft Mecklenburgs und dem neuen Stadt- und Industrieproletariat, zwischen östlichem und rheinischem Preußen, zwischen protestantischem Norden und katholischem Süden, zwischen relativ offenen Verfassungsstaaten und verfassungslosem Absolutismus in Preußen und Österreich gab es nur die vom Deutschen Bund mühsam austarierten Balancezustände, aber keine Harmonie. Entsprechend standen sich die staatstheoretischen Ausführungen der preußischen und österreichischen Ultras, der Linkshegelianer und des Jungen Deutschland, des politischen Katholizismus, der liberalen Befürworter der «Einherrschaft mit Volksvertretung» und der Befürworter einer parlamentarischen Demokratie unversöhnt gegenüber.

In dieser Lage wurden am 12. September 1847 das Offenburger Programm der südwestdeutschen Demokraten und am 10. Oktober 1847 das Heppenheimer Programm der südwestdeutschen Liberalen formuliert. Als in die gespannte Situation der zündende Funke aus Paris gefallen war, als Friedrich Daniel Bassermann in der badischen und Heinrich von Gagern in der hessen-darmstädtischen Kammer die Einberufung eines Nationalparlaments forderten, kam es zu der entscheidenden Heidelber-

[415] *Sheehan* (Anm. 231); *Langewiesche* (Anm. 3), 46.

[416] *Langewiesche* (Anm. 3), 49f.

[417] Im Sinne einer «föderativen Demokratie» *G. v. Struve*, Kritische Geschichte des allgemeinen Staatsrechts in ihrer Haupt-Trägern dargestellt, Mannheim 1847, 355 sowie *ders.* Grundzüge der Staatswissenschaft, 4 Bde, Mannheim-Frankfurt 1847/48, besonders aber *C. Junius* (= Julius Fröbel), Neue Politik, 1846, als «System der sozialen Politik», 2 Bde, Mannheim 1847. Zu dem «wahnsinnigen Volksredner und tollen Aufrührer» *Struve* (*Mohl* I, 144) nunmehr die Biographie von *M. Kunze*, Der Freiheit eine Gasse. Traum und Leben eines Revolutionärs, 1990. Zu *Fröbel W. Mommsen*, Julius Fröbel. Wirrnis und Weitsicht, HZ 181 (1956) 497–532; *P. Wentzcke*, NDB 5 (1961) 644–646; *Brandt*, 275ff.

ger Versammlung am 5. März 1848, zu hastigen und hilflos wirkenden Reaktionen des Deutschen Bundes (Einführung der Preßfreiheit, Aufhebung der Ausnahmegesetze von 1819) sowie am 31. März 1848 zum Frankfurter Vorparlament. Von da an waren die Blicke der deutschen Öffentlichkeit vollständig auf die Nationalversammlung, auf die revolutionären und gegenrevolutionären Vorgänge in Berlin, Wien und anderswo gerichtet. An die Stelle ruhiger Theoriebildung trat der Kampf um die öffentliche Meinung. Die Professoren des Staatsrechts verließen ihre Katheder und kehrten – nach Ablauf des sog. «tollen Jahrs» (1848/49) erst ab 1850 wieder dorthin zurück.

Viertes Kapitel

Das Staatsrecht der einzelnen Bundesstaaten

I. Die Verfassungsbewegung

So wichtig die staatsrechtliche Kommentierung des Deutschen Bundes, seiner Verfassung und seiner Maßnahmen auch erscheinen mochten, nur wenige setzten zwischen 1820 und 1848 ernsthaft auf eine Transformation des Deutschen Bundes in einen Bundesstaat mit zentralen, in einer «echten» Verfassung festgeschriebenen Kompetenzen.[1] Diese ursprünglich einmal vorhandene Hoffnung wurde langsam schwächer. 1821 erklärte der Jenaer Staatsrechtler KARL ERNST SCHMID (1774–1852):[2] «Das Staatsrecht des deutschen Bundes und der Bundesstaaten ist erst im Werden; nur durch die Ausbildung der Landesverfassungen kann die Bundesverfassung Kraft und Haltbarkeit gewinnen; das Gemeinsame muß sich im Besonderen entfalten.»[3] Um so stärker konzentrierten sich daher die politischen und literarischen Energien auf das Staatsrecht der einzelnen Bundesstaaten. Hier lehrte die Erfahrung, daß Verbesserungen möglich waren, daß der «ersten deutschen Verfassungswelle»[4] (1818/20) eine zweite (1830/31) folgte, so daß bald die Mehrzahl der Mitglieder des Deutschen Bundes als konstitutionell regiert gelten konnte.[5] In den Einzelstaaten war die Politik zudem überschaubarer, und sie schien leichter beeinflußbar, weil sie dem Druck der österreichisch-preußischen Bundespolitik nur mittelbar ausgesetzt war.

Schon dies war Anreiz genug, das Staatsrecht der einzelnen Bundesstaaten literarisch zu pflegen und allmählich auch an den Universitäten zu lehren, jedenfalls in den Mittelstaaten.[6] Waren die Territorien allzu klein oder gab es keine Landesuniversität, so rentierte sich die Buchproduktion nicht mehr. Preußen und Österreich schieden dagegen als Staaten mit einer schroff praktizierten Zensur sowie wegen des Fehlens einer kommentierbaren Verfassung weitgehend aus, so daß literarischer Ehrgeiz, wenn er im öffentlichen Recht überhaupt lebendig war, eher auf der Verwaltungsebene sichtbar wurde. Für Preußen konstatierte deshalb MOHL 1855, es gebe bisher «fast nur leichte Flugschriften oder Behandlungen ganz einzelner, oft untergeordneter Fragen«.[7] Im Österreich der Ära METTERNICH waren staatsrechtliche Erörterungen ohnehin verpönt, so daß wirklich eine «Verkümmerung der wissenschaftlichen Bearbeitung des öffentlichen Rechtes» eintrat.[8]

In den süd- und mitteldeutschen Verfassungsstaaten dagegen blühte das Landesstaatsrecht auf, unterschiedlich dicht zwar und mit einer typischen Süd-Nord-Ver-

[1] *P. A. Pfizer*, Über die Entwicklung des öffentlichen Rechtes in Deutschland durch die Verfassung des Bundes, Stuttgart 1835.

[2] Oben Kap. 3, Anm. 296.

[3] *K. E. Schmid*, Lehrbuch des gemeinen deutschen Staatsrechts, Erste Abth., Jena 1821, § 123.

[4] *D. Grimm*, Deutsche Verfassungsgeschichte 1776–1866, 1988, 71 ff., läßt diese erste Welle 1821 mit dem Scheitern der preußischen Verfassungspläne enden (110).

[5] *H. Gangl*, Der deutsche Weg zum Verfassungsstaat im 19. Jahrhundert, in: *E. W. Böckenförde* (Hg.), Probleme des Konstitutionalismus im 19. Jahrhundert, 1975, 23–58 (50 ff.)

[6] *Mohl* II, 333.

[7] *Mohl* II, 336.

[8] *Mohl* II, 344 f.

schiebung, aber doch stets belebt durch die Einführung «constitutioneller Zustände». Als anregendes Element kam noch hinzu, daß das verfassungsrechtliche Material, anders als beim Deutschen Bund, in den Einzelstaaten meist offen zutage lag. Die Praxis war auf systematische Darstellungen angewiesen, und man konnte in ihnen politische Hoffnungen auf eine mehr oder weniger subtile Weise vermitteln und ihre Realisierung vorantreiben.

In einigen dieser Staaten ruhte das staatsrechtliche Schrifttum auf einer langen, in das 18. Jahrhundert zurückreichende Tradition. Zwar hat es an den Universitäten vor 1806 eine Pflege des Territorialrechts kaum gegeben, weil man wegen des Besuchs auswärtiger Studenten Wert darauf legte, «gemeines» Recht vorzutragen, d. h. im öffentlichen Recht vor allem das übergreifende Reichsverfassungsrecht sowie das Ius publicum universale. Aber es gab eine wachsende, der Praxis zugewandte territoriale Staatsrechtsliteratur,[9] vorangetrieben durch den unermüdlichen Johann Jakob Moser,[10] aber auch in Hessen,[11] Bayern,[12] Mecklenburg,[13] Österreich[14] und vielen anderen Territorien,[15] sogar in sehr kleinen wie etwa Pfalz-Zweibrücken[16] oder Hanau-Münzenberg.[17] Freilich galt immer noch Pütters Feststellung, es sei in wissenschaftlicher Hinsicht auf diesem Feld «noch viel zu wenig geleistet worden, als daß man nicht Ursache hätte, dazu noch weiter künftigen Fleiß aufzumuntern«.[18] Immerhin war schon vor dem Ende des Reiches versucht worden, das allen Territorialrechten Gemeinsame in stärker abstrahierter Form herauszuziehen.[19]

Im Deutschen Bund wurde eine solche wissenschaftliche Anstrengung dringlicher. Inzwischen war der Verfassungsrahmen des Reichs zerstört worden, viele Territorien waren von der Landkarte verschwunden, tiefgreifende Reformen hatten stattgefun-

[9] *A. J. Schnaubert*, Anfangsgründe des Staatsrechts der gesammten Reichslande, Jena 1787; *J. R. v. Roth*, Staatsrecht deutscher Reichslande, 2 Bde, Mainz 1788, 1792; *J. F. X. v. Epplen*, Über das Prinzip der deutschen Territorialverfassung. Widerlegung der Schrift des Herrn Professors Zachariae: Geist der deutschen Territorialverfassung, Frankfurt a. M. 1803; *E. L. W. v. Dacheröden*, Versuch eines Staatsrechts, Geschichte und Statistik der freien Reichsdörfer in Deutschland, Leipzig 1785.

[10] *J. J. Moser*, Nachricht von dem unter Handen habenden besonderen Staats-Recht aller einzelnen Stände des heil. Röm. Reichs, Ebersdorf 1739; *ders.* Allgemeine Einleitung in die Lehre des besonderen Staats-Rechts aller einzelnen Stände des heil. Röm. Reichs, Ebersdorf 1739. Die einzelnen von *Moser* bearbeiteten Territorien bei *R. Rürup*, Johann Jakob Moser – Pietismus und Reform, 1965, 262 (Bibliographie, II. Territorialstaatsrecht, Nr. 1–20).

[11] *J. G. Estor*, Origines juris publici Hassiaci, 1729, 2. Aufl. Jena 1738, 3. Aufl. Frankfurt 1752; *ders.* Jus publicum Hassiacum hodiernum, Jena 1739 (als Elementa iuris publici Hassiaci hodierni, 2. Aufl. Frankfurt 1752); *ders.* De Comitiis et Ordinibus Hassiae praesertim Cassellanae provincialibus opusculum, 2. Aufl. Frankfurt 1752.

[12] *W. X. A. Frhr. v. Kreittmayr* (1705–1790), Grundriß des Allgemeinen, Deutschen und Bayerischen Staatsrechtes, 3 Teile 1769, (2. Aufl. 1770; 3. Aufl. 1778). Hierzu *D. Willoweit*, Das Staatsrecht Kreittmayrs, in: Freiherr von Kreittmayr. Ein Leben für Recht, Staat und Politik, 1991, 101–117.

[13] *E. F. Hagemeister*, Versuch einer Einleitung in das Mecklenburgische Staatsrecht, Rostock und Leipzig 1793. Siehe unten Anm. 194.

[14] *Ch. A. v. Beck*, Specimen Iuris Publici Austriaci, Wien 1750; *F. F. v. Schrötter*, Abhandlungen aus dem Oesterreichischen Staatsrechte, Wien 1762–1766; *ders.* Grundriß des österreichischen Staatsrechts, Wien 1775.

[15] *Pütter/Klüber* IV, 258ff. m. umfass. Nachw.

[16] *J. H. Bachmann*, Pfalz-Zweibrückisches Staats-Recht, Tübingen 1784.

[17] *W. C. F. Sames*, Delineatio iuris publici Münzenbergensis, Gießen (und Marburg) 1781, mit einer Vorrede von *J. S. Pütter*, De utilitate et praestantia iuris publici specialis singulorum Germaniae territoriorum. (*Pütter* II, § 354.)

[18] *Pütter*, II, 220.

[19] *C. S. Zachariä*, Geist der deutschen Territorialverfassung, Leipzig 1800. Siehe oben Anm. 9.

den, so daß schon das schlichte Informationsinteresse über den Zustand des geltenden Rechts enorm gewachsen war. Es kam hinzu, daß das zunächst herrschende Nebeneinander altständisch-monarchischer,[20] spätabsolutistischer,[21] scheinkonstitutioneller[22] und konstitutioneller Zustände zum Vergleich geradezu herausforderte.[23] Auch nach der Gründung des Deutschen Bundes blieben die Verhältnisse sehr bunt. Die altständische Zusammensetzung der Volksvertretungen blieb oft in geringfügig erweiterter Form erhalten, es gab Wiederherstellungen von zwischenzeitlich aufgehobenen Landständen,[24] und manche Monarchen waren froh, von den alten Landständen befreit zu sein, ohne nun eine neue Repräsentativverfassung errichten zu müssen. Wo es Landstände neuer Art gab, war ihnen außer dem traditionellen Steuerbewilligungsrecht durchweg nur ein Mitberatungsrecht bei der Gesetzgebung eingeräumt worden, während der Monarch, dem «monarchischen Prinzip» zufolge, die Staatsgewalt innehatte.[25] In den Jahren bis 1819 waren die Unterscheidungen zwischen «landständischer» und «repräsentativer» Verfassung noch wenig ausgeprägt. Die Terminologie schwankte, weniger aus theoretischen Gründen, als weil man allgemein die damals aktuellen Repräsentativmodelle als Modernisierungen der alten ständischen Modelle ansah.[26] Friedrich von Gentz hat dann 1819 die Unvereinbarkeit von Repräsentativverfassung und monarchischem Prinzip scharf akzentuiert, um die Verfassungsbewegung zu stoppen und den Deutschen Bund samt seinen Mitgliedern auf das monarchische Prinzip festzulegen.[27] Das war insofern zutreffend, als er verhüllende Formeln beiseiteschob und sagte, daß es sich bei der Frage, ob der Monarch oder das Parlament die Nation repräsentiere, um einen Machtkampf gehe. Insofern mußte 1819 die konsequente Repräsentativverfassung «revolutionär» erscheinen.

Letztlich hat sich aber die Dynamik der politischen Verschiebungen hin zu einer immer stärkeren Begrenzung der monarchischen Gewalt und einer Parlamentarisierung der öffentlichen Angelegenheiten nicht aufhalten lassen. Die Verfassungszustände blieben keineswegs so statisch, wie es die Politik von Metternich und Gentz intendierte. Sie veränderten sich vielmehr im Takt der europäischen Ereignisse, speziell von 1814/15

[20] Sachsen, Thüringen, Mecklenburg, beide Lippe, beide Reuß, Waldeck.

[21] Bayern, Württemberg, Baden, Hessen-Darmstadt, Nassau.

[22] Königreich Westfalen, Großherzogtum Berg, Großherzogtum Frankfurt, Anhalt-Köthen.

[23] *Huber* I (1957), 86ff.

[24] *Ch. Ch. Dabelow,* Ueber den dreyzehnten Artikel der deutschen Bundesacte, die landständischen Verfassungen betreffend, Göttingen 1816 meint, die Landstände alten Typus seien zwar mit der alten Landeshoheit verbunden gewesen, nicht aber mit der neuen Souveränität. Letztere gebe dem Monarchen volle Freiheit bei der Ausgestaltung der Landstände neuen Typus, soweit die, wie er sich ausdrückt, «altdeutsche Basis» gewahrt bleibe. Zu *Dabelow* siehe *Steffenhagen,* ADB 4 (1876), 684f.; *Brandt,* 52.

[25] Zu den mit Art. 13 DBA verbundenen Fragen *W. Mager,* Das Problem der landständischen Verfassungen auf dem Wiener Kongreß 1814/15, in: HZ 217 (1974), 296–346; *B. Wunder,* Landstände und Rechtsstaat. Zur Entstehung und Verwirklichung des Art. 13 DBA, in: ZHF 5 (1978), 139–185; *V. Press,* Landtage im Alten Reich und im Deutschen Bund, in: Zeitschr. f. württ. Landesgesch. 39 (1980), 100–140; im Überblick *J. D. Kühne,* Volksvertretungen im monarchischen Konstitutionalismus (1814–1918), in: *H. P. Schneider – W. Zeh* (Hg.), Parlamentsrecht und Parlamentspraxis in der Bundesrepublik Deutschland, 1989, 49ff.

[26] Dies hat mit aller Deutlichkeit *Brandt,* 52ff. herausgearbeitet.

[27] *F. v. Gentz,* Über den Unterschied zwischen den landständischen und Repräsentativ-Verfassungen, in: Wichtige Urkunden für den Rechtszustand der deutschen Nation, mit eigenhändigen Anmerkungen von Joh. Ludw. Klüber, Aus den Papieren mitgetheilt und erläutert von *C. Welcker,* Mannheim 1844, 220ff.

und 1830.[28] Eine Reihe von Verfassungen, die der Monarch «gewährt» hatte, wurde nicht akzeptiert (Waldeck 1814, Württemberg 1815–1818, Kurhessen 1815/16, Lippe-Detmold 1819, Hessen-Darmstadt 1820, Sachsen-Meiningen 1829). «Verfassungskonflikte» zwischen Monarch und Landständen, in Kurhessen sogar einschließlich der Richterschaft, der Beamtenschaft und des Militärs, waren häufig und wühlten die öffentliche Meinung auf. Verfassungsrechtliche Zugeständnisse wurden erpreßt, wieder zurückgenommen oder von den Regierungen durch Auslegung verwässert. Vielfach schaltete sich der Deutsche Bund ein, wenn die Monarchien in Bedrängnis gerieten.[29] Die Staatsrechtslehre befand sich deshalb in ständiger Spannung, der Aktualität zugewendet, durch Gutachten, Petitionen, Parlamentaria und nicht zuletzt durch Vorgänge an den Hochschulen selbst in Bewegung gehalten. Je mehr der Deutsche Bund unter Führung Österreichs und Preußens sich festigte und in Routine erstarrte, desto mehr rückten die Verfassungsverhältnisse der einzelnen Territorien in den Vordergrund. Von ihnen erhoffte man nun eine «fortschrittliche», dem Zeitgeist gemäße Entwicklung.

Die frühesten Veränderungen finden sich in Kleinstaaten, in denen die Dinge einfacher zu regeln waren, die sich im Windschatten der großen Ereignisse schneller umgestalten konnten[30] und denen die französische Charte constitutionelle von 1814 ein willkommenes Muster für die Balance von monarchischem Prinzip und ständischer Beteiligung bot.[31] Das Herzogtum Nassau entschloß sich schon im Herbst 1814 zu einer oktroyierten[32] Verfassung, die freilich noch weit von einem Repräsentativsystem entfernt war.[33] 1816 erhielten vier weitere Kleinstaaten ihre Verfassungen (Schwarzburg-Rudolstadt [wirksam erst 1821], Schaumburg-Lippe, Waldeck,[34] Sachsen-Weimar-Eisenach), im März 1818 folgte noch Sachsen-Hildburghausen und im November Liechtenstein.[35] Als erste größere Staaten erhielten nun 1818 Bayern und Baden oktroyierte Verfassungen,[36] nach denen im wesentlichen während des ganzen 19. Jahr-

[28] Übersicht bei *K. H. L. Pölitz*, Die europäischen Verfassungen seit dem Jahre 1789 bis auf die neueste Zeit, 2. Aufl., Leipzig 1832–1833.

[29] Eine ausgewogen reformerische, keineswegs blind das monarchische Prinzip verteidigende Position nimmt *A. W. Rehberg*, Die Erwartungen der Deutschen von dem Bunde ihrer Fürsten, Jena 1835 ein. Er würdigt, unter dem Eindruck des Hambacher Festes von 1832, insbesondere auch die Lage der Gebiete ehemals französischen Rechts.

[30] *G. Engelbert*, Der Konstitutionalismus in den deutschen Kleinstaaten, in: *Böckenförde* (Anm. 5), 103–121.

[31] *K. Usée*, Der Einfluß der französischen Verfassungen auf die deutschen Verfassungsurkunden der Jahre 1806–1820, Greifswald 1910; *A. Ingelmann*, Ständische Elemente in der Volksvertretung nach den deutschen Verfassungsurkunden der Jahre 1806 bis 1819 (= Abh. aus dem Staats- u. Verwaltungsrecht 33), Breslau 1914.

[32] *M. Stolleis*, Oktroi, oktroyierte Verfassung, HRG III (1984), Sp. 1230f.

[33] *W.-H. Struck*, Die Gründung des Herzogtums Nassau, in: Herzogtum Nassau 1806–1866, 1981, 1–17; *W. Schüler*, Die Nassauische Verfassung vom 1./2. September 1814, in: 175 Jahre Nassauische Verfassung, 1989, 9–23. Nur 0,4% der Bevölkerung waren aktiv wahlberechtigt. Siehe unten Anm. 156f.

[34] *D. Weigel*, Fürst, Stände und Verfassung im frühen 19. Jahrhundert. Studien zur Entstehung der Verfassungsurkunden von 1814 und 1816 des Fürstentums Waldeck (Geschichtsbl. f. Waldeck 59), 1967.

[35] *V. Press – D. Willoweit* (Hg.), Fürstliches Haus und staatliche Ordnung, 1987, dort insbes. der Beitrag von *G. Schmidt*, 383–418.

[36] Zur Vorgeschichte *P. Wegelin*, Die Bayerische Konstitution von 1808, Schweizer Beiträge zur Allg. Geschichte 16 (1958), 142ff.; *E. Weis*, Zur Entstehungsgeschichte der bayerischen Verfassung von 1818, in: Zeitschr. f. bayer. Landesgeschichte 39 (1976), 413ff.; *K. Möckl*, Der moderne bayerische Staat – Eine Verfassungsgeschichte vom aufgeklärten Absolutismus bis zum Ende der Reformepoche, 1979. – *F. v. Weech*, Geschichte der Badischen Verfassung, Karlsruhe 1868; *W. Andreas*, Geschichte der badischen Verwaltungsorganisation und Verfassung in den

hunderts regiert werden konnte. Württemberg war 1805–1815 zum Absolutismus übergegangen und gelangte 1819 nach harten Auseinandersetzungen mit den altständischen Kräften zu einer vereinbarten Verfassung.[37] In Kurhessen kehrten zunächst wieder die vorrevolutionären und allgemein als anstößig empfundenen Verfassungszustände ein.[38] Erst 1830/31 kam dann nach inneren Unruhen eine liberale Verfassung zustande,[39] die allerdings von der Regierung mehrfach unterlaufen wurde, so daß das Land bis 1866 ständig in und mit Konflikten lebte. Das Großherzogtum Hessen-Darmstadt erhielt 1820 eine Verfassung mit einem sehr engen indirekten Wahlrecht.[40] Die erste Welle von Verfassungen endete dann mit den kleinstaatlichen Verfassungen von Sachsen-Coburg-Saalfeld[41] (1821), Sachsen-Coburg-Meiningen (1824),[42] Sachsen-Meiningen (1829) und Schwarzburg-Sondershausen (1830).[43]

Das Königreich Sachsen blieb zunächst «altständisch» und ging erst 1831 zu einem vereinbarten konstitutionellen Modell über. Das gleiche gilt für das Königreich Hannover. Es war zunächst im Sinne des Ancien Régime restauriert worden (1819), nach der Julirevolution in Frankreich erweiterte man dann 1832 die Vertretung durch Repräsentanten des Bauernstandes, um so 1832–1837 im landläufigen Sinn «konstitutionell» zu regieren. Die berühmte Aufhebung der Verfassung am 1. November 1837 führte auch hier zu einem Verfassungskonflikt, der erst 1840 bereinigt werden konnte. Völlig altertümlich und unberührt von konstitutionellen Modernismen, übrigens mit einer kurzen Unterbrechung 1848/49 bis zum Ende des Jahrhunderts, blieb die Verfassungslage in den Großherzogtümern Mecklenburg-Schwerin und Mecklenburg-Strelitz.[44] Bis zum Jahr 1849 galt dies auch für das Großherzogtum Oldenburg[45] sowie bis 1850

Jahren 1802–1818, 1913, 396–484; *R. Goldschmit*, Geschichte der badischen Verfassungsurkunde von 1818–1918, 1918; *L. Gall*, Gründung und politische Entwicklung des Großherzogtums bis 1848, in: Badische Geschichte (hg. v. d. Landeszentrale f. polit. Bildung Baden-Württemberg), 1979, 11–36.

[37] *Huber*, Dokumente 1, Nr. 55; *F. Mögle-Hofacker*, Zur Entwicklung des Parlamentarismus in Württemberg. Der «Parlamentarismus der Krone» unter König Wilhelm I., 1982; *V. Press*, Der württembergische Landtag im Zeitalter des Umbruchs 1770–1830, Zeitschr. f. württ. Landesgesch. 42 (1983), 255ff.; *R. Grawert*, Der württembergische Verfassungsstreit 1815–1819, in: *Chr. Jamme–O. Pöggeler* (Hg.), «O Fürstin der Heimath! Glükliches Stutgard», Politik, Kultur und Gesellschaft im deutschen Südwesten um 1800, 1988, 126ff.; grundlegend nunmehr *H. Brandt*, Parlamentarismus in Württemberg 1819–1870. Anatomie eines deutschen Landtags, 1987.

[38] *H. Seier* (Hg.), Akten zur Entstehung und Bedeutung des kurhessischen Verfassungsentwurfs von 1815/16 (Veröff. d. Hist. Kommission f. Hessen, 48/1), 1985.

[39] *R. Polley* (Hg.), Die Kurhessische Verfassung von 1831, 1981. Dort ist auch eine anonyme zeitgenössische Erläuterung abgedruckt: Kurzgefaßter Inhalt der Kurhessischen Landesverfassung für den Bürger und Bauer, wie er es leicht verstehen kann, Hanau 1831.

[40] *H. Andres*, Die Einführung des konstitutionellen Systems im Großherzogtum Hessen, Berlin 1908.

[41] *K. Bohley*, Die Entwicklung der Verfassungsfrage in Sachsen-Coburg-Saalfeld von 1800–1821 (= Erlanger Abh. z. mittl. u. neueren Gesch. 13), 1933.

[42] *Goeckel*, Das Staatsrecht des Herzogtums Sachsen-Meiningen, in: Blätter für Rechtspflege in Thüringen und Anhalt, NF 31 (1904), 39.

[43] *F. Lammert*, Verfassungsgeschichte von Schwarzburg-Sondershausen (= Bücherei der Kultur u. Gesch. 10), 1920, 72ff.

[44] *O. Büsing*, Das Staatsrecht der Großherzogtümer Mecklenburg-Schwerin und Mecklenburg-Strelitz, Freiburg 1884 (HdB. d. öff. Rechts d. Gegenwart, III/2); *J. Wiggers*, Das Verfassungsrecht im Großherzogtum Mecklenburg-Schwerin, Berlin 1860.

[45] *K. Hartong*, Beiträge zur Geschichte des oldenburgischen Staatsrechts (Oldenburger Forschungen 10), 1958; *K. Lampe*, Oldenburg und Preussen 1815 bis 1871 (Veröff. d. Hist. Kommission f. Niedersachsen und Bremen 25), 1972;

für die Landgrafschaft Hessen-Homburg. Das Herzogtum Braunschweig erhielt zunächst 1820 eine altständische Landschaftsordnung, die 1829 aufgehoben und 1832 auf eine konstitutionelle Linie geführt wurde. Die kleineren sächsischen und anhaltischen Herzogtümer (Sachsen-Weimar, Sachsen-Meiningen, Sachsen-Altenburg, Sachsen-Coburg, Sachsen-Gotha, Anhalt-Dessau, Anhalt-Köthen, Anhalt-Bernburg), die Fürstentümer Schwarzburg-Rudolstadt, Schwarzburg-Sondershausen, Fürstentum Reuß,[46] die Fürstentümer Waldeck, Schaumburg-Lippe, Lippe,[47] Hohenzollern-Sigmaringen und Hohenzollern-Hechingen sowie das Herzogtum Lauenburg blieben teils ohne wirkliche Verfassung (Großherzogtum Oldenburg, Hessen-Homburg), teils bewahrten sie zunächst ihre altständische Form (Anhalt, Reuß, Mecklenburg, Hohenzollern-Hechingen). Meist gingen sie den typischen Dreischritt von begrenzt repräsentativen Ständeversammlungen der Jahre 1816 bis 1820 zu Verfassungsrevisionen nach der Julirevolution von 1830 und von da zum wesentlichen Einschnitt von 1848/49. In einem vierten Schritt nach 1850 wurden dann die Zugeständnisse wieder teilweise zurückgenommen.[48]

Wichtiger als die Veränderungen in den Kleinstaaten war freilich die Verfassungslage in Preußen und Österreich. Beide Staaten waren sich während des Vormärz einig in der politischen Notwendigkeit, ein Gegengewicht gegen Nationalismus und Liberalismus bilden zu müssen, die konstitutionelle Bewegung insgesamt einzudämmen und im eigenen Land zu unterdrücken. Dies ist ihnen jahrzehntelang auch gelungen. Beide haben sich erst unter dem Druck der Revolution von 1848 zum Oktroi von Verfassungen entschlossen, Verfassungen im übrigen, die nur die notwendigsten Zugeständnisse an Einschränkungen des monarchischen Prinzips machten.

Nach der innenpolitischen Kräfteverschiebung, wie sie in Preußen 1819 bis 1822 stattfand, blieben die Verfassungsversprechen von 1810, 1811 und 1815 unerfüllt, die antikonstitutionellen Kräfte spielten auf Zeit. Mehr als «Provinzialstände» mit äußerst beschränkten Kompetenzen wollte man nun nicht mehr zugestehen. Dabei blieb es bis 1848, nachdem auch der halbherzige Versuch mit dem «Vereinigten Landtag» von 1847[49] gescheitert war. Aus den Wirren der Revolution ging dann die provisorisch in Kraft gesetzte Verfassung vom 5. Dezember 1848 und aus dieser die revidierte (oktroyierte) Verfassung vom 31. Januar 1850 hervor.[50]

Österreich blieb im Vormärz absolute Monarchie. Gewisse Beschränkungen der monarchischen Rechte in Ungarn und Siebenbürgen sowie die landständischen Teilverfassungen in Tirol (1816) und Krain (1818) änderten daran nichts. In anderen Landesteilen blieb es sogar bei der Zusage (Vorarlberg 1816, Salzburg 1826). Erst mit dem Ausbruch der Revolution in Wien am 13. 3. 1848 und dem Sturz Metternichs kam es zu einem für die gesamte Monarchie geltenden Verfassungsversprechen und einer durch Oktroi eingesetzten Verfassung vom 25. 4. 1848 (Pillersdorffsche Verfassung), nach erneuten Unruhen zum Versuch einer echt konstitutionellen Lösung, nach dessen Scheitern Österreich zu einer neoabsolutistischen Regierungsweise überging.[51]

W. Schücking, Das Staatsrecht des Großherzogtums Oldenburg (in: Das öff. Recht der Gegenwart 14), 1911; *M. Wegmann-Fetsch*, Die Revolution von 1848 im Großherzogtum Oldenburg (Oldenburger Studien 10), 1974.

[46] Reuß ä. L. kam allerdings erst 1867 zu einer Verfassung.

[47] Zum Scheitern der lippeschen Verfassung von 1819 *Engelbert* (Anm. 30), 110ff.

[48] *Engelbert* (Anm. 30), 117ff.

[49] *Ch. Keller*, Vereinigter Landtag, HRG V (1992).

[50] *Huber* III, 2. Aufl. (1970), 35ff., 51ff.

[51] *A. Luschin v. Ebengreuth*, Österreichische

II. Literatur zum Landesstaatsrecht vor 1848

Die alle diese Vorgänge im Deutschen Bund begleitende öffentlichrechtliche Literatur ist außerordentlich umfangreich.[52] Sie reicht von der grundsätzlichen Erörterung konstitutioneller Fragen bis zu den verwaltungsrechtlichen Details von Kleinstaaten. Sie umfaßt Lehrwerke, Monographien und Kommentare ebenso wie Gutachten und Flugschriften. Schon ihre nur bibliographische Erfassung würde den hier gezogenen Rahmen überschreiten.[53]

Es gibt allerdings Schwerpunktbildungen, die mit der konstitutionellen Bewegung zusammenhängen: Bayern und Württemberg ragen heraus, mit etwas Abstand folgt Baden. In den dreißiger Jahren bildet sich die entsprechende Literatur in Sachsen, Hannover und in den kleineren Staaten. Preußen bleibt vor 1848 in dieser Beziehung weit zurück, und den Schluß bildet Österreich.

1. *Württemberg*

Die öffentlichrechtliche Literatur Württembergs steht hier aus zwei Gründen am Beginn der Darstellung. Zum einen kam es in Württemberg zu einem allmählichen, trotz aller Auseinandersetzungen fast «organischen» Übergang von der ständischen in eine konstitutionelle Verfassung, zum anderen wurde die erste Gesamtdarstellung[54] seines Verfassungs- und Verwaltungsrechts durch Robert von Mohl als bahnbrechend und stilbildend anerkannt.

Nachdem sich die württembergischen Stände gegen die absolutistischen Ambitionen Herzogs Karl Eugen (1737–1793) behauptet hatten, schaffte sein Neffe Friedrich II. (1797–1816), inzwischen König geworden,[55] durch Staatsstreich die alte Ständeverfassung ab und schuf ein einheitliches Staatsgebiet, das durch Reformen im spätabsolutistischen Geist homogenisiert und modernisiert werden sollte.[56] Der Versuch, den da-

Reichsgeschichte, Geschichte der Staatsbildung, der Rechtsquellen und des öffentlichen Rechts. Ein Lehrbuch, I–II, 1895, 1896; *G. W. Sante* (Hg.), Geschichte der deutschen Länder, II: Die deutschen Länder vom Wiener Kongress bis zur Gegenwart, 1971; *W. Brauneder*, Österreich, HRG III (1984), 1334–1359 m. w. Nachw.

[52] Übersichten bei *W. Engelmann*, Bibliotheca juridica, Leipzig 1840 (alphabethisch); *O. A. Walther*, Hand-Lexicon der juristischen Literatur des neunzehnten Jahrhunderts, Weimar 1854 (dort gegliedert nach Themen, insbes. «Staats-Recht», und Ländern); die wichtigste zeitgenössische Analyse bei *Mohl*, II, 333ff.; nur knappe Angaben bei *G. Meyer*, Lehrbuch des deutschen Staatsrechts, 4. Aufl., Leipzig 1895, §§ 56–57). Der Artikel von *Welcker*, Deutsches Landes-Staatsrecht, in: Staats-Lexicon 3 (1846) 769–806 akzentuiert vor allem die Notwendigkeit eines gemeinsamen Grundbestands von Freiheitsrechten und politischer Mitbestimmung in allen deutschen Verfassungen.

[53] Guter Zugang zur Literatur auch über *J. Stollberg*, Verzeichnis der Bibliothek der Deutschen Bundesversammlung (1816–1866) im Bestand der Stadt- und Universitätsbibliothek Frankfurt a. M., 1985.

[54] Als Vorgänger gelten *J. G. Breyer*, Elementa juris publici Wirtembergensi ad ducum privati, 2. Aufl. Tübingen 1787; *G. Roller*, Versuch eines Grundrisses des württembergischen Polizeirechts, I, II, Tübingen 1800; *ders.* Das württembergische Polizei-Recht, Stuttgart 1833, 2. Aufl. 1841.

[55] *E. Hölzle*, Württemberg im Zeitalter Napoleons und der deutschen Erhebung, 1937; *ders.* König Friedrich von Württemberg, in: Württ. Vjh. f. Landesgeschichte NF Bd. 36 (1930), 269ff.

[56] *W. v. Hippel*, Die Bauernbefreiung im Kö-

durch entstandenen inneren Schwierigkeiten durch den Oktroi eines dualistischen Verfassungsmodells zu entgehen, scheiterte sowohl 1815 als auch 1817 an der Opposition der altständischen Kräfte.[57] Erst 1819 kam es unter König WILHELM I. zu einem Kompromiß und damit zu der ersten vereinbarten Repräsentativverfassung,[58] selbstverständlich mit Zensuswahlrecht. Auf ihrer Grundlage entfaltete sich bis zu den einschneidenden Ereignissen des Jahres 1848 ein zwar nicht spannungsfreies,[59] aber doch relativ geordnetes parlamentarisches Leben. Während des Vormärz gab es im wesentlichen eine konservative Mehrheit, die erst 1848 von einem gemäßigten Liberalismus abgelöst wurde.[60] Eine radikaldemokratische Richtung wurde von der Mehrheit einvernehmlich unterdrückt.[61]

Das beherrschende Werk des württembergischen Staats- und Verwaltungsrechts vor 1848 ist zweifellos das von MOHL.[62] Entstanden aus den ersten Tübinger Vorlesungen des ehrgeizigen jungen Dozenten vom Sommersemester 1824 an,[63] lag es schon 1829 vor. In seinen Lebenserinnerungen hat MOHL berichtet, seine Absicht sei «eine Darstellung des in Württemberg bestehenden positiven Rechtes, allerdings mit Entwicklung der Folgerungen aus feststehenden Grundsätzen, mit Entscheidung von zweifelhaften Fragen, mit Hinweisung auf Lücken und fehlerhafte Bestimmungen, endlich mit beständiger Berücksichtigung der Prinzipien des modernen Rechtsstaates als der Grundlage auch der württembergischen Zustände«.[64]

Diese Aufgabe hat er zweifellos glanzvoll gelöst, wie alle Zeitgenossen bestätigten.[65] Methodisch schimmert das Vorbild KLÜBERS durch und somit auch die ältere Tradition umfassender, auf Fakten und geltendes Recht beschränkter Darstellungen: Quellen und Hilfsmittel werden vorweg dargestellt, dann das Land selbst in allen staatsrechtlich relevanten Beziehungen; weiter die Stellung des Königs, seine Rechte nach innen und außen, als Staatsoberhaupt, Familienoberhaupt und Privatmann; dann die Staatsbürger mit ihren Menschen- und Bürgerrechten, Privilegierungen und Benachteiligungen, etwa der Juden.

nigreich Württemberg, 2 Bde 1977; *M. Hettling*, Reform ohne Revolution. Bürgertum, Bürokratie und kommunale Selbstverwaltung in Württemberg von 1800 bis 1850, 1990; zum Staatshaushalt *E. Müller*, Theorie und Praxis des Staatshaushaltsplans im 19. Jahrhundert. Am Beispiel von Preußen, Bayern, Sachsen und Württemberg, 1990.

57 Außer den modernen Darstellungen (Anm. 37) immer noch besonders lesenswert der kurze Bericht von *R. Mohl*, Staatsrecht des Königreichs Württemberg, 2. Aufl. Tübingen 1840, Bd. I, 30–46.

58 *Huber* I (1957), 329–334. Aus der Literatur des 19. Jahrhunderts seien lediglich erwähnt *F. L. v. Gmelin*, Die Wirksamkeit der würtembergischen Verfassung vom 25. September 1819 in ihrer 25jährigen Dauer, Stuttgart 1844; *R. v. Mohl*, Die Geschichte der württembergischen Verfassung von 1819, in: ZgStW 6 (1850) 44–150; *C. V. Fricker* (Hg.), Die Verfassungsurkunde für das Königreich Württemberg vom 25. September 1819 mit dem offiziellen Auslegungs-Material, Tübingen 1865.

59 Vgl. etwa *an. (= Georg Friedrich Fischer)*, Die landständischen Verirrungen in Württemberg. Ein Beitrag zur Charakteristik der Zeit, Stuttgart 1835, der sich im wesentlichen mit den Vorgängen auf den Landtagen von 1833 auseinandersetzt.

60 Hierzu nunmehr die herausragende Darstellung von *Brandt* (Anm. 37), deren Vorzüge u. a. von *B. Mann*, ZNR 1989, 223–226 betont worden sind.

61 *Huber* II, 508f. Instruktiv *H. Scherer*, Würtemberg, in: *Rotteck-Welcker*, Staatslexikon, 2. Aufl., Bd. 12 (1848), 812ff. (820ff.)

62 *R. v. Mohl*, Staatsrecht des Königreichs Württemberg, 2 Bde, Tübingen 1829; 2. Aufl. Tübingen 1840.

63 *R. v. Mohl*, Grundriß zu Vorlesungen über württembergisches Staatsrecht, Tübingen 1824.

64 *Mohl*, Lebenserinnerungen I, 262.

65 *A. L. Reyscher*, Zusätze und Berichtigungen

Hauptaufgabe der anschließend behandelten Ständeversammlung ist nach MOHLS Ansicht die «Vertheidigung der Volksrechte» gegen den Mißbrauch der dem Monarchen ungeteilt zustehenden Staatsgewalt.[66] Sie dürfen «Wünsche, Vorstellungen und Beschwerden» vortragen, bei Verfassungswidrigkeiten klagen sowie vom Steuerbewilligungsrecht Gebrauch machen. Es handelt sich also nicht um ein Legislativorgan, sondern um die – wie MOHL ausdrücklich hervorhebt – mittelständisch geprägte Volksrepräsentation, die im Sinne der alten Landstände neben den hergebrachten Rechten nun auch die klassischen Bürgerrechte gegen die Staatsgewalt zu sichern hatte. Das ist MOHLS frühe, offenbar auch vom Tübinger Umfeld beeinflußte Position, vorsichtig gegenüber dem unangetasteten monarchischen Prinzip und gedeckt vom geltenden Recht der Verfassungsurkunde. Was ihm vorschwebt, ist die durch Volksvertretung eingeschränkte, in die Form eines «Rechtsstaates» gebrachte Monarchie. Der erste Band wird abgeschlossen durch ein Kapitel über den ganz modern konzipierten Staatsgerichtshof[67] sowie – fast wie ein verlegener, der württembergischen Souveränität abträglicher Annex – über die Garantie der Verfassung durch den Deutschen Bund.

Besonders wichtig für die gesamte weitere Entwicklung war das zweite, schlicht mit «Verwaltungs-Recht» überschriebene Buch. Verwaltungsrecht war für MOHL konkretisiertes, in den Alltag übersetztes Verfassungsrecht, und zwar sowohl dem Geist als auch der Form nach: «Das Ziel dieser Verwaltung muß nothwendig seyn, die Zwecke eines Rechtsstaates in seiner Form als Einherrschaft mit Volksvertretung, so wie sie die Verfassungs-Urkunde und die zu ihrer Ausbildung dienenden Gesetze bestimmen, möglichst vollständig zu erreichen.»[68] Verfassungsabhängiges, rechtsstaatliches Verwaltungsrecht – das war das Programm. Es bezog sich zunächst auf die institutionelle Seite,[69] deren Grundriß schon in der Verfassung lag, also auf die Gliederung in Ministerien, Kabinett, Geheimrat und Staatschuldenkasse, dann die Einteilung des Landes in Kreise, Bezirke und Gemeinden sowie das Beamtentum, das MOHL geschickt im Verwaltungsaufbau unterbrachte.

Das Verwaltungsrecht selbst wurde dann nach dem üblichen, auch in den Kompendien der «Policey» bewährten «Ressortprinzip» dargeboten,[70] so die «Verwaltung der Rechtspflege» (Justizverwaltung), die gefahrenabwehrende «Rechts-Polizei» und die wohlfahrtlich tätige «Hülfs-Polizei»,[71] das Kriegswesen, die auswärtigen Angelegen-

zu Mohls Staatsrecht, in: *ders.* Publicistische Beiträge, Stuttgart 1832, 250–549.

[66] *Mohl*, Staatsrecht (Anm. 62), 2. Aufl. Bd. 1 (1840), § 97.

[67] *C. F. Scheurlen*, Der Staatsgerichtshof im Königreich Württemberg, mit Hinweis auf die analogen Einrichtungen in anderen teutschen Bundesstaaten, Tübingen 1835, der Lücken durch Analogien aus dem Strafrecht schließen will.

[68] *Mohl*, Staatsrecht (Anm. 62), 2. Aufl. 2. Bd., 1840, § 142.

[69] Eine umfangreiche und detailliert vergleichende Studie des Behördenaufbaus in allen Staaten des Deutschen Bundes sowie in den europäischen Staaten lieferte der württembergische Beamte *Carl August Frhr. v. Malchus*, Der Organismus der Behörden für die Staatsverwaltung, 2 Bde, Heidelberg 1821, in erweiterter Form als: Politik der inneren Staatsverwaltung oder Darstellung des Organismus der Behörden für dieselbe, mit Andeutungen von Formen für die Behandlung und für die Einkleidung der Geschäfte, vorzüglich jener in dem Gebiete der inneren Staatsverwaltung, Teil 1–3, Heidelberg 1823.

[70] Das Gesetzesmaterial bei *A. L. Reyscher* (Hg.), Vollständige historisch und kritisch bearbeitete Sammlung der württembergischen Gesetze, 19 Teile, Stuttgart–Tübingen 1828–1851.

[71] Sie gliederte sich in Bevölkerungs-, Medicinalpolizei, Abwehr von Zufallsgefahren (Baufälligkeiten, Absturzgefahren, Glatteis, Pferdefuhrwerke, Rettung Verunglückter), Armenpolizei, Theuerungs-Polizei (!) i. S. von Währungspolitik,

heiten sowie die ausführlich dargestellte Finanzverwaltung. Alle diese Gebiete erfaßt Mohl knapp und klar, gibt die nötigen Hinweise auf Rechtsgrundlagen und Literatur, und es gelingt ihm, praktisches Judiz mit dem steten Blick auf den Rechts- und Verfassungsstaat zu verbinden. So entstand die erste bedeutende «wissenschaftliche Bearbeitung eines positiven konstitutionellen Staatsrechtes«,[72] und zwar in seiner Doppelgestalt als sich einander durchdringendes und gegenseitig stützendes Staats- und Verwaltungsrecht aus einem einheitlichen «altliberalen» Geist.[73] Mit Grund wurde es das «Musterbuch» der Landesstaatsrechte des Vormärz.

Die Entwicklung des württembergischen öffentlichen Rechts im Vormärz ist nicht denkbar ohne enge Wechselwirkung mit der Landesuniversität Tübingen, an der weitaus die meisten der im Lande maßgebenden Juristen studiert hatten. Nachdem insbesondere die juristische Fakultät im 18. Jahrhundert in den Händen weniger Familien heruntergekommen war, wurde sie unter den Königen Friedrich und Wilhelm reformiert und verstaatlicht.[74] Auch wenn ab 1825 die Regierung durch Unterdrückungsmaßnahmen bedeutende Geister vertrieb, so schadete dies der Pflege des öffentlichen Rechts nicht direkt. Seit 1817 verfügte die Universität über eine staatswirtschaftliche Fakultät, an der ab 1827 Robert Mohl wirkte.[75] 1837 habilitierte sich Karl Heinrich L. Hoffmann (1807–1881) für württembergisches Verwaltungsrecht, wurde dort 1838 a. o. Professor in der staatswirtschaftlichen Fakultät und 1842 Ordinarius für dieses Fach.[76] 1844 erschien der erste Band der bedeutenden sog. Tübinger Zeitschrift, der «Zeitschrift für die gesamten Staatswissenschaften«, die ihr Programm im Titel trug. Insofern waren die Rahmenbedingungen für öffentliches Recht ungewöhnlich günstig.

2. Bayern

Früher als andere deutsche Territorien hat Bayern seine politische und staatliche Identität entwickelt. Es erlebte die Epoche zwischen der französischen Revolution und dem Deutschen Bund als im Kernbereich längst gefestigter Staat. Die Integration der durch Anlehnung an Napoleon neu erworbenen und auf dem Wiener Kongreß behaupteten Landesteile vollzog sich auf einer spätabsolutistischen Grundlinie dank konsequenter Verwaltungs- und Gesellschaftsreformen[77] und einer früh gewährten Verfassung rela-

Schul- und Kirchenwesen, Wirtschaftspolizei, Versicherungen.

[72] *Mohl,* Erinnerungen, I, 262.

[73] Verwaltungsrecht als eigenständige Vorlesung hat *Mohl,* wie er sagt, versuchsweise gehalten und wieder aufgegeben (Erinnerungen I, 147).

[74] Zur Universitätsgeschichte vor allem die von *H. Decker-Hauff u. a.* herausgegebene Reihe «Contubernium. Beiträge zur Geschichte der Eberhard-Karls-Universität Tübingen, 1971 ff.

[75] Über den Zustand dieser Fakultät mit groben Urteilen über die Kollegen *Mohl,* Lebenserinnerungen I, 165 ff.

[76] *K. H. L. Hoffmann,* Ueber den Begriff, den Inhalt und die Bedeutung des Staatsverwaltungsrechts in dessen engerem Sinne, ZgStW 1 (1844) 190–219; *ders.* Das gesammte württembergische Polizeirecht, 1. Bd., 1. Abth. Tübingen 1846; *ders.* Das württembergische Finanzrecht, oder Die Finanz-Gesetzgebung und Verwaltung des Württembergischen Staates in ihrem gegenwärtigen rechtlichen Bestande, nach den Quellen dargestellt, 1. Bd., Tübingen 1857. Zu *Hoffmann* vgl. *L. Jolley,* in ADB 50 (1905), 416 f.; *K. E. Born,* Geschichte der Wirtschaftswissenschaften an der Universität Tübingen, 1967, 162; *Dennewitz,* 8; *H. J. Feist,* Die Entstehung des Verwaltungsrechts als Rechtsdisziplin, 1968, 111; *M. Ehrhardt,* Zur Genealogie des Lehrstuhls Oppermann, in: *Birk* u. a. (Hg.), Kulturverwaltungsrecht im Wandel, 1981, 195–206.

[77] *W. Volkert,* Bayern, in: DVG II, 1983, 503 ff. m. umfass. Nachw.; zum Bodenrecht mit seinen

tiv problemlos.[78] Der Staatsdienst wurde in zukunftsweisender Richtung öffentlichrechtlich ausgestaltet,[79] ein modernes Strafrecht[80] und Hypothekenrecht[81] kamen zustande. Modernisierung und Konstitutionalisierung waren hier aus Gründen des Staatskredits miteinander verbunden,[82] gleichzeitig war die Gewährung einer Verfassung 1808 und 1818 aber auch durch außenpolitische Rücksichten auf NAPOLEON bzw. den Deutschen Bund motiviert.[83] Es gibt insofern eine fortlaufende landesrechtliche Tradition. Die landesstaatsrechtliche Literatur des 18. Jahrhunderts[84] war deshalb mit gewissen Modifikationen durchaus weiter verwendbar, und so konnte RUDOLF SMEND mit Recht sagen: «Die Linie, die von Gönner über Pözl zu Max v. Seydel führt, bedeutet, Behr und Held eingeschlossen, eine wesentliche Komponente im Aufbau des bayerischen Staats und Staatsbewußtseins.»[85]

Nachdem die Turbulenzen der Jahre 1806 bis 1818 überwunden waren, eine Verfassung geschaffen und die erste Ständeversammlung einberufen worden war,[86] kam

vielfältigen verfassungsrechtlichen Implikationen vgl. *M. Stolleis*, Die bayerische Gesetzgebung zur Herstellung eines frei verfügbaren Grundeigentums, in: *H. Coing–W. Wilhelm* (Hg.), Wissenschaft und Kodifikation des Privatrechts im 19. Jahrhundert, Bd. 3, 1976, 44–117; zur Rechts- und Justizverfassung *H.-J. Becker*, Die bayerische Rheinpfalz und das rheinische Recht, in: *E. Wadle* (Hg.), Philipp Jakob Siebenpfeiffer und seine Zeit im Blickfeld der Rechtsgeschichte, 1991, 19–31.

[78] Maßgeblicher Politiker ist bekanntlich *Maximilian Joseph Graf von Montgelas*. Zu ihm in aller Kürze *E. Weis*, in: *K. G. A. Jeserich–H. Neuhaus* (Hg.), Persönlichkeiten der Verwaltung, 1991, 70–74 m. w. Nachw.

[79] *N. Th. v. Gönner*, Der Staatsdienst aus dem Gesichtspunkt des Rechts und der Nationalökonomie betrachtet, Landshut 1808. Grundlegend hierzu *B. Wunder*, Privilegierung und Disziplinierung. Die Entstehung des Berufsbeamtentums in Bayern und Württemberg (1780–1825), 1978.

[80] Strafgesetzbuch für das Königreich Bayern, Teil 1, 2, München 1813. Zu *P. J. A. Feuerbach* vgl. *K. Lüderssen*, Feuerbach, HRG I (1971), Sp. 1118–1124; *W. Naucke*, Paul Johann Anselm von Feuerbach, ZgStrW 87 (1975), 861–887 m. umfass. Nachw.

[81] *M. Stolleis*, Das bayerische Hypothekengesetz von 1822, in: *Coing-Wilhelm* (Anm. 77), 240–272.

[82] *H. P. Ullmann*, Staatsschulden und Reformpolitik. Die Entstehung moderner öffentlicher Schulden in Bayern und Baden 1780–1820, 2 Bde, 1986; *ders.* Überlegungen zur Entstehung des öffentlichen, verfassungsmäßigen Kredits in den Rheinbundstaaten (Bayern, Württemberg und Baden), in: *H. Berding* (Hg.), Napoleonische Herrschaft und Modernisierung, 1980, 500–522; *ders.* Staatsfinanzen und Privatschuldenwesen, in: *H. Berding* (Hg.), Privatkapital, Staatsfinanzen und Reformpolitik im Deutschland der napoleonischen Zeit, 1981, 27–36; *Müller* (Anm. 56), m. w. Nachw.

[83] Siehe oben Anm. 36 sowie *H. H. Hofmann*, Adlige Herrschaft und souveräner Staat. Studien über Staat und Gesellschaft in Franken und Bayern im 18. und 19. Jahrhundert, 1962; *W. Quint*, Souveränitätsbegriff und Souveränitätspolitik in Bayern, 1971; *E. Weis*, Montgelas 1759–1799. Zwischen Revolution und Reform, 1971; *W. Demel*, Der bayerische Staatsabsolutismus 1806/08 bis 1817. Staats- und gesellschaftspolitische Motivationen und Hintergründe der Reformära in der ersten Phase des Königreichs Bayern, 1983.

[84] *J. J. Moser*, Einführung in das kurfürstlich Baiersche Staatsrecht, Frankfurt (und Leipzig) 1754; *ders.* Einleitung in das kurfürstlich Pfälzische Staatsrecht, Frankfurt (und Mannheim) 1762; *J. S. Pütter*, Historisch-politisches Handbuch von den besonderen Teutschen Staaten, 1. Theil, von Oesterreich, Bayern und Pfalz, Göttingen 1758; *W. X. A. Frhr. v. Kreittmayr*, Grundriß des Allgemeinen, Deutsch- und Bayerischen Staatsrechts, 3 Theile Frankfurt und Leipzig 1769; 2. Aufl. 1770; 3. Aufl. 1778; *J. H. Bachmann*, Pfalz-Zweibrückisches Staats-Recht, Tübingen 1784; *Johann Georg Fessmaier*, Grundriß des baierischen Staatsrechts zum Gebrauche akademischer Vorlesungen, Ingolstadt 1801.

[85] *R. Smend*, Staatsrechtliche Abhandlungen, 2. Aufl. 1968, 333; ebenso *H. Schützenberger*, Die Staatsauffassung in der bayerischen Staatsrechtsliteratur von Kreittmayr bis Moy (1769–1848), 1927.

[86] *J. Chr. Frhr. v. Aretin*, Abhandlungen über wichtige Gegenstände der Staatsverfassung und Staatsverwaltung mit besonderer Rücksicht auf

nicht nur das «konstitutionelle Leben» in Gang,[87] sondern es eröffnete sich auch die Chance für erste Gesamtdarstellungen des neuen konstitutionellen Verfassungszustands. Gewiß waren die ersten Lehrbücher aus dem Vorlesungsbetrieb entstanden und noch unausgereift[88] oder lehnten sich engstens an das positive Recht an,[89] aber es wird doch schnell deutlich, welche formende Wirkung von der Verfassung ausging, vor allem bei Cucumus.[90]

Konstitutionelle Staatsrechtslehre bedeutete nun auch, daß klarer als zuvor zwischen Verfassungsrecht und Verwaltungsrecht unterschieden werden konnte. Das Verfassungsrecht hatte sich in den parlamentarischen Auseinandersetzungen zu bewähren, so im Streit um die Verfassungswidrigkeit einer Verschärfung der Zensur (1831),[91] um die Verweigerung des Urlaubs für beamtete liberale Abgeordnete[92] und um den Wunsch der Liberalen, das Heer möge auf die Verfassung vereidigt werden.[93] Je mehr man lernte, mit dem Verfassungstext zu argumentieren, desto klarer wurde auch die Separierung des Verwaltungsrechts, das langsam als eigenständiger Normkomplex sichtbar wurde.

Bayerische Lehrbücher trennten deshalb, Robert von Mohl folgend, Staats- und Verwaltungsrecht, so der konservative Verfechter des konstitutionell begrenzten monarchischen Prinzips und der Rechte der Kirche, Karl Kraft Ernst Frhr. von Moy de Sons (1799–1867),[94] in seinem großen «Staatsrecht des Königreichs Bayern».[95] Moy ist von seinem unmittelbaren Nachfolger Josef Pözl heftig kritisiert worden,[96] und diese Kritik ist Teil jenes größeren Vorgangs der Durchsetzung des rechtswissen-

Baiern, München 1816; *ders. (Bojophilus Timonomus)*, Gespräche über die Verfassungsurkunde des Königreichs Baiern, München 1818; *S. Brendel*, Die Geschichte, das Wesen und der Werth der Nationalrepräsentation, 2 Bde, Bamberg 1816; *I. v. Rudhart*, Uebersicht der vorzüglichsten Bestimmungen verschiedener Staats-Verfassungen über Volks-Vertretung, Würzburg 1818; *J. Schmelzing*, Einige Betrachtungen über den Begriff und die Wirksamkeit der Landstände, nach den Prinzipien des allgemeinen und natürlichen Staatsrechts, Rudolstadt 1818.

[87] *I. v. Rudhart*, Ueber den Zustand des Königreichs Baiern nach amtlichen Quellen, Bd. 1, Stuttgart-Tübingen 1825, Bde 2 und 3, Erlangen 1827.

[88] *J. Schmelzing*, Staatsrecht des Königreichs Baiern, Bd. 1 Staats-Verfassungs-Recht, Leipzig 1820, Bd. 2 Staatsverwaltungs-Recht, Leipzig 1821; *Fr. Chr. K. Schunck*, Staatsrecht des Königreichs Baiern, Bd. 1, Erlangen 1824; *K. (v.) Cucumus*, Lehrbuch des Staatsrechts der constitutionellen Monarchie Baierns, Würzburg 1825.

[89] *L. v. Dresch*, Grundzüge des bayerischen Staatsrechtes, zum Gebrauch bei seinen Vorlesungen entworfen, Ulm 1823 (2. Aufl. 1835).

[90] *K. Cucumus*, Über das Verbrechen des Betrugs als Beitrag für Criminalgesetzgebung, Würzburg 1814 (und 1820); *ders.* Von dem Unterschiede zwischen Fälschung und Betrug, Neues Archiv für Criminalrecht 10 (1828), 513–535, 681–699. Zu *Konrad Cucumus* (1792–1861) vgl. *E. Ullmann*, ADB 4 (1876), 637f.; *Mohl* II, 360; *R. Piloty*, Ein Jahrhundert bayerischer Staatsrechts-Literatur. Historisch-kritischer Beitrag zu einer Geschichte der Staatsrechts-Literatur, in: Staatsrechtliche Abhandlungen, Festgabe f. Paul Laband, 1. Bd., 1908, 204–282 (242f.).

[91] Zuvor schon *I. v. Rudhart*, Ueber die Censur der Zeitungen im Allgemeinen und besonders nach dem bairischen Staatsrechte, Erlangen 1826.

[92] Siehe dazu *C. Welcker*, Urlaub, in: *Rotteck-Welcker*, Staats-Lexikon, 2. Aufl. Bd. 12 (1848), 673–689, insbesondere zu Baden, aber auch zur «Beurlaubung» katholischer Geistlicher in Bayern (687).

[93] *Huber* II (1960), 32–36.

[94] Zu Werk und Biographie *Landsberg* III/2, Noten 255, 288; *v. Schulte*, ADB 22 (1885), 420f.; eingehend *Piloty* (Anm. 90), 248–254.

[95] *Ernst v. Moy*, Das Staatsrecht des Königreichs Bayern, I. Teil, 1. Abt., Regensburg 1840, 2. Abt. 1841, II. Teil, 1. Abt. 1843, 2. Abt. 1846; *Piloty* (Anm. 90), 248f. Der zweite Teil enthält das Verwaltungsrecht.

[96] *J. Pözl*, in: *A. L. Richters* und *R. Schneiders* «Kritische Jahrbücher für deutsche Rechtswissenschaft, Bd. 21 (1847) 47ff. und Bd. 22 (1848), 50ff. Kritisch auch *Mohl* II, 361.

schaftlichen Positivismus. Auch die zutreffende Kritik, er sei monarchischer als die Verfassung von 1818, adelsfreundlich, «idealistisch» und ultramontan gewesen, ändert nichts daran, daß sein Lehrbuch die erste wirklich umfassende Darstellung des bayerischen Staats- und Verwaltungsrechts bietet.

Ähnlich im Grundriß, aber konzentriert auf das juristische Element setzte sich das durch MOHL gegebene Muster nach 1847 bei dem Nachfolger MOYS auf dem Münchner Lehrstuhl, JOSEF (v.) PÖZL[97] fort. Seine Lehrbücher des bayerischen Staats- und Verwaltungsrechts haben die Praxis zwischen 1850 und 1870 wesentlich beeinflußt. Von ihnen soll später die Rede sein.

Prägender und für das literarische Gesamtbild typischer als die genannten Lehrbücher, die sich ihre Stellung an der Universität erst erkämpfen mußten, war die Masse der Bücher, die der unmittelbaren Unterrichtung der Praxis dienen sollten,[98] so etwa für die linksrheinische Pfalz das siebenbändige Werk des durch das «Hambacher Fest» (1832) berühmt gewordenen Radikalen PHILIPP JAKOB SIEBENPFEIFFER.[99] Freilich waren die meisten Werke bieder und entsprechend dem steigenden Konservativismus der Regierung Königs LUDWIGS I., speziell seit 1832, politisch zurückhaltend, aber sie verankerten doch auch durch die einfache Aufarbeitung und Publizierung des «geltenden Rechts» den Gedanken und die Praxis rechtsstaatlicher Verwaltung.

Wie in Württemberg entwickelte sich auch in Bayern eine enge Wechselbeziehung zwischen der öffentlichrechtlichen Praxis und der alten Landesuniversität, die ihren Weg von Ingolstadt nach Landshut (1800) und von da nach München (1826) genommen hatte, außerdem zu den neuerworbenen Universitäten Würzburg (1802/14) und Erlangen (1810).[100] Überall setzte sich nach Inkrafttreten der Verfassung von 1818 und dem Beginn des parlamentarischen Lebens 1819 das bayerische Staatsrecht und seit den fünfziger Jahren das Verwaltungsrecht als Vorlesungsgegenstand durch. Die genannten Lehrbücher Würzburger und Münchner Hochschullehrer (SCHMELZING, SCHUNCK, DRESCH, CUCUMUS, MOY) bezeugen die Intensität und Breite dieses Neubeginns.

3. Baden

Die seit 1771 wieder vereinigten Markgrafschaften Baden-Durlach und Baden-Baden waren durch den Rastatter Kongreß, den Reichsdeputationshauptschluß und den Frieden von Preßburg, durch die Zugehörigkeit zum Rheinbund und durch Erwerbungen nach 1806 zu einem respektablen Mittelstaat, wenn auch unglücklicher Geographie angewachsen. Dieser Staat, der sich von 165000 auf 900000 Untertanen vergrößert hatte, war «eine durch und durch revolutionäre Schöpfung»[101] von NAPOLEONS Gnaden,[102] wurde aber vom Musterbild eines aufgeklärten Fürsten, KARL-FRIEDRICH VON BADEN-

[97] Siehe unten Kap. 7, Anm. 28ff.

[98] Liste bei *Mohl* II, 362.

[99] *Ph. J. Siebenpfeiffer*, Handbuch der Verfassung, Gerichtsordnung und gesammten Verwaltung Rheinbayerns, 5 Bde, Speyer 1831–33; fortgesetzt von *Luttringshausen*, 2 Bde, Speyer 1846. Vgl. nunmehr *Wadle* (Anm. 77).

[100] *G. Köbler*, Erlanger juristische Vorlesungen des 18. und 19. Jahrhunderts, in: Jahrbuch für fränkische Landesforschung 27 (1967), 241–251.

[101] *L. Gall*, Gründung und politische Entwicklung des Großherzogtums bis 1848, in: Badische Geschichte. Vom Großherzogtum bis zur Gegenwart, 1979, 12.

[102] *M. Wierichs*, Napoleon und das «Dritte Deutschland» 1805/1806. Die Entstehung der Großherzogtümer Baden, Berg und Hessen, 1978. Alle neuere Literatur bis 1983 bei *H. Ott*, Baden, in: DVG II (1983), 583f.

DURLACH, regiert.[103] 1809 erhielt das Land eine völlig neue Verwaltungsorganisation,[104] ebenfalls 1809 ein einheitliches Zivilgesetzbuch in engster Anlehnung an den Code civil von 1804[105] und 1818, auch zur Abwehr zentrifugaler Tendenzen der noch immer mangelhaft integrierten Landesteile sowie zur finanziellen Sanierung, eine liberale Repräsentativverfassung.[106] Diese wurde von den Zeitgenossen entsprechend gerühmt und hat wesentlich zur Bildung eines «badischen» Staatsbewußtseins beigetragen. Sie wahrte das monarchische Prinzip im Sinne des Deutschen Bundes, etablierte ein Zweikammersystem, wobei die zweite Kammer nur das Recht der Steuerbewilligung und der Genehmigung der Gesetzesvorlagen, aber (vor 1868/96) kein Initiativrecht und kein Recht der Ministeranklage hatte. Dennoch wurde sie das große Forum des süddeutschen Liberalismus, beherrscht vom oppositionellen bildungsbürgerlichen Beamtentum.[107]

Die innenpolitischen Auseinandersetzungen und Schwankungen, die widersprüchlichen Tendenzen zwischen bürokratischer Reform «von oben» und Emanzipation der Gesellschaft «von unten», der neuerliche Reformschub nach 1831 und die Radikalisierung ab 1841, bis hin zu den dramatischen Ereignissen von 1848/49[108] können hier nicht dargestellt werden.[109] Aber es ist wichtig festzuhalten, daß Baden im Vormärz zu den fortgeschrittensten und geistig beweglichsten Ländern gehörte, daß seine parla-

[103] *Arth. Kleinschmidt,* Karl Friedrich von Baden zum 150. Geburtstage, Heidelberg 1878; *Helen P. Liebel,* Enlightened bureaucracy versus enlightened Despotism in Baden 1750–1792, Philadelphia 1965; *G. Birtsch,* Der Idealtyp des aufgeklärten Herrschers. Friedrich der Große, Karl Friedrich von Baden und Joseph II. im Vergleich, in: Aufklärung II (1987), 9–47; ergänzend *J. Lauts,* Karoline Luise von Baden: ein Lebensbild aus der Zeit der Aufklärung, 1980.

[104] *W. Andreas,* Geschichte der badischen Verwaltungsorganisation und Verfassung in den Jahren 1802–1818. Hrsgg. v. d. bad. Hist. Kommission, Bd. 1: Der Aufbau des Staates im Zusammenhang der allgemeinen Politik, 1913. Auf die neueste Darstellung von *Ott* (Anm. 102) sei hier generell verwiesen.

[105] *W. Andreas,* Die Einführung des Code Napoléon in Baden, 1910; *E. Fehrenbach,* Traditionelle Gesellschaft und revolutionäres Recht. Die Einführung des Code Napoléon in den Rheinbundstaaten, 2. Aufl. 1973; *W. Schubert,* Französisches Recht in Deutschland zu Beginn des 19. Jahrhunderts, 1977.

[106] Bad. Verfassung vom 22. 8. 1818, Huber Dok. 1, Nr. 54. Zu ihrem Schöpfer, dem bedeutenden Beamten *Karl Friedrich Nebenius* (1784–1857) siehe *W. Roscher,* Geschichte der National-Oekonomik in Deutschland, München und Berlin 1874, 2. Aufl. 1924, 953–963; *Lippert,* HdBStaatsWiss 2. Aufl. Bd. 5 (1900), 966–968; Bad. Biogr. 2 (1875), 99ff.; *v. Weech,* ADB 23 (1886), 351–355.

[107] *Brandt,* 256; *H. P. Becht,* Die Abgeordnetenschaft der badischen zweiten Kammer von 1819 bis 1840. Beiträge zum Abgeordnetenbild, Abgeordnetentypus und Wahlverhalten im deutschen Vormärz, in: ZGORh 128 (1980), 345–401.

[108] *L. Häusser,* Denkwürdigkeiten zur Geschichte der Badischen Revolution, Heidelberg 1851; *F. Schnabel,* Das Land Baden und die Revolution von 1848/49, in: *W. Keil* (Hg.), Deutschland 1848–1948, 1948; *F. X. Vollmer,* Vormärz und Revolution 1848/49 in Baden. Strukturen, Dokumente, Fragestellungen. Modelle zur Landesgeschichte, 1979.

[109] *F. v. Weech,* Badische Geschichte, Karlsruhe 1880, 1890; *Leonh. Müller,* Badische Landtagsgeschichte (1819–1840), 4 Teile, 1900–1902; *R. Carlebach,* Badische Rechtsgeschichte, Teil I, 1906; *Goldschmit* (Anm. 36); *K. S. Bader* (Hg.), Baden im 19. und 20. Jahrhundert, 2 Bde, 1948, 1950; *W. Fischer,* Der Staat und die Anfänge der Industrialisierung in Baden 1800–1850, Bd. 1: Die staatliche Gewerbepolitik, 1962; *ders.* Staat und Gesellschaft Badens im Vormärz, in: *ders.* Wirtschaft und Gesellschaft im Zeitalter der Industrialisierung, 1972; umfassend *L. Gall,* Der Liberalismus als regierende Partei. Das Großherzogtum Baden zwischen Restauration und Reichsgründung, 1968; zuletzt *L. E. Lee,* The Politics of Harmony. Civil service, Liberalism and Social Reform in Baden, 1800–1850, Newark 1980; *R. Wirtz,* «Widersetzlichkeiten, Excesse, Crawalle, Tumulte und Skandale». Soziale Bewegung und gewalthafter sozialer Protest in Baden 1815–1848, 1981.

mentarischen Verhandlungen besonders beachtet wurden und eine Vorreiterrolle für die Revolution von 1848 spielten.

Um so erstaunlicher ist es deshalb auf den ersten Blick, daß das Landesstaatsrecht jener Zeit deutlich hinter Württemberg und Bayern zurückbleibt,[110] zumal es in Heidelberg, aber auch in Freiburg aktive und interessante Juristische Fakultäten gab.[111] «In dieser juristischen Welt (der Heidelberger Universität)», so erinnert sich Mohl an seine Studienzeit, «war dann aber wieder das Römische Recht der Mittelpunkt und der große Pandektensaal zum Überfließen voll.»[112] Klüber und Zachariä lasen zwar über das «Recht des Deutschen Bundes und gemeines deutsches Staatsrecht». Das Landesstaats- und Verwaltungsrecht trat aber dahinter zurück. Immerhin wurde einmal (1823/24) durch Zachariä badisches Verfassungsrecht gelesen. Später kam es als Annex in Zöpfls Vorlesungen über deutsches Staats- und Bundesrecht vor. «Niemals», sagte Georg Jellinek 1903, «ist in Baden Staats- und Verwaltungsrecht Gegenstand der mündlichen juristischen Prüfung gewesen ... Bis auf den heutigen Tag dauert dieser Zustand fort und erstreckt seine Wirkung auf die literarische Tätigkeit der Publizisten an den badischen Universitäten.»[113]

In noch höherem Maß gilt dies für die 1805 von Baden übernommene Universität Freiburg i. Br. Ab 1818 las dort Karl von Rotteck allgemeines Staatsrecht, allgemeines und europäisches Völkerrecht sowie Staatswissenschaften.[114] Sein Nachfolger Johann Michael Franz Birnbaum (1832–35) bot, soweit ersichtlich, kein badisches Staatsrecht an, ebensowenig Leopold A. Warnkönig, der die übliche Vorlesung «Deutsches Staats- und Bundesrecht» hielt.[115] Auch von der Schweizer Nachbaruniversität Basel scheinen im Vormärz nur geringe Impulse für das öffentliche Recht ausgegangen zu sein. 1828–1831 und 1850–1868 las dort immerhin Andreas Heusler über schweizerisches Bundes- und Kantonalstaatsrecht.[116]

Gewiß wurden für die Praxis zahlreiche Quellensammlungen des öffentlichen Rechts angefertigt,[117] aber es entstand in der ersten Hälfte des 19. Jahrhunderts kein sy-

[110] *Mohl* II, 376, der dort die unterschiedliche Bevölkerung, den «künstlichen» Charakter des badischen Staates und die nichtbadische Herkunft einiger bekannterer Abgeordneter als Gründe nennt.

[111] *F. Schneider,* Geschichte der Universität Heidelberg im ersten Jahrzehnt nach der Reorganisation durch Karl Friedrich (1803–1813), Heidelb. Abh. z. mittl. u. neueren Gesch. 38, 1913; *W. Leiser,* Die Juristische Fakultät und die Heidelberg-Romantik (1805–1820), in: Semper Apertus (1985), 84–104. Zu Freiburg Anm. 115.

[112] *Mohl,* Lebenserinnerungen I, 106.

[113] *G. Jellinek,* Die Staatsrechtslehre und ihre Vertreter, in: Ausgew. Schriften u. Reden, Bd. 1, 1911, 314 (330).

[114] Kapitel 3, Anm. 245ff.

[115] *H. J. Wolff* (Hg.), Aus der Geschichte der Rechts- und Staatswissenschaften zu Freiburg i. Br., 1957; *J. Vincke* (Hg.), Freiburger Professoren des 19. und 20. Jahrhunderts, 1957; *A. Hollerbach,* Die Entwicklung des Verwaltungsrechts als akademische Disziplin und Prüfungsfach an der Universität Freiburg i. Br., in: *E. V. Heyen* (Hg.), Wissenschaft und Recht der Verwaltung seit dem Ancien Régime, 1984, 285–305; *ders.* Die Entwicklung der Freiburger Rechtsfakultät 1805–1945, in: Lex Universités du Rhin Supérieur de la fin du Moyen Age à nos jours, Strasbourg 1988, 117–129.

[116] *A. Staehelin,* Geschichte der Universität Basel 1818–1835, Basel 1959, 43ff.; zu *Heusler* siehe *W. Vischer,* ADB 12 (1880), 337–339.

[117] *K. H. Gerstlacher,* Sammlung aller Baden-Durlachischen, das Kirchen- und Schulwesen und die Gesundheit der Menschen betreffenden Anstalten und Verordnungen, 3 Bde, Stuttgart 1773, 1774; *J. B. Mors,* Alphabethisches Repertorium über sämtliche Großherzoglich-badische ältere und neuere Gesetze ... 1710–1810, 2 Bde, Freiburg 1811 (m. Forts. v. *F. Fink,* Freiburg 1822–1824, 2. Aufl., Heidelberg 1834; dieses wiederum fortgesetzt von *A. Bauer,* Mannheim 1845); Vollständige Sammlung aller in dem groß-

stematisches Handbuch oder ein qualifizierteres Lehrbuch,[118] auch nicht im Verwaltungsrecht.[119] Der publizistische Reichtum, den auch Baden aufweist, liegt in anderer Richtung: er findet sich in den Grundlagendebatten des Rotteck-Welckerschen «Staats-Lexicon», der «Bibel» des südwestdeutschen Liberalismus,[120] im administrativen, parlamentarischen und wissenschaftlichen Wirken von SIGISMUND VON REITZENSTEIN, FRIEDRICH BRAUER, KARL VON ROTTECK, KARL-THEODOR WELCKER, JOSEF ANTON MITTERMAIER, GUSTAV VON STRUVE und anderen, außerdem in zwei besonders früh erscheinenden Ansätzen für öffentlichrechtliche Zeitschriften.[121] Überall ist die Grundlinie die eines ausgeprägten Liberalismus mit dem Versuch, Reformen von oben mit einer besonders weit fortgeschrittenen parlamentarischen Partizipation von unten zu verbinden. Wie in Württemberg und Bayern war hier selbstverständliches Postulat, daß der Staat «Rechtsstaat» zu sein habe.

4. *Kurhessen*

Das Landesstaatsrecht von Hessen-Kassel steht im 19. Jahrhundert unter einem besonders unglücklichen Stern. Es ist abhängig von der Serie von «Verfassungskonflikten», die ihrerseits wieder ihren Hintergrund in eklatanten sozialen und politischen Problemen des Landes sowie in Korruption und Mißwirtschaft hatten.[122] Diese Serie beginnt 1815/16 mit der vertragswidrigen Rückkehr des Kurfürsten zum Absolutismus, setzt sich fort mit der landesweiten Empörung von 1830, der erzwungenen Abdankung des Kurfürsten WILHELM II. von 1831, dem Konflikt von 1832, den Landtagsauflösungen von 1833 und 1836 samt der Entlassung des Ministers LUDWIG HASSENPFLUG (1794–

herzoglich-badischen Regierungsblatt von 1803–1832 enthaltenen Gesetze, Edikte usw. in systematischer Ordnung, 4 Teile, Karlsruhe 1828–1836; Badisches Bürgerbuch, eine Sammlung der öffentlichen Bundes- und Landesgesetze, Karlsruhe 1845; *J. F. Wehrer,* Gesetzeslexikon für die badischen Bürger, 2 Teile, Karlsruhe 1845–1847.

[118] *J. J. Moser,* Einleitung in das markgräflich-badische Staatsrecht, Frankfurt und Leipzig 1772; *ders.,* Beiträge zu dem markgräflich-badischen Staatsrechte, Frankfurt und Leipzig 1772; *(E.) J. J. Pfister,* Geschichtliche Darstellung der Staatsverfassung des Großherzogthums Baden und der Verwaltung desselben, 1. Bd., Heidelberg 1829, umgearbeitet in: Geschichtliche Entwickelung des Staatsrechtes des Großherzogthums Baden und der verschiedenen darauf bezüglichen öffentlichen Rechte, 2 Teile, Heidelberg 1836, 1838 (2. Aufl., 3 Theile, Mannheim 1847). Zu dieser Darstellung und zur Person eine knappe Charakteristik bei *Landsberg* III/2, Noten 195. *Pfister* ist tatsächlich nicht mehr zu einer systematischen Darstellung des Staatsrechts gelangt. Kritische Besprechung von *F. Bülau,* in: *Ae. L. Richter* (Hg.), Kritische Jahrbücher für deutsche Rechtswissenschaft, Leipzig 1837, 175–180.

[119] *F. Ch. Rettig,* Die Polizeigesetzgebung des Großherzogthums Baden, systematisch bearbeitet, Karlsruhe 1826 (2. Aufl. 1828; 3. Aufl. von *J. Betz,* 1839; 4. Aufl. von *P. Guerillot,* 1853). Weitere Literatur zum Kommunal-, Militär- und Finanzrecht bei *Mohl* II, 379 sowie bei *A. Bingner,* Literatur über das Großherzogtum Baden in allen seinen staatlichen Beziehungen von ca. 1750–1854. In systematischer Uebersicht zusammengestellt, Karlsruhe 1854.

[120] Oben Kap. 3, Anm. 250.

[121] Archiv für Rechtspflege und Gesetzgebung im Großherzogtum Baden, hrsgg. v. *J. G. Duttlinger, G. v. Weiler* und *J. v. Kettenacker,* 4 Bde, Freiburg 1830–1837; Blätter für Justiz und Verwaltung im Großherzogtum Baden, hrsgg. v. *Mayer, Rettig, Ruef* und *Trefurt,* 2 Bde., Freiburg 1840, 1841.

[122] *K. E. Demandt,* Geschichte des Landes Hessen, 2. Aufl. 1972, revid. Nachdruck 1980, 544–561; *M. Bullik,* Staat und Gesellschaft im hessischen Vormärz. Wahlrecht, Wahlen und öffentliche Meinung in Kurhessen 1830–1848, 1972; *W. Speitkamp,* Restauration als Transformation. Untersuchungen zur kurhessischen Verfassungsgeschichte 1813–1830, 1986.

1862)[123] bis zur Revolution von 1848, die in Kurhessen besonders heftig verlief. Die Konflikte setzten sich dann nach 1850 fort und führten schließlich zur Gehorsamsverweigerung der hessischen Landstände, der Justiz, der Beamtenschaft und des Militärs.[124] Dennoch haben umfangreiche verwaltungsorganisatorische Maßnahmen auf den drei Verwaltungsebenen mit gewissen Modernisierungseffekten stattgefunden.[125]

Unter diesen Bedingungen dominierten in der öffentlichen Diskussion die tagespolitischen Beiträge. Eine «organische» Überleitung des alten hessischen Landesrechts[126] in konstitutionelle Zustände war nicht möglich, zumal es ab 1816 auch keine «gesamthessischen» Einrichtungen mehr gab. Die besonders liberale Verfassung von 1831[127] mit ihrer Installierung der Institute der Gegenzeichnung, der Gesetzesinitiative, des Steuerbewilligungs- und Budgetrechts des Landtags, der Ministeranklage, einem ausführlichen Grundrechtsteil sowie dem Verfassungseid der Beamten und vor allem des Militärs bedeutete einen klaren Bruch mit der Vergangenheit. Das schloß freilich nicht den Versuch der Liberalen aus, diese Verfassung historisch zu verankern, um ihr den Makel zu nehmen, sie sei eine rationalistische, an den wirklichen Bedürfnissen vorübergehende Konstruktion.[128] Jeder Versuch, die Konflikte «wissenschaftlich» zu kommentieren, mußte unter dem Zwang zur Parteinahme scheitern. SYLVESTER JORDAN (1792–1861), der sich in Heidelberg habilitiert hatte und 1830 als Vertreter der Marburger Universität in den Landtag kam, war einer der wichtigsten Köpfe bei der Schaffung dieser Verfassung[129] und mußte seine Stellung als Führer der Opposition mit sechsjähriger Untersuchungshaft (1839–1845) büßen.[130]

Sein weniger bedeutender staatswissenschaftlicher Kollege KARL FRIEDRICH VOLLGRAFF (1794–1863)[131] veröffentlichte eine gegen die Verfassung und gegen das Repräsentativsystem generell gerichtete Schrift,[132] wofür ihm die Studenten eine «Katzenmusik» brachten und die Schrift auf dem Marburger Marktplatz verbrannten. Es

[123] *Wippermann*, ADB 11 (1880) 1–9; *E. G. Franz*, NDB 8 (1969), 46f.

[124] *Huber* II, 910ff. m. w. Nachw. zur «kurhessischen Renitenz».

[125] *Th. Klein*, Hessische Staaten, in: DVG II, 1983, 645–656 m. umfass. Nachw. zur Landesgeschichte generell sowie zur Verwaltungsgeschichte.

[126] *Estor* (Anm. 11).

[127] *R. Polley* (Hg.), Die Kurhessische Verfassung von 1831, 1981; *H. Seier*, Zur Entstehung und Bedeutung der kurhessischen Verfassung von 1831, in: *W. Heinemeyer* (Hg.), Der Verfassungsstaat als Bürge des Rechtsfriedens. Reden im Hessischen Landtag zur 150-Jahr-Feier der kurhessischen Verfassung, 1982, 5.

[128] So z. B. die bedeutende Schrift von *B. W. Pfeiffer*, Geschichte der landständischen Verfassung in Churhessen. Ein Beitrag zur Würdigung der neuern teutschen Verfassungen überhaupt, Kassel 1834.

[129] *S. Jordan* war Vorsitzender des Verfassungsausschusses des Landtages und entwarf den maßgeblichen Grundriß der Beratungen (abgedruckt bei *Murhard*, Anm. 135, Bd. 1, 18–37). Seine eigene Darstellung findet sich unter dem Stichwort «Cassel (Hessen-Cassel, Kurfürstenthum Hessen)», in: *Rotteck-Welcker*, Staats-Lexikon 4 (1836), 286–308. Siehe auch *W. Kaiser*, Sylvester Jordan – seine Staatsauffassung und sein Einfluß auf die kurhessische Verfassungsurkunde vom Januar 1831, 1936; *Bullik* (Anm. 122), 58–68; *H. Seier*, Sylvester Jordan und die kurhessische Verfassung von 1831, 1981.

[130] Siehe oben Kap. 3, Anm. 308ff. Besonders aufschlußreich für die Zeit des politischen Konflikts und der Haft sind «Politische Erinnerungen» (1840), hrsgg. v. *Paul Tesdorpf*, in: Das Neue Jahrhundert. Wochenschrift für religiöse Kultur 4 (1912) 4ff.–226 (in Fortsetzungen).

[131] *v. Eisenhart*, ADB 40 (1896), 248f.

[132] *K. F. Vollgraff*, Die Täuschungen des Repräsentativ-Systems, oder Beweis, daß es nicht das rechte Mittel ist, den Bedürfnissen unserer Zeit zu begegnen, Marburg 1832; ablehnend besprochen bei *C. F. Wurm*, Kritische Versuche über die öffentlichen Rechtsverhältnisse in Deutschland seit der Mitte des Jahres 1832, Leipzig 1835, 88–109.

bleibt also in der Tat, wenn man die Literatur bilanziert, bei einigen historischen Dokumentationen über den Gang der Ereignisse[133] sowie raschen Reaktionen auf die Verfassung.[134]

Ein erster Verfassungskommentar, um die Verfassung «vor willkührlicher, einseitiger Auslegung, von welcher Seite sie auch kommen mag, zu bewahren», stammt von dem oppositionellen Publizisten FRIEDRICH MURHARD (1779–1853).[135] Die 160 Paragraphen der Verfassung werden hier eingehend, mit Hinweisen auf Literatur und Landtagsverhandlungen, kommentiert, gewiß mit einigen Schwächen,[136] aber doch bemerkenswert als Versuch, das Experiment der dem Landesherren abgerungenen Verfassung rechtswissenschaftlich zu stabilisieren.

Zur Ausbildung einer «kurhessischen Verwaltungsrechtswissenschaft» ist es im Vormärz nicht gekommen.[137] Die Landesuniversität Marburg, in die Verfassungskämpfe involviert und von der Regierung vernachlässigt, konnte nichts dazu beitragen.[138] Die Behörden informierten sich anhand des Gesetzblattes oder durch einfache Zusammenstellungen des geltenden Rechts.[139] Eine besondere Unterweisung jüngerer Beamter im Verwaltungsrecht schien entbehrlich.

[133] *B. W. Pfeiffer,* Geschichte der landständischen Verfassung in Kurhessen. Ein Beitrag zur Würdigung der neueren teutschen Verfassungen überhaupt, Kassel 1834; *F. Gössel,* Geschichte der kurhessischen Landtage, Bd. I, Kassel 1837; *C. W. Wippermann,* Kurhessen seit den Freiheitskriegen, Kassel 1850.

[134] *B. W. Pfeiffer,* Einige Worte über den Entwurf einer Verfassungsurkunde für Kurhessen vom 7. Oktober 1830, Kassel 1830; *Weitzel,* in: *Pölitz'* Jahrbüchern der Geschichte und Staatskunst, 1831; *S. Martin,* Ueber die Verfassungs-Urkunde Kurhessens, Kassel 1831; *J. Freimund* (Ps.), Kritische Bemerkungen über die kurhessische Verfassungs-Urkunde, Leipzig 1831; *H. Gräfe,* Die Verfassungs-Urkunde des Kurfürstenthums Hessen mit geschichtlichen Erläuterungen sowie mit Hinweisung auf nothwendige und wünschenswerthe Abänderungen, Kassel 1848.

[135] *F. Murhard,* Grundlage des jetzigen Staatsrechts des Kurfürstenthums Hessen. Dargestellt nach Maßgabe der einzelnen Paragraphen der Verfassungs-Urkunde vom 5. Januar 1831, 2 Bde, Kassel 1834, 1835. Zu *Murhard* siehe *Cantor,* ADB 23 (1866), 62f.; *W. Weidemann,* Friedrich Murhard und der Altliberalismus, in: Zeitschr. d. Vereins f. hess. Gesch. u. Landeskunde 55 (1926), 229–276. Zu seinem Bruder, dem Nationalökonomen *J. K. A. Murhard* (1781–1863) siehe *Wippermann,* ADB 23 (1896), 63–65.

[136] Die Charakterisierung durch *Mohl* II, 381 «ungenügend und unüberlegt im Inhalte, ungleich und widrig in der Form» ist nicht gerecht, zumal eine Kommentartradition, an der sich *Murhard* hätte orientieren können, gar nicht bestand. *Murhard* war Mathematiker und liberaler politischer Journalist, insofern also nicht «vom Fach». Siehe aber auch *C. F. Wurm,* Kritische Versuche über die öffentlichen Rechtsverhältnisse in Deutschland seit der Mitte des Jahres 1832, Leipzig 1835, 363: «M.'s Manier ist bekannt; etwas wortreich, und doch nicht zu Ende kommend»; dort S. 140–150 auch die Besprechung von *F. Murhard,* Ueber Widerstand, Empörung und Zwangsübung der Staatsbürger, gegen die bestehende Staatsgewalt, Braunschweig 1832.

[137] Eine Übersicht bieten *(an)v.,* Geschichte und Literatur des kurhessischen Rechts, in: *Ersch-Gruber,* Allgemeine Encyklopädie der Wissenschaften und Künste, 2. Sekt., Bd. VII (1830), 183–186; *E. J. Kulenkamp,* Literatur des gesammten Kurhessischen Rechts nebst einer Nachweisung aller gedruckten Entscheidungen des Oberappellationsgerichtes zu Cassel in dem Umfange und nach der Ordnung des Repertoriums der kurhessischen Landesgesetze, Kassel 1846, insbes. Nr. 148–187 sowie *O. A. Walther,* Hand-Lexicon der juristischen Literatur des neunzehnten Jahrhunderts, Weimar 1854 (Nachdr. 1974).

[138] *W. v. Bredow* (Hg.), 450 Jahre Philipps-Universität Marburg, Marburg 1979.

[139] Siehe etwa *O. L. Heuser,* Systematisches Handbuch des kurhessischen Straf- und Polizei-Rechtes ..., Kassel 1853.

5. Hessen-Darmstadt, Nassau

Etwas weniger dramatisch, aber doch im Ganzen ähnlich sieht der politische Hintergrund der wissenschaftlichen Bemühungen um das öffentliche Recht in Hessen-Darmstadt und Nassau aus. Der Reichsdeputationshauptschluß von 1803 und der Hessen-Darmstadt aufgenötigte Beitritt zum Rheinbund brachten im Ergebnis bedeutende Zuwächse an Land, Leuten und Einkünften sowie die Erhebung zum Großherzogtum.[140] Unter dem Vorwand einer verfassungsrechtlichen Vereinheitlichung, in Wirklichkeit jedoch wegen der drückenden Staatsschulden wurden 1806 die alten Landstände aufgehoben. Erst 1820, als das Klima vor allem durch den reaktionären Prinzen Emil (1790–1856) bestimmt wurde, kam es zu einer Verfassung mit Zweikammersystem, äußerst begrenztem (doppelt indirektem) Wahlrecht und Staatsrat.[141] Das monarchische Prinzip wurde pointiert beibehalten. Gewissen Reformen im Bereich der Administration,[142] der Trennung von Justiz und Verwaltung[143] und der Grundlastenablösung[144] stehen die intensiv betriebenen Demagogenverfolgungen, die Turnverbote (Feldbergfeste seit 1814), das soziale Elend und die Massenauswanderungen entgegen. Trotz des Zollvertrags mit Preußen (1828) besserte sich die wirtschaftliche Situation nicht entscheidend. Nicht umsonst ist hier der «Hessische Landbote» von Georg Büchner und Friedrich Ludwig Weidig entstanden. Das Land blieb mit seinen Teilen Rheinhessen, Starkenburg und Oberhessen lange Zeit inhomogen, Rheinhessen insbesondere wollte sich seine «Rheinischen Institutionen» nicht nehmen lassen,[145] die öffentliche Meinung wurde unterdrückt und die Entwicklung eines echten Parlamentarismus behindert, so lange es ging. Entsprechend eruptiv und radikal äußerte sich dementsprechend auch die Opposition (1830, 1832, 1848).[146]

Unter diesen Umständen wurden, ähnlich wie in Kurhessen, die wissenschaftlichen Energien durch die politischen Aufregungen absorbiert. Der bereits erwähnte Gießener Professor Karl Eduard Weiss (1805–1851)[147] bildet allerdings eine Ausnahme

[140] Hierzu wiederum *Th. Klein* (Anm. 125), 659–668.

[141] *Dr. Noellner*, Die Geschichte der Entstehung der Verfassung im Großherzogthum Hessen, in: (Aegidis) Zeitschrift für Deutsches Staatsrecht und Deutsche Verfassungsgeschichte, Bd. 1 (1867), 119–148.

[142] *A. C. Frhr. v. Hofmann*, Beiträge zur näheren Kenntniss der Gesetzgebung und Verwaltung des Großherzogthums Hessen, Gießen 1832.

[143] Zu den Kompetenzkonflikten siehe *C. G. Eigenbrodt*, Das Verhältniß der Gerichte zur Verwaltung im Großherzogthum Hessen mit Entscheidungen des Staatsraths zu Darmstadt, Darmstadt 1840.

[144] *P. Fleck*, Agrarreformen in Hessen-Darmstadt. Agrarverfassung, Reformdiskussion und Grundlastenablösung (1770–1860), 1982. Als zeitgenössische Darstellung des unmittelbar zuständigen Referenten ist wichtig *W. Goldmann*, Die Gesetzgebung des Großherzogthums Hessen in Beziehung auf Befreiung des Grundeigenthums und der Person von alten drückenden Beschränkungen und Lasten, Darmstadt 1831.

[145] Hierzu der Verwaltungspraktiker *W. Heße*, Rheinhessen in seiner Entwicklung von 1798 bis Ende 1834. Ein statistisch-staatswirtschaftlicher Versuch, Mainz 1835, der Mainzer Advokat *J. Glaubrech*, Über die gesetzlichen Garantien der persönlichen Freiheit in Rheinhessen, Darmstadt 1834, insbesondere aber *H. v. Gagern*, Rechtliche Erörterung über den Inhalt und Bestand der der Provinz Rheinhessen landesherrlich verliehenen Garantie ihrer Rechts-Verfassung bei Verwirklichung des Art. 103 der Staats-Verfassung, Worms 1847 (dagegen, wenn auch unter Anerkennung der Qualitäten des rheinhessischen Rechts *A. Kraus*, Die Garantie der französischen Einrichtungen in der Provinz Rheinhessen ... Darmstadt 1847; *E. Seitz*, Die rheinhessischen Rechtsinstitutionen, Regensburg 1847).

[146] *Demandt* (Anm. 122), 575f.

[147] Oben Kap. 2, Anm. 96. Zur Biographie vgl. *H. E. Scriba*, Biographisch-literärisches Le-

durch sein dem Landesverfassungsrecht gewidmetes Lehrbuch von 1837,[148] das durch Beschränkung auf das positive Recht, transparenten Aufbau und ruhige Diktion den Eindruck vermittelt, das Land befinde sich in wohlgeordnetem Zustand.[149] WEISS denkt kleindeutsch, preußenfreundlich und setzt sich für die konstitutionelle Monarchie seines Landes ein. Er hält sich an die nun allgemein akzeptierte, vermittelnde «historisch-dogmatische Methode», liefert eine gründliche historische Verfassungsgeschichte und geht dann in sechs Kapiteln[150] das Staatsrecht durch. Seine Darstellung ist von einem politisch unkritischen, juristisch soliden Verfassungspositivismus bestimmt.

Im übrigen gibt es mehrere Zusammenstellungen des geltenden Rechts, vor allem diejenige des damaligen Oberforstrats und späteren Staatsrats KARL CHRISTIAN EIGENBRODT,[151] die 1854 ihre Fortsetzung in einer weiteren Zusammenstellung der Normen, geordnet nach dem «Registraturplan für die Bürgermeistereien»(!), fand.[152] Trotz des schönen Satzes «Die Kenntniß des vaterländischen Verwaltungsrechts ist für die Staatsangehörigen von hohem Interesse, weil es die Grundlage für die bürgerliche Rechtsstellung im Staate bildet und die öffentliche Wohlfahrt bedingt»,[153] entstanden keine Bearbeitungen durch die Wissenschaft. Der Bedarf der Praxis an verwaltungsrechtlich ausgebildeten Juristen war zu gering, so daß es auch an Anregungen für entsprechende Vorlesungen fehlte.

Dies bestätigt sich, wenn man das öffentlichrechtliche Lehrangebot der Gießener Juristischen Fakultät vor 1848 überprüft. Bis 1803 wurde noch Reichsverfassungsrecht nach PÜTTER vorgetragen, dann öffentliches Recht des Rheinbundes (1808–1811/12) und eine Vorlesung über «Frankreichs Staatsverfassung und Staatsverwaltung» (1813/14). Solange es keine neuen staatsrechtlichen Grundlagen gab, behalf man sich mit «allgemeinem Staatsrecht» und «Politik». Ab 1815 wurde dann mit wechselnder Besetzung (MUSÄUS, JAUP, STICKEL, V. LINDELOF, V. GROLMANN, WEISS, BIRNBAUM) kontinuierlich das Recht des Deutschen Bundes und der Bundesstaaten vorgetragen. Im Wintersemester 1829/30 tauchte dann erstmals eine Vorlesung «Das öffentliche Recht des Großherzogthums Hessen» auf, beiläufig auch einmal vereinzelte Vorlesungen über «Polizei-Recht» (WS 1833/34) und Verwaltungsrecht.[154] Insgesamt zeigt dieser Blick in eine

xikon der Schriftsteller des Großherzogthums Hessen im ersten Viertel des neunzehnten Jahrhunderts, 1. Abth., Darmstadt 1831, 442–444; *K. Esselborn*, in: *H. Haupt* (Hg.), Hessische Biographien, Bd. I, 1912, 156–160 m. Werkverz.

[148] *K. E. Weiß*, System des öffentlichen Rechts des Großherzogthums Hessen, 1. Bd., Darmstadt 1837 (alles), vorbereitet durch den «Grundriß des öffentlichen Rechts des Großherzogthums Hessen, I. Staats-Verfassungsrecht», Gießen 1830. Zum «System» sehr positiv *Mohl*, II, 381; *ders.* in: Heidelberger Jahrbücher Bd. 31, 1168ff.

[149] *G. Köbler*, Zur Herkunft der Gießener Rechtslehrer des 19. Jahrhunderts, in: Festschr. f. E. Stein, 1983, 127ff.

[150] Staatsgebiet, Staatsoberhaupt, Staatsangehörige, Gemeinden, Ständeversammlung, Gewähr der Verfassung.

[151] *K. Chr. Eigenbrodt*, Handbuch der Großherzoglich Hessischen Verordnungen vom Jahre 1803 an, Bd. 1–4, Darmstadt 1816–1818; *anonym (= F. K. Beck)*, Das Hessische Staatsrecht. Buch I, II, IX, Darmstadt und Leipzig 1831–1835 (unvollst.); *F. Bopp*, Der Hessische Rechtsfreund. Handbuch zur Kenntnis des Rechtes und der Verwaltung, Heft 1–5, Darmstadt 1835–1837, ein alphabetisch geordnetes Nachschlagewerk für die Praxis.

[152] *F. A. Küchler*, Handbuch der Lokal-Staatsverwaltung im Großherzogthum Hessen, Heidelberg 1854. *Friedrich A. Küchler* (1822–1898), der in Heidelberg studiert hatte, war zuletzt Präsident des hessischen Oberverwaltungsgerichts Darmstadt.

[153] *Küchler*, aaO. Vorrede.

[154] «Das deutsche Staatsregierungsrecht» *(K. E. Weiß)*, WS 1841/42.

typische mittlere Landesuniversität, daß die landesübergreifenden Fächer (Allgemeine Staatslehre, Völkerrecht, Rechts- und Verfassungsgeschichte, Deutsches Staats- und Bundesrecht) das Partikularrecht bei weitem überwogen. Immerhin hat WEISS das hessische Landesstaatsrecht fest im Lehrplan verankern können, während Verwaltungsrecht noch außerhalb des Kanons blieb.[155]

Blickt man auf das benachbarte Herzogtum Nassau, so zeigen sich die entsprechenden politischen Verläufe. Nachdem es territoriale Gewinne gemacht, sich in komplizierten Erbfolgefragen konsolidiert und schon 1814 eine – inhaltlich allerdings sehr begrenzte – Verfassung erhalten hatte, setzten Verwaltungsreformen ein[156] (Grundentlastung,[157] Grundrechte, Finanzen, Schulwesen[158]), die aber nach 1819, als das Land auf österreichischen Kurs ging, nicht fortgesetzt wurden. Versuche einer Privatrechtskodifikation, zunächst auf der Basis des Code civil,[159] und einer Reform des Zivilprozesses blieben stecken.[160] Auch hier soziales Elend, Unterdrückung der Opposition und möglichste Behinderung des Parlamentarismus, so daß die politischen Energien sich stoßweise und entsprechend weniger effektiv entladen mußten.

Was hier an Literatur zum öffentlichen Recht entstanden ist, hat keine Bedeutung über die Landesgrenzen hinaus.[161] Die Verhältnisse waren zu unruhig und das Land geographisch und politisch zu klein,[162] vor allem aber gab es keine Landesuniversität, an der sich ein Bedürfnis für die Vermittlung wenigstens des Verfassungsrechts hätte entwickeln können. Die wichtigste verfassungspolitische Schrift jener Zeit von LUDWIG HARSCHER VON ALMENDINGEN[163] trägt als Auftragsarbeit der Regierung offiziösen Charakter. Sie entspricht mit ihren Begrenzungen der Rolle des Parlaments, dem ho-

[155] *G. Köbler,* Gießener juristische Vorlesungen, 1982, eine drucktechnisch nicht akzeptable Veröffentlichung.

[156] *W. van Calker,* Die Entwicklung der Hessischen Verwaltungsorganisation im 19. Jahrhundert, in: JÖR 2 (1908), 125ff.; *D. Karrenberg,* Die Entwicklung der Verwaltung in Hessen-Darmstadt... (1790–1830), 1964; *N. Zabel,* Räumliche Behördenorganisation im Herzogtum Nassau (1806–1866), 1981; *Klein* (Anm. 125), 668–674; *M. Wettengel,* in: *M. Hollmann – M. Wettengel,* Nassaus Beitrag für das heutige Hessen, 1992, 42ff.

[157] *H. Winkel,* Die Ablösung der Grundlasten im Herzogtum Nassau im 19. Jahrhundert, in: VSWG 52 (1965), 42–62.

[158] Gesamtdarstellung in dem Ausstellungskatalog: Herzogtum Nassau 1806–1866. Politik – Wirtschaft – Kultur, Wiesbaden 1981; *Klein* (Anm. 125), 671.

[159] *L. Harscher von Almendingen,* Vorträge über den ganzen Inhalt des Code Napoleon und seine organischen Umgebungen, 3 Bde, Gießen 1812 (in: Juristische und staatswissenschaftliche Schriften, 10 Bde. Gießen 1803–19).

[160] *R. Zimmermann,* Die Bemühungen um eine Privatrechtskodifikation im Herzogtum Nassau 1806–1866, 1988; *R. Faber,* Die Bemühungen im Herzogtum Nassau um die Einführung von Mündlichkeit und Öffentlichkeit im Zivilprozeßverfahren 1806–1866, 1990. Zur nassauischen Politik insgesamt vgl. *W. Schüler,* Die Herzöge von Nassau. Macht und Ohnmacht eines Regentenhauses im Zeitalter der nationalen und liberalen Bewegung, in: Nassauische Annalen 95 (1984), 155.

[161] *J. A. Demian,* Handbuch der Geographie und Statistik des Herzogtums Nassau, Wiesbaden 1823; *Ch. D. Vogel,* Historische Topographie des Herzogtums Nassau, Herborg 1836; *R. J. A. v. Meex,* Handbuch zur näheren Kenntniß der Verfassung und Verwaltung des Herzogtums Nassau, Wiesbaden 1838; *F. T. Friedemann,* Die Verfassung und Verwaltung des Herzogtums Nassau, Wiesbaden 1841. Weitere Angaben bei *Mohl* II, 385.

[162] Kennzeichnend für den Zuschnitt *K. Braun,* Bilder aus der deutschen Kleinstaaterei, 2 Bde. Leipzig 1869 sowie 2 Bde., Berlin 1870; 2. Aufl. (5 Bde.) Hannover 1876. Dort insbesondere die Skizze «Prinz Hyacinth» (1869), «Eine vergebliche Denkschrift» (1866) und «Nassau mit Frankreich wider Preußen» (1866). *Karl Braun* war nassauischer liberaler Politiker, Präsident der Kammer der Abgeordneten und ab 1867 preußischer Abgeordneter.

[163] *L. Harscher v. Almendingen,* Ansichten über Deutschlands Vergangenheit, Gegenwart und Zukunft, o. O. 1814.

hen Zensus für das passive Wahlrecht und der Unabhängigkeit der Regierung vom Parlament der tatsächlichen Umsetzung in der nassauischen Verfassung von 1814. Daß die Schrift dennoch einen bedeutenden Beitrag zur Geschichte des Repräsentationsgedankens darstellt, ist mit Recht hervorgehoben worden.[164]

6. *Hannover*

Die hannoversche Geschichte zwischen der napoleonischen Zeit und 1848 ist markiert durch die Verfassung von 1833 und den sog. Staatsstreich von 1837. Alle öffentlichrechtliche Literatur dreht sich um diese Angelpunkte. Das Land wurde von England aus regiert, seit 1805 durch den Grafen zu Münster (1766–1839). 1819 wurde eine Verfassung oktroyiert, die allerdings hinter den Erwartungen der Zeit weit zurückblieb. Der altständisch-feudalen Partei gelang es, nicht nur die konstitutionelle Bewegung bis 1830 zurückzudrängen, sondern auch die überfälligen Verwaltungsreformen zu verschleppen.[165] 1830 flackerten Unruhen auf, 1831 wurde Graf Münster entlassen, und 1833 trat eine Verfassung in Kraft, die den liberalen Erwartungen halbwegs entgegenkam, so bei der Steuerbewilligung,[166] aber etwa hinter der gleichzeitigen von Kurhessen deutlich zurückblieb.[167]

1837 wurde die Personalunion zwischen England und Hannover aufgelöst. Mit der Thronbesteigung durch Ernst August, den «starrköpfigen stockkonservativen Tory»,[168] der, gestützt auf ein Gutachten des Staatsrechtlers Justus Christoph Leist,[169] am 1. November 1837 die Verfassung für aufgehoben erklärte, kam es zu jenem berühmten «Staatsstreich», dem Protest der «Göttinger Sieben», dem Verfahren beim Deutschen Bund und schließlich zur Verfassungsrevision von 1840.[170] Begreiflicherweise absorbierten diese aufregenden Ereignisse die publizistischen Energien der Staatsrechtler. «Eine wahre Sündfluth von Schriften aller Art» entstand, wie sich Mohl ausdrückte.[171] Das öffentliche Recht des Landes bestand sozusagen aus der «Verfassungsfrage» sowie aus Erörterungen der Verwaltungsreformen.[172]

Vorlesungen über Landesstaats- und Verwaltungsrecht scheinen an der Landesuniversität Göttingen nicht stattgefunden zu haben.[173] Insbesondere Verwaltungsrecht ist

[164] *Brandt,* 190–196.

[165] Zum Stand der Verwaltung vgl. *J. G. L. W. Ubbelohe,* Statistisches Repertorium über das Königreich Hannover, Hannover 1823.

[166] *J. G. L. W. Ubbelohe,* Ueber die Finanzen des Königreiches Hannover und deren Verwaltung, Hannover 1834. Zu *Johann Carl Bertram Stüve* (1798–1872), der nicht nur die Verfassung von 1833, sondern auch die wichtigen Ablösungsgesetze von 1831 und 1833 maßgeblich bestimmt hatte und 1848–50 hannoverscher Innenminister war, siehe *J. D. Kühne,* in: *K. G. A. Jeserich–H. Neuhaus* (Hg.), Persönlichkeiten der Verwaltung, 1991, 159–162.

[167] *Huber* II (1960), 90f.

[168] *K. Schreiner,* Ein «revolutionaires» Gutachten der Tübinger Juristenfakultät zur hannoverschen Verfassungsfrage, in: Attempto 1975, 117.

[169] Oben Kap. 1, Anm. 95.

[170] *Huber* II, 91–115; *R. Smend,* Die Göttinger Sieben, 2. Aufl. 1958; *W. Real* (Hg.), Der hannoversche Verfassungskonflikt von 1837/39, 1972; *G. Dilcher,* Der hannoversche Verfassungskonflikt, in: *ders.* Der rechtshistorische Grundlagenschein, 1979, 17ff.; *Ch. Link,* Noch einmal: Der Hannoversche Verfassungskonflikt und die «Göttinger Sieben», JuS 1979, 191–197; *G. Dilcher,* Der Protest der Göttinger Sieben. Zur Rolle von Recht und Ethik, Politik und Geschichte im Hannoverschen Verfassungskonflikt, 1988 m. w. Nachw.

[171] *Mohl* II, 368.

[172] *E. v. Meier,* Hannoversche Verfassungs- und Verwaltungsgeschichte 1680–1866, 2 Bde, Leipzig 1898–1899, dort insbes. Bd. 1, 321ff. für die Jahrzehnte 1814–1866 sowie Bd. 2 für die Verwaltungsgeschichte.

[173] *W. Ebel,* Zur Geschichte der Juristenfakul-

erst ab 1875 gelesen worden.[174] Folglich sind auch keine entsprechenden «Systeme» zustandegekommen. Der zuständige Fachvertreter WILHELM EDUARD ALBRECHT veröffentlichte seit seinem bedeutenden Buch über die «Gewere»[175] nur noch Kleinigkeiten.[176] Sein Kollege WILHELM THEODOR KRAUT ist öffentlichrechtlich nicht weiter hervorgetreten. ALBRECHTS Nachfolger HEINRICH ALBERT ZACHARIÄ,[177] durch die Entlassung ALBRECHTS zum Staatsrecht gekommen, hielt sich mit Stellungnahmen zum Landesstaatsrecht vorsichtig zurück. Insofern dominieren die Stellungnahmen zu aktuellen Konflikten.[178]

7. *Braunschweig*

Die braunschweigische Geschichte des 19. Jahrhunderts beginnt mit der Rückkehr der alten Dynastie (1813) und der damit verbundenen Restauration. Die Stände wurden, geringfügig modifiziert, wiederhergestellt (Erneuerte Landschaftsordnung 1820).[179] Die skandalöse «knabenhafte Missregierung»[180] des als regierungsunfähig angesehenen Herzogs KARL II. endete 1830 auf Druck des Deutschen Bundes mit dessen Absetzung.[181] In der neuen Verfassung von 1832 waren dann die wesentlichen Postulate der Verfassungsbewegung erfüllt.[182] Ein Landeskind verstieg sich sogar zu der Behauptung: «Kein deutscher Bundesstaat wird eine freisinnigere, den großen Forderungen der Zeit zusagendere Verfassung nachzuweisen vermögen, als Braunschweig nach furchtbar erschütternden Stürmen errungen zu haben mit Recht behaupten kann.»[183]

Eine kurzfristige Erweiterung des Repräsentationsgedankens im Jahre 1848 wurde 1851 wieder beseitigt.[184] Die lange Regierungszeit von Herzog WILHELM (1830–1884) verlief «wirtschaftlich und politisch (im Sinne liberal-konstitutioneller Anschauungen) positiv ... Das Land erhielt ... 1834 eine Ablösungs- und eine Städteordnung,

tät und des Rechtsstudiums an der Georgia Augusta, 1960 (= Göttinger Universitätsreden, 29).

[174] *V. Götz*, Verwaltungsrechtswissenschaft in Göttingen, in: *F. Loos* (Hg.), Rechtswissenschaft in Göttingen, Göttinger Juristen aus 250 Jahren, 1987, 337.

[175] *W. E. Albrecht*, Die Gewere als Grundlage des älteren deutschen Sachenrechts, 1828. Zum Forschungsstand heute *W. Ogris*, Gewere, HRG I (1971) 1658–1667.

[176] Siehe oben Kap. 2, Anm. 177.

[177] Siehe oben Kap. 2, Anm. 110ff.

[178] Nachweise bei *Mohl* II, 366–370. Herausragend die anonyme, von *Dahlmann*, Jena 1838 herausgegebene Schrift „Verteidigung des Staatsgrundgesetzes für das Königreich Hannover". *Mohl* II, 368 schreibt sie *J.-C. B. Stüve* zu.

[179] *G. Ph. v. Bülow*, Zur Erläuterung der Landschaftsordnung des Herzogthums Braunschweig von 1820, Braunschweig 1831.

[180] *Mohl* II, 383f.

[181] *O. Böse*, Die Entthronung des Herzogs Karl II. von Braunschweig, 1935; *H. G. Husung*, Das war Braunschweigs wild-kühne Tyrannen-Jagd, in: *G. Spies* (Hg.), Brunswiek 1031–Braunschweig 1981, Nachfolgeband, 1982; *E. H. Grefe*, Gefährdung monarchischer Autorität im Zeitalter der Restauration. Der braunschweigische Umsturz von 1830 und die zeitgenössische Publizistik, 1987.

[182] *C. H. Seiffert*, Die Verfassungs-Grundgesetze des Herzogthums Braunschweig, Braunschweig 1833; *F. Kreibaum*, Grenzen zwischen Justiz und Verwaltung im Freistaat Braunschweig, jur. Diss. Göttingen 1929. Eine ausgewogene moderne Darstellung gibt *K. E. Pollmann*, Die Braunschweigische Verfassung von 1832, 1982. Spezieller *W. Thiele*, Die Qualität der Grundrechte in der braunschweigischen Verfassung von 1832, in: *W. Pöls–K. E. Pollmann* (Hg.), Moderne Braunschweigische Geschichte, 1982.

[183] *C. Venturini*, Das Herzogthum Braunschweig in seiner vormaligen und gegenwärtigen Beschaffenheit, geschichtlich und statistisch dargestellt, Helmstedt 1826, 3. Aufl. 1847, 99. Siehe auch *K. L. H. Pölitz*, Votum über den Entwurf der revidierten Landschaftsordnung des Herzogthums Braunschweig, Leipzig 1831.

[184] *Th. Klein*, Herzogtum Braunschweig, in: DVG II, 1983, 743ff.

schließlich 1840 ein liberales Kriminalgesetzbuch. Es schloß sich 1834 dem Hannoverschen Steuerverein und 1842/44 dem Deutschen Zollverein an, überstand 1848/49 ohne größere Erschütterungen und trat 1866 dem Bündnis mit Preußen bei.»[185]

Wegen dieser im Grunde nur durch die französische Herrschaft im Königreich Westfalen unterbrochenen Kontinuität ständischer Regierungsweise hat es keine besonderen Impulse für das öffentliche Recht geben können. Die alte und zuletzt abgesunkene Landesuniversität Helmstedt war unter Jerôme Napoleon 1809 geschlossen worden; Juristen wurden nun im wesentlichen in Göttingen ausgebildet. Die älteren Darstellungen des Landesrechts, etwa des Geheimen Justiz- und Regierungsrates Erich Daniel von Liebhaber[186] waren weiter benutzbar, wenn man neuere Gesetzessammlungen[187] und Landesbeschreibungen hinzuzog.[188] So ist bis zur Revolution von 1848 nur noch eine einzige Gesamtdarstellung erschienen, und zwar die liberal getönte[189] des Präsidenten der braunschweigischen Stände Karl Steinacker[190] in Form eines Lexikonartikels bei Rotteck und Welcker.

8. *Mecklenburg*

Die Großherzogtümer Mecklenburg-Schwerin und Mecklenburg-Strelitz haben ihre altständische Doppelverfassung, von einer kurzfristigen Störung in Schwerin abgesehen,[191] bis zum Ende des ersten Weltkriegs behalten. Sie bildeten «ein beinahe vollständig erhaltenes Stück Mittelalter in Leben und Thätigkeit».[192] Die agrarische Struktur des ganzen Landes, das Nebeneinander von alten Stadtverfassungen und einem erzkonservativen Adelsregiment weckten keinen Bedarf an wissenschaftlicher Literatur. Es genügten Zusammenstellungen der Gesetze und Verordnungen,[193] und im übrigen bediente man sich nach wie vor der älteren Literatur, vor allem der Darstellung des

[185] *Klein*, aaO., 744.

[186] *E. D. v. Liebhaber*, Beiträge zur Erörterung der Staatsverfassung der Braunschweig-Lüneburgischen Churlande, Gotha 1794; *ders.* Vom Fürstenthum Blankenburg und dessen Staatsverfassung, Wernigerode 1790; im Grunde nur eine Sammlung kleiner Gutachten und Notizen ist *G. H. Hinüber*, Beyträge zum Braunschweigischen und Hildesheimschen Staats- und Privatrecht, auch Historie dieser Lande, 1. Th. Hannover 1772, 2. u. 3. Th. Braunschweig u. Wolfenbüttel 1778.

[187] Als Fortsetzung der älteren Sammlung der Landtagsabschiede von *Ribbentropp* siehe *C. Bege*, Repertorium der Gesetz- und Verordnungs-Sammlung für die Herzoglich Braunschweigischen Lande von den Jahren 1833–1843, T. 1–5, Helmstedt und Wolfenbüttel 1834–1846.

[188] *C. Venturini* (Anm. 183); *K. v. Strombeck*, Staatswissenschaftliche Mittheilungen, vorzüglich mit Beziehung auf das Herzogthum Braunschweig, Heft 1, 2, Braunschweig 1831.

[189] «steht völlig unter der Doktrin der Rotteckschen Schule», wie *Albert Rhamm* (Kap. 7, Anm. 247) später abfällig feststellte.

[190] *K. Steinacker*, Braunschweig, in: *Rotteck-Welcker*, Staats-Lexikon, 2. Aufl., Bd. 2 (1846), 612–655.

[191] Die 1849 beschlossene neue Verfassung trat nur in Schwerin in Kraft. Die daraus entstandenen Streitigkeiten wurden 1850 durch Außerkraftsetzung dieser Verfassung beigelegt.

[192] *Mohl* II, 385.

[193] *A. N. Rötger*, Allgemeines Repertorium der Gesetzgebung für die mecklenburg-schwerinschen Lande, 2 Bde, Güstrow 1824, 1825; *F. W. Boccius*, Repertorium der in dem Großherzogthum Mecklenburg-Strelitz geltenden Verordnungen, Neustrelitz 1827; *C. v. Dewitz*, Mecklenburg-Strelitzer Gesetze, Verordnungen und Verfügungen aus den Jahren 1827 bis incl. 1838 ... Friedland 1840; *F. Genzken*, Alphabethisch-chronologisches Verzeichnis der in der Offiziellen Beilage zu den Mecklenburgisch-Strelitzschen Anzeigen bis Ende 1848 publizierten Verordnungen, Neubrandenburg 1849; *G. M. Masch* (Hg.), Gesetze, Verordnungen und Verfügungen, welche für das Fürstenthum Ratzeburg erlassen sind, Schönberg 1851.

Greifswalder Professors Emanuel Friedrich Hagemeister (1764–1819)[194] und der sechsbändigen «Beiträge» des damaligen mecklenburgischen Beamten Karl Albert Christoph Heinrich von Kamptz (1769–1849),[195] bis diese erst 1860 durch modernere ersetzt wurden.[196] In der neueren Darstellung waren immerhin die ab 1850/1853 existierenden Fachministerien sowie eine Reihe administrativer Verbesserungen[197] zu registrieren. Da es eine wirkliche Verfassungsfrage nur 1849–50 zu erörtern gab, stand die für die «Verbürgerlichung» des Adels sehr kennzeichnende Streitfrage im Vordergrund, ob bürgerliche Rittergutsbesitzer auch ständische Mitspracherechte haben sollten.[198]

9. Sachsen, Thüringen

a) Königreich Sachsen

Die Verhandlungen des Wiener Kongresses, bei denen es Sachsen als Verlierer besonders schwer hatte, führten zu einer Halbierung des Landes.[199] Die Regierung setzte zwar einige Verwaltungs- und Gesellschaftsreformen durch,[200] fand aber nicht den Anschluß an die konstitutionelle Bewegung. Die altständische Verfassung bewahrte den aristokratischen Privilegienstaat und den faktisch uneingeschränkt absolutistischen Regierungsstil, während die ökonomisch besonders fortgeschrittene und schon mit der sozialen Frage kämpfende Gesellschaft[201] politisch bevormundet blieb. Die Urteile über die Zeit vor 1830 sind eindeutig: «Der zäh am Alten und Überlebten hängende, auf eine pedantische Hofetikette bedachte, durch den Konfessionsunterschied von seinen Untertanen getrennte, von ultrakonservativen Räten umgebene König war jeder Reform und jeder freieren Regung unzugänglich»[202] und: «Stagnation und Energielosigkeit kennzeichnen die Regierungstätigkeit zu jeder Zeit, die gerade im gewer-

[194] *E. F. Hagemeister,* Versuch einer Einleitung in das Mecklenburgische Staatsrecht, Rostock und Leipzig 1793. Zu ihm *Th. Pyl,* ADB 10 (1879), 329f.

[195] *K. A. v. Kamptz,* Beiträge zum mecklenburgischen Staats- und Privatrechte, I–VI, Neustrelitz 1795–1805; *ders.* Civilrecht der Herzogthümer Mecklenburg, 2 Theile, Schwerin 1805–06. Zu *Kamptz* vgl. *Wippermann,* ADB 15 (1882), 66–75; *P. Baumgart,* Kamptz, NDB 11 (1977), 95–97.

[196] *J. Wiggers,* Das Verfassungsrecht im Großherzogthum Mecklenburg-Schwerin, Berlin 1860; *ders.* Staatskunde der beiden Großherzogthümer Mecklenburg, Wismar und Ludwigslust 1861.

[197] *Th. Klein,* Großherzogtum Mecklenburg-Schwerin, Großherzogtum Mecklenburg-Strelitz mit Fürstentum Ratzeburg, in: DVG II (1983), 720–727, 728–730.

[198] *K. A. v. Kamptz,* Prüfung der landschaftlichen Rechte der bürgerlichen Grundbesitzer in Mecklenburg, Berlin 1844–45; *M. Lüders,* Mecklenburgische Zustände, Bd. 1, Leipzig 1844. Weitere Angaben bei *Mohl,* II, 386, Anm. 3.

[199] *Huber* I, 564–575; *K. Blaschke,* Königreich Sachsen und thüringische Staaten, in: DVG II, 1983, 608–611.

[200] *G. Schmidt,* Die Staatsreform in Sachsen in der ersten Hälfte des 19. Jahrhunderts. Eine Parallele zu den Steinschen Reformen in Preußen, 1966; *ders.* Reformbestrebungen in Sachsen in den ersten Jahrzehnten des 19. Jahrhunderts, 1969; *R. Gross,* Die bürgerliche Agrarreform in Sachsen in der ersten Hälfte des 19. Jahrhunderts, 1968.

[201] *R. Forberger,* Die Industrielle Revolution in Sachsen 1800–1861, Bd. 1, 1982; *R. Groß,* Die bürgerliche Agrarreform in Sachsen in der ersten Hälfte des 19. Jahrhunderts. Untersuchungen zum Problem des Übergangs vom Feudalismus zum Kapitalismus in der Landwirtschaft, 1968; *H. Kiesewetter,* Industrialisierung und Landwirtschaft. Sachsens Stellung im regionalen Industrialisierungsprozeß Deutschlands im 19. Jahrhundert, 1988.

[202] *Huber* II (1960), 77. Zur Regierung vgl. *K. Blaschke,* Das Königreich Sachsen 1815–1918, in: *K. Schwabe* (Hg.), Die Regierungen der deutschen Mittel- und Kleinstaaten 1815–1933, 1983, 81–102.

bereichen Sachsen eine tatkräftige staatliche Politik und wirksame Maßnahmen auf dem Gebiet von Wirtschaft und Gesellschaft erfordert hätte.«[203] Erst 1830/31 gelang auf Druck der aufständischen Bevölkerung und des Reformflügels der Beamtenschaft der Übergang zu konstitutionellen Zuständen und liberalerer Regierungspraxis, jedenfalls bis 1843.[204] Die Verfassung vom 4. 9. 1831 schuf ein Zweikammersystem, einen Katalog von Grundrechten, einen Staatsrat und einen Staatsgerichtshof, stärkte aber in zahlreichen Fragen auch die monarchische Prärogative.[205]

So bildet das Jahr 1831 auch eine Art Grenzlinie der Literatur zum sächsischen öffentlichen Recht des Vormärz. Die älteren Darstellungen von SPILLER VON MITTERBERG,[206] RÖMER[207] und WEISSE[208] waren kaum mehr verwendbar. Die neue konstitutionelle Grundlage erforderte einen Neuanfang. Zunächst einmal erschienen zahlreiche Flugschriften und Gutachten, viele von ihnen anonym.[209] Gleichzeitig versicherte man sich der Entstehung der Verfassung, etwa anläßlich der ersten Jahresfeier 1832[210] und kommentierte sie, meist in populärer Form «für den Bürger und Landmann», wie dies auch in anderen Ländern versucht wurde.[211] An rechtspolitischen Wünschen wurden der Anschluß an den Zollverein, ein neues Wehrpflichtgesetz und Verbesserungen der Rechtspflege genannt.[212] Es ist deutlich zu spüren, daß die publizistische Kultur des Landes vor 1831 brachlag. Weder gab die Universität Leipzig dem Landesstaats- und Verwaltungsrecht wissenschaftliche Impulse,[213] noch forderte umgekehrt die Staatspraxis die Wissenschaft zur Kommentierung und systematischen Aufbereitung heraus.

Die unvollendete Darstellung «Verfassung und Verwaltung des Königreichs Sachsen» von FRIEDRICH (VON) BÜLAU (1805–1859)[214] stammt von einem Philosophen und

[203] *Blaschke* (Anm. 199), 611.

[204] *Huber* II (1960), 76–83 m. w. Nachw.; *R. Muhs*, Zwischen Staatsreform und politischem Protest. Liberalismus in Sachsen zur Zeit des Hambacher Festes, in: *W. Schieder* (Hg.), Liberalismus in der Gesellschaft des deutschen Vormärz, 1983, 194–238.

[205] *C. D. v. Witzleben*, Die Entstehung der konstitutionellen Verfassung des Königreichs Sachsen, Leipzig 1881.

[206] *C. H. L. W. Spiller v. Mitterberg*, Neue Beiträge zum Staats-Rechte und zur Geschichte von Sachsen, Eisenach 1801.

[207] *K. H. v. Römer*, Staatsrecht und Statistik des Churfürstenthums Sachsen und der dabei befindlichen Lande, 2 Bde, Halle 1787/88; 3. Theil, Wittenberg 1792.

[208] *C. E. Weiße*, Lehrbuch des Königlich Sächsischen Staatsrechts, Bd. I, Leipzig 1824, Bd. II, 1827.

[209] Zusammenstellung bei *H. G. Opitz*, Das Staatsrecht des Königreichs Sachsen, Bd. 1, Leipzig 1884, 52, Anm. 1.

[210] *H. Just*, Geschichte der Sächsischen Verfassung. Nebst einer Würdigung des Inhalts der Verfassungs-Urkunde, Zittau 1832; *W. T. Krug*, Verhandlungen des ersten Landtags im Königreiche Sachsen nach der neuen Verfassung. Ein Beitrag zur Geschichte der Entwicklung des konstituzionalen Lebens in Deutschland, Leipzig 1833; *Z. A. H.*, Das Wirken der Staatsregierung und Stände im Königreich Sachsen, Leipzig 1834.

[211] *E. Hermsdorf*, Die Verfassungs-Urkunde für das Königreich Sachsen vom 4. September 1831 mit den sie ergänzenden Bestimmungen, Leipzig 1839 (nach einer historischen Einleitung lediglich die Texte von Verfassung und inzwischen ergangenen Gesetzen); *F. Reimar*, Die Verfassung des Königreichs Sachsen. Für den Bürger und Landmann, Leipzig 1831; *M. A. Richter*, Erklärung der Verfassungsurkunde des Königreichs Sachsen, Zwickau 1832; *an.* Was lehrt die Konstitution dem Landmanne?, Leipzig 1831; *J. Sporschill*, Bemerkungen über die Verfassungs-Urkunde des Königreichs Sachsen, Leipzig 1832.

[212] *Just* (Anm. 210), 45 ff.

[213] *W. Bruchmüller*, Beiträge zur Geschichte der Universitäten Leipzig und Wittenberg, Leipzig 1898; *M. Steinmetz* (Hg.), Bedeutende Gelehrte in Leipzig I., 1965; Leipzig. Aufklärung und Bürgerlichkeit (Wolfenbütteler Studien zur Aufklärung, hrsgg. v. *W. Martens*, Bd. 17), 1990.

[214] *F. Bülau*, Darstellung der Verfassung und Verwaltung des Königreichs Sachsen. Aus staats-

Staatswissenschaftler, der zudem, politisch konservativ und als Regierungszensor der Zeitschriften tätig, die neue Verfassung mit Vorsicht betrachtete. Das Werk behandelt lediglich den neuen Zustand nach 1831, also das Verfassungsrecht, berichtet aber – auf der Grundlage eines älteren «vorkonstitutionellen» Manuskripts – relativ breit über die vergangenen Zustände. Die Darstellung entspricht der Verfassung selbst und dem ihr immanenten Dualismus: Dem Staatsgebiet (§§ 3–12) folgen der Monarch (§§ 13–23) und die Ständeversammlung (§§ 24–42). Nur in knappen Abschnitten wird anschließend über Freiheits- und Gleichheitsrechte, Rechtsschutz sowie über die inneren und äußeren Garantien der Verfassung berichtet. Die spätere kritische Beurteilung, die es erfahren hat, liegt wohl auch an der erzählenden Darstellungsweise, am hohen Anteil historischer Elemente sowie an der noch wie selbstverständlich gehandhabten Verbindung rechtlicher und politischer Gesichtspunkte.[215]

Unvollendet war auch das zweite sächsische Lehrbuch, dem MOHL «weit mehr Selbständigkeit und juristischen Sinn» bescheinigt hat,[216] obwohl sein Verfasser, der Referendar FRIEDRICH MILHAUSER, gerade MOHL heftig angriff. MILHAUSER lehnte sich engstens an ROMEO MAURENBRECHER an und wehrte insbesondere alle Gedanken an Staats- oder gar Volkssouveränität ab. Der Fürst galt ihm als Besitzer des Staats, und so gelangte er zu der bemerkenswerten Definition des königlich sächsischen Staates als «der zur Erreichung der höchsten Bestimmung des Menschen mit einer höchsten, äußern, im Besitze des fürstlich sächsischen Hauses albertin'scher Linie befindlichen Gewalt bestehende, nach einer bestimmten Verfassung eingerichtete Verein sämmtlicher Bewohner der Länder des genannten Fürstenhauses».[217] Methodisch war er mißtrauisch gegenüber der kritischen Funktion des gemeinen deutschen Staatsrechts und der «geistreichen» allgemeinen Staatslehre: «Das System eines positiven Staatsrechts soll nicht geistreich in diesem Sinne, es soll reich an beurkundetem Material und an zweckmäßiger Ordnung sein.»[218] Der vorliegende Torso enthält eine kleine allgemeine Staatslehre als Einleitung, einen längeren geschichtlichen Teil sowie ein systematisches positives Staatsrecht (Monarch, Stände, Staatsbeamte, Gemeindeverfassung). Seine Behandlung des Staatsrechts, wurde später gesagt, «streift ... oft an das Civilistische und trägt dadurch sowie durch einen sehr fühlbaren Mangel an Unübersichtlichkeit in der Gruppierung des Inhalts und der Einordnung des Einzelnen dazu bei, dieses sonst durchgängig den Fleiß des Verfassers bekundende Werk für den Praktiker fast unbrauchbar zu machen».[219]

Ein einzelnes Werk widmete sich dem «auswärtigen Staatsrecht» Sachsens,[220]

rechtlichem und politischem Gesichtspunkte, Erster Theil Verfassung und Verfassungsrecht, Leipzig 1833. Eine Vorstufe bildet *F. Bülau*, Nonulla de dynastis in Saxonia regia, Leipzig 1833. Zu ihm *an.* ADB 3 (1876), 512f. *C. F. Wurm*, aaO. 363–378 lobt das Lehrbuch als systematische constitutionelle Darstellung, *Mohl* II, 364 tadelt, «dass nur geringer positiver Stoff geboten wird». Zu seinen volkswirtschaftlichen Auffassungen *W. Roscher*, Geschichte der National-Oekonomik in Deutschland, München und Berlin 1874, 2. Aufl. 1924, 902ff.

[215] *Bülau*, aaO., § 1 «Begriff und Zweck».

[216] *Fr. Milhauser*, Das Staatsrecht des Königreichs Sachsen, mit Einschluß des Privatfürstenrechts und der völkerrechtlichen Verhältnisse, systematisch dargestellt, in zwei Bänden, Leipzig 1839.

[217] aaO., § 7.

[218] Vorwort, V.

[219] *H. G. Opitz*, Das Staatsrecht des Königreichs Sachsen, 2 Bde, Leipzig 1884, 1887, Bd. 1, 53.

[220] *J. Grünler*, Beiträge zum Staatsrecht des Königreichs Sachsen (Auswärtiges Staatsrecht), Dresden und Leipzig 1838; das Buch von *Traugott Märcker*, Diplomatisch-kritische Beiträge zur Geschichte und zum Staatsrechte von Sachsen, Bd. I

durchweg positivistisch nach der «practischen Methode», die, wie GRÜNLER sich ausdrückte, «als Moser und Pütter lehrten, bereits als die beste anerkannt war, später aber durch Einmischung philosophischer Speculationen und moderner politischer Theorieen aus den Lehrbüchern des Staatsrechts verdrängt worden war».[221]

Im Bereich des Verwaltungsrechts stand das – damals noch weit verstandene – Polizeirecht im Vordergrund des Interesses,[222] «vielleicht», sagte der königlich sächsische Oberhofgerichtsauditor CARL VON SALZA UND LICHTENAU, «verdanken wir dem Mißbrauche einer geheimen Polizei, welche die Schrecken einer politischen Inquisition in den Schoos der Familien trug, zum Theil eine Aufmerksamkeit, die von so wohlthätigen Folgen (sc. für Polizei und Polizeiwissenschaft) gewesen ist.»[223] Er verband eine allgemeine Darstellung des Polizeiwesens mit den speziellen sächsischen Regelungen zur Sicherheitspolizei (1. Buch) und zur Ordnungs- und Wohlfahrtspolizei (2. Buch) und lieferte auf diese Weise ein brauchbares Kompendium der «Polizei», nicht dagegen – trotz des Titels – des Polizeirechts.

Neben der Polizei nahmen etwa die Probleme der Liberalisierung des Grundeigentums[224] die literarischen Kräfte in Anspruch. Freilich war der rechtswissenschaftliche Anspruch dabei insgesamt bescheiden. Die Tendenz war «rein praktisch», weshalb «auch alle Ansichten der bloßen Theorie, insofern sie nicht in der positiven Gesetzgebung ihre Bestätigung gefunden, unberücksichtigt» blieben.[225] Ein Werk, das etwa MOHLS zweitem Band des württembergischen Staatsrechts entsprochen hätte, ist in Sachsen vor 1848 nicht erschienen.

b) Die sächsisch-thüringischen Kleinstaaten

Eine gewisse Ausnahme unter den Kleinstaaten stellen das Großherzogtum Sachsen-Weimar-Eisenach und die Herzogtümer Sachsen-Meiningen und Sachsen-Altenburg dar. Sie waren zu klein, um eine eigene publizistische Kultur zu entfalten, genossen aber kulturellen Ruhm und waren schon früh «Verfassungsstaaten»,[226] Sachsen-Weimar seit 1816, Sachsen-Meiningen seit 1823/29,[227] Sachsen-Altenburg seit 1831.[228]

(Das Burggrafthum Meissen), Leipzig 1842, ist ein bis in das späte 16. Jahrhundert reichender Beitrag zur Territorialgeschichte, der trotz seines publizistischen Titels nicht hierhergehört.

[221] *Grünler* (Anm. 220), V.

[222] *C. v. Salza und Lichtenau,* Handbuch des Polizeirechtes, mit besondrer Berücksichtigung der im Königreiche Sachsen geltenden Polizeigesetze, 2 Theile, Leipzig 1825, 2. Aufl. Leipzig 1842; als Fortsetzung dieses Werkes, zur Informierung der «unteren Polizeiofficianten» *F. E. Heckel,* Sachsens Polizei, Dresden und Leipzig 1840; *C. E. Flath,* Systematische Darstellung des im Königreiche Sachsen geltenden Polizei-Rechts, I–III, Leipzig 1841–42, ein Kompendium des geltenden Rechts, das ebenfalls keinen Anspruch erhebt, Polizei«wissenschaft» zu sein.

[223] *v. Salza und Lichtenau* (Anm. 222), 1825, Vorrede VI.

[224] *C. A. Fischer,* Leitfaden zur theoretischen und practischen Kenntniß der Gemeinheitstheilungen und Ablösungen, gegründet auf die deshalb in den Königreichen Preußen und Sachsen 1821 und 1832 ergangenen Gesetze, Meissen 1839.

[225] *Flath* (Anm. 222), Vorwort.

[226] *F. Hartung,* Das Großherzogtum Sachsen unter der Regierung Carl Augusts 1775–1828, 1923; *H. Tümmler,* Großherzog Carl August von Sachsen-Weimar-Eisenach im letzten Jahrfünft seines Lebens und Wirkens 1823–1828, in: Festschr. Schlesinger, Bd. I, 1973.

[227] *W. Kircher,* Das Staatsrecht des Herzogtums Sachsen-Meiningen, Freiburg 1884.

[228] *K. H. L. Pölitz,* Das constitutionelle Leben, nach seinen Formen und Bedingungen dargestellt, Leipzig 1831; *ders.* Andeutungen über den staatsrechtlichen und politischen Charakter des Grundgesetzes für das Herzogthum Sachsen-Altenburg vom 29. August 1831 mit vergleichen-

Besonders in Sachsen-Weimar gab es nicht nur die übliche offiziöse Vorschriftensammlung[229] und ein summierendes Handbuch,[230] sondern auch ein unvollendetes Lehrbuch[231] aus der Feder des leitenden Beamten des Großherzogtums. Sein Autor, CHRISTIAN WILHELM SCHWEITZER (1781–1856),[232] orientierte sich am Lehrbuch des sächsischen Staatsrechts von WEISSE (1824) und gliederte in traditioneller Weise so, daß er zunächst das Verfassungsrecht («Regent, Unterthanen, Landstände, Staatsdiener, Staatsgebiet»), dann das Verwaltungsrecht und schließlich die auswärtigen Beziehungen des Staates schildern wollte. Nur der verfassungsrechtliche Teil ist allerdings in knapper und klarer Form ausgeführt worden, wobei der Schwerpunkt auf den Landständen und dem Beamtentum lag. Auf diese Weise war wenigstens teilweise das Fundament für eine spätere Darstellung gelegt.[233]

10. Schleswig, Holstein, Lauenburg

Klarer als in allen anderen Territorien bestätigt sich hier die Beobachtung, daß politische Unruhe zu lebhafter staatsrechtlicher Tagesproduktion führt, daß aber wissenschaftliche Ansprüche an rationale dogmatische Arbeit, wie sie im zeitgenössischen Zivilrecht durchaus aufrechterhalten wurden, absinken. Die Auseinandersetzungen zwischen dem dänischen König FRIEDRICH VI. (1808–1839) bzw. seinen Nachfolgern CHRISTIAN VIII. (1839–1848) und FRIEDRICH VII. (1848–1863), den einheimischen Ständen und dem Deutschen Bund, die von 1815 an über die Verfassungs- und Nationalitätskrisen der Jahre 1823, 1831/35,[234] 1848–52[235] bis zum deutsch-dänischen Krieg von 1864 und der Augustenburger Frage und zum preußisch-österreichischen Konflikt von 1866 führten,[236] absorbierten alle publizistischen Energien. Die Kieler Universität wurde ein «Zentrum des romantisch-nationalen Frühliberalismus».[237] JOHANN FRIEDRICH REITEMEIER,[238] FRIEDRICH CHRISTOPH DAHLMANN,[239] GEORG BESE-

der Rücksicht auf die Verfassungen von Schwarzburg-Sondershausen, Churhessen, Hannover und Braunschweig, Leipzig 1831. *Pölitz* ist wohl der erste, der die Verfassungen nach 1814 und nach 1830 anhand eines systematischen Katalogs von (50) Fragen rechtsvergleichend untersucht hat. – Zur Revolution von 1830/31 siehe *V. Ruhland*, Die Rolle der Wettiner in der kleinstaatlichen bürgerlichen Revolution 1830/31 in Sachsen, in: Sachsen und die Wettiner. Chancen und Realitäten, 1990, 206ff.

229 *F. v. Göckel*, Sammlung Großherzogl. Sachsen-Weimar-Eisenachischer Gesetze, Verordnungen und Circular-Befehle, 10 Bde, 1811 bis 1850, Eisenach 1828–1854.

230 *G. W. Burckhard*, Handbuch der Verwaltung im Großherzogthum Sachsen-Weimar-Eisenach, Neustadt a. d. O. 1844.

231 *Ch. W. Schweitzer*, Das Öffentliche Recht des Großherzogthums Sachsen-Weimar-Eisenach, I. Bd., Weimar 1825.

232 *E. Wülcker*, ADB 33 (1891), 367–370.

233 *G. Meyer*, Staatsrecht des Großherzogtums Sachsen-Weimar, Freiburg 1884.

234 *P. Richter*, Aus der schleswig-holsteinischen Verfassungs- und Verwaltungsgeschichte von 1815–1835, in: Zeitschr. der Ges. f. Schleswig-Holst. Gesch. 58 (1929), 449–593.

235 *H.-G. Skambraks*, Die Entstehung des Staatsgrundgesetzes für die Herzogtümer Schleswig-Holstein vom 15. 9. 1848, 1953; *G. Chr. v. Unruh*, Das Schleswig-Holsteinische Staatsgrundgesetz von 1848, 1981.

236 Knappe Übersichten mit allen weiteren Angaben bei *K. Friedland*, Schleswig-Holstein, in: *W. Hubatsch* (Hg.), Grundriß zur deutschen Verwaltungsgeschichte 1815–1945, Bd. 9, 1977; *Huber* III (3. Aufl. 1988), 660ff.; *E. Hoffmann*, Schleswig-Holstein, HRG IV (1990), Sp. 1429 (1435ff.) sowie *W. Steiniger*, Schleswig-Holstein 1806–1892, in: DVG II, 1983, 762–784.

237 *Brandt*, 176.

238 Als Verfasser der anonymen Schrift «Die Ständeverfassung in den Germanischen Ländern, insbesondere in Dänemark und Preußen», Kiel 1815.

239 *A. Springer*, F. C. Dahlmann, Bd. 1, Leipzig 1870; *H. Christern*, F. Chr. Dahlmanns poli-

LER,[240] LORENZ VON STEIN[241] und andere[242] sind in diese Konflikte hineingezogen worden und haben auf sie reagiert, wenn nicht literarisch, so doch durch Verlassen des Landes. Auch der erste deutsche Germanistentag in Frankfurt am Main (1846), dessen Vorsitzender JACOB GRIMM war, beschäftigte sich mit den dänischen Ansprüchen auf Schleswig, Holstein und Lauenburg.

Die große Menge der Schriften zu aktuellen verfassungspolitischen Fragen[243] ist eher Gegenstand der Landesgeschichte und der deutschen Verfassungsgeschichte. Unter ihnen ragt NIKOLAUS FALCK's Abhandlung «Das Herzogthum Schleswig in seinem gegenwärtigen Verhältniß zu dem Königreich Dännemark und zu dem Herzogthum Holstein»[244] (1816) heraus. Sie hat die Diskussion über die staatsrechtliche Selbständigkeit der Herzogtümer jahrzehntelang bestimmt. Geprägt von den nationalistischen deutsch-dänischen Spannungen erinnern diese Schriften an die alten Rechtsgrundlagen,[245] sammeln das neue Material[246] und diskutieren unter heftiger Parteinahme die jeweiligen Positionen.[247] Geistiges Zentrum dieser Debatten ist die Landesuniversität Kiel mit ihrem damaligen liberalen und nationalen Profil.[248] Die juristische Fakultät war dabei aber, unter dem Einfluß des bedeutenden NIKOLAUS FALCK (1784–1850),[249]

tische Entwicklung bis 1848, in: Zeitschr. d. Ges. f. Schl.-Holst. Gesch. 50 (1921); *O. Kähler,* Dahlmann und die Schleswig-Holsteinische Ritterschaft nach dem Wiener Kongreß, in: Festschr. f. V. Pauls, 1950; *P. Schiera,* Dahlmann e il primo costituzionalismo tedesco, in: Quaderni fiorentini 1984, 383–406. Für diese frühe Phase ist besonders wichtig die Schrift «Ein Wort über Verfassung», in: Kieler Blätter Bd. 1, 1815, 47–84, 245–303, auch in: Kleine Schriften und Reden, hrsgg. v. *C. Varrentrapp,* Stuttgart 1886.

240 *B. R. Kern,* Georg Beseler. Leben und Werk, 1982 (vgl. hierzu die eingehende Besprechung von *J. Rückert,* ZRG GA 104, 1987, 399–405); *ders.* Georg Beseler – Ein Leben für das deutsche Recht, JuS 1988, 598–601 m. w. Nachw.

241 *M. Stolleis,* Lorenz von Stein, HRG IV (1990), Sp. 1942–1945 (Lit.).

242 Etwa der Mediziner *Franz Hermann Hegewisch* (1783–1865). Zu ihm *W. Klüver,* Franz Hermann Hegewisch. Ein Vertreter des älteren Liberalismus in Schleswig-Holstein, in: Nordelbingen IV (1925), 368–466; *Brandt,* 183–187.

243 *O. A. Walther,* Hand-Lexicon der juristischen Literatur des neunzehnten Jahrhunderts, Weimar 1854 (Nachdr. 1974); *Ch. V. Bruun,* Bibliotheca Danica, Systematisk Fortegnelse over den danske Literatur fra 1482 til 1830, Bd. I–V, Neudruck Kopenhagen 1961–63; *P. Volquard–O. Klose* (Hg.), Bibliographie zur Schleswig-Holsteinischen Geschichte und Landeskunde, 7 Bde, 1928–74. Hervorzuheben ist insbesondere die folgenreiche Denkschrift von *Uwe Jens Lornsen,* Über das Verfassungswerk in Schleswig-Holstein, 1830. Vgl. dazu *G. Chr. v. Unruh,* Das Schleswig-Holsteinische Staatsgrundgesetz von 1848, 1981.

244 Eine historische und staatsrechtliche Erörterung, Kiel 1816. In Falcks Sinne später *F. Rühs,* Das Verhältniss Hollsteins und Schleswigs zu Deutschland und Dänemark. Eine publizistische Darstellung, Berlin 1817; *C. v. Wimpfen,* Ueber die staatsrechtlichen Verhältnisse der Herzogthümer Schleswig und Holstein, Kiel 1831; *A. L. J. Michelsen,* Polemische Erörterung über die schleswig-holsteinische Staatssuccession, Leipzig 1844; *K. Samwer,* Die Staatserbfolge der Herzogtümer Schleswig-Holstein, Hamburg 1844; *H. Hälschner,* Die Staatserbfolge der Herzogtümer Schleswig, Holstein und Lauenburg, Bonn 1846.

245 Die historischen Landes-Rechte in Schleswig und Holstein urkundlich, Vorwort von Etatsrath *(Nikolaus) Falck* Nebst einer Zugabe von Prof. *Dahlmann,* Hamburg 1847.

246 *N. Falck,* Sammlung der wichtigsten Urkunden, welche auf das Staatsrecht der Herzogthümer Schleswig und Holstein Bezug haben, Kiel 1847.

247 So etwa zugunsten der dänischen Position in Schleswig *C. v. Wimpfen* (Anm. 244); *P. D. Chr. Paulsen,* Über Volksthümlichkeit und Staatsrecht des Herzogthums Schleswig, nebst Blicken auf den ganzen Dänischen Staat, Kiel 1832.

248 *E. Wohlhaupter,* Geschichte der juristischen Fakultät der Christian-Albrechts-Universität, in: Festschr. z. 275jährigen Bestehen der Christian-Albrechts-Universität, 1940, 49–108; *E. Döhring,* Geschichte der juristischen Fakultät 1665–1965, 1965, 96ff.

249 *Döhring* (Anm. 248), 108–114; *K. Volk,* Die Juristische Enzyklopädie des Nikolaus Falck. Rechtsdenken im frühen 19. Jahrhundert, 1970.

eher ein mäßigendes Element. Eine Denkschrift über die Sukzessionsfrage, angeregt durch den Offenen Brief des dänischen Königs von 1846, brachte allerdings fast die ganze Fakultät in Konflikt mit der Regierung.[250]

Systematische Orientierung über das öffentliche Recht der Herzogtümer bieten daher im wesentlichen nur das ältere gesamtdänische Staatsrecht von SCHLEGEL und, entgegen dem Titel, der zweite Band des «Handbuch des Schleswig-Holsteinischen Privatrechts» von FALCK,[251] der das Verfassungs- und Verwaltungsrecht auf dem Stand des Jahres 1831 enthält.

11. Die freien Städte

Eine ganz eigenständige Entwicklung nahmen die Freien Städte, soweit ihre Verfassungen die Wirren der Kriege, den Reichsdeputationshauptschluß und die folgenden napoleonischen Gebietsänderungen überstanden hatten.[252] Von der großen Zahl freier Reichsstädte blieben – nach dem Wegfall von Augsburg und Nürnberg – nur noch Frankfurt und die drei Hansestädte Hamburg, Bremen und Lübeck übrig. Diese erhielten auf dem Wiener Kongreß ihre alte Verfassung zurück[253] und wurden Mitglieder des Deutschen Bundes. Das auf die hergebrachten Monarchien zielende Gebot «landständischer» Verfassungen konnte und wollte man ihnen naturgemäß nur modifiziert auferlegen (Art. 62 WSA).[254] So kehrte Frankfurt, das kurzfristig (1810–1813) Hauptstadt des Großherzogtums Frankfurt gewesen war, mit der sog. Constitutions-Ergänzungsakte vom 19. Juli/16. Oktober 1816 weitgehend zum alten Zustand zurück, der nur notdürftig an konstitutionelle Verhältnisse angeglichen war.[255] Der Versuch, 1849 die staatsbürgerliche Gleichheit durchzusetzen, wurde 1852 vom Deutschen Bund wieder vereitelt.

Ebenso wurden die auf dem Wiener Kongreß restituierten altertümlichen Verfassungen der Hansestädte Bremen,[256] Hamburg und Lübeck[257] geringfügig dem Zeitgeist angepaßt. In Lübeck mündete die 1844 begonnene Verfassungsrevision in die Verfassung vom 8. April 1848.[258] In Bremen wurde die alte Verfassung am 8. März 1849 ab-

[250] *Döhring* (Anm. 248), 119ff.

[251] *J. F. W. Schlegel*, Staatsrecht des Königreichs Dänemark und der Herzogthümer Schleswig, Holstein und Lauenburg. Aus dem Dänischen von *F. H. W. Sarauw*, Schleswig 1829 (Zu *Schlegel* vgl. *F. Dahl*, Hovedpunkter af den danske Retsvidenskabs Historie, 1937, 38–42; *S. Juul*, in: Dansk Biografisk Leksikon, Bd. 21 (1941), 188–190, in der 3. Aufl. neubearb. v. *D. Tamm*); *N. Falck*, Handbuch des Schleswig-Holsteinischen Privatrechts, Altona, Bd. 1 1825, Bd. 2 1831, Bd. 3/1 1835, 3/2 1838, Bd. 4 1840, Bd. 5/1 1848.

[252] *G. W. Hugo*, Die Mediatisierung der deutschen Reichsstädte, Karlsruhe 1838.

[253] Art. 1, 4, 6, 12 DBA.

[254] *H. A. Zachariä*, Deutsches Staats- und Bundesrecht, Erste Abth. Göttingen 1841, §§ 102–107.

[255] *R. Koch*, Grundlagen bürgerlicher Herrschaft. Verfassungs- und sozialgeschichtliche Studien zur bürgerlichen Herrschaft in Frankfurt am Main 1612–1866, 1983; *R. Roth*, «... Der blühende Handel macht uns alle glücklich ...» Frankfurt am Main in der Umbruchzeit 1780–1825 (im Druck).

[256] *W. v. Bippen*, Geschichte der Stadt Bremen, 3 Bde, Bremen 1892–1904; *H. Kasten*, Freie Hansestadt Bremen 1564–1947, 1947; *Ch. U. Schminck-Gustavus*, Vryheit do ik ju openbar. Versuch zu einigen Aspekten der bremischen Verfassungsgeschichte, in: *V. Kröning* (Hg.), Handbuch der Bremischen Verfassung, 1991, 13–25.

[257] *M. Hoffmann*, Geschichte der freien und Hansestadt Lübeck, 2 Bde, Lübeck 1889/92; *G. Krabbenhöft*, Verfassungsgeschichte der Hansestadt Lübeck, 1969.

[258] Ersetzt durch die Verfassung vom 29. Dezember 1851, die ihrerseits bis zur Verfassung vom 5. April 1875 galt.

gelöst, freilich auch wieder 1851 revidiert. Hamburg überstand sogar die Jahre 1848/49 und kam erst am 28. September 1860 zu einem Repräsentativsystem, allerdings nicht zu voller Parlamentarisierung.

Diese Veränderungen[259] sind von der gesamten staats- und verwaltungsrechtlichen Literatur des 19. Jahrhunderts kommentierend begleitet worden. Es lag nahe, in Analogie zum «gemeinen deutschen Staatsrecht» der Monarchien auch ein «gemeines Staatsrecht der freien Städte» zu schaffen. Einzelne Autoren haben dies monographisch versucht,[260] Lehrbuchautoren wie KLÜBER[261] oder ZACHARIÄ[262] haben den freien Städten eigene Kapitel gewidmet und dabei die Gemeinsamkeiten herausgearbeitet, die Souveränität der freien Stadtgemeinde, die Hauptorgane des Rats (Senats) und der Bürgerschaft samt ihren Ausschüssen sowie die individuelle Rechtsstellung der Bürger.

Sehr ertragreich konnte diese vergleichende Betrachtung nicht sein, weil für die Praxis stets das Besondere wichtiger als das Allgemeine war. Da keine dieser Städte über eine Universität verfügte, fehlten auch Impulse von seiten der Theorie. Die der Praxis dienenden Werke dominierten deshalb, wobei Hamburg[263] und Bremen herausragen,[264] während Lübeck und Frankfurt literarisch zurückbleiben.[265]

12. Preußen

Das vormärzliche Preußen war kein Verfassungsstaat. Dies war in aller Klarheit 1806 vom FREIHERRN VOM STEIN festgestellt worden: «Der preußische Staat hat keine Staatsverfassung, die oberste Gewalt ist nicht zwischen dem Oberhaupt und Stellvertretern

[259] *R. Postel,* Hansestädte, in: DVG II, 1983, 784–811 m. w. Nachw.

[260] *Ch. de Villers,* Constitutions des trois villes anséatiques, Leipzig 1814; *an.* Freimüthige Betrachtungen über die neuen Constitutionen der freien deutschen Städte, 1–3, 1815; *J. C. Bisinger,* Vergleichende Darstellung der Staatsverfassungen der europäischen Monarchien und Republiken, Wien 1818; *A. Müller,* Einleitung zum Studium der Verfassungsgeschichte der vier freien Städte des Teutschen Bundes, Hamburg 1826; *C. F. Wurm,* Verfassungs-Skizzen der freien Städte, Hamburg 1841.

[261] *J. L. Klüber,* Öffentliches Recht des Teutschen Bundes, 3. Aufl., Frankfurt 1831, §§ 240, 241.

[262] *H. A. Zachariä,* Deutsches Staats- und Bundesrecht, Bd. 1, Göttingen 1841, §§ 102–107.

[263] *F. G. Buek,* Handbuch der Hamburgischen Verfassung und Verwaltung, Hamburg 1828; *(J. H. Bartels),* Einige Abhandlungen über Gegenstände der hamburgischen Verfassung, Hamburg 1835; *N. A. Westphalen,* Hamburgs Verfassung und Verwaltung in ihrer allmählichen Entwickelung bis auf die neueste Zeit, 2 Bde, Hamburg 1841; *ders.* Geschichte der Haupt- und Grundgesetze der hamburgischen Verfassung, 3 Bde., Hamburg 1844–46; *J. W. Christern,* Geschichte der freien Stadt Hamburg und ihrer Verfassung vom Anfang derselben bis auf den heutigen Tag, Hamburg und Leipzig 1843, 2. Aufl., 1846; *C. F. Wurm,* Hamburg, in: *Rotteck-Welcker,* Staats-Lexikon, 2. Aufl. Bd. 6, Altona 1847, 343–383. – *W. Schwarz,* Hamburgische Verfassungskämpfe in der Reaktionszeit (1850–1852), jur. Diss. Kiel 1973.

[264] *C. N. Roller,* Grundgesetze der Stadt Bremen, Leipzig 1802; *F. Bülau,* Bremen, in: *Rotteck-Welcker,* Staats-Lexikon, 2. Aufl., Bd. 2, Altona 1846, 668–670; bemerkenswert positive Beurteilung ohne entsprechende Belege («... hier ist Leben; Gegenwart und Zukunft») bei *Mohl,* II, 392.

[265] *C. W. Pauli,* Abhandlungen aus dem Lübischen Rechte, 3 Thl. Lübeck *(Asschenfeldt)* 1837–41; *C. F. Wurm,* Verfassungs-Skizzen der freien Hansestädte Lübeck, Bremen und Hamburg, Hamburg 1841; *Souchay,* Anmerkungen zu der Reformation der freien Stadt Frankfurt, 2 Bde, Frankfurt 1848–49; *R. Koch,* Grundlagen bürgerlicher Herrschaft. Verfassungs- und sozialgeschichtliche Studien zur bürgerlichen Gesellschaft in Frankfurt am Main (1612–1866), 1983; *ders.,* in *Chr. Jamme/O. Pöggeler* (Hg.), Frankfurt

der Nation geteilt.»[266] Die in der Aufbruchphase nach 1806 gegebenen und wieder erneuerten Verfassungsversprechen erwiesen sich ab 1819 als nicht mehr realisierbar. Durch die Einrichtung der Provinziallandtage 1823/24 suchte man der Verfassungsbewegung einen Schritt entgegenzukommen, ohne dem monarchischen Prinzip etwas zu vergeben. Später hat man die Verfassungsversprechen in amtlichen Erklärungen verlegen umgangen und ihre Erwähnung vermieden. Als sich der König schließlich 1847 gegen eigene Überzeugungen und Ratgeber zum Vereinigten Landtag durchgerungen hatte,[267] war es für eine organische konstitutionelle Entwicklung zu spät.[268]

Preußen verfügte jedoch über eine in das 17. Jahrhundert zurückreichende exzeptionelle Verwaltungstradition. Von Anfang an hatte das Problem bestanden, eine weit auseinandergezogene und ungünstig gegliederte Ländermasse administrativ zusammenzuhalten und einheitlich zu lenken. Die Regierungs- und Verwaltungsreformen am Beginn des 19. Jahrhunderts hatten das Kabinettsystem, eine neue Provinzial- und Behördengliederung, den Staatsrat, die kommunale Selbstverwaltung und das neue Institut des Oberpräsidenten hervorgebracht.[269] Diese Reformen haben schnell gewirkt und sind im wesentlichen akzeptiert worden, auch wenn dabei erhebliche soziale Verwerfungen entstanden.[270] Es wurde anerkannt, daß Preußen auch ohne Verfassung einen gewissen Grundbestand an ökonomischen Freiheiten und an Rechtsschutz gewährte.[271] Da es eine «Staatsverfassung» nicht gab, mußte die «Regierungsverfassung», also die Verwaltung, Ersatz bieten.[272] In der Tat scheint die preußische Verwaltung dies geleistet zu haben. «Gegen alle Proteste», so faßt THOMAS NIPPERDEY zusammen, «hat die Verwaltung an der Gewerbefreiheit festgehalten, Unpopularität und soziale Krisen im Interesse einer zukünftigen freien Gesellschaft und des Wachstums hingenommen. Dazu gehörte das Durchhalten der Heirats- und Niederlassungsfreiheit, die Mobilität der Gesellschaft, gehörte freihändlerische Zollpolitik und die Bil-

aber ist der Nabel dieser Erde. Das Schicksal einer Generation der Goethezeit, 1983.

[266] *Freiherr vom Stein,* Denkschrift vom 26./27. April 1806, in: Briefe und Schriften Bd. 2/1, 1959, 208.

[267] Siehe etwa *K. L. v. Haller,* Staatsrechtliche Prüfung des preussischen Vereinigten Landtags, nebst redlichem Rathe an den König zur Behauptung seines guten Rechts, Schaffhausen 1847.

[268] *Nipperdey* I, 331 ff.; *W. Bußmann,* Friedrich Wilhelm IV, 1990, 101 ff. Vgl. auch *H. Laube,* Erinnerungen 1841–1881, Wien 1882, 40: „Niemand glaubte 1847 an eine ernsthafte Dauer dieser preußischen Zwitterverfassung, und sie wurde auch in Preußen selbst nur wie ein bloßer Versuch zögernd in Szene gesetzt."

[269] *G. Chr. v. Unruh,* Die Veränderungen der Preußischen Staatsverfassung durch Sozial- und Verwaltungsreformen, in: DVG II, 1983, 399 ff.; *W. Rüfner,* Die Verwaltungstätigkeit unter Restauration und Konstitution, aaO. 470 ff., beide mit umfass. Nachw. – Außerdem *K. Schwabe* (Hg.), Die preußischen Oberpräsidenten 1815–1945, 1985; *M. Stolleis,* Oberpräsident, HRG III, Sp. 1153–1156; *D. Schwab,* Die «Selbstverwaltungsidee» des Freiherrn vom Stein und ihre geistigen Grundlagen (Gießener Beitr. z. Rechtswiss. 3), 1971; *A. v. Mutius* (Hg.), Selbstverwaltung im Staat der Industriegesellschaft, Festg. f. G. Chr. v. Unruh, 1983.

[270] *R. Schütz,* Preußen und die Rheinlande. Studien zur preußischen Integrationspolitik im Vormärz, 1979; *H. Schissler,* Preußische Agrargesellschaft im Wandel, 1975; *D. Blasius,* Bürgerliche Gesellschaft und Kriminalität. Zur Sozialgeschichte Preußens im Vormärz, 1976; *B. Vogel* (Hg.), Preußische Reformen 1807–1820, 1980; *dies.* Allgemeine Gewerbefreiheit. Die Reformpolitik des preußischen Staatskanzlers Hardenberg (1810–1820), 1983.

[271] *G. Landwehr,* Staatszweck und Staatstätigkeit in Preußen während der ersten Hälfte des 19. Jahrhunderts, in: *G. Köbler* (Hg.), Wege der europäischen Rechtsgeschichte, K. Kroeschell z. 60. Geb., 1987, 249–264.

[272] Hierzu eingehend *R. Koselleck,* Preußen zwischen Reform und Revolution. Allgemeines Landrecht, Verwaltung und soziale Bewegung von 1791–1848, 2. Aufl. 1975, 217 ff.

dung des Zollvereins, der einzige große Erfolg Preußens in diesen Jahrzehnten. Dazu dann Industrieförderung durch technische Bildung, Entwicklungsprojekte, Regulierung des Berg- und Hüttenwesens und der Ausbau des Verkehrswesens. Auch die Bauernbefreiung wurde, trotz aller konservativen Hemmungen, weiter durchgeführt.»[273] Schon insofern mußte in Preußen die Literatur zu Verwaltung und Verwaltungsrecht im Vordergrund stehen.

Wer sich zum preußischen Staatsrecht äußern wollte, war darauf angewiesen, die historische Entwicklung und die wichtigsten Hausgesetze der Hohenzollern zu schildern, dann aus den öffentlichrechtlichen Elementen des Allgemeinen Landrechts von 1794 die naturrechtlichen Konstruktionselemente des nachfriderizianischen Spätabsolutismus zu entwickeln, um schließlich auf die territorialen und administrativen Veränderungen der Jahrzehnte nach 1795 einzugehen. Das schon hierin liegende darstellerische Dilemma wurde dadurch verschärft, daß alle auf konstitutionelle Zustände zielenden schriftstellerischen Äußerungen ab 1819 einer scharfen Zensur unterlagen.[274]

Preußen war eben «auch der klassische Staat der Restauration».[275] Die Unterdrükkung der politischen Opposition steigerte sich nach 1819 erheblich. Adel,[276] Kirche und Militär bildeten einen Machtblock, innerhalb dessen die abweichenden liberalen Stimmen zum Schweigen gebracht wurden. Das Beamtentum, zunächst Träger der Reformen, wurde nach HUMBOLDTS Entlassung (1819) und HARDENBERGS Tod (1822) auf konservativen Kurs gebracht, und sein liberaler Flügel geriet in die Isolation. Es ist auffällig, wie oft gerade die Vorworte preußischer Darstellungen des Staats- und Verwaltungsrechts dieser Zeit betonen, eine Kritik der bestehenden Verhältnisse sei nicht beabsichtigt.[277]

Entsprechend dieser nach 1830/32 nochmals schwieriger werdenden Situation hat die preußische Staats- und Verwaltungsrechtsliteratur einen ambivalenten Charakter. Sie setzt einerseits die bedeutende Tradition der früheren Kameral- und Policeykompendien fort,[278] indem alle für die Verwaltung relevanten Einzelheiten in hervorragender Weise dokumentiert werden. Andererseits ist sie in der Beurteilung staatsrecht-

273 *Nipperdey* I, 333.

274 Vgl. etwa *C. J. Bergius,* Preußen in staatsrechtlicher Beziehung, Münster 1838, 2. Aufl. 1843, § 41; *ders.* Preussische Zustände, Münster 1844; *F. H. Hesse,* Die Preußische Preßgesetzgebung, ihre Vergangenheit und Zukunft, Berlin 1843.

275 *Nipperdey* I, 334. Grundlegend *R. Koselleck* (Anm. 272). Siehe auch die knappe Darstellung bei *W. Hardtwig,* Vormärz. Der monarchische Staat und das Bürgertum, 1985, 39ff.

276 *F. L. Carsten,* Geschichte der preußischen Junker, 1988; *R. M. Berdahl,* The Politics of the Prussian Nobility – The Development of a Conservative Ideology 1770–1848, Princeton New Yersey 1988; vgl. hierzu auch die Besprechung von *H.-Chr. Kraus,* in: Der Staat 30 (1991), 269–278.

277 So etwa *A. Mirus,* Uebersichtliche Darstellung des Preussischen Staats-Rechts, Berlin 1833, Vorwort: «Das historische Element, als Haupt-Norm, führt hier zu dem *Bestehenden,* und wo nur von diesem die Rede seyn soll, bleibt jede Aufstellung von Idealen ausgeschlossen»; ähnlich *Bergius* (Anm. 274), Vorrede: «Auch jetzt war meine Absicht nur, die wichtigeren öffentlichen Verhältnisse unseres Staats darzustellen, ohne dieselben jedoch einer Kritik zu unterwerfen.»

278 *F. Chr. J. Fischer,* Lehrbegriff sämmtlicher Cameral- und Policey-Rechte, 3 Bde, Halle 1785; *ders.* Lehrbegrif(f) und Umfang der teutschen Staatswirthschaft oder von der Verbindung mit dem Verhältnisse der Kameralwissenschaften zum teutschen Staatsrechte, Halle 1783; *G. H. v. Berg,* Handbuch des Teutschen Policeyrechts, Hannover 1799–1809; *Haase,* Handbuch zur Kenntnis des Preußischen Polizei- und Kameralwesens, 3 Bde, Magdeburg 1794–1797; *G. H. Borowski,* Abriß des praktischen Cameral- und Finanz-Wesens ... in den Königlich Preußischen Staaten, Berlin 1795 (2. Aufl., 2 Bde. 1799; 3. Aufl., 2 Bde 1805).

licher Fragen, speziell in Sachen «Konstitution» und «Nationalrepräsentation» von sprechender Stummheit oder ängstlicher Zurückhaltung. Indem man innerhalb der preußischen Verwaltung betonte, «daß der Sinn aller Classen ungleich mehr auf administrative Verbesserungen als auf Verfassungsfragen gerichtet ist»,[279] konnte man die Verfassungsfrage beiseiteschieben. Wer überzeugt war, der «ausschließliche Cultus des Constitutionswesens» sei verderblich genug gewesen, mußte Preußen loben, welches «statt Verfassungstempel zu errichten, den Genius in die Verwaltung übertrug».[280] Die Verfassung wurde hier, in der Perspektive der Verwaltung, durch «Intelligenz» ersetzt, die feierlichen Grundrechtsdeklarationen durch ihre praktische Gewährung.[281] Die preußischen Beamten pflegten sich häufig genug selbst zu bestätigen: «Die vorzügliche Organisation des Preußischen Staates ist weltbekannt.»[282]

Die Dominanz des Verwaltungsstaates über den Verfassungsstaat fand auch ihren literarischen Ausdruck. Allenthalben überlagert das Verwaltungsrecht das Verfassungsrecht, das sorgfältig dokumentierte Detail überwuchert die Grundsatzfragen. Robert Mohl hat dies 1856 richtig beobachtet, wenn er vom Verwaltungsrecht feststellte: «Theils flüchtet sich in dieses weniger missliebige Fach die zur Erörterung der Verfassungsfragen nicht zugelassene oder, unter obwaltenden Umständen, dazu nicht geneigte Thätigkeit; theils bietet in der That die in manchen Theilen vorzugsweise ausgebildete Verwaltung des Preussischen Staates dankbaren Stoff.»[283]

Die entsprechenden Werke, die übrigens durchweg Staats- und Verwaltungsrecht gemeinsam behandeln, sind nicht sehr zahlreich. Zunächst gibt es in den Jahren von 1806 bis 1830 fast nur die Auseinandersetzung mit den Reformen. Die vielfältigen literarischen Äußerungen richteten sich weniger an das Publikum und schon gar nicht an die Studenten, die weder (preußisches) Staats- noch gar Verwaltungsrecht hörten, sondern sie zielten auf aktuelle Probleme innerhalb der Verwaltung,[284] insbesondere auf die Stellung des Beamtentums selbst.[285] Es war «in einem eigentümlichen Sinne eine

[279] *G. J. M. Wehnert,* Über den Geist der preußischen Staatsorganisation und Staatsdienerschaft, Potsdam 1833, 3. Ebenso die knappe und instruktive Gesamtdarstellung des Beamtenrechts von *J. D. F. Rumpf,* Dienst- und Rechts-Verhältnisse der Preußischen Staatsbeamten, von ihrem Dienstantritte bis zu ihrem Ausscheiden, Berlin 1833, Einleitung.

[280] *Wehnert* (Anm. 279), 21.

[281] Ganz in diesem Sinne *Bergius* (Anm. 274), 2. Kapitel «Von den Staatsbürgern».

[282] *M. C. F. W. Grävell,* Anti-Platonischer Staat, Oder welches ist die beste Staatsverwaltung? Mit besonderer Rücksicht auf die Preußischen Staaten (1808), 2. Aufl., Berlin 1812, Vorbericht XI. Siehe auch aus dessen Trilogie (Der Mensch, 1815, 2. Aufl. 1818; Der Bürger, 1822) den dritten Teil: Der Regent, 2 Bde, Stuttgart 1823, 93ff. (Allgemeine Verwaltungsmaximen).

[283] *Mohl,* II, 350.

[284] Typisch *Grävell* (Anm. 282), der aus einer Denkschrift von 1807, deren Publikation der König noch von Memel aus zugestimmt hatte, ein wenig geordnetes Reformbuch entwickelte. Auf schwacher theoretischer Grundlage (Staatsvertrag, Staatszweck) präsentiert er praktische Vorschläge für Staatsorganisation und Beamtenschaft, Gliederung der Ministerien und zu zahlreichen Detailfragen. Irgendeine Wirkung scheint dieser emsig schreibende, 1818 vom Staatsdienst suspendierte Beamte (1781–1860) nicht erreicht zu haben. Vgl. *Teichmann,* ADB 9 (1879), 613–615. Zu seiner Rolle in der Paulskirche *V. Valentin,* Geschichte der Deutschen Revolution, 1930, 1970, Bd. II, 465 «der alte, graue, verdrießliche, langweilige Grävell, Jurist von der äußersten Rechten, als Märtyrer seines Rechtsgefühls 1818 suspendiert, der komisch-lästige Parlamentsquerulant und Geschäftsordnungspedant der Paulskirche».

[285] *A. W. Rehberg,* Über die Staatsverwaltung deutscher Länder und die Dienerschaft des Regenten, Hannover 1807; *F. v. Bülow,* Bemerkungen, veranlaßt durch Rehbergs Beurtheilung der Preußischen Staatsverwaltung, Leipzig 1808; *C. A. Frhr. v. Malchus,* Politik der innern Staatsverwaltung, 1. Th., Heidelberg 1823; *Grävell* (Anm. 282), Der Regent, Cap. XVI (Pragmatik

diskutierende Verwaltung. Initiativen, Pläne, Gutachten, kritische Separat-Voten, Anti-Gutachten wanderten – auch jenseits des Dienstweges – zwischen den Ministerien, den Regierungen, ja den Landräten hin und her ...»[286]

Die erste fortlaufende Darstellung des Komplexes stammt von ALEXANDER MIRUS. Sie bietet ohne wissenschaftlichen Anspruch eine «systematische Übersicht des Wichtigsten der in der Preußischen Monarchie bestehenden staatsrechtlichen Grundsätze».[287] MIRUS bekennt sich klar zur uneingeschränkten Monarchie und zum alleinigen Recht des Monarchen, über die Einführung einer Verfassung zu entscheiden. Alles andere ist «unseelige Verblendung» und «illegal». «Die Geschichte», sagt er, «zeigt uns das bedauerliche Resultat der verderblichen Meinung, daß Willkür des Volks die bestehende Verfassung ändern dürfe.»[288] Die staatsrechtlichen Partien des Buches bestehen daher im wesentlichen aus historischen Ausführungen, die ständische Gliederung des Allgemeinen Landrechts bleibt erhalten und bietet Gelegenheit, beim Adel das Adelsrecht, bei den Bürgern die Kommunalverfassung und bei den Bauern das Agrar- und Grundlastenablösungsrecht einzuschieben. Im übrigen ist alles knappes Referat, so die Darstellung der Provinzialstände, des Beamtentums, der inneren und äußeren Hoheitsrechte, der Staatsorganisation sowie – nahezu bedeutungslos – der Stellung Preußens zum Deutschen Bund.

Erheblich materialreicher und besser geordnet präsentierte sich kurz darauf das Werk des damaligen Regierungsrats KARL JULIUS BERGIUS (1804–1871).[289] Es beginnt mit dem Staatsgebiet, den Rechtsquellen und der Stellung Preußens zum Deutschen Bund, behandelt dann Staatsgewalt und Staatsoberhaupt, Pflichten und Rechte der Staatsbürger, die Religionsgesellschaften und die Sonderrechte des Adels. Es folgen Kapitel über die Verfassungsfrage und die Provinzialstände, das Beamtentum und das Militär, Staats- und Provinzialverwaltung, Steuern, Zölle, Maße und Gewichte sowie die Kommunalverwaltung. Auffällig ist dabei zum einen, wie stark aus dem Material des Allgemeinen Landrechts und der späteren Detailregelungen grundrechtsartige Positionen entwickelt und nach Art einer Verfassung katalogisiert werden,[290] zum andern, welchen Wert BERGIUS auf eine breite Darstellung der Verfassungsversprechen der Krone legt. Seine geheimen Sympathien treten auf diese Weise doch recht klar hervor.

Der Thronwechsel von 1840 weckte kurzfristig die Hoffnungen der Liberalen,[291] obwohl FRIEDRICH WILHELM IV. ausdrücklich eine «allgemeine Volksvertretung» abgelehnt hatte. Dennoch meinte ein Autor, OSTERMANN, schon 1841, Preußen habe seither «einen ungeheuren Fortschritt gemacht auf der Bahn der Entwicklung des öffentli-

des Staatsdienstes); *Wehnert* (Anm. 279); *J. D. F. Rumpf,* Der preußische Secretär. Ein Handbuch zur Kenntniss der preußischen Verfassung und Verwaltung, 9. Aufl., Berlin 1823; *ders.* Dienst- und Rechtsverhältnisse der preußischen Staatsbeamten, 2. Aufl., Berlin 1833; *Cl. Th. Perthes,* Der Staatsdienst in Preußen, ein Beitrag zum Deutschen Staatsrecht, Hamburg 1838.

286 *Nipperdey,* I, 333.

287 *A. Mirus,* Uebersichtliche Darstellung des preussischen Staatsrechts, Berlin 1833, Vorwort. Das Buch ist Minister *C. A. v. Kamptz,* der Leitfigur der preußischen Restauration, gewidmet.

288 aaO., §§ 21, 140.

289 *K. J. Bergius* (Anm. 274). Zur Biographie des späteren Professors für Staats- und Kameralwissenschaften in Breslau *Meitzen,* ADB 2 (1875), 388f.; *Lippert,* HdBStaatsWiss 2. Aufl., Bd. 2 (1899) 584.

290 So im zweiten Kapitel die Gewissens-, Meinungs-, Preßfreiheit, die persönlichen Freiheitsrechte, Eigentum und Gewerbefreiheit, Bodenfreiheit, Recht auf Armenunterstützung und Auswanderungsrecht.

291 *Th. v. Schön,* Woher und wohin? 2. Aufl., Straßburg 1842; *Bußmann* (Anm. 268), 101ff.

chen Lebens. Der Mangel eines vollständigen Systems des preußischen Staatsrechts ist daher seit dieser Zeit recht fühlbar geworden.»[292] Inhaltliche Konsequenzen wurden aber nicht gezogen. Preußen blieb weiter absolute Monarchie, die Souveränität erschien als «fideicommissarisches Eigenthum» der Dynastie.[293] OSTERMANN vermied politische Bemerkungen sorgfältig, auch da etwa, wo die Provinzialstände dargestellt werden. Weil die Verfassung tabu war, mußte von Verwaltung gesprochen werden. Aus deren Perspektive präsentierte sich der preußische Staat als rechtlich sauber geordneter Apparat. Das nach Ressorts gegliederte Verwaltungsrecht und das Beamtenrecht nahmen deshalb den größten Raum ein. Sie wurden grundrißartig, positivistisch und «klug-glatt»[294] dargeboten. Immerhin gewann das Verwaltungsrecht, nun auch unter dieser Bezeichnung, an Kontur.

Die hier sichtbare aufsteigende Linie erreicht ihren Gipfelpunkt mit HEINRICH (AUGUST) SIMON (1805–1860), dem bedeutenden preußischen Liberalen mit einer von den politischen Umständen verursachten bizarren Biographie.[295] Sein zweibändiges Werk «Das Preussische Staatsrecht»[296] beruht auf einer vorhergehenden, von ihm und anderen vorgenommenen Gesamtrevision des preußischen Gesetzesrechts und enthält deswegen die ganze Detailfülle preußischer Verwaltung. Als Gliederung ist die Legalordnung des Allgemeinen Landrechts zugrundegelegt, was sich nicht nur aus praktischen Gründen empfahl, sondern, wie bei BERGIUS, auch eine politische Aussage enthielt; denn die staatsrechtlichen Abschnitte des Allgemeinen Landrechts, die er wegen ihres aufklärerisch-naturrechtlichen Gehalts, vor allem wegen der Vertragsbindung des Herrschers ausdrücklich zugrundelegte, waren schon 1794 als Verfassungsersatz angesehen worden.[297] KARL LUDWIG VON HALLER hatte sie «revolutionär» genannt, und sie waren dies in der innenpolitischen Atmosphäre nach 1830 wohl auch.[298]

Auf diese Weise konnte SIMON das aufgeklärte friederizianische Preußen gegen das romantisch-reaktionäre Preußen FRIEDRICH WILHELMS IV. ausspielen. Das Allgemeine Landrecht bildet stets den Ausgangspunkt, dann folgen die neueren, für die gesamte Monarchie geltenden Gesetze und am Ende die partikularen Provinzialrechte. Das daraus entstehende Kompendium beginnt im ersten Band mit der ständischen Gliederung des Volkes, schildert dann Staatsaufbau und Staatsdienst sowie die Stellung der Kirchen und das Schul- und Hochschulwesen. Der zweite Band enthält die Beziehungen Preußens zum Deutschen Bund, das Staatsoberhaupt und die Staatsgewalt, die ständische Verfassung bis herunter zum Landkreis, die Staatseinkünfte und Regalien, die Justizverwaltung einschließlich der «Administrativjustiz», das Staatsangehörigkeitsrecht und das Armenwesen.

Wie um die Dominanz der Verwaltung über die Verfassung noch einmal zu doku-

[292] *W. Ostermann*, Grundsätze des preußischen Staatsrechts, Dortmund 1841; hierzu *Bergius* (Anm. 274), 42 sowie pauschal kritisch *Mohl* II, 346f. zu *Mirus, Bergius, Ostermann* und *Jacobson*.

[293] *Ostermann*, aaO., 67.

[294] *Mohl* II, 347.

[295] *J. Jacoby*, Heinrich Simon. Ein Gedenkbuch für das deutsche Volk, 2. Theile, Berlin 1865; *A. Stern*, ADB 34 (1892), 371–376; eine Kurzfassung bei *Huber*, II, 401.

[296] 2 Theile, Breslau 1844.

[297] *Koselleck* (Anm. 272).

[298] Titel 13, Theil II ALR. Hierzu *K. L. v. Haller*, Restauration der Staatswissenschaft, Bd. 1, Winterthur 1816, 192-200. Zur Debatte in Preußen dann *W. v. K. (= v. Klewitz)*, Einige Worte über die im Preußischen A. L. R. ausgesprochenen staatsrechtlichen Grundsätze, Berlin 1828; dagegen *Buchholz*, Vertheidigung der Urheber des Preußischen Landrechts gegen die Beschuldigungen eines Ungenannten, Berlin 1828.

mentieren, brachten Heinrich Simon und Ludwig von Rönne von 1840 an[299] ein vielbändiges, nach dem Ressortprinzip gegliedertes Sammelwerk des öffentlichen Rechts in Preußen heraus.[300] Hier ist nun zur Agrargesetzgebung,[301] zum Polizeiwesen mit seinen vielen Verästelungen, zum Medizinalwesen, zu Wegebau und Wegepolizei, Bauwesen und Baurecht, Gewerbepolizei, zur Kommunalverfassung[302] und zu anderen Gebieten[303] alles enthalten, einschließlich der Literatur, was überhaupt relevant sein konnte: «Der Fleiss der Sammler ist staunenswerth.»[304] Dieses Kompendium belegt nebenbei die These, Preußen sei in der ersten Hälfte des 19. Jahrhunderts, die wohlfahrtsstaatliche Linie des 18. Jahrhunderts fortsetzend, weit über bloße Sicherheitsgewährung eines «Nachtwächterstaates» hinausgegangen, primär in der Wirtschaftsförderung und im kulturellen Bereich, seit den vierziger Jahren dann aber auch bei der Arbeiterschutzgesetzgebung.[305]

Mohls abfälliges Gesamturteil über die staats- und verwaltungsrechtliche Literatur des vormärzlichen Preußen, es gebe «weder etwas Umfassendes und Systematisches, noch eine gute Monographie»,[306] erklärt sich aus der Perspektive des süddeutschen Konstitutionalismus. Die staatsrechtliche Literatur konnte nicht besser oder freiheitlicher sein als die Zustände selbst. Wissenschaftlich anspruchsvolle Darstellungen konnten ohne die Anregungen und Herausforderungen der Universitätsausbildung nicht entstehen. Was Mirus, Ostermann, Rinne,[307] Bergius, Simon, Rönne und Jacobson[308] lieferten, diente der Information der Bürokratie selbst sowie der Abgeordneten der Provinzialstände. Für eine frei diskutierende wissenschaftliche Literatur fehlte der geistige und der verfassungsrechtliche Hintergrund. Auch die für Süddeutschland so typischen katechismusartigen Unterweisungen der Bürger über ihre verfassungsmäßigen Rechte konnte es nicht geben. Daß gerade hier ein von der Zensur unterdrückter Bedarf vorlag, zeigen die spektakulären Verkaufszahlen einer gleich nach Aufhebung

[299] *Simon* mußte 1849 in die Schweiz flüchten. Er setzte von dort aus die Arbeit fort, aber der Verleger erzwang die Streichung des politisch belasteten Namens vom Titelblatt. Siehe auch *W. Fiedler* (Hg.), Die erste deutsche Nationalversammlung 1848/49, 1980, 14f.

[300] *L. v. Rönne/H. A. Simon*, Die Verfassung und Verwaltung des Preußischen Staates, Breslau 1840–1854.

[301] *E. M. Schilling*, Handbuch des Landwirthschafts-Rechts der deutschen Bundesstaaten, Teil 2, Landwirtschafts-Recht des Kgl. preußischen Staats, Leipzig 1829; *W. Dönniges*, Die Land-Kultur-Gesetzgebung Preußens, 5 Bde, Berlin bzw. Frankfurt/O. 1842–1850.

[302] *L. v. Rönne*, Die Preußischen Städte-Ordnungen vom 19. November 1808 und vom 17. März 1831 mit ihren Ergänzungen und Erläuterungen durch Gesetzgebung und Wissenschaft, Breslau 1840; *ders.* Die Gemeinde-Verfassung des Preußischen Staates, Breslau 1843; *ders.* Die Gemeinde-Ordnung und die Kreis-, Bezirks- und Provinzialordnung für den Preußischen Staat ... Brandenburg 1850. *Rönne* lieferte, wie er selbst treffend sagt (Vorwort, 1840), «ein brauchbares und nützliches Hülfsmittel, nicht allein für Beamte und namentlich für Kommunal- und Administrativ-Beamte, sondern auch für den bei der städtischen Kommunal-Verwaltung interessierten Bürgerstand». Nach einer knappen historischen Einleitung werden die Städteordnungen mit allen Änderungen dokumentiert und kommentiert. – Weitere Literaturangaben bei *Mohl* II, 354.

[303] *Mohl*, II, 352.

[304] *Mohl*, II, 346.

[305] *Landwehr* (Anm. 271).

[306] *Mohl*, II, 347.

[307] *J. Ch. Rinne*, Handbuch der Preußischen inneren Staatsverwaltung, 3 Bde, Liegnitz 1840 (unvollendet).

[308] *H. F. Jacobson*, Der Preußische Staat. Eine übersichtliche Darstellung seiner Bildungsgeschichte, seiner Gesetzgebung, Verfassung und Verwaltung, Leipzig 1854, eine enzyklopädisch komprimierte Kurzfassung «des positiven Rechtes in wissenschaftlicher Form, weder politisirend, noch polemisch» (Vorwort).

der Zensur erschienenen Schrift[309] sowie die von «Zensurflüchtlingen» aus dem Ausland hereinkommenden Schriften.[310]

1850 endlich konnte LUDWIG VON RÖNNE (1798–1865)[311] seinen Verfassungskommentar mit dem Satz eröffnen: «Preußen – bis dahin ständische Monarchie – ist durch die Ereignisse des Jahres 1848 in die Reihe der constitutionellen Staaten eingetreten.»[312] Indem er dort alle Textstufen der von ihm selbst in der Ersten Kammer mitberatenen revidierten Verfassung dokumentierte, trug er dazu bei, die Rückkehr zu verfassungslosen Zeiten endgültig zu verriegeln. Damit war die Grundlage für erneute Materialsammlungen,[313] vor allem aber für neue Darstellungen des preußischen Staatsrechts geschaffen.[314]

13. Österreich

Die österreichischen Verfassungs- und Verwaltungsprobleme lassen sich mit denjenigen Preußens kaum vergleichen. Die Habsburgermonarchie war ein dynastisch überwölbter Vielvölkerstaat. Das bedeutete, daß die Regierung den systemsprengenden Bewegungen des Nationalismus und des Liberalismus von vornherein feindlich gegenüberstehen mußte. Das «System Metternich» zielte auf Stabilität um jeden Preis. Eine gewisse innere Logik war dem nicht abzusprechen, auch wenn die politischen Kosten dafür hoch sein mochten. Stabilität in Europa, METTERNICHS außenpolitische Leitlinie, war ein hochrangiges Ziel, zumal der Boden immer noch von revolutionären Beben erschüttert wurde. Das ständige Drängen METTERNICHS, innerhalb des Deutschen Bundes die auf «Verfassungen» und politische Mitsprache drängende Opposition unter Kontrolle zu halten, war diktiert vom Trauma allgemeiner Destruktion der legitimen Ordnung.

Dies galt ebenso für die Bändigung der bedrohlichen Spannungen im Innern. Die Idee des Nationalstaats war speziell für die weit ausgreifende Doppelmonarchie uner-

[309] *E. G. G. v. Bülow-Cummerow,* Preußen, seine Verfassung, seine Verwaltung, sein Verhältniß zu Deutschland, 2 Bde, Jena 1842, 1843. Zum Verfasser (1775–1851), dem originellen Großagrarier und politischen Schriftsteller, der sich zu allen Themen preußischer Innen- und Außenpolitik, vor allem aber zu Fragen des Agrarkredits äußerte, vgl. *Meitzen,* ADB 3 (1876), 517–520; *E. Krauß,* Ernst von Bülow-Cummerow, ein konservativer Landwirt und Politiker des 19. Jahrhunderts, Berlin 1937; *ders.* in: Pommersche Lebensbilder 4 (1966), 228–240.

[310] *L. Buhl,* Die Verfassungsfrage in Preußen nach ihrem geschichtlichen Verlaufe. Besonderer Abdruck aus dem deutschen Staatsarchiv, Zürich und Winterthur 1842.

[311] *Wippermann,* ADB 29 (1889), 133–136. *Rönne,* geb. in Seestermühe b. Elmshorn, hatte an der Schlacht von Waterloo teilgenommen, studierte dann in Kiel und Berlin Rechtswissenschaft, ging 1820 in den preußischen Staatsdienst, war 1823 Assessor am Kammergericht in Berlin, hatte dann verschiedene Verwaltungsposten inne, 1831 bei der Regierung in Potsdam. 1834 ging er in die USA, war 1843 Präsident des Handelsamtes und wurde Mitglied des Staatsrates. 1848 Mitglied der Nationalversammlung (Casino), Vorsitzender des volkswirtschaftlichen Ausschusses, zugleich Gesandter in Washington. 1857 im Ruhestand, wurde er 1858 als Liberaler in das preußische Abgeordnetenhaus gewählt, gehörte ab 1862 der Fortschrittspartei an und stand somit im Verfassungskonflikt gegen Bismarck. Siehe unten Kap. 7, Anm. 137f.

[312] *L. v. Rönne,* Die Verfassungs-Urkunde für den Preußischen Staat, vom 31. Januar 1850, Nebst einem Nachtrage, Berlin 1852.

[313] *W. Stieber,* Die Gesetzgebung des Preußischen Staats seit Einführung der constitutionellen Regierungsform nach den neuesten Beschlüssen der Kammern geregelt ... Berlin 1850.

[314] *Jacobson* (Anm. 308); *L. v. Rönne,* Das Staatsrecht der preussischen Monarchie, Leipzig 1856ff.

träglich.[315] Tschechen, Slowaken, Ungarn, Serben, Kroaten, Italiener, Deutsche und eine starke jüdische Minorität, von regionalen Identitäten ganz zu schweigen, sollten hier miteinander auskommen.[316] Dies gelang durch die – damals noch – fortwirkende Integrationskraft der Dynastie, durch die andererseits nur mangelhaft durchgeführte Zentralisierung, die den Ländern Spielräume ließ, sowie durch einen spezifischen, zu Unrecht oft belächelten Verwaltungsstil, der Konflikte durch hinhaltende Untätigkeit absorbierte und revolutionäre Energien durch Indolenz aufzehrte. Neuerer erlahmten in diesem System schnell, aber andererseits bot es Nischen und Lücken, Formelkompromisse und eine gewisse nonchalante Lässigkeit der Administration.

Die Abwehrhaltung gegen den Liberalismus war zum einen wirtschaftlich begründet; das Land war von der industriellen Revolution noch kaum erfaßt. Eine an sich dringend notwendige Entfesselung ökonomisch ungenutzter Energien stieß in diesem «durch feudale Bindungen, Zünfte, Monopole, Mauten und Zwischenzölle strangulierten Agrarstaat»[317] auf große Schwierigkeiten. Zum andern bedrohten liberale Ideen die Bürokratie selbst, die den in Österreich noch ungebrochenen spätabsolutistischen Wohlfahrtsstaat verwaltete.[318] Gegen diese beharrenden Kräfte konnten sich die Liberalen, die sich vor allem gegen die ständige Präsenz und Einmischung des bürokratischen Apparats in alle Lebensverhältnisse wehrten, nicht durchsetzen. Auf die Bürokratie war auch ernsthaft nicht zu verzichten, bildete sie doch die einzige wirkliche Klammer über den verschiedenen Landesteilen und Völkern.[319] Überdies war sie selbst – partiell mindestens – in Form des «Hofratsliberalismus» auch ein Modernisierungsinstrument.

Die Historiker sind sich allerdings einig, daß das österreichische System insgesamt, je länger desto mehr, ein «System der Stagnation» geworden war.[320] Es wurde schon unter Franz I., erst recht aber ab 1835 unter dem kranken Ferdinand I. wenig wirksam regiert. Militär und Bürokratie bildeten die inneren Stützen, vor allem durch Kontinuierung des gesamtstaatlich-dynastischen Bewußtseins. Die leitenden Positionen waren adelig besetzt,[321] politische Mitsprache des Bürgertums außerhalb der be-

[315] Vgl. die aus der Hoffnung auf einen Sieg über *Napoleon* erwachsene Äußerung von *Dorothea Schlegel* in einem Brief an *Rahel Varnhagen* von 1815: «So werden wir doch mit Gottes Hilfe endlich von dem Gespenst dieser sogenannten Nation befreyt werden ... Es lebe Wahrheit und Ordnung!» (zit. bei *C. Stern*, «Ich möchte mir Flügel wünschen». Das Leben der Dorothea Schlegel, 1990, 268).

[316] *A. G. Haas*, Metternich, Reorganization and Nationality (1813–1818), 1963.

[317] *H. Steindl*, Anton von Krauss-(Elislago) und die Gründung des Polytechnischen Instituts, in: *Ch. Hantschk* (Hg.), Johann Joseph Prechtl, 1990 (= Perspektiven der Wissenschaftsgeschichte, Bd. 8), 22.

[318] *K. Stekl*, Der Liberalismus in Altösterreich, Wien–München 1955; *E. Winter*, Romantismus, Restauration und Frühliberalismus im österreichischen Vormärz, 1968; *ders.* Revolution, Neoabsolutismus und Liberalismus in der Donaumonarchie, 1969; *K. Megner*, Beamte. Wirtschafts- und sozialgeschichtliche Aspekte des k. k. Beamtentums, 1986; *W. Heindl*, Gehorsame Rebellen. Bürokratie und Beamte in Östereich (1740–1848), 1992.

[319] Eine neue und gründliche Darstellung bietet *R. Hoke*, Österreichs Verwaltung im Vormärz, in: DVG II, 1983, 347ff. Aus der älteren Literatur siehe vor allem *I. Beidtel*, hrsgg. v. *A. Huber*, Geschichte der österreichischen Staatsverwaltung 1740–1848, 2. Bd., 1792–1848, Innsbruck 1898 (hierzu *O. Brunner*, in: *W. Conze*, Hg., Staat und Gesellschaft im deutschen Vormärz, Stuttgart 1962, 39ff.).

[320] *Hoke* (Anm. 319), 349. Ebenso *Nipperdey*, I, 338: «Die Erhaltung des Bestehenden, Stabilität, darauf kam alles an, Neuerungen schienen grundsätzlich von Übel; die Regierung versank jenseits von Plan und Tat mehr und mehr in einen allgemeinen Immobilismus ...»

[321] *N. v. Preradovich*, Die Führungsschichten

grenzten ständischen Rechte[322] war von der Regierung nicht gewollt, wohl aber auch zu wenig vom Volk selbst. Das Bürgertum war in überwiegend noch ganz altständisch organisierten Formationen zersplittert und noch keineswegs eine ihres Eigenwertes bewußte Klasse. Im übrigen: Zensur und Polizei walteten ihres Amtes.[323]

Für die Universitäten und speziell für das öffentliche Recht bedeutete dies eine mindestens äußerlich funktionierende Abschottung vor allen kritischen Schriften. Das Studium im Ausland war untersagt. «Keiner der staatsrechtlichen oder politischen Professoren dieser Zeit hat im Ausland studiert.»[324] Der Studienplan der juristischen Fakultäten kannte öffentliches Recht nur rudimentär. Anstelle des Staatsrechts wurde unpolitische Information als «Statistik» geboten.[325] «Die politischen Wissenschaften hatten sich durch mehr als 80 Jahre an die Grundsätze von SONNENFELS zu halten.«[326] Allgemeine Staatslehre wurde nach dem Lehrbuch von MARTINI, bearbeitet von EGGER, vorgetragen.[327] So zeigt sich die Wissenschaft des österreichischen öffentlichen Rechts in der ersten Hälfte des 19. Jahrhunderts nahezu verkümmert. In einem einzigen, etwas zu pointierten Satz bedeutete dies: «Eine Wissenschaft von Staat und Staatsrecht und ihre Pflege und Lehre gibt es im vormärzlichen Österreich nicht.»[328]

Gemäß der im Prinzip unverändert aus dem Ancien Régime fortbestehenden Verfassungslage konnte man die älteren Autoren aus den Zeiten MARIA THERESIAS und JOSEPHS II. weiterhin benutzen. Was zu den Rechtsgrundlagen der Habsburgermonarchie zu sagen war, war dort bereits verzeichnet.[329] Da die staatsrechtlichen Verhältnisse nach dem Wiener Kongreß nicht weiter kommentierungsbedürftig erschienen und die Universitäten keinen wissenschaftlichen Spielraum hatten, blieb nur die statistische und verwaltungsrechtliche Fortschreibung, so etwa durch die wissenschaftlich ganz anspruchslosen, aber materialreichen Werke von JOHANN LUDWIG EHRENREICH GRAF VON BARTH-BARTHENHEIM[330] und – kurz nach der Revolution von 1848 – durch

in Österreich und Preußen (1804–1918), 1955; *H. Stekl*, Österreichs Aristokratie im Vormärz. Herrschaftsstil und Lebensformen der Fürstenhäuser Liechtenstein und Schwarzenberg, 1973; *A. Schmidt-Brentano*, Die Armee in Österreich. Militär, Staat und Gesellschaft 1848–1867, 1975.

[322] *V. Bibl*, Die niederösterreichischen Stände im Vormärz, Wien 1911; *Ch. L. Mueller*, The Estates of Styria 1740–1848, Ph. D. University of Virginia, 1980.

[323] *A. Wiesner*, Denkwürdigkeiten der österreichischen Zensur vom Zeitalter der Reformation bis auf die Gegenwart, 1947; *J. Marx*, Die österreichische Zensur im Vormärz, Wien 1959.

[324] *F. Engel-Jánosi*, Die Theorie vom Staat im deutschen Österreich 1815–1848, in: Zeitschrift für öffentliches Recht 2 (1921), 360.

[325] *J. Springer*, Statistik des österreichischen Kaiserstaates, 2 Bde, Wien 1840.

[326] *Engel-Jánosi* (Anm. 324), 362.

[327] Wien und Triest 1809. Nicht als Unterrichtsmittel, aber als zeit- und landestypisch erwähnenswert ist *A. v. Krauss*, Das christliche Staatsprinzip, Wien 1840 (= 2. Aufl. des anonym erschienenen «Versuch, die Staatswissenschaft auf unwandelbarer Grundlage festzustellen, von einem Staatsmanne», Wien 1835. Siehe oben Anm. 317.

[328] *R. Smend*, Staatsrechtliche Abhandlungen, 2. Aufl. 1968, 330.

[329] *Chr. A. v. Beck*, Specimen Iuris publici Austriaci, Wien 1750; *F. F. v. Schrötter*, Grundriß des österreichischen Staatsrechtes, Wien 1775; *ders.* Abhandlungen aus dem österreichischen Staatsrechte, Wien 1762–1766; *I. de Luca*, Vorlesungen über die österreichische Staatsverfassung, Wien 1792; *J. Kropatschek*, Oesterreichs Staatsverfassung, vereint mit den zusammengezogenen bestehenden Gesetzen, 10 Bde, Wien 1794 und Supplementbände 1804, 1810; *J. v. Hormayr*, Abhandlungen aus dem österreichischen Staatsrechte, 1808 (zu ihm *Heigel*, ADB 13, 1881, 131 bis 135).

[330] *J. L. E. Graf v. Barth-Barthenheim*, Das Ganze der österreichischen politischen Administration mit vorzüglicher Rücksicht auf das Erzherzogthum Oesterreich unter der Enns, 3 Bde, Wien 1838, 1841, 1846; weitere Werke bei *Mohl*, II, 341.

Moriz von Stubenrauch.[331] Letzterer schuf ein umfassendes und für die Praxis maßgebendes Handbuch, in welchem zunächst der Verwaltungsaufbau und das Beamtentum, dann das Verwaltungsverfahren und schließlich, gegliedert nach Tätigkeitsgebieten, der besondere Teil des Verwaltungsrechts geschildert werden. Das Ganze ist noch einmal, wie die Werke von Friedrich Christoph Jonathan Fischer und Günter Heinrich von Berg im 18. Jahrhundert,[332] ein – in der dritten Auflage nahezu 1500 Seiten starkes – Kompendium der Verwaltungstätigkeit, jetzt allerdings weitgehend in die Rechtsform gepreßt und im dogmatischen Stil positivistischer Pandektistik dargeboten.

Die zeitgenössische Übersicht von Robert von Mohl zeigt das österreichische Verwaltungsrecht um das Jahr 1848 auf dem Zustand einer «Gesetzeskunde»,[333] durch nur wenige Monographien erschlossen[334] und insgesamt auf dem Status einer nach Ressorts gegliederten «Policeywissenschaft« nach dem Muster von Joseph von Sonnenfels[335] verharrend. Mohls scharfzüngiges Urteil, man beobachte hier, «aufgenöthigtes Stillschweigen ... urtheilsloses Aufzählen ...», eine «Verwirrung aller staatlichen Begriffe und eine ... mangelhafte Vorbereitung zu freieren Einrichtungen», insgesamt: die «Herrschaft der Aula»!,[336] enthält einen wahren Kern, auch wenn man berücksichtigt, daß er seinen konstitutionellen Liberalismus ganz selbstverständlich für den richtigen Standpunkt hielt.

[331] *M. v. Stubenrauch,* Handbuch der österreichischen Verwaltungs-Gesetzkunde nach dem gegenwärtigen Standpunkte der Gesetzgebung, 2 Bde, Wien 1851/2, 2. Aufl. 1855, 3. Aufl. 1861.

[332] Geschichte, 387f.

[333] *W. G. Kopetz,* Oesterreichische politische Gesetzeskunde oder systematische Darstellung der politischen Verwaltung in den deutschen, böhmischen und galizischen Provinzen des oesterreichischen Kaiserthums, 2 Bde, Wien 1807, 1819; *E. Mayerhofer,* Handbuch für den politischen Verwaltungsdienst bei den Landes-, Kreis- und Bezirksbehörden im Kaiserthum Oesterreich, Wien 1855.

[334] *Mohl* II, 338, 341ff.

[335] Geschichte, 382 m. w. Nachw.

[336] *Mohl* II, 344f.

Fünftes Kapitel

Die Anfänge des Verwaltungsrechts vor 1848

I. Einleitung

1. Überblick

Das 19. Jahrhundert ist nicht nur das Jahrhundert der Verfassungsbewegung, sondern auch – speziell in Deutschland – das Jahrhundert der Verwaltung und der Entstehung des Verwaltungsrechts.[1] Seit jeher wird im europäischen Vergleich für Deutschland hervorgehoben, wie stark die administrative Tradition war und wie schwach dagegen der Gedanke politischer Gestaltung des Staates durch eine selbstbewußte Gesellschaft. Entsprechend selten gibt es deutsche Staatstheoretiker von europäischem Rang, während es immer wieder bedeutende Verwaltungstheoretiker gegeben hat.[2] Dies bestätigt sich gerade im 19. Jahrhundert mit ROBERT VON MOHL, LORENZ VON STEIN, RUDOLF VON GNEIST und OTTO MAYER.

Trotz aller revolutionären Ereignisse und der sich entfaltenden parlamentarischen und publizistischen Öffentlichkeit wurde die Prosa des Alltags von der Verwaltung geschrieben. Der «tägliche Staat» war Verwaltungsstaat. Beamte, Geistliche, Offiziere, Grundbesitzer, Fabrikanten und Kaufleute bildeten die gesellschaftliche Oberschicht. Da es parteigebundene Berufspolitiker vor 1848 noch nicht gab, prägten die höheren Beamten das Erscheinungsbild der Obrigkeit.

Entsprechend bedeutsam waren deshalb die Administrativ-Wissenschaften und ihre Ausbildungsgänge. Am Anfang des Jahrhunderts stehen die entfaltete Policeywissenschaft des Ancien Régime, die allmähliche Herausbildung eines speziellen, der «Policey» oder «Administration» dienenden Rechts und der Gedanke des «Rechtsstaates»,[3] an seinem Ende die Überzeugung, der Rechtsstaat sei «der Staat des wohlgeordneten Verwaltungsrechts» (O. MAYER). Die Spanne zwischen dem ersten Auftauchen der Worte «Rechtsstaat» und «Verwaltungsrecht» am Anfang und der Begründung des Verwaltungsrechts als Wissenschaftsdisziplin am Ende des 19. Jahrhunderts durch Formulierung eines «Allgemeinen Teils» bezeichnet den langen Weg vom Spätabsolutismus über Vormärz und Liberalismus bis zum Interventionsstaat der Industriegesellschaft.[4]

Auf diesem Weg trennten sich die ursprünglich in der Konzeption des aufgeklärten absolutistischen Wohlfahrtsstaates zusammengehaltenen Fächer. Die im herkömmlichen Begriff «Policey» gedachte «Einheit der Verwaltungswissenschaften»[5] löste sich

[1] *E. Forsthoff,* Der lästige Jurist, DÖV 8 (1955), 648–650.

[2] *H. Maier,* Die ältere deutsche Staats- und Verwaltungslehre, 2. Aufl. 1980, 293; *K. G. A. Jeserich–H. Neuhaus* (Hg.), Persönlichkeiten der Verwaltung. Biographien zur deutschen Verwaltungsgeschichte 1648–1945, 1991.

[3] *M. Stolleis,* Rechtsstaat, HRG IV (1990) 367–375 m. w. Nachw.

[4] *H. Dörner,* Erster Weltkrieg und Privatrecht, in: Rechtstheorie 17 (1986) 385 ff.; *M. Stolleis,* Die Entstehung des Interventionsstaates und das öffentliche Recht, in: Zeitschr. f. Neuere Rechtsgeschichte 1989, 129–146.

[5] *H. E. Bödecker,* «Verwaltung», «Regierung» und «Polizei» in deutschen Wörterbüchern und Lexika des 18. Jahrhunderts, in: Jahrbuch für europäische Verwaltungsgeschichte 1 (1989) 15 ff.

nun auf und entließ Nationalökonomie, Finanzwissenschaft, Statistik, Land- und Forstwirtschaft, Veterinärmedizin sowie technische Disziplinen in separate Ausbildungsgänge. Von der Kernmaterie der Polizeywissenschaft separierte sich in den letzten Jahrzehnten des 18. Jahrhunderts das «Polizeirecht», das von den Juristischen Fakultäten zögernd aufgenommen wurde und den Ausgangspunkt für das kommende Administrativ- oder Verwaltungsrecht bildete.[6] Die Polizeiwissenschaft selbst blieb überwiegend ein Fach der staatswissenschaftlichen/staatswirtschaftlichen Fakultäten. Ihre Relevanz für die Ausbildung von Verwaltungsjuristen blieb umstritten und nahm im Laufe der Jahrzehnte ab.

Nach 1848 setzte dann auf breiter Front die Abstoßung historischer, politischer und ökonomischer Elemente aus der Rechtswissenschaft ein. Die nunmehr in eine «Verwaltungslehre» verwandelte Polizeiwissenschaft verließ wieder die Juristischen Fakultäten, sofern sie dort überhaupt ihren Platz gefunden hatte. Eine Sonderstellung nimmt insoweit Österreich ein, das eine eigenständige Tradition der Verwaltungslehre bewahrte.[7]

Diese Veränderungen hängen mit der Verfassungspolitik der jeweiligen Territorien zusammen. Wo es Verfassungen gab, setzte sich auch relativ schnell die Trennung von Konstitutions- und Administrativrecht durch; entsprechende eigene Lehrveranstaltungen und Bücher folgten. Wo der verfassungslose Zustand andauerte, wie in Preußen und Österreich, mußten die Aussagen über das materielle Verfassungsrecht dürftig bleiben; die Energien wandten sich eher dem Verwaltungsrecht zu, ohne daß es aber mit Hilfe einer «Verfassungsidee» wissenschaftlich durchdrungen werden konnte. Die traditionelle «additive» Polizeiwissenschaft blieb deshalb in den nichtkonstitutionellen Staaten länger erhalten, zum Teil bis in die sechziger und siebziger Jahre des 19. Jahrhunderts.

2. *Verwaltungsausbildung*

Der im 19. Jahrhundert stark anwachsende Bedarf an juristisch ausgebildeten Fachbeamten wirkte auf die Ausbildung zurück. Auf eine einfache Formel gebracht war es der Weg «Von der Kameralausbildung zum Juristenprivileg».[8] Schon im ersten Drittel des 19. Jahrhunderts «wurde die kameralistische Ausbildung der höheren Verwaltungsbeamten in Preußen durch Schulung in Rechtsinterpretation und Gesetzesausführung verdrängt, die weitgehend mit der Qualifikation zum Richteramt identisch war. In der Folgezeit setzte sich auch in den übrigen deutschen Staaten, zuletzt in Württemberg, die justiz-juristisch orientierte Qualifikation des Verwaltungsnach-

[6] Geschichte, 386ff.

[7] Unten Kap. 9, IV.

[8] *W. Bleek*, Von der Kameralausbildung zum Juristenprivileg. Studium, Prüfung und Ausbildung der höheren Beamten des allgemeinen Verwaltungsdienstes in Deutschland im 18. und 19. Jahrhundert, 1972 (vgl. dazu *K. Luig*, ZHF 2, 1975, 122–124). – Zum Berufsbeamtentum vor allem unter sozialgeschichtlichen Aspekten siehe auch *H. Henning*, Die deutsche Beamtenschaft im 19. Jahrhundert. Zwischen Stand und Beruf, 1984; zur Verwissenschaftlichung der Ausbildung und zum Bildungskonzept des Reformbeamtentums nunmehr umfassend *B. Schminnes*, Der Stellenwert der theoretischen Bildung für die höhere Staatsverwaltungstätigkeit. Entwicklung in Preußen vom Beginn des 18. Jahrhunderts bis ins frühe 19. Jahrhundert (i. Vorber.).

wuchses durch».[9] Jahrzehntelang liefen die beiden Ausbildungsgänge nebeneinander her. Wer die Verwaltungslaufbahn anstrebte, studierte Kameralwissenschaften (stud. cam.) und suchte eine Anstellung als Regierungsreferendar.[10] Wer Justiz und Anwaltschaft bevorzugte, studierte Rechtswissenschaft (stud. jur.), und wer sich noch nicht entscheiden wollte, verband beides (stud. jur. et cam.), wobei sich freilich im Laufe der Jahre der rechtswissenschaftliche Anteil als dominant erwies,[11] nicht zuletzt auch deshalb, weil es in der Kameralausbildung nicht gelang, ein einheitliches «laufbahngerechtes» Abschlußexamen zu entwickeln. «Die juristische Vorbildung übernahm das Gelände, das der Kameralistik verloren gegangen war».[12] Auf diese Weise kam es zu einer schrittweisen Juridifizierung der Verwaltung und zur entsprechenden Verdrängung ökonomischer, finanzwissenschaftlicher und technischer Kenntnisse in der Verwaltung.[13] Die Verwaltungsbeamten verwandelten sich in Verwaltungsjuristen, die sich methodisch als Juristen verstanden und deren Leitbilder der zivilrechtlichen Dogmatik entstammten. Die Zweispurigkeit der nachuniversitären Ausbildung von Verwaltungsjuristen und Justizjuristen verlor damit stufenweise ihre Plausibilität. Die Lehrpläne der Juristischen Fakultäten begannen auch das Verwaltungsrecht aufzunehmen, und die neugegründeten Juristischen Seminare[14] eröffneten staats- und verwaltungsrechtliche Abteilungen.[15] Auf dem Feld der alten Kameralausbildung bildeten sich schon seit dem späten 18. Jahrhundert eigene staats- und wirtschaftswissenschaftliche Institute und Ausbildungsgänge,[16] aus denen neue wirtschaftswissenschaftliche Fakultäten erwuchsen.[17]

[9] *Bleek* (Anm. 8), 286.

[10] *R. Graf v. Westphalen*, Akademisches Privileg und demokratischer Staat, 1979, insbes. 91 ff.

[11] *A. Mehrlein*, Die Zweiteilung der Juristenausbildung als systemstabilisierender Faktor in Preußen im 19. Jahrhundert, jur. Diss. Frankfurt 1976.

[12] *Mehrlein* (Anm. 11), 32.

[13] *D. F. Lindenfeld*, The Decline of Polizeiwissenschaft: Continuity and Change in the Study of Administration in German Universities during the 19th Century, in: Jahrbuch für europäische Verwaltungsgeschichte 1 (1989), 141 ff.

[14] Königsberg 1840, Halle 1853, Greifswald 1856, Bonn 1872, Berlin 1875, Freiburg und Heidelberg 1889. Vgl. dazu *A. Hollerbach*, 100 Jahre Juristisches Seminar, in: Freiburger Universitätsblätter 108 (1990) 41–51.

[15] *Daude/Wolff*, Die Ordnung des Rechtsstudiums und der ersten juristischen Prüfung in den deutschen Bundesstaaten, 1903.

[16] *L. H. Jakob*, Ueber Cursus und Studien-Plan für angehende Cameralisten, Halle 1805; A. Hüne, Über den Nutzen des Studiums der Kameralwissenschaften insgesammt und der öconomischen etc. etc. insbesondere, mit vorzüglicher Rücksicht auf diejenigen, welche sich der Beamten-Carriere widmen wollen, in: Hannoversches Magazin 1822, 417–437; *K. D. H. Rau*, Ueber die Kameralwissenschaft. Entwicklung ihres Wesens und ihrer Theile, Heidelberg 1823; *ders.* Gedanken über die wissenschaftliche Vorbereitung zum Administrativfache, in: (Raus) Archiv der politischen Oekonomie und Polizeiwissenschaft 2 (1835) 77–91; *R. Mohl*, Ueber die Errichtung staatswissenschaftlicher Fakultäten auf den deutschen Universitäten, in: Deutsche Vierteljahrs-Schrift 1840, 237–257 und in: *ders.* Staatsrecht, Völkerrecht und Politik. Monographien, 3 Bde, Tübingen 1860–1869, Bd. 3, 220–241; *Joh. G. Hoffmann*, Das Verhältnis der Staatsgewalt zu den Vorstellungen ihrer Untergebenen. Ein Beitrag zur Erleichterung gründlicher Urtheile über die Anforderungen, welche das Zeitalter an die Staatsverwaltungen macht, Berlin 1842; *ders.* Die Erfordernisse praktischer Dienst-Prüfungen für die innere Staatsverwaltung. Mit besonderer Beziehung auf Württemberg, in: ZgStW 2 (1845) 673–705; *G. E. Fischer*, Ueber die Errichtung staatswissenschaftlicher Seminarien auf den deutschen Universitäten, nebst einem Bericht über das staatswissenschaftliche Seminar zu Jena, Jena 1857; *L. J. Gerstner*, Ueber staatswissenschaftliche Seminarien an den deutschen Universitäten mit besonderer Rücksicht auf die bayerischen, ZgStW 15 (1859) 639–664.

[17] Beispielhaft *K. E. Born*, Geschichte der Wirtschaftswissenschaften an der Universität

Die preußische Entwicklung ist für den ganzen Vorgang beispielhaft.[18] Staatsprüfungen für (Justiz)Juristen gab es dort seit 1755 sowie, getrennt hiervon, für Verwaltungsbeamte seit 1770. Letztere mußten vor der berühmten Oberexaminationskommission abgelegt werden, und sie bezogen sich im Schwerpunkt auf kameralistische Fächer. Die Reformen nach 1806 lösten das absolutistische Konzept ab und schoben den «Rechtsstaat» nach vorne. Erstmals 1817 wurden von den künftigen Verwaltungsbeamten «auch gründliche Kenntnisse des Rechts» verlangt.[19] Das Regulativ vom 14. Februar 1846[20] setzte dann das Studium der Rechte zwar indirekt, aber doch zwingend fest. Es war dies «der eigentliche Durchbruch der juristischen Vorbildung für die Befähigung zum höheren Verwaltungsdienst».[21] Freilich bedeutete «juristische Vorbildung» bis in die achtziger Jahre des 19. Jahrhunderts fast ausschließlich Zivil- und Strafrecht auf dem Fundament einer möglichst breiten Allgemeinbildung. Was die Kameralausbildung anging, so sollte der Kandidat zeigen, «daß er sich mit den Staatswissenschaften vertraut gemacht, die Hauptgrundsätze der Nationalökonomie, der Polizei- und Finanzwissenschaft sich angeeignet und wenigstens allgemeine Bekanntschaft mit den kameralistischen Hülfswissenschaften, insbesondere auch der Landwirthschaftslehre, erlangt habe».[22] Das öffentliche Recht kam weder als Staats- noch als Verwaltungsrecht ernsthaft vor, auch wenn 1844 die Vorlesung «Deutsches Staatsrecht» vorgeschrieben wurde. Staatsrecht ohne Verfassung war unergiebig und wohl auch politisch riskant, Verwaltungsrecht existierte gewissermaßen nur als Addition von Vorschriften, die man den Kandidaten des ersten Examens nicht zumuten konnte, weshalb es im Studienplan auch nicht auftauchte. Gegen Allgemeine Staatslehre hegte man den Verdacht, es seien «die politischen und revolutionären Umtriebe und Verirrungen unserer Zeit zu einem sehr bedeutenden Theile aus verkehrten Lehren des allgemeinen Staatsrechts» entstanden.[23] Wenn überhaupt öffentliches Recht vermittelt wurde, dann allenfalls in den Verwaltungsstationen nach dem ersten Examen und in der Vorbereitung zur großen (dritten) Staatsprüfung. Aber selbst dort blieb das öffentliche Recht schwach. Die in den Abschlußexamen der preußischen Verwaltungsausbildung vor 1879 zu schreibenden drei Sechswochenarbeiten behandelten in der hergebrachten Weise Staatswissenschaften, Polizeirecht und Finanzrecht. Erst ab 1879 gab es nur noch zwei Arbeiten, und zwar: Staats- und Verwaltungsrecht, Volks- und Staatswirtschaftslehre.[24]

Tübingen 1817–1967. Staatswirtschaftliche Fakultät – Staatswissenschaftliche Fakultät – Wirtschaftswissenschaftliche Abteilung der Rechts- und Wirtschaftswissenschaftlichen Fakultät, 1967.

[18] *Bleek* (Anm. 8), 108ff.

[19] Zwingend vorgeschrieben waren 1844: Logik, Juristische Encyklopädie und Methodologie, Naturrecht (Rechts-Philosophie), Geschichte und Institutionen des Römischen Rechts, Pandekten, Deutsche Rechtsgeschichte, Deutsches Privatrecht, Kirchenrecht, Lehnrecht, Europäisches Völkerrecht, Deutsches Staatsrecht, Criminalrecht, Gerichtliche Medizin, Preußisches Privatrecht, Gemeiner Zivil- und Kriminalprozeß. *Bleek* (Anm. 8), 113f.

[20] Regulativ über die Befähigung zu den höhern Ämtern der Verwaltung vom 14. Februar 1846, PrGS 1846, 199–210.

[21] *Bleek* (Anm. 8), 137.

[22] *Bleek* (Anm. 8), 135ff. (136).

[23] Zirkularverfügung des preußischen Kultusministeriums v. 11. 9. 1824, zit. bei *Bleek* (Anm. 8), 115.

[24] *Daude/Wolff*, Die Ordnung des Rechtsstudiums und der ersten juristischen Prüfung im Königreich Preußen, 1908; *Gerland*, Die Reform des juristischen Studiums, 1911; *D. F. Lindenfeld*, The Education of Prussian Higher Civil Servants in the Staatswissenschaften, 1897–1914, in: *E. V. Heyen* (Hg.), Historische Soziologie der Rechtswissenschaft, 1986, 201ff.

Während in Preußen die Kameralwissenschaften durch ihr Verbleiben in den Philosophischen Fakultäten unweigerlich in eine Randposition gedrängt wurden, je mehr die Beamtenausbildung juridifiziert wurde, verlief die Entwicklung in Süddeutschland zunächst wesentlich anders.[25] Dort waren schon früh staatswissenschaftliche Institutionen gegründet worden, an denen die Beamtenausbildung stattfand (Gießen 1777, Marburg 1790, Landshut-München 1817, Tübingen 1817). Diese institutionelle Sicherung bewirkte eine nachhaltige, weit in das 19. Jahrhundert hineinreichende Verzögerung der Entwicklung hin zum «Juristenprivileg».[26]

Speziell in Württemberg gab es mit dem Tübinger Collegium illustre[27] und der Stuttgarter Hohen Karlsschule[28] schon ältere Versuche, außeruniversitäre Spezialausbildungen für Staatsbeamte zu etablieren. Ab 1798 lehrte Friedrich Karl von Fulda (1774–1847) Kameralwissenschaften in Tübingen,[29] ein «sehr achtungswerter Mann in seinem Privatleben; allein geistlos, ein unsäglich langweiliger Lehrer und in seiner Wissenschaft, der Nationalökonomie, um ein halbes Jahrhundert zurück. Er war noch Physiokrat und pflegte seine Zuhörer vor der Lektüre von Adam Smith abzuwarnen», wie sich Mohl erinnerte.[30] Mit der wesentlich durch Friedrich List (1780–1846)[31] inspirierten Gründung einer Staatswirtschaftlichen Fakultät (1817)[32] kam zwar die Lehre in Gang, setzte sich aber in der Verwaltungsausbildung zunächst nicht gegen die traditionelle «Schreiberlaufbahn» der Praxis durch. Erst als 1828 Mohl zum Professor für «Staatsrecht, Politik, Polizeiwissenschaft, Enzyklopädie der Staatswissenschaften» ernannt wurde, gelang es, die staatswissenschaftliche Ausbildung für den höheren Verwaltungsdienst «quasi-obligatorisch» zu machen.[33] Das 1837 installierte württembergische Modell der Verwaltungsausbildung[34] wurde allerdings schon 1844 zugunsten der Rechtswissenschaft geändert,[35] was letztlich den Untergang der Spezialausbildung für die sog. Regiminalisten bedeutete. Am Ende des 19. Jahrhunderts wurde sie eingestellt.[36]

Im wesentlichen verlief das allmähliche Zurückweichen der separaten staatswissenschaftlichen Ausbildung und die gleichzeitige Verstärkung des juristischen Elements in allen Bundesstaaten gleich.[37] In Baden wurden nur den Beamten der Finanzverwaltung kameralistische Kenntnisse abverlangt, während im übrigen für Justiz- und Verwaltungsjuristen die polizeiwissenschaftlichen und volkswirtschaftlichen Anteile immer

[25] Zusammenstellung der Verschiebungen aus den Vorlesungsverzeichnissen bei *Lindenfeld* (Anm. 13).

[26] *Bleek* (Anm. 8), 68, 194ff. m. umfass. Nachw.

[27] *N. Conrads*, Ritterakademien der frühen Neuzeit. Bildung als Standesprivileg im 16. und 17. Jahrhundert, 1982, 105ff.

[28] *R. Uhland*, Geschichte der Hohen Karlsschule in Stuttgart, 1953.

[29] *F. K. v. Fulda*, Ueber das Cameralstudium in Würtemberg, Tübingen 1808; *ders.* Grundsätze der ökonomisch-politischen oder Cameralwissenschaften, Tübingen 1816, 2. Aufl. 1820. Zu ihm *J. Franck* ADB 8 (1878) 192; *Lippert*, HdBStaatsWiss, 2. Aufl. Bd. 3 (1900) 1289f.; *P. Gehring*, NDB 5 (1961) 726f. m. w. Nachw.

[30] *Mohl*, Lebenserinnerungen I, 92f., 166.

[31] *P. Gehring*, Friedrich List. Jugend und Reifejahre 1789–1825, 1964. Aufschlußreich für die zeitgenössische Stimmung der Artikel von *K. Welcker* in *Rotteck-Welcker*, Staats-Lexikon, 2. Aufl. Bd. 8 (1847) 555–561.

[32] *Born* (Anm. 17), 10ff. unter Bezugnahme auf *P. Gehring*, Friedrich List, Jugend- und Reifejahre 1789–1825, 1964, 163–181, 454–458.

[33] *Bleek* (Anm. 8), 210.

[34] Eingehend *Bleek* (Anm. 8), 213ff.

[35] Dagegen *Mohl*, Ueber die wissenschaftliche Bildung der Beamten in den Ministerien des Innern. Mit besonderer Anwendung auf Württemberg, ZgStW 2 (1845) 129–184. Hierzu *Bleek* (Anm. 8), 240ff.

[36] *L. Jolly*, Die Ausbildung der Verwaltungsbeamten, ZgStW 31 (1875) 420–436.

[37] *Bleek* (Anm. 8), 262ff.

geringer wurden.[38] Ab 1880 wird «Polizeiwissenschaft» als Oberbegriff für Verwaltungsrecht und Verwaltungslehre verstanden, 1897 verdrängt dann das Verwaltungsrecht die Polizeiwissenschaft auch terminologisch.[39] In Bayern galt seit 1809 das im Kern noch heute bestehende Concours-System, also ein Einheitsexamen mit juristischen, polizeiwissenschaftlichen und kameralistischen Teilen, dem eine Einheitsausbildung im Sinne des heutigen Referendariats folgte.[40] Seit 1830 wurden im ersten Examen «allgemeines und besonderes bayerisches Staatsrecht» sowie «Polizeiwissenschaft und Polizeirecht» geprüft.[41] 1893/1910 wurde dann «Polizeiwissenschaft», nicht ganz passend, durch «Sozialgesetzgebung» und «Polizeirecht» durch «Verwaltungsrecht» ersetzt.[42]

Formal ähnlich verlief die Verwaltungsausbildung in Österreich, das seit den josephinischen Reformen Jurisprudenz, Staatswissenschaft und Kameralistik in der Juristischen Fakultät vereinigte, aber inhaltlich bis 1850 auf dem Konzept des Ancien Régime verharrte.[43] Erst danach kam es im Rahmen der Thun-Hohensteinschen Reformen zu Lockerungen, 1855 wurde Lorenz von Stein berufen, und am Ende des Jahrhunderts zählte speziell die Wiener Universität zu den besten überhaupt. Stärker als alle anderen Staaten hat Österreich das staatswissenschaftliche Element (Verwaltungslehre)[44] in der Juristenausbildung festgehalten.[45] Der maßgebliche Erlaß von 1855[46] kennt bezeichnenderweise kein Verwaltungsrecht, sondern «österreichische Verwaltungs- und Finanz-Gesetzkunde».

[38] *G. Schönberg,* Die Vorschriften im Großherzogtum Baden über die Vorbereitung zum öffentlichen Dienst in der Justiz und der inneren Staatsverwaltung, in: Die Vorbildung zum höheren Verwaltungsdienste in den deutschen Staaten, Österreich und Frankreich (Schr. d. Vereins f. Socialpolitik, Bd. 34), Leipzig 1887, 129–148.

[39] Die VO über die Vorbereitung zum öffentlichen Dienste in der Justiz- und der innern Staatsverwaltung, Großherzogl. Bad. RegBl 1853, 429 schreibt in § 3 «Staatsrecht» (Verfassungs- und Verwaltungsrecht) sowie «Polizeiwissenschaft» als Pflichtvorlesungen vor. Zur Verordnung v. 17. November 1899, GVBl Baden 1899, 647–652 siehe *H. Bleicher,* Die Vorschriften über die Ausbildung der Juristen in Baden, 3. Aufl. Karlsruhe 1908 sowie umfassend nunmehr *A. Hollerbach,* Die Entwicklung des Verwaltungsrechts als akademische Disziplin und Prüfungsfach an der Universität Freiburg i. Br., in: *E. V. Heyen* (Hg.), Wissenschaft und Recht der Verwaltung seit dem Ancien Régime, 1984, 285–305 (287).

[40] *O. Kollmann,* Zur Entwicklung des Ausbildungs- und Prüfungswesens für Richteramt, höheren Verwaltungsdienst, Rechtsanwaltschaft und Notariat in Bayern, in: Festschr. f. W. Laforet, 1952, 445–472.

[41] Kgl. Verordnung, die Concursprüfung der zum Staatsdienste adspirirenden Rechts-Candidaten betr., RGBl 1830, 581, § 12.

[42] *Bleek* (Anm. 8), 266 Anm. 13.

[43] *Bleek* (Anm. 8), 267f.

[44] *L. v. Stein,* Die Verwaltungslehre, 7 Teile, Stuttgart 1865–1868, 2. Aufl. 1869–1883, 8. Teil 1884 (Nachdr. 1962); *ders.* Handbuch der Verwaltungslehre und des Verwaltungsrechts, Stuttgart 1870, 2. Aufl. 1876, 3. Aufl. 1888; *K. Th. v. Inama-Sternegg,* Verwaltungslehre in Umrissen, Innsbruck 1870; *L. Gumplowicz,* Verwaltungslehre mit besonderer Berücksichtigung des österreichischen Verwaltungsrechts, Innsbruck 1882.

[45] *K. Frhr. v. Lehmayer,* Die Ausbildung zum höheren Verwaltungsdienste in Oesterreich, in: Die Vorbildung zum höheren Verwaltungsdienste in den Deutschen Staaten, Oesterreich und Frankreich (Schr. d. Vereins f. Socialpolitik, 34) Leipzig 1887, 23–54; *K. Th. v. Inama-Sternegg,* Die Entwickelung der Verwaltungslehre und des Verwaltungsrechts seit dem Tode von Lorenz von Stein, in: Zeitschr. f. Volkswirtschaft, Sozialpolitik und Verwaltung, 11 (1902) 137–152. Zusammenfassende Darstellung bei *K. Wenger,* Lorenz von Stein und die Entwicklung der Verwaltungswissenschaft in Österreich, in: *R. Schnur* (Hg.), Staat und Gesellschaft. Studien über Lorenz von Stein, 1978, 479–501.

[46] Bestimmungen über die zum Eintritt in den österreichischen Staatsdienst erforderlichen Studien und Leistung, Erlaß v. 2. Oktober 1855, in: *H. Ortloff,* Methodologie oder Lehre des Studiums der Rechts- und Staatswissenschaft, nebst Deutschen Studien- und Examensordnungen, Braunschweig 1863, 135ff.

In Sachsen,[47] Hannover,[48] in den beiden Hessen[49] sowie in Nassau[50] galten für die Verwaltung (ohne Finanzverwaltung) im wesentlichen Einheitsausbildungssysteme, die juristische und staatswissenschaftliche Elemente nebeneinander enthielten. Überall wuchs der juristische Anteil. Gänzlich altertümlich blieb allerdings das Prüfungswesen in beiden Mecklenburg.[51]

Im letzten Viertel des 19. Jahrhunderts gewann dann das preußische Modell eines «justizjuristisch orientierten Einheitsstudiums und eines Übergewichts der praktischen Vorbereitungszeit über das akademische Studium» prägende Kraft.[52]

Das Wachstum des juristischen Elements im Curriculum der Verwaltungsausbildung darf jedoch keinesfalls mit einem ebenso starken Zuwachs an Kenntnissen im öffentlichen Recht verwechselt werden. Nach wie vor bedeutete, wie gesagt, «juristische» Ausbildung im wesentlichen Zivil- und Strafrecht, verbunden mit einer am humanistischen Ideal orientierten Allgemeinbildung. Öffentlichrechtliche Kenntnisse, wie sie ehemals von den Reichspublizisten gefordert wurden, spielten nun eine geringe Rolle. Das Verwaltungsrecht, das kaum mehr war als eine Gesetzeskunde des Heimatstaates, erlernte man weit besser in der Praxis als an der Universität. Trotz verschiedener Appelle, das Staats- und Verwaltungsrecht stärker zu betonen,[53] änderte sich wenig. Insbesondere das Verwaltungsrecht blieb wenig konturiert und war, nach den Worten des ersten offiziellen Tübinger Verwaltungsrechtlers HOFFMANN, «dem Privatfleiß außerhalb der Universität überlassen».[54] 1867 stellte LUDWIG KARL AEGIDI fest, die Juristenausbildung bestehe im wesentlichen aus «Pandekten und abermals Pandekten» und «so prägt sich die privatrechtliche Anschauungsweise tief ein und

[47] Im Studienplan der Leipziger Juristenfakultät von 1861 (*Ortloff*, aaO. 168f.) gab es zwar «Deutsches Staatsrecht und öffentliches Recht des deutschen Bundes» sowie «Sächsisches Staatsrecht» (freiwillig), aber weder Polizeiwissenschaft noch Verwaltungsrecht, während im ersten Examen theoretisch auch Fragen zu «Nationalökonomie, Verwaltungsrecht, Verfassungs- und Verwaltungspolitik» möglich waren. Vgl. auch *Bleek* (Anm. 8), 269–283 m. umfass. Nachw.

[48] *H. Mohnhaupt*, Vorstufen der Wissenschaften von «Verwaltung» und «Verwaltungsrecht» an der Universität Göttingen (1750–1830), in: Jahrbuch für europäische Verwaltungsgeschichte 1 (1989) 73–103.

[49] *Ortloff* (Anm. 46), 204ff. Die Marburger Juristenfakultät setzte 1861 lediglich fest, in der Fakultätsprüfung würden «die zum Umfange der Rechtswissenschaft gehörigen Hauptdisziplinen» geprüft und bestanden habe, wer «wenigstens ad multas quaestiones recte respondit». Im Staatsexamen wurde eine Relation aus Zivilprozeßakten sowie das Bestehen einer mündlichen Prüfung «über Lehren aus dem römischen Rechte, aus dem deutschen Privatrechte, aus dem Lehen-, Staats-, Kirchen- und Criminalrechte, sowie aus dem Criminal- und Civilprozesse» samt einer Exegese aus dem römischen Recht erwartet.

[50] *Ortloff* (Anm. 46), 272ff.

[51] *Ortloff* (Anm. 46), 222–241. Verlangt wurde 1837 für die Advokatenprüfung «die Uebersetzung und Commentierung einiger Stellen des corpus juris civilis, ... die Beantwortung mehrerer Fragen aus den Haupttheilen der Rechtswissenschaft – einiger derselben in lateinischer Sprache ... die Ausarbeitung einer Klage- und einer Einredenschrift ... Anfertigung eines Contracts und eines Testaments». In Mecklenburg-Schwerin wurde 1856 das gesamte Staats- und Kirchenrecht, das Lehnrecht und das mecklenburgische Landesrecht aus dem Kanon der Prüfungsfächer gestrichen. Die Bewerber für das «Verwaltungsfach» hatten eine «cameralistische Prüfung» zu bestehen (VO wegen Anstellung und Beförderung der Amtsauditoren § 6, Reg. Bl. f. d. Großherzogthum M. Schwerin 1859, 68ff.).

[52] *Bleek* (Anm. 8), 285.

[53] *W. Schmidlin*, Ueber die Vorbereitung zum Staatsdienste im Verwaltungsfache, besonders im Departement der Finanzen, Stuttgart 1834; *K. H. B. Hoffmann*, Ueber den Begriff, den Inhalt und die Bedeutung des positiven Staatsverwaltungsrechts in dessen engerem Sinne, in: ZgStW 1 (1844) 190–219.

[54] *Hoffmann* (Anm. 53) 215.

man vermeint, juristisch zu denken, wenn man privatrechtliche Gedankenreihen verfolgt».[55] Sein Plädoyer, das Studium des Staatsrechts gleichrangig neben die Pandekten zu stellen und die «Geschichte des öffentlichen deutschen Rechts» von den «sog. Germanisten» auf die «Publizisten» zu übertragen, blieb allerdings folgenlos. Noch 1899 stellte PHILIPP ZORN fest, «... im Referendarexamen ist auch heute noch das Staatsrecht das Aschenbrödel, und Verwaltungsrecht existiert für dieses Examen überhaupt nicht.»[56]

Dies lag nicht nur an der Schwerfälligkeit, mit der sich Prüfungsordnungen und Prüfungsgewohnheiten umzustellen pflegen, sondern hatte seinen tieferen Grund in der politischen Situation, in der sich das öffentliche Recht des 19. Jahrhunderts entwikkelte. Die in Süddeutschland vorherrschende positive Einstellung zum Staatsrecht wurde von der Gewißheit getragen, über ein im Grundsatz rechtsstaatliches und wissenschaftlich bearbeitbares Konstitutionsrecht zu verfügen; wer die Verfassung bejahte, mußte auch die öffentlichrechtliche Akzentuierung der Verwaltungsausbildung unterstreichen. In Staaten ohne Verfassung, in denen die Verwaltung auf den Monarchen ausgerichtet und nicht parlamentarisch gebunden war, setzten die Liberalen eher auf die über das Zivilrecht erlernbare Achtung der Privatautonomie und die den Rechtsstaat tragende Präzision der dogmatischen Schulung. Erst als das Verwaltungsrecht am Ende des 19. Jahrhunderts seinen Rückstand an wissenschaftlicher Durchdringung aufzuholen begann, wurde es – zumal im konservativeren politischen Kontext nach der Reichsgründung – freundlicher betrachtet.

Den äußeren Wirkungsgrad der verwaltungsrechtlichen Literatur vor 1900, den man nicht mit ihrer wissenschaftsinternen Bedeutung für die allmähliche Systembildung verwechseln darf, muß man deshalb wohl relativ gering ansetzen. «Das biographische Material und persönliche Auskünfte alter Praktiker ergeben», so RUDOLF SMEND 1939, «vielfach starke Beeinflussung durch politische, historische, nationalökonomische Literatur. Das verwaltungsrechtliche Schrifttum ist dagegen zumeist nur Lehrbehelf für die Ausbildung und technischer Behelf für die Praxis gewesen.»[57] Die Ausstrahlung dieser Literatur auf die Praxis der Gerichte vor Entstehung der Verwaltungsgerichtsbarkeit war offenbar gering. Die Dominanz der Praxis gegenüber der Wissenschaft relativiert folglich auch den sonst geltenden Satz, die Präsentation eines Faches im Universitätsunterricht sei ein Indiz für seine allgemeine Wertschätzung und das entsprechende praktische Bedürfnis. War schon der Besuch der staatsrechtlichen Vorlesungen im 19. Jahrhundert schwach, verglichen etwa mit dem Zulauf, den die publizistischen Modefächer im 18. Jahrhundert hatten, so muß man für die Anfänge des Verwaltungsrechts mit besonders kleinen Hörerzahlen rechnen. Daß Vorlesungen über Verwaltungsrecht vor 1850 immer wieder eingestellt wurden und daß der erste Lehrstuhl für Verwaltungsrecht (Tübingen 1843) sich nicht halten konnte,[58] ist deutlich genug.

[55] *K. L. Aegidi,* Gegen eine gewisse Einseitigkeit im akademischen Rechtsstudium, in: Zeitschrift für Deutsches Staatsrecht und Deutsche Verfassungsgeschichte, hrsgg. v. *K. L. Aegidi,* 1 (1867) 104–111 (105f.).

[56] *Ph. Zorn,* Vorwort zu *L. v. Rönne,* Das Staatsrecht der preussischen Monarchie, 5. Aufl. 1899, Bd. I, S. IV.

[57] *R. Smend,* Staatsrechtliche Abhandlungen, 2. Aufl. 1968, 343.

[58] Vgl. dazu den Beitrag mit dem wohl ungewollt komischen Titel von *M. Ehrhardt,* Zur Genealogie des Lehrstuhls Oppermann, in: *Birk* u. a. (Hg.), Kulturverwaltungsrecht im Wandel, 1981, 195–206.

Nach diesem Überblick läßt sich festhalten: Im Laufe des 19. Jahrhunderts verschieben sich die Inhalte der Ausbildung für den Beamtennachwuchs, in Parallele zur Durchsetzung der konstitutionellen Monarchie, zu der damit zusammenhängenden Veränderung des Gesetzesbegriffs und zur Entstehung des gerichtsförmig handelnden «Rechtsstaates».[59] Ebenso wichtig sind die Veränderungen der ökonomischen Theorie und Praxis, die unweigerlich die Inhalte des Kameralstudiums beeinflussen mußten. Kameralistik und Polizeiwissenschaft des Ancien Régime verloren angesichts umfassender Verrechtlichungs- und Liberalisierungstendenzen im 19. Jahrhundert an Kurs. Je mehr sich die Methodenideale des rechtswissenschaftlichen Positivismus durchsetzten, also die Entfernung historischer, ökonomischer und politischer Reflexion aus der juristischen Arbeit «an sich» als Ziel anerkannt wurde, desto mehr sanken die «Realfächer» zu Hilfswissenschaften ab. Die am Anfang des Jahrhunderts emphatisch proklamierte umfassende Bildung des Verwaltungsbeamten zerfiel.[60] Die traditionelle Juristenausbildung bildete nun den Sockel, dem unorganisch, und deshalb auch weitgehend folgenlos, «nützliche Kenntnisse» angefügt wurden.

Die Polizeiwissenschaft wurde bis 1848 unangefochten gelehrt, nun «nach den Grundsätzen des Rechtsstaates» (Mohl), erreichte aber Juristen nur partiell. Nach 1850 verschwand sie allmählich,[61] blieb aber vor allem in Österreich als Verwaltungslehre erhalten. Verwaltungsrecht wurde schon während des Vormärz im Rahmen des Landesstaatsrechts vorgetragen, erstarkte dann langsam als Universitätsfach nach 1850 und erschien schließlich als eigene Vorlesung, so in Bayern um 1840 (Moy) und 1850 (Pözl),[62] in Württemberg ab 1844,[63] in Baden 1863 (Bluntschli), in Hessen-Darmstadt 1841/42 (Weiss), in Göttingen wurde es 1876,[64] in Preußen insgesamt 1881 eingeführt.

3. *Wandel der Staatsaufgaben*

Das allmähliche Verschwinden der Polizeiwissenschaft, die Durchsetzung des Juristenmonopols in der Verwaltung, die entsprechende Entfaltung einer zunächst landesrechtlich begrenzten, dann aber immer größere Zusammenhänge erfassenden Verwaltungsrechtswissenschaft[65] sind Folgeerscheinungen tiefergreifender Wandlungen der Staatstätigkeit. Die mit dem Konzept des Liberalismus stets verbundene Vorstellung einer Entflechtung staatlicher und gesellschaftlicher Aufgaben führte nicht, wie man erwarten könnte, zu einer Reduzierung der Staatstätigkeit, sondern ist mit der Beobachtung eines absoluten Wachstums durchaus vereinbar. Ohne dieses Wachstum wären die neuen Aufgaben auch nicht zu bewältigen gewesen. Schon die Neugliederung und Vereinheitlichung des Staatsgebietes nach den napoleonischen Kriegen erforderte

[59] Zusammenfassend *H. Henning*, Die deutsche Beamtenschaft im 19. Jahrhundert. Zwischen Stand und Beruf, 1984.

[60] *Bleek* (Anm. 8), 298.

[61] In Göttingen endet sie 1868. *P. Badura*, Das Verwaltungsrecht des liberalen Rechtsstaates, 1967, 12.

[62] Nach den Vorlesungsverzeichnissen ab 1852.

[63] *Mohls* Vorlesungen über württembergisches Staats- und Verwaltungsrecht setzten 1824 ein; 1844 bezeichnet den Vorlesungsbeginn durch *K. H. B. Hoffmann*.

[64] *H. Mohnhaupt* (Anm. 48), 73.

[65] *B. Dennewitz*, Die Systeme des Verwaltungsrechts, 1948; *P. Badura*, Das Verwaltungsrecht des liberalen Rechtsstaates, 1967; *H.-J. Feist*, Die Entstehung des Verwaltungsrechts als Rechtsdisziplin, jur. Diss. Köln 1967.

intensive Anstrengungen. Die vom Absolutismus noch intakt gelassenen intermediären Gewalten des Adels und der Kirche wurden dem souveränen Staat untergeordnet, vor allem durch die Mediatisierung des Hochadels, die bäuerliche Grundlastenablösung und die Säkularisierung des Kirchengutes, sämtlich Verwaltungsaufgaben von besonders großem Umfang. Das Finanz- und Steuerwesen wurde grundlegend modernisiert. Gleichzeitig reformierte man das nun öffentlichrechtlich verstandene Beamtentum und gliederte die Exekutive in Fachministerien, Mittel- und Unterbehörden. In die neu geschaffenen amtlichen Gesetz- und Verordnungsblätter[66] ergoß sich ein Strom positiven Verwaltungsrechts, der auf wissenschaftliche Durchdringung und Kanalisierung geradezu wartete.

Die Wandlungen der Staatstätigkeit wurden ihrerseits durch radikale und geradezu sprunghafte Veränderungen der sozialen Wirklichkeit vorangetrieben. Hierzu zählen sowohl eine bis dahin unbekannte Bevölkerungsvermehrung[67] als auch vor allem die Industrialisierung, die der Verwaltung ganz neue Aufgaben stellte. Die Einführung moderner Stadtbeleuchtungen, die Schleifung der alten Wallanlagen, die Einführung verbesserter Wasserversorgung und Kanalisation, von Schlachthöfen und öffentlichen Bädern, die Verlagerung der handwerklichen und industriellen Produktion aus den Zentren in die Außenbezirke der Städte, die Schaffung eines Netzes neuer Straßen, der Eisenbahnverkehr und vieles andere spannten die Kräfte der Verwaltung in ungewöhnlichem Maße an.[68] Es kam hinzu, daß der Staat sich keineswegs so, wie es die Theorie gefordert hatte, aus dem Wirtschaftsgeschehen zurückzog, sondern neben der Gefahrenabwehr intensiv lenkend und fördernd tätig blieb. Er erlaubte und verbot, gab Impulse für die Gewerbeförderung, einschließlich der Kunstpolitik,[69] steuerte das Ausbildungswesen, gründete «Realschulen» und Technische Universitäten, war also keineswegs nur gefahrenabwehrender «Nachtwächterstaat», selbst nicht in der Periode des Hochliberalismus.

Richtiger ist es wohl, von einer Umgruppierung der Staatsaufgaben zu sprechen. Tatsächlich zog sich der Staat partiell aus der Ökonomie zurück und trat seltener als eigenständiges Wirtschaftssubjekt auf. Die Proklamation der Grunderwerbs- und Gewerbefreiheit gab den gesellschaftlichen Kräften ökonomischen Spielraum, ohne daß allerdings der Staat seinen obrigkeitlichen Kontrollanspruch aufgegeben hätte. Von

[66] Die Überleitung der bisherigen unsystematischen und unvollständigen Veröffentlichungspraxis des Absolutismus auf die – Öffentlichkeit und Verbindlichkeit beanspruchenden – Gesetz- und Verordnungsblätter des 19. Jahrhunderts ist ein Vorgang, der letztlich nur aus dem gewandelten Staatsverständnis zu erklären ist. Der Rechtsstaat mußte dem Bürger mindestens potentiell die Möglichkeit vorheriger Kenntnis der Gebote und Verbote gewähren. Eine detaillierte Untersuchung dieses Vorgangs steht, soweit ich sehe, noch aus.

[67] *W. Treue*, Wirtschaft und Technik Deutschlands im 19. Jahrhundert, in: *Gebhardt*, Handbuch der Deutschen Geschichte, 9. Aufl. Bd. 3, 1970, 377–380 m. w. Nachw.

[68] *W. Rüfner*, Formen öffentlicher Verwaltung im Bereich der Wirtschaft. Untersuchungen zum Problem der leistenden Verwaltung, 1967; *W. R. Krabbe*, Kommunalpolitik und Industrialisierung. Die Entfaltung der städtischen Leistungsverwaltung im 19. und frühen 20. Jahrhundert, 1985; *H. H. Blotevogel* (Hg.), Kommunale Leistungsverwaltung und Stadtentwicklung vom Vormärz bis zur Weimarer Republik, 1990, mit speziellen Beiträgen zu Armenfürsorge, Krankenhausenwesen, städtischen Wirtschaftsbetrieben, Stadtentwicklung und Stadtplanung; zur «Leistungsverwaltung» in der ersten Hälfte des 19. Jahrhundert dort *H. Matzerath*, 5ff.

[69] *U. Scheuner*, Die Kunst als Staatsaufgabe im 19. Jahrhundert, in: *E. Mai–S. Waetzold* (Hg.), Kunstverwaltung, Bau- und Denkmal-Politik im Kaiserreich, 1981, 13–46.

der Theorie, die ohnehin kaum jemals einen doktrinären Liberalismus vertrat, wurde dies unterstützt. Die Staatsrechtslehre des Vormärz zählte unter den Souveränitätsrechten mit großer Selbstverständlichkeit das «jus inspectionis», also das Recht der Kenntnisnahme und Oberaufsicht über alle gesellschaftlichen Aktivitäten auf. Gleichzeitig wuchsen aber, wie bereits erwähnt, dem Staat auch ganz neue Aufgabenbereiche zu, so daß insgesamt von einer Verminderung seiner Aktivitäten keinesfalls gesprochen werden kann.

Die Gewährung von Autonomie, verbunden mit fortbestehender, über die reine Gefahrenabwehr meist weit hinausgehender Staatsaufsicht, wurde zum generellen Muster der Regulierung von Bereichen, bei denen man die absolutistische Tradition verlassen wollte, aber andererseits auch die vollständige Vergesellschaftung wegen ihrer unabschätzbaren Risiken scheute. Dies zeigt sich zunächst bei der Einführung der kommunalen Selbstverwaltung,[70] die seither in der Spannung zwischen eigenverantwortlicher, weisungsfreier Verwaltung und den vom Staat gesetzten «Rahmen der Gesetze» (Art. 28 Abs. 2 GG) lebt. Ähnlich verhält es sich mit den Kirchen. Trotz des fortbestehenden landesherrlichen Kirchenregiments, ausgeübt durch die nun geschaffenen «Kultusministerien», entwickelte sich das kirchliche Leben zunehmend autonom und bildete, analog zum weltlichen Bereich, eigene Kirchenverfassungen aus, ohne daß es während des 19. Jahrhunderts im protestantischen Bereich zu einer wirklichen Trennung von Staat und Kirche gekommen wäre.[71] Auch die Wissenschaft erhielt mit dem Humboldtschen Modell ihre inhaltliche Autonomie,[72] blieb aber in ihren staatsfinanzierten Anstalten und mit dem Beamtenstatus ihres wissenschaftlichen Personals in hohem Maße staatsabhängig. Daß oppositionelle Hochschullehrer im Vormärz ihre Professuren verlieren konnten, wurde zwar beklagt, aber doch theoretisch akzeptiert, da es eine persönliche Unabhängigkeit wie bei den Richtern für sie nicht gab.

Damit sind die Bereiche der Wirtschaft, der Kommunalverwaltung, des kirchlichen Lebens und der Wissenschaft innerhalb eines vom Staat gesetzten Rahmens in größere Freiheit entlassen worden. Wie gefährdet diese Freiheit war, zeigte sich allerdings an den periodisch wiederkehrenden Repressionswellen (1819, 1830/32, 1850). Der Anspruch der Gesellschaft auf politische Mitbestimmung wurde niedergehalten, zunächst durch die Demagogenverfolgungen und durch eine umfassende politische Polizei,[73] dann durch mannigfache Abstufungen und Ausgrenzungen beim Wahlrecht.[74]

[70] *D. Schwab*, Die «Selbstverwaltungsidee» des Freiherrn vom Stein und ihre geistigen Grundlagen. Zugleich ein Beitrag zur Geschichte der politischen Ethik im 18. Jh., 1971; *F. L. Knemeyer*, Regierungs- und Verwaltungsreformen in Deutschland zu Beginn des 19. Jahrhunderts, 1970.

[71] *Ch. Link*, Die Grundlagen der Kirchenverfassung im lutherischen Konfessionalismus des 19. Jahrhunderts, insbesondere bei Theodosius Harnack, 1966.

[72] Ausgangspunkt ist die unvollendete Denkschrift *W. v. Humboldts*, Über die innere und äußere Organisation der höheren wissenschaftlichen Anstalten in Berlin (1809/10), in: *K. Müller-Vollmer* (Hg.), W. v. Humboldt, Studienausgabe, Bd. 2, 1971, 133ff. Knappe Skizzen der Entstehungsgeschichte der Wissenschaftsfreiheit bei *E. Denninger*, Art. 5 Abs. 3 GG, in: Kommentar zum GG (hrsgg. v. *R. Wassermann*), Bd. 1 (1984) 590ff.; *Th. Oppermann*, in: *J. Isensee–P. Kirchhof* (Hg.), Handbuch des Staatsrechts, Bd. VI (1989) 810ff.

[73] *W. Siemann*, «Deutschlands Ruhe, Sicherheit und Ordnung». Die Anfänge der politischen Polizei 1806–1866, 1985.

[74] *S. Aeppli*, Das beschränkte Wahlrecht im Übergang von der Stände- zur Staatsbürgergesellschaft. Zielsetzungen des Zensuswahlrechts, Zürich 1988.

Auf diese Weise politisch «sichergestellt», vollendete der Staat des 19. Jahrhunderts erstmals, was der Absolutismus angestrebt, aber nie ganz erreicht hatte, nämlich die Einheit der Staatsgewalt, die volle Durchsetzung der inneren Souveränität, den Aufbau eines einheitlichen öffentlichrechtlichen Beamtenapparates und eines modernen Steuersystems. Mit diesem Instrumentarium konnte man hoffen, die sozialen Spannungen, die Binnenwanderung der Bevölkerung, die Herausforderungen der Industriellen Revolution zu bewältigen und das Verlangen des Dritten Standes nach Teilhabe an der politischen Macht aufzufangen. Daß dies in vielen Fällen nicht gelungen ist, zeigen die Aufstände und Revolutionen ebenso wie die Massenauswanderung nach Amerika.[75]

4. *Verwaltungskontrolle*

Gleichwohl führten diese Anstrengungen zur Ausbildung eines bislang in dieser Form unbekannten Rechtstypus, eben des Verwaltungsrechts. Es wurde hervorgetrieben von den radikal veränderten Wirkungsbedingungen der Administration nach 1800, und es wurde geformt von den Rahmenbedingungen des Frühkonstitutionalismus sowie vom beherrschenden Leitbild des «Rechtsstaates».

Wissenschaftsgeschichtlich ist das Verwaltungsrecht weder ein Abkömmling des gemeinen Rechts noch der Reichspublizistik oder des Territorialstaatsrechts; es entstand vielmehr im ausgehenden 18. Jahrhundert neu als Begleitphänomen der Polizeiwissenschaft, indem es zunächst als Sammelbecken für deren rechtliche Elemente diente. Je mehr der Staat als «Vereinigung einer Menge von Menschen unter Rechtsgesetzen» (KANT) verstanden wurde, desto eher drängte sich dann die Herauspräparierung eben jener «Rechtsgesetze» auf dem Felde der Polizei auf.

Gewiß war das so entstehende Verwaltungsrecht noch nicht das von der Gesellschaft selbst durch Repräsentationsorgane hervorgebrachte «eigene» Recht. Die Prärogative der monarchisch bestimmten Exekutive blieb weiterhin bestehen, zumal in verfassungslosen Staaten. Die Bürokratie selbst verstand sich als Staatsorgan, ja in Preußen sogar als Verfassungsersatz. Die Mitwirkungsrechte der Parlamente waren jedenfalls bis in das letzte Drittel des 19. Jahrhunderts schwach, und breite Bevölkerungsschichten waren parlamentarisch gar nicht vertreten. Da auch eine externe Kontrolle der Verwaltung durch Gerichte bis in die achtziger Jahre des 19. Jahrhunderts nicht oder unvollkommen existierte, kam es entscheidend auf die Entwicklung einer Selbstkontrolle durch verwaltungsinterne Instanzen sowie durch Beamtenethik an.

Die am Anfang des 19. Jahrhunderts speziell in Preußen (1808)[76] eröffnete Möglichkeit justizförmiger Kontrolle der Verwaltung wurde nach dem Wiener Kongreß stufenweise wieder abgebaut und 1842 bei polizeilichen Verfügungen ganz aufgehoben.[77]

[75] In den Jahren 1820–1897 sollen aus Deutschland (ohne Österreich) insgesamt 4,7 Millionen Menschen ausgewandert sein, wobei die Jahre 1852–54 den Höhepunkt bilden. Vgl. auch *R. v. Mohl*, Ueber Auswanderung, ZgStW 4 (1847), 320–348.

[76] Verordnung wegen verbesserter Einrichtung der Provincial-, Polizei- und Finanzbehörden vom 26. 12. 1808, PrGS 1806–1810, 464–480. Zur Vorgeschichte *H. U. Erichsen*, Verfassungs- und verwaltungsgeschichtliche Grundlagen der Lehre vom fehlerhaften belastenden Verwaltungsakt und seiner Aufhebung im Prozeß, 1971, 110.

[77] Gesetz über die Zulässigkeit des Rechtsweges in Beziehung auf polizeiliche Verfügungen v. 11. 5. 1842, PrGS 1842, 192–194.

Die Verwaltung beurteilte wieder selbst, ob ihr Handeln rechtmäßig war. In Süddeutschland hatte man die ersten Ansätze einer Verwaltungskontrolle durch die ordentlichen Gerichte schon in der Rheinbundzeit beseitigt,[78] wenn auch der württembergische Geheime Rat,[79] das kurhessische Oberappellationsgericht[80] sowie der hessen-darmstädtische Administrativjustizhof[81] einen gewissen Ausgleich boten. Auch die Praxis des Petitionsverfahrens in Bayern oder die Möglichkeiten der einfachen Beschwerde in Kurhessen und Baden mögen zum Rechtsschutz beigetragen haben.[82] Die wohlerworbenen Rechte (iura quaesita), die auch «öffentlichrechtliche» Positionen umfaßten, konnten vor den ordentlichen Gerichten verteidigt werden.

Aber insgesamt galt: Die Verwaltung war doch Richter in eigener Sache, vor allem in Polizeiangelegenheiten. Gegenüber einer übelwollenden Verwaltung sich durchzusetzen, war dem Bürger nahezu unmöglich. Das war im 18. Jahrhundert der allgemein bekannte, wenn auch nicht kritiklos hingenommene Zustand; im 19. Jahrhundert wurde er aber zunehmend als unerträglich empfunden: das politische Klima hatte sich tiefgreifend verändert, Grundrechte und Rechtsstaat waren als Postulate formuliert, und nicht zuletzt waren Eingriffsintensität und -häufigkeit in der Verwaltung gewachsen.

Im Streit darüber, wie man eine rechtlich geleitete Kontrolle über die Verwaltung erreichen könne, setzten die Liberalen überwiegend auf das justizstaatliche Modell, da sie meinten, bei Verletzung von «Privatrechten» müsse die Zuständigkeit der ordentlichen Justiz begründet werden. Außer dem frühen Mittermaier[83] äußern sich in diesem Sinne «Feuerbach, Brinkmann, Siebenpfeiffer, W. H. Puchta, Minnigerode, Jordan, Wächter, Pfeiffer, Schmitthenner, Welcker, Bähr – kaum ein prominenter Rechtstheoretiker des bürgerlichen Lagers, der in diesem Chor nicht mitsingt».[84] Das war die liberale Tradition seit dem Absolutismus. Sie wurde nun durch eine zusätzliche sozialgeschichtliche Nuance, die Dominanz des bürgerlichen Elements in der ordentlichen Justiz verstärkt, während die leitenden Posten der Verwaltung in adeligen Händen waren. Insofern schien die «bürgerliche» Justiz ein Gegengewicht gegen die «monarchische» Exekutive zu bilden.

Eine kleine Gruppe, teils Liberale unter dem Einfluß des französischen Vorbilds, die es im Schutz der konstitutionellen Garantien nicht nötig fanden, die ordentliche Justiz mit administrativen und «politischen» Entscheidungen zu belasten,[85] teils Konserva-

[78] *J. Poppitz*, Die Anfänge der Verwaltungsgerichtsbarkeit, in: AöR 73 (1943) 158; *W. Rüfner*, Verwaltungsrechtsschutz im 19. Jahrhundert vor Einführung der Verwaltungsgerichtsbarkeit, in: DÖV 1963, 719; *M. Sellmann*, Der Weg zur neuzeitlichen Verwaltungsgerichtsbarkeit – ihre Vorstufen und dogmatischen Grundlagen, in: Staatsbürger und Staatsgewalt, 1963, 25–86; *R. Ogorek*, Individueller Rechtsschutz gegenüber der Staatsgewalt. Zur Entwicklung der Verwaltungsgerichtsbarkeit im 19. Jahrhundert, in: *J. Kocka* (Hg.), Bürgertum im 19. Jahrhundert, 1988, Bd. 1, 372–405.

[79] *H. Magerl*, Verwaltungsrechtsschutz in Württemberg in der Zeit von 1760 bis 1850, 1966; *W. Rüfner*, Entwicklung der Verwaltungsgerichtsbarkeit, in: DVG III (1984), 916ff. m. w. Nachw.

[80] *O. Bähr*, Der Rechtsstaat. Eine publicistische Skizze, Cassel 1864, 153f.

[81] *J. Weitzel*, 100 Jahre Verwaltungsgerichtsbarkeit in Hessen, in: DVBl 1975, 869–873; *ders.* Zur Geschichte der Verwaltungsgerichtsbarkeit in Hessen, in: Archiv f. hess. Gesch. u. Altertumskunde NF 48 (1990) 317–330 (320).

[82] *S. Klasen*, Das Petitionsrecht zum Bayerischen Landtag – eine Ombudsman-Einrichtung, 1991, 24ff. Für Kurhessen siehe § 35 der Verfassung 1831.

[83] Zu seinem Sinneswandel zwischen 1820 und 1838 zugunsten einer Beschränkung richterlicher Kontrollmacht über die Verwaltung *Ogorek* (Anm. 78) 395f.

[84] *Ogorek* (Anm. 78) 386.

[85] So etwa *Rotteck*, Lehrbuch des Vernunftrechts und der Staatswissenschaften, Bd. 3,

tive, die die Handlungsfähigkeit und Flexibilität der Verwaltung durch die «Statik» der Rechtskontrolle gefährdet sahen, neigte eher zur Administrativjustiz,[86] auch deshalb, weil sie auf diese Weise hoffen konnte, auf das Verfahren und das Richterpersonal aus der Verwaltungsperspektive Einfluß nehmen zu können.[87]

Die Justizstaatler errangen hierbei einen ersten Sieg. Auf Antrag des kurhessischen Liberalen Carl Wilhelm Wippermann (1800–1857) wurde der niemals realisierte § 182 in die Frankfurter Reichsverfassung aufgenommen: «Die Verwaltungsrechtspflege hört auf; über alle Rechtsverletzungen entscheiden die Gerichte». Gleichzeitig wurde die klare Trennung von Justiz und Verwaltung festgelegt.[88]

Dem Scheitern der Reichsverfassung folgte nicht nur eine Phase der sog. zweiten Restauration, sondern auch eine entsprechende Besinnung im liberalen Lager, in diesem Falle also eine Annäherung an die Administrativjustiz. Der Vorschlag von Rudolf von Gneist aus dem Jahre 1860, eigenständige Verwaltungsgerichte mit Laienbeteiligung einzurichten,[89] fand ein positives Echo gerade bei Otto Bähr, der eigentlich «Justizstaatler» war, dem es aber wesentlich darauf ankam, der Kontrollinstanz Gerichtsqualität zu verleihen.[90]

Erst im letzten Drittel des 19. Jahrhunderts ist es dann zu einer kompromißhaft ausgestalteten «Verwaltungsgerichtsbarkeit» gekommen.[91] «Dieser Kompromiß wahrte», so Wolfgang Rüfner, «wenigstens formal den Grundsatz der Gewaltenteilung, indem er eine Unterordnung der Verwaltung unter die ordentlichen Gerichte vermied und in der zunächst überall verwirklichten Verbindung von Verwaltung und Verwaltungsgerichtsbarkeit letztere mehr als einen Teil der Verwaltung als der Justiz erscheinen ließ».[92] Die damals in den Ländern errichteten Oberverwaltungsgerichte (Verwaltungsgerichtshöfe),[93] vorab das Preußische Oberverwaltungsgericht,[94] etablierten sich von da an neben dem Gesetzgeber und der Wissenschaft als wichtigste Kraft für die Fortbildung des Verwaltungsrechts. Das von Anfang an geplante Reichs-

Stuttgart 1834, 177 unter der Voraussetzung eines funktionsfähigen Parlamentarismus und verfassungsrechtlicher Garantien, «da können manche Sachen mit größerer Sicherheit den Regierungsbehörden zur Entscheidung überlassen werden, als den völlig unabhängigen, für ihre Entscheidung niemandem verantwortlichen und durch solche Fülle der Autorität nicht selten gleichfalls zum Gewaltmißbrauch verleiteter Gerichtshöfen» (zit. bei *Ogorek*, aaO. 399).

[86] *C. J. G. v. Pfizer*, Ueber die Gränzen zwischen Verwaltungs- und Civil-Justiz, und über die Form bei Behandlung der Verwaltungsjustiz, Stuttgart 1828; *ders.* Prüfung der neuesten Einwendungen gegen die Zulässigkeit der Verwaltungsjustiz und gegen ihren Umfang, Stuttgart 1833; *G. L. Funke*, Die Verwaltung in ihrem Verhältniß zur Justiz, die Grenzlinie zwischen beiden und die Verwaltungsjustiz, Zwickau 1838; *O. Kuhn*, Die Trennung der Justiz und Administration, Leipzig 1840.

[87] *Ogorek* (Anm. 78), 384ff.

[88] Verfassung des Deutschen Reichs v. 28. März 1849, § 181: «Rechtspflege und Verwaltung sollen getrennt und von einander unabhängig sein. ...».

[89] *R. v. Gneist*, Das heutige englische Verfassungs- und Verwaltungsrecht, 2 Teile Berlin 1857–63; *ders.* Der Rechtsstaat, Berlin 1872, 2. Aufl. Der Rechtsstaat und die Verwaltungsgerichte in Deutschland, Berlin 1879 (Nachdr. 1958). Siehe auch *G. A. Edler v. d. Planitz*, Justiz und Verwaltung. Ein Beitrag zur Feststellung der Grenzen beider Gewalten, Jena 1860.

[90] *Bähr* (Anm. 80).

[91] *Rüfner*, DVG III (1984), 909ff.

[92] *Rüfner*, DVG III (1984), 911.

[93] Zur Errichtung des schon damals geplanten Reichsverwaltungsgerichtes ist es nicht gekommen. Vgl. *W. Kohl*, Reichsverwaltungsgericht, HRG IV (1990) 802–806 sowie nunmehr *ders.* Das Reichsverwaltungsgericht, 1991 m. umfass. Nachw.

[94] *U. Stump*, Preußische Verwaltungsgerichtsbarkeit 1875–1914, 1980; wenig ergiebig *S. F. Pauly*, Organisation, Geschichte und Praxis der Gesetzesauslegung des (Königlich) Preußischen Oberverwaltungsgerichtes 1975–1933, 1987.

verwaltungsgericht kam zwar im 19. Jahrhundert nicht mehr zustande,[95] aber dies hinderte die Rechtsprechung nicht, fallweise voranschreitend allgemeinere, länderübergreifende Sätze zu entwickeln, die sich allmählich zu einem «Allgemeinen Teil» zusammenfügten. «Der Ausbau der Verwaltungsrechtswissenschaft», sagte Otto Mayer prägnant im Jahre 1900, «ist nur möglich geworden mit der Verwaltungsrechtspflege.»[96]

Damit war die Disziplin des Verwaltungsrechts «erwachsen» geworden. Ihre Maximen unterlagen der nachprüfbaren und wissenschaftlich diskutierbaren richterlichen Subsumtion. Erst von da an wird man das Verwaltungsrecht als wirkliche juristische Disziplin bezeichnen können, auch wenn gerade Otto Mayer, auf der Linie der Administrativjustiz verharrend, daran festhielt, Verwaltungsgerichtsbarkeit sei nur eine spezielle Form administrativen Vollzugs. Seitdem sich die Rechtsprechung mit dem Verwaltungsrecht befaßte, also in Baden ab 1863, in Preußen ab 1875, mußte das Fach über kurz oder lang auch im Universitätsunterricht angeboten werden. Auf diese Weise beeinflußten sich Verwaltungsalltag, Gesetzgebung, Rechtsprechung und Wissenschaft gegenseitig und brachten das Fach an verschiedenen Stellen gleichzeitig hervor, in der rechtsgebundenen Verwaltungstätigkeit, im Urteilsspruch, in Gesetzeskommentar und Monographie sowie in der Lehre, die freilich erst im 20. Jahrhundert ihr (studentisches) Publikum wirklich erreichte.

II. Polizeiwissenschaft, Polizeirecht, Verwaltungsrecht

1. Policeywissenschaft vor 1800

Verwaltung ist in Deutschland Ländersache.[97] Kein Satz des geltenden Rechts dürfte von der Historie stärker gesichert sein als dieser. Er entspricht der hierzulande ausgeprägten Territorialisierung der Staatsgewalt seit dem Mittelalter.[98] Eine Reichsverwaltung hat es bis zur Reichsgründung von 1871 immer nur ansatzweise gegeben. Das Heilige Römische Reich, schon seit dem Augsburger Religionsfrieden von 1555, spätestens aber seit 1648 nicht mehr bestimmende Macht der europäischen Politik, hat trotz der bedeutungsvollen Reichspolizeiordnungen des 16. Jahrhunderts[99] und trotz gewisser Versuche zu einer Reichswirtschaftspolitik[100] keine eigene Administration («Policey») errichten können. Die Staatsgewalt lag in den Händen der Einzelstaaten; diese

[95] *Kohl* (Anm. 93) m. w. Nachw.

[96] *O. Mayer,* Zum 25jährigen Bestehen des Preußischen OVG, in: PrVwBl 22 (1900/01) 96. Hierzu auch *E. V. Heyen,* Entwicklungsbedingungen der Verwaltungsrechtswissenschaft, in: Der Staat 22 (1983) 21–32 (25).

[97] Art. 30 GG: Die Ausübung der staatlichen Befugnisse und die Erfüllung der staatlichen Aufgaben ist Sache der Länder, soweit dieses Grundgesetz keine andere Regelung trifft oder zuläßt.

[98] *D. Willoweit,* Rechtsgrundlagen der Territorialgewalt, 1975; *ders.* DVG I (1983) §§ 13, 17, 22, 23.

[99] Reichspolizeiordnungen von 1530, 1548 und 1577. Siehe *G. K. Schmelzeisen,* Polizeiordnungen und Privatrecht, 1955; *R. Schulze,* Die Polizeigesetzgebung zur Wirtschafts- und Arbeitsordnung der Mark Brandenburg in der frühen Neuzeit, 1978.

[100] *R. Bassenge,* Die deutsche Handelspolitik der Reichsgesetzgebung von 1498 bis 1806, Diss. München 1948; *I. Bog,* Der Reichsmerkantilismus. Studien zur Wirtschaftspolitik des Heiligen Römischen Reiches im 17. und 18. Jahrhundert, 1959.

kümmerten sich um die auf Verwaltungsbedürfnisse zugeschnittene Kameralausbildung an ihren Landesuniversitäten, sie richteten allmählich auch das entsprechende Prüfungswesen ein. Zur Schaffung einer «Reichspolizeiwissenschaft» fehlte den Universitäten sowohl das faktische Material als auch das politische Motiv.

Die seit 1727 in Preußen (Halle, Frankfurt/O.), bald aber an allen deutschen Universitäten gelehrte Policeywissenschaft[101] ist aus den Bedürfnissen der Territorialverwaltung erwachsen und hat sich an ihnen orientiert.[102] Ihr Zweck war es, die Einseitigkeit der juristischen Ausbildung zu überwinden, den künftigen Beamten ein Ensemble nützlicher Kenntnisse zu vermitteln und, jedenfalls in Preußen, das Beamtentum für den «Kampf gegen die obstinaten Justizbehörden der ständischen Regierungen» zu befähigen.[103]

«Policey», Ökonomik (Volkswirtschaft, Hauswirtschaft) und Kameralistik (i. S. v. Finanzwissenschaft) sind durch die Zielvorstellung verbunden worden, der Staat habe die Aufgabe, durch kombinierten Einsatz der von den Staatswissenschaften empfohlenen Mittel die Glückseligkeit der Untertanen zu steigern; rechtliche Elemente kamen zunächst nur in Form variabler Gebote und Verbote vor, nicht jedoch als auf Dauer angelegtes Recht. Etwas anderes war auch angesichts der Verfassungslage des Absolutismus nicht zu erwarten; denn das jederzeit abänderbare oder rücknehmbare Gebot des Fürsten war «Gesetz», in welcher Form es auch ausgesprochen wurde.[104] Die für wissenschaftliche Bearbeitung notwendige relative Festigkeit und Kohärenz des Rechtsstoffes war auf diese Weise nicht erreichbar. «Policey» und «Policeyrecht» waren das instabile, jederzeit reaktionsfähige Instrument der Verwaltung. Die Polizeiordnung stand dem Einzelbefehl typologisch viel näher als dem auf Dauer angelegten Gesetz. Wissenschaftlichkeit im modernen Sinne wurde deshalb auch von der «Policeywissenschaft» nicht erwartet. Sie sollte möglichst effektiv nützliche Kenntnisse vermitteln. Wegen der Marginalität des juristischen Elements wurde sie auch ganz folgerichtig in den Philosophischen Fakultäten untergebracht.

Trotz der prinzipiellen Zuständigkeit der Länder lassen sich Entwicklungslinien einer gemeindeutschen Polizeiwissenschaft beschreiben; denn die gemeinsamen Wurzeln der Disziplin in der Tradition der aristotelischen Oikonomia, die durch das Naturrecht herausgearbeiteten Grundlagen und die enge Kommunikation der Gelehrtenrepublik des 17. und 18. Jahrhunderts[105] waren stärker als die Verschiedenartigkeit der Territorien. Auf dieser Basis wurden die Lehr- und Handbücher der Polizeiwissenschaft des ausgehenden Ancien Régime[106] von allen an der Verwaltung interessierten Gebildeten, speziell von der Beamtenschaft gelesen.

[101] *J. Brückner*, Staatswissenschaften, Kameralismus und Naturrecht, 1977, 60ff. *Bleek* (Anm. 8), 65ff.; *P. Schiera*, Dall'arte di governo alle szienze dello Stato. Il cameralismo e l'assolutismo tedesco, Milano 1968, 331 ff.; *ders.* La Concezione amministrativa dello Stato in Germania (1550–1750), Torino 1980.

[102] Das Kameralstudium (Politik, Ökonomie, Finanzwiss.) wurde künftigen höheren Beamten ausdrücklich empfohlen. *Bleek* (Anm. 8) 65f. sowie Geschichte I, 374ff.

[103] *Bleek* (Anm. 8), 65.

[104] *W. Naucke*, Vom Vordringen des Polizeigedankens im Recht, d. i. vom Ende der Metaphysik im Recht, in: Recht, Gericht, Genossenschaft und Policey, hrsgg. v. *G. Dilcher* und *B. Diestelkamp*, 1986, 177 m. krit. Anmerkungen von *M. Stolleis, H. Holzhauer* und *R. Schulze*.

[105] Grundlegend *H. Maier*, Die ältere deutsche Staats- und Verwaltungslehre, 2. Aufl. 1980, insbes. 2. Teil, IV; im Anschluß hieran Geschichte I, 374ff.

[106] Nachweise bei *G. Marchet*, Studien über die Entwicklung der Verwaltungslehre in Deutschland, 1885; *M. Humpert*, Bibliographie der Kameralwissenschaften, 1937; *E. Dittrich*,

Unter Führung der halle-göttingischen Richtung behandelten diese Werke im 18. Jahrhundert, teils additiv, teils nach naturrechtlich inspirierten Systematiken zunächst die Gesamtheit der Staatstätigkeit, dann mehr und mehr verselbständigt und von finanzwissenschaftlichen, technologischen und von «Regierungssachen» im engeren Sinn getrennt, die eigentliche «Polizei». Ausgerichtet am Staatszweck der «Glückseligkeit» waren dies alles obrigkeitliche Maßnahmen zur Verhütung von Gefahren und zur Verbesserung der gesamten Lebensumstände der Untertanen. Typische Vertreter dieser Richtung waren die beiden herausragenden Autoren J. H. G. v. JUSTI[107] und J. v. SONNENFELS,[108] aber auch J. G. DARJES,[109] F. CH. J. FISCHER,[110] F. C. W. v. HOHENTHAL,[111] J. F. v. PFEIFFER,[112] C. G. RÖSSIG,[113] J. H. JUNG-STILLING[114] und andere.

Besonders hoch ist die Intensität dieser Literatur in der zweiten Hälfte des 18. Jahrhunderts. Die kameralistischen Lehrstühle hatten sich inzwischen überall verbreitet, jeder der Professoren versuchte, sein eigenes «System» vorzulegen, es entstanden Zeitschriften, Handbücher und Sammelwerke.[115] Das Fach errang neben den alten Fächern eine gewisse Reputation und erfreute sich insbesondere der Förderung der Verwaltung.

Entscheidend für die Lage des Faches ist der Kontext des aufgeklärten Spätabsolutismus. Die Polizeiwissenschaftler standen naturgemäß auf der Seite der reformerischen Beamtenschaft, ja waren teilweise, wie etwa im Falle von JOHANN AUGUST SCHLETTWEIN (1731–1802),[116] mit ihr identisch. Unter den Leitsternen «Vernunft» und «Glückseligkeit» hofften sie auf energische Verbesserungen der Landwirtschaft, des Handels und Kredits, der Technologie sowie auf Abschaffung veralteter Produktionsweisen (Dreifelderwirtschaft, Waldweide, Allmenden). Entsprechend breit war das Verständnis der Polizei, unter der man – um eine typische Stimme herauszugreifen –, «das Ordnungswesen im Staate, mit Rücksicht auf innere Sicherheit, Schönheit, Bequemlich-

Die deutschen und österreichischen Kameralisten, 1974 (m. Nachw. d. älteren Lit. zu den Kameralwissenschaften).

[107] *J. H. G. v. Justi,* Grundsätze der Polizeywissenschaft in einem vernünftigen, auf den Endzweck der Polizey gegründeten Zusammenhang, Göttingen 1756 (2. Aufl. 1759, 3. Aufl. 1782). Vgl. hierzu *U. Wilhelm,* Das Staats- und Gesellschaftsverständnis von J. H. G. von Justi: Ein Beitrag zur Entwicklung des Frühliberalismus in Deutschland, in: Der Staat 30 (1991) 415–441.

[108] *J. v. Sonnenfels,* Grundsätze der Polizei, Handlung und Finanzwissenschaft, 3 Th., Wien 1765–76, 8. Aufl. Wien 1819–22. Vgl. nunmehr *R. Hoke,* Joseph von Sonnenfels (1732–1817), in: *Jeserich-Neuhaus* (Anm. 2), 44–48 m. w. Nachw.

[109] *J. G. Darjes,* Erste Gründe der Kameralwissenschaften, Jena 1756, 2. Aufl. 1768.

[110] *F. Ch. J. Fischer,* Lehrbegriff und Umfang der deutschen Staatswissenschaften, Halle 1783; *ders.* Lehrbegriff sämtlicher Kameral- und Polizeirechte von Deutschland, 3 Bde, Frankfurt/O. 1784–1786; *ders.* Kurzer Begriff des Kameralrechts, Halle 1796.

[111] *P. C. W. Graf v. Hohenthal,* Liber de Politia, Leipzig 1776.

[112] *J. F. v. Pfeiffer,* Natürliche, aus dem Endzwecke der Gesellschaft entstehende allgemeine Polizeywissenschaft, 2 Bde, Frankfurt 1779.

[113] *C. G. Rössig,* Lehrbuch der Polizei-Wissenschaft, Jena 1786.

[114] *J. H. Jung-Stilling,* Lehrbuch der Staats-Polizeywissenschaft, Leipzig 1788.

[115] Siehe etwa *J. P. Harl,* Vollständiges Handbuch der Polizeywissenschaft, ihrer Hülfsquellen und Geschichte, Erlangen 1809. *J. G. Krünitz,* Oekonomisch-technische Encyklopädie, oder allgemeines System der Staats-, Stadt-, Haus- und Landwirthschaft in alphabethischer Ordnung, 242 Bde, Berlin 1769–1858, fortges. v. *J. J.* und *H. G. Flörke.*

[116] *D. Klippel,* Der Einfluß der Physiokraten auf die Entwicklung der liberalen politischen Theorie in Deutschland, in: Der Staat 23 (1984) 205–226; *D. Möller,* Schlettwein, HRG IV (1990) Sp. 1439–1442.

keit, Bevölkerung, Sittlichkeit und den Nahrungszustand, in sofern diese Gegenstände durch Anstalten erhalten und befördert werden, und dadurch die innere Stärke des Staats begründet wird» verstand.[117]

Die in ständigem Austausch mit dem Ausland geführte Reformdebatte entwickelte sich besonders nach 1750 und erfaßte alle literarisch artikulationsfähigen Kreise in Deutschland. Allenthalben begeisterte man sich für die Verbreitung «nützlicher Kenntnisse», gründete entsprechende Zeitschriften und Sozietäten, hielt Akademievorträge und setzte Preisausschreiben in Gang. Die entstehende bürgerliche Öffentlichkeit artikulierte sich zunächst auf diesen unpolitischen Aktionsfeldern und lenkte die Energien auf «praktische» Reformen, ohne den Absolutismus im Prinzip in Frage zu stellen. Die auf diese Weise schon weit fortgeschrittene territoriale Modernisierung führte zu der verbreiteten und besonders nach 1789 artikulierten Ansicht, in Deutschland bedürfe es keiner Revolution, weil der aufgeklärte Absolutismus aus eigener Kraft reformfähig und -willig sei.[118]

Dennoch sind die Reformdebatten durch den Ausbruch der Französischen Revolution noch erheblich intensiviert worden. Nun standen die Abschaffung von Leibeigenschaft und Zinspflichtigkeit, die Judenemanzipation und die Säkularisierung des geistlichen Besitzes, die Abschaffung adeliger Vorrechte und die Einführung der Gewerbefreiheit auf der Tagesordnung. Diese Themen traten gleichzeitig in einen neuen verfassungsgeschichtlichen Zusammenhang. Im Kern ging es um die politische Emanzipation des Dritten Standes, um die konstitutionelle Bewegung und das Verlangen nach «Rechtsstaat». Der absolutistische Staatszweck der «Glückseligkeit» wurde seit dem Auftreten Kants philosophisch und bald auch politisch angegriffen.[119] Insofern mußte die auf die «Glückseligkeit der Unterthanen» zielende Polizeiwissenschaft reagieren. Sie tat dies durch Spaltung in Polizeiwissenschaft und Polizeirecht, wobei das Polizeirecht im 19. Jahrhundert unter die Verfassung gebeugt und von parlamentarischer Mitwirkung abhängig wurde. Die immer noch umfassend verstandene Polizeiwissenschaft ihrerseits spaltete sich weiter in ökonomische und technische Einzelfächer und mußte nach 1848 stufenweise aufgegeben werden.

2. Polizeiwissenschaft im Übergang zum Frühkonstitutionalismus

Die Separierung von Polizeiwissenschaft und Polizeirecht[120] ist weniger ein Produkt wissenschaftsinterner Spezialisierung als eine Folgeerscheinung der seit der Mitte des 18. Jahrhunderts langsam voranschreitenden Separierung von Staat und Gesellschaft. Diese Separierung vollzog sich durch rechtliche Anerkennung zunächst von «Freiheiten», die ihrerseits zur umfassenden «Freiheit» zusammenwuchsen. Die Autoren der Polizeiwissenschaft haben dies frühzeitig wahrgenommen und hierauf durch Umformulierung der Zielformeln reagiert. Dabei ist charakteristisch, daß «Freiheit» zu-

[117] *Rössig* (Anm. 113), 1.

[118] *K. O. Frhr. v. Aretin* (Hg.), Der Aufgeklärte Absolutismus, 1974.

[119] *U. Scheuner,* Die Staatszwecklehre und die Entwicklung der Verwaltung im deutschen Staat des 18. Jahrhunderts, in: Ged. Schr. f. H. Conrad 1979, 467–489.

[120] Hierzu *R. Schulze,* Polizeirecht im 18. Jahrhundert, in: Recht, Gericht, Genossenschaft und Policey (Anm. 104) 199ff., insbes. 210ff. zu *Johann Heumann von Teutschenbrunn,* Initia iuris politiae Germanorum, Nürnberg 1757 und *Johann Bernhard Hoffer,* Beyträge zum Policeyrecht der Teutschen, 2 Bde Altdorf 1764–65. – Geschichte, 386ff.

nächst als Teil der ohnehin für alle zu realisierenden «Glückseligkeit» erschien, aber zunehmend antagonistisch verstanden wurde. Anfänge dieser Entwicklung zeigen sich etwa bei JUSTI, der im übrigen den literarischen Höhepunkt der Polizeiwissenschaft des preußischen aufgeklärten Absolutismus darstellte.[121] Am Ende galt dann die staatsbestimmte, die Menschen bevormundende «Glückseligkeit» geradezu als Feindin der individuellen, korporativen und gesellschaftlichen Freiheit.

a) G. H. v. BERG

Die schrittweise Herauslösung der «bürgerlichen Freiheit» aus dem Glückseligkeitsbegriff führte zur Bildung von «gesellschaftlichen», rechtlich geschützten und für den Staat unantastbaren Freiheitsräumen. In sie sollte ein «rechtlicher Staat», wie er nun genannt wurde, nur ausnahmsweise und mit besonderer Begründung eindringen dürfen. Im letzten Drittel des 18. Jahrhunderts ist dies die mindestens theoretisch überwiegend akzeptierte Meinung. Hier liegt der eigentliche Beginn des Frühliberalismus. Er mußte seine Tragfähigkeit gerade im Polizeiwesen mit seinen unausweichlichen Spannungen zwischen Freiheitsrechten und öffentlichen Interessen beweisen.

Der klassische Autor dieser Übergangsphase vom aufgeklärten Absolutismus zum liberalen Rechtsstaat ist GÜNTER HEINRICH VON BERG (1765–1843), der in seinem voluminösen «Handbuch des teutschen Polizeirechts» auf der einen Seite die tradierten Stoffmengen aufbewahrte, auf der anderen Seite aber eine Beschränkung polizeilicher Rechte auf den Sicherheitszweck versuchte.[122] Um nicht auf das weite Tätigkeitsfeld der Polizei verzichten zu müssen, operierte er mit einem weiteren Begriff der Gefahrenabwehr, versuchte aber unter dem Eindruck der von PÜTTER[123] und dem Allgemeinen Landrecht für die preußischen Staaten (1794)[124] vorgezeichneten Verrechtlichung der Polizeitätigkeit, von der Polizeiwissenschaft auf das «Polizeirecht» und damit (in der Sache) auf das Verwaltungsrecht überzugehen.[125]

Vor allem trennte er Wohlfahrtspolizei und Sicherheitspolizei und gliederte entsprechend das in vier Bänden gesammelte positivrechtliche Material der Polizeiordnungen. Ausdrücklich heißt es, daß «positive Beförderung der Glückseligkeit nicht erzwungen werden kann und darf». Da aber die Wohlfahrtsförderung nicht aus dem Polizeizweck hinausdefiniert wurde, mußte sie gewissermaßen im Mantel der Gefahrenabwehr auftreten. Wegen der ungemein weiten Erstreckung der Wohlfahrtspolizei gelang dies jedoch nicht, so daß BERG später wieder zum älteren Polizeibegriff zurücklenkte.[126] Zur relativ knapp dargestellten Sicherheitspolizei gehören nun die Gewähr-

[121] *G. Chr. v. Unruh,* Subjektiver Rechtsschutz und politische Freiheit in der vorkonstitutionellen Staatslehre Deutschlands, 1969, 12–21. Siehe im übrigen Geschichte, 376 Anm. 52, 379–382 m. w. Nachw.

[122] *G. H. v. Berg,* Handbuch des Teutschen Policeyrechts, 7 Bde, Hannover 1799–1809 (zugl. ab 1802/03 2. Aufl.). Hierzu eingehend *H. Maier* (Anm. 105), 207–219. Zur Biographie *Merzdorf,* ADB 2 (1875) 363; *Lippert,* HdBStaatsWiss 2. Aufl. Bd. 2 (1899) 547.

[123] *J. S. Pütter,* Institutiones iuris publici germanici, Göttingen 1770, dort die Entgegensetzung von «jus promovendi salutem publicam» als allgemeine Staatsaufgabe und der Begrenzung der Polizei auf die «cura avertendi mala futura». Hierzu eingehend *P. Preu,* Polizeibegriff und Staatszwecklehre, 1983, 167ff., 184ff.

[124] ALR II, 17.10: «Das Amt der Polizei aber besteht darin, die nöthigen Anstalten zur Erhaltung der öffentlichen Ruhe, Sicherheit und Ordnung und zur Abwendung der dem Publico oder einzelnen Mitgliedern desselben drohenden Gefahr zu treffen».

[125] Geschichte, 379–383.

[126] *Maier* (Anm. 105) 211f. Das für *G. H.*

leistung der öffentlichen Sicherheit (Unterdrückung öffentlicher Gewalt, Beaufsichtigung gefährlicher Gesellschaften), besonders aber der Schutz privater Rechte der Staatsbürger (Freiheit, Eigentum und Ehre), eine Einteilung, die sich fast unverändert eine Generation später auch in MOHLS württembergischem Verwaltungsrecht wiederfinden sollte.[127]

BERGS Darstellung der Wohlfahrtspolizei war also noch das Sammelbecken der gesamten fördernden Staatsverwaltung: Vermehrung der Bevölkerung, Verbesserung der Gesundheit und der Ernährung, Sorge für die häusliche Ordnung, Versorgung der Armen, Verhütung von Inflation, Unterrichts- und Kirchenpolizei, Land- und Stadtwirtschaft, Handwerk und Handel. Einige dieser Gebiete, etwa die Vorsorge vor Feuer-, Wasser- oder Hagelschaden, waren klar der Gefahrenabwehr zuzuordnen und mußten notfalls auch auf Zwangsmittel zurückgreifen, andere gehörten zur schlichten Wohlfahrtsförderung. Weder ließen sich Sicherheits- und Wohlfahrtspolizei, noch Eingriffs- und Leistungsverwaltung scharf voneinander abgrenzen. Aber die Tendenz ging auf rechtliche Begrenzung und Kontrollierbarkeit der Polizei, auf ihre Unterordnung unter die Sicherheitsgewährleistung als «Hauptzweck des Staats» sowie auf Schutz der Individualrechte. «In der nach 1800 wieder dichter einsetzenden Folge von Polizeirechts- und Polizeiwissenschaftslehren», so resümiert HANS MAIER, «bezeichnet Berg den Punkt, an dem die durch die Polizei des absoluten Staats erstarkte bürgerliche Bewegung, ihrer wachsenden Selbständigkeit bewußt, sich von den Fesseln und Beengungen der überlieferten polizeirechtlichen Vorschriften langsam aber nachdrücklich zu lösen beginnt, ohne doch auf deren gesellschaftsstabilisierende Wirkungen zu verzichten oder auch nur geringere Ansprüche auf sie zu machen.»[128]

b) Polizeiwissenschaft bis 1830

Der durch BERG repräsentierte transitorische Zustand der Polizeiwissenschaft ist zwar am Ende des Reichs nicht so nachhaltig erschüttert worden wie Staatslehre und Reichsstaatsrecht, aber es ist unverkennbar, daß die großen Fragen der Zeit unmittelbar und ohne nennenswerte Verzögerung sich auch in der Polizeiwissenschaft durchsetzen mußten. Die Vertreter der älteren absolutistischen Linie hielten gerade unter dem Banner der neu errungenen Souveränität an der weiten Kompetenz der «Policey» fest und lehnten Gesetzesbindungen wie bei der Justiz strikt ab. Auf der Gegenseite förderte die schnelle Ausbreitung des Kantianismus die weitere, zum Teil mit lebensfremder Rigorosität vorgenommene Beschränkung des Polizeizwecks auf die Gefahrenabwehr, ohne daß dies die Praxis wirklich geprägt hätte.[129] Überall stellte sich für den Frühliberalismus die Frage, ob und wie die alle Lebensbereiche umfassende Rege-

v. Berg typische Dilemma des Übergangs von (positiver) wohlfahrtsstaatlicher Polizei, die zu umfangreich war, zu (negativer) rechtsstaatlicher Gefahrenabwehr, die zu eng war, ist deutlich bezeichnet worden von *L. v. Stein*, Verwaltungslehre (Anm. 44), 2. Aufl. Bd. 2/1, Stuttgart 1866, 16.

[127] *R. Mohl*, Das Staatsrecht des Königreiches Württemberg, 2. Bd. Das Verwaltungsrecht, 2. Aufl. Tübingen 1840, 2. Kapitel, 2. Abtheilung, 1. Abschnitt «Rechts-Polizei».

[128] *Maier* (Anm. 105) 218.

[129] So etwa der Leipziger Privatdozent *Karl Friedrich Wilhelm Gerstäcker*, Dissertatio inauguralis Juris Politiae ex uno securitatis jurisque custodiarum principio ... brevis delineatio, Leipzig 1813. Ebenso *ders.* System der innern Staatsverwaltung und der Gesetzpolitik, 3 Abth. Leipzig 1818–1829, Bd. 3, 294ff.; *ders.* (Hg.), Asträa. Zeitschrift für Erweiterung und tiefere Begründung der Rechtsphilosophie, Gesetzpolitik und Policeywissenschaft, 1811/1812. Zur Biographie

lungskompetenz der absolutistischen «Policey» juristisch begrenzt und womöglich zurückgedrängt werden könnte. Die rechtliche Umschreibung der Verwaltungszwecke und der zur Realisierung eingesetzten Mittel wurde nun zum Verfassungsproblem. Gleichzeitig war es die Kernfrage der in den Rheinbundstaaten und in Preußen schlagartig einsetzenden Reformprogramme: sollte die Modernisierung «von oben» durchgesetzt und gelenkt oder sollte sie «von unten» als gesellschaftlicher Erneuerungsprozeß lediglich stimuliert werden?

Mit dem offiziellen Ende des Reiches im Sommer 1806 waren diese Fragen nun endgültig zu internen Angelegenheiten der Einzelstaaten geworden. Jeder von ihnen mußte sich darüber klarwerden, wie er kraft seiner Souveränität die Verwaltung ordnen und die Gesellschaft gestalten wollte. «Jetzt», sagte ein nassauischer Autor 1811, «da man die Staatsverwaltung ins Unendliche zersplittert hat, und nicht genug besondere Behörden niedersetzen kann, denen man solche abgerißene Theilchen übergibt, schadet jene Ungewißheit des Begriffs der Polizei unendlich; sie bringt Verwirrung und Unordnung in alle Departements.»[130] Kein Wunder, daß die Polizeiwissenschaft «nach ihrem dermaligen Zustande noch zu den schwankensten Wissenschaften» gezählt wurde.[131] Die Autoren der Polizeiwissenschaft waren aufgefordert, den absolutistischen Kontext der herkömmlichen Polizeiwissenschaft zu verlassen, die Zwangsbefugnisse neu zu begründen, gleichzeitig aber der Wohlfahrtspolizei ihr Recht zu lassen, insgesamt also eine neue Systematik zu entwerfen, die den theoretischen Postulaten der kantischen Naturrechtssysteme und den politischen Forderungen der frühliberalen Reformära gerecht wurde. Äußerungen «Über den Begriff der Polizei und den Umfang der Staatspolizei-Gewalt» nahmen deshalb um die Jahre 1807 bis 1809 deutlich zu,[132] speziell in den Rheinbundstaaten, in denen das französische Vorbild wirkte.[133] Es bestehe nunmehr, sagte einer der Autoren, «unter den deutschen Gelehrten ein rühmlicher Wetteifer, diesen Punkt ins Reine zu bringen und der Polizey eine feste Ansicht zu verschaffen».[134]

ließ sich lediglich ermitteln, daß *Gerstäcker* (geb. 1773) ab 1797 als Anwalt und ab 1813 als Privatdozent an der Universität Leipzig tätig war.

130 *F. W. Emmermann*, Ueber Polizei, ihren vollständigen Begriff und ihr eigenthümliches Verfahren, Dillenburg und Siegen 1811, Vorrede.

131 *G. Henrici*, Grundzüge zu einer Theorie der Polizeiwissenschaft, Lüneburg 1808, IV.

132 *K. F. Roßhirt*, Ueber den Begriff und die eigentliche Bestimmung der Staatspolizey sowohl an sich als im Verhältnisse zu den übrigen Staatsverwaltungszweigen, Bamberg und Würzburg 1807; *J. F. E. Lotz*, Ueber den Begriff der Polizei und den Umfang der Staats-Polizei-Gewalt, Hildburghausen 1807 (*Johann Friedrich Eusebius Lotz* (1770–1838) hatte in Jena Rechtswissenschaft studiert, 1819 lehnte er einen Ruf nach Bonn auf eine Professur für Staatsrecht und Staatswirtschaft ab und ging ab 1824 in sachsen-coburgische Dienste, vgl. *Schumann*, ADB 19 (1884) 285–287; *Lippert*, HdBStaatsWiss 2. Aufl. Bd. 5 (1900) 649f.); *G. Gerstner*, Versuch einer Entwickelung des Begriffes von Polizei, in: Kameral-Korrespondent v. 16. 5. 1807, Nr. 58; *W. Butte*, Versuch der Begründung eines endlichen und durchaus neuen Systems der sogenannten Polizeiwissenschaft, Landshut 1807; *an.* Ueber das Prinzip, die Grenzen und den Umfang der Polizei, Leipzig 1808; *G. Henrici*, Grundzüge zu einer Theorie der Polizeiwissenschaft, Lüneburg 1808; *J. D. A. Höck*, Grundlinien der Polizeiwissenschaft, Nürnberg 1809; *Emmermann*, (Anm. 130).

133 *Roßhirt* (Anm. 132), 16–23; *Ch. Bonnin*, Principes d'administration publique pour servir à l'étude des lois administratives, Paris 1809; *ders.* Droit public français, ou Code politique, Paris 1809; *F. Bodmann*, Code de Police Administrative etc./ Gesezbuch der administratifen Polizei oder Sammlung sämmtlicher neueren und ältern Geseze ... 2 Thle Mainz 1810, 3. Thl. Mainz 1812, eine Übersetzung der polizeirechtlichen Sammlung des *Baron de St. André*, Präfekt des Departements Donnersberg.

134 *Roßhirt* (Anm. 132) 33. Rückblickend *F. X. Funk*, Die Auffassung des Begriffes der Poli-

Dabei wurde so viel allmählich klar: Der in der Mitte des 18. Jahrhunderts übliche extrem weite Polizeibegriff, der alles umfaßte, was der inneren Sicherheit sowie der materiellen und geistigen Wohlfahrt diente, sollte nicht mehr gelten. GERSTNER etwa erklärte 1807, indem er sowohl Strafverfolgung als auch Wohlfahrtsförderung ausblendete: «Polizei ist eine Staatsanstalt zur Sicherung des Publikums gegen Verletzungen seiner Rechte.»[135] Je deutlicher die Trennung von Justiz und Verwaltung sich durchsetzte, desto eher konnten – mindestens theoretisch – die Kompetenzen der Justiz ausgegrenzt werden,[136] was freilich eine der berühmtesten und schwierigsten – weil hochpolitischen – Streitfragen war.

Ebenso einigte man sich allmählich darüber, die Finanzsachen sowie die Außenpolitik auszugrenzen. Über die Zugehörigkeit der Kirchensachen zur Polizei bestand allerdings weiter Dissens, vor allem in gemischtkonfessionellen Territorien, in denen die «Kirchenpolizei» über konfessionelle Minderheiten anstößig blieb. Die abstrakt erscheinende Streitfrage, ob die Polizei auf Gewährleistung von Sicherheit reduziert werden könne oder ob (und in welchem Umfang) Wohlfahrtsförderung – in einem noch näher zu bestimmenden Umfang – dazugehöre, erhielt ihre Schärfe, wenn sie in speziellen Sachgebieten zu lösen war, etwa bei der Reichweite staatlicher Eingriffe in das Wirtschaftsleben, im Schul- und Hochschulwesen, bei Angelegenheiten der öffentlichen Moral sowie der Meinungsbildung und Pressefreiheit.[137] Stets trat das Problem hervor: was darf die Gesellschaft, was darf und soll der Staat mit seinen polizeilichen Mitteln?

Zur Lösung dieser Frage ist eine breite Debatte[138] entstanden, deren stillschweigende methodische Voraussetzung war, die Verständigung über «richtige Begriffe» sei der Weg zur Lösung selbst. Die politischen Implikationen wurden von den Gelehrten meist nur angedeutet; nach ihrem deklarierten Selbstverständnis ging es um «Wahrheit». So konnte man aus der Perspektive der allgemeinen Staatslehre versuchen, die Polizei in das Schema von allgemeinen Hoheitsrechten (oberaufsichtliche Gewalt, Legislative, Exekutive, Judikative) und besonderen Hoheitsrechten (Polizei, Justiz, Finanz- und Militärgewalt) einzufügen. Ihren materiellen Inhalt deduzierte man in der naturrechtlichen Tradition aus dem Staatszweck, dem «Zweck der bürgerlichen Vereinigung». Die Staatszwecklehre selbst weist allerdings gerade um 1800 entscheidende Verwerfungen auf.[139] Einerseits beobachtet man, wie sich der ältere umfassende Begriff der «Glückseligkeit» zersplitterte, Momente individueller Freiheit und Rechtssi-

zei im vorigen Jahrhundert, ZgStW 1863, 489–556.

135 *Gerstner* (Anm. 132).

136 *D. G. Struben*, Dreyzehnte Abhandlung von Regierungs- und Justizsachen, in: Nebenstunden, 3. Theil, Darmstadt 1789, 16–39.

137 Vgl. etwa die bei *J. Graf von Soden*, Die Staats-Polizei, Aarau 1817, 122 ironisch erwähnten Vorschläge von *Jung-Stilling*, etwa «das Verbot des Schlittenfahrens und Walzens für Schwangere, so wie das Gebot des Selbstsäugens. Das Verbot der Schnürbrüste, des Haarbrennens und Frisirens. Das Spionenhalten gegen Wahrsager und so weiter».

138 *Joh. H. L. Bergius*, Kameralisten-Bibliothek, oder vollständiges Verzeichniß derjenigen Bücher ..., welche von dem Oekonomie-, Polizei-, Finanz- und Kameralwesen ... handeln, Nürnberg 1762; *C. G. Rössig*, Die neuere Literatur der Polizei und Kameralistik, vorzüglich vom Jahre 1762–1802, 2 Bde, Chemnitz 1802, 2. Aufl. 1812; *F. B. Weber*, Handbuch der ökonomischen Literatur, 6 Thl., Berlin, Breslau und Leipzig 1803–1832, 7. Th. Grimma 1842; vgl. auch die nützlich kommentierte Übersicht bei *R. Mohl*, Die Polizeiwissenschaft (unten Anm. 192) Bd. 1, § 11.

139 *K. Hespe*, Zur Entwicklung der Staatszwecklehre in der deutschen Staatsrechtswissenschaft des 19. Jahrhunderts, 1964, 20ff.; *Scheuner* (Anm. 119) 486ff.

cherheit in sich aufnahm und schließlich die Freiheitsrechte der absolutistischen Bevormundung entgegensetzte.[140] Andererseits zeigen sich idealistisch-spekulative Aufladungen des Staatszwecks, etwa als «Vervollkommung der Menschheit als Totalität», wodurch liberale Begrenzungsversuche wieder tendenziell beiseite geschoben wurden.[141] So äußerte sich etwa 1808 der anonyme Autor der Schrift «Ueber das Prinzip, die Grenzen und dem Umfang der Polizei», daß die Polizei höhere sittliche Tendenzen als nur Sicherheitsgewährung zu verfolgen habe, freilich innerhalb der ihr gezogenen Schranken.[142] Ebenso liest man es bei dem Erlanger Professor Harl, der den Zweck der Polizei darin sieht, «alle im Innern des Staats der Sicherheit des Ganzen oder der Einzelnen drohende Gefahren und Uebel zu verhüten und abzuwenden, und den Schutz des persönlichen und dinglichen Rechts Aller, ohne Rücksicht auf ihren Stand und Rang oder auf ihr Vermögen, zu garantiren und zu leisten».[143] Gleichwohl bringt Harl dann aber den ganzen Inhalt der Wohlfahrtspolizei additiv wieder ein.

Je deutlicher die Distanz zwischen Staat und Gesellschaft hervortrat und die Garantien der Menschen- und Bürgerrechte die Rückkehr zum umfassenden Eudämonismus verhinderten, desto deutlicher wurde auch bei der Polizei die Trennung von Wohlfahrt und Freiheit. Bei der Bestimmung des Polizeibegriffs spalteten sich die tradierte Wohlfahrtsförderung und der staatliche Schutz der Freiheitsrechte und bereiteten erhebliche Zuordnungsprobleme.

Je näher die Autoren dem frühliberalen und konstitutionellen Gedankengut standen, desto eher versuchten sie, die Sicherheitsgewähr in den Vordergrund,[144] die Wohlfahrtsförderung in den Hintergrund zu rücken. Bei der Gewährleistung der Sicherheit bestand zunächst die Frage, ob es im weiteren Sinne um Abwehr von Übeln aller Art gehe[145] oder ob im strengen Sinne nur Abwehr von Gefahren für die öffentliche Ordnung und spezifische Individualrechtsgüter gemeint sei. Außerdem blieb das Dauerproblem der Abgrenzung der präventiven Gefahrenabwehr zur repressiven Justiz. Im Bereich der Wohlfahrtsförderung entstand vor allem das Problem, die Masse der Verwaltungstätigkeiten nach leitenden Gesichtspunkten zu ordnen und das spezifisch «Polizeiliche» im Vergleich zu anderen Verwaltungstätigkeiten herauszuarbeiten.

Die im folgenden genannten Autoren sollen das Spektrum der Debatte vor dem Erscheinen von Mohls «Polizeiwissenschaft» von 1832 verdeutlichen. Dabei überwiegen die Praktiker. Hochschullehrer, etwa Wilhelm Joseph Behr,[146] der Landshuter Professor für Statistik Wilhelm Butte (1772–1833)[147] oder Johann Paul Harl (1772–

[140] *D. Klippel,* Politische Freiheit und Freiheitsrechte im deutschen Naturrecht des 18. Jahrhunderts, 1976.

[141] *Roßhirt* (Anm. 132) 81. Er macht allerdings sofort klar, daß er «einen Unterschied zwischen der Individual- und Totalvervollkommnung festsetze, und bemerke, daß die Staatswirksamkeit nie dahin gehen könne, die Individualvervollkommnung unmittelbar zu bewirken, denn dies würde der gefährlichste Eingriff in die Freyheit der Menschen seyn».

[142] (*v. Schuckmann* oder Staatsrat *Gruner*), Ueber das Princip, die Grenzen und den Umfang der Polizei, Leipzig 1808.

[143] *J. P. Harl,* Entwurf eines Polizei-Gesetzbuchs, Erlangen 1822, 4.

[144] *Sonnenfels* (Anm. 108), § 43; *Harl,* Handbuch (Anm. 148).

[145] *Pütter* (Anm. 123).

[146] *W. J. Behr,* System der angewandten allgemeinen Staatslehre, 3 Theile, Frankfurt 1810 (behandelt in Theil 3, 3ff. Polizeigesetzgebung und Polizeiverwaltung).

[147] *W. Butte,* Versuch der Begründung eines endlichen und durchaus neuen Systems der sogenannten Polizeywissenschaft, Landshut 1807. Es handelt sich um ein fast unentwirrbares und jedenfalls für juristische Zwecke völlig unbrauch-

1842),[148] blieben eher am Rande, ebenso Außenseiter wie der erwähnte K. F. W. GERSTÄCKER,[149] MAXIMILIAN C. F. W. GRÄVELL[150] oder der Privatgelehrte GEORG HENRICI.[151]

Der «sachsen-hildburghäusische Canzleirath und Centbeamte» und spätere hohe Beamte in Sachsen-Coburg, JOHANN FRIEDRICH EUSEBIUS LOTZ (1771–1838)[152] entwarf in eingehender Auseinandersetzung mit der zeitgenössischen polizeiwissenschaftlichen Literatur sowie mit KANT, FICHTE, HUFELAND, mit GROLMANN sowie mit FEUERBACHS «psychologischer Zwangstheorie»[153] ein eigenständiges «idealistisches» Modell, das aber seine Verbindungen zur Lehre von der dem Menschen zur Pflicht gemachten «Vervollkommung», wie sie bei CHRISTIAN WOLFF formuliert ist, nicht abschneiden wollte. Staatszweck war für ihn, «durch die vereinte Kräfte Aller jedes einzelne Mitglied der bürgerlichen Gesellschaft auf den Standpunkt der höchstmöglichen menschlichen Vollkommenheit zu erheben».[154] Diesen Staatszweck durch «direkte Selbstthätigkeit», also weder durch Gesetzgebung und deren Ausführung (Exekutive) noch durch Rechtsprechung zu verfolgen,[155] war für ihn die Aufgabe der Polizei.[156] Der Staat sollte nicht nur als «rechtliches Wesen» Sicherheit gewähren («Zwangspolizei»), sondern auch als «sittliches Wesen» die Bürger bei ihrer Vervollkommnung unterstützen («Hülfspolizei»). Jedes dieser beiden Tätigkeitsfelder konnte nun aus staatlicher und individueller Perspektive betrachtet werden: zwangspolizeiliche und hülfspolizeiliche Maßnahmen im Interesse der Erhaltung des Staates sowie die gleichen Maßnahmen zugunsten des Bürgers. Nach diesem Schema ordnete LOTZ sein Material, wobei es zahlreiche Überschneidungen gab.

Trotz der Mängel, die sein Buch aufwies,[157] repräsentiert LOTZ ein damals überwie-

bares Buch. In bezug auf Staat, Staatszweck, Rechts- und Moralbegriff setzt sich *Butte* mit *Kant, Fichte, Feuerbach, Grolman* u. a. auseinander. Kritisch auch *v. Inama-Sternegg,* ADB 3 (1876), 654.

[148] *J. P. Harl,* Vollständiges Handbuch der Polizei-Wissenschaft, ihrer Hülfsquellen und Geschichte, Erlangen 1809; *ders.* Vollständiges Handbuch der Kriegs-Polizei-Wissenschaft und Militär-Oekonomie, Landshut 1812; *ders.* Entwurf eines Polizei-Gesetzbuchs oder eines Gesetzbuchs für die hohe Sicherheit, öffentliche Ruhe und allgemeine Ordnung sowohl, als auch für alle Zweige der vollständigen Privat-Sicherheit, nebst einer Polizei-Gerichts-Ordnung, Erlangen 1822. Lakonisch sagt *Mohl,* Polizeiwissenschaft, 3. Aufl. Bd. 1, 1866, 85 zu den beiden erstgenannten Werken, «Nur wegen ihrer bodenlosen Unbrauchbarkeit zu erwähnen». *Harl,* ursprünglich Theologe, war 1805–1817 Professor für Philosophie und Kameralwissenschaften in Erlangen; nach *Montgelas* Sturz wurde er in den Ruhestand versetzt. Vgl. *Inama,* ADB 10 (1879) 601f.

[149] Oben Anm. 129.

[150] *M. C. F. W. Grävell,* Ueber höhere, geheime und Sicherheits-Polizei, Sondershausen und Nordhausen 1820, eine in Form von 10 Briefen gehaltene (unjuristische) Erörterung der Polizeikompetenzen, wobei u. a. der Einsatz verdeckter Ermittler und Staatsschutzbehörden («höhere Polizei») besprochen werden. Zu *Grävell* siehe oben Kap. 4, Anm. 284.

[151] *G. Henrici,* oben Anm. 131.

[152] *an.* Johann Friedrich Eusebius Lotz, in: (Bülaus) Neue Jahrbücher der Geschichte und Politik 2 (1839) 151–169; *Schumann,* ADB 19 (1884) 285–287.

[153] *W. Naucke,* Kant und die psychologische Zwangstheorie Feuerbachs, 1962.

[154] *J. F. E. Lotz,* Ueber den Begriff der Polizei und den Umfang der Staatspolizeigewalt, Hildburghausen 1807, 10.

[155] Die Aufteilung der Staatsgewalt in oberaufsehende Gewalt (ius inspenctionis), Legislative und Exekutive, Rechtsprechung sowie «Staatspolizeigewalt», die von den Zeitgenossen kritisiert wurde, soll hier beiseite bleiben.

[156] Zur Unterscheidung zwischen Justiz als «indirektes» und Polizei als «direktes» Tätigwerden für den Staatszweck ablehnend der Rezensent der Jenaischen Allg. Literaturzeitung 1808, Nr. 287, 288.

[157] Kritisch *J. F. Fries,* in: Heidelberger Jahrb.

gend akzeptiertes Muster: der umfassende materiale Staatszweck des späten 18. Jahrhunderts wird festgehalten und allenfalls durch idealistisches Vokabular modernisiert, daraus wird eine Doppelaufgabe des Staates und seiner Zwangs- und Hülfspolizei abgeleitet, einerseits um Gefahren vorzubeugen, konkrete Gefahren abzuwehren und Sicherheit zu garantieren, andererseits um alle jene Hindernisse wegzuräumen, die der Selbstentfaltung einer freien Gesellschaft entgegenstehen. Dieses Muster bestimmte den ganzen Vormärz, fand sich auch in Mohls Polizeiwissenschaft, und ist unschwer als politischer Kompromiß zwischen weiterwirkendem Absolutismus und konstitutionell-rechtsstaatlicher Begrenzung der Verwaltung zu erkennen.

Auf die von Lotz vorgeschlagene Definition des Staatszwecks, auf die Unterscheidung der einzelnen Funktionen der Staatsgewalt und die Unterscheidung von Zwangs- und Hülfspolizei reagierte kritisch insbesondere der Philosph Georg Henrici (1770–1851), der 1808 «Grundzüge zu einer Theorie der Polizeiwissenschaft» vorlegte,[158] aber tatsächlich eher theoretische Präliminarien als ein für die Verwaltung oder den praxisbezogenen Unterricht brauchbares Werk bot. Henrici unterschied Justiz und Polizei nicht durch die Tätigkeitsfelder, die sich weitgehend überschnitten, sondern durch die Handlungsform. Wie andere vor und nach ihm trennte er Sicherheits- und Vervollkommnungspolizei, direktes und indirektes polizeiliches Handeln. Wo sich die Polizei außerhalb des formellen Rechts bewegte, um den Staatszweck zu realisieren, bot ihr Henrici als Legitimation und Grenze nur das «Gebot der Vernunft». Seine Basis ist tatsächlich ein «Rationalismus des sog. gesunden Menschenverstandes»,[159] der trotz der Einflüsse von Reinhold und Schiller mehr der vorkritischen Philosophie des 18. Jahrhunderts als dem jenaischen Idealismus verhaftet ist.

«Von dem Gesichtspunkte der Speculation» wollte auch der junge Erlanger Privatdozent Konrad Eugen Franz Rosshirt (1793–1873)[160] ausgehen, als er 1817 ein kleines Werk «Ueber den Begriff und die eigentliche Bestimmung der Staatspolizey sowohl an sich als im Verhältnisse zu den übrigen Staatsverwaltungszweigen» veröffentlichte. Im Untertitel nannte er es einen «Versuch zur reineren Begründung der Polizeywissenschaft».[161] Er eröffnet es mit einer historischen Darstellung der Entwicklung von «Policey» seit dem 16. Jahrhundert, gibt Ausblicke auf Frankreich, England und Rußland, geht zu einer im Traditionellen verbleibenden Begriffsbestimmung der Polizei über, sammelt anschließend in einer «ungezwungenen Zusammenstellung» Material zu den einzelnen Zweigen der Polizei und grenzt sie am Ende von anderen Feldern der Verwaltung ab. Dieser Versuch, begriffliche und organisatorische Klarheit zu schaffen, ist allerdings nicht wirklich gelungen, zumal es Rosshirt vermied, politisch Farbe zu bekennen. Insgesamt paßt die unausgereifte Schrift in das disparate Ge-

d. Lit. 1808 sowie *R. Mohl*, Polizei-Wissenschaft, 3. Aufl. Bd. 1, 1866, 84: «Weder Zweck, noch Umfang, noch Eintheilung der Polizei sind richtig angenommen und durchgeführt. Dagegen ist das materielle Einzelne mit mehr Sachkenntniß und sichererem Hinblick auf die übrigen Staatswissenschaften bearbeitet, als den meisten Werken über Polizei».

[158] Lüneburg 1808. Aufschlußreich für die Debatte dann sein «Nachtrag zu meiner Theorie der Polizeiwissenschaft nebst einer Prüfung einiger darüber angestellten Kritiken», Lüneburg 1810. Seine rechtsphilosophische Grundlage, die er selbst als «Dedukzion des reinen Rechts» bezeichnete, erschien als «Ideen zu einer wissenschaftlichen Begründung der Rechtslehre», 2 Theile, Hannover 1809/ Pyrmont 1810. Zur Biographie vgl. *Prantl*, ADB 11 (1880) 785f.

[159] *Prantl*, aaO. 786.

[160] Vgl. Kap. 3, Anm. 337.

[161] Bamberg und Würzburg 1817, Vorrede.

samtwerk Rosshirts, der ab 1818 in Heidelberg mehr als 100 Semester wirkte und als Lehrer und Schriftsteller vernichtend beurteilt wurde, obwohl (oder weil) er auf allen Feldern des Rechts publizierte.[162]

Ganz aus der Praxis erwachsen und auf sie bezogen ist die erste Schrift des nassauischen Finanz- und späteren Regierungsrats Friedrich Wilhelm Emmermann (1773–1855) von 1811.[163] Seine Definition der Polizei bezog sich auf die Abwehr von Gefahren für die öffentliche Sicherheit und Ordnung, und zwar mit der Kompetenz, «nach einem summarisch-rechtlichen Verfahren zu richten und zu strafen».[164] Die gesamte Wohlfahrtspolizei (Staatswirtschaft, Sitten- und Religionspolizei, Erziehungswesen, Finanzwesen von Staat und Gemeinden) ließ er beiseite. Relativ viel Raum nimmt bei ihm das für die Praxis wichtige Polizeiorganisationsrecht einschließlich der Qualifikationsmerkmale für Polizeibeamte ein. Eingehend werden auch das Polizeiverfahren (Gerichtsstand, Instanzenzug, Öffentlichkeit und Geheimpolizei, allgemeine und besondere Verfahrensregeln, Erkenntnismittel, Polizeistrafen) und die interne Polizeiverwaltung dargestellt (Dienstjournal, Expedition, Registratur, Kasse).

Emmermann hat seinem Werk – nach Erlaß der nassauischen Verfassung von 1814 – in einer umgearbeiteten Fassung von 1819 einen staatstheoretischen, in der Tendenz rechtsstaatlich-liberalen Unterbau gegeben.[165] Er plädierte für Abbau der umfassenden Polizeikompetenzen, für schärfere Gewaltenteilung und Kompetenzabgrenzung der «Verwaltungsbehörden»[166] und gab so ein knappes, aber geschlossenes Bild der geistigen Verarbeitung des nun erreichten Verfassungszustands.

Das intensive Ringen um den «Polizeibegriff» reflektiert somit wie kein anderes Gebiet die Schwierigkeiten beim Übergang des revolutionär erschütterten, aber keineswegs gebrochenen Spätabsolutismus in den Verfassungsstaat mit Gewaltenteilung. Es gibt hier die den politischen Zuständen nachhinkende Theorie ebenso wie den vorauseilenden Gedanken. In der Rheinbundzeit scheinen viele Autoren Mühe zu haben, den Veränderungen zu folgen, nach 1815 sind die Theoretiker aber durchweg fortschrittlicher als die Realität. Die Trennung von Regierungs- und Justizsachen, von Kameral- und Polizeisachen, die Verlagerung der gesamten Strafgewalt von der Polizei auf die Justiz waren nun erörtert, als politische Möglichkeit erkannt und teilweise

[162] *v. Schulte,* ADB 29 (1889) 260–262 meint, er sei ein «äußerst milder, gutmüthiger, harmloser, fast timider Mann» gewesen. «Als Lehrer war er nach Mittheilungen einiger Schüler gleich verworren und bizarr, seine Vorträge gaben aber Anlaß zum Lachen» (262). Besonders kritisch *Mohl,* Erinnerungen I, 226, 232. Vgl. *v. Weech,* Bad. Biographie II (1881), 196–198; knappe Angaben bei *Drüll,* 224.

[163] *Emmermann* (Anm. 130). Das Buch sei, sagt er in der Vorrede 1819, «durch die Schuld des Verlegers nicht in den Buchhandel gekommen». *Emmermann* stammte aus Dillenburg, hatte Jura in Herborn, Marburg und Göttingen studiert, praktizierte zunächst als Advokat und Amtsassessor in Dillenburg, wurde dann ab 1804 oranisch-nassauischer Regierungsrat, wurde 1815 in die nassauische Regierung nach Wiesbaden übernommen, wo er bis 1837 wirkte, zuletzt als Geheimer Rat. Vgl. *Hamberger-Meusel,* 5. Aufl. Bd. 17 (1820) 501; *W. H. Struck,* Vom Kampf um den Verfassungsstaat, Nassauische Annalen 79 (1968) 182-244 (241 f.) *O. Renkhoff,* Nassauische Biographie: Kurzbiographien aus 13 Jh., 1985, 91 f. Autobiographisches Material samt eigenhändigem Schriftenverzeichnis im Hauptstaatsarchiv Wiesbaden.

[164] a.a.O. 13.

[165] *F. W. Emmermann,* Die Staatspolizei in Beziehung auf den Zweck des Staats und seine Behörden, Wiesbaden 1819.

[166] «Diejenigen Behörden, im Gegensatz der Gerechtigkeitspflege, welche mit der kollektiven bürgerlichen Gesellschaft in ihrem innern Leben sich beschäftigen und den Staatshaushalt als ein Ganzes verwalten, heißen Verwaltungsbehörden», a.a.O. 55.

realisiert, wenn auch die Verwaltungs*praxis* der im Metternichschen System zusammengebundenen Staaten wieder in überwunden geglaubte Bahnen zurücklenkte. Gedanklich war jedenfalls der Rückweg zum Absolutismus alter Form versperrt. Was «Restauration» genannt wurde, war keine Wiederherstellung, sondern ein erzwungenes Arrangement alter und neuer Elemente, ein Verfassungs- und Verwaltungskompromiß. Der Gedanke einer strengen Reduktion der Polizei auf den Sicherheitszweck, der angesichts der komplizierten Gemengelage von Staat und Gesellschaft im Vormärz gar nicht durchführbar war, blieb als liberale Forderung und als rechtlicher Orientierungspunkt erhalten.

Ein weiteres für die Zeit typisches Werk sind die 1809 erstmals erschienenen «Grundsätze der Polizeigesetzgebung und der Polizeianstalten» des Staatswissenschaftlers LUDWIG HEINRICH JAKOB (1759–1827).[167] Er versteht unter Polizei im umfassenden Sinn «die thätige Sorge des Staats für die Beförderung aller gemeinsamen, durch das Recht bestimmten Zwecke».[168] Diese Zwecke sind solche der Regierung («Kenntniss der Kräfte des Reichs», «Erhaltung ihres Ansehens und des Gehorsams gegen die Gesetze», «gute Finanzen und Armeen», «vermehrte Bevölkerung») oder solche des Volkes («Erhaltung des rechtlichen Zustandes überhaupt», Erhaltung und Vervollkommnung aller Güter, welche Moralität und Wohlseyn in gesetzlichen Schranken erwecken und vermehren können»). Damit erhielt er sich zwar die volle Breite der spätabsolutistischen Staatszwecklehre, aber er schärfte ein: polizeiliches Handeln muß die Rechtsordnung und die Individualrechte respektieren, Eingriffe sind nur dort erlaubt, wo «freie Privatkräfte» nicht ausreichen, und sie werden durch das Übermaßverbot begrenzt. JAKOB will beides, den aktiven Verwaltungsstaat und seine Begrenzung durch das Recht. Die freiheitliche Entfaltung der menschlichen Anlagen ist dabei aber der Hauptzweck, der den einzelnen Verwaltungszwecken nicht aufgeopfert werden darf,[169] wie Freiheit überhaupt «der Hauptzweck der bürgerlichen Vereinigung» sein soll.[170] Kollidieren öffentliche Interessen und Individualrechte, dann sollen im Zweifel die öffentlichen Interessen zurücktreten. Diese liberale Grundlinie hat dem Buch noch eine postume Auflage (1837) und das Lob von MOHL eingebracht,[171] auch wenn dieser bei der Frage, ob die sog. Präventiv-Justiz oder Rechts-Polizei zur Polizeiwissenschaft zur «Polizei» gehöre, einen anderen Standpunkt vertrat.[172]

Nahezu gleichzeitig mit JAKOB entwickelte der Kameralist REICHSGRAF FRIEDRICH

[167] *L. H. Jakob*, Grundsätze der Policeygesetzgebung und der Policeyanstalten, 2 Bde, Charkow, Halle und Leipzig 1809, 2. unveränd. Aufl. in einem Band Halle 1837; *Jakob* habilitierte sich 1785 für Philosophie in Halle, wurde dort 1789 a. o. und 1791 o. Professor der Philosophie sowie ab 1804 Professor der Staatswirtschaft. Durch die Aufhebung der Universität (1806) gezwungen, ging er in russische Dienste und lehrte in Charkow, um dann 1816 nach Halle zurückzukehren. Sein Schwerpunkt lag in der Nationalökonomie, in der er Smithianer war (Grundsätze der Nationalökonomie oder Grundsätze des Nationalreichthums, Halle 1809, 2. Aufl. 1819, 3. Aufl. 1825), vor allem in der Geldtheorie. Seine philosophische Grundlage ist ein popularisierter Kantianismus. Vgl. zu ihm *Prantl*, ADB 13 (1881) 689f.; *Lippert*, HdBStaatsWiss, 2. Aufl. Bd. 4 (1900) 1313–1314.

[168] *Jakob* (Anm. 167), § 26.

[169] a.a.O. § 33.

[170] a.a.O. § 120.

[171] *Mohl*, Polizei-Wissenschaft, 3. Aufl. Bd. 1 1866, 85.

[172] *Jakob* (Anm. 167), §§ 162ff. rechnet die vorbeugenden polizeilichen Maßnahmen zur Gefahrenverhütung (Kontrolle von Vereinen, Versammlungen, Waffenbesitz, Paßwesen, Presseaufsicht, Kontrolle der potentiell gefährlichen Personen, Schutz individueller Rechte usw.) zu den eigentlichen Polizeiaufgaben.

JULIUS HEINRICH VON SODEN (1754–1831)[173] ganz ähnliche Gedanken. Da ihrer beider ökonomische Anschauungen von SMITH bestimmt wurden, sie also eine von den freien Kräften bestimmte Wirtschaft befürworteten,[174] gleichzeitig aber die immer noch dominierende Rolle des Staates zu respektieren suchten, fanden sie unabhängig voneinander zur Trennung von Nationalökonomie und Staatswirtschaft.[175] SODENS neunbändiges Hauptwerk «Die Nazional-Ökonomie»[176] enthielt im siebten Band «Die Staats-Polizei, nach den Grundsätzen der National-Oekonomie»,[177] ein Werk, in dem vor allem noch einmal ausgiebig der «logisch-richtige Begriff der Polizei» diskutiert wurde. Polizeilicher Wohlfahrtszweck und Gefahrenvorsorge waren hier immer noch verbunden, wenn auch durch Betonung liberaler Prinzipien begrenzt: «Die Beförderung der Vortheile dieses geselligen Beisammenseins, dieses Beisammenwohnens und die Verhütung der unmittelbar aus diesem geselligen Beisammensein und Beisammenwohnen resultieren könnenden Nachtheile, kann also einzig der ausschließende Spielraum der Staatspolizei sein.»[178]

Die hier praktizierte Methode, der Polizei eine Doppelaufgabe zuzuschreiben, ist seit der Wende zum 19. Jahrhundert die gängige, harmonisierende Lösung. Auf diese Weise wurde die immer noch umfassende Polizeipraxis respektiert, aber gleichzeitig die Möglichkeit geschaffen, den Sicherheitszweck und die Gefahrenabwehr in liberaler Absicht zu unterstreichen. Dieses Verfahren entsprach der unklaren Verfassungslage: Das monarchische Prinzip tendierte zur unbeschränkten Wohlfahrtspolizei des 18. Jahrhunderts, die langsam in Gang gesetzte parlamentarische Mitwirkung zur gesetzlichen Begrenzung auf Gefahrenabwehr unter gleichzeitigem Erhalt der reformierenden, stützenden und fördernden Energien, die in der «Polizei» enthalten waren und dem Bürgertum durchaus zugute kamen. In diesem Sinne beschrieb auch JOHANN LUDWIG KLÜBER die Aufgaben der Polizei: «Die Staatspolizei ... hat zwei Hauptgegenstände: Sicherheit und Wohlfahrt oder Vervollkommnung der Staatsgenossen. Die SicherheitsPolizei dient wider Rechtsverletzungen und schädliche Ereignisse, die von der Natur oder sonst veranlaßt werden. Die Bestimmung der Wohlfahrt- oder Vervollkommnungs-Polizei ist, Erlangung und Erhöhung des physischen, sinnlichen und geistigen Gesellschaftswohls. Die erste ist StaatsPolizei in dem engeren Sinn, wegen ihrer unmittelbaren Beziehung auf den Staatszweck: die andere ist Staatsgesellschaft Polizei, wegen ihres mittelbaren Verhältnisses zu dem Staatszweck und ihrer unmittelbaren Beziehung auf das Wohl der allgemeinen Gesellschaft der Einwohner in dem Staat ...»[179]

[173] *Julius Graf v. Soden* hatte in Erlangen, Jena und Altdorf studiert, ging in ansbachisch-bayreuthische (1774–1792), anschließend in preußische Dienste (1792–1796). Später lebte er als Privatgelehrter, der – auch in seiner Funktion als Abgeordneter in der bayerischen Ständeversammlung 1825–27 – zu zahlreichen ökonomischen und politischen Fragen Stellung nahm. Zu ihm nunmehr *P. Hanke*, Ein Bürger von Adel. Leben und Werk des Julius von Soden (1754–1831), 1988.

[174] *J. Graf v. Soden*, Die Nazional-Ökonomie, 5 Thl. Leipzig 1805–1811, 6. Th. Aarau 1816, 7. Th. Aarau 1817 = Die Staats-Polizei nach den Grundsätzen der National-Oekonomie. Ein Versuch, 207 verkürzt dies auf die Formel, das Geheimnis der Regierungskunst bestehe darin, «die Menschheit in Ruhe zu lassen». Die Teile 8 und 9 sind Aarau 1820 und Nürnberg 1824 erschienen.

[175] *W. Roscher*, System der Volkswirthschaft, 1. Bd. Stuttgart 1854, Kap. 2.

[176] *Soden* (Anm. 174). Das Werk wurde besprochen u. a. von *J. F. E. Lotz*, Jenaische Allgemeine Literaturzeitung 1812, Stück 50, 51 sowie in Hallesche Literatur-Zeitung 1818, Erg. bl., St. 126ff.

[177] Anm. 174.

[178] a.a.O. 46.

[179] *J. L. Klüber*, Öffentliches Recht des Teutschen Bundes, 4. Aufl. Frankfurt 1840, § 381.

Man sieht, wie schon die Fixierung des übergeordneten Staatszwecks «Sicherheit», genau wie bei Berg, die Weichen in liberalem Sinne stellt. Die Unterscheidung der Polizei im «engeren Sinn» (Gefahrenabwehr als genuine Staatsaufgabe) und im «weiteren Sinn» (Förderung des Wohls der Gesellschaft) liegt hier klar zutage, wie sehr man auch über die Zuordnung der einzelnen Materien streiten mochte.

Ein solches – begrifflich getrenntes – Nebeneinander von Sicherheits- und Wohlfahrtszweck ist im ersten Drittel des 19. Jahrhunderts noch die kräftigere Linie, verglichen mit der strikten Ablehnung des Wohlfahrtszwecks durch die dogmatischen Liberalen, die sich, wie etwa Wilhelm von Humboldt, an ihr theoretisches Programm auch nicht halten konnten, sobald sie sich der Praxis zuwandten. So wie sich die gesamte Innenpolitik der deutschen Staaten nicht durchgreifend liberalisierte, so blieb auch die konsequente Begrenzung des Staatszwecks auf Sicherheitsgewährung Theorie.[180] Die Erwartungen an den Staat waren durchweg höher.

Die für den frühen gemäßigten Liberalismus repräsentative Darstellung von Karl Heinrich Ludwig Pölitz aus dem Jahre 1823[181] erklärt deshalb: «Recht und Wohlfahrt sind die beiden höchsten Bedingungen des Staatslebens, und beide im Zwecke des Staates selbst enthalten, weil der Staat, nach Vernunftgesetzen, weder als eine bloße Rechtsanstalt, noch als eine bloße Anstalt für Wohlfahrt und Glückseligkeitsgenuß gedacht werden kann», und entsprechend unterscheidet Pölitz Zwangs- und Wohlfahrtspolizei. Die Zwangspolizei ist für die öffentliche Sicherheit und Ordnung[182] zuständig, aber auch (repressiv) als Hilfsorgan der Strafrechtspflege.[183] Für die Wohlfahrtspolizei bleiben die klassischen Gebiete der Bevölkerungs-, Landwirtschafts-, Gewerbe- und Handelspolizei, die Sorge für geistige Bildung, Sitten, Religions- und Erziehungswesen.[184] Pölitz bot auf diesen Feldern jeweils nur knappe grundrißartige Informationen und Hinweise auf Spezialliteratur.

Die erst 1848 erschienene «Allgemeine Polizei-Wissenschaftslehre» von Wilhelm Joseph Behr,[185] die sich schon mit Mohls Polizeiwissenschaft auseinandersetzen konnte, gehört allerdings entwicklungsgeschichtlich in die Zeit des Rheinbundes und des Frühkonstitutionalismus. Dies sowohl wegen der größeren Nähe zum Vernunftrecht, zu Kant und einem daraus folgenden engeren Rechtsstaatsbegriff, als auch wegen des Versuchs, die gesamte wohlfahrtsstaatliche Polizeitätigkeit der «Realisierung der Rechts-Idee, Geltung, Sicherung des Rechts» unterzuordnen.[186] Wie bei Günter Heinrich von Berg ist aber die ganze Fülle der älteren «Policey» präsent, wobei deren Zwecke gleichermaßen durch Polizei-Gesetzgebung und Polizei-Verwaltung[187] er-

[180] So *N. Th. Gönner*, Teutsches Staatsrecht, Landshut 1804, 549.

[181] *K. H. L. Pölitz*, Die Staatswissenschaften im Lichte unsrer Zeit, 2. Theil, Leipzig 1823, 269–365.

[182] *Pölitz* nennt hier (301 ff.) Auflauf und Tumult, Aufruhr und Empörung, Geheime Gesellschaften, Proselytenmacherei, Sicherheit der Straßen und des Eigentums, Feuer- und Wasserpolizei, Gesundheitspolizei, Armenpolizei, Hauswesen, Dorf- und Stadtpolizei.

[183] a.a.O. 290.

[184] a.a.O. 334 ff.

[185] *W. J. Behr*, Allgemeine Polizei-Wissenschaftslehre oder pragmatische Theorie der Polizei-Gesetzgebung und Verwaltung. Zur Ehrenrettung rechtgemässer Polizei, mittelst scharfer Zeichnung ihrer wahren Sphäre und Grenzen, 2 Bde, Bamberg 1848. Literatur zu *Behr* oben Kap. 1, Anm. 183.

[186] Daß er hiermit auf *Mohls* Widerstand stieß, ist begreiflich. Vgl. *Mohl*, Polizeiwissenschaft, 3. Aufl. 1866, Bd. I, 85: «Erzwungenes Herbeiziehen der polizeilichen Gegenstände unter ein unrichtiges Princip (des Rechtsschutzes). Magerer Inhalt. Schwache Arbeit eines gealterten Mannes».

[187] Diese wiederum als Teil der von *Behr* um-

reicht werden können. Da BEHRS Arbeit weit hinter den von MOHL erreichten Grad an systematischer Klarheit zurückfällt und im Grunde den Diskussionsstand um die Jahrhundertwende wiedergibt, erscheint sie 1848 «verspätet». Sie war während BEHRS Haft auf der Festung Oberhaus bei Passau (1836–1837) verfaßt worden und zeigt den Verfasser abgeschnitten von der neueren wissenschaftlichen Entwicklung.[188] Irgendeinen Widerhall scheint sie nicht gefunden zu haben.

III. Die erste Phase eines eigenständigen Verwaltungsrechts

1. R. v. Mohl

Die theoretischen Anstrengungen um eine Verbindung der spätabsolutistischen Polizeiwissenschaft mit den Postulaten der konstitutionellen Bewegung haben bei ROBERT VON MOHL ihren Höhepunkt gefunden. Er erreichte tatsächlich das selbstgesteckte Ziel, «der Adam Smith von der Polizei» zu werden;[189] er gelangte zur «Umbildung älterer kameralistischer Fächer, vor allem der Polizeiwissenschaft, in Formen, die für das Verwaltungsrecht und die Verwaltungslehre wegweisend waren».[190] Er entwickelte seine Vorstellungen von der «Polizei» zunächst im zweiten, verwaltungsrechtlichen Teil seines Staatsrechts des Königreichs Württemberg (1831)[191] und dann in seinem zweiten Hauptwerk «Die Polizei-Wissenschaft nach den Grundsätzen des Rechtsstaats» (1832/33).[192]

Dieser Buchtitel, der das Wort «Rechtsstaat» in Deutschland etablierte, war ein Programm. Die Polizeiwissenschaft suchte hier keine entpolitisierte Autarkie, sondern engste Verbindung mit den politischen Prinzipien der Zeit. Verwaltung war für MOHL eine im weiteren Sinn politische Aufgabe, nämlich die «Anwendung der durch die Verfassung festgestellten obersten Grundsätze auf die einzelnen Fälle».[193] Nach MOHLS Überzeugung müssen die Verfassungssätze, wenn sie nicht hohle Deklamation bleiben

fassend entwickelten «Administrationspolitik»: *W. J. Behr,* System der allgemeinen angewandten Staatslehre oder Staatskunst (Politik), Frankfurt a. M. 1810, Bde 2 und 3.

[188] In den Jahren 1837–1847 lag das Manuskript im Münchner Justizministerium. Seine Veröffentlichung war verboten worden.

[189] *E. Angermann,* Robert von Mohl 1799–1875. Leben und Werk eines altliberalen Staatsgelehrten, 1962, 36f. Für Italien gebührt dieser Titel *Gian Domenico Romagnosi,* Principi fondamentali di diritto amministrativo, in: Opere I-XIX, Florenz 1832–1839, Bd. IV. Hierzu *L. Magnoli,* Gian Domenico Romagnosi iniziatore della scienza del diritto amministrativo in Italia, in: Atti del convegno di studi in onore di G. D. Romagnosi nel bicentenario della nascita, Studi Parmensi X (1961) 401ff. *G. Rebuffa,* La formazione del diritto amministrativo in Italia, Bologna 1981; *L. Mannori,* L'amministrazione nel pensiero di Gian Domenico Romagnosi, in: L'amministrazione nella Storia moderna, Bd. I, Milano 1985, 667ff.

[190] *U. Scheuner,* Robert von Mohl: Die Begründung einer Verwaltungslehre und einer staatswissenschaftlichen Politik, in: 500 Jahre Eberhard-Karls-Universität Tübingen, Beiträge zur Geschichte der Universität Tübingen, 1977, 514ff. (518).

[191] *R. v. Mohl,* Das Staatsrecht des Königreiches Württemberg, Bd. 2, 2. Aufl. Tübingen 1840, §§ 185–193 (Rechts-Polizei), §§ 194–258 (Hülfs-Polizei).

[192] *R. Mohl,* Die Polizei-Wissenschaft nach den Grundsätzen des Rechtsstaates, 2 Bde, Tübingen 1832, 1833; 2. Aufl. erweitert um das «System der Präventiv-Justiz oder Rechts-Polizei», Tübingen 1844–1845; 3. vielf. veränderte Aufl. Tübingen 1866.

[193] *Mohl,* Staatsrecht (Anm. 191), Bd. 2, § 142.

sollen, den Alltag der Verwaltung erreichen. Seine Vorstellungen von den Aufgaben der Polizei hängen also unmittelbar ab von den Staatszwecken und seiner Idee des Rechtsstaats. Gewiß wollte er mit der «Polizeiwissenschaft» kein Polizei- oder Verwaltungsrecht schreiben, aber der zu behandelnde Stoff war doch schon weitgehend durch das Recht vorgegeben, und das konstitutionelle Klima samt dem MOHL vorschwebenden Staatszweck zwang den Stoff in die Rechtsform.

Wenn MOHL als Staatszweck nicht nur «Aufrechterhaltung der Rechtsordnung ... als ein Bedürfniß und ein Gut an sich», sondern auch «die Unterstützung vernünftiger Zwecke, wo und inwieweit die eigenen Mittel der einzelnen oder bereits zu kleineren Kreisen vereinigten, Betheiligten nicht ausreichen»,[194] ansieht,[195] ist es konsequent, auch der noch umfassend verstandenen «Polizei» (im Sinne von: innere Verwaltung) jene Doppelaufgabe zuzubilligen.

Einerseits soll sie rechtswidrige Handlungen von Mitbürgern abwehren, sei es präventiv oder repressiv. MOHL hat diesen Bereich «Präventiv-Justiz» oder «Rechts-Polizei» genannt und versucht, ihn vollständig der Rechtspflege zuzuweisen.[196] Er mußte allerdings feststellen, daß er hier auf Widerstände stieß, weil man gewohnt war, die Gefahrenabwehr umfassend als «Polizei» zu bezeichnen, und weil es unpassend schien, polizeiliche Gefahrenprognose zur Rechtspflege zu rechnen. Gewiß hat er sich mit der Zuweisung zur Rechtspflege nicht durchsetzen können, aber er hat doch früh die Trennlinie zwischen der polizeilichen Aufgabe der Gefahrenabwehr und der Tätigkeit der allgemeinen Verwaltungsbehörden gezogen.

Kern seiner Polizeiwissenschaft war also, nach Ausgrenzung der «Rechts-Polizei», die eigentliche «Hülfs-Polizei», «der Inbegriff aller jener verschiedenartigen Anstalten und Einrichtungen, welche dahin abzwecken, durch Verwendung der allgemeinen Staatsgewalt die äußeren Hindernisse zu entfernen, welche der allseitigen erlaubten Entwicklung der Menschenkräfte im Wege stehen, und welche der Einzelne nicht wegräumen kann».[197] Das sind in etwas modernisierter Form die Gebiete, die auch bei BERG auftraten: Bevölkerungspolitik, Gesundheitswesen, «Theuerungs-Polizei», Armen-Polizei, geistige, sittliche und religiöse Bildung der Bürger sowie Bildung des Geschmacks, weiter die Regelung des Bodenmarktes, des Kapitalverkehrs, das Versicherungswesen, ferner Landwirtschaft, Bergbau, Gewerbe und Handel einschließlich des Verkehrswesens, der Märkte, der Währung, des Bank- und Börsenwesens. Der hinter all diesen Feldern stehende Staat ist ein von common sense geleiteter, auf vernünftige Weise tätiger Staat. Seine gesetzlichen und administrativen Maßnahmen folgen einer liberalen Linie, lassen aber durchaus noch etwas vom Geist des aufgeklärten Absolutismus ahnen. MOHL scheut sich nicht, in guter Absicht auch zu repressiven Mitteln zu greifen, vor allem wenn sich die Menschen seiner Ansicht nach so behindern, daß anders nicht geholfen werden kann. Die oft betonte materiale Seite seines Rechtsstaatsbegriffs[198] bedeutet, daß der Staat positive («gerechte») Ziele zu verfolgen habe. Im Grunde ist dies ein Denken in der Tradition der älteren Glückseligkeitslehre,

[194] *Mohl,* Encyklopädie der Staatswissenschaften, 1859, 324f.

[195] In Polizeiwissenschaft (Anm. 192), 2. Aufl. Bd. 1, § 2 wird als Zweck des Rechtsstaats bestimmt, «das Zusammenleben des Volkes so zu ordnen, daß jedes Mitglied desselben in der möglichst freien und allseitigen Uebung und Benutzung seiner sämmtlichen Kräfte unterstützt und gefördert werde».

[196] *Mohl,* System der Präventiv-Justiz oder Rechts-Polizei, Tübingen 1834, 2. Aufl. 1845.

[197] Polizeiwissenschaft, 2. Aufl. Bd. 1, § 3.

[198] *Maier,* (Anm. 105) 228; *Scheuner* (Anm. 190); *Angermann* (Anm. 189), 37, 207f.

zeitgemäß in Kategorien des Rechts dargeboten. Die staatlichen Ziele müssen vernunftgemäß und rechtlich erlaubt sein, und MOHL, dem Selbstzweifel und Methodenprobleme ohnehin fern lagen, setzt einfach voraus, daß man sich über das Vernünftige unter vernünftigen Menschen einigen könne.

Die materiale Seite des Rechtsstaates wird durch die formale, also die Bindung an Recht und Gesetz, ergänzt. Dieser Teil ist im ersten Band nur relativ knapp und andeutend entwickelt; für die Gesamtdarstellung der Polizeiwissenschaft spielte er offenbar nur die Rolle einer Einleitung, die allerdings von der ersten zur dritten Auflage verbreitert wurde und damit dem allgemeinen Zug zu einem formalen Rechtsstaatsverständnis Rechnung trug. Die Realisierung der Staatszwecke in Rechtsformen vollzog sich für MOHL auf der Grundlage weniger Basissätze: Wo über Rechte und Verbindlichkeiten der Bürger verfügt oder wo Strafen verhängt werden, bedarf es eines nach dem jeweils verfassungsmäßigen Verfahren beschlossenen Gesetzes.[199] Ausführungsbestimmungen und örtliche Gebote sind das Feld der Verordnungen, deren genaue Abgrenzung vom Gesetzesrecht MOHL allerdings nicht wirklich gelingt. Ebenso unsicher wirkt aus heutiger Perspektive die Erörterung der Frage, wann der Staat Zwang anwenden und Strafen aussprechen dürfe.[200] Aber diese Perspektive ist anachronistisch – von einem «Allgemeinen Teil» des Verwaltungsrechts und scharfen Konturen der Gewaltenteilung ist die Zeit noch weit entfernt – und sie verfehlt MOHLS Intention einer Polizei*wissenschaft,* die eben kein Polizei*recht* sein sollte.[201] Im übrigen ist MOHL bei der Verwaltung vom Übergewicht des Zweckmoments über die Rechtsform überzeugt: «Bei den richterlichen Behörden ist die strengste Beobachtung der Form unerläßlich; die Wichtigkeit oder Unwichtigkeit der Sache selbst kommt dabei nicht in Betracht; des bloßen Vortheiles wegen darf von den Grundsätzen nie abgegangen werden; dies Alles ist bei der Besorgung der Polizei-Geschäfte anders.»[202] MOHL bekämpfte deshalb auch, letztlich erfolglos, das Überwiegen des juristischen Elements bei der Ausbildung der Verwaltungsbeamten und setzte sich für separate staatswissenschaftliche Fakultäten nach dem Vorbild von Tübingen, München und Würzburg ein. In diesen Fakultäten sollte nach seinen Vorstellungen je ein Lehrstuhl für Staats- und Verwaltungsrecht eingerichtet werden.[203]

MOHL hat sich rückblickend mit großem Stolz zu seiner «Polizeiwissenschaft» geäußert und ihr bescheinigt, «die gesamte frühere Litteratur über den Gegenstand vollkommen beseitigt» zu haben, «was freilich kein großes Lob an sich ist, angesehen die trostlose Grundsatz- und Gedankenlosigkeit der früheren Handbücher der Polizeiwissenschaft».[204] Vor allem auf die Zuweisung der Präventivpolizei zur Rechtspflege hielt er sich etwas zugute, auch wenn er damit keinen Erfolg gehabt habe. «Vielleicht ist es

[199] Polizeiwissenschaft (Anm. 192), Bd. 1, 2. Aufl. § 6. Ebenso *B. Roth,* Vermischte Abhandlungen meistens über Gegenstände des Rechts und der Rechtspolizei, Karlsruhe 1823, dort 82–89 ein Gutachten über den Unterschied zwischen Justiz- und Polizeisachen, das auf die badische Verfassung abstellt, daß Eingriffe in Individualrechte justiziabel sein müßten; in diesem Fall helfe der «Firniß der Polizei» (zur Schaffung eines rechtsfreien Raums) nichts.

[200] a.a.O. § 7.

[201] Ebenso *Maier* (Anm. 105), 232.

[202] Polizeiwissenschaft (Anm. 192), 2. Aufl. Bd. 2, 545.

[203] *Mohl* (Anm. 16). *Bleek* (Anm. 8), 247 hat darauf hingewiesen, daß *Mohl* 1869 den Lehrstuhlbezeichnungen einen neuen «antijuristischen» Akzent gab: Polizeiwissenschaft, Verwaltungslehre. Die genuin juristischen Kenntnisse sollten dann an den Juristischen Fakultäten erworben werden.

[204] Lebenserinnerungen I, 271.

eine Schrulle von mir, aber sie ist wenigstens logisch konstruiert.»[205] Die moderne Literatur folgt diesem insgesamt sehr positiven Urteil und versteht sein Werk einerseits als letzten Glanzpunkt einer Disziplin, die hier den ihr möglichen Höhepunkt der Verwissenschaftlichung erreicht, andererseits aber als Dokument des frühliberalen materialen Rechtsstaatsverständnisses mit einer – trotz der betont bürgerlichen Perspektive – großen Offenheit für die kommende soziale Frage.

2. *Verwaltungsrecht vor 1848*

Was Mohl für die Herausbildung eines selbständigen, zugleich aber an die Verfassung gebundenen Verwaltungsrechts sowie für die letzte Phase der Polizeiwissenschaft (Verwaltungslehre) geleistet hat, ist vor 1848 und noch lange danach maßgebend geblieben. Selbst Lorenz von Stein, den mit Mohl wenig verband, erkannte an, die verfassungsgebundene Darstellung der Länderverwaltungsrechte sei der «Weg, den wir in dieser Beziehung für die Zukunft einzuschlagen haben ... Es ist gar kein Zweifel, daß sie nicht bloß dauernd bleiben, sondern als die einzig rationelle Grundlage der Ordnung des öffentlichen Rechts kräftig durchgreifen wird. Gibt es überhaupt eine selbständige Verwaltungslehre, so wird es auch ein selbständiges Verwaltungs*recht* der Staaten geben müssen.»[206]

Diese Worte wurden freilich 1866, mehr als eine Generation nach dem Erscheinen von Mohls «Staatsrecht des Königreichs Württemberg» (1829) geschrieben. Inzwischen war die Entwicklung in Richtung auf ein selbständiges Verwaltungsrecht viel deutlicher erkennbar geworden. In Tübingen gab es sogar einen verwaltungsrechtlichen Lehrstuhl,[207] dessen Inhaber sich programmatisch für die Pflege des Verwaltungsrechts ausgesprochen hatte.[208] Das Verwaltungsrecht wurde als Sondermaterie nun auch Lehrgegenstand.

Die gedankliche Trennung von Verfassungs- und Verwaltungsrecht ist allerdings deutlich älter. Schon Nikolaus Thaddäus Gönner war von der Trennung zwischen «Konstitutionsrecht und Regierungsrecht» ausgegangen, ebenso die frühen bayerischen Lehrbücher von Schmelzing (1821), Dresch (1823), Schunck (1824) und Cucumus (1825). Von da an war die Trennung allgemein akzeptiert, gleichviel ob man die Worte «Konstitutionsrecht» oder «Verfassungsrecht», «Administrativrecht» oder, wie etwa Mohl, «Verwaltungsrecht» verwendete. In den vierziger und fünfziger Jahren ist die Unterscheidung längst Gegenstand des allgemeinen Sprachgebrauchs (Moy, Pözl, Zöpfl u. a.), und sie drückt sich auch darin aus, daß bei Gesamtdarstellungen regelmäßig ein erster Teil der Verfassung, ein zweiter der Verwaltung gewidmet wird. Darin steckt schon optisch die Grundidee Mohls, die später übrigens genauso von Lorenz von Stein betont wird, nämlich daß Verfassung und Verwaltung wie Grundsatz und Anwendung aufeinander bezogen sein müssen. Nur dadurch war es – jedenfalls in Verfassungsstaaten – möglich, die hinter den Verfassungsdeklarationen zurückbleibende Verwaltung mit rechtlichen Argumenten zu kritisieren und die monarchische Gewalt auf der Ebene der Exekutive in ihre konstitutionellen Schranken zu verweisen. Die dabei entwickelten allgemeinen Sätze begannen nun das reiche Material zu strukturieren:

[205] Lebenserinnerungen I, 272.

[206] *L. v. Stein*, Verwaltungslehre (Anm. 44), 2. Aufl. 1866, Teil 2, Einl., 38.

[207] Oben Kap. 4 Anm. 76.

[208] *Hoffmann* (Anm. 53).

die Bindung an die Gesetzesform bei Eingriffen in Freiheit und Eigentum, das Gebot der Verhältnismäßigkeit der Mittel bei der Verfolgung bestimmter Verwaltungszwecke, das Verbot der rückwirkenden Belastung und der «Vertrauensschutz» allgemein sowie die Entschädigungspflicht bei Enteignungen.

Nimmt man Württemberg und Bayern aus, so kam es in allen anderen Ländern des Deutschen Bundes vor 1848/50 zu wenig mehr als zu sammelnden Darstellungen des geltenden Verwaltungsrechts.[209] Dies gilt auch für Preußen, obwohl sich dort – in Ermangelung einer Verfassung und in Fortsetzung einer als hervorragend anerkannten Verwaltungstradition – das Interesse auf das Verwaltungsrecht konzentrierte. Alle literarischen Anstrengungen verstanden sich als Handreichungen für die Verwaltung selbst, für den Staatsbeamten, für den Bürgermeister und den interessierten Abgeordneten, nicht jedoch für die Allgemeinheit der Bürger oder für die Studenten an juristischen Fakultäten. Selbst in der eigentlichen Verwaltungsausbildung scheint man darauf vertraut zu haben, daß sich die Kenntnis der rechtlichen Details besser in der Praxis «vor Ort» als im Hörsaal vermitteln lasse.

3. *Zusammenfassung*

Überblicken wir nochmals, wie sich Polizeiwissenschaft (Verwaltungslehre) und Polizeirecht (Verwaltungsrecht) im Vormärz entwickelt haben, dann sehen wir auch hier die immer wieder bestätigte Parallelität von Verfassungsgeschichte und Wissenschaftsgeschichte.

Dem für Deutschland so typischen allmählichen Übergang vom Ancien Régime in das konstitutionelle Zeitalter entspricht die nur langsame Auflösung der Polizeiwissenschaft als der dem aufgeklärten Absolutismus gemäßen Verwaltungslehre. Das wohlfahrtsstaatliche Konzept des 18. Jahrhunderts bricht aber im 19. Jahrhundert keineswegs zusammen, es wird modifiziert, und zwar in zweifacher Hinsicht.

Zum einen muß die Verwaltung gewisse Verkleinerungen ihres Aktionsraums hinnehmen, seitdem sich der ökonomische Liberalismus durchgesetzt hat.[210] Auch änderten sich damals in besonders augenfälliger Weise die praktischen Inhalte der Verwaltungstätigkeit durch die Verschiebung der Bevölkerungsstruktur und die revolutionären Neuerungen der Technik und der Arbeitswelt. Die wissenschaftsgeschichtliche Antwort auf diese Änderungen lautet: Spezialisierung, Ausbildung von Spezial-Polizeien für die Materien der Bevölkerungspolitik und des Gesundheitswesens,[211] des Armenwesens und Heimatwesens,[212] der Land- und Forstwirtschaft sowie des Berg-

[209] Oben Kap. 4, II, 12. Dort zu den preußischen Werken von *Mirus, Bergius, Simon, Rönne* u. a.

[210] *H. Winkel,* Die Volkswirtschaftslehre der neueren Zeit, 1973.

[211] *J. P. Frank,* System einer vollständigen medicinischen Polizey, 4 Bde, Mannheim 1779–1788 u. ö.; *E. B. G. Hebenstreit,* Lehrsätze der medicinischen Polizeywissenschaft, Leipzig 1791 (2. Aufl. Wien 1806); *J. H. Schürmayer,* Handbuch der medicinischen Policei. Nach den Grundsätzen des Rechtsstaates zu academischen Vorlesungen und zum Selbstunterrichte für Ärzte und Juristen, Erlangen 1848 (2. Aufl. 1856); *R. v. Virchow,* Die öffentliche Gesundheitspflege, 1848. Vgl. hierzu *M. Rodenstein,* «Mehr Licht, mehr Luft». Gesundheitskonzepte im Städtebau seit 1750, 1988.

[212] *K. G. Kries,* Die englische Armenpflege, Berlin 1863; *F. Bitzer,* Das Recht auf Armenunterstützung und die Freizügigkeit, ein Beitrag zu der Frage des allgemeinen deutschen Heimathrechts, Stuttgart 1863.

baus,[213] des Telegraphenwesens,[214] Bankwesens[215] usw. Daß diese Spezialisierung zugleich den Zerfall der alten einheitlichen Konzeption der Polizeiwissenschaft bedeutete, war evident. Lorenz von Stein, der sich diesem Zerfall mit seiner großen Konzeption einer «Verwaltungslehre» entgegenzusetzen suchte, hat es gespürt: Spezialisierung und Rechtsstaatsidee, sagte er, führten zur «Auflösung der Wissenschaft der Verwaltung».[216]

Zum andern mußte sich die «Policey» alter Prägung zur konstitutionell und gesetzlich gebundenen «Verwaltung» wandeln, d. h., die polizeilichen Tätigkeitsfelder wurden deutlicher als bisher von den Prinzipien der Gewaltenteilung und der Bindung an das Gesetz bestimmt. Vor allem das «ob» und das «wie» der polizeilichen Eingriffe in Freiheit und Eigentum der Bürger hingen nun vom parlamentarisch gebilligten Gesetz ab. Die finanzielle Ausstattung einzelner Verwaltungsbereiche folgte dem Etatgesetz. Die insoweit verschobenen Machtgewichte fanden ihren Niederschlag in Mohls hervorragender Kurzformel «Die Polizeiwissenschaft nach den Grundsätzen des Rechtsstaates». Mehr war damals – nach der generellen verfassungsrechtlichen Lage mit ihrem tradierten Übergewicht der monarchisch geführten Exekutive – nicht erreichbar.

Das im ausgehenden 18. Jahrhundert noch als Seitenthema der Polizeiwissenschaft angesehene und allmählich separierte «Polizeirecht» sollte im 19. Jahrhundert zur herrschenden Disziplin werden und schließlich seinerseits die Polizeiwissenschaft in eine Randposition drängen, aus der ihre Nachfolgerin, die Verwaltungslehre, bis zum heutigen Tag nicht mehr herausgekommen ist. In der zweiten Hälfte des Jahrhunderts setzte die Herrschaft des Verwaltungsrechts ein, und über seinen historischen Ausgangspunkt hieß es apodiktisch: «Die Begriffe Polizei und Polizeiwissenschaft haben durch ihre Charakterlosigkeit den Anspruch auf Berücksichtigung und Untersuchung verscherzt. Aus einem Begriffe, aus dem Alles gemacht werden kann, ist zuletzt Nichts zu machen; mit ihm fängt auch Jeder an, was er will.»[217] Was aber nicht mehr definiert werden konnte, war auch als wissenschaftliche Disziplin am Ende.

Dieser Vorgang spielte zunächst auf der Vorderbühne der Diskussion um die Verwaltungsausbildung und um die Veränderungen des Lehrangebots in den Juristischen Fakultäten, die schon vor 1848 begonnen hatten, hier und da Landesverwaltungsrecht anzubieten. Im Grunde ging es aber um mehr: Die Postulate des Verfassungsstaats, der nur als Rechtsstaat denkbar war, hatten sich im alltäglichen Verwaltungshandeln zu bewähren. Das bedeutete im Zusammenhang der politischen Spannungen zwischen Staat und Gesellschaft im Vormärz, daß die Bürger Rechtsschranken zu ziehen und vom Gesetz nicht gedeckte Übergriffe der Exekutive abzuwehren suchten. Die absolutistische Beziehung zwischen Obrigkeit und Untertan wandelte sich in die Beziehun-

[213] *L. v. Rönne*, Die Landes-Kultur-Gesetzgebung des Preussischen Staates, Berlin 1854; *J. Chr. Hundeshagen*, Lehrbuch der Forstpolizei, 2. Aufl. Tübingen 1831 (4. Aufl. 1860); *O. v. Hingenau*, Das Allgemeine Berggesetz für die Preußischen Staaten vom 24. Juni 1865, Wien 1866; *ders.* Handbuch der Bergrechtskunde, 7 Teile Wien 1852–55. Vgl. *C. Fraas*, Geschichte der Landbau- und Forstwissenschaft, München 1865.

[214] *C. Knies*, Der Telegraph als Verkehrsmittel. Mit Erörterungen über den Nachrichtenverkehr überhaupt, Tübingen 1857. Vgl. *K. Karmarsch*, Geschichte der Technologie, München 1872.

[215] *O. Hübner*, Die Banken. Nach den neuesten statistischen Notizen und Berichten, Leipzig 1846; 2. Aufl. 2 Bde Leipzig 1853/54.

[216] *L. v. Stein* (Anm. 44), Verwaltungslehre, 2. Aufl. 1866, Bd. 2, 30.

[217] *L. J. Gerstner*, Einleitung in die gesammte Staatsverwaltungslehre, Würzburg 1862, 224.

gen zwischen Staatsbürger und Staatsgewalt, also in eine Rechtsbeziehung. Die Grundelemente dieser Rechtsbeziehung lagen in der Verfassung zwar bereit, mußten aber für den Alltag konkretisiert werden, ohne ihren Rechtscharakter zu verlieren. Dies leistete das neue Verwaltungsrecht. Schon die Schaffung eines neuen «Konstitutionsrechts»[218] führte mit gewisser Zwangsläufigkeit zu einem damit korrespondierenden «Administrativrecht», das zur Aufnahme für alles rechtlich faßbare Staatshandeln unterhalb der Verfassungsebene, abzüglich der schon zuvor ausgegliederten Justiztätigkeit, dienen sollte.

Inhaltlich blieben Konstitutions- und Administrativrecht noch eng verbunden, zumal der politische Entstehungszusammenhang beider Gebiete gegenwärtig war. Die Verfassungsnormen durchdrangen allmählich den Stoff der inneren Verwaltung, wobei offenbleiben mag, ob dies aufgrund ihrer politischen Appellfunktion oder aufgrund ihrer rechtlichen Überordnung geschah.[219] Der im Vormärz schwelende Verfassungskonflikt zwischen Monarch und Parlament kehrte in verwandelter Gestalt als Antinomie von parlamentarischem Gesetz und exekutivischer Verordnungsgewalt wieder und drängte schon auf diese Weise die entstehende Verwaltungsrechtswissenschaft zu genaueren dogmatischen Entscheidungen.

Wissenschaftsgeschichtliche Prozesse dieser Art verlaufen langsam. Tagesbedürfnisse, politische Absichten samt territorialer Verfassungslage und wissenschaftliche Erkenntnisleistung bringen sie voran, behindern sie aber auch gleichzeitig. Gleichwohl verlaufen sie bei der Entstehung neuer Disziplinen in typischen «Stufen» von der Stoffsammlung über die zunächst lokal begrenzte Verarbeitung hin zu territorial und gedanklich übergreifenden Systembildungen. So ging es hier vorerst um Erfassung und Aufbereitung des Gesetzesmaterials nach Gegenstandsbereichen, wobei sich letztere seit der Einführung von Fachministerien nach dem Ressortprinzip gliederten. Auf der nächsten Stufe erschien dann die «organische» Verarbeitung dieses Materials in kompakten landesrechtlichen Darstellungen nach dem von Mohl gelieferten Muster. Die dritte Stufe der Herauslösung der für alle Verwaltungsvorgänge typischen Rechtsfiguren und deren Zusammenführung zu einem «Allgemeinen Teil» ist vor 1848 nicht mehr in Angriff genommen, ja wohl kaum als Aufgabe erkannt worden.

Die alte Polizeiwissenschaft und das neue Verwaltungsrecht waren Disziplinen mit unterschiedlicher Perspektive. Die Polizeiwissenschaft war das Arsenal der für den Staat und seine Bürokratie nützlichen Kenntnisse zur Optimierung des Staatszwecks, das Verwaltungsrecht war entsprechend der Verfassungslage doppelgesichtig: sowohl Lenkungsinstrument zur Erfüllung staatlich gesetzter Zwecke als auch Grenzlinie bürgerlicher Freiheitsrechte.

Innerhalb der Juristenausbildung fand ein Austausch derart statt, daß die zurückweichende Kameralausbildung durch juristische Fächer ersetzt wurde, und zwar zunächst nicht einmal durch solche des öffentlichen Rechts. Eine «staatswissenschaftliche» Sonderausbildung für die Verwaltung verlor angesichts der verfassungsrechtlich intendierten Juridifizierung immer mehr an Plausibilität. Das ökonomische Wissen sammelte sich in Volkswirtschaftslehre und Finanzwissenschaft, das technische wanderte in die landwirtschaftlichen, veterinärmedizinischen und technischen Hochschulen, Forst-

[218] Nicht das altbekannte Staatsrecht, sondern das neue *Verfassungsrecht* ist das Pendant zum neuen Verwaltungsrecht.

[219] *R. Wahl,* Der Vorrang der Verfassung, Der Staat 20 (1981) 485–516.

und Bergakademien. Die juristisch geschulten Beamten verfügten offenbar über dasjenige Wissen, das innerhalb der Verwaltungen am besten geeignet war, jener Doppelgesichtigkeit gerecht zu werden, nämlich auf der einen Seite das rasch wachsende Spezialwissen für Verwaltungszwecke koordiniert zu nutzen, ohne der Spezialistenperspektive zu verfallen, auf der anderen Seite dem rechtsstaatlich gebotenen Schutz der Freiheitsrechte zu genügen, was eben nur mit juristischen Kenntnissen möglich war. Letzteres erschien um so dringender in jenen Staaten, in denen es keine verfassungsrechtlichen Sicherungen der Freiheitsrechte gab, so daß die Verwaltung zugleich Verfassungsersatz war. Dementsprechend ist auch gerade in Preußen die separate Ausbildung der Verwaltungsbeamten schneller und entschiedener zugunsten des Juristenmonopols aufgegeben worden als in Süddeutschland.

Sechstes Kapitel

Die Staatsrechtslehre in der Revolution von 1848

I. Die deutsche Revolution

1. *«Politische Professoren»*

Die Vertreter des öffentlichen Rechts an den Universitäten des frühen 19. Jahrhunderts waren die geborenen «politischen Professoren».[1] Seit dem Ende des Alten Reichs führten sie, gemeinsam mit den höheren Regierungsbeamten der Einzelstaaten, die Debatte um «Konstitutionen», «Organische Gesetze», Staats- und Verwaltungsreformen. Nach den Freiheitskriegen gerieten die Professoren in den Zwiespalt zwischen staatlichem Lehramt und öffentlicher Meinung. Die ohnehin schon einschneidenden Karlsbader Beschlüsse von 1819 und die durch sie ausgelösten «Demagogenverfolgungen», die Einsetzung von Staatskommissaren an den Universitäten, die Bespitzelung der Vorlesungen und der studentischen Verbindungen wurden nach dem Hambacher Fest von 1832 und dem Frankfurter Wachensturm von 1833 nochmals verschärft (1834). Auf diese Weise war die Universität ständig unter Druck, halbwegs mundtot zwar, aber hochgradig politisiert. Außer diesen naheliegenden Gründen für die starke Sensibilisierung des Verhältnisses von Staatsrecht und Politik trugen die großen Verfassungsstreitigkeiten dazu bei. Die preußischen Verfassungsversprechen bewegten ebenso die Gemüter wie die kurhessischen Verfassungsbrüche, der hannoversche «Staatsstreich» oder die bayerischen, badischen und württembergischen Spannungen zwischen Ständeversammlungen und Monarchen. Die «politischen Professoren», vor allem die des öffentlichen Rechts, waren herausgefordert, Stellung zu beziehen und ihr Fachwissen einzusetzen. Sie ließen sich als Kandidaten für die ersten und zweiten Kammern der Parlamente aufstellen,[2] sie schrieben Gutachten, Denkschriften und Flugschriften, redigierten Zeitschriften und sprachen auf «Konstitutionsfesten» und Volksversammlungen. Besonders gering war ihre Beteiligung freilich im Österreich Metternichs sowie im vormärzlichen Preußen, die – jedes auf seine Weise – «keine Staatsrechtswissenschaft gehabt»[3] haben. Sie waren «bis 1848 gegenüber der Einwirkung gemeindeutscher Staatsrechtslehre einigermaßen abgeschlossene Räume».[4]

[1] *H. Ehmke,* Karl von Rotteck, der «politische Professor», 1964, 12: «Das Wort bezeichnet die Rolle, die deutschen Gelehrten in einer bestimmten historischen Situation als Mittler zwischen Staat und Kultur, Geist und Macht und auch als Sprecher des deutschen Bürgertums zeitweilig zuwuchs».

[2] *F. Gackenholz,* Die Vertretung der Universitäten auf den Landtagen des Vormärz: insbesondere dargestellt am Beispiel der Universität Freiburg i. Br., 1974; *P. M. Ehrle,* Volksvertretung im Vormärz. Studien zur Zusammensetzung, Wahl und Funktion der deutschen Landtage im Spannungsfeld zwischen monarchischem Prinzip und ständischer Repräsentation, 1979; *H. Best,* Die Männer von Bildung und Besitz. Struktur und Handeln parlamentarischer Führungsgruppen in Deutschland und Frankreich 1848/49, 1990.

[3] *R. Smend,* Der Einfluß der deutschen Staats- und Verwaltungsrechtslehre des 19. Jahrhunderts auf das Leben in Verfassung und Verwaltung, in: *ders.* Staatsrechtliche Abhandlungen, 2. Aufl. 1968, 326–345 (331).

[4] *Smend* (Anm. 3), 333.

Ob diese Aktivitäten eine unzweideutig «fallende Kurve des Einflusses» bei Kodifikationsvorhaben, in gutachterlichen Einzelfragen, in der öffentlichen Wirksamkeit von «Buch und Katheder» bildeten,[5] ist jedenfalls für die erste Hälfte des Jahrhunderts zweifelhaft. Denn nie zuvor gab es so viele Professoren-Abgeordnete, und vielleicht auch nie zuvor wurde so viel Vertrauen und politische Hoffnung in das gesprochene und geschriebene Wort investiert.[6] 1835 schrieb AUGUST WILHELM REHBERG, es sei an den deutschen Ständeversammlungen «sehr auffallend, daß in ihnen Allen eine so bedeutende Zahl von Rechtsgelehrten auftritt ... In allen Deutschen Ständeversammlungen zeigt sich ein sehr starker Einfluß von Rechtsgelehrten. Die große Zahl derselben und der juristische Sinn, der in den Berathschlagungen vorherrscht, sind aber nicht etwas Zufälliges. Die ganze politische Bildung der Deutschen Nation ist von der Ausbildung der Rechtswissenschaften ausgegangen. Nach der Einführung des Römischen Rechts sind Jahrhunderte lang Doctoren unentbehrliche Rathgeber der Fürsten gewesen; und die vormaligen Stände wurden ebenfalls von Rechtsgelehrten geleitet.» – «Daher sind die Universitäten von einer weit größeren Bedeutung in der Geschichte der Deutschen Civilisation, als in irgend einem andern Volke ...»[7]

Die «fallende Kurve des Einflusses», von der RUDOLF SMEND gesprochen hat, ist dagegen für die Zeit nach 1850 sicher richtig. Die verfassungspolitische Enttäuschung einerseits und das Ende der idealistischen Philosophie andererseits führen zur schärferen Akzentuierung der «juristischen Methode», zur Ausblendung historischer, politischer und philosophischer Elemente. Die Staatsrechtslehre orientierte sich nun am positiven Recht, die Allgemeine Staatslehre trat zurück. Die Zahl der Professoren-Abgeordneten sank kontinuierlich,[8] was freilich nicht Rückzug aus der Politik bedeutete.[9] «So verblaßt ihre Geltung gegenüber dem einsetzenden realpolitischen Denken.»[10] Hiervon wird noch die Rede sein.

Zunächst jedoch steigerte sich schon im Vorfeld der Revolution von 1848 die Intensität der Querverbindungen zwischen Wissenschaft und Öffentlichkeit auf eine bisher unbekannte Weise. In den meisten deutschen Parlamenten saßen – gemeinsam mit allen anderen Vertretern des Bildungsbürgertums – Professoren des öffentlichen Rechts, entweder als Vertreter ihrer Korporation, der Universität, oder als gewählte Abgeordnete.[11] Wo es keine Parlamente gab, allenfalls Provinzialstände wie etwa in Preußen, schwelte die Verfassungsfrage weiter und führte auch dort zu einer starken Politisierung der Universitäten.[12] Auf diese Weise reichte der Einfluß der Universitäten weit in das öffentliche Leben hinein, wie umgekehrt auch alle sozialen und poli-

[5] *Smend* (Anm. 3), 327.

[6] *V. Valentin,* Geschichte der Deutschen Revolution 1848–1849, 2 Bde 1930, hier zit. nach d. Ausg. 1970, Bd. 1, 339: «Die Zeit glaubte an das Wort, wie keine vorher und nachher. Das schöne, echte, große, wahre Wort war für sie Erlösung und – Lösung».

[7] *A. W. Rehberg,* Die Erwartungen der Teutschen von dem Bunde ihrer Fürsten, Jena 1835, 43, 63.

[8] Gewisse Korrekturen an dieser generellen Aussage bei *B. v. Brocke,* Professoren als Parlamentarier, in: *K. Schwabe* (Hg.), Deutsche Hochschullehrer als Elite 1815–1945 (Deutsche Führungsschichten der Neuzeit, Bd. 17), 1988 zu den Professoren in Parlamenten des 19. Jahrhunderts.

[9] Zur politischen Rolle der Wissenschaft im 19. Jahrhundert *P. Schiera,* Il laboratorio borghese. Scienza e politica nella Germania dell'Ottocento, Bologna 1987 (dt. Ausg. 1992).

[10] *Smend* (Anm. 3), 334.

[11] Als Beispiel für das journalistische Engagement eines «politischen Professors» siehe die Artikel von *August Ludwig Reyscher* (1802–1880) aus diesen Jahren, Nachw. bei *J. Rückert,* August Ludwig Reyschers Leben und Rechtstheorie, 1974, 61ff., 185f.

[12] *K. Griewank,* Deutsche Studenten und Uni-

tischen Vorgänge die Universitäten erfaßten: «Die Zersetzung des Metternichschen Systems und die ständige Bewegung in Österreich, die preußische Verfassungsfrage und der Vereinigte Landtag, die durch Lola Montez hervorgerufene bayerische Staatskrise, die Wunderlichkeiten und die Lebenskraft in der Kleinstaaterei, die Unzulänglichkeit des Deutschen Bundes und die deutschnationalen Reformbestrebungen, die Zersplitterung der Klassen, die Nahrungs- und Beschäftigungslosigkeit der unteren Schicht, die Gärung im Denken, der Drang, die Unruhe im geistigen und künstlerischen Schaffen ...»[13] Für alle diese Themen waren die Universitäten der geeignete Resonanzboden.

2. *Die Revolution von 1848/49*

Die ab März 1848 stoßweise sich ausbreitende «Deutsche Revolution»,[14] die zugleich eine europäische war, bildete eine ineinander verschachtelte Kettenreaktion von Revolutionen in den Einzelstaaten, die sich ihrerseits wieder in enger Beziehung mit der Entwicklung der Frankfurter Nationalversammlung befanden. Neben die einzelstaatliche und die nationale Ebene trat dann noch die lokaluniversitäre.

a) Universitäten

Die damaligen neunzehn deutschen Universitäten,[15] zu denen noch die vier österreichischen kamen,[16] wurden sofort in die Tumulte hineingerissen. Auf dem sog. zweiten Wartburgtreffen an Pfingsten 1848 forderten die Studentenschaften die Ausgestaltung der Universitäten als «Nationalanstalten», Garantie der Lehr- und Lernfreiheit, universitäre Mitbestimmung sowie Aufhebung der besonderen Universitätsgerichtsbarkeit.[17] Sie reagierten höchst unterschiedlich,[18] intensiv anteilnehmend die einen (Leipzig,[19] Göttingen,[20] Jena,[21] Heidelberg,[22] Berlin,[23] Bonn,[24] Wien[25]), vor-

versitäten in der Revolution von 1848, 1949, 8ff.; *H. Thielbeer,* Universität und Politik in der Deutschen Revolution von 1848, 1983, insbes. 91 ff. zu Berlin, 97ff. zu Bonn.

[13] *Valentin* (Anm. 6) II, 545.

[14] Umfassend *Valentin* (Anm. 6) 338ff.; *Huber* II, 502ff.

[15] Berlin, Bonn, Breslau, Erlangen, Freiburg, Gießen, Göttingen, Greifswald, Halle, Heidelberg, Jena, Kiel, Königsberg, Leipzig, Marburg, München, Rostock, Tübingen, Würzburg.

[16] Wien, Graz, Innsbruck und Prag, in einem weiteren Sinn auch Padua, Laibach, Olmütz, Brünn, Prag und Preßburg. Vgl. *H. v. Srbik,* Die Wiener Revolution des Jahres 1848 in sozialgeschichtlicher Beleuchtung, in: Schmollers Jahrb. Bd. 43 (1919); *M. Doblinger,* Der burschenschaftliche Gedanke auf Österreichs Hochschulen vor 1859, 1925; *P. Molisch,* Die Wiener Akademische Legion, in: Archiv f. österr. Geschichte 110 (1924); *ders.* Politische Geschichte der deutschen Hochschulen in Österreich von 1848 bis 1918, 1939; *G. Franz,* Liberalismus. Die deutschliberale Bewegung in der habsb. Monarchie, 1955; *E. Winter,* Romantismus, Restauration und Frühliberalismus im österreichischen Vormärz, Wien 1968; *K. Ebert,* Die Grazer Juristenfakultät im Vormärz. Rechtswissenschaft und Rechtslehre an der Grazer Hochschule zwischen 1810 und 1848, Graz 1969.

[17] *Griewank* (Anm. 12), 31–43.

[18] Eine umfassende und lebendige Darstellung der Vorgänge an deutschen Hochschulen (außer München) bietet *Heide Thielbeer* (Anm. 12). Die knappe Skizze von *Griewank* (Anm. 12) 52–80 ist damit überholt.

[19] *R. Weber,* Die Universität Leipzig in der Revolution des Jahres 1848/49, in: Karl Marx Universität Bd. 1, 1959/60, 250–311; *Thielbeer* (Anm. 12), 25ff.

[20] *Thielbeer* (Anm. 12), 35ff.

[21] *Thielbeer* (Anm. 12), 40ff.

[22] *F. Haag,* Die Universität Heidelberg in der Bewegung von 1848/49, 1934; *H. Derwein,* Hei-

sichtig bis ängstlich die anderen (Freiburg,[26] Tübingen,[27] Würzburg,[28] München,[29] Halle,[30] Königsberg,[31] Greifswald,[32] Rostock[33]), aber auch selbstbewußt in der Verteidigung ihrer Autonomie (Erlangen[34]). Fast überall, am deutlichsten in Wien, waren die Studenten politisch aktiv, reihten sich in die Bürgerwehren ein oder bildeten «Akademische Legionen». Durchweg waren auch Studentenschaften, Professoren und die Bürger der Universitätsstädte einig in der Abwehr von Übergriffen der Polizei, des Militärs und der Staatsbürokratie, jedenfalls während der «Märzrevolution». Einen bestimmenden Einfluß auf den Gesamtverlauf der Revolution haben die Universitäten oder die Wissenschaft als solche allerdings nicht gehabt. Gewiß machten die Proteste und Petitionen der Universitäten sowie die Auszüge der Studentenschaften (Göttingen, Heidelberg, Würzburg, Gießen)[35] einen gewissen Eindruck, speziell bei der Wiener «Aula», aber insgesamt bestimmten doch wesentlich andere Kräfte des unteren Bürgertums, der Bauern und der entstehenden Arbeiterschaft, flankiert von Großbürgertum, freiberuflicher Intelligenz und liberalem Beamtentum die Abläufe,[36] von den politischen Gegenkräften ganz zu schweigen.

b) Länder

Auf Landesebene wurden die sog. «Märzforderungen» erhoben, in denen sich niederschlug, was im liberalen Lager seit den zwanziger Jahren diskutiert, in den Verfassungsstaaten auch halbwegs erreicht, aber wieder zurückgenommen worden war: Volle Meinungs- und Preßfreiheit, Gewissens- und Lehrfreiheit, persönliche Freiheit und Assoziationsfreiheit, allgemeine Volksbewaffnung und Vereidigung des Heeres auf die Verfassung, Verfassungsreformen einschließlich des Wahlrechts, gerechte Be-

delberg im Vormärz und in der Revolution 1848/49. Ein Stück badischer Bürgergeschichte, in: Neue Heidelberger Jahrbücher NF 1955/56, 1958, insbes. 67ff.

23 *K. Obermann*, Die Berliner Universität am Vorabend und während der Revolution von 1848, in: Forschen und Wirken, Festschr. z. 150-Jahrfeier der Humboldt-Universität zu Berlin, Bd. I, 1960, 165.

24 *M. Braubach*, Bonner Professoren und Studenten in der Revolution 1848/49, 1967.

25 *F. Gall*, Alma Mater Rudolphina 1365–1965, Wien 1965 m. w. Nachw.

26 *Thielbeer* (Anm. 12), 81ff.

27 *E. Sieber*, Stadt und Universität Tübingen in der Revolution von 1848/49, 1975.

28 *D. Langewiesche*, Die politische Vereinsbewegung in Würzburg und Unterfranken in den Revolutionsjahren 1848/49, in: Jahrb. f. fränkische Landesforschung 37 (1977), 195–233.

29 *W. König*, Universitätsreform in Bayern in den Revolutionsjahren 1848/49, 1977 (Beih. 8, Reihe B der Zeitschr. f. Bayer. Landesgeschichte).

30 *A. Schmiedecke*, Die Revolution von 1848–49 in Halle, 1932; *M. Brümmer*, Staat kontra Universität. Die Universität Halle-Wittenberg und die Karlsbader Beschlüsse 1819–1848, 1991, hier insbesondere zu dem Regierungsbevollmächtigten *Ludwig Wilhelm Anton Pernice* (1843–1848).

31 *H. Lippold*, Königsberger Studenten in unruhiger Zeit 1831/1848, in: Einst und Jetzt, Bd. 15, 1970, 74.

32 *Thielbeer* (Anm. 12), 107.

33 «Die Petition der Universität Rostock vom 12. März 1848 hatte Rudolf v. Ihering zum Verfasser; sie verlangte besonders nachdrücklich die Reform der Verfassung und die Einführung der Preßfreiheit» (*Huber* II, 543). Vgl. *K. Canis*, Rostocker Professoren und Studenten in der bürgerlich-demokratischen Revolution von 1848, in: Geschichte der Universität Rostock, Bd. 1, 1969, 105.

34 *Thielbeer* (Anm. 12), 60ff.

35 *K. Bahnson*, Akademische Auszüge aus deutschen Universitäts- und Hochschulorten, phil. Diss. Saarbrücken 1973.

36 *Valentin* (Anm. 6); *Huber* II, 502ff. *Nipperdey* I, 595ff. Zur Frauenbewegung 1848 vgl. *U. Frevert*, Frauen-Geschichte, Zwischen Bürgerlicher Verbesserung und Neuer Weiblichkeit, 1986, 72ff.

steuerung und Abschaffung adeliger Vorrechte.[37] Überall wichen die bisherigen Regierungen zurück, und es kam relativ schnell zur Bildung der sog. «Märzministerien» sowie zu Verfassungsänderungen. Auch hier waren dic Hochschullehrer des öffentlichen Rechts selbstverständlich beteiligt, sei es kraft Amtes an der Universität, sei es als Parlamentarier, ohne daß sie aber an irgendeiner Stelle in eine führende Position eingerückt wären. Mustert man die personelle Besetzung der neuen Regierungen der Mittelstaaten sowie Preußens und Österreichs, dann beobachtet man zwar den politischen Richtungswechsel hin zum gemäßigten Liberalismus, aber keinen wirklichen Austausch der Führungsschichten. Die adeligen Berufspolitiker und -diplomaten sowie die bürgerlichen Spitzenbeamten beherrschten weiterhin das Feld.[38] Minister und Ministerpräsidenten wurden Männer der Diplomatie, der Verwaltung, der Justiz, Bürgermeister und Advokaten, in keinem Fall aber ein aktiver Hochschullehrer des Staatsrechts. Einige Beispiele mögen dies verdeutlichen: In Württemberg wurde Paul A. Pfizer (1801–1867), der die ihm angebotene Nachfolge Robert von Mohls auf der Tübinger Staatsrechtsprofessur noch 1846 abgelehnt hatte, Kultusminister,[39] der Rechtshistoriker August Ludwig Reyscher (1802–1880)[40] ging als Abgeordneter ins Parlament. Der Leipziger Professor für römisches Recht, Ludwig Frhr. v. d. Pfordten (1811–1880), wurde 1848/49 kurzfristig sächsischer Außen- und Kultusminister und setzte seine politische Karriere dann in Bayern, von wo er ursprünglich gekommen war, fort.[41] In Wien war Josef Unger (1828–1913), der später so bedeutende Zivilist, als Student auf seiten der Aufständischen vom 15. Mai 1848 tätig. Der Professor für Kameralistik Eduard Baumstark (1807–1889), Direktor der Staats- und Landwirtschaftlichen Akademie Eldena bei Greifswald, rückte am 1. Mai 1848 als Konservativer in die preußische Nationalversammlung ein, gleichzeitig übrigens mit dem preußischen Staatsanwalt Julius von Kirchmann (1802–1884).[42]

Aber auch wenn es nicht zu einer sinnfälligen Verbindung von öffentlichrechtlicher Theorie und politischer Praxis in einem leitenden Staatsamt der Einzelstaaten kam, so war doch das staatsrechtliche Gedankengut des Vormärz unausweichlicher Gegenstand der allgemeinen Debatte. Die Reform der Bundesverfassung und der Landesverfassungen, die Entscheidung zwischen Monarchie und Republik, die Garantie der Menschen- und Bürgerrechte, die Fixierung von Wahlrecht und Kompetenzen der Parlamente, die Themen der Gewaltenteilung, der Gerichtsöffentlichkeit, der Verwaltungskontrolle und vieles andere waren von der Wissenschaft geistig vorbereitet und popularisiert worden, etwa durch Rotteck und Welckers «Staats-Lexikon», dessen zweite Auflage gerade 1845–1848 erschienen war und nochmals die Grundlinie der politischen Forderungen der bürgerlichen Mehrheit fixiert hatte.

[37] *Huber* II, 502ff. zu Bayern, Württemberg, Baden, Hessen-Darmstadt, Nassau, Kurhessen und Frankfurt, Sachsen, Thüringen, Anhalt, Hannover, Braunschweig, Mecklenburg, Hansestädten, Österreich und Preußen.

[38] *K. Schwabe* (Hg.), Die Regierungen der deutschen Klein- und Mittelstaaten 1815–1933, 1983.

[39] Oben Kap. 3, Anm. 377; *Rückert* (Anm. 11), 262–267.

[40] Umfassend *Rückert* (Anm. 11).

[41] *Valentin* (Anm. 6) II, 443.

[42] *Wieacker,* 415 m. Nachw. d. älteren Literatur; eine umfassende Darstellung nunmehr bei *R. Wiethölter,* Julius Hermann von Kirchmann (1802–1884). Der Philosoph als wahrer Rechtslehrer, in: Kritische Justiz (Hg.), Streitbare Juristen, 1988, 44–58.

c) Nationalversammlung

Es ist kein Zufall, daß sich die Hochschullehrer – und unter ihnen die Öffentlichrechtler – am stärksten auf der Bühne der Frankfurter Nationalversammlung engagierten. Hier fiel ihnen der Einstieg relativ leicht, weil die «Schizophrenie», mit der sich Studenten und Professoren «als zukünftige Staatsdiener und Ausbilder und zur gleichen Zeit als intellektuelle Führungsschicht mit dem Auftrag zur Innovation verstanden haben»,[43] am wenigsten spürbar war. In der Nationalversammlung ging es nicht um die Übernahme und Fortführung eines bereits bestehenden Landesministeriums im liberalen Geist, sondern um Neugründung des ersehnten Nationalstaats durch parlamentarische Aktion. Hier konnte vermeintlich «voraussetzungslos», im freien Austausch der Argumente, jedenfalls ohne administrativen Apparat gearbeitet werden. Deshalb war, wie einer von ihnen rückblickend feststellte, «ihr Einfluß auch vorzugsweise auf dem Felde der Doctrin entscheidend und wohlthätig, weniger in Fragen des unmittelbaren praktischen Handelns».[44]

Der geistige Rang und die durch Lebensleistung erworbene Autorität der einzelnen Abgeordneten schienen entscheidend zu sein; unter den rund 585 (mit Stellvertretern 812) Mitgliedern der Paulskirche waren 49 Universitätsprofessoren und -dozenten, 57 Professoren und sonstige Angehörige höherer Lehranstalten.[45] Von einem «Professorenkonvent» konnte also nur auf der Grundlage der Zahlen eigentlich nicht die Rede sein. Dennoch war das Gewicht der akademischen Intelligenz mit insgesamt 569 Vertretern (über 80%) fast erdrückend. Es war «zuviel Universität und zu wenig politische Börse»,[46] insofern ein Spiegelbild der sozialen Hierarchie.[47] Wer dazugehörte, mochte dies freilich nicht als Mangel empfinden. Robert Mohl hat sich rückblickend mit Stolz erinnert: «Es saßen allerdings Dahlmann und Jakob Grimm und Mittermaier, Beseler, Waitz, Vischer, Zachariä, Albrecht, Philipps, Gervinus, Arndt und so noch manche von Deutschlands berühmtesten Hochschullehrern in der Paulskirche; allein machen etwa große Geisteskraft und tiefe Kenntnisse, macht namentlich Meisterschaft im Rechte und in der Geschichte unfähig zu geistigem Werke? ... Und bedurfte es der parlamentarischen Berühmtheit und Erfahrung, so waren ja da: Welcker, Bassermann, Mathy, Beckerath, Vincke, Lichnowsky, Rothenhan, Jordan, Römer, Freudentheil, Lang, Baumbach, Buß. Das rheinische Recht war vertreten durch Wiedenmann, Compes, Schüler; das alte Recht durch Heckscher, Barth, Reh und so manche andere»,[48] nicht zuletzt Mohl selbst, der die Geschäftsordnung der Versammlung maßgeblich gestaltet hatte[49] und später als Justizminister fungierte. Die von Wolfram Siemann geleistete akribische Untersuchung der juristischen Vorprägungen und Schulzugehörigkeiten der Abgeordneten in der Paulskirche hat gezeigt, wie stark der

[43] *Thielbeer* (Anm. 12), 122.

[44] *(F.) K. Biedermann,* Erinnerungen aus der Paulskirche, Leipzig 1849, 261. *Karl Biedermann* (1812–1901) lehrte als Staatswissenschaftler, Historiker und Publizist in Leipzig. In der Paulskirche war er Mitglied der Fraktion «Württemberger Hof»/ «Augsburger Hof», Mitglied des Vorparlaments und des Fünfziger Ausschusses. Vgl. *H. Helbig,* NDB 2 (1955) 223f.

[45] *Valentin* (Anm. 6), II, 12. Die Zählweise ist unterschiedlich. *B. v. Brocke* (Anm. 8) nimmt bei einer Gesamtzahl von 812 Abgeordneten insgesamt 66 Professoren (8,1%) an.

[46] *Valentin* (Anm. 6), II, 12.

[47] *Huber* II, 612.

[48] *Mohl,* Lebenserinnerungen II, 37.

[49] *R. Mohl,* Vorschläge zu einer Geschäftsordnung des verfassungsgebenden Reichstags, Heidelberg 1848. Hierzu *F. Edinger,* Wahl und Besetzung parlamentarischer Gremien, 1992, Teil C, II.

Anteil in Wirklichkeit war und wie sich die rechtswissenschaftliche Orientierung bei den Sachthemen durchsetzte.[50] Offenkundig ist von dieser «Juristendominanz», die ihrerseits wieder eine interne Dominanz der Historischen Schule aufwies, ein insgesamt mäßigender, konservativer Einfluß ausgegangen. Schon während der Debatten wurde als positiv hervorgehoben, das Professorentum habe «historische Anschauungen in die Versammlung hineingebracht».[51]

Tatsächlich setzte sich speziell das juristisch ausgebildete «Professorentum» in der ersten Phase der Nationalversammlung an die Spitze. Im Siebzehnerausschuß, in den die Regierungen der Bundesstaaten «Männer des öffentlichen Vertrauens» entsandten, war das bürgerlich-gelehrte Element stark vertreten, weil für dieses die Verfassungsberatungen vorbereitende Organ[52] Personen gesucht wurden, die nicht nur das «öffentliche» Vertrauen, sondern auch das der entsendenden Regierung besaßen, die aber außerdem für Verfassungsfragen qualifiziert sein mußten. So fand man dort die Historiker Dahlmann (Preußen), Gervinus (Baden) und Droysen[53] (Holstein), den Dichter und Literaturwissenschaftler Ludwig Uhland (Württemberg) sowie die Staatsrechtler Albrecht (Sachsen),[54] Cucumus[55] (Bayern), Jordan (Kurhessen) und Zachariä (Hannover).

Gleichzeitig änderte sich die Besetzung des Bundestages durch neuberufene Bundestagsgesandte, unter ihnen etwa Karl Theodor Welcker (Baden) und Sylvester Jordan (Kurhessen).

In dem daneben tagenden revolutionären Vorparlament (31. 3.–3. 4. 1884) war es nicht anders, auch wenn dort die republikanisch-radikale Linie erheblich stärker war. Präsident war Mittermaier,[56] Vizepräsidenten waren Dahlmann[57] und Jordan,[58] Blum und Itzstein, also allein im fünfköpfigen Präsidium drei Hochschullehrer. Weitere Mitglieder des insgesamt 574 Mitglieder umfassenden Gremiums waren die Professoren Biedermann,[59] Hagen,[60] Kierulff,[61] H. A. Zachariä,[62] Buß[63] und

[50] *W. Siemann*, Die Frankfurter Nationalversammlung 1848/49 zwischen demokratischem Liberalismus und konservativer Reform. Die Bedeutung der Juristendominanz in den Verfassungsverhandlungen des Paulskirchenparlaments, 1976. Siehe dazu die eingehende Besprechung von *J. Rückert*, ZRG GA 96 (1979) 365–371.

[51] So der Abg. *G. Frhr. v. Vincke*, Nachweis bei *Siemann* (Anm. 50), 23.

[52] Zum Verfassungsentwurf der Siebzehn vgl. *R. Hübner*, Der Verfassungsentwurf der siebzehn Vertrauensmänner, in: Festschr. f. Ed. Rosenthal z. 70. Geb., 1923, 109–168; *Huber* II, § 56.

[53] Angaben bei *Huber* II, 392; *W. Hock*, Liberales Denken im Zeitalter der Paulskirche. Droysen und die Frankfurter Mitte, 1957; *J. D. Kühne*, Die Reichsverfassung der Paulskirche. Vorbild und Verwirklichung im späteren deutschen Rechtsleben, 1985; *J. G. Droysen*, Aktenstücke und Aufzeichnungen zur Geschichte der Frankfurter Nationalversammlung. Aus dem Nachl. hrsgg. v. *R. Hübner*, 1924; *ders.* Briefwechsel, 2 Bde, hrsgg. v. *R. Hübner*, 1929 (= Dt. Geschichtsquellen des 19. Jhs. Bde 14, 25, 26). Zu seiner Rolle aus der Perspektive des Mithandelnden *Biedermann* (Anm. 44) 264–266.

[54] «Albrecht verhielt sich schweigend und zurückgezogen, ebenso Gervinus» (*Biedermann*, Anm. 44, 273)

[55] Vgl. oben Kap. 4, Anm. 90.

[56] Zu seiner politischen Wirksamkeit nunmehr umfassend *R. Mußgnug*, in: *W. Küper* (Hg.), Carl Joseph Anton Mittermaier, 1988.

[57] Siehe oben Kap. 3, Anm. 387 sowie *Kühne* (Anm. 53), 546 f.

[58] Siehe oben Kap. 2, Anm. 71, Kap. 3, Anm. 243, 309, Kap. 4, Anm. 129.

[59] *W. Schulze*, Karl Friedrich Biedermann. Eine Studie zum Verhältnis von Wissenschaft, Publizistik und Politik im deutschen Vormärz, in: Festschr. H. Herzfeld, 299–326.

[60] *Karl Hagen* (1810–1868), Prof. Dr., Historiker, Heidelberg, später Prof. und Rektor Univ. Bern, Mitgl. «Deutscher Hof»/ «Donnersberg», Mitgl. d. Vorparlaments, Abgeordneter v. Heidelberg, Werk u. a. Geschichte der neuesten

PFIZER.[64] Von ihnen waren wiederum entsprechend viele im Fünfzigerausschuß, etwa BIEDERMANN (Sachsen) und ZACHARIÄ (Hannover), eben weil sie die bürgerliche Mitte repräsentierten, die sich hier durchgesetzt hatte.

Als am 18. Mai 1848 die Nationalversammlung selbst eröffnet wurde – ihr Präsident war ab 18. Dezember 1848 der Professor des römischen Rechts EDUARD SIMSON[65] – verteilten sich die Hochschullehrer auf die nun bald entstehenden, relativ losen «Fraktionen»,[66] allerdings mit deutlichem Schwergewicht in der liberal-konstitutionellen Mitte. Nachdem der Verfassungsentwurf des Ausschusses der Siebzehn – «eine vorzügliche staatsrechtlich-politische Leistung»[67] – vorlag, konzentrierte sich die Aufmerksamkeit auf die Arbeit des Verfassungsausschusses. Unter seinen dreißig Mitgliedern waren GEORG BESELER,[68] DAHLMANN, DROYSEN, GEORG WAITZ,[69] WELCKER, MITTERMAIER und MOHL von besonderem Gewicht.[70] DAHLMANN und MOHL hatten großen Anteil am ersten Entwurf des Grundrechtsteils, BESELER und DROYSEN redigierten ihn.[71]

Im Verlauf der Debatten von der Einrichtung des Verfassungsausschusses am 24. Mai 1848 bis zum Ende der ersten Lesung der Reichsverfassung am 26. Januar 1849 haben sich die genannten Gelehrten ständig beteiligt und zu allen wesentlichen Fragen

Zeit vom Sturze Napoleons bis auf unsere Tage, 2 Bde, Braunschweig 1848–50.

[61] *Joh. Fr. Martin Kierulff* (1806–1894), Prof. in Kiel, Oberappellationsrat in Rostock, dann Präs. d. Oberappellationsgerichts in Lübeck (1853–1879), Mitgl. im «Württemberger Hof», im Vorparlament und im Fünfziger Ausschuß. Zu seinem Werk Theorie des gemeinen Civilrechts, 1. Bd. Altona 1839 vgl. *Landsberg* III/2, 592–597.

[62] Zu *Zachariä*, «obgleich ein thätiger Arbeiter in den Ausschüssen, besonders dem völkerrechtlichen, auch als Sprecher rasch zur Stelle und beharrlich, übte doch an beiden Orten nur einen untergeordneten Einfluß im Vergleich zu dem eines Beseler oder Waitz» (*Biedermann*, Anm. 44, 270) siehe Kap. 2, Anm. 110ff.

[63] *Franz Joseph von Buß* (1803–1878), Ritter, Prof. Dr. jur., Dr. phil., Prof. für Staatswissenschaften, Völkerrecht und Kirchenrecht Freiburg/Br., Mitgl. im «Café Milani» und im Vorparlament.

[64] Vgl. oben Anm. 39.

[65] *Huber* II, 393. *(Martin) Eduard v. Simson* (1810–1899), Prof. Dr. jur. für röm. Recht, Univ. Königsberg, 1867–73 Präs. d. Reichstages, erster Präsident d. Reichsgerichts (1879–91), in der Paulskirche Präsident der Nationalversammlung und Mitgl. im «Casino», «der gewandteste, unpartheiischste, umsichtigste Präsident, ein Präsident, wie ihn vielleicht selten eine Versammlung besessen hat, wie er aber auch keiner Versammlung so nöthig war als dieser» (*Biedermann*, Anm. 44, 279). Vgl. *E. v. Simson*, Erinnerungen aus seinem Leben, hrsgg. v. *Bernhard v. Simson*, 1900.

[66] *Huber* II, 613–619 m. w. Nachw. Außer den Genannten seien erwähnt *Ernst Moritz Arndt* (1769–1860) aus Bonn, weiter der Münchner Professor für Technologie und Staatswissenschaften *Friedrich Benedict Wilh. v. Hermann* (1795–1868), der Historiker *Max Duncker* (1811–1886) aus Halle, der Staatswissenschaftler *Wilhelm Gustav Eduard Fischer* (1803–1868) und der Historiker, Staats- und Völkerrechtler *Andreas Ludwig Jacob Michelsen* (1801–1881) aus Jena, der in München lehrende Rechtshistoriker *George Phillips* (1804–1872), die Historiker *Friedrich von Raumer* (1781–1873) und *Adolf Wilhelm Schmidt* (1812–1887) aus Berlin, der Rostocker Privatrechtler *Johann Heinrich Thöl* (1807–1884), der Gießener Prozessualist und Universitätskanzler *Justin T. B. v. Linde* (1797–1870), der Münchner Pandektist *Ludwig Arndts* (1803–1878) und sein Kollege, der Altphilologe *Ernst von Lasaulx* (1805–1861) sowie die Österreicher *Carl Giskra* (1820–1879), Staatswissenschaftler in Wien, *Johann Adolf Tomascheck, Edler von Stratova* (1822–1897), seit 1863 Rechtshistoriker in Wien, *Carl Ignatz Beidtel* (1783–1865), Staatsrechtler in Brünn.

[67] *Huber* II, 769.

[68] *Georg K. Chr. Beseler* (1809–1888). Zu ihm umfassend *B. R. Kern*, Georg Beseler. Leben und Werk, 1982; *J. D. Kühne* (Anm. 53) 546.

[69] *Georg Waitz* (1813–1886), Prof. Dr. phil., Historiker, Kiel (1842), Göttingen (1849), Mitgl. d. Verfassungsausschusses, Mitgl. im «Casino». Siehe *Huber* II, 393; *Kühne* (Anm. 53) 554.

[70] *Siemann* (Anm. 50, 255f.

[71] *Kühne* (Anm. 53), 43ff., 544ff.

Stellung genommen (Grundrechte,[72] Bundesstaat,[73] Ein- oder Zweikammersystem,[74] Veto des Reichsoberhaupts,[75] Wahlrecht, groß- oder kleindeutsche Lösung, Erb- oder Wahlkaisertum bzw. Republik[76]). Unverkennbar aber verschob sich jedoch mit den wachsenden politischen Schwierigkeiten das Gewicht von den staatsrechtlichen Theoretikern auf die «Berufspolitiker» und die Diplomatie. «So geriethen sie in jene unsichere und unklare Stellung, die von ihnen aus ihrer ganzen Parthei sich mitteilte, in jenes Schwanken zwischen Wollen und Nichtwollen, Handeln und Nichthandeln, Bleiben und Gehen, welches zuletzt doch mit dem Verlassen des Kampfplatzes und der Sprengung der Versammlung endete.»[77] Von einer politischen Dominanz der Juristen konnte vielleicht anfangs, nicht mehr aber am Ende des verwickelten Entscheidungsprozesses gesprochen werden.[78]

Die akademische Intelligenz wurde von der im Juni 1848 beginnenden Krise schon deshalb erfaßt, weil sie nach Status und Anschauungen dem oberen Bürgertum angehörte, das mit den alten Mächte paktierte, um die sozialrevolutionären, demokratisch-republikanischen Kräfte abzuwehren. Was im Optimismus des März 1848 noch als Einheit erschien, löste sich nun auf. Die Märzministerien konnten sich auf Länderebene nicht durchsetzen, weil Bürokratie und Militärgewalt unverändert geblieben waren. Die Frankfurter Zentralgewalt erwies sich als zu schwach, um Österreich entweder hineinzunehmen und umzuformen oder hinauszudrängen. Nachdem Preußen die Kaiserkrone abgelehnt hatte, setzte der «Bürgerkrieg um die Reichsverfassung»[79] ein, insbesondere in Sachsen,[80] Baden und in der Pfalz.[81] Preußen, Österreich und Rußland gingen nun gemeinsam vor und setzten die Gegenrevolution mit harten Mitteln durch.[82] Standgerichte und Kriegsgerichte folgten, viele Tausende von Flüchtlingen gingen ins Ausland, in der Pfalz wurde ein Prozeß wegen Hochverrats und Rebellion gegen 333 Personen durchgeführt. Am 18. Juni 1849 schließlich trieb das württembergische Militär die letzten Abgeordneten des «Rumpfparlaments» in Stuttgart auseinander, unter ihnen Ludwig Uhland.

II. Die Folgen

1. *Die Enttäuschung*

Die «deutsche Revolution» war also gescheitert. Wofür viele seit Jahren gekämpft und sich emotional engagiert hatten, war zerbrochen. Neben die politische Niederlage der

[72] *Siemann* (Anm. 50), 104 ff.

[73] *Siemann* (Anm. 50), 188 ff.

[74] *Siemann* (Anm. 50), 196 ff.

[75] *Siemann* (Anm. 50), 219 ff.

[76] *Siemann* (Anm. 50), 230 ff.

[77] *Biedermann* (Anm. 44) 262.

[78] *Siemann* (Anm. 50).

[79] *Valentin* (Anm. 6) II, 448 ff.

[80] *R. Weber,* Die Revolution in Sachsen 1848/49. Entwicklung und Analyse ihrer Triebkräfte, 1970.

[81] *W. Fiedler,* Die südwestdeutschen Abgeordneten und ihre Bedeutung für die Paulskirche, in: *E. Wadle* (Hg.), Philipp Jakob Siebenpfeiffer und seine Zeit im Blickfeld der Rechtsgeschichte, 1991, 43–54.

[82] Flankierend wies der preußische Staatsminister *von Kamptz* schon im Juni 1849 nach, die Nationalversammlung sei «sowohl an der Unzweckmäßigkeit, als an der Ungesetzmäßigkeit und Nichtigkeit dieser Verfassung gescheitert»: Die Deutsche constituirende National-Versammlung in Frankfurt vor der Kritik des Staatsrechts, Berlin 1849, Vorbemerkung (datiert auf den 24. Juni 1849, also eine Woche nach dem definitiven Ende des Rumpfparlaments).

bürgerlichen Mitte als solche trat die äußere Demütigung durch die militärische Niederschlagung und die entehrenden Gerichtsverfahren. Die «realen» Mächte hatten sich gegen die «Idee» durchgesetzt. Dem vertrauensvollen Enthusiasmus der Volksvertreter war die «Realpolitik» gegenübergetreten. Ein politisch noch unerfahrenes Bürgertum lernte daraus die Lektion, daß, wer politisch etwas bewirken wolle, vor allem über wirtschaftliche und militärische Macht verfügen müsse.

Die mit dem Jahr 1849 verbundene Enttäuschung hat die psychische Disposition einer ganzen Generation bürgerlicher Führungskräfte bestimmt. Soweit die «Achtundvierziger» nicht auswanderten, mußten sie sich in irgendeiner Weise mit den neuen «Realitäten» arrangieren. Das bedeutete, das bisher Erstrebte fallenzulassen, den freiheitlich verfaßten Nationalstaat zu verschieben und der Wiedererrichtung des Deutschen Bundes ohnmächtig zuzusehen. Dies war nicht nur ein Abschied von den politischen Idealen des Vormärz, sondern auch vom Idealismus als philosophischem Modell.

Dieser Abschied vom «Idealismus» wird philosophiegeschichtlich meist mit dem Zerfall des Hegelianismus zusammengebracht. Zugleich steckte darin aber auch eine politische Entscheidung. Im Grunde begannen die Liberalen zu akzeptieren, was die Vertreter der Gegenrevolution immer behauptet hatten, nämlich daß Idealismus ohne reale Macht auf Sand gebaut sei und – eine verhängnisvolle These – daß Parlamente zu kraftvoller politischer Tat nicht fähig seien.

In der Arbeiterbewegung wurde dieses antiidealistische Credo in gleicher Weise akzeptiert: Hegel war vom Kopf auf die Füße gestellt worden, maßgebend waren die Produktivkräfte und das eherne Lohngesetz. Die Naturwissenschaften machten überwältigende Fortschritte, ja der «Fortschritt» überhaupt schien nur noch naturwissenschaftlich und materiell-sozial denkbar,[83] ebenso wie die Politik sich als konkretes zweckhaftes und auf Macht basierendes Handeln darstellte.

2. *«Realpolitik»*

Bezeichnend für diesen Wandel der Perspektive sind Ludwig August von Rochaus (1810–1873)[84] «Grundsätze der Realpolitik», deren erster Teil 1853 anonym erschien.[85] Schon der Titel signalisierte die Wendung vom vormärzlichen idealistischen Liberalismus hin zum Ziel der nationalen Einheit im Machtstaat, die am Ende der fünfziger Jahre nur noch durch Preußen erreichbar schien.[86] «Staatskunst», so Rochau im zweiten Teil seines Werkes, «ist ... wie schon ihr Name andeutet, nichts anderes, als die

[83] *N. Hammerstein,* Das Moderne in der deutschen Wissenschaft im 19. Jahrhundert. Zum Wandel einer Vorstellung, in: Annali/ Jahrbuch des italienisch-deutschen historischen Instituts in Trient, XVI (1990) 9–42 m. w. Nachw.

[84] 1810 in Wolfenbüttel geboren, studierte *A. L. v. Rochau* Jura, Geschichte und Staatswissenschaften in Göttingen. Als Burschenschaftler war er 1832 am Frankfurter Wachensturm beteiligt, wurde zu lebenslänglichem Zuchthaus verurteilt, entzog sich aber der Haft durch Flucht nach Frankreich. 1848 kehrte er zurück, 1850 wurde er wieder ausgewiesen. Von 1853 an lebte er als politischer Publizist in Heidelberg, vollzog stufenweise den Wandel der Nationalliberalen, für die er auch in den Reichstag gewählt wurde, in das preußische Lager. 1873 starb er in Heidelberg. Vgl. dazu *H. U. Wehler* (Anm. 85).

[85] *(L. A. v. Rochau),* Grundsätze der Realpolitik. Angewendet auf die staatlichen Zustände Deutschlands, 1. Teil, Stuttgart 1853, 2. Teil 1869, hrsgg. u. eingeleitet von *H. U. Wehler,* 1972.

[86] *K. G. Faber,* Realpolitik als Ideologie. Die Bedeutung des Jahres 1866 für das politische Denken in Deutschland, HZ 203 (1966) 1–45.

Kunst des Erfolgs, angewendet auf bestimmte staatliche Zwecke.»[87] Der Staat rückt ins Zentrum, er war nun kraft Naturgesetzes Machtstaat, und er ging «dem Rechte voraus». Zwar sollte er als «Rechtsstaat» in eine gewisse, den Bürgerrechten zuträgliche Form gebracht sein, aber Kern seiner Vitalität war weder der vereinigte politische Wille der Staatsbürger noch die Rechtsordnung, sondern «Macht». ROCHAU spielt deshalb auch die wahre Staatspolitik gegen die demagogische, träumerische und idealistische «Volkspolitik» aus. Seine energische Zerstörung der Illusionen – einschließlich seiner eigenen aus der Zeit des Vormärz[88] – mußte im Grunde auf eine borussistische Position zulaufen, auf denjenigen Staat also, der sich zur deutschen Führungsmacht entwickelte und ökonomische und militärische Macht akkumulierte. Daß dem altliberalen, antisozialistischen und antikatholischen ROCHAU, der den frühen BISMARCK noch als Reaktionär ablehnte, dieser Übergang nur allmählich gelang, spricht für seine intellektuelle Redlichkeit. Er war auf diese Weise Repräsentant einer Generation geworden, die im Vormärz die Revolution herbeizuputschen versuchte, die das Scheitern von 1849 in ihrer Lebensmitte traf und die dann nach dem dänischen und dem preußisch-österreichischen Krieg zu BISMARCK überging, um endlich den erträumten in einen «realen» Nationalstaat zu verwandeln. Dies, so meinte er, habe man nun gelernt: «Die Realpolitik bewegt sich nicht in einer nebelhaften Zukunft, sondern in dem Gesichtskreis der Gegenwart, sie findet ihre Aufgabe nicht in der Verwirklichung von Idealen, sondern in der Erreichung konkreter Zwecke.»[89]

3. Die Wendung zum Positivismus

Die Wissenschaft des öffentlichen Rechts wurde, nachdem das «tolle Jahr» vorbei war, auf sich selbst zurückgeworfen. Die von GEORG FRIEDRICH PUCHTA (1798–1846)[90] im allgemeinen Zivilrecht, von CARL FRIEDRICH VON GERBER (1823–1891) im «deutschen Privatrecht» proklamierte Epoche der «Wissenschaftlichkeit»,[91] in der sich vernunftrechtlicher System- und ein idealistischer Begriffsglaube sowie die zeittypische Zuwendung zum «Realen» verbanden,[92] erfaßte nun auch das öffentliche Recht. Wenn es gelingen sollte, parallel zur Pandektenwissenschaft eine von aller Politik befreite «Genealogie der Begriffe» zu entwickeln, innerhalb derer alles seinen systematisch richtigen Ort, seine Logik und seine immanente Wahrheit finden könnte, dann wäre die Wissenschaft des öffentlichen Rechts endlich etabliert und der größeren zivilrechtlichen Schwester ebenbürtig geworden. Der Wunsch, das unselige politische Scheitern zu vergessen, und das Gefühl, einen «Wendepunkt der Rechtswissenschaft»[93] mitzuerleben, ergänzte sich hier mit der generellen Absicht, den Wissenschaftscharakter der

[87] *Rochau* (Anm. 85) II, 255.

[88] Vgl. hierzu Teil II, Kap. IV «Der politische Idealismus und die Wirklichkeit» sowie *H. Baumgarten,* Der deutsche Liberalismus. Eine Selbstkritik, Berlin 1866 (Nachdr. 1974).

[89] *Rochau* (Anm. 85) II, 1868, Vorwort.

[90] *Landsberg* III/2, 439–461; *W. Wilhelm,* Zur juristischen Methodenlehre im 19. Jahrhundert, 1958, 70–87; *A. Hollerbach,* Der Rechtsgedanke bei Schelling, 1957, 323 ff.; *Wieacker,* 399 ff.; *J. Bohnert,* Über die Rechtslehre Georg Friedrich Puchtas (1798–1846), 1975; *ders.* Beiträge zu einer Biographie Georg Friedrich Puchtas, ZRG GA 96 (1979) 229.

[91] *W. Wilhelm,* Zur juristischen Methodenlehre im 19. Jahrhundert. Die Herkunft der Methode Paul Labands aus der Privatrechtswissenschaft, 1958, 70 ff., 88 ff.

[92] *K. Larenz,* Methodenlehre der Rechtswissenschaft, 4. erg. Aufl. 1979, 20–26 mit dem wichtigen Hinweis auf Unterschiede zu *Hegel* und die Verwurzelung der Methode *Puchtas* im Rationalismus des 18. Jahrhundert.

[93] *J. E. Kuntze,* Der Wendepunkt der Rechts-

eigenen Disziplin durch die Distanzierung von Tagesereignissen nachzuweisen. So war das Staatsrecht doppelt motiviert, die Politik abzuschütteln, als lästige Erinnerung im Katzenjammer der gescheiterten Revolution und als Hindernis auf dem Weg zur öffentlich-rechtlichen «Konstruktionsjurisprudenz».

Diese sich nun anbahnende, methodisch höchst folgenreiche Wendung zum rechtswissenschaftlichen Positivismus erschien der zeitgenössischen Perspektive der einzig richtige Weg zu sein. Von der Französischen Revolution bis 1848/49 hatten Konservative aller Schattierungen auf die Kausalität zwischen philosophischer «Spekulation» und Revolution hingewiesen und das historisch Gewachsene als unverrückbare Basis empfohlen. Die Feindlichkeit des späteren Gesetzespositivismus gegenüber der Rechtsphilosophie war nicht nur Ausdruck eines bestimmten Wissenschaftsverständnisses, sondern auch politische Abwehr gegenüber abstrakt begründeten menschenrechtlichen und republikanischen Forderungen. 1849 war nun auch die staatstheoretische Inspiration der Revolution zusammengebrochen. Jede die Konstruktion aus dem positivrechtlichen Stoff übersteigende Argumentation sah sich dem Verdacht ausgesetzt, unwissenschaftlich zu sein und verdächtige politische Inhalte zu transportieren. War schon die gesamte Rechtswissenschaft auf die Formalisierung und Dogmatisierung im Sinne PUCHTAS zugestrebt,[94] so erhielt diese Richtung durch das Erlebnis der Jahre 1848/49 noch einen weiteren kräftigen Schub. Wer sich innerhalb der methodischen Verbotstafeln mit der Dogmatik des geltenden Rechts beschäftigte, konnte sich politisch und wissenschaftlich sicher fühlen. Die Entpolitisierung der Rechtswissenschaft festigte das Recht gegen revolutionäre Eingriffe von unten und gegen autokratische Eingriffe von oben; es war implizit eine Position der bürgerlichen Mitte.

Die Revolution von 1848/49 markiert also nicht den Beginn des rechtswissenschaftlichen Positivismus im 19. Jahrhundert, wohl aber bildet sie eine wesentliche Verstärkung einer längerfristigen Entwicklung. Politische Enttäuschung samt der Hinwendung zu «Realpolitik» und positivem Recht, Verwissenschaftlichung der Jurisprudenz durch Propagierung rechtswissenschaftlicher «Methodenreinheit», Nachholbedarf des öffentlichen Rechts gegenüber dem fortgeschritteneren Zivilrecht – diese Antriebskräfte fügten sich nun zusammen und führten zwischen 1850 und 1866 zu einer Spaltung des öffentlichen Rechts. Die einen verharrten bei der bisherigen Methode eklektischer Argumentation aus der Geschichte, der Allgemeinen Staatslehre und dem Staatsrecht, mußten aber dabei den sinkenden Kurswert des publizistisch-politischen Räsonnements verarbeiten. Die anderen setzten sich mit dem Anspruch von Neuerern davon ab, versprachen Befreiung von Politik, Historie und Ökonomie, strenge Reduktion auf das rechtliche Element und damit einen höheren Grad an Realitätsnähe, Durchsetzungsfähigkeit und vor allem Rechtssicherheit.

«Rechtssicherheit» durch eine schärfer konturierte, rein juristische Dogmatik und durch genaue Trennung von parlamentarischem Gesetz, exekutivischer Verordnung, autonomer Satzung und Einzelentscheidung der Verwaltung war das konkrete Ziel. Es war das nun besonders wichtig gewordene Teilelement der älteren Forderung nach «Rechtsstaat». Das Bürgertum, dem die politische Gestaltung des Nationalstaats verwehrt worden war und das sich wieder energisch der Vereinheitlichung der wirtschaft-

wissenschaft, ein Beitrag zur Orientierung über den gegenwärtigen Stand und Zielpunkt derselben, Leipzig 1856. Zu ihm vgl. *A. Teichmann*, ADB 51 (1906) 441–445; *Landsberg* III/2, 745f., 839–842, Noten 351.

[94] *Wieacker*, 401.

lich relevanten Materien zuwandte,[95] erblickte jetzt in den formalen Garantien des Rechtsstaats den eigentlichen Wert. Nachdem von den «Märzforderungen» des Jahres 1848 zwar einige erfüllt worden waren, die meisten sich aber als derzeit unerfüllbar erwiesen hatten, blieb das Verlangen nach «Rechtsstaat» als politisch unverdächtig und zugleich ökonomisch nützlich übrig. Auf dieser Ebene konnten sich Liberale und Konservative treffen. Leitcharakter erhielt die Formulierung von Friedrich Julius Stahl: «Der Staat soll Rechtsstaat sein, das ist die Loosung und ist auch in Wahrheit der Entwickelungstrieb der neuern Zeit. Er soll die Bahnen und Grenzen seiner Wirksamkeit wie die freie Sphäre seiner Bürger in der Weise des Rechts genau bestimmen und unverbrüchlich sichern und soll die sittlichen Ideen von Staatswegen, also direct, nicht weiter verwirklichen (erzwingen), als es der Rechtssphäre angehört. Dies ist der Begriff des ‹Rechtsstaats› ...»[96] Stahl hat auf diese Weise das im Kontext liberaler Forderungen angesiedelte Wort auf konservativer Seite akzeptabel gemacht und ist allenfalls insofern «einer der Begründer der Lehre vom modernen Rechtsstaat».[97] Das von allen Inhalten gereinigte formale Rechtsstaatskonzept konnte, wie später Gneist sagte, von jedem Gegner Stahls unterschrieben werden. Im Verlaufe des Vormärz und vor allem durch die Revolution von 1848/49 hatten Liberale und Konservative Abstriche von ihren ursprünglichen Kampfpositionen nach 1815 gemacht. Der Liberalismus lockerte die Verbindung von materialer Rechtsstaatsidee und politischer Mitbestimmung und gab sie nach 1849 weitgehend preis. Rechtsstaat war nun kein Synonym mehr für politische Freiheitsrechte, aktive Bürgerbeteiligung und materielle Gleichheit, sondern verengte sich auf die formal genaue Bestimmung und Sicherung der bürgerlichen Freiheitssphäre: «Mit dem Charakter des Rechtsstaates ist überhaupt nur die Unverbrüchlichkeit der gesetzlichen Ordnung gegeben, nicht aber ihr Inhalt.»[98] Der in dieser Weise entpolitisierte formale Rechtsstaatsbegriff ist sozusagen das liberale Restprogramm nach 1848.

Der Konservativismus lernte aus der Revolution seinerseits, daß gewisse Abstriche am «monarchischen Prinzip» und Anpassungen an den «Zeitgeist» notwendig geworden waren. Im übrigen war man sich darüber klar, daß Sicherheit und Einheitlichkeit der Rechtsgrundlagen sowie prompter und lückenloser Rechtsschutz stabilisierend wirkten und deshalb auch ökonomisch vorteilhaft waren.

4. *Entwicklungsperspektiven*

In der Entwicklung des öffentlichen Rechts in den Jahren nach 1850 stand allerdings zunächst nicht die langsame Durchsetzung eines neuen Methodenideals im Vordergrund des Interesses, sondern die Reaktion auf die neue staatsrechtliche Lage. Der Deutsche Bund war am 10. Mai 1850 wiederhergestellt worden. Die Kommentierung seiner Verfassung, die im Kern diejenige des Wiener Kongresses und der Wiener Schlußakte geblieben war, bot keine neuen Ansatzpunkte. Wenn Mohl, der damals

[95] *S. Buchholz,* Rechtsvereinheitlichung in der zweiten Hälfte des 19. Jahrhunderts, in: Rabels Zeitschrift 50 (1986) 77–110.

[96] *F. J. Stahl,* Die Staatslehre und die Principien des Staatsrechts, 3. Aufl. 1856, 1. Abschn. 1. Cap. Das Wesen des Staates.

[97] *Ch. F. Menger,* Deutsche Verfassungsgeschichte der Neuzeit, 7. Aufl. 1990, RdNr. 223.

[98] *F. J. Stahl,* Der Christliche Staat und sein Verhältnis zu Deismus und Judenthum, Berlin 1847, 62.

immerhin Bundestagsgesandter war, fragte, ob es denn nicht zu beklagen sei, daß so viel Wissen und Scharfsinn «für einen an sich so unbefriedigenden Gegenstand verschwendet werden mußten? An die Satzungen eines Bundes, über dessen gefährliche und schmähliche Unzureichenheit nur eine Stimme ist von dem höchsten Throne an bis zur Arbeitsstube, an ein nur mit Fictionen und Noth aus dem Chaos zu gewinnendes Scheinbild gemeinsamen und wenigstens als Lückenbüßer zu verwendenden Rechts?»,[99] so dachte er vor allem an die oben erwähnten Werke von HEINRICH ZÖPFL und HEINRICH ALBERT ZACHARIÄ, die nun den Deutschen Bund bis an sein Ende von 1866 literarisch begleiteten.[100]

Dennoch gibt es nach 1850 eine Spätblüte des allgemeinen deutschen Staatsrechts, die sich als dritte Phase an die beiden vorhergehenden um 1820 und um 1840 anschließt. Nachdem die staatliche Einheit nicht erreicht wurde, verlagerte sich der keineswegs erloschene Nationalstaatsgedanke wieder auf den Gedanken, das «gemeine deutsche Staatsrecht» müsse als die geistige Klammer der Nation gepflegt werden. Aber die Perspektive hatte sich nach den Erfahrungen von 1848/49 doch gewandelt. Die Werke von JOSEPH VON HELD,[101] GROTEFEND,[102] MEJER,[103] KALTENBORN,[104] SCHULZE[105] und GERBER[106] bildeten, zusammen mit den neuen Auflagen von ZÖPFL und ZACHARIÄ, eine eigene Gruppe, in der einerseits die Traditionslinie seit KLÜBER fortgeführt wird, in der sich andererseits aber gerade die methodische Wendung zum staatsrechtlichen Positivismus vollzieht.

Eine vergleichbar intensive Bearbeitung des einzelstaatlichen Staats- und Verwaltungsrechts hat es dagegen nach 1850 nicht gegeben. Obwohl man annehmen möchte, die literarische Behandlung der in der Märzrevolution veränderten und nun teilweise wieder rückverwandelten einzelstaatlichen Verfassungslage hätte lohnend erscheinen müssen, speziell in den neuen konstitutionellen Staaten Preußen und Österreich, so klafft doch nach 1850 eine deutliche Lücke. Der in den dreißiger und vierziger Jahren fließende Strom von Darstellungen des Staats- und Verwaltungsrechts der Länder ist – nach Urteil MOHLS – «längst in's Stocken gekommen. Es ist seit vielen Jahren nirgends in Deutschland mehr ein Werk über Landesstaatsrecht erschienen.»[107]

Erst in den siebziger und achtziger Jahren beginnt dieser Strom wieder zu fließen. Die entsprechenden Werke[108] bewegten sich dann aber auf der Linie unpolitischer Präsentation des geltenden Rechts. Ihre Orientierung an der Praxis überwog deutlich die wissenschaftlichen Ansprüche, und die Ausblendung der Politik war einhellig akzep-

[99] *R. v. Mohl*, Bemerkungen über die neuesten Bearbeitungen des allgemeinen deutschen Staatsrechts, in: Zeitschr. f. Deutsches Staatsrecht und Deutsche Verfassungsgeschichte, hrsgg. v. *L. K. Aegidi*, 1 (1867) 354–384 (383). Hierzu auch *R. Smend*, Deutsche Staatsrechtswissenschaft vor hundert Jahren – und heute, in: Festschr. A. Arndt, 1969, 452.

[100] Unten Kap. 8, Anm. 13ff.

[101] *J. v. Held*, System des Verfassungsrechts der monarchischen Staaten Deutschlands mit besonderer Rücksicht auf den Constitutionalismus, I, II, Würzburg 1856–57; *ders.* Grundzüge des Allgemeinen Staatsrechts oder Institutionen des öffentlichen Rechts, Leipzig 1868.

[102] *G. A. Grotefend*, System des öffentlichen Rechts der deutschen Staaten, Abt. 1, 2, Cassel 1860–65.

[103] *O. Mejer*, Einleitung in das deutsche Staatsrecht, Rostock 1861, 2. Aufl. Freiburg 1884 (Zweitdruck Freiburg 1889).

[104] *K. v. Kaltenborn*, Einleitung in das constitutionelle Verfassungsrecht, Leipzig 1863.

[105] *H. Schulze*, System des deutschen Staatsrechts, 1. Abt. auch unter dem Titel «Einleitung in das deutsche Staatsrecht», Leipzig 1865.

[106] *C. F. v. Gerber*, Grundzüge eines Systems des deutschen Staatsrechts, Leipzig 1865.

[107] *Mohl* (Anm. 99) 356.

[108] Unten Kap. 7, II.

tiert: «Was die Art der Behandlung des Stoffs betrifft», schrieb etwa Josef Pözl 1851, so habe er «nirgends aus dem Auge verloren, daß seine Aufgabe in der systematischen Darstellung des positiven Rechts bestehe; er hat daher Politik und politische Raisonnements weder überhaupt in die Darstellung aufgenommen, noch zur Entscheidungsquelle bei etwaigen Zweifelsfällen erhoben, sondern die Gründe für die Beantwortung streitiger Fragen dem bestehenden positiven Recht entnommen».[109]

Der Bedarf nach solchen Darstellungen war nach 1850 zwar unabweislich; denn überall war der positivrechtliche Verfassungszustand zu klären und das neue Verwaltungsrecht aufzuarbeiten. Aber es war – nach 1850 – «die rechte Liebe und Seele ... nicht mehr dabei; das Streben geht weiter und höher, mögen auch im Augenblicke die Hoffnungen auf eine baldige genügende Erreichung noch so klein sein. Von diesem Gefühle sind denn die jüngern und thätigen Staatsgelehrten auch erfüllt; sie mögen sich zu einer mühevollen Arbeit für doch nur untergeordnete Zwecke nicht entschließen.»[110]

[109] *J. Pözl*, Lehrbuch des bayerischen Verfassungsrechts, München 1851, Vorwort.

[110] *Mohl* (Anm. 99) 357.

Siebentes Kapitel

Staats- und Verwaltungsrecht der Einzelstaaten bis 1914

I. Die Ausgangslage nach 1850

Das deutsche Staats- und Verwaltungsrecht hat in den sechs Jahrzehnten zwischen 1850 und dem Ausbruch des Ersten Weltkrieges einen eigentümlichen, bis heute nachwirkenden Perspektivenwechsel vollzogen. Es ist die Epoche des Positivismus, der sich schrittweise vom Wissenschaftspositivismus zum Gesetzespositivismus wandelte und ab 1900 wieder von gegenläufigen Tendenzen durchkreuzt wurde. Die Entwicklung verlief allerdings im öffentlichen Recht anders als im Privatrecht, für das sich der Übergang vom Wissenschafts- zum Gesetzespositivismus in Form einer schrittweisen Ersetzung des wissenschaftlich aufbereiteten «gemeinen Rechts» durch Gesetzesrecht vollzog, am Ende vor allem durch das Bürgerliche Gesetzbuch.[1]

Im öffentlichen Recht ist die Lage insofern komplizierter, als die politischen Veränderungen der Verfassungs- und Verwaltungsstrukturen in der Regel der Wissenschaft voraneilten, wissenschaftliche Traditionen unterbrachen und zu jeweils neuen wissenschaftlichen Anstrengungen nötigten. Hier folgte der lückenfüllende, interpretierende und neue Lösungen vorbereitende Wissenschaftspositivismus dem Verfassungsgeber oder dem Gesetzgeber von Verwaltungsreformen in gehörigem Abstand. Im Verwaltungsrecht sammelte sich der positivrechtliche Rohstoff vor allem auf Landesebene an. Erst allmählich destillierte die Wissenschaft aus diesem Material die – länderübergreifend und quer durch die Verwaltungsaufgaben – auffindbaren gemeinsamen Grundfiguren, und erst sehr spät, letztlich erst mit den Verwaltungsverfahrensgesetzen von 1976[2] ist es dann wieder zu einer kodifikatorischen Festschreibung der Ergebnisse einer langen Wissenschafts- und Rechtsprechungsgeschichte gekommen.

So ist der Perspektivenwechsel vom Wissenschafts- zum Gesetzespositivismus im öffentlichen Recht vordergründig gerade umgekehrt verlaufen wie im Privatrecht. Doch hat andererseits die Wissenschaft des öffentlichen Rechts aufgrund ihrer engen Bindungen an das Privatrecht[3] jenen Prozeß von der allmählichen Verlagerung der Rechtsgestaltung und -fortbildung von der Wissenschaft auf den Gesetzgeber, speziell nach der Reichsgründung, genauso vollzogen wie die Privatrechtswissenschaft, ja sich aufgrund ihrer größeren «Staatsnähe» viel schneller und ohne gedankliche Hemmungen dem Gesetzgeber in die Arme geworfen.

Die damit verbundenen wissenschaftsgeschichtlichen Entwicklungen lassen sich auf zwei Ebenen beobachten, einmal auf derjenigen der Einzelstaaten durch das Medium

[1] *Wieacker*, 458 ff.

[2] Verwaltungsverfahrensgesetz (VwVfG) vom 25. Mai 1976, BGBl I, 1253 sowie entsprechende, nahezu gleichlautende Ländergesetze. Für Österreich siehe *W. Antoniolli*, Vom Beruf unserer Zeit zur Kodifikation eines allgemeinen Teils des Verwaltungsrechts, in: *F. Lehne–E. Loebenstein–B. Schimetschek* (Hg.), Die Entwicklung der österreichischen Verwaltungsgerichtsbarkeit. Festschrift zum 100jährigen Bestehen des österreichischen Verwaltungsgerichtshofes, 1976, 151 ff.

[3] *W. Wilhelm*, Zur juristischen Methodenlehre im 19. Jahrhundert. Die Herkunft der Methode Paul Labands aus der Privatrechtswissenschaft, 1958.

der Darstellungen des Landesstaats- und Landesverwaltungsrechts, dann aber auf derjenigen des «gemeinen deutschen Staatsrechts», das ab 1870 in Reichsstaatsrecht transformiert wurde und allmählich – mit der Ausbildung eines «Allgemeinen Teils» – ein Pendant auf der Seite des Verwaltungsrechts erhielt. Auch wenn es zwischen diesen beiden Ebenen zahlreiche Wechselwirkungen gibt, dürfte es sich doch empfehlen, sie in den folgenden Kapiteln getrennt zu behandeln.

Mit der Enttäuschung von 1849 begann die Suche nach neuen Fundamenten, teils im Rückgriff auf den wiedererstandenen und ungeliebten Deutschen Bund, die «Bundesmisere», wie es rückblickend hieß,[4] teils in erneuerter Ausarbeitung eines «gemeinen deutschen Staatsrechts», kaum hingegen in neuen Bearbeitungen der einzelnen Länderstaatsrechte. Der zentrale Vorgang ist die Herausbildung eines methodischen Leitbildes. Die Formierung einer «streng juristischen» Auffassung, die sich selbst als neu verstand und auch den Zeitgenossen diese Perspektive aufzwang, begann im Spannungsfeld zwischen Reaktion und Liberalismus (1850–1866), setzte sich stufenweise im Prozeß der Reichsgründung als herrschende durch und etablierte sich bis zur Jahrhundertwende. Divergierende und opponierende Richtungen wurden zunächst einmal an den Rand gedrängt, tauchten aber im letzten Jahrzehnt des 19. Jahrhunderts wieder auf und bildeten bis 1914 jedenfalls ein die scheinbare Einheitslandschaft des staatsrechtlichen Positivismus beunruhigendes Ferment. Diese Beunruhigungen kamen zum Teil aus dem internen Ungenügen am dogmatischen Staatsrecht, zum Teil aber und in wachsendem Maß aus parallel geführten Debatten um die Methodenlehre und die Stellung der Allgemeinen Staatslehre. Schon vor dem Einsturz der bürgerlichen Sekurität im «August 1914» begann also der Boden zu schwanken, und zwar auch in den Grundlagendisziplinen von Staat und Staatsrecht.

Angesichts der unmittelbaren Abhängigkeit aller staatstheoretischen Reflexion vom aktuell geltenden Staatsrecht und dem entsprechenden politischen Klima muß zunächst an die Ausgangslage nach 1849 erinnert werden. Was die Mehrzahl der besten Köpfe der Staatsrechtslehre erstrebt hatte, war nicht erreicht worden. Nun erlebte man die «Reaktion». Von einer völligen Wiederherstellung der Zustände vor 1848 konnte zwar keine Rede sein, aber die Regierungen versuchten doch aus den Erfahrungen in der Weise zu lernen, daß sie das verfassungsrechtlich überformte «monarchische Prinzip» zu stabilisieren suchten und Heer und Bürokratie wieder deutlich dem Monarchen zuordneten. Die aktuelle kurhessische Frage[5] zeigte einer vom Revolutionserlebnis traumatisierten Regierung, wie die «landesherrliche Autorität»[6] ins Wanken geriet, wenn etwa der Steuerverweigerung durch eine «pflichtvergessene Ständeversammlung»[7] und der «Renitenz» von Beamten- und Richterschaft samt Offizierscorps nicht Einhalt geboten wurde, wenn nötig, mit Gewalt.

In diesem Sinne forderte der Deutsche Bund die Regierungen auf, die «namentlich seit dem Jahre 1848 getroffenen staatlichen Einrichtungen und erlassenen gesetzlichen

[4] *H. Marquardsen,* Einleitung zu «Handbuch des Oeffentlichen Rechts», 1. Bd., 1. Halbbd., Freiburg und Tübingen 1883, V. – Zu *Heinrich (v.) Marquardsen* (1826–1897) vgl. *Drüll,* 172.

[5] *Huber* II (1960), 926ff.; III (2. Aufl. 1970) 217ff.

[6] Bundesbeschluß betr. die Zustände im Kurfürstentum Hessen v. 21. September 1850, bei *Huber* Dokumente 1 (3. Aufl. 1978) Nr. 253.

[7] (Kurhessische) Bekanntmachung die Erläuterung der Verordnung von 28. September 1850 betr., Kurhess. Gesetz- u. Verordnungs-Sammlung 1850, 55, bei *Huber,* Dokumente 1, Nr. 255.

Bestimmungen einer sorgfältigen Prüfung zu unterwerfen» und sie, soweit möglich, wieder auf den früheren Stand zu bringen. Der «Mißbrauch der Preßfreiheit» sollte verhindert, die Schuldigen, «welche atheistische, socialistische oder kommunistische, oder auf den Umsturz der Monarchie gerichtete Zwecke verfolgen», sollten bestraft werden.[8] Im Presse- und Vereinswesen zog der Bund selbst die Zügel an.[9]

Die einzelnen Staaten reagierten zwar nicht einheitlich, aber doch im Ganzen auf dieser Linie, jedenfalls im Jahrzehnt zwischen 1850 und 1860. Das wankende Kurhessen hielt sich mit Unterstützung des Bundes, die anderen Mittelstaaten änderten teils die Wahlgesetze, teils beeinflußten sie die Besetzung der Kammern.[10] Die öffentliche Meinung wurde «auf Kurs» gebracht, Beamten- und Richtertum, allgemeine Verwaltung und Schulwesen erlebten eine lange nachwirkende Phase der Disziplinierung. Dies gilt auch, wenngleich mit gewissen Abschwächungen, für die süddeutschen Verfassungsstaaten Bayern, Baden und Württemberg.[11] Überall wurden politisch Mißliebige versetzt oder entlassen, so etwa in Tübingen A. L. Reyscher und C. G. Wächter, im (damals noch dänisch regierten) Kiel gleich acht Professoren auf einmal (1852). Auch Thron und Altar rückten einander wieder so nahe, wie man es seit der Aufklärung nicht mehr für möglich gehalten hatte, speziell in Österreich und Bayern, provozierten damit allerdings auch entsprechende liberale Abwehrreaktionen, die bereits in Kulturkampfstimmung umzuschlagen begannen.[12]

Es war dies alles kein deutsches Spezialproblem. Die Revolution von 1848 hatte sich wie ein übernationaler Flächenbrand entwickelt. Entsprechend wurden in ganz Europa «die schon vorhandenen Garantien für die individuelle Freiheit und Rechtssicherheit wieder abgebaut, die Pressefreiheit beseitigt, die freien gesellschaftlichen Vereinigungen und Organisationen verboten, jede Kritik gewaltsam unterdrückt. Mit Todesurteilen und hohen Gefängnisstrafen suchte man in weiten Teilen Europas jede politische Bewegung zu ersticken. Ein Heer von politischen Flüchtlingen strömte in die Schweiz und nach England, zu den beiden letzten Inseln der Freiheit in Europa, oder schloß sich dem erneut anwachsenden Strom der Auswanderer nach Übersee, vor allem in die Vereinigten Staaten, an».[13]

[8] Bundesbeschluß über Maßregeln zur Wahrung der öffentlichen Sicherheit und Ordnung im Deutschen Bund vom 23. August 1851, bei *Huber*, Dokumente 2, Nr. 1.

[9] Bundes-Preßgesetz vom 6. Juli 1854; Bundesbeschluß über Maßregeln zur Aufrechterhaltung der gesetzlichen Ordnung und Ruhe im Deutschen Bunde, insbesondere das Vereinswesen betreffend vom 13. Juli 1854, *Huber* Dokumente 2, Nr. 4.

[10] Der Verfassungszustand in den Einzelstaaten bei *F. Stoerk*, Handbuch der deutschen Verfassungen, Leipzig 1884. Eine knappe Übersicht über die Verfassungsänderungen bei *A. Hänel*, Deutsches Staatsrecht, Leipzig 1892, 66–73.

[11] *M. Traub*, Beiträge zur württembergischen Geschichte in der «Reaktionszeit» (1849–59), 1937.

[12] *E. Weinzirl-Fischer*, Die österreichischen Konkordate von 1855 und 1933, Wien 1960; *L. Gall*, Die partei- und sozialgeschichtliche Problematik des badischen Kulturkampfs, in: ZGORh NF 74 (1965) 151 ff.; *P. Horwarth*, Der Kampf gegen die religiöse Tradition: Die Kulturkampfliteratur Österreichs 1780–1918, Bern 1978; *W. Becker*, Der Kulturkampf als europäisches und als deutsches Phänomen, in: Historisches Jahrbuch 101 (1981) 422 ff.

[13] *L. Gall*, Europa auf dem Weg in die Moderne 1850–1890, 1984, 32.

II. Die Entwicklung in den einzelnen Staaten

In der innenpolitischen Lage des ersten Jahrzehnts nach der Revolution, der sog. «Reaktionszeit», waren zunächst auf landesrechtlicher Ebene nur geringe Impulse zu neuen Aktivitäten bei der Durchdringung und Darstellung des Landesrechts zu erwarten. Die hierzu nötige Aufbruchstimmung und der literarische Optimismus, der wohl meist erst durch eine Beimengung von politischem Gestaltungswillen entsteht, war nicht vorhanden. Im Gegenteil: die Stimmung war gedrückt. Wo die liberalen Errungenschaften der Märzrevolution zurückgestutzt wurden, schien es sich zu empfehlen, entweder politische Äußerungen strikt zu vermeiden oder die Positionen *vor* 1848 zu unterstreichen und lediglich kleine positivrechtliche Nachträge zu machen. Im Verwaltungsrecht, in dem es ebenfalls ratsam war, die Kontinuität zum Vormärz zu bewahren, genügte vorerst das Gesetzblatt. Robert von Mohls verwunderte Feststellung von 1867, es sei «seit vielen Jahren nirgends in Deutschland mehr ein Werk über Landesstaatsrecht erschienen. Wie läßt sich dies erklären?»[14] zeugt vom Bedauern dessen, der die ganze Richtung in Gang gebracht hatte und nun ihren Stillstand beobachtete. Aber er sah selbst, daß auf diesem Feld eine gewisse Ruhephase unvermeidlich zu sein schien.[15]

Fragt man allerdings nicht nur nach geschlossenen Darstellungen des Staats- und Verwaltungsrechts in den deutschen Ländern, sondern nach den Aktivitäten auf diesen Gebieten insgesamt, dann zeigt sich, daß die verfassungsgeschichtliche Zäsur von 1848/50 die Kontinuität der Wissenschaftsgeschichte nicht nachhaltig unterbrochen hatten. Die langfristigen Tendenzen zum Rechtswissenschafts- und Gesetzespositivismus setzten sich im öffentlichen Recht ebenso fort wie die Abrundung eines verwaltungsrechtlichen Themenkatalogs, die sich allmählich zu der Überzeugung verdichtete, hier entstehe eine eigene, im Zeichen des «Rechtsstaates» relevante, ja ihn garantierende Wissenschaftsdisziplin.

Ein relativ sicheres Indiz für das steigende Interesse am länderspezifischen Staats- und Verwaltungsrecht bilden die *Zeitschriften.*[16] Sobald sie sich privatwirtschaftlich halten konnten, kann man auf einen entsprechenden Bedarf schließen und entsprechend viele Autoren und Leser voraussetzen.[17] Typischerweise beteiligten sich an diesen Zeitschriften des öffentlichen Rechts zunächst vor allem die Praktiker, also Verwaltungsbeamte und Richter. Sie spürten eher als die Hochschullehrer den Bedarf an der Vermittlung von Informationen sowie an öffentlicher Auseinandersetzung über die in

[14] *R. v. Mohl,* Bemerkungen über die neuesten Bearbeitungen des allgemeinen deutschen Staatsrechts, in: Aegidis Zeitschrift 1, 1867, 354–384 (365).

[15] Siehe dazu auch *Marquardsen* (Anm. 4), V: «Das deutsche Landesstaatsrecht ... hat in neuerer Zeit ... so gut wie brach gelegen. Für eine Reihe von deutschen Staaten hat es bisher überhaupt keine wissenschaftliche Bearbeitung ihres Staatsrechts gegeben und im Allgemeinen gehört das in der Litteratur dieser Art Vorhandene einer Zeit an, deren öffentliche Rechtszustände in der Folge der nationalen Umgestaltung und der inneren Reformarbeit für die Gegenwart kein Interesse mehr bieten und Geschichte – oder vergessen worden sind.»

[16] *M. Stolleis–I. Schmitt,* Zur Entstehung der Zeitschriften des öffentlichen Rechts seit 1848, in: Quaderni Fiorentini 13 (1984) 747–761; *E. V. Heyen,* Verwaltungsrechtswissenschaft in den Fachzeitschriften des Deutschen Reichs, in: *ders.* Profile der deutschen und französischen Verwaltungsrechtswissenschaft 1880–1914, 1989, 55ff.

[17] *P. Grossi* (Hg.), La «Cultura» delle Riviste Giuridiche Italiane, Milano 1984; *A. J. Arnaud* (Hg.), La Culture des Revues juridiques françaises, Milano 1988.

allen Einzelstaaten vollzogenen konstitutionellen und administrativen Reformen. In den vor 1870 erscheinenden Zeitschriften des öffentlichen Rechts dominierten die Praktiker eindeutig.

Bezeichnenderweise entstanden solche Zeitschriften vor allem in den Verfassungsstaaten, also in Bayern, Württemberg und Baden sowie in Sachsen, nachdem letzteres 1831 konstitutioneller Staat geworden war und 1835 auch Justiz und Verwaltung in den höheren Instanzen getrennt hatte. Die Verfassungsstaaten waren tendenziell «Rechtsstaaten» und brauchten die öffentliche Diskussion von Rechtsfragen, die Veröffentlichung der Gerichtsentscheidungen und derjenigen Verwaltungsentscheidungen, die den Bürger betrafen, nicht zu scheuen. Die Gesamtmasse des Rechtsstoffes wuchs damit schnell an und suchte sich geeignete Organe, die zunächst durchweg der Information der Behörden und als deren internes Diskussionsforum, weniger dem Gespräch mit der Wissenschaft dienten.

1. Bayern

Eine der ersten Zeitschriften dieser Art waren die «Blätter für administrative Praxis zunächst in Bayern. Mit Einschluß der gesammten Policei- und Finanzverwaltung» (1851–1862).[18] Ihr Gründer war der liberale Jurist, Redakteur und Politiker Karl Brater (1819–1869),[19] der 1859 auch die «Süddeutsche Zeitung» gründete, sich im Nationalverein engagierte und außerhalb seiner politischen Publizistik vor allem für das Verwaltungsrecht eintrat. Was ihm mit der Neugründung der Blätter für administrative Praxis vorschwebte, sagt der Einleitungsaufsatz mit Worten, aus denen ein fast unbegrenzter Optimismus in die Regulierungskraft wissenschaftlich angeleiteter Rechtsdogmatik spricht: «Die wissenschaftliche Behandlung schließt jede Willkür aus; sie entwickelt aus positiven Bestimmungen und allgemeinen Grundsätzen die Geltung der einzelnen Rechtsquellen und ermittelt, den Regeln der Auslegung gewissenhaft folgend, den Sinn der gesetzlichen Vorschriften. Keine äußere Rücksicht kann auf ihre Resultate verändernd einwirken; sie zeichnet den Behörden eine unwandelbare Norm vor, fordert für jeden gleichen Fall, so lange das Gesetz und die wissenschaftliche Ueberzeugung sich gleich bleiben, auch stets die gleiche Entscheidung».[20] Das war nun das Credo des Liberalismus auf diesem Feld: Verwissenschaftlichung der Verwaltungspraxis, Anleitung zu rechtmäßigem, gleichmäßigem Handeln und Herausbildung allgemeiner Prinzipien des Verwaltungsrechts.[21]

[18] Der Untertitel entfiel im 2. Jahrgang. 1863–95 unter dem Titel «Blätter für administrative Praxis und Polizeigerichtspflege zunächst in Bayern» (Hrsg. *A. Luthardt*); 1895–1922 unter dem Titel «Blätter für administrative Praxis», ab 1896 hrsgg. von *M. v. Seydel* und *K. v. Krazeisen*, ab 1902–1922 von *K. v. Krazeisen*. – Daneben existierte noch die Zeitschrift für Rechtspflege in Bayern, Hrsg. *Th. v. d. Pfordten* (München 1905–1934), ab 1914 vereinigt mit *J. A. Seufferts* Blätter für Rechtsanwendung.

[19] *A. Luthardt*, in: Blätter f. administrative Praxis 19 (1869), 362–380; *F. Frensdorff*, ADB 3 (1876) 261–263; *Landsberg* III/2, Noten 242f.: *R. Piloty*, Ein Jahrhundert bayerischer Staatsrechts-Literatur. Historisch-kritischer Beitrag zu einer Geschichte der Staatsrechts-Literatur, in: Festgabe für P. Laband, Tübingen 1908, 204–282 (271ff.).

[20] *(an.)*, Ueber die Unwissenschaftlichkeit der Verwaltungspraxis, in: Blätter für administrative Praxis 1 (1851) 1–5. Zu dieser Absicht auch *R. Piloty* (Anm. 19), 271f., 275.

[21] Daß der Einleitungsaufsatz von *Karl Brater* stammt, wird als sicher angenommen auch von *E. V. Heyen*, Profile der deutschen und französischen Verwaltungsrechtswissenschaft 1880–1914, 1989, 67.

In diesem Ideenkreis entfaltete sich nun eine reiche öffentlichrechtliche Literatur. 1852 publizierte Brater eine kommentierte Ausgabe der «Verfassungsurkunde des Königreichs Bayern», die bis 1872 vier Auflagen erlebte. Von ihm angeregt erschienen, verlegerisch betreut von seinem Freund Ernst Rohmer (1818–1897), dem Bruder des kuriosen Philosophen Friedrich Rohmer,[22] zahlreiche Textausgaben zum bayerischen Landesverwaltungsrecht, zum Strafgesetzbuch, Polizeistrafgesetzbuch (1871) und zur Gerichtsverfassung (1861).[23] Der Würzburger Öffentlichrechtler Karl Edel (1806–1890), der sonst nur geringe Spuren hinterlassen hat, war hier als Kommentator tätig.[24] Von 1857 an gaben Johann Kaspar Bluntschli (1808–1881) und Karl Brater das elfbändige «Deutsche Staatswörterbuch» heraus.[25] Die ab 1853 in München als Fakultätszeitschrift von Karl Ludwig Arndts (1803–1878)[26] und den Öffentlichrechtlern Pözl und Bluntschli gegründete «Kritische Überschau der deutschen Gesetzgebung und Rechtswissenschaft» wurde 1859 mit der Heidelberger «Kritische Zeitschrift für die gesamte Rechtswissenschaft» als «Kritische Vierteljahrsschrift für Gesetzgebung und Rechtswissenschaft»[27] zusammengelegt.

Diese publizistische Landschaft setzte einen entsprechenden Bedarf voraus, aber sie schuf ihn auch gleichzeitig. Brater, Edel, Pözl, Rohmer und Bluntschli waren politisch aktive Liberal-Konservative, Arndts war Mitglied der Paulskirche gewesen. Was sie verband, war die Absicht der liberalen Mitte, politisch wieder Tritt zu fassen, eine allzustarke Klerikalisierung des öffentlichen Lebens abzuwehren sowie den Rechtsstaat auf die Ebene des Verwaltungsrechts herunterzuholen und praktisch werden zu lassen. Auch die Herausgabe des kommentierten Verfassungstextes und des «Staatswörterbuchs» war von dieser pädagogischen Absicht getragen.

Blickt man außerhalb des Zeitschriftenwesens auf die Lehrbücher, so wird das Jahrzehnt nach 1850 zunächst von Josef (v.) Pözl (1814–1881)[28] beherrscht. Er hatte 1847 einen das Staats- und Verwaltungsrecht umfassenden Grundriß «Bayerisches Staats-Verfassungsrecht» veröffentlicht, dann aber die Teile erweitert und getrennt. 1851 erschien die erste Auflage seines Lehrbuchs des bayerischen Verfassungsrechts,[29] 1856

[22] Siehe unten Kap. 10, Anm. 43.

[23] *H. D. Beck,* Der juristische Verlag seit 1763, in: Juristen im Porträt. Verlag und Autoren in 4 Jahrzehnten. Festschrift zum 225jährigen Jubiläum des Verlages C. H. Beck, 1988, 20f.

[24] *Carl Edel,* geb. in Aschaffenburg, Studium in Würzburg und Heidelberg, war 1834–1840 als Richter tätig und wurde dann an die Universität Würzburg berufen. Dort war er neunmal Dekan der juristischen, elfmal Dekan der staatswirtschaftlichen Fakultät sowie achtmal Rektor, außerdem Vertreter der Universität Würzburg in der bayerischen Ständeversammlung und Mitglied der Frankfurter Nationalversammlung. Frdl. Mitt. d. Universitätsarchivs Würzburg.

[25] Deutsches Staats-Wörterbuch. In Verbindung mit deutschen Gelehrten hg. von *J. K. Bluntschli* und *K. Brater,* 11 Bände, Stuttgart 1856–1868, 12. Bd. Leipzig 1870. Hierzu *M. H. Fassbender-Ilge,* Liberalismus – Wissenschaft – Realpolitik. Untersuchung des «Deutschen Staats-Wörterbuchs» von Johann Caspar Bluntschli und Karl Brater als Beitrag zur Liberalismusgeschichte zwischen 48er Revolution und Reichsgründung, 1981; zur Gattung vgl. *K. v. Beyme,* Staatslexika, in: Jahrbuch zur Staats- und Verwaltungswissenschaft 3 (1989) 443–451.

[26] *Landsberg* III/2, 493–495, Noten 221f. m. w. Nachw.

[27] Bd. 1–19 (1859–1877); NF 1 (= 20) 1878–17 (= 36) 1894.

[28] Geb. 1814, Studium in München (1836–40), Promotion 1842, 1843 nach Würzburg berufen, 1845 ao. Prof. in Würzburg, 1847 Berufung nach München, 1848 Mitglied der Frankfurter Nationalversammlung, Mitglied des bayerischen Landtags 1858–1869, ab 1872 in der Kammer der Reichsräte, gest. 1881. Vgl. *Landsberg* III/2, Noten 288; *Eisenhart,* ADB 26 (1888) 495–497; *Piloty* (Anm. 19), 255–262.

[29] *J. v. Pözl,* Bayerisches Staats-Verfassungsrecht, Würzburg 1847; *ders.* Lehrbuch des bayerischen Verfassungsrechts, München 1851 (2. Aufl. 1854, 3. Aufl. 1860, 4. Aufl. 1869, 5. Aufl. 1877).

das entsprechende Lehrbuch des bayerischen Verwaltungsrechts.[30] PÖZL kam 1847 von Würzburg nach München als Lehrstuhlnachfolger des wegen der Lola Montez-Affaire nach Innsbruck gegangenen FREIHERRN VON MOY.

PÖZL war nach dem Urteil PILOTYS «ein scharfsinniger Kopf, ein geborener Jurist, geschäftsklug, dem Positiven zugewendet, nüchtern, kritisch, kalt und gänzlich schwunglos».[31] Ähnlich hat MOHL gesagt, er sei «ein durchaus ehrlicher Darleger der in den Gesetzen, wie sie nun einmal sind, liegenden Grundsätze».[32] Diese Charakteristik trifft insofern zu, als sich PÖZL tatsächlich ganz darauf konzentrierte, das ihm vorliegende Landesrecht zu ordnen und auf einer mittleren Abstraktionsstufe so zu durchdringen, daß er sich über die additive Weise einer «Gesetzeskunde» ebenso erhob, wie er «spekulative», historische und politische Aussagen vermied. Eine Transzendierung der normativen Ebene war hier – anders als bei den Autoren des «allgemeinen deutschen Staatsrechts» – entbehrlich; für PÖZL war der Landesgesetzgeber oberste Instanz. Das führte ihn konsequenterweise zum Verwaltungsrecht, das er institutionell (Ministerien, Behörden) und inhaltlich getrennt darstellte. Dabei ist von Interesse, daß er, insoweit ganz modern, das Kommunalrecht als Unterabschnitt der zum Staat gehörenden juristischen Personen dem Verfassungsrecht zuordnete. Das Verwaltungsrecht im übrigen gliederte sich inhaltlich nach dem von MOHL und vielen anderen verwendeten Ressortprinzip (Justiz, Polizei, Staatspflege, Finanz- und Militärverwaltung). Von der Herausbildung eines Allgemeinen Teils ist noch nichts zu spüren.

Seit den sechziger Jahren begann Bayern zahlreiche Gebiete der Verwaltung neu zu regeln,[33] und zwar «das Kommunalrecht (Gemeindeordnungen 1869), das Gewerbewesen (Gewerbeordnung 1869), das Fürsorgerecht (Heimat-, Verehelichungs-, Aufenthalts- und Armenpflegegesetz 1868), das gerichtliche Verfassungsrecht (Zivilprozeßordnung 1869) und die Neuorganisation der Gendarmerie (1868)».[34] Der Rechtsstoff der Verwaltung vermehrte sich vor allem ab 1866, entsprechend wuchs auch das Beamtentum.[35] Als dann der Anschluß an das Reich mit der Erklärung des Königs am 30. Januar 1871 vollzogen war, änderte sich durch die Ausdehnung der Gesetzgebung des Norddeutschen Bundes sowie durch die neue Reichsgesetzgebung das Landesrecht derart, daß eine umfassende Bestandsaufnahme und Systematisierung immer dringender wurde. 1878 wurde die seit 1865 diskutierte Verwaltungsgerichtsbarkeit mit einer gerichtlichen Instanz, dem Verwaltungsgerichtshof, eingeführt,[36] auch dies ein Grund für die Vermehrung des positivrechtlichen Materials.

Die Aufgabe einer solchen systematisierten Darstellung hat der Nachfolger PÖZLS auf dem Münchner Lehrstuhl, MAX VON SEYDEL (1846–1901),[37] gelöst, und zwar durch eine Darstellung des bayerischen Staatsrechts, die alles bis dahin Geleistete über-

[30] *J. v. Pözl*, Lehrbuch des bayerischen Verwaltungsrechts, München 1856 (2. Aufl. 1858, 3. Aufl. 1870, Supplement 1874).

[31] *Piloty* (Anm. 19), 255.

[32] *Mohl* II, 361.

[33] Nachweise bei *Huber* IV (1969), 385ff.

[34] *W. Volkert*, Bayern, in: DVG III, 716.

[35] *Volkert* (Anm. 34), 720–733 m. allen weiteren Nachw.

[36] Ges. v. 8. 8. 1878, GVBl 369. Vgl. dazu *G. Kahr*, Das bayerische Gesetz über die Errichtung eines Verwaltungsgerichtshofes und das Verfahren in Verwaltungsrechtssachen vom 8. August 1878, Nördlingen 1879. Einzelheiten bei *Rüfner*, DVG III, 918–920.

[37] Umfassend *H. Rehm*, Max von Seydel. Ein Lebensbild, in: AöR 16 (1901) 359–402; *R. Piloty*, Max von Seydel. Ein Nachruf, in: Blätter für administrative Praxis 51 (1901) 225–247 (m. Bibliographie von *K. v. Krazeisen*).

ragte;[38] das sei, sagte PILOTY, «allgemein anerkannt»,[39] und er würdigte SEYDEL als hervorragenden Kenner des positiven Rechts, dem es gelungen sei, den spröden Stoff unter begleitender Reflexion seiner historischen und politischen Komponente fließend darzustellen. Dieses Werk als das landesrechtliche Pendant zu PAUL LABANDS Reichsstaatsrecht zu bezeichnen, wie es PILOTY in der Festgabe für LABAND liebenswürdigerweise tat, trifft allerdings den methodischen Punkt nicht ganz; denn trotz grundsätzlicher Übereinstimmung in Fragen der rechtswissenschaftlichen Konstruktion und Begriffsbildung ist bei SEYDEL der direkte Kontakt zu den historischen und politischen Grundlagen des Staatsrechts nicht unterbrochen, das nichtjuristische Material ist präsent, und es wird ständig reflektiert. SEYDELS «Allgemeine Staatslehre» von 1873,[40] ein Jugendwerk, das er im «Bayerischen Staatsrecht» (1884–1893) ausdrücklich voraussetzte, beweist es ebenso wie jedes Unterkapitel des in acht Bücher gegliederten Staatsrechts.[41] Trotz seiner Detailfülle ist das siebenbändige Werk transparent und konsequent durchgeführt. Es vereint Staats- und Verwaltungsrecht eines Landes am Ende des Jahrhunderts noch einmal ähnlich souverän, wie dies ROBERT VON MOHL mit seinem württembergischen Staatsrecht von 1829/31 getan hatte. Auch insoweit ist SEYDEL also ein eigenwilliger Kopf, als er sich der im übrigen längst herrschend gewordenen Tendenz der Separierung von Staats- und Verwaltungsrecht entgegenstellte.

Ganz Begriffsjurist im Glauben an den zwingenden Charakter von «Begriffen» ist SEYDEL bei der Frage nach der Teilbarkeit der Souveränität; er verneint diese Frage, lehnt also die Figur des «Bundesstaates» ab, und zwar wohl nicht aus bayerischem Partikularismus, sondern aus der Überzeugung von der im «Begriff» liegenden Unteilbarkeit.[42] Konsequent deutete er das Deutsche Reich von 1871 als Staatenbund,[43] eine Deutung, die jedenfalls dem Gründungsvorgang des Reichs exakt entsprach. Wer die Konsequenz der Deutung als «Staatenbund» vermeiden und gleichzeitig an der Unteilbarkeit der Souveränität festhalten wollte, mußte – nach damaliger Ansicht – dem Reich die Souveränität, den Gliedstaaten aber lediglich Autonomie zusprechen. Letzteres wiederum war aber für SEYDEL, der insoweit doch wieder als Bayer fühlte,[44] inak-

[38] *Max v. Seydel,* Bayerisches Staatsrecht, 7 Bde, Freiburg 1884–1894; 2. Aufl. 3 Bde, Freiburg 1895/96; 3. Aufl. bearb. v. *J. v. Grassmann* und *R. Piloty,* 2 Bde Tübingen 1913.

[39] *Piloty* (Anm. 19), 277ff. (278). Ebenso *Rehm* (Anm. 37) 401 sowie *H. Nawiasky,* Max von Seydel (Münchner Universitätsreden NF, H. 4), 1953, 4, der von dem großen Wurf spricht, «dem keine Parallele eines anderen deutschen Einzelstaatsrechts, auch nicht des preußischen, zur Seite steht». *Nawiasky,* 15 gibt eine Bibliographie der Schriften *Seydels.*

[40] *M. (v.) Seydel,* Grundzüge einer allgemeinen Staatslehre, Würzburg 1873. Italien. Übersetzung von *L. Rossi* (Biblioteca di Scienze Politiche, 2a Serie VIII S. 1143ff.). Vgl. Kap. 10, Anm. 61.

[41] *Seydel* gliedert (1) Der Herrscher, (2) Gegenstände der Herrschaft, (3) Verfassungsrecht, (4) Funktionen der Staatsgewalt, (5) Finanzrecht, (6) Landesverwaltung, (7) Heerwesen, (8) Auswärtige Angelegenheiten – also nach einem Mischsystem eines «Allgemeinen Teils», einer Darstellung der Institutionen, insbesondere im dritten Buch, sowie des Ressortsprinzip (Finanzen, Inneres, Heer, Auswärtiges).

[42] *M. Seydel,* Der Bundesstaatsbegriff, ZgStW 28 (1872), 185–256; *ders.* Die neuesten Gestaltungen des Bundesstaatsbegriffes, in: Annalen des Deutschen Reiches, 1876, 641–655.

[43] *M. Seydel,* Commentar zur Verfassungs-Urkunde für das deutsche Reich, Würzburg 1873 (2. Aufl. Freiburg und Leipzig 1897). Hierzu *H. Kalkbrenner,* Max von Seydel und die Aktualität seiner deutschen Bundes-Theorie, in: Festschr. f. A. v. d. Heydte, II, 1977, 871–938.

[44] Vgl. dazu auch den Beitrag «Die Schaffung eines Reichsmilitärgerichtshofes und die bayerischen Reservatrechte», in: (Hirths) Annalen 1898, 151–153.

zeptabel. Da er den Staatenbund aber wiederum als unauflöslich konstruierte, verlor seine provokante These ihre politische Schärfe.

Gegen den allgemeinen Strom schwamm SEYDEL auch mit der Ansicht, der Herrscher sei kein «Organ» des Staates, sondern herrschendes Subjekt über dem Objekt Staat. Der Herrscherwille ist für ihn vorstaatlich, naturhaft, er erzeugt gewissermaßen den Staat und mit ihm das Recht. Damit war für ihn die Theorie vom Staat als juristischer Person, die im Vormärz ihre antimonarchische Spitze hatte, erledigt und durch eine merkwürdig anachronistische Apotheose des Herrscherwillens ersetzt. Damit diese wiederum erträglich wurde, betonte SEYDEL ihre freiwillige konstitutionelle Selbstbeschränkung,[45] ihre sittlich-religiöse Bindung an die Gesamtinteressen sowie die Lehre «von der Natürlichkeit der Revolution», wenn der Herrscherwille entarte.[46] Von faktischer Macht- oder rechtlicher Souveränitätsteilung zwischen Monarch und Parlament ist also bei SEYDEL keine Rede. Das monarchische Prinzip ist sogar durch die Qualifikation als vorstaatlich und vorkonstitutionell gesteigert. Entsprechend stark mußten die rechtsstaatlichen Gegengewichte sein,[47] um die Konstruktion im Lot zu halten. Aber auch hier konnte sich SEYDEL nicht zur Anerkennung echter subjektiv-öffentlicher Rechte durchringen, ja er verwarf sogar «Grundrechte» generell[48] – womit er sowohl logisch konsequent blieb als auch, allen Beteuerungen reiner Konstruktion zum Trotz, zu dem Ergebnis gelangte, das ihm auch politisch angemessen erschien.

Das bayerische Landesstaats- und Verwaltungsrecht präsentierte sich also am Vorabend des Ersten Weltkrieges durchaus wohlgeordnet, politisch konservativ und innerhalb des konstitutionellen Modells mit deutlichem Übergewicht der monarchischen Gewalt.[49] Man muß jedoch gleichzeitig beachten, daß die realen Handlungsmöglichkeiten des Königtums durch die Einbindung in das Reich, durch Akzeptierung des Verfassungsrahmens und durch freiwillige Beschränkung auf Repräsentationsaufgaben, verbunden mit einer gewissen Verbürgerlichung des Lebensstils unter Prinzregent LUITPOLD, zurückgegangen waren. Bayern verfügte über ein ausgeprägtes eigenstaatliches Bewußtsein, eine hundertjährige Verfassungstradition, eine konstitutionelle Monarchie auf einer dem allgemeinen Standard entsprechenden Entwicklungsstufe sowie über spezifische Rechtsschutzmöglichkeiten (Petition,[50] Verfassungsbeschwerde, Verwaltungsgerichtsbarkeit). Die Verwaltung war zentralistisch nach dem von MONTGELAS geschaffenen Grundriß organisiert und galt als vorbildlich. Die Bindungen an das preußisch und protestantisch geprägte Reich waren zwar nicht herzlich, aber doch im Ganzen akzeptiert.

[45] *M. v. Seydel*, Vorträge aus dem allgemeinen Staatsrechte, in: (Hirths) Annalen 1898, 321–355, 481–492, 746–758; 1899, 249–263; 1900, 177–194, 351–368.

[46] Hierzu *Nawiasky* (Anm. 39) 10.

[47] Vgl. etwa Bayerisches Staatsrecht (Anm. 38), 2. Aufl. 3. Buch, 407ff. zur Verwaltungsrechtspflege.

[48] Bayer. Staatsrecht (Anm. 38) I, 300.

[49] Eine Kurzdarstellung bietet *C. A. v. Sutner*, Das Staats- und Verwaltungsrecht des Königreichs Bayern, Hannover 1909.

[50] *S. Klasen*, Das Petitionsrecht zum Bayerischen Landtag – eine Ombudsmann-Einrichtung, 1991, 24ff. zur Petition gem. Tit. VII § 21 der Verfassung 1818. Das Petitionsrecht war allerdings in Bayern auf den Kompetenzbereich der Landstände beschränkt. Hierzu *W. Graf Vitzthum*, Petitionsrecht und Volksvertretung, 1985, 19–29 (23 Anm. 29).

2. Württemberg

«Verfassungspolitischer Stillstand und wirtschaftlicher Fortschritt»[51] sind die Kennzeichen der württembergischen Lage in den ersten Jahren nach 1850.[52] Mit der Wiederherstellung der alten Verfassung (1852) herrschte die «Reaktion».[53] Der Geheime Rat wurde wieder die Zentrale der Landespolitik. Die sechs Minister waren direkt vom König abhängig. Unter den Königen KARL (1864–1891) und WILHELM II. (1891–1918) steuerte Württemberg zunächst auf österreichischem Kurs, schwenkte aber nach 1866 um und blieb auch nach dem Beitritt zum Deutschen Reich in engem Kontakt mit Preußen (sog. «Ära Mittnacht»).[54] Mit der politischen Enge kontrastierte die wirtschaftliche Öffnung; zwar war die Lage anfänglich schlecht, aber sie besserte sich in den sechziger Jahren und mündete in eine intensive Industrialisierung.[55]

Mit dem Thronwechsel von 1864 wurden Presse-, Vereins- und Versammlungsrecht wieder liberalisiert. Eine Justizreform kam zustande (1868/69), und 1876 wurde die «Verwaltungsrechtspflege» geschaffen, wobei die vier Kreisregierungen als erste, der Verwaltungsgerichtshof als zweite Instanz fungierten.[56]

Was das öffentliche Recht angeht, so zählte Württemberg während des ganzen 19. Jahrhunderts zu den Staaten mit ausgeprägter bürokratischer und rechtsstaatlicher Tradition, auch wenn von der Rechtsstaatlichkeit in Einzelfällen erhebliche Abstriche zu machen sind. Die Universität erwies sich dem öffentlichen Recht als besonders aufgeschlossen, sowohl in der staatswirtschaftlichen als auch in der juristischen Fakultät. Von erheblicher Bedeutung waren hier das Wirken von ROBERT VON MOHL und die von ihm mitgestaltete Schaffung eines Lehrstuhls für Verwaltungsrecht sowie die gleichzeitige Gründung der «Zeitschrift für die gesammte Staatswissenschaft» (1844).[57] In ihr sollten, so nahmen es sich die Herausgeber vor, bedeutsame staatsrechtliche Fragen behandelt werden, und: «Ein besonderes Augenmerk gedenken wir jedoch besonders auf das, so häufig von der Wissenschaft stiefmütterlich behandelte, Verwaltungsrecht zu richten, in so ferne auch der Anwendung auf das Leben und nicht

[51] *B. Mann–G. F. Nüske,* Württemberg, in: DVG II, 1983, 577.

[52] Nachweise bei *Huber* IV (1969), 412ff.

[53] *D. Langewiesche,* Liberalismus und Demokratie in Württemberg zwischen Revolution und Reichsgründung, 1974.

[54] *H. Brandt,* Parlamentarismus in Württemberg 1819–1870, 1987 m. w. Nachw.

[55] *W. v. Hippel,* Industrieller Wandel im ländlichen Raum. Untersuchungen im Gebiet des mittleren Neckar 1850–1914, Archiv für Sozialgeschichte 19 (1979) 43–122; *E. Maschke–J. Sydow* (Hg.), Zur Geschichte der Industrialisierung in den südwestdeutschen Städten, 1977; *K. Megerle,* Württemberg im Industrialisierungsprozeß Deutschlands, 1982.

[56] Gesetz über die Verwaltungsrechtspflege vom 16. Dezember 1876, RegBl S. 485. Vgl. *W. Rüfner,* DVG III, 916ff.

[57] Einzelheiten bei *E. V. Heyen* (Anm. 16) 56 Anm. 3: «Verlag ist die H. Laupp'sche Buchhandlung, Tübingen. Neben Mohl werden als Gründungsprofessoren aufgeführt: Knaus, Schüz, Fallati und Hoffmann. Von Bd. 3 (1846) bis Bd. 8 (1852) erscheint er auf dem Titelblatt optisch hervorgehoben. Erst ab Bd. 9 (1853), mit Mohls Wechsel an die badische Universität Heidelberg, heißt es «in Verbindung mit ...» (es folgen auswärtige Professoren wie K. H. Rau u. a.) «hrsg. von Mitgliedern der staatswirthschaftlichen Facultät in Tübingen». Diese werden stets namentlich genannt. Ab Bd. 31 (1875) figurieren als Herausgeber Dr. A. E. F. Schäffle, Stuttgart, und Prof. Dr. K. V. Fricker, Leipzig (1878 kommt Prof. Dr. A. Wagner, Berlin, hinzu, der 1887 von Prof. Dr. G. v. Schönberg, Tübingen, abgelöst wird). Ab Bd. 48 (1892) ist Schäffle, inzwischen K. K. Minister a. D., Alleinherausgeber. Prof. Dr. K. Bücher, Leipzig, tritt 1901 als Mitherausgeber hinzu. Ab Bd. 60 (1904), nach dem Tode Schäffles, wird er Alleinherausgeber. Im selben Band findet sich ein Nachruf Büchers auf Schäffle mit Bemerkungen zur Redaktionsgeschichte.»

allein dem Grundgedanken Beachtung gebührt».[58] Dennoch besetzten die gesellschaftswissenschaftlichen und ökonomischen Beiträge einen erheblichen Raum und dominierten schon im letzten Drittel des 19. Jahrhunderts, wohl auch deshalb, weil sich die speziellen öffentlichrechtlichen Beiträge in den nun vorhandenen Fachzeitschriften besser präsentieren und dorthin abwanderten.

Zu diesen Fachzeitschriften mit württembergischem Einzugsbereich zählten die «Monatsschrift für Justizpflege in Württemberg» (1837–1855), das von F. v. Kübel und O. v. Sarwey herausgegebene «Württembergische Archiv für Recht und Rechtsverwaltung mit Einschluß der Administrativ-Justiz» (1858–1882),[59] die «Zeitschrift für die freiwillige Gerichtsbarkeit und die Gemeindeverwaltung» (1858 ff.),[60] außerdem die Landeszeitschrift für Statistik[61] sowie ab 1889 die von Mitgliedern des Oberlandesgerichts und dem Vorstand der Anwaltskammer herausgegebenen «Jahrbücher der württembergischen Rechtspflege».[62] Insgesamt verfügte Württemberg in der zweiten Hälfte des 19. Jahrhunderts also über ein ansehnliches Potential von Publikationsmöglichkeiten für öffentliches Recht, verbunden durch das gemeinsame Interesse, Staats- und Gemeindeverwaltung samt «Administrativjustiz» mit Informationen zu versehen, wissenschaftlich zu begleiten und rechtsstaatlich auszugestalten.

Aus den genannten politischen Gründen kam die Literatur zum württembergischen Staatsrecht erst nach dem Thronwechsel von 1864 in Gang. 1865 – als Signal der Rückkehr zu verfassungsmäßigen Zuständen – erschien wieder eine mit Materialien angereicherte Textausgabe der Verfassung von 1819.[63] Einige andere Schriften behandelten Teilprobleme des Verfassungsrechts.[64] Was aber fehlte, war eine moderne zusammenfassende Darstellung des Landesstaatsrechts. Insoweit war man noch immer auf Robert von Mohls «Staatsrecht des Königreichs Württemberg» in der zweiten Auflage[65] angewiesen. Ergänzend konnte man die Bücher von Hoffmann über die Domänenverwaltung und das Finanzrecht[66] heranziehen. Das schien noch über zwei Jahrzehnte zu genügen.

Erst am Anfang der achtziger Jahre häufen sich dann plötzlich die staatsrechtlichen Gesamtdarstellungen, vor allem weil nun durch die Reichsgründung eine neue Rechtslage geschaffen war und wohl auch der Anspruch verlockend erschien, die nun füh-

[58] ZgStW, Vorwort Bd. 1 (1844) 3–6.

[59] Von 1837–1854 «Monatsschrift für die Justiz-Pflege in Württemberg», hrsgg. v. *A. F. Sarwey*; 1857–1881 «Württembergisches Archiv», Herausgeber von Bd. 1 *A. F. Sarwey*, ab Bd. 2 (1858) *F. Ph. F. Kübel* und *O. v. Sarwey*.

[60] Zunächst (1859–61) «Monatsschrift für die willkührliche Gerichtsbarkeit und das Notariat in Württemberg», Hrsg. *G. Beutelspacher, R. Dann*. Ab 1862 dann als «Zeitschrift für die freiwillige Gerichtsbarkeit und die Gemeindeverwaltung», hrsgg. v. *J. S. A. Boscher*, seit dem Jahrg. 29 (1887) von *A. v. Jetter, H. Fortenbach*, und seit dem 43. Jg. (1901) von *K. Mayer*.

[61] Württembergische Jahrbücher für vaterländische Geschichte, Stuttgart 1818–1862, umbenannt in Württembergische Jahrbücher für Statistik und Landeskunde, 1863–1940.

[62] Tübingen 1887–1918, danach aufgegangen in Zeitschr. f. d. freiwillige Gerichtsbarkeit (Anm. 60).

[63] *C. V. Fricker*, Die Verfassungs-Urkunde für das Königreich Württemberg vom 25. September 1819 mit dem offiziellen Auslegungs-Material, Tübingen 1865.

[64] *F. v. Bitzer*, Regierung und Stände in Württemberg, ihre Organisation und ihr Recht, Stuttgart 1882; *C. V. v. Riecke*, Beiträge zur Staats- und Verfassungs-Geschichte Württembergs, 1879; *ders.* Verfassung, Verwaltung und Staatshaushalt des Königreichs Württemberg, Stuttgart 1882, 2. Aufl. Stuttgart 1887.

[65] Kap. 4, Anm. 62.

[66] *C. H. L. Hoffmann*, Die Domanialverwaltung des Württembergischen Staates nach den bestehenden Normen und Grundsätzen, Tübingen 1842; *ders.* Das Württembergische Finanzrecht, 1. Bd. Tübingen 1857.

rende «juristische Methode» parallel zu Labands Reichsstaatsrecht auf der Landesebene anzuwenden. An der Spitze steht das zweibändige und fast tausend Seiten umfassende «Staatsrecht des Königreichs Württemberg» von OTTO VON SARWEY (1825–1900).[67] Mit diesem Werk und mit seiner Monographie «Das öffentliche Recht und die Verwaltungsrechtspflege» (1880) ist SARWEY nicht nur kraft seiner Ämter,[68] sondern auch literarisch die beherrschende Figur des württembergischen Landesstaatsrechts jener Zeit. Er verzichtete bei seiner Darstellung auf die philosophische und historische Einleitung und beließ es auch bei einer knappen Verzahnung mit dem Reichsstaatsrecht. Die Aufbereitung des positivrechtlichen Materials ist trocken, präzise und sehr detailliert. SARWEY arbeitet die tragenden Linien heraus und akzentuiert im ersten Band die Grundrechte (§§ 37–62). Man spürt einerseits das Muster der «juristischen Methode», sieht aber andererseits den normativen Reichtum nach der «staatswissenschaftlichen Methode» aufbewahrt. Sarwey beginnt mit dem Monarchen, behandelt dann die Staatsangehörigen sowie die Gemeinden samt ihren Zusammenschlüssen in einem Oberamt (sog. Amtskörperschaften). Im zweiten Band folgen die Staatsgewalt, ihre Organe (Monarch, Ständeversammlung, Beamtenschaft) und Funktionen, letztere gegliedert nach Ressorts, wie dies auch in den älteren Lehrbüchern üblich war. Das Verwaltungsrecht wird auf diese Weise in knapper Form einbezogen, im übrigen wird es «den Spezialarbeiten und namentlich nach der legislativen Entwicklung, welche das Verwaltungsrecht in neuerer Zeit erfahren hat, den Kommentaren der betreffenden Gesetze überlassen».[69]

Der liberale Grundton des Ganzen ist deutlich, obwohl SARWEY zu den Konservativen im württembergischen Landtag gehörte. Er betonte die verfassungsrechtlichen Garantien rechtsstaatlichen Handelns, argumentierte praxisnah und beurteilte literarische Streitfragen stets nach ihrem tatsächlichen Ertrag. Insgesamt ein besonders gehaltvolles, schnörkelloses und charaktervolles Buch, das den im ausgehenden 19. Jahrhundert zur Ruhe gekommenen Verfassungszustand Württembergs vollständig abbildet.[70]

Fast gleichzeitig mit dem Werk von SARWEY erschien ein weniger umfangreiches «Staatsrecht des Königreichs Württemberg» von LUDWIG GAUPP (1884).[71] In der dritten Auflage (1940) wurde dieses Werk dann von KARL GÖZ weitergeführt und materiellrechtlich unter Berücksichtigung der Verfassungsrevision 1906/07,[72] der Bezirks- und Gemeindeordnung sowie der Novelle zum württembergischen Beamtengesetz ergänzt. Auf seiner letzten Entwicklungsstufe ist es eine umfassende und grundsolide Dokumentation des Rechtszustandes vor dem Ersten Weltkrieg. Methodische Pro-

[67] Tübingen 1883. Zu *O. v. Sarwey* vgl. *K. Elben*, in: *A. Bettelheim* (Hg.), Biographisches Jahrbuch und Deutscher Nekrolog 5 (1900) 42–46; *K. G. A. Jeserich–H. Neuhaus* (Hg.), Persönlichkeiten der Verwaltung, 1991.

[68] Ab 1856 Abgeordneter im Landtag, 1874–76 im Reichstag, 1870 Staatsrat und ao. Mitglied im Geheimen Rat, 1883 Mitglied der Kammer der Standesherren, ab 1885 Staatsminister des Kirchen- und Schulwesens.

[69] aaO. 3.

[70] *Huber* IV (1969), 412f.

[71] *L. Gaupp*, Das Staatsrecht des Königreichs Württemberg, Freiburg und Tübingen 1884; 2. Aufl. 1895; 3. Aufl. fortgeführt von *K. Göz*, Tübingen und Leipzig 1904 sowie Tübingen 1908. Unbedeutend die Kurzdarstellung von *W. Bazille*, Königreich Württemberg, Hannover 1908.

[72] *Th. Liesching*, Zur Geschichte der württembergischen Verfassungsreform im Landtag 1901–1906, Tübingen 1906 (*Liesching* war Vorsitzender der Verfassungskommission der württembergischen Abgeordnetenkammer); *K. Göz*, Die Verfassungsurkunde für das Königreich Württemberg, Tübingen 1906.

bleme gibt es scheinbar nicht, politische Erläuterungen werden vermieden oder allenfalls als Seitenbemerkung erlaubt.[73] Weder die Einordnung Württembergs in das Reich noch die Grundlagen der konstitutionellen Monarchie im Lande bereiten prinzipielle Schwierigkeiten. Die Autoren leiten historisch ein, bestimmen die Stellung des Landes im Reichsverband, erörtern Staatsgebiet und Staatsangehörigkeit, Staatsorgane (König, Ständeversammlung, Staatsregierung samt Beamtentum) und die Staatsfunktionen, einschließlich der als Unterabteilung der Landesverwaltung aufgeführten Rechtsprechung.[74] Die Verwaltung wird wie bei SARWEY nach der Ordnung der Ressorts dargestellt, begrenzt im wesentlichen auf die institutionellen Aspekte, aber in bewundernswerter Mikroskopie des Details. Es ist eine klassische, transparente Darstellung des geltenden Landesrechts, geschrieben insbesondere im Falle von Göz von einem Spezialisten des Landesrechts,[75] der schon vorher eine umfassende Darstellung der württembergischen Verwaltungsgerichtsbarkeit (Grundbegriffe, Entwicklung, Kompetenzen, Verfahren) vorgelegt hatte.[76]

Es läßt sich nicht verkennen, daß das politische Klima Württembergs um die Jahrhundertwende insgesamt konservativer und unbeweglicher geworden war. Die Feststellung OTTMAR BÜHLERS von 1914, Württemberg habe den einstigen Vorsprung im Verwaltungsrechtsschutz nach Einführung der Verwaltungsgerichtsbarkeit verloren,[77] ist nicht unberechtigt. Entsprechend gering sind die wissenschaftlichen Impulse, die von der landesrechtlichen Literatur des ausgehenden 19. Jahrhunderts ausgehen. Es ist Literatur aus der Praxis und für die Praxis, Gesetzeskunde,[78] Aufbereitung des geltenden und kaum als veränderbar erfahrenen Rechts.[79] Hinter diesem Konservativismus stehen freilich Werte der bürgerlichen Rechtsordnung wie Stabilität, Ordnung, Rechtssicherheit und Rechtsschutz, die der voranschreitenden Industrialisierung den notwendigen öffentlichrechtlichen «Sockel» verliehen, ohne sie inhaltlich durch allzuviel Interventionismus zu behindern.

3. Baden

Von allen deutschen Staaten war das traditionell liberale Baden am stärksten von der 1848er Revolution erschüttert worden. Die Militärrevolution vom Mai 1849 hatte zur

[73] Vgl. etwa die Empfehlung, den «schwerfälligen, mit der jetzigen beschränkten Bedeutung der Landesgesetzgebung in keinem Verhältnisse stehenden ständischen Apparat» zu vereinfachen bei *Göz*, 1908 (Anm. 71), 11.

[74] *Göz* (Anm. 71), §§ 79–82; *ders.* Die Verwaltungsrechtspflege in Württemberg, Tübingen und Leipzig 1902, 1 ff. unterscheidet als Staatstätigkeiten Gesetzgebung und Verwaltung i. w. S., letztere wird dann in Rechtsprechung und Verwaltung i. e. S. geteilt.

[75] *Göz* war «Wirklicher Staatsrat und Mitglied des württ. Verwaltungsgerichtshofs» (1902) bzw. «Geheimer Rat und Vorstand des württ. Verwaltungsgerichtshofs» (1908).

[76] *Göz*, Die Verwaltungsrechtspflege (Anm. 74).

[77] *O. Bühler*, Die subjektiven öffentlichen Rechte und ihr Schutz in der deutschen Verwaltungsrechtsprechung, Berlin–Stuttgart–Leipzig 1914, 367f.

[78] *F. Fleiner*, Staatsrechtliche Gesetze Württembergs, 2. Aufl. Tübingen 1907; *E. Ruck*, Verwaltungsrechtliche Gesetze Württembergs, 2 Bde, Tübingen 1911, enthalten entgegen dem Titel lediglich Kommunalrecht; hierzu auch *A. Michel*, Die Gemeindeordnung und die Bezirksordnung für das Königreich Württemberg, 1909; außerdem *K. Schicker*, Das Polizeistrafrecht und Polizeistrafverfahren im Königreich Württemberg, 4. Aufl. 1907.

[79] *F. Haller*, Handwörterbuch der Württembergischen Verwaltung, Stuttgart 1915 (nach dem Vorbild von Sachsen und Preußen); die Mitarbeiter des umfangreichen Werks (917 Seiten in Kleindruck) sind württembergische Beamte.

Vertreibung von Regierung und Großherzog LEOPOLD (1830–1852) geführt, zum Einmarsch preußischen Militärs, zur Belagerung und Kapitulation von Rastatt, zum Zusammenbruch der Revolutionsregierung, zu Standgerichten, Hinrichtungen und politischer Emigration.[80] Die diesen Erschütterungen folgende verfassungspolitische Entwicklung unter Großherzog FRIEDRICH[81] beruhigte sich zwar, nachdem der Liberalismus «regierende Partei» geworden war,[82] geriet aber mit dem Konkordat von 1859 noch einmal in erhebliche Turbulenzen, denen nach der Reichsgründung weitere Belastungen durch die Kulturkampfgesetzgebung folgten.[83]

Früher als andere Staaten hatte sich Baden zur Beendigung der Restaurationspolitik und zum Übergang auf Reformen entschlossen. Es reorganisierte die Verwaltung, belebte die kommunale Selbstverwaltung und schuf als erstes Land überhaupt eine echte Verwaltungsgerichtsbarkeit.[84] Damit reagierte es auf den rasch voranschreitenden Prozeß der Industrialisierung und Bevölkerungsvermehrung[85] sowie auf die Leitidee des politischen Liberalismus, die alte Administrativjustiz durch eine wirklich unabhängige gerichtliche Kontrolle der Verwaltung zu ersetzen.[86]

Publizistisches Organ dieser Idee war die 1869 von BLUNTSCHLIS Schüler EDGAR LOENING (1843–1919)[87] begründete «Zeitschrift für badische Verwaltung und Verwaltungsrechtspflege»,[88] die notwendig geworden war, nachdem die beiden Vorgängerinnen nicht mehr existierten.[89] An den badischen Universitäten Heidelberg und Freiburg setzte sich allerdings das Staats- und Verwaltungsrecht des Landes erst allmählich durch. JOHANN KASPAR BLUNTSCHLI (1808–1881),[90] der 1860 als Nachfolger MOHLS nach Heidelberg gekommen war, betätigte sich wissenschaftlich in der Allgemeinen Staatslehre und im Völkerrecht sowie politisch in der ersten und zweiten Kammer, nicht aber im badischen Staatsrecht. In Freiburg wurde «Badisches Administrativrecht» schon 1841–43, dann wieder 1871–1875 gelesen. Wirkliche Kontinuität entstand ab 1883/84 durch HEINRICH ROSIN (1855–1927),[91] der «Deutsches Verwaltungsrecht

[80] *V. Valentin,* Geschichte der Deutschen Revolution 1848–1849, 1930 (Neuausg. 1970), Bd. 2, 509ff., 540f.

[81] *Huber* IV (1969), 415ff.

[82] *L. Gall,* Der Liberalismus als regierende Partei. Das Großherzogtum Baden zwischen Restauration und Reichsgründung, 1968.

[83] *M. Stadelhofer,* Der Abbau der Kulturkampfgesetzgebung im Großherzogtum Baden 1878–1918, 1968; *J. Becker,* Liberaler Staat und Kirche in der Ära von Reichsgründung und Kulturkampf. Geschichte und Strukturen ihres Verhältnisses in Baden 1860–1876, 1973; knapp zusammengefaßt bei *Ott,* DVG III, 776f.

[84] *F. Wielandt,* Die Entwicklung der badischen Organisation der inneren Verwaltung und Verwaltungsrechtspflege. Ein Rückblick, in: ZbadVerw (1890) 41–46, 53–64; *K. Stiefel,* Verwaltung und Verwaltungsrechtspflege im ehemaligen Land Baden. Zum hundertjährigen Bestehen der Verwaltungsgerichtsbarkeit, in: BadWürttVwBl 8 (1963) 145ff.; *ders.* Baden 1648–1952, Bd. 2, 1977, 972f., 1091f. Vgl. nunmehr *Ott,* DVG III, 755–775 (774f.) und *Rüfner,* DVG III, 915ff.

[85] *W. Fischer,* Der Staat und die Anfänge der Industrialisierung in Baden, 1800–1850, Bd. 1 1962.

[86] Zum Beamtentum vgl. *H.-G. Merz,* Beamtentum und Beamtenpolitik in Baden, 1985, 22ff.

[87] *Edgar Loening* war gerade 1868 in Heidelberg habilitiert worden. Zu ihm Kap. 9, Anm. 100.

[88] 1869–1941. Die Jahrgänge 1869–72 hrsgg. v. *E. Loening,* 1873–95 v. *F. Wielandt,* 1896–98 v. *A. Joos,* 1899–1914 leitete *F. Lewald* die Zeitschrift, von 1914 bis 1927 *K. Glockner* und von 1928 bis 1935 *K. Schneider,* 1936–1941 *Ph. Kohlmeier.*

[89] Magazin für badische Rechtspflege und Verwaltung, 6 Bde, hrsgg. v. *Zentner, Renaud, Turban, Spohn,* Mannheim 1854–1861; Badisches Zentralblatt für Staats- und Gemeindeinteressen, 14 Bde, hrsgg. v. *Bissing,* Heidelberg 1855–1868.

[90] Zu ihm unten Kap. 10, Anm. 34ff.

[91] Zu *H. Rosin,* dem Gründer des Freiburger Seminars für Versicherungswissenschaft (1908) und damit «dem großen Ahnherren der Wissen-

mit besonderer Berücksichtigung des badischen und preußischen Rechts» oder «Verwaltungsrecht des Deutschen Reiches und der Einzelstaaten» las.[92] Die vier in den achtziger und neunziger Jahren aufeinander folgenden Gesamtdarstellungen des badischen Staatsrechts[93] hielten sich an die in MARQUARDSENS «Handbuch» und in «Das öffentliche Recht der Gegenwart» vorgegebenen Schemata: Historische Einleitung, Staatsgebiet, Staatsvolk, Monarch, Landstände, Institutionen der Staatsverwaltung samt Beamtenrecht,[94] Selbstverwaltung,[95] Gesetzgebung,[96] materielles Verwaltungsrecht nach Abfolge der Ressorts mit kleinen Annexen zur auswärtigen Politik und zum Militär.

Badisches Verwaltungsrecht ist in einem größeren Lehrbuch zwar nur einmal dargestellt worden,[97] aber eine der wichtigsten Monographien zum besonderen Verwaltungsrecht ist aus badischem Material entstanden, nämlich RICHARD THOMAS «Der Polizeibefehl im badischen Recht dargestellt auf rechtsvergleichender Grundlage»,[98] eine Freiburger, von ROSIN[99] betreute Habilitationsschrift. THOMA schließt hier die lange Diskussion um den «Umfang der Polizeigewalt» auf der Basis des nunmehr auch verfassungsrechtlich installierten Rechtsstaats[100] ab, behandelt gesetzliche Grundlagen, Aufbau und Handlungsformen der badischen Polizei[101] unter Heranziehung französischen, preußischen und bayerischen Materials.

Dieses Buch ist eines der Beispiele dafür, daß aus einer vorzüglichen Bearbeitung

schaft vom Sozialversicherungsrecht» (*A. Hollerbach*, in: Freiburger Universitätsblätter 108 [1990] 49) siehe *M. Tambert*, Heinrich Rosin und die Anfänge des Sozialversicherungsrechts, jur. Diss. Freiburg 1977; *A. Hollerbach*, Heinrich Rosin (1855–1927). Pionier des allgemeinen Verwaltungs- und des Sozialversicherungsrechts, in: *Heinrichs u. a.* (Hg.), Deutsche Juristen jüdischer Herkunft, 1993.

[92] *A. Hollerbach*, Die Entwicklung des Verwaltungsrechts als akademische Disziplin und als Prüfungsfach an der Universität Freiburg i. Br., in: *E. V. Heyen* (Hg.), Wissenschaft und Recht der Verwaltung seit dem Ancien Régime, 1984, 287–305 (291).

[93] *K. Schenkel*, Das Staatsrecht des Großherzogthums Baden, Freiburg 1884, fortgeführt dann von *F. Wielandt*, Das Staatsrecht des Großherzogtums Baden, Freiburg 1895; *C. Bornhak*, Staats- und Verwaltungsrecht des Großherzogtums Baden, Hannover 1908: *E. Walz*, Das Staatsrecht des Großherzogtums Baden, Tübingen 1909. *Ernst Walz* (1859–1941) hat als Heidelberger Bürgermeister und Honorarprofessor vor allem zum badischen Kommunalrecht geschrieben; vgl. *Drüll*, 285.

[94] *L. Eckert*, Das badische Beamtenrecht, jur. Diss. Freiburg 1897; *A. Lederle*, Das Recht der Gemeindebeamten in Baden, Borna-Leipzig 1909.

[95] *C. Stroebe*, Die gesetzgeberische Entwicklung der badischen Gemeindeverfassung, Freiburg 1894.

[96] *W. van Calker*, Das badische Budgetrecht in seinen Grundzügen, 1. Teil: Geschichtliche Entwicklung, Tübingen 1901. Zu *van Calker* siehe *Hollerbach* (Anm. 92) 292f.

[97] *F. X. Affolter*, System des badischen Verwaltungsrechts. Zugleich ein kurzgefaßtes Lehrbuch des badischen Verwaltungsrechts, Karlsruhe 1904. Zu *Affolter Drüll*, 2. – Als Kurzdarstellung siehe *Bornhak* (Anm. 93).

[98] Bd. 1, Tübingen 1906. Ein zweiter Band ist nicht mehr erschienen. Zu Leben und Werk vgl. *H.-D. Rath*, Positivismus und Demokratie. Richard Thoma 1874–1957, 1981; knappe Angaben bei *Drüll*, 268.

[99] Auf *Rosins* Neigung zu «monographischer Aufbereitung des Verwaltungsrechts» weist *Hollerbach* (Anm. 91) hin. Vgl. *H. Rosin*, Das Polizeiverordnungsrecht in Preußen. Verwaltungsrechtlich entwickelt und dargestellt, Breslau 1882; 2. Aufl. Berlin 1895; *ders.* Das Recht der öffentlichen Genossenschaft. Eine verwaltungsrechtliche Monographie, Freiburg 1886.

[100] *K. Glockner*, Badisches Verfassungsrecht. Mit Erläuterungen, Karlsruhe 1905.

[101] Verpflichtender und vollziehender Polizeibefehl (Verwaltungsakt), Polizeiverordnung und -verfügung, Polizeistrafe, Polizeizwang. Der umfangreiche vierte Abschnitt des Werkes (325–475) ist der Polizeiverordnung gewidmet. Die Polizeiverwaltungsakte und die verwaltungsgerichtliche Kontrolle waren für den 2. Band vorgesehen.

des Partikularrechts auch deutlicher Erkenntnisgewinn für das allgemeine Verwaltungsrecht erwachsen konnte.[102]

4. Hessen-Darmstadt

Hessen-Darmstadt hatte sich nach dem Ablauf des «tollen Jahrs» 1848/49 umgehend wieder der früheren hochkonservativen Linie zugewandt.[103] Der Verfassungskonflikt Mitte des Jahres 1850 führte zur Einsetzung der Regierung des FREIHERRN VON DALWIGK, mit der ab Oktober 1850 dann massiv die «Reaktion» einsetzte. Die revolutionären Errungenschaften wurden weitgehend beseitigt, so etwa die 1848 eingeführte Einteilung des Landes in Regierungsbezirke sowie die Erweiterungen der kommunalen Selbstverwaltung.[104] Nach dem Jahr 1866, das Hessen-Darmstadt auf der Seite des unterlegenen Österreich fand, wurde das Land territorial geringfügig verändert, es mußte eine Militärkonvention mit Preußen abschließen (1867), und es trat mit den nördlich des Mains gelegenen Teilen dem Norddeutschen Bund sowie als Ganzes 1870/71 dem Deutschen Reich bei. Damit war seine politische Bewegungsfreiheit so weit eingeengt, daß faktisch ein Ende der Souveränität von 1806 eingetreten war.

Dieser Neuordnung der äußeren Verhältnisse folgten ab 1874 liberalisierende Verwaltungsreformen:[105] Erstmals wurde ein Gesamtministerium geschaffen, die Verwaltungsgerichtsbarkeit wurde eingerichtet,[106] der funktionslos gewordene Staatsrat sowie der Administrativjustizhof wurden abgeschafft (1875). Außerdem gab es neue Organisationsstrukturen für die Ministerien und andere Zentralbehörden, 1874 eine neue Kreis- und Provinzialordnung sowie eine Städte- und Landgemeindeordnung.[107]

Den Dimensionen des kleinen Staates entsprechend genügten für die Zwecke der Verwaltungspraxis zunächst Handbücher, welche die Vorschriften in übersichtlicher Weise zusammenstellten. Dies leistete zunächst das zweibändige Handbuch von WILHELM ZELLER,[108] dann aber vor allem das vierbändige Handbuch des großherzoglich-hessischen Provinzialdirektors FRIEDRICH KÜCHLER.[109] Es bot einschließlich der Reichsverfassung alles, was die Verwaltung benötigte. Zur Information über Urteile des Verwaltungsgerichtshofs und andere Details der Staats- und Kommunalverwaltung gab es ab 1876 eine Zeitschrift, die bis in den Ersten Weltkrieg hinein existiert hat.[110]

Im Unterricht der Landesuniversität Gießen und als Gegenstand wissenschaftlicher

[102] *Hollerbach* (Anm. 92) 293f.

[103] *K. Buchner*, Das Großherzogthum Hessen in seiner politischen und sozialen Entwickelung vom Herbst 1847 bis zum Herbst 1850, Darmstadt 1850.

[104] *Th. Klein*, DVG II, 659ff. Dokumentiert bei *F. A. Küchler*, Handbuch der Lokal-Staatsverwaltung im Großherzogthum Hessen, Heidelberg 1854; 2. Aufl. 1866.

[105] *Huber* IV (1969), 418ff.

[106] Gesetz betr. die innere Verwaltung und Vertretung der Kreise und Provinzen v. 12. 6. 1874 (Kreisordnung), Art. 48–73, 98–113; Gesetz über den Verwaltungsgerichtshof vom 11. 1. 1875 und vom 16. 4. 1879. Hierzu *W. Rüfner*, DVG III, 926–928; *J. Weitzel*, Verwaltungsgerichtsbarkeit in Hessen, DVBl 1975, 869–873.

[107] *Th. Klein*, DVG III, 798–805.

[108] *W. Zeller*, Handbuch der Verfassung und Verwaltung im Großherzogtum Hessen, 2 Bde Darmstadt 1885/86 und 1 Erg. Bd. 1893.

[109] *F. A. Küchler* (Anm. 104), zu ihm oben Kap. 4, Anm. 152; wesentlich umfangreicher dann das Sammelwerk seines jüngeren Bruders *F. Küchler*, Das Verfassungs- und Verwaltungsrecht des Großherzogtums Hessen, 3. Aufl. hrsgg. v. *A. E. Braun* und *A. K. Weber*, 4 Bde und 1 Erg. Bd. Darmstadt 1894–96.

[110] Zeitschrift für Staats- und Gemeindever-

Behandlung hat deshalb das hessen-darmstädtische Staatsrecht nur eine geringe Rolle gespielt. Es ist lediglich in den auf Vollständigkeit angelegten Sammelwerken dreimal nacheinander dargestellt worden, und zwar zunächst von KARL GAREIS[111] und KONRAD COSACK[112] sowie kurz vor dem Weltkrieg noch einmal von WILHELM VAN CALKER.[113] Der Aufbau entsprach auch hier dem Schema, d. h. die Verfassungsgeschichte diente als Prolegomenon des Staatsrechts, aus ihr ergab sich sowohl der Bestand des Staatsgebiets und des Staatsvolks als auch der nach 1848 festgeschriebene Zustand der Landesverfassung. Dann folgten entsprechend dem Dualismus der konstitutionellen Monarchie der Monarch und seine Rechte, sein «Haus», seine «Gehilfen» samt der Exekutive, dann das Gegengewicht der Volksvertretung.[114] Ein zweiter Teil enthielt die wesentlichen Elemente der Staatsverwaltung nach der Ordnung der Ressorts. Feinere Unterschiede zeigten sich dort, wie auch das preußische Beispiel zeigen wird, wo es um die Anerkennung und systematische Einordnung der subjektiven öffentlichen Rechte oder um die Akzentuierung von Selbstverwaltung oder Verwaltungsgerichtsbarkeit ging. Zwar konnte in solchen Büchern nicht etwa das monarchische Prinzip gegen die Volkssouveränität ausgetauscht und das Parlament an die Spitze gerückt werden, aber auch kleine Signale und Pointen wurden verstanden, etwa die Behandlung der «Grundrechte» im Abschnitt «Staatsvolk» *vor* dem Monarchen. Hiervon abgesehen, waren es freilich keine «politischen» Bücher, sondern materialreiche, positivistische Bestandsaufnahmen eines staatsrechtlichen Bestandes, der zwischen 1850 und 1914 sich in relativer Ruhelage befand und ab 1866 vom wachsenden Reichsverfassungs- und -verwaltungsrecht an den Rand gedrängt wurde.

5. *Preußen*

Im Lichte der Tatsache, daß Preußen mit der oktroyierten Verfassung vom 5. Dezember 1848[115] «Verfassungsstaat» geworden war, erschien der Rückschlag in der Ära der Reaktion weniger schroff. Zwar wurde das Dreiklassenwahlrecht staatsstreichartig eingeführt[116] und die Verfassung im Sinne des monarchischen Prinzips «revidiert».[117] Aber in dieser Revision lag immerhin ein parlamentarisch ausgehandelter Kompromiß: Preußen blieb Verfassungsstaat mit einer an die nun üblichen Standards angepaßten Verfassung samt Grundrechtsteil,[118] alles in allem eine konservative konstitutionelle Monarchie. Das Bürgertum – entmutigt wie es war – akzeptierte zunächst die po-

waltung im Großherzogtum Hessen, hrsgg. v. *J. Diemer*, Mainz 1876–1915/16.

[111] *K. Gareis*, Das Staatsrecht des Großherzogtums Hessen, Freiburg und Leipzig 1884.

[112] *K. Cosack*, Das Staatsrecht des Großherzogtums Hessen, Freiburg und Leipzig 1894.

[113] *W. van Calker*, Das Staatsrecht des Großherzogtums Hessen, Tübingen 1913.

[114] Anders *Cosack* (Anm. 112), der nach Staatsoberhaupt, Staatsangehörigen und Staatsgebiet den Landtag behandelt, anschließend die Behörden und ihr Verfahren (einschließlich Justiz und Verwaltungsgerichtsbarkeit), sowie den Staatsdienst, sodann Gesetz, Verordnung, Verwaltungszwang, Enteignung, Finanzwesen, Selbstverwaltung und materielles Verwaltungsrecht.

[115] *Huber*, Dokumente 1, Nr. 188; *S. Böhr*, Die Verfassungsarbeit der preußischen Nationalversammlung 1848, 1992.

[116] *Huber*, Dokumente 1, Nr. 193.

[117] Verfassung vom 31. Januar 1850, PrGS 1850, 17ff. (*Huber*, Dokumente 1, Nr. 194).

[118] *M. Kotulla*, Die Tragweite der Grundrechte der revidierten preußischen Verfassung vom 31. 1. 1850, 1992. Eine repräsentative Äußerung «Zur preußischen Verfassungsfrage» enthält der gleichnamige Aufsatz von *Lorenz von Stein* (1852), hrsgg. v. *W. Keiper* mit einem Nachwort von *C. Schmitt*, 1940.

litische Unterdrückung aller Kräfte links der Mitte, die Beschneidung der Meinungs-, Presse- und Wissenschaftsfreiheit, die politische Kontrolle des Schulwesens, der Selbstverwaltung sowie die noch stärkere Akzentuierung der Rolle von Militär und Adel.[119] Preußen stabilisierte sich im Jahrzehnt von 1849 bis 1858 noch einmal als ein konstitutioneller, mit den Minima der Gewaltenteilung und des Rechtsschutzes ausgestatteter Staat. Seine Verwaltungspraxis war geordnet, seine Verfassungspraxis dagegen «reaktionär»,[120] von der Wahlbeeinflussung über die Politik der konservativen Umorientierung in Beamten-[121] und Richterschaft[122] bis zur Etablierung einer politischen Polizei, die ihre schon nach 1819 geübten Praktiken nunmehr gegen alles fortsetzte, was dem System insgesamt gefährlich zu sein schien.[123] Erst ab 1858 verschoben sich mit der sog. «Neuen Ära» die Akzente in Richtung auf Reformen und politische Öffnung.[124] Die Konservativen erlitten im preußischen Abgeordnetenhaus eine katastrophale Niederlage, die Regierung steuerte in liberalere Richtung, geriet aber bald in der Frage der Heeresreform in den alles andere überschattenden Verfassungskonflikt.

Die staats- und verwaltungsrechtliche Literatur in Preußen stand nach der Revolution von 1848 in besonderem Maß im Bann der Verfassungspolitik und der von der Außenpolitik einwirkenden Dynamik. Zunächst fesselten Verfassungsfrage und Wahlrecht die Aufmerksamkeit.[125] An der Verteilung der politischen Gewichte änderte dieser Konstitutionalismus allerdings nichts, im Gegenteil, die Rechte der Krone waren ungebrochen, ja verstärkt, vor allem durch die weitere Verfestigung der Adelsmacht im reorganisierten Herrenhaus ab 1854.[126]

Kaum hatten sich diese verfassungspolitischen Vorgänge vollzogen, als der berühmte und juristisch bis heute diskutierte «Verfassungskonflikt»[127] die Blicke auf sich zog. Mit seiner Beilegung im Strudel der kriegerischen und außenpolitischen Ereignisse um das Jahr 1866 war zunächst die Staatsrechtslehre zur theoretischen Verarbei-

[119] Zur Dominanz des Kreises um *Stahl* und die Brüder *Gerlach* siehe *W. Füßl*, Professor in der Politik: Friedrich Julius Stahl (1802–1861): das monarchische Prinzip und seine Umsetzung in die parlamentarische Praxis, 1988.

[120] *Nipperdey*, 681.

[121] *H.-J. Rejewski*, Die Pflicht zur politischen Treue im preußischen Beamtenrecht (1850–1918), 1973.

[122] *Th. Ormond*, Richterwürde und Regierungstreue, jur. Diss. Frankfurt 1992.

[123] *H. Puschnus*, Karl Ludwig Friedrich von Hinkeldey – Ein umstrittener preußischer Polizeipräsident, DÖV 1981, 568–573; *A. Funk*, Polizei und Rechtsstaat: die Entwicklung des staatlichen Gewaltmonopols in Preußen 1848–1914, 1986.

[124] *L. Haupts*, Die liberale Regierung in Preußen in der Zeit der «Neuen Ära». Zur Geschichte des preußischen Konstitutionalismus, in: HZ 227 (1978) 45–85; *Nipperdey*, 697 ff.

[125] *L. v. Rönne*, Die Verfassungs-Urkunde für den Preußischen Staat vom 31. Januar 1850, Berlin 1850; 2. Aufl. m. Nachtrag, Berlin 1852; 3. Aufl. Berlin 1859; *H. Gräff*, Die Verfassungs-Urkunde des preußischen Staats mit den sie erläuternden und ergänzenden Gesetzen sowie erläuternden Bemerkungen, 2. Aufl. Breslau 1857; 3. Aufl. 1859; *J. Maißen*, Die Verfassungs-Urkunde für den Preußischen Staat vom 31. Januar 1850, nebst den Verfassungs-Änderungsgesetzen etc., Köln 1863; *G. A. Arndt*, Die Verfassungs-Urkunde, Berlin und Leipzig 1886; 7. Aufl. Berlin 1911; *K. Binding*, Die Verfassungs-Urkunde für den preußischen Staat, Leipzig 1893; *E. Schwartz*, Die Verfassungs-Urkunde, Breslau 1896, 2. Aufl. Breslau und Halle 1898.

[126] *G. Grünthal*, Parlamentarismus in Preußen, 1848/49 – 1857/58. Preußischer Konstitutionalismus – Parlament und Regierung in der Reaktionsära, 1982.

[127] *W. Becker*, Die angebliche Lücke der Gesetzgebung im preußischen Verfassungskonflikt, in: Hist. Jahrb. 100 (1980) 257–285; *D. Schefold*, Verfassung als Kompromiß? Deutung und Bedeutung des preußischen Verfassungskonflikts, ZNR 1981, 137–157; *H.-Ch. Kraus*, Ursprung und Genese der Lückentheorie im preußischen Verfassungskonflikt, in: Der Staat 1990, 209–234.

tung berufen. Autoren wie HEINRICH ZÖPFL und HEINRICH ALBERT ZACHARIÄ, gewissermaßen die letzten Ausläufer einer über KLÜBER vermittelten «reichspublizistischen» Tradition, sahen sich mit dem Ende des Deutschen Bundes in einer Orientierungskrise.[128] Erste Materialiensammlungen und Kommentierungen der Verfassung des Norddeutschen Bundes erschienen[129] und ließen das im wesentlichen unveränderte preußische Staatsrecht in den Hintergrund treten. Erst recht gilt dies für die Zeit nach der Reichsgründung. Parallel zur allmählichen Ausweitung der Reichskompetenzen und der Reichsverwaltung trat «preußisches Staatsrecht» als Gegenstand wissenschaftlichen Interesses und der Universitätslehre langsam zurück, erstaunlich insofern als gerade in den Jahren nach 1871 wichtige innere Reformen durchgesetzt werden konnten.[130] 1898 meinte PHILIPP ZORN mit Beschämung eingestehen zu müssen: «die Wissenschaft des preußischen Staatsrechtes war und ist bis heute in einem kümmerlichen Zustande»,[131] allerdings weniger hinsichtlich der vorhandenen Literatur als im Universitätsbetrieb und im Vergleich zum Privatrecht.

Die verfassungspolitischen Turbulenzen wirkten sich allerdings nicht nur in den preußischen Kerngebieten nachteilig auf die wissenschaftliche Pflege des öffentlichen Rechts aus, sondern erst recht auch in Hannover und Schleswig-Holstein in den Jahren zwischen 1848 und 1866. Die verfassungsrechtliche Entwicklung dieser Länder unterscheidet sich grundlegend voneinander. Hannover steuerte unter König GEORG V. (1851–1866) wieder einen konservativen Kurs, die Zugeständnisse von 1848 wurden 1855 wieder rückgängig gemacht.[132] Es sah sich eingezwängt zwischen Preußen und Österreich und versuchte 1866 vergeblich, dem Konflikt auszuweichen.[133] Seit dem 20. 9. 1866 war es preußische Provinz.

Die Geschichte Schleswigs und Holsteins zwischen 1848 und 1866 ist dagegen nicht die eines geschlossenen Territoriums, sondern eines Zankapfels zwischen Dänemark, dem Deutschen Bund, Preußen und Österreich. Als die Auseinandersetzungen im deutsch-dänischen Krieg kulminierten und Schleswig, Holstein und Lauenburg im Wiener Frieden an Preußen und Österreich kamen, war der folgende Konflikt zwischen Preußen und Österreich bereits vorprogrammiert.[134] Der Gasteiner Vertrag von 1865 schuf allenfalls eine Atempause.

Unter diesen Umständen war eine eigenständige, von der Tagespublizistik abgesetzte öffentlichrechtliche Literatur nicht zu erwarten. Der zeitgenössische Überblick zeigt allenthalben Kampfpositionen.[135]

[128] *H. Schulze,* Die Krisis des deutschen Staatsrechts im Jahre 1866, Leipzig 1867.

[129] *K. Hiersemenzel,* Die Verfassung des Norddeutschen Bundes, Bd. 1 Berlin 1867, Bde 2 und 3 (Das Verfassungs- und Verwaltungs-Recht des Norddeutschen Bundes und des Deutschen Zoll- und Handels-Vereins) Berlin 1868/70; *F. v. Martitz,* Betrachtungen über die Verfassung des Norddeutschen Bundes, Leipzig 1868; *G. Meyer,* Grundzüge des Norddeutschen Bundesrechts, Leipzig 1868; *C. F. v. Gerber,* Grundzüge des deutschen Staatsrechts, Leipzig 1865, 2. und 3. Aufl. 1869, 1880, Beilage IV; *F. Thudichum,* Verfassungsrecht des norddeutschen Bundes und des deutschen Zoll- und Handelsvereins, 2 Bde Tübingen 1869/70.

[130] Eingehend *Huber* IV (1969), 351 ff.

[131] Vorwort zur 5. Aufl. v. *Rönne,* S. VI.

[132] *H. A. Oppermann,* Zur Geschichte des Königreichs Hannover von 1832–1860, 2 Bde Leipzig 1860–1862, 2. Aufl. 3 Bde Berlin 1868.

[133] Zu den Einzelheiten siehe *E. v. Meier,* Hannoversche Verfassungs- und Verwaltungsgeschichte 1680–1866, Bd. 1: Die Verfassungsgeschichte, Bd. 2: Die Verwaltungsgeschichte, Leipzig 1898–1899 (Neudr. 1973) sowie als moderne Darstellung *Th. Klein,* Königreich Hannover, in: DVG II (1983) 678–715 m. w. Nachw.

[134] *Huber* III (1963), 510 ff.; *W. Steiniger,* DVG II, 1983, 762–784.

[135] *H. Ratjen,* Zur Kenntniß der politischen Literatur in Beziehung auf die Herzogthümer

Kehren wir nach diesem Blick auf die Länder, die 1866 preußische Provinzen wurden, wieder zum älteren Preußen zurück. Auch dort beginnt die staatsrechtliche Literatur der Jahre nach 1848/50 nur zögernd. Sieht man von einer kleineren, bereits erwähnten Arbeit aus dem Jahre 1854 ab,[136] dann stammt nicht nur der erste wirklich umfassende und alle Materialien synoptisch verarbeitende Verfassungskommentar,[137] sondern auch die erste große Darstellung des preußischen konstitutionellen Staatsrechts von LUDWIG VON RÖNNE, damals als liberales Mitglied des preußischen Abgeordnetenhauses eine wichtige Figur der Innenpolitik.[138] Sein «Staatsrecht der Preußischen Monarchie» (1856)[139] wurde zum Orakel der liberalen Mehrheit im preußischen Abgeordnetenhaus während des Verfassungskonflikts, während die Gegenseite die Verfassung selbst als «Product liberaler Unklarheit und Unerfahrenheit ... mit zum Theil klugen, zum Theil ebenfalls unklaren Correcturen des Ministeriums Manteuffel» bezeichnete und entsprechend auch RÖNNES liberale Linie der Verfassungsinterpretation kritisierte.[140] Der Wert des Werkes lag zunächst einmal in der Eigenschaft, die RÖNNE auch in der Zusammenarbeit mit HEINRICH SIMON auszeichnete,[141] nämlich der erstaunlichen Beherrschung des rechtlichen Details, das sich in den Fußnoten kleinteilig und zum Teil antiquarisch ausbreitete. Daneben blieb es verfassungspolitisch das führende preußische Lehrbuch des liberalen Konstitutionalismus,[142] indem es zweifelhafte Fragen der Verfassung aus dem Geist der Verfassungsbewegung löste und gegen BISMARCK darauf beharrte, Staatsausgaben bedürften eines vom Abgeordnetenhaus gebilligten Etats, der, wenn er wegen politischen Dissenses nicht zustandekomme, nicht durch die monarchische Gewalt substituiert werden dürfe.[143]

Charakteristischerweise bemängelte deshalb auch der Monarchist PHILIPP ZORN an

Schleswig und Holstein in ihrem Verhältniß zu einander und zu Dänemark, in: Aegidis Zeitschrift 1 (1867), 485–515.

[136] *H. F. Jacobson,* Der Preußische Staat. Eine übersichtliche Darstellung seiner Bildungsgeschichte, seiner Gesetzgebung, Verfassung und Verwaltung, Leipzig 1854. Oben Kap. 4, Anm. 308.

[137] *L. v. Rönne,* Kritische Bemerkungen über den Entwurf des Verfassungsgesetzes für den preußischen Staat, Berlin 1848; *ders.* Die Verfassungs-Urkunde für den Preußischen Staat vom 31. Januar 1850, Berlin 1850. Vgl. hierzu auch *J. Seitz,* Entstehung und Entwicklung der Preußischen Verfassungsurkunde im Jahre 1848 (Mit dem bisher ungedruckten Urentwurf), Greifswald 1909.

[138] Zur Biographie oben Kap. 4 Anm. 311.

[139] 2 Teile, 1856; 2. Aufl., Leipzig 1864; 4. Aufl. 1881/85 (4 Bde, unvollendet, aber ergänzt durch *P. Schoen,* Das Recht der Kommunalverbände in Preußen, Leipzig 1897; 5. Aufl. neu bearb. v. *Ph. Zorn,* I–III, Leipzig 1899, 1906, 1915 (das Staatskirchenrecht in Bd. III ist bearbeitet von *Zorns* Schüler *F. Giese,* der ab 1914 in Frankfurt/M. lehrte. Zu ihm *Stolleis,* in: *B. Diestelkamp/M. Stolleis* (Hg.), Juristen an der Universität Frankfurt am Main, 1989, 117–127).

[140] So der anonyme *E. A. Chr.* (= *v. Stockmar*) in *Aegidis* Zeitschrift für Deutsches Staatsrecht und Deutsche Verfassungsgeschichte 1 (1867) 179–243, 477–484. Hintergrund dieser Auseinandersetzung ist der Verfassungskonflikt, wobei *Stockmar,* obwohl Liberaler, auf der Seite der monarchischen Gewalt steht. Kernthemen sind die (von *v. Stockmar* bejahte) Verbindlichkeit verfassungswidriger Gesetze, die Möglichkeit einseitiger Änderung der Verfassung durch den König, das Verhältnis von Gesetz und Verordnung und die Rolle der Notverordnungen mit Gesetzeskraft. Dagegen im liberalen Sinn *R. John,* aaO. 244–274. Zu *Stockmar* (1823–1886) siehe die eingehende Darstellung von *K. F. F. Samwer,* ADB 36 (1893) 305–315. Zu seiner Unterscheidung zwischen formellem und materiellem Gesetzesbegriff siehe unten Kap. 8, Anm. 339ff.

[141] Kap. 4, Anm. 299, 300.

[142] *M. Schroth,* Welt- und Staatsideen des deutschen Liberalismus 1859–66, 1931 (Hist. Studien, 201).

[143] Siehe oben Anm. 127.

RÖNNE, er sei «zu der vollen Festigkeit des monarchischen Staatsgedankens» nicht gelangt, während ZORN selbst in der fünften Auflage des Werks (1899) mit der staatsrechtlichen Vermutung für die monarchische Gewalt arbeitete, wo immer es nur möglich war, und den Hohenzollern, dem «ruhmvollsten aller Herrschergeschlechter der Erde», Weihrauch streute. Dementsprechend wurden auch RÖNNES Passagen über das Parlament zurückgedrängt, der juristische Charakter der «Grundrechte» so weit wie möglich geleugnet[144] und das Staatsbürgerrecht auch in der Gliederung des Gesamtwerks nach hinten gerückt, um das Verfassungsrecht mit «Der König» beginnen zu lassen.[145]

Die Lehr- und Handbücher des preußischen Staatsrechts, die nun nach der Reichsgründung erschienen,[146] hatten spezifische Aufgaben zu erfüllen. Sie sollten das Staatsrecht des größten aller Einzelstaaten mit seinen aus verschiedenen historischen Schichten stammenden Teilrechtsordnungen darstellen, und sie mußten die besonders enge Verflechtung mit dem Reich berücksichtigen, die faktisch zu einem allmählichen Bedeutungsschwund des eigenständigen preußischen Staatsrechts führte. Noch deutlicher war dies im Verwaltungsrecht. Hier fand eine solche Durchdringung mit dem Reichsrecht statt, «daß eine Darstellung des preußischen Verwaltungsrechts ohne stete Berücksichtigung des Reichsrechts gar nicht möglich ist».[147] Die Werke begannen deshalb unausweichlich mit geschichtlichen Einleitungen über die «staatsrechtliche Genesis Preußens»,[148] schilderten das Wachstum der Mark Brandenburg zur Markgrafschaft (1415–1640) sowie das absolutistische Brandenburg-Preußen (1640–1806) und führten dann über das vormärzliche und das konstitutionelle Preußen bis zur Gegenwart.

Das geltende Staatsrecht wurde in der klassischen Zweiteilung von «Verfassungsrecht» (Rechtliche Gliederung des Staatsorganismus) und «Regierungsrecht» (Von den Funktionen der Staatsgewalt) dargeboten, wobei ständig Querverweise auf das Reichsrecht zu machen waren. Je umfangreicher das Verwaltungsrecht wurde, desto mehr schien es zweckmäßig, das «preußische Staatsrecht» hiervon zu entlasten und separate Darstellungen zu versuchen. Diese Separierung vollzog sich in den beiden Jahrzehnten vor der Jahrhundertwende und schlug sich in mehreren Handbüchern, enzyklopädischen Darstellungen, Grundrissen und Wörterbüchern nieder, ein zuverlässiger Beleg dafür, daß, anders als in den kleineren Staaten des Reichs, in Preußen ein ungewöhnlich großer Bedarf an Lehr- und Informationsmitteln dieser Art bestand.

[144] *Rönne-Zorn* (Anm. 139) I, 1899, 150 unter Berufung auf *Gerber, Laband, Seydel* und *Bornhak.*

[145] Von «chamäleonartiger Gestalt» spricht *C. Bornhak,* Preußisches Staatsrecht, 2. Aufl. Breslau 1911, Bd. 1, 122 und er fährt fort: «Der alte Rönne war wissenschaftlich wertlos aber zuverlässig, der neue hat an wissenschaftlichem Werte gewonnen, an Zuverlässigkeit verloren».

[146] *H. Schulze,* Das Preußische Staatsrecht. Auf Grundlage des Deutschen Staatsrechts dargestellt, 2 Bde Leipzig 1872–1877; 2. Aufl. 2 Bde Leipzig 1888/90; *ders.* Das Staatsrecht des Königreichs Preußen, Freiburg und Tübingen 1884, Neubearbeitung durch *K. Frhr. v. Stengel,* Das Staatsrecht des Königreichs Preußen, Freiburg und Leipzig 1894; *C. Bornhak,* Preußisches Staatsrecht, 3 Bde, Freiburg 1888–1890 (2. Aufl. Breslau 1912); *F. Stier-Somlo,* Preußisches Staatsrecht, 2 Teile, Berlin und Leipzig 1906 (2. Aufl. – auf neuer verfassungsrechtlicher Grundlage – 1927) ein Grundriß der «Sammlung Göschen» mit knappsten Angaben.

[147] *v. Stengel* (Anm. 146), 34.

[148] *Schulze,* Das Preußische Staatsrecht (Anm. 146), 1. Aufl., I, 23ff.; *Bornhak* (Anm. 146), Bd. 1, I; *v. Stengel* (Anm. 146), §§1–10.

Unter den Darstellungen des preußischen Staatsrechts ragt als besonders ausgewogen und durchdacht diejenige von HERMANN SCHULZE (1824–1888) heraus.[149] Von RÖNNES trockenem Positivismus unterscheidet sie sich durch Verzicht auf die Masse der teilweise antiquarisch mitgeschleppten positivrechtlichen Nachweise und durch SCHULZES vermittelnde methodische Position: die «juristische Methode» ist bei ihm akzeptiert, aber sie wird auf einen «geschichtlich gewordenen Organismus» angewendet. Für SCHULZE sind historische Genese samt politischen Rahmenbedingungen und juristische Behandlung keine Gegensätze. Seine Staatszwecklehre, die er in traditioneller Weise ausformt, sucht die Balance zu halten zwischen «Rechts- und Kulturstaat». LABANDS schärfere Grenzziehung lag ihm nicht, wie auch am späteren Deutschen Staatsrecht zu beobachten ist. Er war ein «freikonservativer» Vermittler, auch in politischer Hinsicht. Seine Hoffnungen gingen dahin, es könnten sich «die gesunden konservativen Elemente unseres Staatslebens mit den berechtigten liberalen Forderungen der Gegenwart, im Dienste der nationalen Idee, versöhnt die Hand reichen».[150]

SCHULZES «Preußisches Staatsrecht» von 1872/77[151] trägt schon den Untertitel «Auf Grundlage des Deutschen Staatsrechts», und deshalb hieß es: «Der preussische Staat kommt hier vorzugsweise als der deutsche Staat der Gegenwart in Betracht.»[152] Preußen hatte also nicht nur ein natürliches Übergewicht, es wurde gewissermaßen auch als methodisches Muster verstanden. Das führte einerseits zu einem gewissen Vorrang des bürokratischen Anstaltsstaates: Wie kaum anders denkbar begann das Verfassungsrecht mit der monarchischen Gewalt, der Behördengliederung und dem Beamtentum. Erst dann folgten die Objekte der Herrschaft, nun Staatsbürger genannt und mit einem entwickelten Katalog von Grundrechten ausgestattet. Ihnen folgten die öffentlichrechtlichen Körperschaften, vor allem also die Gemeinden. Erst im dritten Schritt erscheint die «Volksvertretung» und ihre Mitwirkung bei der Gesetzgebung. Hier steuert nun SCHULZE andererseits in Richtung einer echten Parlamentarisierung und einer Überwindung des traditionellen Dualismus durch Betonung der organischen souveränen Gesamtpersönlichkeit des Staates sowie durch Akzentuierung des Prinzips der Repräsentation: «Was die Volksvertretung innerhalb des Kreises ihrer Befugnisse in verfassungsmässiger Form beschliesst, gilt als Willensausdruck der Nation.»[153] Von diesem «höchsten allgemeinen Staatswillen» in Form des Gesetzes gelenkt, entfalten sich anschließend die «Vollziehung» (Justiz samt Justizverwaltung sowie Verwaltung im engeren Sinne, letztere wieder unterteilt in Finanz- und innere Verwaltung) und der Rechtsschutz.[154] SCHULZES zweiter Band «Regierungsrecht» umfaßt damit auch die wesentlichen Strukturen der Verwaltung, einschließlich ihres historischen Hintergrundes,[155] nicht jedoch die normativen Details.

SCHULZE hat später auf dieser Grundlage in (MARQUARDSEN'S) Handbuch des Öffentlichen Rechts das «Staatsrecht des Königreichs Preußen» in komprimierter Form dar-

[149] Siehe unten Kap. 8, bei Anm. 51 u. ö. Zur Biographie *E. Landsberg*, ADB 33 (1891) 1–3, der auch mitteilt, das preußische Staatsrecht sei ins Italienische und Japanische übersetzt worden.

[150] *Schulze* (Anm. 146) I, 130.

[151] Trotz des Erscheinungsdatums des 1. Bandes der ersten Auflage (1872) ist die staatsrechtliche Entwicklung nur bis zum Norddeutschen Bund eingearbeitet.

[152] *Schulze* (Anm. 146) I, 5.

[153] *Schulze* (Anm. 146) II, 133.

[154] *Schulze* (Anm. 146), II, §§ 272ff.

[155] Vgl. etwa die «Geschichtliche Entwicklung des deutschen Finanzrechtes», II, §§ 194ff.

gestellt[156] und KARL FREIHERR VON STENGEL (1840–1930)[157] hat dieses Buch 1894 neu bearbeitet.[158] Bei STENGEL ist immerhin die «Volksvertretung» als Gegengewicht zur monarchischen Gewalt nach vorne gezogen worden; erst anschließend folgen die Behörden und die Beamten – dies scheinbar nur ein Detail der Gliederung, aber ein bedeutungsvolles.

Das dreibändige «Preußische Staatsrecht» von CONRAD BORNHAK[159] entspricht in seiner Gesamtanlage mit historischer Einleitung, einem kleinen Vorspann «Allgemeine Lehren für Staats- und Verwaltungsrecht» und dem breit dargestellten Verfassungsrecht und Verwaltungsrecht in etwa dem Muster von HERMANN SCHULZE. Das Verwaltungsrecht ist allerdings erheblich breiter ausgestaltet. Es enthält sämtliche Ressorts (Auswärtiges, Kriegswesen, Justiz, Inneres, Finanzen, Kirche und Schule), und BORNHAK rühmte sich, sein Werk sei das einzige größere preußische Staats- und Verwaltungsrecht, das seit 30 Jahren abgeschlossen erschienen sei. Auch die historischen Partien nehmen breiten Raum ein, wie überhaupt BORNHAK sich zum Spezialisten der preußischen Staats- und Verwaltungsrechtsgeschichte entwickelt hatte.[160] Aber der Abfall des Niveaus im Vergleich zu SCHULZE ist doch deutlich. BORNHAK bemüht sich, «wissenschaftlich und volkstümlich» zu sein, was einen zugleich biederen und autoritären Gesamtton ergibt. Originell ist BORNHAK, der eigentlich RUDOLF VON GNEIST sehr nahestand, soweit ersichtlich nirgends, auch nicht in seinen zahlreichen anderen Werken;[161] bei großer äußerer Produktivität liegt sein Talent eher in der ansprechenden Aufbereitung der «herrschenden Meinung».[162]

Die genannten großen Gesamtdarstellungen des preußischen Staatsrechts wurden – seit Preußen «Verfassungsstaat» geworden war – von Bearbeitungen der Verfassungsurkunde begleitet. Der Kommentar von RÖNNE, der 1859 noch in dritter Auflage erschien, wurde bereits erwähnt.[163] Im konservativeren Klima des Bismarck-Staates galt er zwar als «überholt», aber er bot jedenfalls die wichtigsten Materialien zur Verfassungsrevision von 1850. Was sonst an kleineren Textausgaben und knappen Kommentierungen erschien,[164] war unbedeutend im Vergleich zu der glänzenden Kom-

156 *H. Schulze*, Das Staatsrecht des Königreichs Preußen (Anm. 146).

157 *K. Frhr. v. Stengel*, der die bayerische Juristenausbildung durchlaufen hatte, war 1871–79 Landesgerichtsrat im Elsaß, 1881–90 Professor für Verwaltungsrecht in Breslau, ab 1890 in Würzburg, ab 1895 in München. Vgl. Wer ist's? 9 (1928) 1520f.; Der Gr. Brockhaus 1934, Bd. 18, 130f. Eine Autobiographie findet sich in *W. Zils*, Geistiges und künstlerisches München in Selbstbiographien, München 1913, 351. Siehe auch unten Kap. 9, Anm. 109.

158 Oben Anm. 140.

159 *Bornhak* wurde 1861 in Nordhausen geboren, studierte 1879–82 Rechtswissenschaft in Berlin, promovierte 1885 in Göttingen, habilitierte sich 1887 in Berlin und war von da an in der Verwaltungspraxis und als ao. Prof. bis 1927 in Berlin tätig. 1933 erklärte er, er habe „die Ideen des Nationalsozialismus vertreten, ehe an Nationalsozialismus zu denken war" (*H. Heiber*, Universität unterm Hakenkreuz, 1991, 386). – Vgl. auch Wer ist's? 6 (1912) 164.

160 *C. Bornhak*, Geschichte des Preußischen Verwaltungsrechts, 3 Bde, Berlin 1884–1886, eingehend besprochen von *K. v. Stengel*, AöR 1 (1886) 232–243, 615–619; *ders.* Preußische Staats- und Rechtsgeschichte, Berlin 1903.

161 *C. Bornhak*, Allgemeine Staatslehre, Berlin 1896 (2. Aufl. 1909); *ders.* Grundriß des Verwaltungsrechts in Preußen und dem Deutschen Reiche, Leipzig 1906 (3. Aufl. 1911).

162 Erst recht gilt dies für die Kurzdarstellung von *E. Hubrich*, Preußisches Staatsrecht, Hannover 1909.

163 Oben Anm. 137.

164 *Schwartz* (Anm. 125); *Arndt* (Anm. 125).

mentierung von GERHARD ANSCHÜTZ.[165] Sie verwirklichte tatsächlich in «Stofffülle und Genauigkeit des Details» die angestrebte «möglichst vollständige Darstellung des preußischen Staats- und Verwaltungsrechts, soweit es in der Verfassungsurkunde steht».[166] ANSCHÜTZ zeigte hier die Qualitäten, die seinen späteren Kommentar zur Weimarer Reichsverfassung berühmt machen sollten, die Gabe präziser Information, knapper Skizzierung des Meinungsstands und die argumentative Hinführung zu praxisnahen Ergebnissen, außerdem eine ganz bewußt vollzogene Distanzierung vom gängigen staatsrechtlichen Konservativismus. ANSCHÜTZ dachte rechtsstaatlich (national) liberal, war allerdings in diesem Werk doppelt gebunden, zu einen durch das methodische Credo des Rechtspositivismus einer sauberen Trennung des juristischen Arguments von politischen Wunschvorstellungen, zum andern durch die Selbstbindung des Kommentators an den Text. Der Verfassungszustand war durch die Urkunde vom 31. Januar 1850 im wesentlichen fixiert, und die Kommentierung durch ANSCHÜTZ konnte nicht liberaler sein als diese Vorgabe. Immerhin war es möglich, die allzustarke Betonung der monarchischen Gewalt, wie etwa im Kurzkommentar von ARNDT, zu beschneiden.

Der Überblick über die Literatur wäre allerdings unvollständig, würde man nicht jenes Buch erwähnen, das sozusagen in jeder preußischen Amtsstube vorhanden war, nämlich das «Handbuch der Verfassung und Verwaltung in Preußen und dem Deutschen Reiche» des «freikonservativen» hochrangigen Beamten ROBERT GRAF HUE DE GRAIS (1835–1922).[167] Es bot «eine fortlaufende systematische Darstellung unserer öffentlichen Rechtszustände und daneben eine gleichmäßig geordnete Zusammenstellung aller in den verschiedenen Sammlungen zerstreuten Vorschriften». Wie nützlich diese schlichte, umfassende und zuverlässige Darstellung war, belegen die kontinuierlichen Neuauflagen, von denen es bis zum Ausbruch des Weltkrieges zweiundzwanzig gab. Sie dokumentieren die «laufende Ausweitung der Verwaltungstätigkeit»,[168] belegen aber auch die vielgerühmten positiven Eigenschaften preußischer Verwaltung, die im Zeichen des Rechtsstaats zunächst einmal die genaue Feststellung und Beachtung des geltenden Rechts als ihren «Beruf» empfand.

Das Handbuch von HUE DE GRAIS gibt Anlaß zu einem abschließenden Blick auf die Darstellungen des preußischen Verwaltungsrechts. Die nach 1871 erscheinenden Lehr- und Handbücher auf diesem Feld sind in traditioneller Weise Produkte der Pra-

[165] *G. Anschütz,* Die Verfassungs-Urkunde für den Preußischen Staat vom 31. Januar 1850. Ein Kommentar für Wissenschaft und Praxis, Bd. 1, Berlin 1912. Zu ihm unten Kap. 8, Anm. 228 ff.

[166] aaO. Vorwort.

[167] *R. Graf Hue de Grais* hatte in Bonn und Halle studiert, war 1860 Regierungsassessor in Minden, dann in Koblenz, nahm 1864 am deutsch-dänischen Krieg teil, war 1867 Kreishauptmann in Hildesheim, 1879 Polizeipräsident in Stettin, 1881 Vortr. Rat im preußischen Innenministerium, 1889–1900 Regierungspräsident in Potsdam, zuletzt Wirkl. Geheimer Oberregierungsrat (1908). Ab 1908 lebte er in Wolkramshausen (Thür.). – *R. Graf Hue de Grais,* Handbuch der Verfassung und Verwaltung in Preußen und dem Deutschen Reiche, Berlin 1881 (22 Aufl. bis 1914; 23.–26. Aufl. hrsgg. v. *G. Graf Hue de Grais* 1926–30; Übersetzung ins Japanische 1890); *ders.* Grundriß der Verfassung und Verwaltung in Preußen und dem Deutschen Reiche, Berlin 1884 (11. Aufl. 1914), ein populärer Grundriß, ebenso wie *seine* «Staatsbürgerkunde. Führer durch das Rechts- und Wirtschaftsleben in Preußen und dem Deutschen Reiche», Berlin 1913.

[168] *P. Schiera–R. Gherardi,* Von der Verfassung zur Verwaltung: bürgerliche Staatswissenschaft in Deutschland und Italien nach der nationalen Einigung, in: *E. V. Heyen* (Hg.), Wissenschaft und Recht der Verwaltung seit dem Ancien Régime, 1984, 129–146 (133).

xis. Sie erheben keine eigentlich wissenschaftlichen Ansprüche, sondern verstehen sich in einem umfassenden Sinn als Handreichungen für den Alltag der Verwaltung. Das von Hue de Grais betreute große «Handbuch der Gesetzgebung in Preußen und dem Deutschen Reiche» enthielt das gewaltig anwachsende Gesetzesmaterial in kommentierten Ausgaben. Bald schien es sinnvoll, den Stoff – nach französischem Vorbild übrigens – in lexikalischer Form aufzubereiten.[169] Die gleichzeitigen Unternehmungen in Sachsen, Württemberg und das «Wörterbuch des deutschen Verwaltungsrechts» von Karl Freiherr von Stengel (1889/90) zeigen, daß der Bedarf nach solchen Hilfsmitteln überall gestiegen war. Der unermüdliche Grotefend und andere schrieben zusammenfassende Darstellungen des preußischen Verwaltungsrechts,[170] die allesamt die positivistische, sammelnde und ordnende Linie von Rönne und Simon fortsetzten. Das bedeutet, daß sie nach Maßgabe der Ressortgliederung den ständig nachfließenden normativen Strom aufbereiteten und für die Verwaltung verfügbar machten. Dieses Verfahren war, wie auch der Erfolg des Handbuchs von Hue de Grais zeigt, auf Landesebene das einzig sinnvolle; denn vor Ort bedurfte man weniger eines «Allgemeinen Teils» als der Kenntnis der konkreten Norm – eventuell in Form der Verwaltungsanweisung.

Zum Wachstum des Stoffs in diesem Bereich hat ab 1875 vor allem die neue Verwaltungsgerichtsbarkeit beigetragen.[171] Das Preußische Oberverwaltungsgericht gewann auf diesem Gebiet schnell überregionales Ansehen, und es hat die wichtigsten Beiträge zur schrittweisen Entwicklung übergreifender Rechtsgedanken und dogmatischer Figuren geleistet.[172] Als erster hat insoweit Gerhard Anschütz eine Bilanz gezogen.[173]

Besonders wirkte ab 1879 dann das neugegründete «Preußische Verwaltungsblatt», das schon mit seinem Untertitel «Wochenschrift für Verwaltung und Verwaltungs-

[169] *R. v. Bitter,* Handwörterbuch der Preußischen Verwaltung, Leipzig 1906; 2. Aufl. 2 Bde 1911; 3., vollständig umgearbeitete Aufl., 2 Bde Berlin und Leipzig 1928, hrsgg. v. *B. Drews* und *F. Hoffmann.*

[170] *G. A. Grotefend,* Lehrbuch des Preußischen Verwaltungsrechts, 2 Teile, Berlin 1890–1892; *R. Zelle,* Handbuch des geltenden öffentlichen und Privatrechtes für das Gebiet des preußischen Landrechts, Berlin 1888; 4. Aufl. 1898; 5., neubearb. Aufl. v. *R. Korn–G. Langerhans,* Berlin 1904; *K. Parey,* Handbuch des Preußischen Verwaltungsrechts, 2 Bde, Berlin 1887; *J. Illing,* Handbuch für preußische Verwaltungsbeamte, 2. Aufl. 2 Bde, Düsseldorf 1869/70; 10. Aufl. 4 Bde Berlin 1912–16; *O. v. Arnstedt,* Das Preußische Polizeirecht, 2 Bde, Berlin 1907. Weitere Nachweise zur preußischen verwaltungsrechtlichen Literatur bei *Rönne/Zorn* (Anm. 139), 5. Aufl. I (1899), 182.

[171] *W. Rüfner,* Verwaltungsrechtsschutz in Preußen von 1749 bis 1842, 1962; *ders.* Die Entwicklung der Verwaltungsgerichtsbarkeit, in: DVG III, 909, 922ff. mit w. Nachw.; die gründlichste Arbeit stammt von *U. Stump,* Preußische Verwaltungsgerichtsbarkeit, 1875–1914, Verfassung – Verfahren – Zuständigkeit, 1980; *R. Grawert,* Preußische Verwaltungsgerichtsbarkeit, in: Die Verwaltung 1983, 66–80; *S. F. Pauly,* Organisation, Geschichte und Praxis der Gesetzesauslegung des (Königlich) Preußischen Oberverwaltungsgerichtes 1875–1933, 1987.

[172] *L. Frege,* Der Status des preußischen Oberverwaltungsgerichts und die Standhaftigkeit seiner Rechtsprechung auf politischem Gebiet, in: *H. R. Külz, R. Naumann* (Hg.), Staatsbürger und Staatsgewalt, 1963; *H. Egidi,* Paul Persius, der Schöpfer der Preußischen Verwaltungsgerichtsbarkeit, in: Aus 100 Jahren Verwaltungsgerichtsbarkeit, hrsgg. v. *M. Baring,* 1963.

[173] *G. Anschütz,* Allgemeine Begriffe und Lehren des Verwaltungsrechts nach der Rechtsprechung des Oberverwaltungsgerichts, PrVerwBl 22 (1900/01), 83–90; *ders.* Die im Jahre 1897 veröffentlichte Rechtsprechung des Königlich Preußischen Oberverwaltungsgerichts, VerwArch 6 (1898) 593–649.

rechtspflege in Preußen» auf die neue Gerichtsbarkeit Bezug nahm und sich von nun an unter dem Herausgeber OSCAR BINSEEL (1839–1905)[174] zur wichtigsten verwaltungsrechtlichen Zeitschrift des Reichs entwickeln sollte.[175] Daß hierbei ein allmählich voranschreitender Prozeß der «Verwissenschaftlichung» feststellbar ist,[176] entspricht der allgemeinen Entwicklungslinie.

Das Gesamtbild der preußischen Verwaltung und des Verwaltungsrechts hatte sich in der zweiten Hälfte des 19. Jahrhunderts erheblich gewandelt. Die Konstitution war nun eingewurzelt, es gab grundrechtssichernde Gesetze, der Verwaltungsstil und das Beamtenethos galten als musterhaft. In Zonen starker Politisierung – etwa in Elsaß-Lothringen, in den polnischen Gebieten oder bei der polizeilichen Unterdrückung der Sozialisten – haben die Sicherungen zwar nicht gehalten und das Oberverwaltungsgericht hat hier nur partiell gegensteuern können oder wollen.[177] Dennoch war Preußen vor 1914 immer noch ein Rechtsstaat nach Anspruch und Realität, vor allem seit die Verwaltungsgerichtsbarkeit sich durchgesetzt hatte.

Im übrigen wies Preußen seit dem innenpolitischen Kurswechsel von 1878 eine starke Vermehrung verwaltungsrechtlicher Eingriffe, eine zunehmende Durchdringung von Reichs- und Landesverwaltungsrecht sowie ein deutliches Vorrücken von Technik- und Technikfolgenrecht auf. Erst um die Jahrhundertwende nahm die Wissenschaft diese Impulse in breiterem Umfang auf, vermittelte Landesverwaltungsrecht an den Universitäten und Technischen Hochschulen und begann, den landesrechtlichen Stoff mit den nun durchgesetzten allgemeinen Lehren des Verwaltungsrechts zu verbinden.

6. Österreich-Ungarn

Österreich-Ungarn, das die Revolution von 1848 militärisch niedergeschlagen und den Kremsierer Reichstag aufgelöst hatte, oktroyierte zunächst eine relativ liberale Verfassung mit einheitlichem Reichsbürgerrecht und Garantien von Freiheit und Gleichheit, kehrte aber mit dem Staatsstreich vom 31. Dezember 1851 wieder zum Absolutismus zurück und praktizierte eine «etatistische Gegenrevolution»,[178] die allerdings auch gewisse Modernisierungseffekte mit sich brachte, speziell im Hochschulwesen (Thun-Hohenstein'sche Reformen).[179] Damit konnten die nationalistischen Gegenkräfte des Vielvölkerstaats noch eine Zeitlang beherrscht werden, langfristig aber wuchsen die Probleme schneller, als sie von dem schwerfälligen bürokratischen Zen-

[174] *G. Schmidt,* Oscar Binseel (1839–1905), Gründungsherausgeber des «Preußischen/Deutschen Verwaltungsblatts», in: DVBl 100 (1985) 1344–1347. *Binseel* war Bürgermeister a. D. und Syndikus der Deutschen Bank, Berlin.

[175] *C. H. Ule,* Vom Preußischen Verwaltungsblatt zum Deutschen Verwaltungsblatt. Zum 100. Jahrgang einer verwaltungsrechtlichen Zeitschrift, in: Deutsches Verwaltungsblatt 100 (1985) 9–21 sowie besonders *R. Mußgnug,* Das Preußische Verwaltungsblatt 1879–1913, eine wissenschaftliche Zeitschrift als Spiegel der Verfassungs- und Verwaltungswirklichkeit ihrer Zeit, aaO. 1333–1344.

[176] *E. V. Heyen,* Profile der deutschen und französischen Verwaltungsrechtswissenschaft 1880–1914, 1989, 66.

[177] *H. J. Wichardt,* Die Rechtsprechung des Königlich Preußischen Oberverwaltungsgerichts zur Vereins- und Versammlungsfreiheit von 1875 bis 1914, jur. Diss. Kiel 1976.

[178] *Nipperdey,* 677.

[179] *R. Meister,* Die Universitätsreform des Ministers Graf Thun-Hohenstein, Wien 1949; *H. Lentze,* Die Universitätsreform des Ministers Graf Leo Thun-Hohenstein (Österr. Ak. d. Wiss., Phil.-Hist. Kl. Bd. 239), Wien 1962, 43ff.; *G. Oberkofler,* Die österreichische Juristentradi-

tralismus aufgefangen werden konnten.[180] Im italienischen Krieg von 1859 und in der Niederlage gegen Preußen von 1866 zeigte sich, daß auch die militärische Korsettstange nicht mehr stark genug war.

Unter dem Druck der äußeren Lage und der im Inneren wachsenden Zentrifugalkräfte wandelte sich der Neoabsolutismus ab 1860 zum konstitutionellen Staat,[181] schuf sich mit dem «Verstärkten Reichsrat» ein echtes Parlament, überwand kompromißhaft die Ungarnkrise von 1861 und gelangte schließlich direkt nach der Niederlage von 1866 durch Einzelgesetze zu einer Verfassung (1867), die den österreichisch-ungarischen Gesamtstaat noch einmal überwölbte, wie auch immer die Konstruktion staatsrechtlich gedeutet werden mochte.[182] Auch die besondere Zuordnung von Böhmen, Mähren, Galizien und Südtirol bereitete Probleme.[183]

Mit der Wendung zum Konstitutionalismus, der Gewährung von Grundrechtsschutz durch das Reichsgericht (1869) und die Verwaltungsgerichtsbarkeit (1876) sowie der unter METTERNICH allzulange verzögerten Öffnung der Universitäten kam nun ein großer Nachholbedarf an staats- und verwaltungsrechtlicher Diskussion ans Tageslicht. 1849 forderten die Wiener Professoren eine Lehrkanzel für «Verfassungsrecht»,[184] für ein Fach also, das bisher ganz unterdrückt war. Die Studien- und Prüfungsordnung von 1850 sah dann Staatsrecht vor, aber nur bis 1852, weil der Absolutismus zurückgekehrt war.[185] Nunmehr genügte wieder «Österreichische Verwaltungs- und Finanzgesetzkunde»,[186] die aber nicht einmal Pflichtfach war. Erst 1872 tauchten «Allgemeines und österreichisches Staatsrecht» (einschließlich des Verwaltungsrechts) im Rigorosum auf, und sie setzten sich in der Folgezeit, speziell seit der Studienordnung von 1893[187] mit dem allmählich davon abgetrennten Verwaltungsrecht und der Verwaltungslehre durch.[188]

tion des Vormärz im Widerstreit mit den Reformen des Ministers Graf Thun, in: Festschrift für E. C. Hellbling z. 80. Geb., 1981, 626ff. sowie in *G. Oberkofler*, Studien zur Geschichte der österreichischen Rechtswissenschaft, 1984, 121ff. Zu *Thun* vgl. *S. Frankfurter*, ADB 38 (1894) 178–212; *A. Erler*, Thun-Hohenstein, HRG V, 33. Lief. (1991) 211–213; *H.-Ch. Kraus*, Leo Graf von Thun-Hohenstein (1811–1888), in: Criticón 1991, 161–165 m. w. Nachw.

[180] Vorzüglich *K. Megner*, Beamte. Wirtschafts- und sozialgeschichtliche Aspekte des k. k. Beamtentums, 2. unveränd. Aufl. Wien 1986.

[181] So durch das sog. Oktoberdiplom v. 20. 10. 1860 als «Staatsgrundgesetz» und ihm folgend das sog. Februarpatent v. 26. 2. 1861, die sog. «Reichsverfassung». Einzelheiten bei *W. Brauneder–F. Lachmeyer*, Österreichische Verfassungsgeschichte, 5. Aufl. Wien 1989, 137ff., 141ff.

[182] *J. Ulbrich*, Lehrbuch des österreichischen Staatsrechtes, Berlin–Wien 1883; *ders.* Staatsrecht der österreichisch-ungarischen Monarchie, Freiburg und Tübingen 1884, 4. Aufl. Tübingen 1909; hier zit. nach 3. Aufl. Tübingen 1904 m. w. Nachw.

[183] *Ulbrich* (Anm. 182), 4. Aufl. 1909, 55ff., 58f., 59f.

[184] *Oberkofler* (Anm. 179), 637.

[185] *W. Brauneder*, Formen und Tragweite des deutschen Einflusses auf die österreichische Verwaltungsrechtswissenschaft 1850–1914, in: *E. V. Heyen* (Hg.), Wissenschaft und Recht der Verwaltung seit dem Ancien Régime, 1984, 249–283 (252).

[186] *M. v. Stubenrauch*, Handbuch der österreichischen Verwaltungs-Gesetzkunde. Nach dem gegenwärtigen Standpunkte der Gesetzgebung, 2 Bde, Wien 1851/52, 2. Aufl. 1855/56, 3. Aufl. 1859/61. Hierzu oben Kap. 4 bei Anm. 331.

[187] Gesetz betr. die rechts- und staatswissenschaftlichen Studien und Staatsprüfungen, RgBl 1893/68.

[188] *Brauneder* (Anm. 185), 254f.

Das Lehrangebot an den deutschsprachigen Universitäten Wien, Graz, Innsbruck, Prag und Czernowitz (ab 1875)[189] zeigt eine enge Abhängigkeit von der Verfassungslage. Erst mit den Verfassungsreformen von 1861/1867 kommt die Lehre im öffentlichen Recht wirklich in Gang. «Um 1870 entstanden die ersten Lehrkanzeln für allein öffentlichrechtliche Fächer.»[190] 1876 versuchte das Unterrichtsministerium mit Hilfe eines Preisausschreibens eine «systematische Darstellung des in Österreich geltenden öffentlichen Rechts» (Staats- und Verwaltungsrecht) anzuregen, übrigens erfolglos.[191] Doch ist ab etwa 1884 der Aufstieg der österreichischen Juristenfakultäten unverkennbar. Die Durchsetzung der konstitutionellen Staatsform und des Rechtsstaates samt der Einrichtung der Verwaltungsgerichtsbarkeit waren hierbei die treibenden Kräfte. Mit der Studienordnungsnovelle von 1893 waren das öffentliche Recht und seine Vertreter (E. Bernatzik, F. Tezner, W. Lustkandl, A. Menzel u. a.) dann fest etabliert.[192]

Wenig später erschienen auch Gesamtdarstellungen von österreichischen Hochschullehrern.[193] Unter ihnen fallen qualitativ besonders diejenigen von Josef Ulbrich (1843–1910)[194] auf. In seinem Lehrbuch des österreichisch-ungarischen Staatsrechts[195] gelang es ihm auf knappem Raum, den österreichisch-ungarischen Gesamtstaat samt seinen die einzelnen Königreiche und Länder überwölbenden Zentralbehörden und dem Reichsrat zu schildern, daneben die Rechtsstellung der Bürger in den einzelnen Territorien samt Wahlrecht und nationalen Besonderheiten, außerdem die Staatsfunktionen (Gesetzgebung, Verwaltung, Rechtsprechung), das Auswärtige, die «Wehrmacht», den öffentlichen Haushalt, das Staatskirchenrecht und die Gerichtsverfassung. Da er das Verwaltungsrecht in einem weiteren Lehrbuch dargestellt hatte,[196] konnte er sich im Staatsrecht mit Andeutungen der Sicherheits- und Wohlfahrtspolizei begnügen.

Für Österreich ist typisch, daß Verwaltungsrecht und Verwaltungslehre in diesen Jahren nicht scharf getrennt wurden. Auf der einen Seite hielt sich bis in die siebziger und achtziger Jahre eine praxisorientierte Verwaltungs- und Finanzgesetzeskunde,

[189] *F. Kleinwächter,* Die rechts- und staatswissenschaftlichen Fakultäten in Oesterreich, Wien 1876.

[190] *Brauneder* (Anm. 185), 265. Dort 266ff. auch eingehend zu den Fragen der Besetzung, insbesondere zur notwendigen Kenntnis des Landesstaats- und Verwaltungsrechts. Speziell zu Graz siehe *R. Walter,* Die Lehre des öffentlichen Rechts an der Karl-Franzens-Universität zu Graz von 1827–1938, in: Juristische Blätter 88 (1966) 549ff.

[191] *Brauneder* (Anm. 185) 254, 263 Anm. 47.

[192] *W. Ogris,* 1884–1984. Einhundert Jahre Rechtswissenschaft im Hause am Ring, Schr. d. Universitätsarchivs, 3. Bd. Wien 1984.

[193] *L. Gumplowicz,* Das österreichische Staatsrecht (Verfassungs- und Verwaltungsrecht), Wien 1891; 2. Aufl. 1902; 3. Aufl. 1907; *ders.* Einleitung in das Staatsrecht, Berlin 1889 (2. Aufl. u. d. T. «Österreichische Reichsgeschichte», Berlin 1896); *F. Hauke,* Grundriß des Verfassungsrechts, Leipzig 1905; *E. Mayrhofer,* Handbuch für den politischen Verwaltungsdienst bei den Landes-, Kreis- und Bezirksbehörden im Kaiserthum Österreich, Wien 1855/56, mit insgesamt 6 Auflagen bis 1914.

[194] *J. Ulbrich,* 1843 geb. in Eger, promovierte 1867, wurde 1879 ao. und 1884 o. Prof. an der Deutschen Universität Prag. Außer den in Anm. 182 genannten Werken siehe vor allem: Über öffentliche Rechte und Verwaltungsgerichtsbarkeit mit Rücksicht auf die Errichtung eines Verwaltungsgerichtshofes in Österreich, Prag 1875, Die rechtliche Natur der österreichisch-ungarischen Monarchie, Prag 1879. Vgl. *W. Brauneder* (Hg.), Juristen in Österreich, 1200–1980, 1987, 140f. 362f. m. w. Nachw.

[195] Oben Anm. 182.

[196] *J. Ulbrich,* Grundzüge des österreichischen Verwaltungsrechts, Prag–Leipzig 1884, später als Lehrbuch des österreichischen Verwaltungsrechts, Wien 1903/04.

auch wenn sie wissenschaftlich unbefriedigend blieb. Auf der anderen Seite stand die Tradition der Polizeiwissenschaft, und sie sah sich vor allem in ihrer durch LORENZ VON STEIN modernisierten Form als «Verwaltungslehre» gestärkt.[197] Diese Verwaltungslehre enthielt in der Regel Verwaltungsrecht, so etwa bei KARL THEODOR VON INAMA-STERNEGG[198] und LUDWIG GUMPLOWICZ[199], freilich langfristig mit einer Tendenz zur Separierung des Verwaltungsrechts, das sich weiter ausbreitete, vor allem durch wichtige Monographien,[200] und schließlich auch in Österreich die Verwaltungslehre zum «ergänzenden» Randfach herabdrückte.

Auffällig ist auch die mit dem allmählichen Übergang zum Konstitutionalismus einsetzende Lebhaftigkeit des österreichischen Zeitschriftenwesens, was Verwaltung und Verwaltungsrecht angeht. Besonders emsig war Zivilrechtler MORIZ VON STUBENRAUCH (1811–1865),[201] der schon 1840–1849 die österreichische Zeitschrift für Rechts- und Staatswissenschaften herausgegeben, dann 1850 – zugleich mit seiner Ernennung zum Professor für Verfassungsrecht und Verwaltungsgesetzeskunde – die «Allgemeine österreichische Gerichts-Zeitung» gründete und 1856 noch die «Oesterreichische Zeitschrift für innere Verwaltung» hinzufügte. Dort erklärte er einleitend, wichtig sei eine «gründliche Kenntniß der bestehenden Verwaltungsnormen, und einer wissenschaftlichen Auffassung der ihnen zu Grunde liegenden Principien», und diese «Kenntniß zu vermitteln und dadurch eine gleichförmige und consequente Gesetzesanwendung zu ermöglichen, ist der Zweck und die Aufgabe dieser Zeitschrift».[202] Das war eine Position, die auch ein antiliberaler Konservativer wie STUBENRAUCH vertreten konnte.

Ein Jahr darauf (1857) begann die «Gerichtshalle» zu erscheinen, die u. a. auch Entscheidungen der Administrativ-Justiz veröffentlichte. Ab 1874 kam dann die weit über Österreich ausstrahlende «Zeitschrift für das Privat- und öffentliche Recht der Gegenwart», herausgegeben von CARL SAMUEL GRÜNHUT (1844–1929)[203] heraus, die sich allerdings bis 1916 dem Staats- und Verwaltungsrecht nicht besonders intensiv widmete.[204] Dies mochte auch daran liegen, daß inzwischen weitere Organe entstanden waren, so die von dem Verwaltungsmann CARL (v.) JAEGER (1836–1920) herausgegebene und wöchentlich erscheinende «Oesterreichische Zeitschrift für Verwaltung» (1868–1924), die nun die Verwaltung im konstitutionellen Staat als «Handhabung des

[197] *K. Wenger,* Lorenz von Stein und die Entwicklung der Verwaltungswissenschaft in Österreich, in: *R. Schnur* (Hg.), Staat und Gesellschaft. Studien über Lorenz von Stein, 1978, 479–501; *ders.* Verwaltungslehre als wissenschaftliche Disziplin, in: *K. Wenger–Ch. Brünner–P. Oberndorfer* (Hg.), Grundriß der Verwaltungslehre, 1983, 33ff.

[198] *K. Th. v. Inama-Sternegg,* Verwaltungslehre in Umrissen, Innsbruck 1870; *ders.* Die Entwicklung der Verwaltungslehre und des Verwaltungsrechts seit dem Tode von Lorenz von Stein, in: Zeitschrift für Volkswirtschaft, Socialpolitik und Verwaltung 11 (1902) 137ff. Zur Biographie *Brauneder* (Anm. 194) 272.

[199] *L. Gumplowicz,* Verwaltungslehre mit besonderer Berücksichtigung des österreichischen Verwaltungsrechts, Innsbruck 1882.

[200] *F. Tezner,* Zur Lehre von dem freien Ermessen der Verwaltungsbehörden als Grund der Unzuständigkeit der Verwaltungsgerichte, Wien 1888; *K. v. Lemayer,* Apologetische Studien zur Verwaltungsgerichtsbarkeit, in: (Grünhuts) Zeitschrift für das Privat- und Öffentliche Recht der Gegenwart 22 (1895) 353–488; siehe auch *Ulbrich* (Anm. 194).

[201] Zu seiner erfolgreichen und unglücklich endenden Biographie vgl. *Wurzbach,* Österreichisches Biographisches Lexikon XL (1880), 147; *K. W.* in ADB 36 (1893) 709f.

[202] Ueber den Zweck und die Aufgabe dieser Blätter, 1 (1856) 1.

[203] Knappe Angaben in Österreichisches Biographisches Lexikon 1815–1950, Bd. II (1959) 90f.

[204] *E. V. Heyen* (Anm. 176), 60. Einzelheiten bei *Brauneder* (Anm. 185), 276f.

öffentlichen Rechtes» propagieren und unterstützen wollte.[205] Nur kurzlebig war daneben ein von Leo Geller (1844–1925)[206] betriebenes «Centralblatt für Verwaltungspraxis» (1885–1891), das als Beiheft zum Oesterreichischen Zentralblatt für die juristische Praxis erschien, aber nach 1891 wieder mit diesem vereinigt wurde.

Was allerdings fehlte, war eine wissenschaftlich anspruchsvolle Zeitschrift nach Art des (reichs)deutschen «Archivs des öffentlichen Rechts», des «Verwaltungsarchivs» oder des «Jahrbuchs des öffentlichen Rechts». Seit 1904 erschien deshalb das österreichische Verwaltungsarchiv,[207] seit 1914 die «Österreichische Zeitschrift für öffentliches Recht».[208] Nach dem Zusammenbruch der Monarchie wurde letztere, damals noch in der Hoffnung, Deutschösterreich würde Teil des Deutschen Reiches werden, in «Zeitschrift für öffentliches Recht» umbenannt, ist aber unter diesem offeneren Titel zu einer eigentlich österreichischen Zeitschrift geworden.[209]

7. *Sachsen*

Das Königreich Sachsen, das zwischen 1831 und 1848 als konstitutioneller Staat eine ruhige Entwicklung genommen hatte, geriet wie alle anderen Staaten in die Turbulenzen der Revolution,[210] erlebte eine kurze Reformperiode sowie eine erneute, dann von preußischem Militär niedergeschlagene Revolte im Mai 1849. Die Durchsetzung der konservativen Kräfte brachte zugleich den «Abbau» der liberalen politischen Errungenschaften.[211] Dennoch gelangen in der sog. «Ära Beust» (1850–1866) die Reform der Gerichtsverfassung,[212] des Strafrechts und Strafprozeßrechts (1855) sowie die Kodifikation des bürgerlichen Rechts (1865).[213] Aus dem öffentlichen Recht ist vor allem die liberale Gewerbeordnung von 1861 zu erwähnen.[214]

Mit einer politisch konservativen Spitze, einem konservativ-liberalen Beamtentum und einem liberalen Bürgertum in einer besonders vorangeschrittenen industrialisierten Umwelt ging Sachsen an der Seite Österreichs in die Niederlage von 1866.[215] Die Staatsform blieb konstitutionell mit einem starken Übergewicht der monarchischen Gewalt.[216] Die zweite Kammer erhielt 1868 ein etwas stärker demokratisiertes, aber

[205] Vgl. «Zur Einleitung» v. 2. 1. 1868 *Brauneder* (Anm. 185), 277.

[206] Österreichisches Biographisches Lexikon 1815–1950, Bd. I (1957) 420.

[207] *Brauneder* (Anm. 185), 277.

[208] Hrsgg. v. *E. Bernatzik †, M. Ritter Hussarek von Heinlein, H. Lammasch †, A. Menzel.*

[209] Hrsgg. v. *E. Bernatzik †, M. Hussarek, H. Kelsen, H. Lammasch †, A. Menzel,* Bd. 1 (1919/20).

[210] *R. Weber,* Die Revolution in Sachsen 1848/49, 1970; *A. Zwahr,* Zur Politik der Bourgeoisie in Sachsen von Februar bis September 1848, in: *H. Bleiber* (Hg.), Bourgeoisie und bürgerliche Umwälzung in Deutschland 1789–1871, 1977.

[211] *K. Blaschke,* Das Königreich Sachsen 1815–1918, in: Die Regierungen der deutschen Mittel- und Kleinstaaten 1815–1933, hrsgg. v. *K. Schwabe,* 1983, 81–102; *ders.* DVG II, 1983, 635.

[212] Die erstinstanzlichen Behörden behielten allerdings ihre Doppelzuständigkeit für Rechtspflege und Verwaltung bis 1873.

[213] *Wieacker,* 464 m. w. Nachw.

[214] Gewerbegesetz v. 15. 10. 1861, GVBl 1861, 187. *R. Forberger,* Die Industrielle Revolution in Sachsen 1800–1861, Bd. 1, 1982; *H. Kiesewetter,* Industrialisierung und Landwirtschaft. Sachsens Stellung im regionalen Industrialisierungsprozeß Deutschlands im 19. Jahrhundert, 1988.

[215] *H. Kretzschmar,* Die Zeit König Johanns von Sachsen 1854–1873. Mit Briefen und Dokumenten, in: Berichte über die Verhandlungen der Sächs. Akademie der Wissenschaften zu Leipzig, Phil. Hist. Kl. 105, 4 (1960); *Blaschke,* DVG III, 778ff.

[216] *J. H. Beschorner,* Die Ministerverantwortlichkeit und der Staatsgerichtshof im Königreich Sachsen, nebst vergleichender Darstellung der

weit hinter dem des Norddeutschen Bundes zurückbleibendes Wahlrecht, das in der Zeit von 1896 bis 1909 sogar noch einmal auf das Dreiklassenwahlrecht reduziert wurde.[217] Ab 1866 verloren militärische und auswärtige Angelegenheiten an Gewicht; Innenpolitik und Verwaltung rückten nach vorne, eine Verwaltungsreform kam in Gang,[218] ab 1871 vollzog sich der Prozeß der allgemeinen Modernisierung und der Angleichung an das Reichsrecht.[219] 1878 schließlich wurde mit der Herrschaft Schönburg das letzte Überbleibsel des Ancien Régime beseitigt.[220] Auch die Universität Leipzig, die sich schon vor 1848 gut entwickelt hatte (Puchta 1837, Albrecht 1840, Mommsen 1848), gewann in der zweiten Hälfte des Jahrhunderts besondere Anziehungskraft (Wächter 1852, Gerber 1863, Windscheid 1874) und überflügelte in den achtziger Jahren schon Berlin, was die Zahl der Jurastudenten anging.

Auffällig und für den hier verfolgten Zusammenhang besonders wichtig ist die späte Einführung der Verwaltungsgerichtsbarkeit im Jahr 1900.[221] Die von der Rechtsprechung des Dresdner Oberverwaltungsgerichts ausgehenden Impulse auf die Verwaltungsrechtswissenschaft konnten sich also erst nach der Jahrhundertwende entfalten.

Der nach 1850 schrittweise eintretende Bedeutungsverlust einer eigenständigen sächsischen Staatspolitik und die Akzentverlagerung auf die Verwaltung war nicht ohne Folgen für die wissenschaftliche Literatur. Von Anfang an stand die Pflege eines praxisbezogenen Verwaltungsrechts im Vordergrund. Schon im Vormärz gab es drei Zeitschriften, die sich zur Aufnahme verwaltungsrechtlicher Materien eigneten.[222] Vor allem die 1838 bis 1879 existierende «Zeitschrift für Rechtspflege und Verwaltung» entwickelte sich zum Sammelpunkt des Verwaltungsrechts.[223] 1880 wurde sie dann von der «Zeitschrift für Praxis und Gesetzgebung der Verwaltung, zunächst für das Königreich Sachsen» abgelöst. Dieses Organ, nach seinem Herausgeber Otto Fischer später «Fischers Zeitschrift» genannt, hat bis 1941 existiert.[224] Es gehört zu

bezüglichen Gesetzgebung einiger anderer Länder, Berlin 1877.

[217] *Huber* IV (1969) 404ff.; *G. Schmidt*, Der sächsische Landtag 1833–1918. Sein Wahlrecht und seine soziale Zusammensetzung, in: Beiträge zur Archivwissenschaft und Geschichtsforschung (Schr.reihe des Staatsarchivs Dresden Nr. 10), 1977, 445–465.

[218] *R. Dietrich*, Die Verwaltungsreform in Sachsen 1869–1873, in: Neues Archiv für sächsische Geschichte 61 (1940) 49–85.

[219] Einzelheiten bei *Blaschke*, DVG III, 784–794.

[220] *I. Kaim*, Revision der Sächsischen Recesse von 1740 und 1835 mit dem Hause Schönburg, Leipzig 1860; *A. Michaelis*, Die staatsrechtlichen Verhältnisse der Fürsten und Grafen, Herren von Schönburg, Gießen 1861; *Bischof*, Das Sächsisch-Schönburgische Staatsrecht der Gegenwart, Dresden 1870; *O. Mayer*, Das Staatsrecht des Königreichs Sachsen, Tübingen 1909, 37–42; zusammenfassend *W. Schlesinger*, Die Landesherrschaft der Herren von Schönburg. Eine Studie zur Geschichte des Staates, 1954.

[221] Gesetz über die Verwaltungsrechtspflege vom 19. 7. 1900, GVBl 486–512. Hierzu *F. Tezner*, Über Verwaltungsrechtspflege mit Hinblick auf das neue sächsische Verwaltungsgerichtsgesetz, Dresden 1901; *K. Apelt*, Das Königlich sächsische Gesetz über die Verwaltungsrechtspflege vom 19. Juli 1900, Leipzig 1901, 2. Aufl. 1911; *M. Baring*, Die Verwaltungsrechtspflege in Sachsen, in: *ders.* (Hg.), Aus 100 Jahren Verwaltungsgerichtsbarkeit, 1963, 67ff.; *W. Rüfner*, DVG III, 920f.

[222] Neben dem «Sächsischen Wochenblatt für Verwaltung und Polizei» (Leipzig 1867–1906) noch (Krugs) Zeitschrift für Verwaltungs-Praxis und Gesetzgebung, zunächst für das Königreich Sachsen (Leipzig 1862–69).

[223] Eine Gründung des Vogtländischen Juristischen Vereins und «vier Decennien lang ein ebenso treuer als beliebter Berater der Sächsischen Beamtenwelt» (*H. Waentig*, Justiz und Verwaltung im Königreich Sachsen, in: FischersZ 1, 1880).

[224] Herausgeber war ab Bd. 1 (1880) Regierungsrat Dr. *Otto Fischer* (zuletzt Ministerialdi-

den besonders wichtigen und überregional ausstrahlenden Zeitschriften, in denen das neue Verwaltungsrecht im Mittelpunkt stand. Behandelt wurden «Einzelfragen des Namens- und Adelsrechts, der Staatsangehörigkeit, der Kirchenhoheit, der Rechtskontrolle der Polizeigewalt, des Polizeistrafverfahrens, der Kommunalsteuern und der Kommunalstatistik, der Armenpflege und Sozialversicherung. Man berücksichtigte auch die Verwaltung von Nachbarstaaten und des Auslandes», weiter Verkehrsrecht, Wasserrecht, Bodenrecht und Bergrecht, Forstrecht, Baurecht, Enteignungsrecht, Beamtenrecht usw.[225]

Fischer hat 1882 auch eine kleine, wissenschaftlich anspruchslose Einführung in das Verfassungs- und Verwaltungsrecht geschrieben,[226] die von der fünften Auflage an (1897) dem Verwaltungsrecht mehr Gewicht gab. Im übrigen kam es erst 1884/87 nach etwa fünfzigjähriger Pause zu einer umfassenden Darstellung des sächsischen Staatsrechts durch den Rechtsanwalt und Parlamentarier H. G. Opitz.[227] Nach einem historischen Einleitungs- und Grundlagenteil, der auch Sachsens Verhältnis zum Reich enthielt, baute Opitz sein Buch so auf, wie die konstitutionelle Lage selbst aussah, nämlich im ersten Band nach Staatsgebiet und «Staatsunterthanen» die Staatsgewalt samt einem ausführlichen Beamtenrecht[228] sowie im zweiten Band das entsprechende Gegengewicht der «Stände».

Zwei Jahrzehnte später hat dann Otto Mayer noch einmal das sächsische Staatsrecht in der ihm eigenen apodiktischen, knappen und klaren Weise dargestellt.[229] Indem er sich an das «monarchische Staatsrecht» hielt, «wie es nun einmal ist», lehnte er selbstverständlich nicht nur die Idee der Volkssouveränität ab, sondern auch die Unterordnung des Monarchen unter den Staat als Organ einer juristischen Person. Die Volksvertretung hat bei ihm «Anteil an der Ausübung der Staatsgewalt ... Darin besteht eben der ‹Tropfen demokratischen Öls›, mit dem sie gesalbt sein soll.»[230] So werden in enger Anlehnung an den Verfassungstext die wesentlichen Positionen (König, Landtag, Gesetzgebungs- und Verordnungsrecht, Haushaltsplan, Schuldenwesen, Gewähr der Verfassung) behandelt. Staatsverwaltung samt Beamtenrecht, Selbstverwaltung und Verwaltungsgerichtsbarkeit kommen nur in ihren institutionellen Aspekten vor.

Was das Verwaltungsrecht angeht, so gab es eine Reihe praxisorientierter Hilfsmittel, vor allem die Darstellung von C. E. Leuthold,[231] aber auch das immer wieder

rektor im Innenministerium), 1900 bis 1923 wurde sie von Dr. *Walter Schelcher* unter dem Titel «Fischers Zeitschrift für Praxis und Gesetzgebung der Verwaltung», 1924–1941 dann als «Fischers Zeitschrift für Verwaltungsrecht» herausgegeben. Ab 1938 wurde sie von *Herbert Schelcher*, Präsident des OVG Dresden, geleitet. Vgl. *E. Mäding*, Wiedergelesen: Fischers Zeitschrift für Praxis und Gesetzgebung der Verwaltung, in: Die Verwaltung 21 (1988) 103–112.

[225] *Mäding* (Anm. 224), 108f.

[226] *O. Fischer*, Das Verfassungs- und Verwaltungsrecht des Deutschen Reiches und des Königreiches Sachsen in seinen Grundzügen gemeinfaßlich dargestellt, Leipzig 1882 (2. Aufl. 1889, 6. Aufl. 1898).

[227] *H. G. Opitz*, Das Staatsrecht des Königreichs Sachsen, 2 Bde, Leipzig 1884, 1887. Siehe auch *K. V. Fricker*, Grundriß des Staatsrechts des Königreichs Sachsen, Leipzig 1891.

[228] Das Staatsoberhaupt und seine Organe (persönliche Rechte und Regierungsrechte, Vermögensrechte, das königliche Haus, die Ministerien, die Staatsdiener). Zum Beamtenrecht vgl. *M. Lotichius*, Die königlich sächsischen Gesetze und Verordnungen über die Verhältnisse der Civilstaatsdiener, Leipzig 1878.

[229] *Mayer* (Anm. 220).

[230] aaO. 17.

[231] *C. E. Leuthold*, Das Königlich Sächsische Verwaltungsrecht mit Einschluß der reichsrechtlichen Bestimmungen systematisch dargestellt, Leipzig 1878; *ders.* Die Verwaltungsgesetze für das Königreich Sachsen seit der Neuorganisation der Verwaltung, 2 Bde, Leipzig 1875.

aufgelegte «Handwörterbuch des Verwaltungsrechts unter besonderer Berücksichtigung des sächsischen Landesrechts» von CURT VON DER MOSEL, das später von seinem Sohn fortgeführt wurde,[232] weiter zahlreiche kleinere Kommentare zur Städteordnung,[233] zum Baurecht[234] und zum Vereins- und Versammlungsrecht,[235] ein Repetitorium des allgemeinen Verwaltungsrechts,[236] ein alphabetisches Repertorium[237] und anderes. Der Gesamteindruck ist der, daß jedenfalls bis zum ersten Weltkrieg das sächsische Verwaltungsrecht nahezu ausschließlich von Praktikern gestaltet und vermittelt wurde, insbesondere in «Fischers Zeitschrift». Wie in Bayern und Württemberg war die Dichte der Diskussion und die auf die Ausgestaltung einer rechtsstaatlichen Verwaltung verwendete Energie außerordentlich hoch. Der Rechtsstaat präsentierte sich hier, wie OTTO MAYER als Leipziger Professor sagte, als «Staat des wohlgeordneten Verwaltungsrechts.»

8. Thüringen, Braunschweig, Oldenburg, Lippe, Mecklenburg

Die kleinen Staaten und Reichsstädte, die bis in die napoleonische Zeit unter dem Schutzdach des alten Reiches existieren konnten, standen im 19. Jahrhundert tendenziell auf der Verliererseite. Von 296 politischen Einheiten waren nach der großen «Flurbereinigung» von 1803 noch 82 übrig; 1806 und 1815 verminderte sich diese Zahl nochmals auf 38. Was dann noch vorhanden war und sich im Deutschen Bund geschützt fühlen konnte, war 1866 nördlich der Mainlinie dem Zugriff Preußens ausgesetzt. Bevölkerungsvermehrung und Binnenwanderung, Eisenbahnbau und Industrialisierung, Zollverein und – nicht zuletzt – die Angleichung der Verfassungsordnungen nach 1848 ließen die Existenz von Klein- und Kleinststaaten zum Anachronismus werden. Daß die Stimmen der Fürstin Reuß ä. L. und des Fürsten von Liechtenstein 1866 im Deutschen Bund noch einmal eine Mehrheit für Österreich herbeigeführt hatten,[238] erschien aus preußischer Perspektive als politischer Witz. Insofern war die Stimmung für die Kleinstaaten nicht sehr günstig, ihr politisches Gewicht nahm ab und entsprechend auch das Interesse der Staatsrechtslehre.

Die acht thüringischen Staaten[239] konnten schon wegen ihres begrenzten Umfangs

[232] *C. v. d. Mosel* (Hg.), Handwörterbuch des Verwaltungsrechts unter besonderer Berücksichtigung des sächsischen Landesrechts, Leipzig 12. Aufl. 1912, 14. Aufl. 1938.

[233] *H. A. v. Bosse*, Kgl. sächsische revidirte Städteordnung für mittlere und kleine Städte, 3. Aufl. Leipzig 1878 (5. Aufl. 1898); *ders.* Leitfaden für die Gemeindevorstände des Königreichs Sachsen, 1.–3. Aufl. Leipzig 1874–75, 6. Aufl. 1895.

[234] *C. E. Leuthold*, Das Königlich Sächsische Baupolizeirecht, Leipzig 1872; 6. Aufl. 1895.

[235] *A. Nienholdt*, Das Königlich Sächsische Gesetz, das Vereins- und Versammlungsrecht betr. vom 22. Nov. 1850, Leipzig 1884 (3. Aufl. 1894).

[236] *L. H. Schmidt*, Repetitorium des allgemeinen Verwaltungsrechts, Leipzig 1883.

[237] *C. v. d. Mosel*, Repertorium des Königl. Sächsischen Verwaltungsrechtes, 6. Aufl. Leipzig 1891.

[238] Zur entscheidenden Abstimmung vom 14. Juni 1866 und der Streitigkeit, ob das Votum der 16. Kurie ein «falsum» gewesen sei vgl. *H. Schulze*, Die Krisis des Deutschen Staatsrechts. Nachtrag zur Einleitung in das Deutsche Staatsrecht, Leipzig 1867, 14 Anm. 3. Ausführliche Erörterung bei *Huber*, III, 2. Aufl. (1970), 543ff.

[239] Großherzogtum Sachsen-Weimar-Eisenach, die Herzogtümer Sachsen-Meiningen, Coburg und Gotha, Sachsen-Altenburg, die Fürstentümer Schwarzburg-Sondershausen, Schwarzburg-Rudolstadt, Reuß ä. L. und Reuß j. L. – Vgl. nunmehr umfassend die Darstellung des Landeshistorikers *U. Heß*, Geschichte Thüringens 1866–1914, 1991.

und ihrer schmalen Ressourcen nicht mit dem Entwicklungstempo der Groß- und Mittelstaaten konkurrieren. Ab 1867 entfiel die Militärverwaltung; überregionale Aufgaben wie etwa die Eisenbahnverwaltung wanderten ab. Die in den größeren Staaten durchgeführten Verwaltungsreformen und die institutionelle Ausbildung des Rechtsstaats konnten in Thüringen nicht ohne weiteres kopiert werden. So kam etwa die Verwaltungsgerichtsbarkeit deutlich später in Gang.[240] Als Zeitschrift genügten die «Blätter für Rechtspflege in Thüringen und Anhalt».[241] Die in MARQUARDSENS Handbuch veröffentlichen Darstellungen der Staatsrechte von Sachsen-Meiningen und Sachsen-Weimar-Eisenach[242] sind ehrenwerte Pflichtübungen. Sie folgen dem üblichen Schema und zeigen indirekt, daß – anders als in der Aufbruchphase der konstitutionellen Bewegung – die räumlichen, personellen und verfassungsrechtlichen Dimensionen einer wirklichen publizistischen Kultur nun nicht mehr vorhanden waren. Die Verfassungsfrage forderte hier niemanden mehr heraus. Die Verhältnisse hatten sich beruhigt, das wissenschaftliche Interesse an staatsrechtlichen Fragen reduzierte sich auf die landesherrlichen Sukzessions- und Apanageprobleme.[243]

Ähnlich war es im Herzogtum Braunschweig, das nach 1850 nur geringe innere Umgestaltungen erfuhr.[244] Im letzten Viertel des 19. Jahrhunderts reagierte es auf die Schübe der Industrialisierung und Modernisierung durch Gründung verschiedener neuer Behörden, durch Erlaß einer Kreisordnung (1871), von Städte- und Landgemeindeordnungen (1892) sowie durch Einführung der Verwaltungsgerichtsbarkeit 1895.[245] Es gab eine Zeitschrift,[246] die für das relativ schwache Interesse an der Schaffung eines eigenständigen Landesverwaltungsrechts offenbar genügte. Die beiden staatsrechtlichen Gesamtdarstellungen durch die jeweiligen Landsyndici OTTO (1884) und RHAMM (1908)[247] sind ruhige und positivistisch präzise Bestandsaufnahmen, bei

[240] Sachsen-Meiningen 1897, Schwarzburg-Sondershausen 1912; Sachsen-Weimar-Eisenach, Sachsen-Altenburg und die schwarzburgischen Fürstentümer schufen durch Staatsvertrag von 1910 das Thüringische OVG. Siehe *Klein*, DVG III, 797; *Rüfner*, DVG III, 929f.; *W. Bernet*, Zur Geschichte und Rechtsprechung des Thüringischen OVG Jena, in: *H. Mohnhaupt* (Hg.), Rechtsgeschichte in den beiden deutschen Staaten (1988–1990). Beispiele, Parallelen, Positionen, 1991, 516 (519ff.).

[241] Jena 1854–1873, Forts. 1874–1919.

[242] *W. Kircher*, Das Staatsrecht des Herzogtums Sachsen-Meiningen, Freiburg 1884; *G. Meyer*, Staatsrecht des Großherzogtums Sachsen-Weimar-Eisenach, Freiburg 1884.

[243] *Hässelbarth*, Das Staats- und Verwaltungsrecht des Herzogtums Sachsen-Altenburg, Hannover 1909; *H. Schwartz*, Das Staats- und Verwaltungsrecht des Fürstentums Schwarzburg-Rudolstadt, Hannover 1909: *A. Langbein*, Das Staats- und Verwaltungsrecht des Fürstentums Schwarzburg-Sondershausen, Hannover 1909; *O. Oberländer*, Verfassung und Verwaltung des Herzogtums Sachsen-Meiningen, Hannover 1909; *A. Knetsch*, Das Staats- und Verwaltungsrecht von Sachsen-Weimar-Eisenach, Hannover 1909; *G. Sanftenberg – W. Knorr*, Das Staats- und Verwaltungsrecht des Herzogtums Anhalt, Hannover 1909; *P. Schlotter*, Das Staats- und Verwaltungsrecht der Fürstentümer Reuß älterer und jüngerer Linie, Hannover 1909.

[244] *Th. Klein*, DVG III, 820–824.

[245] *C. Radkau*, Das Braunschweigische Gesetz, betr. die Verwaltungsrechtspflege, vom 5. März 1895, VerwArch Bd. 4 (1896) 421–24; *F. Kreibaum*, Grenzen zwischen Justiz und Verwaltung im Freistaat Braunschweig, jur. Diss. Göttingen 1929, 40ff.; *H.-G. Figge*, 75 Jahre Verwaltungsrechtspflege in Braunschweig, in: Deutsche Richterzeitung 1971, 150–152; *ders.* Die Verwaltungsgerichtsbarkeit im Lande Braunschweig, in: Braunschweigisches Jahrbuch 52 (1971) 182–192. Zur Verfassungslage ab 1884 *Huber*, IV (1969), 428ff.

[246] Zeitschrift für Rechtspflege im Herzogthume Braunschweig, 1854–1919, hrsgg. v. *E. Gotthard* und *C. Koch*, ab 1872 auch von *A. Dedekind*, 1909–1914 *A. Hampe*. Fortgesetzt 1920–1936 als Braunschweigische Zeitschrift für Rechtspflege, hrsgg. v. *Herbst*.

[247] *A. Otto*, Das Staatsrecht des Herzogthums

denen Verwaltung und Verwaltungsrecht, insbesondere Polizei und sonstige innere Verwaltung, mitbehandelt werden. Das gleiche gilt für die Kurzdarstellung von HERMANN VON FRANKENBERG über das Staats- und Verwaltungsrecht.[248]

Dieses Grundmuster zeigt sich nun auch in einer Reihe weiterer Kleinstaaten, so etwa in den Fürstentümern Lippe und Schaumburg-Lippe,[249] im Großherzogtum Oldenburg[250] mit einer der Verwaltung gewidmeten Zeitschrift[251] und seiner 1906 geschaffenen Verwaltungsgerichtsbarkeit[252] sowie in den weiterhin altständisch regierten Großherzogtümern Mecklenburg-Schwerin und Mecklenburg-Strelitz samt dem Fürstentum Ratzeburg,[253] die gewissermaßen die Schlußlichter der konstitutionellen und wissenschaftsgeschichtlichen Bewegung bildeten.

9. *Elsaß-Lothringen*

Eine verfassungsrechtliche Sonderstellung, festgeschrieben in der 1911 verabschiedeten Verfassung, nahm das neue Reichsland Elsaß-Lothringen ein.[254] Das dort geltende Recht war Reichsrecht, tatsächlich aber ging Elsaß-Lothringen den Weg, allmählich ein eigenständiges Land im Deutschen Reich zu werden.

Braunschweig, Tübingen und Freiburg 1884; *A. Rhamm,* Das Staatsrecht des Herzogtums Braunschweig, Tübingen 1908; vgl. auch *ders.* Die Neuordnung der Regierungsverhältnisse in Braunschweig, in: JöR 1 (1907) 340–361.

[248] *H. v. Frankenberg,* Das Staats- und Verwaltungsrecht des Herzogtums Braunschweig, Hannover 1909; *ders.* Die Braunschweigische Gesetzgebung in den Jahren 1908–1912, in: JöR 7 (1913) 247–259.

[249] *A. Falkmann,* Das Staatsrecht des Fürstentums Lippe, Freiburg und Tübingen 1888; *K. Bömers,* Das Staatsrecht des Fürstenthums Schaumburg-Lippe, Freiburg und Tübingen 1888, 165–176; *W. Beseler,* Staats- und Verwaltungsrecht des Fürstentums Schaumburg-Lippe, Hannover 1910, eine kleine Darstellung mit Hauptakzent auf dem Verwaltungsrecht. Nachweise zur Verwaltungsgeschichte bei *Th. Klein,* DVG III, 825–832.

[250] Eine sehr knappe Darstellung bei *H. Bekker,* Das Staatsrecht des Großherzogthums Oldenburg, Freiburg und Tübingen 1888; ausführlich, einschließlich des Verwaltungsrechts, auch der Fürstentümer Lübeck und Birkenfeld, *W. Schücking,* Das Staatsrecht des Großherzogtums Oldenburg, Tübingen 1911. Zu *Schücking* vgl. *W. Kohl,* Walther Schücking (1875–1935). Staats- und Völkerrechtler – Demokrat und Pazifist, in: Kritische Justiz (Hg.), Streitbare Juristen, 1988, 230–241.

[251] Zeitschrift für Verwaltung und Rechtspflege im Großherzogtum Oldenburg (Fortsetzung des Magazins für die Staats- und Gemeindeverwaltung im Großherzogthum Oldenburg und des Archiv's für die Praxis des gesammten im Großherzogthum Oldenburg geltenden Rechts), 1874–1918, hrsgg. v. *Barnstedt, Hullmann, Janßen, Schomann.* Die Zeitschrift wurde nach 1919 fortgeführt und ist, hrsgg. v. *Riesebieter,* bis zum 65. Band (1939) geführt worden.

[252] *M. Sellmann,* Entwicklung und Geschichte der Verwaltungsgerichtsbarkeit in Oldenburg, Oldenburg 1957; *Th. Klein,* in: DVG III, 805–810 m. w. Nachw.

[253] Zur Verwaltungsgeschichte siehe *Klein,* DVG III, 810–820. Für das Landesrecht maßgeblich war neben dem Großhzgl. Mecklenburg-Strelitzscher Officieller Anzeiger für Gesetzgebung und Staatsverwaltung (Neustrelitz 1866–1918) die Mecklenburgische Zeitschrift für Rechtspflege und Rechtswissenschaft (Wismar 1881–1922). Eine Zusammenstellung der Normen bietet *C. W. A. Balck,* Verwaltungsnormen in Mecklenburg-Schwerin, Teil 1–4, Schwerin 1883–1908, eine Gesamtdarstellung bei *E. Schlesinger,* Staats- und Verwaltungsrecht des Großherzogthums Mecklenburg-Schwerin, Berlin 1909. Zur älteren Literatur *(v. Kamptz, Wiggers)* siehe oben Kap. 4 Anm. 195, 196.

[254] *H. U. Wehler,* Elsaß-Lothringen 1870 bis 1918. Das «Reichsland» als politisch-staatsrechtliches Problem des zweiten deutschen Kaiserreichs, ZGORh 109 (1961) 133–199; *Huber* IV (1969) 437ff., insbes. 444ff., 456ff. Aus der zeitg. Literatur siehe insbes. *W. Rosenberg,* Die staatsrechtliche Stellung von Elsaß-Lothringen, Metz 1896; *G. Hamburger,* Die staatsrechtlichen Besonderheiten der Stellung des Reichslandes Elsaß-Lothringen im Deutschen Reich, Breslau 1901.

Die mit dieser problembeladenen Eroberung verbundenen Rechtsfragen haben eine Fülle öffentlichrechtlicher Literatur hervorgebracht, in der die Stellung des Kaisers,[255] des Statthalters[256] und die Befugnisse des Oberpräsidenten,[257] die Struktur der Verwaltung,[258] die Verwaltungsgerichtsbarkeit,[259] die Rechte seiner Vertreter im Landesausschuß,[260] vor allem aber die vor und nach dem Erlaß der Verfassung auftauchenden verfassungsrechtlichen Fragen erörtert wurden.[261] Dies geschah weniger in der regionalen Zeitschrift[262] als in den etablierten Organen auf Reichsebene (AöR, JöR), eben weil die Fragen noch nicht solche des Landesrechts, sondern der Reichsverfassung und -verwaltung waren. Auch zusammenfassende Gesamtdarstellungen gibt es für Elsaß-Lothringen in größerer Dichte,[263] zumal wenn man berücksichtigt, daß auch die größeren Lehrbücher des Reichsstaatsrechts regelmäßig Anhänge oder Exkurse zu Elsaß-Lothringen aufgenommen haben.[264]

Die zum Sommersemester 1872 eröffnete neue Universität, die sich ab 1877 «Kaiser Wilhelms-Universität» nannte,[265] begann in der juristischen Fakultät mit Zelebritäten: Karl Binding (Strafrecht),[266] Rudolf Sohm (Kirchenrecht), Heinrich Brunner (Deutsches Recht), Paul Laband (Staatsrecht), Gustav Schmoller (Staatswissen-

[255] *E. Apel,* Die landesherrliche Gewalt des Kaisers in Elsaß-Lothringen, Diss. Greifswald, Spandau 1895.

[256] *C. Schulze,* Die staatsrechtliche Stellung des Statthalters von Elsaß-Lothringen, Diss. Tübingen, Frankenberg 1904; *O. Nelte,* Die staatsrechtliche Stellung des Statthalters von Elsaß-Lothringen, AöR 27 (1911) 1–42, 133–174.

[257] *W. Rosenberg,* Der Diktatur-Paragraph in Elsaß-Lothringen, AöR 12 (1897) 539–589.

[258] *E. Loening,* Die Verwaltung des General-Gouvernements im Elsaß, Straßburg 1874.

[259] *K. v. Stengel,* Das öffentliche Recht und die Verwaltungsgerichtsbarkeit in Elsaß-Lothringen, Annalen des Deutschen Reiches 1876, 808ff., 897ff.; *E. Keetmann,* Die Trennung von Justiz und Verwaltung in Elsaß-Lothringen, AöR 21 (1907) 71–145.

[260] *P. Stoeber,* Die parlamentarische Immunität des Landesausschusses für Elsaß-Lothringen, AöR 1 (1886) 623–676.

[261] *O. Mayer,* Die Elsaß-Lothringische Verfassungsfrage, DJZ 10 (1905) Sp. 369–374, jetzt in: *O. Mayer,* Kleine Schriften zum öffentlichen Recht, hrsgg. v. *E. V. Heyen,* Bd. II, 1981, 80–84; *A. Pass,* Das Zustandekommen der elsaß-lothringischen Verfassungsreform von 1911, Köln 1911; *O. Nelte,* Das neue Verfassungsgesetz für Elsaß-Lothringen, AöR 28 (1912) 45–96 (die angekündigte Fortsetzung ist nicht mehr erschienen); *W. Schoenborn,* Die elsaß-lothringische Verfassungsreform, JöR 6 (1912) 222ff.; *E. Schalfejew,* Die staatsrechtliche Stellung Elsaß-Lothringens nach dem neuen Verfassungsgesetz, Berlin 1913.

[262] Juristische Zeitschrift für das Reichsland Elsaß-Lothringen, Straßburg und Mannheim 1876–1911, fortgesetzt als Juristische Zeitschrift für Elsaß-Lothringen, 1912–1919.

[263] *A. Leoni,* Das öffentliche Recht des Reichslandes Elsaß-Lothringen, Erster Teil. Das Verfassungsrecht, Freiburg 1892, Zweiter Teil zus. m. *K. Mandel,* Das Verwaltungsrecht, Freiburg und Leipzig 1895; *K. Mandel – O. Grünewald,* Die Verfassung und Verwaltung von Elsaß-Lothringen, Straßburg 1905; das umfassendste Werk stammt von *E. Bruck,* Das Verfassungs- und Verwaltungsrecht von Elsaß-Lothringen, 3 Bde, Straßburg 1908–1910; *H. Rehm,* Das Reichsland Elsaß-Lothringen, Leipzig 1912 (Vortr. d. Gehe-Stiftung); *O. Fischbach,* Das öffentliche Recht des Reichslandes Elsaß-Lothringen, Tübingen 1914; *R. Piloty,* Elsaß-Lothringen, AöR 38 (1918) 149–160.

[264] *H. Schulze,* Lehrbuch des Deutschen Staatsrechts, 2. Buch, Leipzig 1886, 354ff.; *P. Laband,* Das Staatsrecht des Deutschen Reiches, 2. Aufl. Freiburg 1888, §§ 67–69; *ders.* Deutsches Reichsstaatsrecht, 5. Aufl. Tübingen 1909, §§ 22–24.

[265] *P. Laband,* Lebenserinnerungen, 1918, 76f.; *O. Mayer,* Die Kaiser-Wilhelms-Universität Straßburg. Ihre Entstehung und Entwicklung, 1922; *Ch. Weber,* Der «Fall Spahn» (1901). Ein Beitrag zur Wissenschafts- und Kulturdiskussion im ausgehenden 19. Jahrhundert, Rom 1980; *J. E. Craig,* Scholarship and Nation Building. The Universities of Strasbourg and Alsatian Society, 1870–1939, Chicago–London 1984.

[266] *D. Westphalen,* Karl Binding (1841–1920). Materialien zur Biographie eines Strafrechtsgelehrten, 1989, 64ff. m. w. Nachw.

schaften), Edgar Loening (Verwaltungsrecht) und ab 1882 bis 1903 dann Otto Mayer (Französisches Zivilrecht, internationales Privatrecht, allgemeine Staatslehre und Verwaltungsrecht). Trotz ihres nur vierzigjährigen Bestehens als deutsche Universität hat sie gerade im öffentlichen Recht durch Laband und Mayer ganz besondere Wirkungen erzielt.[267]

10. Die freien Städte

Die freien Städte Hamburg, Lübeck und Bremen schließlich, die auch nach 1866 ihre Freiheit bewahren konnten, zogen um die Jahrhundertwende ein gewisses publizistisches Interesse auf sich, weil ihre Verfassungs- und Verwaltungsstrukturen doch signifikant vom umgebenden preußischen Recht abwichen,[268] vielleicht auch weil der wirtschaftliche Aufschwung von Hamburg und Bremen sowie «eine national inspirierte Belebung der hansischen Tradition» dazu beitrugen.[269]

Die verbindende Hanseatische Rechtszeitschrift wurde allerdings erst während des Ersten Weltkrieges gegründet,[270] auch die Verwaltungsgerichtsbarkeit hielt erst spät ihren Einzug,[271] und lediglich Hamburg gründete 1919 eine eigene Universität. Die entscheidenden Faktoren für die Ausbildung eines wissenschaftlich bearbeiteten Landesrechts kamen also in diesen Städten vor dem Ersten Weltkrieg nicht mehr zusammen. Dennoch gibt es eine respektable öffentlichrechtliche Literatur.[272] Die genannten Werke – für Hamburg insbesondere das Werk von Werner von Melle, für Bremen und Lübeck das von Johannes Bollmann – geben relativ einheitlich jeweils eine histo-

[267] Zu den damit verbundenen deutsch-französischen Wechselwirkungen *E. V. Heyen*, Ausländisches Verwaltungsrecht im «Archiv für öffentliches Recht» und in der «Revue du droit public» vor dem Ersten Weltkrieg, in: Jahrbuch f. Europäische Verwaltungsgeschichte 2 (1990) 213–217.

[268] *H. Nirrnheim*, Die hamburgische Verfassungsfrage von 1814 bis 1848, in: Zs. d. Vereins f. Hamburgische Geschichte 25 (1922/24) 128–148; *H. Reincke*, Die Kämpfe um die hamburgische Verfassung 1848 bis 1860, aaO. 149–168; *A. Rosenfeld*, Die Entstehung des Berufsbeamtentums im Stadtstaat Hamburg. Vom Ehrenamt zum «bürokratischen Verwaltungsstaat», 1984, 37ff.; *F. M. Wiegand*, Die Notabeln. Untersuchungen zur Geschichte des Wahlrechts und der gewählten Bürgerschaft in Hamburg 1859–1919, 1986; *A. Herzig* (Hg.), Das alte Hamburg (1500–1848/49), 1989, dort insbes. *P. Borowsky*, Die Restauration der Verfassungen in Hamburg und in den anderen Hansestädten nach 1813, 155–175.

[269] *R. Postel*, Hansestädte, in: DVG III, 833. Das Interesse an der «Verfassung und Verwaltungsorganisation der Städte» war darüber hinaus aber auch allgemein. Vgl. die unter diesen Obertitel gesammelten Beiträge über die Verfassung und Verwaltung von Zürich, Basel, Genf, Bern, Wien, Prag, Graz, Karlsbad und Pilsen in: Schriften des Vereins für Socialpolitik, 121. Bd., Leipzig 1906.

[270] Hanseatische Rechtszeitschrift, hrsgg. v. *M. Mittelstein*, Bd. 1 (1917/18). Vgl. dort *Hartmann*, Die Zulässigkeit des Rechtsweges in streitigen Verwaltungssachen nach lübeckischem Recht, Sp. 75–83 sowie *Lange*, Die Einführung der Verwaltungsgerichtsbarkeit in Lübeck, Sp. 27–31.

[271] *Lübeck* durch Gesetz vom 6. 12. 1916; *Hamburg* durch Gesetz vom 2. 11. 1921; *Bremen* durch Gesetz vom 6. Januar 1924. Vgl. hierzu auch *Seweloh*, Die Einführung einer Verwaltungsgerichtsbarkeit in Hamburg, AöR 29 (1912) 1–38.

[272] *J. Wolffson*, Das Staatsrecht der Freien und Hansestadt Hamburg, Freiburg und Leipzig 1884; *W. v. Melle*, Das Hamburgische Staatsrecht, Hamburg und Leipzig 1891; *G. Seelig*, Hamburgisches Staatsrecht auf geschichtlicher Grundlage, Hamburg 1902; *H. Sievers*, Das Staatsrecht der Freien und Hansestadt Bremen, Freiburg 1884; *J. Bollmann*, Bremisches Staats- und Verwaltungsrecht, Bremen 1904; *ders.* Das Staatsrecht der Freien Hansestädte Bremen und Lübeck, Tübingen 1914; *F. Bruns*, Verfassungsgeschichte des Lübeckischen Freistaates 1848–1898, Lübeck 1898/99; *K. Klügmann*, Das Staatsrecht

rische Einführung, beschreiben Staatsgebiet und Staatsangehörige und stellen den «Senat» und die «Bürgerschaft» in den Mittelpunkt. In einem zweiten Teil werden dann die Staatsfunktionen Gesetzgebung, Rechtspflege und Verwaltung behandelt und knappe Informationen über einzelne Verwaltungszweige angeschlossen. In knapperer Form finden sich diese Informationen auch in den gängigen Lehrbüchern des deutschen Staatsrechts (H. A. ZACHARIÄ, H. ZÖPFL, H. v. SCHULZE-GAEVERNITZ, G. MEYER).

III. Zusammenfassung

Der Überblick über die Staats- und Verwaltungsrechtswissenschaft der deutschen Einzelstaaten in der zweiten Hälfte des 19. Jahrhunderts zeigt die starke Abhängigkeit gerade dieser Literatur von den politischen Rahmenbedingungen. Wo Zensur herrschte, wo Staatsrecht im verfassungslosen Raum nur rudimentär existierte und Verwaltungsrecht über «Gesetzeskunde» nicht hinauskam, konnte ein Gedeihen der Wissenschaft des öffentlichen Rechts nicht ernsthaft erwartet werden. Kamen noch geringer Landesumfang und das Fehlen einer eigenen Universität hinzu, dann verstärkten sich die negativen Faktoren. Positiv ausgedrückt: Verfassungsstaaten von hinreichender Größe mit Gewaltenteilung, rechtsstaatlichen Garantien, Pressefreiheit, geordneter Verwaltung und lebendigen Universitäten konnten nach 1850 ihre vormärzlichen Traditionen des öffentlichen Rechts ohne wirklichen Bruch wiederaufnehmen. Die von den revolutionären und gegenrevolutionären Ereignissen zunächst absorbierten Kräfte wandten sich nun dem Ausbau des Rechtsstaats und der Freilegung der spezifisch rechtswissenschaftlichen Fragestellungen zu. Nachdem der nationale Traum zunächst einmal zerronnen war, blieb, sofern man nicht die Tradition des allgemeinen deutschen Staatsrechts fortführen wollte, nur das Staats- und Verwaltungsrecht des jeweiligen Landes als mögliches Objekt.

Dennoch verharrten Staats- und Verwaltungsrecht der Einzelstaaten im ersten Jahrzehnt nach 1850 in eigentümlicher Lethargie. Der Schock von 1849 saß tief. Die Maßnahmen der Reaktion demütigten die liberalen Kräfte, die sich für den «Rechtsstaat» einsetzten, noch mehr. Erst mit der Erneuerung der Reformen, etwa ab 1860, erwachte unverzüglich auch wieder das Interesse am öffentlichen Recht. Preußen und Österreich waren nun, zeitlich etwas versetzt, «Verfassungsstaaten» geworden und konnten nachholen, was Bayern, Württemberg, Baden, Hessen-Darmstadt und Sachsen schon lange im Zusammenwirken mit ihren Universitäten und einem breiten Angebot an Zeitschriften praktizierten. Seit die konstitutionelle Monarchie sich als Verfassungstypus durchgesetzt hatte, verlagerte sich – parallel zu den Verwaltungsreformen – das Gewicht auf das Verwaltungsrecht. Dort mußte sich erweisen, was die Verfassungsgarantien praktisch bedeuteten, dort stellte sich in der Debatte um die Verwaltungsgerichtsbarkeit die Frage nach der Kontrolle der Staatsgewalt, und dort drängte auch die Masse des schnell wachsenden Rechtsstoffs auf abstrahierende Zu-

der Freien und Hansestadt Lübeck, Freiburg und Leipzig 1884; *W. Brückner*, Staats- und Verwaltungsrecht der Freien und Hansestadt Lübeck, Hannover 1909. Siehe nunmehr für Bremen *Ch. U. Schminck-Gustavus*, in: *V. Kröning* (Hg.), Handbuch der Bremischen Verfassung, 1991, 25–29 m. w. Nachw.

sammenfassung. Erst recht gilt das für die Zeit nach der Erreichung der nationalen Einheit. Die von ihr auch im öffentlichen Recht ausgehenden Impulse der Rechtsvereinheitlichung[273] stimulierten ganz außerordentlich jene Wendung «von der Verfassung zur Verwaltung», die sich parallel zu Deutschland auch in Italien nachweisen läßt.[274]

Die Klein- und Kleinststaaten allerdings waren langfristig von diesen Wandlungen überfordert. Auch wenn sie Verfassungsstaaten waren, so reichten doch ihre personellen und publizistischen Kapazitäten für eine breitere Bearbeitung des öffentlichen Rechts nicht aus. Universitäten, Zeitschriften und Oberverwaltungsgerichte – die wichtigsten Faktoren für eine wissenschaftliche Kultur des öffentlichen Rechts –, mußten dort im Verbund betrieben werden, damit sie sich lohnten. Einige dieser Staaten erhielten erst in den achtziger Jahren im Rahmen der großen Gemeinschaftswerke von Marquardsen-Seydel und von Jellinek, Laband und Piloty moderne Gesamtdarstellungen ihres Staats- und Verwaltungsrechts (Oldenburg, Braunschweig, Thüringen, Mecklenburg, Hansestädte).

Das diesen Darstellungen im Regelfall zugrundeliegende Muster der konstitutionellen Monarchie wurde nun inhaltlich immer einheitlicher. Auch methodisch beobachtet man bei den Hauptwerken des Landesrechts weitgehende Übereinstimmung.

Läßt man die Stadtaristokratien der Hansestädte und die Landaristokratien der beiden Mecklenburg beiseite, dann galten folgende Sätze:[275] Zentrum des als juristische Person («Gesamtpersönlichkeit») gedeuteten Staates ist der Monarch als rechtlich nicht verantwortlicher, unantastbarer Träger der einheitlichen, «souveränen» Staatsgewalt. Gewaltenteilung im Sinne Montesquieus gibt es nicht, aber die Staatsgewalt wird aufgegliedert in Legislative und Exekutive, letztere wiederum in Verwaltung und Justiz. Die Legislative wird von beiden Kammern gemeinsam mit dem Monarchen ausgeübt, wobei die erste Kammer das ruhende und konservative, die zweite Kammer das bewegliche und reformistische Element darstellt. Die erste Kammer übernimmt die Funktion des in vielen Staaten nach 1800 gebildeten «Staatsrats» und läßt diesen fast bedeutungslos werden.[276] Regierung, Verwaltung und Staatsdienertum (Zivilbeamte und Militär) fungieren als verlängerter Arm der monarchischen Gewalt. Dennoch handelte es sich nicht um ein neoabsolutistisches Modell; denn immer häufiger suchten die Monarchen das Arrangement mit der Mehrheit der zweiten Kammer, auch wenn sie eine echte Parlamentarisierung nicht akzeptierten. Daneben wirkten konstitutionelle Bindungen, die nicht mehr rücknehmbaren Errungenschaften der Revolution von 1848, der nun die öffentliche Meinung beherrschende ökonomische und rechtsstaatliche Liberalismus sowie insbesondere die Einrichtung einer mehr oder weniger von der aktiven Verwaltung abgetrennten Verwaltungsgerichtsbarkeit.

Seit es letztere gab, war auch der dogmatischen Kernfrage nicht mehr auszuweichen, ob die von Verfassung oder Einzelgesetzen eingeräumten Rechtspositionen dem

[273] *M. Stolleis*, Innere Reichsgründung und Rechtsvereinheitlichung, in: *Chr. Starck* (Hg.), Rechtsvereinheitlichung durch Gesetze. Bedingungen, Ziele, Methoden (Abh. d. Ak. d. Wiss. in Göttingen. Phil. Hist. Kl. 3. Folge 197), 1992.

[274] *Schiera-Gherardi* (Anm. 168), 129ff., 140ff. m. w. Nachw.

[275] *D. Grimm*, Deutsche Verfassungsgeschichte 1776–1866, 1988, 110–141; *H. Boldt*, Deutsche Verfassungsgeschichte, Bd. 2, 1990. 194–205; *Huber* III, 2. Aufl. 1970, 55ff. zu Preußen.

[276] *P. Conring*, Staatsrat, HRG IV (1990) 1832–1836.

Bürger einen «Anspruch», vergleichbar der zivilrechtlichen «actio», verliehen. Waren die Grundrechte der Landesverfassungen vorstaatliche subjektive Rechte oder waren es von der staatlichen Rechtsordnung eingeräumte und mithin auch rücknehmbare objektive Gewährungen? Welche Rechtsnatur hatten Auswanderungsfreiheit, Gleichheitssatz, Religionsfreiheit, Eigentum oder die einfachgesetzlich geregelten Rechte, einen Gewerbebetrieb zu eröffnen, Grundwasser zu entnehmen, Entschädigung zu verlangen etc.? Der historische Kontext der Grundrechte in der letztlich naturrechtlich inspirierten Verfassungsbewegung des Vormärz sprach für «echte» Grundrechte, der politische Kontext der Jahre nach 1850 sprach eher dagegen. Die Theoretiker, die die monarchische Gewalt stark in den Vordergrund rückten (Laband, Seydel, Arndt, Zorn u. a.) sprachen denn auch abwertend nur von sog. Grundrechten und suchten die subjektiv-öffentlichen Rechte möglichst klein zu halten, wenn nicht gar zu leugnen.[277] Georg Jellineks berühmte Monographie «System der subjektiven öffentlichen Rechte» von 1892, von der noch die Rede sein wird, hat diese Debatte gebündelt und grundlegend umgeformt.

Was die methodische Einheitlichkeit angeht, so wurde zu Beginn dieses Kapitels bereits auf die dem öffentlichen Recht des 19. Jahrhunderts eigentümliche Pendelbewegung zwischen Wissenschafts- und Gesetzespositivismus hingewiesen. In den Jahrzehnten zwischen 1850 und 1914 herrscht zunächst das noch kaum wissenschaftlich zu nennende Bestreben, Gesetz- und Verordnungsgebung sorgfältig zu ordnen und für die Praxis aufzuarbeiten. Historische Erörterungen werden reduziert auf die notwendige «Einleitungshistorie», Politisches wird ausdrücklich vermieden. Die Autoren sind mit einer gewissen unausgesprochenen Selbstverständlichkeit Monarchisten, loyale Staatsdiener, Verwaltungsbeamte oder Hochschullehrer. Die tiefe politische Zerklüftung des Vormärz scheint nun wie weggeblasen.

Von 1865 an vollzieht sich von hier aus in wenigen Jahren der besonders mit dem Namen Carl Friedrich von Gerber verbundene methodische Wandel bin zur «juristischen Methode», zunächst im Staatsrecht, dann aber auch schrittweise im Verwaltungsrecht. Die landesrechtliche Literatur des öffentlichen Rechts ist allerdings von diesem Wandel weniger berührt. Wenn es darum ging, das öffentliche Recht eines Landes darzustellen, schien im Prinzip nur die «erzählende» (staatswissenschaftliche) Methode sinnvoll. Erläutert wurden der historische gewachsene Bestand an Verfassungsnormen, die Institutionen in hierarchischer Gliederung sowie das materielle Recht nach Maßgabe der bestehenden Ressorts. Die Leitbilder hießen Genauigkeit und Klarheit der Information über das «geltende Recht» und Gliederung nach Gesichtspunkten des natürlichen Vorrangs. Grundlagenerörterungen fanden hier entweder nicht statt oder wurden nur nebenbei angedeutet. Die Gesichtspunkte der Landesregierung und -verwaltung, der Landesparlamente, der kommunalen Selbstverwaltung und der Konsistorien dominierten. Insoweit war diese Literatur «methodisch einheitlich».

Das Staatsrecht der Einzelstaaten stand im Zeitalter der nationalen Einigung unter keinem sehr günstigen Stern. Während es 1850 bis 1860 im Klima politischer Reaktion nicht recht gedeihen konnte, wurde es ab 1866 von den dramatischen Ereignissen der

[277] Vgl. etwa die bei *Zorn* geschriebene Dissertation von *F. Giese*, Die Grundrechte, Tübingen 1905, in der die Entwicklung rekapituliert und die Grundrechte schließlich als kraft staatlicher Souveränität ausgegrenzte subjektive Entfaltungsräume, also Produkte des positiven Rechts, nicht als vorstaatlich-naturrechtliche Positionen verstanden wurden.

Reichsgründung in den Schatten gestellt. Je mehr das Reich sich innerlich festigte und eine eigene Reichsverwaltung ausbildete,[278] desto bescheidener mußte naturgemäß die Rolle des Landesrechts werden. «Nur ein Teil der allgemeinen Staatszwecke», so resümierte beispielsweise Graf Hue de Grais 1909,[279] «findet zur Zeit seine Erfüllung noch in Preußen; ein anderer ist auf das Reich übergegangen.» Zusätzlich ist in Betracht zu ziehen, daß der umfassende Komplex des Reichsstaatsrechts aus wissenschaftsinternen Gründen anziehender erscheinen mußte. Wissenschaftliche Arbeiten über Reichsrecht qualifizierten ihre Autoren für alle Universitäten des Reichs, sie fanden überregional Aufmerksamkeit und erschienen in den zentralen Publikationsorganen. Auch die Vorlesungen über Reichsrecht waren wichtiger und für Studenten attraktiver als solche über das engere öffentliche Recht eines Landes. Schließlich war es vergleichsweise schwieriger, aus territorial begrenztem Material eine übergreifende Fragestellung zu entwickeln, wie es etwa Richard Thoma gelungen ist, zumal im Verwaltungsrecht, solange es noch nicht über die Klammer eines «Allgemeinen Teils» verfügte.

[278] *R. Morsey,* Die oberste Reichsverwaltung unter Bismarck (1867–1890), 1957; *ders.* Die Aufgaben des Norddeutschen Bundes und des Reiches, in: DVG III, 138ff.

[279] *R. Graf Hue de Grais,* Handbuch der Verfassung und Verwaltung in Preußen und dem Deutschen Reiche, 19. Aufl. 1908, 1.

Achtes Kapitel

Allgemeines Deutsches Staatsrecht – Reichsstaatsrechtslehre

I. Allgemeines Deutsches Staatsrecht bis zur Reichsgründung (1850–1866)

1. Einleitung

In der zweiten Hälfte des 19. Jahrhunderts konzentrierte sich die politisch dramatischste Phase auf das Jahrfünft von 1866 bis 1871. Rasch und gewaltsam setzte sich hier die «kleindeutsche» Lösung der nationalen Frage durch. An die Stelle des Deutschen Bundes trat das Reich, innerhalb dessen sich Preußen weiter ausdehnte und übermächtig wurde.

Diese Vorgänge hatten erhebliche Auswirkungen auf die Wissenschaftsgeschichte des öffentlichen Rechts. Anstelle des von der Wissenschaft entwickelten «allgemeinen deutschen Staatsrechts», das in der Zeit des Deutschen Bundes die verbindenden Elemente geliefert und als «Surrogat der fehlenden staatlichen Einheit» gedient hatte,[1] entstand nun das «Reichsstaatsrecht». Das Verfassungsrecht des Norddeutschen Bundes und des Reiches war geltendes Recht, während das «allgemeine deutsche Staatsrecht» stets mit dem Zweifel gelebt hatte, wie es seine Geltung begründen könne. Dieses neue Reichsstaatsrecht war zwar lückenhaft, aber es bot doch der juristischen Arbeit eine viel sicherere Grundlage als bisher. Das Staatsrecht kehrte somit aus den Höhen der Spekulation auf den festen Boden zurück: «Die Wissenschaft des Deutschen Staatsrechtes, so lange eine Disciplin in partibus, hat durch die Gründung des Reiches endlich eine entschiedene, positive Basis bekommen und aufgehört, blos ein Staatsrecht in hypothesi zu construiren.»[2] Die hierin ausgedrückte Zufriedenheit war allgemein.

Insofern war das Jahr 1866 der entscheidende Einschnitt. Der Breslauer Staatsrechtler Hermann Schulze sprach gar von der «weltgeschichtlichen Katastrophe des Jahres 1866», und er meinte: «Das Jahr 1866 hat für die Praxis wie für die Theorie des deutschen Staatsrechts dieselbe tief einschneidende Bedeutung wie das Jahr 1806.»[3] Tatsächlich fallen hier verfassungsgeschichtlicher Einschnitt und Wendepunkt der Wissenschaftsgeschichte einigermaßen genau zusammen.[4] Die Suspendierung des ungeliebten Deutschen Bundes, die Beendigung des preußischen Verfassungskonflikts im Zusammenhang mit «Königgrätz» und die stufenweise Reichsgründung berührten das öffentliche Recht an seinen Fundamenten.

[1] *H. Schulze,* Ueber Princip, Methode und System des deutschen Staatsrechts, in: Zeitschrift für Deutsches Staatsrecht und Deutsche Verfassungsgeschichte, hrsgg. v. *K. L. Aegidi,* 1 (1867) 451.

[2] *J. v. Held,* Die Verfassung des Deutschen Reiches vom staatsrechtlichen Standpunkt aus betrachtet, Leipzig 1872, 202f.

[3] *H. Schulze,* Die Krisis des Deutschen Staatsrechts im Jahre 1866. Nachtrag zur Einleitung in das Deutsche Staatsrecht, Leipzig 1867, Vorwort.

[4] *F. P. Kahlenberg,* Das Epochenjahr 1866 in der deutschen Geschichte, in: *M. Stürmer* (Hg.), Das kaiserliche Deutschland, 1970, 51–54; *K. G. Faber,* Realpolitik als Ideologie. Die Bedeutung des Jahres 1866 für das politische Denken in Deutschland, HZ 203 (1966) 1–45.

Aber es war nicht nur ein Übergang vom wissenschaftlich begründeten zum staatlich gesetzten Recht. Auch methodisch ist ein tiefer Wandel zu beobachten.[5] Vor und nach 1866 gibt es eine auffällige Häufung juristischer Kreativität. Sie schlägt sich in Werken nieder, die schon von den Zeitgenossen als «neu» empfunden werden: CARL FRIEDRICH VON GERBERS Abhandlung «Ueber öffentliche Rechte» (1852), RUDOLPH VON JHERINGS Aufsatz «Unsere Aufgabe» (1857), FERDINAND FRANZ VON MAYERS Versuche der Herstellung eines verwaltungsrechtlichen «Allgemeinen Teils» (1857/1862), OTTO BÄHRS «Der Rechtsstaat» (1864), HERMANN SCHULZES «Einleitung in das deutsche Staatsrecht» (1865), vor allem dann aber GERBERS epochemachende «Grundzüge eines Systems des deutschen Staatsrechtes» (1865), sowie OTTO VON GIERKES erster Band des «Genossenschaftsrechts» (1868) drängen sich auf wenige Jahre zusammen. Die lebhafte Diskussion im einzigen Band von KARL LUDWIG AEGIDIS (1825–1901) «Zeitschrift für Deutsches Staatsrecht und Deutsche Verfassungsgeschichte» (1867) zeigt die Umbruchsituation.[6] Die ältere und die neuere Richtung des Staatsrechts waren hier noch einmal äußerlich vereint, aber die Trennung stand bevor. Die Frage lautete, welche Richtung sich künftig als «wissenschaftlich» bezeichnen dürfe. Da die Brandmarkung «unwissenschaftlich» auch im damaligen Wissenschaftsbetrieb eine starke Stigmatisierung bedeutete, wurden die Auseinandersetzungen mit einer gewissen Schärfe geführt. Die Vertreter der neuen Richtung waren sich schon 1865, spätestens aber seit PAUL LABANDS Programmschrift «Das Budgetrecht» (1871)[7] ihrer Neuheit bewußt. 1865 waren GERBERS «Grundzüge» unter der Überschrift «Die juristische Construction im öffentlichen Recht» als eine Leistung besprochen worden, von der man eine neue Epoche des Staatsrechts zu erwarten habe,[8] MOHL hatte das Werk ungeachtet aller Kritik als formal «meisterhaft» gewürdigt.[9] HERMANN SCHULZE bejahte zwar auch die «juristische Methode», verteidigte aber gegen GERBER sein Verständnis des Staates als «Organismus» und beharrte darauf, «der reiche und lebendige Inhalt der Staatsrechtswissenschaft» müsse erhalten bleiben.[10] 1869 schließlich erschien ein ganz auf der Gerber-Labandschen Linie liegendes Buch von W. E. LINDGREN mit dem Untertitel «Versuch einer juristischen Construction des Staatsrechts und der Staatsgewalt».[11]

Die wissenschaftliche Provinz des Staatsrechts war also in diesen Jahren um 1866 in einer gewissen aufgeregten Gründerstimmung. Man hatte das Gefühl, an einem entscheidenden methodischen Punkt zu stehen und sah 1866 zugleich, daß der älteren staatsrechtlichen Richtung, die sich mit dem Recht des Deutschen Bundes beschäftigte, der bisherige positivrechtliche Stoff entglitten war.[12]

[5] *R. Smend,* Der Einfluß der deutschen Staats- und Verwaltungsrechtslehre des 19. Jahrhunderts auf das Leben in Verfassung und Verwaltung, in: *ders.* Staatsrechtliche Abhandlungen, 2. Aufl. 1968, 326ff.

[6] *P. v. Oertzen,* Die soziale Funktion des staatsrechtlichen Positivismus, 1974, 154–157. Nachweise zu *Aegidis* Briefwechsel bei *J. Jessen,* Die Selbstzeugnisse der deutschen Juristen, 1983, 170.

[7] *P. Laband,* Das Budgetrecht nach den Bestimmungen der Preußischen Verfassungs-Urkunde unter Berücksichtigung der Verfassung des Norddeutschen Bundes, in: Zeitschr. f. Gesetzgebung und Rechtspflege in Preußen, 1871, 1–83 (Separatdruck, Nachdr. 1971).

[8] *K. V. Fricker,* Die juristische Construction im öffentlichen Recht, ZgStW 21 (1865) 465–482.

[9] *R. v. Mohl,* in *Aegidis* Zeitschrift 1 (1867) 363, 367.

[10] *H. Schulze,* Ueber Princip, Methode und System des deutschen Staatsrechts, in: *Aegidis* Zeitschrift, 417–451 (426).

[11] Siehe unten Anm. 116.

[12] Grundlegend *M. Fioravanti,* Giuristi e costituzione politica nell' Ottocento tedesco, Milano 1979, 127ff.

2. Die Kompendien des Bundesstaatsrechts

Obwohl nach 1850 gerade unter den enttäuschten Liberalen die Überzeugung herrschte, der Deutsche Bund sei ein unwürdiger Gegenstand für öffentlichrechtliche Erörterungen und müsse deshalb als Anhang zum «eigentlichen» Staatsrecht fungieren, registrierte doch der Beobachter des Jahres 1867 «eine in neuester Zeit eingetretene reichliche Bearbeitung des allgemeinen deutschen Staatsrechts».[13] Die Vertreter jener älteren Richtung wie HEINRICH ZÖPFL und HEINRICH ALBERT ZACHARIÄ hatten ihre Hauptwerke auf den Bestand des Deutschen Bundes gegründet. Ihnen war die Fortschreibung der bisherigen Linie nicht unlieb; ZÖPFL erklärte sich auch politisch für den Fortbestand des Deutschen Bundes.

Staatsrechtlicher Ausgangspunkt der neuen Epoche war nach dem Scheitern der Dresdner Konferenzen am 15. Mai 1850 die erneute Konstituierung des Deutschen Bundes. An den Bundesstrukturen änderte sich nichts. Die Staatsrechtler arbeiteten deshalb mit dem bisherigen Normbestand weiter, machten Nachträge und ergänzten die Fußnoten. So erlebte das bereits erwähnte Lehrbuch des immer konservativer werdenden HEINRICH ZÖPFL 1855 seine vierte und 1863 seine fünfte Auflage.[14] Es hatte – wie der Autor selbst – außerordentlichen Umfang angenommen und war ein «reiches Magazin des Wissens» geworden.[15] ZÖPFL hielt nach wie vor an der «Annahme des Daseins eines nationalen Ideenkreises in staatsrechtlicher Beziehung» fest,[16] schob aber ab 1855 das positive Staatsrecht der Einzelstaaten zu Lasten des «allgemeinen Staatsrechts» nach vorne. Damit wuchsen freilich die Materialmengen. Je detaillierter die Einzelheiten nachgewiesen wurden, desto mehr stieg auch der Bedarf ständiger Ergänzung, zumal in bewegten Zeiten. ZÖPFL blieb jedoch den Veränderungen des Staatsrechts auf den Fersen,[17] ergänzte fortlaufend seine beiden Hauptwerke, das Staatsrecht sowie die Staats- und Rechtsgeschichte, trieb sogar noch ausgedehnte rechtshistorische Forschungen und widmete sich vor allem, ähnlich wie LUDWIG W. A. PERNICE (1799–1861) in Halle, als Gutachter dem Recht des Hochadels.[18] 1877 starb er in Heidelberg, ohne im Bereich des Reichsstaatsrechts noch eine bedeutendere Rolle gespielt zu haben.

Auch der nationalliberale, strenger juristisch argumentierende[19] HEINRICH ALBERT

[13] *R. v. Mohl*, Bemerkungen über die neuesten Bearbeitungen des allgemeinen deutschen Staatsrechts, in: *Aegidis* Zeitschrift 1 (1867), 358.

[14] *H. Zöpfl*, Allgemeines und deutsches Staatsrecht, 4. Aufl. Leipzig und Heidelberg 1855; die fünfte Auflage erschien unter dem Titel «Grundsätze des gemeinen deutschen Staatsrechts mit besonderer Rücksicht auf das Allgemeine Staatsrecht und auf die neuesten Zeitverhältnisse», Erster und Zweiter Theil, Leipzig und Heidelberg 1863 (Nachdr. 1975). Zu *Zöpfl* siehe oben Kap. 2, Anm. 101, 104.

[15] *Mohl*, aaO., 380: «Man ist versucht, den Falstaff'schen Spruch: der Kummer bläht den Menschen auf, hier zu parodieren». Siehe auch *Mohl*, Erinnerungen I, 232 zur «falstaffähnlichen Erscheinung» *Zöpfls* und dessen Ausspruch «Ich und das Heidelberger Faß bleiben immer dieselben».

[16] Vorwort zur 4. Aufl. 1855, nochmals in der 5. Aufl., S. VIII.

[17] *H. Zöpfl*, Deutsche Union und deutsches Reich. Entwurf einer allgemeinen Reichsverfassung mit Inbegriff der deutschen Union, Erfurt 1850.

[18] *H. Zöpfl*, Ueber Mißheiraten in den deutschen regierenden Fürstenhäusern überhaupt und in dem Oldenburgischen Gesammthause insbesondere, Stuttgart 1853; *ders.* Ueber hohen Adel und Ebenbürtigkeit, Stuttgart 1853; *ders.* Die neuesten Angriffe auf die staatsrechtliche Stellung der deutschen Standesherren, Donaueschingen 1867. Insgesamt sollen rd. 300 Gutachten von ihm vorliegen.

[19] Das Urteil von *Otto Mejer*, Einleitung in das Deutsche Staatsrecht, 2. Aufl. Freiburg und Tübingen 1884, 248, *Zachariä* habe das Verdienst,

ZACHARIÄ[20] geriet mit seinem großen Lehrbuch «Deutsches Staats- und Bundesrecht»[21] in die krisenhafte Situation des Deutschen Bundes hinein. Seine Hoffnungen auf eine großdeutsche Lösung[22] und auf ein die Spannungen überbrückendes Bundesgericht wurden immer geringer. So mußte er 1865 voller Enttäuschung die «völlige Nullität des Bundes bei wirklich schwerwiegenden politischen Fragen» konstatieren.[23] Als 1867 der im Herbst 1866 fertiggestellte zweite Band des Lehrbuchs erschien, wurde ZACHARIÄ gerade als «Welfe» in den Reichstag des Norddeutschen Bundes gewählt, «zwar nicht als schmollender Partikularist, aber doch als Vertreter des Rechtsgedankens und erfüllt von Mißtrauen gegen die Ausdehnungs- und Eroberungsgelüste, die er Preußen zuschrieb».[24] Auch damals scheint er noch auf eine Lösung unter Einschluß Österreichs gehofft zu haben. «Am Ende seines Lebens», so resümiert STARCK, «mußte Zachariä sehen, daß sich die nationale und konstitutionelle Entwicklung Deutschlands, also der Gang der Geschichte, anders dargestellt hat, als er sie sich vorgestellt hatte. Im Norddeutschen Reichstag, dem er ein Jahr angehörte, drangen die meisten der von ihm unterstützten Anträge bei den Verfassungsberatungen nicht durch. Auch die Staatsrechtslehre benutzte einen anderen Weg, d. h. eine andere Methode. Ein Jahr nach seinem Tod erschien der 1. Band von Paul Labands Staatsrecht des Deutschen Reiches, in dem vom Zweck und den Grenzen des Staates nicht mehr die Rede war.»[25]

3. Neuere Darstellungen vor 1866

Nicht nur die schon vor 1848 erschienenen großen Handbücher wurden fortgeschrieben. Auch das Wagnis neuer «Systeme» lockte vor allem rechtsphilosophisch geprägte Autoren, die das nun herrschende konstitutionelle Muster in seiner deutschen Ausprägung auf einer abstrakten Ebene darstellen wollten. Nachdem die Materialmengen bei ZÖPFL und ZACHARIÄ bereitlagen, konnte man sich insoweit entlastet fühlen.

a) J. v. HELD

Ausdrücklich verfuhr in dieser Weise der Würzburger Staatsrechtler JOSEPH VON HELD (1815–1890).[26] Sein «System des Verfassungsrechts der monarchischen Staaten

«die deutsche Staatsrechtswissenschaft auch in ihrer Gesamtdarstellung zu juristischer Methode zurückgeführt zu haben», zielt offenbar weniger auf die Methode im Sinne *Gerbers*, sondern auf Gewinnung eines von politischen Schwankungen unabhängigen Rechtsstandpunkts. So erscheint er auch bei *Landsberg* (III/2, 659) als «der überzeugte Vertreter des strengen Rechts, als der besonnene Publizist, ledig jeder parteipolitischen Gebundenheit».

[20] Siehe oben Kap. 2, Anm. 110; umfassend *F. Frensdorff*, ADB 44 (1898), 617–632; gute Würdigung bei *Landsberg* III/2, 658–661 und Noten 283–286. Alle neuere Literatur bei *Ch. Starck*, in: *F. Loos* (Hg.), Rechtswissenschaft in Göttingen. Göttinger Juristen aus 250 Jahren, 1987, 209–228.

[21] Deutsches Staats- und Bundesrecht, 3 Bde., Göttingen 1841–1845; 2. Aufl., 2 Bde. 1853, 1854; 3. Aufl. 2 Bde., 1865, 1867.

[22] Die Reform der deutschen Bundesverfassung auf der Basis des Bestehenden und ohne Ausschluß Österreichs, von einem norddeutschen Publicisten (= *H. A. Zachariä*), Erlangen 1859. Hierzu *Starck* (Anm. 20), 216f.

[23] *H. A. Zachariä*, Deutsches Staats- und Bundesrecht, 3. Aufl. Bd. I, Göttingen 1865, 244.

[24] *Landsberg* III/2, Noten 284.

[25] *Starck* (Anm. 20), 227.

[26] *A. Teichmann*, ADB 50 (1905) 161–163; *R. Piloty*, Ein Jahrhundert bayerischer Staatsrechts-Literatur, in: Festg. Laband, Tübingen 1908, Bd. 1, 262–269; *Landsberg* III/2, Noten 346f.

Deutschlands mit besonderer Rücksicht auf den Constitutionalismus»[27] sollte, wie es in der Vorrede hieß, «kein Handbuch, sondern ein System sein». Die literarischen Nachweise hielten sich deshalb in Grenzen, nicht aber die Ausbreitung des Stoffs selbst. HELD erörterte die Fragen ausführlich: etwa im ersten Band die Möglichkeit eines übergreifenden gemeindeutschen Verfassungsrechts, die «allgemeinen Staatsrechtsgrundsätze» (Wesen des Staates, Volk, Land, Staatsgewalt) und die Verfassungsgeschichte, im zweiten Band, dem eigentlichen «System», die leitenden Ideen und Elemente der konstitutionellen Monarchien (Verfassungsbegriff, monarchisches Prinzip, Landstände, Staatsangehörigen- und Fremdenrecht, Grundrechte, Staatsgebiet). Dabei hielt sich HELD auf einer Linie, die nicht scharf zwischen positivrechtlichen, durch Rechtsvergleichung gewonnenen und philosophischen Sätzen unterschied.[28] Es war tatsächlich «eine sehr breite und gründliche, aber auch recht verschwommene Darstellung»,[29] «vielleicht von Bluntschlis damals eben erst erschienenen allgemeinen Staatsrecht angehaucht».[30] Die Absicht HELDS war es, stufenweise aufzusteigen von einer, wie man heute sagen würde, Verfassungslehre des konstitutionellen Staates zu einem positiven gemeindeutschen Staatsrecht, von einer allgemeinen Staats- und Gesellschaftslehre zu einer theoretischen Politik.[31] Dieses von ihm auch weitgehend verwirklichte Programm war getragen von der Spannung zwischen Staatsideal und Realität, wobei HELDS Idealismus sich in einer zunehmend positivistischer und «realistischer» gestimmten Umwelt schon fast anachronistisch ausnahm. Wissenschafts- und Fortschrittsglaube verbanden sich hier mit einem persönlichen Entwicklungsideal. Ins Politische gewendet bedeutet dies, daß HELD als liberal grundierter Anhänger der konstitutionellen, rechtsstaatlich gesicherten Monarchie einzuordnen ist. Auch in seinem Verhältnis zum Deutschen Bund war er gleich weit entfernt vom Konservativismus ZÖPFLS wie von der scharfen Kritik MOHLS. HELD war ein milder Vertreter des Juste Milieu, eine «enthusiastische Natur und eine ethisch gespannte Phantasie» (PILOTY) hoben ihn über die Niederungen der Realpolitik und des positiven Rechts hinweg.[32]

b) G. A. GROTEFEND

Ein weiteres Beispiel für eine umfassende Darstellung des Bundes- und Einzelstaatsrechts vor 1866 ist das zweibändige Werk des liberal gesinnten damaligen hannoverschen Amts-Assessors GEORG AUGUST GROTEFEND.[33] Geschrieben in Alfeld an der

[27] 2 Bde., Würzburg 1856, 1857.

[28] Auch *Mohl* (Anm. 13, 365) bemängelt «vielfaches Hereinziehen von Rechtsphilosophie und Politik».

[29] *Landsberg* III/2, Noten 347.

[30] *Piloty* (Anm. 26) 264.

[31] *J. v. Held,* Staat und Gesellschaft vom Standpunkte der Geschichte der Menschheit und des Staats. Mit besonderer Rücksicht auf die politisch socialen Fragen unserer Zeit, 3 Theile, Leipzig 1865.

[32] Zu seiner Schrift über die Reichsverfassung siehe Anm. 2 und 137.

[33] *G. A. Grotefend,* System des öffentlichen Rechts der deutschen Staaten, 1. und 2. Abt. Göttingen 1860, 1863. Der dritte Teil, ein konstitutionelles «allgemeines Staatsrecht», verbunden mit einem Abschnitt über den Norddeutschen Bund, erschien unter dem Titel «Das deutsche Staatsrecht der Gegenwart», Berlin 1869. – Als seine akademischen Lehrer nennt *Grotefend H. A. Zachariä* und *Stahl,* als literarische Vorbilder *Mohl* und *Bluntschli* (Vorrede, 1863). *Mohls* Kritik (*Aegidis'* Zeitschrift 1, 1867) ist gleichwohl hart. – *Grotefend* ist vor allem als unermüdlicher Herausgeber und Kommentator preußischer und deutscher Gesetze, Verordnungen und Erlasse bekanntgeworden, er hat «Grundrisse» (Finanz- und Militärrecht, Verfassungs- und Verwaltungsrecht), Handbücher für die Verwaltung (Polizei-

Leine, «an einem Orte ..., wo nicht einmal die geringste literarische Unterstützung zu finden ist» (Vorwort), ist es eine trocken positivrechtliche Bestandsaufnahme des Bundesrechts und des Partikularstaatsrechts, die jeden Anklang an «Spekulation», Politik und Ethik zurückweisen und das Werk von HELD sogar aus dem «Kreis der wissenschaftlichen Darstellungen des öffentlichen Rechts in Deutschland» verbannen möchte.[34] Auch geschichtliche Elemente werden bis auf kleine Reste «als etwas Fremdes aus dem System» hinausgewiesen.[35] Letztlich führt dies zu dem Ergebnis, daß es ein gemeindeutsches Staatsrecht nicht mehr gibt. Gleichwohl wird «das deutsche Staatsrecht als das Recht eines einheitlichen Subjectes» verstanden.[36] Auf dieser Linie geht es in schnellen Schritten durch den Stoff: das Recht des Deutschen Bundes, seine Verfassung und seine Organe, im zweiten Band – trotz des Bekenntnisses zum positiven Recht – wieder eine allgemeine Staatslehre, eine Entstehungsgeschichte des deutschen Staatsrechts und der Staatsrechtslehre, schließlich am Ende nur noch knappe Beispiele für einige allgemein verbindliche Rechtsfiguren des deutschen Staatsrechts.[37] Insgesamt ist also der Vorsatz eines geschlossenen positivrechtlichen Systems nicht eingelöst worden; der methodische Exorzismus von Historie und allgemeiner Staatslehre blieb wirkungslos, und die angestrebte positivrechtliche Deduktion eines allgemeinen konstitutionellen Staatsrechts scheiterte an ihrer inneren Widersprüchlichkeit.

c) K. v. KALTENBORN

Anders als die gemäßigten Liberalen HELD und GROTEFEND ist der Königsberger Völkerrechtler KARL BARON KALTENBORN VON STACHAU (1817–1866)[38] ein Konservativer, jedenfalls zum Zeitpunkt der Niederschrift seiner «Einleitung in das constitutionelle Verfassungsrecht».[39] Seine Einstellung zugunsten «absoluter Wahrung der Herrschaft des Staats» zeigt sich übrigens nicht nur an seiner Parteinahme für BISMARCK im beginnenden Verfassungskonflikt, sondern auch daran, daß er 1864 noch in das «Außenministerium» der abgewirtschafteten kurhessischen Regierung[40] über-

wesen, Provinzial- und Kreisverwaltung, Verwaltungsorganisation) und Lehrbücher (Preußisches Verwaltungsrecht, 1890, 1891) geschrieben. Der Kürze halber sei auf GV 1700–1910, Bd. 51, 1982, 122–126 verwiesen.

[34] *Grotefend*, System (Anm. 33) § 4.

[35] Vorwort, Zweite Abtheilung, Cassel 1863, VIII.

[36] *Grotefend* bemerkt diesen Widerspruch, erklärt ihn aber als scheinbar und meint, er könne nicht anders, weil ein allgemeines Begriffssystem unverzichtbare Voraussetzung für die «richtige Erkenntniß des Rechtes selbst» ist (Vorwort, 1863, XI).

[37] Zweite Abtheilung, Drittes Buch, 1863, 252–274.

[38] *Karl Baron Kaltenborn v. Stachau* (1817–1866), 1846 Privatdozent in Halle, ab 1852 Professor für deutsches und öffentliches Recht in Königsberg, ab 1864 im Außenministerium der kurhessischen Regierung in Kassel. Vgl. *Teichmann*, ADB 15 (1882) 43–45; *Landsberg* III/2, 653–655 mit Würdigung der völkerrechtlichen, see- und wechselrechtlichen Schriften *Kaltenborns*, sowie Noten 280. Es handelt sich vor allem um «Kritik des Völkerrechts nach dem jetzigen Standpunkte der Wissenschaft», Leipzig 1847, «Die Vorläufer des Hugo Grotius auf dem Gebiete des Jus naturae et gentium sowie der Politik im Reformationszeitalter», Leipzig 1848 und «Grundsätze des praktischen europäischen Seerechts», 2 Bde., Berlin 1851.

[39] Leipzig 1863.

[40] In deren Dienst veröffentlichte er: Die Volksvertretung und die Besetzung der Gerichte, besonders des Staatsgerichtshofes, Leipzig 1864, um nachzuweisen, daß das kurhessische Gesetz vom 17. Juni 1848 mit seinem parlamentarischen Präsentationsrecht für alle Richterstellen des Oberappellationsgerichtes sowohl gegen die Ver-

wechselte.[41] Die dadurch in Königsberg entstandene Lücke bei den staatsrechtlichen Vorlesungen füllte übrigens – gänzlich unvorbereitet – der junge Rechtshistoriker und Handelsrechtler PAUL LABAND.

Das Buch KALTENBORNS von 1863, dem eine konventionelle Verfassungsgeschichte des Vormärz vorangegangen war,[42] ist tatsächlich nur eine «Einleitung», nämlich eine Entwicklung der philosophischen und politischen sowie der historischen Grundlagen des deutschen Staatsrechts in einer methodischen Verbindung von Elementen der Historischen Schule mit solchen des Rechtshegelianismus. Die Resonanz auf dieses Buch war insgesamt schwach und negativ.[43]

d) O. MEJER

Im Zusammenhang der staatsrechtlichen Literatur vor 1866 ist schließlich OTTO MEJERS (1818–1893)[44], wie LANDSBERG sagt, «vielgerühmte ‹Einleitung in das deutsche Staatsrecht›, die für das Jahr 1861, in dem sie zuerst erschien, eine förderliche, historisch vermittelnde Leistung war», zu erwähnen.[45] MEJER war vor allem bedeutender Vertreter des evangelischen, streng lutherischen Kirchenrechts und insoweit Schüler von AEMILIUS LUDWIG RICHTER (1808–1864).[46] Seine «Einleitung», die PHILIPP ZORN etwas zu emphatisch als das – neben GERBERS «Grundzügen» – «werthvollste Erzeugniß der neueren Staatsrechtswissenschaft aus der Zeit vor 1866» gefeiert hat,[47] setzt mit einer kleinen Allgemeinen Staatslehre zur Klärung der Grundbegriffe ein und schildert dann das Alte Reich bis 1806, Rheinbund und Deutschen Bund sowie, in der umgearbeiteten zweiten Auflage (1884), die Zeit bis zur Reichsgründung. Seine Überzeugungen vom inneren Zusammenhang der Einzelstaatsrechte stammen aus der Historischen Schule, gründen sich auf die gemeinsame Geschichte und die von der Wissenschaft herausgearbeiteten Grundsätze. Das positive öffentliche Recht ist allerdings kein Produkt der Geschichte oder des Volksgeistes mehr, sondern eindeutig staatliche Setzung. Staat und Gesellschaft werden im Anschluß an STEIN und MOHL[48] getrennt gesehen, gleichwohl erscheint der Staat aber als ein die Gesellschaft transzendierendes «sittliches Reich» im Sinne STAHLS.[49] Als konstitutionelle Monarchie ist er Verfassungsstaat, handelnd durch eine Verwaltung, die sich darstellt als «lebendige Function der Verfassung, von welcher sie in der Wirklichkeit sich nicht scheiden läßt».[50] 1884 meinte MEJER rückblickend, die erste Auflage seiner «Einleitung» sei von der Reichs-

fassung des Deutschen Bundes als auch gegen die Landesverfassung verstoße.

[41] Eine Parallele bietet hier *Victor A. H. Pernice* (1832–1875), der als Göttinger Öffentlichrechtler 1866 ausschied und 1867 als Bevollmächtigter der kurhessischen Regierung bei deren «Abwicklung» in Berlin tätig war.

[42] *K. v. Kaltenborn*, Geschichte der deutschen Bundesverhältnisse und Einheitsbestrebungen von 1806–1857 unter Berücksichtigung der Entwicklung der Landesverfassungen, 2 Bde., Berlin 1857.

[43] Vgl. nur *Mohl* (Anm. 13).

[44] *Ph. Zorn*, ADB 52 (1906), 297–301; *Landsberg* III/2, Noten 256f.

[45] *Landsberg* III/2, 581.

[46] *A. v. Schulte*, ADB 53 (1907) 340–343.

[47] Rostock 1861; 2. Aufl. Freiburg und Tübingen 1884. – *Ph. Zorn*, Die Entwicklung der Staatsrechtswissenschaft seit 1866, in: JöR 1 (1907) 47–81.

[48] *L. v. Stein*, Der Begriff der Gesellschaft und die sociale Geschichte der französischen Revolution bis zum Jahre 1830, Leipzig 1850 (2. Aufl. 1855); *R. v. Mohl*, Die Staatswissenschaften und die Gesellschaftswissenschaften, ZgStW 1851 (auch in *Mohl* I, 67ff.).

[49] 2. Aufl. 1884, 6.

[50] 2. Aufl. 1884, 13.

gründung «beiseitegeschoben» und nun «mehr als vorher auf das Gebiet bloßer Geschichte verwiesen».

e) H. SCHULZE (V. GAEVERNITZ)

Am interessantesten unter diesen Werken aus der Zeit vor 1866, speziell auch in Beziehung zu GERBER, ist die frühe «Einleitung in das deutsche Staatsrecht» des damaligen Breslauer Staatsrechtlers HERMANN SCHULZE (1824–1888)[51] aus dem Jahre 1865.[52] Sie zeigt, daß SCHULZE sich ein umfassendes «System des deutschen Staatsrechts» vorgenommen hatte, das mindestens äußerlich dem von HELD hätte gleichen können. Die Gründung des Norddeutschen Bundes kam dazwischen, SCHULZE reagierte auf sie zunächst durch einen historischen Nachtrag[53] und schob das größere Vorhaben auf. In der Zwischenzeit entstand dann das große Preußische Staatsrecht (1872/77), das bereits erwähnt wurde.[54] Erst ein Jahrzehnt später, also unter dem Eindruck der inzwischen publizierten Werke von GERBER und LABAND, ist der Plan in veränderter Gestalt abgeschlossen worden, und zwar als «Lehrbuch des deutschen Staatsrechts» (1881/86).

Die «Einleitung» ruht auf Überzeugungen, die SCHULZES Verbindung zur älteren Staatslehre erweisen.[55] SCHULZE ist «tief durchdrungen von dem Werthe einer philosophischen und geschichtlichen Begründung» des positiven Rechts, er vermischt nicht die Sphären, sondern zielt auf «Vergeistigung des positiven Stoffes durch Darlegung des innigen Zusammenhanges zwischen dem positiv Gewordenen und den höhern, allgemeinmenschlichen Ideen und Aufgaben».[56] In diesem Sinn setzte er ein mit einer ersten Fixierung des Staatsrechts als Disziplin (Stellung, Einteilung, Quellen, Hilfswissenschaften, Literaturgeschichte, Aufgabe, Methode und System). Dann folgten eine allgemeine Staatslehre («Staatsrecht») und eine bis zur Gegenwart reichende Verfassungsgeschichte.

SCHULZES wesentliche Positionen – der Staat als lebendiger Organismus und als «höhere Gesammtpersönlichkeit»,[57] die Zuordnung der Souveränität zum Staat, die Lehre vom Staatszweck (Herstellung der Rechtsordnung und Förderung aller Zwecke, die einer gemeinsamen Förderung bedürfen)[58] und die rechtliche Bindung des Souveräns in der konstitutionellen Monarchie[59] – zeigen ihn als Theoretiker mit intensiven Verbindungen zur staatsrechtlichen Tradition des Ancien Régime und des

[51] Nach der Nobilitierung: *H. Schulze-v. Gaevernitz.* Vgl. *Landsberg,* ADB 33 (1891), 1–3 m. Ergänzung ADB 36 (1893) 791; *ders.* Geschichte III/2, 976f., Noten 405f.; *Drüll,* 249.

[52] Leipzig 1865.

[53] *H. Schulze,* Die Krisis (Anm. 3); dieser Text wurde dann in die 2. Auflage der «Einleitung», Leipzig 1867 eingearbeitet.

[54] Oben Kap. 7, Anm. 146.

[55] Eingehend *v. Oertzen* (Anm. 6), 123ff. (126). Diese Verbindungen drücken sich auch darin aus, daß *Schulze,* ähnlich wie *Zöpfl* und später *Heffter* und *Rehm,* sich zum Spezialisten für das Recht des Hochadels entwickelte. Vgl. *H. Schulze,* Das Recht der Erstgeburt in den deutschen Fürstenhäusern und seine Bedeutung für die deutsche Staatsentwickelung, Leipzig 1851; *ders.* Die Hausgesetze der regierenden deutschen Fürstenhäuser, 3 Bde., Jena 1862, 1878, 1881, 1883; *ders.* Deutsches Staatsrecht, Bd. 1, Leipzig 1881, 205ff.

[56] Einleitung, 1865, Vorwort VIIf.

[57] Einleitung, 1867, § 28.

[58] So seine im Anschluß an *Stahl* und *Mohl* formulierte Lehre von der «Totalität des Staatszwecks» (Einleitung, §§ 31, 36–40).

[59] Die konstitutionelle Monarchie ist für *Schulze* «die vom Rechtsbewußtsein der gesammten deutschen Nation getragene Staatsform der Gegenwart, aus deren Grundprincip die wichtigsten Sätze des heutigen Staatsrechtes abgeleitet werden müssen», in: Ueber Princip (Anm. 1), 441.

Vormärz, der sich dem stärker werdenden positivistischen Grundstrom anschließen konnte, ohne das philosophische und historische Erbe zu verleugnen.

Nimmt man noch SCHULZES etwa zur Jahreswende 1865/66 als Reaktion auf GERBERS «Grundzüge» geschriebenen Methodenaufsatz hinzu,[60] dann erkennt man die Bedeutung jenes methodischen Wendepunkts um 1866: SCHULZE hält am Organismusgedanken fest, modifiziert durch ihn die nun auch von GERBER akzeptierte These vom Staat als juristischer Person, verteidigt kurz vor dem Ende des Deutschen Bundes noch einmal das «gemeine deutsche Staatsrecht» als Disziplin, und bewahrt, bei klarer Trennung im Einzelnen, den geistigen Zusammenhang von Staatslehre, Rechtsgeschichte und positivem Staatsrecht.[61] Dem Verwaltungsrecht hält er eine Entwicklungsmöglichkeit für die Zukunft offen.[62] Ihm ist sehr bewußt, welche Schwierigkeiten der Staatsrechtslehre dadurch erwuchsen, daß die Konstruktion des Deutschen Bundes eine «Anomalie» darstellte. Ein «lebendiger Organismus» im Sinne SCHULZES war der Deutsche Bund jedenfalls nicht, und solange er bestand, fungierte die Wissenschaft auch weiterhin als «Surrogat». Als der Aufsatz im Druck erschien, war der Deutsche Bund bereits aufgelöst, und die staatliche Einheit rückte in greifbare Nähe.

II. «Juristische Methode» und Reichsstaatsrechtslehre

1. *Methodenwandel im Zivilrecht*

Der allmähliche Übergang von den Methodenidealen der frühen «Historischen Schule» zum Wissenschafts- und Gesetzespositivismus in den mittleren Jahrzehnten des 19. Jahrhunderts vollzog sich, jedenfalls in der bisher dominierenden rechtshistorischen Optik, vor allem im Zivilrecht.[63] Die Pandektisten von GEORG FRIEDRICH PUCHTA (1798–1846) über die ihm folgende Generation (VANGEROW, BRINZ, BEKKER, REGELSBERGER, ARNDTS, DERNBURG) bis zu BERNHARD WINDSCHEID (1817–1892)[64] vollzogen diesen Übergang schrittweise und gelangten am Ende zu einer fast vollständigen Vertauschung der methodischen Prämissen und zu einer Umkehr der Prioritäten im Verhältnis von Wissenschaft und Gesetzgebung. Der SAVIGNY von 1814, der eine ruhige Entwicklung der Wissenschaft gefordert und erst langfristig die potentielle Überführung der Ergebnisse in eine Kodifikation für möglich gehalten hatte, hatte sich faktisch durchgesetzt, wenn auch nicht kraft seiner Autorität, sondern weil der die Gesetzgebung tragende Nationalstaat nicht früher zustande gekommen war.

Der Preis, der für die wissenschaftliche Ausprägung kodifizierbarer Rechtsbegriffe gezahlt wurde, war allerdings hoch. Es bedurfte einer konsequenten Vertreibung des

[60] Oben Anm. 1.

[61] In diesem Sinne und unter ausdrücklicher Zustimmung zu *Schulze* auch *F. Stoerk*, Zur Methodik im öffentlichen Recht, Wien 1885, 52.

[62] «Bei weiterer gedanklicher Ausbildung unserer Staats-Verwaltung und bei größerer Berücksichtigung des öffentlichen Rechtes im akademischen Unterricht kann es indessen dahin kommen, daß neben die Verwaltungslehre ein Verwaltungsrecht, neben die Polizeiwissenschaft ein Polizeirecht, neben die Finanzwissenschaft ein Finanzrecht als juristische Disziplinen treten» (Anm. 1) 420.

[63] *Wieacker*, 399ff., 430ff.

[64] Zu ihm nunmehr *U. Falk*, Ein Gelehrter wie Windscheid. Erkundungen auf den Feldern der sogenannten Begriffsjurisprudenz, 1989.

Naturrechts[65] und metaphysischer Rechtsbegründungen generell, sowie eines enthistorisierten Begriffsrealismus, um die Zuversicht zu erzeugen, man könne durch konsequente Reinigung des juristischen Denkens von nichtjuristischen Elementen zum Aufbau einer per definitionem lückenlosen Begriffspyramide gelangen. Dieses Programm schien nicht nur Abwehrkräfte gegen politische Pressionen sowie Rechtssicherheit zu garantieren, sondern auch «Wissenschaftlichkeit» und einen entsprechenden sozialen Status der Jurisprudenz.[66]

2. *Methodenwandel im öffentlichen Recht:* C. F. v. Gerber

An diese hier nur angedeutete Gesamtbewegung des rechtswissenschaftlichen Kontextes ist zu erinnern, wenn man sich dem Methodenwandel im öffentlichen Recht zuwendet.[67] Rudolph von Jhering (1818–1892) hatte in seinen frühen Jahren die «naturhistorische Methode, oder nennen wir sie von jetzt an die juristische Methode»,[68] empfohlen und einen extremen Konstruktivismus praktiziert.[69] Dabei fand er in Carl Friedrich von Gerber (1823–1891) einen engen Verbündeten.[70] Als Jhering ab 1859 unter dem Eindruck des berühmten «Kohlenfalls» seine methodischen Postulate eigenhändig zu demontieren begann,[71] blieb Gerbers Position unverändert; die Freunde entfremdeten sich.

Wie Jhering war Gerber ein Schüler Puchtas, sein Ausgangsgebiet war jedoch das deutsche Privatrecht. Zunächst 1846 Professor in Jena, 1847 in Erlangen, wechselte er 1851 als Nachfolger von Wächter, in fachlicher Hinsicht eher von Reyscher,[72] nach Tübingen,[73] wo er 1855 auch Kanzler wurde. 1862 ging er kurzfristig wieder nach Jena, 1863 nach Leipzig. Von 1871 bis zu seinem Tode wirkte er als sehr erfolgreicher und besonders um die Universität Leipzig verdienter sächsischer Kultusminister.[74]

[65] Den Endpunkt bildet bekanntlich *K. Bergbohm,* Jurisprudenz und Rechtsphilosophie. Kritische Abhandlungen, 1. Bd., Leipzig 1892. Hierzu *D. Lang-Hinrichsen,* NDB 2 (1955) 77; *J. Llambias de Azevedo,* Betrachtungen über Bergbohms Kritik an der Naturrechtslehre, ARSP 51 (1965), Beih. 41, 163–199; ARSP 55 (1969) 87–107; *R. Kass,* Karl Bergbohms Kritik der Naturrechtslehre des ausgehenden 19. Jahrhunderts, jur. Diss. Kiel 1973.

[66] *W. Wilhelm,* Zur juristischen Methodenlehre im 19. Jahrhundert. Die Herkunft der Methode Paul Labands aus der Privatrechtswissenschaft, 1958; *v. Oertzen* (Anm. 6); parallel hierzu *H. Schnädelbach,* Philosophie in Deutschland 1831–1933, 1983, 102ff.

[67] *Fioravanti* (Anm. 12), 252ff.

[68] *R. v. Jhering,* Unsere Aufgabe, in: Jahrbücher für die Dogmatik des heutigen römischen und deutschen Privatrechts, hrsgg. v. *C. F. v. Gerber* und *R. Jhering,* Bd. 1 (1857), 1–52 (21); zu dieser Zeitschriftengründung *Landsberg* III/2, 800.

[69] *Landsberg* III/2, 788–800; *Wieacker,* 434, 450ff.; *F. Wieacker–Ch. Wollschläger* (Hg.), Jherings Erbe, 1970; *W. Pleister,* Persönlichkeit, Wille und Freiheit im Werke Jherings, 1982; *O. Behrends,* Jhering (1818–1892). Der Durchbruch zum Zweck des Rechts, in: *F. Loos* (Hg.), Rechtswissenschaft in Göttingen, 1987, 229–269 (252ff.).

[70] *Landsberg* III/2, 778–788, 800ff., Noten 334; *M. G. Losano,* Der Briefwechsel zwischen Jhering und Gerber. Studien über Jhering und Gerber, 2 Bde., 1984.

[71] *an.* (= Jhering), Vertrauliche Briefe über die heutige Jurisprudenz von einem Unbekannten an die Herausgeber der Preußischen Gerichtszeitung, 1861–1866, in: Scherz und Ernst in der Jurisprudenz, 1891; vgl. *Landsberg* III/2, 808; *Wilhelm* (Anm. 66), 72ff.; *Behrends* (Anm. 69); *Falk* (Anm. 64) 52ff.

[72] *J. Rückert,* August Ludwig Reyschers Leben und Rechtslehre, 1974, 71, 157, 381.

[73] Antrittsrede «Zur Charakteristik der deutschen Rechtswissenschaft», Tübingen 1851 (ohne die Vorrede in: Ges. jurist. Abhandlungen, Jena 1872, Bd. 1, 1–14 u. d. T. «Über deutsches Recht und deutsche Rechtswissenschaft überhaupt». Hierzu *Rückert* (Anm. 72) 180.

[74] *H. Beschorner,* ADB 49 (1904) 291–297; *B. Koehler,* Gerber, HRG I (1971) 1530–1532; *Wilhelm* (Anm. 66) 88ff.; *v. Oertzen* (Anm. 6), 163ff.

GERBER war frühreif, mit 21 Jahren habilitiert, mit 23 Inhaber einer Professur. Seine Ansichten waren bald fixiert. Politisch konservativ, hatte er schon in Tübingen das Wohlwollen «des politisch empfindlich gewordenen alten Königs».[75] Liberale Germanisten wie BESELER und REYSCHER schätzten ihn nicht, zum einen wegen der Betonung der Adelsprivilegien, des Lehnwesens und der Grundlasten als angeblich «deutscher» Elemente im «System des deutschen Privatrechts» (1848/49), zum andern wegen seines Standpunktes, daß es ein gemeines deutsches Privatrecht als geltendes Recht nicht mehr gebe.[76] Obwohl er damit die wissenschaftliche Behandlung des Gegenstandes nicht beschnitt, ja für besonders notwendig erklärte, hat er mit der Leugnung der Geltung die Rechtsentstehungslehre der historischen Schule praktisch verlassen.[77] Mit seinem «System des deutschen Privatrechts»[78] strebte der Fünfundzwanzigjährige dann ganz neue «unromantische» Ziele an: statt addierender Beschreibung deutschrechtlicher Institute eine romanistisch geschulte Schärfe der Begrifflichkeit, statt loser Reihung einen streng systematischen Aufbau, statt organischer Entwicklung logische «Analyse und Konstruktion des rein juristischen Elements»,[79] und «ferner», wie er sagt, «eine consequente Trennung des Geschichtlichen vom Dogmatischen und besonders des Staatsrechtlichen und Politischen vom Privatrechte».[80] Es verwundert nicht, daß ein solches Verfahren den Widerspruch der «eigentlichen» Germanisten weckte. Insbesondere OTTO GIERKE hat von «romanisierender Verstümmelung der deutschen Rechtsgedanken» gesprochen, ja GERBER vorgeworfen, er habe «die deutsche Seele im deutschen Rechte» getötet.[81]

Die wesentlichen Intentionen GERBERS lassen sich in aller Kürze benennen. Es ging ihm um die Übertragung der «konstruktiven juristischen Methode» auf das Staatsrecht, die entsprechende Verdrängung politischer, philosophischer und historischer Gesichtspunkte, das «Bedürfnis einer schärferen und korrekteren Präzisierung der dogmatischen Grundbegriffe» und die «Aufstellung eines wissenschaftlichen Systems ... in welchem sich die einzelnen Gestaltungen als die Entwicklung eines einheitlichen

[75] *Rückert* (Anm. 72) 180.

[76] *C. F. Gerber,* Das wissenschaftliche Princip des gemeinen deutschen Privatrechts. Eine germanistische Abhandlung, Jena 1846. Ob diese Ansicht die Mehrheit oder Minderheit bildete, mag offenbleiben. Zahlreiche Germanisten strebten jedoch schon aus Gründen der Parität mit dem römischen Recht danach, auch im deutschrechtlichen Bereich ein «heute geltendes Recht» zu behaupten.

[77] *Gerber* (Anm. 76) 272ff.; *Landsberg* III/2, 781f.

[78] Jena 1848/49; 1.–7. Aufl. 1849–1860; 8. verm. verb. Aufl. Jena 1863; 12. verb. Aufl. Jena 1875; die 16. Aufl. zu *Gerbers* Lebzeiten, ab 17. Aufl. Jena 1895 fortgef. v. *Konrad Cosack.* – Zu Methodik eingehend *v. Oertzen* (Anm. 6), 216–238.

[79] Der chemische und technische Hintergrund der juristischen Modeworte «Analyse», «Konstruktion» und «reines Element» ist belegbar (vgl. etwa der von *Jhering* in einem Brief an *Gerber* vom 17. Juli 1852 gezogene Vergleich mit «chemischer Analyse»). Hierzu *D. Tripp,* Der Einfluß des naturwissenschaftlichen, philosophischen und historischen Positivismus auf die deutsche Rechtslehre im 19. Jahrhundert, 1983, 151ff. *Jherings* späterer Spott von 1861 «So wenig wie eine Dame heutzutage ohne Krinoline zu erscheinen wagt, so wenig ein moderner Zivilist ohne Konstruktion» (Anm. 71) hat die Vertreter des öffentlichen Rechts offenbar nicht erreicht, da dort, wenn ich recht sehe, die Konjunktur dieser Wörter damals erst beginnt.

[80] Vorwort 1848.

[81] *O. Gierke,* Deutsches Privatrecht, Bd. I, Leipzig 1895, 92; *ders.* Grundriß des deutschen Privatrechts, in: *F. v. Holtzendorff-J. Kohler,* Enzyklopädie der Rechtswissenschaft, 7. Aufl. 1915, Bd. 1, 148. Bei *H. Brunner,* Das anglonormannische Erbfolgesystem, Leipzig 1869, 7f. erscheint *Gerber* als «Totengräber germanistischer Rechtsanschauungen».

Grundgedankens darstellen».[82] Er konnte sich mit diesen Intentionen auch tatsächlich durchsetzen. Seine energische und autoritäre Sprache bestimmte die Richtung. Daß es die «herrschende Richtung» wurde, liegt freilich nicht nur an GERBER. Er faßte wohl eher eine immer mächtiger werdende Gesamttendenz in Worte, hob sie ins allgemeine Bewußtsein und zeigte in musterhafter Weise an knappen Werkstücken, was er unter «Konstruktion» und «juristischer Methode» verstand.

Der Ausgangspunkt jener Tendenz ist immer in der berühmten Rezension WILHELM EDUARD ALBRECHTS von 1837 gesehen worden, in der es um die Bezeichnung des Staates als juristische Person ging, d. h. um eine entschieden öffentlichrechtliche, «juristische» Betrachtung, zugleich freilich politisch um eine Abwehr der als reaktionär empfundenen patrimonialen, «privatrechtlichen» Auffassung des Staates.[83] Die Verwendung des aus dem Zivilrecht stammenden Ausdrucks «juristische Person», einer Neufassung der alten «persona moralis»,[84] hat ihre pandektistischen Vorläufer und ihre Parallelen in der organisch-idealistischen Staatslehre etwa SCHMITTHENNERS,[85] die ebenfalls zur Deutung des Staates als «Persönlichkeit» kommen mußte. Doch scheint der gedankliche Funke direkt von ALBRECHT zu GERBER, der bei ihm in Leipzig studiert hatte, übergesprungen zu sein.[86] GERBER hat allerdings die Formel «Staat als juristische Person» nur zögernd akzeptiert, weil er fürchtete, damit wieder zivilistisches Denken in das Staatsrecht einzuschleppen. In seiner kleinen Schrift «Ueber öffentliche Rechte»[87] hatte er insoweit noch starke Vorbehalte, vor allem wegen der scheinbaren Degradierung des Monarchen zum «Organ» einer juristischen Person, aber auch wegen der sprachlichen Konvention, die ihn weiter den «Organismus» Staat als «sittliche Persönlichkeit» bezeichnen ließ.[88] Deshalb entschloß sich GERBER 1852 lediglich dazu, den Fiskus als juristische Person anzusehen, im übrigen aber den Monarchen als Willenszentrum und juristischen Zurechnungspunkt ins Zentrum zu rücken. Fünfzehn Jahre später hatten sich die Begriffe dann geklärt: Der Staat ist Organismus in der Form einer juristischen Person,[89] die «Seele» des Organismus ist die Staatsgewalt, aus-

[82] *Gerber,* Grundzüge (unten Anm. 93), 1865, Vorrede; *M. G. Losano,* Der Begriff «System» bei Gerber, in: Objektivierung des Rechtsdenkens. Gedenkschrift für Ilmar Tammelo, 1984, 647–665; *v. Oertzen* (Anm. 6) und *ders.* Die Bedeutung C. F. v. Gerbers für die deutsche Staatsrechtslehre, in: Staatsverfassung und Kirchenordnung. Festschr. f. R. Smend, 1962, 183–208; *M. Nigro,* Il «Segreto» di Gerber, in: Quaderni Fiorentini 2 (1973) 293–333 mit klarer Unterscheidung der politischen und theoretischen Positionen *Gerbers.*

[83] Vgl. oben Kap. 2, III/5; *Landsberg* III/2, 826; *Maurenbrecher* reagierte mit seiner Schrift «Über die deutschen regierenden Fürsten und die Souveränität» (1839), in der *Gerber* «unfaßbare Begriffsverwirrung» sah (*Gerber,* Ueber öffentliche Rechte, Tübingen 1852, 13).

[84] *H. Denzer,* Die Ursprünge der Lehre von der juristischen Person (persona moralis) in Deutschland und ihre Bedeutung für die Vorstellung von der Staatspersönlichkeit, in: La Formazione Storica Del Diritto Moderno In Europa, Atti del terzo Congresso internazionale della Società italiana di Storia del Diritto, Vol. III, Florenz 1977, 1189–1202.

[85] Oben Kap. 3, Anm. 403. *Gerber* kritisierte seine Position als «völlig unjuristisch».

[86] Eine gewisse Brückenfunktion könnte auch der Göttinger Öffentlichrechtler *Eduard Wippermann* gehabt haben. Vgl. *ders.,* Über die Natur des Staates, Göttingen 1844, 36ff., der sich allerdings nicht klar entscheidet und die Kennzeichnung als «juristische Person» mit der von ihm verabscheuten Theorie der Volkssouveränität verbindet (41, Anm. 1).

[87] Oben Anm. 83.

[88] Ueber öffentliche Rechte (Anm. 83), 18.

[89] Vgl. auch den Tübinger, von der Philosophie *Krauses* beeinflußten Staatsrechtler *Karl Viktor Fricker* (1830–1907), Ueber die Bedeutung der organischen Staatsauffassung für das Staatsrecht, ZgStW 22 (1866) 427–440; *ders.* Die Persönlichkeit des Staats, in: ZgStW 25 (1869) 29–50. Zu *Fricker* siehe *K. Bücher.* Karl Viktor Fricker, in: ZgStW 64 (1908) 193–200; 150 Jahre Promotion

geübt vom Monarchen als «Organ» – mit der konkreten Rechtsfolge übrigens, daß die Handlungen des vorhergehenden Monarchen seinen Nachfolger binden.[90]

Die Bedeutung der Schrift «Über öffentliche Rechte» lag allerdings nicht in diesem zögernden Übergang zur Qualifizierung des Staates als juristische Person, sondern darin, daß sie eine erste Skizze der «Grundzüge» von 1865 bildete und deren wesentliche Positionen bereits enthielt. Der 1852 vollzogene qualitative Sprung der Betrachtungsweise von der staatswissenschaftlichen Methode zur juristischen Konstruktion wurde von den Zeitgenossen durchaus gesehen. AUGUST LUDWIG REYSCHER etwa registrierte bereits damals die «Verwerfung der bisherigen Staatsrechts-Wissenschaft».[91]

Zunächst wurde tatsächlich mit der Vergangenheit abgerechnet. GERBER geißelte vor allem die Vergeblichkeit bisheriger (historischer, statistischer, philosophischer, politischer) Begründungsversuche eines allgemeinen deutschen Staatsrechts. Was er selbst skizzierte, war nun – nach einer scharfen Unterscheidung von Staats- und Privatrecht, die auf Verselbständigung des öffentlichen Rechts zielte – die Entwicklung «elementarischer Begriffe» des Staatsrechts und ihre Verknüpfung zu einem «System». Die Stellung des Monarchen und seiner Beamten, die Stellung der unter der Staatsgewalt stehenden «Unterthanen» sowie der Gemeinden werden entschieden publizistisch konstruiert. Die Staatsgewalt steht dem Monarchen zu, wobei er von den Landständen allenfalls konstitutionsgemäß beschränkt wird. Juristischer Kern der Staatsgewalt ist die «Willensmacht», der «Begriff des Beherrschens».[92] Das ist natürlich im Jahre 1852 auch eine klare antiliberale Option gegen die Ideen von 1848. Volkssouveränität und Vertragslehre, Gewaltenteilung und Parlamentarisierung lagen GERBER nicht nur fern, er bekämpfte sie offen und plädierte für eine starke monarchische Gewalt, die vor allem ihre Souveränität nach innen wahrte.

Voll entwickelt ist das 1852 skizzierte Programm dann in dem konzentrierten, auf «schärfere und korrektere Präcisirung der dogmatischen Grundbegriffe» angelegten Werk «Grundzüge eines Systems des deutschen Staatsrechts» von 1865.[93] Mit gezielter Einseitigkeit befreite sich GERBER zunächst einmal von allem, was ihm hinderlich und überflüssig erschien: Die allgemeine Staatslehre als «Vorspiel im philosophischen Himmel»,[94] die Verfassungsgeschichte und das Verwaltungsrecht[95] entfielen, wie überhaupt das Staatsrecht «von allen nichtjuristischen, bloß der ethischen und politischen Betrachtung angehörenden Stoffen gereinigt» sein sollte.[96] Die Staatszwecklehre schrumpfte zusammen zum (inhaltsleeren) Satz von der staatlichen Allkom-

an der Wirtschaftswiss. Fakultät der Universität Tübingen, 1984, 563f.

[90] *C. F. v. Gerber,* Ueber die Theilbarkeit deutscher Staatsgebiete, in: *Aegidis* Zeitschrift 1 (1867) 5–24. Abschließend dann die Stellungnahme in der Beilage III zur 3. Aufl. der «Grundzüge», 1880.

[91] Zeitschr. f. Deutsches Recht 13, 445; *Rükkert* (Anm. 72) 183.

[92] Ueber die Theilbarkeit (Anm. 90), 9. Ob die Zurückführung des objektiven Rechts auf den «allgemeinen Willen» und des subjektiven Rechts auf die Willensmacht des Individuums hegelschen Ursprungs ist, wie *Georg Jellinek,* System der subjektiven öffentlichen Rechte, 2. Aufl. 1905, 42 andeutet, soll hier offenbleiben.

[93] *C. F. v. Gerber,* Grundzüge eines Systems des deutschen Staatsrechts, Leipzig 1865, 2. Aufl. 1869; 3. Aufl. 1880.

[94] Grundzüge, 3. Aufl. 1880, 238.

[95] Hierzu nochmals rechtfertigend Beilage III der 3. Aufl. 1880, 238ff. mit dem Argument, das Verwaltungsrecht habe «seinen eigenen Mittelpunkt, seine eigene Theorie und sein eigenes Prinzip», es entwickle sich zum Spezialgebiet und es habe «denn auch in der That die selbständige wissenschaftliche Behandlung des Verwaltungsrechts erfreuliche Fortschritte gemacht».

[96] Grundzüge, 3. Aufl. 1880, 237.

petenz.[97] Das positive Staatsrecht des Norddeutschen Bundes und des Reichs wurde in die späteren Beilagen verbannt.[98] Zurück bleibt sozusagen nur «das nackte und feste juristische Skelett»,[99] zusammengedrängt auf vier Kerngebiete: die Staatsgewalt als «rechtliche Ordnung des Gemeinlebens eines Volkes», die Organe des Staates (Monarch und Landstände), die Staatsfunktionen (Gesetzgebung, Verwaltung, Justiz) und der «Rechtsschutz im Gebiete des Staatsrechts».

Die Konzentration GERBERS auf rechtliche Ausformung der Staatsgewalt als «Willensmacht eines persönlich gedachten sittlichen Organismus»[100] führt zum Bild eines Staates, der das legitime Gewaltmonopol ohne Rest realisiert hat: «Die rechtliche Äußerung der Staatsgewalt ist das *Herrschen*», ein sachlich und (verfassungs)rechtlich begrenztes Herrschen gewiß, aber eben doch ein schroffes Subordinationsverhältnis. Das Volk, die Gemeinden und die öffentlichrechtlichen Korporationen sind «Gegenstände» der Herrschaft. Die Versuche, einen Staat als Hierarchie von Genossenschaften zu denken, wie dies GEORG BESELER und OTTO BÄHR sowie nach ihnen OTTO GIERKE unternahmen, werden scharf abgelehnt. GERBERS Staat ist der monolithische Anstaltsstaat; genossenschaftliches Denken ist ihm nicht nur wegen der privatrechtlichen Anklänge verdächtig, es stört ihn auch das darin steckende demokratische, staatsunabhängige Element der Selbstverwaltung, das dem Staat nur die Rolle des subsidiären Ordnungsrahmens zuzubilligen schien.[101] Die vage Anerkennung, daß öffentlichrechtliche Korporationen «mit eigenem Lebensberufe» ausgestattet seien, wird im gleichen Atemzug durch ihre Unterwerfung unter das «Gewaltrecht des Staates» wieder zurückgenommen,[102] wohl auch um die Entwicklung divergierender Systeme von autonom gesetztem öffentlichem Recht zu verhindern.[103] Eine Ausnahme gilt insoweit allerdings für die Kirchen.

Der Staatsbürger ist in GERBERS Konstruktion «Unterthan», ihm wird «eine allgemeine Hingebung der Persönlichkeit» abverlangt, und diese «Unterwerfung unter das Gewaltverhältnis» soll sogar «als eine Wohlthat empfunden» werden; denn der (Monarch und Volk umfassende) Staatsorganismus löscht gewissermaßen alle Dissonanzen in sich aus und unterwirft sich unter sich selbst. Von individualrechtlichen Positionen des Bürgers, etwa in Form von vorstaatlichen Grundrechten gegen staatlichen Zugriff, kann bei dieser Konzeption keine Rede sein. Solche Rechte gibt es allenfalls als «Reflexrechte», als Gegengabe für die Unterwerfung. Der Bürger hat zu

[97] Kritisch hierzu besonders *Mohl:* «eine ausdrückliche und klare Entscheidung über den Staatszweck kann nicht umgangen werden, in so üblem Rufe diese Frage auch stehen mag», aaO. (Anm. 9), 369. *Gerber* meinte demgegenüber, er habe hierzu ausreichend Stellung bezogen (3. Aufl. 1880, § 10 sowie Beilage III, S. 237).

[98] So reagierte die 2. Aufl. von 1869 mit einer staatsrechtlichen Skizze des Norddeutschen Bundes (Beilage IV), die 3. Aufl. 1880 mit minimalen Hinweisen zum Deutschen Reich (Beilage V), «da unsere Literatur nunmehr in dem Werke von Laband eine vorzügliche Bearbeitung dieses Gegenstands erhalten hat» (Vorrede zur 3. Aufl.).

[99] *Landsberg* III/2, 830.

[100] *Gerber,* Grundzüge, 3. Aufl. Leipzig 1880, 19. Hierzu *H. Hirschbühl,* Die Rechtslehre C. F. Gerbers, jur. Diss. Masch. Tübingen 1942, 55ff. Die Arbeit ist bisher nur einmal (1953) von *R. Smend* und *P. v. Oertzen* eingesehen worden.

[101] *O. Bähr,* Der Rechtsstaat. Eine publizistische Skizze, Kassel 1864 (Nachdr. 1969), §§ 6–14 im Anschluß an *G. Beseler,* Volksrecht und Juristenrecht, Leipzig 1843. Fraglich insofern *v. Oertzen* (Anm. 6), 183ff., der bei *Gerber* demokratische Konsequenzen angelegt sieht (ihm folgend *M. Friedrich,* AöR 1986, 207).

[102] Grundzüge, 3. Aufl. 1880, 63.

[103] *Bähr* (Anm. 101) § 11: «Jede Genossenschaft hat hiernach ein besonderes, ihr inneres Leben beherrschendes Recht; man kann sagen: ihr eignes, größeres oder kleineres, jus publicum».

gehorchen, er ist «Gegenstand». Der Wille des Monarchen «soll als allgemeiner Wille, als Wille des Staats gelten. In dem Monarchen wird die abstracte Persönlichkeit der Staatsgewalt verkörpert.»[104] Regierung und Beamtentum sind «Diener und Gehilfen des Monarchen», ihre hoheitlich begründete Rechtsstellung ist vom Monarchenrecht abgeleitet.[105] Die Verwaltung ist ausschließlich «Exekutive», also eine Emanation des Herrscherwillens, deren Details nach GERBERS Ansicht nicht in das Staatsrecht gehören.[106]

Demgegenüber sind die «Landstände» minderen Rechts: sie stehen «unter dem Herrscherwillen des Monarchen», sie sollen die «Rechtsmässigkeit des Regierens sichern» und «beschränkend zu dem herrschenden Willen des Monarchen hinzutreten».[107] Gleichwohl muß GERBER zugeben, daß die Landstände ihr Recht aus eigener Wurzel haben und daß ein Konflikt zwischen ihnen und dem Monarchen nicht juristisch entschieden werden kann.[108] Hier liegt einerseits ein uneingestandener theoretischer Bruch der Konzeption, aber andererseits auch eine klare Option für die Regierungsseite im gerade aktuellen preußischen Verfassungskonflikt.[109]

Eine gewisse Sonderstellung nimmt nur die Justiz ein. Sie spricht zwar im Namen des Monarchen Recht und legitimiert sich aus dem Herrscherwillen, aber die Regeln der Rechtsfindung – «eine Operation der juristischen Kunst»[110] – entstammen allein der Rechtswissenschaft; ihr Arbeitsgebiet ist «ein völlig neutrales Feld». Von ihr unterschieden ist der «Rechtsschutz im Gebiete des Staatsrechts», der außerhalb der Justiz gewährt wird (Ministeranklage, Staatsschutz, Schutz staatsrechtlicher Individualrechte und allgemeiner Rechtsschutz der Staatsbürger gegen die Staatsgewalt[111]).

Trotz deutlicher Kritiken[112] hatten GERBERS «Grundzüge» einen ähnlich durchschlagenden Erfolg wie schon sein «System des deutschen Privatrechts». «Gerber liefert», so MOHL, «in strengster und knappster wissenschaftlicher Form ein auf eine Revision der Grundbegriffe gebautes und dieselben illustrierendes System», die Darstellung sei «von großer Reinheit und selbst Zierlichkeit. In formeller Beziehung ist die Schrift ohne allen Zweifel meisterhaft.»[113] Daß die «Grundzüge» nur drei Auflagen erlebten, lag daran, daß sie von der Reichsgründung «überholt» wurden und LABAND im Reichsstaatsrecht in allen Details ausführte, was GERBER 1865 methodisch skizziert

[104] Grundzüge, 1865, 71.

[105] Grundzüge, 1865, 106–109.

[106] Kritisch *Mohl,* aaO. und *Fricker* (Anm. 8) 477f., der wenigstens Finanz- und Militärverwaltungsrecht sowie verfassungsrechtliche Aussagen zum Verwaltungsrecht in das Staatsrecht hineinnehmen will. *Gerber* behandelt übrigens trotz des Vorsatzes, das Verwaltungsrecht auszuschließen, das Kommunal- und das Beamtenrecht ganz problemlos als Teil des Staatsrechts (Grundzüge, 3. Aufl. 1880, 110ff.).

[107] Grundzüge, 1865, 119. Hierzu *V. Hartmann,* Repräsentation in der politischen Theorie und Staatslehre in Deutschland, 1979, 135ff.

[108] Grundzüge, 1865, 190. Kritisch hierzu *P. Laband,* Budgetrecht, Berlin 1870, 38 Anm. 22.

[109] Bei Streitigkeiten, so *Gerber* ausdrücklich, gilt «als ein Satz des deutschen Staatsrechts», daß «... die Vermuthung für das Recht des Monarchen ist» (3. Aufl. 1880, 133).

[110] Grundzüge, 1865, 169f.

[111] *Gerber* verhält sich, wie kaum anders zu erwarten, ganz ablehnend gegenüber einer Kontrolle der Verwaltung durch die Zivilgerichte: «Die Staatsgewalt, indem sie als höchste ordnende Macht die Aufgaben des Staats vollzieht, kann als solche niemals zu der Stellung einer Processpartei herabgedrückt werden»; das würde «zu einer völligen Verkehrung der naturgemässen Verhältnisse und zu einer verderblichen Lähmung der Staatsgewalt führen» (Grundzüge, 3. Aufl. 1880, 211f.). Allenfalls eine begrenzte Kontrolle durch einen «besonderen öffentlichen Gerichtshof» wird für akzeptabel gehalten.

[112] Vgl. etwa *Schulze, Fricker* und *Mohl* (oben Anm. 1, 8, 9).

[113] *Mohl* (Anm. 9) 363, 367.

hatte. Wie sehr sich GERBER durchgesetzt hatte, zeigen die kleinen Veränderungen älterer Werke, etwa die stillschweigende Einschmelzung des Antagonismus von Monarch und Parlament in der Bezeichnung als «Staatsorgane», die Übernahme der Konstruktion des Staates als einheitlicher Willensverband, folglich auch die Bezeichnung als nunmehr öffentlichrechtlich verstandene juristische Person[114] unter gleichzeitiger Tendenz zur Verdrängung des nun als unjuristisch und unklar empfundenen Wortes «Organismus».[115] Die staatsrechtliche Welt war in der Tat an einem methodischen Wendepunkt angekommen, und sie spürte es. Gewiß produzierte und konsumierte man auch weiterhin Grundrisse und Lehrbücher nach «staatswissenschaftlicher Methode», aber das wissenschaftliche Ideal «reiner Construktion» aus wenigen, kohärenten Grundbegriffen hatte plötzlich eine pointierte Stimme und damit ein Übergewicht gewonnen. Es war tatsächlich ein «Paradigmenwechsel».

Wie sehr dieser Wechsel die Gemüter beherrschte, zeigt auch eine nahezu vergessene Schrift von W. E. v. LINDGREN aus dem Jahre 1869,[116] deren radikaler Positivismus schon auf BERGBOHM[117] und sogar auf KELSEN verweist. Sie variiert vielfach den Gedanken, daß alles positive Recht öffentliches Recht sei und – einschließlich des Gewohnheitsrechts[118] – auf dem Geltungsbefehl der Staatsgewalt beruhe, daß der Staatszweck in der Erhaltung der Rechtsordnung bestehe und daß «monarchisches Prinzip» und «Volkssouveränität» als politische Prinzipien aus der juristischen Konstruktion auszuschließen seien, um das Staatsrecht zu einer «juristischen Disciplin» zu erheben. Indem LINDGREN alle Herrschaftsmomente im rechtserzeugenden Staatswillen konzentriert, werden auch alle «Bürgerrechte» und Monarchenrechte hiervon aufgezehrt.[119] Die Rechtsgeltung beruht für ihn auf der faktischen Durchsetzung des Staatswillens durch die Staatsorgane.

3. *Der Einbruch des positiven Staatsrechts*

Die Diskussion der Methodenfragen, etwa zwischen der ersten und zweiten Auflage von GERBERS «Grundzüge» (1865–1869), war aus der Gesamtperspektive der Politik jener Jahre ein ganz unbedeutender Vorgang. Die Nation hatte Wichtigeres zu tun. Sie beobachtete den preußischen Verfassungskonflikt, in dem sich noch einmal das verfas-

[114] *v. Oertzen* (Anm. 6), 249ff. zeigt dies an der 4. Aufl. von *L. v. Rönnes* preußischem Staatsrecht, an *H. Schulzes* Deutschem Staatsrecht (1881, 1886) und an der 2. Aufl. von *O. Mejers* «Einleitung» (1884). Bei letzterer konstatiert er eine Verabschiedung vom idealistischen Rechtsverständnis, also eine Austreibung materialer Elemente (im Detail, aaO. 252 Anm. 14).

[115] *Gerber* selbst hat sich allmählich von der organologischen Terminologie gelöst, aber dem «Organismus» im politischen Zusammenhang durchaus sein Recht zugebilligt (Grundzüge, 3. Aufl. 1880, Beilage I). Für eine sinnvolle Verwendung innerhalb des juristischen Kontextes plädierte *Hermann Schulze* (Ueber Prinzip, oben Anm. 1, sowie *ders.* Lehrbuch des Deutschen Staatsrechtes, Bd. I, Leipzig 1881, 20–23). Die scharf ablehnende Position von *A. Th. van Krieken*, Ueber die sogenannte organische Staatstheorie. Ein Beitrag zur Geschichte des Staatsbegriffs, Leipzig 1873 rief eine ebenso scharfe Reaktion von *Otto Gierke* hervor (Die Grundbegriffe des Staatsrechtes und die neuesten Staatstheorien, ZgStW 30 (1874) 153–198, 265–335).

[116] *W. E. v. Lindgren*, Grundbegriffe des Staatsrechts. Versuch einer juristischen Construction des Staates und der Staatsgewalt, Leipzig 1869.

[117] *K. Bergbohm*, Jurisprudenz und Rechtsphilosophie. Kritische Abhandlungen, Leipzig 1892 (Nachdr. 1973).

[118] Vgl. dazu insbes. die Abschnitte IV und V mit ihrer Auseinandersetzung mit *Puchtas* Theorie des Gewohnheitsrechts.

[119] aaO. 170, 173.

sungsrechtliche Grundproblem des 19. Jahrhunderts als Machtfrage stellte, sie erlebte den preußischen Sieg, die Verdrängung Österreichs aus dem Deutschen Bund, die preußischen Annexionen und die staatsrechtliche Vereinigung Norddeutschlands unter einer Verfassung mit allgemeinem, direktem und geheimem Wahlrecht. Die vertragliche Verklammerung des Norddeutschen Bundes mit den süddeutschen Staaten durch Schutz- und Trutzbündnisse machte klar, daß es sich nur um eine Zwischenstufe handelte. Daß das Parlament des Norddeutschen Bundes schon «Reichstag» hieß und auf der Grundlage des Reichswahlgesetzes vom 12. April 1849 gewählt wurde, schien ein Versprechen zu sein.

a) Staatsrecht des Norddeutschen Bundes

Die raschen verfassungsrechtlichen Änderungen zunächst einmal zu registrieren war also vordringlich.[120] «In den Tagen», schrieb Felix Stoerk später im Rückblick, «welche den mächtigen Ereignissen folgen, erweist sich natürlich das bisherige wissenschaftliche System mit seinen traditionellen Resultaten bald als unzulänglich, es drängen sich Thatsachen und Folgerungen in den Vordergrund, welche unter die bisherigen Formeln nicht zu bringen sind, es erstehen Fragen ohne Zahl, welche die jetzige Lehre zu beantworten nicht im Stande ist.»[121] Gerber schrieb 1868 eine entsprechende «Beilage» über den Norddeutschen Bund, die er auch, obwohl sie inzwischen «antiquirt» war,[122] in die dritte Auflage der «Grundzüge» wieder aufnahm. Georg August Grotefends «System des öffentlichen Rechts in Deutschland» wurde verspätet und umgearbeitet abgeschlossen, Hermann Schulze ergänzte seine «Einleitung» durch den bereits erwähnten Nachtrag.[123] Konrad Hiersemenzel kommentierte im ersten Zugriff die Bundesverfassung samt ihrer Entstehungsgeschichte sowie die vom Bund abgeschlossenen Verträge und die Gesetzgebung.[124] Andere Textausgaben und erste Kommentierungen folgten,[125] einzelne Abgeordnete schrieben «Rechenschaftsberichte».[126] Ferdinand von Martitz verfaßte eine locker gegliederte, inhaltlich aber gehaltvolle kleine Kommentierung der Verfassung unter dem Titel «Betrachtungen

[120] *L. Hahn,* Zwei Jahre preussisch-deutscher Politik 1866–1867, Berlin 1868; *ders.* Fürst Bismarck. Sein politisches Leben und Wirken, urkundlich in Thatsachen und des Fürsten eigenen Kundgebungen dargestellt, 4 Bde., Berlin 1878–1886, 5. Bd. v. *C. Wippermann,* Berlin 1891.

[121] *Stoerk* (Anm. 61) 37.

[122] Grundzüge, 3. Aufl. 1880, 244 Anm.*.

[123] Oben Anm. 33 und 53.

[124] *K. Hiersemenzel,* Die Verfassung des Norddeutschen Bundes, erläutert mit Hülfe und unter vollständiger Mittheilung ihrer Entstehungsgeschichte, Berlin 1867; *ders.* Das Verfassungs- und Verwaltungsrecht des Norddeutschen Bundes und des Deutschen Zollvereins, 2 Bde., Berlin 1868, 1869.

[125] *Metzel,* Die Verfassung des Norddeutschen Bundes, Berlin 1867; *J. C. Glaser,* Ueber die Verfassung des Norddeutschen Bundes, Berlin 1867; *H. v. Treitschke,* Die Verfassung des norddeutschen Bundes, in: Preußische Jahrbücher, Bd. 19 (1867), 717–733; *A. Groote,* Der Norddeutsche Bund, das Preußische Volk und der Reichstag, Leipzig 1867; *R. Römer,* Die Verfassung des Norddeutschen Bundes und die süddeutsche, insbesondere die würtembergische Freiheit, Tübingen 1867. – Der Dokumentation dienten *A. Koller* (Hg.), Archiv des Norddeutschen Bundes und des Zollvereins. Jahrbuch für Staats-Verwaltungs-Recht und Diplomatie des norddeutschen Bundes und des Zollvereins, 6 Bde., Berlin 1868–1873; *G. Hirth,* Staats-Handbuch für Gesetzgebung, Verwaltung und Statistik des Norddeutschen Bundes und des Deutschen Zollvereins, Berlin 1868, 1869 (fortgesetzt als Annalen des Deutschen Reiches, vgl. unten Anm. 385).

[126] *L. v. Rönne,* Das Staats-Recht des Deutschen Reiches, 2. Aufl. Bd. 1, Leipzig 1876, 33f. m. w. Nachw.

über die Verfassung des Norddeutschen Bundes».[127] Die ersten systematischen Bearbeitungen stammten von Georg August Grotefend,[128] Georg Meyer[129] und Friedrich Thudichum.[130] Sie lieferten präzise positivistische Bestandsaufnahmen der Entstehung von Norddeutschem Bund und Zollverein, und sie kommentierten die Verfassung, die Organe, die Rechtsordnung und insbesondere die Bundesverwaltung mit allen ihren bis dahin entwickelten Einzelheiten, Grotefend allerdings, der primär ein «gemeines deutsches Staatsrecht» lieferte, nur in Form eines Anhangs. Die politischen Ereignisse machten, wie Mohl in bezug auf Thudichum schrieb, nach wenigen Wochen auch dieses «mühevolle Werk unrettbar in ganzen Abtheilungen gegenstandslos, in anderen unvollständig».[131] Immerhin blieb die Frage, ob der Norddeutsche Bund oder die Einzelstaaten Rechtsnachfolger des Deutschen Bundes seien, lange umstritten. Sie rührte an Grundlagenprobleme der Staatsgründung und Verfassungsgebung überhaupt.[132] Auch die Frage der Staatsangehörigkeiten blieb noch kurze Zeit relevant.[133]

b) Reichsstaatsrecht und Übergang zum Gesetzespositivismus

Nachdem die Reichsgründung vollzogen und die im Entstehungsprozeß zu einem «Monstrum»[134] gewordene Reichsverfassung revidiert war, konnte die Staatsrechtslehre auf einem neuen Fundament aufbauen. Sie tat dies mit Energie, ja mit Begeisterung und lieferte auf diese Weise ihren Beitrag zur Aussöhnung von Liberalen und Konservativen im Zeichen der nun endlich gelösten nationalen Frage.[135] Erst mit der Reichsgründung, schrieb Albert Hänel 1878 in der Augsburger Allgemeinen Zeitung, «hat auch die Wissenschaft des positiven Staatsrechtes in Deutschland einen ihr adäquaten Stoff und einen festen Maßstab für ihre Begriffsbestimmungen und Systematik gefunden».[136]

«Keine Nation vermag etwas Grossartigeres aufzuweisen» als diese Reichsgrün-

[127] Leipzig 1868 (Nachdr. 1970). Vgl. insbesondere die Passagen über das allgemeine Wahlrecht, 72ff. sowie über den (ungelösten) Dualismus von Regierung und Parlament, 87ff.

[128] *G. A. Grotefend*, Das deutsche Staatsrecht der Gegenwart, Berlin 1869, §§ 750ff.

[129] *G. Meyer*, Grundzüge des Norddeutschen Bundesrechts, Leipzig 1868.

[130] *F. Thudichum*, Verfassungsrecht des Norddeutschen Bundes und des deutschen Zoll- und Handelsvereins, Tübingen 1870. Zu *Thudichum* (1831–1913) vgl. *J. Jessen*, Die Selbstzeugnisse der deutschen Juristen, 1983, 127 m. w. Nachw.

[131] *R. v. Mohl*, Das deutsche Reichsstaatsrecht. Rechtliche und politische Erörterungen, Tübingen 1873, VII.

[132] Nachweis der gesamten Diskussion bei *G. Meyer*, Lehrbuch des Deutschen Staatsrechts, 4. Aufl. Leipzig 1895, § 64 Anm. a. E. Vgl. auch *K. Binding*, Die Gründung des Norddeutschen Bundes. Ein Beitrag zu der Lehre von der Staatenschöpfung, in: Festg. f. B. Windscheid, Leipzig 1889.

[133] *Th. Landgraff*, Das Bundes- und Staatsbürgerrecht im norddeutschen Bunde, Leipzig 1870; *G. M. Kletke*, Das norddeutsche Bundes-Indigenat in seinen rechtlichen Konsequenzen, Berlin 1871.

[134] *Huber* III (2. Aufl. 1970) 757.

[135] *L. Auerbach*, Das neue Deutsche Reich und seine Verfassung, Berlin 1871; *L. Hauser*, Die Verfassung des Deutschen Reiches in den Grundzügen und Verhältnissen zu den Einzelstaaten, insbesondere zu Bayern, Nördlingen 1871; *E. Riedel*, Die Reichsverfassungsurkunde vom 16. April 1871, 1871; *J. B. Westerkamp*, Ueber die Reichsverfassung, Hannover 1873. Alle diese Schriften geben eine historische Einführung in die Entstehung der Verfassung und entwickeln dann grundrißartig die wesentlichen Themen (Bundesstaat, Reichsgewalt, Gesetzgebung, Vollziehung, Rechtsprechung, Verhältnis zu den Verfassungen der Einzelstaaten, Freiheitsrechte, Finanzverfassung etc.).

[136] Bei *S. Graf Vitzthum*, Linksliberale Politik und materiale Staatsrechtslehre, 1971, 203–207 (205).

dung, meinte Joseph von Held 1872,[137] und er bekannte sich als Süddeutscher mit Wärme für die nun erreichte kleindeutsche, preußisch dominierte Lösung. Ständig auf die allgemeine Staatslehre zurückblickend, kommentierte er die Kompetenzen und Organe des Reichs samt den Reichsämtern und kam dabei zu bemerkenswerten Einsichten, etwa der, daß die Reichsverfassung noch unvollendet sei und daß «dieses deutsche Reichskanzlerthum», auf Bismarck zugeschnitten, keine Dauereinrichtung bleiben könne.[138] Sein Plädoyer für eine Kombination von konstitutionellem Nationalstaat, den «Institutionen des freien Rechtsstaates und einer wahrhaft selfgovernmental decentralisirten Verwaltung»[139] war politisch nationalliberal, ruhte aber methodisch auf einem ganz anderen Fundament als etwa bei Gerber. Held betonte stark die dynamischen historisch-politischen Elemente und betrachtete Verfassungsrecht nur als temporären Haltepunkt im Fluß des geschichtlichen Prozesses. Die zu seiner Interpretation vorausgesetzte Systematik gewann er aus seiner allgemeinen Staatslehre, die gewissermaßen eine Fortsetzung der idealistischen Philosophie mit staatsrechtlichen Mitteln darstellte.

Unter den älteren Autoren, die sich unter dem Eindruck der Reichsgründung zu einem die Reichsverfassung kommentierenden Werk aufgefordert fühlten, begegnen wir noch einmal Robert von Mohl.[140] Obwohl er Bismarck wegen der Einführung des allgemeinen Wahlrechts grollte und die süddeutschen Separatrechte für zu weitgehend hielt, akzeptierte er die neue Lage mit großer Zufriedenheit. Der berühmte Staatsrechtler und Polizeiwissenschaftler, der Reichsjustizminister von 1848 und der badische Diplomat hatte sich nun als Nationalliberaler noch einmal in den Reichstag wählen lassen. Seine kleine Schrift zum Reichsverfassungsrecht war ein Gelegenheitswerk, das methodisch Mohls alter Spur pragmatischer Verbindung von rechtlichen und politischen Gesichtspunkten entsprach, wie er mit einer kleinen Spitze in die Richtung Gerbers selbst vermerkte. Viel nüchterner als Held vermied Mohl abstrakte Prämissen, hielt sich ans positive Recht und beurteilte die unleugbaren Defizite der Reichsverfassung, etwa im Bereich der Grundrechte,[141] weniger negativ als jener. Er würdigte das Reich politisch und staatsrechtlich rundum, ohne aber die Vollständigkeit eines Lehrbuchs oder Kommentars anzustreben. Auch dieses letzte Buch zeigt noch einmal Mohls Qualitäten: die klare Sprache sowie die unangestrengte Verbindung von Praxisbezogenheit und Theorie, letztere wiederum kontrolliert durch Plausibilität und common sense.

Ein anderer Liberaler von 1848, der nach 1866 zum Nationalliberalen wurde, war Ludwig von Rönne. Seine unmittelbar nach der Reichsgründung geschriebenen Bestandsaufnahmen, die zunächst in Hirth's Annalen erschienen und dann als Buch zusammengefaßt wurden,[142] waren bald überholt und wurden mit einem gewissen zeitlichen Abstand «völlig umgearbeitet».[143] Rönne setzte damit methodisch fort, was er mit seinem Preußischen Staatsrecht[144] geleistet hatte, nämlich die für ihn typische, detailreiche Dokumentation des geltenden Staatsrechts unter weitgehendem Ver-

[137] *v. Held* (Anm. 2), Vorwort. Zu Held siehe oben bei Anm. 26ff.

[138] aaO. (Anm. 2), 179.

[139] aaO. (Anm. 2), 196.

[140] *Mohl* (Anm. 131).

[141] Vgl. Anm. 133.

[142] *L. v. Rönne,* Das Verfassungs-Recht des Deutschen Reiches, historisch-dogmatisch dargestellt, Leipzig 1872 (zuvor in [Hirths] Annalen des Deutschen Reiches 1871, 1–312; 1872, 422).

[143] *L. v. Rönne,* Das Staatsrecht des Deutschen Reiches, 2 Bde., Leipzig 1876/1877 (Nachdr. 1975).

[144] Oben Kap. 7, Anm. 139.

zicht auf geistige Gestaltung. Die beiden Bände enthalten systematisch geordnete Nachweise – als wissenschaftliche Leistungen fallen sie aber ab, vor allem auch hinter RÖNNES frühere Leistungen, die noch den Hintergrund politischer Spannungen der preußischen Reaktionszeit und des Verfassungskonflikts spüren ließen.

4. P. LABAND

Die überragende Figur der Staatsrechtslehre in den Jahrzehnten nach 1871 war, einer bald verfestigten Übereinkunft zufolge, PAUL LABAND (1838–1918).[145] Er erscheint «als der geistige Testamentsvollstrecker Gerbers»; sein Werk «verweist in seiner unerreichten juristischen Klarheit und konstruktiven Eleganz ebenso auf Gerber zurück, wie analog Labands ältere Leistung auf dem Gebiete der deutschen Rechtsgeschichte auf Gerbers deutsches Privatrecht. In seiner allseitigen Vollständigkeit, stofflichen Reichhaltigkeit und positiven Anwendbarkeit ist freilich Labands Staatsrecht über Gerbers Grundzüge hinausgewachsen, wie der Eichbaum über die Eichel, wie das neue Deutsche Reich über die Staats- und Bundesverhältnisse, von denen Gerber ausgegangen ist.»[146] Selbst seine methodischen Gegner gaben zu, sein Staatsrecht sei das «hervorragende geistige Product..., mit welchem die neue Schule steht und fällt».[147]

Die rühmenden Prädikate beziehen sich auch auf LABANDS Weg durch die Institutionen des Kaiserreichs. Geboren in Breslau als Kind einer jüdischen[148] Arztfamilie, begann LABAND sein Studium in Breslau,[149] setzte es in Heidelberg[150] und Berlin fort (1855–1858)[151] und wandte sich dann schon als Referendar dem Handelsrecht zu.[152] 1861 habilitierte er sich in Heidelberg mit einer Arbeit über den Schwabenspiegel für deutsche Rechtsgeschichte, wurde 1864 nach Königsberg berufen und erhielt dort 1866 ein Ordinariat. Alles deutete auf ein Lebenswerk im Bereich des Handelsrechts und der Rechtsgeschichte.[153]

Schon als Heidelberger Privatdozent hatte LABAND 1862/63 einen anonymen Artikel in der «Kreuzzeitung» zum Budgetrecht geschrieben.[154] In Königsberg übernahm

[145] Vgl. etwa die repräsentativen frühen Beurteilungen von *Zorn* (Anm. 47); *O. Liebmann*, Paul Laband zu seinem 50jährigen Doktorjubiläum – zu seinem 70. Geburtstag, DJZ 1908, 497–503; *G. Anschütz*, Paul Laband. Ein Gedenkblatt, DJZ 1918, 265–270; *Landsberg* III/2, 833 und Noten 349 «der Vater des Staatsrechts des neuen Deutschen Reichs». Zusammenfassend *M. Friedrich*, Laband, NDB 13 (1982) 362f.; *M. Herberger*, Laband, HRG II (1978) 1328–1333; *Fioravanti* (Anm. 12), 333ff.

[146] *Landsberg* III/2, 833.

[147] *Stoerk* (Anm. 61), 53.

[148] *H. Sinzheimer*, Jüdische Klassiker der deutschen Rechtswissenschaft, 1953, 145–160.

[149] Er hörte dort u. a. bei *Th. Mommsen*, blieb aber nur ein Semester.

[150] Wesentliche Eindrücke kamen hier von dem Pandektisten *Vangerow* und dem Historiker *Häußer*, während die Vorlesung von *R. v. Mohl* über deutsches Staatsrecht, wie er sagte, «weit hinter meinen Erwartungen» zurückblieb: Lebenserinnerungen, 1918, 34.

[151] *Laband* hörte dort u. a. bei *Stahl*, der ihm «wegen seiner ultrareaktionären Richtung und seiner Frömmelei sehr unsympathisch war» (Lebenserinnerungen, 35).

[152] Lebenserinnerungen, 42f.

[153] Lebenserinnerungen, 59ff. – *P. Laband*, Das Magdeburg-Breslauer Systematische Schöffenrecht aus der Mitte des 14. Jahrhunderts, Berlin 1863 (Nachdr. 1967); *ders.* Die Magdeburger Rechtsquellen, Königsberg 1869; *ders.* Die vermögensrechtlichen Klagen. Nach sächsischen Rechtsquellen des Mittelalters dargestellt, 1869 (Nachdr. 1970) (Rezensionen aufgezählt in Lebenserinnerungen, 61); *ders.* Die Bedeutung der Rezeption des römischen Rechts für das deutsche Staatsrecht, 1880 (vgl. dazu Geschichte, 59f.). Die handelsrechtlichen Aufsätze bei *M. Herberger*, (Anm. 145) 1332.

[154] An der in *Labands* Lebenserinnerungen an-

LABAND eher zufällig – und zunächst unwillig – die durch KALTENBORNS Weggang verwaiste staatsrechtliche Vorlesung. Der preußische Verfassungskonflikt und der Norddeutsche Bund regten ihn dann aber an, sich in das Staatsrecht einzuarbeiten. Die Frage des Budgetrechts war zwar politisch beigelegt, aber literarisch weiter kontrovers;[155] in der Theorie herrschend war dort noch die liberale Position, die das Haushaltsgesetz als unverzichtbare Ermächtigungsgrundlage für Staatsausgaben ansah.[156] Politisch durchgesetzt – allerdings in offenem Widerspruch zu Art. 99 der preußischen Verfassung – hatte sich BISMARCKS «Lückentheorie», die eine Restituierung der monarchischen Gewalt für die etatlose Zeit propagierte. LABAND distanzierte sich von beiden Positionen und reduzierte die Bedeutung des Etatgesetzes auf eine formalisierte Erklärung über «das Einverständnis zwischen Regierung und Landtag über die Richtigkeit des Voranschlags und über die Nothwendigkeit und Angemessenheit der aufgeführten Summen».[157] Damit war dem etatlosen Zustand der Makel der Verfassungswidrigkeit genommen, und die Regierung konnte die Ausgaben, zu denen sie rechtlich verpflichtet war, tätigen.

Was die kleine Schrift zum «wissenschaftlichen und politischen Ereignis»[158] machte, war die dogmatische Unterscheidung zwischen dem Gesetz im formellen und im materiellen Sinn, die zwar schon länger bekannt war,[159] speziell durch einen Beitrag von ERNST AUGUST VON STOCKMAR,[160] aber nun scharfkantig entwickelt und als «Rechtswahrheit» erwiesen wurde.[161]

gegebenen Stelle (12. Dezember 1862) findet sich der Artikel nicht. Vermutlich handelt es sich um «Das Recht des Abgeordnetenhauses zu Budget-Aenderungen (Von einem nichtpreußischen Rechtslehrer)», Kreuzzeitung v. 21. Februar 1863.

155 *R. v. Gneist,* Budget und Gesetz, Berlin 1867; siehe auch *Labands* spätere Auseinandersetzung mit *G. Seidler,* Budget und Budgetrecht im Staatshaushalte der constitutionellen Monarchie, mit besonderer Rücksichtnahme auf das österreichische und deutsche Verfassungsrecht, Wien 1885 in: AöR 1 (1886) 172f. Zusammenfassend nunmehr *E. Müller,* Theorie und Praxis des Staatshaushaltsplans im 19. Jahrhundert. Am Beispiel von Preußen, Bayern, Sachsen und Württemberg, 1990.

156 Repräsentativ *L. v. Rönne,* Preußisches Staatsrecht, 3. Aufl. Teil 1, 398f.; ebenso *H. A. Zachariä,* Deutsches Staats- und Bundesrecht, 3. Aufl. Bd. 2, 1867, 512; *ders.* in seiner Rezension des Budgetrechts von *Laband* (Anm. 157) in: Göttingische gelehrte Anzeigen 1871, 361, 367f., 377ff.

157 *P. Laband,* Das Budgetrecht nach den Bestimmungen der preußischen Verfassungsurkunde unter Berücksichtigung der Verfassung des Norddeutschen Bundes, in: Zeitschrift für Gesetzgebung und Rechtspflege in Preußen 4 (1870) 619–707, separat Berlin 1870 (Nachdr. 1971), 81.

158 Lebenserinnerungen, 63.

159 *P. A. Pfizer,* Das Recht der Steuerbewilligung nach den Grundsätzen der württembergischen Verfassung, Stuttgart 1836, 26; *R. v. Mohl,* Das Staatsrecht des Königreichs Württemberg, Nachdr. d. 2. Aufl. Tübingen, 1846, I, 67; *K. V. Fricker,* Die Natur der Steuerverwilligung und des Finanzgesetzes, ZgStW 17 (1861) 674; *R. Gneist,* Budget und Gesetz nach dem konstitutionellen Staatsrecht Englands mit Rücksicht auf die deutsche Staatsverfassung, Berlin 1867; *G. Meyer,* Grundzüge (Anm. 129), 153; *H. Schulze,* Das Preußische Staatsrecht, 2. Aufl. Bd. 2, 1890, 10f. m. w. Nachw. zum Diskussionsstand. Abschließend dann *E. Seligmann,* Der Begriff des Gesetzes im materiellen und formellen Sinne, Berlin und Leipzig 1886; *A. Haenel,* Das Gesetz im formellen und materiellen Sinne, Leipzig 1888 (Nachdr. 1968); *G. Jellinek,* Gesetz und Verordnung, 1887, Neudruck Tübingen 1919; *G. Anschütz,* Kritische Studien zur Lehre vom Rechtssatz und formellen Gesetz, Leipzig 1891; *ders.* Die gegenwärtigen Theorien über den Begriff der gesetzgebenden Gewalt und den Umfang des königlichen Verordnungsrechts nach preußischem Staatsrecht, 2. Aufl. Tübingen–Leipzig 1901.

160 Es handelt sich um die in *Aegidis'* Zeitschrift 1 (1867) 179ff. erschienenen Beiträge zum preußischen Staatsrecht. *E. A. Chr. Frhr. v. Stockmar* (1823–1886) begann seine wissenschaftliche

Nachdem LABAND 1868 einen Ruf nach Freiburg abgelehnt hatte und verschiedene andere Aussichten auf einen Wechsel sich nicht realisiert hatten, ging er 1872 an die neue Universität Straßburg und entwickelte sich dort zur großen staatsrechtlichen Autorität des Kaiserreichs. Er wurde Mitbegründer des «Archivs für öffentliches Recht» (1886),[162] der «Deutschen Juristenzeitung» (1896), des «Jahrbuchs für öffentliches Recht» (1907), war Mitglied des Staatsrats und zahlreicher anderer Gremien, gesuchter Gutachter mit «weit über hundert zum Teil sehr umfangreiche(n) Gutachten»,[163] Empfänger von Orden, Ehrendoktoraten und Festschriften,[164] schließlich «Wirklicher Geheimer Rat mit dem Prädikat Exzellenz»,[165] dem 1893 der Kaiser liebenswürdig versicherte, er bedauere, bei ihm keine Vorlesungen hören zu können. Alles in allem also eine geradezu offiziöse Figur, ein Denkmal staatsrechtlicher Selbstgewißheit des Kaiserreichs: «Alle staatsrechtliche Arbeit nach Laband steht auf seinen Schultern.»[166]

Letzteres ist jedenfalls insoweit richtig, als man tatsächlich von LABANDS «jahrzehntelanger geistiger Vorherrschaft im Fach» sprechen kann.[167] Sie beruhte auf dem monumentalen drei- bzw. vierbändigen «Staatsrecht des Deutschen Reiches», das nach der Veröffentlichung von zwei Vorstudien[168] ab 1876 stufenweise erschien.[169] Eine komprimierte Fassung hiervon kam erstmals 1894 heraus und erreichte schon 1912 die sechste Auflage.[170] Die Gründe für diesen Erfolg – den «successo del diritto pubblico labandiano»[171] – sind oft genannt worden. LABAND konzentrierte seinen Blick auf die dogmatische Konstruktion eines einheitlichen Systems von Willensbeziehungen. Sein Material ist, anders als bei GERBER, der noch auf allgemeine Grundbegriffe des Staatsrechts zielte, das positive Staatsrecht des Reichs, dem durch «rein logische Denktätigkeit» die «einheitlichen Grundsätze und leitenden Principien» abgewonnen werden sollen, gewissermaßen die geistige Essenz der wechselnden positivrechtlichen Bestimmungen.[172] So vollzog sich von GERBER zu LABAND jener charakteristische Übergang vom rechtswissenschaftlichen Positivismus zu einem wissenschaftlich angeleiteten Gesetzespositivismus;[173] freilich ist die Differenz nicht sehr groß,

Laufbahn 1850 in Jena, wo er in Kontakt mit *Hermann Schulze* stand. 1852 habilitierte er sich mit einer Arbeit über das richterliche Prüfungsrecht, ging dann aber als Privatsekretär der Prinzessin *Viktoria v. England*, der künftigen «Kaiserin Friedrich», nach England. Er blieb als «constitutioneller» Berater im Umkreis des Kronprinzen *Friedrich Wilhelm*. Vgl. *K. F. F. Samwer*, ADB 36 (1893) 305–315.

[161] Scharf dagegen *F. v. Martitz*, Ueber den constitutionellen Begriff des Gesetzes nach deutschem Staatsrecht, ZgStW 36 (1880) 207–274. Die grundlegende Darstellung dieser Kernfrage gibt *E. W. Böckenförde*, Gesetz und gesetzgebende Gewalt. Von den Anfängen der deutschen Staatsrechtslehre bis zur Höhe des staatsrechtlichen Positivismus, 1958, insbes. 226ff. Hierauf sei generell verwiesen.

[162] Unten Anm. 388.

[163] Lebenserinnerungen, 81.

[164] Lebenserinnerungen, 84ff., 99ff.

[165] *Herberger* (Anm. 145), 1329f.

[166] *Zorn* (Anm. 47), 72.

[167] *M. Friedrich*, Paul Laband und die Staatsrechtswissenschaft seiner Zeit, AöR 111 (1986) 197–218 (198).

[168] *P. Laband*, Das Finanzrecht des Deutschen Reiches, (Hirths) Annalen 1873, 405–565; *ders.* Die rechtliche Natur der Sonderrechte (Reservatrechte), in: (Hirths) Annalen 1874, 1487ff.

[169] Der Vertrag mit der Laupp'schen Verlagsbuchhandlung in Tübingen wurde 1874 geschlossen. 1876 erschien Bd. 1, 1878 Bd. 2, Bd. 3/1 Die bewaffnete Macht, 1880; Bd. 3/2 Finanzrecht, 1882; die zweite Auflage des Gesamtwerks 1888, 3. Aufl. 1895; 4. Aufl. 1901 (4 Bände), 5. Aufl. 1911ff. (4 Bde.); frz. Übersetzung in sechs Bänden 1900ff.

[170] *P. Laband*, Deutsches Reichsstaatsrecht, Tübingen 1894 (in: Das öffentliche Recht der Gegenwart, Bd. I).

[171] *Fioravanti* (Anm. 12), 348ff.

[172] *P. Laband*, Das Staatsrecht des Deutschen Reiches, 1. Bd. Tübingen 1876, Vorwort, VI.

[173] So mit Recht *M. Friedrich* (Anm. 167) 205f.

weil auch LABAND von der Existenz einer positiv geltenden Rechtsordnung außerhalb des Gesetzesrechts überzeugt ist. Die Rechtsordnung ist für ihn so lückenlos «wie die Ordnung der Natur»,[174] ebenso ist «die Schaffung eines neuen Rechtsinstitutes, welches einem höheren und allgemeineren Rechtsbegriff überhaupt nicht untergeordnet werden kann, gerade so unmöglich wie die Erfindung einer neuen logischen Kategorie oder die Entstehung einer neuen Naturkraft».[175] Dieses scheinbar so geschlossene System ist allerdings im Inneren differenziert. LABAND setzt «die gewissenhafte und vollständige Feststellung des positiven Rechtsstoffes» voraus. Fehlen vom Staat gesetzte Normen, dann müssen Rechtsregeln gebildet werden, von denen man annimmt, daß sie auch ohne ausdrückliche staatliche Setzung Geltung beanspruchen dürfen. Diese Regeln werden geschaffen durch Analogiebildungen und Umkehrschlüsse, durch Zusammenfassung verstreuten Materials zu «Begriffen» und «Rechtsinstituten»,[176] also zu gedanklichen Kunstprodukten, die durchaus offen sind zur Aufnahme verdeckter Vorentscheidungen.[177] Erst wenn dieses Arsenal bereitliegt, kann «eine rein logische Denktätigkeit» einsetzen, die – jedenfalls im Lichte moderner Wissenschaftstheorie – immer noch genug Fallgruben für Fehlschlüsse enthält, in die der Rechtslogiker selbst hineinfallen oder andere hineinführen kann.[178] Freilich sollte dieses Verfahren nicht von vornherein unter Ideologie- oder Politikverdacht gestellt werden. LABAND war zwar politisch konservativ[179] und durchaus nicht blind für die Konsequenzen seiner Deduktionen, aber seine Intention war doch die einer von ethischen, politischen, historischen und sonstigen Beimengungen «gereinigten» wissenschaftlichen Jurisprudenz, «die ein als Rekonstruktion des positiven Rechts geeignetes bzw. auf die Erklärung des positiven Rechts abzielendes Begriffs- und Satzsystem zu entwerfen hat».[180] Darin lag eine bewußte Beschränkung des Gegenstandes und der Reichweite der Aussagen über ihn,[181] nämlich eine Konzentration auf das juristische Element, um dort ein Fundament zu legen, das den wissenschaftstheoretischen Ansprüchen der Zeit entsprach.

Der Aufbau seines Werkes ist charakteristisch. Nach einer knappen Darlegung der

[174] *Laband,* Das Budgetrecht (Anm. 157), 75.

[175] Vorwort (Anm. 172) VI. *Stoerk* (Anm. 61) 39f. protestierte hiergegen im Namen der historischen Schule und unterstellte *Laband* eine Rückkehr zu einem (allerdings formalistischen, sinnentleerten) Naturrecht.

[176] Hierzu vorzüglich *M. Herberger,* Logik und Dogmatik bei Paul Laband. Zur Praxis der sog. juristischen Methode im «Staatsrecht des Deutschen Reiches», in: *E. V. Heyen* (Hg.), Wissenschaft und Recht der Verwaltung, 1984, 91–104 (93ff.).

[177] *Stoerk* (Anm. 61) 43 spricht von einer «Cirkelbewegung ..., bei welcher die historisch-individuellen Bildungen des öffentlichen Rechtsstoffes durch abstracte Generalisation zu metapherischer Behandlung mehr oder minder gewaltsam herangezogen werden; daran schließt sich aber auch immer zugleich in wechselnder Plastik ein Determinationsverfahren, welches nur durch die stückweise Wegräumung und Einschränkung der aus dem ‹Oberbegriffe› flissenden Consequenzen, die Uebereinstimmung der aufgefundenen allgemeinen Principien ‹mit den thatsächlich bestehenden Einrichtungen und den positiven Anordnungen der Gesetze› darzuthun vermag».

[178] Zu «Begriff» vgl. *M. Herberger–D. Simon,* Wissenschaftstheorie für Juristen, 1980, 244–247.

[179] Hierüber bestand auch unter den Zeitgenossen Einigkeit. *Stoerk* (Anm. 61), 54 meint, *Labands* politischer Parteistandpunkt sei «weit schärfer» ausgeprägt als bei *Gerber, Schulze, Meyer* oder *Rönne. Gierke,* Labands Staatsrecht und die deutsche Rechtswissenschaft, in: Schmollers Jahrbuch für Gesetzgebung, Verwaltung und Volkswirtschaft im Deutschen Reich, NF 7 (1883) 1097–1195 (Buchausg. 1961, 35) sprach sogar von einem «unverkennbaren absolutistischen Zug» bei *Laband.*

[180] *Herberger* (Anm. 176), 104.

[181] *v. Oertzen* (Anm. 6), 326ff.

Entstehungsgeschichte des Reichs und seiner Verfassung wird sofort die Kernfrage der Rechtsnatur des Reiches (Staatenbund oder Bundesstaat, Träger der Souveränität,[182] Verhältnis zwischen Reich und Einzelstaaten) diskutiert, insbesondere in Auseinandersetzung mit MAX VON SEYDEL.[183] Die wesentliche Frage ist die der Einheit der Staatspersönlichkeit und der Einheit der Staatsgewalt. Dem Subjekt Staat stehen Objekte gegenüber, nicht etwa Glieder eines «Organismus», die an der Staatsgewalt teilhaben. Der Installierung des Subjekts folgen dann die «natürlichen Grundlagen» (Reichsangehörige, Bundesgebiet), die Organisation der Reichsgewalt (Staatsorgane), die Gesetzgebung, der Abschluß völkerrechtlicher Verträge, die Verwaltung sowie ein Anhang über Elsaß-Lothringen.

Dem institutionellen Aufbau können anschließend die Inhalte eingefügt werden: auswärtige Angelegenheiten, Verkehrswesen, innere Angelegenheiten, Gerichtswesen, Militärwesen und Finanzwesen. Es handelt sich also um pures geltendes Recht, zweckmäßig gegliedert und in einer konzisen, formschönen Sprache dargeboten. Wer LABANDS methodische Prämissen akzeptierte, mußte zugestehen, daß es sich hier um ein geschlossenes System, in literarischer Hinsicht überdies um ein Meisterwerk handelte. Seine gedankliche Kraft und seine sprachliche Ökonomie sind in der Tat noch heute bewundernswert. Daß es mit der nationalkonservativen Hauptströmung der Zeit bei Bürgertum und Staatsapparat harmonierte, stützte diese allgemeine Anerkennung zusätzlich ab.[184]

Die wichtigsten Kritiker waren OTTO VON GIERKE und FELIX STOERK, aber auch KARL RIEKER.[185] GIERKE protestierte gegen die Verengung der Rechtswissenschaft auf die logische Arbeit am Begriff, und er unterstrich die Wertabhängigkeit von LABANDS Begriffsbildung.[186] Inakzeptabel war für ihn auch GERBERS und LABANDS Reduktion des Staates auf den juristischen Zurechnungspunkt der Staatsgewalt, die ausschließlich von oben nach unten ausgeübt wurde. Der Bürger als Objekt staatlicher Herrschaftsmacht, die Negierung der Grundrechte, die weitgehende Zurückdrängung des Parlamentarismus – das war für den Autor des «Genossenschaftsrechts»,[187] den Anhänger der Vorstellung einer organisch gegliederten «Gesamtpersönlichkeit»[188] nicht akzeptabel. GIERKES Opposition kam aus mehreren Quellen. Er vertrat gegen LABAND das Erbe der germanistischen historischen Schule, also zugleich auch das Volks- und Frei-

[182] *Laband* hat dieses Subjekt in der Gesamtheit der im Deutschen Reich vereinigten Monarchen und freien Städte, also im Staatsorgan «Bundesrat», gesehen. Die naheliegende Konstruktion, die Souveränität dem Reich als juristischer Person zu geben, ihre Ausübung dann aber von mehreren Organen wahrnehmen zu lassen (Kaiser, Bundesrat, Reichstag), lehnte er ab. Dagegen *Gierke* (Anm. 179), 45 ff. Vgl. *O. Fröhling*, Labands Staatsbegriff. Die anorganische Staatsperson als Konstruktionsmittel der deutschen konstitutionellen Staatslehre, jur. Diss. Marburg 1967.

[183] *M. v. Seydel*, Commentar zur Verfassungs-Urkunde für das Deutsche Reich, Würzburg 1873 (2. Aufl. Freiburg u. Leipzig 1897); *ders.* Der Bundesstaatsbegriff, ZgStW 28 (1872) 185–256; *ders.* Die neuesten Gestaltungen des Bundesstaatsbegriffes, in: (Hirths) Annalen 1876, 641–655.

[184] Zum Erfolg des staatsrechtlichen Positivismus vgl. auch *M. Kriele*, Theorie der Rechtsgewinnung entwickelt am Problem der Verfassungsinterpretation, 1967, 39–43.

[185] *K. Rieker*, Über Begriff und Methode des allgemeinen Staatsrechts, in: Vierteljahresschrift für Staats- und Volkswirtschaft 4 (1896) 250–268 mit Kritik an der Ungeschichtlichkeit der «formal-logischen Methode».

[186] Zu seinen eigenen methodischen Überzeugungen siehe vor allem *A. Janssen*, Otto von Gierkes Methode der geschichtlichen Rechtswissenschaft. Studien zu den Wegen und Formen seines juristischen Denkens, 1974.

[187] Unten Anm. 273, 275.

[188] *O. v. Gierke*, Das Wesen der menschlichen Verbände, Leipzig 1902.

heitspathos der 1848er Bewegung gegen den absolutistischen Anstaltsstaat, die historische Fülle gegen die Abstraktion, die Harmonie von Individuum und Gesamtheit gegen den Mechanismus von Staatsgewalt und Gehorsam.[189]

Die von Felix Stoerk (1851–1908)[190] an Laband geübte Kritik deckte sich nur teilweise mit derjenigen Gierkes. Sein Plädoyer für die «historisch-genetische Reconstruction» der juristischen Begriffsbildung, seine Aufdeckung von Tautologien, Zirkelschlüssen und Verhüllungsstrategien politisch gewollter Ergebnisse durch abstrahierende Dogmatik richtete sich primär auf eine immanente methodische Auseinandersetzung. Stoerk strebte eine eigenständige Methodik des öffentlichen Rechts an, weniger wegen fachlicher «Eigenständigkeit» als wegen der Einsicht in die Wechselwirkungen zwischen staatlicher Wirklichkeit und wissenschaftlicher Begriffsbildung. Letztere war für ihn nur vorstellbar in enger Orientierung an den historisch gewachsenen und durch Politik gestalteten Sachfragen und nicht vergewaltigt durch eine alle Rechtsgebiete übergreifende Abstraktion.[191] Dahinter standen auch politische Vorbehalte gegen Labands Konservativismus, etwa in der Frage der Grundrechte,[192] aber im wesentlichen war es doch die nun auf der Ebene des Reichsverfassungsrechts kontrovers gewordene Methodenfrage, die ihn bewegte.

Laband hat auf seine Kritiker im Vorwort zur zweiten Auflage seines Werkes reagiert. Er unterstrich mit einer gewissen Gereiztheit, die von ihm propagierte juristische Methode im Staatsrecht solle keineswegs zur Unterdrückung historischer und politischer Erwägungen und Studien führen.[193] Seine eigenen rechtshistorischen Forschungen und seine tätige Anteilnahme an der Landespolitik im Elsaß bewiesen hinreichend, daß ihm historische und politische Fragen geläufig waren. Auch hat er später selbst die Reichsverfassung als Objekt historischen Wandels dargestellt.[194] Dennoch hat die Durchsetzung der juristischen Methode, indem sie Verbotstafeln für die naive oder absichtsvoll betriebene Vermischung historisch-politischer und juristischer Argumente aufstellte, zu einem gewissen Purismus und zu übertriebenem Vertrauen in die Unanfechtbarkeit logischer Deduktionen geführt. Hierin lag eine von mehreren Gefahren, und Laband selbst hat vor ihr gewarnt.

Ein zweiter Kritikpunkt gegenüber Laband war seine unbefangene Analogiebildung zum Zivilrecht. Daß Laband die Rechtsstellung des Kaisers durch Hinweis auf die Stellung des Vorstands einer Aktiengesellschaft erläuterte, daß er den zivilrechtlichen Kontrakt ins Beamtenrecht einführte, daß er die Staatsverwaltung mit der

[189] Hierzu unten Anm. 272.

[190] *C. Sartorius*, Felix Stoerk †, in: AöR 23 (1908) I–IV; besonders knapp *P. Laband*, DJZ 13 (1908) 174f. Nachw. nunmehr bei *W. Brauneder*, Juristen in Österreich 1200–1980, 1987: *Stoerk* wurde 1851 in Ofen geboren und begann seine wissenschaftliche Karriere in Wien. 1882 erhielt er einen Ruf nach Greifswald auf eine Professur für öffentliches Recht, insbes. Völkerrecht, Rechtsgeschichte und Rechtsphilosophie, ab 1888 als Ordinarius. 1903 war er Rektor in Greifswald. Seine Hauptverdienste liegen im Völkerrecht.

[191] *F. Stoerk*, Zur Methodik des öffentlichen Rechts, Wien 1885 (Separatdruck aus Grünhuts Zeitschrift Bd. XII). Vermittelnd zwischen *Stoerk* und *Laband* äußerte sich *E. Lingg*, Zur Entwicklungsgeschichte der deutschen Staatslehre, AöR 14 (1899) 239–259.

[192] aaO. 62ff.

[193] So vor allem in dem immer wieder zitierten Vorwort zur 2. Aufl., Band 1, Freiburg 1888, Xff. in Reaktion «auf die zahlreichen und scharfen Angriffe», etwa von *Stoerk* und *Gierke*. Auf *Labands* Seite *Ph. Zorn*, zur staatsrechtlichen Literatur, in: Grünhuts Zeitschr. Bd. X (1883), 732ff.

[194] *P. Laband*, Die geschichtliche Entwicklung der Reichsverfassung seit der Reichsgründung, JöR 1 (1907) 1–46.

«Geschäftsführung» verglich oder die Rolle der Einzelstaaten gegenüber dem Reich mit den «iura singulorum», ist ihm als Rückfall in zivilistische Begrifflichkeit und gewissermaßen als Verrat an der Emanzipation des öffentlichen Rechts angekreidet worden.[195]

Eine dritte Gefahr, die LABAND aufgrund seiner methodischen Überzeugungen verborgen bleiben mußte, war die Versteinerung des politisch gebilligten Verfassungsrechts durch die intendierte Entpolitisierung. Wenn die Ergebnisse begrifflicher Deduktionen zu unumstößlichen Naturwahrheiten gesteigert und historisch-politische Gegenargumente kraft Konvention des Fachs nicht zugelassen sind, ist die konservierende Wirkung der methodisch begrenzten Optik unausweichlich. LABAND hat dies gebilligt. Er war überzeugter Anhänger der konstitutionellen Monarchie und kämpfte nicht mit Selbstzweifeln, wenn es galt, ihren Fortbestand mit Hilfe rechtsdogmatischer Wahrheiten zu sichern.

Es ist deshalb relativ einfach, den Nachweis zu führen, LABAND führe seine Argumentationen so, daß Kollisionen mit dem politisch Gewünschten vermieden werden, etwa bei der unitarischen Bundesstaatstheorie, beim «Begriff des Kaisertums», des «Reichslandes», des «Budgets», des «Gesetzes»[196] und zahlreichen anderen Punkten. Ob er in diesen Fällen das politische Ergebnis «heimlich» oder mehr oder weniger unbewußt berücksichtigt hat, muß am Detail entschieden werden. «Innere Unwahrhaftigkeit» daraus abzuleiten, wie das etwa RUDOLF SMEND getan hat, überzeugt nicht; denn hier liegt eine vorwissenschaftliche Grundbefindlichkeit: «das Bewußtsein von den gesicherten bürgerlichen Daseinsgrundlagen im neuen Reich; die vorbehaltlose Zustimmung zu der von Bismarck geschaffenen politischen Ordnung der Dinge; das mangelnde Problemempfinden für alle Inhaltsprobleme des positiven Rechts; überhaupt die Überzeugung, daß sich das juristische Denken grundsätzlich nur für die Formseite des Rechts zu interessieren habe».[197] Daß diese Grundbefindlichkeit bei einem akademisch arrivierten und mit Ehrungen überschütteten Vertreter des jüdischen, assimilierten Bürgertums besonders deutlich hervortrat, ist nicht verwunderlich.

In den Auseinandersetzungen späterer Generationen mit LABAND hat gerade die Ausblendung historisch-politischer Argumente aus der Staatsrechtslehre eine große Rolle gespielt. Insbesondere RUDOLF SMEND und seine Schüler haben LABAND negativ beurteilt, haben etwa GERBERS Ansatz als «noch nicht (!) wurzellos» positiv von LABAND abgesetzt,[198] haben ihn als «verhängnisvoll» angesehen[199] und ihm vorgeworfen, er entziehe durch seinen Formalismus allen staatsrechtlichen Begriffen und Institutionen «ihren politischen Sinn»,[200] er betreibe die «Ablösung des Begriffsapparats von der bedingenden realen Grundlage».[201] «So entsteht», sagte SMEND, «jenes seltsame Bild eines sinnentleerten Systems von Kompetenz- oder Machtparzellen, das zum Leben an sich keine Beziehung hat, wohl aber durch Nichterfüllung der dieser Wissenschaft obliegenden Aufgaben lebensschädigend wirken muß.»[202] Das «tiefe Unrecht von

[195] *Stoerk* (Anm. 191) 56ff.

[196] *Böckenförde* (Anm. 161), § 28.

[197] *Friedrich* (Anm. 167), 200.

[198] *Friedrich* (Anm. 167), 207; ebenso *v. Oertzen* (Anm. 6).

[199] *R. Smend,* Staatsrechtliche Abhandlungen, 2. Aufl. 1968, 334.

[200] *Friedrich* (Anm. 167), 209. In der tiefen Abneigung gegen den Positivismus und in der Einschätzung von *Kelsens* Werk als «Absurdität» hiermit verwandt *v. Oertzen* (Anm. 6), 261; *K. Hespe,* Zur Entwicklung der Staatszwecklehre in der deutschen Staatsrechtswissenschaft des 19. Jahrhunderts, 1964.

[201] *v. Oertzen* (Anm. 6), 257.

[202] *Smend* (Anm. 199), 335.

Labands Werk» liege darin, heißt es im Jahre 1939, daß er den verfassungspolitischen Gewissens- und Lebensfragen des deutschen Volkes «mangelnden Ernst» entgegengebracht habe. Anderen sei es trotz seines übermächtigen Einflusses gelungen, «die von Laband zerrissene Einheit des gesamten deutschen Staatsrechts einigermaßen herzustellen und in anderem Sinn als er politische Erzieher zu sein. Von dem tieferen Grunde dieses Unterschiedes braucht hier nicht die Rede zu sein.»[203] Diese kaum verhüllte zeittypische, eines Mannes wie SMEND unwürdige Anspielung auf LABANDS jüdische Herkunft enthüllt tiefer liegende Motive für das Insistieren auf dem «Versagen» LABANDS. Die Wortwahl «wurzellos», «leerer Formalismus», «mechanisch», «denaturierter Positivismus»[204] u. ä. ist deutlich genug, mindestens als antirationalistisches Ressentiment, wie es später auch KELSEN entgegenschlug. SMEND, der noch zu Lebzeiten LABANDS seine Universitätslaufbahn begonnen hatte, mußte sich von Anfang an als Antipode fühlen, obwohl vor der Weimarer Republik «die Fundierung einer eigenen Gegenposition und die ausdrückliche Zurückweisung der positivistischen Methode noch unterbleibt».[205] SMEND verabscheute den schroffen Neukantianismus der Marburger Schule und KELSENS und suchte auf den Spuren DILTHEYS sowie später THEODOR LITTS nach geistesgeschichtlicher Rückbindung der staatsrechtlichen Fragen, nach «Einheit» und der Verbindung zum «Leben»,[206] also gerade nicht nach Isolierung des spezifisch juristischen Elements. Als objektiver Beurteiler LABANDS kommt SMEND, einer der antipositivistischen Teilnehmer des «Methoden- und Richtungsstreits»,[207] kaum in Frage. Das ist hier deshalb von Belang, weil SMENDS große Ausstrahlung in die Forschungsliteratur der Bundesrepublik,[208] zusammen mit der generellen Verwerfung des Rechtspositivismus nach 1945 zu einer Stabilisierung des schon in bezug auf GERBER problematischen, bei LABAND aber vollends schiefen Bildes geführt hat.

III. Die Staatsrechtslehre bis zum Weltkrieg

1. *Zeitgenossen und Opponenten Labands*

Es gehört zu den tradierten Überzeugungen, LABANDS Werk habe «mehr als eine Generation deutscher Publizisten vollständig beherrscht».[209] Das ist insgesamt auch nicht

[203] *Smend* (Anm. 199), 338. Andere waren deutlicher, etwa der Tübinger Doktorand von *Walther Schönfeld, Helmut Hirschbühl* (Anm. 100), 2: «Der von ihm (Gerber) hierbei eingeschlagene Weg wurde weiter verfolgt von den Juden Laband und Kelsen, die in einseitig formallogischer Überspitzung der wahren Grundgedanken der Gerberschen Rechtslehre deren Wert ins Gegenteil verkehrten».

[204] Vgl. insbes. auch *v. Oertzen* (Anm. 6) 254ff.

[205] *S. Korioth,* Integration und Bundesstaat. Ein Beitrag zur Staats- und Verfassungslehre Rudolf Smends, 1990, 85.

[206] Zum Frühwerk *Smends* jetzt eingehend *Korioth* (Anm. 205), 16ff.

[207] *R. Smend,* Die Vereinigung der Deutschen Staatsrechtslehrer und der Richtungsstreit, in: Festschr. f. U. Scheuner, 1973, 575–589; *M. Friedrich,* Der Methoden- und Richtungsstreit. Zur Grundlagendiskussion der Weimarer Staatsrechtslehre, AöR 102 (1977) 161ff.; *K. Rennert,* Die «geisteswissenschaftliche Richtung» in der Staatsrechtslehre der Weimarer Republik, 1987.

[208] *Korioth,* (Anm. 205) 228ff. bietet m. W. die erste wissenschaftsgeschichtliche Darstellung der Smend-Rezeption, leider unter Verzicht auf Kirchen- und Staatskirchenrecht.

[209] *H. Triepel,* Staatsrecht und Politik, 1927, 8ff.

falsch, wenn man nach der großen, repräsentativen und auch praktisch «einflußreichen» Hauptlinie des Reichsstaatsrechts fragt. Betrachtet man jedoch die Staatsrechtslehre jener Zeit als Ganzes, dann erweist sie sich als außerordentlich vielgestaltig und spannungsreich. Die Vorstellung, LABANDS «Positivismus» habe alle anderen Äußerungen erstickt, ist unzutreffend.

Das Gesamtbild jener «Generation deutscher Publizisten» ist zwar insgesamt viel homogener als etwa während des Vormärz oder während der Weimarer Republik. Die Autoren sind bürgerliche Professoren im klassischen Sinne, durchweg Monarchisten, wenn auch mit regional unterschiedlichen Tönungen. Oppositionelle, die als Seismographen politisch aufgeregter Zeiten gelten könnten, gab es kaum. Eine geistige Entwicklung wie etwa WALTHER SCHÜCKING (1875–1935), der Demokrat und Pazifist wurde,[210] haben nur wenige genommen. Aber auch wenn es mehr gewesen wären, die Distanz der Staatsrechtler zur «Realpolitik» war gewachsen, und die Positionsbestimmungen zur Methodik betonten auch immer wieder, daß zur Festigung des Wissenschaftscharakters des öffentlichen Rechts Distanz nötig sei.

Die Politik des Kaiserreichs wurde in Berlin oder Friedrichsruh gemacht, ohne die Professoren und nicht nach Maßgabe philosophischer Prämissen. Der politische Betrieb und die Wissenschaftskultur des öffentlichen Rechts überschnitten sich nur noch gelegentlich. Zwar betätigten sich immer noch bedeutende Wissenschaftler wie MOHL, GNEIST, GERBER, LOENING, GEORG MEYER, SARWEY, MARQUARDSEN, HÄNEL, HINSCHIUS, FRIEDBERG u. a. parlamentarisch und politisch, aber das Schwergewicht verschob sich immer nachdrücklicher auf die Berufspolitiker, die Verbandsfunktionäre und Parteistrategen.

Die Wissenschaftler mochten sich auch in persönlicher Hinsicht von der Politik entlastet fühlen. Ihre materielle Lage war gut, ihr öffentliches Ansehen besonders hoch. Die Wissenschaftspolitik war den Universitäten nach 1871 in einer Weise günstig wie noch nie zuvor. Die «Ära Althoff» machte die expandierende und sich ausdifferenzierende Wissenschaft zum Instrument nationaler und imperialer Politik.[211] Deutschland investierte mehr als vergleichbare Länder Westeuropas in den «Großbetrieb Wissenschaft»,[212] vor allem in den naturwissenschaftlich-technischen Bereich, aber auch in die Geisteswissenschaften.[213] Dies alles ruhte auf einem Sockel kaum ins Bewußtsein gehobener gegenseitiger Loyalitäten und genereller Billigung der gesellschaftlichen Rahmenbedingungen. Die Professoren des öffentlichen Rechts waren keine Fron-

[210] *D. Acker,* Walther Schücking, 1970; *W. Kohl,* Walther Schücking (1875–1935). Staats- und Völkerrechtler – Demokrat und Pazifist, in: *Kritische Justiz* (Hg.), Streitbare Juristen. Eine andere Tradition, 1988, 230–242.

[211] *B. vom Brocke,* Hochschul- und Wissenschaftspolitik in Preußen und im Deutschen Kaiserreich 1882–1907: das «System Althoff», in: *P. Baumgart* (Hg.), Bildungspolitik in Preußen zur Zeit des Kaiserreiches, 1980, 9–118; *ders.* Von der Wissenschaftsverwaltung zur Wissenschaftspolitik. Friedrich Althoff (1839–1908), in: Berichte zur Wissenschaftsgeschichte 11 (1988) 1–26; *Th. Nipperdey,* Deutsche Geschichte 1866–1918, Bd. I, 1990, 602ff.

[212] *F. R. Pfetsch,* Zur Entwicklung der Wissenschaftspolitik in Deutschland 1750–1914, 1974, 72ff.; *L. Burchardt,* Deutsche Wissenschaftspolitik an der Jahrhundertwende. Versuch einer Zwischenbilanz, in: Geschichte in Wissenschaft und Unterricht 26 (1975) 171–189.

[213] *P. Schiera,* Il laboratorio borghese. Scienza e politica nella Germania dell'Ottocento, Bologna 1987 (Laboratorium der bürgerlichen Welt. Deutsche Wissenschaft im 19. Jh., 1992); *R. Vierhaus–B. v. Brocke* (Hg.), Forschung im Spannungsfeld von Politik und Gesellschaft. Geschichte und Struktur der Kaiser-Wilhelm-/Max-Planck-Gesellschaft, 1990, 17ff. *(B. v. Brocke)* m. w. Nachw.

deure, es gab keine Barrikaden, auf denen sie hätten stehen können. Sie waren – jedenfalls die berühmteren – ordensgeschmückte Wirkliche Geheime Räte, Exzellenzen, Kronsyndici, nobilitierte Mitglieder in den Ersten Kammern, gesuchte Gutachter der Regierungen und der Fürstenhäuser. Sie meldeten sich, anders als im Vormärz, nicht mehr ungefragt und nicht mehr ohne Honorar zu Wort.

Der Wechsel des methodischen Paradigmas von einem ideell, politisch oder historisch begründeten Staatsrecht zur «juristischen Methode» drückte dieses generelle Einverständnis aus und verstärkte es zugleich. Auch außerhalb des engeren Kreises von Anhängern und geistigen Nachfolgern LABANDS[214] war es unbestrittene Ansicht, der Staatsrechtslehrer habe den formell festgestellten Staatswillen zu akzeptieren, die dem geltenden Recht immanenten Leitprinzipien herauszuarbeiten, präzise Begriffe zu bilden, die Rechtsnatur bestimmter Institute zu erkennen, diese zu ordnen und daraus Folgerungen zu ziehen.[215] Im Zivilrecht war es unter der geistigen Herrschaft WINDSCHEIDS nicht anders.[216] Im Strafrecht verlangten KARL BINDING[217] und der Reformer FRANZ VON LISZT gleichermaßen «klare schneidige Begriffe und ein geschlossenes System».[218] Insoweit war man sich einig.

Gleichwohl ist die Landschaft der spätkonstitutionellen Staatsrechtslehre keine «positivistische Wüste». Geht man die Namen der Staats- und Verwaltungsrechtler auf Universitäten des Deutschen Reiches etwa im Jahre 1905 durch,[219] so fallen die entsprechenden Gruppierungen bald ins Auge. Es sind einmal diejenigen, die trotz eines klaren Bekenntnisses zur juristischen Methode die ältere staatswissenschaftliche Tradition fortführen oder zu ihr zurückfinden, sodann Vertreter eines materialen Staatsrechtsdenkens, die Opponenten aus der germanistischen Traditionslinie von GEORG BESELER und OTTO BÄHR zu OTTO VON GIERKE, SIEGFRIED BRIE und HUGO PREUSS, schließlich «randständige» Autoren wie etwa LUDWIG GUMPLOWICZ, GUSTAV RATZENHOFER oder ANTON MENGER.

[214] Vgl. etwa *C. Bornhak*, Grundriß des Deutschen Staatsrechts, Leipzig 1906 (2. Aufl. 1910) und *Ph. Zorn*, Lehrbuch des deutschen Reichsstaatsrechts, 2. Aufl. 2 Bde. 1895, 1897. Von letzterem besonders aufschlußreich der Rückblick: Die deutsche Staatsrechtswissenschaft seit 1866, JöR 1 (1907) 47–81. – *Philipp Zorn* (1850–1928), studierte in München und Leipzig, promovierte 1872 über langobardisches Beweisverfahren, habilitierte sich 1875 in München über Staat und Kirche in Norwegen, wurde ao. Prof. in Bern 1875, o. Prof. Königsberg 1877, in Bonn seit 1900. Außer der erwähnten Bearbeitung des preußischen Staatsrechts von *Rönne* ist sein knappes Lehrbuch des deutschen Reichsstaatsrechts, 2 Bde., Berlin 1880–81, (2. Aufl. 1895–97) hervorzuheben. Zur Biographie vgl. *ders.* Aus einem deutschen Universitätsleben, 1927 sowie *J. Jessen*, Die Selbstzeugnisse der deutschen Juristen, 1983, 140 m. w. Nachw.

[215] *P. Laband*, Das Finanzrecht des Deutschen Reiches, in: (Hirths) Annalen des Deutschen Reiches, 1873, 405–562.

[216] *Falk* (Anm. 64).

[217] *D. Westphalen*, Karl Binding (1841–1920). Materialien zur Biographie eines Strafrechtsgelehrten, 1989.

[218] *F. v. Liszt*, Lehrbuch des Strafrechts, Berlin–Leipzig 1881, Vorwort.

[219] *G. Ziegler–Th. Scheffer* (Hg.), Das Akademische Deutschland, Bd. II. Die juristischen Fakultäten, Leipzig 1905: Berlin *(Hübler, Gierke, Martitz, Kohler, Kahl, Bornhak, Preuß, Laß, Kaufmann)*, Bonn *(Zorn, Bergbohm, Stier-Somlo)*, Breslau *(Brie, Eger)*, Erlangen *(Rieker)*, Freiburg *(Rosin, Schmidt, v. Frisch)*, Gießen *(van Calker)*, Göttingen *(Frensdorff, v. Bar, Schoen, v. Hoffmann)*, Greifswald *(Stoerk, Sartorius)*, Halle *(Loening, Finger, Fleischmann)*, Heidelberg *(Jellinek, Anschütz, v. Jagemann, v. Kirchenheim, Walz)*, Jena *(Rosenthal, Niedner)*, Kiel *(Hänel, Frantz, Weyl, Perels)*, Königsberg *(Arndt, Hubrich)*, Leipzig *(Friedberg, Binding, O. Mayer, Häpe)*, Marburg *(Westerkamp, Schücking)*, München *(Amira, v. Stengel, Dyroff, Harburger)*, Münster *(Schreuer, L. v. Savigny)*, Rostock *(Sachsse, Hübner)*, Straßburg *(Laband, Rehm)*, Tübingen *(Triepel)*, Würzburg *(Piloty)*.

2. *Der historisch fundierte Positivismus*

Als «klassische Positivisten» gelten Georg Meyer und – ab 1900 – sein Nachfolger auf dem Heidelberger Lehrstuhl, Gerhard Anschütz. Was diese Etikettierung bedeutet, ist allenfalls negativ klar. Dieser «Positivismus» war weder unhistorisch noch unpolitisch. Er war eingebettet in die Normalität ruhiger Zeiten, in denen außerrechtliche Haltepunkte nicht notwendig zu sein schienen, weil verbrecherische Gesetzgebung noch außerhalb aller Vorstellung lag. Immerhin hatten der preußische Verfassungskonflikt, der Kulturkampf und die Sozialistengesetze Kollisionspunkte von Recht und politischer Moral gezeigt, aber das waren Ausnahmen, die das Prinzip nicht erschütterten.

a) G. Meyer

Georg Meyer (1841–1900),[220] der ab 1860 an den Universitäten Jena und Göttingen studierte, 1863 in Heidelberg promovierte und sich 1867 in Marburg habilitierte, wurde auf seinem Weg über Marburg (1873), Jena (1875)[221] und Heidelberg (1889) eine der staatsrechtlichen Autoritäten des Kaiserreichs. Er war nicht nur Mitglied der badischen Ersten Kammer, sondern 1881 bis 1890 auch als Nationalliberaler Mitglied des Reichstags. Dort hat er an der Gesetzgebung über die Kolonialgebiete mitgewirkt.[222] 1889 bis 1900 lehrte und publizierte er als sehr angesehener, aber nicht als «Leitfigur» profilierter oder andere Autoren polarisierender Staatsrechtler in Heidelberg.

Seine ersten Stellungnahmen nach 1866 und 1871[223] sind in sein «Lehrbuch des deutschen Staatsrechts» (1878)[224] eingegangen. Das bald darauf erschienene «Lehrbuch des deutschen Verwaltungsrechts» (1883, 1885),[225] von dem noch die Rede sein wird, ergänzte und erweiterte den verwaltungsrechtlichen Teil des Staatsrechtslehrbuches entsprechend der gewachsenen Bedeutung des neuen Wissenschaftszweiges. Das Lehrbuch des Staatsrechts ist äußerlich eher schmal, enthält aber eine Fülle knapper dogmatischer Aussagen und sorgfältig dokumentierten Materials, vor allem in den Anmerkungen. Die hier verarbeiteten Stoff- und Literaturmengen machen das Buch heute noch zu einem zuverlässigen Auskunftsmittel, weniger zu inspirierender Lektüre. Es war tatsächlich, wie Anschütz rückblickend sagte, «einzig in seiner Art. Dies deshalb, weil es die einzige, niemals durch ein anderes Buch ersetzte oder gar überflügelte Gesamtdarstellung des deutschen Staatsrechts gab, eine Gesamtdarstellung, die außer dem Verfassungsrecht der Zentralgewalt – des Reichs in diesem Sinne – auch das sämt-

[220] *G. Jellinek,* Georg Meyer, DJZ 5 (1900) 130f.; *ders.* Georg Meyer. Worte der Erinnerung, in: *G. Jellinek,* Ausgewählte Schriften und Reden, Bd. 1, 1911 (Nachdr. 1970), 272–281; *Landsberg* III/2, Noten 405.

[221] *Meyer* hat von Jena aus auch ein Landtagsmandat in Sachsen-Weimar wahrgenommen.

[222] *G. Meyer,* Die staatsrechtliche Stellung der deutschen Schutzgebiete, Leipzig 1888. Mitgewirkt hat *Meyer* am Reichsgesetz über die Einnahmen und Ausgaben der Schutzgebiete v. 30. 3. 1892, RGBl. 1892, 369f.

[223] *G. Meyer,* Grundzüge des norddeutschen Bundesrechtes, Leipzig 1868; *ders.* Staatsrechtliche Erörterungen über die deutsche Reichsverfassung, Leipzig 1872.

[224] *G. Meyer,* Lehrbuch des Deutschen Staatsrechtes, Leipzig 1878, 4. Aufl. 1895, 5. Aufl. 1899; ab 6. Aufl. bearb. v. *G. Anschütz,* 7. Aufl. in drei Teilen 1914–1919. Vgl. hierzu die Besprechung der 6. Aufl. durch *H. Rehm,* VerwArch 14 (1906) 350–356.

[225] *G. Meyer,* Lehrbuch des Deutschen Verwaltungsrechts, 2 Bde., 1883, 1885, 2. Aufl. 1893, 1894; ab 3. Aufl. München und Leipzig 1910 bearb. v. *Franz Dochow;* 4. Aufl. 1913, 1915.

licher Einzelstaaten zur Darstellung brachte, wogegen das zweifellos berühmteste Staatsrecht des Deutschen Reichs, sich, wie sein Titel besagt, gegenständlich auf das Recht des Reichs beschränkte und es im übrigen nur Darstellungen des Staatsrechts der einzelnen Länder ... gab.»[226]

MEYER sah sich zwar als Anhänger der «streng juristischen Methode», hielt es aber wie die meisten seiner Vorgänger für unverzichtbar, ein «deutsches Staatsrecht» mit einer «allgemeinen Staatslehre»[227] und einer «Geschichte des deutschen Staatsrechts» einzuleiten. Von GERBERS Purismus und LABANDS «Konstruktivismus» war er weit entfernt. Er lieferte das positive Recht in kurzen und klaren Sätzen, bezog aber daneben unbedenklich historische und politische Argumente ein, allerdings im Bewußtsein, daß dies die juristische Argumentation nur «ergänzen» könne. Der Dualismus von staatswissenschaftlicher und juristischer Methode war für ihn eine ausgemachte Sache.[228] So beginnt der organisatorische Teil mit einer «Geschichtlichen Entwicklung der deutschen Behördenorganisation»; auch in die «Gesetzgebung» oder in die «Finanzverwaltung» wird jeweils eingeführt mit «Die geschichtliche Entwicklung».

An MEYERS Lehrbuch ist bemerkenswert, daß es, abgesehen vom Einleitungsteil, zu einer neuen Konzeption durchdringt, und zwar zu einer Integration von Territorial- und Reichsstaatsrecht. Es steigt von den Einzelstaaten (Monarchien, freie Städte) zum Reich auf und geht dort nochmals den Weg von den Staatsorganen zu den Staatsfunktionen, zu den Individualrechten und -pflichten sowie zum Staatskirchenrecht. Das Ganze ist, auf eine Formel gebracht, die Kombination der Tradition der alten Bundesstaatsrechte mit den methodischen Anforderungen GERBERS unter den staatsrechtlichen Bedingungen des Kaiserreichs.

b) G. ANSCHÜTZ

«Georg Meyer war», so schrieb sein Nachfolger GERHARD ANSCHÜTZ (1867–1948), «wie die meisten seiner (älteren und jüngeren) Zeitgenossen, ein ausgeprägter Positivist ... Seine Blickrichtung ging immer nur auf die staatsrechtliche Wirklichkeit, die Realitäten, seine Betrachtungsweise war, wenn man will, mehr praktisch als theoretisch ... Ich erzähle das alles nicht so sehr und nicht eigentlich, um Georg Meyers Anschauungen, sondern um die meinigen zu kennzeichnen. Denn diese waren den seinigen durchaus wesensverwandt ... Es liegt wohl ein Parallelismus der rechtswissenschaftlichen Entwicklung vor, eine Gleichartigkeit der juristischen Mentalität, die sich aus dem Geist der Zeit erklärt.»[229]

GERHARD ANSCHÜTZ hat anschaulich darüber reflektiert, wie er selbst als preußisch geprägter Staats- und Verwaltungsrechtler durch die Berufungen nach Tübingen (1899–1900) und Heidelberg (1900–1908) mit dem süddeutschen bürgerlichen Liberalismus in Berührung gekommen ist und allmählich nicht nur liberaler dachte, sondern auch zu einem «demokratischen Positivismus» fand. Von Haus aus war er «national,

[226] *G. Anschütz*, Lebenserinnerungen, in: Ruperto-Carola. Mitt. d. Vereinigung d. Freunde der Studentenschaft d. Universität Heidelberg 9. Jg., Bd. 21 (1957) 37.

[227] Charakteristischerweise nun umbenannt in «Grundbegriffe des Staatsrechts».

[228] *G. Meyer*, Das Studium des öffentlichen Rechts und der Staatswissenschaften in Deutschland, Jena 1875.

[229] *G. Anschütz*, Lebenserinnerungen (Anm. 226), 35–43 (37). Fortsetzung in Bd. 22 (1957) 25–40; Lebensdaten bei *Drüll*, 4. Eine vollständige Ausgabe der Lebenserinnerungen, hrsgg. v. *W. Pauly*, ist in Vorbereitung.

staatsbezogen und liberal».[230] An Süddeutschland beeindruckte ihn die stärkere Verbürgerlichung der gesamten Gesellschaft, das Fehlen des in Preußen so ausgeprägten «feudalen» Elements. Nach einigen Jahren in Berlin (1908–1916) kehrte er deshalb wieder an die Universität Heidelberg zurück (1916–1933) und bildete dort – zusammen mit RICHARD THOMA – einen der Glanzpunkte der Fakultät während der Weimarer Zeit.[231]

Schon die ersten Arbeiten, die ANSCHÜTZ veröffentlichte, brachten ihn in gewisse Spannungen mit der konservativ-borussistischen Linie von LABAND, ZORN, ARNDT und anderen. Seine bei EDGAR LOENING in Halle geschriebene Dissertation[232] behandelte die durch LABANDS Autorität nur scheinbar zur Ruhe gebrachte Verfassungsfrage des doppelten Gesetzesbegriffs in liberalem Sinn. Deutlicher noch war die Monographie «Die gegenwärtigen Theorien über den Begriff der gesetzgebenden Gewalt und den Umfang des königlichen Verordnungsrechts nach preußischem Staatsrecht»,[233] in der das Verordnungsrecht der Exekutive an verfassungsrechtliche oder gesetzliche Ermächtigung gebunden wurde – eine Beschneidung des monarchischen Prinzips, die heftigen Protest hervorrief.[234] ANSCHÜTZ hat der monarchistischen Front der «Kryptoabsolutisten»,[235] die sich einer schrittweisen Parlamentarisierung und Demokratisierung Preußens entgegenstemmten, bewußt entgegengearbeitet.[236] Insofern war ANSCHÜTZ «Positivist» in einem differenzierten Sinn, der es zwar für unzulässig hielt, das geltende Recht metajuristisch auszuhebeln oder zu verdrängen, der aber andererseits textimmanente semantische Spielräume durchaus nutzen konnte. «Ich glaube, daß es mir damals gelungen ist», sagte er später über den preußischen Verfassungskommentar, «meine sich ‹konservativ› nennenden, in Wahrheit reaktionär gesinnten Gegner ins Unrecht zu setzen und erfolgreich zu wirken für eine Verfassungsauslegung, die nicht sowohl freiheitlich als vor allen Dingen richtig war.»[237]

Seine konzise Darstellung des deutschen Staatsrechts bei HOLTZENDORFF-KOHLER,[238] seine Fortführung des Staatsrechts von GEORG MEYER[239] und der meisterhafte erste und einzige Band des Kommentars zur preußischen Verfassung[240] gaben ihm als Vertreter der jüngeren Generation schon vor dem Weltkrieg einen besonderen Rang, der sich nach 1919 mit dem berühmten Kommentar zur Weimarer Verfassung und dem gemeinsam mit RICHARD THOMA herausgegebenen Werk (1931/32) bestätigen und festigen sollte. ANSCHÜTZ war liberaler Etatist und Unitarier. Der moderne Pluralismus, der die klare Trennung von Staat und Gesellschaft aufzulösen drohte, war ihm zuwi-

[230] *E. W. Böckenförde,* Gerhard Anschütz (1986), in: *ders.* Recht, Staat, Freiheit, 1991, 367–378 (368).

[231] *E. Forsthoff,* Gerhard Anschütz, in: Der Staat 6 (1967) 137–150.

[232] *G. Anschütz,* Kritische Studien zur Lehre vom Rechtssatz und formellen Gesetze, Leipzig 1891, 2. Aufl. 1913.

[233] Tübingen und Leipzig 1900, 2. Aufl. 1901 (Nachdr. 1971).

[234] Siehe vor allem *[G.] A. Arndt,* Das Verordnungsrecht des Deutschen Reiches, Berlin–Leipzig 1884; *ders.* Das selbständige Verordnungsrecht, Berlin 1902. Zu *G. A. Arndt* (1849–1926), der ab 1900 in Königsberg lehrte, nunmehr die den Sohn behandelnde Monographie von *D. Gosewinkel,* Adolf Arndt. Die Wiederbegründung des Rechtsstaats aus dem Geist der Sozialdemokratie (1945–1961) 1991, 23ff. m. w. Nachw.

[235] *Forsthoff* (Anm. 231).

[236] Siehe das Vorwort zu: Die Verfassungs-Urkunde für den Preußischen Staat, Bd. 1, Berlin 1912. Neudr. 1974. Oben Kap. 7, Anm. 165.

[237] *Böckenförde* (Anm. 230), 373 aus den Lebenserinnerungen, Mskr. S. 253.

[238] *G. Anschütz,* Deutsches Staatsrecht, in: *F. v. Holtzendorff–J. Kohler,* Enzyklopädie der Rechtswissenschaft, Bd. IV (1914) 1–192.

[239] Oben Anm. 224.

[240] Kap. 7 Anm. 165.

der.[241] Seine «starker Staat» sollte aber freiheitlich sein, getragen von der politischen Teilhabe seiner Bürger. Schrittweise und sehr konsequent entwickelte Anschütz seine nationalliberale Position zu einem demokratischen Liberalismus und Republikanismus, der ihn schon während des Weltkrieges auf Reformen drängen und dann zu einem Anhänger der Weimarer Republik werden ließ.

Anschütz sah sich selbst allerdings auch gleichgewichtig als Verwaltungsrechtler. Seine Habilitationsschrift behandelte den «Ersatzanspruch aus Vermögensbeschädigungen durch rechtmäßige Handhabung der Staatsgewalt».[242] Besondere Erwähnung verdient daneben ein die Rechtsprechung des Preußischen Oberverwaltungsgerichts bilanzierender Aufsatz, in dem herausgearbeitet wird, welchen Ertrag die ersten fünfundzwanzig Jahre dieser Rechtsprechung für den Allgemeinen Teil des Verwaltungsrechts erbracht hatten.[243]

c) H. Schulze

Kehren wir nach diesem zeitlichen Vorgriff wieder in die achtziger Jahre zurück, dann sehen wir als Parallelwerk zu Georg Meyers Deutschem Staatsrecht das schon mehrfach erwähnte bedeutende «Lehrbuch des Deutschen Staatsrechtes» von Hermann Schulze. Es erschien zwischen 1880 und 1886 in vier Lieferungen, die sich zu zwei Bänden zusammenfügten.[244] Wie bei Meyer stehen die «Grundbegriffe des allgemeinen Staatsrechts» und die «geschichtliche Entwicklung» voran. Diese Teile konnten aus den älteren Anläufen von 1865 und 1867 übernommen werden.[245] Den ersten Block des positiven Rechts bildet dann das Landesstaatsrecht. Es wird nach der üblichen Einteilung «Gliederung des Staatsorganismus» und «Funktion des Staatsorganismus» mit allen Details auf über 500 Seiten abgehandelt.[246] Maßgebend ist der durchschnittliche Aufbau der «normalen» konstitutionellen Monarchie. Die davon abweichenden Erscheinungen der Hansestädte erhalten nur einen kleinen Anhang. Der die fünfundzwanzig Landesstaatsrechte verbindende Geist erwächst für Schulze aus dem «Gesamtrechtsbewußtsein», ja aus dem «Volksgeist»,[247] wie Schulze auch die Formel, der Staat sei «lebendiger Ausdruck des Volksgeistes», ohne weiteres verwendbar erscheint.

Den zweiten Block bildet das Reichsstaatsrecht, das nun wiederum nach Organen und Funktionen gegliedert wird. Auf diese Weise sind Länder und Reich stärker separiert, die Materien, die bei Georg Meyer ineinander verschränkt waren, erscheinen hier entzerrt. Aber dies war kaum mehr als ein Gesichtspunkt der Übersichtlichkeit.

[241] *Böckenförde* (Anm. 230), 371.

[242] VerwArch 5 (1897) 1–136.

[243] *G. Anschütz,* Allgemeine Begriffe und Lehren des Verwaltungsrechts nach der Rechtsprechung des Oberverwaltungsgerichts, in: PrVerwBl. 22 (1900/1901) 83–90.

[244] *H. Schulze,* Lehrbuch des Deutschen Staatsrechtes. Erstes Buch: Das Deutsche Landesstaatsrecht, Leipzig 1881; Zweites Buch: Deutsches Reichsstaatsrecht, Leipzig 1886.

[245] Oben Anm. 51ff.

[246] Unter den Funktionen (Gesetzgebung, Justiz, Verwaltung) verdient besonderes Interesse die Stellungnahme zum Gesetzesbegriff. *Schulze* stand hier gemeinsam mit *G. Meyer* (Der Begriff des Gesetzes und die rechtliche Natur des Staatshaushaltsetats, Grünhuts Zeitschr. 8 (1881) 1–53 (15ff.) auf der Seite derjenigen, die die «Allgemeinheit» der Regel zum wesentlichen Merkmal des Gesetzesbegriffs erklärten. *Laband, Jellinek* u. a. lehnten dieses Merkmal ab. *Schulze* hat sich allerdings in «Das Preußische Staatsrecht», 2. Aufl. 2. Bd. Leipzig 1890, 4f. der Mehrheit angeschlossen.

[247] Lehrbuch (Anm. 244) I, 6.

In Sache und Methode waren sich GEORG MEYER und HERMANN SCHULZE weitgehend einig, auch wenn SCHULZE mit einer gewissen Pointierung gegen GERBER und LABAND am Begriff des Organismus festhielt, während MEYER den Organismusgedanken «für die juristische Konstruktion» verwarf. SCHULZE legte auf diesen Punkt deshalb Wert, weil für ihn die Bürger nicht nur Herrschaftsobjekte, sondern eigenständige, mit Rechten ausgestattete Glieder des Organismus sein sollten. Staatsgewalt und Volksfreiheit stehen sich gegenüber, Vermittlungsorgan ist die Volksvertretung. SCHULZE schwebt also ein ganz anderes Verfassungsmodell vor als die monolithische «Willensmacht» bei GERBER, die den Gliedern weder Bewegungsfreiheit noch eigenständige Rechte zubilligte.[248]

SCHULZES «Deutsches Staatsrecht», in seinen Grundgedanken seit 1865 vorbereitet und rund zwei Jahrzehnte später vollendet, hat deshalb zwei Gesichter. Es erscheint zum einen als ein in den Labandschen Positivismus hineinragendes Relikt der älteren Auffassung vor der methodischen Wende von 1865/66, da es die Positionen der organischen Staatslehren nach der Jahrhundertmitte, die Linie der germanistischen historischen Schule und des philosophischen Idealismus aufbewahrt und mit der «juristischen Methode» zu verzahnen sucht. Auch literarisch wird die Verbindung zur älteren Staatsrechtsliteratur des 17. und 18. Jahrhunderts bewußt lebendig gehalten. Zum anderen enthielt seine Vorstellung eines durch Selbstverwaltung,[249] Rechtsstaat und konstitutionell gebundenes Königtum geprägten «deutschen» Verfassungsstaats eine Option auf die Zukunft, die allerdings im starren Konservativismus des preußischen Modells nicht eingelöst werden konnte. HERMANN SCHULZE hat sich auch staatstheoretisch seine 1848er Erinnerungen bewahrt.[250] Flexible und eigenverantwortliche Gestaltung der Staatsorganisation und der Staatsaufgaben durch Partizipation der Staatsbürger, das war der bei ihm jedenfalls angelegte Modernisierungsaspekt, der auch in den achtziger Jahren unter dem Material des Reichsstaatsrechts noch durchschimmerte.

3. Materiale Staatsrechtslehre

ALBERT HÄNEL (1833–1918)[251] ist meist als derjenige genannt worden, der als Antipode des nur wenig jüngeren LABAND gelten konnte.[252] Beide sind 1918 gestorben, LABAND als die immer noch imponierende und dominierende Leitfigur der Staatsrechtslehre, HÄNEL als berühmter «politischer Professor» und Stimmführer des Liberalismus im Reichstag, als schleswig-holsteinische Institution.[253] Beide repräsentierten «bürgerliche» Positionen, nationalkonservativ der eine, «freisinnig» der andere.

Die biographischen Umstände HÄNELS wiesen früh in eine Richtung, die von derjenigen LABANDS ganz verschieden war. Schon die Tatsache, daß sein Stiefvater HEINRICH LAUBE (1806–1884) einer der Vertreter des vom Deutschen Bund offiziell ge-

[248] Eingehend hierzu *v. Oertzen* (Anm. 6) 241–248.

[249] Vgl. auch die frühe Schrift *H. Schulze*, Der Freiherr vom Stein und seine Bedeutung für Deutschlands Wiedergeburt, Jena 1850.

[250] *H. Schulze*, Der Staatshaushalt des neuen deutschen Reichs, Jena 1848.

[251] *R. Scheyhing*, Hänel, NDB 7 (1966) 441.

[252] *Fioravanti* (Anm. 12), 368ff.

[253] Alle ältere Literatur bei *Vitzthum* (Anm. 136); *M. Friedrich*, Zwischen Positivismus und materialem Verfassungsdenken. Albert Hänel und seine Bedeutung für die deutsche Staatsrechtswissenschaft, 1971. – Charakteristisch für den Ton der Beurteilung *G. Anschütz*, DJZ 16 (1911) 528 (zur Emeritierung *Hänels*), *M. Liepmann*, DJZ 23 (1918) 381f. (Nachruf).

ächteten «Jungen Deutschland»[254] war, mußte ihm eine liberale Grundrichtung vermitteln.[255] Das Studium brachte ihn in engen Kontakt zu MOHL und ALBRECHT. Bei letzterem schloß er auch Promotion und Habilitation ab (1857, 1858). Damit war nicht nur die liberale, sondern auch die germanistisch-historische Grundlage seines Denkens gelegt.[256] Nach einem Umweg über Königsberg kam HÄNEL auf einen Lehrstuhl an der Universität Kiel (1863), wo er mehr als eine Generation lang wirkte, u. a. durch maßgebliche Mitgestaltung der schleswig-holsteinischen Städteordnung von 1869.[257] Als Mitglied der Fortschrittspartei[258] wurde HÄNEL in das preußische Abgeordnetenhaus (1867–1888) und in den Reichstag gewählt (1867–1893, 1903–1908). Er hatte sich vor 1866 für die Unabhängigkeit Schleswig-Holsteins eingesetzt, lenkte aber danach auf die preußische Linie ein.[259] Im Reichstag vertrat er das liberale Programm der Entfaltungsfreiheit des Individuums, des ökonomischen und politischen Wettbewerbs – was die Gegnerschaft gegen die Sozialistengesetze implizierte – sowie die generelle Linie, das Parlament zum eigentlichen Entscheidungszentrum zu machen. Daß die Regierung aus dem Parlament hervorgehen und diesem verantwortlich sein müsse, war seine Überzeugung, ebenso, daß der Bundesrat eine Fehlkonstruktion der Reichsverfassung sei. Was HÄNEL wollte, war also der nationale, unitarische, liberal ausgestaltete parlamentarische Verfassungsstaat, der den Dualismus zwischen monarchischer Gewalt und Parlament auf dem Boden der Volkssouveränität überwunden hatte. Das war zugleich «vormärzlich» und «modern».

Es war allerdings auch die politische und methodische Gegenposition zu GERBER und LABAND, die den Parlamentarismus allenfalls als Korrektiv der monarchischen Gewalt akzeptierten. Sie dachten im Prinzip autoritär, konstruierten den Staat aus einem einzigen, souveränen und deshalb «unwiderstehlichen» Willenszentrum. Dessen Befehle konnten nur dann von Irritationen frei bleiben, wenn sie gegen alle historischen und politischen Argumente abgeschirmt als «Recht» erschienen. Auch aus diesem vermutlich zentralen Grund betrieb die herrschende Schule die methodische Ausschließung aller nichtjuristischen Elemente. Der oppositionelle Liberalismus, der seine Wurzeln im Vormärz, in der geschichtlichen Betrachtung und im genossenschaftlichen Verständnis des Staatsverbandes suchte,[260] mußte demgegenüber auf der Methodenvielfalt, auf dem im historischen Argument stets schlummernden Änderungspotential und auf dem Idealismus bürgerlicher Partizipation am Staat aus der Zeit vor 1848 beharren.

Es gehört zur Tragik des deutschen Liberalismus, daß der Transfer der vormärzlichen Inhalte in die Politik und Staatstheorie der Kaiserzeit nicht gelungen ist. Die Ba-

[254] Gem. Bundesbeschluß v. 10. 12. 1835 (*Huber* Dokumente 1, Nr. 50) diejenige literarische Schule, «deren Bemühungen unverholen dahin gehen, in belletristischen, für alle Classen von Lesern zugänglichen Schriften die christliche Religion auf die frechste Weise anzugreifen, die bestehenden socialen Verhältnisse herabzuwürdigen und alle Zucht und Sittlichkeit zu zerstören». Vgl. *A. Estermann*, (Hg.), Politische Avantgarde 1830–1840. Eine Dokumentation zum Jungen Deutschland, 2 Bde., 1972, 1973.

[255] *Vitzthum* (Anm. 136), 92ff.; *Friedrich* (Anm. 253), 25.

[256] *Friedrich* (Anm. 253), 25.

[257] *E. Döhring,* Geschichte der Christian-Albrechts-Universität Kiel, 1965, 170–172, 181.

[258] Ab 1893 Freisinnige Vereinigung.

[259] *Vitzthum* (Anm. 136), 21ff., 52ff.

[260] Zur Auseinandersetzung mit *H. Preuß,* Gemeinde, Staat, Reich als Gebietskörperschaften. Versuch einer deutschen Staatskonstruktion auf Grundlage der Genossenschaftstheorie, Berlin 1889 vgl. *A. Hänel,* Zur Revision der Methode und Grundbegriffe des Staatsrechts, AöR 5 (1890) 457–479.

sis des Liberalismus im Großbürgertum und im Mittelstand war zu schwach im Wettbewerb mit den viel länger eingeübten obrigkeitlichen und etatistischen Traditionen. BISMARCKS Politik hatte sich auf die liberalen Parteien und die Praxis des Parlamentarismus zerstörerisch ausgewirkt. Weltmachtanspruch, Flottenpolitik, Kolonien, aber auch Wissenschaftsförderung bestimmten die Jahre ab 1890. Der von breitem Konsens getragene sozial- und wirtschaftspolitische Interventionismus auf der einen, der relativ problemlose Besitz liberaler Errungenschaften auf der anderen Seite machten den Liberalismus «überflüssig». Die Defizite des Parlamentarismus wurden nicht allzu stark empfunden; leidenschaftliche Parlamentarier wie HÄNEL gab es nur in einzelnen Exemplaren, nicht aber als tragende Schicht.

Entsprechend dieser eher untergründigen Konvergenz von politischen Positionen und staatsrechtlicher Methodik verweigerte sich HÄNEL der Austreibung des geschichtlichen und politischen Moments aus der Staatsrechtslehre, und zwar noch entschiedener als HERMANN SCHULZE oder GEORG MEYER. Auch HÄNEL akzeptierte zwar ohne weiteres die Beschreibung der juristischen Methode als «logisch-deduktiv», aber er bestand darauf, das jeweilige Rechtsproblem zunächst einmal historisch-genetisch zu entwickeln und die politischen Prämissen zu bezeichnen. Wo LABAND seine politischen Ansichten hinter begrifflichen Operationen und einer selbstbewußt okkupierten wissenschaftlichen Objektivität verbarg, setzte der eher diskursiv angelegte HÄNEL auf den offenen Austausch auch der nichtjuristischen Argumente. Sein Denken war insofern «material», als er die Probleme erst dann für juristisch entscheidbar hielt, wenn die juristischen Formen die nichtjuristischen Sachprobleme voll in sich aufgenommen hatten.

Was damit gemeint ist, läßt sich an HÄNELS staatsrechtlichem Werk demonstrieren. Es ist nicht umfangreich. Im wesentlichen besteht es aus drei monographischen Studien sowie dem ersten Band des unvollendeten «Deutschen Staatsrechts».[261] In der ersten dieser Studien ging es um die Rechtsnatur des Reiches als Bundesstaat oder Staatenbund. HÄNEL begründete hier, gegen MAX VON SEYDEL vor allem, die herrschende bundesstaatliche Lehre, mit der in der Gründungsphase des Reichs gewissermaßen das theoretische Fundament nachgeliefert wurde.[262] Es wies allerdings die Besonderheit auf, daß die Staatsgewalt des Bundesstaates nicht als aus Reichs- und Einzelstaatsgewalt addiert vorgestellt wurde, sondern als Kennzeichen des Gesamtstaates erschien. Die zweite Studie beschäftigte sich mit der Kompetenzverteilung im Reichsaufbau, mit der Rolle des Bundespräsidiums und des Kanzlers, und zwar auf dem historischen Hintergrund der Debatte um das sog. Stellvertretergesetz von 1878.[263] Die dritte Studie bekämpfte die Unterscheidung von formellem und materiellem Gesetzesbegriff, indem sie mit Mitteln der Logik nachzuweisen suchte, ein Gesetz müsse notwendig einen «Rechtssatz» zum Inhalt haben, wobei freilich die Identifikation von Gesetz und

[261] *A. Hänel,* Studien zum Deutschen Staatsrechte. Bd. I: Die vertragsmäßigen Elemente der Deutschen Reichsverfassung, Leipzig 1873; Bd. II: Die organisatorische Entwicklung der Deutschen Reichsverfassung, Leipzig 1880; Bd. III: Das Gesetz im formellen und materiellen Sinne, Leipzig 1888; *ders.* Deutsches Staatsrecht, Bd. I: Die Grundlagen des deutschen Staates und die Reichsgewalt, Leipzig 1892. Das Gesamtwerk ist verzeichnet bei *Vitzthum* (Anm. 136), 208f.

[262] Eingehende Darstellungen bei *Vitzthum* (Anm. 136), 185ff.; *Friedrich* (Anm. 253), 44–50. Siehe auch unten IV, 1.

[263] *Huber* III, 2. Aufl. 1970, 823f., der mit Recht den in diesem Gesetz angelegten «höchst bedeutsamen Verfassungswandel» unterstreicht.

Rechtssatz mit Außenwirkung zirkelhaft war und das Ergebnis präjudizierte.[264] Hinter dieser Diskussion steckte unübersehbar die Erinnerung an den preußischen Verfassungskonflikt und die Hoffnung HÄNELS, die Regierung an die parlamentarische Billigung des Haushalts binden zu können, um auf diese Weise auf dem Weg zu einer parlamentarisch dominierten konstitutionellen Monarchie voranzukommen. Aber dies war Zukunftsperspektive und nicht geltendes Recht, interpretiert durch eine übermächtige «herrschende Meinung» der Staatsrechtslehre.[265]

HÄNELS abschließendes Werk, das «Deutsche Staatsrecht» von 1892, war zugleich der letzte große Versuch einer systematischen Darstellung vor dem Weltkrieg. Dieser Versuch blieb unvollendet, und man weiß nicht genau, warum das Werk abgebrochen wurde. Vielleicht war schon die angestrebte Synthese von historischer, politischer, staatstheoretischer und staatsrechtlicher Argumentation innerhalb eines einzigen Werkes nicht realisierbar, nachdem sich schon das positivrechtliche Material in den beiden Jahrzehnten seit 1871 vervielfacht hatte. Es kam hinzu, daß HÄNEL offenkundig auch Probleme der Gliederung nicht überwinden konnte. Die Entscheidung zwischen Detailverarbeitung und übersichtlicher «großer Linie» fiel ihm schwer.

HÄNEL begann historisch mit der Entstehung der Reichsverfassung und den Verfassungen der Einzelstaaten. Dann folgte eine allgemeine Verfassungslehre des Staates als eines «korporativen Verbandes» – der eigentlich grundlegende und fesselndste Teil des Werkes, den die Zeitgenossen freilich als Rückfall in die Präsentation der einleitenden «allgemeinen Staatslehre» mißverstanden und kritisierten. Den größten Umfang nahm dann die Darstellung der «Reichsgewalt» ein. Als ihre beiden Hauptstücke erschienen «Regierungsgewalt» und «Verwaltung». Zur Regierungsgewalt zählte HÄNEL das Gesetzgebungs- und Verordnungsrecht, die Reichsaufsicht und die unmittelbare Reichsverwaltung. Das wichtigste Gebiet des zweiten Hauptstücks «Verwaltung» wird von HÄNEL «Staatspflege» genannt und wiederum in Reichs- und Staatenpflege unterschieden. «Sie entfaltet sich», sagt er, «für die Selbstbehauptung im Innern als Organisations-, als Finanz-, als Straf- und Zwangs-, als Militärgewalt, zur Selbstbehauptung nach außen als auswärtige Gewalt».[266] Hinter diesen alten Elementen der Souveränität erscheint dann der moderne Staat des späten 19. Jahrhunderts: die Wohlfahrtspflege (sie wiederum enthält die «Pflege des persönlichen Lebens»,[267] die Gesellschaftspflege,[268] die Volkswirtschaftspflege[269] sowie die Pflege des geistigen Lebens[270]) und die Rechtspflege. Gekrönt werden diese staatlichen Tätigkeitsfelder von Ausführungen über die Kompetenz-Kompetenz,[271] die HÄNEL noch einmal Gelegenheit geben, seine Ansichten zur Rechtsnatur des Reiches in Auseinandersetzung mit der Staatsrechtslehre seiner Zeit vorzutragen.

[264] *Böckenförde,* 282ff.; *Friedrich* (Anm. 253) 55ff.; *Vitzthum* (Anm. 136), 120ff.

[265] *P. Laband,* Das Staatsrecht des Deutschen Reiches, 2. Bd., 2. Aufl. Freiburg 1891, 985ff. mit kritischer Besprechung der Literatur über das Budgetrecht im «Anhang», 1037ff., speziell zu *Hänel,* 1050–1060.

[266] *Hänel,* Deutsches Staatsrecht (Anm. 261), 332.

[267] *Hänel* nennt hier die Medizinalpolizei, 605ff.

[268] Vereinswesen, Bevölkerungspolitik, Verkehrsmittel, Presse.

[269] Maße und Gewichte, Währung, Zölle, Handelsrecht, Bankrecht, Gewerberecht, Versicherungsrecht und (die nicht zur Medizinalpolizei passende) Veterinärpolizei (!).

[270] aaO. 60ff. wird lediglich das Kompetenzproblem behandelt, der Gegenstand selbst fehlt.

[271] Gegen die Kompetenz-Kompetenz als das von *Hänel* herausgestellte zentrale Merkmal der Souveränität *G. Jellinek,* Die Lehre von den Staatenverbindungen, Wien 1882.

4. *Genossenschaftslehre und Selbstverwaltung als Gegenmodelle*

a) O. v. Gierke

Kein engerer Fachgenosse Labands, aber wohl sein bedeutendster Kritiker war Otto von Gierke (1841–1921). Nachdem er in Berlin und Heidelberg studiert, 1860 promoviert und sich 1868 mit dem ersten Band seines «Genossenschaftsrechts» bei Georg Beseler habilitiert hatte,[272] hielt er allerdings auch Vorlesungen über Staatsrecht.[273] Noch während der Niederschrift jenes ersten Bandes reagierte er auf die Gründung des Norddeutschen Bundes und sprach die Hoffnung aus, es möge ein einheitliches Reich mit genossenschaftlich verbundenen Einzelstaaten geben, die zwar ihre Souveränität, nicht aber ihre «staatliche Natur überhaupt» verlieren würden.[274] Bereits in dieser Vorstellung von souveränitätslosen, lediglich «autonomen» Teilstaaten lag ein wesentlicher Dissenspunkt gegenüber der Richtung von Gerber, Laband und Seydel.

Im Jahr der Reichsgründung gelangte Gierke dann auf einen Lehrstuhl in Breslau, wo er bis 1884 blieb. Seine beiden fundamentalen Kritiken des staatsrechtlichen Positivismus sind dort geschrieben worden,[275] die erste von ihnen also zu einer Zeit, in der Gierke noch Hermann Schulze als Fakultätskollegen erlebte. Diese Kritiken enthalten in besonderer Deutlichkeit, was die «dritte Generation» der historischen Rechtsschule gegen die von Gerber und Laband eingeschlagene Richtung einzuwenden hatte. Die fundamentalen Verschiedenheiten begannen schon beim Ausgangspunkt, den Vorstellungen über die Entstehung des Rechts. Wo der staatsrechtliche Positivismus die Willensmacht des Rechtssubjekts Staat herausarbeitete, verwiesen die Germanisten auf den Volksgeist in einem viel wörtlicheren Sinne als Savigny, der das Wort als Metapher und als Brücke zum Juristenrecht benutzt hatte, während Beseler und Gierke das vielstimmige «Volk» von den Germanen bis in das 19. Jahrhundert meinten.[276] Gegenüber dem staatlichen Befehl einerseits und der Ermittlung des Rechts aus der Interessenlage im Sinne Jherings andererseits, beharrte Gierke auf dem idealisti-

[272] Zur Biographie *Landsberg* III/2, 912–916; *E. Molitor,* in: Pommersche Lebensbilder 1 (Stettin 1934) 304–312; *E. Wolf,* Große Rechtsdenker, 4. Aufl. 1963; *K. S. Bader,* NDB 6 (1964) 374f.; *W. Ebel,* Deutsches Recht und deutscher Staat. Otto v. Gierke (1841–1921) – Paul Laband (1838–1918), in: Leben und Leistung (Zur 150-Jahr-Feier der Dt. Burschenschaft), 1965, 78ff.; *H. G. Mertens,* Otto von Gierke: in: JuS 1971, 508–511; *H. G. Isele,* HRG I (1971) 1684–1687; *H. Boldt,* Otto von Gierke, in: *H. U. Wehler* (Hg.), Deutsche Historiker 8 (1982) 7–23; *J. Schröder,* in: *Kleinheyer-Schröder,* 3. Aufl. 1989, 96–101; *Drüll,* 84.

[273] Die stichwortartige (unergiebige) Mitschrift einer Vorlesung über «Allgemeines und deutsches Staatsrecht» vom WS 1901/02 eines stud. iur. *Emil Luft* befindet sich im Besitz von Prof. Dr. *H. W. Strätz* (Konstanz).

[274] *O. v. Gierke,* Das Deutsche Genossenschaftsrecht. Bd. I: Rechtsgeschichte der deutschen Genossenschaft, Berlin 1868 (Nachdr. 1954), 843.

[275] *O. v. Gierke,* Die Grundbegriffe des Staatsrechts und die neuesten Staatsrechtstheorien, ZgStW 30 (1874), 153–198, 265–335 (Nachdr. 1915), eine Auseinandersetzung mit *Max Seydel,* Grundzüge einer allgemeinen Staatslehre, Würzburg 1873 und *Albert Th. van Krieken,* Über die sogenannte organische Staatstheorie, Leipzig 1873; *ders.* Besprechung von Labands Staatsrecht Bd. 2, in: Grünhuts Zeitschrift 6 (1879) 221–235; *ders.* Labands Staatsrecht und die deutsche Rechtswissenschaft, in: Schmollers Jahrbuch für Gesetzgebung, Verwaltung und Volkswirtschaft im Deutschen Reich NF 7 (1883) 1097–1195 (Buchausg. 1961). Hierzu *Fioravanti* (Anm. 12), 356ff.

[276] *O. G. Oexle,* Otto von Gierkes «Rechtsgeschichte der deutschen Genossenschaft». Ein Versuch wissenschaftsgeschichtlicher Rekapitulation, in: *N. Hammerstein* (Hg.), Deutsche Geschichtswissenschaft um 1900, Wiesbaden 1988, 193–217.

schen Konzept der «Rechtsidee», ohne genau zu sagen, wie diese im historischen Wandel zu bestimmen war. Der Staat spielte dabei nicht die Hauptrolle, und er erschien nicht als abstrakter Anstaltsstaat, sondern als gegliederter «Organismus», als «reale Verbandspersönlichkeit», die mit römisch-rechtlichen Kategorien der «persona moralis» (persona ficta, juristische Person) nicht zu erfassen war.[277] Demgemäß meinte er im Anschluß an Georg Beseler, das gesamte genossenschaftliche Gemeinschaftsleben von unten nach oben mit der – gewissermaßen zwischen Staats- und Privatrecht angesiedelten – Kategorie des «Sozialrechts» erfassen zu können.[278] Was dies für die Privatrechtstheorie seiner Zeit, für seine berühmte Kritik am BGB und für die Entstehung des modernen Arbeitsrechts bedeutete und inwieweit sich später sogar der Nationalsozialismus aus diesem Konglomerat von spätromantischem idealisiertem Geschichtsbild, Deutschtümelei, aktuellem sozialem Engagement und einer Vision von «Volksstaat» jenseits des nationalen Machtstaats bedienen konnte, ist vielfach erörtert worden.[279] Es kann hier nicht ausgebreitet werden, auch wenn es den Hintergrund der Auseinandersetzung mit Laband bildete.

Gierkes Kritik an der positivistischen Richtung des Staatsrechts konzentrierte sich auf vier wesentliche Punkte. Kritikwürdig schien ihm zunächst einmal die Verengung der Optik auf ein unpolitisch und unhistorisch verstandenes «Recht». Gewiß hatte diese Verengung als Beitrag zur Durchsetzung des Rechtsstaats auch für Gierke einen positiven Aspekt, aber die aus seiner Sicht eintretende Verarmung des Rechtsbegriffs erschien ihm weit schädlicher. Labands Glaube an die produktive Kraft der formalen Logik war zugleich die methodische Achillesferse.[280] Die Gefahr sah Gierke vor allem in der inhaltlichen Leere, die zu verdecktem Dezisionismus geradezu einlud. Für Gierke war unzweifelhaft, daß die wichtigste inhaltliche Vorgabe aus der Geschichte komme und daß demgemäß Rechtsgeschichte und dogmatisches Staatsrecht nicht getrennt werden dürften: «was wissenschaftlich begriffen werden soll, muß vor Allem genetisch erklärt werden»[281] und «... die juristische Methode muß zugleich durch und durch ‹historische Methode› sein, wenn sie den Anforderungen wirklicher Wissenschaft genügen soll. Hierüber herrscht ja auch seit den Siegen der historischen Rechtsschule kaum ein Streit.»[282]

Der zweite Punkt betraf die Trennung von Staatsrecht und «philosophischer» Allge-

[277] *Gierke,* Grundbegriffe (Anm. 275); *ders.* Besprechung (Anm. 275) 226f.; *ders.* Das Wesen der menschlichen Verbände, Leipzig 1902.

[278] Grundlegend *A. Janssen,* Otto von Gierkes Methode der geschichtlichen Rechtswissenschaft. Studien zu den Wegen und Formen seines juristischen Denkens, 1974; *G. Dilcher,* Genossenschaftstheorie und Sozialrecht: ein «Juristensozialismus» Otto v. Gierkes?, in: Quaderni Fiorentini 3–4 (1974–75) 319–365; *ders.* Zur Geschichte und Aufgabe des Begriffs Genossenschaft, in: *G. Dilcher-B. Diestelkamp* (Hg.), Recht, Gericht, Genossenschaft und Policey, 1986, 114–123; *A. Laufs,* Genossenschaftsdoktrin und Genossenschaftsgesetzgebung vor hundert Jahren, JuS 1968, 311–315; wenig ergiebig *S. Pfeiffer-Munz,* Soziales Recht ist deutsches Recht. Otto von Gierkes Theorie des sozialen Rechts, 1979.

[279] *Wieacker,* 455; *H. G. Isele,* Otto von Gierkes Bedeutung für das moderne Arbeitsrecht, Festschr. Maridakis II, 1963, 285ff.; *F. Jobs,* Otto v. Gierke und das moderne Arbeitsrecht, jur. Diss. Frankfurt 1968; *H. W. Mundt,* Sozialpolitische Wertungen als methodischer Ansatz in Gierkes privatrechtlichen Schriften, jur. Diss. Frankfurt 1976; *H. Thieme,* Was bedeutet uns Otto von Gierke?, in: Festgabe für Ulrich v. Lübtow, Berlin 1980, 407–424; *H. Spindler,* Von der Genossenschaft zur Betriebsgemeinschaft. Kritische Darstellung der Sozialrechtslehre Otto von Gierkes, 1982.

[280] *Gierke,* Labands Staatsrecht (Anm. 275) 1107.

[281] aaO. 1113.

[282] aaO. 1114.

meiner Staatslehre; auch hier hielt GIERKE die traditionelle Verbindung fest, um ein Absinken auf Staatsrechtskunde ebenso zu vermeiden wie ein Verbergen der ohnehin vorhandenen philosophischen Standpunkte hinter juristischer Begrifflichkeit. Dritter Punkt war die Verwendung der von GIERKE so verabscheuten pandektistischen Begrifflichkeit, an deren Stelle er eine genuin öffentlichrechtliche «materiale» Begrifflichkeit setzen wollte, etwa die reale Verbandspersönlichkeit. In diesem Sinne ging GIERKE nun in einem vierten Hauptpunkt ins Detail und kritisierte auf der Grundlage seiner Genossenschaftstheorie die Reduktion des Staates auf einen Herrschaftsverband. Seiner organologischen Vorstellung viel gemäßer war das Bild eines dialektischen Zusammenwirkens von herrschaftlichem und genossenschaftlichem Prinzip. Wer das Volk nicht nur als Herrschaftsobjekt betrachtete, sondern ihm auch eine aktive Rolle zubilligte, mußte zur Anerkennung von Grundrechten kommen,[283] ein richterliches Prüfungsrecht von Gesetzen und einen materialen Rechtsstaatsbegriff annehmen.[284] Dann wurde auch die Verteilung der Funktionen der Staatsgewalt auf verschiedene Organe möglich,[285] und entsprechend konnte der Reichstag ein größeres Gewicht erhalten. Dann erschien auch die Staatszwecklehre wieder legitimiert, und es herrschte insgesamt nicht mehr jene «äußerliche, das Gesetz vergötternde, in das Zwangsreglement ausmündende Auffassung des Rechtes».[286]

Die Wurzeln dieser Kritik am rechtswissenschaftlichen Positivismus liegen in der Nationalbewegung des organischen Liberalismus und in dem damit verbundenen idealistischen Bild der deutschen Verfassungsentwicklung.[287] Herrschaft und Genossenschaft, nationale Einheit, Königtum und Volksfreiheit sollten miteinander versöhnt werden. GIERKES Genossenschaftsrecht war in den für den Liberalismus entscheidenden Jahren nach 1866 auch ein politischer Appell, nicht die Reduzierung auf einen Wirtschaftsliberalismus hinzunehmen und im Staatsrecht gegen die einseitige Herauspräparierung des Herrschaftsaspekts zu opponieren. Das waren Optionen für den Verfassungsstaat, für Grundrechte, für ein zwar altgermanisch romantisiertes, aber gleichzeitig in modernem Sinne sozial orientiertes Königtum, im Grunde eine «genossenschaftliche» Position, die vor dem 19. Jahrhundert verharrte, aber im Kontext des späten 19. Jahrhunderts zu einem genossenschaftlichen Pluralismus führen mußte.

GIERKE hat ohne Zweifel wesentliche Schwächen des staatsrechtlichen Positivismus aufgedeckt. Dazu befähigten ihn sein historischer Blick, seine – jedenfalls in jenen jungen Jahren – liberalere politische Position und sein Verhaftetsein in den Überzeugungen der historischen Rechtsschule, der organischen Staatslehre und eines optimistisch gestimmten philosophischen Idealismus.[288] In diesem Sinne opponierte er gegen den

[283] Hierzu auch die Besprechung von 1879 (Anm. 275), wo *Gierke* meint, es wäre dem Buch zugute gekommen, «wenn der Verfasser *(Laband)* seine Abneigung gegen den Begriff der ‹Grundrechte› insoweit überwunden hätte, um wenigstens die Frage aufzuwerfen, welche positiven Bestimmungen die Reichsgesetzgebung behufs der Grenzregulierung zwischen der staatlichen und der individuellen Rechtssphäre getroffen hat. Diese Dinge gehören zweifellos in das ‹Reichsstaatsrecht›».

[284] Vgl. hierzu bes. *Gierke*, Grundbegriffe (Anm. 275), 183f.

[285] aaO. 1147.

[286] aaO. 1192.

[287] Hierzu vor allem *E. W. Böckenförde*, Die deutsche verfassungsgeschichtliche Forschung im 19. Jahrhundert. Zeitgebundene Fragestellungen und Leitbilder, 1961, 147ff.

[288] *G. Gurwitsch*, Otto v. Gierke als Rechtsphilosoph, in: Logos 11 (1922/23) 86–131; *H. Krupa*, Otto v. Gierke und die Probleme der Rechtsphilosophie, 1940 (Nachdr. 1969) sowie vor allem *Janssen* (Anm. 278).

«krassen Materialismus» und die «roh naturalistische Auffassung» MAX VON SEYDELS und hielt ihm seine Auffassung vom Staat als der «dauernden, lebendig wollenden und handelnden Einheit, zu welcher sich ein ganzes Volks zusammenschließt», entgegen.[289] Ebenso verteidigte er den Organismusgedanken gegenüber dessen Kritiker ALBERT TH. VAN KRIEKEN, in dem er ebenfalls eines der «Geisteskinder der Gerberschen Schule» erkannte.[290]

Auf den ersten Blick scheint hier GIERKE mit seiner Positivismuskritik ebenso unterlegen zu sein wie mit seiner Kritik am BGB.[291] Die methodische Dominanz der durch die Namen LABAND und WINDSCHEID repräsentierten Linie blieb äußerlich ungebrochen. Aber das ist nur die Oberfläche. In Wirklichkeit hat GIERKE auf beiden Feldern Wirkungen ausgelöst, die bis in das 20. Jahrhundert reichen. Seine Gedanken sind nicht nur ein antipositivistisches und antipandektistisches Ferment geblieben, die für GIERKE typische Dialektik zwischen Vergangenheit und Zukunft, Germanophilie und Modernität, Herrschaft und Genossenschaft, Individualismus und sozialer Gebundenheit spiegelt auch genau die Problemlage der Rechtswissenschaft des Kaiserreichs. Das Dilemma bestand darin, die nun zur Nation vereinte bürgerliche Gesellschaft als Herrschaftssubjekt zu stabilisieren und sie gleichzeitig flexibel zu halten, um die sozialen Spannungen zu bewältigen. Politische Partizipation sollte gewährt, der Staat aber vor dem bedrohlich erscheinenden Übergang zur Demokratie bewahrt werden. In dieser Lage war der Kategorie des «Sozialrechts» im Sinne GIERKES eine Pufferfunktion zugedacht.[292] Es sollte die organischen kleineren Einheiten regulieren, auf diese Weise den Staat entlasten und dem Bürger Beteiligungschancen eröffnen. Das war auch GNEISTS Programm der «Selbstverwaltung».

Die auffällige praktische und ideologische Konjunktur des genossenschaftlichen Denkens im späten 19. Jahrhundert hat hier ihre Wurzeln.[293] Gesellschaftspolitisch bezeugte sie die Anstrengungen autonomer Krisenbewältigung der Gesellschaft, sei es in der Arbeiterbewegung, sei es im Bereich des Bauerntums oder der Siedlungsgesellschaften. Auch die kommunale Selbstverwaltung erhielt von hier neue Impulse,[294] die auf eine Ausgrenzung des autonomen Bereichs «eigener Aufgaben» der Gemeinden zielten.[295] Kennzeichnendes Merkmal aller dieser Versuche ist ihr tendenzieller Antietatismus. Hier lag ein erhebliches Potential gesellschaftlicher Selbststeuerung. Es war deshalb kein allzuweiter Schritt für Gierke-Schüler wie HUGO PREUSS und HUGO SINZHEIMER,[296] GIERKES genossenschaftsrechtliche Grundidee von der autonomen freiheitli-

[289] *Gierke*, Grundbegriffe (Anm. 275), 175.

[290] *A. Th. van Krieken*, Über die sogenannte organische Staatstheorie, Leipzig 1873.

[291] *O. Gierke*, Der Entwurf eines bürgerlichen Gesetzbuchs und das deutsche Recht, in: Schmollers Jahrb. 12 (1888), 13 (1889), erweiterte Buchausgabe, Leipzig 1889; *ders.* Die soziale Aufgabe des Privatrechts, Berlin 1889. Vgl. dazu *Mundt* (Anm. 279).

[292] *M. Stolleis*, Sozialrecht, HRG IV (1990) 1730–1733.

[293] *H. Heffter*, Die deutsche Selbstverwaltung im 19. Jahrhundert. Geschichte der Ideen und Institutionen, 2. Aufl. 1969.

[294] *G. W. Wittkämper*, Zur Entstehung und Entwicklung kommunaler Aufgabenfelder im 19. Jahrhundert. Forschungsprobleme zwischen Verwaltungswissenschaft und Kommunalgeschichte, in: *H. H. Blotevogel* (Hg.), Kommunale Leistungsverwaltung und Stadtentwicklung vom Vormärz bis zur Weimarer Republik, 1990, 25–41; *G. Chr. v. Unruh*, Die Entwicklung der Kommunalverfassung in Deutschland im Zeitalter des Konstitutionalismus, in: *H. Naunin* (Hg.), Städteordnungen des 19. Jahrhunderts, 1984, 1–18.

[295] Umfassend hierzu *Heffter* (Anm. 293).

[296] Zu ihm *H. P. Benöhr*, Hugo Sinzheimer, in: *B. Diestelkamp/M. Stolleis* (Hg.), Juristen an der Universität Frankfurt, 1988.

chen Gestaltung der Lebensverhältnisse unter Gleichen auf die kommunale Selbstverwaltung oder die Arbeiterassoziationen anzuwenden und demokratisch zu verstehen.[297]

b) H. PREUSS

Die Habilitationsschrift des Gierke-Schülers HUGO PREUSS (1860–1925)[298] «Gemeinde, Staat, Reich als Gebietskörperschaften»,[299] sein Band «Die Entwicklung des deutschen Städtewesens» (1906) und besonders der Aufsatz aus der Festgabe für LABAND von 1908 mit dem Titel «Selbstverwaltung, Gemeinde, Staat, Souveränität» entfalteten immer wieder das Thema des demokratischen, genossenschaftlichen Staatsverständnisses. Demokratische Staatsverfassung und kommunale Selbstverwaltung sind für ihn nur unterschiedliche, in einer «Stufenreihe» aufsteigende Anwendungsfelder eines genossenschaftlichen Grundgedankens. Letztlich führte dies zu einer – über GIERKE hinausweisenden – Kritik am Souveränitätsbegriff, der für PREUSS stets das Symbol obrigkeitlicher, nichtdemokratischer Herrschaft war. Die Souveränität des Gesamtstaates entleerte für ihn die demokratisch-genossenschaftliche Substanz der übrigen Gebietskörperschaften. Insofern dachte PREUSS konsequenter genossenschaftlich als GIERKE, schwächte aber das bei GIERKE als Gegengewicht gegen die «Freiheit» ausbalanciert eingesetzte Element der souveränen «Herrschaft». Die Konfrontation mit den seit GERBER und LABAND durchgesetzten zentralen Positionen lag bei PREUSS also noch deutlicher zutage.

Der politische Konflikt mit der herrschenden Meinung der Staatsrechtslehre wurde bei PREUSS verstärkt durch seine kommunalpolitischen Aktivitäten in Berlin – er war seit 1895 Mitglied der Stadtverordnetenversammlung, ab 1910 des Magistrats – und durch den mehr oder weniger latenten und sich auch gegen ihn wendenden inneruniversitären Antisemitismus. Fast zwei Jahrzehnte lang gelang es der Fakultät, PREUSS auf einer Außenseiterposition zu halten. Erst 1906 erhielt er eine Professur an der Handelshochschule. Aber er drängte zu politischer Gestaltung: «Was will denn der vernünftige Schriftsteller und was kann er wollen? Nichts anderes, denn eingreifen in das allgemeine und öffentliche Leben und dasselbe nach seinem Bilde gestalten und umschaffen» – dieses Wort aus FICHTES Reden an die deutsche Nation war das bezeichnende Motto seines Buches «Das deutsche Volk und die Politik» aus dem Jahr 1915.[300] 1917 entwarf er den Grundriß einer künftigen republikanisch-demokratischen Verfassung, im November 1918 wurde er Staatssekretär des Innern und lieferte wenige Wochen später den Entwurf der späteren Weimarer Verfassung.[301] Er ist auf diese Weise

[297] *Böckenförde* (Anm. 287) 155 unter Hinweis auf *C. Schmitt*, Hugo Preuß, sein Staatsbegriff und seine Stellung in der deutschen Staatslehre, 1930.

[298] Zu Leben und Werk vgl. *S. Grassmann*, Hugo Preuß und die deutsche Selbstverwaltung, 1965; *E. Hamburger*, Hugo Preuß. Scholar and Statesman, in: Leo Baeck Institute, Year Book 20 (1975) 179–206; *G. Schmidt*, Hugo Preuß, in: *H. U. Wehler* (Hg.), Deutsche Historiker VII (1980) 55–68; *A. Hueber*, Hugo Preuß, HRG III (1984) 1924–1926; *E. M. Hucko*, Zur Erinnerung an Hugo Preuß, NJW 1985, 2309–2311.

[299] Berlin 1889.

[300] *H. Preuß*, Das deutsche Volk und die Politik, Jena 1915 (9.–13. Tausend 1919).

[301] Zu deren Entstehung *Huber* V (1978) 1178ff.; *J. Mauersberg*, Ideen und Konzeption Hugo Preuß' für die Verfassung der deutschen Republik 1919 und ihre Durchsetzung im Verfassungswerk von Weimar, 1991.

der «Vater» der Weimarer Verfassung, die allerdings in vielen Punkten von seinem Entwurf abwich. Im Februar 1919 wurde PREUSS Reichsinnenminister, trat aber wegen des Versailler Vertrags alsbald zurück.

c) H. ROSIN

Es ist wohl kein Zufall, daß es Vertreter der sich nun auch akademisch emanzipierenden jüdischen Minderheit waren, die gegen obrigkeitsstaatliches Denken und Handeln opponierten und für Selbstverwaltung, Demokratie und größere gesellschaftliche Offenheit plädierten. Neben den Gierke-Schülern PREUSS und SINZHEIMER war es vor allem HEINRICH ROSIN (1855–1927),[302] der bedeutende Monographien zum öffentlichen Recht lieferte und zum Pionier des wissenschaftlich noch ganz unerschlossenen Sozialversicherungsrechts wurde.[303] Die große Abhandlung über «Souveränetät, Staat, Gemeinde, Selbstverwaltung»[304] fand GIERKES lebhaften Beifall, weil es ROSIN gelungen war, mit den Mitteln begrifflicher Unterscheidungen zu «beweisen», daß den Selbstverwaltungskörpern eigene, nicht nur vom Staat abgeleitete Rechte zustünden. Das gleiche gilt für ROSINS Monographie «Das Recht der öffentlichen Genossenschaft»,[305] die mit Mitteln der «konstruktiven Methode» leistete, was GIERKE offengelassen hatte, eben die Konstruktion der Autonomie im Kontext staatlich-hoheitlicher Rechtserzeugung.[306]

IV. Die dogmatischen Hauptfragen

Die deutsche Staatsrechtslehre stand in der zweiten Hälfte des 19. Jahrhunderts unausweichlich im Bann der nationalen Frage. Nachdem sich in den Kämpfen des Vormärz der monarchische Verfassungsstaat im wesentlichen durchgesetzt hatte und sich nun schrittweise zum Rechtsstaat entwickelte, blieb der Nationalstaat die unerfüllte Sehnsucht. Als der Norddeutsche Bund und das Deutsche Reich durch einen überlegenen politischen Pragmatiker zustande gekommen waren, wurden die in den Verfassungskonstruktionen offengebliebenen Fragen der Staatsrechtslehre sozusagen vor die Füße gerollt.

Zunächst ging es um die rechtliche Qualifizierung und typologische Verortung des Reiches als Bundesstaat (1). An zweiter Stelle war zu klären, wer in diesem atypischen Gebilde Träger der Souveränität sein sollte – eine nicht nur machtpolitisch, sondern auch staatsrechtlich erstrangige Frage (2). Sah man entsprechend der neuzeitlichen Tradition den Kern der inneren Souveränität in der Gesetzgebung, dann mußten der Ge-

[302] *M. Tambert,* Heinrich Rosin und die Anfänge des Sozialversicherungsrechts, jur. Diss. Freiburg 1977.

[303] Demnächst hierzu *A. Hollerbach,* Heinrich Rosin (1855–1927). Pionier des allgemeinen Verwaltungs- und des Sozialversicherungsrechts, in: Deutsche Juristen jüdischer Herkunft, hrsgg. v. *Heinrichs* u. a. 1993.

[304] In: (Hirths) Annalen 1883, 265–322 (auch separat München und Leipzig 1883).

[305] Freiburg 1886; hierzu *Tambert* (Anm. 302) 94–102.

[306] Hierzu die Rezension von *O. Mayer,* AöR 1 (1886) 719, die übrigens in dem Lob ausklingt für den «wunderbar klaren bestimmten Styl, in welchem es geschrieben ist; darin kommt dem Verfasser unter den gegenwärtigen Schriftstellern des Verwaltungsrechts wohl keiner gleich».

setzes- und Verordnungsbegriff (oder deutlicher: die Machtverteilung zwischen Parlament und Exekutive) sowie die Unterscheidung von formellem und materiellem Gesetz diskutiert werden (3). Der allmähliche Übergang vom monarchisch dominierten Obrigkeitsstaat zur konstitutionellen, parlamentarisch dominierten Monarchie verschob auch die Perspektive zwischen Staat und Individuum: aus dem Untertan wurde der mit subjektiven öffentlichen Rechten und «Grundrechten» ausgestattete Bürger (4). Schließlich beobachtete die Staatsrechtslehre in den Jahrzehnten nach etwa 1880 die Entstehung «ungeschriebenen Verfassungsrechts» sowie generell einen stillen Verfassungswandel (5). Letzteres lockerte nicht nur die starr gewordene positivistische Methodik, sondern regte auch zu grundsätzlicher Neubewertung der zunächst so sicher scheinenden dogmatischen Bestände an.

1. Bundesstaat oder Staatenbund

Die Verfassungen des Norddeutschen Bundes und des Reichs von 1866 und 1871 gaben keine klaren Antworten auf die Frage nach der Staatsform. Mit Sicherheit war es weder zu dem von manchen Idealisten der Nationalbewegung erhofften Einheitsstaat gekommen, noch lag ein klassischer Staatenbund vor. Aber jenseits dieser Sicherheit öffnete sich ein breiter Fächer akzeptabler Interpretationen.

Die Staatsrechtslehre bewegte sich hier auf längst vertrautem Gelände. Die alte Debatte über die «forma imperii» des 17. Jahrhunderts,[307] ihre kurzfristige Wiederbelebung am Gegenstand des Rheinbundes und eine nur gedämpft geführte Diskussion über die Qualifizierung des Deutschen Bundes von 1815 bis 1848 hatten den Formenkanon festgelegt. Alle vormärzlichen Lehrbücher hatten sich mit der Formel auseinandergesetzt, der Deutsche Bund sei ein «völkerrechtlicher Verein» (Art. 1 WSA), nach der Julirevolution war die kleindeutsche Lösung eines preußisch geführten Bundesstaats in den Blick gekommen,[308] wesentliche Anregungen kamen aus der Schweiz,[309] bis dann die Verfassungsdiskussion von 1848 einen neuen Höhepunkt auch der theoretischen Diskussion um den Begriff des «Bundesstaates» brachte. Die rückblickende Bemerkung von Siegfried Brie, es habe vor 1848 «keine einzige staatswissenschaftliche Betrachtung über den Bundesstaat» gegeben,[310] ist deshalb schon wegen des von ihm selbst vorgelegten Materials nicht wirklich zutreffend.

Allerdings kam ein durchschlagender Neuansatz erst nach 1848 zustande. Georg Waitz' Abhandlung über «Das Wesen des Bundesstaates» von 1853[311] entwickelte unter dem Einfluß von Tocqueville das Modell eines Bundesstaates, in dem es ein Nebeneinander von Zentral- und Partikularstaatsgewalt gibt, also eine jedenfalls in der

[307] Geschichte, 182. Die von *Siegfried Brie* (Anm. 309) hervorgehobene Abhandlung von *Ludolph Hugo,* Dissertatio de statu regionum Germaniae ... Helmstedt 1661 ist m. E. seither zu isoliert gesehen worden. Schon das frühe 17. Jahrhundert diskutiert ausgiebig über die «Staatsform» des Reichs, freilich nicht den Begriff des Bundesstaates im modernen Sinne.

[308] *P. A. Pfizer,* Briefwechsel zweier Deutschen, Stuttgart und Tübingen 1831; *C. Th. Welcker,* Ueber Bundesverfassung und Bundesreform, über Bildung und Gränzen der Bundesgewalt, Leipzig und Stuttgart 1834.

[309] *S. Brie,* Der Bundesstaat. Eine historisch-dogmatische Untersuchung. Erste Abtheilung. Geschichte der Lehre vom Bundesstaate, Leipzig 1874, 71 ff.

[310] *Brie* (Anm. 309), 41.

[311] *G. Waitz,* Das Wesen des Bundesstaates, Allgemeine (Kieler) Monatsschrift für Wissenschaft und Literatur, 1853, 494–530, in: *ders.* Grundzüge der Politik, Kiel 1862, 153–218.

Ausübung gespaltene Souveränität für Gesamtstaat und Einzelstaat, «jedem in seiner Sphäre». Die Einzelstaaten sollten ihre Staatsqualität zwar nicht verlieren, aber die Zentralgewalt sollte wirklich handlungsfähig sein und eine direkte Beziehung zu den Staatsbürgern aufbauen können. Das war in den frühen sechziger Jahren des 19. Jahrhunderts das weithin akzeptierte Wunsch- und Gegenbild zum Deutschen Bund.[312] Als dann 1866 die Verfassung des Norddeutschen Bundes vorlag, geriet die Theorie in einen «Gährungsprocess»:[313] das Waitzsche Modell paßte nicht mehr. Es war also an der Zeit, eine dogmengeschichtliche Bilanz zu ziehen, wie sie SIEGFRIED BRIE (1838–1931)[314] 1874 vorgelegt hat.

Im wesentlichen ging es um vier Punkte: Die Erhaltung selbständiger, souveräner Einzelstaaten mußte vereinbart werden mit der verfassungsrechtlich festgeschriebenen Suprematie des Reichs (Art. 2 RV 1871). Es mußte geklärt werden, ob der Zentralstaat seine Kompetenzen ohne Rücksprache mit den Einzelstaaten ausdehnen dürfe (Kompetenz-Kompetenz) – eine Frage, die nun im Aufwind der Reichsgründung mehrheitlich bejaht, von den «Partikularisten» aber natürlich verneint wurde.[315] Galten die Gesetze des Zentralstaats unmittelbar für die Bürger, dann mußte es konsequenterweise auch zentralstaatliche Verwaltung und Rechtsprechung geben, während die neuen Verfassungen eben diese Aufgaben den Ländern überließen. Schließlich war auch die bei WAITZ ausgeschlossene Mitwirkung der Bundesstaaten bei Reichsangelegenheiten durch die Institution des Bundesrates gerade befestigt worden, so daß also auch insofern dem Modell von WAITZ der Boden entzogen war.

Besonders radikal hat sich MAX VON SEYDEL von ihm abgesetzt.[316] Für ihn war die unteilbare Souveränität bei den Einzelstaaten geblieben, das Reich folglich ein Staatenbund, freilich – das war SEYDELS Inkonsequenz – ein unauflöslicher und «constitutioneller». Um den Vertragscharakter des Ganzen und die Souveränität der Einzelstaaten möglichst zu erhalten, stufte SEYDEL den Bundesrat vom Reichsorgan zur «diplomatischen Versammlung» herunter. HEINRICH TRIEPEL charakterisierte ihn deshalb mit Recht als den «orthodoxesten Föderalisten der deutschen Staatslehre».[317] SEYDEL hat insoweit keine Nachfolge gefunden, aber es gab doch auch andere Autoren, die wenigstens die einzelstaatliche Souveränität innerhalb des Reichsverbandes und eines weiter gefaßten Bundesstaatsbegriffs erhalten wollten.[318]

Die weitaus überwiegende Ansicht in der Staatsrechtslehre stellte sich nach 1871 auf den Standpunkt, die deutschen Staaten als Gesamtheit, nicht die Einzelstaaten, seien

[312] *Brie* (Anm. 309), 120ff. m. w. Nachw.

[313] *Brie* (Anm. 309), 155. Vgl. die Literaturnachweise bei *G. Meyer*, Staatsrechtliche Erörterungen (Anm. 223), 81 Anm. 2. und bei *Brie* (Anm. 309), 157.

[314] *Siegfried Brie*, geb. 1838 in Hamburg, studierte in Heidelberg, Leipzig und Berlin 1856–61, Dr. jur. Berlin 1861 (De legibus iuribusque Imperii Germanici interitu commutatis), habilitierte sich in Heidelberg 1866 über «Die Legitimation einer usurpierten Staatsgewalt», wurde dann 1869 ao. Prof. in Heidelberg und o. Prof. 1874 in Rostock, Breslau 1878. Vgl. *Drüll*, 30.

[315] Wer *Waitz* folgte, mußte dem Bundesstaat dieses Recht absprechen. Die Mehrheit, etwa *Rönne*, *G. Meyer*, *L. Auerbach*, *Mohl* u. a. sprachen sich dafür aus, d. h. gegen «Sondergelüste» *(Mohl)*.

[316] *M. Seydel*, Über den Bundesstaatsbegriff, ZgStW 28 (1872), 185–195; *ders.* Die neuesten Gestaltungen des Bundesstaatsbegriffes, in: (Hirths) Annalen 1876, 641; *ders.* Commentar (Anm. 183); eine eingehende Auseinandersetzung hiermit bei *Seydels* Schüler *Hermann Rehm*, Allgemeine Staatslehre, Freiburg 1899, 127–143 (§ 29).

[317] *H. Triepel*, Unitarismus und Föderalismus im Deutschen Reiche. Eine staatsrechtliche und politische Studie, Tübingen 1907, 23.

[318] So etwa *O. v. Sarwey*, Staatsrecht des Königreichs Württemberg, Tübingen 1883, I, 39ff.

souverän, weil eine Aufteilung der Souveränität ihrem «Begriff» widerspreche. Daneben gab es die stärker einheitsstaatliche Variante, die dem Reich die Souveränität, den Ländern lediglich Autonomie zusprach, eine Lösung, die in etwa dem Meinungsstand vor 1806 entsprach. Die meisten Autoren waren sich darin einig, das Reich habe die Kompetenz-Kompetenz, eine Aufteilung der Staatsfunktionen auf Reich und Länder sei damit ebenso vereinbar wie eine institutionalisierte Mitwirkung der Länder bei den Reichsangelegenheiten.[319] Letztere sei gerade die Brücke, um auch die Länder an der (ungeteilten) Souveränität des Gesamtstaates teilhaben zu lassen.

Sieht man von den langsam verschwindenden Anhängern des Waitzschen Bundesstaatsbegriffs[320] sowie von SEYDELS Position ab, dann erfuhr diese «herrschende Meinung» allenfalls Binnendifferenzierungen,[321] aber keine Fundamentalkritik. Auch GIERKES Versuch einer «genossenschaftliche(n) Konstruktion des bundesstaatlichen Staatenverbandes»[322] arrangierte sich mit der Mehrheit, als er die Staatsgewalt für substanziell unteilbar, aber als in der Ausübung teilbar erklärte.[323] Insgesamt hatte sich so das positive Reichsverfassungsrecht über die bis dahin relativ unverbindlichen Konstruktionen geschoben, und es hatte im Einklang mit der alten föderalistischen Tradition jedenfalls den Einheitsstaat und den reinen Staatenbund ausgeschlossen.[324] Innerhalb der noch verbleibenden Spielräume entfaltete sich die Dogmatik, überwiegend auf der Linie einer im Bundesstaat geteilten Staatsgewalt.[325]

Das in der Reichsgründungszeit lebhafte Interesse an der Antinomie von Staatenbund oder Bundesstaat ließ im Laufe der Jahrzehnte nach. Subtilere Ausarbeitungen der Details stehen neben allgemeineren Formeln, etwa derart, das Reich sei eine «konstitutionelle Monarchie mit bündischen Institutionen» (TREITSCHKE) oder «ein Mittelding zwischen Staatenbund und Einheitsstaat» (TRIEPEL).[326] Insgesamt schien sich eine gewisse Unlust an begrifflichen Streitigkeiten auszubreiten, verbunden mit einer pragmatischen Anerkennung der konkreten Verfassungsentwicklung samt ihren historischen und politischen Implikationen. Wie groß insoweit der Abstand zu den siebziger Jahren geworden war, zeigen die späten Untersuchungen zu «Unitarismus und Föderalismus» von HERMANN REHM und HEINRICH TRIEPEL.[327] Besonders TRIEPEL findet schon damals einen anderen, politischeren Ton.[328] Das Zusammenwirken von Reich

[319] Repräsentativ *Laband*, Das Staatsrecht des Deutschen Reiches, 2. Aufl. Freiburg 1888, 52ff. (§§ 7–10).

[320] Zuletzt nur noch *J. Hausmann*, Das Deutsche Reich als Bundesstaat, AöR 33 (1915) 82ff.

[321] Einzelheiten bei *W. Pauly*, Anfechtbarkeit und Verbindlichkeit von Weisungen in der Bundesauftragsverwaltung, 1989, 140–157. Die zeitgenössische Debatte ist aufgearbeitet bei *Rehm* (Anm. 316), 86–146 (§§ 22–30).

[322] *Gierke*, Labands Staatsrecht (Anm. 275), 1157ff. (1171).

[323] Ebenso *O. Mayer*, Deutsches Verwaltungsrecht, Bd. 2, 1896, Anhang, 462ff. Hierzu *Pauly* (Anm. 321) 144f.

[324] Zusammenfassend *M. Dreyer*, Föderalismus als ordnungspolitisches und normatives Prinzip. Das föderative Denken der Deutschen im 19. Jahrhundert, 1987.

[325] Die beiden wichtigsten Äußerungen sind wohl die von *G. Jellinek*, Die Lehre von den Staatenverbindungen, Wien 1882 und der eingehende Besprechungsaufsatz von *S. Brie*, Zur Lehre von den Staatenverbindungen, in: (Grünhuts) Zeitschrift für das Privat- und Öffentliche Recht der Gegenwart, Bd. 11 (1884) 85–159.

[326] *Triepel* (Anm. 317).

[327] *H. Rehm*, Unitarismus und Föderalismus in der deutschen Reichsverfassung, Dresden 1898; *Triepel* (Anm. 317).

[328] Frühere Werke von *Triepel*: Das Interregnum, Tübingen 1882; Die neuesten Fortschritte auf dem Gebiete des Kriegsrechts, Tübingen 1894; Völkerrecht und Landesrecht, Tübingen 1899; Der Streit um die Thronfolge in Lippe, Kritische Beiträge, Tübingen 1903; Quellensammlung zum Deutschen Reichsstaatsrecht, 2. Aufl. Tübingen 1907. Eingehend hierzu *A. Hollerbach*,

und Ländern vollzieht sich für ihn in einem gemischten System, das historisch und politisch erklärt, aber nicht, wie LABAND annahm, in stringenter Weise logisch aufbereitet werden konnte. Entsprechend offen in seinen Bewertungen, ließ TRIEPEL auch an der positiven Einschätzung der durch stillen Verfassungswandel eingetretenen unitarischen Entwicklungen keinen Zweifel zu.

Erst die methodisch vom Neukantianismus getragene Verschärfung der dogmatischen Präzisionsansprüche hat später wieder zu begrifflichen Anstrengungen auf diesem Feld und folglich auch zu einem neuen «Bundesstaatsbegriff» geführt.[329]

2. *Die «juristische Person» und ihre Organe*

Bot die Frage nach der juristischen Struktur des Bundesstaates einen Zugang zur Lösung des deutschen Dauerproblems von Unitarismus und Föderalismus, so führte die Anschlußfrage, wie der Staat generell juristisch zu fassen sei, zu einem typischen Problem des 19. Jahrhunderts, auch wenn man sieht, daß das Ringen um die passende Metapher für das Gemeinwesen das Staatsdenken seit der Antike begleitete.[330] Nun, im Zeitalter des Verfassungsstaats und der Pandektistik, tauchte zum ersten Mal die Figur der «juristischen Person» auf.

Zwar ist der Staat schon seit dem 17. Jahrhundert in seinen völkerrechtlichen Außenbeziehungen und in seiner Eigenschaft als Fiskus als «persona moralis» verstanden und rechtlich als Träger von Ansprüchen oder als Beklagter faßbar gemacht worden. Aber erst in der Spannungslage des Vormärz gewann die Übertragung des Bildes der vor allem im Zivilrecht entwickelten (fiktiven) «juristischen Person» auf den Staat eine politische Pointe: Es war dies ein Weg, die Antinomie von Fürsten- und Volkssouveränität durch die neutralisierende Staatssouveränität aufzulösen und den Staat zum Träger des Herrschaftswillens, also der Staatsgewalt, zu machen. Fürst, Minister und Beamte wurden dadurch ebenso zu «Organen» dieser juristischen Person wie die Kammern der Landstände oder der Staatsrat. Dies bedeutet eine Einbindung des Fürsten in den konstitutionell verfaßten Staat, eine Bindung an die rechtmäßigen Handlungen seines Vorgängers (weil dieser als Staatsorgan gehandelt hatte), es verpflichtete aber auch das Parlament auf das Staatsinteresse, es erlaubte eine klare Trennung zwischen Staatsvermögen und fürstlichem Privatvermögen und schuf schließlich einen eindeutigen haftungsrechtlichen Zurechnungspunkt.

Diese eher beiläufig formulierte Neuerung WILHELM EDUARD ALBRECHTS aus dem Jahre 1837 war gegen die patrimoniale Staatsauffassung gerichtet.[331] Sie war Ausdruck konstitutionellen Denkens[332] und setzte sich deshalb auch relativ schnell durch. Viele konstitutionell gesinnte Autoren nutzten in den sechziger und siebziger Jahren die Organismus-Metapher zur inhaltlichen Beschreibung des Staates und akzeptierten gleichzeitig die juristische Person als formale Hülle. Nach der Reichsgründung verblaßte dann – zugleich mit den politischen Inhalten – die Kennzeichnung des Staates als Orga-

Zu Leben und Werk Heinrich Triepels, AöR 91 (1966) 417–441, 537ff.

[329] *H. Nawiasky,* Der Bundesstaat als Rechtsbegriff, Tübingen 1920; *H. Kelsen,* Allgemeine Staatslehre, Berlin 1925, § 31.

[330] *D. Peil,* Untersuchungen zur Staats- und Herrschaftsmetaphorik in literarischen Zeugnissen von der Antike bis zur Gegenwart, 1983; *B. Stollberg-Rilinger,* Der Staat als Maschine, 1986.

[331] Siehe oben Kap. 2, III, 5.

[332] Siehe oben Kap. 2, Anm. 177.

nismus immer mehr. Die früheren nationalen, romantischen und liberalen Träume einer Harmonie von Haupt und Gliedern hatten sich entweder verflüchtigt, oder sie schienen mit der Reichsgründung erfüllt. Übrig blieb nun der Staat als Herrschaftssubjekt, als fiktive Persönlichkeit mit Willensmacht im Sinne GERBERS und LABANDS. Dies entsprach der «juristischen Methode», bot erhebliche dogmatisch-konstruktive Vorteile und entsprach auch der nüchterneren Tonlage jener Jahre. OTTO MAYERS halb ironische Bemerkung, die «deutsche Professoren haben, ohne alle Beihilfe, den Staat zur juristischen Person ernannt»,[333] traf den Nagel auf den Kopf.

Allerdings gab es in den siebziger und achtziger Jahren auch Widerspruch aus ganz verschiedenen Richtungen. Auf der einen Seite durch die «Realisten», die die Fiktion der juristischen Person durch Hinweis auf die Wirklichkeit zu zerstören suchten. Dazu gehört etwa SEYDEL, der dem Staat die Personqualität deshalb absprach, weil er ihn in «realistischer Sicht» als Objekt monarchischer Herrschaft betrachtete.[334] Ebenso äußerte sich LUDWIG GUMPLOWICZ, der als Rechtssoziologe die tatsächlich Herrschenden zum Subjekt des Staates machte.[335] Auf dieser Linie, die «juristische Person Staat» allenfalls als pragmatische sprachliche Abkürzung für die Herrschenden oder für die Gesamtheit der Nation zu akzeptieren, lagen auch die französischen Kritiker der deutschen Staatsrechtslehre (LÉON DUGUIT, GASTON JÈZE u. a.).[336] Es war dies gewissermaßen der naturalistische bzw. naturrechtliche Protest gegen die juristische Abstraktion pandektistischer Herkunft.

Auf der anderen Seite waren es die – von den Franzosen ebenfalls kritisierten – Organologen und Genossenschaftstheoretiker, die «germanistischen» Widerspruch gegen die vermeintlich abstrakte, individualistische, «seelenlose» juristische Person erhoben. Ihr Stimmführer war OTTO GIERKE in seiner Laband-Kritik. Ihm schwebte anstelle der fiktiven juristischen Person die «reale Verbandspersönlichkeit» vor.[337] Sein Motiv war dabei die Ersetzung der monarchistischen, anstaltlichen Staatsidee durch eine genossenschaftliche, deren Grundidee es entsprach, daß die Gesamtheit sich ihre Organe selbst schafft. Das war eine antiromanistische, letztlich auf demokratische Selbstverwaltung zielende Position, wie man an der Weiterführung durch HUGO PREUSS besonders deutlich sehen kann. Insofern enthält die dogmatische Debatte um die Qualifikation des Staates als juristische Person auch Untertöne, die sich aus den traditionellen Gegensätzen von öffentlichem Recht und Zivilrecht, Romanisten und Germanisten, Konservativen und Liberalen, Monarchisten und Demokraten erklären. Auch wenn sich für das «juristische Handwerk»[338] einbürgerte, öffentlich-rechtliche (Gebiets-) Körperschaften von der Gemeinde bis hinauf zum Staat, Anstalten und Stiftungen als juristische Personen zu bezeichnen, weil die konstruktiven Vorteile die Nachteile überwogen, so blieben doch die hintergründigen Spannungen erhalten. Es waren letztlich unterschiedliche, in staatsrechtliche Dogmatik umgesetzte Visionen: der Staat als hi-

[333] *O. Mayer*, Die juristische Person und ihre Verwertbarkeit im öffentlichen Recht, in: Staatsrechtliche Abhandlungen, Festg. f. P. Laband, Tübingen 1908, 1. Bd., 1–94 (59).

[334] Unten Kap. 10, Anm. 61.

[335] *L. Gumplowicz*, Darstellung des philosophischen Staatsrechts, Wien 1877 (in 2. Aufl. als «Allgemeines Staatsrecht», Innsbruck 1897); *ders.* Rechtsstaat und Sozialismus, Innsbruck 1881, mit einer Kritik an *Laband* (542–548).

[336] *O. Mayer*, (Anm. 333) 3ff.

[337] *Gierke*, Labands Staatsrecht (Anm. 275), 1125ff.; *ders.*, Das Wesen der menschlichen Verbände, Leipzig 1902.

[338] *O. Mayer* (Anm. 333) 10.

storisch gewachsener Organismus, als Rechtspersönlichkeit mit Herrschaftswillen, als selbstverwalteter genossenschaftlicher Verband.

Die Durchsetzung der Begriffe «Staatssouveränität» und «juristische Person» in der zweiten Jahrhunderthälfte bezeugt eine deutliche Beruhigung und Versachlichung der politischen Diskussion um die staatsrechtliche innere Ordnung der konstitutionellen Monarchie. Alle wesentlichen Staaten im Deutschen Reich waren nun Verfassungsstaaten, ebenso das Reich selbst. Gewiß war überall das monarchische Prinzip erhalten geblieben, aber es stand in einem ganz veränderten Kontext. Die voranschreitende Parlamentarisierung ließ es üblich werden, die Führer der stärksten parlamentarischen Fraktion mit Regierungsaufgaben zu betrauen. Die Rolle der Monarchen in den Ländern verlor tendenziell an Gewicht, einmal weil die Reichspolitik ab 1866 dominierte, dann aber auch weil die vom Parlament gestützten Berufspolitiker, die Parteien und Verbände sich in den Vordergrund schoben. Auch die Exekutive wurde mit der Durchsetzung der zentralen Postulate des Rechtsstaats, vor allem durch die Verwaltungsgerichtsbarkeit[339] und die Entstehung des Verwaltungsrechts, juristisch durchdrungen und berechenbarer gemacht.

3. Gesetz und Verordnung, der doppelte Gesetzesbegriff

In den Zusammenhang der Verhältnisbestimmung von konstitutioneller Monarchie und bürgerlicher Gesellschaft in der zweiten Hälfte des 19. Jahrhunderts gehört auch die zentrale Debatte um den Gesetzesbegriff.[340] Das Gesetz auf der einen, die Verordnung auf der anderen Seite bestimmten die Reichweite von Parlament und Exekutive sowie das Maß gesellschaftlicher und richterlicher Kontrolle.[341]

Wo es keine Verfassungsnorm gab, die dem Parlament feste Kompetenzen sicherte, war das Verordnungsrecht der Exekutive überall und ständig präsent; der Übergang vom Absolutismus zum konstitutionellen Staat blieb unklar und fließend. Als dann die Parlamente einen festen verfassungsrechtlichen Rahmen erhielten, suchte man die Grenzlinie zwischen Legislative und Exekutive zum einen auf der Ebene der Grundrechte – Eingriffe in «Freiheit und Eigentum» nur in Gesetzesform – zum anderen in der Unterscheidung von «dauerhafter» Gesetzgebungs- und «wechselnder» Verwaltungstätigkeit, m. a. W. im Gegensatz des Allgemeinen zum Besonderen. Die für alle und auf Dauer geltende Regelung sollte dem Gesetz vorbehalten sein, die auf das «Besondere» zielende kurzfristige oder punktuelle Lösung der «Polizei». Diese wiederum unterschied zwischen Einzelakten im engeren Sinn und der normativen Steuerung durch die Verordnung. Letztere trat nicht nur in die Lücke, wenn das Parlament ausfiel,[342] sondern besetzte das Terrain, auf dem es (nach damaligem Verständnis) nicht um Grundrechte ging und wo die Verwaltung unterhalb der Gesetzesebene Details zu regeln hatte. Um sicherzustellen, daß das Parlament in diesen Fällen nicht beiseite ge-

[339] *G. Chr. v. Unruh*, Verwaltungsgerichtsbarkeit im Verfassungsstaat, 1984 m. w. Nachw.

[340] Grundlegend *E. W. Böckenförde*, Gesetz und gesetzgebende Gewalt, 1958.

[341] *R. Ogorek*, Richterliche Normenkontrolle im 19. Jahrhundert. Zur Rekonstruktion einer Streitfrage, ZNR 11 (1989) 12–38 weist zu Recht darauf hin, daß das richterliche Prüfungsrecht sich zunächst nur auf die von der Exekutive erlassene Verordnung bezog, gewissermaßen als Gegengewicht gegen die fehlende politische Mitbestimmung im Umkreis des monarchischen Prinzips.

[342] *M. Stolleis*, Notverordnungsrecht, HRG III (1984), 1091–1095.

schoben wurde, entstand die Verordnungsermächtigung durch das Parlament, mit schärferen Konturen freilich erst in der Weimarer Republik.[343]

Wo die Verfassung die Gesetzesform für das Budget vorschrieb, mußte sich die politische und die staatsrechtlich-dogmatische Debatte an diesem Punkt zuspitzen; denn es ging um den Zugriff des Parlaments auf den sensibelsten Bereich des modernen Staates – die Verwendung der Steuergelder. Hier ist die Unterscheidung vom Gesetz im formellen und im materiellen Sinn geboren worden, hier hat sich die spätkonstitutionelle Debatte um die Berechtigung dieser Unterscheidung entfaltet. Im Grunde ging es um die Verteilung der politischen Gewichte, um Gewalten- bzw. Funktionsteilung und speziell um den Grad der für richtig gehaltenen Parlamentarisierung.

Diese von Laband, v. Martitz, Georg Meyer, Hänel, Gierke, Anschütz, Seydel, Arndt, Bornhak und anderen geführte und von Georg Jellinek souverän zusammengefaßte Debatte[344] war eine Debatte in ihrer Zeit, auch dort, wo sie sich um die rechtstheoretische Bestimmung des Rechtssatzes drehte. Jede der von den Autoren bezogenen Positionen war – unabhängig von ihren Intentionen zur Gewinnung «reiner» Erkenntnis – durchdrungen vom staatsrechtlichen Kontext jener Jahre, in denen sich die geschilderte langsame Wandlung der konstitutionellen Monarchie vollzog.[345] Eine einheitliche Ausrichtung der Staatsrechtslehre war hier zwar nicht zu erwarten, aber die akademische Kommunikation, die soziale Homogenität und der bildungsbürgerliche Lebensstil jener Hochschullehrer ließen doch extreme Abweichungen kaum zu. Man war sich einig in der Zufriedenheit über die Reichsgründung, in der Distanz zu demokratischem Republikanismus und Sozialismus, durchweg auch in der Bejahung des Föderalismus und der Fortexistenz der angestammten Dynastien in den Einzelstaaten. Die Differenzen bewegten sich innerhalb einer gewissen bürgerlichen Bandbreite. Die Staatsrechtslehre war nicht homogen, aber auch nicht in einer Weise zerrissen, wie dies im Vormärz der Fall war und wie es sich in der Weimarer Republik wiederholen sollte.

4. *Grundrechte und subjektiv-öffentliche Rechte*

Das Thema der gegen die Staatsgewalt gerichteten Grundrechte war in der zweiten Hälfte des 19. Jahrhunderts durch das Scheitern der Paulskirche traumatisiert.[346] «Grundrechte», «Menschen- und Bürgerrechte» waren Vokabeln aus dem Umkreis der Ideen von 1789, der Julirevolution von 1830 und der 1848er Revolution. Von der Paulskirche hatte man die «Professorenstreitigkeiten»[347] in Erinnerung, das Übermaß an «Phrasen», die Verkennung der «Realpolitik» und damit das letztlich Unnütze solcher Deklarationen.[348] Bei der Beratung der Verfassung des Norddeutschen Bundes

343 *W. Möß le,* Inhalt, Zweck und Ausmaß. Zur Verfassungsgeschichte der Verordnungsermächtigung, 1990, 11–18.

344 *G. Jellinek,* Gesetz und Verordnung. Staatsrechtliche Untersuchungen auf rechtsgeschichtlicher und rechtsvergleichender Grundlage, Freiburg 1887, Neudruck Tübingen 1919. Hierzu *Böckenförde* (Anm. 340), 242ff.

345 So mit Recht *Böckenförde* (Anm. 340) 332f.

346 Zur Fortwirkung des Grundrechtsteils der Paulskirchenverfassung *J. D. Kühne.* Die Reichsverfassung der Paulskirche. Vorbild und Verwirklichung im späteren deutschen Rechtsleben, 1985, 157ff.

347 *O. v. Bismarck,* Überlegungen zur Gestaltung des norddeutschen Bundes, Diktat v. 30. Oktober 1866, in: Gesammelte Werke Bd. 4 (1968) 7.

348 *K. G. Faber,* Realpolitik als Ideologie. Die Bedeutung des Jahres 1866 für das politische Denken in Deutschland, HZ 203 (1966) 1–45.

drängte die Zeit, außerdem schien weniger die Freiheit als die Einheit bedroht, und was die Freiheit anging, so konnte man entlastend auf die Grundrechtskataloge der Länder sowie auf die einfache Gesetzgebung verweisen.

Bei dieser Einstellung ist es auch 1870/71 geblieben. Die Reichsverfassung enthielt, so könnte man sagen, «erst recht» keine Grundrechte;[349] denn inzwischen hatte die Gesetzgebung des Norddeutschen Bundes die wesentlichen liberalen Forderungen erfüllt: Freizügigkeit, konfessionelle Gleichberechtigung, Aufhebung zünftischer Hemmnisse, liberales Strafrecht, Gewerbefreiheit.[350] Der Reichstag setzte dies nach 1871 fort: Briefgeheimnis, Pressefreiheit, Justizgrundrechte, Enteignungsrecht und schließlich (1908) Vereinigungs- und Versammlungsfreiheit wurden gesetzlich geregelt. Im Ergebnis konnte man sagen, die Grundrechte seien einfachgesetzlich so gut wie auf Verfassungsebene gesichert gewesen,[351] selbst wenn man gleichzeitig zugeben mußte, daß dieser Grundrechtsschutz im Kulturkampf, bei der Unterdrückung der Sozialisten und bei der Germanisierungspolitik in den polnischen Gebieten erhebliche Einbußen erlitten hatte.[352] Das Gesamtbild blieb positiv, zumal auch die an sich mögliche Aufhebung der Grundrechte unter Berufung auf den Notstand (Art. 68 RV) nicht praktiziert wurde.

Daß 1866 und 1870/71 nicht leidenschaftlicher um die Grundrechte gekämpft wurde, lag aber nicht nur an der Zufriedenheit der Mehrheit mit der neuen, als rechtsstaatlich empfundenen Ordnung, sondern auch an einem Grundrechts- und Verfassungsverständnis, das sich vom heutigen unterschied. Grundrechte waren im frühen 19. Jahrhundert zunächst die Hebel, um die altständische in eine bürgerliche Gesellschaft umzuformen, Eingriffe zu legitimieren und Privilegien abzubauen.[353] Ihre Zielrichtung «war nicht antilegislativ; sie war vielmehr in erster Linie antifeudal».[354] Um diese zu aktivieren, bedurfte es keines Vorrangs der Verfassung und keiner Verfas-

[349] *K. Remmele,* Bürgerliche Freiheit ohne verfassungsrechtliche Freiheitsverbürgungen? Zur Diskussion um das Fehlen der Grundrechte in der Verfassung des Deutschen Reiches von 1871, in: *G. Dilcher* u. a. (Hg.), Grundrechte im 19. Jahrhundert, 1982, 189 ff.

[350] *H. A. Winkler,* Preußischer Liberalismus und deutscher Nationalstaat. Studien zur Geschichte der deutschen Fortschrittspartei 1861–1866, 1964; *M. Gugel,* Industrieller Aufstieg und bürgerliche Herrschaft. Sozioökonomische Interessen und politische Ziele des liberalen Bürgertums zur Zeit des Verfassungskonflikts 1857–1867, 1975; *L. Gall,* Liberalismus und Nationalstaat. Der deutsche Liberalismus und die Reichsgründung, in: *H. Berding* u. a. (Hg.), Vom Staat des Ancien Régime zum modernen Parteienstaat, 1978, 287–300; *K. E. Pollmann,* Parlamentarismus im Norddeutschen Bund 1867–1870, 1985.

[351] *E. R. Huber,* Grundrechte im Bismarckschen Reichssystem, in: Festschr. U. Scheuner 1973, 163 ff.; *A. Laufs,* Die rechtsstaatlichen Züge des Bismarck-Reiches, in: Festschr. H. Thieme 1977, 72 ff.

[352] Zu letzterem vgl. *H. J. Wichardt,* Die Rechtsprechung des Königlich Preußischen Oberverwaltungsgerichts zur Vereins- und Versammlungsfreiheit von 1875 bis 1914, jur. Diss. Kiel 1976.

[353] *G. Lübbe-Wolff,* Das wohlerworbene Recht als Grenze der Gesetzgebung im neunzehnten Jahrhundert, ZRG GA 103 (1986), 104–139; *U. Scheuner,* Festschr. E. R. Huber 1973, 139 ff.; *R. Wahl,* Rechtliche Wirkungen und Funktionen der Grundrechte im deutschen Konstitutionalismus des 19. Jahrhunderts, in: *E. W. Böckenförde* (Hg.), Moderne deutsche Verfassungsgeschichte (1815–1914), 2. Aufl. 1981; in: Der Staat 19 (1979) 321 ff.; *ders.,* in: Der Staat 20 (1981) 485 ff.; *H. Bauer,* Geschichtliche Grundlagen der Lehre vom subjektiven öffentlichen Recht, 1986, 59 ff.; *D. Grimm,* Deutsche Verfassungsgeschichte 1776–1866, 1988, 132 ff.

[354] *G. Lübbe-Wolff,* Der Schutz verfassungsrechtlich verbürgter Individualrechte: Die Rolle des Reichsgerichts, in: *H. Wellenreuter–C. Schnurmann* (Hg.), Die amerikanische Verfassung und deutsch-amerikanisches Verfassungsdenken, New York/Oxford 1990, 411–434 (412).

sungsgerichtsbarkeit, sondern lediglich eines energischen Gesetzgebers, der die politischen Impulse der Grundrechte durch Gesetzesrecht konkretisierte.[355] Die Verfassung war nun – anders als im Vormärz – keine «über» dem Gesetz stehende Norm. Ihr kam keine besondere Dignität zu, weder in der rechtstheoretischen Qualifikation noch im Verfahrensrecht; eine Verfassungsgerichtsbarkeit, die einen derartigen Vorrang hätte praktisch umsetzen können, gab es nicht.

Diese wesentlich egalisierende und liberalisierende Funktion von Grundrechten war den Staatsrechtlern nach 1870 durchaus noch gegenwärtig, weshalb sie unter Hinweis auf die gewandelten Verhältnisse meinen konnten, das wesentliche Anliegen der Grundrechte sei historisch erledigt.[356] Gewiß wurden subjektiv-öffentliche Rechte anerkannt – ihre dogmatische Geschichte beginnt 1852 mit der Schrift von Gerber,[357] der als Abgeordneter im Norddeutschen Reichstag gegen die Grundrechte stimmte. Aber Grundrechte als sanktionslose politische Deklarationen mit Inhalten, die durch die Gesetzgebung zu erfüllen waren, machten für die Konservativen unter den Staatsrechtlern keinen Sinn. Wenn ihr nunmehr reduzierter und entpolitisierter Sinn darin gesehen wurde, den Bürger vor rechtswidrigen Beeinträchtigungen zu bewahren, wenn die Freiheit schrumpfte auf «Freiheit von gesetzwidrigem Zwange»,[358] dann genügte das Rechtsstaatsprinzip. Dort ging es um die Handhabung der Staatsgewalt durch die Verwaltung. Grundrechte markierten die Intensität und Tiefe der Eingriffe, zu denen die Verwaltung gesetzlich berechtigt war. In diesem Sinne legte Laband dar, Grundrechte seien (lediglich) Schranken der Staatsgewalt, sie sicherten dem Einzelnen seine natürliche Handlungsfreiheit, «aber sie begründen nicht subjektive Rechte der Staatsbürger. Sie sind keine Rechte, denn sie haben kein Objekt.»[359] Daß man die Grundrechte noch als «Rechte» der Bürger bezeichne, sei eine «alte Sitte», eine «historische Reminiscenz an ehemalige Eingriffe der Staatsgewalt».[360]

Die Liberalen – etwa F. Thudichum, G. Meyer, L. v. Rönne, O. Gierke, F. Stoerk, E. Loening, A. Hänel, K. v. Stengel – hielten an den Grundrechtskatalogen fest, auch wenn sie erkannten, daß in der Tat die Abwesenheit von Beschränkungen nur mit Schwierigkeiten als positiver Inhalt eines «Grundrechts» darstellbar war. Akzeptierte man die Gerber-Labandsche Grundrichtung, also die Konzentration auf das Subordinationsverhältnis von Staat und Untertan, dann war der Negation der Grundrechte schwer auszuweichen. Erst wenn man dem Bürger eine staatsfreie Sphäre zubilligte und ihn mit Partizipationsrechten ausstattete, konnten Schutzräume aufgebaut werden, mindestens gegenüber der Verwaltung. Vor allem das «genossenschaftliche» Denken war hierzu geeignet. Auf seiner Grundlage konnte Gierke sagen: «Der einzelne Staatsbürger empfängt in den Grundrechten einen verfassungsmäßigen Anspruch darauf, daß ihn sein Staat in bestimmten Beziehungen als freies Individuum und nicht als Glied behandle ... Auch Grundrechte sind positive Rechte.»[361]

Wie soeben angedeutet, ist die Diskussion um die Grundrechte nicht identisch mit derjenigen um die subjektiv-öffentlichen Rechte, wohl aber überschneidet sie sich mit ihr.

[355] *D. Grimm*, Recht und Staat der bürgerlichen Gesellschaft, 1987, 316.

[356] In diesem Sinne etwa *C. Bornhak*, Das Petitionsrecht, AöR 16 (1901) 403ff.

[357] *G. Jellinek*, System der subjektiven öffentlichen Rechte, 2. Aufl. Tübingen 1905, 5.

[358] *Jellinek* (Anm. 357), 103.

[359] *P. Laband*, Das Staatsrecht des Deutschen Reiches, 2. Aufl. Bd. 1, Freiburg 1888, 141f.

[360] *Laband*, aaO. 142.

[361] *Gierke*, Labands Staatsrecht (Anm. 275), 1133f.

Die «Entdeckung» der subjektiv-öffentlichen Rechte fällt in die Zeit nach 1848. Die Gründe hierfür sind schon mehrfach angesprochen worden: Vor 1848 herrschte – positiv und negativ – die Perspektive der Französischen Revolution und der Restauration, während das Bürgertum seinen Platz im politischen Mittelfeld suchte. Es war das Ringen um die politische Partizipation des Dritten Standes und um die Umgestaltung der altständischen zur bürgerlichen Gesellschaft. Nach 1848 – als der große Versuch der Selbstorganisation der Nation und der Gesellschaft gescheitert war – suchte man mehrheitlich ein unpolitisches Arrangement der Kräfte. Es bestand darin, die revolutionsverdächtigen Grundrechtskataloge zu entschärfen, ihre Reichweite zu reduzieren oder den in ihnen enthaltenen Forderungen auf dem Weg der einfachen Gesetzgebung entgegenzukommen. Auf diese Weise gab man dem Liberalismus ökonomisch, was er verlangte. Der befriedete und inzwischen weitgehend egalisierte Untertanenverband konnte so in eine neue und dogmatisch überzeugende Konstruktion des Staates eingebracht werden.

Der monarchische Staat und die mehrheitlich liberale Gesellschaft waren einander nach dem Scheitern der Revolution von 1848 nicht nur innerlich entfremdet, sie wurden auch von der ökonomischen und juristischen Theorie getrennt gesehen. Es waren die Jahre des «Freihandels»,[362] des Hochliberalismus und der theoretischen Trennung von Staat und Gesellschaft. Robert von Mohls Programm der Trennung von Staats- und Gesellschaftswissenschaften stammt aus jenen Jahren. Erst nach diesen faktischen und theoretischen «Trennungen» war es sinnvoll, zwischen subjektiven Rechten des Privatrechts («Ansprüchen») und subjektiv-öffentlichen Rechten zu unterscheiden.[363]

Das jüngere «subjektive öffentliche Recht» war dogmatischer Abkömmling des zivilrechtlichen «Anspruchs», des «Rechtes im subjectiven Sinn» von Savigny über Puchta bis zu Windscheid,[364] dessen prozessuale und materiell-rechtliche Komponenten sich im Laufe des 19. Jahrhunderts voneinander getrennt hatten, so daß am Ende der materielle «Anspruch» übrigblieb.[365] Für ihn gab es Rechtsschutz durch die ordentlichen Gerichte, nicht dagegen für das subjektiv-öffentliche Recht, jedenfalls nicht vor Einführung der Verwaltungsgerichtsbarkeit. Das subjektiv-öffentliche Recht gehörte zum Bereich der «unkontrollierten» Exekutive. Der Staat, definitionsgemäß aus «öffentlichem Recht» geschaffen, bildete die Herrschaftsseite gegenüber den Bürgern. Die zugrundeliegende Rechtsbeziehung war ein Subjektionsverhältnis, das zunächst einmal Pflichten festlegte. Von vorstaatlichen «Ansprüchen» konnte dabei keine Rede sein, da Rechte aller Art ihren Grund nur in einer vom Staat garantierten Rechtsordnung finden konnten. Die Rechtsordnung ging dem subjektiven Recht logisch voraus.

Insofern waren Grundrechte und subjektiv-öffentliche Rechte nur als gewährende,

[362] *V. Hentschel,* Die deutschen Freihändler und der volkswirtschaftliche Kongreß 1858–1885, 1975.

[363] *M. Rott,* Das verwaltungsrechtliche subjektive öffentliche Recht im Spiegel seiner Entwicklung im deutschen liberalen Rechtsstaat und in der französischen «théorie des droits subjectifs des administrés», 1976; *Bauer* (Anm. 353).

[364] *F. C. v. Savigny,* System des heutigen Römischen Rechts, Bd. I, Berlin 1840, 7, 331 ff.; *G. F. Puchta,* Lehrbuch der Pandekten, Leipzig 1838, § 29; *B. Windscheid,* Lehrbuch des Pandektenrechts, 1. Bd., 1862, § 37. Vgl. *H. Coing,* Zur Geschichte des Begriffs «subjektives Recht», in: Das subjektive Recht, 1959, 7 ff.; *ders.* Europäisches Privatrecht, Bd. 2, 19. Jahrhundert, 1989, 270–275.

[365] *W. Simshäuser,* Zur Entwicklung des Verhältnisses von materiellem Recht und Prozeßrecht, 1965.

sektorale Aussparungen der staatlichen Rechtsordnung denkbar. Sie waren im Prinzip revozierbare Schöpfungen des Gesetzgebers und konnten deshalb auch durch einfache positive Gesetzgebung inhaltlich gefüllt werden. Der Staat verfügte über sie, ohne daß es eine außerstaatliche «naturrechtliche Reserve» gegeben hätte. Was auf diese Weise von den ehemals politisch brisanten Grundrechtskatalogen der Revolutionszeit und des Frühkonstitutionalismus übrigblieb, war das subjektive öffentliche Recht, der gesetzesabhängige, individualisierte und entpolitisierte «Anspruch», dem überdies noch die prozessualen Zähne fehlten.[366] Das subjektiv-öffentliche Recht war, wie man vielleicht pointiert sagen könnte, die positivierte und ins Verwaltungsrecht abgedrängte Kümmerform der politischen Grundrechte. Sein Hauptinhalt bestand in der Unterlassung rechtswidriger Verwaltungsakte durch den Staat. Dies war aber, wie gesagt, auch schon der Inhalt des Rechtsstaatsprinzips, so daß es Stimmen gab, die auf dieser Linie die Notwendigkeit subjektiv-öffentlicher Rechte überhaupt leugneten. War der Bürger im wesentlichen gewaltunterworfener Träger von Pflichten, dann erschienen «subjektive Rechte, die den Untertanen aus eigener Machtvollkommenheit dem Staate gegenüber zuständen ... undenkbar».[367]

Das war auch damals eine extreme Position. Die herrschende Ansicht, die subjektiv-öffentliche Rechte durchaus anerkannte, sie jedoch klar begrenzte und rechtsstaatlich ausformte, folgte sowohl der Verfassungslage als auch der überwiegenden Auffassung über das Verhältnis von Bürger und Staat. Es war dies ein klares Über- und Unterordnungsverhältnis. Der Staat «paktierte» mit dem Bürger nicht, wie OTTO MAYERS Ablehnung des öffentlichrechtlichen Vertrags zeigt,[368] er ließ sich auch nur widerwillig zu hoheitlichem Handeln zwingen, allenfalls zu Zahlungen in seiner Rolle als Fiskus und als Schadensersatzpflichtiger im Rahmen der Amtshaftung.[369] Aber wo subjektiv-öffentliche Rechte gesetzlich geschaffen waren, wurden sie problemlos anerkannt und von den Garantien des Rechtsstaats erfaßt.

Die noch fehlende systematische Durchdringung des Komplexes der subjektiv-öffentlichen Rechte wurde dann 1892 von GEORG JELLINEK geleistet.[370] Was GERBER skizziert hatte, führte JELLINEK vier Jahrzehnte später und in einem durch die Verwaltungsgerichtsbarkeit veränderten Kontext des Rechtsschutzes durch. Seine Definition des subjektiven Rechts kombinierte WINDSCHEIDS (und GERBERS) Ansatz bei der individuellen (formalen) «Willensmacht» mit Jherings Lehre von den (materialen) «Interessen».[371] «Das subjektive Recht», so sagte er, «ist daher die von der Rechtsordnung anerkannte und geschützte auf ein Gut oder Interesse gerichtete menschliche Willensmacht.»[372] Das bedeutete im öffentlichen Recht die «Fähigkeit, Rechtsnormen im

[366] *Lübbe-Wolff* (Anm. 354) m. w. Nachw.

[367] *F. Giese*, Die Grundrechte, Tübingen 1905, 57. Eine grundsätzliche Leugnung der Möglichkeit subjektiv-öffentlicher Rechte bei *C. Bornhak*, Preußisches Staatsrecht, Bd. 1, 2. Aufl. Breslau 1911, 285 f.

[368] *O. Mayer*, Zur Lehre vom öffentlich-rechtlichen Vertrage, in: AöR 3 (1888) 3–86, damals noch im wesentlichen die Beamtenanstellung und die Verdingung von öffentlichen Arbeiten und Lieferungen (20). Vgl. auch *Bornhak*, Preußisches Staatsrecht, Bd. 1, 2. Aufl. Breslau 1911, 267 (im Zusammenhang mit dem Erwerb der Staatsangehörigkeit): «wo der eine Teil nur der herrschende, der andere Teil nur der gehorchende ist, da ist der Vertrag unmöglich».

[369] *O. Mayer*, Die Haftung des Staats für rechtswidrige Amtshandlungen, in: Sächsisches Archiv für Rechtspflege 8 (1913) 1–16.

[370] *G. Jellinek*, System der subjektiven öffentlichen Rechte, 1892, 2. durchges. u. vermehrte Aufl. Tübingen 1905. Nach letzterer wird zitiert.

[371] *H. Kelsen*, Hauptprobleme der Staatsrechtslehre, 2. Aufl. 1923, 567 ff., 584 ff., 616 ff.

[372] *Jellinek* (Anm. 370) 44.

individuellen Interesse in Bewegung zu setzen», und zwar gegen den Staat und mit Hilfe seines gerichtlichen Apparats. Die Felder, auf denen dem einzelnen Staatsbürger solche «Ansprüche» erwachsen konnten, gliederte JELLINEK nach dem jeweiligen Status, in dem sich der Einzelne – von unten nach oben aufsteigend – gegenüber dem Staat befand.

Diese bis heute wirksame Statuslehre unterscheidet den passiven Untertanenstatus (status passivus, status subiectionis), den Status der Freiheit vom Staat (status negativus, status libertatis), den Status des Anspruchs gegen den Staat (status positivus, status civitatis) und schließlich den Status der mitwirkenden Leistung für den Staat (status activus). Damit waren gewiß nicht alle Probleme gelöst,[373] soweit sie überhaupt mit wissenschaftlichen Mitteln lösbar waren, aber es war doch ein Rahmen geschaffen worden, innerhalb dessen rational diskutiert werden konnte und der es erlaubte, den Ertrag dieser Diskussion in Beziehung zu setzen zu der inzwischen entwickelteren Verwaltungsgerichtsbarkeit.

Es ist zwar ein Zufall, aber doch kein «blinder», daß kurz vor Ausbruch des Weltkrieges noch eine bedeutende Monographie erschien, in der dies unternommen wurde. Es handelt sich um die Habilitationsschrift von OTTMAR BÜHLER, deren Interesse auf der verwaltungsrechtlichen Applikation lag und die in ihrem zweiten Teil einen besonders instruktiven Durchgang durch die Verwaltungsgerichtsbarkeit am Ende des Kaiserreichs bot.[374] Sie bestätigte noch einmal die Beobachtung, daß die wissenschaftliche Pflege der gerichtlich durchsetzbaren subjektiv-öffentlichen Rechte die entweder fehlende oder ganz schwach entwickelte Grundrechtsdogmatik faktisch ersetzte. Damit entsprach die Wissenschaft der an sie gestellten Erwartung, in der politischen Ruhelage des späten Kaiserreichs den gesetzlich fixierten Aktionsrahmen des Bürgers abzustecken und formal rechtsstaatlich abzusichern. Das war verwaltungsrechtliche «Alltagsarbeit», aber eine sehr wichtige, wie sich daran zeigte, daß die staats- und verwaltungsrechtliche Doktrin nach 1919 hier sofort wieder anknüpfen konnte.

5. *Ungeschriebenes Verfassungsrecht – Verfassungswandel*

In den «Gründerjahren» nach 1866/71, die auch die Gründerjahre des staatsrechtlichen Positivismus waren, erschien das neue Staatsrecht zunächst als statisches und geschlossenes System, fähig zur Lückenfüllung kraft seiner «logischen Expansionskraft im eigenen Bereich».[375] Das positive Verfassungsrecht war in dieser Sicht ein zwar im Einzelfall verbindlicher, aber notwendig unvollständiger Entwurf des wirklichen geltenden Staatsrechts. Jenes «wirkliche» Staatsrecht galt gewissermaßen unverrückbar.

Schon unter BISMARCKS Kanzlerschaft, speziell an der Frage seiner Stellvertretung, wurde allerdings klar, wie politikabhängig und wandelbar der Stoff des Verfassungsrechts war. Die Reichsämter wandelten sich zu echten Ministerien, die Gewichtsver-

373 Hierzu *K. Kormann*, System der rechtsgeschäftlichen Staatsakte, Berlin 1910; *ders.* Grundzüge eines allgemeinen Teils des öffentlichen Rechts, in: (Hirths) Annalen des Deutschen Reiches 1911, 850ff.; 1912, 36ff., 195ff.

374 *O. Bühler*, Die subjektiven öffentlichen Rechte und ihr Schutz in der deutschen Verwaltungsrechtsprechung, Berlin–Stuttgart–Leipzig 1914. Vgl. dazu die Besprechung von *W. Jellinek*, AöR 32 (1914) 580–610.

375 *Bergbohm* (Anm. 65).

teilung zwischen Reichsregierung, Bundesrat und Reichstag veränderte sich, und nach BISMARCKS Entlassung spielten der Kaiser und sein engerer Kreis ihre neue Rolle. Das waren zum Teil nur atmosphärische Verschiebungen, aber sie summierten sich im Laufe der Zeit zum bislang noch kaum reflektierten Phänomen des «stillen Verfassungswandels».[376] Erst um die Jahrhundertwende scheint deutlich geworden zu sein, wie sehr sich das Staatsrecht verändert hatte und wie nötig es war, es bewußt fortzuschreiben, sollte nicht die Diskrepanz zwischen normativer und tatsächlicher Verfassung einen für die Normativität gefährlichen Grad erreichen.

LABAND selbst hat die Fortentwicklung des Verfassungsrechts keineswegs geleugnet. In einem späten Aufsatz hat er eine Bilanz der verfassungsrechtlichen Veränderungen von mehr als drei Jahrzehnten gezogen.[377] Ein Jahr zuvor schon hatte GEORG JELLINEK eine schmale Monographie über «Verfassungsänderung und Verfassungswandlung» veröffentlicht und dort in systematischer Weise insbesondere die Verfassungswandlung durch Interpretation und Handhabung, ja durch Nichtanwendung von Normen oder durch verfassungswidrige Praxis analysiert und sich Gedanken über die Einführung plebiszitärer Elemente gemacht.[378] 1907 wiederum erschien HEINRICH TRIEPELS Buch über «Unitarismus und Föderalismus im Deutschen Reich»[379] mit einem ganz ähnlichen bezeichnenden Untertitel «Eine staatsrechtliche und politische Studie», der die Wiederentdeckung des ehemals ausgetriebenen politischen Elements signalisierte. Wieder ein Jahr später schrieb TRIEPEL über die «Kompetenzen des Bundesstaats und die geschriebene Verfassung», und in den USA schrieb ROSCOE POUND über «Law in books and law in action».[380] 1916 ist RUDOLF SMEND mit der ihm eigenen Sensibilität dem Verhältnis von Reich und Bundesstaaten nachgegangen und hat im Weg der Rechtsvergleichung mit der Schweiz und den USA «ungeschriebenes Verfassungsrecht» in Form von vertragsmäßigen Kooperationspflichten, Pflichten zu «reichsfreundlichem Verhalten» oder «bundesstaatlicher Höflichkeit» ans Licht gehoben.[381] 1917 wiederum faßte TRIEPEL zusammen, es habe eine Reihe von stillschweigenden Verfassungsänderungen gegeben: «Die Gesetzgebung des Reichs, oft auch Bildungen gewohnheitsrechtlichen Charakters haben im Laufe der letztverflossenen vier Jahrzehnte die Verfassung einschneidend verändert – ohne daß dies in einer Umgestaltung des Verfassungstextes zum Ausdruck gekommen ist. Was dieser Entwicklung ihr hauptsächliches Gepräge gab, war die allmähliche, aber unverkennbare Verschiebung der Kräfteverhältnisse der unitarischen und föderativen Verfassungselemente. Die

[376] *W. Fiedler,* Sozialer Wandel, Verfassungswandel, Rechtsprechung, 1972.

[377] *P. Laband,* Die geschichtliche Entwicklung der Reichsverfassung seit der Reichsgründung, JöR 1 (1907) 1–46.

[378] *G. Jellinek,* Verfassungsänderung und Verfassungswandlung. Eine staatsrechtlich-politische Abhandlung, Berlin 1906.

[379] *H. Triepel,* Unitarismus und Föderalismus im deutschen Reich. Eine staatsrechtliche und politische Studie, 1907; zu *Triepel* vgl. *Smend,* Staatsrechtliche Aufsätze, 2. Aufl. 1968, 594–608; *Hollerbach* (Anm. 328); *U. Scheuner,* Triepel, in: Staatslexikon, 6. Aufl. 1962, 7. Bd. 1044f.

[380] *H. Triepel,* Die Kompetenzen des Bundesstaats und die geschriebene Verfassung, in: Festg. Laband, Bd. II (1908) 247ff.; *R. Pound,* Law in books and law in action, American Law Review 44 (1910) 12ff.

[381] *R. Smend,* Ungeschriebenes Verfassungsrecht im monarchischen Bundesstaat, in: Festg. O. Mayer, 1916, in: *Smend,* Staatsrechtliche Aufsätze, 2. Aufl. 1968, vgl. dazu nunmehr *S. Korioth,* Integration und Bundesstaat. Ein Beitrag zur Staats- und Verfassungslehre Rudolf Smends, 1990.

einheitsstaatlichen Züge der Verfassung sind verstärkt, die bündischen geschwächt worden.»[382]

Alle diese Beiträge setzen unterschiedlich an, aber sie erschienen doch nicht zufällig in relativer Gleichzeitigkeit. Nimmt man sie zusammen, dann erkennt man, daß es schon vor 1914 wieder allgemeine Meinung war, Verfassungsrecht und Politik seien engstens verflochten und die wissenschaftliche Bearbeitung des Staatsrechts müsse dies anerkennen und kritisch reflektieren, insbesondere in methodischer Hinsicht, um sowohl einerseits die wirklichkeitsferne Abkoppelung des Staatsrechts von politischen Veränderungen zu verhindern, um sich aber auch andererseits der Auslieferung des Staatsrechts an die Politik widersetzen zu können. Auch hier deuten sich also Themenstellungen an, die sich erst im sog. «Methodenstreit» der zwanziger Jahre voll entfalten sollten.[383]

V. Zeitschriften

Die nationale Einigung und die von ihr ausgehenden Impulse im positiven Reichsstaatsrecht sowie die Einrichtung der Verwaltungsgerichtsbarkeit samt ihren Folgewirkungen für die wissenschaftliche Literatur wirkten sich auch auf dem Zeitschriftenmarkt aus. Der schlagartig anwachsende Bedarf an Informationen führte zur Gründung neuer Periodika.[384] Georg Hirth schuf 1868 die «Annalen des Norddeutschen Bundes und des Deutschen Zollvereins für Gesetzgebung, Verwaltung und Statistik», die sich vom dritten Band an (Hirth's) «Annalen des Deutschen Reiches für Gesetzgebung, Verwaltung und Statistik» nannten (1870–1901).[385] Franz von Holtzendorff brachte ab 1871 sein «Jahrbuch für Gesetzgebung, Verwaltung und Rechtspflege des Deutschen Reiches», später umbenannt in «Schmollers Jahrbuch», heraus.[386] 1875 erschien (Hartmanns) «Zeitschrift für Gesetzgebung und Praxis auf dem Gebiete des Deutschen öffentlichen Rechtes», in deren zeittypischem Vorwort es hieß: «Das öffentliche Recht in Deutschland hat, auf der Grundlage neuer staatlicher Verhältnisse, wesentliche Veränderungen theils schon erfahren, theils noch in Aussicht stehen ... Den Zustand dieses Rechtes darzulegen und die Entwicklung dieses Rechtes in einheitlichem Sinne zu befördern, – das ist das Ziel und die Bestimmung der gegenwärtigen Zeitschrift.»[387]

Besonders bedeutsam ist dann die Gründung des «Archiv für öffentliches Recht»

[382] *H. Triepel,* Die Reichsaufsicht. Untersuchungen zum Staatsrecht des Deutschen Reiches, Berlin 1917 (Nachdr. 1964), 298.

[383] *U. Scheuner,* Die Vereinigung der Deutschen Staatsrechtslehrer in der Zeit der Weimarer Republik, AöR 97 (1972) 349ff.

[384] *G. Schmoller,* Uebersicht über die wichtigere deutsche staatswissenschaftliche Zeitschriftenliteratur der letzten Jahrzehnte, in: Schmollers Jahrbuch 9 (1885) 1311–1327.

[385] Herausgeber war zunächst *Georg Hirth* («Hirth's Annalen»), ab 1881 kam *Max von Seydel* hinzu. Von 1901 an waren *Karl Theodor (v.) Eheberg* und *Anton Dyroff* Herausgeber, letzterer ab 1920–21 allein. Ab 1902 änderte sich der Titel durch Verwendung von «Volkswirtschaft» anstelle von «Statistik». Zu den Titeländerungen und Herausgebern sowie zur Programmatik von Hirth's Annalen *E. V. Heyen,* Profile der deutschen und französischen Verwaltungsrechtswissenschaft 1889–1914, 1989, 61f.

[386] 1871–1874 von *F. v. Holtzendorff,* ab 1877 dann von ihm und *Lujo Brentano,* ab 1882 von *Gustav Schmoller* als «Jahrbuch für Gesetzgebung, Verwaltung und Volkswirtschaft im Deutschen Reich» herausgegeben. Von da an als «Schmollers Jahrbuch»; vgl. *Heyen* (Anm. 385) 58.

[387] Herausgeber ist der Richter *W. Hartmann.*

(1885) durch Paul Laband und Felix Stoerk, das freilich, wie eine neuere Untersuchung der Gründungs- und Redaktionsgeschichte nachgewiesen hat, in den ersten zwanzig Jahren nicht besonders gut florierte.[388] Es suchte in die Lücke zu stoßen, die dadurch entstanden war, daß die Tübinger Zeitschrift und Schmollers Jahrbuch im Grunde nationalökonomische Zeitschriften geworden waren, daß Grünhuts Zeitschrift eher Privat- und Prozeßrecht brachte und daß Hartmanns Zeitschrift eingegangen war. Nur noch Hirths Annalen waren eine echte Konkurrenz.[389] Ab 1899 trat Otto Mayer in den Herausgeberkreis ein, Georg Jellinek und Robert Piloty ab 1908. Von da an war das Archiv etabliert, hatte zahlreiche Mitarbeiter, nahm Beiträge aus dem Staats- und Verwaltungsrecht, Völkerrecht und Kirchenrecht auf[390] und entwickelte sich bis zum Ausbruch des ersten Weltkriegs zum führenden Organ des Fachs.

Nimmt man noch das ab 1892 erscheinende «Verwaltungsarchiv»,[391] das «Jahrbuch des öffentlichen Rechts der Gegenwart» (1907),[392] das «Jahrbuch des Verwaltungsrechts» (1905–1912),[393] die «Zeitschrift für Politik» (1908)[394] sowie die wichtigste Zeitschrift für Länderverwaltungsrecht, das «Preussische Verwaltungsblatt» hinzu,[395] dann erkennt man, daß die Jahre nach 1866 die eigentlichen Gründerjahre des öffentlichen Rechts gewesen sind. Die Reichsgründung lieferte mit der Reichsverfassung nicht nur die positivrechtliche Grundlage für das expandierende Reichsstaatsrecht, sie schuf auch einen größeren Markt für derartige Zeitschriften. Es gelang ihnen, feste Abonnentenstämme zu bilden, die sowohl in die Verwaltung als auch in die Universitäten hineinreichten. Die starke finanzielle Förderung der Universitäten ab 1871, speziell der Ausbau des Staatsrechts an den Juristischen Fakultäten, wirkte sich hier aus.[396] Die österreichischen Zeitschriften, vor allem Grünhuts Zeitschrift, trennten sich mit ihren Mitarbeitern und Abonnenten allerdings langsam vom Deutschen Reich und beschränkten sich auf die deutschsprachigen Gebiete der Donaumonarchie.

Neben der Reichsgründung müssen vor allem die Verwaltungsreformen der achtziger Jahre und die seit Mitte der siebziger Jahre arbeitende Verwaltungsgerichtsbarkeit

Die Zeitschrift existierte 1874–1880. Vgl. *Heyen* (Anm. 385), 60f.

[388] *E. V. Heyen,* Die Anfangsjahre des «Archivs für öffentliches Recht». Programmatischer Anspruch und redaktioneller Alltag im Wettbewerb, in: *ders.* (Hg.), Wissenschaft und Recht der Verwaltung seit dem Ancien Régime. Europäische Ansichten, 1984, 347–373; *ders.* Verwaltungsrechtswissenschaft im «Archiv für öffentliches Recht», in: *ders.* Profile der deutschen und französischen Verwaltungsrechtswissenschaft 1880–1914, 1989, 21–53.

[389] So die Einschätzung von *Laband* in einem Brief an *Stoerk* von 1885, bei *Heyen* (Anm. 385) 25f.

[390] Auszählung der Beiträge bei *Heyen* (Anm. 385) 30–33.

[391] Untertitel «Zeitschrift für Verwaltungsrecht und Verwaltungsgerichtsbarkeit», hrsgg. v. *Maximilian Schultzenstein* und *Alfred Keil.* Vgl. *Heyen* (Anm. 385) 62f.

[392] Herausgeber sind *P. Laband, G. Jellinek, R. Piloty.* Nach *Jellineks* Tod tritt *Max Huber* hinzu (1912).

[393] Herausgeber ist *F. Stier-Somlo.* Das Jahrbuch führte ab 1907 den Untertitel «unter Einschluß des Staats- und Völkerrechts» und ab 1908 den Untertitel «unter Einschluß des Staatsverfassungs-, Staatskirchen- und Völkerrechts». Vgl. *I. Gienow,* Leben und Werk von Fritz Stier-Somlo, jur. Diss. Köln 1990.

[394] Herausgeber sind *Richard Schmidt* und *Adolf Grabowsky.*

[395] Untertitel: Wochenschrift für Verwaltung und Verwaltungsrechtspflege in Preußen, herausgegeben von *Oscar Binseel.* Siehe hierzu oben Kap. 7, Anm. 174.

[396] *B. vom Brocke,* Hochschul- und Wissenschaftspolitik in Preußen und im Deutschen Kaiserreich 1882–1907 – das «System Althoff», in: *P. Baumgart* (Hg.), Bildungspolitik in Preußen zur Zeit des Kaiserreichs, 1980, 9–118.

als Antriebskräfte für die Entstehung neuer Publikationsorgane genannt werden. Wissenschaftsgeschichtlich konvergierten diese Neugründungen mit dem allmählichen Wechsel des Wissenschaftsstils von der «staatswissenschaftlichen» zur «juristischen» Methode, mit dem mächtigen Vordringen des Gesetzespositivismus, der seinerseits wieder ein Produkt der Reichs- und Landesgesetzgebung nach 1871 war. In den achtziger und neunziger Jahren tritt dann der soziale und ökonomische «Interventionsstaat» auf den Plan und bewirkte eine weitere Beschleunigung der Gesetzgebung, die dann nur noch durch eine Vielzahl fortlaufender Zeitschriften rezipiert und kommentiert werden konnte.

Neuntes Kapitel

Verwaltungsrechtswissenschaft und Verwaltungslehre 1850–1914

I. Die Entwicklung des Verwaltungsrechts seit 1850

1. Einleitung

Die Zweiteilung des öffentlichen Rechts in «Konstitutions- und Administrativrecht» (Verfassungsrecht – Regierungsrecht) war, wie die landesrechtliche Literatur vor und nach 1850 gezeigt hat, eine schon ab 1800 geläufige und im Vormärz akzeptierte Unterscheidung. Die Schriftsteller des «Staatsrechts» pflegten sie dadurch auszudrücken, daß sie das Verwaltungsrecht jeweils in den zweiten Teil oder zweiten Band verwiesen oder wenigstens bei der Behandlung der «Staatsfunktionen» den Abschnitt «Verwaltung» selbständig auswiesen und mit positivrechtlichem Material füllten. Im Laufe der Zeit wurde deutlich, daß es sich hier auch um ein Gebiet des Rechts handelte. Kurz nach der Jahrhundertmitte erschien Pözls «Bayerisches Verwaltungsrecht»,[1] das seinerseits wieder dem Vorbild des zweiten Bandes von Mohls Staatsrecht des Königreichs Württemberg folgte. Spezialzeitschriften für Verwaltung und Verwaltungsrecht entstanden, und in den Staatsrechtsvorlesungen scheint sich von den sechziger Jahren an der verwaltungsrechtliche Anteil vergrößert zu haben. Es gibt also Indizien für einen Wachstumsprozeß des Verwaltungsrechts innerhalb des Staatsrechts, für eine gleichzeitige gedankliche Trennung beider Bereiche sowie – speziell nach 1850 – für eine Trennung von empirischer Polizeiwissenschaft (Verwaltungslehre) und einem auf das Recht reduzierten Verwaltungsrecht. Hermann Schulze registrierte dies 1866, als er schrieb: «Bei weiterer gesetzlicher Ausbildung unserer Staatsverwaltung und bei größerer Berücksichtigung des öffentlichen Rechtes im akademischen Unterricht kann es ... dahin kommen, daß neben die Verwaltungslehre ein Verwaltungsrecht, neben die Polizeiwissenschaft ein Polizeirecht, neben die Finanzwissenschaft ein Finanzrecht als juristische Disziplinen treten.»[2]

Da sich nach 1848 die politisch brachliegenden Energien des Liberalismus einerseits auf das Feld der Ökonomie, andererseits auf den Ausbau des Rechtsstaats verlagerten, traten unter dem Zeichen zunehmender Verrechtlichung Verwaltung und Verwaltungsrecht deutlicher auseinander.[3] Wissenschaftsgeschichtlich ist dies die Entstehung der bis heute bestehenden Kluft zwischen Verwaltungslehre und Verwaltungsrechtswissenschaft. Verwaltung als «lebendige Arbeit des Staates für seine Zwecke»[4] wurde die empirische, praktische Seite, Verwaltungsrecht die wissenschaftlich-theoretische,

[1] Oben Kap. 7, Anm. 29ff.

[2] *H. Schulze*, Ueber Princip, Methode und System des deutschen Staatsrechts, in: *Aegidis* Zeitschrift 1 (1867), 417ff. (420).

[3] *H.-J. Feist*, Die Entstehung des Verwaltungsrechts als Rechtsdisziplin, jur. Diss. Köln 1967, 117ff.

[4] *O. Mayer*, Deutsches Verwaltungsrecht, 2. Aufl. München und Leipzig 1914, Bd. I, 64.

aus der möglichst alle empirischen und politischen Elemente auszuscheiden waren. Dies entsprach dem Wissenschaftsverständnis der zweiten Hälfte des 19. Jahrhunderts, das auf eine «zunehmende Ausscheidung des Praktischen» hinauslief.[5] Rechtsstaat und wissenschaftlich bearbeitetes Verwaltungsrecht wurden bald miteinander identifiziert: «Wenn der Begriff des Rechtsstaats irgend eine reelle Bedeutung hat», schrieb Gerber 1865,[6] «so ist sie gerade die, daß mehr und mehr auch auf dem Gebiete der Verwaltung feste rechtliche Bestimmungen gegeben werden, welche der Willkür den Boden entziehen.» Daß dies das Ziel der wissenschaftlichen Arbeit sein müsse, war allgemeine Ansicht.

Die Unterscheidung von Verwaltung und Verwaltungsrecht bildete ihrerseits wiederum einen Reflex der verfassungsrechtlichen Problematik. Dem von Monarchie, Adel, Militär und Kirchen repräsentierten «Staat» und seinen «Zwecken» stand das Bürgertum mit jener charakteristisch ambivalenten Haltung gegenüber, die auf der einen Seite Realisierung der Staatszwecke wünschte, auf der anderen aber die Beachtung der Schranken des Rechts forderte. «Rechtsstaat» war in dieser Situation ein liberales Programm der Begrenzung eines an sich erwünschten Staatshandelns. Die Spannungen zwischen monarchischer Exekutivgewalt und begrenzendem liberalem Rechtsstaat erhielten so ihre Ausformung auch in den wissenschaftlichen Disziplinen. Der «Polizeiwissenschaftler» hatte die Staatszwecke im Auge, der «Verwaltungsrechtler» die der Staatstätigkeit gezogenen Grenzen, vor allem durch das Medium des parlamentarisch verabschiedeten allgemeinen Gesetzes.

Tendenziell sollte hierbei das Verwaltungsrecht die Oberhand behalten, weil die «Polizeiwissenschaft» nach 1850 ein absinkendes, sich in Spezialfächer auflösendes Konglomerat darstellte. Die ehemals konstitutive gedankliche Konzeption des aufgeklärten Absolutismus existierte nicht mehr, die naturwissenschaftlichen und technischen Fächer hatten sich verselbständigt und wurden nun zunehmend in speziellen Bildungsgängen vermittelt. Die Kameralfächer boten das nötige Wissen nicht mehr in überzeugender Weise dar. Die Entwicklung ging, wie bereits gezeigt, in Richtung auf das «Juristenmonopol» in der Verwaltung.

Aber nicht nur Verwaltung und Verwaltungsrecht samt den entsprechenden Ausbildungsgängen traten nach der Jahrhundertmitte deutlicher auseinander, auch die im Vormärz als Selbstverständlichkeit angesehene Einheit von Verfassung und Verwaltung löste sich auf. Das vormärzliche Verfassungsprogramm des Liberalismus hatte nur Sinn, wenn es auf dem langen Weg bis in die unterste Verwaltungsinstanz auch durchgesetzt wurde. Nun, nachdem der zugrundeliegende rechtspolitische Impetus mit dem Scheitern der Revolution entfallen war, konnte die Forderung nach «Rechtsstaat» aus den Trümmern der politischen Hoffnungen geborgen und weiterverfolgt werden. Der resignative Abschied von Verfassung und Grundrechten im Zeichen der «Realpolitik» bedeutete keineswegs den Abschied vom «Rechtsstaat», der sich überdies auch aus einfachen ökonomischen Überlegungen empfahl. Insofern lag es in der Logik der Entwicklung nach 1850, das Verwaltungsrecht von der prekären Verfassungsfrage zu lösen und es als eigenständiges Gebiet neben dem Staatsrecht aufzubauen. Gewiß gab es hiergegen auch Opposition, sowohl von Robert von Mohl, der sich das vormärzliche Ideal der gegenseitigen Durchdringungen von Verfassung und

[5] *H. Maier,* Die ältere deutsche Staats- und Verwaltungslehre, 2. Aufl. 1980, 238f.

[6] *C. F. v. Gerber,* Grundzüge eines Systems des deutschen Staatsrechts, Leipzig 1865, 233.

Verwaltung bewahrte, als auch von LORENZ VON STEIN, der ebenfalls, wenn auch innerhalb eines anderen geistigen Kontextes, die Verwaltung als «tätig werdende Verfassung» verstand.[7] Aber die Opposition hat die breite Strömung hin zu einem eigenständigen, separat bearbeiteten Verwaltungsrecht nicht aufhalten können. Zu stark kam hier die nachrevolutionäre Distanz zum Verfassungsgedanken mit dem immanenten Bestreben zusammen, sich als Disziplin auf eigene Füße zu stellen.

In diese Richtung entwickelte sich nun auch die methodische Debatte mit ihrer Wendung zum rechtswissenschaftlichen «konstruierenden» Positivismus, wie dies bereits im Staatsrecht geschildert worden ist. CARL FRIEDRICH VON GERBER verlangte 1865 energisch die wissenschaftliche, aber separierte Durchdringung von Staatsrecht und Verwaltungsrecht. Das Verwaltungsrecht brauche eine eigene Theorie, ein eigenes «System»;[8] denn es würde, wie er sagte, «die Reinheit und Selbständigkeit des Staatsrechts leiden, wenn man dasselbe wissenschaftliche System für den Platz der Darstellung der Rechte der Landstände und der Bestimmungen über Vorkehrungen gegen die Rinderpest ansehen wollte ... So würden wir es gewiß in diesem Sinne als einen Fortschritt begrüßen, wenn endlich auch das Verwaltungsrecht in seiner Selbständigkeit erkannt und von der Verbindung mit dem Staatsrecht gelöst wird.»[9]

Auf diese Weise kam es allerdings zu einer doppelten Amputation des Verwaltungsrechts. Einerseits wurde die Verbindung zur Verwaltungspraxis und zu der sie überformenden (alten) Polizeiwissenschaft bzw. (neuen) Verwaltungslehre abgeschnitten, auf der anderen Seite wurden um der «Eigenständigkeit» des neuen Fachs willen die Verbindungen zum politischen Ursprungsgebiet des Verfassungsrechts gelöst. Übrig blieben die sowohl praxis- als auch politikfreien «juristischen» Aussagen zum Verwaltungsrecht, deren Abstrahierung und Dogmatisierung nun als Aufgabe anstand.

Naturgemäß mußte bei dieser Betrachtungsweise die Rechtsform als internes Gliederungsprinzip immer größere Bedeutung gewinnen. Wo es darum ging, obrigkeitlichem Zwang rechtsstaatliche Schranken aufzuerlegen, oder ihn, wenn er unvermeidlich erschien, wenigstens berechenbar zu machen, wurde die Frage nach der formellen Bestimmbarkeit einer Verwaltungshandlung als Eingriff in Freiheit und Eigentum zentral. Nicht nur die Zurückführung des Eingriffs auf ein allgemeines Gesetz, auch die Ausformung des Eingriffs nach rechtsstaatlichen Maximen und zuletzt seine Überprüfbarkeit vor Gericht bildeten Eckpfeiler des Rechtsstaatsverständnisses.[10] Mit der zunehmenden Durchsetzung des rechtswissenschaftlichen Positivismus wurde der dabei zugrundegelegte Rechtsstaatsbegriff von den – etwa bei MOHL – vorhandenen materialen und politischen Inhalten abgetrennt; er wurde formal. Dementsprechend rückte auch die Systematisierung nach der Rechtsform in den Vordergrund.[11] Der Eingriffsakt in Form des Polizeibefehls wurde das Paradigma hoheitlichen und verwaltungsrechtlich relevanten Staatshandelns. Wo ein solcher Eingriffsakt festzustellen

[7] *L. v. Stein*, Handbuch der Verwaltungslehre und des Verwaltungsrechts (1870), 3. Aufl. Stuttgart 1887, Bd. 2, 258.

[8] *M. G. Losano*, Der Begriff «System» bei Gerber, in: *W. Krawietz–Th. Mayer-Maly–O. Weinberger* (Hg.), Objektivierung des Rechtsdenkens. Gedächtnissschr. f. I. Tammelo, 1984, 647ff.

[9] *Gerber*, Grundzüge (Anm. 6), 236f.

[10] *E. W. Böckenförde*, Entstehung und Wandel des Rechtsstaatsbegriffs, in: *ders.* Recht, Staat, Freiheit, 1991, 143–169; *U. Scheuner*, Die neuere Entwicklung des Rechtsstaats in Deutschland, in: *ders.* Staatstheorie und Staatsrecht, 1978, 185ff.; *M. Stolleis*, Rechtsstaat, HRG IV (1990) 367–375.

[11] *P. Badura*, Das Verwaltungsrecht des liberalen Rechtsstaates, 1967, 37f.

war, stellte sich die Frage nach der gesetzlichen Grundlage. Wo es nicht zum «Eingriff» kam, weil Individualinteressen nicht berührt wurden, breitete sich das unter dem Blickwinkel des «Rechtsstaates» uninteressante Gebiet der Wohlfahrtspolizei und der «Staatspflege» aus.[12]

Das hat zu dem späteren Mißverständnis geführt, der Staat des 19. Jahrhunderts habe eine Leistungsverwaltung nicht gekannt, weil er sich als liberaler Staat nicht um die Wohlfahrt seiner Bürger gekümmert habe. In Wahrheit stimmt dies weder praktisch noch theoretisch.[13] Auch in der Zeit des wirtschaftlichen und politischen Hochliberalismus haben sich die deutschen Staaten nicht gescheut, ständig in «gesellschaftliche» Bereiche zu intervenieren. In den Lehrbüchern des Staatsrechts wird diese Tätigkeit im Abschnitt «Staatsfunktionen: Verwaltung, Unterabteilung Innere Verwaltung» breit entfaltet. Dorthin wanderte das positivrechtliche Material aus der sich auflösenden Polizeiwissenschaft und überstieg in größeren Staaten bald die Grenzen des Handhabbaren.[14]

Nicht nur die Ausbildung eines «eigenständigen», von Verwaltungspraxis und Verfassungsrecht sich ablösenden Normfeldes «Verwaltungsrecht» und die Entstehung einer auf die Rechtsform orientierten Dogmatik erweisen sich als Sekundärphänomene einer auf Realisierung des Rechtsstaats, Entpolitisierung und Verwissenschaftlichung gerichteten Bewegung. Auch die Ausbildung eines «Allgemeinen Teils» gehört hierher. Erst die Distanzierung von der Empirie des Verwaltungshandelns und von den jeweils wechselnden politischen Einflüssen erlaubte allmählich die Bildung dogmatischer Sätze mittlerer Abstraktionshöhe, die sich dann zu einem Allgemeinen Teil zusammenfügen konnten. Daß man dabei auf den bereitliegenden und als musterhaft geltenden Formenschatz der Zivilistik zurückgriff, war ebenso naheliegend wie der Versuch, aus dem schon stärker abstrahierten französischen Verwaltungsrecht Elemente zu übernehmen.[15]

Bevor diese zum Allgemeinen Teil des Verwaltungsrechts im Sinn Otto Mayers führende Entwicklungslinie verfolgt wird, empfiehlt es sich jedoch, die hiervon abweichenden Konzeptionen zur Kenntnis zu nehmen. Leicht entstünde sonst der Eindruck, es habe sich um eine Einbahnstraße gehandelt. Historisch-organische und idealistisch-staatswissenschaftliche Methode existierten gleichzeitig mit der sich langsam verengenden «juristischen Methode», jedenfalls bis in die neunziger Jahre des 19. Jahrhunderts hinein. Das Ergebnis der Entwicklung war keineswegs von vornherein ausgemacht.

[12] *Badura* (Anm. 11), 36f.

[13] *W. Rüfner,* Formen öffentlicher Verwaltung im Bereich der Wirtschaft, 1967 belegt dies vor allem mit der Expansion der kommunalen Daseinsvorsorge.

[14] *Th. Ellwein,* Entwicklungstendenzen der deutschen Verwaltung im 19. Jahrhundert, in: Jahrbuch zur Staats- und Verwaltungswissenschaft 1987, 13–54.

[15] *E. v. Meier,* Französische Einflüsse auf die Staats- und Rechtsentwicklung Preußens im 19. Jahrhundert, 2 Bde, Leipzig 1907, 1908 (hierzu *J. Rückert,* NDB 17, 1991, 647–649); *F. F. Mayer,* Grundzüge des Verwaltungs-Rechts, Tübingen 1862, 49 Anm. 5: «Von außer-deutschen Ländern kommt ungeachtet mancher Auswüchse vermöge seiner Klarheit und Angemessenheit für die moderne Staatsentwicklung, wie insbesondere durch seine wissenschaftliche Ausbildung das französische Verwaltungsrecht vorzüglich in Betracht»; *O. Mayer,* Theorie des französischen Verwaltungsrechts, Straßburg 1886; *E. V. Heyen,* Profile der deutschen und französischen Verwaltungsrechtswissenschaft 1880–1914, 1989, Kap. 3.

2. *Staatswissenschaftliche Konzepte*

«Nicht eigentlich der Litteratur des deutschen Verwaltungsrechts angehörig, aber von dem bedeutendsten Einfluß auf dasselbe sind die großen Werke von R. Gneist über das Englische Verwaltungsrecht und von Lorenz von Stein über Verwaltungslehre gewesen», resümierte, schon halb im Rückblick, aber noch mitten im Entstehungsprozeß des jungen Fachs EDGAR LOENING 1884.[16] Die aus seiner Perspektive klare Unterscheidbarkeit von «eigentlich» verwaltungsrechtlicher und nichtverwaltungsrechtlicher Literatur war gerade erst gewonnen. Auf RUDOLF VON GNEIST und LORENZ VON STEIN war sie in dieser Weise nicht anwendbar; denn beide, so unterschiedlich sie waren, bezogen wesentliche Impulse ihrer Arbeiten gerade aus der Kombination historischer, gesellschaftstheoretischer, rechtlicher und rechtsvergleichender Argumentationsweisen.

a) R. v. GNEIST

Schon der Lebensgang zeugt von jener Verschränkung des wissenschaftlichen und politischen Lebens.[17] RUDOLF (VON) GNEIST (1816–1895) war geborener Berliner, Sohn eines Justizkommissars am Kammergericht, wuchs aber in Aschersleben und Eisleben auf und studierte dann wieder in Berlin, wo er von da an noch 62 Jahre bleiben sollte. Er studierte u. a. bei SAVIGNY «und lauschte» – wenn man JULIUS HATSCHEK glauben will – «Worten, die ihn für die Anwendung historischer Methode auf das Staatsrecht in späteren Jahren besonders schulten».[18] 1838 promovierte er und begann 1839, vom Militärdienst befreit, mit Vorlesungen über römisches Recht und Strafrecht. 1841–1850 bereiste er ganz Europa, dabei dreimal England (1846, 1848, 1850). In der Universität organisierte GNEIST die jugendliche Fakultätsopposition gegen die Ordinarien und betonte enthusiastisch den politischen Charakter von Wissenschaft.[19] Als Mitglied der Berliner Stadtverordnetenversammlung (Mai 1848) und der Bürgerwehr machte er die Revolution in Berlin mit und geriet in politische Schwierigkeiten mit dem Obertribunal, wo er ausscheiden mußte. Im Dezember 1849 legte er auch sein Mandat in der Stadtverordnetenversammlung nieder. Bei der Kandidatenaufstellung für die zweite Kammer (1849) konnte er sich nicht durchsetzen.

Die schon früh einsetzende Neigung zu England und die politischen Erfahrungen der Jahre 1848/49[20] führten GNEIST nun zu klassischen, moderat liberalen Positionen beim Wahlrecht und bei den Rechten des Parlaments (Budget, Steuerbewilligung),[21]

[16] *E. Loening*, Lehrbuch des Deutschen Verwaltungsrechts, Leipzig 1884, 25.

[17] *H. Preuss*, Rudolf von Gneist (1895), in: *ders.* Staat, Recht und Freiheit, 1964, 503–509; *E. Schiffer*, R. v. Gneist, 1929; *D. Weber*, Die Lehre vom Rechtsstaat bei Otto Bähr und Rudolf von Gneist, Diss. jur. Köln 1968; die bislang beste, leider unpublizierte Arbeit von *Erich J. C. Hahn*, Rudolf von Gneist (1816–1895). The Political Ideas and Political Activity of a Prussian Liberal in the Bismarck Period, phil. Diss. Yale Univ. 1971 (M.schr.); *G. Schmidt-Eichstedt*, Staatsverwaltung und Selbstverwaltung bei Rudolf von Gneist, in: Die Verwaltung 8 (1975) 345ff.; *G. Chr. v. Unruh*, Gneist, in: *K. G. A. Jeserich–H. Neuhaus*, Persönlichkeiten der Verwaltung, 1991, 197–200.

[18] *J. Hatschek*, ADB 49 (1904), 403–413 (403).

[19] *Hahn* (Anm. 17), 11ff.

[20] Eine Bilanz und Selbstrechtfertigung gibt *Gneist* in «Berliner Zustände», Berlin 1849.

[21] Zu seiner Position im preußischen Verfassungskonflikt eingehend *Hahn* (Anm. 17), 90ff. Dort 281ff. auch ein grundsätzlicher Brief *Gneists* an *J. K. Rodbertus-Jagetzow* v. 20. Juli 1864 (Deutsches Zentral-Archiv Merseburg, Rep. 92 Rodbertus-Jagetzow, B Nr. 8).

aber auch zu starken antibürokratischen Ressentiments. Sein Buch «Die Bildung der Geschworenengerichte in Deutschland nebst einem Gesetzentwurf» (1849) behandelte vor allem das englische Modell der Jury und seine Übertragbarkeit auf Deutschland. In einer Reihe weiterer Schriften drang Gneist nun immer tiefer in die englische Verfassungsgeschichte ein. 1853 publizierte er «Adel und Ritterschaft in England», 1857–60 «Das heutige englische Verfassungs- und Verwaltungsrecht».[22] Hieraus entwickelten sich durch ständige Umarbeitungen und Ergänzungen die Bücher «Das englische Verwaltungsrecht der Gegenwart in Vergleichung mit den deutschen Verwaltungssystemen»,[23] «Die Geschichte des selfgovernment in England oder die innere Entwicklung der Parlamentsverfassung bis zum Ende des 18. Jahrhunderts» (1863), «Geschichte und heutige Gestalt der englischen Communalverfassung oder des selfgovernment» (1863), «Verwaltung, Justiz, Rechtsweg, Staatsverwaltung und Selbstverwaltung nach englischen und deutschen Verhältnissen mit besonderer Rücksicht auf Verwaltungsreformen und Kreisordnungen in Preußen» (1869), «Selfgovernment, Communalverfassung und Verwaltungsgerichte in England» (1871), schließlich eine «Englische Verfassungs-Geschichte» (1882).

Schon die Publikationsjahre zeigen, daß sich Gneists literarische Produktivität und politische Aktivität in und mit der «Neuen Ära»[24] entfalteten. 1858 wurde er wieder Berliner Stadtverordneter und erhielt auch endlich ein Ordinariat in der Fakultät. Ein Jahr später wurde er Mitglied des preußischen Abgeordnetenhauses, und zwar in der liberalen Fraktion sowie im linken Zentrum, wo er sich zu einem der Wortführer der Opposition im Verfassungskonflikt entwickelte.[25] Von 1866 bis 1884 war Gneist als Nationalliberaler Mitglied des Reichstages im Norddeutschen Bund und im Deutschen Reich.

Gneists wissenschaftliche Hinwendung zu England war von tiefer Sympathie für eine bürgerlich-liberale, organische Entwicklung getragen. Beeinflußt von der historischen Schule distanzierte er sich vom rationalen französischen Konstitutionalismus und suchte die Lösung der politischen und sozialen Spannungen in der aktiven Beteiligung der «besitzenden Klassen» an der Staatsgewalt. England schien hier – wie ein Jahrhundert zuvor bei Montesquieu – das Vorbild organischer Entwicklung zu bieten.[26] In Parallele zu Lorenz von Steins «Geschichte der Socialen Bewegung in Frankreich» (1850) und tief beeindruckt hiervon, versuchte Gneist das englische Material daraufhin zu befragen, wie Staat und Gesellschaft in Harmonie zu bringen seien. Das war die Fortsetzung des Grundgedankens des Freiherrn vom Stein, angewendet auf die Klassengesellschaft des Hochliberalismus, eine Gesellschaft, die zudem in ihren Spitzen ausgesprochen englandfreundlich war. Gneists Idee des «selfgovernment» zielte auf politische Mitverantwortung, auf Versöhnung von demokratischer Teilhabe und obrigkeitlicher Herrschaft, ähnlich wie dies Gierke mit seiner Synthese von Herrschaft und (genossenschaftlicher) Freiheit vorschwebte. Der Staat sollte auf diese

[22] 2. Aufl. in 2 Bden Berlin 1867; der erste Teil erschien völlig umgearbeitet als «Das englische Verwaltungsrecht mit Einschluß des Heeres, der Gerichte und der Kirche, geschichtlich und systematisch», 2 Bde: Geschichte des englischen Verwaltungsrechts (1), Das heutige englische Verwaltungsrecht (2), Berlin 1866–1867.

[23] 2 Bde, 1883–1884.

[24] *Huber* III (1988), § 18.

[25] *Hahn* (Anm. 17), 49 ff.

[26] Als späte Nachwirkung dieses Gedankens siehe *F. Darmstaedter*, Ist das englische selfgovernment als Grundlage der deutschen Selbstverwaltung anzusehen?, in: Gedächtnisschrift W. Jellinek, 1955, 535–548.

Weise seinen Charakter als obrigkeitlicher Beamtenstaat, die Gesellschaft ihren reinen Objektcharakter verlieren.

Dazu genügte allerdings nicht die «Beteiligung» auf der Seite der Gesellschaft, sondern es bedurfte der Umformung des Staates zum Rechtsstaat auf der anderen Seite. Hier war GNEISTS Engagement erheblich erfolgreicher als bei der Implantierung einer bürgerlichen Selbstverwaltung. GNEIST setzte sich ein für das richterliche Prüfungsrecht,[27] für die Entwicklung des Anwaltsstandes[28] sowie für eine eigenständige Verwaltungsgerichtsbarkeit.[29] Letztere ist nicht GNEISTS Schöpfung; denn für die Kontrolle der Verwaltung durch unabhängige Gerichte hatte man sich in der Paulskirche eingesetzt, und OTTO BÄHR zielte 1864 in dieselbe Richtung.[30] Lediglich die von BÄHR offengelassene Frage, ob es Gerichte des Zivilrechts oder öffentlichen Rechts sein sollten, stand zur Lösung an. GNEISTS Linie, eine gerichtsförmige Kontrolle in die Verwaltung einzubringen, zielte auf einen Kompromiß zwischen «Justizstaatlern» auf der einen und der völligen Verweigerung einer externen Kontrolle auf der anderen Seite. Er stellte den Individualrechtsschutz zurück und betonte die Funktion gerichtlicher Wahrung der objektiven Rechtsordnung zur Eindämmung parteilichen Verwaltungshandelns. Zugleich begrenzte er die von der Verwaltung gefürchtete Kontrolle dadurch, daß er die Zuständigkeit nicht durch eine Generalklausel öffnete, sondern auf einen begrenzten Katalog festlegte (Enumerativprinzip), der dem Gesetzgeber pragmatische Einzelschritte erlaubte. Im Ergebnis setzte sich so die Verwaltung, die auch die erste Instanz der Verwaltungsgerichtsbarkeit in der Hand behielt, durch.[31]

RUDOLF VON GNEIST war als Parlamentarier, Hochschullehrer, Gründungsvater des Deutschen Juristentages,[32] Gründer des Vereins zur Abwehr des Antisemitismus, Berater des Auswärtigen Amtes,[33] Staatsrat, Wirklicher Geheimer Oberjustizrat («Exzellenz»), in den erblichen Adel erhoben, Ehrendoktor von Edinburgh, Bologna, Oxford und Dublin, Mitglied des Pour le mérite und Träger anderer Orden eine Repräsentationsfigur des Zweiten Reiches. Politisch hatte er mit dem Übergang zu den Nationalliberalen seinen Frieden mit dem Staat gemacht. Die gouvernementale Ausrichtung überdeckte dabei allmählich den partizipatorischen Ausgangspunkt des politischen Liberalismus, wie auch sein Einsatz im Kulturkampf zeigt.[34] Das Einverständ-

[27] *R. v. Gneist,* Soll der Richter auch über die Frage zu befinden haben, ob ein Gesetz verfassungsmäßig zustande gekommen? Gutachten f. d. 4. Dt. Juristentag, 1863.

[28] *R. v. Gneist,* Freie Advokatur. Die erste Forderung aller Justizreform in Preußen, Berlin 1867.

[29] *R. v. Gneist,* Verwaltung, Justiz, Rechtsweg, Staatsverwaltung und Selbstverwaltung nach englischen und deutschen Verhältnissen mit besonderer Rücksicht auf Verwaltungsreformen und Kreisordnungen in Preußen, Berlin 1869; *ders.* Der Rechtsstaat und die Verwaltungsgerichtsbarkeit in Deutschland, Berlin 1872, 2. Aufl. 1879 (Nachdr. 1958).

[30] Ein Überblick über die Entwicklung der Diskussion *(O. Bähr, R. Gneist, O. Sarwey, O. Mayer)* bei *W. Kohl,* Das Reichsverwaltungsgericht, 1991, 9–24.

[31] *U. Stump,* Preußische Verwaltungsgerichtsbarkeit 1875–1914. Verfassung – Verfahren – Zuständigkeit, 1980; *W. Rüfner,* in: DVG III (1984), 922ff. m. w. Nachw.

[32] *Th. Olshausen,* Der Deutsche Juristentag. Sein Werden und Wirken, Berlin 1910; *H. Conrad,* in: *E. v. Caemmerer,/E. Friesenhahn/R. Lange* (Hg.), Festschrift zum hundertjährigen Bestehen des Deutschen Juristentages 1860–1960, 1960, 1ff.

[33] Zu seiner Beratungstätigkeit für Japan siehe *K. Luig,* Rudolf von Gneist (1816–1895) und die japanische Verfassung von 1889, in: Jap. Kulturinstitut Köln (Hg.), Kulturvermittler zwischen Japan und Deutschland. Biographische Skizzen aus vier Jahrhunderten, 1990, 50–77.

[34] *R. v. Gneist,* Die confessionelle Schule. Ihre Unzulässigkeit nach preußischen Landesgesetzen und die Notwendigkeit eines Verwaltungsgerichtshofes, Berlin 1869.

nis mit dem preußischen Staat steigerte sich sogar noch zu einer späten Verteidigung des Dreiklassenwahlrechts.[35] Mit der Mehrheit der Liberalen konzentrierte er sich nicht auf die «Parlamentarisierung», sondern auf den Ausbau des «Rechtsstaats» (Reichsjustizgesetze, Gerichtsverfassung, Anwaltschaft, Verwaltungsgerichtsbarkeit). Das führte zu beträchtlichen Erfolgen beim inneren Ausbau des Reiches, aber auch zu einer schleichenden Entpolitisierung der liberalen Substanz. GNEIST hat dies etwa bei der Preisgabe der Idee subjektiven Rechtsschutzes durch die Verwaltungsgerichtsbarkeit bewußt vollzogen. Mit der ihm eigenen Mischung von liberalem Idealismus hegelscher Herkunft, darwinistischem Fortschrittsoptimismus und preußisch-protestantisch gefärbtem Nationalismus, gepaart mit einem kräftigen Schuß Ehrgeiz und hohen rhetorischen Gaben repräsentierte er den Gang des deutschen Liberalismus von 1848 bis zum Ende des Jahrhunderts. Die liberalen Forderungen wurden nach 1866 entweder erfüllt oder verkümmerten. Mit der Übernahme staatstragender Funktionen rückte der antikatholische und antisozialistische Liberalismus immer mehr ins konservative Lager. Als sich die Reichspolitik ab 1881 der aktiven Sozialpolitik zuwandte, vollzog GNEIST im «Verein für Socialpolitik» auch diese Wendung mit, zumal dort auch Genossenschafts- und Selbstverwaltungselemente enthalten waren.

Für die Wissenschaftsgeschichte des öffentlichen Rechts sind deshalb weniger GNEISTS stark rhetorisch geprägte und stilistisch schwer erträgliche Bücher relevant als die ideelle und praktisch-reformerische Gesamtsumme seines Lebens, die indirekten Auswirkungen über die von ihm mitgestalteten institutionellen Reformen im Justizwesen, im Kommunalrecht, bei der Advokatur und der preußischen Verwaltungsgerichtsbarkeit.

b) L. v. STEIN

Jene «ideelle Gesamtsumme» muß auch LORENZ VON STEIN (1815–1890) zuerkannt werden, insbesondere seiner glänzenden Darstellung des Sozialismus in Frankreich[36] und seinen Analysen als Gesellschaftstheoretiker und Staatswissenschaftler,[37] Nationalökonom[38] und Finanzwissenschaftler.[39] Was ihn aber von GNEIST unterscheidet, ist das Fehlen der praktisch-reformerischen Komponente, wie sie GNEIST in hohem Maße

[35] *R. v. Gneist,* Die Nationale Rechtsidee von den Ständen und das Preussische Dreiklassen-Wahlsystem, Berlin 1894 (Nachdr. 1962).

[36] *L. Stein,* Der Socialismus und Communismus des heutigen Frankreichs, Leipzig 1842 (2. Aufl., 2 Bde Leipzig 1848 unter dem Titel «Die socialen und kommunistischen Bewegungen seit der dritten Französischen Revolution»); 3. Aufl.: Die Geschichte der socialen Bewegung Frankreichs von 1789 bis auf unsere Tage, 3 Bde Leipzig 1850; 2. Aufl. 1855; neu hrsgg. v. *G. Salomon* 1921 (Neudr. 1960). Siehe auch *L. v. Stein,* Schriften zum Sozialismus 1848, 1852, 1854, hrsgg. v. *E. Pankoke,* 1974 sowie *R. Hörburger,* Steins Sozialismusverständnis von 1842, in: *R. Schnur* (Hg.), Staat und Gesellschaft. Studien zu Lorenz von Stein, 1978, 185–203; *A. v. Mutius* (Hg.), Lorenz von Stein 1890–1990, 1992.

[37] *L. v. Stein,* System der Staatswissenschaften, 2 Bde, Stuttgart–Augsburg 1852–1856 (Neudr. 1964).

[38] *L. v. Stein,* Lehrbuch der Volkswirtschaft, Wien 1858, 2. Aufl. 1878, 3. Aufl. 1887.

[39] *L. v. Stein,* Lehrbuch der Finanzwissenschaft, Leipzig 1860, 5. Aufl. 1885/86, 3 Bde, Neudr. 1968. – *M. Heilmann,* Lorenz von Stein und die Grundprobleme der Steuerlehre, 1984; *C. Quesel,* Soziologie und soziale Frage. Lorenz von Stein und die Entstehung der Gesellschafswissenschaften in Deutschland, 1989; zusammenfassend *D. Blasius,* Lorenz von Stein. Krisenprobleme der Moderne im Spiegel konservativen Denkens, in: *P. Alter* u. a. (Hg.), Geschichte und politisches Handeln. Studien zu europäischen Denkern der Neuzeit, Th. Schieder z. Gedächtnis, 1985, 197–205.

besaß. STEIN ist stets Theoretiker geblieben. Von seinem schleswig-holsteinischen Engagement abgesehen, hielt er sich in Distanz zur Tagespolitik.

GNEIST und STEIN waren Altersgenossen. Beide waren engagierte 1848er und trugen einige Jahre lang schwer an den beruflichen Folgen dieses politischen Engagements. Beide waren von HEGEL geprägte Liberale, die auf jeweils eigene Weise das Grundproblem ihrer Zeit, den Klassencharakter der Gesellschaft und die Spannungen zwischen Staat und Gesellschaft, zu bewältigen suchten. Ihre Diagnosen dieses Problems waren verwandt. Sie sahen eine Klassengesellschaft vor sich, in der das Bürgertum eine prekäre Lage einnahm. Da es nur geringen Anteil an der politischen Macht hatte, war es insoweit nicht handlungsfähig; gleichzeitig wurde es vom Vierten Stand bedrängt. So suchte GNEIST in Erinnerung an die Lage von 1806 eine organische Verbindung von Bürgertum und Staat in der Weise, daß man das Bürgertum in der Selbstverwaltung aktivierte, es sozusagen «von unten» in den Staat hineinwachsen ließ, sei es in der Justiz, sei es in der örtlichen Verwaltung. Man konnte aber auch wie LORENZ VON STEIN die den Klassenkampf überwindende neutrale Instanz im Königtum suchen, ihm die Aufgabe des sozialen Ausgleichs zuschreiben und versuchen, auf diese Weise aus den Antagonismen der Gesellschaft herauszukommen.[40] Indem STEIN den engen Zusammenhang von Verfassung und Verwaltung betonte, kehrte auch er auf die Ebene der Verwaltung zurück. In der Verwaltung entschied sich für beide jenes Grundproblem der Zeit, dem einen auf dem Weg über das «selfgovernment», dem anderen über das Verständnis der Verwaltung als tätig werdende Verfassung. Mit einem Gefühl für diese Geistesverwandtschaft hat STEIN die erste Auflage seiner «Verwaltungslehre» GNEIST gewidmet.[41]

STEIN wurde 1815 in der Nähe von Eckernförde im damaligen Herzogtum Schleswig geboren, besuchte dort und in Flensburg bis 1835 die Schule, studierte bis 1838 Philosophie und Rechtswissenschaft in Kiel, 1837 in Jena. 1839 machte er ein hervorragendes Examen in Kiel, wurde in der schleswig-holsteinischen Kanzlei in Kopenhagen angestellt, promovierte 1840 und reiste 1841 bis 1842, unterstützt vom dänischen König, nach Berlin und Paris. «Summarisch läßt sich sagen», so hat später ERNST FORSTHOFF resümiert, «daß er die wesentlichen Themen seiner Lebensarbeit dem Aufenthalt in Paris und seiner Berührung mit der eben in der Entstehung begriffenen Gesellschaftslehre und den weithin utopischen Frühsozialisten verdankte, seine Methode der Berliner Zeit, in der er sich mit der Philosophie Hegels näher vertraut machte.»[42]

Von 1843 an hielt er Vorlesungen in Kiel, 1845 wurde er a. o. Professor der Staatswissenschaften. Dieser relativ konventionelle Beginn der Karriere wurde aber durch die deutsch-dänischen Spannungen unterbrochen. STEIN engagierte sich ab 1846 gegen Dänemark und wurde 1849 in den provisorischen Landtag gewählt. 1852 enthob ihn deshalb die dänische Regierung seines Amtes. Danach ernährte er sich durch journalistische Arbeiten, bis es ihm 1855 gelang, in Wien eine Professur für politische Ökonomie zu erhalten. Dort wirkte er drei Jahrzehnte lang als staatswissenschaftliche Be-

[40] *G. Gozzi,* Modelli politici e questione sociale in Italia e in Germania fra Otto e Novecento, Bologna 1988.

[41] *L. Stein,* Die Verwaltungslehre, 1. Theil, Stuttgart 1864, Vorrede.

[42] *E. Forsthoff* (Hg.), Gesellschaft – Staat – Recht, 1972, 9. Siehe auch *W. Schmidt,* Der junge Lorenz von Stein zwischen Nationalität und Europa, in: *Schnur* (Anm. 36), 29–46. Dieser Sammelband bildet heute den Ausgangspunkt der Forschungen über *Stein.*

rühmtheit bis 1885. 1860 schrieb er sein «Lehrbuch der Finanzwissenschaft» und 1865–1868 die «Verwaltungslehre», ganz abgesehen von zahlreichen anderen Werken und Gelegenheitsschriften.[43] Nachdem er durch ein unternehmerisches Abenteuer sein Vermögen verloren hatte, starb er 1890 in Weidlingau bei Wien.

Stein hat seine Verwaltungslehre[44] in der Hoffnung geschrieben, damit die «Pandekten der Staatswissenschaft» als Fundament des ganzen öffentlichen Rechts zu schaffen.[45] Indem er organologisch zwischen dem Willen des Staates (Gesetzgebung) und seiner Tätigkeit (Vollziehung) unterschied, war die Verwaltung als die von der Verfassung angeleitete «Arbeit» des Staates der eigentliche Zentralbereich.[46] Die Verwaltungslehre sollte «die Idee des arbeitenden Staates» in ein organisches System bringen, und zwar historisch, philosophisch und rechtsvergleichend auf europäischer Ebene. Verwaltungslehre war damit das Pendant zur Verfassungslehre.[47] Deshalb skizziert Stein den Staat, die Staatsorgane und den Staatsbegriff, das Staatsrecht und die Gesellschaft lediglich eingangs, um sich dann der Verwaltung zuzuwenden.

Sie gliedert sich nach Steins eigenwilliger Terminologie in staatliche und nichtstaatliche Verwaltung. Staatliche Verwaltung besteht einmal aus der «Vollziehung», d. h. aus den hoheitlichen Willensäußerungen (Verordnung), aus dem Kompetenzgefüge (Organisation) und der Durchsetzung des Willens (Zwang), sodann aus der «eigentlichen» Verwaltung, die zwar rechtsgebunden, aber in «freier Beweglichkeit» tätig wird (Staatswirtschaft, Rechtspflege, Inneres). Neben der staatlichen Verwaltung steht die freie nichtstaatliche Verwaltung in (kommunaler) Selbstverwaltung und im Vereinswesen, jeweils durch die «Oberaufsicht» rückgebunden an den Staatswillen.

In dieser Weise entrollt sich nun das Panorama der Verwaltungslehre in acht Bänden. Der erste Schwerpunkt lag auf der Verwaltung und dem Verwaltungsrecht, auf der Abgrenzung von Regierungs- und Verwaltungssachen – einschließlich des später plazierten «allgemeinen Polizeirechts» (IV/1) samt verfassungsmäßiger Kontrolle der Staatsgewalt (I/1). Der staatlichen Verwaltung schließen sich Selbstverwaltung (I/2) und Vereinswesen (I/3) an. Dieser umfassenden «Grundlegung» folgt nun ein weiterer allgemeiner Teil, der die Geschichte der Verwaltungslehre bis zu Steins Zeit sowie die Ausdifferenzierung des Verwaltungsrechts und der Polizei im engeren Sinne behandelt (II).

Erst da beginnt die Darstellung der einzelnen Sachgebiete. Stein hält sich dabei an die überlieferte Gliederung der Lehrbücher der Polizeiwissenschaft, beginnt also mit dem «physischen Leben», d. h. mit dem Bevölkerungswesen (II) und dem Gesundheitswesen (III), schreitet dann zur Sicherheitspolizei fort (politische Polizei, polizeiliche Eingriffe, Bettel und Vagabundenwesen, Strafhaftentlassenenkontrolle). Bei dieser Gelegenheit gibt es dann noch Seitenblicke, nicht nur auf das Pflegschaftswesen,

[43] *M. Munding*, Bibliographie der Werke Lorenz von Steins und der Sekundärliteratur, in: *Schnur* (Anm. 36), 561 ff.

[44] *L. Stein*, Die Verwaltungslehre, 7 Theile, Stuttgart 1865–1868, 2. Aufl. 1869–1883 (Neudr. in 10 Bänden 1962); *ders.* Handbuch (Anm. 7).

[45] Vorrede zum ersten Band der 2. Auflage, Stuttgart 1868. Grundlegend für sein Verständnis der Staatswissenschaft seine Schrift «Gegenwart und Zukunft der Rechts- und Staatswissenschaft Deutschlands», Stuttgart 1876 (Nachdr. 1970), auch in: *Forsthoff* (Anm. 42), 147–494. Zu «Zeitbezug und Zeitkritik in Lorenz von Steins Verwaltungslehre» *D. Blasius*, in: *Schnur* (Anm. 36) 419–433.

[46] *E. Pankoke*, Soziale Politik als Problem öffentlicher Verwaltung. Zu Lorenz von Steins gesellschaftswissenschaftlicher Programmierung des «arbeitenden Staates«; in: *Schnur* (Anm. 36), 405–417.

[47] Vorrede zum dritten Teil der 2. Aufl., Stuttgart 1882, VI.

sondern auch auf die Gefahrenabwehr im Gewerberecht, deren immense Bedeutung im Zeitalter der Industrialisierung STEIN offenbar völlig verkannt hat (IV). Dagegen geriet ihm die Darstellung des Bildungswesens (V–VIII) zu einer ausufernden Wissenschaftsgeschichte von der Antike bis ins 19. Jahrhundert.

So groß diese Konzeption und so umfassend diese Verwaltungslehre angelegt war,[48] so reich ihr Inhalt im Einzelnen sein mag – sie ist unter dem nüchternen Blick ihrer Brauchbarkeit für den Verwaltungsalltag kaum mehr als eine pompöse Ruine. Schon damals war es nicht mehr möglich, den Fluß der Gesetzgebung auf allen Ebenen in einer Momentaufnahme festzuhalten. Darüber hinaus erschwerten das rhetorische Pathos und die vielen Wiederholungen die Aufnahme. Da STEIN mit dem Anspruch auftrat, nicht nur die welthistorische Entwicklung, die Geschichte der europäischen Kultur, die einzelnen Elemente der gesamten Staatswissenschaften und das geltende Verwaltungsrecht zu überblicken, sondern alle diese Teile auch in einer einheitlichen Konzeption zu verschmelzen, geriet er in der Hochblüte positivistischer Separierung der Einzelwissenschaften in eine ausweglose Situation. Ein missionarisches Selbstbewußtsein dichtete ihn gegen Zweifel ab, obwohl ihm eigentlich hätte klar sein müssen, daß seine Konzeption ihn dazu zwang, auf nahezu allen Gebieten dilettierend die Fortschritte der Einzelwissenschaften aufzunehmen. Gewiß kann man harmonisierend sagen, STEIN sei der letzte große Repräsentant der gesamten Staatswissenschaft und es sei ihm gelungen, «die auseinanderstrebenden Methoden philosophischer und historischer, politischer und soziologischer, juristischer und ökonomischer Betrachtung noch einmal in bewältigender Gesamtschau» zu vereinen,[49] aber diese Aussage hält eben den damaligen, erst recht den heutigen methodologischen Anforderungen der Einzelwissenschaften nicht Stand. Die Zusammenschau ist bei genauerer Betrachtung eher ein über die harten Realien hinweggleitender rhetorischer Überbau. Groß ist jedenfalls die Anstrengung, die auseinanderstrebenden Teile von einem universalen Standpunkt aus zu überschauen und zusammenzufügen. Letztlich konnte dies nicht gelingen, weil auch das zugrundeliegende philosophische Fundament keine Allgemeinverbindlichkeit mehr beanspruchen konnte. STEINS Scheitern ist insoweit exemplarisch. Es ist der letzte Versuch, eine idealistische Konzeption als Klammer für das in unverbundene Einzelteile zerfallende Sonderwissen zu entwerfen. Gerade die Kapitulation vor dem Recht der Industrialisierung einerseits und das Ausweichen in die europäische Bildungsgeschichte zeigt, daß diese Konzeption zerbrochen war.

Das bedeutet allerdings keineswegs, daß STEIN für die Wissenschaftsgeschichte des öffentlichen Rechts folgenlos geblieben wäre. Vor allem vier Aspekte sind bedeutsam.

Seine «Verwaltungslehre», welche die auseinanderstrebenden Fächer der Polizeiwissenschaft und des Verwaltungsrechts noch einmal zu vereinen suchte, hatte immerhin eine den Zerfallsprozeß retardierende Funktion, jedenfalls in Österreich.[50] STEIN etablierte die «Verwaltungslehre» als staatswissenschaftliches Fach. Er vollzog auch die

[48] *K. Hartmann,* Reiner Begriff und tätiges Leben. Lorenz von Steins Grundkonzeption zum Verhältnis von Staat und Gesellschaft und von Rechtsphilosophie und Recht, in: *Schnur* (Anm. 36), 65–95; *E. V. Heyen,* Lorenz von Stein und die europäische Rechtsgeschichte. Zur Einführung in ein neues Feld der Wissenschaftsforschung, in: *ders.* (Hg.), Wissenschaft und Recht der Verwaltung seit dem Ancien Régime, 1984, IX ff.

[49] *E. R. Huber,* Lorenz von Stein und die Grundlegung der Idee des Sozialstaats, in: *ders.* Nationalstaat und Verfassungsstaat. Studien zur Geschichte der modernen Staatsidee, 1965, 127.

[50] Hierzu *K. Wenger,* Lorenz von Stein und die Entwicklung der Verwaltungswissenschaft

semantische Ablösung des Komplexes von der alten Polizeiwissenschaft. Was allerdings nicht seinen Intentionen entsprach, war die Trennung der Verwaltungslehre vom Verwaltungsrecht und ihre offenbar unaufhaltsame Entwicklung zum Sammelgebiet der verwaltungsrelevanten, nichtjuristischen Fächer.[51]

Wichtiger war seine dem strengen Trennungsdenken zuwiderlaufende Sicht einer inneren Einheit von Verfassungs- und Verwaltungsrecht. Diesen Gedanken hatten auch andere, insbesondere ROBERT VON MOHL immer wieder unterstrichen, und er konnte im Grunde zu den Trivialitäten zählen. Aber der Eindruck täuscht. Die Betonung der Einheit von Verfassung und Verwaltung war – unter konstitutionellen Verhältnissen – ein Appell, den normativen Überschuß der Verfassung auf der Verwaltungsebene kleinzuarbeiten und umzusetzen. Damit war das politische Element der Verwaltung, vor allem der Gedanke der Teilhabe aller an der politischen Willensbildung gegen die mächtige Tendenz der Entpolitisierung des Verwaltungsrechts nach 1848 festgehalten. Da diese Entpolitisierung mit der «juristischen Methode» auch die höheren Weihen der Wissenschaftlichkeit erlangen konnte, setzte sich letztlich die von GERBER unterstützte strenge Trennung durch.

Bedeutsam für die Dogmatik des Verwaltungsrechts ist weiterhin STEINS Gedanke, die verwaltungsrechtlichen Rechtsformen sollten den Strukturen des Objekts entsprechen. Es müsse, sagte STEIN, die Verwaltung «das Verständnis aller derjenigen Kräfte und Gesetze in sich aufnehmen, welche das wirkliche Leben beherrschen; sie *muß das Verwaltungsrecht aus dem Wesen des zu Verwaltenden* bilden; sie muß die Wissenschaft des Staatslebens in all seinen tausend Faktoren, Formen und Elementen sein, um zur Wissenschaft des Verwaltungsrechts aus der bloßen Verwaltungsgesetzkunde zu werden».[52] Diese Maxime ist in der langen Entwicklung der verwaltungsrechtlichen Dogmatik hinter der Ausbildung eines Kanons von Rechtsformen, die ausdrücklich vom «Wesen des zu Verwaltenden» abgetrennt und als universell verwendbar angesehen wurden, zurückgetreten. Erst der Appell, die Verwaltungszwecke in die dogmatische Arbeit einzubeziehen und die Diskussion um eine Neuorientierung der Dogmatik haben ihre Bedeutung wieder erkennbar gemacht.[53]

Schließlich ist für die Folgezeit jener Grundgedanke STEINS bedeutungsvoll geworden, der in den modernen Sozialstaat eingegangen ist, seine Lehre vom «sozialen Königtum». Ihr liegen fundamentale (und empirisch nicht wirklich zu belegende) Annahmen zugrunde: Prinzip der Gesellschaft ist das «Interesse», Prinzip des Staates die «Idee». Der Staat, ein Organismus mit der «Fähigkeit zur inneren Selbstbestimmung, zum Willen und zur Tat»,[54] unterwirft die Gesellschaft und ihre Interessen den «wahrhaft allgemeinen Zwecken».[55] Er überwindet dadurch die in der Gesellschaft herr-

in Österreich, in: *Schnur* (Anm. 36), 488ff.; *W. Brauneder*, Formen und Tragweite des deutschen Einflusses auf die österreichische Verwaltungsrechtswissenschaft 1850–1914, in: *Heyen* (Anm. 48), 249–283.

[51] Hierzu unten IV.

[52] Gegenwart und Zukunft (Anm. 45), bei *Forsthoff*, aaO., 451.

[53] *P. Badura*, Verwaltungsrecht im liberalen und im sozialen Rechtsstaat, 1966; *O. Bachof/W. Brohm*, Die Dogmatik des Verwaltungsrechts vor den Gegenwartsaufgaben der Verwaltung, VVDStRL 30 (1972) 193ff.; *E. Schmidt-Aßmann*, Das Allgemeine Verwaltungsrecht als Ordnungsidee und System, 1982; *M. Stolleis*, Entwicklungslinien der verwaltungsrechtlichen Dogmatik im industriellen Zeitalter, in: Bundeswehrverwaltung 34 (1990) 152–156.

[54] *Huber* (Anm. 49), 129.

[55] *L. Stein*, System der Staatswissenschaft, Bd. 2: Die Gesellschaftslehre (Anm. 37), 30f.

schende Unfreiheit und schafft zunächst einmal die materielle Grundlage persönlicher Freiheit. Freilich geschieht dies nicht naturnotwendig, sondern dadurch, daß der Staat die Spannungen zwischen den gesellschaftlichen Interessen nicht nur unterdrückt, sondern aktiv ausgleicht, indem er sich zur Sozialreform entschließt.

STEIN setzte seine Hoffnungen auf die Monarchie als reine, von Interessen unabhängige Verkörperung der Staatsidee. Nur ein ideal verstandenes Königtum, umgeben von ihm dienstbaren Beamtentum und Heer, schien ihm fähig zu sein, die soziale Reform zu bewältigen, d. h. jedem Arbeitenden Kapitalbesitz zu ermöglichen.[56] Dieser Weg eines konservativen Staatssozialismus ist in der Tat von BISMARCK beschritten worden,[57] und er hat bis heute die deutsche Variante des europäischen Sozialstaates bestimmt.[58]

c) H. ROESLER

Eine gewisse Nähe zu LORENZ VON STEIN und geistige Verwandtschaft mit dem Gedanken eines korporativen «Sozialrechts» (OTTO BÄHR, OTTO GIERKE) kennzeichnen HERMANN ROESLER (1834–1894).[59] Sein «Lehrbuch des deutschen Verwaltungsrechts» (1872/73), das erste mit diesem Titel überhaupt,[60] war ein eigenwilliger Versuch.[61] Ausgangspunkt ROESLERS war die von MOHL und STEIN vorausgesetzte Unterscheidung von Staat und Gesellschaft, bei der die gesellschaftliche Selbstorganisation gewissermaßen als Unterbau des Ganzen erschien und sich zwischen Staat und Individuum etablierte. Diesem Bereich entspricht das «soziale Verwaltungsrecht», also das

[56] *Huber* (Anm. 49); *E. W. Böckenförde*, Lorenz von Stein als Theoretiker der Bewegung von Staat und Gesellschaft zum Sozialstaat, in: Alteuropa und die moderne Gesellschaft. Festschr. f. O. Brunner, 1963, 248–277; *D. Blasius*, Lorenz von Steins Lehre vom Königtum der sozialen Reform und ihre verfassungspolitischen Grundlagen, in: Der Staat 10 (1971) 33–51; *Sun-Ok Kuk*, Das Wesen der Sozialstaatsidee bei Lorenz von Stein, 1978; *K.-H. Kästner*, Von der sozialen Frage über den sozialen Staat zum Sozialstaat, in: *Schnur* (Anm. 36), 381–402.

[57] Vermittler von *Steins* Ideen in den Umkreis *Bismarcks* war der «konservative Sozialist» *Hermann Wagener* (1815–1889), Chefredakteur der «Neuen Preußischen Zeitung» (Kreuzzeitung) und spätere Vortragende Rat im preußischen Staatsministerium. Zu ihm *H. J. Schoeps*, Hermann Wagener – Ein konservativer Sozialist, in: Zeitschr. f. Religions- und Geistesgeschichte 1956, 195ff.; *W. Saile*, Hermann Wagener und sein Verhältnis zu Bismarck, 1958.

[58] *M. Stolleis*, Die Sozialversicherung Bismarcks. Politisch-institutionelle Bedingungen ihrer Entstehung, in: *H. F. Zacher* (Hg.), Bedingungen für die Entstehung und Entwicklung von Sozialversicherung, 1979, 387–411; *G. A. Ritter*, Sozialversicherungen in Deutschland und England. Entstehung und Grundzüge im Vergleich, 1983; *ders.* Der Sozialstaat. Entstehung und Entwicklung im internationalen Vergleich, 1989.

[59] *H. Klenz*, ADB 53 (1907) 500f.; *Yasuzo Suzuki*, Hermann Roesler und die japanische Verfassung, in: Monumenta Nipponica IV (1941) 53ff.; *A. Rauscher*, Die soziale Rechtsidee und die Überwindung des wirtschaftlichen liberalen Denkens. Hermann Roesler und sein Beitrag zum Verständnis von Wirtschaft und Gesellschaft, 1969; *J. Siemes*, Die Gründung des modernen japanischen Staates und das deutsche Staatsrecht, 1975; *C. H. Ule*, Zu den Anfängen der Verwaltungsgerichtsbarkeit in Deutschland und Japan, Verwaltungsarchiv 80 (1989) 303ff.

[60] Noch ein Jahrzehnt später (1884) erklärte *Edgar Loening*, er folge nun, wenn er sein Lehrbuch «Deutsches Verwaltungsrecht» nenne, einem sich einbürgernden Sprachgebrauch. «Recht der inneren Verwaltung» sei «schleppend», «Polizeirecht» im umfassenden Sinn nicht mehr verwendbar.

[61] *H. Roesler*, Lehrbuch des Deutschen Verwaltungsrechts, I. Das soziale Verwaltungsrecht, Bd. 1: Einleitung, Personenrecht, Sachenrecht, Erlangen 1872, Bd. 2 Berufsrecht, Erwerbsrecht, Erlangen 1873.

Recht der öffentlichrechtlichen Körperschaften und Gemeinden. Darüber liegt das sog. politische Verwaltungsrecht (Finanz- und Militärverwaltung), und den dritten Bereich bildet das sog. formale Verwaltungsrecht (Organisationsrecht). Um den Stoff handhabbar zu machen, griff ROESLER auf die alte römischrechtliche Einteilung in «Personenrecht» und «Sachenrecht» zurück und ergänzte sie durch «Berufsrecht» und «Erwerbsrecht», versuchte also eine Koppelung eines gemeinrechtlichen Schemas mit den beiden wesentlichen Punkten des ökonomischen Liberalismus der siebziger Jahre. Da die theoretischen Grundlagen des Werks unklar blieben und die Gliederung des Stoffs nicht überzeugte, wurde es nicht akzeptiert. Dies lag auch daran, daß ROESLER, der ausgeprägte volkswirtschaftliche Interessen hatte,[62] sich nicht auf die Hinausweisung der nichtjuristischen Elemente einlassen wollte. Vielmehr behandelte er «Rechtswissenschaft und Volkswirthschaft, Privatrecht und öffentliches Recht, Privatverwaltung und öffentliche Verwaltung ... unter dem Namen eines sozialen Verwaltungsrechts».[63] Dieser Ansatz verstieß gegen die beiden wichtigsten Tendenzen zeitgenössischer Rechtswissenschaft: gegen die Trennung von öffentlichem und Privatrecht und gegen die Trennung von rechtlichen und nichtrechtlichen Materien.

ROESLER hatte sein Buch mit der sachlich ganz zutreffenden und optimistischen Überzeugung begonnen, er zweifle keinen Augenblick daran, «daß das Verwaltungsrecht eine bedeutende Zukunft hat», und er plädierte deshalb für seine Aufnahme in den Kanon der Unterrichtsfächer: «Wir sind an dem Punkte angelangt, wo die Ausdehnung des juristischen Unterrichts und der juristischen Prüfungen auf das Verwaltungsrecht und die Errichtung von Lehrstühlen des Verwaltungsrechts in den Juristenfakultäten nicht länger zu vermeiden sein wird.»[64] Und: «Die Literatur des Verwaltungsrechts vom heutigen Standpunkte ist spärlich und erst in den Anfängen begriffen.»[65] Aber die in den folgenden Jahren immer stärker herrschende Richtung des Fachs ließ seinen Versuch beiseite liegen. Die Kritiken waren vernichtend[66] und nahmen ROESLER wohl auch den Mut, sich hier weiter zu betätigen. Daß er sich in Japan ein neues Wirkungsfeld suchte, hängt wohl mit diesen negativen Erfahrungen zusammen.[67]

3. Die Entstehung eines «Allgemeinen Teils»

a) Die Anfänge

Die heute selbstverständliche Vorstellung, ein komplexes Rechtsgebiet könne durch Ausbildung eines «Allgemeinen Teils» zusammengefaßt, geistig durchdrungen und

[62] *H. Roesler,* Über die geschichtliche Entwicklung der volkswirtschaftlichen Ideen der neueren Zeit, 1872; *ders.* Ueber die Beziehungen zwischen Volkswirthschaftslehre und Rechtswissenschaft in Deutschland, in: Hirth's Annalen 1872, 509ff. – Die volkswirtschaftlichen Schriften *Roeslers* in: Handwörterbuch der Staatswissenschaften, 4. Aufl. Bd. 7 (1926) 111.

[63] *Loening* (Anm. 16), 25.

[64] *Roesler* (Anm. 61), Bd. I, XIf.

[65] aaO., 64.

[66] *W. Lustkandl,* Zur Lehre von Staat und Gesellschaft und ihrer Verwaltung, in: Grünhuts Zeitschrift 1 (1874) 584ff., 637ff.; *K. Frhr. v. Stengel,* Begriff, Umfang und System des Verwaltungsrechtes, ZgStW 38 (1884) 221 (232f.); *ders.* Lehrbuch des Deutschen Verwaltungsrechts, Stuttgart 1886, 65: «durchaus als verfehlt zu erachten»; *H. Rosin,* in: Hirths Annalen 1883, 310; *Loening* (Anm. 16), 25; *O. v. Sarwey,* Allgemeines Verwaltungsrecht, 1884, § 16; *L. Gumplowicz,* Verwaltungslehre, Innsbruck 1882, 34: «vollkommen verfehlt».

[67] Oben Anm. 59 m. w. Nachw.

nach Prinzipien des Rechtsstaats gestaltet werden, mußte sich im Verwaltungsrecht in vielen kleinen Einzelschritten durchsetzen. Was ihr entgegenstand, war die lange Zeit ebenso selbstverständliche Vorstellung, es sei zweckmäßig und «natürlich», den verwaltungsrechtlichen Stoff nach Maßgabe der jeweils zuständigen Ministerien zu gliedern (sog. Ressortprinzip). Die aus dem Verwaltungszweck und den entsprechenden Kompetenzen entwickelte Gliederung hatte ihre Vorteile. Sie garantierte leichte Orientierung nach Materien, und sie verband die Schilderung der Verwaltungsorganisation mit dem dazugehörigen materiellen Recht. Ihre Nachteile lagen in ihrer unwissenschaftlichen, additiv-erzählenden Methode und ihrem Mangel an verbindenden Elementen, die quer zu den Sachen erkennbar waren. Sie gab der Verwaltung keine «Einheit».

Insofern darf man um die Jahrhundertmitte noch kein geschlossenes Konzept eines «Allgemeinen Teils» erwarten. Vielmehr sind es da und dort zerstreute Gedanken in den Staatsrechtslehrbüchern, die sich allmählich so verdichteten, daß ein Einzelner die erste Skizze eines «Allgemeinen Teils» zusammenstellen konnte. Der typische Fundort für derartige Gedanken war die Stelle, wo der jeweilige Autor über das Verhältnis von Verfassungs- (Konstitutions-) und Verwaltungsrecht (Administrativrecht) zu sprechen hatte. Dort konnte er zur Trennung von Justiz und Verwaltung, zum Verbot rückwirkender Belastungen oder des Eingriffs in wohlerworbene Rechte, zur Entschädigungspflicht bei Enteignungen, zur Gesetzesbindung des Staatshandelns, zum Verhältnis von Gesetzes- und Verordnungsrecht und anderen Themen Stellung nehmen. Beispiele für derartige Ansatzpunkte, das Administrativrecht unter leitende Gesichtspunkte aus dem Verfassungsrecht zu stellen, bieten die «Grundsätze des heutigen deutschen Staatsrechts» von ROMEO MAURENBRECHER (1838), HEINRICH ZOEPFLS «Grundsätze des gemeinen deutschen Staatsrechts» (1840), vor allem aber die jeweiligen Darstellungen der Landesstaatsrechte, weil sich dort kraft umfassender Landeskompetenz das Verwaltungsrecht gewissermaßen an der Quelle bildete.[68] Eines der ersten Bücher, das sich trotz Beibehaltung des traditionellen Grundrisses in die neue Richtung bewegt, ist das Lehrbuch des Bayerischen Verwaltungsrechts von JOSEF PÖZL (1856).[69] Die einzelnen Sätze sind dort zwar verstreut, das Material wird unter Vorschaltung eines organisationsrechtlichen Teils nach dem Ressortprinzip (Justiz, Polizei, Staatspflege, Finanz, Militär) gegliedert. Eine in allen Sachgebieten auffindbare Dogmatik gibt es nicht, immerhin wird aber das Bedürfnis nach «wissenschaftlicher Bearbeitung des Verwaltungsrechts», verstanden als Isolierung des juristischen Elements, mehrfach unterstrichen.[70]

b) F. F. MAYER

Den entscheidenden Schritt von der Sammlung verwaltungsrechtlichen Materials nach «Ressorts» oder gar nach dem Alphabet hin zur Ausbildung eines rechtsdogmatischen «Allgemeinen Teils» ging der württembergische Verwaltungspraktiker FRIEDRICH FRANZ (V.) MAYER (1816–1870) mit seinem Buch «Grundzüge des Verwaltungsrechts und -Rechtsverfahrens» von 1857.[71] Er hat dieses Buch wenige Jahre später in

[68] Oben Kap. 4, II, 1–13.

[69] Oben Kap. 7, Anm. 30.

[70] Ebenso *Pözl*, in: Krit. Vierteljahrschrift für Gesetzgebung 2 (1860) 472.

[71] *F. F. Mayer*, Grundzüge des Verwaltungsrechts und Rechtsverfahrens, Tübingen 1857.

erweiterter und vertiefter Form publiziert.[72] Obwohl diese Bücher rückblickend als epochemachend anzusehen sind, blieb ihr Autor bis in die Gegenwart nahezu unbekannt. Weder seine sonstigen Werke noch die Biographie waren erforscht. Erst jüngst ist hier Klarheit geschaffen worden,[73] und es hat sich bestätigt, daß das ältere Urteil, MAYER sei der «Begründer der juristischen Methode verwaltungswissenschaftlicher Darstellung»,[74] zutreffend ist. MAYER hat preußisches,[75] bayerisches[76] und württembergisches Material gesammelt und seinen Ehrgeiz «in die Zurückführung des Einzelnen auf das Allgemeine, in die Anweisung der Stelle, die jedes einzelne Institut im öffentlichen Rechtsleben einnimmt, und im Zusammenhang mit den andern, in die Darlegung der obersten, leitenden Grundsätze» gesetzt.[77] Er strebte also die Schaffung eines gemeinen deutschen Verwaltungsrechts an und konnte sich dabei einerseits an GERBERS Vorgehensweise und Schrankenziehung im «System des deutschen Privatrechts» orientieren, andererseits am zentralistisch orientierten französischen Verwaltungsrecht, speziell von DUFOUR.[78] Von GERBER, der gerade damals württembergischer Professor in Tübingen war, konnte er lernen, daß es darauf ankomme, juristische und nichtjuristische Elemente säuberlich zu trennen und den Akzent ganz auf die juristische Seite zu legen. In diesem Sinne erklärte MAYER «die sonst unter dem Titel des Verwaltungsrechts unternommene Darstellung eines Gemisches von staats-, straf-, privat- und verwaltungsrechtlichen Grundsätzen und Instituten, sowie selbst von ökonomischen Klugheitsregeln» als «völlig verfehlt».[79]

GERBER konnte auch insofern die für das Verwaltungsrecht entscheidende Perspektive vermitteln, als er «das Recht nicht als eine Technik der Sozialgestaltungsfunktion des Staates begreift, sondern als Abgrenzung individueller Freiheitssphären im Zivilrecht und als Domestizierung der Staatsgewalt im öffentlichen Recht».[80] Bei dieser Domestizierung kam es entscheidend auf die Rechtsformen an; nur der rechtsförmlich handelnde Staat konnte Rechtsstaat sein. Formloses und zweckorientiertes Handeln war tendenziell «Willkür». Es war allenfalls da erträglich, wo das Staatshandeln die individuellen Rechte nicht beeinträchtigte, also bei der Verwaltung des Staatsvermögens und bei der «freien Einwirkung» des Staates auf die Bürger ohne Zwangsmittel. Die wichtigsten Anregungen für die damit zu entwickelnde Sprache der Rechtsformen

[72] *F. F. Mayer,* Grundsätze des Verwaltungs-Rechts mit besonderer Rücksicht auf gemeinsames deutsches Recht, sowie auf neuere Gesetzgebung und bemerkenswerthe Entscheidungen der obersten Behörden zunächst der Königreiche Preußen, Baiern und Württemberg, Tübingen 1862.

[73] *Toshiyuki Ishikawa,* Friedrich Franz von Mayer als Begründer der sog. «juristischen Methode» in der deutschen Verwaltungsrechtswissenschaft, 1992, m. Vorw. v. *O. Bachof–M. Stolleis.*

[74] *Dennewitz,* 68; siehe auch *Feist* (Anm. 3), 122ff.

[75] Nach der Sammlung von *Simon/Rönne,* Verfassung und Verwaltung des preußischen Staats, Breslau 1840–1852. Vgl. oben Kap. 4 Anm. 300.

[76] Nach der Sammlung bayerischer Gesetze von *Döllinger-v. Strauß,* 1814–1852.

[77] Grundsätze (Anm. 72), Vorwort, V.

[78] *G. Dufour,* Traité général de droit administratif appliqué ou exposé de la doctrine et de la jurisprudence, 2. Aufl. 7 Bde, Paris 1854–1857 (3. Aufl. in 8 Bänden 1871). Die übrigen gängigen Handbücher (*L. F. D. Laferrière,* Cours de droit public et administratif, 2 Bde, 5. Aufl. Paris 1860; *R. M. C. Dareste,* La Justice administrative en France, 1862; *A. Batbie,* Traité théorique et pratique du droit public et administratif, 7 Bde, 1861–1868) bei *P. Lavigne,* Les manuels de droit administratif pour les étudiants des facultés de 1829 à 1922, in: Annales d'histoire des facultés de droit et de la science juridique 2 (1985) 125–134.

[79] Grundsätze (Anm. 72), 48.

[80] *P. Badura,* Das Verwaltungsrecht des liberalen Rechtsstaates, 1967, 52.

holte sich Friedrich Franz Mayer – wie nach ihm auch Otto Mayer – aus dem französischen Verwaltungsrecht. Bei Dufour etwa sah Mayer auf einer fortgeschritteneren Entwicklungsstufe die Institute des Administrativaktes, die öffentlichrechtlichen Rechte und Pflichten des Staatsbürgers, die öffentlichen Anstalten und andere Grundfiguren ausgebildet.

Die Umsetzung dieser Ausgangspositionen auf den Verwaltungspluralismus im Deutschen Bund war extrem schwierig. Mayers Gliederung bleibt deshalb tastend, das Staatsorganisationsrecht fehlt, es ist auch spürbar, daß noch keinerlei Kanon dogmatischer Figuren vorausgesetzt werden konnte.

Mayer beginnt mit der Klärung von Grundbegriffen, wobei insbesondere die Trennung von Verfassungs- und Verwaltungsrecht sowie die Verwaltungsrechtsprechung bedeutsam sind. Gerichtsförmige Kontrolle der Verwaltung lehnte Mayer übrigens ab, weil er hierin Mißtrauen gegenüber der Verwaltung und übertriebenen Individualismus sah.[81] Dann entwickelt er im ersten großen Kapitel «Öffentliche Rechtsverhältnisse des Einzelnen zum Staat» (Staatsangehörigkeit, Wahl- und Amtsrechte, Steuer- und Dienstpflichten, Beschränkung der individuellen Freiheit aus Gründen des Polizeirechts). Nicht ohne Reibungen bringt er in diesem Kapitel aber auch das öffentliche Sachenrecht, die öffentlichrechtlichen Anstalten und den Zugang zu ihnen unter. In einem zweiten, ebenso umfangreichen Kapitel folgt das Recht der öffentlichen Körperschaften, vor allem eine besonders gehaltvolle Darstellung des (rechtsvergleichend ermittelten) «gemeindeutschen» Kommunalrechts. Das dritte Kapitel behandelt das privatrechtsgestaltende Verwaltungsrecht (polizeiliche Sicherungsmaßnahmen, Enteignung, sonstige Gestaltungen von Privatrechtsverhältnissen). Erst das abschließende vierte Kapitel enthält dann «Allgemeine Ergebnisse und Rechtssätze», also den eigentlichen Allgemeinen Teil. Nimmt man die Aussagen dieses Kapitels zusammen mit den Publikationen Mayers an anderer Stelle, dann ergibt sich: der von Mayer vorausgesetzte «Staat» ist «Organismus» und «juristische Person», er ist einerseits zweckrational und liberal, weil seine Zwecke begrenzt sind und das Individuum einen zu respektierenden «Rechtskreis» besitzt; andererseits ist er idealistisch überhöhter «sittlicher Staat» in einem an Hegel, vor allem aber an Stahl orientierten Sinn. Die wesentlichen Elemente des Allgemeinen Teils sind vorhanden, und zwar die Prinzipien der Gesetzmäßigkeit der Verwaltung, die «öffentlichen Rechte»,[82] der Abgrenzung von öffentlichem Recht und Privatrecht, der Begriff des Verwaltungsaktes,[83] die Ermessensausübung und ihre Grenzen, die öffentlichrechtliche Anstalt, der «beliehene Unternehmer».

Friedrich Franz Mayer wirkte nicht unmittelbar stilprägend. Er lehrte nicht an der Universität und konnte keine «Schule» bilden. Auch die Chance, daß ein Hochschullehrer dieses Buch dem Unterricht hätte zugrundelegen können, bestand nicht; Verwaltungsrecht war noch kaum irgendwo ordentliches Lehrfach.[84] Es mag auch eine Rolle gespielt haben, daß ab 1862 wieder die verfassungsrechtlichen Ereignisse im Ge-

[81] Grundsätze (Anm. 72), 39ff. sowie Vorwort, V.

[82] Grundsätze (Anm. 72), 438ff. in ausdrücklicher Anlehnung an *C. F. v. Gerber,* Ueber öffentliche Rechte, Tübingen 1852.

[83] Mit einer Begriffsbestimmung, die sich mit der späteren von *Otto Mayer* deckt, nämlich als behördlichen, verbindlichen Ausspruch darüber, was im Einzelfall rechtens sein soll, analog zum gerichtlichen Urteil. Hierzu *Ishikawa* (Anm. 73).

[84] *Loening* (Anm. 16), 25 weist allerdings auch auf die «überaus unbeholfene und schwerverständliche Schreibweise» hin, womit *Mayer* die Nichtbeachtung «selbst verursacht» habe.

folge der bismarckschen Politik die Aufmerksamkeit der Öffentlichrechtler absorbierten. So kam dieser Versuch der Abstrahierung im Verwaltungsrecht zu «früh», um angemessen beachtet zu werden.

c) E. v. Meier

Wenige Jahre später verstärkten sich jedoch die Anzeichen dafür, daß ein länderübergreifender «Allgemeiner Teil» des Verwaltungsrechts gesucht wurde. Der nächste literarische Impuls kam von dem gerade aus der preußischen Verwaltung an die Universität Halle berufenen Ernst von Meier (1832–1911).[85] Für Franz von Holtzendorff's «Encyklopädie der Rechtswissenschaft» lieferte er 1870 ein «Verwaltungsrecht»[86] und begann auf dieser Grundlage – nachdem er noch den Feldzug nach Frankreich mitgemacht hatte – ab 1871 Verwaltungsrecht zu lesen. Der Artikel in der Enzyklopädie war naturgemäß begrenzt, aber er gab doch erstmals einen allgemeinen historischen und rechtsvergleichenden Rahmen. Nach knappen Abgrenzungen von Gesetzgebung und Verwaltung, innerer und äußerer, Staats- und Selbstverwaltung erschienen allgemeine Regeln in der Sondermaterie des Polizeirechts. Schwerpunkt der Darstellung ist dann das Verwaltungsorganisationsrecht, das wiederum historisch und rechtvergleichend dargestellt wird. Den dritten Abschnitt bildet die Darstellung der gerichtlichen Verwaltungskontrolle. Meier lieferte also keinen «Allgemeinen Teil», aber er faßte das Thema länderübergreifend auf und verglich sowohl historisch als auch die aktuellen Regelungen westeuropäischer Staaten. Insofern war hier eine Plattform erreicht, die sich prinzipiell von der bisherigen Darstellungsweise des Länderverwaltungsrechts nach einzelnen Ressorts unterschied. Außerdem kam ein liberaler, «weltoffener» Ton in das Verwaltungsrecht hinein, den man bisher nicht gekannt hatte.[87]

d) G. Meyer

Wenn nun in den folgenden Jahren immer mehr Stimmen zu hören waren, die eine wissenschaftliche Pflege des Verwaltungsrechts, seine Aufnahme in den regelmäßigen Universitätsbetrieb und das Prüfungswesen forderten, dann lag dies nicht nur am Vordringen der Postulate der «juristischen Methode», sondern auch daran, daß mit der Reichsgründung das wesentliche Verfassungsproblem zur Ruhe gekommen war. Für die «innere Reichsgründung» war nun die Verwaltungswissenschaft zuständig, wie die frühere Polizeiwissenschaft jetzt genannt wurde. Charakteristisch für die Umbruchstimmung ist eine programmatische Abhandlung des damaligen Jenaer Öffentlichrechtlers Georg Meyer (1841–1900)[88] aus dem Jahre 1875,[89] in der er die Defizite speziell des Verwaltungsrechts hervorhob. Sein Programm zielte auf eine methodische Trennung von Verwaltungswissenschaft und Verwaltungsrecht bei gleichzeitiger enger Kooperation beider. Für ihn war die Verwaltungswissenschaft das übergreifende Fach, aber sie «zerfiel» methodisch in eine Rechtsdisziplin und eine Disziplin des poli-

[85] *J. Rückert,* NDB 16 (1990) 647–649.

[86] *E. v. Meier,* Das Verwaltungsrecht, in: *F. v. Holtzendorff,* Encyklopädie der Rechtswissenschaft, München–Leipzig–Berlin 1870, 693–746 (2. Aufl. 1873, 4. Aufl. 1882, 6. Aufl. 1904).

[87] *Rückert* (Anm. 85), 648.

[88] Kap. 8, Anm. 220ff.; *Drüll,* 179.

[89] *G. Meyer,* Das Studium des öffentlichen Rechts und der Staatswissenschaften in Deutschland, Jena 1875.

tisch bestimmten Zwecks (Verwaltungspolitik). In der Rechtsdisziplin erschien ihm entscheidend – ganz im Sinne GERBERS – «die juristische Durchdringung des Stoffes und eine rechtswissenschaftliche Konstruktion der verwaltungsrechtlichen Institute».

MEYER hat in seinem acht Jahre darauf (1883) erschienenen «Lehrbuch des Deutschen Verwaltungsrechts»[90] dieses Programm umgesetzt, und zwar auf eine charakteristische Weise zwischen der «staatswissenschaftlichen» und der «juristischen Methode» vermittelnd. Der Grundriß des Werks orientiert sich, wie in den älteren polizeiwissenschaftlichen Werken, an den Ressorts: Sicherheits-, Sitten-, Gesundheitspolizei, Unterricht und Erziehung, wirtschaftliche Angelegenheiten, Gewerbe, Handel, Eisenbahnen, Post und Telegraphie, Maß, Gewicht und Zeit, Geld und Kredit, Versicherung, Wege und Straßen, Bauten, Wasser und Wasserstraßen, Sozialversicherung, Auswärtige Verwaltung und Finanzverwaltung. Das war additiv und im Grunde wissenschaftlich anspruchslos, erlaubte aber, «die einzelnen Verwaltungsgebiete nach Maßgabe ihrer materiellen Verschiedenheit (zu) behandeln».[91] Als Einleitung zu diesen Einzelabschnitten gab MEYER «Allgemeine Lehren», d. h. eine Übersicht über das zu behandelnde Gebiet, Quellen und Literatur, Verwaltungsorganisation, Verwaltungsgerichtsbarkeit und Kompetenzkonflikte. Lediglich in einem schrittweise ausgebauten Abschnitt[92] erschienen die Verwaltungsakte, das Zentralstück des Allgemeinen Teils, sowie kurze Abschnitte über das Verwaltungsverfahren und den Verwaltungsgang. Sowohl in diesem knappen «Allgemeinen Teil» als auch im viel umfangreicheren «Besonderen Teil» akzentuierte MEYER die Rechtsfragen; die verwaltungswissenschaftliche Perspektive ist nahezu verschwunden. Von der «staatswissenschaftlichen Methode» war im Grunde nur noch die Gliederung übriggeblieben.

Dennoch bewahrte sich MEYER ein gewisses Mißtrauen gegenüber der Ausschließlichkeit der juristischen Methode. Daß Verwaltung und Verwaltungsrecht Produkte historischer Entwicklung und politischer Gestaltung sind, war ihm selbstverständlich.[93] Ebenso widerstrebte ihm eine allzustarke Abstraktion der Rechtsfragen in Richtung auf einen Allgemeinen Teil, weil er meinte, daß das für die Rechtsanwendung entscheidende Detail sich eben nur im konkreten Stoff finden lasse.

Als sich GEORG MEYER später mit dem neuartigen Werk OTTO MAYERS auseinandersetzen konnte, haben beide wechselseitig noch einmal über die Abgrenzung von staatswissenschaftlicher und juristischer Methode reflektiert. OTTO MAYER hat die zweite Auflage von GEORG MEYERS Lehrbuch eingehend besprochen[94] und vermittelnd gesagt: «Beide Arten der Behandlung des Stoffes werden wohl selbständig neben einander stehen bleiben müssen, als gleichberechtigte Methoden.» GEORG MEYER meinte ähnlich, OTTO MAYERS «nur ... juristische Konstruktion der verwaltungsrechtlichen Institute» habe «zweifellos eine gewisse Berechtigung. Aber es erscheint nicht wünschenswert, daß diese Art der Darstellung die allein herrschende wird. Es wäre daher zu bedauern, wenn dasselbe ganz in formal juristischen Erörterungen aufginge und seine Fühlung mit der Verwaltungslehre vollständig verlöre.»[95] Im wesentlichen

[90] 2 Bde, Leipzig 1883, 1885, 2. Aufl. 1893, 1894; ab 3. Aufl. München und Leipzig 1910 bearb. v. *Franz Dochow*, 4. Aufl. 1913, 1915.

[91] *G. Meyer*, Grundbegriffe, Wesen und Aufgabe der Verwaltungslehre, in: *G. Schönberg* (Hg.), Handbuch der politischen Ökonomie, 3. Bd. 2. Aufl. Tübingen 1885, 687 (1. Aufl. 1882).

[92] *Schönberg* (Anm. 91), 4. Aufl. 1913, § 11.

[93] *Meyer* (Anm. 91), 687.

[94] *O. Mayer*, AöR 11 (1896) 157–160; vgl. auch Verwaltungs-Archiv 3 (1895) 384–396; Verwaltungs-Archiv 5 (1897) 182.

[95] aaO. (Anm. 91), 197.

scheint er unter dieser «Fühlung» die Anerkennung der Besonderheiten der einzelnen Gebiete des Verwaltungsrechts verstanden zu haben.

e) O. v. Sarwey

Ein Jahr nach dem ersten Band des Lehrbuches von Meyer lag der dort noch rudimentäre Allgemeine Teil in Gestalt des «Allgemeinen Verwaltungsrechts» von Otto von Sarwey (1825–1900) vor.[96] Dieses Werk stellt tatsächlich eine wichtige Station der dogmatischen Entwicklung insofern dar, «als es zum ersten Male die allgemeinen Lehren systematisch zusammenfaßt und damit über die landesrechtlichen Verschiedenheiten hinweg ein gemeindeutsches Verwaltungsrecht anbahnt».[97] Sarwey knüpfte an sein einflußreiches großes Werk von 1880 an, das seinerseits wieder auf einer Aufsatzserie aus den Jahren 1871–1877 beruhte.[98]

Während damals kurz nach der Reichsgründung das rechtspolitische Anliegen der Verwaltungsgerichtsbarkeit im Vordergrund stand, konnte Sarwey jetzt das Schwergewicht auf eine grundsätzliche, aus dem konstitutionellen Rechtsstaat entwickelte Darstellung der Leitprinzipien des Verwaltungsrechts legen. Verwaltung war für ihn von Verfassungsprinzipien geleitete Staatstätigkeit auf den Gebieten des Auswärtigen, des Kriegswesens, des Inneren und des Finanzwesens zur Verwirklichung öffentlicher Interessen. Das Verwaltungsrecht definierte nicht die Verwaltungszwecke, sondern begrenzte die Verwaltungstätigkeit nach außen, hatte also vor allem eine Schutzfunktion. Deshalb begann Sarwey auch nach der Darstellung der Grundlagen und Grundbegriffe sowie der Aufgaben und Organisation der inneren Verwaltung das «Verwaltungsrecht im engeren Sinn» mit den Grundrechten (körperliche Integrität, persönliche Freiheit, Unverletzlichkeit der Vermögensrechte). Sein Rechtsstaatsbegriff war zwar formal, gerichtet auf die Zurückdrängung polizeistaatlicher Willkür durch Rechtsschranken, ohne daß er aber dabei das Wohl der Gesamtheit, realisiert in einem als Genossenschaft vorgestellten Staat, aus der Staatszwecklehre entfernen wollte.

In den Grundlagen sich an Lorenz von Stein orientierend, ohne dessen spekulative Seiten zu übernehmen, verband Sarwey den traditionellen süddeutschen Liberalismus – in seinem Fall eine durchaus konservative Spielart – mit der «juristischen Methode». Er erhielt die Weite der Staatszwecke, betonte aber im Gegenzug wieder den Zusammenhang des Verwaltungsrechts mit den Grundrechten. Für ihn war die Möglichkeit eines «wirklichen» Verwaltungsrechts mit dem Schutz individueller Rechte verbunden: «Die Verwaltungsjustiz setzt ein Verwaltungsrecht voraus», und er kommt umgekehrt zu dem «Ergebniß, daß ein Verwaltungsrecht i. e. Sinn ohne Rechtsprechung nicht denkbar ist».[99]

[96] *O. v. Sarwey,* Allgemeines Verwaltungsrecht, Freiburg und Tübingen 1884. Zur Biographie *Sarweys* oben Kap. 7, Anm. 67, 68.

[97] *E. Forsthoff,* Lehrbuch des Verwaltungsrechts I, 10. Aufl. 1973, 51; ebenso *Dennewitz,* 144.

[98] *O. v. Sarwey,* Das öffentliche Recht und die Verwaltungsrechtspflege, Tübingen 1880.

[99] *Sarwey* (Anm. 98), 5, 81.

f) E. LOENING

Im gleichen Jahr 1884 und unabhängig von SARWEY legte EDGAR LOENING (1843–1919)[100] ein Lehrbuch des Verwaltungsrechts vor, das im Abstraktionsgrad etwa die Mitte zwischen GEORG MEYER und SARWEY hielt. Es wurde wegen seiner Materialbeschränkung und Durchsichtigkeit als «großer Fortschritt» begrüßt.[101] Es befreite sich sowohl von der Mitteilung vieler Details[102] als auch weitgehend vom Ressortprinzip und unterteilte in Organisation der Verwaltung, Innere Verwaltung und Verwaltungsrechtspflege. Der noch immer schwach ausgebildete «Allgemeine Teil» tritt an die Spitze der Inneren Verwaltung und behandelt die verbindenden Elemente allen Staatshandelns.[103] Die innere Verwaltung selbst erscheint dann in der üblichen Weise nach Sachgebieten gegliedert.

Obwohl LOENING – übrigens auch ein Kirchenrechtshistoriker von hohen Graden – in deutlicher Distanz zur rein «juristischen Methode» stand, zollte er ihr doch unverkennbar Tribut, indem er großen Wert auf die Herausarbeitung der «juristischen» Grundgedanken der einzelnen Rechtsinstitute und auf Abwendung von der «erzählenden» Methode legte. Insofern konnte auch die konstruktive Richtung sein Werk als «Fortschritt» registrieren und bedauern, daß es zu einer Neuauflage nicht mehr gekommen sei.[104]

LOENINGS Position wird deutlicher, wenn man seine scharfe Auseinandersetzung mit der «Theorie des französischen Verwaltungsrechts» von OTTO MAYER (1886) betrachtet.[105] Er rückte seine Äußerungen in den Zusammenhang der staatsrechtlichen Methodendebatte um LABAND und grenzte sich klar gegen den Begriffsrealismus der konstruktiven Methode, gegen ihre «Überschätzung des wissenschaftlichen Werths der Begriffe und Definitionen»[106] und die daraus entstehende Neigung der Vernachläs-

[100] *Edgar Loening,* geb. 1843 in Frankfurt a. M. als Sohn eines bedeutenden Verlegers (Rütten & Loening), studierte in Heidelberg, Bonn, Berlin und Leipzig Philologie, Geschichte und Rechtswissenschaft. Nach Promotion (Leipzig 1867) und Habilitation (Heidelberg 1868), ging er in die Verwaltung im Elsaß und erhielt 1872 eine a. o. Professur in Straßburg. 1877 wechselte er nach Dorpat, 1883 nach Rostock, 1886 nach Halle, wo er Staats- und Verwaltungsrecht, Kirchenrecht und Völkerrecht zu lesen hatte. 1888–1893 war *Loening* auch Stadtverordneter in Halle. Knappe biographische Angaben bei *A. v. Kirchenheim,* in Schmollers Jahrb. VIII, 1884, 232. Sein Bruder *Richard Loening* (1848–1913) lehrte Straf- und Strafprozeßrecht in Heidelberg. Seine Schwester *Lili* heiratete *Otto von Gierke.* Vgl. *Ch. Schwingenstein,* NDB 15 (1987) 50f. Für Mitteilungen aus den Universitäts- und Fakultätsakten von Halle danke ich Frau Dr. sc. *L. Jelowik.*

[101] *A. v. Kirchenheim,* in: Schmollers Jahrb. VIII (1884) 232. Eine gründliche Auseinandersetzung mit *Loenings* Buch lieferte *K. Frhr. v. Stengel,* in: AöR 1 (1886) 238–243, wobei *Stengel* vor allem bemerkte, der Allgemeine Teil sei zu knapp ausgefallen.

[102] *E. Loening,* Lehrbuch des Deutschen Verwaltungsrechts, Leipzig 1884: Einbezogen wurde nur das Verwaltungsrecht des Reichs, von Preußen, Bayern, Württemberg, Sachsen, Baden, Hessen und Elsaß-Lothringen.

[103] aaO. 225–258. Behandelt werden dort insbes. die Polizeiverordnungen und die «öffentlichen Verfügungen» (Befehle, Ermächtigungen), öffentlichrechtliche Verträge sowie die Zwangsmittel.

[104] *Ph. Zorn,* Die Entwicklung der Staatsrechts-Wissenschaft seit 1866, JöR 1 (1907) 78.

[105] *E. Loening,* Die konstruktive Methode auf dem Gebiete des Verwaltungsrechts, in: Schmollers Jahrb. 11 (1887) 117–145. *Otto Mayer* replizierte in AöR 3 (1888) 3–86, Anm. 1 mit dem scharfen Abschluß, es handle sich hier nicht eigentlich um einen methodischen Gegensatz, sondern um «eine Meinungsverschiedenheit über das Mass von Genauigkeit, welches man bei Verfolgung abstrakter Gedankengänge verlangen kann».

[106] *Loening* (Anm. 105), 118.

sigung der Verwaltungswirklichkeit zugunsten der verabsolutierten Rechtsform unter Ausblendung der Zwecke ab.

Auf diesem Hintergrund konnte die Stellungnahme zu Otto Mayers Reduktion des Verwaltungsrechts auf die Rechtsform nur negativ ausfallen. Loening wies Mayer überzeugend nach, daß es ohne Zuhilfenahme von Zweckgesichtspunkten auch bei ihm nicht abgehe, etwa bei der Abgrenzung der hoheitlichen Handlung von anderem Verwaltungshandeln oder bei der Definition der öffentlichrechtlichen Anstalt durch ihren «Zweck». Otto Mayer habe, so formulierte Loening mit großer Schärfe, durch Übertreibungen der Systematik und des Formalismus das in Frankreich praktizierte Verwaltungsrecht verzeichnet: «... verführt durch die angeblich allein juristische Methode ist er zu Begriffsphantasien gelangt, die mit den realen Rechtsinstituten nichts gemein haben».[107] In diesem Punkt erwies sich Laband als weitsichtiger als Loening, wenn er hervorhob, in Otto Mayers «französischem Verwaltungsrecht» finde man «eine scharfsinnige und für das wissenschaftliche Verständnis fruchtbringende Erörterung der wenig zahlreichen, aber viel umfassenden und inhaltsvollen Rechtsgestaltungen, welche gleichmäßig in den verschiedenen Ressorts der Verwaltung wiederkehren, weil sie auf den verschiedenartigsten Thatbestand Anwendung finden können».[108] Laband erfaßte hier ein ihm wesensverwandtes Element und deutete schon im voraus an, wohin der folgende Schritt auch im Verwaltungsrecht gehen sollte.

g) K. Frhr. v. Stengel

Noch war die Entscheidung für die eine oder andere Richtung nicht gefallen. Zwar ist eine deutliche Reduzierung des historisch-politischen Elements in allen staats- und verwaltungsrechtlichen Arbeiten feststellbar, doch mochte wohl die Mehrzahl der Autoren in der Mitte der achtziger Jahre die Verbindungsfäden zum politischen Ausgangspunkt des Verfassungsrechts und zum «politisch» im Sinne von Verwaltungspolitik verstandenen Fach der Verwaltungslehre nicht abreißen lassen. Georg Meyer hat sich ausdrücklich so erklärt, ebenso Edgar Loening und Karl Freiherr von Stengel. Letzterer erklärte, Verwaltungsrecht und Verwaltungslehre würden «stets bis zu einem gewissen Grade vereinigt sein und sich durchdringen, und es kommt schließlich dann darauf an, ob man den Schwerpunkt mehr auf die rechtliche Seite legt, oder die wirtschaftlichen, sozialen, technischen, polizeilichen und sonstigen Gesichtspunkte hervorhebt, auf welchen die einzelnen Rechtssätze beruhen».[109]

Karl Frhr. v. Stengel (1840–1930)[110] war der erste preußische Professor auf einem nur dem Verwaltungsrecht gewidmeten Lehrstuhl, nachdem Verwaltungsrecht als Lehrfach eingeführt war (1881). Er hatte Aufsätze über Verwaltungsgerichtsbarkeit[111]

[107] aaO. 135; ähnlich *Laband* in seiner Besprechung, in: AöR 2 (1887) 149f., der allerdings dem Werk insgesamt sehr positiv gegenübersteht.

[108] aaO. 151.

[109] *K. Frhr. v. Stengel,* Lehrbuch des Deutschen Verwaltungsrechts, Stuttgart 1886, 21.

[110] Biographische Angaben bei *W. Zils,* Geistiges und künstlerisches München in Selbstbiographien, München 1913, 351. Vgl. auch oben Kap. 7 Anm. 157.

[111] *K. Frhr. v. Stengel,* Der Uebergang der Verwaltungs-Rechtsprechung an die ordentlichen Gerichte, in: (Hirths) Annalen 1875, 1313–1380; Das öffentliche Recht und die Verwaltungsgerichtsbarkeit in Elsaß-Lothringen, in: (Hirths) Annalen 1876, 808–839, 897–930; Die preußische Verwaltungsreform und die Verwaltungsgerichtsbarkeit, 1883.

und dann, nach einem programmatischen Beitrag über «Begriff, Umfang und System des Verwaltungsrechts»,[112] auch ein Lehrbuch geschrieben,[113] das zum ersten Mal in aller Klarheit einen Allgemeinen und einen Besonderen Teil unterschied. STENGEL versuchte auf 459 kleinformatigen Seiten alles zu bewältigen, sowohl das Grundsätzliche wie auch das Detail. Außerdem war die Balance zwischen Reichs- und Landesverwaltungsrecht,[114] zwischen Abstraktion und Konkretion zu halten.

STENGEL profitierte einerseits von den von LOENING und SARWEY erreichten Systematisierungsleistungen, vermied aber andererseits die Materialanhäufungen in der Art von GEORG MEYER. Er begann mit einer umfangreichen «Einleitung» (Abgrenzung des Verwaltungsrechts von anderen Rechtsgebieten und von der Verwaltungslehre, Rechtsquellen, subjektive öffentliche Rechte, öffentliches Sachenrecht) und ließ dann einen Allgemeinen Teil folgen (Organisation der Staatsverwaltung und der Selbstverwaltung, Behördenverfassung, verwaltungsrechtliche Handlungsformen – also Polizeiverordnungen, Verfügungen, Verträge, Informationen, Vernehmungen etc. –, Verwaltungsverfahren, Zwangsmittel sowie verwaltungsgerichtliche und andere Kontrollen der Verwaltung).

Der Besondere Teil, der alle Einzelgebiete der Verwaltung einschließlich des Sozialversicherungsrechts und Armenwesens umfaßte, nahm nun nur noch ein gutes Drittel des Gesamtumfangs ein. Er beschränkte sich auf knappste Angaben und ergänzte sie in den Fußnoten durch die wichtigste Literatur. Die Gewichtverlagerung hin zum «Allgemeinen Teil» ist also bei den Darstellungen mit wissenschaftlichem Anspruch unverkennbar.

4. *Die Vollendung des «Allgemeinen Teils» durch Otto Mayer*

Zwei Jahre nach dem Erscheinen des Buches von STENGEL, 1888, beauftragte der Leipziger Strafrechtler KARL BINDING (1841–1920)[115] als Herausgeber eines systematischen Handbuchs der Deutschen Rechtswissenschaft den Straßburger Professor OTTO MAYER (1846–1924)[116] mit der Darstellung eines Deutschen Verwaltungsrechts. 1895/

[112] *K. Frhr. v. Stengel*, Begriff, Umfang und System des Verwaltungsrechts, ZgStW 38 (1882) 220ff.

[113] Hervorzuheben sind im übrigen: Die Organisation der preußischen Verwaltung nach den neuen Reformgesetzen, Leipzig 1884; Deutsches Kolonialstaatsrecht, in: (Hirths) Annalen 1887, 309–397 (umgearb. u. d. Titel Die deutschen Schutzgebiete, ihre rechtliche Stellung, Verfassung und Verwaltung, München 1889, 3. Aufl. 1895; Deutsche Kolonialpolitik, Berlin 1900 (2. Aufl. 1907) sowie das verbreitete Wörterbuch des deutschen Verwaltungsrechts, 5 Bde, 1890–1897, später *Stengel/Fleischmann* (Hg.), Wörterbuch des deutschen Staats- und Verwaltungsrechts, 3 Bde 2. Aufl. Tübingen 1922–14.

[114] Lehrbuch, 23: «Es wurde ... ein Mittelweg eingeschlagen, indem, ähnlich wie dies in den Lehrbüchern des deutschen Privatrechts zu geschehen pflegt, die Rechtsgrundsätze, welche in den verschiedenen deutschen Verwaltungseinrichtungen entwickelt sind, dargelegt wurden. Selbstverständlicherweise ist dabei das Verwaltungsrecht der größeren Staaten in erster Linie berücksichtigt».

[115] *D. Westphalen*, Karl Binding (1841–1920). Materialien zur Biographie eines Strafrechtsgelehrten, 1989.

[116] Zum Lebensgang vgl. vor allem die Autobiographie bei *H. Planitz*, Die Rechtswissenschaft in Selbstdarstellungen, 1924, 153–176. Grundlegend nunmehr *E. V. Heyen*, Otto Mayer. Studien zu den geistigen Grundlagen seiner Verwaltungsrechtswissenschaft, 1981; *ders.* Otto Mayer, NDB 16 (1990) 550–552; *M. Fioravanti*, Otto Mayer e la scienza del diritto amministrativo, in: Rivista trimestrale di diritto pubblico 1983, 600; *A. Hueber*, Otto Mayer. Die «juristische Methode» im Verwaltungsrecht, 1981; *ders.* Otto Mayer, HRG III (1984) 402–405 m. w. Nachw.

96 legte MAYER, dessen Arbeitsweise schon in seiner «Theorie des französischen Verwaltungsrechts» (1886) und in anderen Arbeiten, nicht zuletzt Rezensionen,[117] deutlich geworden war, das Ergebnis vor.[118] Er wurde damit, wie allseits anerkannt ist, «der eigentliche Schöpfer und Klassiker der modernen verwaltungsrechtlichen Methode»,[119] übrigens zeitgleich mit der entsprechenden Leistung von VITTORIO EMANUELE ORLANDO in Italien.[120]

OTTO MAYER wurde 1846 in Fürth geboren und studierte ab 1864 in Erlangen. 1869 promovierte er über ein klassisches römischrechtliches Thema, die Lehre von der iusta causa bei Tradition und Usukapion, war dann 1872 bis 1881 Advokat im elsässischen Mülhausen gewesen und hatte sich 1881 über die «concurrence déloyale» habilitiert. Als er 1882 a. o. Professor und 1887 o. Professor in Straßburg wurde, las er über französisches Zivilrecht, internationales Privatrecht, allgemeine Staatslehre und Verwaltungsrecht. Er war also zunächst eher Zivilrechtler, nicht anders als GERBER oder LABAND. Ein Jahr nachdem MAYER in Straßburg Rektor der Universität gewesen war (1902), ging er nach Leipzig, inzwischen eine Berühmtheit des Verwaltungsrechts. MAYER war in verschiedensten Funktionen der Kommunalverwaltung und des evangelischen Kirchenlebens tätig,[121] betätigte sich belletristisch (EDUARD DUPRÉ) und war – wie auch sein markanter Stil zeigt – ein scharfsinniger und witziger Hochschullehrer.

Mit seinem «Deutschen Verwaltungsrecht» von 1895/96 lag nun ein Werk vor, das den schon beobachteten stufenweisen Wachstumsprozeß eines «Allgemeinen Teils» energisch abschloß und – ähnlich wie LABAND zwei Jahrzehnte zuvor im Staatsrecht – eine verwaltungsrechtliche Dogmatik «konstruierte». Die «bedeutsame Verschiedenheit», die «rein juristische Betrachtung» des Verwaltungsrechts wurden sofort registriert.[122] Es war die Erfüllung jenes immer wieder formulierten Postulats, nämlich die «juristische Durchdringung des Stoffes und eine rechtswissenschaftliche Konstruktion der verwaltungsrechtlichen Institute».[123] OTTO MAYER selbst hatte 1888 erklärt: «Soll die Verwaltungsrechtswissenschaft als gleichberechtigte juristische Disciplin neben die älteren Schwestern treten, so muss sie ein System von eigenthümlichen

[117] Liste bei *Heyen* (Anm. 116), 210ff.; *Hueber* (Anm. 116), Anhang. – *E. V. Heyen* (Hg.) Otto Mayer. Kleine Schriften zum öffentlichen Recht, Bd. 1, 1981, Vorwort meint ganz zutreffend, die Rezensionen gewährten «aufgrund ihrer Lebendigkeit und Frische Einblick in Mayers wissenschaftliche Werkstatt, wo noch nicht alles so aufgeräumt und geglättet erscheint wie in seinem Handbuch».

[118] *O. Mayer,* Deutsches Verwaltungsrecht, 2 Bde, München und Leipzig 1895/96, 2. Aufl. 1914/17; 3. Aufl. 1924. Eine von *Mayer* selbst vorgenommene französische Übersetzung und Bearbeitung erschien als Le droit administratif allemand, I–IV, Paris 1903/06.

[119] *E. Forsthoff,* Lehrbuch des Verwaltungsrechts, I, 10. Aufl. 1973, 51; *W. Meyer-Hesemann,* Die paradigmatische Bedeutung Otto Mayers für die Entwicklung der deutschen Verwaltungsrechtswissenschaft, in: Rechtstheorie 13 (1982) 496–502.

[120] *V. E. Orlando,* Principi di diritto amministrativo, Palermo 1891 (5. Aufl. 1921); *ders.* Primo trattato completo di diritto amministrativo italiano, Milano 1897. Hierzu *M. S. Giannini,* Profili storici della scienza del diritto amministrativo (1940), in: Quaderni fiorentini 2 (1973) 179–274; *G. Rebuffa,* La formazione del diritto amministrativo in Italia, Bologna 1981; *M. Fioravanti,* La scienza italiana di diritto pubblico del diciannovesimo secolo: bilancio della ricerca storiografica, in: Jus Commune 10 (1983) 201–243.

[121] *E. V. Heyen,* Die Verwaltungspraxis Otto Mayers in Straßburg und Leipzig. Kommunalpolitik auf dem Wege vom liberalen zum sozialen Rechtsstaat, in: Verwaltungsarchiv 71 (1980) 44ff.

[122] *G. Meyer,* Grundbegriffe, Wesen und Aufgabe der Verwaltungslehre, in: *Schönberg* (Hg.), Handbuch der Politischen Ökonomie, 4. Aufl. Bd. 3, II, 197. Vgl. auch *G. Jellinek,* VerwArch 5 (1897) 305.

[123] *Meyer* (Anm. 89).

Rechtsinstituten der staatlichen Verwaltung sein», aber er hat als solche «eigenthümliche» Figur eigentlich nur den hoheitlichen Befehl gegenüber den «Unterthanen» entdeckt.[124]

Was er als «Deutsches Verwaltungsrecht» präsentierte, war ein umfassendes «System» von staatlichen Handlungsformen im obrigkeitlichen Bereich. MAYER erreichte dies, indem er – unterstützt durch die Gabe, einfache Linien zu ziehen, elegant und apodiktisch zu formulieren – zunächst einmal klare Bereichsscheidungen vornahm. Verwaltungsrecht war ihm ausschließlich öffentliches Recht, und dieses war das Recht hoheitlicher «Tätigkeit des Staates zur Erfüllung seiner Zwecke».[125] Die verwaltungsrechtliche Dogmatik beschränkt sich somit auf die Herausbildung der für das Verwaltungsrecht charakteristischen Rechtsinstitute, die «feststehenden, gleichbleibenden Arten von Erscheinungen der öffentlichen Gewalt».[126] Bei dieser Herausbildung wurde er unterstützt, wie er selbst sagte, durch den «Glauben an die Macht allgemeiner Rechtsideen, die in den Mannigfaltigkeiten des wirklichen Rechts zur Erscheinung und Entfaltung kommen, zugleich aber auch ihrerseits in der Geschichte sich wandeln und fortschreiten. Es hängt bei mir wohl mit Hegelischer Rechtsphilosophie zusammen, vielleicht aber auch noch mit ganz Unjuristischem, mußte aber schon recht stark sein, daß ich es wagen konnte, solchen Ideen auch in dem zerfahrenen und unfertigen deutschen Verwaltungsrecht nachzugehen, um sie herauszuheben und aufzuweisen».[127] Diese Arbeit wurde ganz bewußt als Gründungsarbeit empfunden: «Der unfertige Zustand unserer Verwaltungsrechtswissenschaft», sagte er gelegentlich,[128] «bereitet ... eigenthümliche Schwierigkeiten: es muss immer wieder begonnen werden mit einer ‹Revision der Grundbegriffe›.»

Der Zugang zum methodischen Vorgehen MAYERS ist kompliziert, zumal er selbst seine Spuren eher verwischte.[129] Auf seine eher lässige Selbstqualifizierung als «Hegelianer» kann man sich nicht verlassen, von der Inhaltslosigkeit dieses Etiketts ganz abgesehen.[130] Sicher ist nur, daß ein Verständnis von «Begriff», «Institut» und «Idee» zugrundeliegt, in das Bruchstücke der deutschen idealistischen Philosophie eingegangen sind. Deren juristische Verarbeitung bediente sich der ohnehin gängigen Sprechweise von «Idee», um eine Abstraktionsebene knapp oberhalb des positiven Rechts zu bezeichnen. Die dort angesiedelten «Begriffe» sollten – obwohl gedankliche Konstrukte ohne eigentliche Geltungsgrundlage – als geltend erwiesen werden. Die Brükkenfunktion zwischen Geltung und Nichtgeltung der Begriffe leistete die idealistische Philosophie, weil sie in der Lage zu sein schien, den Begriff als der disparaten Realität immanent zu erweisen. So schlummerte gewissermaßen in allen realen staatlichen Befehlen gegenüber den Staatsbürgern der «Begriff» des Verwaltungsaktes, der dann, ans Licht gehoben, rechtliche Geltung beanspruchen konnte.

Wichtig für OTTO MAYERS Vorgehen sind aber auch einige andere Punkte: seine eminent praxisbezogene Sicht, die eine stete Rückkoppelung an die Bedürfnisse einer zu-

[124] O. *Mayer*, Zur Lehre vom öffentlichrechtlichen Vertrage, AöR 3 (1888) 3.

[125] *Mayer* (Anm. 118), 2. Aufl. Bd. I, 3. Vgl. *Heyen* (Anm. 116), § 9.

[126] O. *Mayer* (Anm. 118), 2. Aufl. Bd. I, 135 (3. Aufl. Bd. I, 114).

[127] *Mayer*, aaO. Vorwort zur 2. Aufl. v. 1914, S. VIII.

[128] Besprechung von *H. Rosin*, in: AöR 1 (1886) 717.

[129] Hierzu insbes. *Heyen* (Anm. 116), § 13.

[130] *E. V. Heyen*, Positivistische Staatsrechtslehre und politische Philosophie. Zur philosophischen Bildung Otto Mayers, in: Quaderni Fiorentini 8 (1979) 275–305; *Hueber* (Anm. 116), 160 ff.

gleich rechtsstaatlichen und effektiven Verwaltung suchte,[131] eine Vertrautheit mit dem französischen Verwaltungsrecht sowie mit dem deutschen und französischen Zivilrecht, deren Begrifflichkeit er unbedenklich ausbeutete und umformte. In diesem Sinn war er kein spekulativer, sondern ein konstruktiver Kopf. Er unterwarf sich den positiven Rechtsstoff und suchte dort das konstruktive juristische Element.

Angelpunkt seiner Reduktion des Verwaltungsrechts auf die Rechtsformen, «in welchen zwischen den von ihr beobachteten Rechtssubjekten Willensherrschaft gemäß dem objektiven Recht erscheint»,[132] ist der konstitutionelle Rechtsstaat. Dieser bindet sich bei eingreifenden Hoheitsakten an das allgemeine Gesetz, und er akzeptiert die Überprüfung der Gesetzesanwendung im Einzelfall durch unabhängige Richter: «Der Rechtsstaat bedeutet die Justizförmigkeit der Verwaltung.»[133] Wenn das Verwaltungsrecht sich durch klare Begrifflichkeit und Systematik auszeichnet, dann können die verschiedenen hoheitlichen Maßnahmen formal geordnet werden, so auch unter dem Gesichtspunkt, ob Rechtsschutz zu gewähren sei. Nur feste Begriffe, das war Otto Mayers ganz zeittypische Überzeugung, geben «jenes eherne Gleichmass, auf dem für das Gemeinwesen der Segen des Rechts beruht».[134]

Kernstück dieses Gedankens ist der Verwaltungsakt, ein Wort, das durch Otto Mayer dahingehend festgelegt worden ist, es handle sich um einen «der Verwaltung zugehörigen obrigkeitlichen Ausspruch, der dem Untertanen im Einzelfall bestimmt, was für ihn Rechtens sein soll».[135] Das war an sich nichts Neues – Friedrich Franz von Mayer und andere hatten es ähnlich gesagt,[136] wenn auch meist mit dem Wort «obrigkeitliche Verfügung» –, aber Otto Mayer akzentuierte klarer die Auswirkung gegenüber dem «Untertanen». Letzterer ist der gewaltunterworfene Bürger, der dem obrigkeitlichen Ausspruch, auch wenn er rechtswidrig ist, zunächst einmal zu gehorchen hat. Indem Otto Mayer diesen Ausspruch in Parallele zum gerichtlichen Urteil setzte, bot er auch einen klaren formalen Anknüpfungspunkt für die verwaltungsgerichtliche Anfechtung.

In ähnlicher Weise prägte Mayer das von Laband eingeführte «besondere Gewaltverhältnis»,[137] das «öffentliche Eigentum»,[138] den Gemeingebrauch und die Sondernutzung,[139] die Unterscheidung von Steuer, Gebühr und Beitrag[140] sowie vor allem die öffentlichrechtliche Anstalt,[141] wobei er auf ältere Sprachbildungen zurückgriff,

[131] Vgl. Anm. 121.

[132] *Laband,* AöR 2 (1887) 149–162, Besprechung von *O. Mayer,* Theorie des französischen Verwaltungsrechts, 1886.

[133] *Mayer* (Anm. 118), 2. Aufl. Bd. I, 64.

[134] *O. Mayer,* Die juristische Person und ihre Verwertbarkeit im öffentlichen Recht (1908), in: *ders.* (hrsgg. v. *E. V. Heyen*), Kleine Schriften zum öffentlichen Recht, Bd. I, 1981, 284.

[135] *Mayer* (Anm. 118), 2. Aufl. I, 95.

[136] Zu *F. F. Mayer* siehe oben Anm. 83; *G. Meyer,* Lehrbuch des Deutschen Verwaltungsrechts (1883), § 11; *E. Loening* (Anm. 102), 240: «Verfügungen ... sind einseitige staatliche Willenserklärungen, durch welche der Staat nach Maßgabe der von ihm anerkannten Rechtskraft seiner Herrschaftsgewalt bestimmte Rechtswirkungen hervorruft»; ebenso *v. Stengel* (Anm. 109) und *E. Bernatzik,* Rechtsprechung und materielle Rechtskraft. Verwaltungsrechtliche Studien, Wien 1886, kritisch besprochen von *O. Mayer,* AöR 1 (1886) 720–725.

[137] *Mayer* (Anm. 118), I, 104. Siehe hierzu *W. Loschelder,* Vom besonderen Gewaltverhältnis zur öffentlichrechtlichen Sonderbindung, 1982, 7 ff. m. eingehenden Nachweisen, sowie unten bei Anm. 182–184.

[138] *Mayer* (Anm. 118) II, 71 ff.; *ders.* Neues vom öffentlichen Eigentum, AöR 39 (1920) 77–95 mit einer nochmaligen originellen Verteidigung des Instituts.

[139] *Mayer* (Anm. 118) II, 137 ff., 180 ff.

[140] Kodifiziert in der Reichsabgabenordnung von 1919.

[141] *Mayer* (Anm. 118) II, 468 ff., 598 ff. vgl. unten bei Anm. 206 ff.

sie nun aber durch Heraushebung des Formelements und durch Tilgung des Zwecks schärfer konturierte.[142] Sein Verfahren ist nichts anderes, wie mit Recht gesagt worden ist, «als der dem bürgerlichen Rechtsstaat entsprechende Blickwinkel, angewandt auf die Theorie des Verwaltungsrechts. Da der Rechtsbegriff des liberalen Vernunftrechts formal war, mußte die an ihm orientierte rechtswissenschaftliche Methode formalistisch, nicht teleologisch sein.»[143]

Insofern liegt in der damit vorgenommenen Verengung nicht etwa ein Denkmangel, sondern eine bewußt vorgenommene Reduzierung der Optik, um zum rechtlichen Kern vorstoßen zu können. Die Reduzierung des Verwaltungsrechts auf «das dem Verhältnisse zwischen dem verwaltenden Staate und seinen ihm dabei begegnenden Untertanen eigentümliche Recht»[144] wirkte in doppelter Richtung. Erstens führte die Konzentration auf das obrigkeitliche Element zu einem Defizit im Bereich der schon damals nicht mehr neuen kommunalen und sonstigen Leistungsverwaltung, ein Defizit, das auch durch die Herausarbeitung des Instituts der öffentlichen Anstalt nicht ausgeglichen wurde. Zweitens kam es mit der Juridifizierung obrigkeitlichen Handelns zu jenem oft beklagten Abbrechen der Verbindungen zu den Staatswissenschaften, speziell zur Verwaltungslehre. Letzteres hat Otto Mayer häufig beschäftigt und ließ ihn gelegentlich den eigenen Wert auch dieser Disziplinen betonen.

5. Die Entwicklung bis 1914

Die sofort nach Erscheinen von Otto Mayers Werk einsetzende literarische Debatte akzeptierte seine überragende Bedeutung.[145] Gelegentliche nationalistische Untertöne, er habe zu starke Anleihen beim droit administratif des «Erbfeinds» gemacht, blieben ohne großes Echo.[146] Der letzte Widerstand gegen die Etablierung des Verwaltungsrechts als einer eigenständigen «wissenschaftlichen» Disziplin verschwand, auch bei Autoritäten wie Laband, der noch 1887 gesagt hatte: «Spezifische, dem Verwaltungsrecht eigenartige Rechtsprinzipien gibt es nicht.»[147] Mayer selbst stellte in der dritten Auflage den Erfolg seiner Anstrengungen fest, und die Fachgenossen waren sich einig, hier liege ein ungewöhnlicher Fall vor.[148] «Selten wohl hat eine Wissenschaft so tiefgehende und bedeutsame Impulse erfahren wie die des Verwaltungsrechts durch das «Deutsche Verwaltungsrecht» von Otto Mayer 1895/6», resümierte Erich Kaufmann, bevor er eindringlich die seit Gerber herrschend gewordene zivilistische Abstrahierung und Verrechtlichung – ohne Reflexion über die dem «Juristischen» zu-

[142] Vgl. dazu auch die Besprechung von *H. Rosin*, Das Recht der öffentlichen Genossenschaft, Freiburg 1886 durch *O. Mayer*, AöR 1 (1886) 719.

[143] *P. Badura*, Verwaltungsrecht (Anm. 80), 56; in diesem Sinne auch *W. Meyer-Hesemann*, Methodenwandel in der Verwaltungsrechtswissenschaft, 1981, 32ff.

[144] *Mayer* (Anm. 118), 3. Aufl. I, 14.

[145] *H. Rehm*, in: AöR 12 (1897), 590–595; *G. Jellinek*, in: VerwArch. 5 (1897), 304–314; *M. v. Seydel*, KrVjschr 38 (1896) 262–272; zur 2. Aufl. etwa *O. Bühler*, Otto Mayers Deutsches Verwaltungsrecht, in: VerwArch 27 (1917) 283ff. Nachweise vollständig bei *Hueber* (Anm. 116), 187f.

[146] Vgl. *E. V. Heyen*, Otto Mayer, Frankreich und das Deutsche Reich, in: Der Staat 19 (1980) 444–460.

[147] *Laband* (Anm. 132), 156; *ders.*, Staatsrecht, Bd. II, 1. Aufl., S. 205f., ebda., Bd. I, 2. Aufl. (1888), 684.

[148] *Mayer* (Anm. 118), 3. Aufl., § 11 zum Wandel der Rechtsprechung des Reichsgerichts. Vgl. *Bühler* (Anm. 145), 293; *E. Kaufmann*, Otto Mayer, in: VerwArch 30 (1922), S. 381; *H. Triepel*, in: DJZ 1925, 125.

grundeliegenden Auswahlkriterien – tadelte und an die «zu Unrecht heute vielfach verketzerte Verwaltungslehre» sowie an die «historische Forschung» erinnerte.[149] Doch blieben derartige Mahnungen ohne greifbare Folgen; sie veränderten das Prinzip, daß es auf die Rechtsform ankomme, nicht eigentlich, wenn auch nach und nach die teleologische Betrachtungsweise wieder Boden gewann, ohne daß man sich der Inkonsequenz deutlich bewußt wurde.

Zunächst jedoch galt OTTO MAYER in der Zeit von 1900 bis zum Ersten Weltkrieg als unbestrittene Autorität. Die «überragende wissenschaftliche Bedeutung des Mayerschen Verwaltungsrechts» schien «über jeden Zweifel erhaben».[150] FRITZ FLEINER, KARL KORMANN, PAUL SCHOEN, GERHARD ANSCHÜTZ, WALTER JELLINEK, RICHARD THOMA, OTTMAR BÜHLER, OTTO KOELLREUTTER oder der Schwede CARL-AXEL REUTERSKJÖLD (1870–1944)[151] sind in ihren verwaltungsrechtlichen Arbeiten ebenso von ihm geprägt wie der österreichische Kritiker LUDWIG SPIEGEL. So gab etwa FRITZ FLEINER, der 1905 einen kleinen «Grundriß zu Vorlesungen über Verwaltungsrecht» veröffentlicht hatte,[152] 1906 einen wissenschaftsgeschichtlichen Rückblick, der das Überlegenheitsbewußtsein des jungen Faches noch einmal zusammenfaßt: «Aus einer Mischlehre, welche Geschichte, Politik und Nationalökonomie bunt vermengte, ist die Wissenschaft des deutschen Verwaltungsrechts zum Range einer juristischen Disziplin herangewachsen, die mit derselben streng juristischen Methode, durch welche die Wissenschaft des Zivilrechts groß geworden ist, es unternommen hat, die Rechtsgrundsätze für die Beurteilung der Verhältnisse der öffentlichen Verwaltung zu gewinnen.»[153]

FRITZ FLEINER (1867–1937) wurde in Aarau geboren, studierte ab 1887 in Zürich bei GUSTAV VOGT, dann in Leipzig sowie in Berlin, wo er mit einer Arbeit über «Obligatorische Zivilehe und katholische Kirche» einen Preis errang.[154] Diese Arbeit verwendete er als Grundlage seiner Dissertation (1890), und er blieb auch mit der Habilitation über das tridentinische Eherecht im Bereich des Kirchenrechts (1892). Seine akademischen Stationen führten ihn von Basel (1897) nach Tübingen (1906), Heidelberg (1908)[155] und schließlich wieder Zürich (1915–1936).[156]

Als er dann 1911 seine «Institutionen des Deutschen Verwaltungsrechts» veröffent-

[149] *E. Kaufmann*, Verwaltung, Verwaltungsrecht, in: *v. Stengel/Fleischmann*, Wörterbuch des Deutschen Staats- und Verwaltungsrechts, 2. Aufl. Bd. 3 (1914), 717f.

[150] *L. Spiegel*, Die Verwaltungsrechtswissenschaft. Beiträge zur Systematik und Methodik der Rechtswissenschaften, Leipzig 1909, VII.

[151] *Stig Jägerskjöld*, Public Law and Administrative Law, in: Faculty of Law at Uppsala University, Uppsala 1976, 165–178 schildert den Beginn der verwaltungsrechtlichen Vorlesungen ab 1891, die ersten Lehrstuhlinhaber, die beide in Straßburg studiert haben (*Hugo Blomberg*, 1850–1909; *C.-A. Reuterskjöld*, 1870–1944), letzterer ab 1935 gefolgt von *Halvar G. F. Sundberg* (1894–1972) und dieser wiederum ab 1962 von *Stig Jägersköld.*

[152] *F. Fleiner*, Grundriß zu Vorlesungen über Verwaltungsrecht, Tübingen 1905; kurz darauf *C. Bornhak*, Grundriß des Verwaltungsrechts in Preußen und dem Deutschen Reiche, Leipzig 1906, 4. Aufl. 1912; 8. Aufl. 1925.

[153] *F. Fleiner*, Über die Umbildung zivilrechtlicher Institute durch das öffentliche Recht, Tübingen 1906, 8.

[154] Berlin 1889.

[155] *Drüll*, 70.

[156] Biographische und bibliographische Nachweise bei *Z. Giacometti*, Fritz Fleiner. 24. Januar 1867–26. Oktober 1937, Schweizer. Juristen-Zeitung 34 (1937) 145–149; *A. Im Hof*, Zum Andenken an Fritz Fleiner, in: Zeitschr. f. Schweizer. Recht NF 57 (1938); *ders.* Fritz Fleiner, in: *H. Schultheß*, Schweizer Juristen d. letzten hundert Jahre, Zürich 1945; *Dennewitz*, 164; *Meyer-Hesemann* (Anm. 143), 53ff.

lichte,[157] deutete er schon mit dem Titel die Absicht an, das reiche Gesetzes- und Rechtsprechungsmaterial auf die Grundlinien zurückzuführen, die er aus Landes- und Reichsverwaltungsrecht vergleichend hervorzuheben suchte. Dies ist ihm in hohem Maße gelungen und trug ihm das Lob ein, «das bisher beste Lehrbuch des deutschen Verwaltungsrechts» geschrieben zu haben.[158] Es hatte in der Schweiz jahrzehntelang «beinahe Gesetzescharakter».[159] Tatsächlich ist das Buch sprachlich meisterhaft und klar gegliedert. Der Allgemeine Teil enthielt die zentralen Gesichtspunkte (Grundbegriffe, Träger der öffentlichen Verwaltung, Grundverhältnis zwischen öffentlicher Verwaltung und Bürger, Rechtsschutz), der Besondere Teil orientierte sich zum einen an den Leistungen der Verwaltung (öffentliches Anstaltsrecht), zum anderen an den verwaltungsrechtlichen Pflichten der Bürger. Was dem Buch seine auch heute noch anziehende Qualität verleiht, ist seine Konzentration auf die wesentlichen Punkte, seine durchgängig liberale, den Rechtsschutz des Bürgers berücksichtigende Einstellung sowie die Umsicht, mit der das Konzept Otto Mayers aufgelockert und modernisiert wird.[160] Nicht zuletzt ist es wohl die schweizerische demokratische und pragmatische Grundierung,[161] die das Buch so positiv auffallen ließ, etwa im Vergleich zu dem gleichzeitigen Grundriß von Bornhak.[162]

Die letzten beiden Jahrzehnte vor dem Ersten Weltkrieg sind im Verwaltungsrecht solche der Konsolidierung. Die Idee des Rechtsstaates war so sehr allgemeiner Besitz und selbstverständliche Basis des Verwaltungsrechts geworden, daß 1910 sogar schon von einer «Überwindung» des ihr zugrundeliegenden Individualismus durch die «schöpferischen Kräfte der nationalen und der sozialen Ideen» gesprochen werden konnte.[163] In der Praxis gründete sich aber der Konnex zwischen Verwaltungsrecht und Rechtsstaat jetzt endgültig auf den Schutz der subjektiv-öffentlichen Rechte.[164] Dies war auch das Motiv für Karl Kormann, einen über das Verwaltungsrecht und die feinere Klassifizierung der Verwaltungsakte hinausreichenden Allgemeinen Teil für das ganze Öffentliche Recht zu entwerfen,[165] für Paul Schoen, nochmals «Allgemeine Lehren» und den – bei Otto Mayer bewußt vernachlässigten – organisationsrechtlichen Teil des Verwaltungsrechts zu behandeln.[166] Daneben verstärkte sich die

[157] *F. Fleiner,* Institutionen des Deutschen Verwaltungsrechts, Tübingen 1911, 3. Aufl. Tübingen 1913, 4. Aufl. 1919, 5. Aufl. 1920, 6./7. Aufl. 1922, 8. Aufl. 1928 (Nachdr. 1963; Übersetzungen ins Französische, Spanische, Griechische und Japanische).

[158] *F. Stier-Somlo,* AöR 29 (1912) 494 (500); siehe auch *M. Schulzenstein,* VerwArch 20 (1912) 273ff.

[159] *A. Kölz,* Von der Herkunft des schweizerischen Verwaltungsrechts, in: Im Dienst an der Gemeinschaft. Festschr. f. D. Schindler, 1989, 597–616 (607).

[160] Hinzuweisen ist auf die Veränderungen der letzten (8.) Auflage von 1928, § 8 «Neue Organisationsformen», die außerhalb des hier gezogenen zeitlichen Rahmens liegen.

[161] *Kölz* (Anm. 159), 606ff. zu den Auswirkungen *O. Mayers* und *Fleiners* auf das schweizerische Verwaltungsrecht.

[162] Oben Anm. 152.

[163] *R. Thoma,* Rechtsstaatsidee und Verwaltungsrechtswissenschaft, in: JöR 4 (1910), 196, 199. Vgl. dazu *H. D. Rath,* Positivismus und Demokratie, Richard Thoma 1874–1957, 1981.

[164] Grundlegend *G. Jellinek,* System der subjektiven öffentlichen Rechte, 2. Aufl., Tübingen 1905.

[165] *K. Kormann,* System der rechtsgeschäftlichen Staatsakte, Berlin 1910 (Neudr. 1962); *ders.,* Grundzüge eines allgemeinen Teils des öffentlichen Rechts, (Hirths) Annalen des Deutschen Reichs 44 (1911), 850ff., 45 (1912), 36ff., 195ff. (vgl. die Würdigung von *K. Wolzendorff,* PrVwBl 36 (1914/15) 2ff. –, sowie *W. Merk,* Streifzüge durch den allgemeinen Teil des öffentlichen Rechts, Zeitschr. f. Badische Verwaltung, Verwaltungsrechtspflege (1912), 211, 223. Weitere Literatur bei *Dennewitz,* 162.

[166] *P. Schoen,* Deutsches Verwaltungsrecht.

fortlaufende Kommentierung der Rechtsprechung,[167] die Abgrenzung zur Zivilgerichtsbarkeit verfeinerte sich,[168] und man fuhr in der Tradition von GNEIST, E. v. MEIER, LOENING und OTTO MAYER fort, englisches, italienisches und französisches Verwaltungsrecht zu beobachten und mit dem eigenen Rechtszustand zu vergleichen.[169] Ein Internationales Verwaltungsrecht begann sich abzuzeichnen.[170] Die Emanzipation von der zivilistischen Begrifflichkeit war vollzogen,[171] ebenso die Abgrenzung vom Staatsrecht, wie in exemplarischer Weise die resümierende Schrift des Prager Verwaltungsrechtlers LUDWIG SPIEGEL aus dem Jahre 1909 zeigt.[172] Lehrbücher, kleine Grundrisse[173] und eigene Vorlesungen wiesen das Verwaltungsrecht nunmehr als etabliert aus. Es hatte sich «durchgesetzt».

II. Dogmatische Positionen

1. Verwaltungsakt, Besonderes Gewaltverhältnis, öffentlichrechtlicher Vertrag

a) Die Entstehung der Rechtsfigur des Verwaltungsakts vollzog sich auf dem doktrinellen Hintergrund der Gewaltenteilung und des Rechtsstaats. Erst der Grundgedanke der Gewaltenteilung ließ das exekutivische Handeln als eigenständiges und regelungsfähiges Gebiet sichtbar werden. Dies gilt auch dort, wo die Gewaltenteilung wegen der Dominanz des monarchischen Prinzips abgelehnt wurde; auch dort traten mit dem Dualismus von Parlament und Regierung sowie mit der Trennung von Justiz- und Polizeisachen die Trennungslinien hervor. Nach 1850 gebot der Rechtsstaat eine genaue Fixierung der Rechte und Pflichten des Bürgers. Der Bürger verwehrte dem Staat keineswegs, in vielen Formen und Richtungen tätig zu sein, aber in bezug auf Freiheit und Eigentum wollte er Sicherheit. OTTO MAYER stellte mit Befriedigung fest, «unser Rechtsstaat» habe im Vergleich zum früheren «Polizeistaat» nicht bloß «die flutende Masse der Verwaltungstätigkeit eingedämmt durch das Gesetz, sondern er läßt auch noch mitten drin fort und fort feste Punkte auftauchen, welche dem Einzelnen Halt gewähren und ihn darüber sicherstellen, wohin es geht. Die Rechtseinrichtung, die das bewirkt, ist der Verwaltungsakt, ein der Verwaltung zugehöriger obrig-

Allgemeine Lehren und Organisation, in: Kohlers Enzyklopädie der Rechtswissenschaft, Bd. 4 (1914) 193ff. Dazu *Dennewitz*, 166f.

[167] *K. Parey*, Die Rechtsgrundsätze des kgl. preußischen Ober-Verwaltungsgerichts, 7 Bde Berlin 1887 (4. Aufl. 3 Bde Berlin 1905–06), vgl. dazu *C. Bornhak*, in: AöR 3 (1888) 189–192; *G. Anschütz*, Allgemeine Begriffe und Lehren des Verwaltungsrechts nach der Rechtsprechung des Oberverwaltungsgerichts, in: PrVwBl 22 (1900/1901).

[168] *F. Stier-Somlo*, Die Einwirkung des bürgerlichen Rechts auf das preußisch-deutsche Verwaltungsrecht, Berlin 1900; *O. Bühler*, Die Zuständigkeit der Zivilgerichte gegenüber der Verwaltung im württembergischen Recht. Diss. Tübingen 1911.

[169] *O. Koellreutter*, Verwaltungsrecht und Verwaltungsrechtsprechung im modernen England, Tübingen 1912. Zur französischen Übersetzung des Deutschen Verwaltungsrechts von *O. Mayer* vgl. oben Anm. 118.

[170] *K. Neumeyer*, Internationales Verwaltungsrecht, 4 Bde, 1910–1936 (Nachdr. 1980).

[171] *Fleiner*, Über die Umbildung (Anm. 153).

[172] *Spiegel* (Anm. 150), 33ff. Rez. v. *O. Mayer*, AöR 25 (1909) 489–490.

[173] Vgl. etwa *A. v. Kirchenheim*, Einführung in das Verwaltungsrecht; nebst Grundriß, Stuttgart 1885 (174 S.), ein in 142 Paragraphen eingeteiltes kleines Vorlesungshilfsmittel mit Literaturangaben (zu *Arthur von Kirchenheim* (1855–1924), der 44 Jahre in Heidelberg lehrte, vgl. *Drüll*, 134); *Bornhak* (Anm. 152).

keitlicher Ausspruch, der dem Unterthanen im Einzelfall bestimmt, was für ihn Rechtens sein soll.»[174]

Die Parallele dieser Figur mit der gestaltenden Feststellung von Individualrechten durch gerichtliches Urteil lag nahe. Wie die Dritte Gewalt im Urteil, so schien die Exekutive im Verwaltungsakt die ihr eigentümliche Ausdrucksform zu finden. Das entsprach der konsequenten Gewaltenteilungsdoktrin seit der Französischen Revolution,[175] die, wenn man sie ernst nahm, auch keine echte gerichtliche Kontrolle der «actes administratifs» zuließ. Daß dies bei fortdauernder Unklarheit, wie man das eigentlich hoheitliche Element der Verwaltungstätigkeiten isolieren könne, zu einem «administrativen Despotism» führen würde, wurde bald erkannt.[176] Um so dringender erschien deshalb jedenfalls die Festlegung der Verwaltung auf ein verbindliches und gesetzesgebundenes Handeln insoweit, als es sich um Eingriffe in Freiheit und Eigentum handelte. Selbst auf diesem Gebiet gab es noch zivilistische Hilfskonstruktionen, etwa die Qualifizierung einer Enteignung als Zwangskauf. Die allgemein anerkannte sprachliche Bezeichnung «Verwaltungsakt» für die einseitigen hoheitlichen Einzelfallregelungen setzte sich erst am Ende des 19. Jahrhunderts durch.[177] 1914 stellte Otto Mayer zur Terminologie fest: «Es werden immer noch Versuche gemacht, sich dagegen zu sträuben.»[178]

Festere Kontur erhielt die Figur aber doch schon nach 1850. Als einer der ersten behandelte Friedrich Franz Mayer die Verwaltungsakte unter der Überschrift «Formen polizeilichen Einwirkens»,[179] worunter auch begünstigende Verwaltungsakte fielen, die ihrerseits eine lange Vorgeschichte in Form des Privilegs hatten.[180] Edgar Loening definierte die Verwaltungsakte als «Willenserklärungen des Staats ... welche keine Rechtsnormen enthalten, sondern konkrete Verhältnisse nach Maßgabe bestehender Rechtsnormen ordnen».[181] Damit war der Kern des Problems erfaßt. Otto Mayer setzte dann gewissermaßen den Schlußpunkt, sowohl sprachlich als auch dogmatisch, durch eine klare Abgrenzung von anderen nichthoheitlichen und nicht einzelfallbezogenen Formen des Verwaltungshandelns. Die Monographien von Walter Jellinek «Der fehlerhafte Staatsakt und seine Wirkungen» (1908) und von Karl Kormann «System der rechtsgeschäftlichen Staatsakte» (1910) trieben die Dogmatik der Verwaltungsakte weiter voran und leisteten insbesondere die Verzahnung der einzelnen Fallgruppen mit den Details der Verwaltungspraxis. Methodisch blieben sie innerhalb des von Otto Mayer gezogenen Rahmens.

b) Regelte der Verwaltungsakt die Rechte und Pflichten des Bürgers im «allgemeinen Gewaltverhältnis» zum Staat, so gab es daneben auch noch das «besondere Gewalten-

[174] *Mayer* (Anm. 118), 2. Aufl. I, 95.

[175] *O. Mayer,* Theorie des französischen Verwaltungsrechts, Straßburg 1886 91; *ders.* (Anm. 118), 2. Aufl. I, § 5 II.

[176] *G. v. Weiler,* Ueber Verwaltung und Justiz und ueber die Gränzlinie zwischen beiden, Mannheim 1826, 41 (2. Aufl. 1830).

[177] Das Wort «Verwaltungsact» wohl erstmals bei *F. Schmitthenner,* Grundlinien des allgemeinen oder idealen Staatsrechtes, Gießen 1845, 499 mit den Beispielen «Erbauung einer Straße, Errichtung eines Culturinstituts». Vgl. *W. Pauly,* Verwaltungsakt, HRG V (1992) m. w. Nachw.

[178] *Mayer* (Anm. 118), 2. Aufl. I, 95 Anm. 1.

[179] *F. F. Mayer,* Grundsätze (Anm. 72), 114ff.

[180] *H. Mohnhaupt,* Vom Privileg zum Verwaltungsakt. Beobachtungen zur dogmengeschichtlichen Entwicklung in Deutschland seit der Mitte des 18. Jahrhunderts, in: *E. V. Heyen,* Wissenschaft und Recht der Verwaltung seit dem Ancien Régime. Europäische Ansichten, 1984, 41–58.

[181] *Loening* (Anm. 102), 226.

verhältnis», die «verschärfte Abhängigkeit, welche zugunsten eines bestimmten Zweckes öffentlicher Verwaltung begründet wird für alle Einzelnen, die in den vorgesehenen besonderen Zusammenhang treten».[182] Auch hier wirkte das allgemeine Klima der Verrechtlichung festigend und begriffsklärend. Die von LABAND für das Reichsbeamtenrecht entwickelte Figur stieg schon vor 1914 zur generellen öffentlichrechtlichen Sonderbeziehung zwischen Einzelnem und Staat auf,[183] modifiziert bis zur Gegenwart allenfalls durch die abgestufte Geltung von Grundrechten und vorangetriebene gesetzliche Regelungen.[184]

c) Schwieriger gestaltete sich die Anerkennung der Figur des öffentlichrechtlichen Vertrags. Ihrer Verwendung im Verwaltungsrecht standen mehrere Hindernisse entgegen. Das Leitbild des hoheitlich «herrschenden», Willensmacht ausübenden Staates, wie es etwa GERBER und LABAND entworfen hatten, schloß vertragsmäßiges «Paktieren» zwischen Staat und Bürger-Untertan im Grunde aus.[185] Der Staat, der alle Hoheitsrechte auf sich konzentrierte, war ein Wesen höherer Dignität, die Vertragsebene war ihm unangemessen. Der liberale Staat zudem, konzentriert auf die Gefahrenabwehr, konnte sich mit dem Polizeibefehl begnügen, während für das nichthoheitliche Handeln das Gemeine Recht bereitstand. Hier lagen auch die Gründe für OTTO MAYERS Opposition gegen den öffentlichrechtlichen Vertrag, die außerdem noch darauf gestützt wurde, es fehle der für einen Vertrag unverzichtbare gesetzliche Geltungsgrund. Hemmend wirkte sich zusätzlich aus, daß der Vertrag jene zentrale zivilistische Kategorie war, die eine auf Emanzipation vom Zivilrecht bedachte junge Verwaltungsrechtswissenschaft nur ungern heranziehen wollte. Schließlich kamen vertragsartige Konstellationen im ausgehenden 19. Jahrhundert noch recht selten vor;[186] Paradefall war die Ernennung zum Beamten (der Staatsdienstvertrag),[187] die zunächst privatrechtlich, dann rein hoheitlich und am Ende des 19. Jahrhunderts überwiegend als Unterwerfungsvertrag mit hoheitlicher Übertragung des Amtes konstruiert wurde.[188] Ähnliche Probleme stellten die sog. Expropriationsverträge, bei denen der Hoheitsakt der Enteignung durch vertragliche Einigung über Art und Höhe der Entschädigung ergänzt wurde.

182 *Mayer* (Anm. 118), 3. Aufl., I, 101f.

183 Grundlegend *L. Wenninger*, Geschichte der Lehre vom besonderen Gewaltverhältnis, 1982 durch subtile Nachzeichnung der faktischen Ausgestaltung «besonderer Gewaltverhältnisse» und ihrer theoretischen Aufarbeitung, insbesondere seit *Laband* (106ff.).

184 *H. Krüger/C. H. Ule*, Das besondere Gewaltverhältnis, VVDStRL 15 (1957) 109ff.; in Reaktion auf BVerfGE 33,1 (Strafvollzugsbeschluß) belebte sich die wissenschaftliche Diskussion. Vgl. nur *H. U. Evers*, Das besondere Gewaltverhältnis, 1982; *W. Loschelder*, Vom besonderen Gewaltverhältnis zur öffentlich-rechtlichen Sonderbindung. Zur Institutionalisierung der engeren Staat/Bürger-Beziehungen, 1982; *D. Merten* (Hg.), Das besondere Gewaltverhältnis, 1985, alle m. w. Nachw.

185 *Mayer*, Theorie (Anm. 175), 292: «Die hoheitliche Natur des einen Kontrahenten schließt die im Begriffe eines solchen liegende Rechtsgleichheit aus»; dagegen *Laband*, AöR 2 (1887) 149 (157ff.).

186 *O. Mayer*, Zur Lehre vom öffentlichrechtlichen Vertrage, AöR 3 (1888) 3–86 (4): «Der Grund ist einfach: es ist nicht Stoff genug vorhanden. In dem Verhältnisse der Verwaltung zu den Unterthanen gibt es nur eine einzige eigenthümlich öffentlichrechtliche Form staatlicher Einwirkung; das ist der Befehl».

187 *P. Laband*, Das Staatsrecht des Deutschen Reiches, 2. Aufl. Bd. 1, Freiburg 1888, 404ff. (413 m. w. Nachw.).

188 *H. Rehm*, Die rechtliche Natur des Staatsdienstes nach deutschem Staatsrecht historisch-dogmatisch dargestellt, in: (Hirths) Annalen des Deutschen Reichs 1884, 565ff., 1885, 65ff.; *M. Bullinger*, Vertrag und Verwaltungsakt, 1962, 179ff.

Trotz dieser hemmenden Faktoren war der öffentlichrechtliche Vertrag vor und nach OTTO MAYER durchaus anerkannt. Auch OTTO MAYER war keineswegs strikter Gegner, und die Befürworter waren ohnehin in der Überzahl.[189] Um die Jahrhundertwende war die Frage im wesentlichen entschieden, zumal auch gerade die kommunalrechtliche Praxis auf die Figur nicht verzichten konnte. WILLIBALD APELT zog 1920 eine entsprechende Bilanz.[190]

Neben den öffentlichrechtlichen Verträgen im Verhältnis zwischen Staat und Bürger gab es als relativ problemlose Kategorie noch den koordinationsrechtlichen öffentlichrechtlichen Vertrag zwischen gleichgeordneten juristischen Personen des öffentlichen Rechts, vor allem etwa den Eingemeindungsvertrag,[191] die Abfindungsverträge bei der Verstaatlichung der Eisenbahnen sowie die Zweckverbands- oder Kooperationsverträge zwischen Gebietskörperschaften. Auch auf staatsrechtlicher und staatskirchenrechtlicher Ebene stellten sich insoweit keine grundsätzlichen Schwierigkeiten.

2. *Öffentliches Eigentum*

«Das sich auflösende deutsche Privatrecht wird uns (den Verwaltungsrechtlern) eine ganze Reihe von Rechtsinstituten herausgeben, die es jetzt noch in Anspruch nimmt. Neben den öffentlichrechtlichen Vertrag stellt sich das öffentlichrechtliche Eigenthum, die öffentlichrechtliche Servitut, die öffentlichrechtliche Entschädigung u. s. w.»[192] In diesem Sinne setzte sich OTTO MAYER für die Anerkennung einer spezifisch öffentlichrechtlichen Kategorie des Eigentums ein.[193] Noch in einem seiner letzten Aufsätze kam er darauf zurück.[194] Seine Intentionen, die sich am französischen «domaine public» orientierten, haben sich jedoch nicht durchgesetzt, obwohl sich auch vor 1914 zahlreiche Stimmen im Sinne OTTO MAYERS äußerten.[195] Das heutige öffentliche Sachenrecht hält am Privateigentum im Prinzip fest und kombiniert es mit einer speziellen, durch die Widmung vermittelten öffentlichrechtlichen Sachherrschaft.[196]

[189] *K. Stern*, Zur Grundlegung einer Lehre des öffentlich-rechtlichen Vertrages, VerwArch 49 (1958) 106 (114ff.).

[190] *W. Apelt*, Der verwaltungsrechtliche Vertrag. Ein Beitrag zur Lehre von der rechtswirksamen Handlung im öffentlichen Recht, Leipzig 1920 (Neudr. 1964); *G. Grosch*, Der Staat als Kontrahent, JöR 5 (1911) 267 (269ff.); *M. Layer*, Zur Lehre vom öffentlich-rechtlichen Vertrag, Graz 1916; einen guten historischen Rückblick bietet *H. Maurer*, Der Verwaltungsvertrag – Probleme und Möglichkeiten, DVBl 1989, 798 (799–801). Neuere Literatur bei *H. Meyer/H. Borgs-Maciejewski*, Verwaltungsverfahrensgesetz, 2. Aufl. 1982, 484f.; *H. J. Wolff–O. Bachof*, Verwaltungsrecht I, 9. Aufl. 1974, § 44.

[191] Aus der reichen Literatur vor 1914 seien lediglich erwähnt *G. Strutz*, Die Kommunalverbände in Preußen, Berlin 1888; *P. Schoen*, Das Recht der Kommunalverbände in Preußen, Leipzig 1897; *A. Gleitsmann*, Vereinbarung und Gesamtakt, VerwArch 10 (1902) 395; *Stephan*, Die Veränderung von Gemeindegrenzen und ihre Rechtsfolgen, VerwArch 11 (1903) 317–335; *E. Loening*, Eingemeindung und Eingemeindungsverträge, PrVwBl 29 (1908) 657–662; *H. Dittmar*, Das Recht der Eingemeindung in Preußen, jur. Diss. Rostock 1908; *F. Stier-Somlo*, Zum Eingemeindungsrecht in Preußen, in: Festschr. Zitelmann, 1913; *M. Queis*, Begriff und Wirkung der Eingemeindung nach preußischem Verwaltungsrecht, jur. Diss. Greifswald 1913.

[192] *O. Mayer*, Zur Lehre (Anm. 186), 86.

[193] Vgl. *Mayer* (Anm. 118), Bd. II, §§ 35, 36; *O. Mayer*, Der gegenwärtige Stand der Frage des öffentlichen Eigentums, AöR 21 (1907) 499–522, dort der bedenkenswerte Schlußsatz: «Nach uns kommen auch noch Leute; die werden es sehen».

[194] *O. Mayer*, Neues vom öffentlichen Eigentum, AöR 39 (1920) 77–95.

[195] *F. Fleiner*, Über die Umbildung (Anm. 153), 16.

[196] Literaturangaben bei *H. J. Papier*, Recht der öffentlichen Sachen, 2. Aufl. 1984, § 1; *H. J. Wolff–O. Bachof*, Verwaltungsrecht I, 9. Aufl. 1974, §§ 55, 57.

3. *Gesetzesbindung des Verwaltungshandelns*

Das Leitbild des Rechtsstaates forderte auch im Verwaltungsrecht möglichst scharf umrissene, gerichtlich überprüfbare Begriffe. Wer auf die Durchsetzung des im Parlament fixierten allgemeinen Willens in der Verwaltung drängte, sah die Verwaltung als «Exekutive» im strengen Sinne, d. h. als Gesetzesvollzugsorgan. In dieser Perspektive waren unbestimmte Rechtsbegriffe und Ermessensnormen unerwünschte Relikte einer ehemals unbeschränkten, vom monarchischen Prinzip regierten Handlungsfreiheit. Die Gegenpartei verstand die Gesetzesbindung des Verwaltungshandelns als Schranke, innerhalb deren die «eigentliche», die «schöpferische» Verwaltung – im Prinzip ungebunden durch Legislative und Judikative – zweckorientiert wirkte. Seit es die verwaltungsgerichtliche Kontrolle gab, also in größerem Maßstab seit 1875, waren konkrete Lösungen dieses Grundsatzproblems nicht mehr zu umgehen. Die aus dem Zivil- und Strafrecht längst bekannten sprachlichen Unschärfen, deren verbindliche Festlegung dort dem Richter überlassen wurden,[197] standen im Verwaltungsrecht in einem anderen Kontext; hier erzeugten sie einen Kompetenzkonflikt zwischen Exekutive und Judikative.[198]

Die wissenschaftliche Diskussion um die Ermessenslehre, wie sie sich um die Jahrhundertwende zeigt,[199] enthält in sublimierter Form die alten politischen Frontlinien zwischen Polizeisachen und Justizsachen, Verwaltung und Rechtsprechung, zwischen monarchischem Prinzip und parlamentarischer Gesetzgebung. Was der Kontrolle durch die Justiz zugesprochen wurde, ging der administrativen Handlungsfähigkeit verloren. Was der Verwaltung «abgerungen» wurde, konnte als Gewinn an Rechtsstaatlichkeit verbucht werden. Es handelte sich tatsächlich um «das große Freiheitsproblem des öffentlichen Rechts, das ... erst vor verhältnismäßig kurzer Zeit in das Bewußtsein der Gesellschaft getreten ist», «um das Verhältnis der Justiz und der Verwaltung zum Rechtssatz».[200]

Nach der Gesetzeslage und der Praxis schienen die Fronten klar zu sein. Die Verwaltungsgerichte prüften lediglich materielle und formelle Rechtsfragen sowie das Vorliegen von Tatsachen, soweit sich diese auf die Rechtsentscheidung auswirkten, nicht dagegen Ermessensentscheidungen der Verwaltung. Tatsachen-, Rechts- und Ermessensfragen galten als deutlich unterscheidbar. Auch bei der Überprüfung von Normen (Polizeiverordnungen) oder gemeindlichen Beschlüssen auf ihre Anwendbarkeit war den Verwaltungsgerichten eine Entscheidung über «Nützlichkeit und Zweckmäßigkeit» aus Gründen der Gewaltenteilung verwehrt. In beiden Richtungen fanden nun also Grenzziehungen statt.

Bei näherer Untersuchung zeigte sich jedoch, daß weder die Verwaltung noch die Rechtsprechung einer wirklich stringenten Gesetzesbindung unterworfen werden konnten. Die notwendige Bindung an eine semantisch immer ungenaue Sprache, die

[197] *O. Bülow,* Gesetz und Richteramt, Leipzig 1885 (Neudr. 1972); vgl. *R. Ogorek,* Richterkönig oder Subsumtionsautomat? Zur Justiztheorie im 19. Jahrhundert, 1986, 257ff.

[198] Den besten zeitgenöss. Literaturüberblick über die Fronten bietet m. E. *O. v. Sarwey,* Das öffentliche Recht und die Verwaltungsrechtspflege, Tübingen 1880, § 11. Er unterscheidet drei Gruppen: prinzipielle Ablehnung justizieller Staatskontrolle (1), Gewährleistung von Schutz bei «jeder» Rechtsverletzung (2), Begrenzung des Rechtsschutzes auf Verletzung individueller Rechte (3).

[199] Hierzu demnächst die Bonner Dissertation von *Ulla Held,* Geschichtliche Grundlagen der Ermessenslehre.

[200] *Jellinek* (Anm. 164), 1.

Unterscheidungen von bestimmten, unbestimmten und Ermessensbegriffen sowie die erkenntnistheoretischen Probleme auf dem Weg vom Gesetzestext zur Bildung einer Rechtsnorm und von da zur Subsumtion des Einzelfalles bedurften nun einer genaueren Analyse als vor der Einrichtung der Verwaltungsgerichtsbarkeit, weil hiervon unmittelbare Kompetenzverschiebungen abhingen. Der Überprüfung des legislativen und exekutivischen Staatshandelns durch die Verwaltungsgerichte mußten Grenzen gezogen werden, die nicht nur der Verfassungslage, sondern auch der zeittypischen Vorstellung davon entsprachen, was eine Verwaltungsbehörde aus eigenem Recht sollte entscheiden dürfen.

Entsprechend hoch waren die wissenschaftlichen Energien, die sich diesen Fragen zuwandten. Die eigentliche Debatte um die genannten Fragen beginnt mit EDMUND BERNATZIK (1854–1919),[201] einem Schüler von LABAND und OTTO MAYER, der sich mit der einschlägigen Monographie «Rechtsprechung und materielle Rechtskraft» (1886) habilitierte. Kurz darauf erschien von FRIEDRICH TEZNER (1856–1925),[202] dem späteren Senatspräsidenten beim Wiener Verwaltungsgerichtshof, «Zur Lehre vom freien Ermessen der Verwaltungsbehörden als Grund der Unzuständigkeit der Verwaltungsgerichte».[203] In den folgenden Jahren wurde die Diskussion in Lehrbüchern, Zeitschriftenaufsätzen und Rezensionen immer dichter, es erschienen die Beiträge von FRITZ STIER-SOMLO (1908), RUDOLF VON LAUN (1910), PAUL OERTMANN (1912) und vor allem dann die großen zusammenfassenden Monographien von WALTER JELLINEK (1913)[204] und OTTMAR BÜHLER (1914).[205] Der damit erreichte Diskussionsstand bildet die Grundlage für die – nach jahrzehntelanger Pause – wieder ab etwa 1950 einsetzenden Erörterungen um Ermessen und unbestimmten Rechtsbegriff, etwa in der Gedächtnisschrift für WALTER JELLINEK von 1955.[206]

[201] *L. Adamovich,* NDB 2 (1955) 103; *W. Brauneder,* Juristen in Österreich 1200–1980, 1987, 141, 312f.

[202] *N. Schwärzler,* Friedrich Tezner, in: *Brauneder* (Anm. 201), 242–247, 361f. m. w. Nachw.

[203] Wien 1888; *ders.* Die deutschen Theorien der Verwaltungsrechtspflege, VerwArch 8 (1900), 220ff., 475ff., 9 (1901) 159ff., 515ff.

[204] *E. Bernatzik,* Rechtsprechung und materielle Rechtskraft. Verwaltungsrechtliche Studien, Wien 1886; *F. Tezner,* Zur Lehre von dem freien Ermessen der Verwaltungsbehörden als Grund der Unzuständigkeit der Verwaltungsgerichte, 1888; *Mayer* (Anm. 118), 2. Aufl. I, 165ff.; *F. Stier-Somlo,* Das freie Ermessen in Rechtsprechung und Verwaltung, in: Staatsrechtliche Abhandlungen, Festg. f. P. Laband, Bd. 2 1908, 443ff.; *R. v. Laun,* Das freie Ermessen und seine Grenzen, Wien 1910; *P. Oertmann,* Die staatsbürgerliche Freiheit und das freie Ermessen der Behörden, 1912; *W. Jellinek,* Gesetz, Gesetzesanwendung und Zweckmäßigkeitserwägung. Zugleich ein System der Ungültigkeitsgründe von Polizeiverordnungen und -verfügungen, Tübingen 1913 m. umfass. Nachw. Zu letzterem vgl. *J. Ziekow,* Die Einhelligkeit der Rechtsentscheidung – Zu Leben und Werk Walter Jellineks, AöR 111 (1986) 219–230 (221).

[205] *O. Bühler,* Die subjektiven öffentlichen Rechte und ihr Schutz in der deutschen Verwaltungsrechtsprechung, Berlin u. a. 1914, 21ff., insbes. 40ff. die kritische Auseinandersetzung mit *W. Jellinek,* fortgeführt in: Altes und Neues über Begriff und Bedeutung der subjektiven öffentlichen Rechte, in Forschungen und Berichte aus dem öffentlichen Recht. Gedächtnisschr. f. W. Jellinek, 1955, 269ff.

[206] *H. Reuß,* Das Ermessen, DVBl 1953, 585; *ders.* Der unbestimmte Rechtsbegriff, DVBl 1953, 649ff.; *C. H. Ule,* Zur Anwendung unbestimmter Rechtsbegriffe im Verwaltungsrecht, in: Gedächtnisschrift W. Jellinek (Anm. 205), 309ff.; *O. Bachof,* Beurteilungsspielraum, Ermessen und unbestimmter Rechtsbegriff, JZ 1955, 97ff.

4. *Institutionelle Formen*

Die seit W. E. Albrecht (1837) geführte Debatte um die Charakterisierung des Staates als juristische Person stand in der zweiten Hälfte des 19. Jahrhunderts unter dem Zwang, immer neue und differenziertere Fragen anzuschneiden. Was zunächst ein geschickter dogmatischer Ausweg aus der gegenseitigen Blockierung von Fürsten- und Volkssouveränität war, mußte nun auf die Verhältnisse des konstitutionellen monarchischen Bundesstaates umgesetzt werden. Nicht nur der Bundesstaat selbst, auch die Einzelstaaten waren «juristische Personen». Weiter hatten die Kommunalreformen des frühen und des späten 19. Jahrhunderts den Gemeinden die Selbstverwaltungsgarantie, Personalhoheit und Finanzhoheit zugesprochen, so daß auch diese den Charakter juristischer Personen beanspruchen mußten. Das gleiche galt für die Landkreise und alle anderen mit eigenen Kompetenzen und Finanzen ausgestatteten «Verwaltungskörper»,[207] öffentlichrechtliche Körperschaften, Anstalten und Stiftungen, die öffentlichrechtlich organisierten Kirchen sowie die seit 1883 aufgebauten Sozialversicherungsträger.[208] Überall war zu klären, ob diese mehr oder weniger eigenständigen Untereinheiten als «juristische Personen des öffentlichen Rechts» auftreten und rechtlich handlungsfähig sein sollten. Dabei kam es entscheidend auf das Verständnis der Staatsgewalt an: waren die juristischen Personen des öffentlichen Rechts Abspaltungen der einheitlichen Staatsgewalt, also im Prinzip gleichrangige Elemente, oder gab es eine Hierarchie juristischer Personen des öffentlichen Rechts, etwa vom Staat herunter zur Gemeinde und von da zur gemeindeeigenen öffentlichrechtlichen Anstalt, so daß eigentlich nur dem Staat echte Herrschaftsmacht zukam? Weiter war offen, ob die juristischen Personen des öffentlichen Rechts untereinander in Gruppen mit gemeinsamen Merkmalen zusammengefaßt und typisiert werden konnten, um sie dogmatisch handhabbar zu machen. Zu dieser Ordnungsleistung drängte am Ende des Jahrhunderts auch die Entstehung des BGB, das die juristischen Personen des bürgerlichen Rechts ausgestaltete und seine §§ 31, 42 Abs. 2 BGB auch auf juristische Personen des öffentlichen Rechts (Körperschaften, Stiftungen, Anstalten) für anwendbar erklärte (§ 89 BGB).

Dabei lag es nahe, diese dogmatischen Zuordnungen mit Hilfe bestimmter Sachgesetzlichkeiten vorzunehmen. So unterschieden sich die Gemeinden durch ihre Bindung an ein bestimmtes Gebiet von anderen «Körperschaften», bei den Anstalten dominierten der öffentliche Zweck und die benutzte Sachgesamtheit, bei den Stiftungen das gewidmete Sondervermögen.

Dies alles war keineswegs neu. So gab es im Bereich der «Körperschaften» eine in der Naturrechtstradition des Ancien Régime wurzelnde Diskussion um die Einordnung der innerstaatlichen Korporationen (Gemeinden, Kommunalverbände, Kirchen, Universitäten),[209] die nun – unter konstitutionellen Verhältnissen – zu einem charakteristischen Dualismus öffentlich- und privatrechtlicher Körperschaften führte.[210] Das

[207] Hierzu *Mayer* (Anm. 118), 2. Aufl. II, 571.

[208] *W. Weber*, Die Körperschaften, Anstalten und Stiftungen des öffentlichen Rechts, 1940 (2. Aufl. 1943). Vgl. *H. Schneider–V. Götz* (Hg.), Festschr. W. Weber, Im Dienst an Recht und Staat, 1974 m. w. Nachw.

[209] *F. Schikorski*, Die Auseinandersetzung um den Körperschaftsbegriff in der Rechtslehre des 19. Jahrhunderts, 1978.

[210] Hervorragend dargestellt bei *K.-J. Bieback*, Die öffentliche Körperschaft. Ihre Entstehung, die Entwicklg. ihres Begriffs u. die Lehre v. Staat u. den innerstaatlichen Verbänden in der Epoche des Konstitutionalismus in Deutschland, 1976.

gleiche gilt für die Stiftungen, die nun ebenfalls als öffentlichrechtliche und privatrechtliche nebeneinander existierten,[211] letztere gewissermaßen als «Anstalten des Privatrechts».[212]

Was die öffentlichrechtliche Anstalt angeht, so bildet die klassische Definition von Otto Mayer, sie sei ein «Bestand von Mitteln, sächlicher wie persönlicher, welche in der Hand eines Trägers öffentlicher Verwaltung einem besonderen öffentlichen Zwecke dauernd zu dienen bestimmt sind»,[213] den formalen Abschluß eines längeren Suchens nach einem passenden Oberbegriff über unterschiedliche «Veranstaltungen» des Staates, die organisatorisch verselbständigt waren und bei denen das hoheitliche Element wenigstens im Zweck zum Ausdruck kam. Alle Lehrbücher der Polizeiwissenschaft sowie die ersten Lehrbücher des Verwaltungsrechts behandelten jene «Veranstaltungen» – Schulen, Sparkassen, Post und Telegraph, Theater, Friedhöfe, Eisenbahnen, Strafanstalten, Krankenhäuser, kulturelle Einrichtungen, Militär –, aber erst mit der Entstehung eines Allgemeinen Teils begann man, die verbindenden rechtlichen Elemente zu markieren. Friedrich Franz von Mayer gelang dies 1857/1862 erstmals,[214] indem er eingehend öffentlichen Zweck, Widmung, Gemeingebrauch und öffentliches Nutzungsrecht, Nutzungsentgelte, beliehene Unternehmer, öffentlichrechtliche Unterhaltungspflichten, Rechte der Angrenzer usw. darstellte. Otto Mayer hat auf diesen Grundlagen dann eine Generation später «Die rechtsfähige öffentliche Anstalt» dogmatisch ausgeformt[215] und damit jahrzehntelang die Lehrtradition bestimmt. «Der umfassende und endgültige Durchbruch der Publifizierungstendenz ist ... Otto Mayer und seiner Konstruktion der öffentlichen Anstalt zu danken.»[216]

III. Zeitschriften

Der große Bedarf an ruhigem Ausbau des Verwaltungsrechts auf dem seit den achtziger Jahren gefestigten Fundament zeigt sich an der Entstehung der neuen überregionalen Fachzeitschriften für Verwaltungsrecht. Sie bilden wohl die sichersten Indizien dafür, daß man in den Verwaltungen und an der Universität Informationen über die neuesten Gesetze, Verordnungen und Erlasse, über Rechtsprechung, Berichte aus der Praxis und wissenschaftliche Neuerscheinungen haben wollte. «Selten ist die Gesetzgebung auf dem Gebiete des Verwaltungsrechts so fruchtbar gewesen, selten eine solche Fülle neuen Stoffes der Verarbeitung durch Theorie und Praxis dargeboten worden, als gerade jetzt», schrieben etwa die Herausgeber des 1893 erstmals erscheinenden

[211] *F. F. Mayer,* Grundsätze (Anm. 72), 315ff. (§ 78).

[212] *H. Rosin,* Das Recht der öffentlichen Genossenschaft, Freiburg 1886, 21, 48; zu den Stiftungen heute *H. Ebersbach,* Die Stiftung des öffentlichen Rechts, 1961; *ders.* Handbuch des Stiftungsrechts, 1972; *G. Todenhöfer-Just,* Öffentliche Stiftungen, 1973.

[213] *Mayer* (Anm. 118), 2. Aufl. Bd. II, 318; ebenso in den beiden folgenden Auflagen, etwa 3. Aufl. Bd. II, 1924, 268. Dazu *W. Krebs,* Die öffentlichrechtliche Anstalt, NVwZ 1985, 609–616.

[214] *F. F. Mayer,* Grundsätze (Anm. 190), 194ff.

[215] *Mayer* (Anm. 118), Bd. II, § 56 (2. Aufl. 598ff.).

[216] *R. Breuer,* Die öffentlichrechtliche Anstalt, VVDStRL 44 (1986), 214. Ebenso *K. Lange,* aaO. 170ff. Vgl. *H. Jecht,* Die öffentliche Anstalt, 1963.

Verwaltungsarchivs.[217] Neben die in den einzelnen Ländern angesiedelten Zeitschriften, von denen bereits die Rede war, traten jetzt das «Archiv für öffentliches Recht» (1886),[218] das soeben genannte «Verwaltungsarchiv. Zeitschrift für Verwaltungsrecht und Verwaltungsgerichtsbarkeit» (1893),[219] das «Jahrbuch des Verwaltungsrechts» (1906)[220] sowie das «Jahrbuch des öffentlichen Rechts» (1907)[221] und die «Zeitschrift für Politik» (1907).[222] «Schmollers Jahrbuch», das zwar auch noch die Verwaltung im Titel führte, verlagerte unter SCHMOLLERS Leitung seinen Schwerpunkt auf volkswirtschaftliche und sozialpolitische Themen, insbesondere ab 1890, während die verwaltungsrechtlichen Beiträge in die nun entstehenden Spezialzeitschriften abwanderten.[223]

Insbesondere das «Verwaltungsarchiv», begründet und geleitet von Praktikern des preußischen Verwaltungsrechts, nahm verwaltungsrechtliche Beiträge auf. Es zielte auf praxisnahe Aufarbeitung, verbunden mit wissenschaftlicher Durchdringung. Entsprechend gliedert es sich in wissenschaftliche Abhandlungen, praktische Mitteilungen[224] sowie Besprechungen von Literatur und Gesetzgebung. Nach der Jahrhundertwende finden sich zunehmend auch staatsrechtliche Beiträge, sei es weil das Verwaltungsarchiv offener, sei es weil anderswo der Raum enger geworden war. Das von STIER-SOMLO[225] herausgegebene «Jahrbuch des Verwaltungsrechts», das eine parallele und umfassende Aufgabenstellung hatte, existierte nur 1906–1912. Das «Jahrbuch des Öffentlichen Rechts der Gegenwart» schließlich, das an die Stelle des von MARQUARDSEN und SEYDEL herausgegebenen «Handbuch des öffentlichen Rechts der Gegenwart» trat, sollte rechtsvergleichend die einzelnen Staatsrechte und Wissensgebiete des öffentlichen Rechts systematisch darstellen und fortlaufend über die Gesetzgebung in den einzelnen Staaten berichten.[226] Da von Anfang an der Charakter der Internationalität stark betont wurde – etwa die Hälfte der Mitarbeiter kam aus dem Ausland –, war für deutsches Verwaltungsrecht kaum Platz.

Neben diesen großen Zeitschriften und Jahrbüchern erschienen nun noch verstärkt die überregionalen Spezialzeitschriften, die das Kommunalrecht,[227] Polizeirecht,[228]

[217] Verwaltungsarchiv 1 (1893), Vorwort von *Max Schultzenstein* und *Alfred (v.) Keil.*

[218] *E. V. Heyen,* Die Anfangsjahre des «Archivs für öffentliches Recht». Programmatischer Anspruch und redaktioneller Alltag im Wettbewerb, in: *ders.* (Hg.) Wissenschaft und Recht der Verwaltung seit dem Ancien Régime, 1984, 347–373; *ders.* Herkunftsprofile des «Archivs für öffentliches Recht», im kaiserlichen Deutschland, in: *ders.* (Hg.), Historische Soziologie der Rechtswissenschaft, 1986, 173–197; *ders.* Verwaltungsrechtswissenschaft im «Archiv für öffentliches Recht», in: *ders.* Profile der deutschen und französischen Verwaltungsrechtswissenschaft 1880–1914, 1989, 21–53.

[219] Hrsgg. von *Max Schultzenstein* und *Alfred (v.) Keil.*

[220] Berlin 1906–1912, hrsgg. v. *F. Stier-Somlo.* Das Jahrbuch führte 1907 den Untertitel «unter Einschluß des Staats- und Völkerrechts»; und ab 1908 den Untertitel «unter Einschluß des Staatsverfassungs-, Staatskirchen- und Völkerrechts».

[221] Herausgeber waren zunächst *Georg Jellinek, Paul Laband* und *Robert Piloty;* nach *Jellineks* Tod trat *Max Huber* hinzu (1912).

[222] Herausgeber waren *Richard Schmidt* und *Adolf Grabowsky.*

[223] *Heyen,* Verwaltungsrechtswissenschaft in den Fachzeitschriften des Deutschen Reichs, in: *ders.* Profile (Anm. 218), 55–112.

[224] Diese wurden allerdings nach zwei Jahrgängen wieder eingestellt.

[225] Zu ihm *J. Bolten,* Hochschulstudium für kommunale und soziale Verwaltung in Köln 1912–1929. Eine Studie zur Wiedererrichtung der Universität zu Köln, 1987; *I. Gienow,* Leben und Werk von Fritz Stier-Somlo, jur. Diss. Köln 1990.

[226] Vgl. Vorwort zu Bd. 1 (1907).

[227] Deutsche Gemeindezeitung (1862–1930), hrsgg. v. *Hermann Stolp,* ab 1876 versehen mit einer Beilage «Archiv für Verwaltungsrecht» (1876–1930), hrsgg. v. *H. Stolp, K. Klinckmüller* und *H. Rousseau.* – Kommunales Jahrbuch,

Steuerrecht[229] oder Bergrecht[230] behandelten und sich meist bis zur Gegenwart gehalten haben. Dieser Zeitschriftentypus stabilisierte sich besonders deswegen, weil er der allgemeinen Tendenz zu immer stärkerer Spezialisierung entsprach und gleichzeitig seine Interessenten und Abonnenten im gesamten deutschsprachigen Raum suchen konnte.

Im Ergebnis kann man also sagen, daß der Schwerpunkt der verwaltungsrechtlichen Publikationsorgane eindeutig bei den einzelstaatlichen Zeitschriften lag, unter denen wiederum das «Preußische Verwaltungsblatt» allein wegen seines territorialen Einzugsgebiets eine absolut führende Stellung einnahm. Auf Reichsebene boten sich das «Archiv des öffentlichen Rechts» und das «Verwaltungsarchiv» an, soweit nicht für Themen des Besonderen Verwaltungsrechts Spezialzeitschriften bereitstanden. Zwischen den für das Staatsrecht im engeren Sinn zuständigen Zeitschriften und Jahrbüchern einerseits und den staatswissenschaftlichen Organen (Zeitschrift für die gesamte Staatswissenschaft, Schmollers Jahrbuch), die sich der Volkswirtschaft und Sozialpolitik zuwendeten, hatten sich die verwaltungsrechtlichen Zeitschriften ihren Platz erobert.

IV. Die Verwaltungslehre

1. *Der Ausklang der Polizeiwissenschaft*

Unterlegene Disziplin war die Verwaltungslehre. «Die Verwaltungslehre hat in der deutschen Wissenschaft und an den deutschen Hochschulen in den letzten Jahrzehnten nicht mehr gleichen Schritt gehalten mit dem Verwaltungsrecht, und das große Werk des Begründers der modernen Verwaltungslehre, Lorenz von Steins, hat bisher keine Fortsetzung oder Nachahmung gefunden.»[231] Dies war das Resümee des gerade als Vertreter der Fächer Statistik und Verwaltungslehre nach Leipzig berufenen Ferdinand Schmid im Jahre 1909. Es war zutreffend; denn außer der eng an Lorenz von Stein orientierten Verwaltungslehre von Karl-Theodor von Inama-Sternegg[232] war auf dem Gebiet der österreichischen Studienordnung, welche Verwaltungslehre als Pflichtfach enthielt, nicht mehr als das Buch von Ludwig Gumplowicz erschienen.[233] Im Deut-

1908–1913/14; Kriegsband 1919, hrsgg. v. *H. Lindemann* und *A. Südekum*. – Mitteilungen der Zentralstelle des Deutschen Städtetages, 1907/09–1919/20 (ab 1921 als «Mitteilungen des Deutschen Städtetages», 1927–1933 als «Deutscher Städtetag»).

[228] Die Polizei (1904ff.), Hg. Kameradschaft, Wohlfahrtsges. m.b.H., begründet von *W. Tejessy*.

[229] Deutsche Steuer-Zeitung, 1912/13ff., zunächst hrsgg. v. *R. Ritter*.

[230] Zeitschrift für Bergrecht (1860ff.), begr. v. *H. Brassert* und *H. v. Achenbach*.

[231] *F. Schmid*, Über die Bedeutung der Verwaltungslehre als selbständiger Wissenschaft, in: ZgStW 65 (1909) 194.

[232] *K. Th. v. Inama-Sternegg*, Verwaltungslehre in Umrissen, Innsbruck 1870; *ders.* Die Entwicklung der Verwaltungslehre und des Verwaltungsrechts seit dem Tode von Lorenz von Stein, in: Zeitschr. f. Volkswirtschaft, Sozialpolitik und Verwaltung 11 (1902) 137–152.

[233] *L. Gumplowicz*, Verwaltungslehre mit besonderer Berücksichtigung des österreichischen Verwaltungsrechts, Innsbruck 1882. Auch in Österreich war Skepsis geboten. In einem Brief von *Gumplowicz* an *L. v. Stein* v. 18. 11. 1889 heißt es: «Leider befürchte ich, daß die Verwaltungslehre als selbständige Disciplin keine Gnade finden wird vor den Augen der Regierung ... Man will die ‹Verwaltungslehre› nur als gelegentliche Einleitung in eine ‹juristische› Verwaltungsrechts-Disciplin gelten lassen – als nichts mehr –

schen Reich erinnerten nur wenige Aufsätze daran, daß das Fach noch existierte.[234] Die Appelle für eine Intensivierung der Verwaltungslehre blieben wirkungslos.

Die Umbenennung der Polizeiwissenschaft in «Verwaltungslehre» war ein Anpassungsvorgang an das Vordringen des Verwaltungsrechts gewesen. Das Verwaltungsrecht fügte sich nach 1850 der «Polizeiwissenschaft» nicht mehr ein, weil es sich auf vielen Gebieten durchsetzte, die nicht mehr zur klassischen «Polizei», d. h. zum Ressort der Innenministerien gehörten (Auswärtige Angelegenheiten, Justiz-, Militär- und Finanzverwaltung). Deshalb bot sich die Konstruktion an, eine umfassende «Verwaltungslehre» im weiteren Sinne als Dach zu bilden und darunter die gleichberechtigten Teilgebiete des Verwaltungsrechts und der Verwaltungslehre im engeren Sinne (Verwaltungspolitik) zu versammeln.[235] Dabei war dem Verwaltungsrecht die Frage der Rechtmäßigkeit, der Verwaltungspolitik die Frage der Zweckmäßigkeit des Verwaltungshandelns aufgegeben.

So einfach und überzeugend diese Aufteilung schien, so ungleich waren die Gewichte in Wirklichkeit verteilt. Wie bereits gezeigt wurde,[236] verlor die Polizeiwissenschaft in der Juristenausbildung der deutschen Länder nach 1850 rasch an Kurs. Die staatswissenschaftliche Sonderausbildung für Verwaltungsbeamte wurde abgebaut. Die juristisch-dogmatischen Fächer rückten nach vorne. Gleichzeitig stieg in der Nachbarfakultät die Nationalökonomie zur Leitwissenschaft des späten 19. Jahrhunderts auf, so daß immer zweifelhafter wurde, wo eigentlich der Ort der Verwaltungslehre (Verwaltungspolitik) zu suchen sei. Die ökonomischen Probleme wurden von der Nationalökonomie und der Finanzwissenschaft behandelt, die sozialen Probleme brachten das neue Fach «Sozialpolitik» hervor, die juristischen Probleme der Verwaltung ordneten sich im Verwaltungsrecht. Wo Verwaltungsrecht und Verwaltungslehre in einer Lehrveranstaltung verbunden wurden, wie in Österreich, drängte sich regelmäßig das Verwaltungsrecht nach vorne. Verwaltungslehre wurde dabei «zu einer allgemeinen juristischen Einleitung in das Studium des österreichischen Verwaltungsrechts ... die Juristen haben die Verwaltungslehre im Sinne Steins über Bord geworfen».[237] Ähnlich wie das ehedem umfassende Fach «Politik» zersetzte sich nun die Verwaltungslehre als Sammeldisziplin verschiedener Wissenschaften und Künste unter dem Druck der Naturwissenschaften, des Historismus und des juristischen Positivis-

ebenso wie das allgemeine Staatsrecht als eine Einleitung in das positive österreichische Staatsrecht. Dabei *muß* somit allg. Staatsrecht wie Verwaltungslehre ganz verkümmern, um Platz zu machen der Dictatur der Landesordnungen und der Verwaltungsgesetze.» (zit. bei *H. Taschke*, Lorenz von Steins nachgelassene staatsrechtliche und rechtsphilosophische Vorlesungsmanuskripte, 1985, 19).

[234] *S. Gargas*, Verwaltungslehre und Verwaltungsrecht. Eine methodologische Untersuchung, in: ZgStW 59 (1903) 426ff.; *I. Jastrow*, Sozialpolitik und Verwaltungswissenschaft, Berlin 1902; *ders.* Das Studium der Verwaltungswissenschaft nach dem Krieg, in: Archiv für Sozialwissenschaft und Sozialpolitik 42 (1916/1917) 966; *ders.* (Hg.), Die Reform der Staatswissenschaftlichen Studien. Fünfzig Gutachten (Schr. d. Vereins f. Socialpolitik 160), 1920, 313ff.; *F. Stier-Somlo*, Die Zukunft der Verwaltungswissenschaft, in: VerwArch 25 (1917) 89–132; *F. Schmid* (Anm. 229); *ders.* Eine deutsche Zentralstelle zur Pflege der Verwaltungswissenschaft und Verwaltungspraxis, 1916; *ders.* Zur Förderung der Verwaltungswissenschaft, in: VerwArch 26 (1918) 288; *ders.* Warum sollen unsere Juristen Verwaltungsgeschichte studieren? in: Fischers Zeitschrift für Verwaltungsrecht 47 (1918) 177.

[235] *Meyer* (Anm. 91), 687–698; *K. Frhr. v. Stengel*, Begriff, Umfang und System des Verwaltungsrechts, ZgStW 38 (1882) 221ff.

[236] Oben Kap. 5, I, 2.

[237] *v. Inama-Sternegg* (Anm. 232), Die Entwicklung, 149.

mus. Die Spezialisierung der Erkenntnisseite wurde stärker als die fortbestehende Einheit der Handlungsseite.

2. Stein *und seine Nachfolger*

Erschwerender Umstand war bei der Verwaltungslehre, daß das herausragende Werk Lorenz von Steins so viel spekulative Philosophie enthielt, daß es durch den Wandel der philosophischen Szenerie, die den Neukantianismus hervorbrachte,[238] an Autorität verlor.[239] Seine paradigmatische Funktion war durch die enge Bindung an Hegelsche Kategorien geschwächt. Wenn die Vertreter der Verwaltungslehre deshalb versuchten, einerseits Hegel für veraltet zu erklären, andererseits aber Steins tragende Gedanken zu bewahren[240] und sich gleichzeitig von der «juristischen Methode» des Verwaltungsrechts abzugrenzen, gerieten sie in Schwierigkeiten. Der Schatten Lorenz von Steins begleitete sie.

Das daraus entspringende Schwanken zwischen spekulativen Sätzen – ohne den ehemals kraftvollen Hintergrund der idealistischen Philosophie – und Aussagen zum positiven Verwaltungsrecht trat bei Ludwig Gumplowicz (1838–1909)[241] deutlich zutage. Nachdem er zunächst in «Rechtsstaat und Socialismus» (1881) den Staat als die Form faktischer Übermacht der herrschenden Gruppen verstanden hatte, näherte er sich in seiner «Verwaltungslehre» Stein wieder an, ohne jedoch dessen idealistische Grundkonzeption zu teilen.[242] Nach wie vor war er der Meinung, der Staat entstehe durch «naturnothwendige Processe».[243] Den festen Kern der Verwaltungslehre bildeten die verwaltungsrechtlichen Teile, allerdings eher im Sinne einer Verwaltungsrechtskunde als im systematischen Sinn Otto Mayers. Im Grunde hielt Gumplowicz ein solches System auch für unmöglich, weil das öffentliche Recht sich ihm, anders als das Zivilrecht, als offenes politisches Regelungsgebiet darstellte, dessen Dynamik aus dem «öffentlichen Interesse» kam.[244] Es schien ihm fraglich, «ob sich das gesammte Verwaltungsrecht überhaupt unter gewisse oberste leitende Begriffe bringen läßt, aus dem sich so etwas zu ergeben hätte, wie ein System des Privatrechts aus dessen obersten Grundsätzen und Begriffen ... Es wäre das ... eine sehr gezwungene Systematik und es ist nicht abzusehen, welchen Gewinn die Wissenschaft davon hätte. Nicht einmal das Verwaltungsrecht würde dabei viel gewinnen.»[245] Die verbindenden allgemeinen Sätze, die diese juristischen Teile zusammenhielten, waren deskriptiver oder recht vager normativer Natur. Sie ordneten den Stoff nach den Kategorien Selbsterhaltung (Wehrverwaltung, Finanzverwaltung, Verwaltung des Äußeren), Innere Ordnung (Bevölkerungspolitik, Justizpolitik, Territorial- und Organisationswesen, Verkehrswesen), Wohlfahrtsbeförderung, ohne daß das Zwitterhafte des Schwankens zwischen Verwaltungskunde und Verwaltungsrecht überwindbar gewesen wäre.

[238] *E. Winter*, Ethik und Rechtswissenschaft. Eine historisch-systematische Untersuchung zur Ethik-Konzeption des Marburger Neukantianismus im Werke Hermann Cohens, 1980.

[239] Zu weitgehend, aber typisch für die Einschätzung insgesamt *R. Smend*, Staatsrechtliche Abhandlungen, 2. Aufl. 1968, 340: «Sein Versuch erneuter Spekulation hat es zu völliger Unwirksamkeit verurteilt».

[240] *L. Gumplowicz*, Verwaltungslehre (Anm. 233), 6ff. In diese Richtung auch *v. Inama-Sternegg*, Verwaltungslehre (Anm. 232); *ders.* Die Entwicklung (Anm. 232).

[241] Unten Kap. 10, Anm. 117ff.

[242] Eine ausführliche Kritik an *Stein* bietet *Gumplowicz*, Verwaltungslehre (Anm. 233), § 11.

[243] *Gumplowicz*, Verwaltungslehre (Anm. 233), 7.

[244] *Gumplowicz* (Anm. 233), 30f., 52.

[245] aaO. 30f.

Das Auseinandertreten von Verwaltungslehre und Verwaltungsrecht war nun aber auch bei allen Nachfolgern STEINS unaufhaltsam. Es siegte «die fachwissenschaftliche Linie über den integrativen Ansatz Steins».[246] Dies gilt besonders für den STEIN nahestehenden Statistiker KARL-THEODOR VON INAMA-STERNEGG (1843–1908),[247] der 1870 seine «Verwaltungslehre in Umrissen» veröffentlichte, aber dreißig Jahre später eben jene Tendenz der Spezialisierung und Separierung von Verwaltungsrecht und Verwaltungslehre konstatieren mußte.[248]

Ganz entschieden trennte dann FERDINAND SCHMID (1862–1925)[249] die Verwaltungslehre vom Verwaltungsrecht, indem er sie als «politische Wissenschaft» neben Nationalökonomie und Soziologie stellte und ihr die Aufgabe zuschrieb, zunächst deskriptiv und vergleichend tätig zu sein, die Verwaltungsgeschichte neben Wirtschafts- und Rechtsgeschichte zu pflegen[250] sowie schließlich eine kritische Rolle gegenüber der Verwaltungspraxis auf der Grundlage «empirischer Wertbegriffe» zu übernehmen.[251] Von der Verwaltungslehre erhoffte sich SCHMID, bescheidener als LORENZ VON STEIN, generelle Aussagen über den gesamten (sichtlich expandierenden) Bereich der Verwaltung durch Integration aller einschlägigen Sozialwissenschaften und auf diese Weise auch eine vermittelnde Position im Streit zwischen Technikern und Juristen um die Ausbildung für den höheren Verwaltungsdienst.[252] In Wirklichkeit hatte SCHMID, wie FORSTHOFF mit Recht feststellte, «die Konzeption Lorenz von Steins in vollem Umfang preisgegeben».[253] Im Ergebnis war somit, nicht zuletzt durch den Einfluß der methodischen Bemerkungen von GEORG JELLINEK, auch für die Verwaltung eine «Zwei-Seiten-Theorie» etabliert.[254] Die Verbindung von Verwaltungslehre und Verwaltungsrecht erschien als «unnatürliche Mischehe». Verwaltungslehre als Seinswissenschaft und Verwaltungsrecht als Sollenswissenschaft standen sich gegenüber, nur noch lose durch ihr gemeinsames Substrat der Verwaltung verbunden. Ob die Verwaltungslehre auch eine normative Seite außerhalb des Rechts haben könne, blieb unklar. Doch spielte dies bei der Bedeutungslosigkeit des Fachs in der Universitätsausbildung keine große Rolle. Während es sich in Österreich, abgesichert durch den Studienplan, eine Winkelexistenz bewahren konnte, war es in Deutschland in den letzten dreißig Jahren vor dem Ersten Weltkrieg «so gut wie verschwunden».[255]

246 *Brauneder* (Anm. 201), 165.

247 *O. Haussleiter,* Verwaltungssoziologie, in: Politik und Verwaltung, 1968.

248 *Inama-Sternegg,* Entwicklung (Anm. 232), 137–152; vgl. auch *ders.* Staatswissenschaftliche Abhandlungen, Leipzig 1903.

249 Biogr. Angaben in: HdWBStaatswiss. Bd. 7, 3. Aufl. 1910/11, 308f.

250 *F. Schmid,* Warum sollen unsere Juristen Verwaltungsgeschichte studieren?, in: Fischers Zeitschrift für Verwaltungsrecht 47 (1918) 177.

251 *F. Schmid,* Über die Bedeutung der Verwaltungslehre als selbständiger Wissenschaft, in: ZgStW 65 (1909) 194.

252 *R. Mohl,* Ueber die wissenschaftliche Bildung der Beamten in den Ministerien des Innern. Mit bes. Anwendung auf Württemberg, in: ZgStW 2 (1845) 268; *L. J. Gerstner,* Ueber staatswissenschaftliche Seminarien an den deutschen Universitäten mit bes. Rücksicht auf die bayerischen, in: ZgStW 15 (1859) 639–664; *E. Richter,* Ueber die Vorbildung der höheren Verwaltungsbeamten in Preußen, in: Preußische Jahrbücher XVII (1866) 1–19; *E. Nasse,* Über die Universitätsstudien und Staatsprüfungen der preussischen Verwaltungsbeamten, Bonn 1868; *A. E. F. Schäffle,* Zur Frage der Prüfungsansprüche an die Candidaten des höheren Staatsdienstes, in: ZgStW 22 (1868) 601; *Verein für Socialpolitik* (Hg.), Die Vorbildung zum höheren Verwaltungsdienst in den deutschen Staat, Österreich und Frankreich, 1887.

253 *E. Forsthoff,* Lehrbuch des Verwaltungsrechts, I, 10. Aufl. 1973, 46.

254 *Gargas* (Anm. 234), der sich ausdrücklich auf *Jellinek* bezieht.

255 *Gargas* (Anm. 234), 427.

Zehntes Kapitel

Allgemeine Staatslehre 1850–1914

I. Die letzten Jahre des Deutschen Bundes

1. Die Wendung zu den «Tatsachen»

Die Tendenz zur Positivierung, Verwissenschaftlichung und Entpolitisierung der Rechtswissenschaft in der zweiten Hälfte des 19. Jahrhunderts[1] war besonders folgenreich für die Allgemeine Staatslehre, das Fach also, das sich jenseits des geltenden Rechts mit den «zeitlosen» Grundlagen des Staates auseinandersetzte. Der Bedarf an Reflexion über diese Grundlagen wurde geringer, und zwar sowohl in der Zeit der Reichsgründung, als sich das geltende (Verfassungs-)Recht in den Vordergrund drängte, als auch in der anschließenden Zeit politischer Ruhelage und hoher Legitimität des geltenden Rechts.

Möglicherweise steht dahinter eine gewisse Gesetzmäßigkeit. Die großen Wegweiser der europäischen Staatstheorie (Machiavelli, Bodin, Hobbes, Locke, Montesquieu, Rousseau) sind in Krisensituationen entstanden, sie suchten stabilisierende Stützen einzuziehen, oder sie waren intellektuelle Vorboten von Krisen. Die existentiellen Situationen führten notwendig zu den Grundlagen, während politische Ruhephasen tendenziell eher die Kultur des geltenden Rechts begünstigten. Blickt man in diesem Sinne auf das 19. Jahrhundert, dann bestätigt sich diese Faustregel. Die hohe Bedeutung der Allgemeinen Staatslehre während des ganzen Vormärz ist unübersehbar. Hier, nicht im Recht des Deutschen Bundes oder der Einzelstaaten, wurden die entscheidenden Schlachten geschlagen, hier wurden die politischen Ideen in durchsetzungsfähige und in Verfassungsnormen transformierbare Rechtsprinzipien umgeformt.

In der zweiten Hälfte des Jahrhunderts reicht dann das Interesse an der Allgemeinen Staatslehre etwa so weit wie die Existenz des Deutschen Bundes (1866). Danach zeigt sich ein relativ großes Vakuum, etwa von Mitte der sechziger Jahre bis zur Jahrhundertwende. Die intensive Beschäftigung einer ganzen Generation mit der nationalen Einigung, der Wechsel des wissenschaftlichen Paradigmas von der «staatswissenschaftlichen» hin zur «juristischen Methode», der enorme Zuwachs an positivem Recht in Verwaltung und Verwaltungsrechtsprechung zogen gewissermaßen die schriftstellerischen Energien von den allgemeinen Reflexionen ab und lenkten sie auf das «Positive». Die schärferen Grenzziehungen zwischen dem geltenden Recht und den ironisch diskreditierten «Vorspielen im philosophischen Himmel» (Gerber) machten es der Allgemeinen Staatslehre schwer. Die Entschiedenheit, mit der die Vertreter der «juristischen Methode» ihre Mißachtung philosophischer Staatsbetrachtung

[1] *J. Blühdorn–J. Ritter* (Hg.), Philosophie und Rechtswissenschaft. Zum Problem ihrer Beziehung im 19. Jahrhundert, 1969; *dies.* (Hg.), Positivismus im 19. Jahrhundert. Beiträge zu seiner geschichtlichen und systematischen Bedeutung, 1971.

äußerten, obgleich sie selbst das Handwerkszeug ihrer juristischen Konstruktionen der Philosophie entnahmen, verwies die nichtjuristische theoretische Reflexion über den Staat auf das Feld des Beliebigen und Irrelevanten. Gleichzeitig lösten sich unter den methodischen Forderungen des strengen Historismus die historischen Elemente ab und verselbständigten sich. Das gleiche geschah mit den Theorieansätzen zur Erkenntnis staatlicher und gesellschaftlicher Realität, die sich in der neuen «Soziologie» zusammenzuschließen begannen. Kurzum: Die juristischen, historischen, empirischen und philosophischen Teile strebten auseinander.

Was die Philosophie angeht, so hatte sich der gesamte Hintergrund verwandelt. Das Naturrecht war inzwischen methodisch diskreditiert – auch in der Form, die den kantischen Kritizismus in sich aufgenommen hatte[2] –, die Systeme des «Idealismus», insbesondere dasjenige HEGELS, galten nichts mehr.[3] Man sprach vom «Zusammenbruch» des Idealismus. «Bald konnten Empiriker, Positivisten, Realisten, Historisten, Naturalisten und Spezialisten aller Art triumphierend verkünden, daß der natur- und geistphilosophische Traum ausgeträumt sei.»[4] RUDOLF VON JHERINGS 1861 anonym publizierter Satz «Die Spekulation fängt da an, wo der gesunde Menschenverstand aufhört; um sich ihr widmen zu dürfen, muß man entweder nie Verstand gehabt, oder ihn verloren haben», traf jene antiphilosophische, nach «Realem» geradezu hungernde Grundstimmung. Im großen Strom des Historismus blühte die ihre eigene Vergangenheit reflektierende Geschichte der Philosophie (K. FISCHER, W. WINDELBAND, W. DILTHEY). Die Philosophie selbst wurde zum Problem, sobald sie sich als historisches Phänomen wahrnahm. Sie strauchelte gewissermaßen an der historischen Relativierung der Wahrheitsfrage. Am Ende des Jahrhunderts wurde der «nahezu chaotische Zustand der Rechtsphilosophie» konstatiert.[5]

«Nach jener großen Zeit», resümierte etwa WINDELBAND über den Idealismus, «sind über die Philosophie Herbst und Winter hereingebrochen. Die schöpferische Überkraft, aus der System auf System quoll, war versiegt, und auf den Rausch der Spekulation folgte die Ernüchterung. Es kam hinzu, daß die Nebel der Restaurationszeit über Europa und am dichtesten über Deutschland lagerten. Und als dann diese trübe Atmosphäre sich zu lichten begann, als es wieder frischer und reger wurde, da war – wenige Träger der großen Tradition ausgenommen – die Verbindung des philosophischen Gedankens mit der universalistischen Bildung verloren gegangen, die das Geheimnis jener Blütezeit ausmachte. Die Zeiten haben sich schnell geändert.»[6]

Gewiß beherrschte der natur- und geisteswissenschaftliche Positivismus die zweite Hälfte des 19. Jahrhunderts. Man war überzeugt, die Zeiten der Spekulation seien vor-

[2] *D. Klippel*, Politische Freiheit und Freiheitsrechte im deutschen Naturrecht des 18. Jahrhunderts, 1976, insbes. 159ff.; *ders.* Naturrecht als politische Theorie. Zur politischen Bedeutung des deutschen Naturrechts im 18. und 19. Jahrhundert, in: *H. E. Bödeker–U. Herrmann* (Hg.), Aufklärung als Politisierung – Politisierung der Aufklärung, 1987, 267–293.

[3] Vgl. aber *K. Rosenkranz*, Hegel als deutscher Nationalphilosoph, Leipzig 1870; *K. Köstlin*, Hegel in philosophischer, politischer und nationaler Beziehung für das deutsche Volk dargestellt, Tübingen 1870; *A. Lasson*, Ueber die Natur des Rechtes, in: *J. Bergmann* (Hg.), Philosophische Monatshefte, VI. Bd., Berlin WS 1870/71, 1–63; *ders.* Von der Natur des Staates, aaO. 105–171.

[4] *C. Schmitt*, Nachwort zum Neudruck von *L. v. Stein*, Zur Preußischen Verfassungsfrage, 1940, 62.

[5] *E. Lingg*, Wesen und Aufgaben der Rechtsphilosophie, Grünhuts Zeitschr. 18 (1891) 42–63 (45).

[6] *W. Windelband*, Die Geschichte der Neueren Philosophie, 2. Bd., 3. Aufl. Leipzig 1904, 408.

bei, nun gehe es um «Tatsachen»,[7] Realpolitik und geltendes «positives» Recht. Dennoch bedeutete der beobachtete «Zusammenbruch» der idealistischen Philosophie nicht, daß sie ohne Rest verschwunden wäre. Das ihr innewohnende normative Ethos war nach 1848/49 gedämpft, aber es existierte in verwandelter und – speziell bei Juristen – trivialisierter Form fort. Ein wichtiger Impuls hierfür kam aus der politischen Lage: In der erneuten Restaurationsphase (1850–60) stellte sich die Konstellation des Vormärz wieder her. Die liberale Opposition argumentierte gegen das herrschende restaurative Klima, indem sie normativ von Versittlichung der Politik und von Versöhnung der Gegensätze sprach. Die in diesen Jahren geschriebenen «Allgemeinen Staatslehren» sind im Duktus liberal. Heinrich Ahrens, Joseph von Held, Johann Caspar Bluntschli und Constantin Frantz sind moderater und «realistischer» gewordene Liberale. Sie akzeptieren die konstitutionelle Monarchie als reformfähiges Modell, dringen auf Überwindung der Konfrontation durch sittliche Bindung des Individuums einerseits, durch organische, den Kräften der Gesellschaft offenere Betrachtung des Staates andererseits. Vom «freisinnigen» Liberalismus trennt sie allerdings ihre Abneigung gegen einen materialistischen Positivismus und technizistisch verstandenen Fortschrittsoptimismus. Sie blieben in der Spur des idealistischen «organischen Liberalismus», reagierten aber in jeweils eigener Weise auf die nun veränderten Zeitumstände.

2. *Terminologie und Abgrenzungen*

Seit der Entstehung eines eigenständigen «ius publicum universale» im Übergang vom 17. zum 18. Jahrhundert[8] waren Terminologie und Abgrenzungen unsicher geblieben. Was im späten 18. Jahrhundert «Staatsrecht nach der Vernunft», «natürliches Staatsrecht», «Staatslehre» oder dann «Allgemeine Staatslehre» hieß,[9] war im Vormärz abzugrenzen vom «gemeinen deutschen Staatsrecht» und einer außerhalb der Rechtswissenschaft stehenden «Politik». Daß es sich nicht um geltendes Staatsrecht handelte, war klar. Dagegen blieben Geltungsanspruch und Geltungsgrund der allgemeinen Reflexionen über den Staat schon deshalb im Ungewissen, weil nun, nach 1850, in bisher unbekannter Fülle die Verzweigung in Einzelwissenschaften einsetzte. Ethnologie, Anthropologie, Soziologie, Nationalökonomie, Statistik, Demographie, Finanzwissenschaften sowie die gesamten historischen Fächer trugen «staatsbezogene» Kenntnisse bei. Der begriffliche Rahmen, in den dies alles eingeordnet werden könnte, war das eigentliche Problem.

«In der ersten Hälfte des 19. Jahrhunderts wird die Staatslehre entweder als eine selbständige Disziplin neben Staatsrecht und Politik behandelt, als Naturlehre des Staates, oder als die Gesamtheit der theoretischen Staatswissenschaften im Gegensatz zur praktischen bezeichnet. Als selbständige staatswissenschaftliche Disziplin wird sie sodann in der zweiten Hälfte des Jahrhunderts von R. v. Mohl gelehrt und unter seinem Einfluß von anderen abgehandelt. Doch fehlt überall ein festes, durchgreifendes, anerkanntes Merkmal, das die Staatslehre vom Staatsrecht und der Politik scheidet, wie

[7] *L. Grunicke*, Der Begriff der Tatsache in der positivistischen Philosophie des 19. Jahrhunderts, 1930.

[8] Geschichte, 291 ff.

[9] *H. Kuriki*, Die Rolle des Allgemeinen Staatsrechts in Deutschland von der Mitte des 18. bis zur Mitte des 19. Jahrhunderts, AöR 99 (1974) 556–589.

denn auch die einschlägigen Darstellungen der Unklarheiten und Widersprüche voll sind.» Mit diesen Worten[10] durchquerte GEORG JELLINEK das zurückliegende 19. Jahrhundert und trennte die sozialwissenschaftlich-empirische Betrachtung des Staates von der normativen Seite, wobei letztere in die allgemeine Staatsrechtslehre «als Lehre von den staatsrechtlichen Grundbegriffen»[11] und in die Lehre vom geltenden Staatsrecht zerfiel. Damit wurden die schon längst erkennbaren Trennlinien noch einmal deutlich gezogen. Sein und Sollen, empirische und normative Betrachtungsweise waren getrennt. Den verschiedenen «Soziallehren» über den Staat standen die normativen Lehren gegenüber. Nach diesem Schema ordnete JELLINEK das historische Material und zog bei nahezu allen Materien in souveräner Weise die Entwicklungslinien von der Antike bis zur Gegenwart. Dabei fällt auf, daß auch er – trotz ständiger Zitierung neuerer Autoren – in der zweiten Hälfte des 19. Jahrhunderts eine gewisse Leere registrierte. Im Vorwort zu seiner »Allgemeinen Staatslehre» von 1900 konstatiert er, es sei «seit mehr als einem Menschenalter kein zusammenfassendes Werk auf diesem Gebiet entstanden, das über den engen Kreis der Zunft hinausgegriffen hätte».

Betont man die Eingrenzung auf die Jahrzehnte etwa von 1865 bis 1900, dann kann man dieser Feststellung zustimmen. Die wenigen Versuche einer «Allgemeinen Staatslehre» zwischen dem Norddeutschen Bund und der Jahrhundertwende, die es überhaupt gibt,[12] spielten keine die Diskussion prägende Rolle. Dabei wirkten offenbar interne und externe Ursachen zusammen, die immanente «Qualität» der einzelnen Werke ebenso wie die stark reduzierte generelle Bereitschaft zur Staatsrechtslehre und Gesellschaft, sich auf Grundsatzfragen einzulassen.

Dagegen sieht die Lage in den Jahren von 1850 bis 1865 ganz anders aus. Schon die Zahl der Auflagen und Übersetzungen der damals gängigen Allgemeinen Staatslehren belegt eine breite Resonanz offenbar gerade solcher Werke, die in der naturrechtlichen und idealistischen Tradition verankert waren und die versuchten, dem allgemeinen Trend zur Verselbständigung und Spezialisierung der Fächer Widerstand zu leisten.

II. Naturrecht und Spätidealismus

1. K. CH. F. KRAUSE *und* H. AHRENS

Die Tradition des metaphysisch begründeten Naturrechts wurde im 19. Jahrhundert zwar schwächer, riß aber nicht ganz ab.[13] Immer wieder tauchte hinter dem positiven Recht die «Rechtsidee», das «wahre», «ewiggültige», «eigentliche» Recht auf. Immer

[10] *G. Jellinek,* Allgemeine Staatslehre (1900), 3. Aufl. (6. Neudr.), 1959, 61 ff.

[11] aaO. 64 f.

[12] Außer den im Text behandelten Werken von *Seydel, Gareis, Rehm* und *Bornhak* siehe etwa *A. Affolter,* Grundzüge des Allgemeinen Staatsrechts, Stuttgart 1892; *ders.* Naturgesetze und Rechtsgesetze, München 1904 sowie zahlreiche staatstheoretische Aufsätze: Der Positivismus in der Rechtswissenschaft, AöR 12 (1897) 23–43; Studien zum Staatsbegriff, AöR 17 (1902) 93–140; Zur Lehre von der Persönlichkeit des Staates, AöR 20 (1906) 374–414; Rechtsbegriff und Wirklichkeit, AöR 21 (1907) 410–436; Staat und Recht, (Hirths) Annalen 1907, 51–70, 113–128, 161–193, 811–848; Zur Normentheorie, AöR 23 (1908) 361–418; Rechtsvorschrift und Verwaltungsvorschrift: rechtliche und technische Verwaltung, AöR 27 (1911) 367–385. Er ist nicht zu verwechseln mit dem Heidelberger Öffentlichrechtler *F. X. Affolter* (*Drüll,* 2).

[13] *Klippel,* Naturrecht als politische Theorie (Anm. 2), 277 ff.

wieder wurde vom «Wesen» bestimmter Rechtsfiguren gesprochen und eine jenseits des positiven Rechts liegende wissenschaftliche Systematik gesucht. Auch die scheinbar aus den Sachen selbst entwickelte Begrifflichkeit HEGELS gehört mit ihrem normativen Anspruch einer «Notwendigkeit» hierher. Was alle diese Varianten verbindet, ist die Verdoppelung der rechtlichen Geltungsebene. Über dem positiven Recht, das kraft des verfassungsrechtlich konditionierten Gesetzgebungsverfahrens oder kraft Anerkennung (Gewohnheitsrecht) bzw. einer eingeräumten Gestaltungsmacht galt (Richterrecht), gab es eine durch Berufung auf Religion, Metaphysik oder Sachlogik legitimierte zweite Schicht geltenden Rechts. Die Verzahnung beider Geltungsebenen, also die möglichste Annäherung des positiven und des transpositiven Rechts, wurde manchmal gesucht, manchmal aber auch explizit vermieden, um die Distanz zwischen schlechter Wirklichkeit und Idealität zu markieren. Die dadurch erzeugte Spannungslage lud jederzeit zur politischen Instrumentalisierung ein, im späten 18. und im frühen 19. Jahrhundert durchweg in einem gegenüber den herrschenden Mächten kritischen Sinn. Nicht umsonst galt die Berufung auf das Naturrecht als revolutionsverdächtiges politisches Signal.

Deutlich wird dies bei der einflußreichen, mit utopischen Elementen durchsetzten «idealistischen»Rechtslehre von KARL CHRISTIAN FRIEDRICH KRAUSE (1781–1832). Sie war vorkantisch sowohl bei der Frage nach der Begründung und Geltung des Rechts im Gottesbegriff – KRAUSES «Panentheismus» – als auch bei seiner intuitiven Erkennbarkeit durch das «vernünftige Selbstbewußtsein» des Menschen. Ihr sprachliches Kleid war allerdings idealistisch, ihre politische Botschaft ebenso weit von der fichteschen und hegelschen Vereinnahmung des Individuums durch die staatlich verfaßte Gesamtheit entfernt wie vom aufklärerischen Individualismus der ROTTECK und ARETIN.

KRAUSE ließ das Recht aus der menschlichen Gruppenbildung hervorgehen; dem Staat wies er deshalb nur eine begrenzte Rolle als Garant der Rechtsordnung zu. Er setzte auf harmonische Entwicklung freier, aber durch Pflichtbindungen sozialverträglich gemachter Individuen, er propagierte die völlige Gleichstellung der Frauen, und er stellte sich insgesamt eine langfristige organische Entwicklung hin zu freien Republiken und schließlich zu einem Weltstaat vor. Sein intensives Harmoniebedürfnis ließ ihn nicht nur die Menschenwelt und die Natur als gleichberechtigt ansehen, auch die Ungleichheiten zwischen den Geschlechtern, den sozialen Gruppen und den Rassen sollten am Ende verschwinden, wenn alle am Staat partizipieren und Konflikte einvernehmlich geschlichtet werden könnten.[14]

Sein wichtigster Schüler – neben HERMANN VON LEONHARDI (1809–1875)[15] und CARL DAVID AUGUST RÖDER[16] in Heidelberg – war HEINRICH AHRENS (1808–1874),[17]

[14] *P. Landau*, Karl Christian Friedrich Krauses Rechtsphilosophie, in: *K.-M. Kodalle* (Hg.), Karl Christian Friedrich Krause (1781–1832). Studien zu seiner Philosophie und zum Krausismo, 1985, 80–92; *ders.* Karl Christian Krause und Christian Wolff. Zu den Wurzeln des «Krausismo» im deutschen Naturrecht, in: *L. Philipps–R. Wittmann* (Hg.), Rechtsentstehung und Rechtskultur. H. Scholler z. 60. Geb., 1991.

[15] *H. v. Leonhardi* studierte in Göttingen (1827) und München (1829), seinen Dr. phil. machte er 1838 in Tübingen. Ab 1848 war er Professor für Philosophie an der Karl-Ferdinand-Universität zu Prag. Dort organisierte er 1868 den ersten internationalen Philosophenkongreß (Frl. Mitt. v. *P. Frhr. v. Leonhardi*, Karben).

[16] Siehe oben Kap. 3, Anm. 339 sowie *Drüll*, 221.

[17] *R. Schröder*, Zur Rechtsphilosophie des Krause-Schülers Heinrich Ahrens (1808–1874), in: *Kodalle* (Anm. 14), 93–111.

der KRAUSE in Göttingen gehört hatte. AHRENS' wissenschaftliche Anfänge fielen mit der französischen Julirevolution von 1830 zusammen. Seiner Schrift über den Deutschen Bund, in der er eine Nationalrepräsentation forderte,[18] verweigerte GUSTAV HUGO das Imprimatur. 1831 nahm er an dem Göttinger «Privatdozentenputsch» teil[19] und mußte deshalb nach Paris fliehen, wo er begann, philosophische Vorlesungen zu halten. 1834 folgte ein Ruf nach Brüssel auf eine Professur für Philosophie und Naturrecht.[20] 1848 wurde AHRENS für seine Heimatstadt Salzgitter in die Paulskirche gewählt, wo er sich für die großdeutsche Lösung aussprach und vor einer preußischen Vormacht warnte.[21] Deshalb lag es für ihn auch nahe, 1849/50 an die Universität Graz zu gehen und dort mit großem Optimismus zu beginnen.[22] Dann allerdings, als «man in Österreich die Rechtsphilosophie aus dem Katalog der Prüfungsgegenstände für das Staatsexamen gestrichen hatte»,[23] wechselte er als Professor für praktische Philosophie und Politik nach Leipzig.

AHRENS' «Cours de philosophie» (1836–38), der «Cours de droit naturel» (1838), das «Naturrecht oder die Philosophie des Rechts» sowie seine «Juristische Encyklopädie» (1855–57) waren weit verbreitet und sind in mehrere Sprachen übersetzt worden.[24] So vermittelte er schon von Brüssel aus die Philosophie von KRAUSE in die französisch- und spanischsprachige Welt, insbesondere nach Südamerika.[25] Die bedeutende Ausstrahlung von KRAUSE und AHRENS ist heute nicht ohne weiteres nachvollziehbar, jedenfalls nicht ohne Einbeziehung des kulturellen und politischen Klimas in den entsprechenden Ländern. Man sollte berücksichtigen, daß es sich hier weniger um eine streng wissenschaftliche Philosophie als um eine humanitäre Lebenslehre mit offenen, harmonisierenden Sätzen handelte. Sie verband eine weithin akzeptable konfessionsneutrale religiöse Grundlage mit maßvollen liberalen Konsequenzen und steuerte einen Mittelkurs zwischen dogmatischem Liberalismus und Konservativismus. AHRENS setzte sich deutlich von SCHELLING und HEGEL ab; sie symbolisierten für ihn «Einheitsphilosophie», «Pantheismus», politischen Unitarismus und Staatsvergottung. Das all-

[18] *H. Ahrens,* De confoederatione germanicarum civitatum, Göttingen 1830.

[19] *Huber* II, 88.

[20] *H. Ahrens,* Cours de droit naturel, Paris 1838, 8. Aufl. Leipzig 1892; deutsch als «Naturrecht oder Philosophie des Rechts und des Staates. Auf dem Grunde des ethischen Zusammenhanges von Recht und Cultur», 6. Aufl. 2 Bde Wien 1870–71. Die Staatslehre findet sich dort in Bd. 2, §§ 103ff.

[21] Er gehörte der Abgeordnetengruppe «Württemberger Hof» an, ab Juli 1848 deren Abspaltung «Westendhall». Vgl. *Landsberg* III/2, 655, Noten 281f.; *W. Siemann,* Die Frankfurter Nationalversammlung 1848/49 zwischen demokratischem Liberalismus und konservativer Reform, 1976 m. w. Nachw.

[22] *W. Brauneder,* Formen und Tragweite des deutschen Einflusses auf die österreichische Verwaltungsrechtswissenschaft 1850–1914, in: *E. V. Heyen* (Hg.), Wissenschaft und Verwaltung seit dem Ancien Régime, 1984, 269f.

[23] *Schröder* (Anm. 8), 97. Andeutungen über diese Aktion, die auch in Belgien stattfand, bei *Ahrens,* Vorrede zur 6. Aufl. des Naturrechts, Bd. 1, Wien 1870, IXf. Eingehend zur Grazer Zeit *Brauneder* (Anm. 22), 249ff. (269f.). Nachfolger von *Ahrens* in Leipzig wurde *Karl Viktor Fricker* (1830–1907). Siehe *K. Bücher,* Karl Viktor Fricker, ZgStW 64 (1908) 193–200.

[24] In der Vorrede (Anm. 23) sagt *Ahrens*: «Es bestehen ...ausser der deutschen Übersetzung (1846) von der zweiten französischen Ausgabe, von den verschiedenen französischen Auflagen vier Übersetzungen in Italien, drei in Spanien, zwei in Portugal und Brasilien, eine im Ungarischen, so dass es bis jetzt zwanzig Ausgaben des Werkes gibt».

[25] Zum spanischen und argentinischen «Krausismo» vgl. den informativen Artikel «Krausismus», in: *G. Klaus–M. Buhr* (Hg.), Philosophisches Wörterbuch, 6. Aufl. 1969, Bd. 2, 612–623 sowie die Beiträge bei *Kodalle* (Anm. 14), 133ff.

gemein konstatierte Ende der idealistischen Philosophie um die Jahrhundertmitte kam so seiner eigenen Entfaltung kontrapunktisch entgegen.

Der zweite Teil seiner Rechts- und Staatsphilosophie war eine «Organische Staatslehre auf philosophisch-anthropologischer Grundlage».[26] In ihr entwickelte AHRENS einen «Staatsidealismus», der Objektivität und Subjektivität, Normativität und Realität, Vergangenheit und Gegenwart, Nation und Menschheit miteinander verbinden sollte. Die wesentlichen Akzente werden liberal gesetzt: Der Staat soll sich organisch entwickeln, soll eine Vielheit von Untergliederungen miteinander verbinden, soll sich nach dem Rechtsprinzip organisieren und Freiheit – freilich auch Ordnung – gewährleisten. Im Allgemeinen Teil schreitet AHRENS von der Idee der Menschheit und ihrer Bestimmung ausgehend voran, beschreibt das Recht als selbständige Lebens-Idee sowie die «Entwicklungskräfte» und die Gliederung der Gesellschaft. Wer allerdings hier einen empirisch orientierten, sachhaltigen soziologischen Beschreibungsversuch vermutete, würde enttäuscht werden; mit dem analytischen Blick von KARL MARX und LORENZ VON STEIN kann AHRENS nicht konkurrieren. Die gesellschaftliche Realität war seine Sache nicht.

Dies zeigt sich auch im Besonderen Teil, in welchem er Wesen, Zweck und Ursprung des Staates beschreibt. Wie bei KRAUSE ist die Reichweite des Staates begrenzt. Der Staat dient als Mittel der Rechtsverwirklichung, als «das organische Ganze der von der menschlichen Willensthätigkeit abhängigen Bedingungen der in Vernunftfreiheit zu verwirklichenden menschlichen Bestimmung».[27] Die skizzierten staatlichen Handlungsformen und Organe sowie die natürlichen Bedingungen des Staates bleiben im Allgemeinen. AHRENS' Lehre war auf die konstitutionelle Monarchie applizierbar, aber auch offen für eine republikanische Zukunft. Insgesamt ein «versöhnendes», humanitäres und nicht-nationalistisches Juste-Milieu-Buch, das gewisse Argumentationshilfen für die sich nun anbahnende Ethisierung der sozialen Frage und ihrer ökonomischen und sozialpolitischen Lösungsvorschläge bieten mochte.

2. L. J. GERSTNER, H. BISCHOF

Eine «organisch-christliche» allgemeine Staatslehre bot auch der Würzburger Staatswirtschaftler LUDWIG JOSEPH GERSTNER (1830–1883)[28] mit seinem Buch «Die Grundlehren der Staatsverwaltung»,[29] einem Buch, das übrigens angeregt war durch «Bayerns Reorganisation der Behörden» (Vorwort). Für GERSTNER ist der Staat nicht nur historisches Produkt, sondern auch «Einheit und Totalität», göttliche Stiftung mit umfassendem Zweck, ein «von Gott gewolltes, organisches Wesen, das auf einem be-

[26] Bd. 1, Wien 1850. Die spätere Fassung dann in «Naturrecht oder Philosophie des Rechts und des Staates», 6. Aufl. (Anm. 20), Bd. 2.

[27] aaO. 102. Ähnlich in Juristische Encyklopädie, Wien 1855, 105, wo der Staat als Anstalt bezeichnet wird, »in welcher der Menschheitszweck in besonderer Weise des Rechts verfolgt wird».

[28] *Ludwig Joseph Gerstner*, geb. in Burg Abenberg (Mittelfranken), studierte ab 1849 in Erlangen, 1856 Dr. d. Staatswiss. in Tübingen, 1857 Habilitation («Beitrag zur Lehre vom Capital») in Erlangen, 1862 ao. und 1863 o. Prof. für Staatswirtschaft in Würzburg. Ab 1869 war *Gerstner* Mitglied des Landtags, 1871–74 des Reichstags. Außer dem im Text besprochenen Werk hat *Gerstner* zwei Kommentare zu bayerischen Gesetzen und einige kleinere volkswirtschaftliche Arbeiten veröffentlicht (Univ. Archiv Würzburg, ARS 486).

[29] *L. J. Gerstner*, Die Grundlehren der Staatsverwaltung, I, Einleitung in die gesamte Staatsverwaltungslehre, Würzburg 1862.

stimmten Territorium in einer Mehrheit von Menschen nach den Gesetzen der Natur und Freiheit als selbständige Macht und Persönlichkeit zur Erscheinung kommt und die physisch-materielle und geistig-sittliche Vervollkommnung seiner Angehörigen unter Leitung eines höchsten obrigkeitlichen Willens nach bestimmten Normen zum Zweck hat».[30] Obwohl dies wie eine Transponierung von Naturrechtslehren des 18. in das 19. Jahrhundert klingt, steht GERSTNERS Grundriß nicht außerhalb seiner Zeit. In der Trennung von Staat und Gesellschaft und in der Annahme einer Wechselwirkung zwischen Verfassung und Verwaltung folgt er MOHL. Auch die Überwindung der Dichotomie von Fürsten- und Volkssouveränität durch die «Staatssouveränität» ist durchaus zeitgemäß. Sein Versuch wiederum, eine umfassende «Staatsverwaltungslehre» als Ort aller «Verwaltungslehren des materiellen Gebiets» zu entwerfen,[31] steht in unmittelbarer sachlicher und zeitlicher Nachbarschaft zu LORENZ VON STEINS «Verwaltungslehre». Weiter ausgeführt hat GERSTNER sein am Ende skizziertes System nicht mehr.

Nicht weit von GERSTNER entfernt ist der Gießener Philosoph – als Schüler von IMMANUEL HERMANN FICHTE – und Jurist HERMANN BISCHOF.[32] Auch für ihn ist Recht kein menschliches Produkt, sondern «der in den Menschen, Dingen und Zuständen enthaltene Ausdruck der göttlichen Weltordnung».[33] Der Staat ist folglich kein willentlich geschaffenes Gebilde auf vertraglicher Grundlage, sondern historisch entstanden und von einer Idee getragen. Er ist, wie die Nation, «sittliche Individualität». Geschichte und Vernunft sind seine Fundamente. Wie bei GERSTNER hat sich auch bei BISCHOF die Trennung von Staats- und Gesellschaftswissenschaft im Sinne ROBERT MOHLS durchgesetzt.

3. J. C. BLUNTSCHLI

Repräsentativ für die beiden Jahrzehnte nach der «Paulskirche» sind in Deutschland aber nicht der in Belgien und Österreich wirkende AHRENS oder gar die Nebenfiguren GERSTNER und BISCHOF, vielmehr ist es der Schweizer JOHANN CASPAR BLUNTSCHLI (1808–1881).[34] Nach einem Studiengang von Zürich nach Berlin[35] und Bonn, wo er 1829 über ein römischrechtliches Thema promovierte, begann er zunächst als Gerichtsschreiber und Rechtskonsulent in Zürich, lehrte dann aber ab 1833 als Extraordinarius, seit 1838 als Ordinarius für römisches Recht, deutsches Privatrecht und zürcherisches Partikularrecht an der neuen Zürcher Universität. Dort entstand, gewissermaßen als schweizerisches Produkt der Historischen Rechtsschule, die berühmte «Staats- und Rechtsgeschichte der Stadt und Landschaft Zürich».[36] Seit 1840 arbeitete

[30] aaO. 53.

[31] aaO. 222.

[32] *H. Bischof,* Allgemeine Staatslehre, gestützt auf geschichtliche Grundlage und christliche Prinzipien zur Lösung der socialen Probleme des 19. Jahrhunderts für die Träger der allgemeinen deutschen Bildung und als Leitfaden bei akademischen Vorlesungen, Gießen 1860. Vgl. *ders.* Nothrecht des Staates, Gießen 1859; *ders.* Grundzüge eines Systems der Volkswirtschaftslehre, Graz 1876.

[33] *Bischof* (Anm. 32), 143.

[34] *Meyer v. Knonau,* ADB 47 (1903) 33; *H. Fritsche,* Johann Caspar Bluntschli, in: Schweizer Juristen der letzten 100 Jahre, Zürich 1945, 135ff.; *H. Mitteis,* NDB 2 (1955) 337f.; *E. Forster,* in: *Kleinheyer/Schröder,* 43–46; *Drüll,* 23 m. allen weiteren Nachw.

[35] Mitschriften der bei *Savigny* gehörten Vorlesungen im Nachlaß *Bluntschlis* an der Johns Hopkins University/USA. Der Briefwechsel *Bluntschlis* mit *Savigny, Niebuhr, Ranke, Grimm* und *F. Meyer* wurde herausgegeben von *Wilhelm Oechsli,* Frauenfeld 1915.

[36] *J. C. Bluntschli,* Staats- und Rechtsge-

BLUNTSCHLI, nun schon Mitglied des Großen Rates des Kantons Zürich, am Züricher Privatrechtsgesetzbuch und wurde sein eigentlicher Schöpfer. «Mit seiner klaren, volkstümlichen Sprache, mit dem selbständigen, auf einen allgemeinen Teil verzichtenden System und der bewußten Verbindung der überlieferten Einrichtungen und Rechtssätze mit modernen Rechtsgedanken stellt Bluntschlis Privatrechtliches Gesetzbuch einen ersten großen Triumph des modernistisch-liberalen Flügels der Germanisten dar.»[37]

Weil er eine an sich unbedeutende politische Niederlage erlitten hatte,[38] wechselte BLUNTSCHLI 1848 nach München, wo er Professor für deutsches Privatrecht[39] und Staatsrecht wurde. Von da an verlagerten sich seine Arbeitsschwerpunkte auf allgemeines Staatsrecht und Völkerrecht.[40] 1851/52 erschien dort sein «Allgemeines Staatsrecht».[41] Es war – im Gegensatz zu der im Liberalismus vorherrschenden depressiven Stimmung nach 1849 – ein optimistisches Buch, und dies wurde auch positiv vermerkt: «In einer Zeit tiefer politischer Abgespanntheit, wo bei so manchem der Glaube an eine staatliche Fortentwicklung unseres Volkes, die Ueberzeugung von einer höheren sittlichen Natur des Staates völlig zu Grunde gegangen ist, hat uns das Werk des geistvollen Bluntschli wahrhaft erfrischt.»[42]

BLUNTSCHLI entfaltete sich in diesem Werk als Enzyklopädist, wie dies im Vormärz etwa KARL SALOMO ZACHARIÄ oder FRIEDRICH SCHMITTHENNER getan hatten. In der «Allgemeinen Staatslehre», die den ersten Band einnahm, ging er von den anthropologischen, ethnischen und geographischen Voraussetzungen der Staatsentstehung[43] aus und behandelte in transparenter Form die klassischen Themen des Staatszwecks, der Staatsformen, der Souveränität und des Staatsdienstes. Getragen ist diese Darstellung von jenem schon für den Vormärz typischen historisch-organischen Liberalismus, der nun in «gemäßigter», also an die restaurativen Bedingungen nach 1849 angepaßter Form auftritt. Der Hauptakzent des Staatszwecks liegt jetzt nicht mehr auf der politischen Partizipation und den Freiheitsrechten, sondern auf der Harmonie von Freiheit und Ordnung. Aufgabe des Staates ist «Entwickelung der Volksanlage, Vervollkomm-

schichte der Stadt und Landschaft Zürich, 2 Bde, Zürich 1838/39, 2. Aufl. 1856; *ders.* Geschichte des schweizerischen Bundesrechtes von den ersten ewigen Bünden bis auf die Gegenwart, 2 Bde, Zürich 1849, 1852.

[37] *H. Peter,* HRG I (1971) 456–458 (456).

[38] 1844 unterlag er bei der Bürgermeisterwahl, wurde aber 1845 Präsident des Großen Rates. Zu dieser Niederlage sarkastisch das Gedicht von *Gottfried Keller* «Drei Narren unter einem Hut».

[39] *J. C. Bluntschli,* Deutsches Privatrecht, 2 Bde 1853–54, 3. Aufl. (hrsgg. v. *F. Dahn*), München 1864.

[40] *J. C. Bluntschli,* Geschichte des Allgemeinen Staatsrechts und der Politik, München 1864; später als Geschichte der neueren Staatswissenschaften, 3. Aufl. 1881 (Nachdr. 1964); *ders.* Das moderne Völkerrecht der zivilisierten Staaten als Rechtsbuch dargestellt, Nördlingen 1868.

[41] *J. C. Bluntschli,* Allgemeines Staatsrecht, geschichtlich begründet, München 1851/52 (2. Aufl. in 2 Bden 1857, 3. Aufl. 1863, 4. Aufl. München 1868, 5. Aufl. 1875 mit Obertitel «Lehre vom modernen Staate» und ergänzt durch dritten Teil «Politik», 6. Aufl. als «Allgemeine Staatslehre, durchgesehen von *Edgar Loening,* 2 Bde Stuttgart 1886, Neudruck 1965.

[42] *H. Schulze,* 1853, zit. bei *E. Loening,* Vorrede zur 6. Aufl. Stuttgart 1886 (Nachdr. 1965), VIII.

[43] Zur Verbindung *Bluntschlis* mit *Friedrich Rohmer,* von dem er die «einfach verrückte Vergleichung des Staates mit dem menschlichen Körper und seinen Organen» übernahm (*Mohl,* Lebenserinnerungen, II, 153), vgl. *H. Schulthess,* Zu J. C. Bluntschlis Leben und Wirken vom Rohmerschen Standpunkte aus, Nördlingen 1882; *S. D. Schmidt,* Die Allgemeine Staatslehre Johann Caspar Bluntschlis, jur. Diss. München 1966, 136ff.

nung des Volkslebens, zuletzt Vollendung» (im Einklang) «mit der Bestimmung der Menschheit».[44] Kennzeichnend ist wohl auch, daß die individuellen und politischen Freiheitsrechte erst ganz am Ende des Werkes auftauchen; sie sind nicht mehr «konstitutiv».

Im nachfolgenden «Allgemeinen Staatsrecht» versteht BLUNTSCHLI die konstitutionelle Monarchie als eigenständigen deutschen Typus, den er von englischen und französischen Vorbildern unterscheidet. Monarchische Gewalt und Repräsentativverfassung erscheinen hier – mit einer nur ansatzweise durchgeführten Gewaltenteilung – auf dauerhafte Weise verklammert. Stabilisierender Faktor ist insbesondere die Verwaltung einschließlich der staatlichen Kultur- und Wirtschaftspflege. Die deutschen konstitutionellen Monarchien der fünfziger und sechziger Jahre sind ihm gewiß keine Idealstaaten, scheinen aber doch genügend Ansatzpunkte für einen reformerischen Liberalismus zu bieten.[45] Aber auch die Reformvorstellungen BLUNTSCHLIS sind begrenzt, wie etwa sein nebenbei geäußerter Antisemitismus zeigt.[45a] Insofern wird er in der Literatur mit Grund den «konservativen Liberalen» zugerechnet.

Gleichwohl oder vielleicht gerade wegen dieser dem nationalliberalen Grundgefühl entsprechenden idealistischen, aber durchaus die politischen Realitäten respektierenden Tonlage, wohl auch wegen der gemeinverständlichen sprachlichen Fassung war das Werk so erfolgreich.[46] Indem es ständig die geschichtlich-organische Entwicklung reflektierte, vermittelte es in moderater Form die vormärzliche Tradition ohne deren revolutionäre Elemente. Die Floskel «Der moderne Staat» etablierte sich nun in diesem Umfeld. Gemeint war damit der konstitutionell verfaßte, repräsentativ regierte Rechtsstaat, der spätestens 1848 die letzten Reste des Ancien Régime abgestreift hatte, der Garant der Menschenrechte, die scharfe Trennung von Privatrecht und öffentlichem Recht. «Der moderne Staat ist selbstbewußt. Er handelt nach Principien. Er ist eher rationell als instinktiv. Das Gesetz ist die wichtigste Rechtsquelle.»[47]

Das zielte auf politische Breitenwirkung innerhalb des bürgerlichen Lagers, es war mehrheitsfähig. Das von BLUNTSCHLI und dem bereits erwähnten KARL BRATER (1819–1869)[48] herausgegebene «Deutsche Staatswörterbuch»[49] diente als wissenschaftliches

[44] 6. Aufl. Bd. 1, 362.

[45] Vgl. sein Plädoyer für eine spezielle Verwaltungsrechtspflege (II, 351 ff.): «Vielleicht erfüllt die Zukunft das Ideal öffentlich-rechtlicher Gerichtshöfe für alle Streitigkeiten über öffentliches Recht» (351); *J. C. Bluntschli,* Verwaltungsrecht und Verwaltungsrechtspflege; eine Studie betreffend die neueste Gesetzgebung in Baden, in: Krit. Viertelj.schr. f. Gesetzgebung und Rechtswissenschaft 1864, 257–291.

[45a] Vgl. etwa *J. C. Bluntschli,* Die Neueren Rechtsschulen der deutschen Juristen, Zürich 1839, 2. Aufl. Zürich 1862, 70 gegen *Stahl,* bei dem „ein jüdischer Zug der Theokratie wie ein rother Faden durch das ganze System" hindurchgehe, „der dasselbe für die europäisch-arische Welt unseres Zeitalters zum Theil unbrauchbar macht".

[46] Übersetzungen: Le Droit public général, 1880, 2. Aufl. 1885; Dottrina generale dello Stato moderno, Neapel 1883; The Theory of State, London 1885 (Bd. 1). Zu den deutschen Auflagen vgl. Anm. 41.

[47] Bd. 1, 68. Buch 1, Kap. 6 enthält eine synoptische Gegenüberstellung der «Hauptunterschiede des modernen Staatsbegriffes von dem antiken und dem mittelalterlichen Staatsbegriff». Siehe hierzu die gründliche Arbeit von *J. Vontobel,* Die liberal-konservative organische Rechts- und Staatslehre Johann Caspar Bluntschlis 1808–1881, Zürich 1956, insbes. 65 ff.; *M. Bullinger,* Johann Kaspar Bluntschli, JZ 1958, 560; *Schmidt* (Anm. 43).

[48] *Th. Schieder,* NDB 2 (1955) 538. Siehe oben Kap. 7, Anm. 19.

[49] Deutsches Staatswörterbuch. In Verbindung mit deutschen Gelehrten herausgegeben von *J. C. Bluntschli* unter Mitredaktion von *Carl Brater,* 11 Bde, Leipzig und Zürich 1857–1870.

Kollektivunternehmen in ähnlicher Weise der Verständigung des Liberalismus, wie dies das Staatslexikon von ROTTECK und WELCKER im Vormärz getan hatte. Es trug die Botschaft des liberalen, «modernen» Rechts- und Verfassungsstaates, getragen von einer bürgerlichen Mitte, die sich von übertriebenen politischen Hoffnungen und spekulativer Philosophie getrennt hatte, die sich den wirtschaftlichen und politischen Realien zuwendete und die eine soziale Gefahr heraufziehen sah, ohne noch rechte Mittel zu wissen, wie ihr begegnet werden könnte.

BLUNTSCHLI folgte 1861 einem Ruf nach Heidelberg als Nachfolger von MOHL. Er wurde Mitglied der Ersten Kammer (1861–1871, 1879–1881), ab 1873 Abgeordneter sowie schließlich Präsident der zweiten Kammer, Synodaler der Landeskirche und Inhaber anderer Ämter, alles in allem eine repräsentative Figur des südwestdeutschen Liberalismus jener Jahre.[50]

4. J. v. HELD

Die «Grundzüge des Allgemeinen Staatsrechts» von JOSEPH VON HELD (1815–1890)[51] aus dem Jahre 1868[52] waren von BLUNTSCHLIS Darstellung sichtlich beeinflußt. HELD dachte allerdings weniger historisch als (rechts)philosophisch. Er zielte auf eine Darstellung der allem öffentlichen Recht zugrundeliegenden Rechtsprinzipien. In diesem Sinne bezeichnete er es als Aufgabe des Allgemeinen Staatsrechts, «die allgemeinen Begriffe und Verhältnisse, auf welchen das positive Recht ruht und welche kein Gesetz bestimmt, und die richtigen allgemein-wissenschaftlichen Regeln, ohne welche die Anwendung des positiven Rechts unmöglich ist, vom juristischen Standpunkt aus zu erörtern».[53] Politik, Philosophie und Geschichte sollen zwar gleichermaßen herangezogen werden, aber für HELDS Programmatik ist bestimmend der juristische Charakter, die Rolle der logischen Deduktion, die Notwendigkeit der Trennung des «Rechtselement(s) des öffentlichen Lebens von allen nichtjuristischen Bestandteilen» sowie der Zurückweisung «jeder falschen privatrechtlichen Analogie».[54] GERBERS methodische Maximen von 1865 sind hier deutlich hörbar.

Was HELD dann jedoch zur Einlösung dieses Programms entwickelte, blieb widersprüchlich. Schon die Begründung der rechtlichen Geltung jener Grundsätze bereitete Schwierigkeiten. Einerseits ging es HELD um die «allgemeinen und ewigen, das öffentliche Recht bestimmenden Principien des Staats»,[55] an denen positives Recht gemessen werden konnte, andererseits war es ihm «unzweifelhaft, dass das allgemeine Staatsrecht als eine juristische Disciplin sich wesentlich auf die Gesetze, resp. Gewohnheiten des positiven Rechts...gründe».[56] So blieben HELDS «Rechtsprinzipien» im Schwebezustand zwischen naturrechtlichem Geltungsanspruch und einer Ableitung aus dem positiven Recht. Das hing mit der für ihn charakteristischen Zwischenlage zwischen verblassender idealistischer Philosophie, deren Zerfall er durchaus reflektierte, und neuer «juristischer Methode» zusammen.

[50] *J. C. Bluntschli*, Denkwürdiges aus meinem Leben, hrsgg. v. *R. Seyerlen*, 3 Bde, Nördlingen 1884.

[51] Oben Kap. 8, Anm. 26.

[52] *J. v. Held*, Grundzüge des Allgemeinen Staatsrechts oder Institutionen des öffentlichen Rechts, Leipzig 1868 (Nachdr. 1975).

[53] aaO. 111.

[54] aaO. 112.

[55] aaO. 17.

[56] aaO. § 195.

Das Buch wirkt allerdings auch inhaltlich disparat. Es beginnt mit den natürlichen und juristischen Personen einschließlich des Staates als «persona publica», holt dann weit aus über den «Begriff des allgemeinen Staatsrechts» und seine Rechtsquellen, wobei es der Sache nach die Rechtsquellen des positiven Rechts darstellt (Vertrag, Gesetz). Einmal beim «Gesetz» angelangt, behandelte HELD nahezu wahllos «wichtige Fragen», diskutierte die Abgrenzung des öffentlichen Rechts zu anderen Rechtsgebieten sowie die Einteilung in Verfassungs- und Verwaltungsrecht. Erst in den beiden letzten Kapiteln kam er zum Kern (Souveränität, Staatsentstehung, Staatszweck- und Staatsformenlehre, Staatensukzession). Aber auch hier herrschte ein gewisses Zwielicht. Die Erörterung der Legitimität der Staatsgewalt im Allgemeinen sei, so erklärte er, «für den Staat in abstracto ... im ganzen überflüssig, für den Staat in concreto (ist) eine juristische Untersuchung unzulässig»,[57] fuhr aber gleich anschließend fort: «Untersuchungen über den Rechtsgrund der Staatsgewalt als einer juristisch begründeten Gewalt sind daher überhaupt nur für den concreten Staat denkbar.« Begrenzt wurden diese Untersuchungen dann auf die schlichte Frage, ob Ausübung und Trägerschaft der Staatsgewalt mit dem «geltenden positiven Staatsrecht» vereinbar seien. Damit war im Grunde die kritische Distanz der Allgemeinen Staatslehre gegenüber der Staatspraxis aufgegeben.

1868, als diese Allgemeine Staatslehre erschien, war das Interesse an rechtsphilosophischen Erörterungen dieser Art unübersehbar abgesunken. Die reale Politik und das «geltende positive Staatsrecht» waren die eigentlich dynamischen Faktoren geworden. Die Staatsrechtler kommentierten die Verfassung des Norddeutschen Bundes und wandten sich ohnehin seit GERBERS «Grundzüge» (1865) der «juristischen Methode» zu. Durch den Verzicht auf alle «Spekulation» schränkten sie ihren Spielraum freiwillig ein.

Wer sich diesen Spielraum erhalten wollte, schrieb nun nicht mehr ein «Staatsrecht nach der Vernunft», sondern wandte sich wohl eher der politischen Publizistik zu. Rechtspolitische Erörterungen entfalteten sich auf breiter Front in den Tageszeitungen und Wochenblättern. Vielen Hochschullehrern war es selbstverständlich, zum preußischen Verfassungskonflikt, zur Reichsgründung und Reichsverfassung Stellung zu nehmen. PAUL LABANDS erste staatsrechtliche Äußerung war ein Artikel in der «Kreuz-Zeitung».[58] Neben den akademisch Etablierten standen die höheren Verwaltungsbeamten, die Diplomaten und die Privatgelehrten. Unter ihnen ragte als antibismarckisch, großdeutsch und föderalistisch denkender Kopf CONSTANTIN FRANTZ (1817–1891)[59] hervor. In seinem Hauptwerk über den Föderalismus entwickelte er die Vision einer europäischen Völkergemeinschaft jenseits des Nationalismus, zugleich mit einem Versuch, die wachsende Differenzierung und Fraktionierung der Wissenschaften aufzuhalten. Beides war «unzeitgemäß», ja es hatte fast die Würde einer Donquichotterie.

[57] aaO. § 217.

[58] Siehe oben Kap. 8, Anm. 154.

[59] *C. Frantz* (1817–1891), studierte in Halle, war dann einige Jahre im diplomatischen Dienst Preußens, zog sich ab 1856 als Privatgelehrter zurück, zunächst nach Berlin, dann nach Blasewitz b. Dresden. An Werken sind zu nennen: Vorschule der Physiologie der Staaten, Berlin 1857; Kritik aller Parteien, Berlin 1862; Föderalismus als das leitende Prinzip für die soziale, staatliche und internationale Organisation unter besonderer Bezugnahme auf Deutschland kritisch nachgewiesen und konstruktiv dargestellt, Mainz 1879. Vgl. *R. Schnur,* Mitteleuropa in europäischer Sicht: Constantin Frantz, in: Der Staat 25 (1986) 545–573.

III. Die realistische Staatsauffassung

1. *Die Wendung zum Naturalismus*

1872 erschien Rudolf v. Jherings kleine Schrift «Der Kampf um's Recht». In einem rechtswissenschaftlichen Kontext, der weithin noch von trivialisierten idealistischen Vorstellungen über das Recht beherrscht war, wirkte sie wie ein Fanal der Hinwendung vom Idealismus zum Naturalismus, «vom Traum zur Tat».[60] Die Begeisterung, mit der Jherings Grundgedanke der Zweckhaftigkeit und Interessenbestimmtheit des Rechts aufgenommen wurde, zeigt, daß hier ein Nerv getroffen war. «Auf der ganzen Linie menschlicher Wissenschaft dringt stetig und machtvoll eine realistische Auffassung vorwärts», schrieb 1873 der junge Würzburger Privatdozent Max Seydel unter dem Eindruck von Jherings Schrift, und er fuhr fort: «Will deshalb die Wissenschaft des Rechtes in ihren Erfolgen nicht hinter den Schwesterwissenschaften zurückbleiben, so muss auch sie jene Bahnen einschlagen, auf denen diese sich emporgerungen haben.»[61] Ganz in diesem Sinn äußerte sich kurz darauf Ludwig Gumplowicz: «Der mächtige Aufschwung der Naturwissenschaften in unseren Tagen hat auf dem Gebiete der Philosophie eine realistische Weltauffassung hervorgerufen und dieser Richtung der Philosophie müssen alle anderen philosophischen Disziplinen folgen, wenn sie sich nicht der Gefahr aussetzen wollen, aus dem Kreise moderner Wissenschaften ausgeschlossen zu bleiben. Das Gesagte gilt in vollem Maße von dem philosophischen oder sogenannten allgemeinen Staatsrecht ... der überall siegreich vordringenden realistischen Weltauffassung näher zu treten, ist die Aufgabe dieses Buches.»[62]

Diese Hinwendung zu einer «realistischen» Staatsauffassung im Zuge des auf breiter Front vorrückenden Materialismus und Positivismus hatte Folgen für das Verständnis des Staatsrechts, insbesondere für die Legitimität der Staatsgewalt, die nun gewissermaßen als Naturprodukt von Arbeit und Kampf verstanden wurde, und es führte letztlich dazu, daß der normative Geltungsanspruch einer Allgemeinen Staatslehre zwischen den soziologisch erfaßbaren «Tatsachen» und dem Geltungsanspruch des positiven Rechts zerrieben wurde. Max Seydel etwa erklärte sich in seiner knappen Allgemeinen Staatslehre von 1873[63] mit Energie gegen das Naturrecht, gegen das «Nebelgespenst des Puchta'schen Volksgeistes», gegen die organologische Staatsauffassung und die Lehre vom Staat als juristische Person. Für ihn ist der Staat ein Produkt menschlichen Wollens, eine «Thatsache», keines eigenen Willens fähig, sondern beherrscht vom Willen des Monarchen. Der Staat ist vorrechtliches Faktum, so wie die Macht vor dem Recht da ist und dem Recht seine Legitimität verleiht.[64] Seydel ist ebenso entschiedener Positivist wie Purist des öffentlichen Rechts bei der Konstruktion der einzelnen Rechtsfiguren. «Ungerechtes» positives Recht gibt es für ihn nur

[60] *Wieacker,* 451.

[61] *M. Seydel,* Grundzüge einer allgemeinen Staatslehre, Würzburg 1873, V.

[62] *L. Gumplowicz,* Philosophisches Staatsrecht, Graz 1877, Vorwort.

[63] *Seydel* hat noch fünfundzwanzig Jahre später eine Serie populär gehaltener «Vorträge aus dem allgemeinen Staatsrechte» veröffentlicht. Vgl. (Hirths) Annalen des Deutschen Reiches 1898, 321–335, 481–492, 746–758; 1899, 249–263; 1900, 177–194, 351–368.

[64] *E. Loening,* Der Staat, in: HdWBStaatswiss., Bd. 7, 3. Aufl. 1911, 692–727 (696) hat deshalb *Seydel,* zusammen mit *Lingg* (Anm. 68), als Vertreter der «Machttheorie» eingeordnet.

aus moralischer Perspektive, die Unterscheidung zwischen öffentlichem und privatem Recht ist Sache des Gesetzgebers, alle öffentlichen Rechte[65] sind Produkte des positiven Rechts ohne jeden naturrechtlichen Charakter.

Trotz der von SEYDEL favorisierten naturalistischen Betrachtung des Staates, verbunden mit einer Apotheose des Herrscherwillens, fehlt es bei ihm nicht an Gegengewichten. Dem Herrscher, der die Gesamtinteressen verleugnet, droht die Revolution. Für die Legislative ist ein nach Berufsständen gegliedertes Parlament vorgesehen.[66] Die Kontrolle der Exekutive soll den ordentlichen Gerichten obliegen, wobei SEYDEL freilich ganz im Sinne der damals herrschenden Vorstellung meint, es handle sich um eine technische, unpolitische und «rein logische Thätigkeit».[67]

2. *Rechtsvergleichung im öffentlichen Recht*

Die durch MAX VON SEYDEL gekennzeichnete Wendung zu einer «realistischen», den Faktor Macht in den Vordergrund rückenden Begründung des Staatsrechts war einer der möglichen Wege, auf das Ende der idealistischen Staatsauffassung zu reagieren und in dem dadurch entstandenen Begründungsvakuum festeren Boden unter den Füßen zu gewinnen. Über kurz oder lang mußte sie allerdings das Dilemma wahrnehmen, daß normative Sätze aus Machtverhältnissen nicht stringent ableitbar waren. Die Leugnung eines «objektiven Gemeinwillens», der Qualität des Staates als «Organismus» und als «juristische Person» und die gleichzeitige Zurückführung aller dieser Metaphern auf die Realität menschlicher Individuen und ihrer Einzelwillen war gewiß klärend für die faktischen Fundamente menschlicher Vergesellschaftung, das Problem der Begründung einer Rechtsordnung war damit aber nicht gelöst.[68] Der am Ende des Jahrhunderts auftretende philosophische und rechtsphilosophische Neukantianismus hat gerade für die Dichotomie von Sein und Sollen das Bewußtsein geschärft.[69]

Ein zweiter Weg zur Herausarbeitung allgemeingültiger Sätze der Allgemeinen Staatslehre war der längst bekannte der Geschichte. In Fortführung des Grundansatzes der Historischen Rechtsschule konnte der Staat als historisches Faktum, als ein in langen Zeiträumen entstandenes, keiner eigentlichen Rechtfertigung mehr bedürftiges soziales Gebilde verstanden werden. Je mehr sich dabei die historischen Kenntnisse auf außereuropäische Räume erstreckten und je mehr ethnologische Forschungen hinzukamen, desto näher lag es, aus einer umfassenden historischen und ethnologischen Rechtsvergleichung jene Gesetzlichkeiten zu erkennen, die eine Allgemeine Staatslehre brauchte. Parallel zu DARWINS Arbeitsweise, aus der Masse «naturgeschichtlicher» Fakten allgemeine Baugesetze abzulesen, konnte die historische und ethnologische Rechtsvergleichung hier zeigen, welchen Gesetzmäßigkeiten menschliches So-

[65] Besteuerungsrecht, Enteignungsrecht, Recht auf Benutzung öffentlicher Einrichtungen, Recht auf Armenunterstützung, Rechte auf persönliche Leistungen (Ehrenämter, Wehrpflicht, Schulpflicht), Beamtenrechte und -pflichten, staatlicher Strafanspruch, Herrscherrechte, Wahlrecht, Rechte der Abgeordneten usw.

[66] *Seydel* unterscheidet hier zwischen geistiger und physischer Tätigkeit (Ackerbau, Fabrikation, Handwerk, Handel).

[67] aaO. 94.

[68] *E. Lingg,* Empirische Untersuchungen zur allgemeinen Staatslehre, Wien 1890. Vgl. dazu die Besprechung durch *F. Tezner,* in Grünhuts Zeitschr. 18 (1891) 530–543.

[69] *H. L. Ollig,* Der Neukantianismus, 1979 (Slg. Metzler, Bd. 187).

zialverhalten und Staatsbildung unterlagen. Philosophisch-abstrakte Staatsbegründung und der empirisch-konkrete Ansatz von Geschichte und Ethnologie konnten sich auf diese Weise ergänzen und bestätigen.[70]

Conrad Bornhak ließ 1896 noch unentschieden, «ob die allgemeine Staatslehre auf philosophischer oder auf geschichtlich rechtsvergleichender Grundlage oder auf beiden entwickelt werden soll», entschied sich aber selbst für die historische Rechtsvergleichung.[71] Kurz darauf trat Hermann Rehm ganz auf die Seite der Rechtsvergleichung und forderte: «wir müssen uns mit allem Nachdruck auf den Standpunkt stellen, daß die Garantie sicherer Staatserkenntnis viel weniger durch philosophische Spekulation, als durch vergleichende Betrachtung der wirklichen Staaten gewonnen wird».[72]

Die Rechtsvergleichung, die im Zivilrecht gewissermaßen zu ersetzen versuchte, was mit dem Zerbrechen des europäischen gemeinen Rechts verlorengegangen war,[73] diente im öffentlichen Recht eher als empirischer Ersatz für die Stütze, die der ältere philosophische Systemglaube geboten hatte. Das öffentliche Recht reihte sich hiermit in die allgemeine Erweiterung der rechtswissenschaftlichen Perspektive auf andere Rechtskulturen ein.

Schon seit dem frühen 19. Jahrhundert war in den verschiedensten Wissenschaftszweigen eine Überschreitung der eurozentrischen Sicht feststellbar. Die Literatur griff aus auf persische, indische und ostasiatische Stoffe, sie erweiterte sich zur «Weltliteratur», die Sprachwissenschaften dehnten sich auf die Weltsprachen aus, Altägyptisch, Altpersisch, Assyrisch und Sanskrit wurden erschlossen, eine immense Reiseliteratur förderte immer neues ethnologisches Material zutage. Die imposante erste Weltausstellung von 1851 in London vereinte Kunst und Technik im «Kulturvergleich».[74] Die in ihrem Gefolge gegründeten Museen für Kunstgewerbe sammelten in vergleichender und pädagogischer Absicht Stücke aus allen Ländern und Kulturen.[75] Ebenso verdanken die damals entstehenden völkerkundlichen Sammlungen ihre Anfänge sowohl dem Kolonialismus als auch der auf Weltmaßstab eingestellten «neugierigen» Perspektive.

Zugleich erweiterten sich die Forschungsfelder der historischen Wissenschaften durch editorische Erschließung bislang unbekannter Quellenmassen.[76] Rechtstheorie und Allgemeine Staatslehre versuchten, die sprunghaft anwachsenden staatswissen-

[70] So *Seydel*, Grundzüge (Anm. 61); *H. Rosin*, Grundzüge einer allgemeinen Staatslehre nach den politischen Reden und Schriftstücken des Fürsten Bismarck, in: Annalen des Deutschen Reiches 1898, 81–126. Eine Würdigung dieser Schrift bei *A. Hollerbach*, Heinrich Rosin (1855–1927). Pionier des allgemeinen Verwaltungs- und des Sozialversicherungsrechts, in: *Heinrichs u. a.* (Hg.), Deutsche Juristen jüdischer Herkunft, 1993.

[71] *C. Bornhak*, Allgemeine Staatslehre, Berlin 1896, Vorwort.

[72] *H. Rehm*, Allgemeine Staatslehre, Freiburg 1899, 5.

[73] *W. Hug*, The History of Comparative Law, in: Harvard Law Review 45 (1932) 1027; *L. J. Constantinesco*, Les débuts du droit comparé en Allemagne, in: Miscellanea W. J. Ganshof van der Meersch II, 1972, 737; *K. Zweigert–H. Kötz*, Einführung in die Rechtsvergleichung auf dem Gebiete des Privatrechts, 2. Aufl. 1984, Bd. I, § 4 m. w. Nachw.; *M. Rheinstein*, Einführung in die Rechtsvergleichung, 1987, 37 ff.

[74] *U. Haltern*, Die Londoner Weltausstellung von 1851, 1971; *W. Plum*, Weltausstellungen im 19. Jahrhundert: Schauspiel des sozio-kulturellen Wandels, 1975; *E. Kroker*, Die Weltausstellungen im 19. Jahrhundert, 1975.

[75] *B. Mundt*, Die deutschen Kunstgewerbemuseen im 19. Jahrhundert, 1974.

[76] *N. Hammerstein*, Die Moderne in der deutschen Wissenschaft im 19. Jahrhundert. Zum Wandel einer Vorstellung, in: Annali/ Jahrbuch des italienisch-deutschen historischen Instituts in Trient, XVI (1990) 9–42 (34 f.).

schaftlichen Informationen über europäische und außereuropäische Staaten in Rechtslexika und Enzyklopädien sowie in breit angelegten Monographien zu verarbeiten. KARL SALOMO ZACHARIÄ ist hierfür der interessanteste und kennzeichnendste Autor des Vormärz.[77] Mit großer Zuversicht entwickelte man in der Jahrhundertmitte die Vorstellung einer «biologia universale delle leggi» (EMERICO AMARI),[78] und es erschien möglich, entsprechend den verschiedenen Kulturstufen der Weltvölker einen Stufenbau der Rechtsordnungen und Staatsbildungen nachzuzeichnen. War der Staat nicht mehr Emanation von Gottes Willen auf Erden oder die Erscheinung der sittlichen Idee, sondern ein aus Machtkämpfen aufgestiegenes Naturwesen, dann mußte auch eine biologistische Evolutionstheorie des Staates möglich sein.

Begleitet wurde dieser innere Wandel der Perspektive durch eine Veränderung der wissenschaftlichen Kommunikationsbedingungen in Europa. Das mächtig aufblühende Zeitschriftenwesen, die nun permanent fortgeschriebenen und neu aufgelegten Konversations- und Rechtslexika sowie die Enzyklopädien luden zur Dokumentation der Rechtsvergleichung geradezu ein. CARL JOSEPH ANTON MITTERMAIERS (1787–1867) über ganz Europa ausgebreitete Nachrichtensammlung und Korrespondenz ließ die Universität Heidelberg zu einem Zentrum der Rechtsvergleichung werden.[79] Die nach der Jahrhundertmitte langsam üblich werdenden Kongresse verschiedener juristischer Fachrichtungen – man reist nun bequem mit der Eisenbahn – machten es möglich, auf europäischer Ebene bestimmte Sachfragen zu erörtern und Entschließungen zu fassen oder Enquêten zu veranstalten. Entsprechend weitet sich auch die Übersetzungstätigkeit aus; nachdem das Latein als lingua franca der Wissenschaft seinen Rang verloren hatte, mußten permanente Übersetzungsanstrengungen unternommen werden.[80] So sind auch die Allgemeinen Staatslehren von AHRENS, BLUNTSCHLI, GUMPLOWICZ, JELLINEK u. a. in die wichtigsten europäischen Sprachen übersetzt worden.

3. *«Zeit der Dürre»: Vom Norddeutschen Bund bis zur Jahrhundertwende*

Die Wendung von der idealistischen zur «realistischen» Staatsauffassung sowie die Suche nach allgemeinen Rechtsprinzipien durch Rechtsvergleichung waren zugleich Konsequenz und Symptom des rechtswissenschaftlichen Positivismus. Je mehr das Vertrauen in die Erkennbarkeit letzter Werte wie der Gerechtigkeit und des Staatszwecks schwand, desto mehr trat die Allgemeine Rechtslehre an die Stelle einer material verstandenen Rechtsphilosophie.[81] ADOLF MERKEL (1836–1896),[82] KARL BINDING (1841–1920),[83] ERNST RUDOLPH BIERLING (1843–1919),[84] KARL BERGBOHM (1849–

[77] Siehe oben Kap. 3, II, 4.

[78] *E. Amari*, Critica di una scienza delle legislazioni comparate, Bd. 2 (Neuausg. hrsgg. v. *Frosini*), Palermo 1969, 161. Frdl. Hinweis von Prof. *E. Jayme*, Heidelberg.

[79] *E. Jayme*, Mittermaier und Italien, in: *W. Küper* (Hg.), Carl Joseph Anton Mittermaier, 1988, 7–20.

[80] Eine umfassende Bibliographie von Übersetzungen aus dem Deutschen im 19. Jh. fehlt m. W. für die juristische Literatur.

[81] *H. Klenner*, Rechtsphilosophie im Kaiserreich, in: *G. Sprenger* (Hg.), Deutsche Rechts- und Sozialphilosophie um 1900 (Beih. ARSP, 43), 1991, 11–17.

[82] *G. Dornseifer*, Rechtstheorie und Strafrechtsdogmatik Adolf Merkels, 1979.

[83] *K. Binding*, Die Normen und ihre Übertretung, Bd. 1 (4. Aufl. 1922), Bd. 2 (2. Aufl. 1914, 1916), Bd. 3, 1918, Bd. 4, 1919. Vgl. *A(rmin) Kaufmann*, Lebendiges und Totes in Bindings Normentheorie, 1954, erw. Neudr. 1988; *D. Westphalen*, Karl Binding (1841–1920), 1989.

[84] *E. R. Bierling*, Juristische Prinzipienlehre,

1927),[85] RUDOLF STAMMLER (1856–1938)[86] und der frühe JULIUS BINDER (1870–1939),[87] FELIX SOMLÓ (1873–1920)[88] und andere sind die Rechtstheoretiker jener Zeit. Vor allem dem rechtsstaatlich auszugestaltenden Strafrecht und Strafprozeßrecht leisteten sie ihre Dienste. Über den Staat war in diesem Zusammenhang wenig mehr zu sagen, als daß er die souveräne und legitime, in Rechtsform befehlende Macht verkörpere und daß die Geltung der Rechtsordnung entweder auf staatlichem Befehl oder auf der Anerkennung der Bürger beruhe.

Die Allgemeine Staatslehre geriet dementsprechend in eine Phase der Stagnation. Hierüber waren sich die Beobachter der Szene einig. HERMANN SCHULZE stellte 1867 fest, Vorlesungen über allgemeines Staatsrecht gebe es seines Wissens lediglich in Heidelberg[89] – gemeint war offenbar die Lehrtätigkeit von BLUNTSCHLI. LUDWIG GUMPLOWICZ sprach ein Jahrzehnt später von einer seit der Mitte der siebziger Jahre eingetretenen «vollkommenen Dürre»,[90] und CONRAD BORNHAK bekräftigte 1896, es sei «Jahrzehnte hindurch auf dem Gebiete der allgemeinen Staatslehre in Deutschland so gut wie gar nichts geschehen».[91]

Das war jedenfalls im Kern richtig. Daß HEINRICH MARQUARDSEN sein 1883 beginnendes Handbuch des öffentlichen Rechts der Gegenwart mit einer Darstellung des Allgemeinen Staatsrechts durch den Gießener Öffentlichrechtler CARL GAREIS einleitete,[92] lag in der Tradition, aber es war eben nur eine «Einleitung» über die «allgemeinen Lehren ... welche als eine Art geistiger Atmosphäre die positiven staatlichen Bildungen umgeben», kein Hauptgegenstand mehr. Abgespalten waren nicht nur die «Politik», sondern auch das Staatskirchenrecht (P. HINSCHIUS), das Völkerrecht (A. M. v. BULMERINCQ) und das allgemeine Verwaltungsrecht (O. v. SARWEY).

Was GAREIS bot, war denn auch knapp und entsprach im Ton jener, wie MARQUARDSEN sagte, «auf diesem Gebiete in neuester Zeit auf Grund einer mehr realistischen, dem praktischen Zwecke der Gesetzesbestimmungen und staatlichen Einrichtungen zugewendeten Betrachtungsweise».[93] Das Allgemeine Staatsrecht, klar unterschieden von der (philosophischen) Allgemeinen Staatslehre, erhob nicht mehr den Anspruch, geltendes Recht zu sein. Es verwies die Aussagen zu Staatsbegriff und Staatszweck-

5 Bde, Freiburg, Leipzig, Tübingen 1894–1917; *ders.* Zur Kritik der juristischen Grundbegriffe, Teil II, Gotha 1883.

[85] *K. Bergbohm*, Jurisprudenz und Rechtsphilosophie, 1. Bd., 1892 (Nachdr. 1973).

[86] *R. Stammler*, Die Lehre von dem richtigen Rechte, 1902, 2. Aufl. 1926 (Nachdr. 1964); *ders.* Wirtschaft und Recht nach der materialistischen Geschichtsauffassung. Eine sozialphilosophische Untersuchung, 3. Aufl. Leipzig 1914; *ders.* Theorie der Rechtswissenschaft, Halle 1911, 2. Aufl. 1923. Treffende Würdigung bei *J. Schröder*, in: *Kleinheyer-Schröder*, 3. Aufl. 1989, 269–271; neuestens *L. Lotze*, Rudolf Stammlers Marx-Kritik, in: Sprenger (Anm. 81), 91–100.

[87] *J. Binder*, Rechtsbegriff und Rechtsidee. Bemerkungen zur Rechtsphilosophie Rudolf Stammlers, Leipzig 1915. Zu *Binders* Entwicklung vgl. *Stolleis*, Gemeinwohlformeln im nationalsozialistischen Recht, 1974, 50–58; *R. Dreier*, Julius Binder (1870–1939). Ein Rechtsphilosoph zwischen Kaiserreich und Nationalsozialismus, in: *F. Loos* (Hg.), Rechtswissenschaft in Göttingen. Göttinger Juristen aus 250 Jahren, 1987, 435–455.

[88] *F. Somló*, Juristische Grundlehre, 2. Aufl. 1927 (Neudr. 1973).

[89] *H. Schulze*, Ueber Princip, Methode und System des deutschen Staatsrechts, in: *Aegidis* Zeitschrift 1 (1867) 435f.

[90] *L. Gumplowicz*, Allgemeines Staatsrecht, 3. Aufl. Innsbruck 1907, 20.

[91] *Bornhak* (Anm. 71) 2. Aufl. Berlin 1909, Vorwort.

[92] *C. Gareis*, Allgemeines Staatsrecht, Freiburg und Tübingen 1883 (= Handbuch des Oeffentlichen Rechts, Erster Band, Allgemeiner Theil), 1–186.

[93] *Marquardsen*, in: Handbuch (Anm. 92), VIII.

lehre in die Allgemeine Staatslehre, beschränkte sich im übrigen auf die theoretische «Betrachtung der Rechtsgrundsätze ..., nach denen die herrschenden Gemeinwesen bestehen und zum Zwecke ihrer Interessenvertretung organisiert sind und handeln» (§ 5).

Charakteristisch für die gesamte Darstellung ist die insgesamt pragmatische, nüchterne Sicht des Staates, der als eine durch rechtliche «Herrschaft» geprägte «Interessengemeinschaft» gesehen wird. Der Staat bildet sich naturhaft, wird durch Ausbildung von Herrschaftsorganen überformt und domestiziert, die ursprünglichen Monokratien gewähren allmählich «Theilnahme an der Herrschaftsausübung», und es werden Verfassungsgarantien und verfassungsmäßige Rechte geschaffen. Ist der Staat auf dieser Stufe angelangt, dann lassen sich – so Gareis – den Hauptinteressen[94] die entsprechenden Hoheitsrechte zuordnen,[95] und es lassen sich idealtypisch Rechte und Pflichten, Organisations- und Verfahrensregeln darstellen. Die dabei vorherrschende Tonlage war insgesamt unpathetisch und entpolitisiert. Der Staat befand sich in Ruhelage. Die Erörterung seiner Grundlagen löste keine politischen Leidenschaften mehr aus, die mit denen des Vormärz vergleichbar gewesen wären.

Dies läßt sich in gleicher Weise für die «Allgemeine Staatslehre» von Hermann Rehm sagen.[96] Sie ruht zwar auf dem historischen Fundament der 1896 erschienenen «Geschichte der Staatsrechtswissenschaft», die einen von den Vorsokratikern bis in die Neuzeit reichenden Bogen der Wissenschaftsgeschichte schlug.[97] Aber diese Historie hatte keine Verbindung zur Allgemeinen Staatslehre. Sie bot humanistische Gelehrsamkeit und wurde immer knapper, je mehr sie sich der Gegenwart näherte. Ihr Schwerpunkt lag in der Antike, während dem 19. Jahrhundert nur noch zweieinhalb Druckseiten zugestanden wurden. Das historische, das politische und das rechtliche Argument sind nun getrennt. Rehm konstatiert befriedigt die durch den staatsrechtlichen Positivismus erreichte Unabhängigkeit und Unparteilichkeit der Staatsrechtslehre und meint gleichzeitig, nun könnten – methodisch getrennt – Staatsrechtsgeschichte und «Staatsrechtspolitik» wieder stärker in den Vordergrund rücken.

Seine eigene Auffassung der Allgemeinen Staatslehre zielte auf eine Darstellung von «Begriff und Wesen» des «Staates als Ganzem».[98] Um zu diesem «Wesen» vorzudringen, benutzte er neben der historisch-vergleichenden Methode die Mittel der «wissenschaftlichen Politik».[99] Insofern kommen wieder ganz erhebliche historische, politische und rechtsvergleichende Teile in die Allgemeine Staatslehre hinein. Nicht nur der Souveränitätsbegriff wird noch einmal in aller Breite entwickelt, auch die Geschichte

[94] Vertretungs-, Wehr-, Rechts-, Sicherungs- und Förderungs-, Vermögensinteresse.

[95] Repräsentations-, Militär-, Justiz-, Polizei-, Finanzhoheit.

[96] *H. Rehm,* Allgemeine Staatslehre, Freiburg 1899.

[97] *H. Rehm,* Geschichte der Staatsrechtswissenschaft, Freiburg und Leipzig 1896. Hervorzuheben ist von seinen sonstigen Werken vor allem: Modernes Fürstenrecht, München 1904, die letzte zusammenfassende Darstellung dieser Materie, die allerdings in der Frage des Verhältnisses des Fürstenrechts zum Verfassungsrecht von der damals h. M. abweicht.

[98] *Rehm* (Anm. 96), 7.

[99] Vgl. hierzu *F. v. Holtzendorff,* Die Prinzipien der Politik, 2. Aufl. 1879; *K. Walcker,* Politik der konstitutionellen Staaten, Karlsruhe 1890; *G. Ratzenhofer,* Wesen und Zweck der Politik. Als Theil der Sociologie und Grundlage der Staatswissenschaften, 3 Bde Leipzig 1893; *H. Treitschke,* Politik, hrsgg. v. *Cornicelius,* Bd. 1, Leipzig 1897; *A. Schäffle,* Ueber den wissenschaftlichen Begriff der Politik, in: ZgStW 53 (1897) 593; *F. van Calker,* Politik als Wissenschaft. Rede zur Feier des Geburtstages Sr. Maj. d. Kaisers, Straßburg 1898.

der Staatstheorien seit der Antike und die Entwicklungsgeschichte der Staaten erhalten großen Raum. Europäische und amerikanische Lösungen werden durchweg mitreflektiert. Die positivistische Austreibung von Geschichte und Politik findet also bei REHM nicht statt. Er vermischt jedoch die Sphären nicht mehr, sondern diskutiert – mit gewissen Schwächen im systematischen Aufbau – Staats- und Souveränitätsbegriff,[100] Staatenverbindungen, das Subjekt der Staatsgewalt, die Staatsorgane, Staatszweck, Staatstheorien, Entstehung und Entwicklung des Staates sowie am Ende die repräsentative Demokratie und die repräsentative Monarchie mit einem partnerschaftlich ausbalancierten Dualismus von Krone und Parlament. Die repräsentative Monarchie scheint REHM größere Garantien für das «Ordnungsprinzip» zu bieten, dem er mit deutlichen Worten Vorrang vor dem schwankenden demokratischen «Freiheitsprinzip» gibt.

REHMS Allgemeine Staatslehre repräsentiert das in der Zeit kurz vor der Jahrhundertwende zur Ruhe gekommene Fach.[101] Die politischen Fragen scheinen auf Dauer gelöst, jedenfalls dort, wo «Freiheit» und «Ordnung» im Dualismus konstitutioneller Monarchien in Harmonie gehalten werden. Geschichtliche Betrachtung und europäische Verfassungsrechtsvergleichung bestätigen dies. Die seit GERBER und LABAND «selbständig» gewordene Staatsrechtslehre ordnet die eigentlichen Rechtsfragen. Kreativ und innovativ war diese Allgemeine Staatslehre nicht mehr, aber nicht weil sie «positivistisch» war, sondern weil der politische Problemdruck verschwunden zu sein schien.

Die Allgemeine Staatslehre verlor auf diese Weise gänzlich ihren normativen Anspruch gegenüber dem positiven Staatsrecht. Sie wurde zur propädeutischen Hilfswissenschaft. Was sie liefern konnte, war entweder entpolitisierte Rechtstheorie zu Fragen der Rechtsgeltung und zur logischen Kohärenz der Normen («Stufenbau der Rechtsordnung») oder – in ihrer historisierenden Variante – die pragmatische Nachzeichnung des geschichtlich Gewordenen, verbunden mit der Hoffnung, im Strom des Geschichtlichen doch gleichbleibende Elemente zu entdecken.

Letzteres war der Weg, den der Freiburger Straf- und Strafprozeßrechtler RICHARD SCHMIDT (1862–1944)[102] mit seiner Allgemeinen Staatslehre von 1901 beschritt.[103] Die philosophische Reflexion über den Staat war hier nicht mehr das Zentrum, sondern begleitete die Staatslehre flankierend, sie war ihrerseits Hilfswissenschaft. Dominierend ist die Geschichte. Nach der einleitenden Zuordnung der Allgemeinen Staats-

[100] Bemerkenswert ist dabei, daß *Rehms* Definition des Staates als «die organisierte, angesiedelte, weltliche Zwecke verfolgende und völkerrechtliche Persönlichkeit besitzende Vereinigung mehrerer Menschen» (§ 9) den Souveränitätsbegriff vermeidet, um den Schwierigkeiten auszuweichen, die sich bei der Erörterung der Staatenverbindungen mit ihrer häufig «geminderten Souveränität» ergeben. Weiter ist wichtig, daß er im Gegensatz zur herrschenden Lehre (etwa *Laband*) ein gleichrangiges Nebeneinander von Fürsten- und Volkssouveränität annimmt, also den Parlamentarismus zu stärken sucht. Hierzu auch *H. Rehm*, Das rechtliche Wesen der Deutschen Monarchie, AöR 25 (1909) 393; *ders.* Das politische Wesen der deutschen Monarchie, in: Festschr. O. Mayer, 1916, 60–90.

[101] Ähnlich ausgewogen die in einem Lexikonartikel verborgene Monographie «Staat» von *Edgar Loening* (Anm. 64).

[102] *A. Hollerbach*, Rechtsphilosophie in Freiburg (1805–1930), in: Kultur–Kriminalität–Strafrecht. Festschr. f. Thomas Würtenberger, hrsgg. v. *R. Herren* u. a. 1977, 9–37.

[103] *R. Schmidt*, Allgemeine Staatslehre, 1. Bd. Die gemeinsamen Grundlagen des politischen Lebens, Leipzig 1901, 2. Bd., 1. Abt. Die verschiedenen Formen der Staatsbildung, Leipzig 1903. – Die fehlenden beiden Abteilungen des 2. Bandes sind nicht mehr erschienen.

lehre beginnt SCHMIDT mit «Ergebnisse der älteren Staatslehre» von der Antike bis in das 19. Jahrhundert (SAVIGNY, die «Politiken» DAHLMANNS, BLUNTSCHLIS, ROSCHERS und TREITSCHKES). Das Ergebnis dieses Überblicks ist: Die Staatslehre habe dort ihre besten Ergebnisse gehabt, wo ihre Vertreter sich von «metaphysischen und geschichtsphilosophisch-soziologischen Erörterungen am meisten freihielten».[104] Die Allgemeine Staatslehre soll sich deshalb aus der Philosophie heraushalten und sich «enthaltsam auf das Gebiet der geschichtlichen Welt unserer Erfahrung» zurückziehen; sie ist die empirische Spezialwissenschaft des Politischen. Ihr Verfahren ist induktiv, ihr Material die Geschichte. In dieser Weise erörterte SCHMIDT die Entstehungsbedingungen der Staaten und ihre Organisation, die Staatszwecklehre, die Funktion der Rechtsordnung und ihr Verhältnis zur Gewalt, den Aufbau des Verfassungsstaats und die Frage der Souveränität, die Staatsformen und die Untergliederung des Staates. Als einer der ersten Theoretiker hat RICHARD SCHMIDT auch den politischen Parteien als den «staatsbildenden Kräften des Gesellschaftslebens» einen umfangreichen und weitsichtigen Abschnitt gewidmet.[105] Von dem großangelegten zweiten Teil des Werkes, der die «verschiedenen Formen der Staatsbildung» von den ältesten Zeiten bis zur Gegenwart behandeln sollte, ist nur der überdimensionale historische Teil erschienen.[106] So ist der von RICHARD SCHMIDT hinterlassene Torso ein Versuch, den Staat konsequent als historisches Faktum zu beschreiben, ihm induktiv Gesetzmäßigkeiten abzulauschen und auf diese Weise eine wissenschaftliche Politik zu formulieren,[107] innerhalb derer das Recht nicht Ausdruck einer «Rechtsidee» ist, sondern eine pragmatisch verstandene «Funktion» erfüllt.[108]

4. *Außenseiter*

Wirkliche Neuerungen kamen von außen, von den geographischen und akademischen Randbereichen der etablierten Staatsrechtslehre. Es sind österreichische Autoren, oft jüdischer Herkunft, die im Staat weniger die autoritative Rechtsordnung als vielmehr das Herrschaftsinstrument der stärksten politischen Gruppe, Schicht oder Klasse sehen. Die persönlichen Widerstände, denen sich diese Autoren (GUMPLOWICZ, RATZENHOFER, OPPENHEIMER, MENGER, JELLINEK, KELSEN) gegenübersahen, wurden gewissermaßen auch als Reflexe eines größeren Problems gedeutet. Das Deutsche Reich und die Donaumonarchie waren die alten mitteleuropäischen Ordnungsmächte, die ihre Binnenkonflikte nur äußerlich stillgestellt hatten. In Deutschland schwelte die soziale Frage weiter, und die Eindeutschungspolitik gegenüber Polen und Elsässern war we-

[104] *Schmidt* (Anm. 103), Bd. 1, 99.

[105] Vor ihm in Deutschland nur die (wunderliche) Schrift von *F. Rohmer,* Lehre von den politischen Parteien, Zürich und Frauenfeld 1844; ihm folgend *J. C. Bluntschli,* Charakter und Geist der politischen Parteien, Nördlingen 1869, außerdem *F. J. Stahl,* Die gegenwärtigen Parteien in Staat und Kirche, Berlin 1863; *H. Treitschke,* Parteien und Fraktionen, in: Historisch-politische Aufsätze, Bd. 3, 3. Aufl. Leipzig 1886, 563–628; *A. Merkel,* Fragmente zur Sozialwissenschaft, 1898.

[106] Es fehlen: Die Gliederung der modernen Staaten (Kap. 2), die Regierungs- und Verfassungsformen der modernen Staaten (Kap. 3), die Verwaltung und Rechtspflege in den modernen Staaten (Kap. 4).

[107] Vgl. hierzu den programmatischen Gründungsaufsatz von *R. Schmidt,* Wege und Ziele der Politik, in: Zeitschrift für Politik 1 (1908) 1–60.

[108] *O. Westphal,* Bemerkungen über die Entwicklung einer allgemeinen Staatslehre in Deutschland, in: Vom staatlichen Werden und Wesen, Festschr. f. E. Marcks, 1921, 25–42; *P. Badura,* Die Methoden der neueren allgemeinen Staatslehre, 1959, 127–132.

nig erfolgreich. In Österreich wurde immer deutlicher, daß der Vielvölkerstaat irgendwann durch die nationale Idee zersprengt werden würde. Beide Staaten, insbesondere aber Österreich, mußten für «Ordnung» optieren, um überleben zu können. Für österreichische Autoren, die aus einer nach Emanzipation und Gleichberechtigung drängenden Minderheit kamen, war es evident, daß das eigentliche Substrat des Staates in der Machtfrage lag und daß – hiervon getrennt – die über den Machtkonflikten errichtete rechtliche Ordnung nur als menschliches Konstrukt, als Vereinbarung auf Zeit verstanden werden konnte. Insofern waren gerade diese Autoren illusionslos, «realistisch» und «naturalistisch». Für sie lag es auch nahe, die Grenze zwischen soziologischer und juristischer Betrachtung schärfer zu ziehen, als es die bisherige Lehre getan hatte.

Die «naturalistische», antiidealistische Betrachtungsweise des Staates, ein später Reflex des Materialismus von Ludwig Feuerbach und des Historischen Materialismus von Karl Marx und Friedrich Engels, zugleich aber die staatstheoretische Antwort auf den Siegeszug der Naturwissenschaften, bot eine Reihe von Zu- und Ausgängen der Weiterentwicklung. Sie konnte Teil einer Gruppe von empirisch orientierten Disziplinen werden, die sich mit der Organisation menschlicher Gruppen beschäftigten.[109] Sie war freilich auch offen für jene ethnologischen und anthropologischen Systemversuche, die zur Begründung einer vergleichenden «Rechtsethnologie»[110] führten. Nicht nur Jherings Spätwerke «Entwicklungsgeschichte des römischen Rechts» und «Vorgeschichte der Indoeuropäer» (1894) gehören hierher, sondern auch die Anfänge der «Geopolitik»,[111] wie sie insbesondere von Friedrich Ratzel geschaffen wurden.[112]

Letzterer hat wiederum starken Einfluß auf den schwedischen Konservativen Rudolf Kjellén ausgeübt.[113] Die Gebundenheit des Staates an den Boden, kombiniert mit der Vorstellung des Staates als Naturorganismus und «geographisches Individuum», führten ihn zu einer empirisch ansetzenden und den Staat als Machtwesen deutenden Staatslehre. Von hier war es nicht weit zu einer insgesamt biologistischen

[109] *D. Käsler,* Die frühe deutsche Soziologie 1909 bis 1934 und ihre Entstehungsmilieus. Eine wissenschaftssoziologische Untersuchung, 1984.

[110] *A. H. Post,* Das Naturgesetz des Rechts, Einleitung in eine Philosophie des Rechts auf Grundlage der modernen empirischen Wissenschaft, Bremen 1867; *ders.* Einleitung in eine Naturwissenschaft des Rechts, Oldenburg 1872; *ders.* Prolegomena zu einer allgemeinen vergleichenden Rechtswissenschaft, 1876; *ders.* Die Grundlagen des Rechts und die Grundzüge seiner Entwicklungsgeschichte, Oldenburg 1884; *ders.* Grundriß der ethnologischen Jurisprudenz, 2 Bde Oldenburg 1894–95. Zu *Albert Hermann Post* (1839–1895), Rechtsanwalt und ab 1874 Richter am bremischen Obergericht, vgl. *F. Stoerk,* Studien zur sociologischen Rechtslehre, AöR 1 (1886) 541–586; *T. Achelis,* A. H. Post und die vergleichende Rechtswissenschaft, Hamburg 1896 sowie künftig *R. M. Kiesow,* Der Rechtsbiologismus in der zweiten Hälfte des 19. Jahrhunderts, jur. Diss. Frankfurt 1992.

[111] *Kapp,* Vergleichende allgemeine Erdkunde, 1868; *F. Ratzel,* Politische Geographie, München und Leipzig 1897 (2. Aufl. 1903); *E. Schöne,* Politische Geographie, Leipzig 1911 (Aus Natur- und Geisteswelt Bd. 353).

[112] *F. Ratzel,* Politische Geographie, 3. Aufl. durchgesehen und ergänzt von *E. Oberhummer,* 1923.

[113] *R. Kjellén,* Staaten som lifsform, 1916, dt. Der Staat als Lebensform, Leipzig 1917; *ders.* «Der Staat als Lebensform». Antwort an Herrn Dr. Radnitzky, AöR 39 (1920) 1–10; *ders.* Stormakterna, 1905, 2. Aufl. 1910–13 («Die Großmächte»). Zu *Kjelléns* Staatslehre *O. Haussleiter,* Rudolf Kjelléns empirische Staatslehre und ihre Wurzeln in politischer Geographie und Staatenkunde, in: Archiv für Sozialwissenschaft und Sozialpolitik 54 (1925) 157–198; *P. Badura,* Die Methoden der neueren allgemeinen Staatslehre, 1959, 119–124; zu seiner politischen Position *K. v. See* (Hg.), Die Strindberg-Fehde, 1987, 126.

Grundlegung, wenn man die Organismusmetapher verließ und die biologisch-genetische Substanz von Völkern und Rassen zum Träger geschichtlicher Bewegung machte (Ethnopolitik).[114] Die Grenze zum Dilettantismus war hier besonders fließend. Auch Houston Stewart Chamberlain (1855–1927)[115] und Oswald Spengler (1880–1936)[116] mit ihrer unerhörten Breitenwirkung gehören hierher.

a) L. Gumplowicz

Nach schwierigen Anfangsjahren in Polen, in denen Ludwig Gumplowicz (1838–1909)[117] als Rechtsanwalt, Notar und Journalist tätig war, wechselte er nach Graz, wo er ab 1882 als Extraordinarius, 1893–1909 als Ordinarius Allgemeines Staatsrecht, Österreichisches Staats- und Verwaltungsrecht und Verwaltungslehre vortrug.[118] Bedeutungsvoll war er vor allem als Begründer einer «naturalistischen Soziologie»,[119] besonders durch sein Buch «Der Rassenkampf» (1882)[120] und seinen «Grundriß der Soziologie» (1885). Die ihn beherrschende Idee ist die Absicht, Staat und Gesellschaft in dem Sinne «realistisch» zu betrachten, daß sie wie Naturerscheinungen wissenschaftlich zu behandeln seien. In «Philosophisches Staatsrecht» (1877)[121] sowie in «Die soziologische Staatsidee» (1892) erscheint der Staat als «naturwüchsige Organisation der Herrschaft behufs Aufrechterhaltung einer bestimmten Rechtsordnung». Er ist Ergebnis von naturgesetzlich notwendigen Gruppenkämpfen, Recht und Kultur werden aus Kampf und Unterjochung geboren, Urhorden und Stämme wandeln sich zu Klassen und Ständen, es entstehen Völker mit einem staatlichen Überbau, es bilden sich Staatsformen und eine Staatsverwaltung samt den entsprechenden gegliederten Rechtsordnungen. Die wissenschaftliche Fragestellung, die Gumplowicz an diese Phänomene heranträgt, ist die der empirischen Soziologie, auch wenn ihre Methode von modernen Verfahren noch weit entfernt ist. Seine Abneigung gegen die deutsche «juristische Methode» ist entsprechend tief; den Staat juristisch zu «konstruieren» sei ungefähr dasselbe, so drückte er sich aus, «als wenn man eine Beethoven'sche Sonate mit Löffeln essen wollte».[122]

[114] *L. Woltmann,* Politische Anthropologie, Eisenach 1903; *K. Riezler,* Die Erforderlichkeit des Unmöglichen. Prolegomena zu einer Theorie der Politik, München 1913.

[115] *H. St. Chamberlain,* Die Grundlagen des Neunzehnten Jahrhunderts, München 1898; 2. Aufl. 1900; 7. Aufl. 1901 u. ö.

[116] *O. Spengler,* Der Untergang des Abendlandes. Umrisse einer Morphologie der Weltgeschichte, 2 Bde München 1918, 1922. Bis 1924 erschienen 50 Auflagen. Vgl. *A. M. Koktanek,* Oswald Spengler in seiner Zeit, 1968.

[117] Ein umfassendes Werkverzeichnis bei *B. Zebrowski,* Ludwig Gumplowicz, eine Bio-Bibliographie, Berlin 1926; *N. Schwärzler,* Ludwig Gumplowicz, in: *W. Brauneder* (Hg.), Juristen in Österreich 1200–1980, 1987, 201–205, 319f.

[118] *L. Gumplowicz,* Einleitung in das Staatsrecht, Berlin 1889; 2. Aufl. als Compendium der österreichischen Reichsgeschichte, Berlin 1896; *ders.* Das österreichische Staatsrecht, Wien 1891 (2. Aufl. 1902, 3. Aufl. 1907); *ders.* Verwaltungslehre mit bes. Berücksichtigung des österreichischen Verwaltungsrechts, Innsbruck 1882.

[119] *G. Mozetic,* Ludwig Gumplowicz: Das Programm einer naturalistischen Soziologie, in: Tradition und Herausforderung, 400 Jahre Universität Graz, Graz 1985; *E. Brix* (Hg.), Ludwig Gumplowicz oder Die Gesellschaft als Natur, Wien 1986.

[120] *L. Gumplowicz,* Rasse und Staat, Wien 1875 (2. Aufl. 1909); *ders.* Der Rassenkampf, Innsbruck 1883 (2. Aufl. 1909, 3. Aufl. 1928).

[121] *L. Gumplowicz,* Philosophisches Staatsrecht, Graz 1877, 2. und 3. Aufl. als Allg. Staatsrecht, Innsbruck 1897, 1907 (Nachdr. 1972); *ders.* Rechtsstaat und Socialismus, Innsbruck 1881; *ders.* Die soziologische Staatsidee, Graz 1892 (2. Aufl. 1902).

[122] Allgemeines Staatsrecht, 3. Aufl. Inns-

b) G. Ratzenhofer

Gustav Ratzenhofer (1842–1904), österreichischer General und zuletzt Präsident des Militärobergerichts, veröffentlichte zahlreiche erkenntnistheoretische und soziologische Schriften, in denen er einerseits versuchte, eine wissenschaftliche Politik, deren Grundelement Gruppenkämpfe seien, zu entwickeln, der sich aber andererseits in unmittelbare Nähe zu Houston Stewart Chamberlain und dessen Antisemitismus stellte.[123] Der Ruf nach sittlicher Erneuerung der nichtjüdischen Völker zur Überwindung des Judentums sowie nach Führern «der politischen Tat», hinter denen sich «dem Gemeinnutz gewonnen, der freien Sozialisierung selbstbewußt hingegeben, individuell mannigfaltig abgestuft, die zivilisatorisch organisierte Masse» scharen sollte,[124] deutete auf Kommendes.

c) A. Menger

Eine «Figur am Rande» ganz anderer Art war Anton Menger (1841–1906),[125] der Wiener Professor für Zivilprozeßrecht und «asketische Sonderling».[126] Er war nicht nur Schüler von Lorenz von Stein, sondern in gewisser Weise auch Nachfolger des jungen Stein als sozialistischer Schriftsteller.[127] Wie viele seiner Zeitgenossen war er überzeugt, daß die sozialen Ungerechtigkeiten, insbesondere das arbeitslose Einkommen, historisch auf Gewaltakten beruhe: «Alle bisherigen Rechtsordnungen sind in letzter Reihe aus Machtverhältnissen entstanden und haben deshalb immer den Zweck verfolgt, den Nutzen der wenigen Mächtigen auf Kosten der breiten Volksmassen zu fördern.»[128] Was Menger dem entgegensetzte, war allerdings nicht Gegengewalt, sondern das Konzept des rechtlich geregelten Sozialstaats. In diesem Sinn kritisierte er den Entwurf des deutschen Bürgerlichen Gesetzbuchs als klassengebunden und unso-

bruck 1907, 450. Zur Kritik an *Laband* vgl. auch *Gumplowicz*, Rechtsstaat (Anm. 121), 542–548. Sogar der Laband-Gegner *Gierke* bezeichnete dies als «Gipfelpunkt einer großartigen Verirrung» (*O. Gierke*, Labands Staatsrecht [oben Kap. 8, Anm. 275], 1104).

[123] *G. Ratzenhofer*, Soziologie. Positive Lehre von den menschlichen Wechselbeziehungen, Leipzig 1907, 34ff. Siehe auch *ders.* Wesen und Zweck der Politik, 3 Bde, Leipzig 1893; *ders.* Die soziologische Erkenntnis. Positive Philosophie des sozialen Lebens, Leipzig 1898; *ders.* Der positive Monismus und das einheitliche Prinzip aller Erscheinungen, Leipzig 1899; *ders.* Die Kritik des Intellekts. Positive Erkenntnistheorie, Leipzig 1902.

[124] *G. Ratzenhofer*, Soziologie (Anm. 123), 228.

[125] *Menger* wurde 1841 in Maniow (Westgalizien) geboren, studierte 1860–65 Rechtwissenschaft in Wien, habilitierte sich dort 1872 im Zivilprozeß und wurde 1875 Extraordinarius und 1877 Ordinarius. 1899 emeritiert, starb *Menger* 1906 in Rom. Zu Biographie und Werk *E. Ehrlich*, Anton Menger, in: Süddeutsche Monatshefte 3, 1906, 285–318; *C. Grünberg*, Anton Menger, Sein Leben und Lebenswerk, in: Zeitschr. f. Volkswirtschaft, Sozialpolitik und Verwaltung 18 (1909) 29–77; *K.-H. Kästner*, Anton Menger. Leben und Werk, 1974; *E. Müller*, Anton Mengers Rechts- und Gesellschaftssystem 1975; *D. Willrodt–v. Westernhagen*, Recht und soziale Frage. Die Sozial- und Rechtsphilosophie Anton Mengers, 1975; *H. Hörner*, Anton Menger, Recht und Sozialismus, 1977; *P. Caroni*, Anton Menger, in: *Brauneder* (Anm. 117), 212–216, 337f. m. w. Nachw.

[126] *D. v. Westernhagen*, Anton Menger (1841–1906). Sozialist, Naturrechtler, Weltverbesserer, in: Kritische Justiz (Hg.), Streitbare Juristen, 1988, 81.

[127] *A. Menger*, Das Recht auf den vollen Arbeitsertrag in geschichtlicher Darstellung, Stuttgart 1886.

[128] *Anton Menger*, Neue Staatslehre, Jena 1902; 2. Aufl. 1904, 3. Das Buch erschien bei *Gustav Fischer*, Jena, nachdem der Verlag *Cotta* die «Darstellung des sozialdemokratischen Zukunfts-

zial,[129] brandmarkte die formale, im Ergebnis ebenfalls klassengebundene Rechtsprechung und plädierte für eine auf materiale Gerechtigkeit zielende Staatsphilosophie mit praktischen Konsequenzen für Gesetzgebung und Rechtsprechung.[130]

Diese Vorstudien führten ihn zum umfassenden Entwurf einer «Neuen Staatslehre» (1903), eines «volkstümlichen Arbeitsstaats», in dem er versuchte, die sozialpolitischen Postulate in rechtlich begründete Forderungen umzusetzen. Das führte zu einer eigenartigen Kombination von humanistischen Hoffnungen und «realistischer» Sicht, von demokratischem Ansatz und wohlfahrtsstaatlichem Eudämonismus. Menger will keinen «neuen Menschen», den Egoismus des Einzelnen setzt er als fortbestehend voraus. Er will nur vernünftigen Ausgleich der Interessen im Sinne der Mehrheit, Mäßigung des Einflusses der Reichen und Hebung der unteren Volksklassen. In seinem «Arbeitsstaat» erhalten alle ein Recht auf Existenz, auf Arbeit und vollen Arbeitsertrag, Ungleichheiten werden gemildert, es gibt soziale Durchlässigkeit in der Hierarchie, und die Religion erhält eine «geringere Wichtigkeit».[131] Das war reformistischer «ethischer» Sozialismus in einer sehr praxisfernen Form, nicht etwa bürgerliche Sozialreform nach Art der Kathedersozialisten. Dennoch wurde es von den Marxisten entschieden abgelehnt, zumal Menger in einer nicht adäquaten Weise Marx kritisiert hatte. Gleichzeitig wehrten sich die zeitgenössische Privatrechtslehre sowie die herrschende Staatsrechtslehre gegen Mengers Thesen. Als Beitrag zur Allgemeinen Staatslehre herkömmlicher Prägung war die humanistische Utopie des «volkstümlichen Arbeitsstaates» nicht vermittelbar, was ihre Propagierung im Arbeiterbildungswesen aber nicht ausschloß.

d) F. Oppenheimer

Franz Oppenheimer (1864–1943)[132] schließlich tilgte in seiner Lehre, die «gleichzeitig antikapitalistisch, national und radikalliberal» war,[133] das juristische Element vollständig. Er betrachtete «den Staat lediglich vom soziologischen, das heißt zugleich geschichtsphilosophischen und ökonomisch-theoretischen Gesichtspunkt aus»,[134] juristische Fragen interessierten ihn nicht. Für ihn war jeder Staat Klassenstaat, alle bisherige Staatstheorie Klassentheorie,[135] deren Beimengung von «Interesse» sie in sei-

staates» abgelehnt hatte (*v. Westernhagen*, oben Anm. 126, 86).

[129] *A. Menger*, Das Bürgerliche Recht und die besitzlosen Volksklassen, Tübingen 1890. Vgl. *P. Caroni*, Das «demokratische Privatrecht» des Zivilgesetzbuches – A. Menger und E. Huber zum Wesen eines sozialen Privatrechts, in: Festgabe H. Deschenaux, Fribourg 1977, 37–62.

[130] *A. Menger*, Die sozialen Aufgaben der Rechtswissenschaft, Wien 1895.

[131] Neue Staatslehre, 2. Aufl. Jena 1904, 208f.

[132] *Oppenheimer* hatte Medizin studiert, habilitierte sich dann bei *Gustav Schmoller* und *Adolph Wagner* in Berlin und wurde 1919 auf eine Stiftungsprofessur für Soziologie und theoretische Nationalökonomie an die neue Universität Frankfurt a. M. berufen. Knappe autobiographische Angaben bei *B. Schefold* (Hg.), Wirtschafts- und Sozialwissenschaften in Frankfurt am Main, 1989, 43–45; *A. Gysin*, Franz Oppenheimer (1864–1943). Sein Beitrag zum freiheitlichen Sozialismus, in: Freiheitlicher Sozialismus, Festschr. f. G. Weisser, 1973; *D. Haselbach*, Franz Oppenheimer. Soziologie, Geschichtsphilosophie und Politik des «liberalen Sozialismus», 1985.

[133] *D. Haselbach*, Franz Oppenheimer, in: *H. Steinert* (Hg.), Die (mindestens) zwei Sozialwissenschaften in Frankfurt und ihre Geschichte, 1989, 55–71 (58).

[134] *Franz Oppenheimer*, Der Staat, Frankfurt 1907 (hrsgg. v. *M. Buber*), 5. – Übersetzungen ins Französische, Englische, Ungarische und Südslawische. Aufgenommen in *F. Oppenheimer*, System der Soziologie, Bd. II. Der Staat, Jena 1926.

[135] *Oppenheimer* (Anm. 134), 6.

nen Augen wissenschaftlich unbrauchbar machte. Staat ist «Unterwerfung einer Menschengruppe durch eine andere», um sie ökonomisch auszubeuten. Nach dieser Maxime gleitet nun die Weltgeschichte am Betrachter vorüber. Der rohen Ausbeutung folgt die raffiniertere «Bewirtschaftung», die den Besiegten schont, es entstehen vielfach gestufte Feudalstaaten, Handelsstaaten mit Geldwirtschaft, schließlich die «Verfassungsstaaten» mit Beamtentum und immer weiter getriebener Binnendifferenzierung der Herrschaftsausübung. Methodisch war dies eine historisch verfahrende Soziologie öffentlicher Herrschaft, eine «soziologische Staatslehre», wie sie FELIX STOERK schon 1886 dargestellt hatte,[136] sozusagen eine antimetaphysische, nüchterne Fortsetzung der älteren geschichtsphilosophischen Spekulation mit welthistorischem Anspruch. Die geistige Nähe zu MAX WEBERS in alle erreichbaren Kulturen ausgreifenden Vergleichungen und typisierenden Begriffsbildungen ist spürbar.

IV. Fin de Siècle

So unbezweifelbar «wissenschaftlich» der Ansatz FRANZ OPPENHEIMERS war, so wenig darf man übersehen, daß der Verzicht auf jegliche normative Orientierung ein Element der Willkür bei der Kombination aller möglichen «Faktoren» (Klima, geographische Lage, Volksanlage, Rasse, Sprache, Ökonomie, Kulturhöhe usw.) einführte. Die normativen Aspekte kamen hier durch die Hintertür wieder herein und vermengten sich, da feste wissenschaftliche Traditionen und Kanones fehlten, zu einem oft unentwirrbaren Knäuel von Gesichtspunkten. Die Fin-de-siècle-Stimmung[137] mit Fortschrittsfanfaren und Kulturpessimismus, Geschichtskritik und Machtverherrlichung, Endzeit- und Décadencegefühlen beeinflußte auch die Allgemeine Staatslehre. Die europäischen Intellektuellen spürten offenbar schon mehr als ein Jahrzehnt vor dem August 1914, daß die soziale Frage und die technische Revolution das bisherige Ordnungsgefüge von Staat und Gesellschaft auflösten, daß die hergebrachten politischen Orientierungsmuster ihre Ordnungsfunktion nicht mehr erfüllten und daß ein Massenzeitalter heraufzog, das mit den Kategorien des 19. Jahrhunderts nicht mehr gedeutet werden konnte. «Experimente gegen bürgerliche Organisation florieren in Menge, Kolonien und Kommunen entstehen, wobei antimerkantile Kunstbegeisterung, bündisches Gemeinschaftsverlangen und agrarromantische Züge einander ergänzen.»[138] Die philosophische und künstlerische Opposition gegen das bürgerliche Zeitalter, wie sie sich in der Philosophie NIETZSCHES, im sozialkritischen und antibürgerlichen Naturalismus und Frühexpressionismus der Literatur, in den verschiedenen antiakademischen «Sezessionen» der Malerei, im Beginn der «Jugendbewegung»,[139] der «Lebensreform»[140] und in vielen anderen «Bewegungen»[141] zeigte, signalisiert Unruhe und Endzeitstimmung. Vegetarisches Leben, Wiederbelebung des Matriarchats, Anthroposophie, Frei-

[136] *F. Stoerk*, Studien zur sociologischen Rechtslehre, AöR 1 (1886) 541–586. Siehe auch *E. Fulvius*, Der Zukunftsstaat, Köln-Ehrenfeld 1892; *J. Popper (Lynkeus)*, Fundamente eines neuen Staatsrechts, Dresden 1905.

[137] *R. Bauer* u. a. (Hg.), Fin de Siècle, 1977.

[138] *H. Schulze*, in: *U. Linse*, Barfüßige Propheten. Erlöser der zwanziger Jahre, 1983, 16. Siehe auch *R. v. Bruch u. a.* (Hg.), Kultur und Kulturwissenschaften um 1900, 1989.

[139] *U. Linse*, Die Jugendkulturbewegung, in: *K. Vondung* (Hg.), Das wilhelminische Bildungsbürgertum, 1976, 119–137.

[140] *J. Frecot*, Die Lebensreformbewegung, in: *Vondung* (Anm. 139), 138–152.

[141] *U. Linse* (Hg.), Zurück, o Mensch, zur

körperkultur, Okkultismus und vieles andere bildete insgesamt ein Muster der Suche nach dem «Sinn» und der Abkehr von steril gewordenen bourgeoisen Lebensformen. Eine immer größer werdende Schar von selbsternannten Propheten, Scharlatanen und Weltverbesserern saß in den Caféhäusern Wiens,[142] Berlins und Münchens oder fand sich in ordensähnlichen Gemeinschaften zusammen.[143] Je komplexer und unüberschaubarer die Welt wurde, desto eher fanden Propheten Gehör, die behaupteten, den Schlüssel zum «Welträtsel» (E. Haeckel) zu besitzen.[144]

1. Zentrifugale Tendenzen

Die Selbstgewißheit, mit der die überwiegende Mehrheit der Staatsrechtslehre den Besitzstand der konstitutionellen Monarchie für unantastbar und Grundsatzüberlegungen der Allgemeinen Staatslehre für weitgehend entbehrlich hielt, wurde nun unterminiert. Der staatsrechtliche Positivismus kam schon mehr als ein Jahrzehnt vor Ausbruch des Weltkrieges in eine Krise. Die schlichte Empfehlung der Monarchie als Ordnungsfaktor, wie wir sie bei Hermann Rehm gefunden haben, genügte nicht mehr.

Um das «Wesen» des Staates zu erfassen, mußte man sich nun entscheiden. Es ist kein Zufall, daß die Anfänge der wichtigsten methodischen Orientierungen allesamt in den fünfzehn Jahren vor 1914 zu finden sind.[145] Die einen optierten für die radikal soziologische Sicht (Gumplowicz, Ratzenhofer, Oppenheimer) und schieden damit aus der rechtswissenschaftlichen Debatte aus.

Andere suchten – ohne das juristische Terrain zu verlassen – nach Wegen einer Verschmelzung juristischer und soziologischer Gesichtspunkte, so etwa Heinrich Triepel (1868–1946),[146] Erich Kaufmann (1880–1972)[147] und Rudolf Smend (1882–1975)[148] in ihren frühen Arbeiten. So unterschiedlich diese Autoren sich später entwickeln mochten, ihnen war die Überzeugung eigen, daß die Herauspräparierung eines nicht weiter hinterfragten «juristischen Elements» nicht genüge, daß auf politische, soziologische, historische und rechtsvergleichende Argumente grundsätzlich nicht verzichtet werden könne.[149] In diesem Sinne äußerte sich 1896 auch Karl Rieker für die Allge-

Mutter Erde, Landkommunen in Deutschland 1890–1933, 1983.

[142] *A. Janik–S. Toulmin*, Wittgensteins Vienna, New York 1973, dt. überarbeitete Ausg. 1987.

[143] *K. Hutten*, Seher, Grübler, Enthusiasten, 12. Aufl. 1982; *Linse* (Anm. 141); *J. H. Knoll–J. H. Schoeps* (Hg.), Geschichtspropheten im 19. und 20. Jahrhundert, 1983.

[144] *C. Chr. Bry*, Verkappte Religionen. Kritik des kollektiven Wahns (1924), hrsgg. v. *M. Gregor-Dellin*, 1979. *Gregor-Dellin* gebührt das Verdienst, den vollständig vergessenen *Bry* (1893–1926) wieder ans Licht gezogen zu haben.

[145] *H. Lübbe*, Politische Philosophie in Deutschland (1963), 1974.

[146] *U. Scheuner*, Triepel, in: Staatslexikon 6. Aufl. 1962, 7. Bd. 1044f.; *A. Hollerbach*, Zu Leben und Werk Heinrich Triepels, AöR 91 (1966) 417–441, 537ff.; *W. Kohl*, H. Triepel, in: *W. Benz–H. Graml* (Hg.), Biographisches Lexikon zur Weimarer Republik, 1988, 345f.

[147] *E. Castrucci*, Tra organicismo e «Rechtsidee». Il pensiero giuridico di Erich Kaufmann, 1984; *K. Rennert*, Die «geisteswissenschaftliche Richtung» in der Staatsrechtslehre der Weimarer Republik. Untersuchungen zu Erich Kaufmann, Günther Holstein und Rudolf Smend, 1987, 160ff.

[148] *S. Korioth*, Integration und Bundesstaat. Ein Beitrag zur Staats- und Verfassungslehre Rudolf Smends, 1990, 16ff.

[149] Kennzeichnend etwa *E. Kaufmann*, Verwaltung, Verwaltungsrecht, in: *v. Stengel-Fleischmann*, Wörterbuch, 2. Aufl. Bd. 3 (1914) 688–718 (718). Siehe hierzu auch den Sammelband von *Sprenger* (oben Anm. 81) mit dem Bei-

meine Staatslehre.[150] «Überwindung» des Positivismus durch synthetische Betrachtungsweise und entsprechenden Methodenpluralismus schwebte ihnen vor. Das führte den einen zu einem politisch reflektierten Positivismus, führte den anderen von «idealistischem Organismusdenken und Hegelscher Dialektik»[151] zum Naturrecht zurück, und den dritten zum Entwurf einer zukunftsweisen «Integrationslehre».

CARL SCHMITT (1888–1985), der ebenfalls in diesen Jahren begann, suchte zwar den Absprung von der kanonisierten Lehre, blieb zunächst aber noch unentschieden. In seinem zweiten Buch beschäftigte er sich mit der Frage, wie die mit Willkürelementen durchsetzte richterliche Entscheidung als Staatsakt legitimiert werden könne.[152] Zum ersten Mal rückte das dezisionistische Element, die den Streit beendende «Entscheidung» in den Vordergrund, und die Ausnahme, nämlich die Gesetzeslücke, wurde Ausgangspunkt einer generellen Kritik des Positivismus. Andererseits sind in der Habilitationsschrift von 1914[153] das Recht «als reine wertende, aus Tatsachen nicht zu rechtfertigende Norm» und der Staat als Vollstrecker des Rechts in der Welt der Empirie scharf getrennt. Über den antiindividualistischen Tönen dieser Schrift wird leicht vergessen, daß sie methodisch dem Neukantianismus nahesteht. Für SCHMITT standen damals beide Wege, Dezisionismus und Normativismus, noch offen.

Ganz entschieden normativistisch orientierte sich von Anfang an HANS KELSEN (1881–1973).[154] Seine während seines Heidelberg-Aufenthaltes 1908 geschriebenen «Hauptprobleme der Staatsrechtslehre, entwickelt aus der Lehre vom Rechtssatze»[155] sind ein Manifest jenes Klärungsprozesses. Fünfzig Jahre nach CARL FRIEDRICH VON GERBER trat hier ein noch radikalerer Verfechter der «Wissenschaftlichkeit» der Staatsrechtslehre auf und suchte, nun wirklich konsequent, nach Maßgabe des neukantianischen Wissenschaftsparadigmas[156] die nichtjuristischen Elemente zu tilgen,[157] um «die Eigenständigkeit des Rechts gegenüber der Natur oder einer nach Art der Natur bestimmten sozialen Realität zu gewinnen».[158] Die Dualismen von Macht und Recht, soziologischem und juristischem Staatsbegriff, subjektivem und objektivem Recht

trag von *W. Schild* über *Josef Kohler* (46–65) und von *A. Kaufmann* zum frühen *Gustav Radbruch* (101–110).

[150] *K. Rieker*, Über Begriff und Methode des allgemeinen Staatsrechts, in: Vierteljahresschrift für Staats- und Volkswirtschaft, 4 (1896) 250–268.

[151] *Rennert* (Anm. 147), aaO.

[152] *C. Schmitt*, Gesetz und Urteil. Eine Untersuchung zum Problem der Rechtspraxis, Berlin 1912.

[153] *C. Schmitt*, Der Wert des Staates und die Bedeutung des Einzelnen, Hellerau 1917.

[154] Grundlegend *R. A. Métall*, Hans Kelsen. Leben und Werk, Wien 1968.

[155] Hauptprobleme der Staatsrechtslehre, Tübingen 1911, 2. um eine Vorrede vermehrte Aufl. Tübingen 1923.

[156] Vgl. hierzu die Besprechungen von *Oscar Ewald*, Kant-Studien 17 (1912) 396f. und *Franz Weyr*, Eine neue Theorie des Staatsrechts, in: Sbornik ved pravnich a statnich, 13. Bd., 185ff. Zum Neukantianismus vgl. *H. L. Ollig*, Der Neukantianismus, 1979; *ders.* (Hg.), Materialien zur Neukantianismus-Debatte, 1987; *E. Winter*, Ethik und Rechtswissenschaft. Eine historisch-systematische Untersuchung zur Ethik-Konzeption des Marburger Neukantianismus im Werke Hermann Cohens, 1980; *K. Chr. Köhnke*, Entstehung und Aufstieg des Neukantianismus. Die deutsche Universitätsphilosophie zwischen Idealismus und Positivismus, 1986. – Als frühes Beispiel sei *M. Lefkovits*, Die Staatslehre auf kantischer Grundlage, Bern 1899 genannt.

[157] *H. Kelsen*, Über Grenzen zwischen juristischer und soziologischer Methode, Tübingen 1911; *ders.* Zur Soziologie des Rechts, in: Archiv für Sozialwissenschaft und Sozialpolitik, Bd. 34 (1912) 601ff.; *ders.* Die Rechtswissenschaft als Norm- oder als Kulturwissenschaft, in: Schmollers Jahrbuch 40 (1916) 1181ff.

[158] *Kelsen*, Hauptprobleme (Anm. 155), Vorrede, VI. – Als kuriosen begriffsgläubigen «Vorläufer» vgl. *A. Zuckschwerdt*, Die Grundlinien einer Reinen Rechtslehre, Berlin 1879.

wurden durch KELSEN zum Verschwinden gebracht. Der Staat garantiert nicht die Rechtsordnung, er *ist* die normative Zwangsordnung menschlichen Verhaltens, eben die Rechtsordnung.

Die Fortentwicklung der Werke von TRIEPEL, SMEND, KAUFMANN, SCHMITT und KELSEN soll hier nicht verfolgt werden. Der biographische und sachliche Schwerpunkt dieser Autoren liegt in der Zeit der Weimarer Republik. Doch ist schon in diesen Anfangsjahren deutlich, daß eine zentrifugale Bewegung sichtbar ist, die zu den Polarisierungen des staatsrechtlichen «Methodenstreits» führen mußte, sobald die politischen Rahmenbedingungen sich veränderten und zu Parteinahmen zwangen.[159]

Die um 1900 aufbrechende innere Unruhe bewirkte auch eine auffällige Verstärkung des universitären Lehrangebots an «Allgemeiner Staatslehre», meist verbunden mit «Politik». Um 1900 häufen sich nicht nur die einschlägigen Veröffentlichungen, auch die entsprechenden Vorlesungen kamen in Gang. 1897 begann Freiburg i. Br., gefolgt von Berlin (1899), Tübingen (1902/03), Leipzig (1908), Wien (1911/12), Göttingen (1914) und München (1918).[160]

2. *Die Synthese:* GEORG JELLINEK (1851–1911)

Er war es, der die beobachtete zentrifugale Bewegung aufzuhalten und in seiner «Allgemeinen Staatslehre» (1900) zu bündeln suchte. Geboren 1851 in Leipzig, aber seit 1855 in Wien aufgewachsen, studierte GEORG JELLINEK in einem enzyklopädisch breit angelegten Bildungsgang in Wien, Heidelberg und Leipzig.[161] Der junge Dozent kam in Wien zunächst nur unter Schwierigkeiten voran – als er den völkerrechtlichen Lehrstuhl erhalten sollte, warnten klerikale Kreise vor der «Verjudung der Wiener Universität». Allerdings kam nun Anerkennung von außen. Einem Versuch der Berliner Fakultät, ihn zu gewinnen, folgte ein kurzes Zwischenspiel in Basel (1889/90) und dann 1890 der sein weiteres Leben bestimmende Ruf nach Heidelberg. Dort entfaltete sich JELLINEK zu einer der führenden und international angesehenen Figuren des Staats- und Völkerrechts, vor allem aber der Allgemeinen Staatslehre.[162] Die wichtigste per-

[159] Die von *Rennert* (Anm. 147), 51 ff. vorgeschlagene Gruppierung in «vier Richtungen» hat den Vorteil der Übersichtlichkeit, blendet aber – innerhalb der verfolgten Fragestellung durchaus korrekt – die damit latent verbundenen politischen Optionen aus.

[160] *Kuriki* (Anm. 9) m. w. Nachw.

[161] Zur Biographie vgl. *Georg Jellinek*. Ein Lebensbild, entworfen von seiner Witwe *Camilla Jellinek,* in: *G. Jellinek,* Ausgewählte Schriften und Reden, Berlin 1911 (Nachdr. 1970); *dies.* in: Neue Österr. Biographie ab 1815, Bd. VII (1931) 136 ff.; *H. J. Herwig,* Georg Jellinek, in: *M. J. Sattler* (Hg.), Staat und Recht, 1972, 72–99, 191, 201 ff.; *H. Ridder,* HRG II (1978) 295–299; *A. Fijal–R.-R. Weingärtner,* Georg Jellinek – Universalgelehrter und Jurist, JuS 1987, 97–100; *H. Hof,* in: *Kleinheyer-Schröder,* 3. Aufl. 1989, 141–145; *H. Hofmann,* in: Staatslexikon, 7. Aufl. Bd. 3 (1987) 212–214, alle m. w. Nachw.

[162] *G. Jellinek,* Die Weltanschauung Leibniz' und Schopenhauers (1872), in: Ausgewählte Reden und Schriften, I, Berlin 1911, 3 ff.; *ders.* Die sozialethische Bedeutung von Recht, Unrecht und Strafe, Wien 1878; *ders.* Die Beziehungen Goethes zu Spinoza, Wien 1878; *ders.* Die Erklärung der Menschen- und Bürgerrechte, Leipzig 1895, 2. Aufl. 1904, 4. Aufl. 1927 (Nachdr. in: *R. Schnur* [Hg.], Zur Geschichte der Erklärung der Menschenrechte, 1964, 1–77); *ders.* Die Zukunft des Krieges, 1890 (in: Ausgewählte Reden und Schriften, II, 515 ff.); *ders.* Die Lehre von den Staatenverbindungen, Wien 1882 (Nachdr. 1969); *ders.* System der subjektiven öffentlichen Rechte, Freiburg 1892, 2. Aufl. Tübingen 1919 (Nachdr. 1964); *ders.* Adam in der Staatslehre, Heidelberg 1893 (= Neue Heidelberger Jahrbücher 1894). Ein Schriftenverzeichnis bei *W. Jellinek,* AöR 27 (1911) 606–619.

sönliche Beziehung war dort wohl die zu Max Weber. Gerade sechzigjährig ist der gesundheitlich stets anfällige Jellinek 1911 in Heidelberg gestorben.

Jellinek war eine liberale, auf Synthese und Harmonie angelegte idealistische Natur. Seine grundlegende dogmatische Arbeit zum System der subjektiven öffentlichen Rechte (1892) wurde 1895 durch die historische Studie zur Erklärung der Menschen- und Bürgerrechte, die den Kern der Grundrechtsentwicklung in der Glaubensfreiheit sah, ergänzt.[163] Das war im Kern die liberale Thematik einer gesetzlichen Begrenzung der Staatsmacht und einer vernünftigen Balance zwischen notwendigen staatlichen Eingriffsrechten und eigenständigen Rechtspositionen des Bürgers. Jellinek hat seine Aussagen hierzu in der «Allgemeinen Staatslehre» noch einmal dargelegt.[164]

Wesentlich für die Beurteilung der «Allgemeinen Staatslehre», die, wie Jellinek sagte, den Ertrag eines wissenschaftlichen Lebens zu systematischer Einheit zusammenzufassen suchte, ist seine methodische Position. Sie deckt sich mit der des «südwestdeutschen Kantianismus», unterscheidet also Sein und Sollen, normative und empirische Seite des Staates, verknüpft sie aber dadurch, daß beide als Phänomene des menschlichen Bewußtseins verstanden werden.[165] Jellineks berühmte «Zweiseitentheorie» des Staates mit ihrer Unterscheidung einer «Allgemeinen Soziallehre des Staates« und einer «Allgemeinen Staatsrechtslehre« ist das genaue Abbild jener Unterscheidung, und sie erfüllt einen doppelten Zweck: dem Anerkennungsdruck der empirischen Sozialwissenschaften ist Rechnung getragen, und gleichzeitig ist die eigenständige Provinz des Rechts gewahrt.[166] Dieses Bedürfnis war allgemein, es entsprach der Sicht des Alltags, es gebe in bezug auf den Staat «zwei Auffassungsmöglichkeiten ..., die beide gleich richtig, beide gleichmäßig zu beachten sind, die aber nimmermehr mit einander konfundiert werden dürfen».[167]

Die Soziallehre des Staates ruht auf dem Fundament, daß es hier um menschliche Beziehungen, um bestimmte «durch ihr Objekt zusammengehaltene psychische Funktionen» geht. Es sind Willensverhältnisse Herrschender und Beherrschter, räumlich und zeitlich begrenzt sowie auf einen Zweck bezogen, und dies führt Jellinek zu dem Satz: «Der Staat ist die mit ursprünglicher Herrschermacht ausgerüstete Verbandseinheit seßhafter Menschen.»[168] Sie entsteht wie alle anderen menschlichen Vereinigungen faktisch-historisch und unterscheidet sich von diesen nur dadurch, daß sie die am

[163] *K. Pfeifer,* Die Idee der Grundrechte in der deutschen Literatur von 1790 bis Georg Jellinek (1892), Diss. Jena 1930; *G. Zimmermann,* Religionsgeschichtliche Grundlagen des modernen Konstitutionalismus, in: Der Staat 30 (1991) 393–413.

[164] *G. Jellinek,* Allgemeine Staatslehre, Berlin 1900, 1905, 1914, 5. Neudruck der 3. Aufl. hrsgg. v. *W. Jellinek,* 1928 (Nachdr. 1959 u. ö.), 409–424.

[165] *R. Holubek,* Allgemeine Staatslehre als empirische Wissenschaft, 1961.

[166] So etwa auch *B. Schmidt,* Der Staat. Eine öffentlich-rechtliche Studie, Leipzig 1896, der dem Staat empirisch faßbare Realität als sozialem Organismus zuschreibt und ihn gleichzeitig als willensbestimmten und -fähigen «Rechtsorganismus» versteht. Ebenso *G. Seidler,* Das juristische Kriterium des Staates, Tübingen 1905 mit einer klaren Unterscheidung des Staates als «soziale Erscheinung» und als «Rechtsbegriff». Letzteren findet *Seidler* in der Personal-, Gebiets- und Organhoheit.

[167] *Schmidt* (Anm. 166), 106. *Bruno Schmidt* (1865–1905) war in Heidelberg vor allem als Völkerrechtler tätig, also in unmittelbarer Nähe zu *Jellinek,* dem er nicht nur in der «Zweiseitentheorie», sondern auch in anderen Fragen nahesteht (Qualifizierung des Staates als «rechtlicher Organismus», als Schöpfer des Rechts, Rechtsentstehungslehre kraft sozialer Anerkennung usw.). *Jellinek* und *Georg Meyer* waren auch die Herausgeber der Reihe, in der die Abhandlung erschien.

[168] Allgemeine Staatslehre (Anm. 164), 3. Aufl. 181.

höchsten organisierte und differenzierte Verbandseinheit ist. Jellinek steht hier ganz im Bann des zeitgenössischen naturwissenschaftlichen Evolutionismus, den er zusätzlich noch geschichtsmetaphysisch absichert: «Fortschreitende Entfaltung und reichere Ausbildung der menschlichen Kräfte, ungeachtet der Unlust, von der sie begleitet sein mögen, ist gemäß unserer modernen, durch die gesamte Wissenschaft bestimmten Weltanschauung der notwendige und darum anzuerkennende Inhalt der Geschichte.»[169] Was diese, wie er selbst es nennt, «Metaphysik der Geschichte» angeht, bleibt Jellinek völlig in der Tradition des 19. Jahrhunderts. Sittliche Läuterung und Ausbildung der Individualität des Einzelnen und schließlich der menschlichen Gattung – freilich ohne den theologischen Zurechnungspunkt eines persönlichen Gottes – das sind hier die philosophischen Zielformeln.

Demgegenüber ist der Staat im juristischen Sinn ein Rechtssubjekt, eine öffentlichrechtliche Gebietskörperschaft. Diese ruht auf dem Recht und rechtfertigt sich durch die Garantierung der Rechtsordnung[170] und die Verfolgung der sich immer weiter entfaltenden Staatszwecke. Ihre klassischen Elemente sind Staatsgebiet, Staatsvolk und Staatsgewalt.[171] Letztere ist nicht identisch mit der historisch wandelbaren Souveränität. Ein Staat muß also nicht souverän, er muß lediglich zu Selbstorganisation und Selbstherrschaft in der Lage sein, er muß sich selbst an das Recht binden können. Besteht somit ein Staat, dann kann man – so verfährt Jellinek in seiner «Allgemeinen Staatslehre» – seine Verfassung und «Staatsform» vergleichend typologisieren,[172] kann seine Organe, die Gewaltenteilungs- oder Funktionenlehre, die administrative Gliederung analysieren, sowie schließlich jenseits der Grenzen die Staatenverbindungen rechtlich kategorisieren. Man kann vor allem auch die Beziehungen zwischen dem Staat und seinen Individuen als Rechtsbeziehungen begreifen und den Individuen genaue Rechte und Pflichten zuweisen (Statuslehre).[173]

Wie empirische und normative Seite bei ihm getrennt und gleichzeitig verbunden sind, zeigt sich aber nicht nur an der Zweiseitenlehre, sondern auch an der Frage der Rechtsgeltung. Jellinek beobachtet, daß die menschliche Vorstellung das faktisch Vorhandene und lange Geübte auch normativ als Gesolltes anerkennt. Es wirkt hier, wie die berühmte Formel lautet, die «normative Kraft des Faktischen».[174] Gleichzeitig gibt es eine gegenläufige Tendenz, die die Menschen dazu treibt, gegen normativ Gesolltes anzugehen, es zu verändern oder umzustürzen, weil es mit den im Bewußtsein aufbewahrten Gerechtigkeitsvorstellungen nicht übereinstimmt. In beiden Richtungen bilden menschliche Vorstellungen die Brücke zwischen Sein und Sollen, und so konnte man von einem «psychologischen Positivismus» bei Jellinek sprechen.[175] Die engen Beziehungen zur damals entstehenden Psychologie und speziell zu Wilhelm Wundt bestätigen dies. Das war weder konsequente Naturrechtslehre noch konsequenter Rechtspositivismus, vielmehr ein Versuch, die Rechtsgeltung empirisch als Bewußtseinsphänomen zu fassen. Im Sinne des Marburger Neukantianismus war es eine

[169] Allgemeine Staatslehre (Anm. 164), 3. Aufl. 262.

[170] Allgemeine Staatslehre (Anm. 164), 3. Aufl. 334ff.

[171] Ebenso *Loening* (Anm. 64), 710f.

[172] Zu den «Typen als Gegenstand der Staatslehre» vgl. Allgemeine Staatslehre (Anm. 164), 3. Aufl., 34ff.

[173] Gehorsamspflicht (status passivus), Freiheitssphäre (status negativus), Ansprüche gegen den Staat (status positivus) und politische Mitwirkungsrechte (status activus). Allgemeine Staatslehre (Anm. 164), 3. Aufl. 416ff.

[174] Allgemeine Staatslehre (Anm. 164), 3. Aufl. 337ff.

[175] *W. Ott*, Der Rechtspositivismus, 1976, 65.

Grenzverwischung und wurde auch entsprechend kritisiert, insbesondere von HANS KELSEN.[176]

Wissenschaftsstrategisch leuchteten jedoch sowohl die Zweiseitentheorie als auch die Rechtsgeltungslehre vollständig ein. Es war plausibel, die einzelnen Gebiete empirischer und normativer Forschung zu trennen und gleichzeitig auf ihrer engen Verzahnung zu beharren. Während des ganzen 19. Jahrhunderts war im Prinzip so verfahren worden, daß man eine beschreibende Naturlehre des Staates (Staatenkunde, Staatshistorie) von einer wertenden, zukunftsgerichteten «Politik» und diese wiederum von einer normativen, dem «heute geltenden Recht» zugewandten Staatsrechtslehre unterschied. Dahinter stand nicht nur die Trias von Vergangenheit, Gegenwart und Zukunft, sondern auch die aktuelle Verfassungslage. Der Staat wurde durchweg als vorrechtliches soziales Phänomen angesehen, dem erst im Laufe des 19. Jahrhunderts verfassungsrechtliche Zügel angelegt worden waren. Es war als bürokratischer, nach Staatsräson handelnder Anstaltsstaat nicht nur das Gegenüber zur privatrechtlich verfaßten Gesellschaft, sondern auch zum Recht. Wo das Recht Lücken ließ, etwa in Verfassungskonflikten, da traten die Macht und ihre zur Entscheidung fähigen Träger in die Lücke. Insofern lehrte die Geschichte des 19. Jahrhunderts, daß der Staat Rechtsverstöße begehen und durchaus auf der Basis der Macht auch ohne Recht bestehen könne.

KELSENS These von der erkenntnistheoretischen Einheit von Staat und Recht[177] entsprach gerade nicht der Lebenserfahrung derjenigen, die den vorrechtlichen Machtstaat noch in Erinnerung hatten und sich bemühten, ihn zum Rechtsstaat zu formen. Sie konnten KELSENS Sätze, daß unterschiedliche Erkenntnismethoden unterschiedliche Gegenstände konstituierten, folglich nicht auf «einen» Gegenstand anwendbar seien, gewiß intellektuell verstehen,[178] aber sie fanden es mißverständlich, durch die Identifikation von Recht und Staat zu suggerieren, der Staat sei schon kraft seiner Existenz «Rechtsstaat». Der gleiche innere Widerstand begegnete KELSENS Sätzen, Rechtsnormen seien nur aus Rechtsnormen ableitbar; denn auch hier lehrte die Geschichte des Jahrhunderts, wie rasch machtpolitische Entscheidungen innerlich akzeptiert wurden und den Charakter von geltendem Recht annahmen.

JELLINEK bewältigte das umfangreiche Darstellungsprogramm seiner Allgemeinen Staatslehre in einem Zuge, in einer gleichmäßigen und konzentrierten Tonlage, gleichsam von einem Feldherrnhügel aus, von dem er die historische Entwicklung der Staaten genauso überblicken konnte wie die der Staatstheorie. Historie, Ideengeschichte, Rechtsvergleichung und Dogmatik waren hier auf eine Weise integriert, die allgemeine Bewunderung hervorrief und sofort zu Übersetzungen führte. Gewiß gab es Kritik, wie gesagt, durch HANS KELSEN, weil der Positivismus nicht konsequent genug war, durch den «ethischen Sozialisten» LEONARD NELSON, weil ihm der Positivismus ohne materialen Gerechtigkeitsbezug gefährlich erschien,[179] am Geltungsanspruch der

[176] *H. Kelsen,* Hauptprobleme (Anm. 155); *ders.* Der soziologische und der juristische Staatsbegriff, 2. Aufl. 1928 (Nachdr. 1962).

[177] Besonders aufschlußreich hierzu die Vorrede zur 2. Auflage von Hauptprobleme (Anm. 155), XVIff., XIXf. zur Zweiseitentheorie.

[178] Vgl. dazu *H. J. Koch,* Die juristische Methode im Staatsrecht, 1977, 67ff., der die Diskussion zwischen *Jellinek* und *Kelsen* rational rekonstruiert und erklärt, *Kelsens* Versuch, «die Unmöglichkeit einer Soziallehre (des Staates) im Sinne *Jellineks* zu beweisen» sei gescheitert.

[179] *L. Nelson,* Die Rechtswissenschaft ohne Recht. Kritische Betrachtungen über die Grundlagen des Staats- und Völkerrechts, insbesondere

Allgemeinen Staatslehre und an der scheinbaren Rückkehr zur Vermischung rechtlicher und nichtrechtlicher Gesichtspunkte durch Friedrich Tezner.[180] Aber die allgemeine Charakterisierung Jellineks als des «zweifellos noch immer angesehensten und einflußreichsten Staatsrechtslehrers unserer Zeit» (Nelson) und die Überzeugung, seine «Allgemeine Staatslehre» stelle eine imponierende «Summe» des 19. Jahrhunderts dar, waren damals allgemein, und sie haben sich bis heute erhalten.[181] Jellinek vermittelt das letztlich Unvermittelbare, den immer noch lebendigen philosophischen Idealismus samt dessen materialer Rechtsidee und Geschichtsmetaphysik, den rechtswissenschaftlichen Positivismus – allerdings ohne die denkerische Schärfe und Konsequenz, mit der dann Kelsen auftrat –, schließlich den naturwissenschaftlichen Positivismus und insbesondere die Erkenntnisse der damals entstehenden Psychologie. Sein Erfolg beruhte auf eben dieser Vermittlungsleistung. Es schien hier zu gelingen, nicht nur die zentrifugalen Tendenzen fachlicher Ausdifferenzierung von Staatsrecht, Staatslehre, Politik und Soziologie aufzuhalten, sondern auch ein Konzept gegen die Gefährdung der Unabhängigkeit des Fachs durch Politisierung zu bieten.

Die vom klassischen staatsrechtlichen Positivismus kultivierte Hoffnung, durch saubere Trennung des juristischen Elements von allen «nichtjuristischen» Bestandteilen sowie durch logische begriffliche Operationen jene Selbständigkeit und «Wissenschaftlichkeit» zu gewinnen, die dem älteren öffentlichen Recht zu fehlen schien, war um 1900 wieder erheblich schwächer geworden. Geschichtliche und politische Argumente kehrten wieder in die Staats(rechts)lehre zurück. Zugleich war die Welt des Faktischen in statistisch und soziologisch aufbereiteter Form in bisher unbekannter Dichte präsent und drängte sich nun als Geltungsgrund des Rechts in den Vordergrund.

Schließlich sei ein Grund genannt, der nur schwer nachweisbar, aber doch «vorhanden» ist: Um die Jahrhundertwende ging die innere Sicherheit der deutschen und österreichischen politischen Klasse verloren. Auch wenn die Fassade der konstitutionellen, repräsentativen Monarchie für die Ewigkeit gemacht schien, so wuchs doch insgeheim die Sorge, die bisherige bürgerlich-feudale Lebensform würde im heraufziehenden Zeitalter der Industrie und der politisierten Massen nicht mehr bestehen können.[182] Allen anderslautenden Erklärungen zum Trotz scheint den Intellektuellen jener Zeit allmählich bewußt geworden zu sein, wie groß die Diskrepanz zwischen der spätfeudalistischen und martialischen Erscheinungsweise der Habsburgermonarchie

über die Lehre von der Souveränität, 1917, 2. Aufl. 1949 und in *L. Nelson*, Recht und Staat (Ges. Schr. Bd. 9), 1972, 123–324. Hierzu *W. Link*, Die Geschichte des Internationalen Jugendbundes und des Internationalen Sozialistischen Kampfbundes, 1964; *K.-H. Klär*, Zwei Nelson-Bünde: Internationaler Jugend-Bund (IJB) und Internationaler Sozialistischer Kampfbund (ISK) im Lichte neuer Quellen, in: Internat. wiss. Korr. z. Geschichte der deutschen Arbeiterbewegung 18 (1982) 310–360; *S. Lemke-Müller*, Ethischer Sozialismus und soziale Demokratie, 1988; *H. Franke*, Leonard Nelson, 1991.

[180] *F. Tezner*, Die wissenschaftliche Bedeutung der allgemeinen Staatslehre und Jellineks Recht des modernen Staates, in: (Hirths) Annalen des Deutschen Reichs 1902, 638–671.

[181] Wenig überzeugend die unhistorische, sichtlich um Kritik bemühte und etlichen Mißverständnissen aufsitzende Darstellung von *Herwig* (Anm. 161).

[182] *Vondung* (Anm. 139); *J. Kocka* (Hg.), Bildungsbürgertum im 19. Jahrhundert, Teil IV Politischer Einfluß und gesellschaftliche Formation, 1989 (dort insbes. der Beitrag von *H. U. Wehler*, 215 ff.); eine aufschlußreiche Quelle bietet *G. Besier* (Hg.), Die Mittwochs-Gesellschaft im Kaiserreich. Protokolle aus dem geistigen Deutschland 1863–1919, 1990.

und des Wilhelminischen Deutschland auf der einen und der modernen Welt auf der anderen Seite geworden war. Beide politische Systeme waren zu einer echten Parlamentarisierung und zu einer Zurückführung der Monarchie auf ein Präsidialmodell nicht innerlich bereit. Das «monarchische Prinzip» blieb intakt, wenn auch in verwandelter Form, der bürgerliche Verfassungsstaat blieb auf halbem Wege stecken, vor allem in Preußen. Aber auch in Österreich und in den süd- und mitteldeutschen Staaten gab es keine Verfassungsbewegung im Sinne des Vormärz mehr. Die politischen Energien waren mit der Durchsetzung des Rechtsstaats verbraucht. Dem Bürgertum erschien es klüger, sich mit den herrschenden Mächten zu arrangieren, um gemeinsam Front gegen den Vierten Stand machen zu können, statt sich in einen sozialen Zweifrontenkrieg zu verwickeln.

V. Nationalstaat oder Staat der Industriegesellschaft?

«Nationale Einigung» und «Rechtsstaat» waren für die deutsche Gesellschaft die großen Errungenschaften der zweiten Hälfte des 19. Jahrhunderts. Demgegenüber war die «Teilhabe» der Gesellschaft an der politischen Macht nur partiell durchgesetzt, wohl auch nicht mehr so intensiv gewünscht worden wie vor 1848. Das mehrheitlich national und liberal gesinnte Bürgertum hatte sich mehr oder weniger bewußt auf einen Pakt mit den alten Herrschafteliten eingelassen: dem Bürgertum wurden wirtschaftliche Prosperität und Rechtssicherheit auf der einen Seite garantiert; es versprach die Respektierung der klassischen Domänen der Macht – bei Hofe, in Verwaltung, Heer und Diplomatie – auf der anderen Seite, und auf dieser Basis einigte man sich auf gemeinsame Abwehrmaßnahmen gegenüber den Gefahren der sozialen Frage und anderen destabilisierenden Faktoren.

In diesem Sinne war das Kaiserreich zu einer Einheit zusammengewachsen und hatte seine Legitimitätsfrage gelöst. Politische und wirtschaftliche Sicherheit schienen auf Dauer garantiert. Der «Gründerkrach» war bald verarbeitet; der Anstieg der industriellen Produktivität blieb eindrucksvoll. Stabile Lohnzuwächse und die allmählich sich auswirkende Sozialversicherung nahmen der sozialen Frage ihre Bedrohlichkeit. Das Reich war eine europäische Führungsmacht, wie etwa anläßlich des Berliner Kongresses von 1878 dokumentiert werden konnte. «Wir sind heute», so Georg Jellinek 1906, «ein sattes Volk, dem es Unbehagen verursacht, den großen Problemen des Staatslebens auf den Grund zu blicken, und wir begnügen uns damit, die politischen Tagesaufgaben in alltäglicher Weise zu behandeln.»[183]

Dennoch waren die beteiligten Schichten nicht ganz zufrieden, ja die Unzufriedenheit wuchs während der Kanzlerschaft Bismarcks, und sie steigerte sich unter Wilhelm II. Die Gründe hierfür sind heterogen. Die «großdeutsch» gesinnten Achtundvierziger hatten noch nicht restlos verschmerzt, daß es nur eine «kleindeutsche» Lösung geworden war, auch wenn man einsehen lernte, daß die Habsburgermonarchie, wie sie nun einmal war, in einen deutschen Nationalstaat nicht integriert werden

[183] *G. Jellinek*, Verfassungsänderung und Verfassungswandlung. Eine staatsrechtlich-politische Abhandlung, Berlin 1906, Vorrede VI.

konnte. Der politische Katholizismus hatte den «Kulturkampf» nicht vergessen, die Elsässer im Westen und die Polen im Osten integrierten sich nur unvollständig.[184] Die Arbeiterbewegung erstarkte erst jetzt wirklich in einer parteilich-gewerkschaftlichen Doppelorganisation und wurde zum wichtigsten von der politischen Macht ausgeschlossenen Faktor. Mit anderen Vorzeichen gab es auf dem rechten Flügel des Spektrums ein permanentes Drängen nach «Weltgeltung», nach Kolonien und Flottenbau sowie die materiellen Probleme des verschuldeten Großagrariertums. Im Bürgertum selbst schließlich schwelte trotz aller (Selbst-)Zufriedenheit ein gewisses Ressentiment gegenüber dem militaristisch-feudalistischen Stil der tonangebenden Schichten. Gleichzeitig gab es die Sorge vor der anbrechenden Egalisierung des Massenzeitalters.

Zu registrieren waren auch Verschiebungen der Verfassungswirklichkeit. Das Reich, dessen Gewicht zunächst noch gering war, schuf sich allmählich einen umfangreichen Verwaltungsapparat und setzte die «innere Reichsgründung» durch Gesetzgebung fort. Das Zusammenspiel von Reichstag, Bundesrat und Reichsregierung – häufig verflochten mit Interessen des dominierenden Preußen – entwickelte sich in Richtung auf langsam anwachsende Parlamentarisierung, ohne daß aber das hergebrachte Modell der konstitutionellen Monarchie prinzipiell bezweifelt worden wäre. Unter BISMARCKS Nachfolgern trat das Element des «persönlichen Regiments» des Kaisers als komplizierender Faktor hinzu. Die Reichsverfassung blieb weiterhin Organisationsstatut, wurde aber zunehmend durch stillen Verfassungswandel und ungeschriebenes Verfassungsrecht ergänzt und modifiziert.

In der öffentlichrechtlichen Literatur herrschte trotz der hier angedeuteten Randstörungen, Beunruhigungen und Veränderungen eine Tonlage prinzipieller Übereinstimmung mit dem status quo. Wer sich hier schriftstellerisch äußerte, gehörte dem gehobenen Bürgertum der Verwaltungsbeamten und Hochschullehrer an. Im Normalfall gab es keine Irritationen. Dies gilt vor allem für die erste Generation der Staats- und Verwaltungsrechtler nach 1870. Sie dachte typischerweise nationalliberal, huldigte dem Wissenschafts- bzw. Gesetzespositivismus und verband diese Einstellung mit mannigfachen methodischen Prämissen aus der Historischen Rechtsschule und der idealistischen Philosophie. Die dem sog. Gerber-Labandschen Positivismus üblicherweise zugeschriebene Vertreibung der historischen, politischen und philosophischen Elemente aus der Jurisprudenz hat in der immer wieder behaupteten Entschiedenheit gar nicht stattgefunden. Sie ist eher eine Legende, die auf die Gegner des Positivismus im 20. Jahrhundert zurückgeht. Richtig ist allerdings, daß die Debatte um Grundlagenprobleme der staatlichen Ordnung zwischen 1870 und 1900 versiegte. Erst als die Generation derjenigen, welche den Norddeutschen Bund und die Reichsgründung miterlebt und mitgestaltet hatten, um 1890 die Szene verließ, regten sich neue Kräfte. Die nachwachsende Generation (JELLINEK, TRIEPEL, ANSCHÜTZ, KAUFMANN, SCHMITT, KELSEN, SMEND, THOMA) löste sich auf jeweils individuelle Weise von der «herrschenden Meinung». Sie dachte wieder «historischer» und «politischer» oder

[184] Zu den Universitäten vgl. *H. Hammer-Schenk*, «Wer die Schule hat, hat das Land!» Gründung und Ausbau der Universität Straßburg nach 1870 und *L. Burchardt*, Hochschulpolitik und Polenfrage: Der Kampf um die Gründung einer Universität in Posen, beide in: *E. Mai–S. Waetzoldt* (Hg.), Kunstverwaltung, Bau- und Denkmal-Politik im Kaiserreich, 1981, 121 ff., 147 ff.

sie schärfte ihr Methodenbewußtsein im unbefangeneren Dialog mit Philosophie, Soziologie und Psychologie.[185]

Auf diese Weise zeigte sich, relativ dicht um das Jahr 1900 herum, ein Geflecht von Rissen im Fundament des scheinbar so feststehenden Gebäudes von Reich und Reichsstaatsrechtslehre. Die soziologischen Staatslehren betrachten den Staat entschieden «nichtjuristisch». Die jüngeren Staatsrechtslehrer suchen nach einem neuen archimedischen Deutungspunkt, um den Staat entweder mit der Rechtsordnung zu verschmelzen (Kelsen), ihn als sozialpsychologisches Phänomen der Wechselwirkung rechtlicher und außerrechtlicher Faktoren (Jellinek, Smend), als Ausdruck der Macht (Kaufmann) oder als existentielle «Entscheidung» (Schmitt) zu verstehen.

Es liegt nahe, diese Neuorientierung als Reflex auf die Veränderungen des Leitbildes «Staat» zu begreifen, Veränderungen, die sich mit dem Übergang vom geschlossenen Nationalstaat zum offenen Staat der Industriegesellschaft beschreiben lassen. Dieser Übergang läßt verschiedene Perspektiven zu:

1. Geht man vom Leitbild des liberalen Rechts- und Verfassungsstaats aus, der für die Gesellschaft einen «Rahmen» bietet, Sicherheit und Ordnung garantiert und Gefahren abwehrt, sich aber mit Eingriffen möglichst zurückhält, dann beginnt in Deutschland um 1878 eine neue Epoche. Mit Schutzzöllen und Sozialversicherung, mit Gesellschaftsrecht, Wettbewerbsrecht, Verkehrsrecht und Technikrecht tritt der Interventionsstaat auf den Plan und breitet sich bis zum Epochenjahr 1914 auf unmerkliche Weise aus, um dann durch das Kriegsverwaltungsrecht einen neuen gewaltigen Schub zu erhalten.[186] Diese Abwendung vom Liberalismus ist der ohnehin traditionell staatsorientierten deutschen Gesellschaft relativ leichtgefallen und hat zur Befestigung staatlicher Macht und zum Aufbau großer Bürokratien beigetragen. Die damit verbundene Vermehrung des öffentlichen Rechts hat vor allem der Verwaltungsrechtswissenschaft die stärksten Impulse gegeben.

2. Fragt man dagegen nach den Mechanismen der politischen Willensbildung, dann ist jener Übergang vor allem durch die Verlagerung der Entscheidungsmacht von der monarchischen Spitze auf die Parteien und Parteiführer sowie auf die Verbände und ihre Funktionäre gekennzeichnet. Je mehr in den Parlamenten die Honoratioren des Besitz- und Bildungsbürgertums von den parteigebundenen Berufspolitikern verdrängt wurden, desto mehr mußten die Parteien unterschiedlichste Interessen unter vagen Schlagworten bündeln. Über den politischen Kurs der Nation entschieden immer mehr die Verhandlungen zwischen den Parteien, nicht mehr die Gespräche zwischen dem Monarchen und seinem Kanzler. Entsprechend stieg die Interessengebundenheit der Parteien. Um ihre Klientel nicht von vornherein zu beschneiden, waren sie jedoch stets gezwungen, eine relativ breite Palette politischer Wünsche zu vertreten.

Für spezielle Wünsche gegenüber dem Staat bildeten sich deshalb seit den achtziger Jahren des 19. Jahrhunderts die Gewerkschaften und Verbände. Sie arbeiteten punktuell und ausschließlich für ihre Auftraggeber, ohne auf Wählerwünsche Rücksicht

[185] *S. Korioth,* Erschütterungen des staatsrechtlichen Positivismus im ausgehenden Kaiserreich, AöR 117 (1992) 212–238.

[186] *M. Stolleis,* Die Entstehung des Interventionsstaates und das öffentliche Recht, ZNR 1989, 129–147; *ders.* «Innere Reichsgründung» durch Rechtsvereinheitlichung 1866–1880, in: *Chr. Starck* (Hg.), Rechtsvereinheitlichung durch Gesetze, Bedingungen, Ziele, Methoden, 1992.

nehmen zu müssen. Sie repräsentierten die für die Industriegesellschaft typische Form der organisierten Interessenverfolgung, und sie bildeten eine unausgesprochene Hierarchie; an der Spitze stand derjenige Verband, «dem die Gesetzgebungsmaschine die meisten Früchte in den Schoß wirft» (F. NAUMANN).

Der damit verbundene Wechsel von einem geschlossenen «staatlichen» Willensbildungsprozeß im Rahmen der konstitutionellen Monarchie zu einer offenen und unberechenbaren Interaktion von Regierung, Parteien und Verbänden mußte die traditionelle Staatsrechtslehre zutiefst irritieren. Der «über den Interessen» stehende Staat wurde offensichtlich die «Beute» konkurrierender gesellschaftlicher Interessen. Nicht nur seine Integrität und Gemeinwohlorientierung, auch die mit dem Souveränitätsbegriff verbundene Vorstellung eines einheitlichen «Willens», die für GERBER und LABAND eine so bedeutende Rolle gespielt hatte, drohten hier der Erosion zu verfallen.

3. Nicht minder beunruhigend waren die Symptome am Organismus der Gesellschaft selbst. Die ständische Schichtung des Ancien Régime hatte sich trotz der Umbrüche des 19. Jahrhunderts lange Zeit als relativ stabil erwiesen. Nun, um die Jahrhundertwende, traten die Auflösungserscheinungen nach außen.[187] In den großen Städten und Industriegebieten verloren die alten Trennungen ihre Schärfe. Neben der Arbeiterschaft, die ihrerseits die Züge des Proletariats verlor,[188] etablierten sich die Angestellten.[189] Die neuen Verkehrs- und Kommunikationsmittel, die Welt der Werbung und des Konsums, das Angebot von maschinell gefertigten Billigwaren «für alle Stände» ließen ahnen, daß ein Massenzeitalter bevorstand, in dem es keine prinzipiell unterschiedlichen Zugänge zu Besitz und Bildung, Konsumgütern und sozialen Rängen mehr geben würde. 1895 erschien erstmals GUSTAVE LE BONS «Psychologie der Massen» (Psychologie des foules), in der es hieß: «Der Eintritt der Volksklassen in das politische Leben, ihre fortschreitende Umwandlung zu führenden Klassen, ist eines der hervorstechendsten Kennzeichen unserer Übergangszeit.»

4. Besonders gravierend war schließlich – gerade für das kollektive Bewußtsein einer bürgerlich orientierten Staatsrechtslehre – die schrittweise Auswechselung der Legitimationsgrundlage des Staates insgesamt. War schon das «monarchische Prinzip» des 19. Jahrhunderts nur ein Surrogat der ursprünglichen Sakralität der Herrschaft gewesen,[190] so wurde nun das Gottesgnadentum gerade in seiner wilhelminischen Erscheinungsform fast schon zur Karikatur. Daneben gab es Anzeichen dafür, daß auch der Nationalismus, obwohl er 1914 noch einmal Triumphe feierte, als Integrationsmittel auf die Dauer nicht genügen würde. Die Internationalität der Verkehrsströme, der Kommunikation und der Finanzen deutete schon an, daß der Nationalismus ein nun schwindendes gesellschaftliches Bindemittel des 19. Jahrhunderts gewesen war.

Was aber konnte an die Stelle des Patriotismus und der Treue zum angestammten Herrscherhaus treten? Offenbar nur das aus Dankbarkeit und Abhängigkeitsgefühl seltsam gemischte Zutrauen zum modernen «Leistungsstaat», verbunden mit der aus

[187] Vgl. *J. Kocka* (Hg.), Bürgertum im 19. Jahrhundert, Bd. 2, 1988.

[188] *H. U. Wehler*, Das Deutsche Kaiserreich 1871–1918, 1973 41 ff.; *M. Stürmer*, Das ruhelose Reich. Deutschland 1866–1918, 1983 m. w. Nachw.

[189] *U. Kadritzke*, Angestellte – die geduldigen Arbeiter, 1975; *J. Kocka*, Die Angestellten in der deutschen Geschichte, 1981; *T. Pierenkemper*, Arbeitsmarkt und Angestellte im Deutschen Kaiserreich 1880–1913, 1987.

[190] *O. Brunner*, Vom Gottesgnadentum zum monarchischen Prinzip, in: *ders.*, Neue Wege der Verfassungs- und Sozialgeschichte, 2. Aufl. 1968, 160–186.

demokratischen Verfahren erwachsenden Legitimation. Seit man mit der Schutzzollpolitik und der Schaffung der Sozialversicherung (1883–1889) begonnen hatte, gesellschaftliche Krisen durch kollektiv erbrachte Sozialleistungen zu mildern,[191] begann der Staat seine Legitimation aus der Umverteilungsleistung zu ziehen. Indem er Prduktivität durch Steuern und Versicherungsbeiträge abschöpfte und als staatliche «Leistungen» wieder einspeiste, wurde der Leistungsstaat zum großen Garanten materiellen Wohlergehens, eines Wohlergehens, von dem die «Massenloyalität» abhing.

Dies alles ist um die Jahrhundertwende nur für wenige erkennbar gewesen, aber viele sensible Geister spürten doch Anzeichen einer Verunsicherung. Am empfindlichsten reagierten die bildende Kunst, die Musik und die Literatur. Daß die Staatsrechtslehre und Staatsphilosophie schon vor 1914 die Möglichkeit kommender Katastrophen registriert hätten, wird man kaum sagen können. Aber die zwischen 1900 und 1914 schon erkennbare Spaltung in verschiedene Fraktionen zeigt den Aufbruch in eine neue Zeit, in der der Staat als Träger der «Entscheidung», als Gefäß der «Integration» oder als pure «Rechtsordnung» gedeutet werden sollte. Als im August 1914 der Krieg ausbrach, schienen alle Unterschiede weggewischt, alle kulturpessimistischen Beunruhigungen vergessen. Die Erklärungen der Hochschullehrer zum Kriegsbeginn, die diese Epoche der deutschen Wissenschaftsgeschichte abschließen, sind bekannt.[192] Sie dokumentieren ehrliche Entrüstung und Biedersinn, tiefsitzende Ressentiments, martialische Gesinnung auf der einen und Illusionen über «Läuterung» und «Fortschritt» auf der anderen Seite. Wie auch immer man diese hochgestimmten Äußerungen aus dem Abstand zweier Generationen betrachten mag – für die Geschichte des öffentlichen Rechts bedeuten sie eine Zäsur.

[191] *F. Tennstedt,* Sozialgeschichte der Sozialpolitik in Deutschland, 1981; *V. Hentschel,* Geschichte der deutschen Sozialpolitik 1880–1980, 1983; *P. A. Köhler–H. F. Zacher* (Hg.), Ein Jahrhundert Sozialversicherung in der Bundesrepublik Deutschland, Frankreich, Großbritannien, Österreich und der Schweiz, 1981.

[192] *K. Böhme* (Hg.), Aufrufe und Reden deutscher Professoren im Ersten Weltkrieg, 1975. Vgl. dort insbesondere die Rede von *Otto von Gierke,* 65–80.

Sachregister

Personenregister

Primärliteratur

Sekundärliteratur